野球どころ広島

「野球どころ」と聞いて、広島を連想する人は決して少なくないだろう。2024年現在で、春の選抜大会、夏の選手権大会を合わせて12度の優勝は全国6位タイ（準優勝11度は3位タイ）。春夏の通算218勝も6位タイと、広島勢は高校野球界に確かな足跡を残してきた。

戦前は広島商、広陵中、「野球市」と呼ばれた呉勢が一時代を築いた。戦後は広島商、広陵に加え、選抜大会で2度準優勝に輝いた尾道商、同じく選抜大会で初出場初優勝を飾った崇徳など新たな勢力が甲子園で躍動。「打倒広島商、広陵」に燃える多くの学校も、甲子園の土を踏み、名勝負を演じてきた。

そんな重厚な歴史をひもときたいと始めたのが「甲子園 広島勢激闘の軌跡」である。2022年5月から23年7月まで、中国新聞セレクトで計345回連載。中国新聞社が本格的に高校野球報道を始めた1956年の選手権大会以降の広島勢の春夏の全試合を再構成したものだ。

加えて、選手権大会で広島が1県1代表となった59年以降の広島大会決勝も収録している。瀬戸内・山岡泰輔と新庄・田口麗斗の壮絶な投げ合いで延長15回引き分け再試合となった2013年決勝など、記憶に残る名勝負も数多く生まれた。甲子園を目指した球児のひたむきな姿は胸を打つことだろう。

各試合には、その試合や大会のトピックスを記したメモをつけた。金属バット導入やラッキーゾーン撤去、21世紀枠、タイブレーク導入…。時代とともに変わってきた大会の姿を紹介している。また、その試合に出場していたプロ野球選手の表も付記した。広島が「野球どころ」であることを改めて実感していただけると思う。

書籍化に際し、連載では取り上げなかった2023年の選手権大会以降の試合を加筆し、記事で紹介できなかった1915～56年春までの広島勢の全成績を表でまとめた。100年を超える長い歴史の一端に触れていただけたなら幸いである。

中国新聞社報道センター運動担当部長
小西　晶

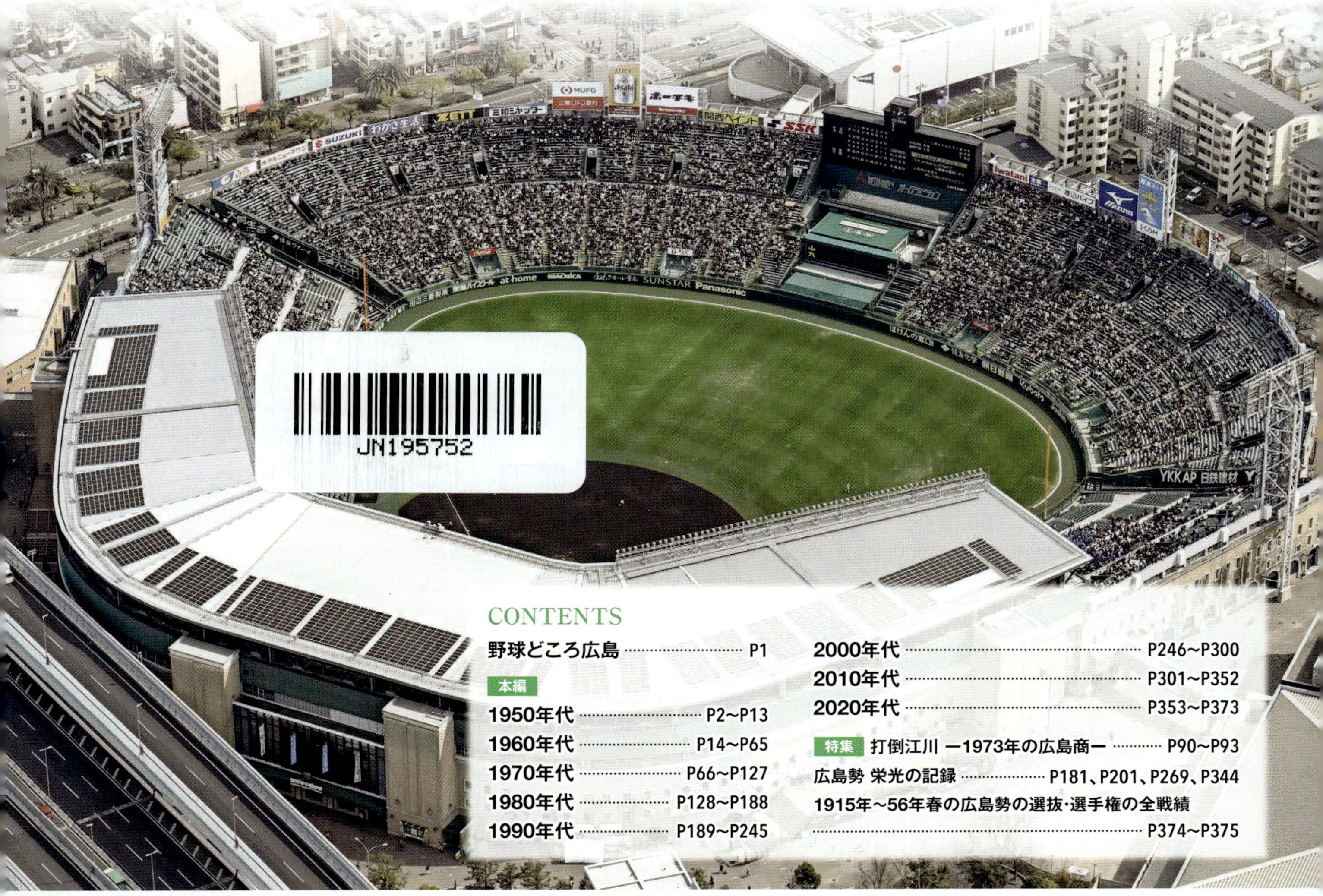

CONTENTS

1956年から中国新聞で掲載した選抜大会、全国選手権大会での広島勢の全試合、全国選手権広島大会決勝の全試合の記事、写真を再構成して収録しました。
学校名などは当時のものですが、一部修正しています。

①1956年8月14日
第38回全国高校野球選手権

広島商－済々黌
（西中国）（西九州）

広島商無念 遅かった反撃

第38回全国高校野球大会第3日は、14日午前10時から甲子園球場に約5万の観衆を集めて、1回戦1試合と、2回戦2試合を行った。第3試合の済々黌（西九州）－広島商（西中国）は済々黌が四、六回に財前、田中の長打で着々と加点。左腕城戸が好投して一方的に試合を進め、九回の広島商の反撃を退けた。

九回、広島商2死二、三塁のチャンスに、井上の中前打で沓内㊧が生還し、1点を返す

広島商は済々黌の左腕城戸の巧投の前に、凡退を続け、九回の反撃も時すでに遅かった。

序盤三回までは、広島商の上土井が5三振を奪うなど、城戸に投げ勝つ投球だった。しかし、四回に入ると球が浮き気味となり、1死後、財前に右中間を破る三塁打を浴びた後、続く増永に1球目を強振され、中犠飛。済々黌に先取点を許した。

前半を終わって、安打は両軍を通じてこの1本限り。勝敗はまだ予断を許さない状況で、広島商の反撃に期待が持たれた。しかし、済々黌は六回に貴重な追加点を挙げる。1死後、上田の左前安打に続いて、田中が中堅右を抜く三塁打を放ち、まず1点。増永も左前適時打で続き、計2点を追加した。さらに七回にも末次の安打と、城戸のバントを上土井が一塁に高投して、無死二、三塁。自らピンチを招いた上、スクイズでダメ押し点を奪われた。

広島商打線は、城戸の長いインターバルと頭脳的なピッチングにタイミングを外された。リードを許して以降は、焦り気味となり凡退を続けた。六回、木村にチーム初安打が出たあと、河野が死球で続き、一、二塁。この反撃機に、清水の打球が不運の二直となり、併殺。九回に代打沓内と山本が四球を選び、三戸の二ゴロで2死二、三塁としたあと、井上が中堅右に快打して、2者を迎え入れたが、井上が二塁に憤死し、万事休した。

済々黌	0	0	0	1	0	2	1	0	0	4
広島商	0	0	0	0	0	0	0	0	2	2

（済）城戸－金井　（広）上土井、曽根－山田

メモ

「天才打者」

広島商の3番打者は、のちに広島東洋カープで活躍した山本一義。高校生離れした強打で、野球王国広島の再興を担う選手として期待された。3年夏の広島大会では徹底してマークされ、3試合13打席のうち敬遠が10、死球が1、安打が1。その安打が2ランだった。甲子園には3年の時に春夏連続出場を果たしたが、未勝利に終わった。

【済々黌】		打	安	点
⑤	隈部	3	0	1
⑨	上田	3	1	0
⑥	田中	4	1	1
③	財前	4	1	0
⑦	増永	3	2	2
②	金井	3	0	0
⑧	末次	4	1	0
①	城戸	3	0	0
④	永野	4	0	0
	計	31	6	4

【広島商】		打	安	点
⑤	河野	3	0	0
④	清水	3	0	0
R	沓内	0	0	0
⑨	山本	2	0	0
⑧	三戸	4	0	0
⑥	井上	4	1	2
②	山田	3	0	0
①	上土井	3	0	0
1	曽根	0	0	0
⑦	迫田	2	0	0
H	益井	1	0	0
7	橋本	0	0	0
③	木村	3	1	0
	計	28	2	2

	振	球	犠	盗	失	残	併
済	6	2	3	0	1	5	1
広	4	4	0	0	1	3	0

▽三塁打　財前、田中

【ベンチ入りした主なプロ野球選手】

≪広島商≫

上土井勝利　広島

山本一義　法大―広島

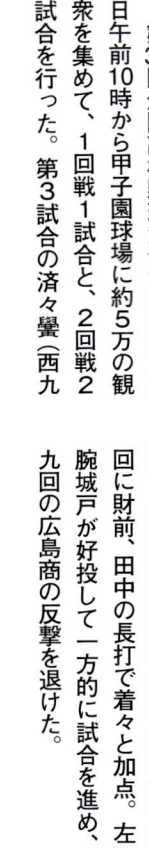

② 1957年8月16日
第39回全国高校野球選手権

広島商−育英
（西中国）　（兵庫）

十回、広島商1死二、三塁、今田のスクイズで平川㊥が生還し、サヨナラ勝ちする。捕手戸梶

広島商、劇的サヨナラ勝ち

第39回全国高校野球選手権大会は16日、第5日を迎え、午前10時から2回戦3試合が行われた。この日はお盆でもあり、スタンドは早朝から5万余の観衆で白一色に埋まった。育英（兵庫）－広島商（西中国）は、広島商の後半の反撃で大会初の延長戦となったが、十回、広島商が今田のスクイズでサヨナラ勝ちした。

広島商のあくなき闘志が土壇場での逆転劇を生み出した。1点を追う九回2死から、同点に追い付き、延長十回1死二、三塁から今田が初球をスクイズして勝利を収めた。

広島商の曽根は立ち上がり、得意の沈むシュートが決まらず苦しんだ。一回には1四球、二回には2安打1四球で走者を出したが、バックの好守で得点は許さなかった。しかし三回、伊佐の失策と四球で1死一、二塁とされ、古村、松本にカウントを整えようとしたカーブを狙い打たれて、3点を失った。

これに対し、育英の永井は長身から重いシュートを武器に好投。広島商はこの内角のシュートにつられて高い球に手を出し、四回まで益井を除いて、よい当たりがなかった。

広島商の反撃は五回に始まった。1死後、南波が永井のカーブを中前にはじき返して出塁すると、急に制球を乱した永井から3四球を奪って1点を返した。六回は先頭益井が左中間を破る二塁打を放ち、曽根の左前適時打でまず1点。無死一、二塁から三塁手の悪送球で追い付いた。なお無死二、三塁とチャンスが続いたが、後続の3者が凡退して勝ち越せなかった。

逆に七回、曽根が小山に四球を許したのち、バントと戸梶の適時打でまたも育英にリードを許した。広島商は九回2死後、四球の島田が二盗、河野が追い込まれながら、左前に快打して、今大会初の延長に持ち込んだ。

十回、平川の四球、曽根のバントが野選となって無死一、二塁。続く南波のバントで二、三塁としたのち、やや動揺した永井に今田が初球をきれいに転がして、熱戦に終止符を打った。広島商が勝負強さを十分に発揮した一戦だった。

育　英	0	0	3	0	0	0	1	0	0	0	4
広島商	0	0	0	0	1	2	0	0	1	1	5

（育）永井－戸梶　（広）曽根－南波　（延長十回）

【育　英】	打	安	点
⑧ 小　山	4	1	0
⑤ 川　口	4	0	0
③ 中　井	3	0	0
② 戸　梶	4	1	1
⑦ 古　村	5	2	1
⑧ 松　本	4	1	2
① 永　井	4	0	0
⑨ 梶　原	5	2	0
④ 木　下	5	0	0
計	38	7	4

【広島商】	打	安	点
④ 佐々木	4	1	0
⑨7 島　田	2	0	1
⑥ 河　野	4	1	1
⑧ 益　井	5	2	0
③ 平　川	3	0	0
① 曽　根	4	1	1
② 南　波	3	1	0
⑦ 迫　田	1	0	0
9 今　田	3	1	1
⑤ 伊　佐	1	0	0
5 久　保	3	0	0
計	33	7	4

	振	球	犠	盗	失	残	併
育	3	5	2	0	1	11	0
広	8	6	5	1	4	11	0

▽二塁打　古村、益井

【ベンチ入りした主なプロ野球選手】

≪育英≫

永井進	阪急
戸梶正夫	阪神－東京

メモ

「世界の王」

この大会の注目選手といえば、早実の王貞治。同年春の選抜大会では、エースとして3試合連続完封をマークし、関東に初めて選抜優勝旗をもたらした。夏は広島商が育英を破った直後の試合に登場。寝屋川（大阪）を相手に大会史上3人目となるノーヒットノーランを達成した。

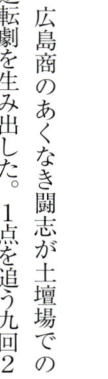

③1957年8月18日
第39回全国高校野球選手権準々決勝

広島商（西中国）－上田松尾（信越）

二回、広島商2死、中前打の伊佐が打者島田の時に二盗する

広島商、快勝で準決勝進出

全国高校野球大会第7日は、18日午前8時半から準々決勝4試合が行われた。優勝候補の岐阜商（三岐）、早実（東京）が相次いで姿を消した。第1試合は上田松尾（信越）と広島商（西中国）が対戦し、機先を制した広島商が山中の好投と相まって、5—0で快勝した。

準決勝のカードは法政二（神奈川）—大宮（南関東）、広島商—戸畑（福岡）となった。

広島商は立ち上がりに制球に苦しむ上田の神津をうまく攻めて、先取点を挙げると、山中が持ち味の重い速球を内外角の低めに決めて好投。快勝で準決勝進出を決めた。

一回、広島商は早くも隙のない攻めを見せる。島田が四球、佐々木も1—3からよく粘って歩き、河野のバントで1死二、三塁のチャンスをつかんだ。ここで益井が三塁右を破り、続く曽根が初球をスクイズ。あざやかな速攻で2点を挙げた。

この2点で調子に乗った広島商打線は毎回のように安打の走者を出し、三回には中前打の佐々木が敵失で生還。四、五回はやや立ち直った神津に後続を断たれはしたが、六回には山中の中前打をきっかけに、島田、河野、益井が神津に息つくひまも与えず連打し、ダメ押しの2点を挙げた。

ボールには絶対手を出さず、好球を巧みに内野の間を抜く広島商の打法は見事。巧みなバント、盗塁を織り交ぜて、完璧な攻撃を展開した。

守っても、内野手の出足の良さで、安打性の当たりも凡ゴロに終わらせ、投攻守で完全に上田を圧倒。上田の打線は広島商山中の投げる外角低めの重い速球、内角に浮き上がるシュートボールに最後まで全く手が出ず、五、九回の安打の走者も、広島商の見事な併殺網にかかった。一回の死球の手塚、八回の四球の倉島の2人が残塁を記録しただけ。2本の安打も、1本は詰まった当たりで左前に落ち、1本は内野フライが風に流されたもの。完全に山中の独壇場であった。

完投の山中を監督たたえる

試合後、円光寺監督はうれしそうに、完投した山中を迎えた。「選手たちもきょうは全然疲れませんでした」と全く余裕しゃくしゃくの様子。

山中は初完投の喜びを「広陵との予選決勝戦の時よりも、きょうの方がよかった。途中少し力み過ぎて、ややボールが多くなったが、コントロールには自信があったし、思うように決まった。とにかく、初めて完投できて本当にうれしい。一生忘れ得ぬ思い出になるでしょう」と笑顔。

伊佐が奮闘攻守に活躍

育英との一戦で手痛いエラーをした三塁手伊佐。山口コーチから「ヒットを打てばいいところに連れて行ってやる」と言われて、二回裏、中前にゴロのヒット。そればかりか、七回表には遠藤の痛烈な一撃を横っ跳びでシングルキャッチし、一塁へ好送球。その上、2死後、富岡のヒット性のゴロも好捕。絶好のファインプレーを演ずれば、山口コーチも「現金なヤツ」とあきれ顔。

上田松尾	0	0	0	0	0	0	0	0	0	0
広島商	2	0	1	0	0	2	0	0	×	5

（上）神津ー倉島　（広）山中ー南波、沓内

メモ

「番狂わせ」

大会7日目の準々決勝は大荒れとなった。第1試合は広島商が順当に勝ち上がったが、第2試合では優勝候補の岐阜商（三岐）が初出場の大宮（南関東）に1-2でまさかの逆転負け。続く第3試合では春夏連覇を狙う早実（東京）が法政二（神奈川）に1-2で逆転負けした。早実・王貞治と広島商の対決は実現しなかった。

【上田松尾】		打	安	点
⑦	手塚	2	0	0
⑧	遠藤	3	0	0
③	山崎	3	0	0
⑥	富岡	3	0	0
④	栗田	3	1	0
②	倉島	2	0	0
⑨	梶村	2	0	0
9	成田	1	0	0
①	神津	3	0	0
⑤	佐藤	2	0	0
H	横沢	1	1	0
R	成沢	0	0	0
	計	25	2	0

【広島商】		打	安	点
⑦	島田	3	1	0
7	迫田	0	0	0
④	佐々木	1	1	0
4	久保	2	0	0
4	花田	1	0	0
⑥	河野	4	1	2
⑧	益井	4	3	1
⑨	曽根	3	1	1
③	平川	3	1	0
②	南波	3	1	0
2	沓内	1	0	0
①	山中	3	1	0
⑤	伊佐	3	1	0
	計	31	11	4

	振	球	犠	盗	失	残	併
上	1	3	1	0	1	2	1
広	9	4	4	4	0	10	2

【ベンチ入りした主なプロ野球選手】

≪上田松尾≫

倉島今朝徳　明大―国鉄

④1957年8月19日
第39回全国高校野球選手権準決勝

広島商－戸畑
（西中国）　（福岡）

三回、広島商1死満塁、南波のスクイズで河野が生還。捕手田中

広島商、逆転勝ちで決勝へ

全国高校野球選手権は20日に最終日を迎え、深紅の大優勝旗を目指して法政二（神奈川）と広島商（西中国）の間で決勝戦が行われる。悪戦苦闘の末、勝ち進んだチーム同士の対戦だけに、好試合が期待される。

大会8日目の19日には、約3万の観衆を集めて準決勝2試合が行われた。第1試合は法政二が大宮（南関東）に3－1で快勝。第2試合は広島商が3点のビハインドにもめげず、二、三回に戸畑（福岡）の内野陣の混乱に乗じて加点し、逆転勝ちした。

新鋭―古豪の対戦は、古豪広島商の作戦勝ちに終わった。

立ち上がり、広島商の曽根はカーブで追い込みながら、決め球が高めに入って、4連続長短打を浴び、3点をリードされた。しかし、広島商は二回にすぐさま反撃する。益井の右前打を足場に敵失で1点を返した。

三回には佐々木が清水得意のドロップを左前に痛打、河野のバントは投手の敵失を誘って、無死二、三塁と絶好の反撃機をつかんだ。ここで、益井が敬遠され、急に乱調となった清水から曽根が押し出し四球で1点差。平川が倒れて1死後、南波が一塁線にスクイズして同点に追い付き、さらに今田の二ゴロと清水の暴投で、あっという間に2点のリードを奪った。

これに気をよくして、曽根はすっかり立ち直った。カーブを決めて、戸畑打線に適時打を許さず、三塁手伊佐、遊撃手河野の攻守にも助けられて、9回を見事に投げ切った。九回には佐々木の右中間三塁打を足場にダメ押しの1点まで加えて、文句なしの決勝進出となった。

戸畑は一回、山下の右越え三塁打を含む連続安打で3点を奪ったが、二回以降は曽根に要所を締められた。九回は2死満塁と曽根を追い込んだが、決定打がなく、敗退した。

三回に見せた清水の乱れが大きく戦況を左右したが、わずかなすきを巧みについた広島商の試合運びのうまさと、粘り強さが決勝進出への大きな要因であった。

三塁手伊佐 曽根助ける

三塁手伊佐がしばしば難ゴロをうまくさばいて、曽根を助けた。息を弾ませて「初めは硬くなったが、2回目からは楽にプレーできた。とにかくエラーせんように頑張った」と伊佐。そばから曽根が「本当に助かりました。疲れはなかったが、一回は直球が高めに入ったようです。二回からは南波さんから低めに投げろと言われ、その通りにしたのがよかったと思います。カーブもシュートも後半は思うように決まりました」と語った。

広島商・円光寺監督の話

一回の3点で少し苦しかったが、1点ずつ返せばいいと思って、そんなに焦らなかった。曽根には絶対の信頼を寄せ、必ず立ち直ってくれると思っていた。九回の2死満塁は、3点もリードしていたので気分的には楽だった。あす法政二と対戦するが、両軍投手とも弱っているので、体当たりでぶつかるだけだ。こちらは曽根、山中、もしそれが駄目なら益井も登板させて、全力を尽くす。

広島商	0	1	4	0	0	0	0	0	1	6
戸　畑	3	0	0	0	0	0	0	0	0	3

（広）曽根－南波　（戸）清水－田中

【広島商】		打	安	点
⑦	島田	3	0	0
7	迫田	2	0	0
④	佐々木	4	2	0
⑥	河野	5	1	0
⑧	益井	4	1	0
①	曽根	2	0	1
③	平川	3	0	0
②	南波	3	1	1
⑨	今田	3	0	1
⑤	伊佐	4	0	0
	計	33	5	3

【戸　畑】		打	安	点
⑥	白水	4	1	0
⑨	山下	5	1	1
②	田中	4	1	1
⑧	鈴木	4	2	0
①	清水	3	0	0
⑦	松本	3	0	0
③	松永	3	1	0
⑤	野頭	3	1	0
H	今宮	1	0	0
④	橋上	4	1	0
	計	34	8	2

	振	球	犠	盗	失	残	併
広	3	5	2	0	2	7	0
戸	4	3	1	1	3	7	1

▽三塁打　山下、佐々木▽二塁打　南波▽暴投　清水

メモ

「主将」

この年の広島商の主将は迫田穆成《よしあき》。のちに広島の高校野球界を引っ張った名監督だ。1967年に同校の監督に就任し、73年に通算5度目の全国制覇を達成した。広島商で選手、監督両方で優勝を経験したのは迫田と川本幸生の2人だけ。その後は如水館の監督として春夏通算8度、甲子園に導いた。

⑤1957年8月20日
第39回全国高校野球選手権決勝

広島商－法政二
（西中国）　（神奈川）

広島商　戦後初の栄冠

深紅の大優勝旗を手に球場を一周する広島商ナイン

全国高校野球選手権大会最終日、法政二（神奈川）－広島商（西中国）の優勝戦は快晴の20日、午後1時1分から甲子園球場で約3万の観衆を集めて行われ、広島商が法政二を3－1で下して、27年ぶりに優勝を果たした。大正13年、昭和4、5年と合わせて、計4度目で、戦後初。

試合は三回、広島商が平川の安打を足場に佐々木の右翼線三塁打で先取点を奪い、島田、益井の四球から2死満塁と詰め寄ると、曽根の適時打と野手の失策で計3点を挙げた。先発曽根が法政二の追い上げをかわした。

試合終了後、直ちに閉会式に移り、村山大会会長から広島商の迫田主将に深紅の大優勝旗が授与され、9日間にわたる熱戦の幕を閉じた。

深紅の大優勝旗が山陽路を下るか、箱根を越えるか――。予想を覆して勝ち進み、決勝に相まみえたのは、東の法政二と西の広島商であった。

ともに投手に不安を抱えるチーム同士の対戦。勝敗の岐路は、リリーフの時期を誤らないことがまず第一に考えられた。特に打力において広島商に一歩譲る法政二は、適切な投手リレーに活路を見いだすことが重要だった。法政二が過去3試合を勝ち抜いたのはこのリレーが適切で図に当たったからだ。

つまり、この一戦は法政二の投手リレーを広島商打線がどう攻略するかにあった。

このヤマ場は意外に早く三回に訪れる。右前打した平川が伊佐のセーフティーバントで二封されたが、佐々木が右翼線を破る三塁打を放ち、均衡を破った。

続く島田はスクイズを警戒されて四球、河野三振、益井敬遠の四球で2死満塁となったのち、曽根が外角球を右前に押し出すように適時打。右翼手のバックホームが悪投となる間に、二塁走者島田もホームを陥れて、計3点。優勝への足場をがっちりと築き上げた。

法政二の継投のタイミングは三回初め、佐々木の適時打の直後、2死満塁の3度。その全てを見送って、致命的な失点を招いた。2番手青木が広島商打線を2四死球のみに抑える好投を見せただけに、3点を奪われるまで青木を出し惜しんだ投手起用の失敗が惜しまれた。

これに対して、広島商はあくまで正攻法を取り、主戦投手の曽根を先発させた。一回、先頭打者二宮の左前打などで1死二塁とされたが、小川、中山を外飛に終わらせてこのピンチを脱した。三回に3点のリードとなってからは、自己のペースで危なげなく投げ続け、六回の1死一、二塁も二塁走者をけん制球で憤死させるなど、余裕のあるマウンドさばきを見せた。

広島商は1回戦の育英に3－4と1点リードされ、九回最後の攻撃も2死走者なしとなった時には、甲子園から姿を消すのも時間の問題と思われた。しかし、絶体絶命の窮地から盛り返して、優勝にまでこぎつけたその不屈の闘志と粘りこそ、高校野球の神髄である。それを具現した広島商の優勝は当然の結果であったといえよう。

好守・巧打が道開く
アメとムチ　監督こそ殊勲者

九回表、法政二の攻撃は2アウトになった。次打者は河東。広島商曽根はカウント2－2と追い込む。3万の観衆が息を詰めて見守った。曽根の右腕から第5球が投げられた。カーブだ。外角に曲がったと思った瞬間、白球は弧を描いて右翼へ飛んだ。島田は5、6歩右へ走って構えた。つかんだ。

ナインは一斉に曽根のもとに駆け込む。肩を互いに抱き合っているが、言葉が出ない。この喜びを表す文句が出ないのだろう。円光寺監督もさすがに涙を浮かべて、全員を抱え込むように迎え入れていた。やがて、全国1769校の高校球児が夢にまで見て憧れていた深紅の大はいが迫田主将に授与された。最高の栄誉、そして最大の感激の瞬間である。

思えば、全国優勝への道は険しく多難であった。予選から苦しい試合が多く、西中国大会では、萩に九回に逆転勝ち、決勝の広陵戦も1点差で危うく逃げ切った勝利だ。そして本大会に入ってからも、2回戦の育英と準決勝の戸畑に3点を先取されるありさまで、上田松尾とのゲームを除いて楽な試合はなかった。

こうした悪戦苦闘を繰り返しながら、見事に優勝をつかめた力はどこにあったのか。3試合を完投した曽根の好投、予選と本大会を通じて5割近い打率を残した益井の活躍も確かに目立つ。ただ、再

三回、広島商2死満塁、曽根㊧の右前適時打と敵失で2者が生還

三招いたピンチにも動揺しなかったバックの好守、しつようにチャンスを切り開いて、反撃の糸口をつかんでいた打線のムラのなさが、広島商の身上であり、勝因だった。つまり、チームワークの勝利なのである。

この秀でたチームワークは伝統校だからといって、自然に備わるものではない。そこには人知れぬ苦労と努力があった。円光寺監督が小川氏のあとを継いで監督に就任したのはこの1月である。広鉄勤務のかたわら、コーチに専念した。授業が終わる午後3時ごろには必ず校庭に現れた。同氏の指揮法は決してノックの雨を降らすといったスパルタのものではない。合法的な練習法をとった。

だが、平常朗らかで冗談をよくとばす円光寺監督も、いったん、グラウンドに出ると笑顔一つ見せない。ときには激しく選手を叱りとばす。特に、時間さえ許せばやっていた練習試合で選手がサインを見落とすと、容赦なく雷を落とすそうだ。この真面目な闘志のある指揮に、選手たちは次第に慣れるとともに、尊敬の度を深めた。

また、広島商はプレーに落ち着きを得るために、精神修養にも努力を重ね、近くの仏通寺で月に何回となく座禅を組み、お説教を拝聴したという。広島商の優勝はこうして養われた不屈の闘志、人の和、試合運びの妙、落ち着きによってもたらされたものである。その意味で、鉄道勤務のかたわら、母校の指導に心血を注いだ円光寺監督こそ、第一の殊勲者だったといえる。

広島商・円光寺監督の話

何も言うことはありません。みんなよくやってくれました。中でも曽根がよく投げて、よく打ってくれて、こんなうれしいことはない。きょうは山中―曽根のリレーを考えていたが、試合前に曽根に「きょうは大丈夫か」と聞いたら、「大丈夫。ほうらせてくれ」と言うので、「そんなら完投せよ」といって、曽根を立たせました。監督就任以来、8カ月ですが、チームワークを主に全選手を大事にしたことがよかったと思います。育英に勝って自信が付きましたが、みんな一糸乱れぬ動きをしていたことが、優勝の最大の原因です。

同・佐々木選手の話

あの球はアウトコースの球でした。戸畑のときにも三塁打を打っているので、なんだか打てそうな気がしました。三塁を踏んで、伊佐君がホームに滑り込んだのを見て、これで勝てるような気がしました。

同・曽根選手の話

優勝戦といっても別にあがりませんでした。南波さんのリードが良くて、非常に投げやすかった。一回は先取点を取られるとうるさいので少し緊張しましたが、九回は怖くなかった。カーブ、シュートがよくコースぎりぎりに決まって、効果的だったと思う。

同・益井選手の話

打つ自信は絶対あった。育英戦のときも逆転勝ちできるような気がした。全然あがらず、気分的にとても楽だった。試合を通じて印象に残る投手は法政二の青木投手です。

同・迫田主将の話

勝因は結局チームの団結力と応援の力にあったと思います。阿賀との対戦にも、萩での広陵との決勝戦にも苦しい試合の連続でした。甲子園では気分的にとても楽でした。

法政二	0	0	0	0	0	0	0	0	1	1
広島商	0	0	3	0	0	0	0	0	×	3

（法）延藤、青木―中村　（広）曽根―南波

【法政二】		打	安	点
⑥	二宮	3	2	0
③	野口	3	0	0
④	小川	4	2	0
⑦	中山	4	0	0
⑨	吉田	2	0	1
⑤	河東	4	0	0
⑧	藤田	3	1	0
②	中村	3	0	0
①	延藤	1	0	0
1	青木	2	0	0
	計	29	5	1

【広島商】		打	安	点
④	佐々木	4	1	1
⑦9	島田	3	0	0
⑥	河野	3	0	0
⑧	益井	3	1	0
①	曽根	3	1	1
②	南波	3	1	0
⑨	今田	2	0	0
7	迫田	1	0	0
③	平川	2	1	0
⑤	伊佐	3	0	0
	計	27	5	2

	振	球	犠	盗	失	残	併
法	2	2	2	0	1	5	2
広	5	4	0	1	1	4	0

▽三塁打　佐々木

【ベンチ入りした主なプロ野球選手】

≪法政二≫

小川博　法大―阪急

メモ

「OB歓喜」

戦後初の優勝に、広島商OBは興奮が収まらない様子だった。当時南海の監督だった鶴岡（当時山本）一人氏もその一人。三塁側スタンドに姿を見せ、「自分は法大出身で、法政二の監督は後輩。どちらを応援しようか迷ったが、陰ながら母校を応援させてもらった」。優勝を見届け、「今度は南海の番だね」。

⑥1958年4月4日
第30回選抜高校野球大会1回戦

広陵（中国・広島）－中京商（中部・愛知）

広陵 決定打欠き無念

選抜高校野球第3日は、2日間降り続いた雨もカラリと晴れ上がった4日午前8時42分から、甲子園球場で行われた。優勝候補の中京商（中部・愛知）の登場でファンの出足は良く、試合開始前に4万を数えた。

1回戦の中京商―広陵（中国・広島）は広陵の食い下がりもむなしく、中京商が二、七、八回の得点機をモノにして辛勝した。

四回、広陵1死満塁、生田の二ゴロで三塁走者兼重が生還し、1−1とする

先手、先手と攻めつける中京商を、広陵は後半激しく追ったが、中京商の伊藤竜の懸命の投球の前に決定打を欠き、善戦むなしく、1回戦で敗退した。

広陵先発の迫谷は内角低めの直球、緩いカーブをよくコントロールしていたが、二回は球が高めに集まった。先頭の早瀬に二塁打を浴び、1死後酒井に三遊間を破られ、左翼手の佐古田がややもたつく間に、先制を許した。

しかし、迫谷は落ち着いたプレートさばきで、酒井をけん制で刺し、1失点にとどめた。六回は二失から無死満塁となったが、三塁走者をけん制で刺し、大山に外角球を打たせて、併殺に打ち取るなど、見事なピッチングを見せた。

迫谷の好投に応えて、広陵は四回、先頭の三原が三前バントで出塁。二盗を刺されはしたが、これに動揺した伊藤竜から兼重、宮下、小松が連続死四球を得て1死満塁とし、続く生田がスクイズの構えでけん制したのち、二ゴロを放ち、同点に追い付いた。

しかし、地力に勝る中京商は七回1死一、二塁から河合が一、二塁間を破って1点。八回にも1死から中前打、二盗の石黒を早瀬が三遊間を破って生還させ、加点した。

中京商の伊藤竜はスピードこそあるが、投球が高めに浮き気味。広陵は七回、佐古田、末田の連打、迫谷の四球で2死満塁、九回にも1死後、佐古田の中前打、末田の左越え二塁打で一打同点のチャンスをつかんだが、あと一本がでなかった。特に、七回のチャンスで三村のよい当たりが、遊撃正面に飛んだのは不運であった。

中京商	0	1	0	0	0	0	1	1	0	3
広　陵	0	0	0	1	0	0	0	0	0	1

（中）伊藤竜―河合　（広）迫谷―末田

【中京商】		打	安	点
④	大　山	4	0	0
⑥	石　黒	4	2	0
⑧	伊藤盛	4	0	0
⑦	早　瀬	4	2	1
①	伊藤竜	4	0	0
⑨	酒　井	4	1	1
③	原　田	3	2	0
②	河　合	4	1	1
⑤	森　川	2	0	0
	計	33	8	3

【広　陵】		打	安	点
⑤	三　原	4	1	0
④	兼　重	3	2	0
⑥	宮　下	3	0	0
⑧	小　松	3	0	0
③	生　田	3	0	1
H	寺　本	1	0	0
⑦	佐古田	4	2	0
②	末　田	4	2	0
①	迫　谷	2	0	0
⑨	立　田	2	0	0
9	三　村	2	0	0
	計	31	7	1

	振	球	犠	盗	失	残	併
中	3	1	1	1	0	5	1
広	2	5	0	1	3	8	1

▽二塁打　早瀬、原田、末田

メモ

「史上初のナイトゲーム」

第30回大会の最大のトピックスは、大会第1日の第3試合・坂出商（四国）−興国商（近畿）。序盤から点の取り合いとなり、試合は3−3で延長戦へ。選抜大会史上初めて、照明灯が点灯された。十五回に1点を勝ち越した坂出商が勝利した。4時間9分の熱戦で試合終了は18時58分。

【ベンチ入りした主なプロ野球選手】

≪中京商≫

伊藤竜彦	中日―近鉄
石黒和弘	慶大―東京
早瀬方禧	中京大―阪急―広島

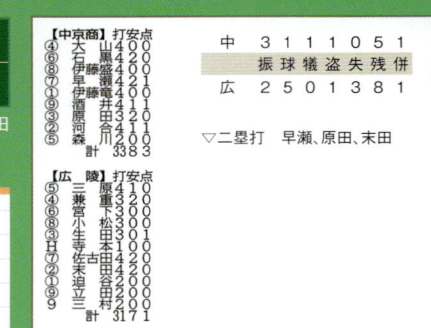

⑦1958年8月10日
第40回全国高校野球選手権1回戦

尾道商－福島商
（広島）　（福島）

六回、尾道商2死、三塁走者清水（右から2人目）が本盗に成功し、2－2とする。打者大池。捕手横山

尾道商 鮮やか逆転勝ち

全国高校野球選手権大会第3日は、西宮と甲子園両球場で、1回戦各3試合があった。西宮球場の第1試合は、尾道商（広島）が順当に福島商（福島）に勝った。一方、甲子園では前評判が高かった浪華商（大阪）が初戦で姿を消した。

尾道商は、やや荒れ気味の三浦を攻めて、再三好機をつくった。一回は2四球で二、三塁、二回にも3安打で満塁と、五回まで毎回のように得点圏に走者を出しながら、決定打なし。スクイズに失敗して、四回の岡野の三塁打もスクイズに失敗して、どうしても得点の門が開けられなかった。

しかし六回、先頭の箱崎が三越え安打。清水がバント安打で生きて、反撃のチャンスをつかみ、遊撃からの送球をタッチを焦った捕手が落球し1点を返した。さらに2死後、清水が果敢な本盗に成功し、同点に。さらに大池が気落ちした三浦に左中間二塁打を浴びせて、一気に逆転した。

主戦串畑は序盤に味方の失策もあり2点を失ったが、内角にシュート、外角にカーブを投げ分けて、無難に投げた。得意のスローカーブがなく、終盤かなり打ち込まれたが、落ち着いたプレートさばきで、1点差を守り切った。

六回 足絡め3得点

0－2とリードされた尾道商は六回、敵失で1点を返し、2死ながら走者は一、三塁。ベンチの期待と心配の入り交じった目、2万3千の観衆の目は一様に次打者大池のバットと福島商の三浦に注がれていた。

大池への1球目、一塁走者の岡野が二盗したが、大池はストライク二つを見送る。三浦が次のモーションに入ったとき、スルスルと三塁走者清水がスタート。そのまま本塁へ砂煙を上げて滑り込んだ。大橋球審の手は水平に振られてセーフ。尾道商はついに同点に追い付いた。応援団が狂喜乱舞する中を清水はにっこり笑ってベンチへ。

この回の打席には、きれいな三塁前バント安打して反撃のチャンスを築いており、足で稼いだ貴重な1点だった。このあと、大池も気落ちした三浦のカーブをよく腰を入れてたたき、左中間を大きく破る二塁打。岡野がうれしそうにホームを踏んで、劇的な逆転となった。

昨年の広島商がそうであったように、最後までリードを追いかける尾道商の粘りには観衆もびっくり。清水は「サインが出ていたので、思い切って走った。滑り込んだ時には、これはもらったと思った」。大池は「打ったのは外角へのカーブだと思うが、先取点を取られても取り返す自信はあった」と胸を張った。

尾道商・池田監督の話

串畑はスピードがあり過ぎて打たれた。うちのチームは勝った時でもいつも苦しい試合をするんですよ。3、4、5番が当たらなかったので苦戦となったが、ほかの選手がよくカバーしてくれ、まあみんなの力で勝ったようなものです。

尾道商	0	0	0	0	0	3	0	0	0	3
福島商	0	0	1	0	1	0	0	0	0	2

（尾）串畑－竹中逸　（福）三浦－横山

【尾道商】		打	安	点
⑧	大池	4	2	1
⑦	上野	1	0	0
7	広川	1	0	0
④	谷重	4	0	0
②	竹中逸	4	0	0
⑨	箱崎	3	1	0
⑥	清水	4	1	0
③	木村	3	1	0
⑤	岡野	4	2	1
①	串畑	4	0	0
	計	32	7	1

【福島商】		打	安	点
③	阿部	4	1	0
④	田村	3	0	0
②	横山	4	2	0
⑧	引地	4	1	0
⑦	佐久間	4	0	0
⑨	播磨	2	0	0
H	小谷	1	0	0
9	五島	1	0	0
⑥	唯木	4	2	0
⑤	大槻昇	2	0	0
H	佐藤	1	0	0
①	三浦	3	1	1
	計	33	7	1

	振	球	犠	盗	失	残	併
尾	6	5	2	6	2	9	0
福	7	0	2	1	1	6	0

▽三塁打　岡野▽二塁打　唯木、横山、大池

メモ

「西宮球場」

第40回大会は記念大会として、史上初めて、アメリカの施政下にあった沖縄を加えた47代表校で実施された。試合増に対応するため、3回戦までは甲子園球場と西宮球場の2会場で実施。尾道商は1、2回戦ともに西宮球場での試合で、甲子園の土を踏めないまま大会を終えた。

⑧1958年8月12日
第40回全国高校野球選手権2回戦

尾道商（広島）－海南（和歌山）

尾道商、九回、木村のスリーバントスクイズで、三塁走者竹中逸が生還し、4−4とする

尾道商無念 11回力尽く

全国高校野球選手権大会第5日は12日、甲子園、西宮両球場で2回戦計6試合が行われた。西宮球場の第3試合、尾道商（広島）－海南（和歌山）は九回、尾道商は必死の反撃で今大会初の延長戦に持ち込んだが、海南は十一回2死後、敵失を足場に2安打を連ねて、決勝の2点を挙げ、3回戦に駒を進めた。

尾道商は毎回、海南は三、八回を除いて毎回走者を出す乱戦に。延長十一回、尾道商は2死後、寺田の暴投からピンチを招き、箱崎がそれまで4安打と当たっている中野に手痛い左前打を浴び、決勝点を奪われた。

尾道商は二回、内野安打の竹中逸が捕逸で二進した後、2本のバント安打で先行したが、四回、串畑が4四死球に3安打と乱れ、4失点。逆転を許した。1死後、右前の飛球が風に流されて安打となる不運もあったが、力みすぎて、制球を乱したのは惜しかった。

尾道商はここでマウンドに箱崎を送った。箱崎は大きく割れるドロップを武器に好投。打線も五回に3安打で1点を返し、六回以後も毎回、海南の宗を追い詰めたが、ちぐはぐな攻撃で得点を挙げられなかった。九回、竹中逸の三塁打で1点を返したのち、木村のスリーバントスクイズが成功して、延長戦に持ち込む粘りを見せたが、十一回に力尽きた。

毎回の走者 生かせず

尾道商は毎回走者を出したが、走者の判断ミスと後続打者の不振で得点にいたらず、苦戦した。安打数は九回までに尾道商13本、海南8本。尾道商は三、五回にそれぞれ3連打を放ったが、1点ずつに終わり、海南は四回に3安打と串畑の与えた4四死球を有効に生かして、打者一巡の4点を奪った。

串畑は三回までは打者を3人ずつで片付けたが、四回に外角低めの球をいずれもボールと判定され、精神的にぐらついた。しかし四回の4失点のうち、1死後の2点目はライト側からレフト側に強い風に吹く中での高い飛球で、これを右翼手箱崎が追って、グラブに当てたが前に落とした。もし二塁手谷重が風を判断に入れて最初からこのボールを追っていたら、串畑が立ち直ったかもしれない。

六回、二塁走者の清水が和田の内野安打で本塁へ突入しなかったことなど、攻守にわたる不手際が追い付けなかった最大の原因となった。

ただ、幕切れになるかと思われた九回、4−4に追い付いたことは、尾道商の底力を示したものと称されるべきである。

海　南	0	0	0	4	0	0	0	0	0	0	2	6
尾道商	0	1	0	0	1	0	0	0	2	0	0	4

（海）宗－平野　（尾）串畑、箱崎－竹中逸　（延長十一回）

【海　南】		打	安	点
⑧	榎本	6	1	0
③	寺田	4	0	0
⑨	中野	6	5	1
②	平野	6	2	1
①	宗	2	0	0
⑦	中村	5	1	1
⑤	北野	5	1	2
④	羽根	4	0	0
⑥	宇治田	4	1	1
	計	42	11	6

【尾道商】		打	安	点
⑧	大池	2	0	0
8	和田	4	1	0
⑦	上野	4	1	0
④	谷重	4	2	0
⑨1	箱崎	5	2	0
R	竹中二	0	0	0
②	竹中逸	5	2	1
③	木村	5	2	1
⑥	清水	5	3	1
⑤	岡野	3	1	0
①	串畑	1	0	0
9	広川	3	1	0
	計	41	15	3

	振	球	犠	盗	失	残	併
海	4	8	1	3	2	10	3
尾	8	8	2	1	1	14	1

▽三塁打　竹中逸、中野▽二塁打　中野

【ベンチ入りした主なプロ野球選手】

≪海南≫

木原義隆　法大－近鉄－大洋－広島－太平洋

メモ

「柳井旋風」

第40回大会は、伏兵の柳井（山口）が初優勝した。優勝候補が次々と姿を消す中、主戦友歳克を中心に勝ち上がり、準決勝では好投手森光を擁する高知商を撃破。決勝では大会屈指の右腕・板東（英二）を攻略し、徳島商に7−0で勝利した。友歳克は全6試合に完投。山口に初めて深紅の大優勝旗をもたらした。

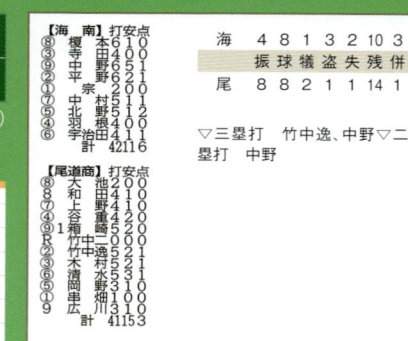

⑨1959年4月2日
第31回選抜高校野球大会1回戦

広陵 − 芦屋
（中国・広島）　（近畿・兵庫）

五回、広陵無死満塁、兼重（左から3人目）のスクイズが失敗。併殺となり、先制のチャンスを逃す

広陵 好機逃し惜敗

第31回選抜高校野球大会第2日は2日、午前8時30分から甲子園球場で1回戦4試合を行った。第1試合の芦屋（近畿・兵庫）―広陵（中国・広島）は、押しまくられていた芦屋が七回、西岡の殊勲打で決勝点を挙げて、辛勝した。

両軍とも打力を売りにしているチームだけに、打撃戦が予想されたが、予想に反して、試合は投手戦となった。それだけに、わずかなチャンスを生かすのか、逃すのかが勝敗の大きなポイントとなるのは当然。広陵に押され続けた芦屋が七回、唯一のチャンスに4安打中3安打を集めるという見事な攻撃を見せて先制。広陵には不本意な敗戦となった。

広陵の左腕迫谷はプレート度胸も十分に、巧みなインサイドワークで得意のスローカーブを意のままに操る見事なピッチングを見せた。六回、松永、広瀬の主力打者にいい当たりはされたものの、内外野の好守にも助けられて、2四死球を出しただけという完璧な出来だった。

迫谷が乱れたのは七回だけだった。1死後、松永に遊撃内野安打で出塁を許すと、走者をあまりにも気にしすぎたため、球が高めに入った。広瀬には禁物の内角直球を、西岡には真ん中に入るカーブを痛打されてしまった。

それにしても、広陵はあまりにもチャンスで打てなかった。三回の2死満塁を逸したのち、五回にも大内の安打を足場に、迫谷四球、白井のバントが投手の失策を招いて無死満塁とした。ボール数の多い安藤を陥落寸前まで追い詰めながら、兼重がボールをファウルしたのち、スクイズを失敗、併殺という最悪の結果を招いてしまった。スクイズでまず1点、そしてダメ押しをというベンチの作戦も分からぬではないが、安藤の投球が荒れていただけに、もう少し待ってみてもよかっただろう。

その後も広陵は毎回走者を出し、有利なカウントに追い込みながら、絶好球を見逃すというちぐはぐな攻撃ぶり。迫谷の好投に応えられなかった。

広陵・前田監督の話

チャンスに打てなかったのだから、何も言うことはない。五回のときはスクイズでなく、1点を取って、あとを強攻するつもりだったが、うちでも一番バントがうまい兼重が失敗したのだから残念だ。うちの打線なら、もっと打てると思っていたんだが。

広陵	0	0	0	0	0	0	0	0	0	0
芦屋	0	0	0	0	0	0	1	0	×	1

（広）迫谷―大内　（芦）安藤―広瀬

【広　陵】		打	安	点
④	兼重	5	1	0
⑦	生田	3	0	0
⑥	寺本	4	0	0
③	米田	4	0	0
⑧	三浦	4	1	0
⑨	中山	3	1	0
9	市原	0	0	0
②	大内	3	2	0
①	迫谷	2	0	0
⑤	白井	1	0	0
H	田中	1	0	0
	計	30	5	0

【芦　屋】		打	安	点
⑦	岡野	4	0	0
④	尾崎	3	0	0
⑧	松永	3	1	0
②	広瀬	2	1	0
③	西岡	2	1	1
⑨	林	3	0	0
①	安藤	3	0	0
⑥	吉宗	3	1	0
⑤	種	3	0	0
	計	26	4	1

	振	球	犠	盗	失	残	併
広	2	6	1	2	0	10	1
芦	3	2	0	0	1	3	1

▽二塁打　吉宗

【ベンチ入りした主なプロ野球選手】

≪広陵≫
三浦和美　明大―広島

≪芦屋≫
安藤敏雄　西鉄

メモ

「隣県対決」

第31回大会の決勝は、4度目の優勝を目指す岐阜商と、3度目の優勝を狙う中京商（愛知）の隣県ライバル対決となった。両校は前年の秋季中部地区大会で顔を合わせ、岐阜商が4−2で勝利。前評判は岐阜商有利の声が多かったが、中京商が序盤のリードを守り切り、3−2で優勝を飾った。

広陵—盈進商
（広島）　（広島）

広陵V 春夏連続甲子園へ

全国高校野球選手権大会広島県予選は31日、広陵—盈進商の決勝戦があり、広陵が15安打の猛攻を見せ、11—1の大差で盈進商を下した。広陵の夏の大会の出場は28年ぶり5度目である。

広陵は五回、寺本の3点本塁打で大勢を決し、終盤は盈進の主戦黒田を攻め立てて、大勝した。

立ち上がりは両軍とも硬くなって、野手の動きが鈍かった。広陵は一回、兼重が遊撃右を抜いて、直ちに二盗。生田も三遊間を破ったあと二盗し、無死二、三塁と絶好の先制機をつくった。続く中山はバントに失敗したが、三浦のゴロで兼重が、米田の一塁内野安打で生田が生還し、2点を先行した。

中山のバントは投飛となって、当然三塁走者も刺せたのだが、黒田の動きが鈍く併殺とならず。三浦の一打も三塁手が捕れぬ球ではなかった。米田の安打も黒田のベースカバーが遅れたためで、一回の守りが以後の戦局を大きく左右した。

盈進も二回から黒田がスローカーブをうまく使って、打たれながらも後続を断った。打線は三回、河内、恵木が迫谷のカーブを連打。赤池の三ゴロを白井が失策して、1死満塁としたあと、長谷川の二ゴロで1点差に詰め寄った。五回にも先頭の河内が二塁打で出塁。しかし恵木はバントに失敗し、赤池も打ち気にはやって、迫谷のカーブを三振し、追い付けなかった。

5日連投の黒田はさすがに疲労気味で、得意のシュート、直球に伸びがなく、五回に広陵打線に捕まった。生田に中前打され、三浦に死球を与えた後、寺本に1—2からの内角低めの直球を狙われて、手痛い3点本塁打。ここで盈進の望みは断たれた。

広陵はなおも七回、生田の安打を足場に黒田の直球を狙い打って、米田の左中間三塁打など6安打を浴びせて4点を加えた。八回にも巧みなヒットエンドランや重盗を織り交ぜて2点を追加。完全に盈進の息の根を止めてしまった。

OBのコイ白石監督見守る

広陵OBであるカープの白石監督は記者席で後輩たちの活躍を見守っていた。「広島で勝つことがまず第一の難関だったわけだが、これに勝つことができたのだから、あとは勝敗を抜きにして悔いのない戦いをしてもらいたい。きょうはみな、ボールを引きつけてよく打っていたので、この調子ならかなりいけるだろう。まあ、ちょっと投手力が心配で、もう少しスピードが欲しい。今すぐスピードを増やせと言っても無理なので、とにかく低めにボールを集めることが肝要。投手陣さえ頑張れば、打力がよいので、十分期待できそうだ」と語った。

春夏連続での甲子園出場を決めた広陵

広陵・前田監督の話

前半は打線が当たらなかったが、迫谷、松山両投手がよく投げたこと、準決勝以後は打線も本調子になったのが勝因です。きょうは黒田の外れるカーブは見逃して、直球、シュートを狙ったのがよかったと思う。兼重が強気で二盗したのが先取点となったわけだが、あれで随分楽になった。幸いチーム力も上り調子なので、何とか春の汚名を返上できると思う。

同・生田主将の話

春と夏に連続出場できるなんて、これ以上のうれしいことはありません。チーム全員も元気だし、自分の生涯の思い出のためにも、一生懸命戦いたい。

同・迫谷選手の話

盈進の上位打線は本当に怖かった。みんながよく打ってくれ、大量点を挙げてくれたので、気分が楽だった。僕も今年で最後なので、一生懸命頑張るつもりです。

盈進商	0	0	1	0	0	0	0	0	0	1
広　陵	2	0	0	0	3	0	4	2	×	11

（盈）黒田—恵木　（広）迫谷—大内

【盈進商】		打	安	点
⑧	河　内	4	2	0
②	恵　木	3	1	0
⑦	赤　池	4	0	0
③	長谷川	4	1	1
①	黒　田	3	1	0
④	倉　田	3	0	0
H	小　田	1	0	0
⑤	土　肥	3	1	0
H	門　田	1	0	0
⑥	牧　本	3	0	0
H	松　村	1	1	0
⑨	小　坂	2	0	0
H	猪　原	1	0	0
	計	33	7	1

【広　陵】		打	安	点
④	兼　重	5	1	0
⑦	生　田	4	3	0
7	市　原	0	0	0
⑨	中　山	4	2	0
⑧	三　浦	3	1	1
③	米　田	5	3	3
⑥	寺　本	4	2	4
②	大　内	4	1	1
①	迫　谷	4	1	0
⑤	白　井	1	0	0
5	三　村	3	1	1
	計	37	15	10

	振	球	犠	盗	失	残	併
盈	2	2	1	1	2	8	0
広	1	4	2	6	2	8	1

▽本塁打　寺本（黒田）▽三塁打　米田▽二塁打　迫谷、河内、長谷川

【ベンチ入りした主なプロ野球選手】

≪広陵≫

三浦和美　明大—広島

メ　モ

「西中国大会」

1948年の第30回大会から始まった。広島と山口の各県予選を勝ち上がった計8校が参加し、優勝校が西中国代表として甲子園に出場した。59年の第41回大会からは広島は1県で単独出場となり、広島大会の優勝校が代表に。西中国大会は山口と、東中国大会に出場していた島根で争われた。

⑪1959年8月14日
第41回全国高校野球選手権2回戦

広陵－宇都宮工
（広島）　（北関東）

五回、広陵2死二、三塁、中山が二ゴロに倒れる

広陵 打線振るわず敗れる

第41回全国高校野球選手権大会第5日は14日、甲子園球場で2回戦4試合を行った。第1試合は広陵（広島）が宇都宮工（北関東）と対戦し、1－2で競り負け、準々決勝進出を逃した。

広陵は宇都宮工・大井の好投に八回まで白井の三遊間内野安打1本に抑えられるなど、打線が機能せず。九回に反撃をみせて1点差に迫ったが、12三振を喫して完敗した。

広陵の主戦迫谷は内角低めに入る速球、カーブがボールとなって立ち上がりから苦しいピッチング。宇都宮工は二回、先頭の糸井が四球を選ぶと、田崎に手堅く送らせた後、大塚が三塁左に内野安打、黒崎も右中間二塁打と下位打者が迫谷の直球を狙い打って先行。石沢もうまくスクイズを決めて2点目を挙げた。

一方、大井も立ち上がりは荒れ気味で、一回は兼重に四球、二回には米田に死球を与え、いずれも無死で走者を出したが、けん制球などで、広陵の先行を許さなかった。

2点のビハインドを負った広陵は四回、1死後に三浦の四球と米田の二ゴロ失で一、二塁。五回にも2死ながら遊撃失策で出た兼重が二盗、生田四球の時に三盗に成功し、さらに生田も二盗と、広陵らしい攻めっぷりをみせて反撃の態勢を築いた。

しかし、四回は寺本が大井の外角ドロップを強振して三振。五回には中山が低めのボールを振って二塁ゴロに倒れて、大井を立ち直らせてしまった。

これを境に大井は尻上がりに好調となり、左腕から打者の膝元に食い込む速球と外角に垂直に落ちるドロップをうまく交えて、広陵打線を翻弄《ほんろう》。2点のリードを守り切った。

広陵は九回1死から米田が左中間二塁打、代打三村が大井の外角速球をうまく中前に合わせて、シャットアウトを免れたが、始めから終わりまでいたずらに大振りを繰り返すばかりで、左投手の攻略法を誤った。これに対して宇都宮工は、拙攻もあって追加点を挙げられなかったが、ボールに逆らわず、鋭いミートで左右に打ち分け12安打を記録、広陵とは対照的にうまい打撃をみせた。

広陵・前田監督の話

とにかく完敗でした。敗因は打撃が利かなかったことで、これ以外には何もありません。

広　陵	0	0	0	0	0	0	0	0	1	1
宇都宮工	0	2	0	0	0	0	0	0	×	2

（広）迫谷－大内　（宇）大井－猪瀬

【広　陵】		打	安	点
④	兼重	3	0	0
⑦	生田	2	0	0
⑨	中山	4	0	0
⑧	三浦	3	0	0
③	米田	3	1	0
⑥	寺本	3	0	0
H	田中	1	0	0
②	大内	3	0	0
H	三村	1	1	1
①	迫谷	3	0	0
H	甲野	1	0	0
⑤	白井	3	1	0
	計	30	3	1

【宇都宮工】		打	安	点
④	石沢	2	0	1
⑧	佐々木	4	1	0
②	猪瀬	4	1	0
①	大井	4	3	0
③	谷中	4	0	0
⑨	糸井	3	1	0
⑦	田崎	2	1	0
⑥	大塚	4	3	0
⑤	黒崎	3	2	1
	計	30	12	2

	振	球	犠	盗	失	残	併
広	12	4	1	3	0	7	1
宇	5	2	3	0	2	9	0

▽二塁打　米田、黒崎

【ベンチ入りした主なプロ野球選手】

≪広陵≫

三浦和美　明大－広島

メモ

「伏兵快進撃」

大会を盛り上げたのは出場3度目の宇都宮工（北関東）だった。2回戦で広陵に競り勝つと、大井の好投で、高知商（南四国）、東北（東北）を撃破。西条（北四国）との決勝戦では、2－2で延長戦へ。大井が十五回に力尽き、準優勝に終わったが、スタンドからは惜しみない拍手が送られた。

広島県大会

⑫1960年7月29日
全国高校野球選手権広島県大会決勝

盈進商（広島）－尾道商（広島）

広島県高野連の金子会長（手前）から優勝旗を受ける河内主将と盈進商ナイン

盈進商、悲願の甲子園切符

第42回全国高校野球選手権大会の広島県大会最終日は29日、広島市民球場で尾道商と盈進商との間で決勝が争われた。試合は前半、尾道商が押し気味だったが、盈進商は五回、坂本のスクイズで先制。八回にも佐藤の適時打でリードを広げた。竹内、津国、土肥のリレーで尾道商の反撃を抑え込み、大正10年の野球部創部以来、40年目で初の甲子園出場を果たした。

盈進商は序盤から尾道商に優勢に試合を進められたが、2度のスクイズ失敗など相手の拙攻にも助けられて、ピンチをしのぎ切り、初の栄冠を手にした。

序盤から尾道商にペースを握られた。一回、尾道商の青山が遊越え安打し、直ちに二盗。しかし、大崎がスリーバントを失敗した。四回には、麻生、林の安打で迎えた1死一、二塁で鍵山の打球が二塁ベースにけん制に入った遊撃手の真正面を突いて、併殺。五回には先頭の池田が三塁右を抜いて、盗塁とバントで三進したが、打者がスクイズのサインを見落として三本間で挟殺され、どうしても先制点を奪うことができなかった。

これに対し、盈進商は尾道商の先発門田の左腕から投じる内角球とカーブに、三回まで5三振を奪われるなど沈黙。しかし、「ピンチの後にチャンスあり」のことわざ通り、五回に絶好のチャンスを迎えた。先頭の小田が右越え二塁打し、相良、津国がよく粘って連続四球を選び無死満塁。尾道商はここで竹中をリリーフに送ったが、盈進商は竹中に球速がないのを見越して、坂本にスリーバントスクイズをさせて、先制点を挙げた。

1点リードで迎えた七回には、津国が無死で鍵山に左前打されたところで、3人目の土肥をリリーフに送り、逃げ込みを図った。尾道商は焦り気味で鍵山が二盗に失敗し、このチャンスをふいにしたばかりか、八回1死後、青山が右中間三塁打した同点機も打者大崎がまたもスクイズのサインを見落として、自ら勝利への道を断ってしまった。五、八回ともに、念を入れて選手をベンチに呼び寄せて注意を与えた上でのスクイズ失敗。勝運から見放されていたとしかいえないだろう。

逆に盈進商は、八回2死から、四球の長谷川が投手のけん制悪送球で三進すると、佐藤が中前打し、リードを広げた。尾道商としては、打ち勝ちながら盈進の目先を変えた投手リレーに、決定打を封じられ、無念の敗戦となった。

盈進商・神崎監督の話

本当にうれしい

勝つことができて本当にうれしい。尾道商には勝てるという自信を選手が持っており、広陵戦のように硬くならず、伸び伸びやったのがよかった。五回無死満塁に、スクイズで1点取って勝てたと思ったが、ひっくり返される不安もないではなかった。それにしてもぶざまな試合だった。

三回、相良がヒットで出て二盗したチャンスは、バントで送るケースだったが、尾道商がきょうは強気できたので、こちらも強気にいったわけだ。スクイズで2度、走者を刺したが、あのときは私が、投手にボールのサインを出してそれが当たった。

今春監督に就任してから、私が選手に一番強く要求したのは精神面で、1日1人200から400余りの個人ノックで、汗が出なくなるまでしぼる激しい練習をやった。これで念願の甲子園に行けるわけだが、過去広島からは広島商をはじめ広陵、呉港などが出て立派な活躍をしており、これが広島の代表かと言われないような立派なゲームをやりたい。

五回、盈進商無死満塁、坂本がスリーバントスクイズを決めて、三塁走者小田が生還する。捕手大崎

尾道商	0	0	0	0	0	0	0	0	0	0
盈進商	0	0	0	0	1	0	0	1	×	2

（尾）門田、竹中－大崎　（盈）竹内、津国、土肥－坂本

【尾道商】		打	安	点
⑥	青山	3	2	0
②	大崎	4	0	0
③	麻生	4	1	0
⑧	佐藤	3	0	0
⑦	林	4	1	0
④5	鍵山	3	1	0
⑨	池田	3	1	0
4	宗盛	0	0	0
①	門田	1	0	0
1	竹中	1	0	0
⑤	村上	1	0	0
9	平田	1	0	0
	計	28	6	0

【盈進商】		打	安	点
⑧	河内	4	0	0
⑨	猪原	4	0	0
⑦	赤池	4	0	0
⑥	長谷川	3	1	0
④	佐藤	4	2	1
③	小田	3	1	0
⑤	相良	1	1	0
H	浮田	1	0	0
5	当田	0	0	0
①	竹内	0	0	0
1	津国	1	0	0
1	土肥	1	0	0
②	坂本	2	0	1
	計	28	5	2

	振	球	犠	盗	失	残	併
尾	5	4	1	3	1	6	0
盈	7	3	1	1	2	7	3

▽三塁打　青山▽二塁打　長谷川、小田

【ベンチ入りした主なプロ野球選手】

≪尾道商≫

青山勝巳　大洋―近鉄

メモ

「戦国大会」

1960年の広島大会は広陵、広島商、呉港、盈進商、尾道商などを中心に戦力的に拮抗《きっこう》し、本命なき大会といわれた。ノーシード制で、盈進商は初戦で広陵と対戦し5－4で勝利。大敗した前年決勝のリベンジを果たすと、一気に勢いに乗り、初の頂点に上り詰めた。

盈進商－米子東
（広島）　（東中国）

一回、米子東1死三塁、矢滝がスクイズを試みたが、盈進商の好守で三塁走者宮本が本塁タッチアウト

盈進商　優勝候補に完敗

第42回全国高校野球選手権大会第3日は14日、1回戦4試合を行った。中国勢対決となった第4試合はナイターとなり、初出場の盈進商（広島）は米子東（東中国）の主戦宮本の投打にわたる活躍の前に0－8で完敗した。

盈進商は優勝候補の米子東の前に完敗した。神崎監督は相手の意表を突いて竹内を先発させたが、裏目に出た。竹内は立ち上がりから制球が悪く、一回に常藤、直江に四球を与えて、早くもピンチを迎えた。

この後、宮本に先制の右中間三塁打を浴び、代わった津国も中前適時打を浴びて、一挙3点を奪われた。宮本への投球は1ボール後のカウントを整えようとした直球が宮本の最も好きな外角に流れたもので、これは竹内の失投だった。

失投は五回にもあった。津国が無死から吹野、直江に連打されて降板後、3番手土肥が登板したが、自らの暴投で走者の二、三進を許した後、宮本に2－2から竹内と同じように外角直球を投げて2本目の右中間三塁打を浴びた。スクイズも決められてダメ押しともいえる3点を追加された。米子東の積極的なバッティングが盈進商の投手力を上回った。

打線はシュートが決まらず、球数の多い宮本から何度もチャンスをつくった。三回を除いて毎回走者を出したが、外角への直球とドロップを投げ分ける宮本から決定打を奪えず。宮本のカウントを整える好球を見逃したことが響いた。九回に代わった矢滝から長谷川、小田が連続四球で出塁したが、代打相良が再登板した宮本の落ちる球にひっかかって三ゴロ併殺に終わり、三塁も踏めなかった。

それにしても竹内の先発は意外だった。1度対戦し米子東打者を知っている土肥か、米子東の主力打者に左が多いことから左腕津国を先発させる手もあった。竹内の乱調で投手リレーが後手後手になったことが悔やまれた。

盈進商・神崎監督の話

竹内の先発は試合当日の朝決めた。3人とも皆同じように好調だったのでいけると思ったんですが…。完全に私の作戦負けでした。選手たちはみんなよくやってくれました。3点は勝ち越すと思ったが、一回に固めて取られたのは痛かった。1点ずつ取られたのなら何とか返すこともできたろう。それにしても米子東のバッティングはこの前やったときより予想外によかった。とにかく完敗でした。

同・長谷川主将の話

完敗です。あがることはなかった。宮本投手は、やはりうまい。この前0―1で負けたときより球が荒れていて打てそうで打てなかった。高校生で宮本を打てるものはそういないのではないでしょうか。

盈進商	0	0	0	0	0	0	0	0	0		0
米子東	3	0	0	0	3	0	0	2	×		8

（盈）竹内、津国、土肥－山内、坂本　（米）宮本、矢滝、宮本－清水

【盈進商】		打	安	点
⑧	河内	4	1	0
④	佐藤	3	1	0
⑦	赤池	4	0	0
⑥	長谷川	3	0	0
③	小田	3	0	0
⑨	浮田	2	1	0
H	相良	1	0	0
⑤	当田	3	0	0
H	猪原	1	0	0
①	竹内	0	0	0
1	津国	1	0	0
1	土肥	1	0	0
②	山内	1	0	0
2	坂本	2	1	0
	計	29	4	0

【米子東】		打	安	点
⑥	常藤	4	2	0
③	吹野	3	1	0
⑧	直江	3	2	0
①91	宮本	3	2	4
⑨19	矢滝	4	0	0
④	細川	3	2	1
②	清水	4	2	2
⑦	細田	3	0	0
⑤	松本	3	1	0
	計	30	12	7

	振	球	犠	盗	失	残	併
盈	6	5	0	0	1	7	1
米	1	4	3	1	1	5	2

▽三塁打　宮本2、清水

【ベンチ入りした主なプロ野球選手】

≪米子東≫

宮本洋二郎　巨人－広島－南海

メモ

「法政二初優勝」

打者ヘルメットの着用が義務化された第42回大会。法政二（神奈川）が決勝で静岡を破り、初優勝を果たした。「西高東低」が続いていた選手権で、優勝旗が箱根の山を越えたのは第31回大会の湘南（神奈川）以来、11年ぶり。エースは、プロ入り後に巨人のV9を支えた柴田勲。

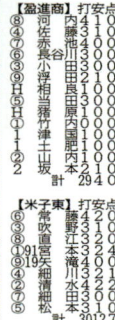

広島県大会

⑭1961年7月30日
全国高校野球選手権広島県大会決勝

崇徳（広島）－広陵（広島）

六回、崇徳2死二塁、高岡の二ゴロが敵失を誘い、二塁走者西原が生還する

1960年代

崇徳 広陵完封し初出場

第43回全国高校野球選手権広島大会最終日は30日、呉二河球場で崇徳－広陵の決勝があり、崇徳が岩本、西村の好リレーで、広陵を1－0で破り、甲子園初出場を決めた。

決勝にふさわしい好試合だった。岩本を先発させた崇徳ベンチの策が当たり崇徳の快勝となった。

崇徳は一、二、五回にいずれも先頭打者が安打で出塁。広陵を押しまくった。

しかし一回はバント失敗、二、五回は強攻に出て併殺を喫するちぐはぐな攻撃で、先行することができなかった。ところが六回1死後、西原が二ゴロ失で出塁すると、仁田が慎重に送り、2死二塁。ここで高岡の強い当たりの二ゴロが敵失を誘い、西原が生還して先取点を挙げた。

崇徳の先発岩本は立ち上がりから力まずにシュート、カーブを内外角の高低に制球する投球で広陵打線をうまくかわした。走者がいないときはシュートと外角低めの速球で凡打させ、走者を背負った時は、打ち気に出る打者に対してスローカーブをぎりぎりのコースに決めるなど見事なピッチングだった。

広陵はこの岩本のペースにまんまとはまり込んだ。八回、岸部、富樫の短長打で2死二、三塁と好機をつくったが、崇徳はここで西村をリリーフに起用。西村は藤井を歩かせた後、山本と勝負して遊ゴロに仕留めた。九回も2死から梶野、中村に連打されたが、決定打を許さなかった。崇徳の闘志あふれる攻守が広陵を圧倒した一戦だった。

同・高岡主将の話

まだはっきり優勝した実感がありません。全く夢のようです。この大会ではよく当たりましたが、監督さんのおかげです。甲子園への抱負は何も考える余地がありませんが、とにかく一生懸命頑張ります。

崇徳・久保監督の話

崇徳のファイトが広陵を上回ったことが、優勝した最大の原因です。岩本を起用したのは広陵の剛の打撃に対して柔の岩本をあてたわけでこれも勝因の一つでしょうが、岩本は四回くらいまでで、八回までとは考えませんでした。特にシュートと内角高めの直球がよく決まり、広陵打線を封じることができたと思います。（攻撃では）強気な戦法を多用したのですが、これは私の信条で強気、強気といけば相手が萎縮するということを考えたからです。甲子園でも岩本、西村をうまく使って広島県の伝統に恥じない野球を展開して頑張ります。

崇徳	0	0	0	0	0	1	0	0	0	1
広陵	0	0	0	0	0	0	0	0	0	0

（崇）岩本、西村－高岡　（広）梶野－河野

【崇　徳】		打	安	点
④	瀬　尾	3	1	0
4	山　田	1	0	0
⑤	西　原	4	0	0
⑧	仁　田	3	0	0
②	高　岡	4	1	0
⑨1	西　村	4	2	0
⑦	新　田	3	2	0
⑥	村　本	4	1	0
③	勢　川	4	1	0
①9	岩　本	4	1	0
	計	34	9	0

【広　陵】		打	安	点
⑨	井　上	5	0	0
⑥	岸　部	4	1	0
⑦	富　樫	4	1	0
③	藤　井	2	1	0
⑤	山　本	4	2	0
②	河　野	3	0	0
H	橋　本	1	0	0
⑧	福　富	4	0	0
①	梶　野	4	1	0
R	清　中	0	0	0
④	中　村	4	2	0
	計	35	8	0

	振	球	犠	盗	失	残	併
崇	3	1	1	0	0	7	0
広	1	2	0	0	2	10	2

▽二塁打　藤井、富樫▽暴投　梶野2

【ベンチ入りした主なプロ野球選手】

≪崇徳≫

西村宏	広島
高岡重樹	広島

≪広陵≫

福富邦夫	神奈川大―国鉄―サンケイ―ヤクルト―太平洋―ヤクルト

メモ

「新勢力」

創部14年目の崇徳が、初の決勝進出で春夏を通じて初の甲子園出場を決めた。その後、崇徳は県内の強豪校に成長。選抜大会は3度出場し、山崎隆造（広島）らを擁した1976年の第48回大会は初出場で初優勝を果たした。しかし、夏は甲子園が遠く、9度広島大会決勝に進出しながら、1度しか出場できていない。

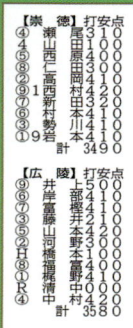

⑮1961年8月13日
第43回全国高校野球選手権1回戦

崇徳（広島）－武生（北陸）

十回、崇徳1死満塁、西村が遊撃内野安打を放ち、三塁走者山田がサヨナラのホームを踏む

崇徳サヨナラ 延長制す

第43回全国高校野球選手権大会第3日は、13日午前10時から甲子園球場で1回戦3試合があった。第3試合は崇徳が十回1死満塁で西村が内野安打を放ち、武生（北陸）にサヨナラ勝ちした。

崇徳は気の弱い西村を避けて岩本を先発させたが、一回1死後、内野安打と右翼線へのテキサス二塁打で二、三塁とされた。岩本は林を敬遠したが、平岡に遊撃左を破られ2点を先取された。崇徳は西村をマウンドに送り、西村は外角低めに速球を決めて2者連続三振に打ち取った。

崇徳の反撃は二回だった。西村の死球、新田の内野安打などで2死一、二塁とし、勢川が右前に落として1点、続く岩本も左前打して同点に追い付いた。

中盤は西村、林の投手戦となった。打線は三、五回に高岡が安打したが、いずれも無走者のとき。武生・林のスローカーブに狂わされた。九回には西村、新田の連打などで2死満塁と詰め寄ったが、岩本が右飛に倒れ、延長に入った。

十回、先頭の山田が中前打すると、西原が手堅く送り、仁田も内野安打して1死一、三塁と絶好のサヨナラ機を迎えた。武生はここで高岡を敬遠、満塁策を取ったが、西村が遊撃に内野安打して熱戦に終止符を打った。

西村は七回以降、毎回安打の走者を許したが、武生の走塁ミスにも救われ、得点を許さなかった。

投打の活躍 独り占め

西村のこの日2安打目はサヨナラ打となった。十回1死一、三塁で強打の高岡が敬遠されて満塁。西村は5球目を振るとボールは遊撃前に緩く転がった。武生の遊撃手が懸命に前進して本塁へ投げたが、三塁走者山田がホームイン。西村は「思い切っていけと監督さんにいわれていた。打とうという気が強すぎたようだが、打った瞬間走者はかえれると思った」。

そればかりか西村はピッチングも素晴らしかった。先発の岩本が打たれて、一回に登板したが、外角低めに速球を決めて快投。最後まで得点を許さなかった。「半分を岩本が投げると思っていたので、ちょっと慌てたが、何も考えず高岡のサイン通り投げた。調子は普通でした。コントロールがよく、思うように投げられた。最後は外角球を狙われて苦しかったが気力で投げ抜きました」と汗びっしょりで語っていた。

崇徳・久保監督の話

勝因はやはり西村の好投だろう。岩本の調子が悪かったので思わぬ苦戦をした。武生は聞いていたよりも打線が鋭かったが、西村なら抑え切れる自信があった。新発田農（北越）との2回戦はいい試合になると思う。別に相手として怖いとは感じないから、とにかく大事にいきたい。

武生	2	0	0	0	0	0	0	0	0	0	2
崇徳	0	2	0	0	0	0	0	0	0	1	3

（武）林－西岡　（崇）岩本、西村－高岡　（延長十回）

【武　生】	打	安	点
⑥ 清水	5	0	0
⑨ 高岸	5	2	0
⑧ 吉田	5	3	0
① 林	3	0	0
③ 平岡	4	1	2
② 西岡	4	1	0
⑦ 坂東	4	2	0
⑤ 酒井	4	0	0
④ 平井	4	0	0
計	38	9	2

【崇　徳】	打	安	点
④ 瀬尾	2	0	0
4 山田	3	1	0
⑤ 西原	4	0	0
⑧ 仁田	5	1	0
② 高岡	4	2	0
⑨1 西村	4	2	1
⑦ 新田	4	2	0
⑥ 村本	4	0	0
③ 勢川	3	2	1
①9 岩本	4	1	1
計	37	11	3

	振	球	犠	盗	失	残	併
武	10	1	0	0	1	7	1
崇	2	3	1	0	2	10	1

▽二塁打　吉田、高岸

【ベンチ入りした主なプロ野球選手】

≪崇徳≫

西村宏　広島

高岡重樹　広島

メモ

「奇跡の逆転劇」

崇徳－武生戦の前に行われた報徳学園（兵庫）－倉敷工（東中国）戦は、後世に語り継がれる名勝負となった。報徳学園・酒井と倉敷工・永山の投げ合いで、試合は0-0で延長戦へ。十一回表、倉敷工は大量6点を勝ち越した。勝負ありと思われたが、その裏に報徳学園が6点を返して同点に追い付き、十二回にサヨナラ勝ちした。

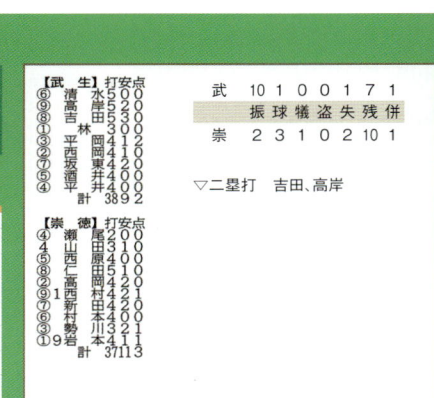

⑯1961年8月17日
第43回全国高校野球選手権2回戦

崇徳（広島）－新発田農（北越）

崇徳 ソツない攻めで8強

第43回全国高校野球選手権大会第7日は17日、甲子園球場でベスト8を狙う2回戦3試合があった。第1試合は崇徳（広島）と新発田農（北越）の初出場同士の顔合わせとなり、崇徳が四、五回に計3点を奪い、試合を決めた。

五回、崇徳1死満塁、西村の右犠飛で三塁走者西原が生還。3点目を挙げる

崇徳は四回、仁田が中前打、高岡がカーブを右前打して無死一、二塁。西村は一飛に倒れたが、新田が歩いて満塁、山田が強攻策を予想していた相手の虚を突いて、スクイズで先制した。

崇徳は五回にも岩本の左越え二塁打でチャンスをつかみ、西原四球、仁田の内野安打で満塁とし、高岡の三ゴロ失と西村の右犠飛で2点を追加。八回にも高岡、西村の短長打でダメ押し点を挙げるなど、ソツのない攻めを見せた。

先発の岩本は相変わらず球が真ん中に集まり、立ち上がり千代、内山に連打された。代わった西村が2者を打ち取った後、再登板したが、二、三回にも1安打ずつされ、四回から西村にスイッチした。西村も外角低めの速球はあまり決まらなかったが、大きく割れるカーブを内外角に投げ分けリードを守り切った。

新発田農は西村に代わってからも4四球を足場によく食い下がったが、まずい走塁もあって反撃できず。九回に1点を返したのが精いっぱいだった。

仁田 チャンス生かす好打

勝因は4打数3安打とチャンスを生かした仁田の好打だった。三回まで毎回走者を出しながら、スタンドの応援団をがっかりさせていた。しかし四回、第1打席に左中間二塁打した仁田が先頭打者で打席へ。初球を中前打し、続く高岡の安打、山田のスクイズなどで先制のホームを踏んだ。五回にも追加点を呼ぶ内野安打。守っては五回、吉田の右中間ライナーを好捕した。

「打ったのは全部直球、スローカーブに惑わされず、直球だけを狙ったのがよかった。1回戦はあがり気味だったが、きょうは落ち着いていたしバットもスムーズに出ました。好球必打でやっただけです」。準々決勝に向け、「あすも打ちますよ」と言い切った。

西村の力投も見逃せない。やや制球に苦しみ、4四球を許したが、6回$\frac{2}{3}$を1安打に抑えた。九回に失策絡みで失点したが、西村の力投は崇徳にとって命の綱ともいうべきものである。

「外角球があまり決まらなかったが、味方が先に点を取ってくれたので楽に投げられました。九回のピンチも全然気になりませんでした。まあ80点くらいの出来ですかね」。打っても八回、高岡を一塁に置いて右越えへ二塁打してダメ押しの1点をたたき出した。

崇徳・久保監督の話

新発田農は（1回戦の）武生より弱いと予想していたがその通りだった。岩本は打たれたが、相手の打力では西村は打てないと思っていた。西村は楽に投げたといっていたが、明日あたりからよいピッチングをみせてくれるのではないか。うちも打線がちぐはぐだったが仁田がよく打ったし、高岡も足をかばいながら、よく打ってくれた。あすは岐阜商だが予想通りだ。いい勝負でしょう。

新発田農	0	0	0	0	0	0	0	0	1	1
崇　徳	0	0	0	1	2	0	0	1	×	4

（新）渡辺一－鈴木　（崇）岩本、西村、岩本、西村－高岡

【新発田農】		打	安	点
④	吉田	4	0	0
⑧	千代	4	2	0
⑥	内山	3	1	0
⑤	井上	3	0	0
③	渡辺銀	1	0	0
⑦	金田	4	0	0
①	渡辺一	4	2	1
⑨	加藤	3	0	0
9	五十嵐	1	0	0
②	鈴木	3	0	0
	計	30	5	1

【崇　徳】		打	安	点
④	松本	0	0	0
4	瀬尾	2	0	0
64	村本	1	0	0
⑤	西原	2	0	0
⑧	仁田	4	3	0
②	高岡	4	2	0
⑨191	西村	2	1	2
⑦	新田	3	0	0
⑥46	山田	3	0	1
③	和崎	1	0	0
3	勢川	2	0	0
①919	岩本	3	1	0
	計	27	7	3

	振	球	犠	盗	失	残	併
新	7	4	1	0	1	7	0
崇	6	5	2	0	2	6	0

▽二塁打　仁田、岩本、西村

【ベンチ入りした主なプロ野球選手】

≪崇徳≫

西村宏　広島

高岡重樹　広島

メモ

「初のプロ野球選手」

エースの西村宏と捕手の高岡重樹主将は崇徳初のプロ野球選手。2人は1962年に地元広島に入団した。西村は在籍4シーズンで、登板はわずか1試合のみ。高岡は捕手と内野手を兼任し、69年の引退までに8年間で139試合に出場した。

崇徳－岐阜商
（広島）　（三岐）

六回、崇徳2死二塁、西村の安打で二塁走者高岡が生還し、1－2とする

崇徳惜敗　4強ならず

第43回全国高校野球選手権大会第8日は18日、甲子園球場で準々決勝4試合を行った。第3試合の崇徳（広島）―岐阜商（三岐）は崇徳先発の岩本が一回に連続3長短打を浴びて2失点。打線は1点に抑えられ、4強入りを逃した。

崇徳は善戦むなしく、4強入りを逃した。先発岩本は一回、2死を取った後に山本に中前打された。二盗を許して2死二塁。西松の三遊間の打球を三塁手がはじき、先制点を許した。続く杉山にも右中間三塁打を浴び、2点目を奪われた。

岩本は三回にも先頭の野中に左前打されて西村へのリレーとなった。相手が岐阜商だけに崇徳としては絶対に先制点が欲しかったが、思惑とは逆になり、序盤から厳しい戦いになった。

西村は岐阜商の揺さぶりの前に、五回を除き毎回のように走者を許したが、粘り強く投げた。打たれながらも要所は大きく割れるカーブと外角低めの速球で抑え、味方の反撃を待った。

岐阜商の先発前田はやや荒れ気味ながら、外角への直球とカーブがいいコースに決まった。崇徳は四回まで毎回走者を出しながら、簡単に攻撃を断たれていた。反撃は六回。2死後に高岡が三ゴロ失で二進すると西村が三遊間を破り、1点差に迫った。しかし岐阜商はここで予定通り、左腕の長縄にスイッチ。崇徳は七、九回にも得点圏に走者を進めたが、長縄のドロップが打てなかった。

九回には、2死から安打と守りの乱れで岐阜商にダメを押された。一、九回の失点はいずれも2死から。岐阜商が一枚上だった。

崇徳・久保監督の話

先発投手に迷ったが三度目の正直でもう一度岩本でと決心した。岩本―西村のリレーは県大会では通用したが、甲子園では通用しなかった。ベンチの失敗でした。うちの打線は2点取る力はあると思ったんだが、岐阜商の前田は思ったよりコースによく決まっていたし、ドロップも予想以上に良かった。うちはファイトでここまで勝ってきたチームですが、きょうはファイトでも岐阜商に押されていた。でも皆よくやってくれました。

同・西村選手の話

自分の調子はまずまずだった。外角球は打たれたが、内角球は打たれなかった。岐阜商の打線はそんなに恐ろしいとは思わなかった。

岐阜商	2	0	0	0	0	0	0	0	1	3
崇　徳	0	0	0	0	0	1	0	0	0	1

（岐）前田、長縄―山本　（崇）岩本、西村―高岡

【岐阜商】		打	安	点
⑥	足　立	5	1	0
⑤	野　中	5	1	0
②	山　本	5	1	0
⑧	西　松	5	2	1
③	杉　山	4	2	1
④	松　岡	5	1	0
⑨	篠　田	3	0	0
1	長　縄	2	0	0
①9	前　田	4	1	0
⑦	加　藤	2	1	0
	計	40	10	2

【崇　徳】		打	安	点
④	松　本	1	0	0
64	山　田	3	1	0
⑤	西　原	3	0	0
⑧	仁　田	4	0	0
②	高　岡	2	0	0
⑨1	西　村	3	1	1
⑦	新　田	4	1	0
⑥46	村　本	4	0	0
③	和　崎	1	0	0
H	瀬　尾	1	0	0
3	勢　川	2	0	0
①9	岩　本	4	0	0
	計	32	3	1

	振	球	犠	盗	失	残	併
岐	8	3	0	5	2	13	0
崇	10	4	0	0	5	8	0

▽三塁打　杉山、前田

【ベンチ入りした主な プロ野球選手】

≪崇徳≫

西村宏　広島

高岡重樹　広島

メモ

「怪童尾崎」

第43回大会は、浪商（大阪）の2年生尾崎行雄が大会を席巻した。自慢の速球を武器に、決勝までの5試合で3完封。準決勝では、1年の夏、2年の春に敗れている法政二（神奈川）と対戦し、延長十一回の死闘の末、4-2で雪辱を果たした。決勝は桐蔭（和歌山）に1-0。頂点に立った右腕は「怪童」と呼ばれた。

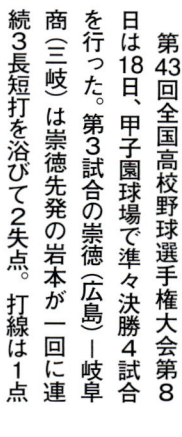

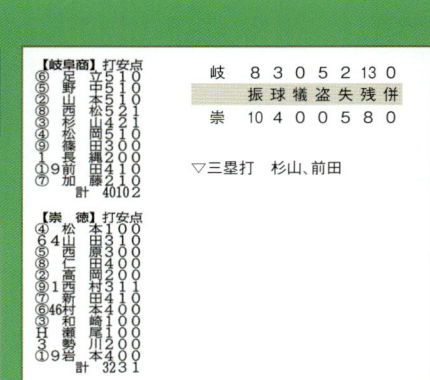

広陵－三次
（広島）（広島）

広陵 6度目の「夏」切符

第44回全国高校野球選手権大会広島大会決勝は31日、広島市民球場で広陵と三次の決勝があり、広陵が三次の反撃を退けて6度目の出場権を勝ち取った。

七回、広陵2死二、三塁、平野の右前打で、三塁走者に続き、二塁走者中村も生還

決勝にふさわしい好試合だった。広陵は三次の内外野の好守と6連投の竹原の好投に苦しめられたが、2―0で振り切った。

広陵は一回1死後、平野が四球、三回には石山、平野の四球で1死一、二塁と球道の定まらぬ竹原を攻めた。しかし、一回は平野が二盗に失敗、三回には山本、橋本に決定打が出なかった。さらに四回には先頭の梶野が四球、1死後竹井の一ゴロが敵失を誘って1死一、三塁と絶好の先制機を迎えた。しかし柳楽のスクイズを三次に見破られてチャンスを逸した。

三次の竹原は、これまでの試合に比べてスピードはなかったが、スローカーブを武器に内外角の際どいところをうまく攻めた。広陵打線はこのスローカーブに泳ぎ気味で持ち前の長打がすっかり影を潜めた。

しかし七回、2死一塁でエンドランが成功し、二、三塁に。続く平野が内角直球を右前へ運び、2者を迎え入れた。

一方、三次は立ち上がりから積極的に攻めた。二回には平田四球、橋岡の安打で1死一、二塁、四回には1死後、竹原が右翼線二塁打とやや単調な広陵の先発柳楽を攻め立てた。しかし、柳楽の外角低めを突く速球と大きなカーブに決定打が出なかった。

三次は八回2死から田中、山元がうまくエンドランを成功させたかにみえたが、広陵の正確な中継プレーで田中が三塁で刺された。三次としては先手を取れなかったことが敗因となったが、最後まで試合を捨てぬ戦いぶりは見事だった。

三次・佐藤監督の話

本当に苦しい試合でした。四回のピンチはうまく逃げたのですが、七回は“これはいかん”と嫌な予感がしました。竹原も平野が左なので下手投げでなく上から投げたのでしょうが、それを打たれただけに残念です。でも竹原をはじめ本当によくやってくれました。全力を出し切っての敗戦だけに何も言うことはありません。

同・高野主将の話

広島はレベルが高いといわれているが、それに恥じない立派なプレーをやりたい。

広陵・久保田監督の話

監督就任早々に甲子園へ出場できるなんてこんなうれしいことはない。これも選手が一丸となって戦ってくれたからで、チームワークの良かったのが第一の要因だ。昨年のてつを踏まぬよう気を付けたが、選手も伸び伸びと戦ってくれた。梶野が3日前に下痢をして投げられなかったが、柳楽が予想以上に好投してくれた。それと中村がうまくエンドランを決めたのと、梶野が好送球で走者を三塁で殺したのも勝因の一つだ。代表になったからには皆さんの期待に沿うよう力いっぱい頑張ります。

三次	0	0	0	0	0	0	0	0	0	0
広陵	0	0	0	0	0	0	2	0	×	2

（三）竹原―山西　（広）柳楽、島谷―橋本

【三　次】		打	安	点
⑥	田中	4	1	0
④	山元	4	1	0
①	竹原	4	2	0
⑤	平田	3	0	0
⑦	石見	4	0	0
⑧	橋岡	4	2	0
②	山西	3	0	0
⑨	聖川	2	0	0
③	川中	3	0	0
	計	31	6	0

【広　陵】		打	安	点
④	中村	3	1	0
⑧9	平野	2	1	2
⑤	山本	4	1	0
②	橋本	4	1	0
⑨	梶野	3	0	0
7	原田	0	0	0
⑦8	兼重	4	0	0
③	竹井	3	1	0
①	柳楽	3	1	0
1	島谷	0	0	0
⑥	石山	2	0	0
	計	28	6	2

	振	球	犠	盗	失	残	併
三	6	2	0	0	1	6	0
広	3	4	1	1	0	7	1

▽二塁打　竹原、中村

メモ

「県北の雄」

当時の広島の高校球界は、広島商、広陵、呉港、尾道商など県南部の学校による群雄割拠の様相だった。そこに割り込んだのが、県北部の三次である。この大会では初めて決勝に進出し、強豪広陵相手に大善戦。1950～60年代は準優勝1度、4強が2度、8強が6度と、「県北の雄」として存在感を示した。

⑲1962年8月13日
第44回全国高校野球選手権1回戦

広陵（広島）－沖縄（南九州）

四回、広陵2死三塁、梶野が先制の左前打を放つ

広陵が押し切り 初戦突破

第44回全国高校野球選手権大会第4日は13日、甲子園球場で1回戦4試合を行った。第3試合の広陵（広島）－沖縄（南九州）は沖縄が4点差を追い付く予想外の健闘で熱戦となったが、広陵が七回、梶野の三塁打と敵失などで2点を勝ち越し、押し切った。

広陵は勝つには勝ったが、もたついた試合ぶりで辛勝だった。三回までは安仁屋の速球とカーブのコンビネーションに苦しみ、1四球のみ。評判のホップする球はなく、球速の変化を生かした投球でかわされていた。

四回1死から山本が左越え三塁打。梶野の左前打で先制した。五回は2死二塁から平野の適時打で加点した。六回には、投球がやや単調になった安仁屋を攻め、1死一塁で竹井がうまくエンドランを成功させて二、三塁とすると、難波が遊撃手の頭を越える適時打を放ち、さらに2点。沖縄の善戦もこれまでかと思われた。

しかし、沖縄は六回に反撃した。無死から阿波連、宇栄原の連打と犠打野選で無死満塁とし、城間正の右前打と粟国の死球で2点を挙げ、広陵の先発柳楽をKOした。柳楽は得意のカーブが高めに入り、沖縄の打者にうまく合わされた。代わった島谷から安仁屋が遊撃内野安打して1点差に迫り、比屋定の中前打で満塁とした後、守りの乱れで追い付いた。

広陵は4点のリードがあったにもかかわらず、沖縄への大声援ですっかり浮足立っていた。しかし地力に勝る広陵は七回2死から橋本が右前打で出塁し、梶野の右翼線三塁打で勝ち越し。兼重の遊ゴロ失で追加点を挙げ、島谷の速球で沖縄を振り切った。

梶野殊勲 2本の適時打

「母（初枝さん）が来ているし、みんなに応援してもらっているので、ヒット1本ぐらい打ちたかった」。七回に勝ち越し打を放った梶野は、流れる汗を拭おうともせず、ポツリポツリ語った。

四回2死三塁、左前適時打で先制点をたたき出し、同点にされた後の七回には、2死一塁から勝ち越しの三塁打を放った。ヒット1本どころか勝利につながる2本の適時打を放ったのだから、さすがにうれしそう。「はじめは真ん中。2本目は外角、どちらもストレートだった。でも安仁屋投手は良い投手だ。外角へ逃げる球はなかなか打てない」と相手への賛辞も忘れなかった。

バッターボックスに入る前、塩を含んだ水をがぶ飲みしていたが、そうすると力が湧くそうだ。沖縄へのものすごい声援も「平気だった」と落ち着いたもの。背番号1を着けながら打撃のヒーローになった感想を問われ、「やっぱり投げたいですよ。しかしマウンドを踏まないからにはその分だけ打たなければ。監督さんともそう約束したんだから」と笑っていた。

広陵・久保田監督の話

全観衆を相手にせねばならないことは覚悟していたが、選手があんなに乱れるとは思わなかった。技術的なものより精神的なものが苦戦の因だ。安仁屋投手は、気負い過ぎて打てなかった。沖縄は（南九州大会で）内地のチームを破って出てきただけあっていいチームだ。うちのチームよりも沖縄の善戦をたたえたい。

広陵	0	0	0	1	1	2	2	0	0	6
沖縄	0	0	0	0	0	4	0	0	0	4

（広）柳楽、島谷－橋本　（沖）安仁屋－粟国

【広陵】		打	安	点
⑥	石山	5	1	0
⑧9	平野	4	1	1
⑤	山本	5	3	0
②	橋本	4	1	0
⑨	梶野	4	2	2
7	原田	0	0	0
⑦8	兼重	5	1	0
③	高野	2	0	0
3	竹井	2	1	0
④	難波	4	2	2
①	柳楽	3	0	0
1	島谷	1	0	0
	計	39	12	5

【沖縄】		打	安	点
⑥	宇栄原	4	1	0
⑤	当間	3	0	0
⑦	城間正	4	1	1
②	粟国	3	2	1
①	安仁屋	4	1	1
③	比屋定	4	1	0
④	新崎	4	2	0
⑧	宮里	3	0	0
H	玉城	1	0	0
⑨	阿波連	4	1	0
	計	34	9	3

	振	球	犠	盗	失	残	併
広	6	3	0	4	3	9	1
沖	5	1	1	2	3	5	0

▽三塁打　山本、梶野▽二塁打　山本

メモ

「沖縄の星」

沖縄のエースは、安仁屋宗八。3年で迎えた第44回大会では、沖縄の高校としては初めて南九州大会に勝って甲子園に出場した。広陵との1回戦はスタンドのほとんどが沖縄の応援。敗れたが、沖縄に戻って、オープンカーでパレードした。甲子園の土は検疫に引っかからないよう靴底に入れて持ち帰った。

【ベンチ入りした主なプロ野球選手】

≪沖縄≫

安仁屋宗八　琉球煙草－広島－阪神－広島

⑳1962年8月16日
第44回全国高校野球選手権2回戦

広陵－鹿児島商
（広島）　（鹿児島）

広陵打線 左腕に力負け

二回、広陵2死一塁、橋本が二盗に成功

第44回全国高校野球選手権大会第7日は16日、甲子園球場で2回戦3試合があった。第2試合は広陵（広島）が鹿児島商（鹿児島）の左腕浜崎を攻略できず、0－2で敗れた。

広陵打線が鹿児島商の左腕浜崎に力負けした。浜崎はカーブはあまり多くなかったが、伸びのよい速球で内外角を揺さぶられ、七回までわずか2安打。二回に2死から橋本が二盗に成功したのが唯一の二塁走者で、浜崎に完全に抑え込まれた。

広陵先発の柳楽は序盤から鹿児島商の積極的な攻めに一、三回とピンチを招いたが、要所で大きなカーブを使ってしのいだ。しかし四回1死後、中原、浜崎の安打で一、三塁とされ、山下の二ゴロを捕った難波の二塁へのトスが乱れて併殺崩れとなり、先制点を許した。

柳楽はその後も球道が真ん中へ寄り気味。ベンチは六回に左の大谷をリリーフに送った。しかし鹿児島商は大谷の立ち上がりを攻め、堀之内が四球で出塁し中原が中前打。中堅手からの返球が三進を狙った堀之内に当たり、二、三塁に。山下の当たり損ねの一ゴロで加点された。

広陵打線が浜崎を打ちあぐねていただけに、この失点は大きな重みでのしかかった。八回1死後に高野が左前打、九回には代打島谷が左中間二塁打、1死後に代打竹井の遊ゴロで三進したが決定打が出なかった。いい当たりが野手の正面を突いたり、鹿児島商の野手陣の好守に阻まれたりしたのは不運だった。

広陵・久保田監督の話

投手リレーは初めから予定していた。投手陣はよく投げたと思う。しかし結局打てなかった。浜崎の内角のストライクを狙わせたのだが、いい当たりが野手の正面を突いたりして抑えられてしまった。3点くらいなら、はね返せると思っていたが、あんなに打てなくては仕方がない。

同・高野主将の話

みんなよくやってくれました。鹿児島商の健闘を祈るだけです。

鹿児島商	0	0	0	1	0	1	0	0	0	2
広　陵	0	0	0	0	0	0	0	0	0	0

（鹿）浜崎－堀之内　（広）柳楽、大谷－橋本

【鹿児島商】		打	安	点
⑧	村田	4	0	0
④	佐藤	4	1	0
②	堀之内	3	2	0
⑤	中原	4	2	0
①	浜崎	4	1	0
⑦	山下	3	0	2
7	牧元	1	0	0
⑨	塩満	4	1	0
③	松下	4	0	0
⑥	前畑	3	1	0
	計	34	8	2

【広　陵】		打	安	点
⑥	石山	4	0	0
⑧	平野	2	0	0
H	竹井	1	0	0
⑤	山本	4	0	0
②	橋本	3	1	0
⑨	梶野	3	0	0
⑦	兼重	3	0	0
③	高野	3	2	0
④	難波	3	0	0
①	柳楽	1	0	0
1	大谷	1	0	0
H	島谷	1	1	0
	計	29	4	0

	振	球	犠	盗	失	残	併
鹿	7	1	0	2	0	6	1
広	1	1	0	1	1	3	0

▽二塁打　中原、島谷

メモ

「史上初の春夏連覇」

選抜優勝校は夏勝てないというジンクスを破ったのは作新学院（栃木）だった。選抜は後にロッテで活躍する主戦八木沢荘六の獅子奮迅の活躍で優勝。しかし、大黒柱の八木沢が夏の開幕直前に赤痢に倒れた。チームの危機を救ったのは加藤斌。エースの穴を埋め春夏連覇に導いた。

【ベンチ入りした主なプロ野球選手】

≪鹿児島商≫

浜崎正人	阪急―阪神
中原全敏	電電九州―東映・68年ドラフト5位―日拓―日本ハム
下須崎詔一	西鉄
秋葉敬三	リッカー―鹿児島鉄道管理局―西鉄・68年ドラフト11位

呉港－大津商
（広島）　（滋賀）

三回、呉港無死満塁、時光が左翼線へ二塁打。三塁走者北川（左から3人目）に続いて二塁走者平野（左端）も生還し、2点を先行する

呉港、大津商を振り切る

第35回選抜高校野球大会第4日は30日、甲子園球場で1回戦3試合があった。第2試合は、呉港（広島）が三回に打者10人を送って4点を挙げ、主戦松浦の好投で大津商（滋賀）を振り切った。

呉港は大津商内野陣の拙守にも助けられて、苦手とする軟投派の市田を簡単に攻略した。三回、北川が二塁内野安打、平野の犠打野選、山根のバント安打で無死満塁とし、時光が初球を左翼線に運び2点を先行。山下の四球で再度満塁とし、敵失と松浦の右前適時打で計4点を奪い、市田をKOした。

呉港の攻めっぷりは見事で大津商の弱点をうまく突いていた。四回には無死から内野安打で出塁した平野が二盗。山根のバントを三塁手が一塁に悪送球し加点した。

松浦は中盤やや制球が甘くなり、再三走者を出した。苦しい場面に追い込まれることもあったが、長身から投げ下ろす重い速球と鋭いカーブを織りまぜて、懸命に食い下がる大津商の反撃を五回の1点だけに抑えた。

大津商は五回2死二、三塁で鵜子が中前に運んで1点を返した。その後も再三走者を出したが、呉港の堅守と松浦の力投に反撃を断たれた。大津商の敗因は呉港のうまいバント攻めに内野陣が振り回されたことであり、投攻守全てで呉港が上であった。

松浦が1失点完投 時光は先制2点打

利き手の右手のけがを隠して、9回4安打9奪三振の力投を見せた松浦。三回無死満塁で殊勲の二塁打を放った時光。この2人が勝利の立役者だ。

松浦は試合前、スパイクを履く時に右手親指を3センチばかり切っていた。それを気力でカバーした大黒柱の活躍は見事だった。「やはり途中でうずきました」と言うように、中盤、大津商打線に狙われた。しかしストレート、カーブのうまい配球と落ち着いたマウンドさばきで最少点に抑えた。

四回2死一塁で、やすやすと二盗を許し、さかんに頭をかいていたが「やっぱりあがっていたんですかね」と苦笑い。「鵜子に打たれて1点取られたのは、スライダーを狙われました。いい球がいったと思ったんですよ。親指は大丈夫です」と自信満々だ。

打のヒーロー時光は、初球の直球を思い切り引っ張り左翼線へ二塁打。北川、平野を迎え入れた。バント戦法で大津商内野陣をかく乱し、市田の動揺を読んで果敢に初球を狙ったのは見事。打者一巡の猛攻に導いた。「最近、調子が良くないので自信はなかったんですが、監督さんから『打て』といわれて、よし、打っちゃろうと思いました」。松浦とは中学時代にバッテリーを組んだコンビ。肩を並べて甲子園を引き揚げた。

呉港・藤原監督の話

勝てると思っていた

楽に勝てると思っていた。ただ、雰囲気にのまれないように注意した。松浦は直球とカーブのコンビネーションが予想以上に良かった。大津商は先発投手を誤ったのではないか。

大津商	0	0	0	0	1	0	0	0	0	1
呉　港	0	0	4	1	0	0	0	0	×	5

（大）市田、奥村－清水　（呉）松浦－北川

【大津商】		打	安	点
⑥	吉川	3	0	0
⑦	石井	3	0	0
③	前川	4	1	0
④1	奥村	4	1	0
⑤	今井	4	1	0
⑨	桑野	4	0	0
⑧	西田	3	0	0
②	清水	2	0	0
①	市田	1	0	0
4	鵜子	1	1	1
	計	29	4	1

【呉　港】		打	安	点
⑥	山根	3	1	0
③	時光	4	2	2
⑤	山下	3	0	0
⑧	北	3	0	0
①	松浦	3	1	1
⑨	三京	4	0	0
⑦	沖横田	4	0	0
②	北川	4	1	0
④	平野	2	1	0
	計	30	6	3

	振	球	犠	盗	失	残	併
大	9	4	1	1	3	6	0
呉	1	2	3	1	0	6	0

▽二塁打　時光

メモ

「古豪復活」

24年ぶりに甲子園に戻ってきた呉港。初出場は前身の大正中だった1932年の選手権大会。戦前は、選抜大会4度、選手権大会に6度出場し、甲子園通算12勝をマークした。34年の選手権大会では、「ミスタータイガース」として知られる名選手・藤村富美男を擁し、初優勝を飾った。

㉒1963年4月2日
第35回選抜高校野球大会2回戦

呉港－丸亀商
（広島）　（香川）

呉港、先制攻撃実り勝利

第35回選抜高校野球大会第7日は2日、甲子園球場で2回戦3試合があった。第2試合は呉港（広島）が一、二回のチャンスにバント戦法で丸亀商（香川）の内野陣をかく乱し、3点を奪って流れをつかむと、そのまま逃げ切った。

三回、丸亀商無死満塁、松浦①がスクイズを外し、三塁走者を挟殺するなどしてピンチを逃れる

呉港の機動力を生かした先制攻撃は見事だった。一回、先頭の山根が右前打。続く時光はバントの構えで投手をけん制し、好球を狙って中前打すると、一転して山下が犠打で1死二、三塁に。続く北が浮足立った丸亀商バッテリーの隙をついて初球をスクイズし、相手のミスもあって2点を先行した。

二回には北川、平野の連打で1死一、二塁とし、山根の二塁手の逆をつく適時打で1点を追加した。丸亀商先発の左腕池田は球速がなく、呉港の各打者は池田の投球をよく引き付けてたたいた。

呉港の松浦は速球に伸びがなく、高めに浮き気味。三回の無死満塁はスクイズを見破り、相手のまずい走塁もあって二、三塁の走者を併殺に仕留め、ピンチを乗り切った。五回には後藤の左前適時打で1点を失った。後半は再三走者を出しながらも、大きく割れるカーブを武器に決定打を許さなかった。

打線は2番手吉田のスローカーブと速球に抑えられていたが、六回1死から、四球と沖横田の左中間二塁打でダメ押し点を挙げた。呉港の勝因は一、二回の先制攻撃に成功したことと、松浦をもり立てたバックの好守にあった。丸亀商は三回の無死満塁を逃したのが大きかった。

1番山根 攻守で躍動

プレーボールのサイレンが鳴り終わらないうちに投じられた第1球は真ん中ストライク。先頭打者山根はにっこり笑って見送る。続く外角低めを待っていたかのようにバットを出すと、球は右前にはじき返された。動揺した丸亀商の池田から時光も中前打。山下、北のバントで山根は悠々ホームイン。鮮やかな呉港の先制攻撃の起点は山根の立ち上がりのパンチだった。

二回にも1死一、二塁で、ダブルスチールに合わせて二塁手の動きの逆を突いて一、二塁間を破る安打。二塁走者北川を迎え入れた。「両方とも外角ストレートでした。ヤマを張っていたんじゃない、あんな球ならいつでも打てますよ」と自信たっぷり。

松浦が快調とはいえない投球だったので、山根の活躍は高く買われてよい。守っては四、八回の遊ゴロを二塁手平野とのコンビで併殺とする軽快なプレーをみせた。長浜中時代は投手で、呉港で外野手に転向。昨秋、遊撃手にコンバートされた。1《メートル》63と小柄だが、俊足、好守、好打に加え、素晴らしいファイトマンだ。藤原監督も「彼の活躍が試合を左右する」というほど信頼を寄せている。

呉港・藤原監督の話

思い通りのゲーム

松浦のピッチングを助けるため、初めからチャンスがあればバント戦法に出ようと考えていた。それがうまく一回に1、2番が安打してチャンスをつかんだ。次は3番山下、4番北だがバントを命じた。うまく成功したよ。思い通りのゲームができた。

呉　港	2	1	0	0	0	1	0	0	0	4
丸亀商	0	0	0	0	1	0	0	0	0	1

（呉）松浦ー北川　（丸）池田、吉田ー後藤

【呉　港】	打	安	点
⑥山　根	4	2	1
③時　光	2	1	0
⑤山　下	3	0	0
⑧北	4	1	1
①松　浦	4	1	0
⑨三　京	3	0	0
⑦沖横田	4	2	1
②北　川	4	1	0
④平　野	4	1	0
計	32	9	3

【丸亀商】	打	安	点
⑧沼　田	2	0	0
④小　島	4	2	0
⑦光　岡	2	0	0
③1吉　田	4	1	0
①3池　田	4	1	0
⑨万　城	3	0	0
⑥森　本	4	1	0
⑤片　山	2	0	0
H佐　野	1	0	0
②後　藤	3	2	1
計	29	7	1

	振	球	犠	盗	失	残	併
呉	2	3	1	0	0	5	3
丸	4	3	2	2	0	7	2

▽二塁打　沖横田

メモ

「野球どころ」

呉は野球が盛んな地として知られ、多くの名選手を球界に輩出してきた。古くは阪急、高橋、国鉄の監督を歴任した浜崎真二。呉港出身で「ミスタータイガース」の呼び名で知られる藤村富美男、広島商出身の鶴岡一人、三津田出身の広岡達朗とビッグネームが並ぶ。現役では堀瑞輝（日本ハム）畠世周（巨人）がいる。

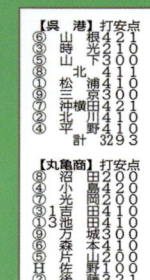

㉓1963年4月3日
第35回選抜高校野球大会準々決勝

呉港－早実
（広島）　（東京）

呉港、追い上げ及ばず

第35回選抜高校野球大会第8日は3日、甲子園球場で準々決勝4試合を行った。第4試合は呉港（広島）の終盤の追い上げも及ばず、早実（東京）に敗れた。準決勝は下関商（山口）－市神港（兵庫）、北海（北海道）－早実の組み合わせとなった。

呉港は全員安打を記録した早実の打力に屈した。

松浦は立ち上がり、カーブをうまく使って好調なスタートを切ったが、二回に早くもつまずいた。先頭の下村に高めのカーブを左前打され、関根に四球を与えて1死一、二塁とされた。けん制で二塁走者を刺し、ピンチを切り抜けたかにみえたが、岩崎、神宮に連打されて満塁に。続く新藤を歩かせて押し出しで先制を許した。

これで余裕のできた早実は三回に1死二塁で下村が中前に運んで1点追加。五回にも1死後、坂巻の中越え三塁打をきっかけに連続4長短打を松浦に浴びせて3点を加えた。松浦は伸びのない直球を早実打線に狙われただけに、カーブを効果的に使えなかったことが悔やまれた。

呉港の反撃は五回。平野の遊ゴロ失に山根の二塁打と時光の犠飛で1点を返した。その後も呉港はよく粘った。七回には北川の右越え二塁打と山根の四球を足場に、2点を挙げた。しかし、新藤のカーブに集中打を阻まれ、反撃も及ばなかった。

呉港としては、四回まで毎回得点圏に走者を出しながら早実外野手の好守に阻まれて、得点を奪えなかったことが惜しまれた。しかし、打球の速さや外野手の返球などで力の差を感じさせる一戦でもあった。

三回、呉港1死一、三塁、山下の右飛で三塁走者山根が本塁を突くも、好返球でタッチアウト

呉港・藤原監督の話

失点を3で食い止めたら面白いと思ったのだが、6点も取られてはどうしようもなかった。松浦は疲れているのか球が上ずっていた。完敗だが、選手は精いっぱい戦った。

早実	0	1	1	0	3	1	0	0	0	6
呉港	0	0	0	0	1	0	2	0	0	3

（早）新藤－今井　（呉）松浦－北川

【早　実】		打	安	点
⑤	大林	5	1	1
⑦	坂巻	4	2	0
⑧	多田	4	2	1
⑨	下村	5	3	2
②	今井	4	1	1
④	関根	2	1	0
③	岩崎	3	1	0
⑥	神宮	3	1	0
①	新藤	3	1	1
	計	33	13	6

【呉　港】		打	安	点
⑥	山根	2	2	0
③	時光	3	1	1
⑤	山下	5	2	1
⑧	北	4	1	0
①	松浦	3	1	0
⑨	三京	2	0	0
H9	福島	2	0	0
⑦	沖横田	4	0	0
②	北川	4	1	0
④	平野	4	0	0
	計	33	8	2

	振	球	犠	盗	失	残	併
早	6	3	5	1	3	8	1
呉	5	3	3	2	0	9	1

▽三塁打　坂巻、今井、関根▽二塁打　下村、山根、新藤、北川、多田

【ベンチ入りした主なプロ野球選手】

≪早実≫

内田圭一　東京－巨人

メモ

「剛腕池永」

新調された優勝旗を手にしたのは、池永正明率いる下関商だった。2年生エースは延長十六回を含む5試合25イニングを一人で投げ抜き、失点は5。自責点はわずか2という堂々たる成績で、明星、海南、御所工、市神港、北海といった強力打線を売りにするチームを力で抑え込んだ。

㉔1963年7月30日
第45回全国高校野球選手権広島県大会決勝

広陵－福山工
（広島）　（広島）

三回、広陵2死一、二塁、若狭の三塁線を抜く安打で、二塁走者の山本が生還し5点目を挙げる

広陵大勝 7度目の夏切符

第45回全国高校野球選手権広島県大会は30日、午後2時から呉二河球場で広陵－福山工の決勝があった。広陵が三、七回に猛攻を見せ、16－2で福山工を破り、2年連続7度目の夏の甲子園出場を決めた。

広陵の大勝だった。一、二回先頭打者が出塁したが、福山工の藤井康のうまい投球に手を焼いていた。しかし三回1死後、中本が四球で出ると藤川がエンドランを決める中前打。藤川もすぐ二盗して二、三塁。大田垣が三振の後、藪本の遊ゴロを遊撃手が前にはじき、先制点を拾った。

勢いづいた広陵は竹井が中前打してさらに1点。山本が遊撃右を抜き、佐々木四球の後、若狭も三塁左を破って大量5点を奪った。

六回には、大谷の安打を足場に犠飛で1点。七回には疲れのみえた藤井康に竹井、山本の1イニング2安打を含む8長短打を浴びせ、三つの敵失、暴投などもあって打者13人で大量10点。ワンサイドゲームとした。

チーム力から見て、福山工が広陵に先行を許しては厳しかった。遊撃手の失策は痛かったが、二回無死で柏木が二塁打しながら大木がバントを失敗し、好機を逸したのも惜しかった。

三回、楢崎、神原の短長打で2死二、三塁と反撃の気配をみせたが、六回まで左腕大谷のカーブに抑えられた。ようやく七回、大木、藤井康の連打から1点。八回にも代わった石田から1点を返したが、あまりにも失点が大きすぎた。これまで好守をみせていた守りが六つも適時失策を犯してはどうしようもなかった。

同・竹井選手の話

体の調子も良いので甲子園では実力を十分に出し切って力いっぱいのプレーをするだけ。県大会ではチャンスによく打てたので自信が付いた。

同・大谷選手の話

カーブとドロップにコントロールがついてよく投げられたと思う。それに味方がよく打ってくれ、常に気持ちの余裕があった。苦しかったのは準決勝の三次戦。この苦しい時のピッチングは良い経験になった。

同・山本主将の話

広島工戦が一番苦しかった。でもあれに勝って優勝できると思った。昨年は2年生での甲子園出場でしたが、主将として甲子園に出られる今年は感激もひとしおです。

広陵・久保田監督の話

苦しい戦いを乗り越えてきたのが、何より良い経験になった。準決勝の三次、初戦でぶつかった広島工戦など1点差で勝っているので貴重な試練となった。投手力も左の大谷が今大会ですっかり自信を付け、余裕のあるピッチングを身に付けてきた。甲子園には今年は1県1校の出場だから、いろいろとタイプの変わったチームが出てくると思う。コンディションの調整、気力の問題などを大会までに最高潮に盛り上げて期待に応えたい。

広　陵	0	0	5	0	0	1	10	0	0	16
福山工	0	0	0	0	0	0	1	1	0	2

（広）大谷、石田－中本、松元　（福）藤井康、大木、藤井康－柏木、宮

メモ

「福山工快進撃」

前年ベスト8の福山工が再び、快進撃を見せた。2回戦で、県内有数の好投手といわれた高橋一三（巨人－日本ハム）率いる北川工と対戦し、4－3で逆転勝ち。これで自信を付け、竹原、崇徳、誠之館を次々と撃破した。決勝では、連覇を狙う広陵に大敗したが、大差でも諦めない戦いぶりにスタンドからは惜しみない拍手が送られた。

【広　陵】		打	安	点
④	大田垣	4	0	0
4	清時	1	0	0
⑦	藪本	6	1	0
③	竹井	6	3	2
⑤	山本	5	4	3
⑧	佐々木	4	0	0
⑥	若狭	5	1	1
①	大谷	4	2	1
H1	石田	1	0	0
②	中本	1	1	0
H2	松元	1	1	0
⑨	藤川	2	1	1
H	村田	1	1	2
9	西川	1	1	0
	計	42	16	10

【福山工】		打	安	点
⑥	高垣	3	1	0
⑤	楢崎	4	2	0
⑧	神原	4	1	0
②	柏木	4	1	0
2	宮	0	0	0
③13	大木	4	1	0
①31	藤井康	4	1	0
⑦	前保	3	0	0
⑨	藤井利	2	0	0
H9	森原	2	0	1
④	島田	3	0	0
H	早川	1	0	0
	計	34	7	1

	振	球	犠	盗	失	残	併
広	1	3	1	4	1	5	0
福	8	2	0	3	6	7	1

▽二塁打　柏木、神原、竹井、山本▽暴投　大木

【ベンチ入りした主なプロ野球選手】

≪広陵≫

佐々木孝次　中日

山本英規　巨人

広陵－花巻北
（広島）（岩手）

広陵 継投で逃げ切る

第45回全国高校野球選手権大会第4日は13日、甲子園、西宮両球場で2回戦6試合を行った。西宮球場の第3試合は、広陵（広島）が二、八回に長打で得点し、大谷、石田の継投で花巻北（岩手）を完封した。

八回、広陵無死一塁、大田垣の右中間三塁打で、一塁走者の大谷が生還。2点目を挙げる

広陵は花巻北・佐々木の好投で苦戦を強いられたが、大谷―石田の継投で逃げ切った。

広陵は二回、先頭山本の右翼線二塁打、佐々木四球で無死一、二塁とし、若狭が手堅く送った。続く藤川は二ゴロだったが、花巻北二塁手が三塁走者山本の大きなリードにつられて野選となり1死満塁。中本の右犠飛で先制した。

その後は長身から速球、カーブをいいコースに投げ分ける佐々木のペースにはまったが、八回に追加点。無死から大谷の死球を足場に大田垣の右中間三塁打と藪本の犠飛でダメ押しの2点を加え、安全圏に逃げ込んだ。

広陵の先発大谷は左腕の持ち味である内角速球、外角シュートがいずれもコースに決まらず、カーブに頼る不安定な投球。花巻北は毎回のように走者を出して押し気味に試合を進めた。しかし走塁ミスが目立ち、五、六回に2死一、二塁としたのが精いっぱい。七回からは2番手石田に目先を変えられて無得点。佐々木に報えなかった。

長打2本が得点を生む

戦前強打をうたわれていた広陵だったが、花巻北・佐々木のうまい投球の前に6安打。長打は山本の二塁打、大田垣の三塁打の2本しかなかった。その長打がうまく得点に結びついて3点を挙げた。

山本の右翼線二塁打は二回無死で飛び出した。外角高めのボール気味の球を強引に力で持っていった。若狭のバントで三進、中本の犠飛でホームを踏んで先制点をもたらした。スタンドからは「普通の選手ならファウルになる球だ。やはり力がある」と驚きの声が漏れた。

山本は「きょうはぼくの好きなタイプの投手なんだが、力み過ぎてミートが悪かった」と頭をかきながらも、にこにこ顔だった。

大田垣の三塁打は八回、先頭の大谷が死球で出た後。好球をうまくミートして右中間を抜き、貴重なダメ押し点をたたき出した。

広陵・久保田監督の話

初戦のためか前半硬くなっていた。一回、大田垣が何でもないゴロをファンブルしたのがいい例。継投は予定通り。大谷の調子があまり良くなく、もう少し早く（継投を）と思っていたが、つい延びてしまった。花巻北の佐々木投手は予想より良い投手だった。カーブの切れが良く、クリーンアップは徹底的にマークされた。きょうの試合を採点すれば65点。これからは落ち着いて実力を発揮してくれるだろう。

広陵	0	1	0	0	0	0	0	2	0	3
花巻北	0	0	0	0	0	0	0	0	0	0

（広）大谷、石田―中本　（花）佐々木―小原

【広　陵】	打	安	点
④ 大田垣	4	2	1
⑦ 藪本	2	1	1
③ 竹井	4	0	0
⑤ 山本	4	1	0
⑧ 佐々木	3	0	0
⑥ 若狭	3	2	0
⑨ 藤川	3	0	0
1 石田	1	0	0
② 中本	2	0	1
①9 大谷	2	0	0
計	28	6	3

【花巻北】	打	安	点
⑥ 君塚	4	1	0
⑧ 鎌田賢	4	1	0
① 佐々木	4	0	0
② 小原	2	0	0
⑦ 藤原	4	0	0
③ 小田島	4	1	0
⑤ 鎌田文	4	1	0
⑨ 松田	2	0	0
H 瀬川	1	0	0
9 北条	0	0	0
④ 村田	1	0	0
計	30	4	0

	振	球	犠	盗	失	残	併
広	0	3	3	0	2	4	1
花	7	4	0	0	0	7	2

▽三塁打　大田垣▽二塁打　山本

【ベンチ入りした主なプロ野球選手】

≪広陵≫

佐々木孝次　中日

山本英規　巨人

メモ

「悲願の初勝利」

広陵が花巻北に勝った8月13日は、大会の歴史に残る一日となった。西宮球場の第1試合で、首里（沖縄）が日大山形を4−3で下し、沖縄勢として春夏通じて初勝利を挙げた。戦後、米国の施政下にあった沖縄から初めて甲子園に出場したのは1958年夏の首里。それから5年。春夏通算5試合目での歓喜だった。

㉖1963年8月16日
第45回全国高校野球選手権3回戦

広陵－高田商
（広島）　（奈良）

二回、広陵1死二、三塁でスクイズ失敗。三塁走者佐々木が三本間でタッチアウト

再三の逸機 広陵敗れる

第45回全国高校野球選手権大会第7日は16日、甲子園、西宮両球場でベスト8を懸けた3回戦6試合が行われた。甲子園球場の第2試合は広陵（広島）が10安打を放ちながら、拙攻で得点を奪えず、高田商（奈良）に0－1で敗れた。

広陵は八回まで一方的に攻撃を続けていたが、相次ぐ拙攻でことごとく逸機。完全に勝っているゲームを落とした。

広陵打線は高田商・中川の外角への緩いカーブを見極めて、立ち上がりから相手を防戦一方に追い込んだ。一回の2死三塁は山本が二飛に終わった。二回には佐々木の左越え二塁打と若狭の三塁内野安打で無死一、三塁と絶好の先制機をつかんだ。しかし大谷が遊ゴロ、続く中本のスクイズが外されて佐々木が三本間で挟殺され、先制機を逃した。

三回には藪本、竹井の連打で2死一、三塁、六回にも竹井、山本の連打で1死一、三塁と中川をKO寸前まで追い詰めたが、どうしても決定打が出なかった。

だが、広陵の先発大谷も好投して高田商にほとんどチャンスを与えなかった。内角速球がよく伸び、カーブもよく制球されていた。四回から七回まで一人の走者も許さぬ見事なピッチングをみせていた。

広陵は八回、大田垣が三遊間を抜き、続く藪本もバントの構えから強打して三塁左を破り、竹井のバントで1死二、三塁と高田商を追い詰めた。山本敬遠後、佐々木は左翼右へライナー。犠飛で待望の得点を挙げるかに見えた。しかし、二塁走者藪本が当たりにつられて飛び出して併殺。三塁走者の生還をふいにした。大谷が好投していただけに、痛いミスだった。

高田商は九回1死二塁で井村が詰まりながら右翼線に落とし、決勝点を挙げた。それまで大谷は慎重な投球で毎回先頭打者を抑えてきたが、九回は簡単に歩かせてしまった。

広陵・久保田監督の話

中川を打ち込むことは一応成功したのだが、まずい試合運びだった。八回の1死満塁のときは1点取れば勝ちだから二塁走者には無理をするなと注意していたのだが…。細かなプレーもよく習得したのだが、肝心なところでぼろを出してしまった。好機に一発出なかったのがうちの敗因で、高田商にそれが出たわけだ。

同・山本主将の話

負けた気がしない。八回に敬遠されて悔しかった。みんな力いっぱいやったけど負けてしまった。

同・大谷選手の話

きょうは調子がよかった。速球、カーブともよく走り、会心のピッチングと言える。それゆえ、九回に1点を許したのは残念だ。

高田商	0	0	0	0	0	0	0	0	1	1
広　陵	0	0	0	0	0	0	0	0	0	0

（高）中川－森本　（広）大谷－中本

【高田商】	打	安	点
④山脇	3	0	0
⑥吉本	3	1	0
⑧中井	3	0	0
⑤井村	4	1	1
⑨津村	4	0	0
③仲西	4	1	0
①中川	3	0	0
②森本	3	0	0
⑦福辻	3	1	0
計	30	4	1

【広　陵】	打	安	点
④大田垣	3	1	0
⑦藪本	3	2	0
③竹井	3	2	0
⑤山本	3	1	0
⑧佐々木	4	2	0
⑥若狭	4	1	0
①大谷	3	0	0
H村田	1	0	0
②中本	3	0	0
H松元	1	1	0
⑨藤川	3	0	0
H清時	1	0	0
計	32	10	0

	振	球	犠	盗	失	残	併
高	5	2	1	0	0	5	2
広	0	2	2	0	0	9	0

▽二塁打　佐々木、福辻、井村

メモ

「剛腕散る」

夏の主役も下関商の剛腕、池永正明だった。前年の作新学院（栃木）に続く春夏連覇なるか、に注目が集まった大会。池永は1、2回戦を連続完封。4試合でわずか3失点という内容で勝ち上がったが、2回戦で痛めた左肩の影響は大きかった。選抜の1回戦で勝った明星（大阪）との決勝では、一回の2失点が重くのしかかり1－2。春夏連覇を逃した。

【ベンチ入りした主なプロ野球選手】

≪広陵≫

佐々木孝次　中日

山本英規　巨人

㉗1964年3月29日
第36回選抜高校野球大会1回戦

尾道商－日南
（広島）　（宮崎）

二回、尾道商2死二塁、福頼が中前へ先制打を放つ

尾道商 機動力で制す

第36回選抜高校野球第2日は29日、甲子園球場で1回戦3試合があった。第2試合は尾道商（広島）がわずか3安打で3点を奪い、小川の力投で日南（宮崎）を退けた。

尾道商は前半にみせた機動力を使った試合運びで主導権を握った。二回、制球難の河野を攻め、2死から四球の寺下を二塁に置いて福頼がスローカーブを中前打して先制した。

四回は得意の機動力で日南を揺さぶった。1死から檀上、寺下がカーブを捉えて一、三塁。藤河の遊ゴロで2死となったが、福頼の時に河野の大きなモーションの隙を突き、一塁走者藤河、三塁走者檀上が重盗を試みた。日南の捕手が二盗の藤河に気を取られている間に檀上が生還。これで日南内野陣は浮足立った。福頼の平凡な遊ゴロが敵失を誘い、藤河も生還して決定的な2点を加えた。

五回以降は2番手松浦のやや荒れ気味の速球に抑えられた。むしろ後半は日南が押し気味だった。反撃を抑えたのは小川。腰痛で本来の投球ではなく、8安打を許しながらも、バックの好守に支えられ要所を締めた。

日南は五回、松浦の四球を足場に2死から上村の左中間二塁打で1点を返した。六、七回も走者を出したが、小川のカーブに後続を断たれた。結局、尾道商の3安打を上回る8安打を放ちながら、試合巧者の尾道商に屈した。

勝ったとはいえ、尾道商は打線の不振が気がかり。その中で、1番中島の4四球、3盗塁は機動力を身上とするチームにとって最大の戦力となりそうだ。

腰痛のエース 涼しい顔

3－1とリードした九回、三塁手の失策で無死二塁とされた。スタンドが大きくざわめいた。マウンド上の小川はケロッとした顔。次打者を鮮やかに3球三振に仕留めた。続く打者の打球は右翼手の正面。スタートした二塁走者は帰塁できず併殺、一瞬にして試合が終わった。

引き揚げてきた小川の鼻の先に小さな汗が光っていた。腰をトントンとたたきながら「こっちへ来る前もちょっと腰が痛かった。きょうは腰が痛くてウエートが乗らず、僕のピッチングとしては60点ぐらいだと思っています」。

身長170ｾﾝﾁと小柄な投手の部類に入る小川。記者たちに囲まれ、上を向いてはきはき話した。「一番苦しかったのは五回でした。打たれたのはほとんど真っすぐ。肝心なところは落ちるシュートを投げました」。日南打線は怖いだろうと聞いたら「いや、そんなことないですよ」と目を丸くして否定した。

2回戦は海南（和歌山）が相手だ。腰痛に悩むエース小川にとって苦しいマウンドになりそうだが「薬を塗って投げます」。きっぱりそう言った。

日南・高崎監督の話

投手の交代時期を誤ったのと、チャンスにセオリー通りに送らなかったのが敗因だ。

尾道商・池田監督の話

3安打の貧攻だったが、これは河野攻略のため緩い球を打つ練習をしたからだ。五回から代わったスピードのある松浦にはタイミングが合わなかった。次の海南の山下は速球投手なのでこれからの練習で打ち込む自信はある。小川は八分の出来。まとめて打たれないから海南戦でもよく投げてくれると思う。

同・寺下主将の話

最初はみんな硬くなっていたようだ。小川はちょっと腰を痛めているが、ここというときはいいピッチングをした。

尾道商	0	1	0	2	0	0	0	0	0	3
日南	0	0	0	0	1	0	0	0	0	1

（尾）小川－寺下　（日）河野、松浦－川越

【尾道商】		打	安	点
⑧	中島	1	0	0
⑨	畝田	5	0	0
⑦	山本	3	0	0
⑥	田坂	4	0	0
④	檀上	3	1	0
②	寺下	2	1	0
⑤	藤河	3	0	0
③	福頼	4	1	1
①	小川	4	0	0
	計	29	3	1

【日南】		打	安	点
⑦	上村	4	1	1
⑥	坂本	3	0	0
②	川越	4	3	0
①9	河野	4	0	0
③	長竹	3	1	0
⑨1	松浦	4	1	0
⑧	松田	3	1	0
⑤	岩田	3	0	0
④	土持	4	1	0
	計	32	8	1

	振	球	犠	盗	失	残	併
尾	7	11	0	5	1	10	3
日	6	3	1	0	1	8	1

▽二塁打　上村

【ベンチ入りした主なプロ野球選手】

≪尾道商≫

田坂正明	南海
小川邦和	早大―日本鋼管―巨人・73年ドラフト7位―広島―アグアスカリエンテス・レイルロードメン

メモ

「名将」

尾道商の全盛期を築いたのが池田善蔵監督。同校OBでプロ野球の太陽、阪急などで投手として通算46勝を挙げるなど活躍した。引退後、同校の監督に就任し、春3、夏1の計4度甲子園に導いた。特に、選抜大会の活躍はめざましく、1964、68年に準優勝を飾った。

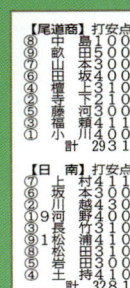

㉘1964年4月1日
第36回選抜高校野球大会2回戦

尾道商－海南
（広島）　（和歌山）

三回、尾道商1死一、三塁、田坂の中前打で三塁走者畝田が先制のホームを踏む

主戦絶妙 尾道商8強

第36回選抜高校野球大会第5日は1日、甲子園球場で強雨の中で強行し、2回戦3試合を行った。第2試合の海南（和歌山）―尾道商（広島）は、尾道商が三回の田坂の適時打、七回の重盗で挙げた2点を主戦小川が守り切り、2―0で勝利。初出場でベスト8進出を決めた。

尾道商の小川が絶妙のピッチングをみせた。猛打の海南を横手からの緩急自在の投球で手玉に取った。間合いを取って内外角に球を散らし、海南打線の打つポイントを外した。

小川の好投に応えるかのように打線は三回、海南の山下をとらえた。1死後、畝田が四球で出塁し、寺下とのエンドランが決まって一、三塁。ここで田坂が中前へはじき返し先制。山下をマウンドから引きずり下ろした。その後は2番手川端に抑えられていたが、七回、田坂の三塁強襲安打、檀上の四球などで2死一、三塁とした後、日南戦でみせた重盗を鮮やかに決めてダメ押し点を加えた。

海南は小川攻略のためスローボールを引きつける打法をみせたが、小川の好投が勝った。好機は五回と九回。五回は無死から南口がチーム初安打を放ったが、寺坂の遊ゴロで併殺。九回は2死から栗田、川井が連打し、4番山下の強打に期待がかかったが三振に終わった。

低め制球 猛打抑える

日南（宮崎）との1回戦で8安打を打たれた小川は海南戦では4安打、無四球の好投で、またも勝利の立役者となった。「あいつは根性があるからな、まとめて打たれる心配はない」と池田監督も信頼し切っている。猛打の海南を抑えたこの日の投球は、高めのボールなど一球もなく、低めに制球されていた。

しかもスローボールを効果的に使い、外角に沈む球で勝負。この頭脳的なピッチングに、さすがの海南もタイミングを外され完敗した。「きょうの小川の出来は最高の調子」と試合後、池田監督は百点満点をつけた。

もう一人のヒーローは田坂。日南戦ではさっぱりだったが、この日は4番の重責を果たした。

打っては三回に先制の中前打を放ち、七回にも追加点のチャンスをつくった。「いずれもインコースの直球、ようやく当たりが出てきた」と会心の笑み。守っても再三にわたって好守をみせ、小川をもり立てた。

尾道商・池田監督の話

きょうの小川は最高に近いピッチング。うちのバッティングはまだまだ本調子ではない。田坂は全然平素のバッティングがみられない。もっと打てるはずだ。

海南・栗生監督の話

山下、川端とも調子が悪かったのに比べ、尾道商の小川投手は素晴らしく良かった。うちのバッターは小川投手に完全にやられた。

海南	0	0	0	0	0	0	0	0	0	0
尾道商	0	0	1	0	0	0	1	0	×	2

（海）山下、川端―南口　（尾）小川―寺下

【海　南】			打	安	点
④		浜井	4	0	0
⑧		栗田	4	1	0
⑦		川井	4	1	0
①	3	山下	4	0	0
②		南口	3	1	0
⑤		寺坂	3	0	0
⑨		山本	3	1	0
③	1	川端	3	0	0
⑥		小川	3	0	0
		計	31	4	0

【尾道商】		打	安	点
⑧	中島	2	1	0
⑨	畝田	3	0	0
②	寺下	3	1	0
⑥	田坂	4	2	1
④	檀上	2	0	0
⑦	山本	3	1	0
⑤	藤河	3	0	0
H	安井	1	0	0
5	溝上	0	0	0
③	福頼	3	1	0
①	小川	4	2	0
	計	28	8	1

	振	球	犠	盗	失	残	併
海	7	0	0	0	0	4	1
尾	4	9	1	2	1	12	1

メモ

「雪辱」

海南（和歌山）は近畿地区大会優勝チームで、優勝候補に挙げられていた強豪校。尾道商は1958年夏の選手権大会2回戦で対戦し、4-6で敗れていた。海南有利の声が大半だったが、主戦小川の好投で予想を裏切り、6年後に雪辱を果たした。

【ベンチ入りした主なプロ野球選手】

《尾道商》	
田坂正明	南海
小川邦和	早大―日本鋼管―巨人・73年ドラフト7位―広島―アグアスカリエンテス・レイルロードメン
《海南》	
山下慶徳	ヤクルト―河合楽器―ヤクルト・71年ドラフト1位

㉙1964年4月2日
第36回選抜高校野球大会準々決勝

尾道商（広島）－市西宮（兵庫）

エース粘り 尾道商4強

一回、尾道商1死三塁、寺下がスクイズを決め、三塁走者中島が先制のホームを踏む

第36回選抜高校野球大会第6日は2日、快晴の甲子園球場で準々決勝4試合を行った。第4試合の尾道商（広島）ー市西宮（兵庫）は尾道商が前半で5点を奪い、6ー2で快勝した。3日の準決勝は海南（徳島）ー土佐（高知）、博多工（福岡）ー尾道商となった。

尾道商の選球眼の良さが試合を決めた。一回、先頭の中島が粘って四球で出塁し二盗。畝田の犠打で三塁に進み、寺下がスクイズを決め、無安打で先取点を挙げた。四回は畝田が一塁横を破る二塁打。続く寺下の三塁内野安打の際に畝田は二、三塁間で挟殺されたが、田坂が左中間を大きく破る三塁打を放って1点追加。田坂も山本の左前打で生還し、3ー0として、市西宮の先発谷を攻略した。五回は代わった下手投げの友光の制球の乱れと敵失、犠飛でダメ押しともいえる2点を追加し、一方的な試合とした。

尾道商の小川は2回戦の海南（和歌山）戦の時のスピードはなかったが、コーナーを狙って、球速を変えるうまいピッチング。市西宮を五回まで無安打に抑えた。

市西宮は六回、丸井、山下の安打で1点、七回には疲れの見えた小川から友光が四球を選んで二盗、那部の左前適時打で1点と小刻みに反撃したが、及ばなかった。

腰痛感じさせぬ力投

マウンド上の小川は、左腰を痛めている。それでもタイミングを変えて、丁寧に投げた。2点取られたが、腰痛を少しも感じさせないほどの力投ぶりだった。

試合後、小川は疲れ果てたような足取りでグラウンドから出てきた。歩くのもだるそうな姿だ。「きょうは初めから腰が痛かった。フォロースルーの時、体重をかけると左の腰が痛むんです」。しかし勝った喜びでにこにこ顔だ。

「後半は特に苦しかった。市西宮打線は調子に乗っているから、ボールを振らせるつもりで投げました」。小さな声だが話すことはしっかりしている。「あすは博多工だが」と聞いたら、「投げますよ。しかしもう、ぽちぽち打たれるころです」とにやりと笑った。

尾道商・池田監督の話

もうくたびれ果てたよ。小川は腰が痛くてたまらないのを我慢してよく投げている。わしもあれを見ていると涙が出た。きょうは、谷のカーブをマークさせた。田坂が打ったのもインコースから真ん中に入るカーブだ。小川は故障しているし、あすは負けるだろう。しかし負けるならコテンコテンに負けた方が気持ちがいい。

同・田坂選手の話

四回の三塁打は真ん中高めのカーブだった。自分が打ったことよりも準決勝に進んだことが大変うれしい。

尾道商	1	0	0	2	2	0	1	0	0	6
市西宮	0	0	0	0	0	1	1	0	0	2

（尾）小川ー寺下　（西）谷、友光、谷ー山下

【尾道商】		打安点
⑧	中島	310
⑨	畝田	220
②	寺下	323
⑥	田坂	312
④	檀上	300
⑦	山本	411
③	福頼	410
⑤	溝上	400
①	小川	300
	計	2986

【市西宮】		打安点
④	丸井	310
⑥	江副	400
②	山下	411
⑧	田谷	410
⑨19	友光	300
⑦	石川	200
①91	谷	400
③	那部	311
⑤	坂東	200
	計	2942

	振	球	犠	盗	失	残	併
尾	1	6	4	3	0	6	0
西	4	5	0	5	1	5	0

▽三塁打　田坂▽二塁打　畝田2、福頼

メモ

「元祖」

尾道商の快進撃を支えていたのが、主戦の小川邦和。早大、日本鋼管を経て、1973年巨人入り。74年には12勝（4敗）をマークした。しかし、77年に巨人を退団。渡米して米メジャーリーグに挑戦し、周囲を驚かせた。3A、2Aでプレーし、81年に帰国した。広島で3シーズンプレーした後、メキシコに渡った。

【ベンチ入りした主なプロ野球選手】

≪尾道商≫	
田坂正明	南海
小川邦和	早大ー日本鋼管ー巨人・73年ドラフト7位ー広島ーアグアスカリエンテス・レイルロードメン
≪市西宮≫	
谷哲男	中日

㉚1964年4月3日
第36回選抜高校野球大会準決勝

尾道商―博多工
（広島）　（福岡）

尾道商が初の決勝進出

第36回選抜高校野球大会第7日は3日、甲子園球場で準決勝2試合を行った。第2試合は尾道商（広島）が一回、檀上の右前打で先制し、七回に3安打を集中して3点を加え、4―0で博多工（福岡）に快勝。初の決勝進出を果たした。4日の決勝は尾道商―海南（徳島）となった。初出場校同士の決勝は第1回を除けば史上初。

七回、尾道商2死満塁、寺下の中前打で、三塁走者溝上に続き、二塁走者中島も生還し、4－0とする

尾道商は一回、1死から畝田が四球で出塁し、寺下がエンドランを決めて一、三塁。寺下が二盗し、二、三塁とした。田坂が三振後、檀上が右前へ安打を放ち、先制点を挙げた。

追加点は七回だった。1死後、山本が左前打、溝上が四球で一、二塁のチャンスをつかんだ。小川は右飛に倒れたが、中島の右前打で山本が生還。畝田が四球を選んで満塁とし、寺下が初球を中前にはじき返し、さらに2点を加えた。

尾道商の先発は腰痛に悩む小川。立ち上がりからいつもの球威は見られなかったが、スローカーブを巧みに使い好投した。博多工打線にいい当たりを飛ばされたが、内外野の好守に支えられ、4安打で完封した。

博多工の敗因はエース橋本孝を温存し、横松を先発させて、尾道商に先手を取られたこと。コーナーへ丁寧に投げ分ける小川を最後まで打ち崩せなかった。

主戦支えた好リード

腰痛を押して力投した小川は「きょうは負けると思って（宿舎を）出てきたが、また勝った」とさすがにうれしそう。3連投に大会前からの疲労が重なって左腰が痛く、この日は痛み止めを打ってマウンドに上がった。

そんな小川をうまいリードで支えたのが寺下。この日はバットでも小川を援護した。池田監督は「寺下は頭がいい。わしの考えているのと同じサインを出す。小川はコントロールがいいからね」。確かに寺下のリードは出場校の捕手の中で群を抜いている。小川は「テラ（寺下）は今はあまり（池田監督に）怒られないが、1年生の時はサインの出し方がまずいと怒られていた」と笑った。

あすは決勝戦。「腰は痛いけど、仕方がない。もう気力だけですよ。食欲もない。雨が降ったら助かるんですが…」。ゆっくり休養して決勝で力いっぱい投げたい。故障に苦しむエースのたった一つの願いだった。

尾道商・池田監督の話

弱り切っていながら、3連投した小川というのはたいしたやつですよ。一回の先取点が小川を奮い立たせた。

博多工・佐藤監督の話

一回1死二塁で倉田を三盗させたことが結果的に失敗だった。その後に永島の安打。私の作戦負けです。先発の横松はエース橋本孝と実力の差はないのだが…。

博多工	0	0	0	0	0	0	0	0	0	0
尾道商	1	0	0	0	0	0	3	0	×	4

（博）横松、橋本孝―少弐　（尾）小川―寺下

メモ

「29年ぶり」

広島勢の春の選抜は、戦前に広陵中、広島商が優勝したものの、その後は苦戦が続いていた。1935年の第12回大会で広陵中が決勝で敗れてから低迷が続き、63年の呉港が1回戦で大津商（滋賀）に勝つまで12連敗中だった。「春は弱い」というジンクスを打ち破ったのが尾道商。広島勢として29年ぶりの決勝進出を果たした。

【博多工】		打	安	点
⑥	倉田	3	0	0
⑤4	日下部	3	0	0
⑧	永島	4	2	0
⑦1	橋本孝	3	1	0
②	少弐	3	0	0
③	池田	4	0	0
①75	横松	4	0	0
④	上田	2	0	0
H7	古賀	0	0	0
⑨	橋本恭	3	1	0
	計	29	4	0

【尾道商】		打	安	点
⑧	中島	4	1	1
⑨	畝田	2	1	0
②	寺下	3	2	2
⑥	田坂	3	1	0
④	檀上	4	1	1
③	福頼	3	0	0
⑦	山本	4	1	0
⑤	溝上	3	1	0
①	小川	3	0	0
	計	29	8	4

	振	球	犠	盗	失	残	併
博	4	4	1	0	0	7	1
尾	7	5	0	2	0	7	0

【ベンチ入りした主なプロ野球選手】

≪尾道商≫	
田坂正明	南海
小川邦和	早大―日本鋼管―巨人・73年ドラフト7位―広島―アグアスカリエンテス・レイルロードメン
≪博多工≫	
橋本孝志	近鉄
倉田晃	明大―西鉄・70年ドラフト外
古屋哲美	九州産業大―西鉄・70年ドラフト外

㉛1964年4月5日
第36回選抜高校野球大会決勝

尾道商－海南
（広島）　（徳島）

六回、尾道商2死一、二塁、田坂の左前打で二塁から畝田㊧が生還し、先制点を挙げる

尾道商惜敗　初優勝逃す

第36回選抜高校野球大会最終日は5日、甲子園球場で海南（徳島）－尾道商（広島）の初出場同士の決勝が行われた。尾道商が六回に2点を先取したが、海南も七、八回に1点ずつ返して追い付き、決勝戦らしい好ゲームとなった。海南が九回にスクイズで決勝点を挙げ、逆転勝ちを収めた。初出場校の優勝は戦後5度目。

6万人の大観衆を興奮に巻き込んだ素晴らしい試合だった。2－3の九回2死満塁、尾道商は一打同点、長打が出ればサヨナラの好機をつくったが、小川の一飛で涙をのんだ。

尾道商先発の小川はやや力み過ぎてか、いつもの絶妙なコントロールが見られなかった。前半から海南に押し気味に試合を進められたが、要所を締めて投手戦に持ち込んだ。

打線は尾崎の速球とドロップに抑えられていたが、六回にチャンスが訪れた。2死から畝田の二塁内野安打、寺下の四球で一、二塁。続く田坂は内角球をたたき左前打を放った。左翼手からの返球が大きくそれ、バックネット前に転々とする間に一塁走者寺下まで生還して2点を先取した。

しかし、小川は疲れていた。七回は先頭の尾崎を歩かせ2死後、山下に右前へはじき返されて1点。八回には先頭の山西に右前へ打たれ、2死から尾崎に中越え三塁打を喫して同点に追い付かれた。九回にも先頭の三浦敏を四球で歩かせた。野選と三塁手の失策で無死満塁。古賀の三ゴロで三浦敏は本塁で封殺したが、山西にスクイズを決められ勝ち越された。

1点を追う九回、尾道商は1死から二つの敵失で二、三塁のチャンスをつかんだ。しかし、山本は三振。代打安井が歩いて満塁としたが、小川が打ち取られた。

尾道商は総合力でここまで勝ち進み、海南とも互角に渡り合う大接戦をみせた。文句のない戦いぶりだった。

尾道商・池田監督の話

本当にいいゲームをしてくれた。観衆に感銘を与えるような試合をしてくれたことで満足です。きょうの小川はスピードがなく、球も高めに浮いてしまった。2点リードした時はあるいは、と思わぬでもなかったが、これが野球というものでしょう。

同・小川選手の話

腰の痛みも取れ、やれると思いましたが、これまでのようなコントロールがなかった。（八回に）尾崎君に打たれたのは高めの球だった。2点を先取したときは勝てるような気がしたし、最終回の2死満塁でも何とかいけるような気がした。バットが振り切れず残念だった。

同・寺下主将の話

逆転されて残念です。でも全力を尽くしてやったんで悔いはありません。六回の先取点の時は「これは勝てる」という気がした。それがいけなかった。しかし小川はよく投げました。全試合を通じて苦しい戦いでしたが、いい思い出になるでしょう。

海　南	0	0	0	0	0	0	1	1	1	3
尾道商	0	0	0	0	0	2	0	0	0	2

（海）尾崎－三浦敏　（尾）小川－寺下

【海　南】		打	安	点
⑨	山　西	3	1	1
⑧	一　山	4	2	0
⑥	東　根	3	0	0
①	尾　崎	3	1	1
③	佐野木	2	0	0
②	三浦敏	2	0	0
⑤	三浦庸	2	0	0
⑦	山　下	3	1	1
④	古　賀	4	0	0
	計	26	5	3

【尾道商】		打	安	点
⑧	中　島	3	0	0
⑨	畝　田	4	1	0
②	寺　下	3	0	0
⑥	田　坂	4	1	1
④	檀　上	3	0	0
R	藤　河	0	0	0
③	福　頼	4	0	0
⑦	山　本	4	0	0
⑤	溝　上	2	0	0
H	安　井	0	0	0
①	小　川	4	0	0
	計	31	2	1

	振	球	犠	盗	失	残	併
海	7	6	6	1	3	8	0
尾	9	5	0	3	1	7	0

▽三塁打　尾崎

メモ

「ジャンボ尾崎」

初出場初優勝を目指す尾道商の前に立ちはだかったのは、海南のエース尾崎将司。後にプロゴルファーとなり、日本のゴルフツアーで通算94勝、12回賞金王に輝き、「ジャンボ尾崎」の愛称でファンに親しまれた。豪腕と呼ばれた尾崎は1965年に西鉄に入団。投手として芽が出ず、野手に転向したが、3年で引退しゴルファーへ転身した。

【ベンチ入りした主なプロ野球選手】

≪尾道商≫

田坂正明	南海
小川邦和	早大―日本鋼管―巨人・73年ドラフト7位―広島―アグアスカリエンテス・レイルロードメン

≪海南≫

尾崎将司	西鉄

広島県大会

㉜1964年7月30日
第46回全国高校野球選手権広島大会決勝

広陵（広島）－尾道商（広島）

1960年代

一回、広陵1死三塁、伊藤が投前にスクイズを決め、三塁走者大田垣が生還する

広陵が8度目「夏」切符

第46回全国高校野球選手権広島大会最終日は30日、広島市民球場で決勝が行われ、広陵が今春の選抜準優勝の尾道商を5－0で破り、3年連続8度目の優勝を果たした。

広陵が完勝した。一回、尾道商・小川の立ち上がりを攻めた。先頭の大田垣が内角のカーブを左翼線に二塁打し、清時が送り、伊藤がスクイズを決めて先制した。四回には無死で清時が二塁内野安打で出塁し二盗、伊藤のバントで三進し、若狭の左中間三塁打で追加点を挙げた。

六回は1死から伊藤、若狭が連続四球で出塁後、藤川の左前適時打。井上の中犠飛で決定的な2点を加えた。

広陵の先発河本はスライダー気味のカーブと落差のあるカーブに速球をうまくミックスして好投。疲れが目立ち始めた五、六回は球が浮き気味だったが、尾道商の攻撃には元気がなかった。五回には1死一塁で3度目の二盗に失敗。九回1死一、三塁も逸した。

「何とか先制」合言葉に

「やった。やった」。広陵の優勝が決まった瞬間、一塁側スタンドから七色のテープ、紙吹雪が本塁付近まで乱れ飛んだ。ナインの胴上げに、森岡監督の目がきらりと光った。

広陵のシャープなバッティングは一回、先頭の大田垣の二塁打によって示された。これが先取点に結びついて「打倒尾商」の口火となった。清時の犠打で大田垣は三進。「頼むぞ」。清時は伊藤に大きな声で呼び掛けた。「何とかして先行を」。この願いは全ナインの合言葉だったのだ。

広陵は着実に加点。そのたびに「かぶとの緒」を締めていった。毎回ベンチ前でナインは円陣をつくり「ファイト」と声をかけ合った。先発河本は味方の好守に支えられ、直曲球を決めた。「優勝するまでは洗濯しない」と決めた真っ黒なユニホーム。10日間の奮戦の跡だ。

六回、藤川の左前打などで2点を追加。安全圏へ入ったが、森岡監督はそれでもベンチの真ん中で不動の姿勢。ウイニングボールを握るまでは少しの緩みも見せなかった。そのウイニングボールは中堅手船越のグラブへ。大田垣主将が手にした優勝旗を先頭にナインはグラウンド1周した。

広陵・森岡監督の話

投手力があまりよくないので、バッティングとエンドランの練習に力を注いだ。その効果があった。相手が尾道商なので、先手を取る必要があった。

同・河本選手の話

完投する自信はあった。これまでランニングなど基礎からやり直して練習をしたが、それがよかったと思う。

同・大田垣主将の話

一戦一戦の積み重ねでここまできた。きょうはアウトコースを狙うよう指示されていた。

尾道商・池田監督の話

野球は難しい。狙われる立場で苦しかった。負けたとはいえ選手は一生懸命にやった。外角球が打てなかったのが敗因。先取点を取られて、これが重荷になった。

尾道商	0	0	0	0	0	0	0	0	0	0
広　陵	1	0	0	1	0	2	1	0	×	5

（尾）小川－寺下　（広）河本－平田

【尾道商】	打	安	点
⑧ 中島	4	0	0
⑨ 畝田	4	2	0
② 寺下	3	1	0
⑥ 田坂	2	0	0
④ 檀上	4	1	0
⑤ 藤河	3	1	0
③ 福頼	3	0	0
⑦ 山本	3	0	0
H 秦	1	0	0
① 小川	3	0	0
計	30	5	0

【広　陵】	打	安	点
④ 大田垣	3	1	0
⑥ 清時	3	2	1
⑦ 伊藤	1	0	1
⑤ 若狭	2	1	1
5 兼重	1	0	0
③ 藤川	3	1	1
⑨ 井上	3	0	1
② 平田	3	0	0
① 河本	3	1	0
⑧ 船越	2	0	0
計	24	6	5

	振	球	犠	盗	失	残	併
尾	5	5	0	0	1	8	0
広	5	3	6	2	1	4	0

▽三塁打　若狭▽二塁打　大田垣

メモ

「シルバーコレクター」

1964年の選手権広島大会の本命は尾道商だった。のちにプロ入りする田坂正明、小川邦和を擁し、初出場した春の選抜大会で準優勝。6月の新潟国体でも準優勝し、春夏連続出場への期待は大きかった。しかし、決勝で3連覇を目指す広陵に完敗。この年三つ目の準優勝に終わった。

【ベンチ入りした主なプロ野球選手】

≪尾道商≫

田坂正明	南海
小川邦和	早大－日本鋼管－巨人・73年ドラフト7位－広島－アグアスカリエンテス・レイルロードメン

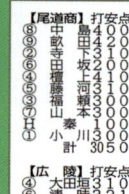

広陵－小倉工
（広島）　（福岡）

十一回、広陵無死二、三塁、平田の投前スクイズで三塁走者藤川が生還し、サヨナラ勝ちする

延長2点差　広陵サヨナラ

第46回全国高校野球選手権大会は9日、10日にわたる熱戦の幕を開けた。開会式に続いて1回戦3試合が行われ、第2試合の小倉工（福岡）－広陵（広島）は2点を追う広陵が延長十一回に3点を挙げ、逆転サヨナラ勝ちした。

広陵は2点を追う延長十一回、伊藤の左前打を口火に、敵失と藤川のバント安打で無死満塁とチャンスを広げた。井上の二塁強襲安打で1点差。ここで小倉工は松浦から村松にリレーしたが、村松のけん制悪送球で同点に。二、三塁となり、平田が投前にスクイズを決めてサヨナラ勝ちした。

序盤は広陵のペースだった。一回2死一、二塁から藤川の中前打で先制した。二回も2死二、三塁としたが、清時の左翼左へのライナーを小倉工・原に好捕され、追加点を阻まれた。

広陵の河本は立ち上がり、得意のカーブが決まらず苦しんだ。三回、末永に四球を与え、土井、北田の短長打で追い付かれた。その後は両チームとも好機はつくるものの決定打を欠き、1点を争う投手戦となった。

試合が動いたのは十一回。小倉工は安打と野選で無死一、二塁とし、松浦の右前打で勝ち越し。2死後、末永も右前打して2点をリードした。しかし、その裏、松浦、村松が踏ん張れなかった。広陵の粘りが一枚上だった。

「チームワークの勝利」

広陵が見事な逆転サヨナラ勝ちをやってのけた。延長十一回表、河本が2点を取られた時、スタンドの誰もが小倉工の勝ちを信じて疑わなかった。ところがその裏、伊藤が左前打して反撃の口火を切ると、監督の指示通りに選手が動いてサヨナラ勝ち。劇的な結末だった。

森岡監督は「ヒーローはいない。強いて言えばチームワークの勝利」と言った。逆転のきっかけをつくった伊藤は「2点負けていたので、何が何でも出塁しようと思っていた」。決勝のスクイズを決めた平田は「真ん中低めの真っすぐでした。バントには自信があるんですよ」と胸を張る。「でも、河本が投げ切ってくれた方がうれしい。きょうの河本は調子が悪かったのでマウンドに行っては冗談を言って励ました」と捕手としての苦労話も。

河本は「前半はカーブが決まらず調子が悪かった。平田さんにずいぶん迷惑をかけました。2点取られたけれどもきっと返してくれると思っていました」と笑顔を見せた。

広陵・森岡監督の話

河本の調子が予想外に悪かった。カーブが決まらず直球を多投したが、それを狙われていたようだ。河本を代えることも考えたが、せっかく盛り上がっている選手たちの気分を壊す恐れがあったので続投させた。十一回表に2点を取られた時も、選手全員がはね返す自信があると言っていたし、無死で走者が出たのでこれはいけると思った。

小倉工	001	000	000	02	3
広　陵	100	000	000	03	4

（小）松浦、村松－野口　（広）河本－平田　（延長十一回）

【小倉工】		打	安	点
⑨	森山	3	0	0
⑧	土井	5	3	0
⑥	北田	5	2	1
③1	村松	4	0	0
①3	松浦	5	1	1
②	野口	5	3	0
⑦	原	3	0	0
⑤	玉井	4	0	0
④	末永	3	2	1
	計	37	11	3

【広　陵】		打	安	点
④	大田垣	2	1	0
⑥	清時	3	0	0
⑦	伊藤	5	2	0
⑤	若狭	4	1	0
R	川内	0	0	0
③	藤川	4	2	1
⑨	井上	5	1	1
②	平田	5	2	1
①	河本	4	2	0
⑧	船越	4	1	0
	計	36	12	3

	振	球	犠	盗	失	残	併
小	5	4	4	1	3	9	4
広	4	4	3	1	0	9	0

▽二塁打　北田、野口、土井、河本

【ベンチ入りした主なプロ野球選手】

≪小倉工≫

末永吉幸	鹿児島鉄道管理局－東映・68年ドラフト6位－中日－ロッテ

メモ

「長い一日」

広陵の初戦は大会1日目の第2試合。午前9時半からの開会式に続いて、八代東（熊本）－掛川西（静岡）が始まった。この一戦は延長十八回の末、引き分け再試合に。この間、応援団は球場周辺で待機。1時間半遅れで始まった広陵－小倉工戦も延長十一回の大熱戦となり、試合終了は午後5時15分。選手も応援団も甲子園での長い一日を経験した。

二回、広陵1死二、三塁、大田垣のスクイズが成功し、2−1と逆転する

㉞1964年8月13日
第46回全国高校野球選手権2回戦

広陵（広島）－北海（南北海道）

広陵 逆転で8強入り

第46回全国高校野球選手権大会第5日は13日、1回戦の残り1試合と2回戦2試合が行われた。第3試合の北海（南北海道）－広陵（広島）の2回戦は、広陵が二回に3安打と犠飛などで3点を奪い逆転。4－2で勝ち、準々決勝に進んだ。

広陵、北海両チームとも、立ち上がりは先発投手が不調で乱戦模様だった。広陵・河本は速球に伸びがなく、一回はその速球を北海打線に狙われた。1死後、船引の詰まった安打を足場に鷹栖、森の連打で先制点を許した。

広陵の反撃は早かった。二回無死から井上の中前打、平田の四球で一、二塁とし、1度バントを失敗した河本が右中間に二塁打して同点。1死後、大田垣のスクイズが内野安打となり勝ち越し。清時の左犠飛でさらに1点を加えた。

二回に北海が小川の左中間三塁打と犠飛で1点差に迫って以降は、両チームとも拙攻で好機をつぶす場面が目立った。広陵の追加点は七回、河本、船越が連続四球で無死一、二塁。二塁走者が捕手のけん制球で刺されたが、大田垣も四球を選び、再び一、二塁。続く清時の二ゴロは併殺を焦った北海の二塁手が一塁に悪送球。この間に船越が生還し、2点差とした。

この1点が北海に大きくのしかかり、カーブを多投する河本に要所を抑えられた。北海は広陵を上回る安打を放ちながら、雑な攻撃で2得点にとどまったのが敗因となった。

河本 カーブで持ち直す

「まあまあですよ」が試合後の河本の第一声だった。もともと口数の少ない選手だが、この日は特別に少なかった。というのも自分で満足するピッチングができなかったからだろう。

一、二回に1点ずつ取られたとはいえ、三回以降は打たれながらもカーブをうまく使って北海打線をゼロに封じた。打っては二回、2者を置いて右中間に二塁打。同点とした上、逆転のきっかけをつくったのだから、やはりヒーローである。

「最初ストレートが決まらなかった。五、六回ごろからカーブを使えと言われてカーブを多く投げました。でも北海打線はすごいですね」。とても勝利の立役者とは思えない静かさだ。大好きなバッティングを問われると「打ったのはアウトコース高め」と初めて白い歯をみせた。

河本は2年生。ひょうきん者で、3年生からも〝カッポン〟の愛称で好かれている。試合前、森岡監督は「河本で勝てなければ仕方ない」と言っていたが、それだけ信頼されているわけだ。

広陵・森岡監督の話

前半は河本のカーブが決まらず苦戦した。一回はストレートを狙われることは分かっていたが、しばらくストレートで勝負させた。それだけに3点を取った時も、四、五回あたりにまた同点に持ち込まれるのではないかと心配していたが、河本のスローカーブが六回ごろから決まり始めたのでよかった。相手の斎藤投手は調子がよくなかったようだが、横からのシュートに手を出さなかったのが勝った原因だ。

広陵	0	3	0	0	0	0	1	0	0	4
北海	1	1	0	0	0	0	0	0	0	2

（広）河本－平田　（北）斎藤、山根－石川

【広陵】		打	安	点
④	大田垣	2	1	1
⑥	清時	2	0	1
⑦	伊藤	4	0	0
⑤	若狭	2	2	0
③	藤川	4	0	0
⑨	井上	4	1	0
②	平田	3	0	0
①	河本	3	1	1
⑧	船越	3	0	0
	計	27	5	3

【北海】		打	安	点
③4	佐藤	4	0	0
⑨	船引	4	1	0
⑤	鷹栖	4	1	0
⑧	森	4	2	1
①3	斎藤	4	1	0
⑦	小川	4	1	0
⑥	朝倉	2	0	0
H	宮口	0	0	0
1	山根	1	0	0
②	石川	2	1	1
④6	高橋	3	0	0
	計	32	7	2

	振	球	犠	盗	失	残	併
広	0	7	2	2	1	5	0
北	5	1	1	0	2	5	2

▽三塁打　小川、森▽二塁打　河本、若狭、斎藤

メモ

「2勝目の壁」

戦前は春夏通算で甲子園18勝（10敗）を挙げた広陵も、戦後は苦戦が続いていた。選抜は1958、59年の2度出場し、いずれも初戦敗退。選手権はこの大会前まで3度出場し、1勝が2度、初戦敗退が1度だった。この北海戦の勝利で、35年の選抜以来、29年ぶりに大会2勝目の壁を突破した。

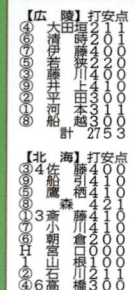

㉟1964年8月16日
第46回全国高校野球選手権準々決勝

広陵－岐阜商
（広島）　（三岐）

広陵 決定打出ず惜敗

一回、広陵2死二塁、若狭が三遊間を破る安打を放つ

第46回全国高校野球選手権大会第8日は16日、甲子園球場で準々決勝4試合が行われた。第4試合の岐阜商（三岐）—広陵（広島）は広陵が0—1で敗れた。17日の準決勝は、岐阜商—早鞆（西中国）、高知（南四国）—宮崎商（南九州）の組み合わせとなった。

広陵は九回までよく粘ったが、決定打が出ず惜敗した。

広陵の河本の立ち上がりはカーブに切れがなく、球威もなかった。一回2死二塁で、松岡忠にカーブを左翼線二塁打され、先制点を許した。

広陵は岐阜商の先発を左の脇田と予想し、左腕攻略の準備をしてきたが、裏をかかれた。右の篠田に対し、広陵は一回から好機をつくった。敵失や若狭の左前打などで2死二、三塁としたが、藤川が外角カーブを見逃して三振。五回には河本の左翼線二塁打と船越の二塁強襲安打で1死一、三塁と同点機を迎えたが、大田垣がスクイズをファウルした後、見逃し三振。船越が二盗に失敗して好機を逸した。

七回にも井上の四球と平田の安打で1死一、二塁としたが決定打が奪えなかった。スローカーブをうまく使いながら外角に速球、内角にシュートを投げ込む篠田の多彩なピッチングに最後まで的を絞ることができなかった。

広陵・森岡監督の話

何とか1点を、とあれこれ手を尽くしたが駄目だった。特に五回のスクイズ失敗は痛かった。岐阜商は伝統のあるいいチームだ。好機には積極的に打っていけと指示したのだが、やはり選手が若いので好球を見逃し過ぎたようだ。河本が二回から完全に立ち直っただけに残念だ。

同・大田垣主将の話

河本君の出来はきょうが一番良かっただけに残念です。岐阜商の篠田君はシュートが落ちたりカーブがスライドしたりするので打ちにくかった。ヤマを張ってもその逆、逆を突かれてしまった。

岐阜商	1	0	0	0	0	0	0	0	0	1
広　陵	0	0	0	0	0	0	0	0	0	0

（岐）篠田—岩田　（広）河本—平田

メモ

「早鞆準V」

第46回大会を盛り上げたのは、またも山口勢だった。早鞆が初出場で準優勝の快挙。県大会2回戦で前年の選手権準優勝校で池永正明擁する下関商を1−0で撃破すると、勢いに乗り、甲子園初出場を果たした。本大会でも作新学院（栃木）、岐阜商など前評判の高かった強豪を次々と破り、決勝に勝ち上がった。高知に敗れ優勝は逃したが、大会に爽やかな風を吹き込んだ。

【岐阜商】		打	安	点
④	小　川	4	0	0
⑤	白　木	4	2	0
⑥	吉　田	4	2	0
⑨	松岡忠	4	2	1
②	岩　田	4	2	0
⑧	千　藤	4	0	0
⑦	遠　藤	4	0	0
①	篠　田	4	0	0
③	宮　島	3	1	0
	計	35	9	1

【広　陵】		打	安	点
④	大田垣	4	1	0
⑥	清　時	4	0	0
⑦	伊　藤	4	1	0
R9	川　内	0	0	0
⑤	若　狭	4	1	0
③	藤　川	4	0	0
⑨7	井　上	3	0	0
②	平　田	4	1	0
①	河　本	4	1	0
⑧	船　越	3	1	0
	計	34	6	0

	振	球	犠	盗	失	残	併
岐	4	0	0	1	2	7	0
広	3	1	0	1	1	8	0

▽二塁打　松岡忠2、河本

【ベンチ入りした主なプロ野球選手】

≪岐阜商≫

千藤三樹男　早大—北海道拓殖銀行—東映・72年ドラフト7位

広島県大会

㊱1965年8月2日
第47回全国高校野球選手権広島大会決勝

広陵－福山電波工
（広島）　（広島）

一回、福山電波工1死一、三塁、岡田のスクイズが広陵バッテリーに見破られて失敗。捕手福田

広陵 4年連続出場決める

第47回全国高校野球選手権大会広島大会最終日は2日、広島市民球場で広陵－福山電波工の決勝があった。広陵は河本の好投で5－0で勝ち、4年連続9度目の優勝を果たした。

広陵は一回、内野安打で出塁した船越を手堅く送り、2死後、下田の右前打で先行した。その裏、福山電波工も死球とバントエンドランで1死一、三塁としたがスクイズ失敗。明暗が分かれた。

広陵は四回、遊撃内野安打で出た柳内がボークで二進。2死後、福田の遊撃への適時打で1点。この後、敵失に船越の右前打、二塁手の一塁悪送球などでさらに2点を加え試合を決めた。

福山電波工の浅野も広陵の河本に劣らず好投した。一、四回の失点は浅野にとって不運だった。それも両チームの守備力の差が表れたといえる。最後まで河本に食い下がった福山電波工ナインの健闘をたたえたい。

河本 堂々の完封

優勝が決まった瞬間、河本はすたすたとベンチ方向へ。捕手の福田と抱き合うシーンを待ち構えていたカメラマンを慌てさせた。自らの右腕で甲子園行きの切符をつかみ取った瞬間とは思えない落ち着きぶりだった。

3人兄弟の末っ子で日頃はおとなしい性格。チーム内でも一番口数が少ないという。ところがピッチングは一転して速球をびしびし投げ込む本格派。準決勝、決勝と2試合連続でシャットアウト勝ち。自責点は40イニング投げて、準々決勝の呉港に与えた2点のみだ。「福山電波工ではマークする選手はいませんでした。勝負球は速球です」。重い口から出る言葉は「優勝は当然だ」と自信に満ちあふれていた。

福田は「直球の伸びがもうひとつ。七分の出来でしょう」と採点は辛かったが、県東部の強豪・福山電波工を散発の5安打に抑えたピッチングは優勝投手にふさわしい。

「甲子園ではどこまでいけそうか」との問いに、河本は「もちろん優勝です」と大胆な言葉をぽつり。真っ黒く日焼けした顔がほころんで白い歯がのぞいた。

広陵・森岡監督の話

浅野君はカーブが多いから、カーブを狙わせた。これは成功したと思う。浅野君も河本も出来は良くなかった。現在のうちの打力は10のうち7程度だろう。これからはけががをしないよう甲子園大会へ臨みたい。チームワークでぜひ昨年以上の成績を上げたいと思う。広島大会では呉港との試合が一番苦しかった。

同・船越主将の話

悔いのない戦い、これが勝利に結びついたのでしょう。甲子園でもこの気持ちを忘れずに一戦一戦頑張ります。今の調子なら郷土の皆さんの期待に沿える活躍ができると思います。

同・河本選手の話

苦しかったのは呉港戦だった。尻上がりに調子が良くなり、きょうが一番楽だった。全国大会では優勝目指して頑張ります。

広陵	1	0	0	3	0	0	0	0	1	5
福山電波工	0	0	0	0	0	0	0	0	0	0

（広）河本－福田　（福）浅野－岡田

【広陵】		打	安	点
⑧	船越	5	2	1
⑥	浜尾	4	1	1
①	河本	5	0	0
③	下田	4	1	1
⑤	清水	4	1	0
⑨	柳内	4	3	0
⑦	高木	4	0	0
②	福田	3	2	1
④	橋本	4	1	0
	計	37	11	4

【福山電波工】		打	安	点
⑤	松本	3	1	0
⑥	今西	4	0	0
④	平井	4	2	0
R	小林	0	0	0
②	岡田	4	1	0
⑧	西村	4	0	0
⑨	喜多村	3	0	0
③	伊藤	3	0	0
①	浅野	3	1	0
⑦	西原	3	0	0
	計	31	5	0

	振	球	犠	盗	失	残	併
広	2	1	1	1	0	7	0
福	7	1	0	0	3	5	1

▽三塁打　浜尾▽二塁打　岡田▽ボーク　浅野

メモ

「好投手浅野」

福山電波工（現近大福山）のエースは、ヤクルト、巨人で通算86勝を挙げた浅野啓司。2年生だった今大会は、準々決勝で三村敏行、山本和行のいた広島商に2－1で勝利。決勝で敗れたが、強烈な印象を残した。浅野の1学年下には、「マサカリ投法」で一時代を築いた元ロッテの村田兆司がいた。

【ベンチ入りした主なプロ野球選手】

≪広陵≫

須山成二	広島・67年第1次ドラフト1位

≪福山電波工≫

浅野啓司	サンケイ＜現ヤクルト＞・67年第1次ドラフト9位－巨人

広陵（広島）－報徳学園（兵庫）

九回、報徳学園1死一、三塁、一塁走者大地が二盗を試み、捕手福田が二塁へ悪送球。この間に三塁走者高岡が決勝のホームを踏む

善戦の広陵　報徳に惜敗

第47回全国高校野球選手権大会第3日は15日、甲子園球場で1回戦4試合を行った。第4試合の報徳学園（兵庫）―広陵（広島）は広陵の河本が9回1失点と好投したが、打線が3安打に抑えられて0―1で敗れた。

　序盤から、広陵・河本と報徳学園・谷村の投げ合いとなった。河本はシュートとカーブを交えながら、高めの速球を有効に使って対抗した。三～六回は毎回先頭打者の出塁を許したが、いずれも球威のある速球でバントを失敗させた。五回の無死一、二塁では、投前バントを河本がダッシュして処理し併殺にした。

　一方、打線は谷村にシュートと速球を両コーナーに投げ分けられ、完全に抑え込まれた。最大の好機は七回だった。1死から下田が三塁手の一塁悪送球で二進、清水は左前打して一、三塁。続く柳内の一ゴロを野手が体勢を崩しながら好捕。二塁へ投げるのを見て三塁走者下田がスタートを切ったが本塁憤死。この逸機が大きく響いた。

　試合が動いたのは九回。河本は先頭高岡に右中間三塁打を浴び、1死後、大地が四球で一、三塁。ここで大地が二盗を試み、捕手の悪送球を誘って高岡が生還。決勝点となった。

七回の逸機響く

　広陵の応援席が活気づいたのは七回だった。1死後、下田が敵失で一気に二進。この試合3人目の走者となった。清水が左前打で続き、1死一、三塁。願ってもないチャンスを得た。続く柳内の打球を一塁手に好捕され、一塁走者が二封。その間に三塁走者下田は本塁に突っ込んだが、判定はアウト。応援席も一瞬にしてしゅんとなった。

　八回までスコアボードに0がきれいに並んだ。ところが九回、河本が先頭高岡に右中間を割られた。三塁打だ。河本は不安げにベンチを見た。森岡監督は動かない。1死後、大地が四球で一、三塁と場面が変わった。打者高橋の2球目に大地がスタート。捕手福田の送球が大きく右にそれた。高岡が生還。あっけない決勝点だった。

　船越主将は外野で砂を投げて悔しがる。九回、先頭船越はバント安打を狙ったがアウト。期待の河本も三振して万事休した。広島大会からひげを伸ばし続けていた船越主将は「完敗です。打てませんでした。すみません」とぽつり。河本は「調子は良かったのに…。高岡には胸元を突いたが、コースがやや甘かった。谷村はどうもタイミングが合わなかった」。悔しさは見せなかった。

広陵・森岡監督の話

　力は五分、または四分六分で相手が上だと思っていた。谷村の出来が上回った。伸びのある球に押されてしまった。九回、高岡に浴びた三塁打は失投。内角高めは強いので注意していたのだが、やはり高めを打たれてしまった。敗因は七回1死一、三塁で先制点が取れなかったことだ。

報徳学園	0	0	0	0	0	0	0	0	1	1
広　陵	0	0	0	0	0	0	0	0	0	0

（報）谷村―荒武　（広）河本―福田

【報徳学園】		打	安	点
⑧	山口	3	0	0
⑥	深草	4	0	0
④	朝山	4	1	0
⑨	高岡	4	1	0
②	荒武	4	0	0
③	大地	2	0	0
⑦	高橋	3	0	0
⑤	小畠	2	1	0
①	谷村	3	1	0
	計	29	4	0

【広陵】		打	安	点
⑧	船越	4	0	0
⑥	浜尾	4	0	0
①	河本	4	1	0
③	下田	3	1	0
⑤	清水	3	1	0
⑨	柳内	3	0	0
⑦	高木	3	0	0
②	福田	3	0	0
④	橋本	3	0	0
	計	30	3	0

	振	球	犠	盗	失	残	併
報	11	4	1	4	1	6	1
広	4	0	0	0	3	3	1

▽三塁打　高岡▽二塁打　谷村▽捕逸　福田

【ベンチ入りした主なプロ野球選手】

≪広陵≫	
須山成二	広島・67年第1次ドラフト1位
≪報徳学園≫	
谷村智啓	関学大―鐘淵化学―阪神・71年ドラフト1位―阪急
荒武康博	西鉄・67年第2次ドラフト1位

メモ

「黄金世代」

　第47回大会に出場した高校球児からは、後にプロ野球で活躍する選手が多く生まれた。特に左打者に逸材が多く、2千安打を記録し名球会入りする若松勉（北海）、門田博光（天理）、福本豊（大鉄）が出場していた。投手では、同年春の選抜大会で39イニング連続無失点を記録し、頂点に立った平松政次（岡山東商）。1回戦で日大二（東京）に敗れ、春夏連覇はならなかった。

広島県大会

㊳1966年7月29日
第48回全国高校野球選手権広島大会決勝

広島商－北川工
（広島）　（広島）

一回、広島商無死二、三塁、永山の左前打で三塁から三村が生還

広島商 9年ぶり甲子園

第48回全国高校野球選手権広島大会最終日は29日、呉二河球場で決勝を行った。広島商が8－0で北川工を下し、1957年に全国制覇を果たして以来、9年ぶり10度目の甲子園出場を決めた。

広島商は北川工・平田に一回から襲いかかった。疲労で伸びを欠いた速球、シュートを狙い、かさにかかって攻めた。2四球で無死一、二塁、打者永山の3球目に重盗を決めた。制球難の平田はこれで動揺した。すかさず永山の左前適時打で先制。その後も西本の適時打や捕逸などでこの回4点を奪った。二回にも三村の左越え本塁打や清永の適時打で2点を追加した。

北川工は一回の攻撃が惜しまれた。1死から吉浦が四球で出塁。続く山根が右前へ安打性の当たりを放ったが、一塁走者の吉浦が捕られると思ったのか、走らず二封された。五回にも四球と坂本の安打で1死一、二塁としたが、2走者がいずれもけん制球に刺された。この拙攻が大きく響いた。

山本 努力の成果見せる

試合があっけなく決まったせいか、山本に興奮の色は見られなかった。「一、二回に大量点が入ったので楽でした。低めに球が走ったし。やはり、打撃の良い広陵、選球眼の良い尾道商の試合が苦しかった」。口調は淡々としていた。

今大会は6試合、48回1/3を投げて被安打27、自責点6。竹原戦では7連続三振も奪った。制球力に定評のある投手に、ことしはスピードが加わった。毎日300球の投げ込みをノルマにした。努力の成果だろう。

畠山監督も「努力」を強調した後、「スピードが増したのに加えてスローカーブを身に付けた。これが大きい。結局、ピッチングを覚えたということだね」と褒めちぎった。山本は「バックが打ってくれるし、よく守ってくれるから楽ですよ。だから自分のことだけやればいい。恵まれています。甲子園ではスタミナ（配分）と立ち上がりの悪さに十分注意して先輩に負けないよう頑張りますよ」と自信をちょっぴりのぞかせた。

広島商・畠山監督の話

精神的には初戦の神辺工に気を使ったが、うちと同じ型の尾道商、力のある広陵戦がやはり苦しかった。きょうは高めの球を捨てさせ、低めだけを狙わせた。きょうの平田は球が上ずっていた。これに手を出さなかったのが成功した。甲子園では今の調子を崩さず最高の気力で臨みたい。

同・円光寺主将の話

広陵戦が一番緊張した。きょうは一回に大量点を取り気分的に楽だった。ナインの気が緩まないよう気を付けたが、みんな自覚してしっかりやってくれた。

北川工・古葉監督の話

完敗です。予想以上に広島商はうまく強かった。うちも当たっていたし、かなりやる自信はあったが、きょうの山本は素晴らしく打ち込めなかった。

北川工	0	0	0	0	0	0	0	0	0	0
広島商	4	2	0	1	0	0	0	1	×	8

（北）平田－石黒　（広）山本－西本、木村

メモ

「V1戦士」

広島商優勝の立役者の一人が、「1番・遊撃」の三村敏之。後に広島で17年間プレーし、1975年に悲願の初優勝を果たしたメンバーだ。今大会では、3回戦で広島大会4連覇中の広陵を撃破。決勝では伊原春樹がいた北川工を下した。6試合全てで安打を記録するなど、26打数10安打6打点と打ちまくった。攻守でチームを引っ張り、高校3年間で初の甲子園出場を果たした。

【北川工】		打	安	点
②	石黒	4	0	0
③	吉浦	2	0	0
④	山根	4	0	0
⑤	伊原	3	0	0
①	平田	3	1	0
⑧	徳山	4	1	0
⑦	石本	1	0	0
⑨	三島	3	0	0
⑥	坂本	3	1	0
	計	27	3	0

【広島商】		打	安	点
⑥	三村	3	1	1
⑧	両祖	2	1	0
⑦	永山	4	1	2
③	清永	3	1	1
⑨	足和	4	1	0
②	西本	3	1	2
2	木村	1	0	0
④	毛利	3	1	0
H5	山下	1	1	1
①	山本	4	0	0
⑤4	円光寺	4	1	0
	計	32	9	7

	振	球	犠	盗	失	残	併
北	6	5	1	0	0	6	0
広	2	4	0	5	1	4	1

▽本塁打　三村（平田）▽二塁打　円光寺、足和、平田▽捕逸　石黒

【ベンチ入りした主なプロ野球選手】

≪広島商≫	
三村敏之	広島・67年第1次ドラフト2位
山本和行	亜大－阪神・72年ドラフト1位
≪北川工≫	
伊原春樹	芝浦工大－西鉄・71年ドラフト2位－巨人－クラウンライター・西武

㊴1966年8月14日
第48回全国高校野球選手権1回戦

広島商－桐生
（広島）　（北関東）

一回、広島商1死三塁、永山が右前打を放ち、三塁走者三村をかえす

広島商 好機生かせず敗退

第48回全国高校野球選手権大会第3日は14日、甲子園球場で1回戦3試合を行った。第3試合は広島商（広島）と桐生（北関東）が対戦。広島商は主戦山本の3失点を打線が取り戻すことができず、1－3で敗れた。

広島商の主戦山本が踏ん張り切れず、接戦を落とした。1－1の四回、桐生の先頭神尾に一塁線を破る二塁打を浴び、続く須長の中越え三塁打で勝ち越しを許した。山本はその後も2四球を許して1死満塁としたが、併殺で逃れた。五回には四球の神田を犠打で二塁へ送られ、神尾の右前打でリードを広げられた。一回の失点も四球がきっかけとなっただけに、制球の乱れが命取りとなった。

逆に打線は押し気味に試合を進めたが、肝心なところで決定打が出なかった。一回は先頭の三村が三塁打。永山の右前適時打で先制した。その後も前野のカーブによくバットを合わせ、七回まで毎回の11安打を浴びせながら、あと一押しができなかった。

六回には毛利の中前打と円光寺の死球で2死一、二塁。三村が敬遠され満塁。期待の吉田は一ゴロに倒れて好機をつぶした。広島商は強攻策におぼれ、得意のきめ細かい攻撃ができなかったのがたたった。

同・山本選手の話

きょうはいつもより球威がありませんでした。打者が（ベースに）かぶさってきたので、得意の内角へ食い込む球がコントロールできず苦しかった。打たれたのは1点目が真ん中の直球、あとはカーブです。また一から出直します。

同・円光寺主将の話

別にあがってはいなかった。みんな思い切ってやった。相手が強かったのだ。山本は広島大会のピッチングの方がよかったと思う。うちは前野のシュートに肝心なところで抑えられた。

広島商・畠山監督の話

11安打で1点しか取れなかったのが残念だ。山本の3失点は初めから覚悟していた。勝負どころでゆっくり攻めるべきだったが、すべて私の責任だ。

広島商	1	0	0	0	0	0	0	0	0	1
桐　生	1	0	0	1	1	0	0	0	×	3

（広）山本－西本、木村　（桐）前野－高田

【広島商】		打	安	点
⑥	三村	4	1	0
⑧	両祖	3	0	0
8	吉田	1	0	0
H	新正	1	0	0
⑦	永山	4	2	1
③	清永	4	2	0
⑨	足和	4	2	0
②	西本	4	0	0
2	木村	0	0	0
④	毛利	4	2	0
①	山本	4	1	0
⑤	円光寺	2	1	0
H	山下	1	0	0
	計	36	11	1

【桐　生】		打	安	点
②	高田	2	0	0
⑨	上野	3	0	0
⑤	神尾	3	2	1
⑧7	須長	4	2	2
①	前野	3	1	0
④	高橋	1	0	0
⑦	佐藤	1	0	0
H	田中	0	0	0
R78	飯島	1	0	0
③	大坂	3	0	0
⑥	神田	2	1	0
	計	23	6	3

	振	球	犠	盗	失	残	併
広	4	2	0	1	0	10	1
桐	1	5	4	0	1	5	2

▽三塁打　三村、須長▽二塁打　神尾

メモ

「史上2度目の春夏連覇」

中京商（現中京大中京＝愛知）が夏の選手権6度目の優勝を果たし、作新学院（栃木）に続く史上2校目の春夏連覇を達成。夏は1点差が2試合、2点差が3試合と接戦続きだった。内外野の堅守で主戦加藤英夫をもり立て、犠打や機動力を使った多彩な攻めで得点を重ねた。夏は出場14度で優勝6度のハイペース。しかし、その後は2009年まで40年以上、栄光から遠のくことになる。

【ベンチ入りした主なプロ野球選手】

≪広島商≫

三村敏之	広島・67年第1次ドラフト2位
山本和行	亜大―阪神・72年ドラフト1位

㊵1967年3月30日
第39回選抜高校野球1回戦

尾道商－三田学園
（広島）　（兵庫）

四回、尾道商2死満塁、田中の左翼線二塁打で三塁走者水戸川（手前左）に続き、二塁走者大田垣（奥右）も生還する

尾道商、追い上げ及ばず

第39回選抜高校野球大会第2日は30日、甲子園球場で1回戦4試合を行った。第1試合で三田学園（兵庫）と対戦した尾道商（広島）は、中盤の追い上げも及ばず6－11で敗れた。

尾道商は主戦大田垣の大量失点が誤算だった。一回無死一、二塁から、安井、藤村の連続長打と捕逸で4点を失うと、二回には安井、三回には遠山に中越え三塁打を浴びて、三回を終わって0－7。三田学園の積極的な攻撃の前に、バント処理のミスや捕逸など守備も乱れた。

尾道商の反撃は四回。三田学園が左腕吉岡から右の安井に継投した隙を突いた。大成のチーム初安打を足場に水戸川の適時打で1点、再登板した吉岡に大田垣、田中が左へ二塁打して計5点を挙げた。五回にも3人目の藤村から大成が左翼線へランニング本塁打を放ち、1点差に詰め寄った。

だが六回、大田垣が再びつかまった。2死満塁から藤村の三塁内野安打と藤田の右前打で3点を失い、リードを広げられた。2安打とも野手の動きや連係が良ければアウトにできていた。終盤、尾道商の反撃を好守で阻んだ三田学園とは対照的だった。

カーブ連投打ち込まれ

尾道商の大田垣は制球の良いカーブを武器とする技巧派。そのカーブを簡単に打ち込まれた。「カーブをあんなに狙い打たれたことはない」。池田監督も「大田垣の決め球であるカーブを（藤村に）中越え三塁打されては仕方ない。調子は悪くなかった」という。

だが、力のある打者に決め球を多用しては効果が薄くなる。立ち上がりは投球の8割以上がカーブ。1点を先行された後、4番藤村に3球続けてカーブを投げ、中越え三塁打されてしまった。

ここで池田監督は捕手の清水を呼び、内角への速球、シュートを使うよう指示。しかし、三田学園はチーム打率3割8分と平安（京都）に次ぐ打率を誇る。先取点で余裕を持った打線は二、三回にもカーブを長打して追加点を挙げた。

大田垣は「いつもの調子」というが、無意識に逃げの投球となり、揺さぶりを忘れていた。甲子園のマウンドは不思議な魔力を持っているようだ。

同・大成選手の話

（五回のランニング本塁打は）打ったのは真ん中のストレート。1点差に迫ったので、これはいけると思った。夏を目指して頑張ります。

尾道商・池田監督の話

5点リードされても負けるとは思わなかった。じっと我慢しておればチャンスはやってくるからだ。しかし、三回の2点は致命的だった。大田垣の決め球を打たれたのだからしょうがない。打力の差だ。

三田学園	4	1	2	0	0	3	0	0	1	11
尾道商	0	0	0	5	1	0	0	0	0	6

（三）吉岡、安井、吉岡、藤村－藤田　（尾）大田垣－清水

メモ

「藤村VS大田垣」

注目されたのは三田学園の主軸を担う藤村正美と尾道商のエース大田垣耕造の対決。藤村は「ミスタータイガース」と呼ばれた藤村富美男の次男で、大田垣は広島で115勝を挙げた備前喜夫のおい。体つきや表情まで似ていると話題になった。試合では、藤村が大田垣を打ち崩し、4打数3安打3打点と大暴れ。大田垣は2安打を放つなど打席で奮闘したが、初戦突破はならなかった。

【三田学園】	打	安	点
③935遠山	3	2	2
⑥杉本	4	0	0
⑨19安井	4	2	2
⑤1藤村	4	3	3
②藤田	5	1	2
⑦大山	3	0	0
⑧豊島	4	2	0
④泉	5	1	1
①313吉岡	4	2	0
計	36	13	10

【尾道商】	打	安	点
①大田垣	3	2	1
⑥山根	4	0	0
⑧田中	4	2	3
②清水	4	0	0
⑤大成	4	2	1
⑨3滝沢	3	0	0
④宮田	2	0	0
H4桝本	1	1	0
⑦水戸川	4	1	1
③井上	4	0	0
9吉本	0	0	0
計	33	8	6

	振	球	犠	盗	失	残	併
三	7	6	3	3	0	7	1
尾	6	7	0	0	2	7	1

▽本塁打　大成（藤村）▽三塁打　藤村、安井、遠山、大田垣▽二塁打　安井、大田垣、田中▽捕逸　清水2

【ベンチ入りした主なプロ野球選手】

≪尾道商≫

井上幸信　大洋・69年ドラフト3位—中日

≪三田学園≫

吉岡邦広　東京・68年ドラフト6位

㊶1967年8月1日
第49回全国高校野球選手権広島大会決勝

広陵（広島）－広島商（広島）

九回、広陵1死三塁、代打深津がスクイズを決め、三塁走者橘が生還。3−1とする

広陵が広島商破り夏切符

第49回全国高校野球選手権大会広島大会最終日は1日、広島市民球場で広陵―広島商の決勝が行われた。広陵は九回、河井、橘の長打とスクイズで2点を勝ち越し、3―1で広島商を破った。広陵は2年ぶり10度目の甲子園出場を決めた。

1点を追う広陵は四回、小根森の四球と犠打などで2死二塁とし、河井の遊ゴロを広島商の加藤がトンネルし、同点に追い付いた。九回は無死で河井が右越え二塁打し、品川の犠打で三塁へ。橘が真ん中の直球を中越え三塁打して勝ち越した。さらに代打深津がダメ押しのスクイズを決め、リードを広げた。その裏は負傷退場の宇根に代わって登板した山松が抑え、逃げ切った。

試合は広陵・宇根と広島商・山本の両左腕の投げ合いとなった。2人とも大会を通じて最も調子が良かった。宇根は二回のピンチを最少失点で切り抜けて立ち直ったのに比べ、山本は同点に追い付かれた四回から広陵打線に押し込まれた。それが、終盤のわずかな制球の乱れを生んだ。

4人の左打者がいる広島商は左腕攻略にこだわり過ぎて力んだ。宇根の外角へのカーブが良かったこともあって、最後まで狙い球を絞り切れず、凡打を重ねた。

宇根 好投で勝利呼ぶ

勝利の瞬間、ベンチから飛び出した広陵の宇根は、リリーフの山松に抱きついてうれし泣きした。1回戦から1人で投げ抜き、決勝の土壇場で、山松にマウンドを託した宇根にしてみれば、九回をがっちり締めくくってくれた山松に感謝の気持ちでいっぱいだったのだろう。

八回まで広島商の強力打線を1点に抑えて、広陵に勝利をもたらした。「きょうが一番調子が良かったので、思い切ってインコースを攻めることができました」。168㌢、66㌔。野球選手としては小さい方だ。左腕からの球速も、さしてある方ではない。三原監督が一番心配したのも、宇根のスタミナ。しかし、体力不足は抜群の気力でカバーした。準決勝の尾道商戦で九回無死満塁を無失点に抑えたのがいい例だ。

九回の打席でスクイズを失敗、大事な左手人さし指にボールを当てて血豆をつくった。紫に膨れ上がった患部をぬれタオルで冷やしながら、宇根は「こんなけがぐらい、2、3日で治りますよ」と元気に語った。甲子園でも、気力あふれる投球を見せてくれるだろう。

広陵・三原監督の話

無心に戦ったのが勝因だ。九回のチャンスで、橘を呼んで打てるかと聞いたら「はい」という返事に気合が入っていたので打たせた。甲子園までバントと走塁練習をみっちりやる。決勝より尾道商との準決勝が苦しかった。

広島商・畠山監督の話

山本はよく投げてくれましたが、打線が宇根君を打てなかったのが敗因です。宇根君は指をけがしたようだが、早く治して甲子園ではうちの分まで戦ってきてほしい。

広陵	0	0	0	1	0	0	0	0	2	3
広島商	0	1	0	0	0	0	0	0	0	1

（陵）宇根、山松―生田　（商）山本―西本

【広陵】	打	安	点
⑦小根森	3	0	0
⑥田中	3	1	0
⑨石田	4	1	0
⑧河井	4	1	0
③品川	3	1	0
⑤橘	4	2	1
①宇根	2	0	0
H深津	0	0	1
1山松	0	0	0
②生田	2	0	0
④真木	3	0	0
計	28	6	2

【広島商】	打	安	点
④9松田	4	1	0
⑨若松	1	0	0
H4岡田	2	1	0
⑧新正	4	0	0
③清永	4	2	0
①山本	4	0	0
⑦桂	3	1	0
②西本	3	0	1
⑤船井	3	0	0
⑥加藤	3	0	0
計	31	5	1

	振	球	犠	盗	失	残	併
陵	4	4	4	0	0	6	0
商	8	1	0	3	1	4	1

▽三塁打　橘▽二塁打　清永、河井

【ベンチ入りした主なプロ野球選手】

≪広陵≫

河井昭司	広島・68年ドラフト3位

≪広島商≫

山本和行	亜大―阪神・72年ドラフト1位

メモ

「ライバル対決」

広陵と広島商の対決は「広島の早慶戦」などと呼ばれ、常に高校野球ファンの注目を集めてきた。両校が甲子園行きの切符を競い合うのは、10年ぶり4度目。過去3度はいずれも広島商が勝っていただけに、広陵にとっては悲願ともいえる勝利となった。広陵はこの10年で実に6度目の出場。トータルで10度となり、大きく水をあけられていた広島商に並んだ。

七回、広陵1死三塁、品川がスクイズを決め、三塁走者河井が生還する

㊷1967年8月12日
第49回全国高校野球選手権1回戦

広陵（広島）－北海（南北海道）

広陵 逆転で初戦を突破

第49回全国高校野球選手権大会第2日は12日、甲子園球場で1回戦4試合が行われ、第2試合は打力に勝る広陵（広島）が七回に長短4安打を集めて4点を奪い逆転。北海（南北海道）を8－1で破った。

1点を追う広陵は五回、制球に苦しむ北海の種村を攻略した。2死後、田中が左前打の後、石田、河井の死球で満塁。品川が初球をたたいて、三塁頭上を越える安打を放ち、追い付いた。七回は石田が四球を選んだ後に二盗。河井が右中間三塁打して勝ち越すと、スクイズや3連打で計4点を挙げて勝負を決めた。

広陵は控えの山松を先発させたが、球が高めに浮いていた。二回無死から連打を浴びたところで、エース宇根にスイッチした広陵ベンチは賢明だった。落ち着いたプレートさばきで見事にピンチを切り抜けた。

だが、広島大会決勝で負傷したことによる投げ込み不足の影響で、低めへの制球が悪かった。三回、四球と十河の安打で1死一、三塁とされ、スクイズで先制点を奪われた。四回の雨による中断後は本来の投球を取り戻し、北海の反撃を断った。

河井 根性で勝ち越し打

七回の一死二塁、打席へ向かう河井を三原監督が祈るような思いで見つめた。五回に死球を受けた左肘が心配だったのだ。そんな不安は1分もたたずに吹き飛んだ。右中間へ勝ち越しの三塁打が出た。

「根性で打ってくれた。あの場面、彼の根性だけが頼みだった」と三原監督は言った。どんな試合でも、物おじしない精神力が、ナインに信頼される要素になっているようだ。

「腕がしびれて困った。だから右翼だけを狙っていました。思い通り、外角高めに直球がきたので、うまくバットが出ました」と河井。汗と泥でべっとりとなったユニホームの袖をまくると、肘の上がただれたように腫れ上がっていた。

2年までは手に負えないわんぱく坊主だった。しかし、3年になった今年はがらっと変わったという。野球の面白さを知ったこともあろうが、最上級生の自覚がそうさせたに違いない。広島大会でも勝負を決める長打を放っている。「とにかく今後も打ちますよ。バッティングには自信ありますから」と元気いっぱいだった。

広陵	0	0	0	0	1	0	4	0	3	8
北海	0	0	1	0	0	0	0	0	0	1

（広）山松、宇根－生田　（北）種村、丸山－滝

【広　陵】		打	安	点
⑦	小根森	3	0	0
H	深津	1	0	0
7	金本	1	1	2
⑥	田中	6	2	0
⑨	石田	3	0	0
⑧	河井	3	2	1
③	品川	4	1	2
⑤	橋	5	1	0
④	真木	3	2	0
②	生田	4	2	1
①	山松	0	0	0
1	宇根	4	1	1
	計	37	12	7

【北　海】		打	安	点
④	山本	3	0	0
⑤	十河	3	1	0
⑧	高島	3	1	1
③	三越	3	2	0
⑦	柴田	4	2	0
⑨	石丸	2	1	0
1	丸山	2	0	0
②	滝	3	0	0
①9	種村	2	0	0
H	草野	1	0	0
9	稲毛	0	0	0
⑥	国本	1	0	0
	計	27	7	1

	振	球	犠	盗	失	残	併
広	4	8	3	2	0	13	2
北	5	4	2	3	2	5	1

▽三塁打　河井▽二塁打　柴田、河井、高島

メモ

「名将三原」

甲子園春夏通算26勝（14敗）を挙げた名将、三原新二郎。その輝かしき1勝目がこの北海戦での勝利だ。1966年に母校の監督に。就任期間は3年弱と短かったが、67年の夏、68年春夏と3度甲子園に出場し、8勝を挙げた。71年からは福井（現福井工大福井）で同校を強豪に育て上げ、83年からは京都西（現京都外大西）で指揮を執り、2005年夏には同校を準優勝に導いた。

【ベンチ入りした主なプロ野球選手】

≪広陵≫

河井昭司　広島・68年ドラフト3位

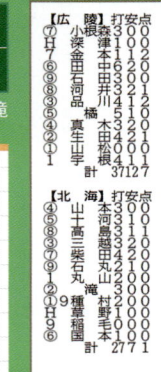

㊸1967年8月15日
第49回全国高校野球選手権2回戦

広陵（広島）－松商学園（長野）

五回、広陵無死一塁、生田の三ゴロで一塁走者真木が三塁を狙ったが、タッチアウト

広陵 本領の完封勝ち

第49回全国高校野球選手権大会第5日は15日、甲子園球場で1回戦1試合と2回戦2試合が行われた。第3試合の2回戦に登場した広陵（広島）は、主戦宇根が松商学園（長野）を2安打で完封し、2－0で勝った。

広陵は押しまくりながら攻撃がちぐはぐで、なかなか点が取れなかった。二～五回は先頭打者を塁に出しながら、盗塁失敗や無謀な走塁で自らチャンスをつぶした。

均衡を破ったのは六回だった。先頭の金本が四球で出塁し、田中が前進してきた一塁手の左を抜くバント安打。無死一、二塁となるところだったが、金本が二塁をオーバーランして挟殺された。石田の三ゴロで2死後、河井が三遊間を破る適時打を放ち、ようやく先制した。この1点でペースに乗り、七回は四球の橘を手堅く送り、生田の左前打で2点目を挙げた。

先発宇根は抜群の投球だった。速球を捨て球に使い、低めに決まるカーブを軸に1回戦とは見違えるばかりの出来だった。

宇根 変幻自在の快投

広陵の勝因は宇根の好投だった。試合前は「もう心臓がどきどきしません。（広島大会で負傷した）指も痛くない」と笑顔を見せていたが、その言葉通り、見事な投球をした。

速球で遊び、ここぞというところでカーブを投げた。低めに決まるカーブに松商学園打線は完全に翻弄《ほんろう》された。1回戦で早鞆（西中国）の息の根を止めた強打者松下も4打数3三振。宇根に封じられた。

松商学園は三回の2死満塁が唯一のチャンス。その後はチャンスらしいチャンスはなかった。宇根は「カーブが良かった。最初、松下をカーブで三振させたとき『これはいける』と思いました」。タイミングを完全に狂わされた4番松下のスイングが、カーブへの自信を倍加させた。

松商学園・大月監督は「宇根君の球は速かった」と言った。速球のスピードがカーブを生かした点も見逃せない。168㌢、66㌔の小柄な男だが、マウンドに上がると小憎らしいように変わる。人を食ったようなけん制球、球をもてあそんだ後、ぐっと体を乗り出して捕手のサインをのぞく姿は不敵である。

「三回の2死満塁が一番苦しかった。でも広島大会では尾道商に九回無死満塁と追い込まれた。その時の方がよっぽど苦しかった」と頬を紅潮させた。

広陵・三原監督の話

宇根がよく投げてくれたこと。これにつきます。カーブのコントロールが絶妙だったでしょう。

広陵	0	0	0	0	0	1	1	0	0	2
松商学園	0	0	0	0	0	0	0	0	0	0

（広）宇根－生田　（松）民谷－中村

【広陵】		打	安	点
⑦3	金本	2	0	0
⑥	田中	3	1	0
⑨	石田	4	0	0
⑧	河井	4	3	1
③	品川	4	1	0
R	菅原	0	0	0
7	小根森	0	0	0
⑤	橘	3	0	0
④	真木	2	2	0
②	生田	3	1	1
①	宇根	2	0	0
	計	27	8	2

【松商学園】		打	安	点
④	佐野	4	0	0
⑥	古田	3	1	0
⑦	小杉	4	0	0
③	松下	4	0	0
⑤	三宅	4	0	0
⑧	松尾	3	0	0
②	中村	0	0	0
①	民谷	3	0	0
⑨	宮沢	3	1	0
	計	28	2	0

	振	球	犠	盗	失	残	併
広	4	3	3	0	0	4	0
松	9	4	0	0	1	5	2

【ベンチ入りした主なプロ野球選手】

≪広陵≫

河井昭司　広島・68年ドラフト3位

メモ

「天敵」

大正、昭和、平成、令和の4年号で甲子園勝利を記録している広陵と松商学園。この両校、昭和に4度、平成に1度の計5度、甲子園で対戦している。結果は広陵の5勝。1926年と1991年はともに春の決勝、27年春夏はともに準決勝で顔を合わせ、松商学園の進撃をことごとく止めた。いわば、松商学園にとって、広陵は「天敵」だったといえる。

㊹1967年8月18日
第49回全国高校野球選手権準々決勝

広陵（広島）－東奥義塾（北奥羽）

七回、広陵2死二、三塁、河井が三塁線を破る二塁打を放ち、2者を迎え入れて3−0とする

広陵 完封で4強入り

第49回全国高校野球選手権大会第8日は18日、甲子園球場で準々決勝4試合を行った。第3試合は広陵（広島）が二回に先制し、終盤も着実に加点。東奥義塾（北奥羽）を5－0で破り、ベスト4進出を決めた。19日の準決勝は習志野（東関東）－中京（愛知）、市和歌山商（紀和）－広陵の顔合わせとなった。

広陵は薄氷を踏むような勝利だった。二回に品川の左越え本塁打で先制したが、その後はチャンスをまずい攻めで逃し続けた。三回の1死二、三塁は河井にスクイズさせて失敗。六回の1死一、三塁は真木に強攻させて無得点に終わるなど、ちぐはぐだった。

追加点は七回。小根森、田中の長短打で2死二、三塁とし、河井が三塁左を抜く二塁打を放ち2点。これをきっかけに攻撃が軌道に乗り、八回は真木、九回は石田の適時打で加点し、東奥義塾を突き放した。

宇根は爪を傷めたためかカーブをあまり投げず、速球主体の投球。しかし、制球が乱れた。何とか投げ切ったのはマウンド度胸の良さとけん制球のうまさだった。一回1死二、三塁では相手のスクイズを見破って無失点。六回は2四死球と一塁手の失策で無死満塁とされたが、1死後に二塁走者をけん制球で刺して2死。その後、一塁走者もけん制球で追い出し、飛び出した三塁走者を挟殺して、ピンチを断ち、2試合連続完封を記録した。

エース救った河井の適時打

東奥義塾の攻撃に苦しんでいた宇根を救ったのは七回の河井のバットだった。2死二、三塁。東奥義塾のエース前田は初球にスローボールを投げてきた。打ち気満々の河井はこの球を見送り、「なかなかやるわい」といった顔でマウンド上の前田を見つめた。2球目。内角低めの速球を河井はきれいに捉えた。打球は三塁手の左を抜いた。「あの球を打たれては仕方ない。河井君の方が上だった」。前田は河井の強打を褒めた。

河井は「2死だし、打たせてくれると思った。内角を狙ったんです。シュートのようだった。うまくバットが出た。打った瞬間、抜けたと思いました」と笑いが止まらない。三回、1死二、三塁でスクイズを失敗していただけに、この一打はよほどうれしかったようだ。

今大会、河井は12打数7安打になった。174㌢、70㌔。上背こそないが腕っぷしの強さ、選球眼の良さは、参加選手の中で群を抜いている。ネット裏に陣取ったスカウトの間でも河井株は上がりっぱなしのようだ。

東奥義塾・阿保監督の話

広陵がうちより一枚上だったけど、宇根君もそう良くはなかった。六回の無死満塁はベンチも選手も浮ついてしまった。

同・品川選手の話

打ったのは真ん中の直球。狙っていたのではありませんが、うまくバットの先が回りました。いままで1本しかヒットを打っていないので、ぜひ打ちたかった。

同・宇根選手の話

（指は）痛いんですが、気力で投げ抜きました。

広陵・三原監督の話

きょうは最低の試合をやりました。品川の本塁打が出たから助かったが、前半は前田の球が絞りにくく打てなかった。あすの相手は市和歌山商だが、ここまできたのだからもちろん宇根に投げさせます。

広陵	0	1	0	0	0	0	2	1	1	5
東奥義塾	0	0	0	0	0	0	0	0	0	0

（広）宇根－生田　（東）前田－川崎

【広陵】		打	安	点
⑦	小根森	5	2	0
⑥	田中	3	3	0
⑨	石田	4	1	1
⑧	河井	5	2	2
③	品川	4	1	1
3	金本	0	0	0
⑤	橘	3	1	0
④	真木	4	1	1
②	生田	4	1	0
①	宇根	3	0	0
	計	35	12	5

【東奥義塾】		打	安	点
⑥	奈良岡	4	0	0
⑨	三上	2	0	0
9	佐々木	0	0	0
④	清藤	3	1	0
③	小笠原	4	2	0
⑧	高木	4	0	0
①	前田	4	0	0
②	川崎	4	1	0
⑤	杉山	2	0	0
⑦	半田	2	1	0
	計	29	5	0

	振	球	犠	盗	失	残	併
広	4	3	3	1	2	9	1
東	5	5	0	1	2	7	1

▽本塁打　品川（前田）▽三塁打　真木、田中▽二塁打　清藤、小根森、田中、河井

【ベンチ入りした主なプロ野球選手】

≪広陵≫

河井昭司　広島・68年ドラフト3位

メモ

「小さな大投手」

三原新二郎監督が広陵で甲子園に出場した3大会で、いずれも背番号1を背負っていたのが左腕の宇根洋介。168㌢、66㌔と野球選手としては小柄だが、抜群の制球力とマウンド度胸で一時代を築いた。宇根は「けん制球の名手」と呼ばれ、広島大会から何度も技を披露。東奥義塾戦でも、この武器でピンチを断った。

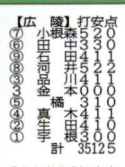

広陵（広島）－市和歌山商（紀和）

五回、広陵1死一、三塁、宇根がスクイズを決めて先制する

主戦奮投 広陵が決勝進出

第49回全国高校野球選手権大会第9日は19日、習志野（東関東）―中京（愛知）、市和歌山商（紀和）―広陵（広島）の準決勝2試合が行われ、習志野と広陵が決勝へ勝ち上がった。広陵は五回にスクイズで先制。七回にも1点を加え、主戦宇根の力投で2―1で逃げ切った。広島勢の決勝進出は第39回大会の広島商以来、10年ぶり7度目。

広陵は宇根が素晴らしい投球をした。爪を傷めてコンディションはよくなかったが、気力で克服した。切れのよい速球、タイミングを狂わすカーブのコンビネーションも良かった。生田のうまいリードも見逃せない。九回2死から野上、白川に長短打され1点を失った後、平凡な二飛を真木が落球。一、三塁となったが、冷静さを失わずピンチを切り抜けた。市和歌山商は最後まで宇根のカーブを打てなかった。

打線は五回、四球の真木を一塁に置き、生田のエンドランが成功し1死一、三塁。宇根が鮮やかにスクイズを決め、先制した。七回には2四球と宇根の安打で1死満塁とし、金本の適時打で2点差とした。野上のわずかな制球の乱れを捉えた広陵の攻撃は見事だった。

宇根「最高」の投球

「きのうあんな調子だったでしょう。きょうはどうだろうかと心配しとったんです。こちらへきてきょうが最高じゃないですか」。捕手の生田が目を丸くさせてそう話した。宇根をよく知っている生田がびっくりする出来だったのだから、市和歌山商が7安打で1点しか取れなかったのも無理はないだろう。

市和歌山商の的場監督は「宇根君の直球を狙わせたが…」と話したが、直球は打者の手元でよく伸びた。しかも内角は低めに制球され、外角はシュートした。ここぞという場面で多投した大きなカーブもよく決まった。宇根は「きょうは伸びが良かった。九回2死から真木がフライを落球した時は、ちょっとがっくりきました。監督さんにベンチへ呼ばれて『同点になってもいいから思い切って投げろ』と言われた」と振り返った。

打撃でも宇根は五回に先制のスクイズを決め、七回には1死一、二塁で野上の高めの球を左前へ流し打ち、好機を広げた。三原監督は「宇根は気力満々だった。相手は宇根を甘く見ていたんじゃないかね」と目を細めてべた褒め。宇根は「決勝は悔いのないように力いっぱい投げるだけ」と口を結んだ。

習志野・市原監督の話

左投手と対戦するのは今大会初めてだが、うちは右打者ぞろいなのでやりやすい。宇根君は好投手だ。しかし打ちにくいタイプではなさそう。中京戦で見せたサインプレーはもう効き目がないかもしれないが、またいろんな手を使って力いっぱいやる。

広陵・三原監督の話

習志野は見ていない。攻守にまとまったいいチームに違いない。うちもいま最高のムードだ。接戦になるだろうが、いまのムードなら、十分勝負できる。決勝戦は何も考えず、とにかくうちの力を出し切ることだ。

広陵	0	0	0	0	1	0	1	0	0	2
市和歌山商	0	0	0	0	0	0	0	0	1	1

（広）宇根―生田　（和）野上―井田

【広陵】		打	安	点
⑦3	金本	4	1	1
⑥	田中	4	2	0
⑨	石田	3	0	0
⑧	河井	4	0	0
③	品川	4	1	0
7	小森	0	0	0
⑤	根橋	3	1	0
④	真木	3	1	0
②	生田	3	2	0
①	宇根	2	1	1
	計	30	9	2

【市和歌山商】		打	安	点
⑧	寺井	4	0	0
⑨	的場	4	0	0
②	井田	4	1	0
①	野上	4	1	0
③	白川	4	2	1
④	上川	4	0	0
⑦	岩崎	4	1	0
⑤	山口	3	1	0
⑥	土山	2	1	0
	計	33	7	1

	振	球	犠	盗	失	残	併
広	3	3	3	0	1	7	0
和	7	0	1	0	0	6	0

▽二塁打　井田、岩崎、野上

メモ

「先攻」

広陵は攻撃で主導権を握るために先攻を選択することが多い。この作戦が定着し始めたのは、三原新二郎監督になってからだろう。三原監督時代はじゃんけんに勝ったら、必ず先攻を取った。その数は春夏11試合中9試合。「後攻が有利という時もあるだろうが、うちは別。相手の立ち上がりを狙って、先制するんだ」。先手必勝を勝利への布石と信じて戦った。

【ベンチ入りした主なプロ野球選手】

≪広陵≫

河井昭司	広島・68年ドラフト3位

≪市和歌山商≫

野上俊夫	阪神・68年ドラフト1位―南海
阪田隆	三菱重工神戸―南海・71年ドラフト5位

準優勝盾を手に場内を1周する広陵ナイン

㊻ 1967年8月20日
第49回全国高校野球選手権決勝

広陵－習志野
（広島）（東関東）

広陵、健闘及ばず準優勝

第49回全国高校野球選手権大会最終日は20日、甲子園球場で習志野（東関東）－広陵（広島）の決勝を行い、習志野が7－1で勝ち初優勝した。広陵は頼みの宇根が打ち込まれた。関東勢の優勝は第44回大会の作新学院（栃木）に次いで5度目で千葉県の学校は初。

広陵は主戦宇根が習志野の打力に屈した。速球、カーブをきれいにミートされた。一回1死後、正司に中前打され、続く池田にカーブを右翼席に運ばれて先制を許した。持ち前のひょうひょうとしたピッチングが見られず、その後は毎回のように走者を背負いながら踏ん張ってきたが、六回に藤代の二塁打で3失点目。七回にも2死一、二塁で醍醐に左中間二塁打を浴び、ダメを押された。

打線は習志野の石井を打ちあぐねた。シュートと速球、カーブに加え、フォークを効果的に使われ的を絞れなかった。七回に橘、真木の長短打で1点を返すのが精いっぱい。二回にサインの見間違いでチャンスを逃したのが痛かった。

決勝には珍しく大差がついたが、両チームの好守と、最後まで食い下がった広陵ナインの健闘で引き締まったゲームだった。

勢いにのまれ無念

試合は習志野・池田の先制2ランで幕を開けた。「宇根には3点やって、うちが4点とればいい。思い切っていけ」。三原監督は膝をたたいて動揺した宇根を静めた。

二回、広陵はベンチ前で円陣を組んだ。「ストレートが多いからそれを狙え」と三原監督。品川は指示通り、左前へ打ち返した。無死の走者だ。だが橘とのサインが不徹底で二塁に走って憤死。三回は宇根が四球で歩き小根森の犠打で二塁へ。田中のバットは快音を発したが、一塁正面のライナー。これまでつきに恵まれていた広陵は、決勝になって勝利の女神にそっぽを向かれた。

毎回のように習志野の猛攻を受け、宇根は苦しい投球だった。しかし野手が1球ごとに声をかけて励まし続けた。懸命に踏ん張ってきたが、六回に藤代に二塁打を浴び、3点目を与えた。その後は習志野の勢いにのみ込まれた。

打線が意地を見せたのは七回だ。2死後、橘が右中間三塁打。三原監督も立ち上がって「右足に体重を残して石井のカーブを狙え」とスイングの手本を示す。真木は三遊間をライナーで破り、1点を奪う。いつもの広陵なら、お得意の激しく畳み掛ける攻撃が出るのだが、この日はこれが精いっぱいだった。

習志野・市原監督の話

投攻守、そして何もかもが最高の出来でした。今は感激で胸がいっぱい。広陵も最高のチームでした。

広陵・三原監督の話

相手が一枚上でした。打力に関しては2倍も3倍もうちを上回っていた。六回に藤代に打たれた球など低いボールだった。あれをうまく右へ持っていかれたのだからどうしようもない。

うちは石井の外角球を狙わせたが、フォークで攻められ的を絞れなかった。

習志野	2	0	0	0	0	1	2	0	2	7
広　陵	0	0	0	0	0	0	1	0	0	1

（習）石井－醍醐　（広）宇根－生田

メモ

「じゃんけん」

「攻守に広陵有利」との声が多かった決勝。その戦いはプレーボール前から始まっていた。先攻後攻を決めるじゃんけんで、田中伸樹主将が負けた。それでも習志野は後攻を取ってくると思われたが、「先攻」と聞き、田中主将は「相手も強気でくるんだ」とびっくり。今大会初めて後攻で試合を行うことになった。その一回表に宇根が先制2ランを浴びる。後手に回り、歯車が狂い…。三原新二郎監督もなすすべがなかった。

【習志野】		打	安	点
⑥	田　中	4	1	0
⑨	正　司	4	3	0
⑧	池　田	4	3	4
②	醍　醐	4	2	2
①	石　井	4	0	0
④	山　口	4	0	0
⑤	藤　代	4	2	1
③	広　瀬	3	0	0
⑦	松　戸	4	3	0
	計	35	14	7

【広　陵】		打	安	点
⑦	小根森	2	0	0
⑥	田　中	4	0	0
⑨	石　田	4	1	0
⑧	河　井	4	0	0
③	品　川	4	1	0
⑤	橘	3	1	0
H	夏　山	1	1	0
R	金　本	0	0	0
④	真　木	3	2	1
H	菅　原	1	0	0
②	生　田	3	0	0
①	宇　根	2	0	0
	計	31	6	1

	振	球	犠	盗	失	残	併
習	4	4	2	0	0	7	0
広	6	2	1	0	0	6	2

▽本塁打　池田（宇根）▽三塁打　醍醐、橘▽二塁打　松戸、真木、藤代2、池田

【ベンチ入りした主なプロ野球選手】

≪広陵≫

河井昭司　広島・68年ドラフト3位

≪習志野≫

醍醐恒男　阪急・68年ドラフト6位－南海

広陵－中京
（広島）　（愛知）

広陵、好敵手中京下す

第40回選抜高校野球大会第2日は29日、甲子園球場で1回戦4試合を行った。第3試合は広陵（広島）－中京（愛知）の優勝候補同士の対決となった。広陵・宇根、中京・水谷の両左腕の投げ合いとなり、八回に広陵が代打福原の適時打で先制し、九回にも品川の2ランで加点。3－1で中京を下した。

二回、中京1死二、三塁、広陵バッテリーが石倉のスクイズを外す

両左腕投手が持ち味を生かした投げ合いは、広陵に軍配が上がった。

七回まで中京・水谷に抑え込まれていた広陵は八回、先頭の宇根が左越え二塁打。犠打で1死三塁とし、代打福原の中前打で先制した。九回には気落ちした水谷から橘が中越え三塁打を放ち、品川の左越え2ランで勝負を決めた。

宇根は落差の大きいカーブがよく切れた。しかし低めへの制球がいまひとつで、立ち上がりから苦しい投球。二回には2四球に重盗が絡んで1死二、三塁とされたが、中京のスクイズ失敗などでピンチをしのいだ。六回の1死三塁、七回の2死三塁も、カーブで後続を断った。

両左腕の投手戦　広陵宇根に軍配

優勝候補同士の対決。広陵はじゃんけんに勝ち、先攻を取った。一回、先頭の小根森が歩く。ところが中京・水谷のけん制球に引っかかりアウト。四回にも本田がけん制死した。先取点を取ろうという焦りが出た。

宇根は二回、突然乱れた。2四球と重盗で1死二、三塁。石倉に3ボールとカウントを悪くした。4球目。「ベンチから満塁策のサインが出ていた」と岩岡。外角高めに外したが、中京にはスクイズのサインが出ていた。ラッキーな形でピンチを脱した。

宇根と水谷の投手戦。八回、宇根の長打から均衡が破れた。「左に狙っていた。外角高めを力いっぱい振った」と左越え二塁打。水谷は「用心したのだが高かった」と悔やんだ。

バントで宇根を三塁に送った広陵ベンチは代打福原を起用。「内角だけに的を絞った」という福原は前進守備の遊撃右を抜いた。中京の捕手石倉は「内角低めでゴロを打たせるつもりだったが、高かった」。わずかな制球の狂いが広陵に勝利を呼び込む結果となった。九回には品川が三塁に橘を置いて2ラン。「なんとしても外野へ打とうと思っていた」。水谷が2球続けたスローカーブをたたいた。

「小さな大投手」　宇根　冷静

「小さな大投手」は健在だった。自らのバットで先制点のきっかけもつくった。「打ったのは外角高めでした。バントで三塁に進んだ時、これでいけるんじゃないかと思いました」とはきはきと答えた。

「ピッチングは駄目でした。制球が悪かった。カーブの切れが少し良かったので、得点圏に走者が出るとカーブで内野にゴロを打たせるようにしました。二回1死二、三塁の時のスクイズは思ってもみなかった。歩かせてもよいと思っていたらキャッチャーが『外せ』というので、外したらうまい具合に引っかかってくれた」。強敵中京を倒しても、マウンド上と同じく冷静な受け答えだった。

「中京は塁に出れば走ってくると計算していたので、意識的にけん制球を多くしました。だが二回の重盗だけは完全にモーションを盗まれた」。中京に6盗塁されても一向に気にかけた様子はなかった。

広陵・三原監督の話

宇根は決して調子は良くなかったが、最後までよく投げてくれた。（八回1死三塁で）福原の打席はスクイズは考えなかった。

広陵	0	0	0	0	0	0	0	1	2	3
中京	0	0	0	0	0	0	0	0	1	1

（広）宇根－岩岡　（中）水谷－石倉

【広　陵】		打	安	点
⑦	小根森	3	2	0
⑥	本田	4	1	0
⑤	橘	4	1	0
③	品川	4	1	2
②	岩岡	4	1	0
①	宇根	3	1	0
⑧	深津	3	0	0
⑨	砂川	2	0	0
H	福原	1	1	1
9	岡本	0	0	0
④	福田	3	0	0
	計	31	8	3

【中　京】		打	安	点
⑥	柴田	3	0	0
④	戸谷	4	1	0
⑦	渡辺	4	0	0
⑧	星山	3	1	0
⑨	豊吉	3	0	0
③	大島	3	1	1
②	石倉	2	1	0
①	水谷	3	0	0
⑤	山田	3	0	0
	計	28	4	1

	振	球	犠	盗	失	残	併
広	4	2	1	0	1	4	0
中	6	4	2	6	0	6	0

▽本塁打　品川（水谷）▽三塁打　橘▽二塁打　宇根▽暴投　宇根

【ベンチ入りした主なプロ野球選手】

≪中京≫

水谷則博	中日・69年ドラフト2位－ロッテ

メモ

「優勝候補対決」

前年夏の準優勝メンバーが残る広陵と、2年前に春夏制覇した中京（現中京大中京）の1回戦は、優勝候補対決として注目された。両校の対戦の歴史は古く、初対戦は1931年夏の準々決勝。以降、2017年夏の1回戦まで春夏通算計7度対戦し、広陵が5勝2敗と勝ち越している。ちなみに、68年春の勝利から、広陵は4連勝を飾っている。

㊽1968年4月2日
第40回選抜高校野球大会2回戦

広陵－今治西
（広島）　（愛媛）

四回、広陵2死二塁、宇根の中前打で二塁走者砂川が生還。先制点を挙げる。捕手桧垣

広陵、今治西下し8強

第40回選抜高校野球大会第6日は2日、甲子園球場で2回戦3試合を行った。第2試合は広陵（広島）の宇根が今治西（愛媛）を1点に抑える好投。3－1で勝ち、準々決勝進出を決めた。

広陵は四回、死球の砂川を犠打で送り、2死後、宇根が外角直球を中前へ運んで先制した。五回は1死一、二塁で橘が右前適時打を放ち、2点目を奪った。

今治西の近藤は外角速球にシュート、スローカーブを散らして変化をつけたが、広陵打線を抑える力はなかった。七回にも右前打の福田が二、三盗に成功、2死一、三塁から重盗に成功しダメを押した。

広陵の宇根はカーブがよく切れた。先制した直後の四回、田中に左翼線二塁打され、暴投もあって無死三塁のピンチを招いた。しかし得意のカーブでピンチを脱した。四回の攻防がこの試合のポイントだったろう。

宇根、悪い流れ断つ

立ち上がりの攻めは「巧者広陵」らしからぬものだった。二回、無死で歩いた品川が盗塁に失敗。三回は先頭深津が四球。本田とのエンドランが決まったが、左前打で二塁を欲張った本田が憤死。1死三塁。ここで三塁走者深津がけん制死。先制点が遠かった。

試合の流れが変わるのでは。そんな不安は四回に霧散した。2死二塁で打席は5番宇根。「速球に的を絞った」。1ボールからの外角速球。打球は真っすぐ中前へ抜け、待望の先取点を奪った。さらに五回、1死一、二塁で橘が右前適時打。見事な狙い打ちだった。

広陵にもピンチはあった。四回、無死から田中の二塁打と暴投で無死三塁。三原監督が立ち上がる。無理もない。打者が神野、楠橋と今治西が誇る強打者が続く。ところが宇根は落ち着いたもの。ストライクゾーンをわずかに切れる速球、膝元から落とすカーブで揺さぶる。打者の打ち気を誘う巧妙な配球で神野、楠橋からカーブで三振を奪った。「カーブを多投させたのは、タイミングが合っていなかったし、スクイズがやりづらいと思ったから」と岩岡。広陵の読みの深さがピンチを救った。

三原監督に言わせると「宇根はよかった。しかし攻撃はサインの手違いなどもあってベストとはいえない」。ナインは静かな足取りで球場を後にした。

広陵・三原監督の話

宇根は1回戦よりも良かった。1、3、5番を警戒しろと言ったが、考えたピッチングをしてくれた。ピンチもあまり気にならなかった。打線はこの3日間、近藤の攻略法をみっちりやった。おかげでかなりいい形が出たが、サインの見落としやまずい走塁があった。

今治西・壺内監督の話

2ストライク後の低めのカーブには手を出すなと言っていたんだが、どうしても手が出るんですね。高校生ではあのカーブは打てませんよ。

広　陵	0	0	0	1	1	0	1	0	0	3
今治西	0	0	0	0	0	0	0	1	0	1

（広）宇根－岩岡　（今）近藤、村上－桧垣

【広　陵】		打	安	点
⑦	小根森	5	1	0
⑨	砂　川	2	0	0
⑤	橘	2	1	1
③	品　川	3	0	0
①	宇　根	4	2	1
②	岩　岡	4	2	0
⑧	深　津	2	1	0
⑥	本　田	2	1	0
④	福　田	3	1	0
	計	27	9	2

【今治西】		打	安	点
⑧	曽我部	4	1	1
④	田　中	4	1	0
③	神　野	4	0	0
⑥	楠　橋	4	0	0
⑤	鴨　頭	3	1	0
⑦	増　田	4	0	0
②	桧　垣	3	1	0
①	近　藤	2	0	0
H	宇　野	1	0	0
1	村　上	0	0	0
⑨	矢　野	2	1	0
	計	31	5	1

	振	球	犠	盗	失	残	併
広	5	7	3	6	0	7	0
今	9	2	0	1	0	5	2

▽二塁打　矢野、田中、鴨頭▽暴投　宇根

【ベンチ入りした主なプロ野球選手】

≪今治西≫

楠橋高幸　阪神・69年ドラフト5位

メモ

「記念事業」

日本高野連が本部を置くのは、大阪市西区江戸堀にある中沢佐伯記念野球会館。第2代会長の中沢良夫、第3代会長の佐伯達夫の功績をたたえて名付けられた。第40回選抜大会では、記念大会の事業として、出場30校が各都道府県の木を持ち寄り、完成間近だった同野球会館に植樹した。

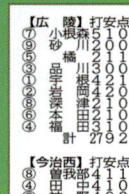

㊾1968年4月4日
第40回選抜高校野球大会準々決勝

広陵－箕島
（広島）　（和歌山）

広陵 守備乱れ4強ならず

第40回選抜高校野球大会第8日は4日、甲子園球場で準々決勝4試合が行われた。第2試合は優勝候補の広陵（広島）が箕島（和歌山）に3−7で敗れた。広陵の左腕宇根は12安打を浴び7失点。箕島の東尾は広陵を3点に抑えた。5日の準決勝は、大宮工（埼玉）−箕島、尾道商（広島）−倉敷工（岡山）の組み合わせとなった。

広陵・宇根は立ち上がり、箕島打線につかまった。先頭鳥羽が安打で出塁し、大田の遊ゴロを本田がはじいて一、二塁。犠打と四球で満塁となり、木村の投手強襲安打とスクイズで2点を先制された。

五回、広陵1死三塁、品川が左中間へ適時三塁打を放つ

二回には2死から3安打と味方の失策でさらに2点を失った。早めにストライクを取りにいったところを狙われた。

広陵は箕島とは対照的に待球策に出た。一回は打者4人で24球、二回は28球。スピードはあるが、制球力に欠ける東尾に多く投げさせ、その疲れを待って後半で勝負する策を取った。四、五回に1点ずつ返した時には、追い付く望みがなくもなかった。しかし、六回無死一、二塁から宇根の二塁けん制悪送球と東尾の三塁打で2点を奪われて、万事休した。

宇根、予想外の7失点

一塁側スタンドから飛ぶ「がんばれ広陵」の声援もむなしく、5度目の準決勝進出はならなかった。箕島とベスト4進出を懸けて戦った広陵は、頼みのエース宇根が12安打を浴び、バックも5失策を重ね、新鋭の軍門に下った。

「カーブがよく切れる」と言っていた主戦宇根が一回、そのカーブを箕島の1番鳥羽に左翼線に痛打された。続く大田の強い遊ゴロを本田がファンブル。これが広陵にとって痛かった。犠打で二、三塁とされ、東尾を敬遠し満塁となった後、投手強襲安打とスクイズで2点を先行された。

二回は2死から鳥羽に安打を浴びた後、大田の遊ゴロをさばいた遊撃手と二塁封殺を狙った二塁手の息が合わずに走者を生かしてしまった。続く箕島の主軸に連打されてさらに2点。「内野が宇根の足を引っ張らねばよいが…」と言い続けてきた三原監督の心配が的中してしまった。

結局、宇根は毎回の12安打7失点という予想外の結果に終わった。「制球が悪かった。打たれたのはみんな真ん中。60点くらいです。カーブを狙われていることは分かっていたが、切れも悪かった」と淡々と振り返った。

打線は大会随一の好投手といわれる東尾の球威に苦しめられた。四回には宇根の遊撃内野安打を足場に4安打を集めたが1点止まり。五回も品川の左中間三塁打による1点。9安打を放ちながら3点しか奪えなかった。橘主将は「東尾は予想以上に良かった。配球がうまくて読み取れなかった」と涙ぐんだ。

広陵	0	0	0	1	1	0	0	0	1	3
箕島	2	2	0	1	0	2	0	0	×	7

（広）宇根－岩岡　（箕）東尾－田中

【広　陵】		打	安	点
⑦	小根森	4	1	0
⑨	砂　川	2	1	0
H3	福　原	2	0	0
⑤	橘	4	1	0
③9	品　川	5	2	2
①	宇　根	5	1	0
②	岩　岡	4	1	0
⑧	深　津	3	1	0
⑥	本　田	3	0	0
④	福　田	4	1	1
	計	36	9	3

【箕　島】		打	安	点
⑥	鳥　羽	5	3	0
④	大　田	4	1	0
⑨	上　田	3	3	2
①	東　尾	3	2	2
③	木　村	4	1	1
⑤	野　際	3	0	1
②	田　中	4	2	0
⑦	狗　巻	4	0	0
⑧	前　野	4	0	0
	計	34	12	6

	振	球	犠	盗	失	残	併
広	11	5	0	2	5	11	0
箕	7	1	4	1	1	8	0

▽三塁打　品川、東尾▽二塁打　上田

【ベンチ入りした主なプロ野球選手】

≪箕島≫

東尾修	西鉄・69年ドラフト1位

メモ

「トンビ」

広陵の4強入りを阻んだのは、箕島のエース東尾修。プロ野球通算20年間で251勝を挙げ、「トン（東）ビ（尾）」の愛称で知られる名投手だ。のちに箕島を春3度、夏1度の優勝に導く尾藤公《ただし》監督が、甲子園初出場の切り札として、中学時代の東尾を口説き落としたといわれている。広陵を破って臨んだ準決勝では、同じく初出場の大宮工と対戦し、3−5で敗れた。

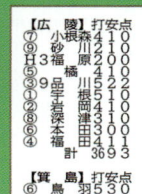

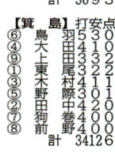

二回、尾道商2死満塁、大西の右中間二塁打で、三塁走者の田中（手前右）に続き、二塁走者の常盤（奥左）も生還し、2−0とする

㊿1968年3月30日
第40回選抜高校野球大会1回戦

尾道商－佼成学園
（広島）　（東京）

尾道商　2点守り切る

第40回選抜高校野球大会第3日は30日、甲子園球場で1回戦3試合を行った。第3試合は尾道商（広島）が二回、2死満塁で大西が右中間に二塁打を放ち、2点を先取。その後も押し気味に試合を進め、2－1で佼成学園（東京）を破った。

チーム打率が3割4分7厘の尾道商が本格派の佼成学園・猪狩をいかに攻めるかが焦点だった。二回早くもその強打を発揮した。田中、常盤の連打と四球で2死ながら満塁とし、大西が速球を右中間二塁打して2点を先取。猪狩に立ち直りの間を与えず、積極的に攻めた大西の打撃は見事だった。

その後も積極的な攻撃で猪狩を攻めた。6番の田中以下が10安打を放ちながら、追加点を奪えなかった。上位打線の不振が苦戦の原因ともなった。

尾道商・井上はよく投げた。前半は変化球で、後半は外角への速球で佼成学園打線を寄せつけなかった。特に高めぎりぎりの球は効果的で、相手の弱点を突いていた。三回の犠飛による1点に抑えた。

下位打線　つながり得点

尾道商ナインは佼成学園と雨を忘れさせるような白熱した好試合を展開し、堂々と2回戦に勝ち進んだ。

佼成学園の猪狩は182㌢。今大会随一の大型投手に対し、尾道商は二回2死から気後れせず、猪狩の速球を狙い打った。田中が中前にチーム初安打を放つと、常盤も投手強襲安打。押さえが利かなくなった猪狩から今田は四球を選び満塁とした。ここで大西が外角球を右中間に2点二塁打。下位打線で2点をたたき出した。6基の照明灯がついた六回には3安打、八回には2安打を猪狩に浴びせたが、佼成学園の堅守の前に追加点を阻まれた。

肘を痛めてから練習でも100球以上投げ込んでいない井上が、懸命にこの2点を守った。三回には自らの一塁けん制悪送球をきっかけにピンチを広げ、犠飛で1点を失った。しかし、その後は尻上がりに調子を上げて好投。「後半は球に伸びが出てきたので、直球主体のピッチングで押した。佼成学園打線は当たれば大きいけど内外角とも意外にもろかった」と井上。味方の好守にも助けられ、リードを守り切った。

12安打のうち10本は下位打線が放った。清水主将は「きょうは下級生に打ってもらって勝てた。今度はわれわれがやろうぜ」と3年生に奮起を促した。池田監督は「これがうちのいいところなんですよ」と笑った。

大西　涙の先制打

二回に先取点をたたき出した大西は泣いていた。「中国大会で無安打だったし、ここにきてからも調子が悪かった。打順を9番に下げられたし、どうしても打ちたかった」と声を絞り出した。

2死満塁から外角球を右中間に運んだ。「打った球は全く分かりません。絶対速球（が来る）と思い、的を絞っていた」と振り返った。

尾道商・池田監督の話

グラウンドコンディションが悪く、走塁を慎重にしたため、2点しか取れなかった。本当に下位打者がよく打ってくれた。あてにしていなかっただけに拾いものです。

尾道商	0	2	0	0	0	0	0	0	0	2
佼成学園	0	0	1	0	0	0	0	0	0	1

（尾）井上－清水（佼）猪狩－川副

【尾道商】		打	安	点
⑧	水戸川	5	0	0
⑤	北	5	0	0
⑥	山根	4	2	0
②	清水	4	0	0
①	井上	3	0	0
④	田中	3	3	0
⑦	常盤	4	3	0
③	今田	3	1	0
⑨	大西	3	3	2
	計	34	12	2

【佼成学園】		打	安	点
⑤	宮崎	3	0	0
⑦	橋爪	4	0	0
⑥	清水	3	0	1
③	新本	3	0	0
⑨	森山	3	0	0
⑧	横山	3	0	0
①	猪狩	2	1	0
②	川副	3	0	0
④	宮本	3	1	0
	計	27	2	1

	振	球	犠	盗	失	残	併
尾	4	3	1	1	3	9	0
佼	7	2	3	1	1	4	2

▽二塁打　大西

メモ

「2校出場」

第40回大会は広陵、尾道商と広島勢2校が出場した。選抜大会の歴史をひもとくと、1929年の第6回大会に広島商と広陵が同時出場を果たしたのが最初。2022年の広陵、広島商まで計13度ある。最も多い組み合わせは、広陵と広島商の5度、2番目は広島商と呉港の2度。2校とも初戦で姿を消したのは4度ある。

【ベンチ入りした主なプロ野球選手】

≪尾道商≫

井上幸信	大洋・69年ドラフト3位―中日

≪佼成学園≫

清水宏悦	河合楽器―大洋・73年ドラフト7位―西武
森山正義	明治学院大―阪神・73年ドラフト2位―ロッテ

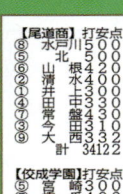

51 1968年4月3日
第40回選抜高校野球大会2回戦

尾道商－市神港
（広島）（兵庫）

尾道商、市神港下し8強

第40回選抜高校野球大会第7日は3日、甲子園球場で2回戦3試合が行われた。第1試合は尾道商（広島）の井上と市神港（兵庫）の山口の投げ合いで延長戦に突入し、尾道商が十回に2点を挙げてベスト8進出を決めた。

延長十回、尾道商1死満塁、北の適時打で、三塁走者の井上（手前中央）と二塁走者の今田（奥左）が生還し、2−0とする

尾道商が0－0で迎えた延長十回に決着をつけた。1死後、井上が右前打、今田の犠打が野選となり、一、二塁。大西の左前打で満塁となった。ここで北が内角直球をたたき、打球が三塁ベースに当たり、転々とする間に2者が生還した。

尾道商の井上は決して良い出来ではなかった。球威がなく、得意のシュートも切れが悪かった。一回には1死一、三塁とされたが、重盗が失敗。六回の1死満塁もしのいだ。井上を支えたのは捕手の清水。1球ごとに捕球位置を変えるきめ細かいリードで的を絞らせなかった。

敗れたとはいえ、市神港の健闘は立派だった。特に、山口の投球は尾道商の井上に劣らなかった。

「反省屋」井上 投げ抜く

尾道商・井上は強打の市神港を相手に無失点で投げ抜いた。しかも十回には北の決勝打を引き出す右前打を放った。「最低の調子でした。球威はない、制球は悪いで、どうなるかと思った」。愛称は「反省屋」。なるほどその通りだ。

「右肘が気になって。後半は重く感じて困った」という。2月に右肘を痛め、20日ほど投げられなかった。甲子園に来てからも、1日100球以上投げていない。池田監督も投げ込み不足を一番心配していた。

「点を取られる気はしなかった」と強気に投げ込んだ。この日の投球数は137。池田監督は「最低の出来だ」と言いながらも、にこにこ顔。井上の素質から見れば「最低」でも、今の体調からすれば「よくやった」という思いがあったからだろう。

「勝てたのは清水と北のおかげ。清水は僕の調子が悪かったのでくたびれたでしょうね。十回は北が当たっていたので、きっと打ってくれると信じていた」と言葉を弾ませた井上。「肘は大丈夫か」の質問に「ベストとはいえないけれど、明日は根性で投げ抜きますよ。うちは根性のチームですからね」と胸を張った。

尾道商・池田監督の話

きょうの殊勲者は北だ。必ず打つと信じていた。井上は最低の出来。肘が悪く最近100球以上投げたことがない。だからスタミナ不足で回を追って投球内容が悪くなった。

同・北選手の話

（十回の決勝打は）それまでに2安打していたから打てそうな気がしていた。低めを狙ってミートすれば外野に飛ぶからといわれていた。内野を抜く自信があった。

尾道商	0	0	0	0	0	0	0	0	0	2	2
市神港	0	0	0	0	0	0	0	0	0	0	0

（尾）井上－清水　（市）山口－大中　（延長十回）

メモ

「剛腕山口」

市神港のエースは山口高志。カープファンであれば、この名前に見覚えがあるだろう。1975年に悲願の初優勝を果たした広島は、日本シリーズで阪急と対戦。山口の快速球に日本一の夢を砕かれ、山口はシリーズMVPを獲得した。高校時代は3年の時に春夏連続で甲子園に出場。関大、松下電器を経て阪急に入団。日本一の快速球男として、球界に名を残した。

【尾道商】		打	安	点
⑦	常盤	5	0	0
⑧	水戸川	5	1	0
⑥	山根	3	0	0
②	清水	4	0	0
④	田中	4	1	0
①	井上	4	2	0
③	今田	3	1	0
⑨	大西	4	1	0
⑤	北	3	3	2
	計	35	9	2

【市神港】		打	安	点
⑥	寺尾	4	1	0
④	小滝	4	0	0
⑦	饗田	5	3	0
⑧	原田	3	1	0
①	山口	4	1	0
⑨	梅村	3	0	0
②	大中	4	1	0
③	中村	2	0	0
H	有本	1	0	0
3	衣笠	0	0	0
⑤	上内	4	1	0
	計	34	8	0

	振	球	犠	盗	失	残	併
尾	4	2	1	2	1	6	0
市	6	2	3	1	0	9	1

【ベンチ入りした主なプロ野球選手】

≪尾道商≫

井上幸信	大洋・69年ドラフト3位―中日

≪市神港≫

山口高志	関大―松下電器―阪急・75年ドラフト1位

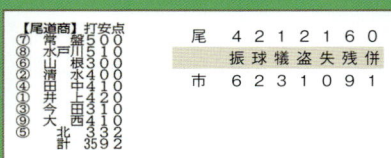

尾道商（広島）－名電工（愛知）

尾道商 競り勝ち4強

第40回選抜高校野球大会第8日は4日、甲子園球場で準々決勝4試合が行われた。第3試合は尾道商（広島）が名電工（愛知）を2－1で破った。5日の準決勝は、大宮工（埼玉）－箕島（和歌山）、尾道商－倉敷工（岡山）の組み合わせとなった。

尾道商は同点の九回、山根の右前適時打で決勝点をつかんだ。無死から今田の中前打と犠打で、1死二塁。北の遊飛で2死となり、また逸機かと思われた。ところが、4打数無安打の山根が右前適時打。右に狙い打った見事なバッティングだった。

試合は尾道商が一方的に押しまくった。四回には清水、田中の連打で無死一、二塁とし、井上がシュートに詰まりながらも中前に落として先取点を挙げた。なお一、二塁の好機に田中が二塁を飛び出し、捕手からの送球で刺された。この走塁ミスをきっかけに尾道商の攻めは粗くなった。

五回1死二、三塁は山根がボール球を振ってカウントを悪くして三振。八回の1死三塁もスクイズ失敗でつぶした。10残塁が示すように、ここぞという時に決定打を欠いた。

井上は良かった。五回2死三塁から田中和に右翼線二塁打を喫して同点とされたが、コースを誤ったのはこの一球だけ。内角のシュートと外角の速球でカウントを整え、外角から流れるボール気味のカーブで名電工を4安打1点に抑えた。過去2試合に比べると球威、制球とも抜群の出来だった。

九回、尾道商2死二塁、山根の右前打で二塁走者今田が生還し、2−1と勝ち越す

山根決勝打 守備も貢献

2回戦で無安打の山根が、通路から引き揚げてくるなり「やっと出ました」とにっこり。1－1で迎えた九回2死二塁、4球目を右前へ運び、決勝点をたたき出した。「真ん中のカーブだと思います。4打数無安打で監督から『恥をかきにきたのか、勝手にせい』と言われましたが、打てる自信はありました」。10打席ぶりの安打だった。

「あの時はポテンヒットでもいいから右に打とうと思っていた。二塁には無理して走ったけど、次が清水なので二塁に行けばもう1点入ると思った」と説明した。

遊撃の守りでは、12回の守備機会で見事なグラブさばきを見せた。「きょうはゴロがきても一つも恐ろしくなかった」。スタミナに不安のある井上が楽に打たせて取れたのも、山根の広範囲な守備に信頼を寄せているからである。

尾道商・池田監督の話

井上の調子が良かったので勝てた。投げ込み不足なのに本当によく投げてくれた。それに引き換え、再三のチャンスをものにできなかった攻撃はまずい。バントをさせれば失敗するし、ペースに乗れなかった。名電工の投手のシュートが打ちにくく苦しんだ。

尾道商	0	0	0	1	0	0	0	0	1	2
名電工	0	0	0	0	1	0	0	0	0	1

（尾）井上－清水　（名）岩瀬－和田

【尾道商】		打	安	点
⑧	水戸川	4	1	0
⑤	北	5	1	0
⑥	山根	5	1	1
②	清水	3	2	0
④	田中	4	2	0
①	井上	3	1	1
⑦	常盤	4	0	0
⑨	大西	3	0	0
③	今田	3	1	0
	計	34	9	2

【名電工】		打	安	点
⑨	長谷川	3	0	0
④	天野	4	0	0
①	岩瀬	4	1	0
⑦	日高	4	1	0
⑥	新美	3	0	0
③	田中司	3	1	0
②	和田	2	0	0
⑧	山本	3	0	0
⑤	田中和	3	1	1
	計	29	4	1

	振	球	犠	盗	失	残	併
尾	2	4	1	1	1	10	0
名	1	1	2	0	2	4	1

▽二塁打　清水、田中和

メモ　「ダブルヘッダー」

この日は第2試合が広陵−箕島、第3試合が尾道商−名電工という広島勢のダブルヘッダーだった。選抜大会で広島から2校代表が選ばれないと起こらない珍現象。歴史をひもといても、1932、33、68、86年の4度しかない。一日で広島勢が2校応援できるとあって、スタンドには永野嚴雄知事も駆けつけた。

【ベンチ入りした主なプロ野球選手】

≪尾道商≫

井上幸信	大洋・69年ドラフト3位－中日

尾道商－倉敷工
（広島）　（岡山）

五回、尾道商2死二塁、山根の中前打で今田が生還し、勝ち越す

尾道商 中国勢対決制す

第40回選抜高校野球大会第9日は5日、甲子園球場で準決勝2試合が行われた。第2試合は尾道商（広島）と倉敷工（岡山）の中国勢対決となり、尾道商が主戦井上の力投で3－1で勝利。第36回大会以来、4年ぶり2度目の決勝進出を果たした。6日の決勝は大宮工（埼玉）－尾道商のカードとなった。

尾道商は1－1の五回、先頭今田が二塁左を破り出塁。1死から北の犠打で二塁に送り、山根の中前打で勝ち越した。珍しく見せた犠打、それも1死からという手堅さが実を結んだ。

勢いづいた尾道商は六回無死で清水が歩き、続く田中が犠打。井上が右中間に運んで3点目を挙げた。犠打や右打ちなど、尾道商ベンチの策は見事にはまった。守っても井上が打たれながらもカーブをうまく使って要所をよく締めた。二回2死満塁から土倉の左前打による1点だけに抑えた。

球筋読み 相手投手攻略

するすると上がる尾道商校旗。見上げるナインの表情は日本晴れだ。尾道商は倉敷工との中国勢対決を制し、2度目の決勝進出を果たした。

焦点は打倒小山。2ストライクまではカーブを捨て、速球を右へ狙う方針を決めた。これが一回、早くも当たった。球道の定まらない左腕小山。水戸川、北が四球を選ぶ。続く山根は前日の殊勲打ですっかり気分を良くして打席へ。内角カーブを左前へ運び先制した。

井上は「2点以内に抑える」とマウンドへ。ところが二回、下位打線につかまった。不運な安打が続き、1死一、二塁。味方の失策後、土倉の左前打で追い付かれた。井上は「この時が一番苦しかった」という。

1－1の均衡が破れたのは五回。尾道商がうまい攻めを見せた。今田が中前打で出塁。1死後、北に犠打を命じた。当たっている山根に全てを懸ける池田監督。「信頼されているということが、こうも気持ちを盛り上げるものかと驚いた」と山根。外角球を狙い中前へ勝ち越し打。六回には井上も適時打を放ち2点差に。勝負ありだった。

「小山君のことは前からよく知っていたし、選手も私の方針通りやってくれた」と池田監督。球場出口では倉敷工応援団から「倉敷工の分まで頑張ってくれ」と温かい声援を受けた。

「ヤマどんぴしゃり」山根4打数4安打

六回、試合を中断させた雨が小降りになると、山根は真っ先にグラウンドに飛び出した。「中止になるんじゃないかと気が気じゃなかった」という。それもそのはず。一回には無死一、二塁で小山の内角カーブを左前打、五回2死二塁では中前打。先制打と勝ち越し打を1人でたたき出したからである。

「一回は絶対カーブだと思っていた。五回は外角ストレートにヤマを張っていたらどんぴしゃりだった」。2打席目は投手強襲安打、最後の打席はカーブを右前へ運び、4打数4安打。前日の決勝打から通算して5打席連続安打である。山根は五回の適時打で「きょうは絶対にヒーローだ」と思ったそうだ。

「大宮工の吉沢投手はテレビで見たけど、いまの調子なら絶対に打てる。どうしても優勝するんだ」。清水主将に「欲を出すな、ここまで来たのは無欲の勝利なんだぞ」とたしなめられていた。

倉敷工	0	1	0	0	0	0	0	0	0	1
尾道商	1	0	0	0	1	1	0	0	×	3

（倉）小山－藤川　（尾）井上－清水

【倉敷工】		打	安	点
④	土倉	5	2	1
⑨	山口	3	2	0
②	藤川	4	1	0
①	小山	4	1	0
⑥	中村安	4	1	0
⑤	岡本	3	1	0
③	富永	4	1	0
⑧	亀山	4	1	0
⑦	大久保	2	0	0
H	角野	1	0	0
	計	34	10	1

【尾道商】		打	安	点
⑧	水戸川	3	1	0
⑤	北	2	1	0
⑥	山根	4	4	2
②	清水	2	0	0
④	田中	3	1	0
①	井上	4	1	1
⑦	常盤	3	0	0
⑨	大西	3	0	0
③	今田	3	2	0
	計	27	10	3

	振	球	犠	盗	失	残	併
倉	3	0	3	0	1	9	1
尾	7	3	3	0	1	6	0

▽二塁打　中村安

【ベンチ入りした主なプロ野球選手】

≪尾道商≫

井上幸信	大洋・69年ドラフト3位－中日

メモ

「決勝前夜」

倉敷工を破って、4年ぶり2度目の決勝進出を果たした尾道商ナイン。試合終了後の宿舎はファン、報道陣でごった返し、お祝いの電話も鳴りっぱなし。華やいだムードとなった。夕食のメニューはカツとうなぎ。食事を終えたナインはいつもと同じようにテレビを見たり、トランプをしたり、マッサージを受けたり。午後9時半には床に就いた。

準優勝し、場内を1周する尾道商ナイン

㊿1968年4月6日
第40回選抜高校野球大会決勝

尾道商－大宮工
（広島）　（埼玉）

尾道商 悔しい準優勝

第40回選抜高校野球大会最終日は6日、甲子園球場で大宮工（埼玉）―尾道商（広島）の決勝があり、尾道商は2―3で敗れ、準優勝に終わった。埼玉県のチームの優勝も初めて。大宮工は初優勝。初出場校の優勝は昨年の津久見（大分）に次いで2年連続。

尾道商は一回、北の右前打と、山根の一塁右を破る二塁打で1死二、三塁。清水の右犠飛、井上の右中間安打で2点を先行した。外角へのカーブを武器とする大宮工・吉沢の外角球を右に狙った好打であり、実に見事な速攻だった。

二回以降は、吉沢のシュートとスローカーブを使った揺さぶりにタイミングが合わず、連打が出なかった。四回の無死二塁もエンドランが三塁ライナーで併殺になり、好機をつぶした。

この一打が大宮工につきをもたらした。四回、井上がつかまる。石井、吉沢、布施の安打で1死満塁。ここで高山が前進守備の二塁頭上をライナーで抜き、右翼手の返球を清水が後逸する間に一塁走者も生還して一気に逆転した。

尾道商の井上は4連投にもかかわらず、スピードがあり、四回を除き全く隙を見せなかった。反撃を狙う打線は五、八回の無死一塁を強攻策でつぶした。九回は先頭の北が右前打。ここでも山根に打たせて遊ゴロ。併殺は免れたものの山根は二盗に失敗し、続く清水の中前打をふいにした。

4年前と同じ 2―3の惜敗

尾道商ナインはついに力尽きた。4年前の決勝と同じ2―3の惜敗。ナインは泣き崩れた。

ベンチ裏で「打倒吉沢」を練る。狙いは徹底した右打ち。1回に早くも策が的中した。1死から北が右前打。続く山根が一塁線を際どく抜く。清水の右犠飛で北が生還。この間わずか10球。いずれも2球目をたたいたものだ。肩を痛めている吉沢。早めの勝負を見越し、計算通りの速攻だ。さらに井上が右中間に運び2点目。山根は「これでいけると思った」という。

大宮工は防府商（山口）、箕島（和歌山）に逆転勝ちしたように、追い込み型だ。試合が進むと迫力を増した。四回、尾道商に思わぬ落とし穴があった。石井に左前打、1死から吉沢、布施に連打され満塁のピンチを迎えた。井上に動揺の色はない。高山を追い込む。尾道商ベンチは前進守備に切り替えた。

「低めにシュートを投げろと指示した。当然詰まる」と池田監督。「前進守備をしてきたのでこれならいけると思った」とは高山だ。ジャンプする二塁手の50㌢ほど上を打球はライナーで抜けた。失策も絡み走者一掃で一挙3点。逆転された。

この回をきっかけに、尾道商はつきに見放された。五回は無死から今田が安打を放ったが二盗失敗。八回も再び先頭の今田が出塁しながら進塁できず。尾道商の抵抗はさらに続く。九回だ。北が無死から右前打。しかし気負った山根が遊ゴロ。併殺は逃れたが、山根は二盗失敗。裏目に出る強攻策。中前打を放った清水も二盗に失敗し、試合は終わった。井上が今大会一番の投球をしながらの敗戦だった。

「すまない」と泣き崩れる清水主将。井上、山根、大西…。報道陣の質問に答えは返ってこなかった。池田監督は「高校野球に勝敗はないんだ。勝っても負けても力いっぱいやる。それでいい。力いっぱい戦った。それが大切なんだ」。

尾道商・池田監督の話

敗因を挙げればいくつもあるが、四回のピンチに高山君に打たれたのが痛かった。いい内角シュートだったので普通なら詰まるケースだが、うまくもっていかれた。井上はよく投げたし、みんなも頑張った。1回戦だけ勝てばいいと思っていたのだが…。

尾道商	2	0	0	0	0	0	0	0	0	2
大宮工	0	0	0	3	0	0	0	0	×	3

（尾）井上―清水　（大）吉沢―長谷川

メモ

「守りの尾商」

決勝前に35分ずつ与えられた打撃練習時間。打力が自慢の大宮工が快音を連発したのに対し、尾道商は一向にバッティングケージに入ろうとしない。ナインはグラウンドに散り、守備練習に全ての時間を使った。「うちは試合前には打撃練習をしない。決勝までいった4年前も打たなかった」と池田監督。最後まで守りの野球を貫く姿勢を示した。

【尾道商】		打	安	点
⑧	水戸川	4	0	0
⑤	北	4	2	0
⑥	山根	4	1	0
②	清水	3	2	1
①	井上	3	1	1
④	田中	3	0	0
③	今田	3	2	0
⑦	常盤	3	0	0
⑨	大西	3	0	0
	計	30	8	2

【大宮工】		打	安	点
⑧	石井	4	2	0
⑥	井出	4	0	0
①	吉沢	3	1	0
⑦	布施	3	2	0
③	高山	3	1	2
⑨	木田	3	0	0
④	岩城	3	0	0
⑤	新井	3	0	0
②	長谷川	3	0	0
	計	29	6	2

	振	球	犠	盗	失	残	併
尾	2	0	1	1	1	2	1
大	2	0	0	0	0	2	1

▽二塁打　山根

【ベンチ入りした主なプロ野球選手】

≪尾道商≫

井上幸信	大洋・69年ドラフト3位―中日

≪大宮工≫

佐藤敬次	ロッテ・69年ドラフト7位

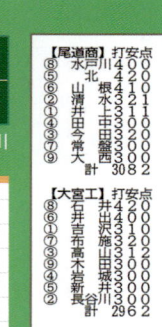

広陵－広島商
（広島）（広島）

広陵 2年連続の甲子園

第50回全国高校野球選手権広島大会最終日は26日、広島市民球場で決勝があり、昨年に続いて広陵と広島商が争った。広陵が12－2で完勝し、2年連続11度目の甲子園出場を決めた。

広陵は積極策で広島商の先発中常を攻めた。三回1死一、二塁で初球にエンドランを仕掛け、深津が右前へ運び先制。五回には宇根の中前打を足場に5長短打を集め、一挙4点を奪った。右打者の打球はいずれも中堅から右。外角に球を集める中常に対し、徹底して右を狙った。5点差をつけ、試合を決めた。

広島商は乱打される中常を代えるタイミングを誤った。長力、望月と安定した投手がいただけに惜しまれた。攻めても四回1死満塁で谷本が遊ゴロ併殺打。終盤に下手、松岡の安打で2点を返したが、完敗だった。

三回、広陵1死一、二塁、深津の右前打で二塁走者福田が生還し、先制する。捕手松岡

宇根 ここぞの強さ発揮

「きょうはあまり球が走りませんでした。後半は左手にちょっと張りを感じて点を取られた。やっぱり疲れたのでしょうね」と広陵の宇根は深津と握手。甲子園出場を果たした投打のヒーローに、スタンドから「よくやったぞ」の声援が飛んだ。

昨年に続く広陵－広島商の優勝争い。宇根にとっても2度目の対決である。「昨年の広島商より投げやすかった。そんなにすごみを感じませんでした。でも、大量リードでも気を抜くことはできませんでした」。さすがの宇根も準々決勝の呉工戦の冷や汗は忘れられない。準決勝、決勝でピリッとした投球が続いたのは、この反省があったからである。

ピンチに強い――。その印象は決勝でもはっきり裏付けられた。四回、自ら招いた1死満塁を落ち着いたマウンドさばきでしのいだ。その後ものらりくらりと反撃を断った。「甲子園は何度出てもうれしい。昨年に比べ、ちょっと制球に難がある。本大会までに走り込んでベストコンディションで臨みます」と笑った。

深津は三回に先制打、五回には右中間二塁打と打ちまくった。変化球にはもろいが速球にはめっぽう強い。昨秋の中国大会、準決勝の倉敷工（岡山）戦では左腕小山からサヨナラ打、今春の選抜では大会屈指の本格派といわれる箕島（和歌山）の東尾から安打を放った。

「監督さんに強い球を狙えと言われた。ヒットはいずれも内角寄りの速球。中常君は向かってくるタイプなので好きですね」。変化球が打てないばかりに出たり出なかったりの今大会。選抜では6番打者として活躍した。それだけに苦しい毎日だったに違いない。「すっかり自信を取り戻せた。甲子園では誰にも負けない働きをしますよ」

広陵・三原監督の話

精神力で勝ち進んだというほかない。決勝でこれだけ打つとは予想していなかった。2番に深津を起用したのがずばり成功した。最近は連打がよく出ている。この調子を本大会まで持続させるのが課題だ。それに内野守備をもっと固めたい。甲子園大会では当面1、2回戦を目標にする。

広陵	0	0	1	0	4	2	0	5	0	12
広島商	0	0	0	0	0	0	1	0	1	2

（陵）宇根－岩岡　（商）中常、長力、望月－松岡

メモ

「名将対決」

広陵・三原新二郎VS広島商・迫田穆成という名将対決となった決勝。三原監督は「広島商の中常は準決勝のボークで精神的に参っている。彼が投げればうちが有利」。その読み通り、五、六回で一気に攻略した。一方、迫田監督は四回無死一、二塁で佐々木に強攻させて失敗。「（佐々木にバントをさせた後に）スクイズも頭にあったが、佐々木が当たっていたので」。読みでも明暗が分かれた。

【広陵】		打	安	点
⑦	小根森	6	4	4
⑧	深津	5	3	4
⑥	橘	4	1	1
③	品川	5	1	1
②	岩岡	5	1	2
⑨	福原	4	1	0
⑤	奥	3	0	0
4	本田	0	0	0
①	宇根	4	1	0
④	福田	3	1	0
H	吉本	1	1	0
	計	40	14	12

【広島商】		打	安	点
⑥	酒井	5	0	0
⑧	木村	2	0	0
④	小川	3	0	0
③	佐々木	4	1	0
⑦	山本	2	0	0
⑨	谷本	4	1	0
②	松岡	4	1	1
R	森本	0	0	0
①	中常	3	1	0
1	長力	0	0	0
1	望月	1	0	0
⑤	下手	4	2	1
	計	32	6	2

	振	球	犠	盗	失	残	併
陵	5	6	0	2	1	7	1
商	2	4	1	2	0	8	0

▽二塁打　深津、福原、小根森

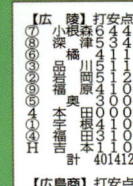

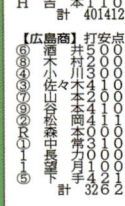

㊺ 1968年8月13日
第50回全国高校野球選手権2回戦

広陵－武相
（広島）　（神奈川）

広陵、優勝候補対決制す

第50回全国高校野球選手権大会第5日は13日、2回戦に入り、甲子園球場で4試合を行った。2回戦から登場の広陵（広島）は第1試合で武相（神奈川）と対戦。優勝候補同士の戦いにふさわしい攻防の末、広陵が2－1で競り勝った。

1点を追う広陵は二回2死から宇根が四球で出塁し、岩岡が左中間二塁打して同点。さらに四回1死から、品川が三遊間安打。2死後、宇根が左中間三塁打でかえし、1点を勝ち越した。一回の無死二塁を強攻でつぶし、五、六回の無死一塁も雑な攻めで逃しただけに、高めの球を逃さなかった二、四回の2本の長打は貴重だった。

宇根は二回、2死三塁から島野の遊撃内野安打で先制を許した。前半は球速がなくカーブを多投していたが、後半は球も走り出し、直球でカウントを稼いでカーブを決め球にする本来の投球に戻った。武相は拙攻を重ねて島野の好投を見殺しにした。

「バッテリーで勝った」

「きょうはバッテリーで勝った」と広陵の三原監督は振り返る。6、7番に並んだ宇根、岩岡で2点をたたき出したのだから当然だ。しかも強打の武相打線を宇根が1点に抑えた。

二回に同点打を放った岩岡は本来なら5番。甲子園に来てから打撃を崩し、7番に下げられた。「打ったのは内角高めの直球。まぐれです」と謙遜しながらも、「島野投手は思ったより良くなかった」。松本コーチは「岩岡はもともといい打撃をする。3打席目の左翼ライナーも彼らしい当たりだった」とにこにこ顔。

四回に決勝の三塁打を放った宇根は「打ったのは真ん中高め。あとは夢中で走りました」。二回には一塁から一気に本塁まで走って同点のホームを踏んだ。

投球は「前半はカーブの切れが悪かった。打たれたのはみんな真ん中の球だった。でも、1、4番を徹底的にマークしたのがよかった」。岩岡は「制球は良かったけど球は走っていなかった。球審が高めに辛いので低めに集めるようにした」と苦心のリードを語っていた。

四回、広陵2死一塁、宇根の左中間三塁打で一塁走者品川が生還し、2−1と勝ち越す

広陵・三原監督の話

宇根は立ち上がりが良くなかったが、球は低めに決まっていた。広島大会でもいくつかのピンチを切り抜けているので心配はなかった。島野はやはりいい投手。島野の内角球をプレートから少し離れて真ん中で捉えるように指示したのが良かったと思う。2点とも2死からの得点で、これはナインの気力が充実していたからだ。この気力を次の試合にそのまま持ち込みたい。

武相	0	1	0	0	0	0	0	0	0	1
広陵	0	1	0	1	0	0	0	0	×	2

（武）島野－田村　（広）宇根－岩岡

メモ

「難敵」

2回戦屈指の好カードとして注目された武相戦。4度目の出場で、これまでの最高成績は2回戦進出ながら、激戦神奈川を勝ち抜いた実力校だった。主戦島野はドラフト1位で巨人に入団した右腕。打線も神奈川大会のチーム打率が本大会出場校中2位の3割7分6厘と前評判は高かった。三原監督は「島野君は大会随一の右腕。武相は気の毒でした」と相手をたたえながらも、薄氷の勝利にほっとした様子だった。

【武相】		打	安	点
⑥	車谷	4	1	0
⑤	内田	4	1	0
⑦	浅川	2	0	0
⑧	鈴木	3	0	0
③	滝川	4	1	0
⑨	仁科	2	0	0
②	田村	3	1	0
①	島野	3	1	1
④	増子	3	1	0
	計	28	6	1

【広陵】		打	安	点
⑦	小根森	4	1	0
⑧	深津	4	0	0
⑥	橘	3	1	0
③	品川	3	1	0
⑨	福原	3	0	0
①	宇根	2	1	1
②	岩岡	2	1	1
⑤	奥	3	0	0
④	福田	2	0	0
	計	26	5	2

	振	球	犠	盗	失	残	併
武	4	3	1	0	0	4	2
広	3	3	0	1	0	3	1

▽三塁打　内田、宇根▽二塁打　岩岡

【ベンチ入りした主なプロ野球選手】

≪武相≫

島野修	巨人・69年ドラフト1位－阪急

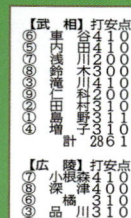

57 1968年8月19日
第50回全国高校野球選手権大会3回戦

広陵－岩国商
（広島）　（山口）

五回、広陵2死二、三塁、品川が中前適時打を放ち2者が生還。4−2と勝ち越す

広陵、岩国商下し8強

第50回全国高校野球選手権大会第10日は19日、甲子園球場で3回戦4試合を行った。第2試合は広陵（広島）－岩国商（山口）の中国勢対決となり、広陵が五回2死満塁から橘、品川の長短打で逆転し、8－2で準々決勝進出を決めた。

2点を追う広陵は五回1死から3連続四球で満塁。2死後、橘の右中間二塁打で同点。品川の中前打で、2者が生還し勝ち越した。七回にも2四球を足場に橘の犠飛、岩岡の3ランで4点を加え、勝負を決めた。

前半やや制球の甘かった宇根は、逆転してからはすっかり余裕を持った。低めにカーブ、速球を集めて、五回以降は1四球を許しただけ。岩国商に付け入る隙を与えなかった。

カーブ狙い 鮮やか逆転 広陵

試合前、広陵の三原監督は「岩国商はうるさいチーム。先制攻撃で前半に試合を決め、突き放したい」と語っていた。しかし先取点は岩国商に取られた。一回、宇根は浅田に死球を与えた後、松本に適時打を許し失点。四回にも松本の本塁打で2点目を奪われた。松本の本塁打は制球の良い宇根にしては珍しいど真ん中の直球。本人は「棒球でした」と失投を認め、頭をかいていた。

「松本は制球が悪いから、ボールに手を出すな」という三原監督の指示で、前半は選球主義だった広陵。三回まで毎回四死球の走者を出しながら、荒れ球に惑わされて無得点。しかし五回1死から3連続四球で満塁。2死後、橘がカーブを右中間に運び、2者をかえした。「カーブが多いから、2、3球目のカーブは逃すな」という三原監督の狙いが当たった。品川も中前打と畳み掛けて追加点を挙げた。

こうなれば広陵ペース。選ぶべきは選び、打つべきは打ってじっくり攻めた。七回には連続四球を足場に、橘の右犠飛、岩岡の左越え3点本塁打で、決定的な4点を挙げた。宇根は2点を失ったが、五回以後は伸びのある直球とブレーキのあるカーブで岩国商を無安打に抑えた。

3番橘 3打点
2点二塁打と犠飛

試合後、報道陣に囲まれた橘はいかにもうれしそう。「きのうの練習から感じがつかめたようなので打てるような気がしていた。（五回の2点二塁打は）打ったのは外角から真ん中に入るカーブ。回が始まる前に監督さんから、外角から真ん中に入るカーブを狙えと指示があった」

橘の同点二塁打は、広陵の初安打だった。「それまでの松本は打てそうで打てなかった。適当に荒れていたから。ヤマを張るのが難しかった。でも、監督さんのヤマはよく当たります」。打てたのはベンチの作戦のおかげと強調する。

この一打をきっかけに品川の適時打が飛び出し、一気に逆転。橘は七回にも1死一、三塁で右犠飛を放ち、岩岡の3ランを引き出した。岩国商との対戦が決まったとき「今度は打ちたい。クリーンアップが打たないとチームが盛り上がらない」と言っていた橘。その言葉通り、この日の8打点を全て中軸がたたき出した。広陵にとって大きな収穫だ。

広陵・三原監督の話

岩国商の松本の制球難は予想していたが、あれほどとは思わなかった。最初、外角直球を狙わせたが、選手は的を絞りにくいようだったので、五回はカーブを狙わせたのが成功した。岩国商に一回の1点はやるべきではなかった。松本の本塁打は、宇根を責めるより打者を褒めるべきだろう。

広　陵	0	0	0	0	4	0	4	0	0	8
岩国商	1	0	0	1	0	0	0	0	0	2

（広）宇根－岩岡　（岩）松本－伊藤

【広　陵】		打	安	点
⑦	小根森	3	0	0
⑧	深　津	3	0	0
H9	山　松	1	0	0
⑥	橘	3	2	3
③	品　川	5	2	2
②	岩　岡	4	2	3
⑨	福　原	3	0	0
98	岡　本	2	0	0
①	宇　根	3	1	0
⑤	奥	3	1	0
④	福　田	1	0	0
	計	31	8	8

【岩国商】		打	安	点
⑦	吉　田	3	0	0
④	浅　田	2	0	0
⑤	地　川	4	1	0
②	伊　藤	4	0	0
①	松　本	4	2	2
⑧	広　中	3	0	0
⑨	宮　木	3	0	0
③	相　川	3	0	0
⑥	中　村	3	0	0
	計	29	3	2

	振	球	犠	盗	失	残	併
広	3	10	1	1	0	7	0
岩	5	3	0	0	1	3	1

▽本塁打　松本（宇根）、岩岡（松本）▽二塁打　橘

メモ

「広島VS山口」

隣県対決となった3回戦。甲子園での広島と山口の対戦は意外にも少なく、選抜、選手権で計3度しかない。広島は全て広陵で、選抜では1926年準決勝の柳井中戦。選手権は今大会の岩国商戦と2003年2回戦の岩国戦だ。結果は広陵の2勝1敗で、負けたのは岩国戦。打撃戦の末、7−12で逆転負けし、春夏連覇の夢を断たれた。

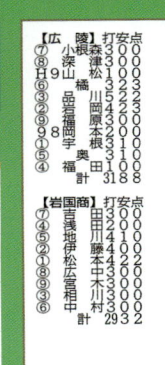

広陵 − 倉敷工
（広島）（岡山）

ミス連発 広陵力尽く

第50回全国高校野球選手権大会第11日は20日、甲子園球場で準々決勝4試合を行った。中国勢対決となった第4試合は、広陵（広島）が宇根の不調に加え、野手陣が手痛いミスを連発。倉敷工（岡山）に3−6で敗れた。21日の準決勝は興国（大阪）−興南（沖縄）、倉敷工−静岡商の顔合わせとなった。

二回、倉敷工2死二、三塁、山口の三塁内野安打で三塁走者の富永が生還。2−0とする

事実上の決勝戦と呼ばれた一戦だったが、立ち上がりから広陵内野陣が乱れて倉敷工の一方的な試合となった。一回2死から藤川の三ゴロを奥がはじいたのがきっかけ。続く武を歩かせて一、二塁。小山に三塁左を破られ先制を許した。二回にも富永の三ゴロ失を足場に2死二、三塁とされ、山口の三塁前バント安打で1点。三回にはこの試合三つ目の三塁手の失策から盗塁と宇根の一塁悪送球で1点を奪われた。

浮足立った広陵は四回にも無死から走者を出し、三塁前バントを三塁手吉本が一塁に悪送球。カバーに入った右翼手がさらに三塁へ悪送球して追加点を許した。倉敷工はこの後、スクイズで5点目を挙げた。

広陵は攻めてもミスを重ねた。二回、先頭の品川が四球を選びながら二盗に失敗。三回の無死一塁、五回の無死一、二塁も逃した。七回、小山の制球難を突いて3点を返したが、反撃はここまで。残塁は10を数えた。小山のカーブと直球のコンビネーションに最後まで的を絞れなかった。

守乱に拙攻 無念の涙

広陵は春に続いて準決勝進出を果たせなかった。ベンチ前に整列し、掲揚されるライバル倉敷工の校旗を見る広陵ナインの頬には無念の涙が流れていた。

好守を誇る内野陣が大荒れに荒れた。宇根は立ち上がり、倉敷工の1、2番をうまい配球で簡単に打ち取った。3番藤川も三塁ゴロを打たせたが、三塁手奥が打球を胸に当てて打者を生かした。次打者の武には、宇根がコーナーを狙い過ぎて四球。続く小山に内角カーブを三塁線に打たれて先制された。二回も富永の三塁ゴロを再び奥が失策。山口の三塁内野安打で追加点を許した。

内野陣を引き締めるため、三原監督は選手を集めて細かい指示を与え、三塁手を交代させるなど策を巡らせたが、浮足立った守備は一向に立ち直れず、三、四回にも守りのミスで失点した。

守備のまずさだけでなく打線もさっぱり。前半は倉敷工・小山のカーブに的を絞って打って出たが、タイミングが合わず、拙攻を重ねた。反撃は七回。岩岡が中前打、吉本四球で好機をつくり、福原、福田が狙い打って1点を返した。さらに制球を乱した小山から小根森、深津が四球を選んで計3点を挙げた。九回にも福田の内野安打、小根森、深津の連続四球で1死満塁としたが、後続が倒れた。

三原監督は「実力がなかったのです。来春はもっと力をつけてきます」と多くを語らず。控室でうなだれる選手の中で、宇根は悔いのない表情で「仕方がありません。倉敷工が強かったのです」と語り、2年福原は「来年こそ、この敵を討ちます」と泣きじゃくっていた。

広陵・三原監督の話

前半、小山投手のカーブを狙わせたのが失敗だった。宇根はきのうより良かった。失策は仕方がない。敗因は前半に小山を打てなかったことだ。結局は実力負けだ。来年はもっと力を付けて（甲子園に）出てきたい。

広陵	0	0	0	0	0	0	3	0	0	3
倉敷工	1	1	1	2	0	1	0	0	×	6

（広）宇根−岩岡　（倉）小山−藤川

【広陵】		打	安	点
⑦	小根森	3	0	1
⑧	深津	2	0	1
⑥	橋	5	0	0
③	品川	4	1	0
②	岩岡	4	1	0
⑤	奥	1	0	0
5	吉本	2	2	0
①	宇根	3	1	0
⑨	福原	4	1	0
④	福田	4	2	1
	計	32	8	3

【倉敷工】		打	安	点
④	土倉	2	0	0
⑨	山口	3	2	2
②	藤川	2	0	1
⑧	武	3	0	0
①	小山	4	2	1
⑥	中村安	4	0	0
③	富永	4	1	0
⑤	岡本	3	1	0
⑦	亀山	3	1	0
	計	28	7	4

	振	球	犠	盗	失	残	併
広	1	8	0	0	6	10	1
倉	3	4	4	3	0	6	2

▽三塁打　山口▽二塁打　亀山

メモ

「投手戦」

第50回記念大会の決勝は古豪の静岡商と初出場の興国の対戦となった。静岡商のエース新浦寿夫（元巨人）は準決勝までの5試合で失点は2。一方、興国の丸山朗は失点1。試合は予想通り、1点を争う展開に。興国は五回に挙げた1点を、丸山の力投と堅守で守り抜き1−0で勝利。歴史に残る投手戦だった。

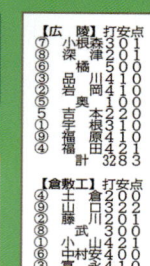

広島商－首里
（広島）　（沖縄）

七回、広島商1死一、三塁、打者加島㊨の時、一塁走者田坂の二盗の間に三塁走者坂本が生還。11点目を挙げる。捕手屋比久

広島商　12得点で大勝

第41回選抜高校野球大会第4日は1日、甲子園球場で1回戦1試合、2回戦2試合の計3試合が行われた。2回戦から登場の広島商（広島）は首里（沖縄）から大量12点を奪い、12―0で大勝。準々決勝進出を決めた。

広島商は一回、首里・謝敷をじっくり攻め、足を絡ませた攻撃で一気に勝負をつけた。先頭の木村が歩くとすかさず二、三盗、森本の右前適時打で先制し、この後3連続四球と加島、日高の連打などで大量6点を挙げた。謝敷は制球力がなく、待球作戦がはまった。

二回からも毎回安打で塁上をにぎわしながら、詰めが甘かった。二回は3安打で1点、六回は1死二、三塁としながら敵失による1点だけ。七回に坂本の長打でようやくダメを押すことができた。

首里は懸命に食い下がった。しかし、広島商内野陣の素早い連係プレーにチャンスの芽を摘み取られ、好機でも決定打を欠いた。

一回で試合決める

広島商は一回で試合を決めた。実力があまりにも違い過ぎた。首里・謝敷の立ち上がりを攻め、打者11人を送り込み一挙に6点。自慢の打線はその後も遠慮なく襲いかかり、毎回の18安打で12点を挙げた。

心配された投手陣は日高―中井のリレーで無失点。だが、迫田監督は「75点」と厳しい採点をした。「選手も僕もあがっていた。緊張でスクイズはほとんど失敗した。日高のピッチングは単調だった。打線は多分にラッキーな面があった」と渋い顔。日高も「一回に大量リードしながら、それでも気分が浮ついて思うように投げられなかった」と振り返った。

昨年夏に4強入りした「興南旋風」の後だけに、首里にも精神的な負担が大きかったようだ。「選手があがってしまった。持てる力の半分も出せなかった」と首里の徳田監督はぽつり。謝敷も「期待に応えられなかったのが残念。広島商の打者はくさい球はファウルで粘るし、選球眼がよかった。僕の力不足です」とうなだれていた。

初の5番坂本　4安打3打点

背番号11の選手が5番を打ち4安打、3打点と暴れまくった。坂本が「5番」を知ったのは、スコアボードに自分の名前が出てから。練習試合で1度打ったことはあるが、公式の試合では初めてだった。

「いつもは7番なので、びっくりした。でも謝敷投手の球は打ちごろだった。真っすぐとカーブしかなかった。打ったのは全部真っすぐ」

最初は押し出しの四球、次は三ゴロ、3打席目からはいずれもバットの芯に当たる4打席連続安打。特に七回の左中間三塁打は会心の当たりだったそうだ。

「監督さんから球に食らい付いていけと言われた。絶対フライは打たないつもりで毎回打席に立った」。迫田監督は「（中堅の）守備がいいので、スタメンに使うつもりでいた。試合前の練習でマネジャーが『坂本が当たっている』と言うので5番に入れた。うちには5番がいなかったんですよ」と待望の5番打者誕生に喜んでいた。

広島商	6	1	0	0	0	1	3	1	0	12
首　里	0	0	0	0	0	0	0	0	0	0

（広）日高、中井ー松岡　（首）謝敷ー屋比久

メモ

「沖縄旋風続かず」

前年夏の選手権でベスト4入りした興南に続き、活躍の期待がかかった首里。大会前には、沖縄出身のスター選手である安仁屋宗八（広島）からバット10本、ボール2ダースの差し入れがあり、屋比久主将は「安仁屋先輩のバットで広島商に打ち勝ちたい」と闘志満々で臨んだ。しかし、緊張から力を出し切れず、大敗。「大観衆に圧倒された」と肩を落とした。

【広島商】		打	安	点
⑥	木村	4	0	0
⑦	森本	6	3	1
②	松岡	3	2	0
③	佐々木	3	1	1
⑧	坂本	5	4	3
⑤	田坂	5	2	1
⑨	加島	4	2	2
H	土取	1	1	0
9	長力	0	0	0
①	日高	2	1	1
1	中井	1	0	0
④	岡本	5	1	0
4	円光寺	1	1	0
	計	40	18	9

【首　里】		打	安	点
⑤	知花	2	0	0
④	喜屋武	4	1	0
⑧	本若	3	0	0
①	謝敷	4	0	0
⑨	佐喜本	4	0	0
③	上原	4	2	0
②	屋比久	3	0	0
⑥	大浜	3	0	0
⑦	松久	3	1	0
	計	30	4	0

	振	球	犠	盗	失	残	併
広	3	11	5	9	1	16	1
首	5	4	0	3	5	7	0

▽三塁打　坂本▽二塁打　喜屋武▽捕逸　屋比久

【ベンチ入りした主なプロ野球選手】

≪広島商≫

日高晶彦　東映・71年ドラフト6位

⑥⓪ 1969年4月4日
第41回選抜高校野球大会準々決勝

広島商－浪商
（広島）　（大阪）

五回、浪商2死満塁、石本の三塁強襲安打で三塁走者山本が生還し先制する。捕手松岡

雨中の熱戦　広島商散る

第41回選抜高校野球大会第7日は4日、甲子園球場で準々決勝4試合を行った。広島商（広島）は浪商（大阪）の上田に散発3安打に抑えられ、0－3で敗れた。5日の準決勝は三重－浪商、博多工（福岡）－堀越（東京）の顔合わせとなった。

広島商は望月－日高のリレーで浪商打線をかわそうとしたが、肝心なところで守りにミスが出た。五回、望月は先頭山本に左前打を浴び、上田の犠打で1死二塁。続く米田の三ゴロ失で一、二塁となったところで望月を諦め、日高を送った。犠打で2死二、三塁とされ、岡本を歩かせて満塁。ここで石本に三塁強襲安打を浴び、先制を許した。

八回は岡本、石本に連打され無死一、二塁。楠本の投前バントを日高が三塁へ悪送球し1点。和田四球で満塁の後、坂田の右犠飛で3点目を失った。雨でグラウンドは水浸しの状態。広島商の失策は雨で球が滑ったもので、気の毒な失点だった。

売り物の打線は浪商・上田の伸びのある速球と大きく割れるカーブに抑えられた。九回に敵失と岡本の安打で無死一、二塁と初めて得点圏に走者を送ったが、決定打が出なかった。

五回　裏目に出た「奇襲」

強豪校同士の「雨中の熱戦」は浪商に軍配が上がった。広島商は雨の不運に泣いた。ユニホームが泥んこになったナインは「悪コンディションは相手も同じこと。僕らの力が足らなかった」と再起を誓った。

ベスト8に勝ち進んだ両チームに実力の差はほとんどない。広島商にとって、雨によるほんのわずかな誤算が試合の明暗を分けた。五回の攻防がそれだった。

広島商は佐々木が中前にチーム初安打、続く坂本は送りバントと見せかけて強攻策を取った。バントを警戒する浪商守備陣の裏をかいたつもりだったが、打球は投手前に転がり併殺に。「奇襲」は裏目に出た。「内野手が前へ突っ込んでくれば打て、そうでなければ送れのサインだった」と迫田監督は残念そう。

その裏、浪商は同じ無死一塁から、上田の送りバントで手堅く進塁させた。続く米田の三ゴロ失で一、二塁となり、広島商は望月から日高へつないだ。2死満塁となり、日高は浪商の3番石本と対決。カウント2－2から石本は4球ファウルで粘った。続くカーブが真ん中に入り、三塁強襲安打。均衡が破れた。

「普通だとあの球は外角に決まる。雨のため球の引っかかりが悪くなった」と日高。この時の三塁守備も悪条件が影響したものだった。「雨」は浪商につきを呼び、広島商に不運をもたらした。

「雨で内野の守備がやりにくかったようだ。上田投手の低めを狙わせたのだが、高めでうまくかわされた」と迫田監督。広島商の3安打は監督も予想外だった。早いカウントで打って出ながら最後まで攻略できなかった。九回の1死一、二塁の反撃機も森本の三ゴロで併殺。「好条件で試合をさせたかった」とスタンドで同情の声が上がった。

広島商	0	0	0	0	0	0	0	0	0	0
浪　商	0	0	0	0	1	0	0	2	×	3

（広）望月、日高－松岡　（浪）上田－和田

【広島商】		打	安	点
⑥	木村	4	0	0
⑦	森本	4	0	0
②	松岡	3	0	0
③	佐々木	3	1	0
⑧	坂本	3	0	0
⑤	田坂	3	0	0
⑨	加島	3	0	0
①	望月	1	0	0
1	日高	2	0	0
④	岡本	3	2	0
	計	29	3	0

【浪商】		打	安	点
⑧	山田	3	1	0
⑥	岡本	3	1	0
④	石本	4	2	1
⑦	楠本	4	1	0
②	和田	3	0	0
③	坂田	3	0	1
⑨	山本	4	2	0
①	上田	2	0	0
⑤	米田	2	0	0
	計	28	7	2

	振	球	犠	盗	失	残	併
広	4	0	0	0	2	2	0
浪	3	3	4	0	1	8	2

【ベンチ入りした主なプロ野球選手】

≪広島商≫

日高晶彦　東映・71年ドラフト6位

メモ

「三重県勢初V」

第41回大会は三重の初優勝で幕を閉じた。三重県勢の選抜制覇は初だった。3度目の出場の三重は開幕戦で向陽（和歌山）を破ると、平安（京都）尼崎西（兵庫）浪商と近畿勢を次々に撃破。決勝は堀越（東京）に12－0で大勝した。決勝での12得点、12点差は、第54回大会でPL学園（大阪）に更新されるまで最多得点、最多得点差だった。

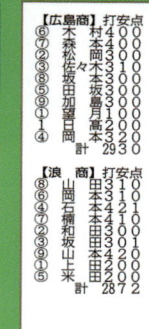

61 1969年7月29日
第51回全国高校野球選手権広島大会決勝

広陵（広島）－誠之館（広島）

四回、誠之館2死二塁、占部の中前打で二塁走者三島が本塁を突いたが、タッチアウト。捕手岩岡

広陵 3年連続夏舞台へ

第51回全国高校野球選手権広島大会最終日は29日、広島市民球場で誠之館と広陵が決勝を戦い、広陵が五、六回に大量点を挙げて勝ち、3年連続12度目の甲子園出場を決めた。

優勝戦らしい雰囲気は五回まで。後半は大味な試合となってしまった。広陵は五回、先頭の奥が中越え三塁打。佐々木の中犠飛で先制した。2死後、浜田と岡本の連打で二、三塁としたところで、誠之館の先発渡辺が降板。2番手宇田から本田が内野安打を放ち、加点した。

五回のピンチを2点で切り抜け、成功したかと思われた誠之館の継投策は、六回に宇田が制球難を露呈して一気に勝負を決められてしまった。広陵はこの回、敵失を挟み4四死球で押し出しの2点を挙げた後、2安打、3四球でさらに5点を加えた。

思わぬ宇田の乱調で大量点を許した誠之館は試合を諦めず、七回には単調な佐伯の投球を右に狙い打って5安打を集中し、3点を返した。しかし、失点があまりにも大き過ぎた。

小兵本田3安打3打点

159センチ、57キロ。ナインの中で一番小さい本田が、2二塁打を含む3安打、1四球、3打点と大活躍。優勝の大きな力となった。「体が小さいので負けないために人一倍練習する。ゴロをさばくうまさはチーム随一。昨年はなんでもないゴロをミスする軽率さがあったが、今年はいい二塁手になった」と前監督の三原氏は手放しで褒める。

昨春の選抜大会でエラーし、夏の大会には出場できなかったが、腐らず黙々と練習を積んだのが実った。呉市から野球がやりたくて広陵に入学。気の弱いところもあるが、「だいぶ気が強くなった気がします。インタビューでもしゃべれるようになりました」と白い歯を見せた。

広島大会での成績は24打数8安打。チーム内の首位打者となったが、「本番で調子が悪くては何にもならないので、これまで以上に練習し、昨年の甲子園の失敗を帳消しにしてみせます」と言い切った。

広陵・植木監督の話

とにかく苦しい大会だった。勝因は投手力。だが、佐伯はあまり好調でなく60～70点の出来。やっと優勝できたとはいえ、走塁のまずさなど甲子園への課題は多い。今からまたチームの立て直しを図り、甲子園で頑張りたい。

誠之館・岡本監督の話

渡辺は疲れていた。試合前「筋が張る」と痛みを訴えていたくらいだ。しかし、うちとしてはここまできたのは上出来だ。選手はよくやった。申し分ない。広陵はさすがに強い。底力というか伝統の強さをしみじみと感じた。こうなれば、甲子園での優勝を祈るだけだ。

誠之館	0	0	0	0	0	0	3	0	0	3
広　陵	0	0	0	0	2	7	0	0	×	9

（誠）渡辺、宇田－占部　（広）佐伯、福原－岩岡

【誠之館】	打	安	点
⑥ 久保	4	1	0
④ 藤井	5	1	1
⑦ 黒田	5	2	1
⑧ 三島	3	1	1
⑨1 宇田	4	0	0
③ 多賀	4	0	0
② 占部	2	2	0
⑤ 木野山	3	0	0
①9 渡辺	4	2	0
計	34	9	3

【広　陵】	打	安	点
⑧ 岡本	5	2	0
④ 本田	4	3	3
② 岩岡	4	0	0
③1 福原	4	1	2
⑤ 吉本	3	0	0
⑦ 奥	3	1	1
⑨ 佐々木	2	0	2
9 中本	0	0	0
① 佐伯	2	0	1
H 大谷	1	0	0
3 山田	0	0	0
⑥ 浜田	4	2	0
計	32	9	9

	振	球	犠	盗	失	残	併
誠	7	5	2	1	2	11	0
広	0	8	2	1	2	9	1

▽三塁打　奥▽二塁打　本田2、岡本、藤井▽暴投　佐伯

メモ

「古豪」

初の決勝に進んだ誠之館は1893年創部。広島県内では広島中（現国泰寺）に次いで2番目に古い。全国高校野球選手権の前身、全国中等学校優勝大会の地方予選となる山陽大会の第1回出場校でもある。広島山陽、三次、福山工、広島工、宮原を倒して決勝へ。強豪広陵との決勝も四回までは0-0と互角の戦いを演じた。

【ベンチ入りした主なプロ野球選手】

≪広陵≫

佐伯和司　広島・71年ドラフト1位－日本ハム－広島

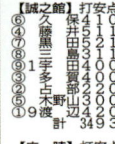

広陵－三重
（広島）（三岐）

八回、広陵1死満塁、奥の中越え三塁打で逆転する

広陵、鮮やか逆転勝ち

第51回全国高校野球選手権大会第3日は11日、甲子園球場で1回戦3試合を行った。第1試合は広陵（広島）が選抜優勝の三重（三岐）と対戦。七回を終えて1―5と劣勢だった広陵は八回に大量7点を挙げて逆転。8―7で勝った。

広陵の鮮やかな逆転勝ちだった。四回に吉本の適時打で1点を返したものの、三重の打力が広陵・佐伯の投球を上回っていた。六回に佐伯が上西に2点本塁打を浴びて1―5。試合は三重のペースだった。

ところが八回、広陵は打者12人、6安打の猛攻で一気に試合をひっくり返した。敵失を足場に浜田、岡本が右に狙い打って無死満塁。すっかりペースを崩して単調になった三重の先発上西。逆に広陵打線は完全に波に乗った。本田が三遊間を抜いてまず1点。岩岡の左飛を相手が落球し二塁走者は三封されたが浜田が生還。福原の左前打で再び満塁の後、押し出し四球と奥の中越え三塁打、中継ミスも加わって奥までかえり、7点をもぎとった。

だが、三重も粘り強い。広陵は九回に登板した福原が4安打を集中され、1点差まで追い込まれたが辛うじて逃げ切った。

八回畳み掛け一挙に7得点

広陵は春夏連続優勝を目指す三重に奇跡的な逆転劇を演じた。八回に打者12人を送り込んで一挙に7点。強豪校同士にふさわしい接戦を制した。

七回まで1―5。選抜優勝バッテリー、上西―中田のコンビは余裕を持って広陵打線を抑えていた。それまで4安打。勝負は決まったかと思われた。だが八回、信じられぬような大波乱が起こる。沈黙していた広陵打線はそれまでの鬱憤《うっぷん》を一気に爆発させた。

佐伯の代打山田は三ゴロ、これを一塁手が落として生きた。上西の制球はまるで人が変わったように乱れた。浜田、岡本の連続右前打で無死満塁とし、奥の中越え三塁打など6安打と一気に畳み掛けて7点を奪った。「打ったのは外角寄りの高め。内角を攻められていたので、今度は外角だと予想していた。負ける気はしませんでした」と奥。植木監督も「広島大会で広島商、呉港に逆転勝ちしている。広島商の時も満塁から得点した。上西は後半制球が甘くなってきたのでいつかは崩せると思っていた」と顔をほころばせる。

三重の打線も強力だった。六回、上西が左翼ラッキーゾーンに2点本塁打。「内角高めを打たれた。僕の調子は悪いし、これで負けたかと思った」と佐伯は振り返る。一度はがっくり肩を落としていただけに、後半の粘りに喜びは倍加した。「1―5の時は負けたと思った。でも試合を捨てず頑張った。そのチームワークが勝因です」と福原主将。最大の壁だった三重戦を突破し、「広陵強し」の印象をはっきりと植え付けた。

三重	0	2	1	0	0	2	0	0	2	7
広陵	0	0	0	1	0	0	0	7	×	8

（三）上西、伊藤隆―中田　（広）佐伯、福原―岩岡

メモ

「選抜優勝校散る」

三重の春夏連覇の夢は初戦で断たれた。大会注目の右腕である広陵・佐伯和司を攻め、三回までに3点を先取。六回には主戦上西博昭が2ランを放ち、試合は完全に三重のペースだった。まさかの敗戦に、三重の深谷弘次監督は「野手の乱れで墓穴を掘った。連続優勝を意識して緊張していたわけではない」。信じられない様子で甲子園を後にした。

【三　重】		打	安	点
⑥	大　野	3	1	0
⑤	辻	5	1	0
③1	伊藤隆	4	0	0
⑨	村　田	4	1	0
①3	上　西	4	3	2
④	島　田	3	2	0
⑧	上　村	3	2	0
②	中　田	3	1	2
⑦	池　田	4	1	2
	計	33	12	6

【広　陵】		打	安	点
⑧	岡　本	5	1	0
④	本　田	4	2	1
②	岩　岡	3	2	1
③1	福　原	4	1	0
⑤	吉　本	3	1	2
⑦	奥	4	1	3
⑨	佐々木	2	0	0
H	大　谷	1	0	0
9	中　本	1	1	0
①	佐　伯	2	0	0
H3	山　田	1	0	0
⑥	浜　田	3	1	0
	計	33	10	7

	振	球	犠	盗	失	残	併
三	3	4	1	1	3	4	2
広	3	4	0	0	2	5	1

▽本塁打　上西（佐伯）▽三塁打　奥▽二塁打　中田

【ベンチ入りした主なプロ野球選手】

《広陵》	
佐伯和司	広島・71年ドラフト1位―日本ハム―広島
《三重》	
伊藤泰憲	中日・71年ドラフト5位―南海
宮本四郎	中京大―大洋・75年ドラフト2位―阪急―阪神

広陵–仙台商
（広島）　（東北）

四回、仙台商1死満塁、玉村のスクイズを広陵バッテリーが外し、三塁走者八重樫を三本間で挟殺する。捕手岩岡

広陵 守備乱れ苦杯

第51回全国高校野球選手権大会第5日は13日、甲子園球場で1回戦1試合、2回戦2試合の計3試合を行った。2回戦の第3試合で、広陵（広島）は仙台商（東北）に1－4で敗れた。

広陵は守備陣の乱れで試合を失った。四回、先発佐伯は八重樫、大友の安打と四球で1死満塁。玉村のスクイズは外して2死としたが、玉村への死球で再び満塁。ここで大泉の遊ゴロを遊撃手が一塁に悪送球し、2者が生還。これに動揺したのか佐伯は続く2者を歩かせて押し出しで3点目を与えてしまった。

五回にも守備の乱れと八重樫の右前打で無死二、三塁。2死後、大友の二ゴロが安打になり、4点目を失った。四、五回を除けば、佐伯のピッチングは悪くはなかったが、走者が出ると制球を乱し、仙台商につけ込まれた。

打線は序盤の好機を逃したのが悔やまれた。一回は無死二塁としながら強攻策が失敗。三回には1死一塁で中軸を迎えたが、走者が打者のバントの構えで飛び出して刺された。これで仙台商の大友を立ち直らせ、その後も肝心なところでは変化球でかわされた。

好機生かせず10安打1得点

広陵にとってはあっけない敗戦だった。下手からの変化球を得意とする仙台商・大友から10安打を放ちながら、要所を抑えられた。植木監督は「一、二回の好機を生かしていればうちのペースになっていた。大友のシュートは捨てカウントを取りにくる外角球を狙わせた。しかしうまく球を散らしてくるので、狙い通りに打てなかった」と振り返った。

外角球を右に狙う――。指示とは裏腹に、右打者の右方向への打球は二つだけ。最後まで振り回し、大友の術中にはまっていった。大友は「3、4点は覚悟していたが、広陵は大振りで外角球を引っかけてくれた。しかもボールに手を出してくれた」と話していた。

一回先頭の岡本がいきなり内野安打、敵失で難なく二進した。二回も簡単に連打したことでナインに「いつでも勝てる」の安心ムードが出た。「最初の安打でこれはいけると思った。あれが油断というものなのか」と佐伯。福原主将も「いつでも得点できる気がした。佐伯がよく投げていたのに打線が助けてやれなかった」と悔しがった。

1回戦で選抜優勝校の三重に見事な逆転勝ち。それが広陵ナインに「甘さ」を生んだことも隠せない。「僕らは勝ち負けよりも日頃の力を出し切る試合をしたかった。しかし最後までその力を出し切れなかったことに悔いが残る」と福原主将。これがナイン全員の気持ちかもしれない。

広陵・植木監督の話

佐伯はよく投げてくれたと思う。敗因は守備の破綻でした。それに一、二回のチャンスに先制できなかったのが痛かった。あそこで点を取っておけば失策は出なかったかもしれない。

広陵	0	0	0	0	0	0	0	1	0	1
仙台商	0	0	0	3	1	0	0	0	×	4

（広）佐伯－岩岡　（仙）大友－八重樫

メモ

「決勝引き分け再試合」

第51回大会の決勝は球史に残る名勝負となった。松山商（北四国）－三沢（北奥羽）の一戦は松山商・井上明、三沢・太田幸司の壮絶な投げ合いに。4時間16分の死闘の末、延長十八回を終えて0-0。決勝では初の引き分け再試合となった。翌日の試合は松山商が4-2で三沢に勝利。太田は悲劇のヒーローとして一躍、全国の人気者となった。

【広陵】		打	安	点
⑧	岡本	5	2	0
④	本田	4	0	0
②	岩岡	4	2	0
③	福原	4	1	1
⑤	吉本	4	0	0
⑦	奥	3	1	0
H	長谷川	1	0	0
⑨	佐々木	3	1	0
①	佐伯	3	1	0
H	山田	1	0	0
⑥	浜田	3	1	0
H	三迫	1	1	0
	計	36	10	1

【仙台商】		打	安	点
④	安田	3	1	1
⑧7	小野寺	4	0	0
⑤	土生	4	0	0
②	八重樫	3	2	0
⑦	峰岸	1	0	0
9	伊藤	2	0	0
①	大友	3	2	1
⑨8	玉村	3	1	0
③	大泉	3	0	0
⑥	佐藤	2	0	0
	計	28	6	2

	振	球	犠	盗	失	残	併
広	5	1	0	0	3	9	0
仙	5	6	0	3	2	6	0

▽二塁打　岡本、岩岡

【ベンチ入りした主なプロ野球選手】

≪広陵≫

佐伯和司	広島・71年ドラフト1位—日本ハム—広島

≪仙台商≫

八重樫幸雄	ヤクルト・70年ドラフト1位

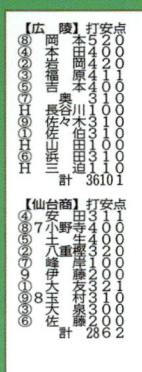

64 1970年3月31日
第42回選抜高校野球大会2回戦

広陵－富山商
（広島）　（富山）

富山商から15三振を奪い、完封した広陵の佐伯

広陵 完封で初戦突破

第42回選抜高校野球大会第5日は31日、甲子園球場で2回戦3試合が行われた。第2試合は広陵（広島）が七回に3点を奪い、主戦佐伯が15三振を奪う力投で富山商（富山）を1安打完封した。

広陵は富山商の好守に阻まれ、1点を取るのに四苦八苦した。三回1死三塁は木村のいい当たりが遊直で併殺、四回の好機は佐々木が浅い右飛に倒れた。ここまでは不運といってもよかったが、五回の逸機は広陵らしくなかった。大谷、伏原の連打で無死一、二塁。ここで二塁走者が投手のけん制球に刺された。2死から佐伯、木村の連打が出ただけに、けん制死は痛かった。

六回には3安打を集めながら、富山商の中堅手の好返球に佐々木が本塁寸前で刺された。

七回、5度目の好機をやっとものにした。新田が左翼線二塁打。佐伯のバントが野選となり無死一、三塁。木村はスクイズを失敗したが、仁井が左前へ運び、ようやく均衡を破った。続く三迫が右中間に二塁打して2者をかえし、とどめを刺した。

広陵・佐伯は序盤、制球に苦しみ、一、三回に先頭打者を四球で歩かせたが、いずれも捕手の長谷川がけん制球で刺し、ピンチを断った。四回以降は全く危なげなかった。

佐伯 圧巻の15奪三振

「前評判に恥じないようなピッチングをしたい」と言っていた広陵の佐伯が、毎回の15三振を奪い、富山商を完封した。立ち上がりは低めの制球に苦しみ、三回までに3四球。しかし、四回から伸びのある速球を決めた。九回は2、3、4番をいずれも3球三振。被安打は一回に平田に許した内野安打1本だけだった。

「最初はあがりました。三回まではお客さんの顔が見えなかった」。ネット裏でも「少し小手先の細工に頼るようだ」との声が上がっていた。四回から見違えるようになったのはベンチの適切な助言があったから。「低めがボールになるので捕手の構えを少し高くさせた」（植木監督）、「ストライクゾーンをボール一つ分だけ上にずらすようにした」（長谷川）のがそれだ。

「球審によって少しストライクゾーンが違うのは仕方ない。四回からは審判の目の位置に向かって投げたらストライクが取れるようになった」と佐伯。植木監督は「悪くなかった」と言い、長谷川は「95点くらい」と評価はまちまちだ。

10球投げたカーブは、七回にすっぽ抜けを道吉にいい当たりをされただけ。外野に飛んだのはわずか2本というのも佐伯の球威を示すものだった。

富山商	0	0	0	0	0	0	0	0	0		0
広陵	0	0	0	0	0	0	3	0	×		3

（富）広地－木島　（広）佐伯－長谷川

【富山商】		打	安	点
⑧	浜井	3	0	0
⑦	平田	4	1	0
④	荒川	4	0	0
⑤	道吉	4	0	0
①	広地	3	0	0
⑥	稲場	2	0	0
③	白川	3	0	0
②	木島	3	0	0
⑨	水上	1	0	0
H	元智	0	0	0
9	堀井	0	0	0
	計	27	1	0

【広陵】		打	安	点
⑨	仁井	4	2	1
⑥	三迫	3	1	2
⑦	佐々木	4	1	0
②	長谷川	4	1	0
⑧	大谷	4	2	0
⑤	伏原	3	2	0
③	新田	4	2	0
①	佐伯	1	1	0
④	木村	3	1	0
	計	30	13	3

	振	球	犠	盗	失	残	併
富	15	4	0	0	1	4	1
広	0	0	4	0	2	7	0

▽二塁打　新田2、三迫

【ベンチ入りした主なプロ野球選手】

≪広陵≫

佐伯和司　広島・71年ドラフト1位－日本ハム－広島

メモ

「ドクターK」

大会屈指の右腕として注目されていた広陵の佐伯和司。178センチの長身から、球速150キロ近い速球を投げ込み、被安打は1。毎回の15三振を奪う完封劇を演じた。ネット裏には、金の卵を発掘しようとプロ球団のスカウト陣がずらり。「今すぐプロで通用する」「太田幸司（青森・三沢－近鉄）より上。ドラフト1位指名は間違いない」など絶賛の声が続いた。

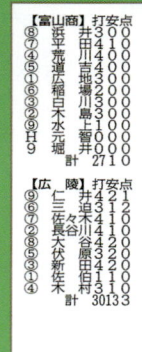

⑥⑤1970年4月2日
第42回選抜高校野球大会準々決勝

広陵－千葉商
（広島）（千葉）

五回、広陵無死三塁、佐伯がバットを折りながらも左前打して三塁走者新田が生還。捕手高浦

広陵 接戦制し4強入り

第42回選抜高校野球大会第7日は2日、甲子園球場で準々決勝4試合が行われた。第4試合は、広陵（広島）が主戦佐伯の投打にわたる活躍で千葉商（千葉）を1－0で下し、ベスト4進出を決めた。3日の準決勝は、鳴門（徳島）－北陽（大阪）、箕島（和歌山）－広陵の顔合わせとなった。

広陵は五回無死から、新田が一塁線を抜く三塁打。続く佐伯はバットを折りながらも左前に落とし均衡を破った。

試合の焦点は、参加チームの中で最高の打率を誇る千葉商打線と大会ナンバーワンといわれる佐伯の対決。一回1死から大塚に四球を与え、さらに二塁を許しピンチに立たされた。若林には右前へ渋く落とされたが、仁井の本塁好返球で救われた。この攻防が以後の展開を大きく変えた。

佐伯は精神的に立ち直り、外角低めの速球で追い込み、変化球で揺さぶる投球がさえた。七回は村上の内野安打の後、自らのけん制悪送球で無死二塁、バントで1死三塁とされたが、田良島を三ゴロ併殺にさばいて切り抜けた。結局、散発4安打、12奪三振。2試合連続完封を果たした。

佐伯 強力打線を4安打12K完封

「すごいですね。誰がクリーンアップか分からん」。千葉商の打撃練習を見た広陵・世羅部長の感想である。無理もない。参加26校中、最高の打率を記録しているチームだ。この打線を佐伯がどうさばくか。防御率0・28は参加校の中で石森（東北）に次いで2位。誰もがこの対決に注目した。「テレビで見る限りでは3点は取れる」と、胸を張った千葉商の主力選手に対して佐伯は至って控えめ。「どこに投げたらいいんだろう。外角低めを目がけてただ無心に投げる以外にない」

結果は散発4安打、12奪三振。佐伯の2試合連続完封は偶然だろうか。あるいは千葉商打線の過信によるものか。「外角低めに狙いを決めたのは当たったが、球が速くてどうにも細工ができませんでした」。泣きながら話す若林、村上。「驚きましたね。高校生であんなに速い球を投げるとは」と千葉商の蒲原監督。強打の片りんを見せることなく終わった。

「一回に点を取られていたらどうなっていたか。あれ（仁井の本塁好返球）で気持ちは楽になりましたが、とにかく相手のバットの振りが鋭いので気が抜けませんでした。最後まで無心に投げ続けたことがよかった」と佐伯。バックの好守、さらには昨夏、仙台商に敗れた時に外林校長に言われた「敵を恐れるな、そして侮るな」の教訓。全てが完封への推進力であったことは事実だ。

「あの子はよく練習する。この冬でも一日もランニングを欠かさなかった。その努力と自覚が結果に出ているんです」と松元コーチ。大きく羽ばたいてもらいたいものだ。

広陵・植木監督の話

きょうは守りの野球がうまくいった。右翼手、三塁手、それに捕手がよく守ってくれた。一回はひやっとしたが、仁井の好返球で助かった。佐伯はもうひとつコントロールが良くなかった。あすの箕島にはかなり打たれるのは覚悟しなくてはならんでしょう。でもうちの持っているものを出し切ればそれでいい。

千葉商	0	0	0	0	0	0	0	0	0		0
広　陵	0	0	0	0	1	0	0	0	×		1

（千）永島－高浦　（広）佐伯－長谷川

【千葉商】		打	安	点
⑨	加藤	2	0	0
H7	平川	2	0	0
⑤	大塚	3	0	0
⑧	若林	4	1	0
⑦9	村上	3	1	0
②	高浦	2	0	0
③	田良島	3	1	0
①	永島	2	0	0
⑥	尾出	2	0	0
④	関口	3	1	0
	計	26	4	0

【広　陵】		打	安	点
⑨	仁井	4	2	0
⑥	三迫	4	0	0
⑦	佐々木	4	2	0
②	長谷川	3	1	0
⑧	大谷	4	1	0
⑤	伏原	3	1	0
③	新田	3	1	0
①	佐伯	3	1	1
④	木村	3	1	0
	計	31	10	1

	振	球	犠	盗	失	残	併
千	12	3	1	1	0	3	1
広	6	1	0	0	1	7	1

▽三塁打　新田、大谷

メモ

「公立の名将」

大会最速右腕の佐伯和司が挑んだのは、「大会ナンバーワン打線」と呼ばれていた千葉商。指揮を執った蒲原弘幸監督は春夏通算7度の甲子園出場で通算11勝を挙げている名将だ。特筆すべきは、甲子園へ導いた4校全てが公立校という点。1965年夏の佐賀商が初。その後、舞台を千葉に移し、千葉商、印旛、柏陵の3校で甲子園の土を踏んだ。81年春は印旛で準優勝を果たした。

【ベンチ入りした主なプロ野球選手】

≪広陵≫

佐伯和司	広島・71年ドラフト1位—日本ハム—広島

≪千葉商≫

高浦美佐緒	法大—三菱自動車川崎—大洋・80年ドラフト外

⑥⑥1970年4月4日
第42回選抜高校野球大会準決勝

広陵－箕島
（広島）　（和歌山）

広陵 準決勝で散る

第42回選抜高校野球大会第8日は4日、甲子園球場で、鳴門（徳島）－北陽（大阪）、箕島（和歌山）－広陵（広島）の準決勝2試合を行った。第2試合は広陵の佐伯、箕島の島本の投げ合いとなったが、広陵は六、八回に失点し0－3で敗れた。5日の決勝は北陽－箕島の近畿勢同士の対戦となった。

六回、箕島無死二、三塁、森下が投前スクイズを決め、三塁走者東田が生還。先制点を挙げる

2試合連続完封の広陵・佐伯は箕島の粘っこい攻撃に24イニング目に失点した。六回、先頭の東田の右中間への安打と遊ゴロ失で無死一、二塁。捕逸で二、三塁となり、スクイズと犠飛で2点を失った。

佐伯は徹底して右に狙う箕島の攻めを何とかかわしていたが、味方の守りの乱れも絡んで踏ん張れなかった。八回には東田に中前打された後、島本に左中間三塁打を浴び、ダメ押し点を奪われた。

広陵打線は箕島の左腕・島本を打ちあぐねた。左腕特有の右打者の内角への速球と外角シュートで揺さぶられ、島本のペースにはまった。好機は七回、3四死球で得た2死満塁。ここで1点でも返していれば違った展開になったかもしれないが、木村は三振。九回の1死一、二塁も佐伯の中堅へ抜けるかにみえたゴロを田中の好守に阻まれ、万事休した。

V候補の重圧　ミス連発

ベンチを出る広陵ナインは涙こそ見せなかったが、足取りはさすがに重かった。納得いく敗戦であったなら、違った雰囲気になっていたことだろう。たった1本の安打に失策、捕逸が絡んだ後、二つの犠打飛で失った六回の2点。守りに自信を持っていた三迫、長谷川は、自らのミスが悲しかったろう。「大事に処理しようとしたことが、かえっていけなかった」と三迫。優勝候補の重圧が大きくのしかかっていた。

試合前、箕島の大黒柱・島本は「佐伯の球は速いから外角を狙ったら打てん。バットを短く持って真ん中から内角寄りを右に打ったる。3点は取れますやろ。僕は2点で抑える自信がありますのや」。東田、森下の主力打者は佐伯攻略のために、握りの太いバットをわざわざ注文した。「3点はOKでっせ」。2試合無失点の佐伯を相手にこう言い切ったのである。

一方、広陵は島本のカーブに的を絞った。しかし、「戦前考えていた配球と違っていた。カーブは投げずにシュートで押してきた。はぐらかされた感じで情けない」。佐々木ら主力打者が口をそろえた。佐伯は「相手の（右）打者は右足を後ろに引き、右を狙ってきた。だから内角へ思い切って投げたのだが…」。球が思うコースにいかなかったところに計算の狂いがあった。「速かったけれど制球が悪かった。力んでもいたようだ」とは捕手の長谷川。雨で1日休養したことが、佐伯の投球のリズムを狂わせてしまったのかもしれない。

「この敗戦を反省し、そして励みとして、また夏を目指す」。植木監督の言葉は、無言のナインの胸中を代弁しているかのようだった。

箕島	0	0	0	0	0	2	0	1	0	3
広陵	0	0	0	0	0	0	0	0	0	0

（箕）島本－中谷　（広）佐伯－長谷川

【箕　島】	打	安	点
⑥ 田　中	5	2	0
⑧ 川　端	4	1	0
⑦ 東　田	4	3	0
① 島　本	4	1	1
⑤ 森　下	2	0	1
③ 在　本	3	0	1
⑨ 中　村	3	1	0
② 中　谷	4	0	0
④ 中	2	1	0
計	31	9	3

【広　陵】	打	安	点
⑨8 仁　井	3	0	0
⑥ 三　迫	3	1	0
⑦ 佐々木	3	0	0
② 長谷川	4	0	0
⑤ 伏　原	3	1	0
③ 新　田	3	0	0
⑧ 大　谷	2	0	0
H9 本　山	1	1	0
① 佐　伯	3	0	0
④ 木　村	3	0	0
計	28	3	0

	振	球	犠	盗	失	残	併
箕	5	4	2	0	0	7	1
広	6	8	0	0	1	9	2

▽三塁打　島本▽捕逸　長谷川

メモ

「高校生三羽ガラス」

第42回大会決勝は、広陵を破った箕島と北陽の対戦。選抜では17年ぶり5度目の近畿勢対決となった。試合は3-3で延長戦に突入。十回に1点ずつ取り合った後、十二回2死三塁で、箕島の島本講平が右翼線へサヨナラ打。箕島が5-4で競り勝ち、初優勝を飾った。島本は広陵・佐伯和司、岐阜短大付・湯口敏彦と「高校生三羽ガラス」と呼ばれ、ドラフト1位で南海に入団した。

【ベンチ入りした主なプロ野球選手】

≪広陵≫

佐伯和司	広島・71年ドラフト1位－日本ハム－広島

≪箕島≫

島本講平	南海・71年ドラフト1位－近鉄

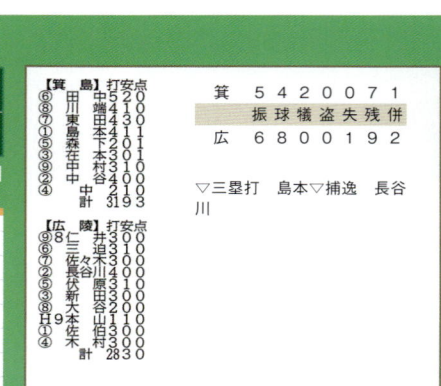

㊼1970年7月31日
第52回全国高校野球選手権広島大会決勝

広島商（広島）－広陵（広島）

延長十回、広島商1死二、三塁、船田がスクイズを決め、三塁走者井上が生還。勝ち越し点を挙げる。捕手長谷川

広島商、延長制し夏切符

第52回全国高校野球選手権広島大会最終日は31日、広島市民球場で広島商と広陵が決勝を戦い、延長十回の末、広島商が4－1で広陵を下し、4年ぶり11度目の甲子園出場を決めた。

広島商が意表をついた攻めを見せ、熱戦に決着をつけた。延長十回、井上の安打を足場に四球とバントで1死二、三塁。船田は強打に出て、1ボール2ストライクと追い込まれた。4球目。外角寄り速球を三塁前にスクイズを決めて勝ち越した。さらに、田坂、山村の安打などで計3点を挙げた。

広陵は五回1死三塁から新田の内野安打で同点にしたが、攻めが粗かった。一回の1死満塁を本山の投ゴロ併殺打でつぶした。七回には仁井、三迫の連打で無死一、二塁としたが、再登板した日高に抑えられた。広島商のきめ細かなリレーに目先をかわされた。

日高、投打でけん引

日高は泣いた。ひたすら泣いた。ナインと場内を1周する右手には、ウイニングボールが握られていた。

打倒広陵――。気持ちは誰よりも強かった。佐伯と並んで全国屈指の好投手といわれたが、昨秋の中国大会で右肘を痛め、選抜出場はならなかった。日高は「夏は絶対に負けない」とチームメートに宣言。それから4カ月。肘の痛みに耐え、連日500球近い投げ込みを続けてきた。

「初めから終わりまで苦しかった」（日高）。それでも、一回の1死満塁は「シュートが切れていたのでゴロを打たせる自信はあった」という。このピンチを投ゴロ併殺でしのぎ、四回1死満塁の好機は自ら押し出し四球を得て先制点を挙げた。

六回からは右翼に回ったが、七回の無死一、二塁のピンチで再びマウンドへ。ここを見事に乗り切った。「あそこがポイントですね」と迫田監督。日高が投打でナインを勇気づけた。

「3年間の努力がここに懸かっていると思ったらたまらなかった」と日高。寝違いから腰を痛め、内容はよくなかったが、「広陵にはシュートが有効」の分析がマイナス分を補った。昨秋の県大会で広陵を2－0と完封した自信もあった。

「甲子園ですか？ まだ実感が湧かない。これまでの経験を土台にしてこれから考えます」。試合が終わってすでに30分。日高の頬はまだぬれていた。

広島商・迫田監督の話

日高の調子は決して良くなかった。しかし選手全員が実によくやった。十回、2ストライクからの船田のスクイズは、練習でもよくやっていたので、自信を持ってやらせた。前半の佐伯の球威なら無理でしたが、いくらかスピードも落ちているように思った。佐伯はやはり、全国一、二の好投手。あれを選手に打てというのは酷で、勝つことは意識しなかった。

広陵・植木監督の話

一回の逸機は当たっていた本山だけに打たせたのは当然。七回はバント失敗が痛かった。佐伯は広島商の盗塁で動揺したようだ。日高の外角の真っすぐに的を絞らせたのだが…。

広島商	0	0	0	1	0	0	0	0	0	3	4
広　陵	0	0	0	0	1	0	0	0	0	0	1

（商）日高、小林、丸本、日高－山村　（陵）佐伯－長谷川　（延長十回）

【広島商】		打	安	点
⑧	井上	3	2	0
③	八島	3	0	0
1	小林	1	0	0
1	丸本	0	0	0
3	古賀	0	0	0
⑦	荒谷	3	2	0
⑨39	船田	3	1	1
⑤	田坂	4	1	1
②	山村	5	2	0
①91	日高	4	0	1
④	松浦	2	0	0
H	山肩	1	0	0
4	友保	0	0	0
⑥	森田	4	0	0
	計	33	8	3

【広　陵】		打	安	点
⑤	伏原	5	0	0
④	木村	5	1	0
⑦	佐々木	4	3	0
R	落合	0	0	0
8	大谷	1	1	0
②	長谷川	3	0	0
⑧7	本山	3	0	0
⑨	仁井	4	2	0
⑥	三迫	3	1	0
①	佐伯	4	0	0
③	新田	4	1	1
	計	36	9	1

	振	球	犠	盗	失	残	併
商	6	7	3	4	0	9	1
陵	7	3	1	1	2	9	0

▽二塁打　佐々木

メモ

「ライバル対決」

決勝は広島商・日高晶彦、広陵・佐伯和司の「負けん気」がぶつかり合った。日高は比治山小－幟町中、佐伯は段原小－国泰寺中の出身。広島市内のソフトボールや水泳大会でしばしば顔を合わせたライバルだった。甲子園のマウンドを懸けて競い合った高校での直接対決は計3度。1年秋が日高、2年夏は佐伯に軍配が上がり、雌雄を決する舞台となった3年夏は、日高の勝利に終わった。

【ベンチ入りした主なプロ野球選手】

≪広島商≫	
船田政雄	東映・71年ドラフト4位
日高晶彦	東映・71年ドラフト6位
≪広陵≫	
佐伯和司	広島・71年ドラフト1位－日本ハム－広島

⑱1970年8月8日
第52回全国高校野球選手権1回戦

広島商－秋田商
（広島）　（西奥羽）

一回、広島商1死一、三塁、船田が中前打を放ち、三塁走者井上が生還。先制点を挙げる

巧みな攻撃　広島商快勝

第52回全国高校野球選手権大会は8日、甲子園球場で開幕し、開会式に続いて1回戦3試合を行った。第2試合は広島商（広島）が一回に先手を取り、三、七、八回にも加点。秋田商（西奥羽）を7－4で下した。

広島商は井上、船田を中心とした攻撃で初戦をものにした。一回、先頭の井上が左前打して二盗。バントで三進し、荒谷の四球後、船田の中前打で先制した。三回は無死から井上、八島が連続四球、荒谷の投前バントを秋田商の石塚が三塁に悪送球する間に1点。さらに二、三塁で船田が右中間へ適時打を放ち、2点を加えた。七、八回にも加点し突き放した。

秋田商は三回、制球を乱した日高を攻め、1死二、三塁から舟木の左越え二塁打で2点を返した。さらに暴投、石塚の内野安打、盗塁などで二、三塁と攻めたが、加賀谷のバント失敗で好機をつぶした。

先制点でペースつかむ

初戦は選手が硬くなる。特に大会初日は開会式の余韻もあって「足が地に着かない」「自分が自分でないような」と選手が語っている。そんな雰囲気の中で先取点の価値がいかに大きいか――。第1日の3試合とも先行したチームが逃げ切ったのは偶然ではない。先制点の重みである。

広島商は一回に1点をもぎ取った。井上が最初からバントの構えで秋田商の先発の石塚を揺さぶった。きれいに左前打し二盗、そして送りバント。「井上がうまく出てくれて気分が落ち着いた」と、船田が低めの速球を中前へはじき返した。この1点は広商ペースへの始動であり、歯車がかみ合って4点、7点へとつながった。

日高の調子は良くなかった。「こちこちになった」。その上、甲子園出発の5日、自転車で学校へ向かう途中、小型トラックと接触して、左脚を強く打った。腫れはやっと引いたが、まだ痛みは残っている。日高にとって4点は与え過ぎであるが、「次の試合を見てください」と表情は明るかった。

井上・船田が見事けん引

「3盗塁は初めて」「5打点も初めて」。この日のヒーローである井上と船田は笑った。井上は一回に左前打したのを手始めに、4打席連続出塁（2安打、2四球）。3打席目まで先頭打者として全て塁に出て、3盗塁と見事なリードオフマンぶりを発揮した。「投手のけん制が単調でタイミングを盗みやすかった。出塁するたびにホームベースを踏む気持ちはたまりません」。100メートル12秒台の俊足でダイヤモンドを駆け抜けた。

船田は「広島大会準決勝の頃から当たりが出始めた。3本の安打はコースは覚えていないが、みんな真っすぐ」。初球か2球目を逃さない積極的な打撃で5打点を挙げた。「高めを捨てて低めを狙えと監督から言われた。井上がよく出塁し、うちの攻撃の型になって落ち着いた。最初の打席で安打が出たので、後は打てるような気がした」。すっかり自信を取り戻した。

広島商・迫田監督の話

初日とあって選手は硬くなった。しかし、致命的なエラーも出さず、先手先手と試合が運べて、九回の秋田商の反撃も安心して見ていられた。

広島商	1	0	3	0	0	0	2	1	0	7
秋田商	0	0	2	0	0	0	0	0	2	4

（広）日高、小林、日高－山村　（秋）石塚、北島－加藤

メモ

「江津工に三沢あり」

大会注目の下手投げ投手が江津工の三沢淳。島根県大会、西中国大会の6試合で得点を許さず、52回連続無失点の記録を引っ提げて甲子園に乗り込んだ。1回戦の相手は鹿児島商工。相手のエース上水流洋との投げ合いを制して、2－0で完封勝利。連続無失点を61回まで伸ばした。しかし、東邦（愛知）との2回戦は四回に4点を失い、記録は64回でストップ。試合は1－6で敗れた。

【広島商】		打	安	点
⑧	井上	3	2	0
③	八島	2	1	0
1	小林	0	0	0
H3	古賀	1	0	0
⑦	荒谷	2	0	0
H7	山肩	1	0	0
⑨39	船田	5	3	5
⑤	田坂	4	1	0
②	山村	3	1	0
①91	日高	4	1	0
④	松浦	3	1	1
R4	友保	0	0	0
⑥	森田	4	0	0
	計	32	10	6

【秋田商】		打	安	点
⑦	船木	3	1	0
④	田中	4	2	1
③	舟木	5	3	3
①9	石塚	5	1	0
⑥	加賀谷	3	0	0
②	加藤	4	0	0
⑧	三浦重	3	0	0
H8	井上	1	0	0
⑨	加賀美	3	0	0
1	北島	0	0	0
H	長谷部	1	0	0
⑤	沢木	2	1	0
	計	34	8	4

	振	球	犠	盗	失	残	併
広	3	5	3	5	1	6	0
秋	7	5	1	4	1	9	2

▽二塁打　舟木、日高、田中▽暴投　日高

【ベンチ入りした主なプロ野球選手】

≪広島商≫

船田政雄	東映・71年ドラフト4位
日高晶彦	東映・71年ドラフト6位

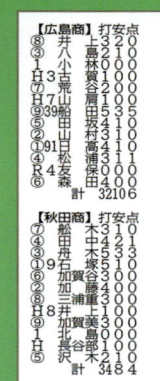

㊴1970年8月13日
第52回全国高校野球選手権2回戦

広島商－高松商
（広島）　（北四国）

二回、高松商1死二、三塁、松元の投前スクイズで三塁走者村上が生還し、先制する

広島商無念 1点に泣く

第52回全国高校野球選手権大会第6日は13日、甲子園球場で2回戦4試合を行った。第2試合では、広島商（広島）が高松商（北四国）の大北に13三振を喫し、0－1で敗れた。

広島商は大北を打ち崩せず敗れた。大北は立ち上がりこそ制球に苦しみ、ボールが先行したが、低めの速球とカーブ、シュートで尻上がりに調子を上げた。広島商は二回、田坂が内野安打で出塁したが、山村、日高がともに送りバントを失敗。三回は荒谷、六回は船田が安打を放ったがいずれも2死後で得点に結びつかず。三、九回を除いて毎回の計13三振を喫した。

高松商は球道に逆らわず、日高を攻めた。二回、先頭の村上が中前へはじき返し、中井が確実に進めた。続く河田が左前打を放ち、すかさず二盗に成功して二、三塁。松元が投前へスクイズを決めて先制した。その後も高松商は毎回のように塁上をにぎわしたが、広島商守備陣の好守に追加点を阻まれた。

打線が不発 13三振喫す

迫田監督は「完敗です」と肩を落とした。言葉を変えれば「打てなかった」ということである。「広島商の機動力は怖かった。それを封じるのはバッテリーだ。2人に全てを任せた」と高松商・久保監督は満足そうに振り返った。

広島商が喫した三振は13、盗塁は0。この数字は広島大会の1試合平均三振3、盗塁6とあまりに懸け離れている。1回戦の秋田商戦と比べて球審のストライクゾーン（高低）に差があり、面食らったのが三振の要因になったようだが、球審のくせは早く見抜かなければならない。機動力は大北のうまいけん制球と、細川の強肩に阻まれた。盗塁は2度試みていずれも失敗した。

「大北は打ち込めると思った」（迫田監督）、「練習の日高の調子を見て、点が取りにくいと感じた」（久保監督）。両監督の読みは二回のスクイズに表れた。「回が浅いので警戒しなかった」（日高）。「1点が勝負になりそうでサインを出した」（久保監督）。これが決勝点になった。迫田作戦は「大北を打ち込む」という打線への信頼からスタートしたのだが、裏目の結果だけが残ってしまった。

広島商・迫田監督の話

低めの球を狙わせたが、前半はシュート、後半は速球、カーブに戸惑って打てなかった。秋田商戦のように井上、森田らが出塁して足を生かせなかったのも痛かった。大北は打てない投手ではないと思ったが、その安易な気持ちが災いしたのかもしれない。

同・日高選手の話

試合前にかなり投げ込んだが、前半直球に伸びがなかった。四球だけは出さないよう気を付けていた。1点与えた時は、回も浅いのでヒッティングでくると思っていた。スクイズはまったく気を付けていなかった。僕としては満足のいくピッチングだった。

広島商	0	0	0	0	0	0	0	0	0	0
高松商	0	1	0	0	0	0	0	0	×	1

（広）日高ー山村　（高）大北ー細川

メモ

「東海大相模初V」

ハコネノヤマハヒクイゾー。そんな激励電報が宿舎に届いたという。東日本勢が総崩れした中、東海大相模（神奈川）が春夏を通して初めて頂点に立った。準決勝で好投手湯口敏彦を擁する岐阜短大付（三岐）を3－2で破ると、決勝では新美敏、新井宏昌、行沢久隆と3人のプロ選手を出したPL学園（大阪）に10－6で打ち勝った。4試合で25得点を挙げたが、スクイズなしという記録もつくった。

【広島商】		打	安	点
⑧	井上	4	0	0
③	八島	2	0	0
4	友保	0	0	0
⑦	荒谷	3	1	0
⑨	船田	4	1	0
⑤	田坂	3	1	0
②	山村	4	0	0
①	日高	3	0	0
④	松浦	2	0	0
H3	古賀	1	0	0
⑥	森田	3	0	0
	計	29	3	0

【高松商】		打	安	点
⑤	西川	4	2	0
⑧	高谷	3	1	0
①	大北	2	0	0
②	細川	3	0	0
⑨	村上	3	1	0
⑥	中井	2	2	0
④	河田	2	1	0
③	松元	2	0	1
⑦	藤田	3	1	0
	計	24	8	1

	振	球	犠	盗	失	残	併
広	13	4	0	0	1	6	3
高	4	1	4	2	1	4	0

【ベンチ入りした主なプロ野球選手】

≪広島商≫

船田政雄	東映・71年ドラフト4位
日高晶彦	東映・71年ドラフト6位

≪高松商≫

大北敏博	巨人・71年ドラフト2位ー西武
細川安雄	阪急・71年ドラフト4位

広陵－盈進
（広島）（広島）

広陵 13度目の夏舞台

第53回全国高校野球選手権広島大会最終日は2日、広島市民球場で広陵－盈進の決勝があり、広陵が8－0で勝ち、2年ぶり13度目の甲子園出場を決めた。

広陵は三回、四球と内野ゴロで二進した落合が三盗。これが捕手の悪送球を誘って生還し先制した。五回には3四球で1死満塁の好機をつかみ、増永の中前打で2点を追加。その後も2安打、四死球などを交えて一挙に7点を奪った。

盈進も三回まで無死で走者を出したものの、走者を進めただけで終わった。中盤は広陵・大原の慎重な配球に抑え込まれた。七回に安保の二塁打で好機をつくり、池田が中前へ運んだが、本塁を狙った安保が憤死。九回には竹野が左中間を大きく破る打球で、一気に三塁まで走って刺された。

読み通りの一打で追加点

「全力を出し切れば必ず勝てる」。試合前の広陵ベンチには余裕さえ感じられた。前日の崇徳との準決勝で盈進の坂本の投球を見た増永は「これならいける」とこの日を待った。それが五回1死満塁で追加点となる中前打につながった。「坂本君はカーブしか投げてこない。初球から狙っていたが、うまくいった」。追い打ちをかけた林も会心の笑み。「やはりカーブだった」

松元監督は「全員がヒーロー」とたたえる。「気迫で広島商を破った。それをそのまま盈進にもぶつけた。練習の成果が十分に出たことも勝因。甲子園に行くんだというナインの自覚で、ベストコンディションで戦えた」と褒めた。

エース大原は「連投で疲れはある。だがそれで逆に力まない投球ができた。リラックスして投げました」。大量点をもらい、思い通りの投球ができたことをにおわせた。しかし「後半はちょっと打たれた」と反省も忘れない。渡辺主将は「言うことはない」と手放しの喜びよう。

飛び抜けた選手はいないが、攻守にまとまったチーム。「野性味」を看板にする松元監督に鍛えられ、今大会でも試合ごとに調子を上げた。「この調子を持ち続けて甲子園でもひと暴れしたい。特に精神面の充実をナインに浸透させる」と松元監督。広島商に2度敗れて発奮した広陵。「負けて強くなった」と言えるかもしれない。

五回、広陵2死満塁、大原の内野安打で三塁走者林に続き、二塁走者吉田も生還。8点目を挙げる。捕手安保

広陵・松元監督の話

勝てるという感じはあった。「広島商に負けまい」という一念で練習し、今大会も戦ってきた。この気迫が勝利を呼び込んだ。つきもあった。

広陵	0	0	1	0	7	0	0	0	0	8
盈進	0	0	0	0	0	0	0	0	0	0

（広）大原－加登　（盈）坂本、富田－安保

メモ

「12年ぶりの対決」

盈進が広陵と決勝で顔を合わせるのは、盈進商だった1959年以来、12年ぶり。前回対戦では1-11で大敗を喫していた。強化計画3年目での決勝進出に、盈進ナインは雪辱に燃えていたが、予想外の大敗。渋谷監督は「精神力で負けた。力を十分に出し切れなかった。本当に優勝を狙うなら、一から出直すことだ」とショックを隠し切れない様子。この悔しさが、3年後の歓喜につながることになる。

【広　陵】		打	安	点
⑥	落合	3	1	0
④	杉内	3	0	0
③	増永	4	1	2
⑦	渡辺	4	1	0
⑧	林	5	1	2
⑤	吉田	4	1	0
⑨	森重	3	1	0
②	加登	1	1	1
①	大原	3	2	2
	計	30	9	7

【盈　進】		打	安	点
⑦	竹野	4	2	0
④	阿藻	3	1	0
②	安保	4	1	0
⑨	小川	2	0	0
1	富田	1	0	0
H	上田	1	0	0
⑧	池田	3	2	0
①9	坂本	3	0	0
③	石森	3	0	0
⑥	塚本	3	1	0
⑤	佐藤	3	1	0
	計	30	8	0

	振	球	犠	盗	失	残	併
広	6	10	1	1	0	7	0
盈	2	0	1	1	1	4	2

▽二塁打　安保、竹野、阿藻

広陵－筑紫工
（広島）　（福岡）

延長十回、筑紫工1死一、二塁、宮川の右中間二塁打で二塁走者藤田が生還。決勝点を挙げる。捕手加登

広陵 十回に痛恨の失点

第53回全国高校野球選手権大会第7日は7日、甲子園球場で開幕し、開会式に続いて1回戦3試合を行った。第2試合は広陵（広島）が筑紫工（福岡）に延長十回に決勝点を奪われ、2－3で逆転負けした。

広陵の出足は早かった。一回、落合が四球で歩き、杉内のバントで二進、けん制悪送球で1死三塁とし、増永が右犠飛を放ち無安打で先制した。鶴崎の立ち上がりを突いたうまい攻めだった。四回の追加点も幸運に恵まれた。先頭の増永が三塁線を抜く二塁打、返球ミスが絡んで三進、2死後、吉田の遊ゴロが悪送球を誘い2点目を挙げた。

筑紫工は前半は粗い攻めで好機をつぶした。しかし六回、大坪の中前適時打で1点差に詰め寄り、九回に寒竹の左前適時打で追い付いた。十回、藤田、鶴崎が連打、1死から、宮川が右中間に二塁打して決勝点を挙げた。

広陵は五回以降、鶴崎の速球に全く手が出ず、安打と死球のわずか2走者だけで、二塁も踏めなかった。

筑紫工 主将負傷で発奮

筑紫工は序盤、守りでリズムを狂わせた。硬さが取れない上、三回、不規則バウンドの遊ゴロを体に当てた占部主将がベンチ前で倒れて交代。広陵の2点目は占部退場が響いたものである。

広陵の守備は良かった。洗練された守りの網に筑紫工の打者が引っかかっていた。そんな試合の流れを変えたのは何か。主将の負傷が筑紫工ナインを奮い立たせた。「闘志のチーム」と言い切る菊池監督は「占部をこのままにするな。もう一度、次の試合でプレーさせるんだ。そんな空気がベンチに張り詰めていた」という。

後半、投攻守ともに筑紫工ペースとなった。「練習試合で1度勝っているからという気の緩みは絶対になかった。力いっぱいやった」と広陵の松元監督は強調した。しかし「あれほど鶴崎がよく投げるとは思わなかった。最高の出来でしょう。うちはヒット2本ですから」と完敗を認めた。

広陵の「4点取る」計算は狂ったが、松元監督は打線の不振を責めなかった。「相手が良過ぎた」とみている。鶴崎の快投、1点を追う九回2死からバントヒットを絡めて同点に持ち込む粘り…。担架で運ばれる占部を見送った筑紫工ナインはその後、全員ベンチの最前列に身を乗り出し、強豪広陵を押し倒した。

広陵打線不発 わずか2安打

広陵にとっては練習試合で1度勝っている相手。「そのことは全然考えなかった。ただ鶴崎は後半打ちこめると思っていた」と松元監督。その鶴崎に広島大会のチーム打率3割3分5厘の打線が2安打に抑えられた。「外角ストレートを狙え」との監督のアドバイスも実らなかった。「いい投手だった。大会初日のムードにものまれたようだ」と渡辺主将は振り返った。

大原は「普通の出来だった。八回の無死二、三塁は監督から『思い切っていけ』と言われ、真っすぐで勝負して成功した。十回、宮川に決勝打を打たれたのは外角高め。甘かった」。増永は泥まみれのユニホームで顔を押さえ泣いた。「泣くな、どっちかが負けるんだ。広陵は頑張ったんだ」。引き揚げるナインを甲高い声が追っかけた。

筑紫工	0	0	0	0	0	1	0	0	1	1	3
広陵	1	0	0	1	0	0	0	0	0	0	2

（筑）鶴崎－常岡　（広）大原－加登　（延長十回）

【筑紫工】		打	安	点
⑧	寒竹	4	1	1
⑥	占部	1	0	0
H5	大坪	3	2	1
⑤6	藤田	5	2	0
①	鶴崎	5	3	0
③	松下	4	1	0
⑨	宮川	4	1	1
⑦	坂田竹	4	1	0
④	坂田松	3	1	0
②	常岡	3	1	0
	計	36	13	3

【広陵】		打	安	点
⑥	落合	3	0	0
④	杉内	3	0	0
③	増永	3	1	1
⑦	渡辺	4	1	0
⑧	林	4	0	0
⑤	吉田	3	0	0
⑨	問可	3	0	0
H	山下	1	0	0
②	加登	3	0	0
H	森重	1	0	0
①	大原	1	0	0
	計	29	2	1

	振	球	犠	盗	失	残	併
筑	3	3	4	1	3	10	1
広	5	4	2	0	1	3	2

▽二塁打　鶴崎、増永、宮川▽捕逸　加登

【ベンチ入りした主なプロ野球選手】

≪筑紫工≫

鶴崎茂樹　南海・72年ドラフト5位

メモ

「小さな大投手」

第53回大会の話題をさらったのは磐城（東北）の快進撃だった。前評判は決して高くなかったが、身長165㌢で「小さな大投手」と呼ばれた田村隆寿が快投。3試合連続完封で決勝まで勝ち進んだ。桐蔭学園（神奈川）との決勝では、大塚喜代美との投げ合いに。七回、武器のシュートを打たれて大会初失点。そのまま0−1で敗れ、東北勢初制覇はならなかった。

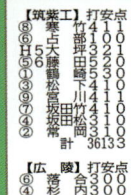

⑫ 1972年7月30日
第54回全国高校野球選手権広島大会決勝

広島県大会

広陵－福山工
（広島）　（広島）

三回、広陵1死二、三塁、国山の右前打で三塁走者福永が生還し先制点を挙げる。捕手岡田

広陵圧倒 2年連続夏舞台

全国高校野球選手権広島大会最終日は30日、広島市民球場で広陵－福山工の決勝を行い、広陵が8－0で快勝。2年連続14度目の甲子園出場を決めた。

広陵が投打に福山工を圧倒した。三回、国山の右前打で先手を取り、五回は2安打に野選を絡めて無死満塁とし、問可が左へ大きな犠飛を打ち上げて加点した。福山工の息の根を止めたのは七回。2死後に播摩、福永の長短打で3点目、遊ゴロ失で一、三塁とし、加登、金山が早いカウントから連続長短打して計4点を挙げた。八回にもダメ押しの2点をもぎとった。

福山工は最後の力を振り絞って健闘。六回に四死球と梶原の右前打で無死満塁とし、広陵の竹桝を追い込んだ。しかし原田が三ゴロ併殺に打ち取られた。五回には無死一、二塁と攻めたが、バント失敗でチャンスを逃すなど勝負どころの攻めが粗く、カーブ、ショートを丁寧に投げ分ける主戦原田を援護できなかった。

竹桝は速球がよく伸び、ピンチも落ち着いてさばいた。

完封竹桝「満点つけたい」

完封した広陵の竹桝は「これまでは自分のフォームで投げられなかった。決勝ではうまく投げられた。自分では満点をつけたい」と胸を張った。苦しい場面もあった。六回の無死満塁。「内心まずいことになったと思ったが、2点リードしていたし、ここは1点で抑えようと思った」と話した。

この竹桝に「ナイスピッチング」と福永が握手を求めた。準決勝まで17打数3安打と当たりが出なかったが、「最後の試合だけは」と闘志をかきたて5打数4安打と打ちまくった。三回に先制の口火となる内野安打。七回には中押し打を放つなど4本の安打が全て得点に絡んだ。松元監督も決勝でのヒーローに推した。福永は「必死でした。この調子を甲子園に持ち込み、2番の責任を果たしたい」とほほ笑んだ。

同・問可主将の話

大会の途中で気を抜いたことがあった。甲子園ではそうはいかない。きょうは取れるだけ点を取ろうと努力した。勝因はチームワーク。

広陵・松元監督の話

広陵は優勝が宿命づけられているが、それだけやりがいがあった。選手には「勝ちを意識してしっかり自信を持て」と言い聞かせた。甲子園までに内野守備を鍛えたい。

広　陵	0	0	1	0	1	0	4	2	0	8
福山工	0	0	0	0	0	0	0	0	0	0

（広）竹桝－加登　（福）原田－岡田

【広　陵】		打	安	点
⑨	播　摩	4	2	0
⑤	福　永	5	4	2
⑦	問　可	3	1	1
⑧	国　山	3	1	2
8	下　岡	0	0	0
①	竹　桝	5	0	0
②	加　登	4	3	1
⑥	金　山	4	1	2
④	中　野	3	0	0
③	塚　本	5	1	0
	計	36	13	8

【福山工】		打	安	点
⑥	高　城	2	1	0
⑦	梶　原	3	1	0
①	原　田	4	1	0
②	岡　田	4	1	0
⑤	佐々木	4	2	0
⑨	江　田	4	0	0
③	佐　藤	3	0	0
⑧	久保田	2	0	0
H	石　橋	1	0	0
8	藤　本	0	0	0
④	森　山	2	0	0
	計	29	6	0

	振	球	犠	盗	失	残	併
広	4	5	4	4	0	10	1
福	6	3	1	0	2	6	1

▽三塁打　播摩、金山、高城▽二塁打　佐々木、福永

メモ

「西部勢の壁」

広島の高校野球の勢力図は「西高東低」の時代が続いていた。1960年に盈進商（現盈進）が勝ったのを最後に、11年連続で西部勢が制覇中だった。福山工は9年前の63年に決勝で広陵に2-16で大敗している。藤井監督はその当時のエースで、松元監督は広陵の捕手という「因縁」の対決だった。福山工の久保田主将は「広陵が怖いとは感じなかった。持っている力は出し切った」と前を向いた。

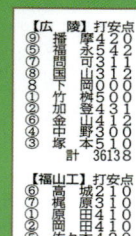

広陵－膳所
（広島）　（京滋）

広陵 集中攻撃で快勝

第54回全国高校野球選手権大会第2日は12日、甲子園球場で1回戦3試合を行った。第2試合は広陵（広島）が四、五回に計10安打を集中して得点を重ね、膳所（京滋）に9－0で快勝した。

四回、広陵無死満塁、竹桝が左中間二塁打を放ち、2者が生還する。三塁走者福永、捕手富波

広陵が四回、見事な集中攻撃をみせて勝負を決めた。先頭の福永が四球で出塁し、問可がバントの構えから強打して一、二塁。続く国山のバントは一塁ベースカバーがなく内野安打。満塁から竹桝の左中間二塁打で2点。加登も中堅右を抜く三塁打で2点を追加。さらに1死二、三塁とし、塚本のスリーバントスクイズで2者が生還して6点を挙げた。

広陵の竹桝は二、四回に1死一、二塁と攻め込まれながらよく持ちこたえた。カーブは決まらなかったが、後半は速球を低めに集めて5安打完封した。

主戦竹桝 投打で奮闘

投手でありながら「どちらかというと打つ方が楽しい」というエース竹桝が広陵最初の得点をたたき出した。「カーブ。監督さんからは『思い切っていけ』と言われていたので、いい球だけを狙っていた。緩いカーブは好きなんです」。四回無死満塁の先制機に積極攻撃を仕掛けた松元監督。竹桝の打撃が信頼されている証拠だろう。

だが、投球の方は「三回までの竹桝は良くなかった」と松元監督が言う通りだった。竹桝は「カーブが決まらなかった。四回裏は味方の大量得点で安心したのと、これで勝てると硬くなって制球が乱れた」。四回裏のピンチを脱してからは七回に2安打されただけだった。

「カーブでストライクを取れたのは1球だけ。ほとんどストレートで押しました。初球にストライクを取るようにしたのが良かったと思います」。制球に難があるとの前評判を覆しての2四球完封。自分でも「80点」と合格点をつけた。

作戦が的中し 四回に大量点

14度目と初出場。「伝統の力がこれほど大きいとは……」と膳所の中野監督に言わせたのは広陵の攻めだ。「三回までは相手をじっくり見守り、そして一気に勝負をかける」。松元監督の作戦が的中した。相手守備陣の動きを読む力である。四回の大量6点のきっかけがそれ。無死一塁、打者は問可。サインはバント。当然、膳所の一、三塁手は投球と同時にダッシュをかけた。それを見て次打者国山は大きな声で「打て」。問可はプッシュ気味に強打、前進した三塁手の右を抜いた。

「野手の動きが目に入ったと同時に国山の声が聞こえた。このケースは毎日練習しているので、自信はあった」と問可。松元監督も「狙い通りの突破口」と会心の笑み。これが相手の動揺を誘い、国山のバントは内野安打となり、竹桝、加登の長打につながった。

中野監督は「完全にしてやられた。普段はこんなミスはないのだが…。動きに硬さがあった。経験の差としか言いようがない」。相手の裏を巧みに突いて勝利を呼び込んだ広陵。猛練習の上に生きている伝統といえよう。

広陵	0	0	0	6	3	0	0	0	0	9
膳所	0	0	0	0	0	0	0	0	0	0

（広）竹桝－加登　（膳）遠藤－富波

【広陵】	打	安	点
⑨播摩	5	2	2
⑤福永	4	1	0
⑦問可	4	2	0
⑧国山	4	2	0
①竹桝	4	1	2
②加登	5	1	2
⑥金山	4	2	0
④流出	3	1	0
③塚本	2	0	3
計	35	12	9

【膳所】	打	安	点
②富波	4	0	0
④北	3	0	0
⑦桑村	4	0	0
③近藤	4	1	0
①遠藤	4	1	0
⑤村上友	3	1	0
⑨谷口	4	1	0
⑥川端	3	1	0
⑧清水	3	0	0
計	32	5	0

	振	球	犠	盗	失	残	併
広	1	5	3	1	0	7	0
膳	5	2	0	0	0	7	1

▽三塁打　加登▽二塁打　竹桝

メモ

「好相性」

広島勢は滋賀勢に相性がいい。選抜では3度対戦し3勝。選手権はこの広陵−膳所戦を含めて2試合で2勝。計5戦無敗という成績を残している。1982年の第64回選手権では準々決勝で比叡山を破った広島商が準優勝。2003年の第75回選抜では、準々決勝で近江に勝った広陵が優勝を飾っている。都道府県別の対戦成績で、5試合以上戦って一度も負けていないのは滋賀だけだ。

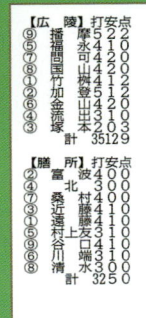

㊹1972年8月17日
第54回全国高校野球選手権2回戦

広陵（広島）ー高松一（北四国）

打線沈黙 広陵涙のむ

第54回全国高校野球選手権大会第7日は17日、甲子園球場で2回戦3試合を行った。第1試合で広陵（広島）は打線が2安打に抑えられ、高松一（北四国）に0ー2で敗れた。

広陵打線は左右に揺さぶる高松一・鎌田の力投の前に2安打に抑えられ、三塁も踏めず完敗した。

広陵の竹桝は大きく割れるカーブを武器に、9三振を奪う好投を見せたが、わずかな隙を高松一に突かれた。一回、先頭の尾崎に中前打を浴び、1死二塁となった後、土居に先制の中前打を許した。六回は1死から土居に四球を与え、続く東山の三塁打で2点目を失った。

六回、高松一1死一塁、東山の右中間三塁打で一塁走者土居が生還。2点目を挙げる。捕手加登

広陵にとって痛かったのは四回の逸機。福永が一、二塁間を抜いて出塁、二盗に成功して無死二塁とした。しかし、問可、国山、竹桝のクリーンアップが連続三振に倒れた。武器といわれたシュートではなく、カーブとスライダー中心の配球をみせた鎌田の読み勝ちだったが、広陵打線が大振りしていたのはまずかった。広陵はこの後もボール球に手を出す粗い攻撃で鎌田の術中にはまってしまった。

らしくない鈍い動き
勝ちへの気負い 焦り生む

広陵ナインには平素のぴりっとしたところがなかった。マウンドの竹桝。「狙い通りのピッチングができて悔いはない」と言うが、いつもの切れが感じられず、一回にいきなりつまずいた。「満足のいく投球」とはいえ、「立ち上がりは体がだるかった」。

六回の追加点は右翼手の動きの悪さが長打につながった。「日程が空き過ぎたのが、鈍い動きにつながったのかも」と松元監督。「勝ちたい」という気負いもあったのだろう。後半、打者に焦りが見え、ボール球を振って相手投手を助けた。

「クーラーを切ってコンディション調整には十分気を配った。練習も試合時間に合わせてずっとやったのに」と世羅部長は頭を抱える。「何くそ」と思えば思うほど力が入り、リズムは崩れた。「相手が一枚上、よく研究されていた。しかし、うちは緻密な野球ができなかった」と松元監督。

甲子園という独特の雰囲気と慣れない宿舎生活。確かにコンディション調整は難しい。それを乗り越えるのはたくましい精神力ではないだろうか。そこが勝敗を分ける大きなポイントともなる。

同・問可主将の話

軽く見ていたわけではないんだが…。鎌田君のペースにはまってしまった。実力の差です。

広陵・松元監督の話

完敗です。クリーンアップが完全にマークされた。しかしこんなに打てないとは思わなかった。相手によく研究されていた。

高松一	1	0	0	0	0	1	0	0	0	2
広 陵	0	0	0	0	0	0	0	0	0	0

（高）鎌田ー東山　（広）竹桝ー加登

【高松一】		打	安	点
⑨	尾崎	4	1	0
④	伊藤	4	1	0
⑤	土居	3	1	1
②	東山	4	1	1
③	溝淵	3	0	0
⑧	小倉	3	0	0
⑦	香西	4	0	0
⑥	竹田	2	0	0
6	杉野	2	0	0
①	鎌田	2	0	0
	計	31	4	2

【広 陵】		打	安	点
⑨	播摩	4	1	0
⑤	福永	3	1	0
⑦	問可	4	0	0
⑧	国山	4	0	0
①	竹桝	3	0	0
②	加登	3	0	0
⑥	金山	2	0	0
④	流出	2	0	0
H	益小原	0	0	0
R	下岡	0	0	0
4	中屋敷	0	0	0
③	塚本	2	0	0
	計	27	2	0

	振	球	犠	盗	失	残	併
高	9	3	1	3	0	6	0
広	9	3	1	1	1	4	0

▽三塁打　東山

メモ

「柳井2度目のVならず」

柳井が快進撃を見せた。準々決勝で広陵を破った高松一に4−3で競り勝ち、準決勝では高知商（南四国）を7−2で撃破。14年ぶり2度目の夏制覇を懸け、津久見（中九州）との決勝に臨んだ。前半に3点リードを許し、終盤反撃したが及ばず1−3で敗れた。岸田成弘監督は「高校野球は勝利にこだわるものではない。喜びと苦しみを全員でかみしめるものだ」と選手をねぎらった。

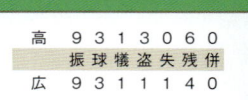

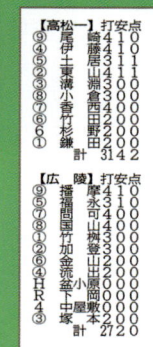

⑮1973年3月28日
第45回選抜高校野球大会1回戦

広島商（広島）－静岡商（静岡）

七回、広島商1死一、二塁、金光のバントで、二塁走者町田が好走し生還。3点目を挙げる

広島商、静岡商に快勝

第45回選抜高校野球大会第2日は28日、甲子園球場で1回戦4試合を行った。第2試合は広島商（広島）がそつのない攻撃で小刻みに加点。エース佃が静岡商を6安打完封し、3－0で勝った。

広島商の完勝だった。二回、達川の中前打とボークで1死二塁。町田が三遊間を割って先制した。五回は町田の中前打と2四球で1死満塁とし、楠原の中前打で追加点。七回は四死球でつかんだ1死一、二塁で金光がバントエンドラン。二塁走者の町田が一挙に本塁を突いた。金光の一塁線バントが絶妙の上、静岡商内野陣の動きを読んだ町田の好走塁も光った。

佃はよく投げた。カーブと直球を織り交ぜ、決め球にドロップを落とした。球威はいまひとつだったが、制球が良かった。五回の1死満塁も併殺で切り抜け、静岡商を完封した。

完封 相手に隙与えず

4年ぶりにセンターポールに広島商の校旗が翻った。時折小雨が降る甲子園球場。それをはね返すようにナインはグラウンドに闘志をぶつけた。相手に隙を与えない鍛え抜かれた戦いぶり。迫田監督が口にする「マイペース野球」だ。

指揮官はナインからかなり遅れて引き揚げてきた。「まあ、こんなもの」とほほ笑んだ後、「うちのゲームができたことが勝因。佃も持ち味を出し切ったし、町田というヒーローが出たし。みんな一生懸命やった結果、それだけです」とインタビューを切り上げた。

ナインには「もっと打たないと」という不満が残った。3打席連続三振の金光主将は「大振りし過ぎた」と反省。チームの出来についても「せいぜい50～60点」と首をかしげた。主砲楠原も「練習で調子が良すぎたのがかえってあだになった」。

どっと記者団に取り囲まれたのは佃と町田。完封した佃は「横のカーブを打たれたので、縦のカーブに切り替えた。それが良かった」と淡々とした表情で話す。迫田監督は「七、八分の力で投げるように言ったのをよく守った。2回戦からも佃で押していく」と信頼を置く。

先制打を含む3打数3安打の町田は「先制打はカーブ。ランナーをかえすことだけを考えました」。これでリラックスし、五回には追加点の口火を切る中前打。恐れ入ったのは七回の走塁。1死一、二塁で金光のバントで二塁から一挙に生還した。「捕手が捕球する時、かえれると思った。チームでは足が遅い方なんですよ」。8番ながら心強い存在になりそうだ。

広島商	0	1	0	0	1	0	1	0	0	3
静岡商	0	0	0	0	0	0	0	0	0	0

（広）佃－達川　（静）高橋－松浦

【広島商】		打	安	点
⑥	金光	3	0	1
④	川本	2	0	0
⑨	楠原	3	1	1
⑧	大城	4	0	0
⑦	大利	4	1	0
7	田所	0	0	0
⑤	浜中	4	0	0
②	達川	3	1	0
③	町田	3	3	1
①	佃	3	0	0
	計	29	6	3

【静岡商】		打	安	点
⑥	斎藤	4	1	0
④	大石	3	1	0
③	増田	4	1	0
⑤	秋田	3	0	0
⑦	有馬	4	1	0
⑨	漆畑	3	0	0
H	根岸	1	0	0
⑧	村岡	3	2	0
②	松浦	3	0	0
①	高橋	3	0	0
	計	31	6	0

	振	球	犠	盗	失	残	併
広	9	6	1	0	2	6	1
静	5	1	1	1	0	6	0

▽二塁打　増田▽ボーク　高橋

メモ

「再戦」

広島商が初戦突破した約5時間後、松江商が福井商に2－1で勝利。この結果、大会第6日の2回戦で広島商と松江商が対戦することが決まった。この両校、前年秋の中国大会決勝で対戦しており、広島商が4－3で勝っている。先に勝っていた広島商・迫田穆成監督はスタンドから松江商の試合を偵察。一方、松江商の西野部長は「秋の二の舞いはしない。左（佃）攻略には自信がある」と雪辱を誓った。

【ベンチ入りした主なプロ野球選手】

≪広島商≫	
達川光男	東洋大－広島・78年ドラフト4位
≪静岡商≫	
秋田秀幸	中大－中日・78年ドラフト5位
高橋三千丈	明大－中日・79年ドラフト1位

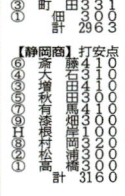

広島商－松江商
（広島）　（島根）

七回、広島商1死三塁、達川のスクイズで三塁走者田所が生還する。捕手山本

広島商　中国勢対決制す

第45回選抜高校野球大会第6日は1日、甲子園球場で2回戦3試合を行った。中国勢対決となった第2試合は、広島商（広島）が七回に挙げた1点をエース佃が守り切り、松江商（島根）を1－0で下してベスト8進出を決めた。

広島商は七回無死から大利が四球。代走田所が捕逸で二進し、浜中の犠打で1死三塁とした。松江商の中林は達川に対して3球続けてウエスト。4球目にストライクを取りにきたところを達川が一塁線へプッシュバントし、田所が本塁を踏んだ。無安打で得点に結びつけるさすがの攻めだった。

佃はスピードを殺したカーブを武器に好投。無死で走者を出さなかったのもいい結果につながった。四回までにエンドラン失敗、二盗失敗、2併殺と松江商の粗い攻めにも助けられた。

達川　絶妙の決勝スクイズ

「カーブ。歩こうとは全然考えず、とにかく1点取ることだけを思っていた。ヒッティングに出ればライナーで併殺の恐れもあるし、確率の高いスクイズを狙った」。達川が待望の先制点を挙げるスクイズを決めた。カウント3ボールから、相手内野陣の隙を突き、一塁線に転がした。

三回の先制機。三塁走者の時の話になると、ぺろっと舌を出した。佃が絶妙のスクイズ。しかし達川はサインを見落とした。「あのときは観客がいっぱい入ったなとスタンドを見てたんです」

昨秋の中国大会では左翼を守ったが、今大会から捕手にコンバートされた。佃とバッテリーを組んで3度目くらい。「経験が少ないので苦しい。しかし打者との駆け引きなど楽しみもある。もっとキャッチングも勉強して佃を投げやすいようにしてやりたい」。最後は決勝スクイズよりも守りを強調した。

マル秘戦術で守備の裏かく

七回裏の広島商の攻撃。1死三塁。打者は達川。カウント3ボール。松江商の中林の4球目はストライク球。待ち構えていたように達川は一塁線へプッシュし、田所を迎え入れた。広島商が勝負どころで持ち出そうと決めていたマル秘戦術。それが見事に成功した。

昨秋の中国大会決勝でも顔を合わせ、互いに手の内は知り尽くしている。しかも中林は簡単に打ち崩せない。広島商が得意とするバントを織り交ぜた機動力でかき回すしかない。松江商は当然、警戒している。「何かうまい作戦はないだろうか」。畠山部長と迫田監督が考えた。

松江商の内野陣は比較的守備位置が深い。それは中林のフィールディングがいいからでもある。バントに対する守りでも野手があまりダッシュしてこない。昨秋の大会でそう感じ、選抜1回戦の福井商戦でそれを確かめた。「プッシュバントはうちの秘密兵器。福井商戦を見て、やはり二塁手、三塁手の位置が深かったので、いけると思った」と迫田監督。読み通りに決勝点を挙げ、ほくそ笑んだ。

中林は「3球目まではベンチから『外せ』の指示があった。しかし4球目はサインがなかったのでストライクを取りにいった」。ベンチも中林も、「（3ボールからスクイズを）まさかやるまい」の気持ちがあったのではないか。その裏をかいた広島商ベンチの勝利である。

広島商・金光主将の話

勝つという強い確信はあったが、負けない気持ちはなお強かった。最後は気力だった。

同・佃選手の話

立ち上がりはカーブが決まらず苦しんだが、力をセーブして投げたのが成功した。

松江商	0	0	0	0	0	0	0	0	0	0
広島商	0	0	0	0	0	0	1	0	×	1

（松）中林－山本　（広）佃－達川

【松江商】	打	安	点
⑥小笹	4	0	0
⑨藤原	2	1	0
②山本	3	0	0
①中林	3	0	0
⑤田辺	3	1	0
⑦森本	3	0	0
④新田	3	0	0
③上代	3	1	0
⑧西山	3	1	0
計	27	4	0

【広島商】	打	安	点
⑥金光	4	0	0
④川本	4	0	0
⑨楠原	2	0	0
⑧大城	3	0	0
⑦大利	2	0	0
R7田所	0	0	0
⑤浜中	2	0	0
②達川	1	1	1
③町田	2	0	0
①佃	3	1	0
計	23	2	1

	振	球	犠	盗	失	残	併
松	0	4	0	0	0	4	0
広	4	3	3	3	0	4	2

▽三塁打　佃▽捕逸　山本

【ベンチ入りした主なプロ野球選手】

≪広島商≫

達川光男	東洋大―広島・78年ドラフト4位

メモ

「バスケ部に続け」

中国勢対決を制し、ベスト8進出を決めた広島商。この一戦の前に、ナインは同校バスケットボール部から激励の電話を受けていた。同部は全国高校選抜優勝大会（東京）で初優勝。湯川修蔵主将が金光興二主将らと同級生であることから電話で励ました。金光主将は「同じ選抜大会で優勝とは縁起がいい。（ナインとは）バスケ部に続こうと誓い合った」と気合を入れ直した。

⑰1973年4月3日
第45回選抜高校野球大会準々決勝

広島商（広島）－日大一（東京）

3試合連続で完封した広島商の佃㊨

広島商 40年ぶり4強へ

第45回選抜高校野球大会第8日は3日、甲子園球場で準々決勝4試合を行った。第2試合は広島商（広島）が日大一（東京）に1－0で勝利。40年ぶり3度目の準決勝進出を果たした。準決勝では江川のいる作新学院（栃木）と顔を合わせる。

2試合連続完封同士の広島商・佃と日大一・小山憲の投げ合い。佃はこれまでと同じように極端にスピードを落とし、直球とカーブを見事に配合した。小山憲も小気味よい投球で渡り合った。

崩れを見せぬ両投手のピッチングに、スコアボードに「0」が並んだ。それを打ち破ったのは試合巧者の広島商。五回無死から浜中が内野安打。二盗を決めて1死二塁とし、町田がカーブを左前にはじき返して浜中を迎え入れた。

日大一は八回に1死二塁の好機をつくった。ここで広島商の素晴らしいプレーが出た。金光が二塁ベースへけん制に入った後、守備位置へ。走者の吉川が金光につられてリードを取った瞬間に川本が二塁ベースへ入った。佃がすかさずけん制球を送ってアウト。鮮やかなトリックプレーで、練習の成果を見せつけた。

鍛えた技 好プレー連発
克明データ 攻守支える

鍛え抜かれたプレーはわずかな隙も見逃さない。広島商74年の伝統とでも言おうか。相手の手の内を素早く読み、弱みは徹底的に突く。静岡商、松江商（島根）とその持ち味をいかんなく発揮したナイン。日大一戦でもファンをあっと驚かせて勝利を握った。

守っては二回、早くも日大一の盗塁のサインを見破った。捕手の送球が高くそれてアウトにできなかったが、七回には難なく刺した。八回1死二塁も見事なトリックプレーで同点機を断ち切った。

攻めては五回と七回だ。五回は1死一塁、浜中が二盗に成功し町田の快打を呼んだ。「（小山憲の）モーションが大きいので機会があれば走らせた」と迫田監督。4度試みた盗塁はいずれもカーブで、七回は2度とも初球だった。

カーブで盗塁を試みた裏には克明なデータ分析がある。連日ネット裏でスコアをつけている細美の努力も大きい。2回戦の丸子実（長野）戦で小山憲の投球数は108、うちストレート45、カーブ45、シュート18なのだ。しかも勝負どころはいずれもカーブ。データ分析、ナインの負けないという精神力の強さ、部長・監督・先輩らで練る緻密な作戦など総合力の高さ、それが自信となって「さすが広島商」の好プレーが生まれてくる。

佃が3試合連続完封
変化球に切れ けん制も

江川登場で朝から膨れ上がった甲子園球場。佃はその歓声を耳にしながら、試合前はランニングしただけ。2回戦で痛めた左膝が完治していない。それがマウンドに上がると、負傷を全然感じさせないピッチング。3試合連続シャットアウトである。

「3試合の中で最高。シュートがよく切れた。日大一打線を抑える自信はあった」。けろりと言ってのけた。これで27イニング無失点。昨年春から夏にかけて35イニング無失点記録を持っているがこの時はリリーフ役。1人で投げての記録では自己最高である。

縦、横の2種類のカーブを操って打たせて取るタイプ。「日大一打線は的を絞っているのか、ウエーティングか分からなかった。ただ、守備陣を信頼して投げた。横のカーブで勝負。監督さんの指示通り投げた。八回無死で打たれたのは苦しかったが、けん制球で刺せたので楽になった」と振り返った。

広島商・達川選手の話

（八回1死二塁でのトリックプレーについて）苦しい場面だったので、サインを出した。これまでも使っていたが成功しなかった。きょうはうまくいった。

日大一	0	0	0	0	0	0	0	0	0	0
広島商	0	0	0	0	1	0	0	0	×	1

（日）小山憲－吉川　（広）佃－達川

メモ

「さあ江川」

広島商の準決勝の相手が怪物・江川卓を擁する作新学院に決まった。迫田穆成監督は「予想ではどちらが勝ちますか」と報道陣に逆質問するなど余裕の表情。「江川の球は確かに速い。持ち味を出し切った試合をする」と言い切った。金光興二主将は「うちは安打がなくても点が取れるんだから、（特別）江川は意識しない。思い切った揺さぶりをかけます」と宣言。グラウンドを離れると、球場近くのグラウンドで打撃練習に汗を流した。

【日大一】	打	安	点
⑨ 松波	4	1	0
⑧ 竹内	3	1	0
⑥ 吉原	4	0	0
③ 星野	2	0	0
⑤ 綿貫	3	0	0
⑦ 久野	3	0	0
② 吉川	3	2	0
① 小山憲	2	0	0
④ 加瀬	3	0	0
計	27	4	0

【広島商】	打	安	点
⑥ 金光	3	0	0
④ 川本	3	0	0
⑨ 楠原	3	0	0
⑧ 大城	3	0	0
⑦ 大利	2	1	0
R7 田所	0	0	0
⑤ 浜中	3	2	0
② 達川	3	0	0
③ 町田	3	1	1
① 佃	3	0	0
計	26	4	1

	振	球	犠	盗	失	残	併
日	7	2	1	1	2	3	1
広	6	1	1	4	1	3	2

【ベンチ入りした主なプロ野球選手】

≪広島商≫

達川光男	東洋大―広島・78年ドラフト4位

八回、広島商2死一、二塁、重盗の際、捕手小倉が三塁へ悪送球し、二塁走者金光が生還。決勝点を挙げる

78 1973年4月5日
第45回選抜高校野球大会準決勝

広島商（広島）－作新学院（栃木）

広島商打線、江川を攻略

第45回選抜高校野球大会第9日は5日、甲子園球場で準決勝2試合を行った。第1試合は広島商（広島）が作新学院（栃木）を2－1で破り、第8回大会以来、42年ぶりに決勝へ進んだ。第2試合は横浜（神奈川）が鳴門工（徳島）に4－1で勝ち、6日の決勝は広島商－横浜の顔合わせとなった。決勝が広島と神奈川で争われるのは初。

広島商は作新学院の江川攻略を制球難に見いだした。雨が江川の調子を狂わせたのだろうか。立ち上がり、1番から6番までフルカウント。球が高めに浮いたり、沈み過ぎたりと制球が乱れた。

広島商は全員がよく球を見た。高めには手を出さず、ストライクには食らい付いてファウルにした。それでも江川の球は速く、四回の大利の三振で大会通算奪三振記録を書き換えた。

先に失点したのは佃だった。五回2死二塁で荒田に先制の中前打を浴びた。しかし、広島商は執念の同点に持ちこむ。その裏、2死二塁で佃が2球目の外角球を右前へ。達川が生還した。江川にとっては栃木大会から数えて１４０イニング目での失点だった。

これで広島商はペースに乗った。八回に2死一、二塁の好機をつくり、打者大利の時に重盗。捕手小倉の三塁送球が大きくそれる間に二塁走者の金光が生還し、決勝点を挙げた。

佃は大きく割れるカーブとシュートを巧みに織りまぜ、この1点を守り切った。まさに巧者ぶりを見せつけての勝利だった。

機動力 重盗から決勝点

「作新学院を破って甲子園の歴史をつくろう」。試合前、広島商の迫田監督はナインにこう伝えた。江川攻略作戦の第1に、監督は気力を強調した。「とにかく勝負を後半に持ち込もう。江川にできるだけ投球数を多くさせるんだ」。この采配が見事にはまった。

「広島商打線は食らい付いてきた」（江川）。高めは捨て外角低めの速球に的を絞った。一回の先頭打者から6者連続フルカウントに持ち込んだ。「多く投げさせる作戦」は徐々に江川の心理に微妙な影響を与えた。

五回、佃の同点打で無失点記録を１３９で止め、八回は足を使って江川をじわじわと追い詰める。決勝点につながった捕手の悪送球も機動力で積極果敢に揺さぶったことが奏功した。

「5回で１０４球投げさせたので『いける』とハッパをかけた」と迫田監督。「江川のモーションは大きい。成算はある。走れとサインを出した。うまくいった」。ナインの動きを読み自信を持って策を打ち、打倒江川を成功させた。

「これが最後の気持ちでプレーした。多く投げさせて塁に出ることを心掛けた。そうすればみんなついてきてくれると思った」。3四球を選び決勝のホームを踏んだ金光主将は声を弾ませた。チーム一丸の勝利を強調した。

「ストライクゾーンがきょうは狭かった」と江川を神経質にさせた広島商の選球眼の良さと、相手を完全にのみ込んだ気迫。これを番狂わせといえようか。精神野球の快勝である。

佃 投手戦制し万感の涙

江川の無失点記録を止めたのは佃だった。五回2死二塁。2球目の外角球をたたくと右前にフラフラと上がり、右翼手の前に落ちる同点打となった。

「先に点を取られたので、こっちも取ってやろうと思った。初球は高めのボールを振っちゃって、2球目は必ずストライクだと感じた。『取るな』と思いながら走った」。緊張気味に振り返った。

投げても今大会32イニング目に失点したが、5安打に抑える好投。「18回やるつもりで投げた。江川は失点を意識したと思うが、僕は何とも思っていなかった。縦のカーブがよく決まった」

試合終了の瞬間、マウンド上で大きく両手を上げて万歳。涙も流した。江川に投げ勝ったのだから興奮するのも無理もない。「どうして万歳したんでしょうねえ」と声を詰まらせた。

作新学院	0	0	0	0	1	0	0	0	0	1
広島商	0	0	0	0	1	0	0	1	×	2

（作）江川－小倉　（広）佃－達川

【作新学院】		打	安	点
⑨	和田	4	0	0
④	菊池	4	0	0
①	江川	4	2	0
②	小倉	3	0	0
⑦	橋本	4	0	0
⑧	野中	3	1	0
③	鈴木秀	2	0	0
⑥	鈴木和	3	0	0
H	鈴木賢	1	0	0
⑤	荒田	3	2	1
	計	31	5	1

【広島商】		打	安	点
⑥	金光	1	0	0
④	川本	4	0	0
⑨	楠原	4	1	0
⑧	大城	3	0	0
⑦	大利	2	0	0
⑤	浜中	1	0	0
②	達川	1	0	0
③	町田	3	0	0
①	佃	3	1	1
	計	22	2	1

	振	球	犠	盗	失	残	併
作	3	2	2	0	1	7	1
広	11	8	1	4	2	5	0

▽暴投　佃

メモ

「怪物」

江川卓の春は、40年ぶりの大会最多奪三振の更新（60個）とともに終わった。「広島商には気力負けした」。味方の守備の乱れも「仕方ありません」と僚友をかばった。制球が乱れたことについては「広島商の打者はみんなベースにかぶさってきた。『ぶつけては…』という気持ちになり、ストライクゾーンが妙に小さく見えた。最後まで腕が縮こまった投球になった」と分析。「広島商の作戦にうまくひっかかった」と言い訳しなかった。

【ベンチ入りした主なプロ野球選手】

≪広島商≫

達川光男	東洋大－広島・78年ドラフト4位

≪作新学院≫

江川卓	法大－阪神・79年ドラフト1位－巨人
大橋康延	大洋・74年ドラフト2位

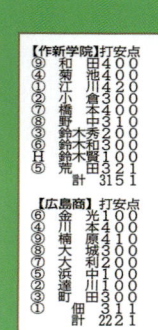

㊾ 1973年4月6日
第45回選抜高校野球大会決勝

広島商 – 横浜
（広島）　（神奈川）

延長十一回、横浜2死一塁、冨田が決勝の左越え2ランを放つ。投手佃、捕手達川

準優勝旗を手に、グラウンドを1周する広島商ナイン

広島商 42年ぶりVならず

第45回選抜高校野球大会最終日は6日、甲子園球場で広島商（広島）－横浜（神奈川）の決勝があり、延長十一回の末、横浜が3－1で勝ち、初出場初優勝を飾った。広島商は42年ぶりの選抜優勝を逃した。

広島商は横浜のパワーに屈した。延長十一回2死一塁、冨田の打球が左翼ポールを巻いた。佃のカーブが真ん中に入った。一度は気力で追い付いた広島商ナインはがっくり。裏の反撃も三者凡退に終わった。

優勝戦にふさわしい熱のこもった試合展開だった。九回まで走者を出すこと横浜が8度、広島商が7度。佃は大きく割れるカーブで、永川は速球で無失点を続けた。バックもよく守った。併殺に切り抜け、盗塁を刺す。気力と気力のぶつかり合いが続き、試合は延長に入った。

均衡を破ったのは横浜。十回1死から永川が中前打。萩原のバントは浜中の一塁悪送球を誘って二、三塁。気負った佃の暴投で待望の先取点を挙げた。しかし広島商も粘った。1死後、金光が中前打し二盗、川本の二ゴロで三進した後、楠原が左翼へ適時打を放った。敗れたとはいえ、広島商の根性を見せつけた。

激闘 延長11回力尽く

42年ぶりの選抜制覇へ巡ってきたチャンス。広島商は持ち得る力、技をぶつけたが、延長十一回に力尽きた。

試合終了を告げる非情なサイレン。迫田監督はぐっと唇をかんだ。「僕の責任。七回の1死二塁は送るべきだった」。あふれ出そうな涙をこらえた。

「力負けです」と金光主将。5試合、47回を投げ抜いた佃は「優勝をやはり意識してしまった」。ナインの目には涙があふれていた。畠山部長は「ここまできての最後の1勝は難しい。選手は120％の力を出した。この苦しみが『今度はやってやる』となって春夏連続出場につながるんだ」と話した。

準優勝旗を胸を張って受けた金光主将らナイン。一塁側アルプススタンドでは健闘をたたえ、5色のテープが舞った。ベンチに引き揚げるナインには、横浜より数倍大きな拍手が送られた。

この日流した涙が夏の甲子園へのスタートとなる。「このままでは引き下がらない。帰ったらさっそく練習する」。迫田監督の決意がきっとナインの心の中にも刻まれたことだろう。この体験は貴重である。敗れて悔いなし。連日の甲子園を沸かしたのは君たち、広島商ナインのプレーではなかったか。

ナインがっくり

広島商ナインはがっくりと肩を落とした。5試合を1人で投げ抜いたエース佃は「きのうより調子は良かった。優勝戦なので抑えてやろうと思っていた。ホームランは縦のカーブがベルト付近に入ってしまった。打たれた瞬間、入ったと思った。悔しい」と目を真っ赤にした。

金光主将は「十一回のホームランは球が飛んでいる間、ファウルになってくれ、と祈ったんだが…」。4番の大城は「永川君は打てないとは思わなかったけど、シュートが良かった」とつぶやいた。

広島商・迫田監督の話

優勝戦ということで選手は気負っていたようだ。それに後半のチャンスで私の強気な作戦が失敗してしまった。佃はよく投げた。でも後半になって、抑えてやろうという気負いが出たようだ。長打は警戒していたんだが…。夏までには対等に戦える力をつけて出直す。

横浜・渡辺監督の話

苦しい試合だった。常に冷静で一戦一戦を大事に戦ってくれたのが勝因。永川が落ち着いて投げてくれた。バックもエラーはあったが、要所をよく締めてくれた。打撃はパワーアップに力を入れてきたので、ミートすればいいとアドバイスしてきた。

横浜	0	0	0	0	0	0	0	0	0	1	2	3
広島商	0	0	0	0	0	0	0	0	0	1	0	1

（延長十一回）

【横浜】		打	安	点
⑥	上野	4	1	0
③	西山	3	1	0
④	高橋	4	2	0
⑧	長崎	4	0	0
⑦	冨田	5	2	2
②	沢木	5	2	0
⑤	小山	3	1	0
①	永川	4	3	0
⑨	萩原	3	1	0
	計	35	13	2

【広島商】		打	安	点
⑥	金光	4	2	0
④	川本	3	0	0
⑨	楠原	4	2	1
⑧	大城	5	2	0
⑦	大利	3	0	0
H7	田所	2	0	0
⑤	浜中	5	1	0
②	達川	4	1	0
③	町田	2	1	0
①	佃	4	0	0
	計	36	9	1

	振	球	犠	盗	失	残	併
横	2	3	4	0	0	6	1
広	4	5	1	4	1	8	1

▽本塁打　冨田（佃）▽暴投　佃

投手	回	打	安	責
永川	11	42	9	1
佃	11	42	13	2

【ベンチ入りした主なプロ野球選手】

≪広島商≫	
達川光男	東洋大—広島・78年ドラフト4位
≪横浜≫	
永川英植	ヤクルト・75年ドラフト1位
西山茂	三菱自動車川崎—大洋・79年ドラフト外

メモ

「初出場V」

広島商の2度目の選抜Vを阻んだのは横浜だった。後にヤクルト入りする主戦永川英植と強力打線で初出場で頂点に立った。監督は同校を春夏通算5度の優勝に導いた名将、渡辺元智。松坂大輔、後藤武敏、小池正晃らを率い、選抜2度目の優勝を成し遂げたのは、この25年後のことである。

広島県大会

⑧⓪ 1973年7月29日
第55回全国高校野球選手権広島大会決勝

崇徳－広島商
（広島）　（広島）

1970年代

広島商 春夏連続で甲子園

六回、広島商1死満塁、町田が遊ゴロを放ち、本塁への送球を捕手聖川が後ろへはじき、三塁走者田所康㊧、二塁走者金光（奥）が相次いで生還する

第55回全国高校野球選手権広島大会最終日は29日、広島市民球場で決勝があり、広島商が崇徳を4－2で破って、3年ぶり12度目の優勝。春夏連続の甲子園出場を決めた。

広島商が相手の隙を一気に突いた。六回1死後、田所康、金光、楠原の3連続四球で満塁。ここで崇徳に大きな失策が出た。町田の遊ゴロを白岩が本塁へ送球したが、捕手聖川が後ろへそらし2者生還。さらに二、三塁で、達川の中犠飛、川本の左前適時打で計4点を挙げた。それまで無安打、3四球と好投してきた藤原だったが、田所康への四球から崩れた。

崇徳は八回、代打大林の中前打と四球、盗塁などで無死二、三塁とし、二つの内野ゴロで2点を返した。九回は山口、聖川が連打したが、藤原の投ゴロで三塁をオーバーランした山口も刺され併殺。万事休した。

堅い守りとデータ作戦

広島商が苦しい序盤を踏ん張れたのは、堅いディフェンスのおかげだった。制球に苦しむエース佃。三回まで毎回無死で走者を出した。三回は田所康が浅い左飛をランニングキャッチ、この美技を金光－町田とつないで併殺。崇徳の攻撃の芽を摘み取った。

「僕らは打って勝つ野球ではない。まず守って守り抜いて。それから攻めに移る」と金光は言う。隙を与えない堅実な野球。真剣刃渡りで養った精神力と自信が「どこに打っても刺される」と相手に嫌がられる守備網をつくり上げた。

この堅守とともにデータ作戦も見逃せない。相手を調べ上げ、不安材料を見つけては消していく。選抜決勝で横浜（神奈川）に敗れた後、畠山部長は早速情報を集め、敗因を三つに絞った。①監督の意識過剰②招待試合などでの選手の酷使③それに伴う練習不足――である。

監督をリラックスさせ、遠征で一部の主力を外したのはそのためである。横浜は神奈川大会で消え、準優勝の広島商は春夏連続出場を果たした。広島大会の表彰式を見つめながら畠山部長は言った。「やるだけやった成果が実った」

崇徳・吉田監督の話

きめ細かい広島商の野球にしてやられた。内野の乱れはあったが、選手はよくやった。

広島商・迫田監督の話

苦しい戦いの連続だった。狙い球を直球に絞って、藤原に数多く投げさせる作戦だった。甲子園では一球一球、悔いのない野球をやりたい。

崇　徳	0	0	0	0	0	0	0	2	0	2
広島商	0	0	0	0	0	4	0	0	×	4

（崇）藤原－聖川　（広）佃－達川

【崇　徳】	打	安	点
⑦橋本	3	0	1
④中川	3	0	1
③森本	4	0	0
⑤福井	4	2	0
⑧山口	2	1	0
②聖川	4	2	0
①藤原	4	0	0
⑥白岩	1	0	0
H6大林	1	1	0
⑨畠	2	1	0
計	28	7	2

【広島商】	打	安	点
⑤浜中	3	1	0
⑦田所康	3	0	0
⑥金光	3	0	0
⑨楠原	2	1	0
③町田	3	1	0
②達川	3	0	1
④川本	4	1	1
①佃	3	0	0
⑧大城	2	0	0
計	26	4	2

	振	球	犠	盗	失	残	併
崇	4	4	2	0	2	5	2
広	6	7	1	0	0	6	3

▽二塁打　川本、浜中

【ベンチ入りした主なプロ野球選手】

≪広島商≫

達川光男	東洋大－広島・78年ドラフト4位

≪崇徳≫

藤原仁	駒大－日本楽器－阪神・80年ドラフト外－日ハム

メモ

「春夏連続出場」

広島商の春夏連続出場は、1956年以来、17年ぶり4度目だった。56年は春夏ともに初戦敗退。4季連続で出場した29、30年は選抜がともに初戦敗退。一方、選手権は連覇を果たした。広島商は83、87年にも春夏で出場しており計6度。広島勢では広陵の11度が最多となっている。

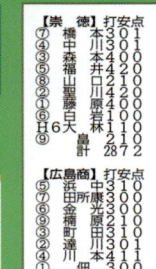

広島商－双葉
（広島）　（福島）

広島商　双葉を投打で圧倒

第55回全国高校野球選手権大会第4日は11日、甲子園球場で1回戦4試合を行った。第2試合は優勝候補の広島商（広島）が双葉（福島）を投打で圧倒し、12－0で大勝した。

広島商が一回、速攻を見せた。先頭の浜中が四球を選び二盗。2死後、楠原の中前打で先制した。さらに、町田の左中間二塁打と敵失で一挙3点を奪った。三回は4安打と3四球に敵失が絡んで5点を奪い、一方的な試合とした。

広島商の先発佃は立ち上がりから制球が悪かった。一回は無死一塁、二回は1死一、二塁とピンチを招いたが、いずれも併殺で切り抜けた。特に二回は二塁走者をけん制球で追い出し、相手のまずい走塁にも助けられて、二塁塁上で2人ともアウトにした。六回から津村が好投して八回2死一塁で佃が再登板。無失点にしのいだものの、満塁のピンチを背負った。佃がもうひとつピリッとせず、不安を残した。

主戦佃　本調子から遠く

選抜大会準優勝の広島商がワンサイドゲームで夏の甲子園のスタートを切った。三回を終わって8点差。選抜の決勝で敗れたとき「夏には反対の立場に立とう。この涙を夏の出発点に」と誓ったナイン。思いをぶつけるような速攻だ。

立ち上がり、ナインは表情が硬かった。エース佃の調子がいまひとつだったからである。金光主将は「精神力が足りない。ハッパを掛け直さなければ。徹底的にミーティングします」。攻撃中、佃にフォーム矯正をした迫田監督が「力んでしまっている。肩の回転が悪い。途中、津村に代えて反省させてみたんだが…」と首をかしげる。そして「佃に言ってやったんだ。津村があれだけ投げるじゃないか。おまえにできないことはあるまい。もう一度投げてこい」。

八回2死一塁で再登板。だが、安打や四球で満塁と追い込まれた。次打者を三振に仕留めて得点こそ与えなかったが、「内容はいただけなかった」と迫田監督。佃は「30点」と顔をしかめる。「マウンドは春と比べると投げやすいんだが…。腕だけで投げてしまう。精神を統一して次は根性を入れた投球をしなくては」と考え込んだ。

「よく打ったでしょう」と4安打の楠原。「春を思い出したら自信が出てきた」と3安打の町田。迫田監督は打線のパワーアップは認める。問題はやはり佃。「津村がよく投げたので今大会は2本立て」と迫田監督。両投手の競り合いから、佃の一本立ちを狙っているに違いない。連戦を勝ち抜くには佃の左腕にかかる比重が大きい。マウンドで胸を張る佃。それが広島商の進撃につながる。

一回、広島商2死二塁、楠原の中前打で浜中が生還し、先制する

双葉	0	0	0	0	0	0	0	0	0	0
広島商	3	0	5	0	0	0	0	4	×	12

（双）渡辺州、黒木－古内　（広）佃、津村、佃－達川、藤本

メモ

「OBは慎重」

選抜で準優勝し、選手権も優勝候補に挙げられている広島商。スタンドでは、同校OBで元南海監督の鶴岡一人氏が観戦し、厳しいまなざしでナインの動きを目で追っていた。16安打と打線が爆発したが、「双葉の投手力からして、あくまで参考記録。それに佃君も本調子ではないようだ。球に生気がない」。大喜びの応援団とは対照的に厳しく解説していた。

【双　葉】		打	安	点
⑤	横須賀	3	0	0
⑦	鈴木幸	3	0	0
1	黒　木	0	0	0
H	坂　本	1	0	0
④	松　本	4	2	0
③	田　村	4	1	0
①7	渡辺州	3	1	0
⑥	門　馬	0	0	0
6	鈴木宏	2	0	0
②	古　内	2	0	0
⑨	中　島	3	2	0
⑧	渡辺広	2	0	0
	計	27	6	0

【広島商】		打	安	点
⑤	浜　中	4	0	1
⑦	田所康	3	1	0
1	津　村	1	0	0
7	大　利	1	1	0
2	藤　本	0	0	0
⑥	金　光	4	2	1
⑨7	楠　原	5	4	2
③	町　田	5	3	1
②9	達　川	5	1	2
④	川　本	4	2	2
①71	佃	5	1	2
⑧	大　城	3	1	0
	計	40	16	11

	振	球	犠	盗	失	残	併
双	3	4	1	0	2	5	2
広	1	4	0	2	0	8	3

▽三塁打　金光▽二塁打　町田、楠原

【ベンチ入りした主なプロ野球選手】

≪広島商≫

達川光男	東洋大－広島・78年ドラフト4位

㉜1973年8月14日
第55回全国高校野球選手権2回戦

広島商（広島）－鳴門工（徳島）

四回、広島商1死三塁、町田の遊ゴロで金光がホームを突いたが、タッチアウト。捕手西岡

広島商 鳴門工に快勝

第55回全国高校野球選手権大会第7日は14日、甲子園球場で2回戦4試合を行った。第1試合は広島商（広島）が佃の好投で鳴門工（徳島）に3－0で勝った。

1回戦で猛打を発揮した両チーム。広島商がセンター返しを狙って鋭いミートに徹し、鳴門工を破った。

広島商は一回こそ1死二、三塁の好機で鳴門工・高橋の速球、カーブに的を絞れず、2者連続三振に倒れたが、二回は敵失に乗じて先取点を奪う。無死で中前打を放った達川をバントで送り、2死後、佃の一塁右へ切れるゴロを一塁手がはじく間に、達川が一気に生還した。

浮足立った鳴門工は、三回にも無死一塁で金光の投前バントを高橋が二塁に悪送球。広島商は無死一、二塁で楠原が浅い左前打。この打球を左翼手が横へそらして田所康が生還した。続く一、三塁でのスクイズは見破られて1死となったが、この間に三塁へ進んだ楠原を町田の中犠飛で迎え入れた。

鳴門工も、三回まで毎回得点圏に走者を送って佃を揺さぶった。佃は1回戦とは違って、右打者の内角低めを突く速球、カーブのコントロールが良く、鳴門工打線は低めの球に引っかかってほとんどが内野ゴロ。九回2死から3連打で2死満塁としたが、バットを振り回す攻撃に終始し、佃の術中にはまった。1回戦で全員安打を記録したのが過信となったのだろう。隙のない攻守をみせた広島商の快勝だった。

エース左腕 佃が完封

笑顔がよみがえった。マウンドで万歳する得意のポーズもあった。双葉（福島）との1回戦の苦い経験を乗り越えた完封だった。「縦のカーブがよく切れた。鳴門工には適時打を浴びる気がしなかった。強力打線を意識しないで自分の投球だけを心掛けた」。白い歯がのぞいた。

1回戦後の2日間は苦しく長い日だった。畠山部長に精神面の課題を指摘され、ナインの前で悔し涙を流した。そして「精神集中が足りない」と宿舎で修行した。部屋を真っ暗にし、1本の線香の火をめがけてシャドーピッチング。選抜でも取り組んだ精神集中鍛錬だ。「集中力が良くなれば、打者が目に入らない。立ち上がりと九回は打者が目に入ったので、足元を見つめ、そのことを思い出した」

「内容はいまひとつだが、丁寧な投球が成功」とは迫田監督。「間の取り方がうまかった。やっと9人で（野球を）する体制に戻った」と畠山部長。エース左腕は徐々に復調の兆しをみせている。

1970年代

広島商	0	1	2	0	0	0	0	0	0	3
鳴門工	0	0	0	0	0	0	0	0	0	0

（広）佃－達川　（鳴）高橋－西岡

メモ

「情報戦」

選抜準優勝の広島商の相手は選抜4強の鳴門工。「2回戦ではもったいない」という声が上がるほどの好カードとなった。広島商はデータ収集に力を入れ、鳴門工と対戦したことのある高知商のスコアブックを参考に「左腕高橋をどのように打つか」という策を練った。出た結論は「カーブに的を絞って打て」というもの。効果は試合で表れた。

【広島商】		打	安	点
⑤	浜中	5	1	0
⑦	田所康	3	1	0
⑥	金光	3	2	0
⑨	楠原	4	1	0
③	町田	3	0	1
②	達川	4	2	0
④	川本	2	0	0
⑧	大城	3	0	0
①	佃	4	1	0
	計	31	8	1

【鳴門工】		打	安	点
⑥	坂部	4	2	0
⑧	片山	3	1	0
②	西岡	2	0	0
③	高木	4	0	0
⑤	金森	4	1	0
⑨	松浦	4	1	0
⑦	和木	3	2	0
④	近藤	4	1	0
①	高橋	4	0	0
	計	32	8	0

	振	球	犠	盗	失	残	併
広	6	2	4	0	0	7	1
鳴	2	2	2	1	3	9	1

▽三塁打　金光

【ベンチ入りした主なプロ野球選手】

≪広島商≫

達川光男	東洋大－広島・78年ドラフト4位

⑧1973年8月19日
第55回全国高校野球選手権3回戦

広島商－日田林工
（広島）　（大分）

二回、広島商1死満塁、佃のスクイズで三塁走者町田（手前左）が生還。二塁走者達川（奥左）も判断良く本塁を突き、逆転する

広島商 機動力で逆転勝利

第55回全国高校野球選手権大会第11日は19日、甲子園球場で3回戦の残り4試合を行った。第4試合は広島商（広島）が二回に得意の機動力を発揮。二つのスクイズで3点を奪い、日田林工（大分）を3—2で破った。

広島商がうまい走塁とバント攻めで、逆転勝ちした。2点を奪われた直後の二回、楠原、町田が連続四球で無死一、二塁とし、達川がバント守備の裏をかいて右前に落とし満塁。続く川本の投前スクイズで1点。大城も歩いて再び満塁とすると、佃が投前スクイズ。三塁走者の町田に続いて達川が二塁から生還する2ランスクイズで逆転した。二塁手の一塁ベースカバーが遅れた隙を、達川が巧みに突いた。

広島商の佃は三回以降も投球が高めに浮いた。日田林工は鋭い打撃で三、五回には2安打を連ね、六回には1死から渡辺が右中間三塁打を放ち、攻め込んだ。だが肝心なところで焦って盗塁死を重ね、六回はスクイズを見破られた。あまりにも正直に攻め過ぎて、大魚を逸することになった。

会心 2ランスクイズ
相手の警戒かいくぐる

二回、1点差と追い上げ、なお1死満塁。広島商は得意の機動力を生かした逆転の2ランスクイズで日田林工を倒した。打者は投手の佃。当然スクイズが考えられる。3球目、投手左へ転がした。一塁手が投球と同時に前進。捕球した日田林工の渡辺は一塁へ投げようとしたが、二塁手のベースカバーが遅れた。一瞬ちゅうちょし、一塁へ送球した。町田に続き、二塁走者達川がノンストップで三塁を回りホームにスライディング。あっという間の逆転劇だった。

渡辺は言う。「あのケースの練習はしていたし、警戒もしていた。ちょっと迷った。一塁に早く投げていれば3点目はなかったのに…」。達川は「ノーマークだった」としてやったりの表情だった。

日田林工の原田監督は悔しがる。「6点は取れると踏んでいたので、とにかくアウトカウントを増やすよう指示したんだ。もう一回やらせてほしい」。その言葉は「今度戦えば負けはしない」と言いたげだった。だが高校野球は一発勝負。一つの局面、一つのプレーに悔いが残らない試合が大切なのだ。「ここで勝負」の広島商ベンチと、「まだまだ得点できる」と考えた日田林工ベンチの差。これが2ランスクイズへつながったのである。

達川の読み
攻守で光る

「野手が僕に対してノーマークだったので、遊撃手の後方までリードしていた。だから瞬間的にいけると思った。いつも練習でやっていますからね。監督さんもやってほしかったんじゃないですか」。二回、佃の投前スクイズで、二塁から一気に本塁へ。好走塁で決勝のホームを踏んだ達川は、2ランスクイズを当然のことのように言う。そこには達川なりの読みがあった。

「投手が捕ったら最初から本塁を狙うつもりだった。投手はああした場面では偽投をしませんからね。必ず見向きもせずに一塁に投げると確信していた」と言うのだ。

野手の心理を見抜いた達川は、守っても相手打者の心理を読んで、うまいリードをみせ、佃を立ち直らせた。「佃は低めの球に伸びがなかった。二回には外角を狙われたので、三回からは内角を攻めた」

佃が三回から打たれながらも、無得点に抑えることができたのは達川のリードに負うところが大きい。四、五回には盗塁を刺し、六回にはスクイズを見破った。「ベンチも相手のサインを読み取っていたし、僕もスクイズは必ずくると思っていた」と最後まで読み勝ちを強調していた。

日田林工	0	2	0	0	0	0	0	0	0	2
広島商	0	3	0	0	0	0	0	0	×	3

（日）渡辺－三苫　（広）佃－達川

メモ

「日田林工」

1970年代に春夏3度出場し、6勝を挙げてその名を全国にアピールした日田林工。春夏通じて初出場だった第55回選手権は糸魚川商工（新潟）、浜田商（島根）を完封し、強豪広島商を苦しめた。80年代には出場がなく、90年代に2度、2008年夏にも久々の出場を果たした。主なOBには、82年にドラフト1位で阪神入りした源五郎丸洋がいる。

【日田林工】		打	安	点
④	佐藤信	4	0	0
⑧	貞清	4	1	0
⑤	小野	4	2	0
②	三苫	4	1	0
③	佐藤隆	4	1	0
①	渡辺	4	2	1
⑦	小田原	4	1	1
⑨	吉富	3	2	0
⑥	上原	1	0	0
	計	32	10	2

【広島商】		打	安	点
⑤	浜中	3	0	0
⑦	田所康	3	0	0
⑥	金光	4	1	0
⑨	楠原	3	1	0
③	町田	3	2	0
②	達川	4	2	0
④	川本	2	0	1
⑧	大城	1	0	0
①	佃	2	0	2
	計	25	6	3

	振	球	犠	盗	失	残	併
日	0	1	2	0	1	6	2
広	3	6	2	1	1	6	0

▽三塁打　渡辺▽二塁打　町田▽暴投　佃

【ベンチ入りした主なプロ野球選手】

≪広島商≫

達川光男　東洋大—広島・78年ドラフト4位

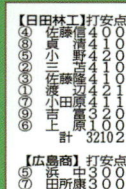

広島商－高知商
（広島）　（高知）

広島商 16年ぶり4強

第55回全国高校野球選手権大会第12日は20日、甲子園球場で準々決勝4試合が行われた。第2試合は広島商（広島）が高知商（高知）を7－2で退け、第39回大会以来、16年ぶり5度目の準決勝進出を決めた。21日の準決勝は今治西（愛媛）－静岡（静岡）、広島商－川越工（埼玉）の顔合わせとなった。

六回、高知商2死二、三塁、溝渕の三遊間安打で二塁走者安岡も本塁を突いたが、捕手達川のブロックに阻まれタッチアウト

広島商はそつのない攻めで、足に不安のある高知商・浜田の立ち上がりを揺さぶった。一回、先頭の浜中が中前打し、田所康は内野安打。金光の投前犠打で1死二、三塁とし、楠原の中前適時打でまず2点。返球がそれる間に楠原は二進し、達川の左越え二塁打で生還。3点を奪った。

二回以降は2番手鹿取に抑えられたが、六回に達川の左越え2ランで高知商の反撃の意欲を摘み取り、七回にも3長短打を連ねてダメ押しの2点を加えた。

広島商の佃は高知商の拙攻に助けられ、五回まで無失点。六回に制球を乱し、連続四球から2点を失ったが、堅守で反撃を断った。

「積極攻略」初回に一気
高知商の主戦 29球でKO

「足のことなんか言っておれない。気力で投げ抜く」。高知商・浜田の悲壮な決意での登板。それも広島商の一回の猛攻に、あえなくマウンドから消えていった。

試合前、浜田の投球練習を見ながら広島商・迫田監督は「浜田は良くない。あれなら打てるぞ」。その調子を見抜くと同時に、ナインへ「積極攻略」の暗示をかけた。それが、一回の浜中、田所康、楠原、達川らの鋭い攻めとなり、先手必勝の流れをつかんだ。

浜田は3回戦の盛岡三（岩手）との延長戦で両足にけいれんを起こした。準々決勝前の19日はその足をかばって柔軟体操だけ。「足はどうってことはなかったが、けいれんが気になって…。最後まで佃君と投げ合いたかった」。わずか29球で降板したエースの腹の中は、悔しさで煮えくり返っていただろう。

春には親善試合もした両校。甲子園での再会は非情さを秘めた対決であった。相手は春の準優勝校で、機動力の広島商。不調のエース浜田に「気負うな」という方が無理である。浜田の体調と心理を読み、ボールを見極め好球を打ち返した広島商の戦法は見事であった。試合後、高知商・松浦監督がぽつりともらした。「私の指導が至らなかった。とくに肉体的な…」。心、技、体のバランスが取れて、強者と呼ばれるのである。

達川 殊勲2ラン 3打点

1点差に追い上げられた六回。達川の打球が左翼ラッキーゾーンへ飛び込んだ。2点本塁打。迫田監督が「あの一発が大きかった。勝てたと思った」というほど貴重な一発だった。

「オーバーフェンスは公式戦で初めて。内角高めのボールくさい球だった。打った瞬間、手応えがありました」。前日の日田林工（大分）戦に続いての活躍ですっかり調子づいている。

「六回からはノーサインでやった。打席での立つ位置を指示しただけで好きな球を打たせた」という迫田監督。達川は「走者を二塁に進めることを頭に置いて、たたきつけるようなバッティングを心掛けた」という。ノーサインでも状況に応じたバッティングのできるところに広島商の強さがあるようだ。

第1打席では「真ん中高めストレート」を左越え二塁打して3点目をたたき出し、この日3打点。「達川はもともと力のある打者。バッテリーでなければ当然クリーンアップを打たせますよ」と、迫田監督も大きな信頼を寄せている。

高知商	0	0	0	0	0	2	0	0	0	2
広島商	3	0	0	0	0	2	2	0	×	7

（高）浜田、鹿取、松崎－安岡　（広）佃、津村－達川

メモ

「抑えの系譜」

春夏通算37度の甲子園出場を誇る高知商。中西清起（元阪神）、藤川球児（元阪神）ら優れた抑え投手を球界に輩出してきた。最初が通算131セーブを挙げ、巨人4度、西武6度の優勝に貢献した鹿取義隆。2年生だった第55回大会には、背番号10の控え投手として出場。広島商戦ではエース浜田の負傷で急きょマウンドに上がり、達川光男に2ランを浴びた。

【高知商】		打	安	点
④	山崎	3	0	0
⑥	中山	2	1	0
⑦1	松崎	4	0	0
②	安岡	4	0	1
①	浜田	1	0	0
1	鹿取	2	1	0
7	常石	0	0	0
H	水野	1	0	0
⑧	溝渕	3	2	1
⑨	中屋	3	0	0
⑤	水田	1	0	0
H	古屋	1	1	0
5	宮地	0	0	0
③	佐藤	3	0	0
	計	28	5	2

【広島商】		打	安	点
⑤	浜中	4	2	0
⑦8	田所康	4	2	0
⑥	金光	3	1	0
⑨	楠原	4	2	4
③	町田	4	1	0
②	達川	4	2	3
④	川本	3	2	0
4	田代	0	0	0
⑧	大城	2	0	0
1	津村	0	0	0
①7	佃	4	0	0
7	大利	0	0	0
	計	32	12	7

	振	球	犠	盗	失	残	併
高	4	6	0	0	3	5	0
広	1	2	2	1	0	5	2

▽本塁打　達川（鹿取）▽三塁打　楠原▽二塁打　達川、溝渕、田所康

【ベンチ入りした主なプロ野球選手】

≪広島商≫	
達川光男	東洋大－広島・78年ドラフト4位
≪高知商≫	
鹿取義隆	明大－巨人・79年ドラフト外－西武

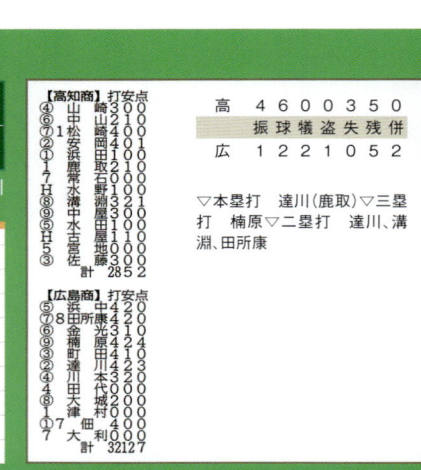

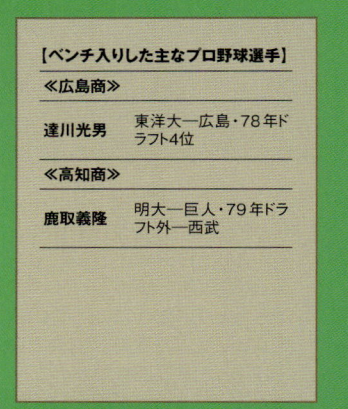

⑧1973年8月21日
第55回全国高校野球選手権準決勝

広島商（広島）－川越工（埼玉）

六回、広島商2死二塁、川本の中前打で達川㊧が生還し3-0とする。捕手大野

広島商 5度目決勝へ

第55回全国高校野球選手権大会第13日は21日、甲子園球場で準決勝2試合を行った。広島商（広島）は川越工（埼玉）を7－0で下し、静岡（静岡）は今治西（愛媛）に6－0で完封勝ちし、決勝に進んだ。広島商は39回大会以来、16年ぶり5度目、静岡は42回大会以来、13年ぶり3度目。広島勢と静岡勢が決勝で顔を合わせるのは初。

広島商は川越工・指田のスローカーブを交えたうまい投球に苦戦。序盤は堅守で試合をつくり、後半は相手のミスにつけ込んで得点。広島商らしさを見せつけた。

二回の1死満塁、四回の無死一塁は強攻策でつぶしたが、五回に敵失に恵まれてやっと先制した。1死から大城が四球で出塁し、佃の初球にエンドラン。佃の打球は一塁手のグラブをかすめて右翼線に飛び、右翼手の返球がそれる間に大城が生還。続く1死三塁で浜中の三遊間のゴロを遊撃手が好捕しながら一塁に悪送球して、1点を追加した。

六回は2死二塁で川本が中前適時打。七回には2安打と野選でつかんだ1死満塁で、楠原の左中間三塁打と町田の左前打で4点を奪い、試合を決めた。

川越工は二回1死二塁で、大野の左前打で宮岡が本塁を突いたがタッチアウト。三回には無死一塁の走者を捕手達川のけん制球で刺された。両チームの守りの差が明暗を分けた。

つき呼んだ伝統の守り

「守るだけ守って打順が一回りしてから新しい攻めをする考えだった」と迫田監督。広島商は「まず守る」の伝統を崩さない。二回1死二塁。川越工に先制のチャンスがあった。大野の打球は左前へ、懸命に本塁へ走る二塁走者の宮岡。しかし見事な中継プレーで得点を阻んだ。遊撃手金光は「田所康の返球がよかった」と当然の表情だ。

苦しい場面を切り抜けて、ゼロ行進の展開に持ち込んだ広島商。迫田監督が「さあ、いこう」とハッパを掛けたのが五回だ。1死一塁でエンドラン。佃の打球を一塁手がグラブに当てながらそらし、右翼ファウルグラウンドへ。右翼手の返球は審判に当たった。広島商にはつきがある。大城が先制のホームを踏んだ。

「うちは一塁手が弱い。飛ばないでほしいと思っていたところへいってしまった」と悔しがる川越工の斎藤監督。一塁手の蛭間は「佃君が狙っているのは分かっていたので、投球と同時に二塁寄りに大きく飛び出した。その逆を突かれた」と残念がった。

「あの1点で守りのリズムが崩れた」（斎藤監督）。続く浜中の三遊間のゴロを、今度は遊撃手が好捕しながら一塁に悪送球して2点目。六回にも三ゴロ失、七回には投手の野選。広島商は、この守備の乱れを突いた。ディフェンスの差が、試合の流れを決めた。

エースの佃 投打に活躍

「きょうは順番からいうと調子のいい日です」。その予言通り、佃は好投するとともに打撃でも活躍した。五回、先取点につながる二塁打、七回には大量4点への突破口を開く中前打を放った。

「二塁打は外角高めの直球。いいコースに飛んだ。ついていた」とにっこり。だが、「2点取ってかえって投球が苦しくなった」ともいう。「やっと楽になったのは六回、3点目をもらった時」。それからは八回2死で田所由にマウンドを譲るまで須長の三塁打1本に抑えた。

「三回から横のカーブを交えて良くなった。立ち上がりは制球が悪く苦しかったけど達川がよく引っ張っていってくれた」。尻上がりの好投に笑顔が戻った。「これまでは春以上に投げなければの意識が強過ぎ、テンポが速かった。しかし、きょうで制球にも自信がついた。決勝では達川のミットだけ目がけて投げる。春の二の舞いをしたくありません」。胸を張ってそう言い切った。

広島商・達川選手の話

（決勝は）全力を尽くすのみ。そうすれば必ず勝てると信じている。最後のチャンスだ。涙を見たくない。

同・金光主将の話

ナインの体調はベスト。（決勝では）チームワークをがっちり固め、普通の試合をすれば勝てる。

川越工	0	0	0	0	0	0	0	0	0		0
広島商	0	0	0	0	2	1	4	0	×		7

（川）指田－大野　（広）佃、田所由－達川、藤本

【川越工】		打	安	点
⑨	高橋	4	1	0
④	安田	2	0	0
③	蛭間	4	1	0
⑦	須長	4	1	0
⑧	宮岡	3	0	0
①	指田	3	0	0
②	大野	3	1	0
⑤	新井	3	1	0
⑥	野口	2	0	0
	計	28	5	0

【広島商】		打	安	点
⑤	浜中	5	1	0
⑦8	田所康	3	0	0
⑥	金光	5	0	0
⑨	楠原	4	2	3
2	藤本	0	0	0
③	町田	4	2	1
②9	達川	3	1	0
④	川本	4	2	1
⑧	大城	2	0	0
H7	大利	1	0	0
①	佃	3	2	0
1	田所由	1	0	0
	計	35	10	5

	振	球	犠	盗	失	残	併
川	3	4	1	0	3	6	1
広	4	3	1	2	0	8	1

▽三塁打　須長、楠原▽二塁打　佃

メモ

「OB監督」

広島商の歴代監督は同校OBが務めている。戦後、11人の監督が甲子園の土を踏み、うち9人が選手、監督の両方で出場がある。第55回大会のメンバーでは、主将の金光興二、川本幸生、田代秀康が監督として、母校を甲子園に導いた。川本は1988年の第70回大会で夏6度目の全国制覇。選手、監督ともに優勝を経験したのは川本と迫田穆成（選手は57年夏、監督は73年夏）の2人だけだ。

【ベンチ入りした主なプロ野球選手】

≪広島商≫

達川光男	東洋大－広島・78年ドラフト4位

九回、広島商1死満塁、大利のスクイズを三塁手永島（右端）が懸命に本塁送球したが、大きくそれて三塁走者楠原がサヨナラのホームを踏む。捕手水野

86 1973年8月22日
第55回全国高校野球選手権決勝

広島商（広島）－静岡（静岡）

広島商 5度目の栄冠 九回 サヨナラスクイズ

第55回全国高校野球選手権大会最終日は22日、甲子園球場で行われた。東西の人気を二分する古豪、静岡―広島商の対決にマンモススタンドは5万8千人の大観衆で沸きに沸いた。

広島商は一回、2死二、三塁から町田の左前適時打で2点を先取。八回に追い付かれたが、九回1死満塁で大利が三塁前にスリーバントスクイズを決め、3―2でサヨナラ勝ちした。

決勝のサヨナラ勝ちは第24回大会（1938年）の平安中―岐阜商で平安中が勝って以来、大会2度目。閉会式では、広島商の金光主将に優勝旗が手渡され、15日間の大会の幕を閉じた。

広島商はスリーバントスクイズでサヨナラ勝ちした。2―2の九回無死から楠原が二塁内野安打、町田四球で一、二塁。達川が送って1死二、三塁とした。静岡は川本を敬遠して満塁。打席は九回から左翼を守る大利。2ボール2ストライクからの5球目を見事に三塁線へ転がし、三塁走者の楠原を迎え入れた。

先制したのは広島商。一回、先頭浜中の遊ゴロを野手がはじき出塁。田所康は鮮やかなバントヒットでチャンスを広げ、金光が送って1死二、三塁とした。2死後、町田の左前打で浜中、田所康が相次いで生還した。守備陣の心理と動きを読み、静岡・秋本の投球をじっくりと見極めた理想的な先制攻撃だった。

広島商のエース佃は六回、球が上ずるところを静岡打線に狙われた。連打で無死二、三塁。ここで水野の鋭い打球が佃の右を抜けたが、二塁手川本のファインプレーで併殺。この後、白鳥の左越え二塁打で1点は与えたものの、川本の好守が佃を救った。

八回、植松の左中間三塁打などで同点に。こうなると静岡の気勢が上がるのは当然である。九回も岸端が死球で出塁したが、好守で勝ち越しを許さず静岡の反撃ムードを断った。

選抜の雪辱 大優勝旗

7月20日、真夏の球宴は広島大会で幕を開けた。それから34日目、広島商は勝ち進んで、全国制覇の偉業を成し遂げた。長くて短い1カ月だった。過去4度、ベスト4へ残れば必ず優勝してきた。伝統の勝負強さは健在で、優勝回数を5度に伸ばした。

広島大会が始まる前日、畠山部長は81人の部員に言った。「戦いはベンチに入る14人でやるのではない。部員81人全員で戦う気持ちを忘れまい。そして最後の日、みんなで憧れの甲子園球場で白球を打ち、白球を追いかけようではないか」。それがここに実った。

広島商の深紅の大優勝旗への執念は、選抜大会の雪辱への思いが原動力となった。選抜の決勝で敗れた翌日から夏への戦いがスタートした。

「最後の1勝」へ再び響き始めたスパイクの音。畠山部長、迫田監督らによる周到な作戦が展開された。過去のデータをしらみつぶしに調べた。驚いたことに「選抜大会の準優勝チームは夏の大会は予選で敗れることが多い」という記録が残っていた。

畠山部長はかつて夏の出場を逃した、複数の選抜準優勝校へ電話を入れ、情報の提供を受けた。「なぜ、選抜準優勝校が夏に負けるのか」。原因を探るためである。各チームの回答で、夏に出場できない三つのポイントが分かった。それは、①監督の夏出場への意識過剰②多くの招待試合による練習不足③それに伴う主力選手の故障――である。

監督はできる限りリラックスさせることに努め、遠征には主力選手の何人かを外して学校で練習させた。畠山部長は「3条件を忠実にやり通した成果が夏の代表だった」と言った。

広島大会は苦しみ抜いた。3回戦では思わぬ伏兵、庄原実に延長十四回まで粘られ、準決勝の尾道商には一回にいきなり4点を奪われた。「春にあれだけの成績を残せたことが各チームを刺激した。目標練習することであそこまでやれる。目標になりやすいチームだった」。迫田監督はチーム改造に踏み切り、一度ばらばらにして新しい広商野球をつくり上げてきた。

「甲子園の方が思い切った試合ができた。一戦ごとに良くなった」。狙い通りの戦いに迫田監督は自信を深めていった。

前評判は必ずしも高くなかったが、投打がかみ合って快進撃を続けた。「不安だった」というエース佃も「本番に強い」という真価を発揮した。

決勝の前日、迫田監督はナインに言った。「きょうが決勝だったのか、と言える試合をしよう」

小技にパワー、勝負強さを身に付けたチームが16年ぶりに大優勝旗を手にした。学校や先輩の後押しも素晴らしかった。ナインはこれに見事に応え、「精神野球」の神髄を見せつけた。

土壇場底力 ナイン歓喜

わーっ、5万8千人のマンモススタンドが揺れた。三塁側スタンドから5色のテープが乱れ飛ぶ。16年ぶり、広島商が夏の大会を制したのだ。

2―2で迎えた九回。広島商は鍛えられた精神力を土壇場で発揮した。楠原は内野安打、町田四球、達川が送って1死二、三塁。両校応援団の大声援の中、ベンチの動きも激しい。「スクイズか」。静岡のエース秋本の脳裏をちらっとそんな考えが浮かぶ。打者は川本。バントの構え、秋本は警戒して満塁。静岡内野陣はマウンドの秋本を囲んで励ます。

大利がゆっくり打席へ、初球はストライク、2、3球ボール。張り詰めた空気が球場を包み、秋本と大利に視線が集まる。4球目ストライク。そして5球目…。

優勝を決め、喜び合う広島商ナイン

深紅の大優勝旗を先頭に、甲子園球場を一周する広島商ナイン

大利のバットからコツンと音がして打球は三塁線へ。ダッシュする三塁手の永島。本塁へ走る三塁走者楠原。永島の送球はそれて「最後の1点」が入った。

ホームを踏みつけて万歳する楠原を目がけて歓喜のナインが集まる。体ごとぶつかって喜びを表す。汗に涙が混じる。「勝ったんだ。僕らは本当に勝ったんだ。優勝したんだ」。ナインの声は上ずる。楠原は「捕手にブロックされてもホームを踏む気持ちで走った。思い切り突っ込んだ。自信があった」。うれし涙が流れた。

今大会、一度も試みなかったスリーバントスクイズの成功。「四球の後の初球の手もあろうが、外されたのでは悔いが残るし、うちの野球じゃない。2ストライク後しか考えなかった」と迫田監督は明かす。

殊勲の大利は背番号7ながらベンチを温めることが多かった。準決勝では抜けそうな大飛球を転びながら捕球する超ファインプレーを見せた。決勝のスクイズは今大会3打席目。「悔いのない打席にしようとだけ思って。『待て』からスクイズのサインに変わって『よしやってやろう』と心に誓った。でも強かったので（本塁が）アウトになるかな、と一瞬ぎくっとした」。冷静に分析した。

2ストライク後のスクイズ。失敗は許されない。しかし畠山部長は言った。「スクイズは一番難しいもの。このチームで70試合やっているが、成功率は100％。それは相手のサインを読むから。それも一つ。ウエストボールだけを」。迫田監督は絶対ウエストされない自信を持ってスクイズのサインを出した。緻密に計算されたベンチワークと、それに応えた大利の精神力。最高の舞台で絶妙のスクイズとなって実った。

最後の1勝は必殺のスリーバントで決まった。一生に1度のチャンスに悔いのない戦い。広島商ナインには素晴らしい体験だった。おめでとう。春の悔しさは喜びにつながったのだ。

勝利呼んだ四球
2年町田 うれし涙

2年生町田の顔は汗と泥と涙でくしゃくしゃだった。たくましく日焼けしたその顔。大粒の汗が頬を伝っていた。「優勝」の感激に思うように言葉も出てこない。「ただ、もううれしいだけ。こんなに苦しい試合は初めてです」

じりじりと追い上げる静岡に、一回の2点の貯金をはたいた広島商。しかし、伝統と鍛練に支えられたナインは、土壇場でサヨナラ勝ちをやってのけた。

九回は楠原の内野安打が口火。続く町田の3ボール1ストライクの時、ベンチからは「バント」のサイン。だが町田は首を縦に振らなかった。「ここは絶対にウエーティング。バントの自信はあったけど投手は追い込まれている。待った方が良いと思った」。ベンチのサインは「待て」に変わった。町田の読み通り四球。サヨナラのチャンスを膨らませた。一回に先制の2点打、四回には三塁強襲安打を放っており、優勝への貢献度は大きかった。

甲子園の6試合で22打数10安打、5打点。4割5分5厘の成績を残した。「（一回の）ヒットはストレートでした。（四回の）2本目も真っすぐ。それよりも九回の四球がうれしい。あの四球は勝利へつながったと思います」

町田には苦い思い出がある。今春の選抜大会決勝の横浜（神奈川）戦。一塁を守り、延長十回にバントを処理した野手の何でもない送球を後逸。それが敗戦の一因となった。「二度と同じ失敗を繰り返すまい」と臨んだ選手権。優勝メダルを胸に「やっと3年生に恩返しができました」と胸を張った。

広島商・迫田監督の話

最後は2ストライク後のスクイズ以外は考えていませんでした。大利もよくやってくれました。佃は悪くなかったのに静岡は強力なバッティングをしました。六回ごろ、選手たちに「勝敗にとらわれないで、悔いの残らない試合をしてくれ」と言いました。勝敗を意識していたら、いくつかのファインプレーも出なかったでしょう。選手が一丸となった勝利がうれしくて仕方がありません。

静岡・野島監督の話

途中から勝てるような気がしたんですが…。三回のスクイズ失敗などベンチの策が外れてしまいました。九回のスクイズは、完全に裏をかかれてしまいました。もう1球外していればと悔やまれます。佃から2点を取ったのに、広島商のうまさにやられたといえるでしょう。

静岡	0	0	0	0	0	1	0	1	0	2
広島商	2	0	0	0	0	0	0	0	1	3

メモ

「砂場トレ」

準優勝に終わった春の悔しさを晴らすため、迫田穆成監督が重視したのが基礎体力の養成だった。グラウンドの片隅に、長さ30メートル、幅1メートル、深さ50センチの砂場を造り、素足で走らせて瞬発力、体のバランスを養い、100回の片足屈伸運動に耐えられる足腰をつくった。「ミュンヘン五輪金メダルの男子バレーボール日本代表が30回。おまえらはその3倍もできる」。この言葉がナインの自信となった。

【静岡】		打	安	点
⑤	永島	3	0	0
⑥	永野	2	1	0
⑧	植松	4	2	0
②	水野	3	1	1
⑦	白鳥	3	2	1
⑨3	高橋	4	0	0
③	岸端	3	1	0
R9	森内	0	0	0
①	秋本	2	1	0
④	野田	4	0	0
	計	28	8	2

【広島商】		打	安	点
⑤	浜中	4	1	0
⑦8	田所康	3	2	0
⑥	金光	3	0	0
⑨	楠原	4	1	0
③	町田	3	2	2
②	達川	3	0	0
④	川本	3	0	0
⑧	大城	2	0	0
H	田代	1	1	0
7	大利	1	1	1
①	佃	3	0	0
	計	30	8	3

	振	球	犠	盗	失	残	併
静	4	5	4	0	1	8	0
広	4	3	2	2	0	7	2

▽三塁打　秋本、植松▽二塁打　植松、白鳥

投手	回	打	安	責
秋本	8⅓	35	8	1
佃	9	37	8	2

【ベンチ入りした主なプロ野球選手】

≪広島商≫

達川光男	東洋大―広島・78年ドラフト4位

≪静岡≫

植松精一	法大―阪神・78年ドラフト2位

打倒江川

―1973年の広島商―

1973年は春の選抜で準優勝、夏の選手権で優勝という広島商の歴史の中でも最も輝いた一年。それは、怪物・江川卓（栃木・作新学院）の攻略に燃えた日々でもあった。当時の優勝メンバーで広島OBの野球評論家、達川光男さんが、その軌跡を振り返る。（小西晶）

㊤秘策あり

わざとスクイズ失敗作戦

――1972年11月7日。広島商は秋季中国大会を制し、13度目の選抜出場を手中にした。その後、選手は迫田穆成《よしあき》監督の口から、江川の存在を知る。

今のようにインターネットなんてない時代でも、監督は風の便りで知っていたんだな。栃木のほうにすごいのがいる。今すぐプロ入りしても15、6勝するんじゃないかという投手だと。最初に聞いたときは冗談だろうと思った。

――さまざまな報道や高校野球関係者の情報から、江川の実像が少しずつ明らかになっていく。

真っすぐの速い投手は当時もいたね。ただ、江川は別格でバントもできないという。しかも2種類のカーブを操り、四球もほとんど出さない。それほどすごい投手だと言われた。江川に勝たなければ優勝はないと思った。チームのムードを盛り上げるために、「打倒江川」と毎日のように言っていたのを思い出す。

――江川から、いかに点を奪うのか。弱点の分析を進めるうちに、迫田監督と畠山圭司部長はセオリーから逸脱した「秘策」へとたどり着く。

時々、力を抜いて投げることがあるというんだ。ただ、スコアリングポジションに走者を背負うと全力で投げてくるので、ヒットやスクイズでは点は取れない。それでも、無死もしくは1死二、三塁という好機をつくれば、点を取る方法はあるといわれた。それは、スクイズをわざと失敗するというものだった。

――スクイズ失敗作戦。それは、打者がスクイズを故意に空振りし、三塁走者が三本間

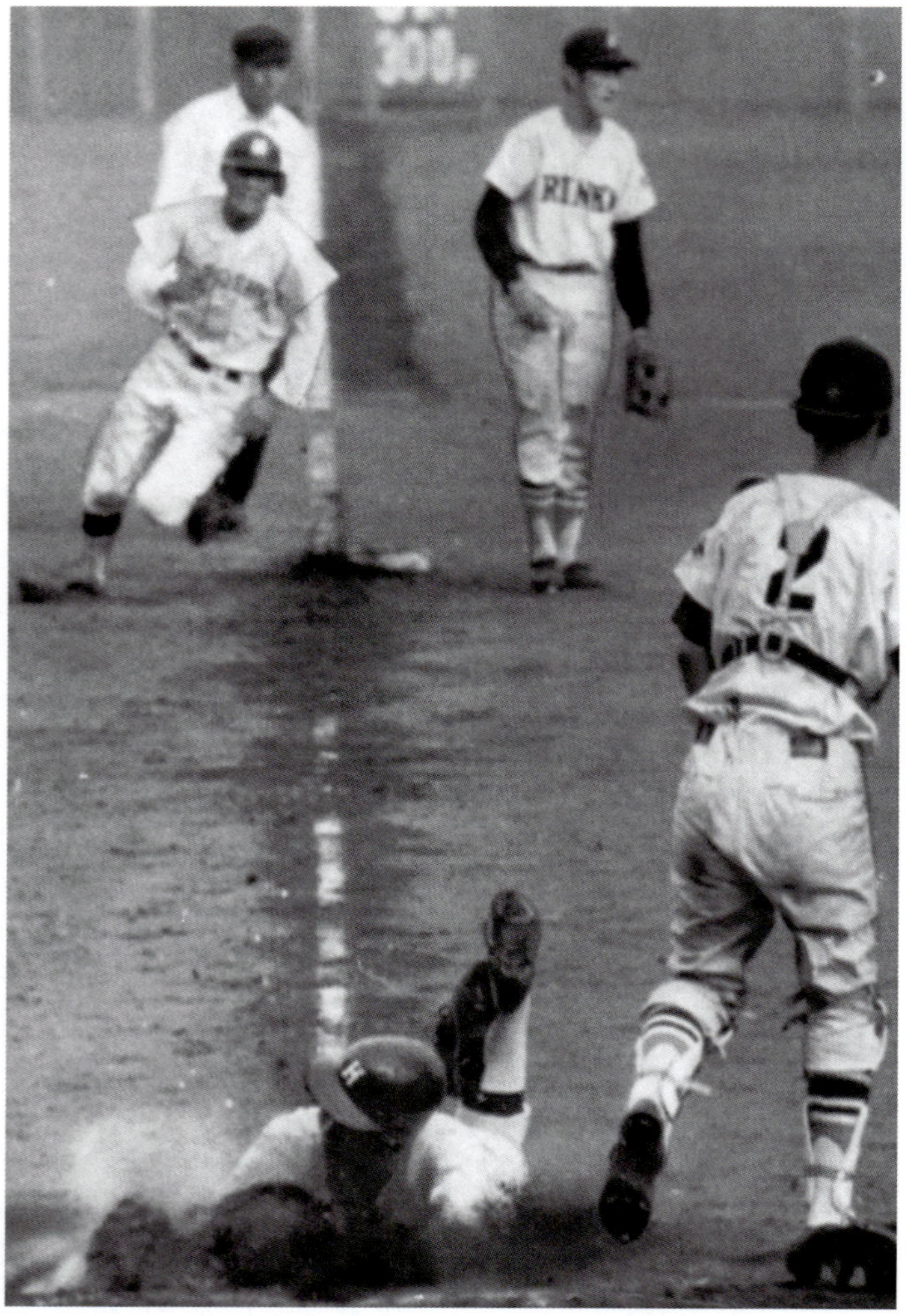

「スクイズ失敗作戦」の練習が成功へのきっかけとなった決勝2ランスクイズ（選手権3回戦の日田林工戦）

達川光男さん

たつかわ・みつお／1955年7月13日生まれ。広島商高3年の時、選抜大会準優勝、選手権優勝を経験。東洋大を経て、78年にドラフト4位で広島入団。頭脳派の捕手として、投手王国を支えた。99年から2年間、広島の監督を務め、ダイエー（現ソフトバンク）や阪神、中日でコーチを務めた。

広島商が編み出したスクイズ失敗作戦

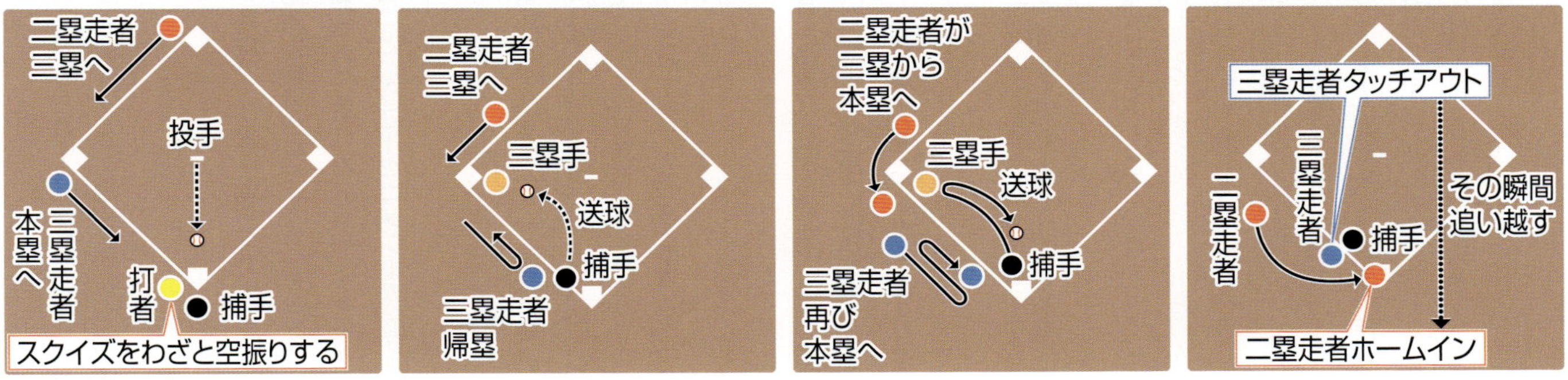

で挟まれることから始まる。二塁走者は2ランスクイズのごとくスタートを切り、三塁ベースを回る。つまり、三本間に2走者がいる状況をつくる。三塁走者はできるだけ本塁近くで挟まれ、二塁走者は勢いよく本塁へと向かう。三塁走者は二塁走者がすぐ後ろまできたら野手にタッチされ、二塁走者が2人を追い抜いて生還するという作戦だ。

攻守に分かれて、この作戦の練習をした。最初はこんな時間があれば打撃に使いたいと思っていたが、そのうちどうやったら成功するか。選手それぞれが考えるようになってね。対江川では使えなかったが、夏の甲子園（日田林工戦での決勝2ランスクイズ）で生きることになるわけだから、無駄な練習などないことが分かったよ。

――選抜開幕。広島商は静岡商、松江商（島根）、日大一（東京）を破り、準決勝へ。江川擁する作新学院との対戦が決まった。しかし、準決勝は雨で順延に。この雨が両チームの運命を大きく変えることになる。

50歳を過ぎてから江川本人に聞いたんだが、雨天順延となった日に、マスコミの取材攻勢から逃れるために、宿舎2階のソファに隠れていた。いつのまにか、そこで30分間居眠りをしてしまったというんだ。起き上がったときに、首に痛みを感じたんだという。寝違えていたんだ。

――「打倒江川」に燃える広島商ナイン。決戦を前に、その事実を知るよしもなかった。

㊥60分の1を狙え

「外角低め」怪物追い詰めた

――1973年4月5日。広島商と怪物江川卓（栃木・作新学院）の対決を見ようと、甲子園球場は4万5000人の大観衆で埋まった。「もっと入っていたんじゃないか。みんなこの試合を楽しみにしていたんだと思ったよ」。捕手で出場していた達川光男さんは振り返る。刻一刻と近づくプレーボール。ミーティングで迫田穆成監督は後半勝負に持ち込むために一つの指示を出す。それは、世に知られている待球作戦ではなく、「60分の1」だけを狙えというものだった。

ストライクゾーンにはボール60個入るといわれているが、そのうちの1個。外角低めに目付けをして、それ以外は振らんでいいと。矛盾しているよね。普通は外角低めが一番打

八回、広島商2死一、二塁、二塁走者金光、一塁走者楠原が重盗を企て、作新学院の捕手小倉の三塁悪送球で、金光が決勝のホームイン

作新学院（栃木）	0	0	0	0	1	0	0	0	0	1
広 島 商（広島）	0	0	0	0	1	0	0	1	X	2

（作）江川―小倉　（広）佃―達川

ちにくい。ただ、迫田さんも畠山（圭司部長）さんも、そこが打ちやすいというんだ。高い球はおまえたちが狙っても打てるもんじゃないとね。

——試合開始。打席に立ったナインは「60分の1」に別の意図があったことを知る。それは「広島商の打者はみんなベースにかぶさってきた」という江川のコメントが物語る。

前日のミーティングで、江川の球が頭に当たっちゃったら死にますかって監督に聞いたら、「死ぬるよ」といわれた。そんなすごい球が相手であっても、外角低めを打とうとすれば、逃げずに（ベースに近づき）踏み込まなければならないから。

——前日の雨が狂わせたのか。江川の調子がおかしい。二回に3連続四球を出すなど、制球に苦しむ怪物の姿に、スタンドではそんな声が飛んだ。

プロ入り後、江川から「あのときの俺、おかしいと思わなかったか」と聞かれたことがある。誰にも言ったことがないけど、（あの時）おかしいとは思っていた。もちろん速いんだけど、めちゃめちゃ速いとは感じなかった。それもそのはず。絶好調だった投手が（首の寝違えの影響で）6、7割の力でしか投げられなかったんだから。それまで出さなかった四球をあれだけ出してね。僕らが粘れたというのはそういうこと。勝負というのには運がある。

——五回に先制を許したが、その裏に佃正樹の右前打で同点。連続無失点記録を139で止めた。五回を終えて1―1の同点。「ぶつけてはいけない」という意識が江川の制球に影響し、球数は100を超えていた。

江川をやっつけるために、（僕らの中で）生まれた言葉が「負けない野球をやろう」。たとえ点が取れなくても、点をやらなければ負けない。だから、最初から延長十八回までやるつもりだった。江川も人間だから、そのうちヘロヘロになる。負けない野球をやっていれば、そのうち勝つチャンスがあるんじゃないか。それが迫田さんの野球だったから。

——八回、ドラマは金光興二の四球から始まる。金光が二盗、楠原基の内野安打などで2死一、三塁。ここで広島商が企てた重盗が捕手の三塁悪送球を誘った。金光が決勝のホームを踏む。球場全体が一瞬、静まりかえる。「打倒江川」が結実した瞬間だった。

勝った瞬間のことは、今でも覚えている。ええ、うそじゃろって思った。試合中、勝てるなんて思ったことは一回もない。先のことではなく、今の一球だけに集中していたから。

——高校野球の伝説となった江川攻略。勝機を手繰り寄せたのは、広島商ナインの選球眼、そして逃げずに食らい付いた激しい気迫だった。

㊦歓喜の夏へ

負けない野球 つかんだ頂

——「松坂世代とか、ハンカチ世代とか言うけど、僕らは江川世代だよな。江川をどうやって打ち負かすか。その一点だけだったから」。広島商の捕手だった達川光男さんはそう語る。チームは選抜大会準決勝で作新学院（栃木）を倒し、念願の「打倒江川（卓）」を成し遂げた。その翌日、横浜（神奈川）との決勝に臨むが、延長十一回の末に1―3で敗れ、42年ぶりの優勝を逃した。

江川に勝って燃え尽きたとか、終わったいう気持ちはなかったんだけどね。広島商に入学してから、全国制覇が目標だったから。でも、決勝はバントをお手玉してセーフにしたりと、少し隙があった。負けて涙は流さなかったが、広島へ帰りながら、夏にもう一度甲子園に来たい、優勝したいと思った。

——広島で再始動。ナインの頭にあったのは、「打倒江川」の4文字だった。

疲れて寝ているときも、江川が夢に出てきたりしたよ。失礼な話だけど、横浜には何の思いもなくて、夏に優勝するには江川を打つしかないと。その頃からかな。自分からやる練習に変わってきたのは。どうすれば、あの速球を打ち返せるかばかりを考えた。体の力を付けるため鉄の棒でスイングしたり、懸垂したり…。江川と対戦してからの5カ月間は、野球人生で一番成長した時期だった。

——広島商は夏の広島大会を勝ち抜き、3年ぶり12度目の甲子園出場を決める。江川率いる作新学院も栃木大会を制覇。しかし、両チームの夏の対戦は幻に終わる。2回戦、広島商ナインの目の前で江川は銚子商（千葉）に敗れた。

バックネット裏で見ていた。ショックだった。バケツをひっくり返すほどの雨。江川の球は全部すっぽ抜けていて。そりゃあ投げられないよ。こんな中で高校野球をやらなきゃいけないのかと。あの後、雨対策でニューボールを水にぬらして練習したりもした。

——最大のライバルが消えた。喪失感を抱えながらもチームは勝ち進む。しかし、準決勝の前日、ある出来事が起こる。

迫田さんが20分程度で練習を切り上げた。3年を集めて、「明日、負けて広島へ帰ろう。宿舎でのあいさつも整理整頓もできないチームが日本一になっては駄目だ」と。

——チーム内の緩みを感じ取った迫田穆成監督流の喝だった。

入学した時「決勝でサヨナラエラーをしても許してもらえる選手になれ」と言われた。授業や練習の態度、整理整頓とかを大事にしろという教え。迫田さんは「履き物がそろっていない」と宿舎のおかみさんが言っていたのを聞いていたんだろう。宿舎に戻った後は脱力感。でも、佃（正樹）は違った。夜、ろうそくを立てて、何事もなかったかのように1人、シャドーピッチングをしていた。

——準決勝の川越工（埼玉）戦。試合開始早々、佃は明らかにボールと分かる球を3球続けた後、自らタイムを取った。

普段しゃべらない佃が「ボールを呼んでくれ。おまえの構えたところに投げたいんだ。ボールを呼んでくれ」と。その時に気付いた。おまえがマウンドの投手を孤独にしていた。おまえが今のような状態じゃ駄目なんだというメッセージだった。そこで、立ち直れた。野球はすぐにはうまくならないけど、気持ちは1秒で変えられる。ほんと1秒でね。

——8月22日。静岡との決勝は九回、大利裕二のスクイズでサヨナラ勝ち。16年ぶり5度目の優勝を果たす。鍛え抜かれた精神と技の結晶。全員野球が花開いた。

うれしいとかはないね。優勝した瞬間、負けなくてよかったと思った。それ以外は何も。だって、目指してきたのが負けない野球だから。ただ、江川とはもう一度甲子園でやりたかったな。負けることになっていたとしても。

（文中敬称略）

決勝で静岡を破り、マウンド上で喜び合う広島商ナイン

深紅の大優勝旗を先頭に、甲子園球場を一周する広島商ナイン

広島商の選手権の戦績

1回戦	広島商	12−0	双葉
2回戦	広島商	3−0	鳴門工
3回戦	広島商	3−2	日田林工
準々決勝	広島商	7−2	高知商
準決勝	広島商	7−0	川越工
決勝	広島商	3−2	静岡

87 1974年3月28日
第46回選抜高校野球大会1回戦

広島商－苫小牧工
（広島）　（北海道）

三回、広島商1死満塁、町田が右前へ2点打を放つ。三塁走者橋本

広島商 課題残した白星

第46回選抜高校野球大会は28日、甲子園球場で開幕した。開会式に続き、1回戦3試合が行われた。第2試合で、広島商（広島）は苫小牧工（北海道）と対戦。三回1死満塁から町田の右前2点打で先制し、田所が2安打完封した。

広島商は三回、橋本が四球で出塁し、田所の送りバントが投手の失策を誘って、一、二塁。浜中の三塁線への安打で無死満塁とした。1死後、町田が右前に落とし、2者を迎え入れた。相手の動揺につけ込んで先制したものの試合運びは粗く、選球も雑で早いカウントでボール球に手を出していた。

田所は2安打完封したとはいえ、いまひとつの内容。苫小牧工のボール打ちに助けられた。

主将「せいぜい60点」

新チーム結成の時、広島商ナインは誓った。「春の準優勝旗、夏の優勝旗を全員で甲子園に返しに行こう」。その一つが実現した大会初日、全国のファンに新戦力を披露し、夏春連覇へスタートを切った。

だが、試合ぶりは褒められたものではなかった。二回無死一、二塁で播本が送りバント失敗。三回の田所のボーク、さらに2点取った後の打ち急ぎ……。三回は追加点欲しさの焦りがあったとはいえ、それは広島商の試合とは思えない。3点差になったら、リリーフに大竹を投入する考えもあったが、「リズムが崩れるのが心配」（迫田監督）で実現しなかった。

播本主将はこう反省した。「得点すべき時に取っていないので採点すればせいぜい60点。やはりバント失敗にしてもあがっていたんですね」。唯一の適時打を放った町田は「高めのシュートに詰まって…。まあそれが逆に良かったんだが」。勝つには勝ったが、チームにぴりっとしたものがなかったのは確かだ。

迫田監督もおかんむりだった。「先発の田所は夏の実績を買ったんだが、思い切りが悪い。攻めでも内角のボール球に手を出すなと言ったのに手を出す。全く指示を無視している。打つにしてもバントをするにしても姿勢がなっとらん」

しかし、それを素直に反省しプラスにしたのが昨年の広島商。「次の試合に投打とも課題を残した」と言った迫田監督が「しかし」と続けた言葉が憎い。「それはうちにとって大変意義がある」。2回戦の大分商戦が待たれる。

成長株 田所2安打完封

「捕手の橋本に悪かった。リード通りに投げれなかったから」とは言ったが、表情には満足感があった。苫小牧工打線を2安打、無失点に抑えた田所。「最初は高めに浮いたけど、七回からは力を抜いて丁寧に投げられた。大会前にやったシャドーピッチングを思い出して打者に向かった」と練習の成果を喜んだ。

迫田監督が登板を伝えたのは試合直前。「シャドーピッチングでだいぶ精神面が良くなった。迫力がついた」。背番号1の大竹を中堅に回し、田所をマウンドに送った理由を迫田監督はそう説明した。結果は完封。「いつでも投げますよ」。田所には自信めいたものも芽生えてきた。「投手陣の軸」になる可能性も出てきた。

「きょうの田所は60～70点。まだ決め球に乏しい」とは広商野球クラブの保田会長。その厳しい先輩も「頼りにできる投手になったな」と成長を認めた。自分の投球さえできれば、178センチの上背からの速球はまだまだ威力を増す。楽しみな成長株である。

苫小牧工	0	0	0	0	0	0	0	0	0	0
広島商	0	0	2	0	0	0	0	0	×	2

（苫）大西－中屋　（広）田所－橋本

メモ

「激励」

苫小牧工戦の前、広島商は思わぬ人の激励を受けた。奈良・薬師寺の管長、高田好胤師。スタンド下の選手控え室で選手一人一人と握手をした。

高田管長は薬師寺にチームを持つほどの野球好き。郡山中（奈良）時代に、広島商OBの石本秀一氏からコーチを受けたのが縁で、広島商を応援するようになった。「優勝戦にはまた応援にくるから、そこまで頑張ってほしい」とエールを送った。

【苫小牧工】		打	安	点
④	寺島	4	0	0
⑥	伊藤	4	0	0
⑨	山田	3	0	0
①	大西	3	0	0
②	中屋	3	1	0
⑤	若松	2	0	0
③	尾関	3	0	0
⑦	青木	1	0	0
H	一方井	0	0	0
7	坂本	0	0	0
⑧	川浪	3	1	0
	計	26	2	0

【広島商】		打	安	点
⑤	浜中	4	2	0
④	川本	4	1	0
③	町田	3	1	2
⑦	増岡	4	1	0
⑧	大竹	2	1	0
⑥	播本	3	0	0
⑨	久都内	3	0	0
②	橋本	2	0	0
①	田所	2	0	0
	計	27	6	2

	振	球	犠	盗	失	残	併
苫	10	4	0	1	1	3	2
広	3	3	1	1	0	5	1

▽二塁打　増岡▽ボーク　田所

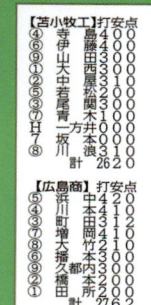

広島商 – 大分商
（広島）（大分）

五回、広島商1死三塁、町田のスクイズで浜中が本塁を突くが、タッチアウト。捕手朝来野

広島商 大分商に惜敗

第46回選抜高校野球大会第5日は1日、甲子園球場で1回戦1試合、2回戦2試合が行われた。第3試合の2回戦で、広島商（広島）が14盗塁の大会新記録をマークしながら攻めあぐね、2－3で大分商（大分）に敗れた。

広島商は二回を除いて毎回走者を出して塁上をにぎわせたが、1点差を追い付けなかった。

一回に重盗で先制したが、三回に先発小原がつかまった。1死二塁から佐藤隆、後藤に連打を浴び、逆転された。代わった田所が2四球で満塁とし、亀島に押し出しの四球を与えて3点目を失った。

広島商はすぐに反撃した。四回、左前打の大竹が二、三盗。1死後、久都内が前進守備の一、二塁間を抜いて1点差に詰め寄った。

その後も五、六、七回と無死の走者を出しては走り、大会新の14盗塁を記録。しかし、2度のバント失敗など広島商らしからぬ攻めでホームを踏めなかった。

試合経験の少なさ響く

優勝候補の広島商が敗れた。それも広島商らしからぬ敗戦だった。押しまくり、大分商に「これでもか」とばかり襲いかかった。しかし、スクイズで本塁憤死、空振りで三本間に挟殺。勝負どころでの攻めのリズムが合わなかった。

「試合経験の少なさが命取り」と畠山部長、迫田監督は口をそろえた。新チームを結成して17戦。いつもの年の半分以下である。「不安はあった」と迫田監督も認める。広商野球は試合を重ね、そこから練り上げられていくが、未完成のチーム。しかもその17戦で敗戦はなかった。「追いかけた試合がない。追い込まれたとき、はね返す心理状態ができていない」と迫田監督。それが焦りを呼んだ。たとえば五回1死三塁。投前に転がした町田のスクイズにも表れている。「町田があんな正面に打つことはない」と迫田監督を歯ぎしりさせるプレーだった。また「経験が少ないからかわいそうだった」（迫田監督）という捕手橋本の動揺にも見られた。

「うちのプレーができる選手とまだ完全に消化できない選手の差があった」。畠山部長はベンチの意図をしっかり理解できない弱みが表れたことを敗因に挙げた。まだアンバランスなチームなのである。

大分県チームに春夏通じて初の敗戦を喫した。「今まではいつの間にか負けていたゲームだったが、今日の勝利は幸運の一言」と大分商の松田監督。喜ぶ大分商ナインを横目に迫田監督はきっぱり言った。「選手もこの悔しさを忘れないだろう。どこを鍛えるか、目安はこの敗戦でついた。立て直してまた来ます」。昨年も春の悔しさを、夏の栄冠に結びつけた。夏への挑戦は今スタートを切った。

大分商	0	0	3	0	0	0	0	0	0	3
広島商	1	0	0	1	0	0	0	0	0	2

（大）亀島－宮本、朝来野　（広）小原、田所－橋本、木村

【大分商】		打	安	点
②	宮本	2	0	0
2	朝来野	2	0	0
⑥	屋田	4	1	0
⑤	佐藤隆	3	1	1
③	後藤	3	1	1
⑦	甲斐	2	0	0
⑧	安東	3	0	0
H8	工藤	1	0	0
⑨	衛藤	3	1	0
①	亀島	2	1	1
④	渡辺	4	0	0
	計	29	5	3

【広島商】		打	安	点
⑤	浜中	4	1	0
④	川本	4	0	0
③	町田	4	0	0
⑦	増岡	4	0	0
⑧	大竹	3	2	0
⑥	播本	4	1	0
⑨	久都内	2	1	1
R9	風呂迫	1	0	0
②	橋本	1	0	0
2	木村	3	0	0
①	小原	1	0	0
1	田所	3	2	0
	計	34	7	1

	振	球	犠	盗	失	残	併
大	6	8	2	3	2	9	0
広	7	4	0	14	0	9	0

▽二塁打　田所

メモ

「さわやかイレブン」

わずか11人の快進撃が甲子園を沸かせた。第46回大会の話題をさらったのが、蔦文也監督率いる池田（徳島）。「やまびこ打線」の豪快なイメージとは異なる緻密な野球を展開した。1回戦で函館有斗（北海道）に4-2で競り勝つと、主戦山本の好投で防府商（山口）、倉敷工（岡山）、和歌山工を次々と撃破。決勝では報徳学園（兵庫）に敗れたが、スタンドからは惜しみない拍手が送られた。

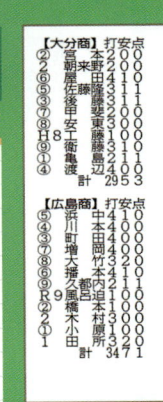

広島県大会

⑧⑨ 1974年8月1日
第56回全国高校野球選手権広島大会決勝

盈進－竹原
（広島）　（広島）

14年ぶり2度目の優勝を果たし、喜び合う盈進ナイン

盈進 14年ぶりの夏切符

第56回全国高校野球選手権広島大会最終日は1日、広島市民球場で決勝があり、盈進が竹原の好投手望月を打ち込み、3－1で勝ち14年ぶり2度目の出場を決めた。

盈進の望月攻略は見事だった。打席の前に立たせて内角球を狙わせ、「内角球で勝負」と考えていた竹原バッテリーを狂わせた。それが主戦望月の単調な投球につながった。

盈進は3連投の疲れも見える望月を攻めた。五回1死、中山、岡本の連打の後、向井が左翼線へ流し打ち、1点を先制した。六回に同点とされたものの、七回は1死一塁で岡本が右中間に二塁打して勝ち越した。八回には2死二塁で西岡の打球を左翼手が見失い加点。試合を決めた。

竹原は六回、宇根の三塁打で同点としたが、後続が強攻してチャンスをつぶした。四回1死三塁ではスクイズを見破られるなど、盈進の先発山口を攻め切れなかった。

育てた自主性 主戦攻略

西高東低といわれた今大会。その中で東部の強豪の盈進が優勝をさらった。V候補筆頭の広島商が2回戦で敗れる波乱はあったが、盈進の優勝は決してフロックではない。厳しい練習で鍛え抜いた技と精神力が県代表として実った。

ユニホームの色をグレーに変えたのが5年前。「心機一転を図る」（早川監督）という狙いがあった。がむしゃらに教え込むチームづくりから、選手の自主性に任せるスタイルへの転換である。それが今年、選手に浸透した。

大会前に実施した猛練習。炎天下で1時間の個人ノックを2度も行った。「普通なら失神してしまう」と早川監督。ナインは一人の落後者もなく、それに耐えた。「自分たちで野球をやるんだ」との自覚があればこそである。これで自信が付き、気迫を養った。

決勝での望月攻略法。早川監督はミーティングで「バッターボックスの最も前に立ち、ベースにかぶされ。シュートが来たら当たっていけ」と指示した。ナインはそれを忠実に守った。シュートが来ても逃げない。シュートを投げさせないようにして、望月の投球を単調なものにした。そして打ち崩した。体で覚えた野球を実戦で見事に発揮した。

「宿舎で昨年の2倍ぐらい食べるんですよ。こっちが心配するほど。肉体的にも精神的にも充実している証拠」と早川監督。ナインには余裕すらあったのだ。

昨年、全国に名をとどろかせた広島商の「精神野球」。ことしは盈進が「実戦野球」を披露する。

盈進・早川和人監督の話

望月のシュートに対処してバッターボックスの前に立たせたのが成功した。それに山口がよく投げてくれた。甲子園では県代表として力いっぱい戦う。広島大会の力を出せば、決して引けは取らない。14年前は1回戦で敗退しているので、1回戦突破を一応の目標にする。

1970年代

竹原	0	0	0	0	0	1	0	0	0	1
盈進	0	0	0	0	1	0	1	1	×	3

（竹）望月、東－松本　（盈）山口、桜田－村上

メモ

「竹原快進撃」

過去ベスト8が最高だった竹原が準優勝した。快進撃を支えたのは主戦の望月卓也。準決勝までの5試合、45イニングを1人で投げ抜き、自責点は0。制球の良い速球とシュートを武器に盈進打線に挑んだが、3連投の疲れは大きく、甲子園切符を逃した。選手はその日のうちに竹原市に戻り、竹原駅前での市民の歓迎会に出席。ユニホーム姿で市中を行進した。

【竹原】		打	安	点
③	加藤	4	1	0
⑥	宇根	4	1	1
①	望月	3	0	0
5	岡田	0	0	0
⑤1	東	4	1	0
⑧	谷口	4	0	0
⑨	沢田	3	1	0
⑦	日浦	3	0	0
②	松本	2	0	0
④	須賀	3	1	0
	計	30	5	1

【盈進】		打	安	点
⑥	岡本	4	2	1
⑨	向井	4	2	1
1	桜田	0	0	0
⑧	中島	4	1	0
①9	山口	4	0	0
③	川島	3	0	0
②	村上	4	2	0
⑦	西岡	4	2	1
④	河村	1	0	0
4	太田	3	0	0
⑤	中山	3	2	0
	計	34	11	3

	振	球	犠	盗	失	残	併
竹	5	1	1	0	2	4	0
盈	6	1	0	3	1	8	0

▽三塁打　中島、東、宇根、向井▽二塁打　岡本2、西岡▽暴投　桜田

【ベンチ入りした主なプロ野球選手】

≪竹原≫

望月卓也　広島・75年ドラフト2位－ロッテ

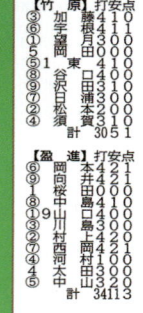

⑨1974年8月12日
第56回全国高校野球選手権2回戦

盈進（広島）－名古屋電工（愛知）

七回、盈進1死二、三塁、中島の遊ゴロで三塁走者中山が判断よくホームを突き、2点目を挙げる。捕手新実

盈進　逃げ切り初勝利

第56回全国高校野球選手権大会第4日は12日、甲子園球場で2回戦3試合があった。第3試合は盈進（広島）が七回に2安打と野選などで2点を奪い、主戦山口が名古屋電工（愛知）の反撃を1点に抑えて逃げ切った。

盈進の変則投手、山口は8安打を打たれながらも1点に抑えた。速球に的を絞ればスピードを殺したカーブ。変化球を狙えば速球を決める。相手打線を迷わせ、自分のペースに引きずり込んだ。

攻撃は相手ベンチの裏をかいて成功した。七回、太田が三遊間を破った後、中山がバントの構えから打って中前打。向井が送って1死二、三塁。岡本の打球は前進守備の遊撃前へ。ライナーかゴロか際どかったが、ショートバウンドの判定で太田が生還。中山も中島の遊ゴロでかえって2点目。幸運ともいえる得点で先行した。

定石覆す　強攻策ずばり

甲子園ではバント作戦が多用される。それが「甲子園戦法」といわれている。盈進は、その逆をいった強攻策を実らせて名古屋電工を打ち破った。

盈進の早川監督は愛知大会で3割6分2厘のチーム打率を残した名古屋電工の強力打線と、盈進の上り調子の打線を検討し5点勝負と読んだ。ところが予想に反して、六回まで両チームはゼロ行進。こうなれば無死の走者は、確実にバントで送るのが常識的である。

盈進の七回も当然このケースに見えた。太田が三遊間を破って無死一塁。相手の内野陣はバントと読んで極端な前進守備を敷いた。打席に立った中山はバントの構えからヒッティング。1度ファウルになったが、盈進ベンチは最後まで強攻策で押した。3球目。中山の打球は中前打となって、チャンスを広げた。

「何をしてくるかわからない」。名古屋電工の守備陣に不安がのぞく。それを見越したように、向井はヒッティングの構え。バントに対する守備が甘くなったところで投前にバントを決めて、1死二、三塁。まさに相手の読みの裏、裏といく作戦だ。

まだ続く。岡本はバントの構えから強振。前進守備の遊撃前にライナーとなって飛んだ。「ダイレクト（捕球）だと思った」という名古屋電工の遊撃手稲吉は併殺を狙って三塁へ送球した。しかし塁審の打球へのジャッジはフェア。「ワンバウンドしたのを見た」という太田がホームに滑り込んだ。

「甲子園に出てくるチームはどこも守備がいい。簡単にはバントを決めさせてくれない」。早川監督は早くから感じ取っていた。そしてバント至上主義を覆したのである。

七回の先取点演出
太田　待望の快音

どうか抜けてくれ――。一塁ベースを駆け抜けた太田は、スコアボードに赤く映し出されたH（安打）のランプを見た。七回、先取点の足掛かりとなる三遊間突破の安打。胸につかえていたもやもやが一気に吹き飛んだ。

広島大会を通じて、この夏の初安打だった。野手の正面を突く不運もあったとはいえ、太田にしてみれば「打てない打者の汚名だけは避けたい」という気持ちでいっぱいだった。

甲子園入りしてからも悩み続けた。2年生の太田にOBがちょっとしたアドバイスをくれた。立てて構えていたバットを肩に乗せるだけの簡単なフォーム改造だったが、「振りが楽になった」という。

八回1死二塁の好機でも左翼線にはじき返した。野手の好守に阻まれ、追加点にはならなかったが、太田のバットはこの日の晴れ舞台ですっかり生気を取り戻した。「次の東海大相模（神奈川）戦でも暴れてみせる」。広島大会での不振がうそのような表情だった。

盈　進	0	0	0	0	0	0	2	0	0	2
名古屋電工	0	0	0	0	0	0	1	0	0	1

（盈）山口－村上　（名）木下－新実

メモ

「悲願の1勝」

14年ぶり2度目となる甲子園出場を果たした盈進。名古屋電工に勝ち、初の甲子園勝利を挙げた。選手権に限れば、県東部勢の勝利は1958年に2回戦まで進んだ尾道商以来、15年ぶりだった。

学校創立70周年の記念の年に花を添えた白星に、同校関係者は大喜び。岡本正光校長は「このところスポーツが停滞気味だったので、これを機会に他の部も野球部に続いてほしい」。

【盈　進】		打	安	点
⑨	向井	3	0	0
⑥	岡本	5	3	1
⑧	中島	5	0	1
③	川島	3	0	0
①	山口	2	1	0
②	村上	4	1	0
⑦	西岡	4	1	0
④	太田	4	2	0
⑤	中山	3	1	0
	計	33	9	2

【名古屋電工】		打	安	点
⑥	稲吉	3	0	0
②	新実	4	1	0
⑧	丹山	4	0	0
③	坂神	4	2	0
⑨	宮田	3	1	0
④	星野	3	2	0
①	木下	3	0	0
⑦	榊原	3	2	1
⑤	遠山	3	0	0
	計	30	8	1

	振	球	犠	盗	失	残	併
盈	6	4	2	2	1	10	0
名	0	4	0	1	0	6	2

▽二塁打　新実、村上、宮田

⑨1974年8月16日
第56回全国高校野球選手権3回戦

盈進（広島）－東海大相模（神奈川）

投手陣崩れ 盈進散る

第56回全国高校野球選手権大会第8日は16日、甲子園球場で3回戦3試合を行った。第2試合は盈進（広島）が東海大相模（神奈川）に毎回の16安打を浴び、6－13で敗れた。

盈進の3投手は東海大相模の打線の前に吹き飛んだ。山口はスピードがない上にコースも甘い。東海大相模はそこにつけ込み、一回に原辰の三塁打と犠飛で先制、三回にも2点を加えた。

盈進は四回、岡本の内野安打と2四球で無死満塁とし、山口が左前打して東海大相模の先発村中をKO。さらに1死満塁で、2番手の伊東から村上が左翼線へ走者一掃の二塁打を放ち、一気に逆転した。

しかし、山口の調子は戻らなかった。その裏に2四球で1死一、二塁とされた後、杉山、原雅に長短打されて再びリードを許した。勢いに乗った東海大相模は向井、桜田にも激しく襲いかかり、伊東の大会第8号本塁打などで加点した。ジャストミートする東海大相模のバッティングは見事だった。

盈進は八回、2四球と川島、村上の短長打で2点を返したのがやっと。頼みの投手陣が東海大相模に毎回の16安打を浴びて試合をつくれなかった。

健闘むなし 予想外の大敗

7点の壁はあまりにも厚かった。九回2死、盈進最後の攻め。だが塁上に走者はいない。代打水野のバットはむなしく空を切った。東海大相模の校歌が流れる中、ベンチ前に整列したナインは歯を食いしばりながら何かに耐えようとしていた。

控室に引き揚げるナインの足取りは重かった。予想もしなかった大敗。ナインの表情は崩れそうになる。「完敗です。早い機会に桜田をリリーフさせようとしたが、右肘を痛めていたため思い切りがつかなかった」と力なく話す早川監督。「大差にもめげず、よく頑張ってくれた」と選手たちを褒めた。

「山口君のカーブをためて打て」と指示した東海大相模の原監督が言うように、得意のカーブを狙われた山口は「カウントを取りにいくカーブにタイミングを合わされた。自分の力がなかった」。噴き出す汗を拭おうともしない。四回、満塁の走者を一掃する二塁打を放った村上も「勝利のきっかけになればと思ったが…」。後は言葉にならない。

「ようやった」。県高野連東部地区の木村理事長らの激励の声に、選手たちも徐々に平静を取り戻した。中島主将のひときわ高い声が控室に響いた。「力いっぱいやりました。悔いはありません。盈進は来年も来ます。きっと」

四回、盈進1死満塁、村上の左翼線二塁打で3人の走者が生還し、4−3と逆転する。捕手岩崎。⑦は次打者西岡

盈進	0	0	0	4	0	0	0	2	0	6
東海大相模	0	1	2	3	0	3	2	2	×	13

（盈）山口、向井、桜田－村上　（東）村中、伊東－岩崎

【盈　進】		打	安	点
⑥	岡本	3	1	0
H	河村	1	0	0
⑨1	向井	2	0	0
1	桜田	0	0	0
H	水野	1	0	0
⑧	中島	3	0	0
①9	山口	3	1	1
③	川島	4	1	1
②	村上	4	3	4
⑦	西岡	2	0	0
7	橋本	0	0	0
④	太田	3	0	0
⑤	中山	4	0	0
	計	30	6	6

【東海大相模】		打	安	点
⑥	杉山	5	3	2
④	原雅	3	1	1
③	園田	5	4	3
⑦	佐藤	4	2	1
⑤	原辰	5	2	1
⑨	津末	3	2	2
②	岩崎	3	1	1
①	村中	1	0	0
1	伊東	3	1	2
⑧	鈴木	2	0	0
	計	34	16	13

	振	球	犠	盗	失	残	併
盈	7	8	0	0	2	5	2
東	2	8	4	2	0	9	2

▽本塁打　伊東（桜田）▽三塁打　原辰▽二塁打　村上2、杉山2、津末

メモ

「ゴールデンボーイ」

東海大相模の5番打者は、現巨人監督の原辰徳。1年生の夏から三塁のレギュラーを獲得し、3年連続で夏の甲子園に出場した。高校通算43本塁打を放ち、プロのスカウトから高い評価を受けた。甘いマスクと野球センスの高さから一躍人気者となり、スタンドには多くの女性ファンが詰めかけた。

【ベンチ入りした主なプロ野球選手】

≪東海大相模≫

原辰徳	東海大―巨人・81年ドラフト1位
津末英明	東海大―日本ハム・81年ドラフト外―巨人

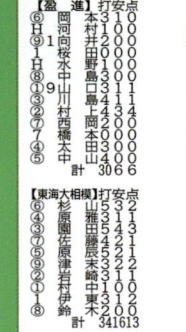

㊾1975年4月1日
第47回選抜高校野球大会1回戦

広島工－志度商
（広島）　（香川）

一回、広島工2死三塁、福永の右前打で三塁走者福本孝がホームイン、先制点を挙げる。捕手安西

広島工が快勝 初戦突破

第47回選抜高校野球大会第5日は1日、甲子園球場で1回戦1試合と2回戦2試合が行われた。第1試合の1回戦では、広島工（広島）が小林の好投で志度商（香川）に8－1で快勝した。

広島工は一回、抜け目なく先行した。福本孝の遊ゴロが熊野の悪送球を誘い1死二塁。平川の三ゴロで三進した後、福永が初球を詰まりながら右前に落とした。福本孝の遊ゴロは完全なボール球。「早いカウントから打って出ろ」の指示に従った「勇み足」が、逆に幸運を呼び込んだ。三回には三登と福本孝の安打、四球で1死満塁。福永のスクイズは失敗したものの小林が四球を選び、押し出しで1点を追加した。

五回には右翼へ狙い打った。2安打と四球で無死満塁。福永の遊ゴロで楠原は本封されたが、その後の攻めが素晴らしかった。小林、春川、青木がライトへ打ち返し、2死後、福本修も中前適時打。スクイズ、重盗も織り交ぜて一挙6点を奪い試合を決めた。

小林は立ち上がり力みから球の切れが悪く、先行き不安を抱かせた。しかし味方の大量援護で立ち直り、八回の石原の二塁打と二ゴロ失による1失点で投げ切った。

打線爆発 11安打8点

前評判ほど当てにならぬものはない。特に選抜大会にその傾向が強い。今大会屈指の好投手といわれた小川（千葉・習志野）が赤嶺（沖縄・豊見城）に投げ負け、西日本ナンバーワンといわれた兼光（倉敷工）は開幕戦で中京（愛知）に勝ったものの、15点を奪われた。最近では一昨年、3割2分6厘という出場校中最高打率を引っ提げて出場した広島商が、打より守を中心とした野球で準優勝したのを思い出す。

広島工はチーム打率2割3分1厘。出場29校中最低である。だから、誰もが小林を軸に守り抜き、少ないチャンスをものにするチームと思っていた。確かに小林は見事なピッチングをした。だが、それにもまして打線が予想以上の爆発をした。

11安打8点。五回には6安打を集めて一挙6点を奪った。昨秋の中国大会で、倉吉北（鳥取）の岩山に10安打を浴びせ8点を奪ったことはあるが、2桁安打の試合はほとんどない。「出来過ぎです。大体3点以上は取れない。こんなことは15試合に1度あればいい方だ」と真藤監督は驚いた。平川主将も言う。「5、6本安打が出ればいいと思っていた。それが11本も打っちゃって」と目を丸くした。

確かに志度商の主戦西条はスピードがなかった。西条自身「50点の出来」という。それでも、これほど打たれるとは思ってはいなかっただろう。初出場とはいえ野球王国広島でもまれたチーム。「こつこつ当ててくるしぶとい打者がそろっていた」とうなだれた。

「一冬越せばチームの力は分からなくなる。だから対戦相手のことは考えず、白紙で臨む」。これは甲子園を知り尽くしている倉敷工の小沢監督の口癖だ。その言葉通りの広島工の猛打だった。

広島工	1	0	1	0	6	0	0	0	0	8
志度商	0	0	0	0	0	0	0	1	0	1

（広）小林－丹羽　（志）西条、森啓－安西

【広島工】	打	安	点
⑧ 楠原	3	1	0
⑥4 福本孝	3	2	0
③ 平川	4	1	0
⑤ 福永	5	1	1
① 小林	3	1	2
⑨ 春川	5	1	1
⑦ 青木	4	1	1
② 丹羽	3	0	1
④ 三登	2	1	0
6 福本修	2	2	1
計	34	11	7

【志度商】	打	安	点
⑦ 谷	4	0	0
⑨ 浜田	4	1	0
⑥ 熊野	3	0	0
③1 森啓	4	2	0
⑤ 上原	3	0	0
② 安西	4	1	0
①3 西条	3	0	0
④ 斎藤	2	0	0
4 石原	1	1	0
⑧ 森雅	3	0	0
計	31	5	0

	振	球	犠	盗	失	残	併
広	2	3	5	3	1	7	0
志	5	1	1	0	3	5	0

▽二塁打　福本孝、石原

メモ

「ケンコー」

広島工のエースの小林誠二はプロ入り後、広島、西武で抑え投手として活躍した右腕だ。秋の中国大会では140キロ近い速球とシュートを武器に、多々良学園（山口、現高川学園）相手にノーヒットノーランを達成。全4試合を1人で投げ抜き、計5失点と安定した投球で初優勝。春夏を通じて初の甲子園出場に導いた。甲子園でも1勝を挙げ、「ケンコー」の名を全国にアピールした。

【ベンチ入りした主なプロ野球選手】

≪広島工≫

小林誠二	広島・76年ドラフト4位－西武－広島

≪志度商≫

熊野輝光	中大－日本楽器－阪急・85年ドラフト3位－巨人－オリックス

広島工－福井商
（広島）（福井）

広島工 六回崩れ零封負け

第47回選抜高校野球大会第7日は3日、甲子園球場で2回戦3試合を行った。第3試合は広島工（広島）が福井商（福井）の前側に散発2安打に抑えられ、0－3で敗れた。

六回、福井商1死満塁、山本の三塁線を抜く安打で2者がかえり、3－0となる。三塁手福永

大会屈指の好投手といわれる広島工・小林と福井商・前側。小林が速球で福井商打線を抑え込めば、前側も左右の揺さぶりで広島工打線を寄せつけない。均衡は六回に破れた。

崩れたのは小林。福井商は先頭の左近が四球で出塁、バントと北野の二塁内野安打の後、野村も四球を選び1死満塁。続く前側が初球を右前に落とし先制した。さらに山本も三塁線へ2点適時打を放ち、勝負を決めた。小林の動揺を逃さなかった速攻は見事だった。

広島工の守りは、福井商の攻撃を警戒して、墓穴を掘った。一点もやれないという気持ちが強過ぎたのであろう。1死二塁の場面で小林は何度もけん制したが、自らのリズムを狂わす要因となった。また三塁走者を背負った場面ではもっと大胆な攻めが欲しかった。

前側の伸びのある速球と外角を際どくかすめるカーブに、広島工打線は沈黙。わずか内野安打2本に封じ込まれた。

「一点もやれぬ」走者警戒が裏目

「打てない。一点でもやったら負け」という意識が働くと、走者を必要以上に警戒してしまう。逆にそれが落とし穴となり失点に結び付くケースが多い。広島工の六回の守りがそうだった。

テレビで福井商の前側の投球を見た真藤監督は「いい投手だが、2点は取れる」と踏んで試合に臨んだ。ところが実際はテレビとは違った。シュート、カーブの揺さぶりに広島工は六回まで内野安打1本だけ。この時点で真藤監督は1点勝負に読み変えていた。その思いはナインにもひしひしと伝わった。

そして裏の守り。絶妙の投球で五回まで無死で走者を出していなかった小林が、左近を歩かせバントを決められて1死二塁。遊撃手福本孝と二塁手三登が代わる代わるけん制に入る。「エンドランを警戒し、二遊間を下がらせようと思ったんだが…」という真藤監督の指示が、ひと呼吸遅れて北野の打球が三登の右へ。グラブに当てながら後ろにそらして初安打となり一、三塁。続く野村のスクイズを警戒し過ぎて四球で満塁。リズムを崩した小林は一番警戒していた前側に右前に落とされ、山本には前進守備の三塁線を破られた。3点は前側の出来からして広島工には大きな負担だった。

「一点もやりたくなかった」。六回の1死二塁の場面で再三けん制に入った三登は振り返る。小林をはじめナイン全員の気持ちだったに違いない。アルプス席で声援を送っていた広島商・畠山部長の「小林が素晴らしい投球をしていたのだから、あんなに走者を気にしなくても」との言葉が印象的だった。

広島工・小林選手の話

球威はあったが、コントロールが悪かった。ちょっとコースを狙い過ぎた。これだけ四球を出したのは初めて。ストレートの威力を一層つけ、自分の力を十分出せるようにして夏にまた来たい。

広島工	0	0	0	0	0	0	0	0	0	0
福井商	0	0	0	0	0	3	0	0	×	3

（広）小林－丹羽　（福）前側－野村

【広島工】		打	安	点
⑧	楠原	4	0	0
⑥4	福本孝	4	1	0
③	平川	4	1	0
⑤	福永	4	0	0
①	小林	4	0	0
⑨	春川	3	0	0
⑦	青木	3	0	0
②	丹羽	2	0	0
④	三登	2	0	0
H	平野	1	0	0
6	福本修	0	0	0
	計	31	2	0

【福井商】		打	安	点
⑥	木本	3	0	0
④	北野	3	1	0
②	野村	3	0	0
①	前側	4	2	1
⑧	山本	4	1	2
⑦	藤井	3	0	0
⑨	山崎	2	0	0
③	佐々木	3	0	0
⑤	左近	1	0	0
	計	26	4	3

	振	球	犠	盗	失	残	併
広	10	1	0	0	1	5	1
福	8	5	1	2	2	5	0

▽二塁打　前側

【ベンチ入りした主なプロ野球選手】

≪広島工≫

小林誠二	広島・76年ドラフト4位－西武－広島

メモ

「金属バット効果」

1974年夏、金属バットの使用が解禁となった。効果が表れ始めたのが翌75年春の第47回選抜大会。本塁打数は前回の1本から11本に急増した。長打も増え、高知（高知）－東海大相模（神奈川）の決勝では、1試合最多となる7三塁打を記録。両チーム合わせて15得点は決勝での当時の最多記録だった。

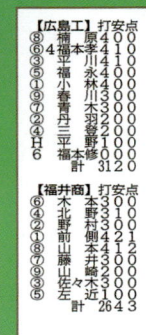

広島県大会

⑭1975年7月28日
第57回全国高校野球選手権広島大会決勝

広島商（広島）–崇徳（広島）

四回、広島商1死一、二塁、浜田の左前打で二塁走者の田井が生還し先制する。捕手高山、①は黒田

広島商 13度目甲子園切符

第57回全国高校野球選手権広島大会最終日は28日、広島市民球場で決勝があり、広島商が崇徳を4―0で破り、2年ぶり13度目の甲子園出場を決めた。

広島商の攻めはさすがにうまい。三回までは無安打。四回、先頭の登が三遊間を破ると、田井が歩いて一、二塁。1死後、浜田が左前へ運んで先制した。続く幡司が左中間を深々と破る2点三塁打。大野はスクイズを決めて一挙4点を奪った。

崇徳は6度も無死で走者を送ったが、盗塁死と4併殺で無得点。広島商の主戦山村はカーブの切れが悪く、制球に苦しんでいただけに、1点ずつでも返す手堅い策が欲しかった。

山村復活 エースの意地

晴れの決勝には、やはり背番号1がマウンドに立った。今大会は田井に先発を譲り、リリーフに回ることが多かった山村。完投は準々決勝の1試合だけだった。「準決勝で完封した田井には負けられません」。エースの意地をのぞかせた。

「カーブが悪かった。技術面より精神面が弱い。びびったピッチングになってしまった。自分としては50点」。確かに無死で走者を出すこと6度。四回にはベンチ前で、広島商独特のタオルを持ってのシャドーピッチングでフォームをチェックした。「なんとか自分の投球を」との努力が実り、4併殺を奪い、安打は3本だけ。悪いときは悪いなりに考えたピッチングをやってのけた。迫田監督は「八回からは田井だと言って、だまし、だまし投げさせた。最後まで投げたということは、甲子園へ良い経験になっただろう」と評価する。

山村は「バックがよくもり立ててくれた。田井が励ましてくれたのも支えになった」。勝利からしばらくしてやっと笑顔がのぞいた。「まだまだ山村はいい内容で投げられる。力を合わせて甲子園へ」。ライバル田井もエース復活を喜んだ。

無死走者6度 生かせず 崇徳

崇徳ナインの夢は惜しくも破れた。序盤は崇徳の押せ押せムード。2年生黒田のはつらつとした投球に呼応して、攻撃陣も山村を苦しめた。無死の走者を6度も送ったが、併殺などでチャンスをつぶし、黒田を援護できなかった。

土取監督は「勝ちたかったけど…。冷静に振り返ってみると、これくらいの差はあった。でも、ここまで勝ち上がってきたのは上出来。選手はよくやりました」とたたえた。黒田は表彰式で広島商ナインがダイヤモンドを1周するのを見詰め、「来年は僕たちが歩く」と心に誓った。

広島商・迫田監督の話

何回、山村を代えようと思ったか分からない。山村も苦しかったろうが、代えなかったことで何かをつかんだはずだ。他の選手もよくもり立てた。1回戦から気の抜けない試合で緊張の連続だったのが、結果的には良かった。甲子園（での戦い）はもう一度白紙に戻して考える。ただ、投手陣を調整して点を与えないゲームをやりたい。

広島商	0	0	0	4	0	0	0	0	0	4
崇　徳	0	0	0	0	0	0	0	0	0	0

（広）山村—浜田　（崇）黒田—高山

【広島商】		打	安	点
⑥	谷	4	0	0
⑤	福島	3	0	0
③	登	4	2	0
⑧	田井	1	0	0
⑨	今田	3	0	0
②	浜田	4	1	1
④	幡司	4	1	2
⑦	大野	3	0	1
①	山村	4	0	0
	計	30	4	4

【崇　徳】		打	安	点
⑥	山崎	3	1	0
⑤	樽岡	4	2	0
③	伊藤	3	0	0
⑧	永田	3	0	0
⑨	小川	1	0	0
①	黒田	2	0	0
④	松井	2	0	0
⑦	松田	2	0	0
H	応武	1	0	0
②	高山	1	0	0
H	梅田	1	0	0
	計	23	3	0

	振	球	犠	盗	失	残	併
広	4	5	2	3	0	6	4
崇	6	5	1	2	1	2	0

▽三塁打　幡司▽二塁打　登

【ベンチ入りした主なプロ野球選手】

≪広島商≫

谷真一	法大—本田技研—近鉄・83年ドラフト2位

≪崇徳≫

黒田真二	日本鋼管福山—リッカー—ヤクルト・83年ドラフト外
山崎隆造	広島・77年ドラフト1位
小川達明	広島・77年ドラフト5位

メモ

「模索」

2年ぶり13度目の夏の甲子園出場を決めた広島商。金属バット対策で、独自の野球を模索していた。守りでは、当たり損ねでも楽に塁間を抜けていく「金属安打」を防ぐため、内野手にはプロ並みに深いシフトを敷かせた。攻撃ではバントやバントエンドランの確率を高めるために、ベンチ入り16人全員にスイッチヒッターの練習をさせるなど、勝負に対する執念を見せた。

広島商－盛岡商
（広島）（岩手）

一回、広島商2死二、三塁、今田の左前打で三塁走者谷（手前左）に続き、二塁走者福島（奥）も生還し2−0とする。捕手矢羽々

広島商 14安打の猛攻

第57回全国高校野球選手権大会第4日は11日、甲子園球場で2回戦4試合を行った。第3試合は広島商（広島）が14安打で盛岡商（岩手）を圧倒。11—0で勝ち、3回戦に進んだ。

広島商は一回、先頭の谷が死球で出塁し、二盗。福島の送りバントは野選となり、福島も二盗し無死二、三塁とした。2死後、今田の左前打で2点を先制した。これで盛岡商の滝村がすっかり気落ちし、体調の悪さもあって広島商打線にめった打ちにされた。

盛岡商はきびきびしたまとまりのいいチームだった。一回から広島商ペースとなり、攻撃の力が出せずに終わったのは惜しまれる。田井、山村に抑えられ、安打は九回に代わった吉川から放った山本の中前打だけだった。

「ファーストストライクを狙え」
大量得点 指示は厳しく

珍しくマンモススタンドが埋まった。お目当ては、次の第4試合に登場する優勝候補筆頭の東海大相模。大観衆は広島商の猛攻を目にして、歓声はため息に変わり、後半は盛岡商への応援に変わってしまった。それほど広島商はよく打ち、よく走り、よく守った。

盛岡商の滝村は痛打を浴びながらも、最後まで立派に投げ抜いた。広島商の迫田監督は「滝村君が気の毒だった。顔色がよくなかった。相当疲れているんでしょうね」と気遣っていた。事実、滝村は高血圧症に苦しんでいた。そのせいか、甲子園で初練習のときも暑さで倒れている。「三回くらいからふらふらして…」と滝村は流れ落ちる汗を手で拭い泣いていた。

五回を終えて10—0となったところで、広島商ベンチは「ファーストストライクを狙ってゴロを打て」と指示を出した。「点が入り過ぎて、バッティングが雑になるのを防ぐため」と迫田監督。このあたりが、いかにも甲子園慣れした広島商らしい。3回戦への課題として迫田監督は「気分を引き締めること」をまず挙げた。ミーティングの材料は、庄原実から届いた激励電報。庄原実には全国優勝した一昨年、県大会で苦しめられた苦い経験がある。3回戦で広島商がどんな試合を見せるだろうか。

不屈の闘志 今田殊勲打

一回に今田がたたきつけた左前への殊勲打で勝負が決まった。この2点先制打は試合の流れをワンサイドにした。「あの一打にやられた」と盛岡商の滝村は戦意を失った。攻撃が始まって24球目。「真ん中低め。思い切って振った」と今田。3安打、3打点の活躍で初戦突破に貢献した。

今田はたった一度のチャンスでレギュラーの座をもぎ取った不屈の闘志を秘める。今春の県大会まで球拾いを務め、出場の機会さえなかった。6月1日、大社（島根）との練習試合に代打で出場し、本塁打を打った。これが認められ、レギュラーに。「長く味わった下積みの苦しみと鬱憤《うっぷん》をゲームで爆発させている」と畠山部長も目を細める。

6月以降の打率は7、8割という。「調子はいいし、5番は打ちやすい」と澄ましているあたり、雑草のたくましさだろう。次の試合の抱負を聞かれても、「初めての試合と思って一生懸命やるだけ」と口数は少なかった。

盛岡商	0	0	0	0	0	0	0	0	0	0
広島商	2	0	1	4	3	1	0	0	×	11

（盛）滝村－矢羽々　（広）田井、山村、吉川－浜田、杉原

【盛岡商】		打	安	点
④	阿部	2	0	0
⑥	小川	3	0	0
⑧	砂溜	3	0	0
⑤	南野	3	0	0
①	滝村	3	0	0
⑦	米田	3	0	0
③	山本	3	1	0
②	矢羽々	2	0	0
H	小原	1	0	0
⑨	平野	2	0	0
H	吉田	1	0	0
	計	26	1	0

【広島商】		打	安	点
⑥	谷	4	2	1
⑤	福島	4	2	1
③	登	4	1	1
①8	田井	5	1	2
⑨	今田	5	3	3
②	浜田	4	2	0
2	杉原	1	0	0
④	幡司	4	1	0
4	山本	0	0	0
⑦	児島	3	0	0
17	山村	1	1	1
⑧7	大野	4	1	0
1	吉川	0	0	0
	計	39	14	9

	振	球	犠	盗	失	残	併
盛	5	1	0	0	1	0	0
広	2	2	1	3	0	7	2

▽三塁打　田井、福島▽二塁打　今田、谷▽暴投　滝村

メモ

「カープもV」

広島商応援団が集う一塁側アルプススタンドに、「カープを優勝させる会」の代表世話人である佐々木久子さんが応援に駆けつけた。カープは中日に0.5ゲーム差をつけて首位。初優勝へ勢いを増していた。「9日は西京極でカープ、きょうは甲子園で広島商。忙しい。どちらも好調なので楽しみ」。11得点の大勝に「点を取り過ぎたから気の緩みが出なければ」と心配していた。

【ベンチ入りした主なプロ野球選手】

≪広島商≫

谷真一　法大－本田技研－近鉄・83年ドラフト2位

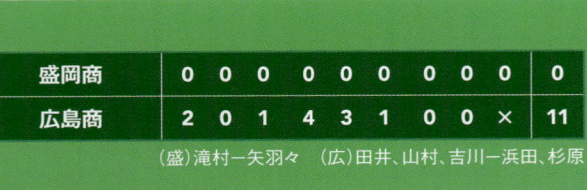

広島商－日南
（広島）（宮崎）

七回、広島商2死二塁、谷の中前打で二塁走者徳永㊥が生還し、2−1と勝ち越す

広島商 集中打で8強

第57回全国高校野球選手権大会第7日は14日、甲子園球場で2回戦1試合と3回戦2試合が行われた。第3試合の3回戦では、広島商（広島）が七回に一挙4点を奪い、日南（宮崎）を5－1で下してベスト8進出を決めた。

広島商は二回、先発田井が2死から田代に中堅右へ三塁打を浴び、四本の内野安打で先制を許した。

三回、四球でつかんだ1死一塁で、代走徳永が二盗。2死後、福島の中前打で追い付いた。その後は日南・松田の好投と守備陣の好守の前に、毎回走者を出しながら点が取れなかった。

試合が動いたのは七回。2死二塁で谷が中前へ勝ち越し打。これをきっかけにせきを切ったように攻め、福島の2点ランニング本塁打、田井の適時打で4点を奪い、勝負を決めた。

負けぬ戦い 大舞台で体現

広島商がやっと勝利をつかんだ。こんなに苦しんだ理由は広島商のお株を奪う日南の意欲的なインサイドベースボールにあった。二回、田代の長打を生かして先制すると、日南ははつらつと戦った。三回には1死一、二塁で大胆な重盗。失敗こそしたが広島商ナインの度肝を抜いた。さらに救援した山村のカーブが打ちにくいとみるやバントで揺さぶった。守りでも六回、右翼手平田が右前打をライトゴロにすり替え、勝ち越し点を阻んだ。

一方の広島商。三回は中前打の福島が二塁に走ってアウトになり、四回は3安打を集めながら、田井が犠打を失敗して無得点に終わった。勝ち越しの走者が2度も三塁で憤死するなど、きめ細かさが身上の広島商野球が空回りしているようだった。

「六回までは向こうの機動力を封じて満点の試合運びだった」。日南の日高監督が胸を張る。強気の迫田監督は「いいチームと対戦できて満足している」と相手をたたえた。苦しみ抜いた広島商だが、迫田監督はやはり「広商野球」で勝ったという。「六回までの攻めは無駄が多かったようだが、それが松田を精神的に疲れさせた」と分析。内容はともかく負けない広商野球を甲子園の大舞台で体現してみせた。

1・2番コンビ 攻守に存在感

三回に福島が中前へ同点打を運べば、谷は七回に中前に勝ち越し打。続く福島は中堅へ2点ランニング本塁打。1、2番コンビが競ったように打ちまくり、広島商の勝利に大きく貢献した。

守っても2人は八回のピンチにスタンドを沸かせる好プレーをみせた。無死二塁で鎌田のバントは三塁線にきれいに転がった。猛然と突っ込む三塁手福島。一塁に投げてもセーフかアウトか際どいタイミングだった。とっさに一塁は無理と判断した福島は、三塁ベースカバーの遊撃手谷に送球、オーバーランした走者を刺した。「こんなときにはオーバーランはありがち。無意識に三塁を見ると谷がいたので送球したんです」。練習で身に付いているプレーだった。

宿舎では布団を並べて寝るなど大の仲良し。「だからこそあんなプレーもできる。近年にない1、2番コンビです」。厳しい畠山部長も満足そうだった。

日南	0	1	0	0	0	0	0	0	0	1
広島商	0	0	1	0	0	0	4	0	×	5

（日）松田－長鶴　（広）田井、山村－浜田

メモ

「戦後タイ記録」

金属バット旋風が吹き荒れた第57回大会。大会7日目で、早くも戦後タイ記録となる13本目の本塁打が飛び出した。メモリアルアーチを放ったのが広島商の福島正治。しかも、ランニングホームランだった。「てっきりエラーが絡んでいると思ったので」とびっくりした様子。「柵越えは打ったことがない」と言い、「今度はゆっくりダイヤモンドを回りたいですねえ」とにっこり。

【日　南】		打	安	点
⑤	外山衛	3	0	0
⑥	外山徹	3	1	0
④	鎌　田	4	1	0
③	荒　川	2	1	0
①	松　田	3	0	0
⑦	田　代	4	2	0
⑧	四　本	3	1	1
②	長　鶴	4	0	0
⑨	平　田	4	0	0
	計	30	6	1

【広島商】		打	安	点
⑥	谷	4	1	1
⑤	福　島	5	2	3
③	登	4	3	0
①8	田　井	3	1	1
⑨	今　田	3	2	0
②	浜　田	3	1	0
④	幡　司	4	1	0
⑦	児　島	1	0	0
1	山　村	3	1	0
⑧	大　野	0	0	0
R7	徳　永	2	1	0
	計	32	13	5

	振	球	犠	盗	失	残	併
日	14	6	0	0	0	8	1
広	2	4	2	6	0	9	0

▽本塁打　福島（松田）▽三塁打　田代▽二塁打　今田、田代、外山徹

【ベンチ入りした主なプロ野球選手】

≪広島商≫

谷真一	法大—本田技研—近鉄・83年ドラフト2位

⑨⑦ 1975年8月20日
第57回全国高校野球選手権準々決勝

広島商－中京商
（広島）　（岐阜）

七回、広島商1死一、二塁、幡司の左越え二塁打で二塁走者に続き、一塁走者浜田（奥）も生還し2点を先制する。捕手森田

広島商 投手戦制し4強

第57回全国高校野球選手権大会第10日は20日、甲子園球場で準々決勝4試合を行った。広島商（広島）と中京商（岐阜）の対戦となった第3試合は1点を争う投手戦となり、七回に3点を挙げた広島商が3－0で勝った。21日の準決勝は習志野（千葉）－広島商、新居浜商（愛媛）－上尾（埼玉）の顔合わせとなった。

広島商・山村と中京商・今岡の息詰まる投げ合いが続いた。左の山村は切れのいいカーブ、右の今岡が速球で付け入る隙を与えない。ともに持ち味を生かした最高の投球だった。

試合が動いたのは七回だった。広島商は1死後、今田が右前打。浜田の送りバントは中京商の意表を突き、慌てた今岡が二塁に送球して野選となった。続く幡司は左翼手の頭上を越す二塁打を放ち、2点を先取。送球の間に幡司は三塁まで進んだ。さらに代打徳永がスリーバントスクイズを決めてダメを押した。

山村完璧 強力打線を翻弄

山村が守り切り、幡司が打った。まさに投打のヒーローである。「試合のムードに巻き込まれることなく淡々と投げてくれた」。迫田監督は山村を褒めちぎった。会心のゲームは山村がつくりあげたからである。

甲子園での3試合で計37安打19点の猛打を誇る中京商打線を完璧に封じ込んだ。「コントロールが思い通りだった」という通り、左腕が操る球筋は意のままに打者をかわした。待てばずばりとストライクを投げ込み、振ればカーブがすとんと落ちる。気負えば外角にシュートが逃げる。中京商の強打者は最後まで首をかしげていた。

山村の好投を実らせたのが幡司。七回に殊勲の長打を飛ばした。「真ん中の直球で、手応えは十分だった」。谷から始まる広島商の上位打線が、中京商の今岡を攻めあぐねていただけに値千金の快打だった。

しかも七回は迫田監督が「お前に任せた」と言い切って、1死からあえて走者をバントで送った。過去の試合で守備などでいいところがなく「監督に厳しく指導されたのがいい薬になった」。一度調子が出ると乗りに乗るタイプだけに、広島商にとって幡司の復調は心強い。

巧みな広商野球 七回に本領発揮

「やっぱり広商さんは強かった」。中京商の近藤監督を嘆かせた巧みな野球を見せたのは七回だ。1死一塁で打席に入ったのは179㌢、86㌔と大柄な浜田。いかにも長距離砲らしい浜田を見て中京商は強攻しか考えていなかった。三遊間を抜かれないよう、遊撃手は三塁寄りに守った。ところが迫田監督の指示はバント。打球は投手の今岡の正面に転がった。普段なら、二塁へのベースカバーが遅れた遊撃手を見て、一塁へ投げていただろう。しかし、意表を突かれた今岡に余裕はなかった。先制点を与えたくない気持ちが強く、二塁へ投げた。カバーの遅れた遊撃手が何とか捕球したが、ベースタッチをせずに走者へタッチにいくミスを犯した。

続く打者は幡司。今岡は前の打席で二塁打を喫していたが、また同じような球を投げるミスを重ねた。「最も警戒していた打者だったが…」。近藤監督が悔やんだのも無理はないが、「最高のピッチングだった」という今岡の投球を狂わせたのはミスがミスを呼ぶ負の連鎖としか言いようがない。

左翼手から本塁への返球の隙を見逃さず三塁を奪った幡司の好走塁。代打徳永は2度スクイズをファウルし、追い込まれたものの、最後にスリーバントスクイズを決めた。わずかなほころびをぐいぐい突いてチャンスを広げる広島商野球の特長が集約されたイニングだった。

試合前の練習で左投手にさっぱり快音が出ない中京商打線を見て、調子の良くない山村をあえて起用。七回のチャンスで幡司に懸けた迫田監督の好采配も見逃せない。広島商の試合巧者ぶりを存分に発揮した会心の試合だった。

中京商	0	0	0	0	0	0	0	0	0	0
広島商	0	0	0	0	0	0	3	0	×	3

（中）今岡－森田　（広）山村－浜田

【中京商】		打	安	点
⑦	小島	4	1	0
④	日高	4	1	0
③	小林	4	0	0
⑤	豊平	2	0	0
⑨	藤崎	3	0	0
②	森田	3	0	0
⑥	和田	2	1	0
H	山下	1	0	0
6	中町	0	0	0
①	今岡	3	0	0
⑧	高本	3	0	0
	計	29	3	0

【広島商】		打	安	点
⑥	谷	3	0	0
⑤	福島	4	1	0
③	登	3	0	0
⑧	田井	3	0	0
⑨	今田	4	1	0
②	浜田	3	0	0
④	幡司	3	2	2
⑦	大野	2	0	0
H7	徳永	0	0	1
①	山村	2	0	0
	計	27	4	3

	振	球	犠	盗	失	残	併
中	7	1	0	1	0	3	0
広	5	4	2	3	1	6	0

▽二塁打　幡司2

メモ

「V確定?」

中京商との準々決勝は「事実上の決勝戦」という声もあった。なぜなら、広島商の過去12度の出場のうち、ベスト4に進出した5大会はいずれも深紅の大優勝旗を手にしているからだ。今大会が6度目の挑戦。選手、監督で2度の夏制覇を果たしている迫田穆成監督は「相手がそれを意識してくれればねえ」。準決勝の相手である習志野への無言の圧力に期待していた。

【ベンチ入りした主なプロ野球選手】

≪広島商≫

谷真一　法大－本田技研－近鉄・83年ドラフト2位

広島商－習志野
（広島）　（千葉）

一回、習志野1死二、三塁、岩崎がスクイズを空振り。三塁走者福田が三本間に挟まれたが、三塁手福島のタッチをかいくぐり、セーフとなる

広島商 習志野に完敗

第57回全国高校野球選手権大会第11日は21日、甲子園球場で準決勝2試合が行われた。第1試合は広島商（広島）が習志野（千葉）のエース小川に4安打に抑えられ、0－4で敗れた。22日の決勝は習志野と新居浜商（愛媛）が対戦する。

広島商の先発山村は立ち上がり制球に苦しんだ。一回、福田に四球、越智に左前打を許し、楠田が送って1死二、三塁。2死後、小川に外角カーブを右前へ運ばれ、先制を許した。

習志野打線は高めに入る山村のカーブを狙い打った。走塁ミスなどがなければ、七回に山村の暴投などで得点するより前に攻略できただろう。常に走者を得点圏に置くなど、打力を過信せずセオリーを踏んだ作戦は、広島商を脅かし続けた。

広島商は、まずい試合をした。一回、先頭の谷が四球で出塁したが、走って刺され、二回はエンドランが失敗して併殺。三回には谷がけん制死。六回は二塁走者の福島が捕手からのけん制球でアウトに。ミスが続き、独り相撲を取ってしまった。

思わぬ敗戦 悔しさにじむ

広島商ナインは重いスパイクを引きずって通路に出てきた。ユニホームは泥まみれ。思いもしなかった敗戦の屈辱を背負っていた。

「負けるなんて思ってもいなかった」と唇をかむ登。ナインは悔しさを懸命にこらえているのが分かる。そばのインタビュー台で迫田監督が完敗にむしろさばさばした表情で「うちにはええとこがなかった」と汗を拭いていた。

山村は「立ち上がりが悪く、狙った球がボールになった」と無念さを募らせた。一回、三塁走者を挟みながら生かした浜田は「深追いして…」と語尾をのみ込んだ。今田は「（習志野の小川に）直球とカーブをうまく使われて…」と力なく答える。

試合前までナインが考えていたのは深紅の大優勝旗だった。自信もあった。登は「負けるときはこんなもの。悪いところばかり出た。でもここまでやれるとは思っていなかったのでベスト4は満足です」と前を向いた。

らしくない野球 随所に顔を出す

優勝候補に挙げられていた東海大相撲（神奈川）が準々決勝で消え、広島商がクローズアップされた。それが広島商ナインに微妙な影響を与えたのかもしれない。「きょうはおかしかった。うちらしくない野球だった」。迫田監督も首をかしげた。

広島商らしくない野球が一回の守りで早くも顔を出した。1死二、三塁で打者岩崎はスクイズを空振り。三塁走者の福田を三本間に挟んだ。ところが捕手浜田から三塁手福島への送球が少し遅れて、走者を生かしてしまった。広島商には考えられないまずいプレーだった。

岩崎を三振に打ち取ったが、小川に高めのカーブを捉えられた。「小川君へのあの一球が一番悔いが残る」と先発山村は残念がった。

この失点がプレッシャーとなり、広島商のちぐはぐな攻めとなって表れた。その裏、四球で出た谷の盗塁失敗。三回2死一、二塁では、走塁には自信があるはずの谷のけん制アウト。六回にも2死二塁で福島が捕手のけん制球に刺されている。一回の谷の二盗について、迫田監督は「サインは出していなかった」という。本来なら右打者の福島を左打席に立たせたのは、内野ゴロで走者を二塁に、という狙いがあったからだ。しかし谷は、福島への初球で走ってアウトになってしまった。

三回、谷が二塁でけん制アウトになったとき、ベンチで悔しがっていた迫田監督。後で「習志野のあのけん制プレーは、あらかじめ選手に注意していた」という。足への過信があったというより、先行された焦りが知らず知らずのうちに、広島商ナインを追い込んでいたのだろう。

	1	2	3	4	5	6	7	8	9	計
習志野	1	0	0	0	0	0	1	0	2	4
広島商	0	0	0	0	0	0	0	0	0	0

（習）小川－神子　（広）山村、田井－浜田

【習志野】		打	安	点
④	福田	4	1	0
⑨	越智	4	2	0
⑧	楠田	3	0	0
⑦	岩崎	2	0	0
H7	円藤	1	0	0
①	小川	4	3	1
⑥	下山田	3	0	0
③	菱木	3	2	0
②	神子	3	1	0
⑤	小林	4	1	0
	計	31	10	1

【広島商】		打	安	点
⑥	谷	2	0	0
⑤	福島	3	1	0
③	登	4	0	0
⑧1	田井	3	1	0
⑨	今田	3	0	0
②	浜田	3	1	0
④	幡司	3	1	0
⑦	大野	1	0	0
H78	徳永	1	0	0
①	山村	1	0	0
H	山本	1	0	0
7	児島	0	0	0
	計	25	4	0

	振	球	犠	盗	失	残	併
習	4	3	3	1	1	6	2
広	7	6	0	1	2	4	1

▽暴投　山村▽捕逸　浜田

メモ

「恵みの雨」

準決勝が終わって、2日続けて雨天順延となった決勝。勝ったのは準決勝で広島商を破った習志野だった。エースは前ヤクルト監督の小川淳司。痛めていた右肩は広島商戦から痛みが再発したという。劇的に状態が好転する治療法もなかっただけに、「2日間は恵みの雨でした」。痛みに耐えながらも9回を投げ切り、試合後、涙を流した。

【ベンチ入りした主なプロ野球選手】

≪広島商≫

谷真一	法大－本田技研－近鉄・83年ドラフト2位

≪習志野≫

小川淳司	中大－河合楽器－ヤクルト・82年ドラフト4位－日本ハム

崇徳－高松商
（広島）　（香川）

八回、崇徳2死一、二塁、山崎の右翼線二塁打で黒田（右から2人目）が生還。7−6と勝ち越す。④は樽岡。捕手三好

崇徳打ち勝ち初戦突破

第48回選抜高校野球大会第4日は31日、甲子園球場で1回戦2試合が行われた。第1試合の崇徳（広島）―高松商（香川）は、一回から激しい打撃戦となり、八回に5点を勝ち越した崇徳が11―8で打ち勝った。

崇徳・黒田、高松商・石川の両エースの不調で、両チーム合わせて27安打の派手な試合。ともに得意のカーブが決まらず、直球に的を絞った打撃戦となった。

3点をリードされた崇徳は六回、応武が死球で出塁し、1死後に兼光、黒田の連打、釘屋のスクイズで1点差とし、山崎の右中間二塁打で追い付いた。

決着をつけたのは八回。2死を取った石川が制球を乱して連続四球、山崎が右翼線に二塁打を放ち、黒田が勝ち越しのホームを踏んだ。さらに代わった岡田真から樽岡の適時打などで計5点を挙げた。

山崎が勝ち越し二塁打「みんなでカバー」

八回2死一、二塁。1ボール後の2球目、山崎は石川の投じた外角直球をきれいに流し打った。勝ち越しの右翼線二塁打。「これが最後のチャンスと思って打席に入った。うまくバットが出た。いいところに転がった」とにっこり。

六回、高松商に逆転された時も「負ける気はしなかった」という。「チェンジになってベンチへ引き揚げてくると、みんな意外にさっぱりしている。かえってリラックスしたみたいで、やる気になった。打ち合いには自信があったし、黒田の調子がもうひとつなので、みんなでカバーしようと声をかけた」と振り返った。

うなだれる黒田「初心に返って」

崇徳の黒田は「こんなに打たれたことはあまりない。直球が高めに浮いてしまい、低く狙おうとすると肩に力が入った。応武（捕手）のサイン通りにいかないので苦しんだ」と、うなだれた。

応武も「2点、3点なら仕方ないが、8点も取られるなんて。騒がれて慢心したとしか考えられない。今度は初心に返って投げてもらいたい」と怒りをぶつけるような口ぶりだった。

エース黒田不調 大乱戦

「100点満点の10点じゃ」。崇徳の久保監督が吐き捨てるように言った。大会きっての右腕と評価の高いエース黒田が想像を超えるめった打ちに遭った。事実上の優勝戦といわれたこの一戦が大乱戦となったのは黒田の不調だった。

高松商の知将・若宮監督はにんまりしていた。カーブを狙わせるかと思えば、黒田の得意とする速球に的を絞り、積極果敢に打たせた。「直球で打てそうならボールでも振ってこい」が若宮監督の立てた黒田攻略法。それが立ち上がりに鮮やかに的中した。2、3番が速球を右へ連続長打して先取点をもぎ取る。

得意球を狙われた先制パンチは、黒田の自信を揺さぶるに十分だった。4万1千人の大観衆であがってしまったのも確かだが、このショックは「高松商は昨秋の練習試合より手ごわい」と黒田を萎縮させた。速球の伸びと制球力を奪った。

捕手の応武は「内角にサインを出してもこない。真ん中や外角に入ってしまって」と明かす。打者をのけ反らせ、バットに当たっても凡飛、凡ゴロになるはずの速球は影を潜めた。黒田の手元を離れた球は外へ外へと逃げた。高松商打線はそこを待ち構えて狙い打った。

高松商は出場30チーム中、下から3番目のチーム打率。抜きんでた選手の少ない打線が6長打を含む14安打を放ち、8点を奪った。投手の不調で崇徳に勝ちを譲ったが、若宮監督は「攻撃では満点でした」と胸を張った。

高松商	1	0	1	0	0	4	0	0	2	8
崇徳	1	0	2	0	0	3	0	5	×	11

（高）石川、岡田真、石川―三好　（崇）黒田―応武

【高松商】	打	安	点
⑥ 江口	5	0	0
⑤ 新宮	5	2	1
⑦17岡田真	5	3	1
⑧ 山本	5	3	1
② 三好	5	2	1
③ 十河	4	2	1
⑨ 岡田顕	4	0	0
①71石川	3	1	1
④ 山名	3	1	1
計	39	14	7

【崇徳】	打	安	点
⑥ 山崎	4	2	2
④ 樽岡	5	4	3
⑧ 小川	3	2	0
⑦ 永田	5	2	3
② 応武	3	0	0
⑨ 槙村	3	1	1
③ 兼光	4	1	0
① 黒田	3	1	1
⑤ 釘屋	2	0	1
計	32	13	11

	振	球	犠	盗	失	残	併
高	5	3	1	0	2	8	1
崇	3	6	3	3	1	6	0

▽三塁打　山本▽二塁打　新宮、岡田真、山名、十河、山崎2、永田、山本

メモ

「ノンプロ軍団」

高校生離れした体格と実力から「ノンプロ軍団」と呼ばれた崇徳ナイン。エース黒田真二、山崎隆造、小川達明、応武篤良と高校生ではトップクラスの選手をそろえ、初出場ながら優勝候補の筆頭に挙げられていた。その年のドラフト会議で、この4選手は指名を受け山崎、小川は広島に入団。黒田は日本ハムを拒否して日本鋼管福山、応武は近鉄を拒否して早大入りした。

【ベンチ入りした主なプロ野球選手】

≪崇徳≫

黒田真二	日本鋼管福山―リッカー―ヤクルト・83年ドラフト外
山崎隆造	広島・77年ドラフト1位
小川達明	広島・77年ドラフト5位

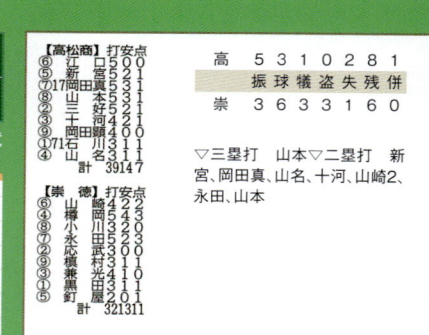

⑩ 1976年4月3日
第48回選抜高校野球大会2回戦

崇徳（広島）－鉾田一（茨城）

九回、崇徳2死一、二塁、永田が逆転の右中間三塁打を放つ。捕手久保

崇徳「奇跡」の大逆転

第48回選抜高校野球大会第7日は3日、甲子園球場で2回戦3試合が行われ、ベスト8が出そろった。第2試合は、崇徳（広島）が1点を追う九回2死走者なしから、敵失をきっかけに4点を奪い、鉾田一（茨城）を4－1で下した。

崇徳は奇跡的な逆転勝ちを収めた。1点をリードされ、九回2死走者なし。樽岡の一ゴロを一塁手がはじき、出塁。小川の当たりは遊撃手右を抜けて、一、二塁。ここで4番永田が右中間を深く破る逆転の2点三塁打を放った。気落ちした鉾田一のエース戸田をさらに攻め、四球と2安打で計4点をもぎ取った。

黒田は被安打2と好投。八回に戸田に浴びた本塁打による1点に抑えた。

九回2死から執念実る

永田のバットからはじき出された打球はぐんぐん伸びる。右中間のど真ん中を深く抜ける。二塁から樽岡、一塁から小川がホームベースを駆け抜け、両手を上げてガッツポーズ。永田は三塁ベース上で「どうだ」とばかり胸を張る。崇徳の大逆転劇である。

4万5千人のファンの誰が想像したであろう。八回、鉾田一の初安打となる戸田の本塁打で0－1。九回もすでに2死。誰もが勝負あったと思った。左腕戸田の一球一球に送られていた大歓声がどよめきに変わったのは、その直後であった。

樽岡は一ゴロ。一塁手が後ろにそらして逆転ドラマが始まった。小川の遊撃手右の打球がグラブの下をくぐり抜けて中前へ。そして、永田の糸を引くような強烈なライナーが飛び出した。

「お前に任せるから、何かやってくれ」。打席に入る前、永田は久保監督から言われたそうだ。「アウトコースのストレート。狙っていたボールがきた。バットの芯でとらえたので、『やった。長打になる』と思った」。永田は一気にしゃべりまくる。とは言うものの、「2死になった時、もう駄目と思った」と本音も。だが「ベンチは沈んではいなかったし、打順を回してくれ、と僕は言った。プレッシャーはかかった」と最後は苦笑いした。

ミスや隙を突く崇徳打線はまた評価を高めた。「僕らは昨夏、広陵に八回まで0－3で負けていて逆転したことがある。あの場面を思い出した」と黒田。最後まで勝負を諦めない執念。それは昨夏から受け継がれている「お家芸」だ。

「負けたと思った」山崎主将

マンモス球場を揺るがす歓声の中、大逆転をやってのけた崇徳ナイン。インタビュールームに引き揚げてきた時には、興奮はあまりなかった。被安打2と好投した黒田は「調子は上がってきたが、まだ僕のベストピッチングには程遠い。カーブはよかったけど60～70点の出来」と淡々。山崎主将は「気の緩みがあった。本当は負けたと思いました」と言葉は少ない。

お立ち台の永田以外は椅子に座って、まるで敗戦チームと勘違いするくらい静か。興奮していたのは、ナインよりも首脳陣だった。「何もすることがないんで、きょうは疲れなかった」と話す久保監督の顔は真っ赤。吉田コーチも「狙い球を絞るのが遅すぎた。一塁手の失策がなければ、もう広島駅に着いていただろう」と苦笑した。

崇徳	0	0	0	0	0	0	0	0	4	4
鉾田一	0	0	0	0	0	0	0	1	0	1

（崇）黒田－応武　（鉾）戸田－久保

メモ

「強運」

九回2死走者なしの場面で一塁手のまさかの後逸から始まったドラマは、「奇跡の逆転劇」として今も語り継がれている。その中心にいたのは、強運を自負する久保和彦監督だ。1975年秋の監督就任時に「俺はものすごく運の強い男。だから君たちは優勝する」とあいさつ。山崎隆造は「あの言葉でみんなその気になった。鉾田一戦で、あの強運は本物だとあらためて分かった」と振り返った。

【崇　徳】		打	安	点
⑥	山　崎	3	1	0
④	樽　岡	3	0	0
⑧	小　川	4	1	0
⑦	永　田	3	1	2
②	応　武	4	1	1
⑨	釘　屋	3	0	0
H9	夏　山	0	0	0
③	兼　光	4	3	1
①	黒　田	3	0	0
⑤	槇　村	2	0	0
	計	29	7	4

【鉾田一】		打	安	点
⑥	一ノ戸	4	1	0
④	田　口	3	0	0
⑧	吉　本	3	0	0
①	戸　田	3	1	1
③	竹　内	3	0	0
⑤	大　森	3	0	0
⑨	大井川	3	0	0
⑦	高　田	3	0	0
②	久　保	2	0	0
H	小　川	1	0	0
	計	28	2	1

	振	球	犠	盗	失	残	併
崇	10	5	1	0	0	4	0
鉾	11	1	0	0	2	1	1

▽本塁打　戸田（黒田）▽三塁打　永田▽暴投　戸田

【ベンチ入りした主なプロ野球選手】	
≪崇徳≫	
黒田真二	日本鋼管福山－リッカー－ヤクルト・83年ドラフト外
山崎隆造	広島・77年ドラフト1位
小川達明	広島・77年ドラフト5位

⑩1976年4月4日
第48回選抜高校野球大会準々決勝

崇徳－福井
（広島）（福井）

五回、崇徳2死満塁、黒田の三ゴロが一塁悪送球となる間に、三塁から応武②、二塁から釘屋が生還。3-0とする

崇徳 投打かみ合い快勝

第48回選抜高校野球大会第8日は4日、甲子園球場で準々決勝4試合が行われた。第3試合の崇徳（広島）－福井（福井）は、崇徳の黒田が八回2死まで無走者という快投を見せ、4－0で快勝した。

5日の準決勝は、小山（栃木）－東洋大姫路（兵庫）、崇徳－日田林工（大分）の顔合わせとなった。

崇徳は投打の歯車が見事にかみ合った。投では復調した主戦黒田が八回2死までパーフェクト。打は三回を除き毎回の14安打。塁上をにぎわせ、福井を守勢一方に追いやった。

均衡を破ったのは五回。2死から永田、応武の短長打と釘屋の四球で満塁とし、兼光が三遊間を割って先制した。続く黒田の三ゴロが三塁手の悪送球を誘い、2者が生還。一挙に3点を挙げた。

八回は強攻から一転して山崎が三塁線へバント安打。虚をつかれた野手の失策が絡んで追加点を挙げた。

福井は黒田の速球に押され、カーブでかわされた。完全試合を逃れるのがやっとだった。

八分の力で完璧投球
黒田

福井の島崎が中前へ打ち返した。黒田の91球目、福井ベンチが思わず総立ちでたたえる。不名誉な「完全試合」を免れた一打が、八回2死でやっと出た。これでは広島から請われて福井に赴き、「広島野球」を雪国で花咲かせた三原監督（元広陵監督）も手の打ちようがない。黒田の鮮やかなピッチングの前に、「完敗です」と頭を下げた。

この日の黒田は立ち上がりこそボールが多かったが、速球は切れが良く、カーブも制球力も抜群。「内角の球を捨て外角を中堅へ打ち返せ」と三原監督に策を授けられた福井打線をなで切りにした。

2日続けての2安打投球。この完璧な内容の秘密は黒田の右臀部《でんぶ》の筋肉痛にあった。「大会ナンバーワンの右腕」の評判を引っ提げて甲子園入りした黒田。練習でも報道陣を前に力投を見せ、一層評価を高めた。

半面、本番となるとその評価が大きな負担になる。「ナンバーワンの力を出したい」と必要以上に力んでしまった。「そこは17の子どもですから」と久保監督が言う通り、1回戦の高松商（香川）戦では11安打される散々の出来。そして2回戦。中盤に右臀部の筋肉を痛めた。「走る時には痛みはなく、投球で腰をひねると痛い」という程度。この軽い痛みが、黒田の力みを取る「秘薬」となった。

「痛みがあるので八分程度の力で投げ、打たせて取ろうと思った。それで自然にピッチングのリズムを取り戻した」と黒田。投球スタイルを変え、ペースに乗ってきた。

自信が漂う
崇徳ナイン

黒田の快投、迫力ある打線で快進撃の崇徳ナイン。ベスト4進出にも「当然」といった自信が漂う。グラウンドの闘志あふれるプレーとは対照的に、落ち着き払って引き揚げてくる。久保監督も「ようやく本調子。鉾田一（茨城）戦で（敗退し）もう広島に帰っていたんだ。こうなればうちは強い。私の作戦がまずくてチャンスをだいぶ逃したが、次からは逃しませんよ」と笑い飛ばす。

五回2死満塁で先制の三遊間安打を放った兼光は「まだ甲子園では打点が1しかなかった。打ってやろうと待っていたらうまくストレートがきた。これまで最高の当たり」と淡々。この日、2三振と振るわなかった山崎主将も「僕が打たなくてもみんなやってくれますよ」と余裕の表情を浮かべていた。

崇徳	0	0	0	0	3	0	0	1	0	4
福井	0	0	0	0	0	0	0	0	0	0

（崇）黒田－応武　（福）島崎、堀江－武田

メモ

「激励」

福井の三原新二郎監督は広陵を春夏3度、甲子園に導いた名将。崇徳の吉田祥三コーチとは中学時代からのライバルだったという。試合後のインタビュールームで吉田コーチの姿を見つけると、「優勝せえ」とハッパをかけた。また、福井の中広欣明主将と崇徳の釘屋昌弘は岩国東中時代のチームメート。「頑張れよ」という中広主将の声に、釘屋は自信満々の表情で応えた。

【崇　徳】		打	安	点
⑥	山崎	5	1	0
④	樽岡	4	2	0
⑧	小川	5	1	0
⑦	永田	4	2	0
②	応武	5	1	0
⑨	釘屋	4	3	0
③	兼光	5	3	1
①	黒田	3	0	0
⑤	槇村	4	1	0
	計	39	14	1

【福　井】		打	安	点
⑧	家根	4	1	0
④	南口	4	0	0
⑥	中広	3	0	0
⑨	林	3	0	0
⑦	笹島	3	0	0
①	島崎	3	1	0
⑤	国領	3	0	0
②	武田	2	0	0
H	大西	1	0	0
③	八力	2	0	0
1	堀江	1	0	0
	計	29	2	0

	振	球	犠	盗	失	残	併
崇	2	5	0	2	0	13	0
福	8	0	0	0	2	2	3

▽二塁打　釘屋2、応武

【ベンチ入りした主なプロ野球選手】

≪崇徳≫

黒田真二	日本鋼管福山－リッカー－ヤクルト・83年ドラフト外
山崎隆造	広島・77年ドラフト1位
小川達明	広島・77年ドラフト5位

崇徳－日田林工
（広島）（大分）

初出場の崇徳 決勝進出

第48回選抜高校野球大会第9日は5日、甲子園球場で準決勝2試合が行われた。第2試合の崇徳（広島）－日田林工（大分）は崇徳打線が高倉、喜見両投手から小刻みに点を奪い、黒田が6安打1失点の好投で、3－1で快勝した。

6日の決勝は、崇徳－小山（栃木）の顔合わせとなった。崇徳の初出場での決勝進出は、第46回大会の池田（徳島）以来2年ぶり。広島県勢として第8回大会の広島商以来、45年ぶりの優勝を目指す。小山は初の決勝進出で栃木県勢では第34回大会で優勝した作新学院以来、14年ぶり。

崇徳は七回を除く毎回の11安打。一回、永田の中前への飛球が野手の間に落ちるラッキーな安打で先制した。三回は1死三塁で小川の右犠飛。四回は2死から四球を挟んで黒田、山崎がクリーンヒットして加点した。

主戦黒田は立ち上がりがスピード不足だった。内角を狙う日田林工の逆を突いて外角を徹底して攻める応武の好リードで、尻上がりに調子に乗った。四回1死二、三塁で、日田林工は2ランスクイズを試みたが、一塁手兼光の好判断で2人目の走者は本塁でタッチアウト。堅守で相手に流れを渡さなかった。

主将山崎2安打 「優勝目指す」

調子は良くても悪くても、主将は報道陣のインタビューに引っ張り出される。2安打1打点と活躍した山崎はあふれそうな笑いを抑えているようだった。

一回、日田林工の先発高倉からいきなり左前打して高倉降板の足がかりをつくり、三回は四球を選ぶと鮮やかに二盗。1点差とされた四回には、日田林工に引導を渡す3点目の適時打を放った。「思い切っていったのがよかった。右翼へうまく打てました」。泥だらけの指がまだ震えていた。主将の重責を果たした喜びがにじんでいた。

準々決勝では打撃は振るわず、守りも危うい場面があった。この日は「不振の挽回を誓っていた」と言い、腰のポケットのお守りを触った。木村部長は「素直で神経質な面があり、主将として苦しむこともあろう」と思いやる。それだけに、山崎は責任を全うしうれしさで思わず含み笑いになったのだ。

小山との決勝を前に、吉田コーチは「山崎の活躍は大きい」と喜ぶ。山崎も「優勝目指して頑張る。塁に出て走り回りたい」と胸を張った。

兼光好判断 失点最小限に

一つのプレーが試合の主導権を押しやったり、引き戻したりする。「あれが決まっていれば…」と日田林工の原田監督を悔しがらせた場面が四回にあった。崇徳に2点リードされていた1死二、三塁。同点のチャンスで原田監督は3年前の出来事を思い起こした。

1973年の選手権3回戦の広島商戦。二回に2点を奪ったその裏の守りである。無死満塁からスクイズで1点を返され、四球で再び満塁。ここで佃に2ランスクイズを決められた苦い経験がある。試合はそのまま惜敗。以来、「打倒広島」を心に誓い続けてきた。

相手は違ったが、同じ広島勢。待ちに待ったリベンジのチャンスが巡ってきた。「2ランスクイズだ」。打者は5番入田。原田監督はちゅうちょなくサインを送った。3球目。スクイズはころころと三塁前に転がった。三塁走者米原に続いて二塁走者柳川も一気にホームへ走った。三塁手槇村の送球を受けた一塁手の兼光は、打者走者に目もくれず捕手応武へ転送。砂煙を上げて飛び込んだ柳川はアウト。「追い付いていれば勢いが変わり、勝機もあった」。原田監督がそう振り返る試合の分岐点だった。

兼光は「2ランスクイズをやってくると予想していた。三塁手の槇村がボールを取った時、走者が三塁を回るのが見えたので、ホームに送球した。うまくいきましたよ」と胸を張った。吉田コーチは「兼光が冷静な判断をしてくれた。声のある野球をやってきたたまものだ。この日は兼光が立役者」とたたえた。チームを救うビッグプレーだった。

四回、日田林工1死二、三塁、入田のスクイズで三塁走者米原に続き、二塁走者柳川もホームを突いたがタッチアウト。捕手応武

日田林工	0	0	0	1	0	0	0	0	0	1
崇　徳	1	0	1	1	0	0	0	0	×	3

（日）高倉、喜見－松原　（崇）黒田－応武

【日田林工】		打	安	点
⑧	吉　松	4	1	0
④	米　原	4	1	0
③	柳　川	2	1	0
⑤	八　谷	2	1	0
⑨	入　田	3	1	1
⑦	山　田	3	0	0
⑥	小　関	3	1	0
②	松　原	3	0	0
①	高　倉	0	0	0
1	喜　見	3	0	0
	計	27	6	1

【崇　徳】		打	安	点
⑥	山　崎	3	2	1
④	樽　岡	3	0	0
⑧	小　川	3	1	1
⑦	永　田	4	2	1
②	応　武	4	0	0
⑨	釘　屋	4	1	0
③	兼　光	4	2	0
①	黒　田	3	2	0
⑤	槇　村	3	1	0
	計	31	11	3

	振	球	犠	盗	失	残	併
日	6	1	1	0	0	1	0
崇	2	2	3	2	0	9	1

▽二塁打　米原、黒田、兼光

メモ

「初出場校」

史上最多となる13校が初出場となった第48回大会。初出場勢の活躍が目立つ大会となった。6校が初戦を突破し、崇徳、福井、日田林工、東洋大姫路（兵庫）、智弁学園（奈良）の5校がベスト8に進出。4強も小山以外の3校を占めた。崇徳は鉾田一（茨城）、福井、日田林工と初出場3校を破り、決勝へ駆け上がった。

【ベンチ入りした主なプロ野球選手】

≪崇徳≫

黒田真二	日本鋼管福山－リッカー－ヤクルト・83年ドラフト外
山崎隆造	広島・77年ドラフト1位
小川達明	広島・77年ドラフト5位

⑩1976年4月6日
第48回選抜高校野球大会決勝

崇徳―小山
（広島）（栃木）

崇徳 堂々の初優勝

センバツ 県勢45年ぶりV

第48回選抜高校野球大会最終日は6日、3万人の観衆が詰めかけた甲子園球場で崇徳（広島）―小山（栃木）の決勝が行われ、初出場の崇徳が5―0で快勝し初優勝を飾った。広島県勢の優勝は第8回大会の広島商以来、45年ぶり3度目。

試合終了後の閉会式で、崇徳・山崎主将に紫紺の大優勝旗が手渡された。崇徳ナインは雨のグラウンドを行進し、堂々と甲子園の土を踏みしめた。

紫紺の大優勝旗を手にした山崎主将を先頭に、グラウンドを1周する崇徳ナイン

崇徳は持ち味を貫いて、決勝を制した。雨や独特の雰囲気にも影響されなかった。ナインは思い通りプレーし、投げて打って走った。三、四回の好機は逃したが、五回に実らせた。兼光が左翼線に二塁打し、1死後に槙村が左前に運んで先制した。八回には5安打を集め、一挙4点。勝負を決めた。主戦黒田は、球に力がある上に制球力十分で全く危なげない内容。関東一の打力を誇った小山を3安打に抑え込み、完封した。

伸び伸び 存分に力発揮

決勝では甲子園に独特の雰囲気が漂う。「優勝」という二文字がプレッシャーとして加わるからだ。この状況で、自分の力を発揮するのは容易ではない。1973年夏、全国制覇した広島商の迫田監督は「甲子園では平素の6割ぐらいしか力が出せないもの」と言ったものだ。

ところがどうだろう。崇徳ナインは1回戦の高松商（香川）から決勝の小山までの5試合、持てる力を存分に発揮した。高松商に乱打された黒田を除いては。その黒田も2回戦の鉾田一（茨城）戦からは快投また快投である。「（準々決勝の）福井戦の途中で腹の下の筋肉を痛めたのがかえって良かった」という。それは表向きの理由。「とにかく捕手の応武を信頼して、丁寧に投げることだけを考えている」。それがいい結果につながった。

小山戦でも応武のサインに一度も首を横に振らなかった。「五、六回、3度もランナーを刺してくれて助かった」。2人の呼吸はぴたりと合っていた。

応武は言う。「けん制球もすべて僕のサイン。黒田には打者だけを目がけて投げろと言っている」。さらに「黒田の持ち味を出し、黒田のリズムで投げられるよう間を十分取るようにしているだけ。球審に注意されるのは覚悟の上」と明かす。高校野球の決勝で、これだけ落ち着いた捕手がかつていただろうか。

吉田コーチは試合での判断をすべて応武に任せている。「強気と緻密さを持ち合わせている。昨年、土取（前監督）に野球を十分教え込まれた」。応武の好リードから黒田の好投は引き出された。直球、大きく割れるカーブ、内角に沈むシュートに各チームのバッターは容赦なくひねられた。

八回、崇徳1死二、三塁、釘屋の左中間安打で三塁走者小川⑧に続き、二塁走者応武も生還し、3-0と突き放す

バッテリーが安定していれば、他の野手も伸び伸びとプレーができる。「決勝の感じはまるでなかった」と山崎主将。それが八回の集中打に結びついたのかもしれない。バントすると相手が読めば強打で、打ってくるぞと思わせてスクイズ。崇徳の作戦は「野球をよく知っている監督さんは戸惑うでしょうな」と久保監督が話すほど憎い攻めの連続だった。

「（九回2死走者なしから逆転した）鉾田一戦で一度は死んでいたチームだ。それが生き返ったのだ。うちは不死身」（久保監督）とばかりに大技、小技を畳み掛けて頂上を極めたナイン。冷静なゲーム運びでつかんだ栄光である。

優勝を決め、躍り上がって喜ぶ崇徳の黒田㊨。左は槙村

兼光二塁打 先制の口火

五回、兼光のバットが快音を発した。打球は左翼線を鋭く抜いていく。決勝の重苦しさを吹き飛ばす二塁打だ。「槙村は勝負強いので僕が出れば続いてくれると思って力いっぱいひっぱたいた」。予感通り槙村が打ち、兼光は先制のホームを駆け抜けた。八回のチャンスでは、二塁に釘屋を置いて中前へ運んだ。「集中打が売り物の崇徳」を見事に演じた7番打者だ。

決勝は3安打の固め打ちで大会5試合を通じて計12安打。5割7分1厘という高打率を残した。「彼にはクリーンアップを打つ力がある」とベンチの信頼は厚い。八回の打席では3ボールから「打て」のサインが出た。「僕は練習より、試合の方が気合が入ってよく打てる」と言ってのける。

昨年のシーズン前、「練習はきついし、遊びたくて…」と退部した。陸上部の練習に出るなど、野球とは縁のない生活を送っていた。夏の広島大会を見に行った時、野球の虫が収まらなくなった。「もう一度やらせて」と野球部に復帰した。

この日、甲子園の決勝という大舞台でウイニングボールを握った。その瞬間、胸は爆発しそうだったという。「野球を続けてほんとによかった」と話し、感慨に浸った。

黒田 3安打完封

吐責が転機 「チームを信頼」

「やったぞ」の意識はあるが、言葉にならなかった。体がぶるぶる震えていた。黒田の体の中を興奮と戸惑いが駆け巡っていた。母よしえさんとの電話での会話も、おえつばかりだった。

雨の中、強打の小山を3安打完封。大会ナンバーワン右腕は筋肉痛にも耐え抜き、その力量を見せつけた。「抑えてやろうとは思わなかった。打たれてもいいから丁寧に。それだけを考えて」と答えた。

快投の秘密はこの言葉の中にある。1回戦の高松商戦で8点を奪われ、久保監督や捕手の応武から「騒がれていい気になっている」と吐責《しっせき》された。黒田は考えた。ピッチングがさえ始めたのはそれからである。

「チームのみんなを信頼すること。自分一人で野球をしてはいけないことがよく分かった」。高くなった鼻を打たれて学んだ強さが、優勝への原動力となった。

広島県東城町（現庄原市）の出身。鳥取県との県境に位置する雪深い地域から出てきた少年だ。下宿生活を送り、土日曜に訪れる両親と会うのが唯一の楽しみだという。「今は真っ先に両親に会いたい」。雨と涙にぬれた顔で照れくさそうに話した。

崇徳・久保監督の話

よくやってくれた

絶対に勝つつもりで戦った。2回戦の鉾田一戦で死にかかっていたのに勝てたのが大きい。私の作戦は下手だったのに子どもたちがよくやってくれた。うれしいです。小山の（エース）初見はいつでも打ち崩す自信はあった。小山は好チームなんですが、私の方を意識し過ぎて萎縮していたようです。夏に向けてさらに面白いチームをつくります。

小山	0	0	0	0	0	0	0	0	0		0
崇徳	0	0	0	0	1	0	0	4	×		5

メモ

「大フィーバー」

紫紺の優勝旗を持ち帰った崇徳ナインを待っていたのは、地元ファンの過剰なほどの熱狂ぶりだった。主将の山崎隆造は「男子校に女子学生が何百人も。世界が変わった」。連日400人近くのファンが学校に押しかけ、練習もままならない状況が続いた。贈り物やファンレターの嵐。街ではサイン攻めにあい、エース黒田真二も「自由に出歩けなくなった」と苦笑い。

【小山】	打	安	点
④ 秋山	4	0	0
⑨ 伊東	4	0	0
⑧ 黒田	3	0	0
③ 多賀谷	3	1	0
⑦ 石井	3	0	0
⑤ 諸原	3	1	0
① 初見	3	1	0
② 立川	2	0	0
⑥ 荒川	2	0	0
計	27	3	0

【崇徳】	打	安	点
⑥ 山崎	5	2	0
④ 樽岡	4	1	0
⑧ 小川	4	1	0
⑦ 永田	4	0	0
② 応武	4	1	0
⑨ 釘屋	4	2	2
③ 兼光	4	3	1
① 黒田	4	2	0
⑤ 槙村	2	1	2
計	35	13	5

	振	球	犠	盗	失	残	併
小	4	2	1	0	1	3	1
崇	0	1	1	5	2	8	1

▽二塁打　兼光、初見、応武

投手	回	打	安	責
初見	8	37	13	4
黒田	9	30	3	0

【ベンチ入りした主なプロ野球選手】

≪崇徳≫

黒田真二	日本鋼管福山—リッカー—ヤクルト・83年ドラフト外
山崎隆造	広島・77年ドラフト1位
小川達明	広島・77年ドラフト5位

広島県大会

⑩1976年7月29日
第58回全国高校野球選手権広島大会決勝

崇徳（広島）－尾道商（広島）

春夏連続出場を決め、応武②に笑顔で駆け寄る黒田（左から2人目）ら崇徳ナイン

崇徳 15年ぶり夏舞台

第58回全国高校野球選手権広島大会最終日は29日、広島市民球場で決勝があった。春の選抜大会を制した崇徳が尾道商を5―1で破り、15年ぶり2度目の甲子園出場を決めた。

崇徳の強さが際立った。一回に樽岡、小川達の連打に永田の犠飛、応武の右前適時打で2点を先行。1点差とされた五回には小川達の適時打で1点を加え、七回には槙村、山崎の短長打と樽岡のスクイズで決定的な2点を挙げた。

黒田は日頃の球威がなく、カーブの制球に苦しんだが、応武の好リードに支えられて好投。山崎を中心とした堅い守備陣にも助けられ、尾道商を3安打1失点に抑えた。

「春」王者 重圧はね返す

感涙にむせぶわけでもない。躍り上がって喜ぶわけでもない。優勝の瞬間の崇徳ナインは実にクールだった。最後の打者の飛球を遊撃手山崎主将が捕った。応武が立ち上がって万歳。マウンドから黒田が笑顔で駆け寄る。他の野手たちも握手を交わした。「甲子園では、体調を崩さず一戦一戦大切に」。淡々とインタビューに答える山崎主将。このクールさは王者の余裕なのだろうか。

冷静な崇徳ナインも、選抜大会の王者であるが故の長い試練に耐えてきた。この試合でも四回、黒田が今大会初の3連打を浴びて失点。多くのナインが重圧を感じた。「甲子園のことを考えると味方の守備が崩れそうで、怖かった」と小川達。九回2死で、日浦のファウルフライを捕り損ねた兼光も「これで甲子園だ、という気持ちが頭をよぎった」と明かす。

選抜から帰ると、崇徳ナインは一躍スターとなった。街を歩いていても、練習していても、特別な目で見られ続けた。夏も絶対負けられない、というプレッシャーもあった。6月ごろ、黒田は「野球をやめたい」と両親に言った。応武にも同様の悩みがあった。

ちやほやされ、気の緩みも生まれた。広島大会の前半、大量リードした場面などで、だらだらしたプレーが目立った。「確かに高校生らしさに欠けていた。ただ一つ残念だった点です」と吉田監督。早速、強烈な「カミナリ」を落とした。

野球で鍛え抜かれているとはいえ、多感な高校生だけに気持ちは微妙に揺れ動く。山崎主将は「追われる立場で苦しかった。でも過去のことは忘れるよう心掛けてきました。今では春の優勝が自信になっています」と力強く言った。

崇徳・吉田監督の話

力合わせた成果

大会前、追われる立場ということで選手にプレッシャーがかかったことがあるが、これが吹っ切れて心技一体の野球ができたと思う。山崎主将をはじめ、全員が力を合わせてやってきた成果だ。甲子園では一戦一戦、大事に守り切れる野球をやりたい。

尾道商	0	0	0	1	0	0	0	0	0	1
崇　徳	2	0	0	0	1	0	2	0	×	5

（尾）高山－浜本　（崇）黒田－応武

【尾道商】		打	安	点
⑧	武田	4	0	0
④	藤本	2	0	0
H4	豊田	2	0	0
⑥	藤尾	3	1	0
②	浜本	3	1	0
③	岡田	3	1	1
⑨	市川	2	0	0
H9	日浦	2	0	0
⑦	藤田	3	0	0
⑤	木原	3	0	0
①	高山	3	0	0
	計	30	3	1

【崇　徳】		打	安	点
⑥	山崎	4	2	1
④	樽岡	2	1	1
⑧	小川達	4	2	1
⑦	永田	3	0	1
③	兼光	3	1	0
②	応武	4	1	1
⑨	釘屋	3	0	0
①	黒田	3	0	0
⑤	槙村	3	2	0
	計	29	9	5

	振	球	犠	盗	失	残	併
尾	3	3	0	0	0	5	0
崇	4	2	2	0	1	4	1

▽三塁打　山崎▽捕逸　浜本3

【ベンチ入りした主なプロ野球選手】

≪崇徳≫

黒田真二	日本鋼管福山－リッカー－ヤクルト・83年ドラフト外
山崎隆造	広島・77年ドラフト1位
小川達明	広島・77年ドラフト5位

メモ

「新監督」

選抜大会で初出場初優勝を飾ってから3カ月。チームを率いていた久保和彦監督が退任し、吉田祥三コーチが監督に就任した。大会への不安材料は精神面だった。選抜優勝後のフィーバーぶりで気持ちが緩み切っていたからだ。吉田監督は座禅を組ませ、「栄光は捨てさせ、一から基本をたたき込んだ」。個性派集団を再び一つにまとめ上げ、広島大会制覇に導いた。

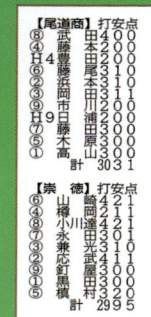

⑩⑤1976年8月12日
全国高校野球選手権2回戦

崇徳－東海大四
（広島）　（南北海道）

打線奮起 崇徳3回戦へ

第58回全国高校野球選手権大会第4日は12日、甲子園球場で2回戦4試合を行った。春夏連覇を狙う崇徳（広島）は第4試合で東海大四（南北海道）と対戦。エース黒田が発熱のため、四回から2イニングを投げただけで交代するアクシデントに見舞われたが、打線が奮起し10－8と打ち勝った。

崇徳は何とか逃げ切った。3番手兼光が九回、東海大四打線につかまった。4長短打と1死球で2点差に迫られ、なお2死満塁のピンチを迎えたが、空振り三振で切り抜けた。

黒田が発熱したことで、崇徳は和気を先発に立てた。二回に吉田の左中間三塁打、山本の投前内野安打で先制を許した。試合の流れが東海大四に傾きかけたため、四回から無理を承知で黒田が登板。五分の力も出せないふらふらの状態ながら2回を抑えた。エースの力投が四回の猛攻撃を呼び、食い下がられた終盤にも4点の追加点を引き出した。

主戦発熱 総力戦で乗り切る

エース黒田が倒れた――。選抜優勝の崇徳は、予想もできないアクシデントに見舞われた。前夜から発熱。この日午前11時からのミーティングで吉田監督は「総力戦で臨もう」「和気先発」をナインに伝えた。

背番号10の先発。事情を知らないファンがびっくりしたのはいうまでもない。和気は広島大会で6回を投げているが、選抜で登板はなく甲子園は初のマウンド。動揺は投球に表れた。四回に黒田が「僕に投げさせてください」と急きょマウンドへ。本来のピッチングには程遠く、無失点で抑えたものの2イニングで降板した。熱が再び39度に上がって、宿舎へ直行した。

3番手は兼光。練習試合で5、6イニング投げただけで公式戦初登板。七回には制球を乱して1点差に詰め寄られた。兼光は「最初はいつかストライクが入るだろうと思っていたけど、ストライクが入り出すと打たれ出してしまった」。九回も3点を失い、なお2死満塁。リードは2点で一打同点の場面。最後の山本から空振りの三振を奪い、逃げ切った。「味方が10点取ってくれていたので9点以内に抑えようとだけ思って投げた。うれしくて何も言えません」

山崎主将は「春の1回戦も大変だったが、それ以上に苦しい試合展開だった。本当にいい教訓になった」とほっとした様子。吉田監督は「（最後は）兼光に全てを任せる心境だった」と話し、「黒田を含めて全員がよく力を出してくれたおかげ」と選手をたたえた。

釘屋気力で 勝利に導く

釘屋の気力が、勝利の女神をほほ笑ませた。好打とファイトあふれるプレーで、大黒柱のエースが倒れたチームを引っ張った。

打線が東海大四の片山を打ちあぐねていた三回、右中間に三塁打して反撃の口火を切り、四回には右前打でチャンスを広げ、1点差に追い上げられた七回にはリードを広げる適時打。3打数3安打1打点、1四球という大活躍を演じた。

「広島大会で2割に満たない低打率の借りを返そうと思った。黒田だけでなく、みんな喜んでくれると思う」。3安打とも「読みがぴったり」で思い通り打てたという。好投手片山もお手上げだったろう。

宮島でもらったお守りは「宿舎に置いてきました」。試合であがったことがないという強心臓が、傷ついた選抜優勝校を見事に支え、広島大会の不振を本番で立派にカバーした。

四回、崇徳1死一、三塁、槙村のスクイズで三塁走者の釘屋が生還。4−1とする

東海大四	0	1	0	0	0	0	4	0	3	8
崇　徳	0	0	2	4	0	0	3	1	×	10

（東）片山－西村　（崇）和気、黒田、兼光－応武

【東海大四】	打	安	点
⑧ 長沢	4	3	0
⑤ 大畑	4	2	0
① 片山	4	0	0
③ 池田	4	1	2
⑦ 中村	4	1	2
② 西村	3	0	0
④ 林	3	0	0
H4 大塚	2	1	1
⑨ 吉田	2	2	1
⑥ 山本	4	1	1
計	34	11	7

【崇　徳】	打	安	点
⑥ 山崎	4	2	0
④ 樽岡	4	2	3
⑧ 小川達	5	1	1
⑦ 永田	4	1	0
③1 兼光	3	1	0
② 応武	4	1	0
⑨ 釘屋	3	3	1
① 和気	1	0	0
1 黒田	1	1	1
3 夏山	2	0	0
⑤ 槙村	4	2	2
計	35	14	8

	振	球	犠	盗	失	残	併
東	7	11	0	3	2	10	0
崇	5	4	0	7	3	5	2

▽三塁打　吉田、釘屋、樽岡▽二塁打　大畑、中村

メモ

「VS北海道」

広島勢は北海道のチームと春夏計11度対戦し、春が6勝1敗、夏が4勝と大きく勝ち越している。勝った大会は上位進出することが多く、験のいい相手でもある。6勝した春は優勝1度（2003年）、ベスト4が2度、ベスト8が1度。4勝の夏は準優勝2度（1967年、2007年）、ベスト8が1度となっている。

【ベンチ入りした主なプロ野球選手】

≪崇徳≫

黒田真二	日本鋼管福山－リッカー－ヤクルト・83年ドラフト外
山崎隆造	広島・77年ドラフト1位
小川達明	広島・77年ドラフト5位

崇徳－海星
（広島）（長崎）

崇徳 春夏連覇の夢散る

第58回全国高校野球選手権大会第9日は17日、甲子園球場で3回戦3試合が行われた。崇徳（広島）は海星（長崎）のエース酒井を攻略できず、0－1で敗れ春夏連覇を断たれた。

七回、海星2死一、三塁、古川一の打球は、捕前への内野安打となり、三塁走者の加藤が生還し決勝点を挙げる

崇徳は競り負けた。先発黒田は六回まで無安打。七回、加藤にチーム初安打を許し、ピンチを招いた。2死一塁から由本に右中間に落とされ、一、三塁。古川一の打球は捕前へ当たり損ねのゴロ。俊足を生かして一塁に駆け込む間に、加藤が決勝のホームを走り抜けた。

海星の酒井は評判にたがわぬ好投手だった。崇徳ベンチは「内角球を捨て、外角の球を遊撃方向へ振り切れ」という攻略法を立てたが、酒井は「内角の速球でカウントを稼ぎ、内角の速球で勝負した。外角は終わりまで遊び球に使った」。崇徳は完全に裏をかかれた。

悔やまれるのは二回の攻撃。先頭の永田が四球、兼光が中前に打ち返し、応武の犠打で1死二、三塁とした。しかし、釘屋に強攻させて三振。絶好の先制機をつぶした。崇徳のチャンスはこの回と三回以外には訪れなかっただけに、スクイズを試みる手もあった。

一瞬譲り合い 命取りに

九回2死から小川達が四球で出塁、打者は永田。選抜2回戦の鉾田一（茨城）戦で大逆転劇をやってのけた光景が頭によぎった。しかし、永田は2球目を打って三ゴロ、小川達が二封された。作新学院（栃木）、中京商（現中京大中京＝愛知）に続いて史上3校目の春夏連覇の夢は消えた。

試合は予想通り、崇徳・黒田、海星・酒井の投げ合いとなり、六回までゼロが並んだ。ところが七回、崇徳にとって「不運の一打」があった。黒田は1死後、加藤に左前へ初安打を許した。これが敗戦への幕開けとなった。

「嫌な予感がした」という木村部長の予感は現実となった。2死後、由本に右中間に運ばれ一、三塁。打席は100メートル11秒台の俊足古川一。その2球目。内角シュートを引っかけた打球は当たり損ね。「しめた」。黒田、捕手応武、吉田監督は一様に思った。

ところが一塁線に転がった打球を黒田と応武が一瞬譲り合い、応武が一塁に送球したときには古川一がわずかに早くベースに到達。加藤は決勝のホームを踏んでいた。黒田は「あれは僕の処理する球。声をかけ合わなかった」。応武は「黒田のボールと思った。ファウルになってくれと願った」と声を詰まらせた。

バッテリーがためらったプレーが命取りになった。黒田は「残念という気持ちはありません。終わったんだなーという感じ」。病み上がりの体で踏ん張り抜き、123球を投げ抜いた。強打の崇徳打線を2安打に封じた酒井とともに、5万人の大観衆をうならせた投手戦は見応え十分だった。

監督の心配的中

崇徳の吉田監督は大会前、「ウチが負けるなんて想像したこともない」と豪語していた。ただ、「今まで接戦の経験が少ない。競り合いになって、中盤で相手に先を越されたとき、焦りが出ないかということだけが心配」と気にしていた。「焦りはなかった」と言い切る山崎主将と応武だが、知らず知らずのうちに早打ちを繰り返していた。

酒井の投球は確かに素晴らしかった。しかし、崇徳ナインの想像を超えるほどではなかったという。「大したことはない。いい当たりが正面を突いただけ」と応武。強気の言葉とは裏腹に、安打は2本だけ。「いつでも打てる」という過信が、回を重ねるにつれて焦りに変わっていった。

海星	0	0	0	0	0	0	1	0	0	1
崇徳	0	0	0	0	0	0	0	0	0	0

（海）酒井－吉武　（崇）黒田－応武

【海星】		打	安	点
④	鈴木	3	0	0
⑥	平田	3	0	0
②	吉武	4	0	0
①	酒井	4	0	0
⑤	加藤	4	1	0
⑦	本田	3	0	0
7	川津	1	0	0
③	由本	3	1	0
⑧	古川一	2	1	1
⑨	古川俊	3	0	0
	計	30	3	1

【崇徳】		打	安	点
⑥	山崎	4	1	0
④	樽岡	4	0	0
⑧	小川達	3	0	0
⑦	永田	3	0	0
③	兼光	3	1	0
②	応武	2	0	0
⑨	釘屋	3	0	0
①	黒田	3	0	0
⑤	槙村	3	0	0
	計	28	2	0

	振	球	犠	盗	失	残	併
海	9	2	1	0	0	5	0
崇	8	2	1	1	2	4	0

メモ

「サッシー」

崇徳の春夏連覇の夢を打ち砕いたのは、海星のエース酒井圭一。大会ナンバーワン投手として注目され、「サッシー」の愛称で人気者となった。長崎大会では16者連続三振を記録。本大会でも徳島商、福井、崇徳、東北（宮城）という甲子園常連校や優勝候補を次々と撃破。PL学園（大阪）との準決勝は、延長十一回の末に2－3で敗れたが、強烈な印象を残した。

【ベンチ入りした主なプロ野球選手】

≪崇徳≫	
黒田真二	日本鋼管福山－リッカー－ヤクルト・83年ドラフト外
山崎隆造	広島・77年ドラフト1位
小川達明	広島・77年ドラフト5位
≪海星≫	
酒井圭一	ヤクルト・77年ドラフト1位
平田勝男	明大－阪神・82年ドラフト2位

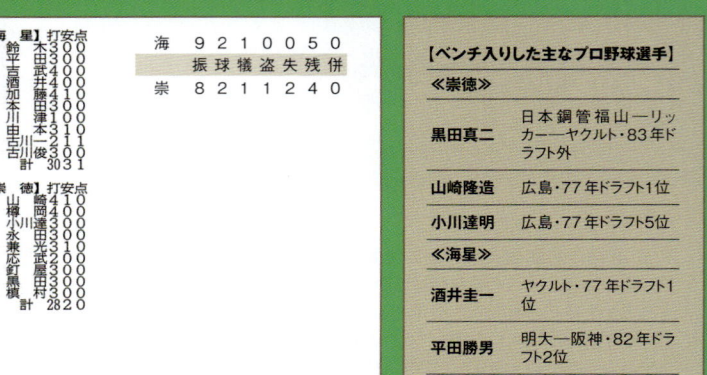

107 1977年4月1日
第49回選抜高校野球大会1回戦

瀬戸内－早実
（広島）　（東京）

打線沈黙 瀬戸内敗れる

第49回選抜高校野球大会第４日は１日、甲子園球場で１回戦３試合が行われた。第２試合で、瀬戸内（広島）は早実（東京）と対戦。瀬戸内は１安打に抑えられ、０－５で敗れた。

瀬戸内は早実・弓田の球を低めに散らして揺さぶる投球に対応できず、零封負けした。六回は３四球で２死満塁としたが、池永が二飛。九回は１死後、芳賀がチーム初安打となる左越え二塁打を放ったが、後続が打ち取られた。

瀬戸内の先発芳賀はスピード不足。三回に６長短打を浴びて３失点。八回にも３安打を集められ、ダメ押しの２点を失った。

六回、瀬戸内2死満塁、池永は二飛に打ち取られる。三塁走者上野。捕手栗島

125球目の一打 無安打免れる

九回、先頭の船本が三塁線にセーフティーバント。一塁へ懸命に駆け込む。打球を処理した早実の弓田に間一髪刺された。勝負に絡んだバントではもちろんなかった。八回まで無安打。一本の安打のために打った窮余の策だった。船本の気迫に後押しされ、続く芳賀が打った。「取られると思った」（芳賀）という当たりは前進守備の左翼手の頭上を越すチーム初安打。実に１２５球目。瀬戸内は不名誉な無安打試合を免れた。

２割７分のチーム打率は、出場30チーム中の最低。打撃の弱さが指摘されてはいても、ここまで弓田に封じ込まれるとは誰が予想しただろう。下手投げの弓田攻略に、瀬戸内の高本監督は「外角のベルトより低い球に的を絞って、中堅に打ち返せ」と命じた。しかし、弓田の投球は全く付け入る隙がなかった。外角へ浮き上がって曲がるカーブ。内角は切れのいいシュートと直球で突く。ゆっくりしたモーションから、ピッと速い球がくる。しかも高低、コースを際どく攻めるので、外角低めを狙うまでに打たされてしまった。

早実バッテリーが最もマークしたという池永は「カウントを追い込まれて、ついボールになる球を打った」と悔やむ。ネット裏で観戦していた元巨人投手の城之内さんは「1球ごとにプレートを踏み替えるコーナーワークと、制球力でひねった」と、弓田の投球に舌を巻いた。

弓田は「制球が悪く60点の出来」と言い、早実の和田監督も同じ採点だった。高本監督は「相手が一枚力が上だった」とかぶとを脱いだ。

意地の二塁打 芳賀「何としても打つ」

九回1死でチーム初安打となる左越え二塁打を放った芳賀は「打った瞬間、レフトフライと思った」。自らのバットでノーヒットノーランを回避し、ほっとした表情を浮かべた。

七回ごろから意識し始めたと言い、「何としてでも打ちたかった。真ん中からインコース寄りの直球。でもヒット1本ではね」と寂しそう。「必ず夏また来ます」と気を取り直していた。

瀬戸内	0	0	0	0	0	0	0	0	0	0
早　実	0	0	3	0	0	0	0	2	×	5

メモ

「初陣」

瀬戸内の前身である松本商に部ができたのが1919（大正8）年。外野手の守備が十分にできないほどグラウンドが狭く、恵まれない練習環境を克服し、初出場した昨秋の中国大会で準優勝。創部58年で春夏通じて初の甲子園出場を勝ち取った。初陣となる早実戦に向け、野球部特別後援会が宮島のしゃもじ2千本を用意。スタンドで「カチカチ」の音を鳴り響かせたが、初勝利はお預けとなった。

【瀬戸内】	打	安	点
⑤ 藤村	4	0	0
⑧ 船本	3	0	0
① 芳賀	2	1	0
⑦ 池永	4	0	0
② 伊藤	3	0	0
④ 安藤	2	0	0
⑥ 橋本	3	0	0
③ 福本	2	0	0
⑨ 上野	3	0	0
計	26	1	0

【早　実】	打	安	点
⑧ 清水	3	2	2
⑥ 山本	2	1	0
③ 井上	4	1	0
⑦ 川又	3	0	0
9 渡辺	1	1	0
⑨7 谷田部	3	0	0
⑤ 荒木	2	0	0
④ 丸山	4	3	1
② 栗島	4	2	2
① 弓田	4	1	0
計	30	11	5

	振	球	犠	盗	失	残	併
瀬	7	5	0	1	0	4	0
早	1	4	2	0	0	7	1

▽二塁打　丸山、栗島、清水2、芳賀

投手	回	安	責
芳賀	8	11	5
弓田	9	1	0

【ベンチ入りした主なプロ野球選手】

≪早実≫

川又米利　中日・79年ドラフト外

広島県大会

⑩⑧ 1977年7月30日
第59回全国高校野球選手権広島大会決勝

広島商－広島工
（広島）（広島）

二回、広島商1死三塁、高下のスクイズで三塁走者の永田が生還。2点目を挙げる

広島商 2年ぶりの夏切符

第59回全国高校野球選手権広島大会最終日は30日、広島市民球場で決勝があり、広島商が3－1で広島工を破り、2年ぶり14度目の甲子園出場を決めた。

広島商が序盤、力みの見える広島工・宮本を攻めて挙げた3点を主戦住吉の力投で守り切った。

広島商は一回、長谷川が左越え二塁打、坪下が送って1死三塁とし、東が左前にはじき返して先制。二回にも永田が中前打を放ち二盗。中川が送って1死三塁とし、高下のスクイズが野選となり、2点目を挙げた。さらに安藤の犠打で2死二塁、長谷川の四球で一、二塁とし、坪下の当たりは投手後方に落ちる内野安打となり3点目。バントと機動力を生かした広島商らしい攻めが光った。

3点を追う広島工は三回、安藤の中越え二塁打と中村四球で1死一、二塁とし、岩崎の三ゴロを三塁手が大きくはじく間に1点を返した。しかし、期待の4、5番が住吉の速球に連続三振に倒れ、追加点を阻まれた。七回1死二、三塁の同点機も無得点で追い付けなかった。

2年目桑原監督 涙の勝利

ぎっしり埋まった三塁側スタンドが総立ちになった。広島商のエース住吉は最後の打者実藤を空振りの三振に打ち取った。本塁を目指し、全力疾走で集まってくる広島商ナイン。桑原監督はすっくと立ち上がった。広島商の監督を引き継いで2年目。苦しみ抜いた末に、甲子園出場を果たした。

輝かしい球歴を歩んできた。広島商から法大に進み、田淵（阪神）や山本浩（広島）らと黄金時代を築いた。鐘淵化学時代は6年連続で都市対抗大会に出場した。ハイレベルの野球環境を離れ、母校の監督に就任した時、違和感が生じた。

「こんなことは言わなくても当然分かるだろう、と思っていたことが実は分かっていなかった。高校生のレベルに対し、要求が高度になってしまったんですね」。1年間戸惑った。前年、崇徳はパワーの野球で春夏連続出場を果たす。桑原監督は金属バットの時代に合わせてウエートトレーニングを導入。パワーアップを図るとともに、伝統の「守りの野球」を磨いてきた。

試合は「ここ一番」でバントやスクイズが決まり、いかにも広島商らしい勝ちっぷり。「最高の采配だ。感激したよ。ありがとう」。迫田前監督に声を掛けられた。「いろいろ助けていただいて」。深々と頭を下げる桑原監督。その目には涙がにじんでいた。

広島商・桑原監督の話

みんなよくやってくれた。最初に点を取れたのがよかったと思う。試合展開などは別に考えていなかった。一球一球、一打席一打席を大切に戦った。守る野球、点をやらない野球がうちの野球だ。ところが県大会では大味というか打てた試合が続いたから、ここ一番でこんな野球ができるかどうか多少不安があった。いい結果が出てうれしい。

広島工	0	0	1	0	0	0	0	0	0	1
広島商	1	2	0	0	0	0	0	0	×	3

（工）宮本－杉田　（商）住吉－長谷川

【広島工】		打	安	点
⑧	安藤	3	1	0
④	中村	2	0	0
⑥	岩崎	4	0	0
②	杉田	4	0	0
⑤	刎田	3	0	0
⑨	原田	4	1	0
③	坂本	3	0	0
H	釜賀	1	0	0
①	宮本	4	2	0
⑦	実藤	4	1	0
	計	32	5	0

【広島商】		打	安	点
②	長谷川	2	1	0
⑥	坪下	2	1	1
⑧	東	3	1	1
①	住吉	4	0	0
⑤	天部	4	1	0
⑨	永田	4	1	0
⑦	中川	3	0	0
③	高下	2	0	1
④	安藤	1	1	0
	計	25	6	3

	振	球	犠	盗	失	残	併
工	11	4	0	4	1	8	1
商	5	3	6	3	1	7	0

▽三塁打　天部▽二塁打　長谷川、安藤

【ベンチ入りした主なプロ野球選手】

≪広島商≫

永田利則	広島・80年ドラフト2位－南海

メ モ

「30年ぶりの挑戦」

広島工が崇徳、広陵などの強豪校を破り、1947年以来となる決勝（当時は山陽大会）へ勝ち上がった。エース宮本裕之が肘痛に耐えながら力投を見せたが、悲願の初優勝はならなかった。30年ぶりにつかんだチャンスを逃し、宮本は「広島商の気迫に負けた」。真藤良三監督は「もう少し作戦がしっかりしていたら勝てたかもしれない。選手がかわいそうです」と責任を背負い込んだ。

(109) 1977年8月10日
第59回全国高校野球選手権1回戦

広島商－佐賀商
（広島）　（西九州）

四回、広島商無死、住吉が大会通算299号となる本塁打を放ち、三塁を回る

広島商 まず佐賀商を倒す

第59回全国高校野球選手権大会第3日は10日、甲子園球場で1回戦の残り2試合と2回戦2試合が行われた。1回戦の第2試合で、広島商（広島）は佐賀商（西九州）と対戦。小刻みに得点を重ね、主戦住吉が2安打で完封し4－0で勝った。

広島商は一回、四球と東の内野安打に敵失などもあって先行した。三回は安藤の三塁打を足場に加点。四回には住吉が右中間ラッキーゾーンに打ち込み、じりじりと引き離した。

序盤から主導権を握ったが、走塁失敗を繰り返し、無死三塁で無得点に終わるなど広島商らしくない粗い攻撃。チャンスに粘っこく得点を狙う野球からは程遠かった。七回1死から犠打を絡めて東の中前打でダメを押した4点目が唯一、広島商らしい得点だった。

主戦住吉は立ち上がりから制球に苦しんだが、速球で押す投球で尻上がりに調子を上げ2安打で完封した。

住吉、投打に活躍 2安打完封 自ら1発

広島商の住吉が大会第5号本塁打を放った。四回無死、初球を豪快にフルスイングすると、打球はぐんぐん伸びて一番深い右中間のラッキーゾーンに飛び込んだ。「アウトコースのカーブだった」。初の甲子園での一発に会心の笑みを浮かべた。

もともと単打よりも長打が多いという大物打ち。本塁打は新チームになって5本目。公式戦では3本目だ。広島大会でも3回戦の沼南戦で左翼中段へライナーでたたきこむ怪力ぶりを見せた。この日の本塁打もそれに劣らぬ素晴らしい当たり。「抜けると思ったけど、ホームランとは」と喜び、「僕は投げるより打つ方が楽しいんです」。2安打に封じたピッチングはそっちのけで、ホームラン話を続けた。

住吉の本塁打は大会通算299本目で、記念すべき300本にあと1本。七回にメモリアルアーチかと思わせる打球を中堅に打ち上げたが、わずかに及ばなかった。

高崎商戦へ 早くも闘志

試合後の組み合わせ抽選で、2回戦の相手に高崎商（北関東）を引き当てた広島商の高下主将は「気迫で守り抜くだけです」と決意表明。「相手のことは全然知らないし、やってみないと分かりません。ただ、よく打つチームだなあ、というイメージはあります」と淡々と話した。抽選順位が最後で「選ぶ余地がなかった」だったという。「8日目というのは少し間隔が空き過ぎですね」とちょっぴり残念そう。

一方、高崎商の吉田主将は「智弁学園（紀和）とやりたかったけど、広島商も強そうなので、相手に不足はありません。うれしいです」と強気の弁。広島商の印象については「試合を見ていたけど、全国優勝した時のような強さは感じなかった。ただ足が速く、基本に忠実な打撃をするようです」と言い「ミスを少なくして打ち勝ちたい」と抱負を述べていた。

高崎商は打撃のチーム。1回戦の能代（奥羽）戦では、2本塁打を含む14安打で10点を挙げて圧勝している。

佐賀商	0	0	0	0	0	0	0	0	0	0
広島商	1	0	1	1	0	0	1	0	×	4

メモ

「野球交流」

広島商の試合後に始まった浜田（山陰）－札幌商（南北海道）では、畠山圭司部長ら多くの広島商関係者がスタンドから声援を送った。数年前から野球交流をしている両校。浜田の郭世香監督は広商野球の「信奉者」である。浜田ナインは精神統一のため、広島商伝統の「真剣刃渡り」も経験してきた。畠山部長のアドバイス通り、「前半守って、後半勝負」というゲームプランを実践。3－1で勝利した。

【佐賀商】		打	安	点
⑨	岸川	3	0	0
②	高柳	4	0	0
③	松瀬	4	0	0
⑥	藤瀬	4	1	0
⑦	柴田	3	1	0
④	岩永	2	0	0
⑤	小川	2	0	0
①	木島	3	0	0
⑧	西村	3	0	0
	計	28	2	0

【広島商】		打	安	点
②	長谷川	2	1	1
⑥	坪下	2	2	0
⑧	東	4	3	1
①	住吉	4	1	2
⑤	天部	4	1	0
⑨	永田	4	1	0
⑦	中川	4	1	0
③	高下	3	0	0
3	竹田	0	0	0
④	安藤	3	1	0
	計	30	11	4

	振	球	犠	盗	失	残	併
佐	7	3	2	0	2	6	1
広	4	2	2	1	1	6	0

▽本塁打　住吉（木島）▽三塁打　安藤、天部

投手	回	安	責
木島	8	11	4
住吉	9	2	0

【ベンチ入りした主なプロ野球選手】

≪広島商≫

永田利則	広島・80年ドラフト2位—南海

広島商－高崎商
（広島）（北関東）

広島商 高崎商に圧勝

第59回全国高校野球選手権大会第8日は15日、甲子園球場で2回戦1試合、3回戦2試合が行われた。第1試合の2回戦では、広島商（広島）が効果的に得点を重ね、主戦住吉が2試合連続で完封し、高崎商（北関東）を6―0で破った。

広島商は思い通りの試合運びで危なげなく高崎商を破った。二回、二塁打の天部を中川の中前打でかえして先制。試合の主導権を握ると、バント、盗塁を織り交ぜた多彩な攻撃で引き離した。高崎商の先発飯田は小さなモーションから球種やコースを変えて力投したが、広島商打線のシャープな打撃を抑えられなかった。

広島商の主戦住吉は極端にスピードが落ちるカーブがチェンジアップの効果を示し、速球をより速く見せた。一回の1死満塁をしのぐと、高崎商を散発6安打に抑え2試合連続完封を飾った。

さえたスクイズ封じ

広島商は2回戦も圧勝した。快勝は住吉の右腕によるところが大きい。3本の内野安打を含めて散発6安打。もうひとつ見逃せないのが、一回1死満塁のピンチの時のベンチの「頭脳」である。

プレーボールの直後、高崎商の町田の中飛を東が落球。四球、バントヒットで1死満塁。気負い立つ高崎商ベンチとは対照的に、広島商ベンチは冷静だった。畠山部長は高崎商のデータに目をやった。そこには「0―0、1―1、1―2、スクイズ」と書き込まれている。

1回戦の能代（奥羽）戦でのスクイズの場面だ。高崎商は一、二、六回にスクイズを試みている。そのときのカウントである。甲子園では先手必勝が鉄則。「絶対スクイズだ」。相手ベンチを見た。「よし初球だ」。直ちにマウンド上の住吉へサインを送る。「内角を思い切って攻めろ」。

読み通り、佐藤は1球目をスクイズしたがファウル。高崎商はヒッティングに切り替えたが、2、3球とカーブが決まって3球三振。続く梅山も投直に仕留めた。

広島商はスクイズで得点させない自信がある。確かなデータと相手ベンチのサインを盗む「目」を併せ持っているからだ。日高（元日本ハム）を擁した第52回選手権大会の2回戦で、高松商（香川）にスクイズで得点され0―1で敗れて以来、19試合連続で甲子園ではスクイズを許していないのだ。

「絶対、（スクイズで点を）取らせない。また取らせないために研究を続けるのが私の生きがいだ」と畠山部長。一回、ゲームを大きく左右する場面での鋭い読みと選手の対応力。「スクイズで得点された時がうちの負ける時だ」という畠山部長の言葉からは「やれるものならやってみろ」の自信がにじんだ。

広島商猛攻 中川が口火

10安打で6点をたたき出した広島商打線。このうち、中川、東、永田の外野トリオが6安打、5打点をマークした。その導火線役を務めたのは中川。二回1死、二塁に天部を置いて中前に先制打。「カーブが真ん中から外角へ入ってきた」とうれしそう。さらに八回には2死二、三塁で右前へ2点打。「調子は良かったし高崎商の投手はいつでも打てると思った」と余裕たっぷりだった。

中川に続いたのが東。三回に2死二塁で2点目をたたき出す右前打。「一回に先頭打者の中飛を落球したでしょ。自分で必ず1点は取りたかった」という気力の一打だった。六回には二塁打を放ち3点目のホームを踏んだ。「エラーは消えないが、これでなんとか帳消しにできた」と喜んだ。

もう一人は永田。レギュラーでただ一人の1年生。しかも6番の重責を担う。1、2打席は凡退したが、その後はダメ押しの二塁打を含む2安打。「まだ力の半分しか出ていない」と満足していなかった。

八回、広島商2死二、三塁、中川の右前打で三塁走者の住吉に続き、二塁走者の永田㊧も生還。6-0と突き放す。捕手保坂

高崎商	0	0	0	0	0	0	0	0	0	0
広島商	0	1	1	0	0	1	1	2	×	6

【高崎商】		打	安	点
⑧	町田	4	1	0
④	吉田	2	0	0
①7	飯田	4	2	0
③	栗田	3	2	0
⑦	佐藤	3	0	0
7	小林浩	0	0	0
1	関上	1	0	0
⑨	梅山	3	0	0
H	平柳	1	0	0
⑤	大熊	3	0	0
②	保坂	3	0	0
⑥	小林方	3	1	0
	計	30	6	0

【広島商】		打	安	点
②	長谷川	2	0	1
⑥	坪下	3	1	0
⑧	東	4	2	1
①	住吉	3	0	0
⑤	天部	3	2	0
⑨	永田	4	2	1
⑦	中川	4	2	3
③	高下	4	1	0
④	安藤	1	0	0
	計	28	10	6

	振	球	犠	盗	失	残	併
高	7	2	1	0	1	6	1
広	4	4	3	4	1	5	1

▽二塁打　天部、東、高下、永田▽捕逸　保坂

投手	回	安	責
飯田	7	8	4
関上	1	2	2
住吉	9	6	0

【ベンチ入りした主なプロ野球選手】

≪広島商≫

永田利則	広島・80年ドラフト2位―南海

≪高崎商≫

飯田正男	阪神・78年ドラフト5位

メモ

「終戦の日」

終戦の日だった15日、高崎商－広島商戦の八回途中、場内アナウンスでプレーを中断し、サイレンを合図に選手と観衆が一斉に黙とうした。広島勢が甲子園球場のグラウンドで試合中に黙とうしたのは第59回大会のこの試合が初めて。終戦の日には計9回試合を行い、通算6勝3敗となっている。

111 1977年8月17日
第59回全国高校野球選手権3回戦

広島商－豊見城
（広島）　（沖縄）

延長十一回、豊見城1死、金城（奥）に決勝本塁打を浴び、マウンド上でうなだれる広島商の住吉

広島商 激闘11回力尽く

第59回全国高校野球選手権大会第10日は17日、甲子園球場で3回戦3試合を行い、ベスト8が出そろった。第2試合の広島商（広島）－豊見城（沖縄）は息詰まる投手戦となった。広島商は主戦住吉が延長十一回に金城に決勝本塁打を浴び、0－1で競り負けた。

広島商の住吉は一球に泣いた。0－0で迎えた延長十一回1死から、金城に内角高めのボール気味の球を左翼ラッキーゾーンへ運ばれた。

住吉 決勝ソロ浴びる 146球目

劇的なサヨナラ満塁本塁打が飛び出した第1試合の興奮が尾を引く中で、豊見城－広島商はプレーボール。広島商・住吉、豊見城・下地の両投手の好投を、鍛え抜かれた守りがもり立てファンを魅了する。

そして延長へ。1点を巡る攻防は第1試合に続いてまたも一発で決着がついた。十一回、1死を取った住吉が金城に初球を痛打された。打球は左翼ポール際のラッキーゾーンで跳ねた。マウンド上で膝を折ってがっくりと崩れる住吉。この1点が2時間38分の投手戦にピリオドを打つ決勝点となった。

広島商の敗因は打線にあった。豊見城の主戦下地が力いっぱい投げ込むシュートと、外角に逃げるカーブに手を焼いた。ベンチはインハイの球を打ち急がないよう指示したが、攻略できなかった。十回2死から長谷川、坪下の連打と盗塁で二、三塁のチャンスをつくったが、東は二ゴロに倒れた。送りバントも豊見城内野陣にことごとく封じられ、住吉の力投に報いることができなかった。

「それまで内角低めに豊見城の打者は詰まっていた。そこを狙ったが、内角高めに入った」。住吉にとって146球目。わずかなコントロールの狂いが痛恨の一球となった。

捕手の長谷川は「延長に入って抑えてやろうという意識があったのでは。力みが出たと思う」と悔やむ。住吉は「僕の気力が充実していなかった。だから打たれたんです。ここまでやってこられたのは、みんなのおかげです」と仲間をたたえた。

桑原監督は「とにかく点が取れなかったことが敗因。特に六回のバント失敗が痛かった」。畠山部長は「守る野球をやって敗れた。悔いはない。住吉は責められない。ただバント失敗が…」と言葉をのみ込んだ。

豊見城の下地 同僚たたえる
後にコイドラ2入団

延長十一回を無失点。じっと味方打線の援護を待ち、最後に笑った豊見城の下地は「金城君の打球がフェンスを越えたとき、これで勝てたと思いました」と打のヒーローに感謝した。

許した安打は5本。広島商の桑原監督は「一見打てそうだが、うちの打者はみんなバットが負けていた」。敵将がたたえるほど素晴らしい内容に見えたが、投のヒーローは「悪かったです」と意外な採点だった。

豊見城	000	000	000	01	1
広島商	000	000	000	00	0

（延長十一回）

メモ　「栽弘義」

沖縄勢で初めて広島勢に黒星をつけたチームが名将・栽弘義監督が率いる豊見城である。栽さんが部長だった1975年春、巨人入りした赤嶺賢勇を擁して甲子園に初出場。優勝候補の習志野（千葉）を破り、ベスト8入りした。監督、部長として豊見城、沖縄水産で春夏計18度出場。沖縄水産監督の時に選手権大会で2度準優勝するなど通算29勝を挙げた。

【豊見城】		打	安	点
⑥	稲福	5	1	0
④	比嘉	5	1	0
⑨	新垣	3	1	0
R	上地	0	0	0
9	金城	1	1	1
②	石嶺	4	0	0
⑦	国吉	5	1	0
⑧	神里	4	1	0
⑤	城間英	2	1	0
③	新里	4	0	0
①	下地	4	1	0
	計	37	8	1

【広島商】		打	安	点
②	長谷川	5	1	0
⑥	坪下	4	1	0
⑧	東	5	1	0
①	住吉	4	0	0
⑤	天部	4	0	0
⑨	永田	5	0	0
⑦	中川	4	1	0
③	高下	1	0	0
R	伊藤	0	0	0
3	竹田	2	0	0
④	安藤	4	1	0
	計	38	5	0

	振	球	犠	盗	失	残	併
豊	4	2	3	1	2	8	1
広	2	4	0	2	1	9	1

▽本塁打　金城（住吉）▽ボーク　下地

投手	回	安	責
下地	11	5	0
住吉	11	8	1

【ベンチ入りした主なプロ野球選手】

≪広島商≫	
永田利則	広島・80年ドラフト2位－南海
≪豊見城≫	
石嶺和彦	阪急・79年ドラフト2位－阪神
下地勝治	広島・78年ドラフト2位

⑪② 1978年3月29日
第50回選抜高校野球大会1回戦

崇徳－南宇和
（広島）（愛媛）

痛恨の送球ミス 崇徳惜敗

第50回選抜高校野球大会第3日は29日、甲子園球場で1回戦3試合が行われた。第3試合の南宇和（愛媛）－崇徳（広島）は、崇徳が七回に時広の本塁打で追い付いたが、八回に守りの乱れで勝ち越しを許して1－2で惜敗した。

時広の一発むなし
力投田中打ち崩せず

崇徳は、南宇和の好投手田中を打ち崩せず、守りのミスもあって競り負けた。1－1の八回、崇徳の2番手高橋は中前打と犠打で1死二塁とされ、続く浜田を遊ゴロに打ち取った。しかし、飛び出した二塁走者田中を刺そうとした遊撃手木下の三塁への送球が田中に当たって、球はファウルグラウンドを転々。この間に田中が生還して不運な形で決勝点を献上した。

打線は七回、先頭の時広がカウント2－2から左翼へソロ本塁打を運び同点。六回途中から不調の住吉をリリーフした高橋が好投し、流れをつかみかけたが、最後は守りの乱れに泣いた。南宇和の主戦田中に3安打、1点に抑えられたのも敗因だった。

八回、南宇和1死二塁、浜田の遊ゴロを捕球した木下の三塁送球が二塁走者田中（右端）に当たり、球がファウルグラウンドを転々とする間に田中が生還する。⑤は三塁手木原

投手交代に一呼吸ずれ

崇徳は守りのほころびで涙をのんだ。2年前の選抜を制した野武士のようなチームから、様相をがらりと変えて甲子園へ臨んだ。勝負のポイントは、判断力に富んだ緻密な野球が発揮できるか、どうかだった。

その一つに、投手交代が挙げられよう。継投は監督にとって、重要な作戦である。交代は早めに決断する方が、傷が少ないというのが定説である。だが、それが100％的中するかどうかは疑問。崇徳は住吉、高橋と互角の力の投手を持つだけに、畠監督にとっては最も頭を悩ます点であった。

畠監督は先発に軟投派の住吉を起用した。「前日に決めていた」と言う通り、迷いは見られなかった。だが、持ち味の伸びのあるカーブに切れがなく、ストレートの伸びもいまひとつ。三回までは何とかゼロで切り抜けたものの、四回、下位打線に痛打されて先取点を許した。打線も田中に対して四回まで1安打。主導権は完全に南宇和が握っていた。

流れを変えるため、六回に投手を代えた。無死二塁でマウンドに立った高橋は切れ味の鋭い速球とカーブを決め、難なく後続を断ち切った。

試合後、畠監督は「（住吉で）もう一回、もう一回の気持ちが先取点を与えることになった」と継投のタイミングを悔やんだが、今大会最年少の21歳の畠監督を責めるわけにはいくまい。

悔しがる時広

大会第5号本塁打を放った崇徳の時広は「一塁を回った時、『入った』と思った。ベンチのムードもグーンと良くなったのに、負け試合では…」と喜びもいまひとつ。3安打に抑えられた南宇和の田中については「中国大会で顔を合わせた津田君（山口・南陽工）の方が、もっと打ちにくかった」と話した。

本塁打は昨秋の広島県大会の加計戦以来2本目。「田中君は中盤から球速が衰えていたのに…」と悔しがっていた。

崇徳	0	0	0	0	0	0	1	0	0	1
南宇和	0	0	0	1	0	0	0	1	×	2

【崇　徳】	打	安	点
④山本	3	0	0
⑥木下	4	0	0
⑧時広	4	1	1
⑨坂本	3	1	0
⑤木原	3	1	0
②吉加	3	0	0
③山内	3	0	0
①住吉	2	0	0
1高橋	1	0	0
⑦大江	3	0	0
計	29	3	1

【南宇和】	打	安	点
⑥北川	4	0	0
⑧池田	4	0	0
③菊地	4	1	0
①田中	4	3	0
②都築	2	0	0
⑤浜田	4	2	0
⑦宮崎	4	2	1
⑨尾崎	4	1	0
④近田	2	0	0
計	32	9	1

	振	球	犠	盗	失	残	併
崇	6	2	0	0	1	3	0
南	1	1	2	1	0	9	0

▽本塁打　時広（田中）▽二塁打　宮崎、浜田

投手	回	安	責
住吉	5⅔	8	1
高橋	3	1	0
田中	9	3	1

メモ

「完全試合」

第50回大会の最大のトピックスは、春夏通じて初の完全試合を記録した松本稔（前橋）だろう。比叡山（滋賀）との1回戦で、スライダーを武器に、わずか78球で打者27人を打ち取った。続く2回戦では福井商と対戦。17安打を浴び、14失点を喫した。選抜では第66回大会で中野真博（金沢）も江の川（島根、現石見智翠館）戦で成し遂げているが、選手権では一度も達成されていない。

【ベンチ入りした主なプロ野球選手】

≪南宇和≫

田中富生	法大—日本ハム・83年ドラフト1位

広島県大会

⑪③1978年7月30日
第60回全国高校野球選手権広島大会決勝

広島工－盈進
（広島）（広島）

夏の甲子園初出場を決め、喜び合う広島工ナイン

広島工 逆転で初の夏切符

第60回全国高校野球選手権広島大会最終日は30日、広島市民球場で決勝があり、広島工が盈進に5－1で逆転勝ちし、念願の初優勝を飾った。広島工の甲子園出場は1975年の選抜に続き2度目。

広島工は1点を追う三回、先頭の滝川が中前打と犠打で二進。2死後、浅川が中前に運び同点とした。五回は滝川が口火を切る右前打。原田の内野安打と犠打で1死二、三塁とし、浅川の右犠飛で逆転した。八回には、連投の疲れが見え始めた盈進の渡辺を攻め、浅川の内野安打にバントを挟んで4連打。一挙3点を奪って勝負を決めた。

盈進は三回、2死から川口の右中間三塁打と浜岡の内野安打で先制した。四回以降は広島工・津田の巧みなコーナーワークにかわされ、2安打に終わった。

松本主将「夢みたい」

紙テープ、紙吹雪が一塁側スタンドで舞った。九回、盈進の攻めも2アウト。「あと一人で、甲子園だ」。金属バットから鈍い音。古川の当たりは平凡な二ゴロ。滝川から浅川へ送られてゲームセット。グラウンドは津田、松本のバッテリーが抱き合いガッツポーズ。広島工が1939年の創部以来、初めて夏の甲子園出場を決めた。

広島工のワンサイドゲームだった。三回、盈進に1点を先行されたものの、その裏に滝川、浅川の1年生コンビの活躍ですぐに同点。五回には再びこの2人で、勝ち越し点をもぎ取る。押せ押せムードが最高潮に達したのは八回。決定的な3点を加えると、スタンドは揺れに揺れた。

閉会式。夢にまで見た優勝旗が松本主将の手に、優勝メダルがナインの胸に光る。「実感が湧かない。夢を見ているみたい」と松本主将。松原部長は「本当に長かった。熱いものが自然と込み上げてきた」と感無量の様子だった。

1年生コンビ ともに3安打

8千人の熱気に包まれた決勝。しかし、少しも臆することなく広島工の1年生コンビは暴れまくった。3番浅川と9番滝川。ともに3安打を放ち、浅川は2打点。滝川がチャンスメーカーとなり、浅川がホームにかえした。「あいつだけには負けたくない」と認め合うライバル。甲子園出場の懸かった大舞台で、確かな力を示した。

2人は広島市の庚午中で3、4番を担った。真藤監督に「君らのセンスは抜群。ぜひともうちに入ってくれ」と懇願され、広島工へ入学。2人は「広島工は上級生も下級生も区別なく、自由に野球ができる、と監督さんが言われたので入部した。それに練習も楽と聞いたので」。11年目の真藤監督にとっては、まさに会心のスカウトだった。

恐ろしいほどに物おじしない。「全然、硬くならなかった」と浅川が言えば、滝川も「決勝では2番から9番に代えてもらって、打ちやすかった」。笑顔でカメラマンのポーズに応じる2人を横目に、真藤監督は「明るい子でね。本番になると余計に力を発揮するんです」と舌を巻いた。

2人の放った安打は6試合で計22。通算打率は浅川が3割6分4厘で滝川は5割6分。フレッシュコンビは、甲子園でさらに大きく飛躍する。

広島工・真藤監督の話

やっとという感じ

監督になって11年目で、やっとという感じでうれしかった。くじ運に恵まれ、強豪との対戦では、相手がその前の試合で疲れていた様子だった。スケジュールもうちに味方していたようだ。盈進も、早い時点で当たっていたら負けていたかもしれない。

甲子園へ向けてはチームワーク、守りをさらに強化したい。それに、バントを確実にできるようにすることが課題だ。

盈進	0	0	1	0	0	0	0	0	0	1
広島工	0	0	1	0	1	0	0	3	×	5

（盈）渡辺－古川　（広）津田－松本

【盈進】		打	安	点
⑧	川口	4	1	0
④	浜岡	2	1	1
4	持井	1	0	0
H	岡田	1	0	0
⑨	若宮	3	0	0
②	古川	4	1	0
⑤	荒金	2	0	0
⑦	佐藤	3	0	0
③	岡本武	3	0	0
①	渡辺	3	1	0
⑥	谷本	3	0	0
	計	29	4	1

【広島工】		打	安	点
⑧	原田	3	1	0
⑥	中村	3	0	0
③	浅川	3	3	2
②	松本	3	0	0
⑨	惣本	4	3	1
⑤	永山	4	2	0
①	津田	3	1	1
⑦	横洲	4	1	1
④	滝川	4	3	0
	計	31	14	5

	振	球	犠	盗	失	残	併
盈	5	1	1	1	3	3	1
広	3	0	4	3	0	7	0

▽三塁打　川口▽二塁打　浅川、永山▽妨害出塁　津田（古川）

メモ

「初めての夏」

広島工が盈進を破ったこの日、山口の南陽工、島根の三刀屋も夏の甲子園初出場を決めた。南陽工のエースは「炎のストッパー」と呼ばれた元広島の津田恒美。この年の春に初めて甲子園に出場し、ベスト8に進出。山口大会の優勝候補に挙げられた夏も、津田が投打でチームを引っ張り、春夏連続出場を果たした。甲子園では1回戦を完封勝ちしたが、2回戦で天理（奈良）に0–1で敗れた。

広島工－中越
（広島）　（新潟）

広島工 初出場対決制す

第60回全国高校野球選手権大会は7日、甲子園球場で開幕し、開会式に続いて1回戦3試合を行った。第3試合は広島工（広島）と中越（新潟）の初出場校同士の対決となり、広島工が2－0で勝ち、初戦を突破した。

広島工は六回、ラッキーな先制点が転がり込んだ。先頭の中村が四球、犠打と松本の安打で1死一、三塁とし、惣本は一邪飛。三塁走者中村のタッチアップを警戒した一塁手がホームへ悪送球し、中村が生還した。九回には左中間二塁打の惣本を二つの犠打でかえし、リードを広げた。

六回、広島工1死一、三塁、惣本は一邪飛に倒れたが、一塁手が本塁へ悪送球し、三塁走者の中村が先制のホームを踏む。捕手小林

津田は持ち味の落差の大きいカーブを要所で決め、後半はやや球威が落ちたものの、散発4安打。低めのコントロールが抜群だった。

隙を突き先制点奪う

甲子園球場を例えて、魔物がすむという。広いグラウンド、大歓声…。いろんな要素を含めての代名詞である。この試合でも、この魔物に魅入られた中越の隙を突いて、広島工が夏の1勝をつかんだ。

0－0の六回、広島工は1死一、三塁とし、先制機をつかんだ。惣本の打球は一塁側に高く上がったファウルフライ。中越の一塁手石崎が追って強風の中、フェンス際で好捕した。

ここで「魔物」が顔を出す。三塁走者の中村はタッチアップの格好。これを見た石崎が慌てて本塁へ送球したが、三塁側へ大きくそれた。捕手の小林も捕れず、球はファウルグラウンドを転々。中村が先制ホームを踏んだ。

中村は「（惣本の）打球はスタンドに入ると思った。しかし甲子園は広い。一塁手に捕られたが、タッチアップの格好をした。すると一塁手があんなボールを投げた。カバーもないので走った」。さらに「ゼロが続いており、ここらで1点入れておかないとチームのムードが悪くなると思った」とフェイントをかけた理由を説明した。

一方、石崎はがっくりと肩を落とした。「タッチアップすると見えた。体勢も悪く、慌ててしまった」。中越・鈴木監督は「考えられないボーンヘッド。やはりうちの野球に甘さがあったようだ」と悔やんだ。対照的に広島工の真藤監督は大喜び。「思い切った走塁をしてくれた。中村はクラスでも一番勉強のできる選手。いい判断だった」とたたえた。

エース津田 完璧投球

被安打4、5奪三振、四死球1の完封。広島工のエース津田が完璧なピッチングを、晴れ舞台でやってのけた。

試合後のお立ち台。「制球がもう一つだったから80点」と自己採点。報道陣から「なぜよかったのか」と問われ、「自分じゃわからんのです」。「相手打者のタイミングが合わなかったのは」との質問には「不思議なんです」と言葉少なに答えていた。最後は「甲子園でこれだけやれたらいいんじゃないですか」。すっかり自信を深めた様子だ。

中越打線を翻弄《ほんろう》したカーブは「けがの功名」だった。昨春、練習で左足首を骨折し、武器の速球が走らなくなった。「仕方なく投げた」というカーブが練習試合で通用。以降、カーブ主体の投手に変身した。中越の鈴木監督が「（カーブに）完全にしてやられた」とかぶとを脱ぐ内容だった。

能美中（江田島市）には野球部がなかったため陸上部へ。「高校では必ず広島工の野球部に入る」と砲丸投げと走り高跳びで足腰を鍛えた。「7人きょうだいの末っ子だから耐えることを知ってるんですよ」。真藤監督は津田のピッチングに百点満点をつけた。

広島工	0	0	0	0	0	1	0	0	1	2
中　越	0	0	0	0	0	0	0	0	0	0

【広島工】		打	安	点
⑧	原田	3	0	0
⑥	中村	3	2	0
③	浅川	3	1	0
②	松本	4	2	0
⑨	惣本	4	1	0
⑤	永山	2	0	0
①	津田	3	1	1
⑦	横洲	4	1	0
④	河名	2	0	0
	計	28	8	1

【中　越】		打	安	点
⑥	佐野	4	0	0
⑧	星	3	0	0
H	金子	1	0	0
⑨	荒木	4	0	0
⑦	島宗	4	0	0
①	三本聡	2	1	0
③	石崎	3	1	0
②	小林	3	2	0
⑤	土田	2	0	0
④	山井	3	0	0
	計	29	4	0

	振	球	犠	盗	失	残	併
広	6	3	4	0	0	6	0
中	5	1	1	1	1	4	0

▽二塁打　惣本

投手	回	安	責
津田	9	4	0
三本聡	9	8	1

メモ

「初陣」

広島工は初出場した1975年の選抜に続いて、選手権の初陣も白星で飾った。広島勢の初陣の成績を調べると、選手権は18校が出場し13勝5敗の好成績。一方、17校が出場した選抜では8勝9敗と勝率が一気に下がる。選手権、選抜ともに出場歴のある12校で、広島工のように春夏ともに白星発進したのは大正中（現呉港）、尾道商、崇徳、高陽東、新庄の6校である。

広島工－箕島
（広島）（和歌山）

広島工 強豪箕島に完敗

第60回全国高校野球選手権大会第8日は14日、甲子園球場で2回戦3試合が行われ、第4試合で広島工（広島）は強豪箕島（和歌山）に1－6で、完敗した。

七回、箕島1死満塁、石井雅の左前打で三塁走者の石井毅（左から2人目）と二塁走者の嶋田（左端）が相次いで生還する。捕手松本

　広島工は先制した直後の七回、1死一、二塁のピンチを迎えた。石井毅は投前バント。津田はちゅうちょなく三塁に送球したが、わずかにそれてファウルグラウンドを転々とする間に、二塁走者森下が生還して追い付かれた。こうなると流れは箕島。広島工は嶋田を敬遠。満塁策を取ったが、裏目に出た。動揺した津田は押し出し四球で勝ち越しを許し、石井雅、北野に連続短長打を浴びて一挙6点を奪われた。

　広島工は七回、永山の左中間二塁打と送りバントで1死三塁。横洲が右翼線を抜いて先制した。遊撃手中村を中心に、再三、際どい打球を好捕して津田をもり立てた。それだけに、悔やまれるバント処理のミスだった。

守備のミス 流れ変わる

　一つのミスが流れを変えた。1点を先制した直後、広島工の七回の守りである。1死一、二塁で次打者は投手の石井毅。当然バントが予想され、バントシフトを敷いた。初球、石井毅が投前に転がした。津田は、脇目も振らず三塁へ送球した。

　ここに落とし穴が待ち構えていた。送球はホーム寄りにそれ、三塁手永山のグラブをはじいた。二塁走者の森下が同点のホームを踏んだ。これで息を吹き返した箕島に攻め立てられ、6失点。あっという間の出来事だった。

　「ああ、いかん」と箕島の尾藤監督が思わず天を仰いだ送りバント。津田は「絶対間に合った。ちょっとそれたけど、つかんでくれなかったかなあ」と無念そう。永山は「捕れない送球ではなかった。〝しまった〟と思ったときは…」と唇をかんだ。

　スタンドで観戦の広島商の迫田総監督は「あの悪送球で勝負は決まった。完全に三塁で封殺できた。もう少し間を取って投げていたら…」と解説した。「しめた」の思いが三塁への送球を急がせたのではないだろうか。緊迫した試合での先取点が知らず知らずのうちにナインを緊張させていったのかもしれない。

　真藤監督は「地方大会と違って甲子園では一つのエラーが致命傷になる。いい勉強になった」と話した。「悔いはない」とお立ち台できっぱり言った津田だが、胸中は張り裂けんばかりの悔しさでいっぱいだったろう。

広島工	0	0	0	0	0	0	1	0	0	1
箕　島	0	0	0	0	0	0	6	0	×	6

【広島工】	打	安	点
⑧原田	4	0	0
⑥中村	4	0	0
③浅川	4	1	0
②松本	4	2	0
⑨惣本	4	0	0
⑤永山	4	2	0
①津田	2	0	0
⑦横洲	3	2	1
④河名	2	0	0
4 桜井	0	0	0
計	31	7	1

【箕　島】	打	安	点
②嶋田	3	1	0
⑦上野山	3	0	0
H 西川	0	0	1
R7 田中	0	0	0
④石井雅	4	2	2
③北野	4	3	2
⑨白井	3	1	0
⑥浜野	3	1	0
⑤森下	4	0	0
⑧森川	4	2	0
①石井毅	3	0	0
計	31	10	5

	振	球	犠	盗	失	残	併
広	3	1	2	0	1	6	1
箕	4	4	1	1	0	6	0

▽三塁打　北野▽二塁打　永山、横洲

投手	回	安	責
津田	8	10	5
石井毅	9	7	1

メモ

「紫紺から深紅へ」

　高校野球の優勝旗は春と夏で色が違う。選抜大会は「紫紺旗」と呼ばれ、文字通り紺色がかった紫色の旗。選手権大会は「大深紅旗」と呼ばれ、深みのある紅色となっている。夏の地方大会の優勝旗はもともと紫紺だったが、作り替えられ、第60回大会から全て都道府県大会の優勝旗が全国大会と同じ深紅となった。

【ベンチ入りした主なプロ野球選手】

≪箕島≫

石井毅	住友金属―西武・83年ドラフト3位
嶋田宗彦	住友金属―阪神・85年ドラフト4位
石井雅博	明大―巨人・83年ドラフト3位―阪神

府中東（広島）―高松商（香川）

六回、府中東2死二塁、池田の右前打で二塁走者の橋本がホームを突いたがタッチアウト。捕手中村。①は片岡

初陣府中東 高松商に屈す

第51回選抜高校野球大会第2日は28日、甲子園球場で1回戦4試合が行われた。今大会随一の速球派右腕、片岡を擁する初出場の府中東（広島）は第1試合で高松商（香川）と対戦。片岡が12安打を浴び、0―8で敗れた。

府中東は攻守ともにいいところがなかった。大黒柱の片岡が不調。右手の人さし指を故障していたこともあって、球の伸び、切れ、制球ともに悪く、シャープな高松商打線に狙い打たれた。

一回、先頭の堤に中前打を浴び、二盗、内野ゴロで1死三塁。三原の投手強襲安打で先制を許した。四回にも2点を失い、終盤も失点を重ねた。

片岡の乱調に動揺したバックは浮足立ち、8盗塁を許した上、失策も二つ記録した。攻めても四回、浅野四球、池田右前打で無死一、二塁としながら片岡の一邪飛で三進を図った浅野がタッチアウト。続く永久の左前打で二塁走者池田がホームを突いたが、好返球で憤死した。終始、高松商に主導権を握られ、最後まで試合の流れを変えることができなかった。

総合力の差 痛恨の序盤

「春は投手力」。この言葉を出場30校のエースに当てはめたデータ（防御率）で見る限り、府中東・片岡の0・82は第4位。高松商・中尾は3・25で最下位。数字の上では府中東が有利で勝てる要素はあった。ところが、勝敗は全く逆の結果となってしまった。

データ野球を覆したのが、4度目の甲子園となる高松商の堤である。一回、先頭打者として片岡に一撃を見舞った。追い込まれながらファウルで粘り、フルカウントから片岡が苦し紛れに投げ込んだ8球目をものの見事に中前にはじき返した。

「今までセーフティーバントなど揺さぶりにあったことはあるが、立ち上がりにいきなり強烈な安打を食らったことはなかった。あれですっかりリズムを崩し、配球が単調になった」と野々村監督は振り返る。

さらに高松商ナインは「ストレートに的を絞り、塁に出たら積極的に走れ」とのベンチの指示を大舞台で忠実に実行に移した。捕手浅野は「走るのはわかっていたのですが、防ぎようがなかった」と泣きじゃくった。

前評判は高かったが、右人さし指の故障もあって、直球の伸びを欠いた片岡。結果は12安打、8失点。「あれほど打たれたことも、点を取られたこともない」と浅野。野々村監督は「片岡がピシッと投げて、初めてうちの野球が始まるんだが…。総合力の差です」。逸材片岡がいるとはいえ、野球は総合力であることをナインは痛切に感じたことだろう。

好投手片岡 8失点に涙

府中東の片岡は高松商に12安打を浴び、8失点。周囲の期待を裏切ったことがよほど悔しかったのだろう。ベンチ裏に引っ込むなり、うずくまって泣き出した。

それでも、こみ上げる涙を懸命にこらえて報道陣に対応した。人さし指の皮がめくれていたことには「関係ないです」。ランナーにいいように走られたが、「気にしませんでした」。ナインをかばう言葉に大黒柱の自覚をにじませ、最後は「これを土台に夏を目指して出直しです」と、高校球児らしく言い切った。

高松商	1	0	0	2	0	0	1	3	1	8
府中東	0	0	0	0	0	0	0	0	0	0

メモ

「原点」

初出場の府中東を率いていたのは、開星（島根）の現監督である野々村直通。広島大卒業後、府中東に美術教師として赴任し野球部監督に就任した。好投手の片岡光宏を擁して1978年の秋の中国大会で準優勝し、同校を春夏通じて初の甲子園出場に導いた。その後、郷里の島根に戻り、開星の前身である松江第一の監督に就任。春夏通算9度の甲子園出場を果たした。「府中東時代が私の監督生活の原点」と言う。

【高松商】		打	安	点
⑧	堤	5	2	0
②	中村	4	0	1
⑥	藤猪	5	0	0
③	三原	5	4	1
①	中尾	4	1	1
⑦	末沢	4	1	0
⑨	海崎	3	1	2
⑤	篠原	4	2	1
④	千葉	3	1	2
	計	37	12	8

【府中東】		打	安	点
④	藤岡	3	1	0
②	浅野	2	0	0
⑧	池田	4	2	0
①	片岡	3	0	0
⑨	永久	3	1	0
③	山口	3	0	0
⑦	片山	3	0	0
⑤	貝原	3	0	0
⑥	橋本	3	1	0
	計	27	5	0

	振	球	犠	盗	失	残	併
高	6	1	4	8	0	7	1
府	4	1	2	0	2	3	0

▽三塁打 篠原▽二塁打 中尾

投手	回	安	責
中尾	9	5	0
片岡	9	12	7

【ベンチ入りした主なプロ野球選手】

≪府中東≫

片岡光宏 広島・80年ドラフト1位―中日―横浜大洋

広島県大会

117 1979年7月30日
第61回全国高校野球選手権広島大会決勝

府中東（広島）－広島商（広島）

広島商 15度目甲子園切符

第61回全国高校野球選手権広島大会最終日は30日、広島市民球場で決勝が行われた。広島商が府中東の好投手片岡を攻略し、9―0で完勝。2年ぶり15度目の甲子園出場を決めた。

府中東の春夏連続阻む

三回、広島商2死満塁、中島の左前打で三塁走者の狭間に続き、二塁走者の南崎も生還。4点目を挙げる。①は片岡

広島商は本来の出来とは程遠い府中東の主戦片岡を苦もなくとらえた。二回無死一、三塁から中岡のスリーバントスクイズで先制。三回は津江本の安打と2四球で無死満塁とし、南崎が中前へ適時打。2死後、中島も左へ2点適時打を放ち、4―0とした。

以後も攻撃の手を緩めず、五回は3安打などで2点。八回には無死満塁で永田が中越えに走者一掃の二塁打を放ち、ダメを押した。

広島商の主戦中島は今大会最高の内容。カーブと直球、シュートを低めに決めて府中東打線を2安打に抑えた。

伝統の差 まざまざ

広島商は容赦なかった。「背筋を痛め、右腕も棒のようになって、とても投げられる状態ではなかった」（府中東・野々村監督）というエース片岡に襲いかかった。渾身《こんしん》の力を振り絞る片岡に、11安打を浴びせて大量9点をもぎとった。出塁するとすぐさま盗塁。スリーバントスクイズも見事に決めた。2年ぶり15度目の甲子園出場へのナインの執念がほとばしった。

畠山部長は決勝の直前に言った。「春夏連続出場の難しさを府中東は、身をもって経験しなければいけない」。一見、傲慢《ごうまん》と思える言葉だが、甲子園での辛酸をなめ尽くしてきた伝統校だけに、トーナメントの厳しさを伝える表現に説得力があった。

「片岡に万全の体調で投げさせたかった…」。野々村監督はしみじみと言った。確かに片岡が本来の球威と制球力を持って臨んでいたら、互角の勝負になっていたかもしれない。しかし、一投一打に注ぐ気力は、広島商が上回っていた。

大会前、広島商の唯一の不安は投手陣といわれていた。ふたを開けてみると、主戦中島は準決勝までの5試合で自責点3。決勝ではカーブに伸びのある速球、シュートを交え、府中東打線に三塁を踏ませぬ快投を演じた。

中島は「大会前から投手力が弱いことはよく知っていた。だから僕らが頑張らねば…」と言い聞かせて投げ込んだ。不屈の精神力。ここに広島商野球の神髄を見た気がする。

力尽きた片岡

全国屈指の好投手片岡が力尽きた。選抜大会出場後、招待試合のハードスケジュールがたたって背筋を痛め、投げ込み不足で今大会を迎えた。決勝までなんとか勝ち進んだが、広島商の猛打に屈した。

閉会式の後、ベンチに引き揚げてきた顔に涙はなかった。「腕全体が重くて調子は良くなかったが、今更言っても」と意外にさばさばした表情。「みんなに迷惑をかけてしまったことが一番悔しい」とナインを気遣った。

府中東・野々村監督の話

広島商の中島投手は春より素晴らしく成長していた。あれだけコントロールが良くては連打は難しい。守備も洗練されていた。片岡の状態が悪く、選手層も薄いのに、よく決勝まで出られたと思う。

広島商・桑原監督の話

みんなが指示通りに動いてくれたのが甲子園につながった。中島が最後の最後に力を出してくれたのがうれしい。甲子園では無駄な点を与えないことを心掛ける。

同・永田主将の話

全員が気を抜かずに戦った結果が代表につながった。レギュラー以外のナイン、学校関係者の支援も心強かった。甲子園でもこの大会と同じように全員が気迫のこもったプレーをしたい。

府中東	0	0	0	0	0	0	0	0	0	0
広島商	0	1	3	0	2	0	0	3	×	9

（府）片岡―浅野　（広）中島―勝田

メモ

「エースで4番」

野々村直通監督の強い勧誘に応え、広島県内の強豪校の誘いを断り、府中東に入学した片岡光宏。エースで4番を担い、投打でチームを支え、1979年の選抜大会で同校を春夏通じて初の甲子園出場に導いた。特に投手としての評価が高く、ロッテ入りした牛島和彦（大阪・浪商）、巨人入りした林泰宏（兵庫・市尼崎）と「高校三羽ガラス」と呼ばれた。同年のドラフト会議で広島に1位指名された。

【府中東】		打	安	点
⑥	橋本	4	0	0
②	浅野	3	1	0
⑧	池田	3	0	0
①	片岡	4	0	0
⑨	永久	4	0	0
④	藤岡	2	0	0
⑦	皿田	3	0	0
③	山口	3	1	0
⑤	片山	1	0	0
H	児玉	1	0	0
5	小川	0	0	0
	計	28	2	0

【広島商】		打	安	点
⑦	三沢	4	1	0
⑨	津江本	4	1	0
⑤	永田	3	1	3
③	狭間	4	1	0
3	正伝	0	0	0
⑧	南崎	4	2	1
②	勝田	5	3	0
⑥	中岡	1	0	2
①	中島	3	1	2
④	黒川	3	1	1
	計	31	11	9

	振	球	犠	盗	失	残	併
府	8	3	1	0	2	5	0
広	4	9	2	5	0	9	0

▽二塁打　永田

【ベンチ入りした主なプロ野球選手】

≪広島商≫

永田利則	広島・80年ドラフト2位―南海

≪府中東≫

片岡光宏	広島・80年ドラフト1位―中日―横浜大洋

広島商－秋田商
（広島）　（秋田）

七回、広島商2死一、三塁、南崎の左前打で三塁走者の永田が生還。4－0とする

広島商 そつなく快勝

第61回全国高校野球選手権大会第7日は14日、甲子園球場で2回戦4試合を行った。第1試合は、広島商（広島）がそつのない攻撃を見せ、秋田商（秋田）に5－2で勝った。

広島商が四、七回の集中打と、中島の好投で危なげなく勝ち上がった。

四回1死後、南崎が中前打、勝田はヒットエンドランを決めて一、三塁とし、中岡の投前スクイズで先制。続く中島は左翼線に二塁打を放ち、2点目を挙げた。七回には三沢の四球を足場に永田、正伝、南崎が3連打して2点を追加。2点差に迫られた八回は四球で出塁の中岡を三沢の右越え三塁打でかえし、突き放した。

中島は一回1死一、二塁、二回は無死二塁のピンチを招いたが、無失点に抑え、流れを呼び込んだ。

ナイン 確かな手応え

広島商の畠山部長は試合前、冗談めかして「6－0で勝ちたい」と話していた。結果は5－2。希望通りの展開にはならなかったものの、抽選から初戦まで9日間という長さを考えれば、順当な滑り出しと言えよう。

試合後、桑原監督は「前半はまず守ればいいと思っていた。まあ取りたい時に（点を）取ったし、打線については言うことなし」と喜んだ。

「らしさ」を発揮したのが四回の攻撃である。1死後、南崎が初安打を中前に運んだ。続く勝田はチームの中で最もヒットエンドランのうまい打者。桑原監督は当然のようにサインを出した。カウント2－2から見事に中前に切り返して一、三塁。勝田は「僕は思い切りが悪い方なので、監督さんが打ちやすいようにとサインを出してくれた。自信はあった」と胸を張った。

打席には「安心してスクイズのサインを送れる」（畠山部長）というバントの名手中岡。2ボールからの難しい内角高めの速球を投前に転がして先制した。中岡は「あのカウントだから、当然（スクイズのサインが）出るな、と思っていた」と明かした。

さらに七回、意表を突く作戦が的中する。4番狭間に代打の起用。期待に応えて正伝は鮮やかに左前へ適時打を放った。自分たちの型を知り尽くした個性派集団の広商ナイン。6度目の全国制覇へ確かな手応えが感じられた。

エース中島 堅守に感謝

「みんながよう守ってくれたんで、助かりました」。秋田商打線を5安打2点に抑えた中島は、しきりにバックの堅守を持ち上げた。二回に2四死球などで2死満塁とされたのがよほど残念だったようだ。「僕みたいな投手は走者をためたらいけない」と反省した。

不調だった昨年秋、桑原監督は2カ月間、球を握らせず、タイヤ引きで体力づくりに専念させた。今年の広島大会の前には「真剣刃渡り」も実施。鍛錬の成果は広島大会6試合で自責点3という好成績になって表れた。「やや気が弱いのが難点」といわれた性格もずいぶん変わってきた。三回から七回まで直球主体に秋田商打線を封じたこの日の投球からも成長は感じ取れた。

八回にやや制球が甘くなったところを狙われて2点を失ったが、桑原監督は「心配しなかった」。エースの力に全幅の信頼を寄せている口調だった。

1970年代

秋田商	0	0	0	0	0	0	0	2	0	2
広島商	0	0	0	2	0	0	2	1	×	5

メモ

「三村二世」

広島商に入学後、1年夏からレギュラーの座をつかんだのが永田利則。当時は右翼手として第59回選手権に出場し、3回戦で豊見城（沖縄）に敗れた。2度目の甲子園出場が3年夏の第61回大会。「3番・三塁手」でチームを引っ張った。1980年にドラフト2位で広島に入団。「三村二世」として期待されたが、定位置をつかめず、南海へ移籍。引退後は広島でコーチを務めた。

【秋田商】		打	安	点
④	佐藤義	4	0	0
⑥	横山	2	1	0
⑤	菅原	3	1	1
⑧	籾山	3	0	0
H	三浦	0	0	0
R8	佐藤康	0	0	0
⑦	畠山	2	1	1
③	熊谷	4	1	0
②	佐藤文	4	1	0
①	高山	3	0	0
1	安保	1	0	0
⑨	千田	2	0	0
H	薄田	1	0	0
	計	29	5	2

【広島商】		打	安	点
⑦	三沢	3	1	1
⑨	津江本	5	0	0
⑤	永田	3	1	0
③	狭間	3	0	0
H3	正伝	1	1	1
⑧	南崎	4	2	1
②	勝田	4	1	0
⑥	中岡	2	0	1
①	中島	3	1	1
④	黒川	4	0	0
	計	32	7	5

	振	球	犠	盗	失	残	併
秋	3	6	1	1	3	7	0
広	4	4	2	1	0	9	1

▽三塁打　三沢▽二塁打　中島、菅原▽ボーク　中島

投手	回	安	責
高山	6⅔	6	4
安保	1⅓	1	1
中島	9	5	2

【ベンチ入りした主なプロ野球選手】

≪広島商≫	
永田利則	広島・80年ドラフト2位―南海
≪秋田商≫	
高山郁夫	プリンスホテル―西武・85年ドラフト3位―広島―福岡ダイエー

119 1979年8月17日
第61回全国高校野球選手権3回戦

広島商－浪商
（広島）（大阪）

五回、浪商2死、香川が左中間へ勝ち越し本塁打を放つ。投手中島

広島商　攻守で浪商に完敗

第61回全国高校野球選手権大会第10日は17日、甲子園球場で3回戦3試合を行った。第2試合で、広島商（広島）は浪商（大阪）に1－9で敗れた。

広島商は浪商・香川の一発にリズムを崩された。同点で迎えた五回2死、先発中島の外角高めのボール球を左中間スタンドに運ばれた。動揺は守りの乱れとなって表れた。この回、けん制悪送球などでピンチを広げ、さらに1点を失った。七回には死球に2安打、失策も絡んで3失点。救援した天部も八回、山本に2点本塁打を浴びた。

先手は広島商が取った。一回、右前打の三沢が送りバントなどで三進し、狭間の中前適時打で生還した。その後は、浪商・牛島の伸びのある直球と鋭いカーブのコンビネーションに無得点。11三振を奪われ、盗塁はゼロ。機動力野球を見せることができなかった。

香川の一発に動揺

大観衆の割れるような拍手と歓声を背に、浪商の香川がゆっくりとダイヤモンドを回る。五回の「ドカベン」の本塁打は、それまでの緊迫した雰囲気を一変させた。浪商ベンチは押せ押せムードになり、好投していた広島商・中島の我慢の糸がぷつりと切れた。かさにかかって攻める浪商、浮足立つ広島商。それ以降の明暗はくっきり。試合の流れを変える一発の怖さをまざまざと見せつけられた。

広島商と浪商は「技VS力」「管理野球VSのびのび野球」「全員野球VSスター中心の野球」と対比され「今大会随一の好カード」といわれた。四回までの展開は予想通り。広島商は一回、先頭三沢が右前打すると犠打で走者を進め、狭間の中前打で先制した。序盤は直球に的を絞って「ピッチャー返し」で浪商・牛島を苦しめた。再三のピンチも堅い守りで切り抜け、中島をもり立てた。

浪商は二回に石見の適時二塁打で追い付いた。持ち前のパワーを見せたが、粗い攻めと広島商の堅守に阻まれて互角の攻防が続いていた。

五回もすでに2死。均衡を破る香川の大本塁打で流れは浪商へ傾いた。打線は活気を取り戻し、気落ちした中島を攻めてこの回1点を追加。七、八回は中島、天部から山本の本塁打を含む7長短打で大量6点を加えた。

香川の本塁打はエース牛島を立ち直らせた意味でも大きい。六回以降、広島商打線から8三振を奪い、無安打と完璧なピッチングを披露した。終わってみれば1－9。「全員野球」が「スター中心の野球」に屈した。

広島商・桑原監督の話

牛島投手はコントロールが良いので追い込まれ、うちの選手が粘れなかった。一回に1点取ったことで攻撃がちぐはぐになった。選手に「やってやろう」という変な色気や気負いが出た。（香川の一発は）ボールから入ってインコースで勝負するよう指示したが…。ともかく甘い球は必ず持っていくいいバッターだ。

同・中島選手の話

（香川に本塁打された球は）外角高めのボール球。内角低めに投げるつもりが、あそこへいってしまった。

広島商	1	0	0	0	0	0	0	0	0	1
浪商	0	1	0	0	0	2	0	3	3	×	9

【広島商】		打	安	点
⑦	三沢	4	2	0
⑨	津江本	2	0	0
H	正伝	1	0	0
⑤	永田	4	0	0
③	狭間	3	2	1
⑧	南崎	3	0	0
②	勝田	3	0	0
⑥	中岡	3	0	0
①	中島	2	0	0
1	天部	1	0	0
④	黒川	1	0	0
H	市原	1	0	0
4	川崎	1	0	0
	計	29	4	1

【浪商】		打	安	点
④	椎名	4	2	0
⑧	木村	4	1	0
②	香川	5	2	1
⑥	山本	4	2	2
①	牛島	5	3	0
③	川端	2	1	1
⑨	井戸	5	2	2
⑦	石見	4	1	2
⑤	片山	3	0	0
H	山脇	0	0	0
5	大西	0	0	0
	計	36	14	8

	振	球	犠	盗	失	残	併
広	11	0	1	0	4	2	1
浪	3	6	2	1	1	11	1

▽本塁打　香川（中島）山本（天部）▽二塁打　椎名、石見、香川、井戸

投手	回	安	責
中島	6⅔	9	4
天部	1⅓	5	3
牛島	9	4	1

メモ

「ドカベン」

どでかい勝ち越しソロで広島商を沈めたのが、浪商の香川伸行。大きな体格が人気漫画「ドカベン」の主人公山田太郎に似ていたことから、ドカベンの愛称で人気者となった。牛島和彦とのバッテリーで甲子園には3度出場。春夏連続出場を果たした1979年は、春は決勝で箕島（和歌山）に敗れ準優勝。夏は3試合連続本塁打を放ってチームを引っ張ったが、準決勝で池田（徳島）に敗れた。

【ベンチ入りした主なプロ野球選手】

≪広島商≫

永田利則	広島・80年ドラフト2位—南海

≪浪商≫

牛島和彦	中日・80年ドラフト1位—ロッテ
香川伸行	南海・80年ドラフト2位
山脇光治	阪神・81年ドラフト外
山本昭良	南海・80年ドラフト外

⑫1980年3月27日
第52回選抜高校野球大会1回戦

広陵（広島）－東海大四（北海道）

九回、広陵2死二塁、川口の右前打でサヨナラのホームを踏んだ中井（奥）が、村末に飛びついて喜ぶ

広陵サヨナラ 初戦飾る

第52回選抜高校野球大会は27日、甲子園球場で開幕し、開会式に続いて1回戦3試合が行われた。第3試合で、広陵（広島）は東海大四（北海道）と対戦。九回2死二塁で川口が右前打を放ち、6－5でサヨナラ勝ちした。

広陵は同点の九回、2死から四球で出た中井が二盗、続く川口が右翼線へはじき返し、サヨナラ勝ちした。

1点を先制した広陵は三回、原が右越え3点本塁打を放ち、主導権を握ったかに見えた。しかし、東海大四は球の伸びを欠く広陵・渡辺にしぶとく食い下がった。九回は1死から竹内の安打と3連続四球などで同点。さらに1死満塁と攻めたが、渡辺が連続で内飛に打ち取り切り抜けた。

小兵川口が殊勲打
不調渡辺 投球に焦り

164㌢の小兵川口のサヨナラ打。広陵ナインは歓声を上げてベンチを飛び出した。あわや逆転負けかと思われた一戦。誰もが目を潤ませ、川口をたたえた。松元監督は「ひょろひょろの、いつやめるだろうかと思っていた子がやってくれた」と喜んだ。

川口に一番感謝したのは渡辺だろう。味方の失策からリズムを崩したとはいえ、この日の内容は「点のつけようもないほど駄目。真ん中に（ストライクを）入れようと気持ちばかり焦って…。体がついていかず、手投げになってしまった」。厳しい表情で振り返った。

これほどまでに渡辺を苦しめたのは、相手ではなく自分自身のフォームにあった。下手投げの渡辺の武器は左足を2度、3度とロッキングさせて、打者のタイミングを外す変則投法。ところが、今春のルール改正で審判団から「ボークの恐れがある」と指摘された。2月からフォームを矯正したが、十分に固まらないまま甲子園のマウンドを踏んだ。「打者を幻惑するというよりは、ためをつくろうとして取り入れた。（今は）どうも投げててしっくりいかない」

2回戦まで5日。今のフォームを完成させるにはあまりにも時間が短すぎる。「きょうは僕一人で野球をやっていた。今度は、もっと思い切ってど真ん中に投げます」。下手投げナンバーワンと評される渡辺にとって過酷なマウンドは、実りの多い一戦だったともいえる。

原、大暴れ
3ラン含む4打点

「大会屈指の強打者」と呼ばれる原が、3ランを含む4打点と大暴れした。

三回2死一、二塁、バットの芯で捉えた打球は右翼スタンドの通路へ消えた。「真ん中高めのストレート。打った瞬間、入ると思った」。大会までの打率は5割9分3厘。前評判に恥じない豪快な一発だった。自らの取材が一段落すると、「川口が最後によう打ってくれた」。報道陣に囲まれている川口を持ち上げた。

主将として、反省を交えて試合を振り返る。「九回のピンチは『死ぬ思い』だった。東海大四の西本は素晴らしい投手で、球も速かった。渡辺の方は力を出し切れなかった」と明かし、「次の試合はすっきりとやります。渡辺には先頭打者を打ち取ること、攻撃は思い切りよく向かっていくこと」。自分のリードについては「反省材料が多い」と付け加え、「次の試合で」と結んだ。

東海大四	0	0	0	1	1	0	0	1	2	5
広　陵	0	1	3	0	0	0	0	1	1	6

【東海大四】	打	安	点
④藤田	2	1	1
⑨一条	3	0	0
H9工藤	2	0	0
②小森	5	2	1
①西本	4	1	1
⑦田丸	4	0	0
③竹内	4	3	0
⑤平間	3	0	0
H門	1	1	0
5佐藤	0	0	0
⑥宮崎	3	0	1
H6碁石	0	0	0
⑧岡本	2	1	1
計	33	9	5

【広　陵】	打	安	点
⑥中井	4	1	0
④川口	5	2	1
⑧村末	2	0	0
②原	3	1	4
⑦伊達	2	0	0
①渡辺	3	0	0
⑨山田	4	1	0
③鳥居	3	1	0
⑤浜崎	2	0	0
計	28	6	5

	振	球	犠	盗	失	残	併
東	6	6	0	3	5	7	0
広	7	4	6	6	1	6	0

▽本塁打　原（西本）▽三塁打　竹内▽二塁打　小森、川口▽捕逸　小森

投手	回	安	責
西本	8⅔	6	4
渡辺	9	9	4

メモ

「変則投法」

広陵のエース渡辺一博はその実力とともに投球フォームが注目を集めた。振りかぶり、左足を上げた時に一度動作を止め、さらに左足を前方に突き出して投球に入る「3段モーション」。「打者を幻惑する変則投法」と呼ばれた。秋の中国大会はこのフォームで勝ち抜いたが、選抜大会前、高野連から「ボークの恐れがある」と修正を指示された。

【ベンチ入りした主なプロ野球選手】

≪広陵≫

原伸次	広島・81年ドラフト4位 ─横浜

≪東海大四≫

西本和人	西武・81年ドラフト外

121 1980年4月2日
第52回選抜高校野球大会2回戦

広陵－九州学院
（広島）（熊本）

九州学院を完封し、ガッツポーズでマウンドを降りる広陵の渡辺

渡辺完封 広陵8強入り

第52回選抜高校野球大会第6日は2日、甲子園球場で2回戦3試合を行った。第1試合で広陵（広島）は主戦渡辺が九州学院（熊本）を2安打に抑え、1－0で勝ち、準々決勝進出を決めた。

強打 九州学院を2安打

広陵は渡辺が九州学院を2安打完封、1点を守り切った。立ち上がりこそ、直球がやや高めに浮いて、いきなり2死満塁のピンチを招いたが、得意のカーブがさえた。何よりも低めを突く、丁寧な投球が良かった。五回1死一、三塁も積極的にストライクを先行させ、切り抜けた。セットポジションではやや制球が甘くなる点が気懸かりだが、制球力、切れとも素晴らしかった。

打線は湿りっ放し。二回2死二塁で山田の遊ゴロを九州学院の遊撃手堀尾が一塁へ悪送球する間に先制したが、その後は左腕園川のカーブに沈黙。当てるのが精いっぱいで9三振を喫した。

リズムに乗り 本来の投球

広陵の渡辺が最後に迎えた打者は、投げ合ってきた園川だった。空振り三振に仕留めると、ホームベースへ向けて走りガッツポーズ。捕手原とがっちり握手した。自己採点は「60点」だが、原は「90点」。この日はリズムに乗った好投を見せた。

立ち上がりの調子は良くなく、一回は2四球と安打で2死満塁。「球が走らなかったし、ちょっと不安だった」。ここは豊田を丁寧な投球で二ゴロに抑えた。

回が進むと、次第に球威を取り戻してきた。「（右打者は）右打ちを狙ってくるので、内角で勝負した。気分が落ち着いてきた」という。

ピンチはあった。五回、死球で初めて先頭打者を出した。犠打、右前打で1死一、三塁。同点機だったが、藤村を捕邪飛、堀尾は投ゴロに打ち取った。「バッテリーの強気な攻めが奏功した。「スクイズはないと思った。走者を気にせず、打者との勝負だけを考えた」。内野の失策から招いた六回の1死一、二塁もしのいだ。

1点リードの九回。緊迫した局面だったが、三者凡退に抑えた。ストライク先行の投球で「緊張した。無心で投げろと自分に何回も言い聞かせながら投げた。自信はあった」と振り返った。

投球フォームを修正中だった渡辺が本来の投球を取り戻した。1回戦の東海大四（北海道）戦に比べると、チーム状態は上がってきている。課題は攻撃。湿った打線に点火して、スカッとした勝利を準々決勝の諫早（長崎）戦では期待したい。

広陵・松元監督の話

各バッターの持ち味に応じて、ストレートとカーブを狙わせたのだが、打てなかった。九回の無死満塁も原だったのでいけると思ったんだが…。もっとスカッと勝たなきゃ。渡辺はよく投げてくれた。東海大四戦とは別人のようにボールが切れていたし、コントロールも良かった。

広陵	0	1	0	0	0	0	0	0	0	1
九州学院	0	0	0	0	0	0	0	0	0	0

メモ

「1番中井」

「1番・遊撃」でチームを引っ張ったのが現広陵監督の中井哲之だ。1990年4月に就任し、甲子園出場は春夏計19度。通算34勝を挙げている。選抜は91、2003年の2度制覇。選手権は07、17年の2度、準優勝に導いた。西村健太朗（元巨人）、二岡智宏（元巨人）、野村祐輔（広島）ら数多くのプロ野球選手を育てたことでも知られる。

【広陵】		打	安	点
⑥	中井	4	1	0
④	川口	4	2	0
⑧	村末	3	0	0
②	原	4	1	0
⑦	伊達	4	1	0
①	渡辺	4	0	0
⑨	山田	3	0	0
③	鳥居	3	0	0
⑤	浜崎	3	0	0
	計	32	5	0

【九州学院】		打	安	点
⑧	藤村	4	0	0
⑥	堀尾	4	0	0
④	藤本	0	0	0
4	笠	2	0	0
H	原野	1	0	0
4	谷口	0	0	0
③	中村	4	1	0
⑨	森	2	0	0
⑦	豊田	2	0	0
H7	福島	2	0	0
①	園川	3	0	0
②	上村	2	0	0
⑤	志垣	3	1	0
	計	29	2	0

	振	球	犠	盗	失	残	併
広	9	0	1	1	1	5	0
九	3	4	1	0	1	7	0

▽二塁打　川口

投手	回	安	責
渡辺	9	2	0
園川	9	5	0

【ベンチ入りした主なプロ野球選手】

≪広陵≫	
原伸次	広島・81年ドラフト4位一横浜
≪九州学院≫	
園川一美	日体大一ロッテ・86年ドラフト2位

広陵－諫早
（広島）（長崎）

広陵 サヨナラで4強

第52回選抜高校野球大会第8日は4日、甲子園球場で準々決勝4試合が行われ、ベスト4が出そろった。第1試合で、広陵（広島）は諫早（長崎）と対戦。九回1死満塁から伊達の右犠飛で4－3とサヨナラ勝ちした。
5日の準決勝は、広陵－高知商（高知）、帝京（東京）－丸亀商（香川）の顔合わせとなった。

広陵は九回1死一塁でエンドランを仕掛け、村末の左前打で一、三塁。原が敬遠され満塁後、伊達の右犠飛で諫早に逆転勝ちした。

諫早に先制を許した広陵は一回、2死二塁から原の左前適時打で追い付いた。六回、エース渡辺が尾上に2点本塁打を浴びたが、七回に3四球で得た2死満塁で村末が2点打を放ち、再び同点。流れを引き寄せた。

3番村末 意地の同点打

村末の意地が、広陵を救った。1、2回戦は無安打。「お前それでも3番か」という仲間のハッパに応えた。

2点を追う七回2死満塁、絶好の反撃機で打席へ。気迫がこもっていた。本大会前まで打率4割2分3厘を誇ってきた強打の3番打者。バットを一握り半も余して、じっとマウンド上の諫早・尾上をにらみつける。直球に詰まりながらも左前へ落とした。甲子園初安打が貴重な同点打。敗色濃厚だったチームにとって、起死回生の一打だった。

流れをつかんだ九回1死一塁で打席が回ってきた。一塁走者の川口がスタート。打球は前進守備の三遊間を割った。チームが得意とするヒットエンドランを成功させて川口は三塁へ。原敬遠後、伊達が右翼に犠飛を打ち上げてサヨナラ勝ちした。

「きょうまでヒットがなかったから少し気にしていた。監督から『いつものバッティングをしろ』と言われたので、とにかく気合負けしないようにと思って打席に入った」。いつもは無口な男。頬を真っ赤に染めながら、盛んに照れた。

2本とも詰まった当たり。持ち味のリストを利かしたシャープな打球ではない。しかし、ボールに食らい付いた気迫と執念は、やや覇気のないナインにとって格好のカンフル剤となるに違いない。

原、攻守に反省

広陵の原主将は試合を振り返って反省した。「尾上は打てると思ったのに…。自信過剰から悪球に手を出すケースが多かった。守備もいけんかった。六回に僕のまずいプレーで二盗を許し、その走者にサインを盗まれるのを気にしてホームランを打たれてしまった。これまでで一番疲れた」

九回1死一、三塁。諫早バッテリーは原を敬遠した。今大会3試合で10打数3安打、5打点。大会前の27試合では打率5割9分3厘だった。甲子園の成績は物足りなさを感じさせるが、振りの鋭さ、打球の速さで好打者ぶりを発揮している。

準決勝の相手である高知商は準々決勝で尼崎北（兵庫）に4－3で競り勝った。主戦中西は打者としてヒーローインタビューを受けた。「ホームランは真ん中にきたから」。続いて投手の話へ移る。「ヒット13本を打たれたのは初めて。最後まで苦しかった」。カーブの調子がいまひとつで、速球を狙われた。「肩はいつもより軽く感じたのに、力んだのがいけなかった」と課題を挙げた。

準決勝の広陵戦。「対策は宿舎へ帰ってから、じっくり考える。4番（原）は要注意」。大会屈指の好打者原と剛腕中西が、いよいよ対決する。

九回、広陵1死満塁、伊達の右犠飛で三塁走者の川口が生還し、サヨナラ勝ちする。捕手毎熊

広陵・松元監督の話

毎試合、毎試合胃が痛む。やることなすことがどうもちぐはぐだ。成功しているのはヒットエンドランぐらいなものだ。いい球がきたらどんどん打てと言っているのだが…。長いこと監督をやっているが、こんな苦戦が続くのは初めて。それにしてもついている。いろんな子供がつきを呼んでくる。面白いチームだ。

諫早	1	0	0	0	0	2	0	0	0	3
広陵	1	0	0	0	0	0	2	0	1	4

メモ

「名演技」

広陵のピンチを救ったのは一塁手鳥居順一の名演技だった。同点の九回2死二塁で内野に飛球が上がった。投手、捕手、一塁手が譲り合って、内野安打となり一、三塁。ここで打球をつかんだ鳥居が球をファーストミットに隠し、投手渡辺一博に体をすり寄せた。球を手渡したように見えたが、これが演技。鳥居は何食わぬ顔で一塁に戻り、離塁した走者にタッチ。広島大会から数えて4度目の隠し球を成功させ、ピンチを脱した。

【諫　早】		打	安	点
⑤	小島	4	0	0
⑦	早田	4	0	0
⑥	坂井	3	1	0
①	尾上	3	1	2
③	塚元	4	1	1
④	上野	2	0	0
②	毎熊	4	1	0
⑧	田上	4	3	0
⑨	小無田	3	1	0
	計	31	8	3

【広　陵】		打	安	点
⑥	中井	4	1	0
④	川口	2	0	0
⑧	村末	5	2	2
②	原	3	1	1
⑦	伊達	2	1	1
①	渡辺	2	0	0
⑨	山田	4	0	0
③	鳥居	2	0	0
⑤	浜崎	3	0	0
	計	27	5	4

	振	球	犠	盗	失	残	併
諫	4	3	1	1	1	5	0
広	2	12	2	1	1	11	1

▽本塁打　尾上（渡辺）▽三塁打　坂井▽二塁打　田上、中井、毎熊

投手	回	安	責
尾上	8⅔	5	4
渡辺	9	8	3

【ベンチ入りした主なプロ野球選手】

≪広陵≫

原伸次	広島・81年ドラフト4位一横浜

1980年代

広陵－高知商
（広島）（高知）

二回、高知商1死満塁、打者小島尚の時に、三塁走者の中城が三本間に挟まれたが、捕手原の悪送球で生還する。①は渡辺、③は鳥居

広陵 準決勝で力尽く

第52回選抜高校野球大会第9日は5日、準決勝2試合が行われた。第1試合で広陵（広島）は高知商（高知）のエース中西を攻略できず、1－5で敗れた。

6日の決勝は準決勝で丸亀商（香川）を破った帝京（東京）と高知商が顔を合わせる。

広陵は二回、守りの乱れから大量失点した。2安打と死球で1死満塁とされ、打者小島尚の1球目に三塁走者中城が飛び出した。三塁方向へ追った捕手原の送球が中城の背中に当たって三塁後方へ転がり、生還を許した。動揺したエース渡辺はリズムを崩し、計4点を失った。

広陵は3点差とした直後の四回にも失策で失点。リードを広げられた。打線は高知商の主戦中西の力投に手を焼いた。三回、山田の二塁打を足場に1点を返したが、速球、落差のあるカーブを駆使する中西から追加点を奪えなかった。

渡辺は二回に連打を浴びたものの、出来はまずまず。変化球を内外角に散らして五回以降、要所を締めた。それだけに、二、四回の守備の乱れが悔やまれた。

守備乱れ 流れ高知商に

堅陣といわれた広陵の守りが崩れ、流れは一気に高知商に傾いた。二回、高知商は2安打と死球などで1死満塁。小島尚への初球は外角へのボール球。この時、三塁走者中城が飛び出した。挟殺を狙い、捕手原は三塁ベース近くまで追ったが、送球が中城の背中に当たって転々。先制点を献上した。

「スクイズサインが出ていないのに勘違いして飛び出した」と中城。原は「投げた時に腕が縮んでいた。ぼくの迷い」と明かした。確実に2死となるはずだっただけに、広陵にとっては考えられないミス。救われた高知商に四球、2安打、犠打と畳み掛けられ、4点を先行された。

広陵は四回にも平凡なミスで失点した。1死一、三塁。浅い中飛で2死としたが、三塁走者のタッチアップを警戒し、中継プレーが乱れた。返球がバックネットまで転がり、5点目を失った。

「練習は十分やってきた。精神的な弱さだと思う。技術はもちろん必要。でも負けないためには心が強くなければ」。原は自分に言い聞かせた。

審判の注意 心が乱れる 渡辺

新チームになって20戦無敗。甲子園ではさらに三つの白星を重ねた。そんな負け知らずのエース渡辺に土がついた。不安定な立ち上がりに加え、一回、鈴木球審にフォームを注意されたことで、微妙な心の揺れがあった。「（甲子園では）注意されたことはなかったのに…」と口をつぐんだ。

注意が頭から離れず、二回に2四死球、4安打。失策が絡んで4点を失った。「僕はまだ精神的に甘い。審判の注意、守備の乱れを気にしないようにちゃんと自分で締めなければ」と悔やんだ。

三回以降は豪打の高知商を5安打、1失点に抑えた。「（打線に）切れ目がなく、今まで対戦したどのチームよりも迫力があった。だが、打たれたという実感はあまりない。なんとなく点を取られた。三回以降は自分なりに納得のいくものだった」。エースで4番の中西には5打数無安打に抑え込む意地を見せた。

打席では中西から五回に、今大会初安打となる左前打。持てる力を出し切った。表情は爽やかだった。

広陵・松元監督の話

もう少し打てると思ったが、完敗です。3点勝負と思っていた。先手を取って相手の焦りを誘う計算だった。打撃、守りとも鍛え直して、夏に甲子園へ戻ってきたい。

高知商	0	4	0	1	0	0	0	0	0	5
広　陵	0	0	1	0	0	0	0	0	0	1

【高知商】		打	安	点
④	家竹	5	2	1
⑥	上田卓	5	1	1
③	上田修	2	0	1
①	中西	5	0	0
⑧	沢田	3	1	0
⑦	中城	3	1	0
②	堀川	4	1	0
⑨	宮本	4	3	0
⑤	小島尚	1	0	0
	計	32	9	3

【広　陵】		打	安	点
⑥	中井	4	0	0
④	川口	3	0	0
H	岡	1	0	0
⑧	村末	4	0	0
②	原	3	1	0
⑦	伊達	3	0	0
①	渡辺	3	1	0
⑨	山田	3	1	0
③	鳥居	1	0	0
H	松田	1	0	0
3	愛谷	0	0	0
⑤	浜崎	1	0	1
H5	長尾	1	0	0
	計	28	3	1

	振	球	犠	盗	失	残	併
高	0	5	3	1	0	8	0
広	5	0	2	0	3	2	0

▽二塁打　山田、原

投手	回	安	責
中西	9	3	1
渡辺	9	9	2

【ベンチ入りした主なプロ野球選手】

≪広陵≫

原伸次	広島・81年ドラフト4位―横浜

≪高知商≫

中西清起	リッカー―阪神・84年ドラフト1位

メモ

「球道くん」

広陵の45年ぶりの決勝進出を阻んだのが、高知商のエース中西清起。水島新司の漫画「球道くん」の主人公・中西球道にちなんで、球道くんという愛称で人気者となった。広陵に勝った高知商は決勝で帝京（東京）と対戦。伊東昭光（元ヤクルト）との投げ合いを制し、優勝を飾った。その年の選手権は2回戦で箕島（和歌山）に敗れ、春夏連覇は逃した。

広島県大会

⑫④ 1980年7月31日
第62回全国高校野球選手権広島大会決勝

広陵－広島商
（広島）　（広島）

四回、広陵2死一、二塁、松田康が左越えの2点二塁打を放ち、5-0とする。投手西川、捕手坪内

「伝統の一戦」広陵が制す

第62回全国高校野球選手権広島大会最終日は31日、広島市民球場で決勝があり、広陵が広島商を5－3で破り、8年ぶり15度目の出場を決めた。

春夏の広陵か、2年連続の広島商か。雨による2日の「水入り」を経ての決戦は広陵に軍配が上がった。

広陵は三回、原らの安打で1死一、二塁。三盗失敗でチャンスは消えたかに見えたが、松田康が粘って四球。再び一、二塁とし、山田の中前打で先制。渡辺も中前へ打ち返して2－0とした。四回は2死から四球で出た川口が二盗、三盗。村末の遊ゴロが敵失を誘って加点した。原は四球で一、二塁。松田康が鮮やかに左越え二塁打して2者をかえした。

広島商は五回、西川が左越え本塁打。六回にも2死三塁から川崎が左翼席へ打ち込んで追い上げた。しかし、七、八回の無死からの走者を生かせず、広陵を上回る10安打を放ちながら涙をのんだ。誤算は主戦西川の制球の甘さ。走者に対する警戒不足、守りのミスも痛かった。

立ち上がりの差で明暗

逃げる広陵、追いすがる広島商――。10年ぶりとなる決勝での宿命のライバル対決は、投手の立ち上がりの差で明暗が分かれた。「雨で流れた次の試合は必ずいいピッチングができる」と信じてマウンドに上がった広陵・渡辺。一回、三者三振の好スタートを切った。一方、広島商・西川は緊張から制球を乱し、毎回走者を背負う投球だった。

0－0の三回、均衡が破れた。広陵は2死一、二塁と西川を追い詰め、山田、渡辺が、苦し紛れに真ん中に投じた西川の直球をセンター返し。あっという間に2点を先取した。

さらに四回。2死から四球で出塁した川口が二、三盗。動揺した西川を攻め、敵失、四球、松田康の左越え二塁打で3点を追加。完全に主導権を握った。

試合後、広陵・松元監督は「渡辺がよく投げてくれた。5点あれば大丈夫だと思っていた。西川君は硬くなっていたようだ」と胸を張った。敗れた広島商・桑原監督は「雨の影響はお互いだから理由にならない」と言い、「西川は自分のピッチングができなかった」と肩を落とした。

広陵・松元監督の話

春夏連続出場は難しいと思っていた。1年間、生徒を信じてやってきた成果だ。広島商はかき回せば、勝てると思っていた。甲子園では一つでも多く勝ちたい。

同・原主将の話

広島商打線は迫力があった。打席では2度敬遠されたが、甲子園では一打席を大事にしたい。

広島商・桑原監督の話

広陵が先頭打者を出して、積極的に攻めてきたのに対し、うちは（前半）先頭打者が出なかった。その差が勝負を分けた。西川は前半、球の切れ、制球とも悪く、自分のピッチングではなかった。

同・市原主将の話

最後まで勝てると信じていた。うちの野球さえできれば5点差は問題ではなかった。最後までリズムに乗れず敗れたのは残念。

広島商	0	0	0	0	1	2	0	0	0	3
広　陵	0	0	2	3	0	0	0	0	×	5

（商）西川－坪内　（陵）渡辺－原

【広島商】		打	安	点
②	坪内	5	1	0
⑦8	住吉	4	0	0
⑥	西田	4	1	0
⑤	川崎	4	2	2
③	沢田	3	0	0
①	西川	4	2	1
⑨	間可	2	1	0
H7	山下	2	0	0
④	尾崎	4	2	0
⑧9	市原	3	1	0
	計	35	10	3

【広　陵】		打	安	点
⑤	中井	5	1	0
④	川口	3	1	0
⑧	村末	4	1	0
②	原	1	1	0
⑦	松田康	2	1	2
③	山田	4	1	1
①	渡辺	4	2	1
⑨	鳥居	3	0	0
⑥	三宅	4	0	0
	計	30	8	4

	振	球	犠	盗	失	残	併
商	8	1	1	1	1	7	0
陵	4	6	2	2	0	9	0

▽本塁打　西川（渡辺）川崎（渡辺）▽二塁打　松田康、村末、市原

メモ

「伝統の一戦」

夏の広島大会で最も対戦が多いのが、広島商と広陵のカードだ。実に35試合に上る。初対決は1916年の山陽大会準決勝で、広島商が12-0で大勝した。その後も数々の名勝負を繰り広げ、戦績は広島商が16勝、広陵が19勝。総得点も広島商が151、広陵が143と伯仲している。決勝戦では10度対戦し、広陵が6勝を挙げている。

【ベンチ入りした主なプロ野球選手】

≪広陵≫

原伸次	広島・81年ドラフト4位－横浜

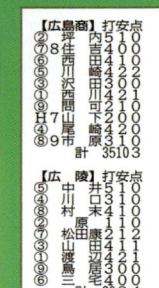

⑫⑤ 1980年8月13日
第62回全国高校野球選手権2回戦

広陵－黒磯
（広島）　（栃木）

二回、広陵1死三塁、打者三宅（左から2人目）がスクイズのサインを見落としたが、三塁走者の山田（左端）が本盗を成功させ、3−0とする。捕手井上

広陵 投打で押し切り快勝

第62回全国高校野球選手権大会第6日は13日、甲子園球場で2回戦4試合を行った。第2試合で広陵（広島）は黒磯（栃木）と対戦し、エース渡辺が1点に抑え、5－1で完勝した。

広陵は一回、中井が中前打、川口は四球で無死一、二塁。1死後、原が低めの直球を中越えに2点二塁打を運んで先制した。二回は1死から、左中間二塁打の山田が投手のけん制悪送球で三進。三宅がスクイズのサインを見落としたが、山田の好走で本盗にすり替えて加点した。四回には三塁打の松田康を渡辺の右犠飛で迎え入れ、七回にも村末の中前適時打でリードを広げた。

渡辺の右腕もしなった。低めに伸びのある速球を集め、シュート、カーブの制球も良く三回までパーフェクト。五回に長短打で1点を失ったが、以後は黒磯の反撃を許さなかった。

一回一気〝立ち合い勝ち〟

勝敗は勢いが決める。どの監督も「先手必勝」を掲げて試合に臨む。広陵はその立ち合いで勝った。

一回の攻防が明暗を分けた。広陵の主戦渡辺は先頭打者を落ち着いて三振に仕留め、野手の好捕もあって三者凡退の好スタート。その裏、広陵は中井が中前打、川口はバントと見せかけて黒磯のエース針生を揺さぶり、四球を選んだ。1死後、原が中堅手の頭上を越す適時二塁打を放ち、2者を迎え入れた。原の一打は黒磯に大きなダメージを与えた。

試合開始前から両者の心理状態には差があった。直前の鳴門－前橋工は延長十二回の熱戦。じらされたのは両チームとも同じだが、落ち着いていた広陵に比べ、黒磯ナインはいらいらし通し。たまりかねた黒磯の福田監督は選手を集めて座禅を組ませたほどだった。

「初出場と古豪の違いでしょうか」。福田監督は戦力以上に感じたという。「渡辺投手は思っていた以上に制球、球威が素晴らしい。原選手もそれなりに研究して臨んだが、打たれた。力負けです」

一方、広陵の松元監督は「渡辺はよく考えて投げた」と評価。半面、「攻めの面がよくない。サインは見落とすし、こんな試合では駄目。細かい野球をやるにはミスは許されない」と辛い採点。2度、スクイズのサインの見落としがあったが、「ほかにもある」と言う。

「きょうは70点。じっくり反省して、次は機動力野球を見せたい」と松元監督。たくましさを身につけた打線を披露したい口ぶりだった。

「頼もしい男」原が先制打

広陵打線の軸である原のバットが火を噴いた。一回1死一、二塁で黒磯の針生が力を込めて投げ込んだ真ん中低めのストレートを鋭くたたいた。打球は中堅手の頭上を越える二塁打。中井、川口が相次いで本塁ベースを駆け抜け、貴重な先制点をもたらした。「フルカウントだから直球で勝負してくると思い、狙い球を絞っていた。少しバットが遅れたけどよく伸びた」と振り返った。

エース渡辺は「絶対打ってくれると思っていた。試合になると頼もしい男です。あの2点で楽になり、僕の投球ができた」と感謝した。

原のこの試合の安打は1本だけ。後の打席は主砲らしからぬ結果だった。「1本打ったのでいけると思ったが、どうもお粗末だった。監督さんに『三振したのはおまえだけ』と冷やかされた」と苦笑した。

捕手としては渡辺のカーブの切れがもうひとつと見抜き、高めのストレートを勝負球に使って成功した。原が打ち、渡辺が投げ切る。投打の歯車ががっちりとかみ合っての快勝にも「今後はもっと厳しい野球をしなければ」。主将と4番の重責を担う原は気を引き締めていた。

黒磯	0	0	0	0	1	0	0	0	0	1
広陵	2	1	0	1	0	0	1	0	×	5

メモ

「ひょうたんから駒」

今大会初の本盗を成功させたのは広陵の山田修己。といっても、これはひょうたんから駒。二回1死、山田は左中間二塁打を放ち、投手のけん制悪送球で三進。2ボール1ストライクからスクイズのサインが出たためスタート。しかし打者三宅がサインを見落とした。黒磯バッテリーは外角に外したが、山田は好ダッシュで間一髪セーフ。貴重な追加点となった。

【黒　磯】		打	安	点
③	平山	4	1	0
④	遠藤	3	0	0
⑨	相馬	4	0	0
⑧	小林	4	0	0
①	針生	3	1	0
②	井上	3	0	0
⑦	新巻	2	0	0
H	石沢	1	1	0
R7	増子	0	0	0
⑤	荒井	3	2	1
⑥	高島	3	0	0
	計	30	5	1

【広　陵】		打	安	点
⑤	中井	4	1	0
④	川口	2	0	0
⑧	村末	4	1	1
②	原	4	1	2
⑦	松田康	4	1	0
③	鳥居	4	1	0
①	渡辺	3	0	1
⑨	山田	2	1	0
⑥	三宅	3	1	0
	計	30	7	4

	振	球	犠	盗	失	残	併
黒	5	0	1	0	1	3	0
広	1	3	1	2	0	5	0

▽三塁打　松田康、針生、鳥居
▽二塁打　原、山田

投手	回	安	責
針生	8	7	4
渡辺	9	5	1

【ベンチ入りした主なプロ野球選手】

≪広陵≫

原伸次	広島・81年ドラフト4位一横浜

㉖1980年8月17日
第62回全国高校野球選手権3回戦

広陵－滝川
（広島）　（兵庫）

八回、広陵1死二塁、村末の右中間三塁打で二塁走者の川口が生還し、3−2と勝ち越す。右は次打者の原

広陵 鮮やかな逆転劇

第62回全国高校野球選手権大会第10日は17日、甲子園球場で3回戦3試合を行った。第1試合で広陵（広島）は滝川（兵庫）と対戦し、八回に川口、村末の連続長打と犠飛で3点を挙げ、4－2で逆転勝ち。12年ぶり7度目のベスト8進出を果たした。

広陵が八回に鮮やかな逆転劇を演じた。1点を勝ち越された直後のこの回、1死から中井が四球を選び二盗。川口は直球を左中間に同点二塁打を放った。村末の右中間を深々と破る三塁打で勝ち越し。原は左翼フェンスぎりぎりに犠飛を打ち上げて、突き放した。

試合は右下手の渡辺、本格派左腕の石本の投手戦となった。広陵は三回2死二塁から敵失で先制。滝川は六回2死一、二塁で滝川が左へ運んで追いついた。八回、さらに先頭の新が二ゴロ失で生きるとバントで進め、石本の右前適時打で勝ち越したが、石本が踏ん張れなかった。

気力・集中力で攻略

広陵は強かった。底力を見せた。松元監督は眼鏡の奥に涙をためながら「打つ、走る、守る。いいところで各人が各人の役割を果たしてくれた。1点リードされても選手は落ち着いていたし、手応えがあった」とナインをたたえた。

八回、川口の失策から勝ち越し点を奪われた。滝川の石本の調子から見て、この1点は重かった。広島大会から一度もリードを許していないことも気掛かりだった。

窮地に立たされたが、猛練習で培ってきた技と力と精神力で、石本を攻略した。八回、1死から中井が四球で出塁し二盗。これで石本はリズムを崩した。川口の左中間二塁打で同点。村末も初球を強振して、右中間へ勝ち越しの三塁打。原があと一息で本塁打という犠飛を左に打ち上げ、あっという間に3点をもぎ取った。七回までの貧打（4安打）がうそのような畳み掛ける攻撃で逆転した。

滝川に勝ち越された時、渡辺も原も敗戦を予感したという。言葉には出さなかったが、松元監督も覚悟したに違いない。松元監督は八回の攻撃前に「あと2回ある。ここまできたんだから、悔いのないスイングをしろ」と指示。この言葉でナインは「一生懸命練習してきたんだ。負けるはずはない」と燃えた。

対照的に、滝川の吉本監督は「四球を出し、盗塁を許したことで投球にガタがきた」とバッテリーの精神力の弱さを嘆いた。追い込まれて発揮した気力と集中力――。それは、広陵ナインがじっくりと蓄えてきた実力とも言える。広陵は甲子園でまた一回りたくましくなった。

川口が殊勲 同点二塁打

「打ったのは内角ストレート。手応えは十分」。八回、川口が左中間に同点二塁打を放ち、劣勢だった広陵を生き返らせた。

八回、広島大会を通じて初の失策が失点につながった。その裏の1死二塁、責任を感じて打席に入った。「直球に的を絞っていたら、注文通りのボールがきた。エラーを取り戻せてうれしい」と喜んだ。この一打が村末の勝ち越し打、原のダメ押しの犠飛を呼び込んだ。

竹原市の竹原中時代から二塁手。ベース1周14秒台の俊足と機敏な動きで、昨秋の新チーム結成時にレギュラーをつかんだ。選抜大会までは「守備の人」だったが、素振りを重ね、広島大会では主砲原を上回る打率4割3分5厘をマーク。好守好打の2番、二塁手に成長した。

世羅副部長は「芯は強いし、頼りになる。貴重な存在ですよ」と奮闘ぶりに目を細めている。

1980年代

滝川	0	0	0	0	0	1	0	1	0	2
広陵	0	0	1	0	0	0	0	3	×	4

メモ

「大ちゃんフィーバー」

第62回大会では、荒木大輔が早実の1年生エースとして甲子園に出場。甘いマスクとスマートなプレーぶりが大人気となり、空前の「大ちゃんフィーバー」を巻き起こした。1回戦で北陽（大阪）を1安打完封するなど、16歳の右腕は準決勝までの5試合で4完封。決勝で横浜（神奈川）に敗れたものの、チームを準優勝に導いた。荒木は3年夏まで5季連続で甲子園に出場した。

【滝川】		打	安	点
⑤	永岡	4	0	0
⑦	新	4	0	0
⑨	山脇	3	1	0
①	石本	3	2	1
⑥	中村	3	0	0
③	滝川	4	2	1
②	林	4	0	0
⑧	合田	4	3	0
④	藤原	2	0	0
H	佐藤	1	0	0
	計	32	8	2

【広陵】		打	安	点
⑤	中井	3	1	0
④	川口	3	2	1
⑧	村末	4	1	1
②	原	3	1	1
⑦	伊達	4	0	0
③	鳥居	3	1	0
①	渡辺	3	0	0
⑨	山田	3	0	0
⑥	三宅	2	0	0
	計	28	6	3

	振	球	犠	盗	失	残	併
滝	4	1	3	0	2	7	1
広	5	3	1	3	1	4	0

▽三塁打　原、村末▽二塁打　滝川、川口

投手	回	安	責
石本	8	6	3
渡辺	9	8	1

【ベンチ入りした主なプロ野球選手】

≪広陵≫

原伸次	広島・81年ドラフト4位—横浜

≪滝川≫

石本貴昭	近鉄・81年ドラフト1位—中日

⑫⑦ 1980年8月19日
第62回全国高校野球選手権準々決勝

広陵－天理
（広島）　（奈良）

広陵 序盤の失点響き敗退

第62回全国高校野球選手権大会第12日は19日、甲子園球場で準々決勝4試合が行われた。第3試合で広陵（広島）は天理（奈良）と対戦。序盤の4失点が重くのしかかり、2－4で敗れた。

20日の準決勝は、早実（東東京）－瀬田工（滋賀）、横浜（神奈川）－天理の顔合わせとなった。

九回、広陵1死三塁、鳥居（手前）の三ゴロで飛び出した三塁走者の原（左から2人目）がタッチアウトとなり、一塁に送球され併殺。2−4で敗れる。三塁手小松崎

広陵の主戦渡辺は二回につかまった。2死一塁から、加藤に内角カーブを左越えへ2点本塁打された。渡辺は動揺し、積極的な天理打線に痛打され、三、四回にも失点。四回までに本塁打、三塁打、二塁打を含む8安打を浴びた。

4点を追う広陵は四回、川口の中前打と敵失で1死二、三塁。しかし、原が高めの速球を空振り三振、伊達は投ゴロに終わった。六回には1死後、中井が三遊間を破ったが、二盗に失敗した。

反撃は八回、1死から四球の松田を代打山田の左中間二塁打で迎え入れた。九回は村末、原の連打に好走塁もあって無死二、三塁。伊達の左犠飛で2点目を挙げた。さらに1死三塁と攻めたが、追い上げはここまで。天理の左腕川本のカーブを打ちあぐね、決定打を欠いた。

油断からリズム崩す

終盤、天理の左腕川本に食い下がったものの内容は完敗。序盤の4失点が、先行逃げ切り型の広陵にとって大きな壁となった。「負ける時はこんなもんでしょう」と広陵・松元監督は敗戦の弁を結んだ。

試合前、松元監督は「天理は（3回戦の）滝川（兵庫）より投手力が落ちる。センター返しに徹すれば4、5点は取れる」と勝利を確信していた。ところが、目算は外れた。渡辺は一回、三者凡退の無難なスタートを切ったが、二回に7番加藤に左越え2ランを喫し、三、四回にもつるべ打ちされた。天理の積極性を褒めなければならないが、渡辺の投球は力がなくコースも甘かった。

打線のふがいなさも誤算だった。立ち上がりから打ち急ぎ、三回まで無走者。四回に1死後、川口のチーム初安打と敵失で二、三塁。主砲の原を迎えた。松元監督は「全員に直球を狙わせていたが、（急きょ）カーブを狙わせた」。ところが、川本の投球は2球続けて真ん中直球。原はぼうぜんと見送るしかなく、最後はボール球を振って三振した。

「四回の打撃は悔いが残る」と原。中軸で絶好機を逃し、流れを変えられなかった。松元監督は自らの作戦ミスを悔いた。「渡辺はコースが甘く、それで出はなをくじかれたが、きょうは僕が失敗した。もう少しじっくり打たせれば良かった。とにかく選手の力をうまく引き出せなかった」と振り返った。

滝川戦で見せた闘志も影を潜めた。いつでも打てるという過信と勝てるという油断から、リズムを崩した。「みんな最初からおかしかった。天理には勝てると思って、いつものような緊張感がなかった」という三宅の言葉が敗因を言い当てていた。

天理	0	2	1	1	0	0	0	0	0	4
広陵	0	0	0	0	0	0	0	1	1	2

【天　理】	打	安	点
③ 陳	4	0	0
⑤ 小松崎	5	0	0
⑦ 中村	5	3	1
④ 藤本	3	2	0
① 川本	5	1	0
⑨ 岡田	4	1	0
9 岡本	1	0	0
⑧ 加藤	3	2	3
② 高峰	2	0	0
⑥ 大西	2	1	0
計	34	10	4

【広　陵】	打	安	点
⑤6 中井	4	1	0
④ 川口	4	1	0
⑧ 村末	4	1	0
② 原	4	1	0
⑦ 伊達	3	1	1
③ 鳥居	4	0	0
① 渡辺	3	0	0
⑨ 松田	2	0	0
5 浜崎	0	0	0
⑥ 三宅	2	0	0
H9 山田	1	1	1
計	31	6	2

	振	球	犠	盗	失	残	併
天	5	4	4	1	1	11	1
広	4	1	1	0	2	4	0

▽本塁打　加藤（渡辺）▽三塁打　岡田▽二塁打　藤本、山田

投手	回	安	責
川本	9	6	2
渡辺	9	10	4

メモ

「青年の主張」

独特の投球フォームでチームを春夏連続出場に導いた広陵のエース渡辺一博。準々決勝の天理戦に敗れた後、球審から「ごまかしの投球はしないように。国体では禁止する」と注意を受けた。「ごまかし」という言葉に強いショックを受けた渡辺は、野球に取り組んだ日々、フォームとの格闘、審判の言葉など胸にしまい込んでいた思いを文章にし、「青年の主張」の全国大会で披露。準優勝に輝いた。

【ベンチ入りした主なプロ野球選手】

≪広陵≫	
原伸次	広島・81年ドラフト4位—横浜
≪天理≫	
小山昌男	近鉄・82年ドラフト2位
藤本博史	南海・82年ドラフト4位—オリックス
川本和宏	南海・82年ドラフト6位

九回、尾道商2死一、二塁、高垣の中前打で二塁走者の幾田㊧が生還し、1点を返す。④は次打者の福庭。捕手熊田

128 1981年4月1日
第53回選抜高校野球大会2回戦

尾道商（広島）－高松商（香川）

守乱の尾道商 初戦で散る

第53回選抜高校野球大会第5日は1日、甲子園球場で1回戦1試合と2回戦2試合を行った。第2試合の2回戦で、尾道商（広島）は高松商（香川）と対戦し、1－4で敗れた。

尾道商は守りが乱れ敗戦に沈んだ。0－1の七回1死後、作花の三ゴロを三塁手が後逸。石田の遊ゴロで二封したが、二塁手が一塁へ悪送球し2死二塁に。動揺した主戦前原は寺尾に左前適時打、大森にも右へ適時二塁打を浴び、決定的な2点を失った。シュート、カーブを効果的に使い、1失点で踏ん張っていただけに手痛い失策だった。

打線は一回2死から乗越の三塁打、幾田の死球で先制機をつくったが、花岡がボール球を振って三振。その後は高松商のエース石田の荒れ球に的を絞れず、打ち気にはやって飛球を打ち上げた。九回2死から3連打で1点を返し、零封負けを免れた。

貧打誤算 募った焦り

13年ぶりの春は、つぼみのまま終わってしまった。尾道商は持てる力の半分も出し切れなかった。試合前、中村監督は「4点は取れる。すべては前原の右腕にかかっている。3点以内に抑えてくれれば勝てる」。勝ちパターンを描き自信を見せていた。わずか1時間44分後には別人のようにやつれていた。

誤算続きだった。前原が六回まで、カーブ、シュートを内外角へ丹念に配するピッチングで、高松商打線を1点に抑える好投を見せながら打線が沈黙。一回、先頭の西村が三遊間を破ったが、山崎が送りバントを決められずに併殺。「低めを狙え」という中村監督の指示もむなしく、高めの球につられて凡退。飛球は18を数えた。「もっと打てるはず、と思いながら、試合がいつの間にか進んで焦ってしまった」と乗越主将は振り返った。

思うようにならない展開に、絶対の自信を持っていた守備が乱れた。七回1死から、三塁手高垣がトンネル、続く遊ゴロを二封後に、二塁手福庭が併殺を焦って一塁に悪送球。これで必死に持ちこたえていた前原の緊張の糸が切れてしまい、連続短長打を浴びた。

中村監督は敗因について「ボール球に手を出した。とにかく打てなかった」と切り出し、こう続けた。「先に点を取られて、焦りが力みにつながった。秋から試合をやっていなかったので、最後まで試合勘を取り戻せなかった。力は変わらないと思うが、試合で発揮できなければ勝たせてもらえない」。敗戦に学んだ貴重な経験だったに違いない。

痛みこらえ執念の一打

顔がひどく腫れた幾田は試合後、ナインより遅れて引き揚げてきた。治療室で鼻血を抜いてもらったからだ。一回2死から乗越が右中間を破る三塁打。4番に先制打の期待が集まった。待ち構えた初球はシュート。よけ切れずに左頬に投球を受けてうずくまった。「一瞬、あたりが真っ暗になった」。治療で一時退場した。

二回の守備。治療を終え、ベンチから勢いよく飛び出してきた。スタンドから割れるような拍手。「医師から頭が痛くなるようだったら、すぐ交代をと言われた。でも、絶対に引っ込みたくなかった」。4番の重責を担う意気込みは、負傷を感じさせなかった。

九回2死。執念の三遊間安打を放った。花岡、高垣の連打でホームベースを踏んだ。「2年前、府中東が高松商に完封された。広島県代表が2度も高松商に完封負けしては恥だと思って打席に入った。負けたのは悔しいけど、1点返せてうれしい」。腫れた頬を冷やし、痛みをこらえながら胸を張った。

高松商	0	1	0	0	0	0	2	0	1	4
尾道商	0	0	0	0	0	0	0	0	1	1

メモ

「逆転のPL」

第53回大会はPL学園（大阪）の初優勝で幕を閉じた。PL学園は1978年夏の選手権で中京（愛知、現中京大中京）との準決勝、高知商との決勝で2試合続けて奇跡的な逆転劇を演じて初優勝。「逆転のPL」と呼ばれた。今大会は準決勝までの4試合で一度も相手にリードを許さず完勝。印旛（千葉）との決勝は0−1とリードを許したが、九回1死からの3連打で逆転サヨナラ勝ちした。

【高松商】		打	安	点
⑧	大森	5	1	1
④	山下	4	1	0
⑥	山川	3	0	0
②	熊田	4	2	0
③	林	4	0	0
⑨	多田	3	1	0
⑦	作花	3	2	1
①	石田	4	0	0
⑤	寺尾	4	3	2
	計	34	10	4

【尾道商】		打	安	点
⑨	西村	4	1	0
⑧	山崎	4	1	0
②	乗越	4	1	0
⑥	幾田	3	1	0
③	花岡	4	1	0
⑤	高垣	4	2	1
④	福庭	4	0	0
①	前原	3	0	0
⑦	山本	3	0	0
	計	33	7	1

	振	球	犠	盗	失	残	併
高	3	2	1	1	0	6	1
尾	6	1	0	2	3	6	2

▽三塁打　乗越▽二塁打　大森、寺尾

投手	回	安	責
石田	9	7	1
前原	9	10	2

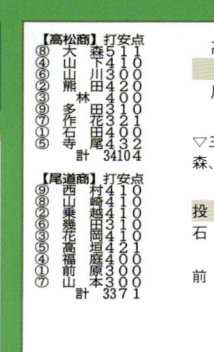

広島県大会

⑫⑨ 1981年7月29日
全国高校野球選手権広島大会決勝

広島商（広島）－近大福山（広島）

九回、広島商1死一塁、中田の中越え二塁打で一塁走者の松井が一気に生還し、サヨナラ勝ちする。捕手西浜

広島商 サヨナラで夏切符

第63回全国高校野球選手権広島大会最終日は29日、広島市民球場で決勝があり、広島商が近大福山に九回逆転サヨナラ勝ちし、2年ぶり16度目の甲子園出場を決めた。

広島商は1点を追う九回、先頭の代打森永が左へ流して二塁打。ここで近大福山の先発吉岡が降板した。2番手金本に代わり、川中が送った後、松井の遊撃内野安打で同点。続く中田が真ん中高めをたたいて、中越え二塁打。一塁走者の松井がサヨナラのホームを踏んだ。

試合は1点を巡る接戦となった。二回、広島商が先行すると、近大福山は三回、原の適時打で追い付き、六回にスクイズを決めて勝ち越した。広島商は七回に松井の左前適時打で同点。近大福山は八回、吉岡が中前へ落として、再び勝ち越した。吉岡は球威があり、そのまま逃げ切るかに思えたが、広島商が土壇場で粘りを見せた。

不屈の精神 逆転劇生む

輝かしい球史を誇る広島商が、劇的な逆転サヨナラ勝ちで新たな歴史の一ページを刻んだ。九回、中田の打球が高々と中堅手を越えた瞬間、ナインは、両手を天に突き上げた。どよめく大歓声の中で、桑原監督はナインと握手。尾崎主将の目から大粒の涙が落ちた。

激戦だった。八回を終わって近大福山が3－2でリード。長身右腕の吉岡が尻上がりに調子を上げ、広島商は追い込まれた。しかし、修羅場をくぐり抜けて勝ち上がったナインは、反発力を蓄えていた。九回。代打森永が「今まで3年生に助けられてきた。どうしても甲子園に連れて行く」と執念で左へ運ぶ二塁打。打ちあぐねていた吉岡を降板させた。代わった金本から送りバントを挟んで、松井の遊撃内野安打で追い付いた。続く中田が真ん中高めのボール球を中越えへ決勝の二塁打。広島商ナインの気迫と不屈の精神が最後に見事な集中打として実った。

勝利インタビューを受ける桑原監督は「もう、言うことなしです」と感極まった様子。「とにかく九回には、残っている選手で戦おうと思った。6月1日から1カ月間の合宿で、全部員の気持ちがまとまった。それが最後になって出た」。桑原監督は何度も何度も全員野球の勝利を口にした。

試合終了と同時にベンチに駆け込んできた控えの3年生12人は「一緒に苦楽を共にしてきた仲間が、僕らを代表して戦ってくれた。レギュラーも控えも関係ありません。うれしいです」と体を震わせていた。広島商が掲げ続けてきた全員野球を体現し、甲子園切符を引き寄せた。

近大福山・麻生監督の話

選手たちはよくやった。今は本当に悔しいだけだ。

同・横井主将の話

悔しい。絶対勝てると思ったのに…。（中越えのサヨナラ二塁打は）原が捕れると思ったが、打球が伸びた。思う存分やったが、広島商は隙がなく強い。

広島商・桑原監督の話

森永、中田が思い切り良く打ってくれた。この1年間、勝ち負けを度外視して、悔いのない試合をやることをテーマにしてきた。全員でよくやってくれた。それにしても今年はついていた。九回になっても負ける気はしなかった。気分を引き締めて、甲子園で戦いたい。

同・尾崎主将の話

絶対勝てると確信していた。今年は、技術的なものより、精神面に重点を置いて練習を積んできた。甲子園でも頑張りたい。

近大福山	0	0	1	0	0	1	0	1	0	3
広島商	0	1	0	0	0	0	1	0	2	4

（近）吉岡、金本－西浜　（広）森－宅間

【近大福山】		打	安	点
⑥	横井	5	1	0
④	山崎	1	1	0
⑧	原	2	1	1
⑨	丹野	4	1	0
①	吉岡	3	1	1
1	金本	0	0	0
⑦	中野	3	2	1
⑤	清水	3	0	0
H	高橋	1	0	0
3	上田	0	0	0
②	西浜	4	1	0
③5	植原	4	0	0
	計	30	8	3

【広島商】		打	安	点
⑦	小田	2	0	0
7	林	1	0	0
H	尾崎	0	0	0
R7	川中	0	0	0
④	松井	5	3	2
⑨	中田	4	1	1
⑧	西田	4	0	0
③	橋本	3	0	0
②	宅間	3	1	0
⑤	久山	4	3	0
⑥	杉本	1	0	1
R6	住吉	1	0	0
①	森	2	0	0
H	森永	1	1	0
R	佐々木	0	0	0
	計	31	9	4

	振	球	犠	盗	失	残	併
近	6	2	5	1	2	7	0
広	4	4	4	2	0	10	0

▽二塁打　中野、森永、中田

メモ

「魔の九回」

好投手の浅野啓司を擁して準優勝した1965年以来、16年ぶりに決勝に勝ち進んだ近大福山。初優勝まであと1イニングまで迫ったが、土壇場の九回に広島商に3安打を浴び、サヨナラ負けした。号泣した麻生和男監督は「心の中から消えることのない素晴らしい子どもたちだった」。崇徳、尾道商など強豪を破って勝ち上がった選手たちをたたえた。

九回、広島商1死二、三塁、尾崎がスリーバントスクイズを決め、三塁走者の林が生還し同点とする。捕手伊藤元

130 1981年8月10日
第63回全国高校野球選手権1回戦

広島商（広島）－新発田農（新潟）

広島商 延長戦で散る

第63回全国高校野球選手権大会第3日は10日、甲子園球場で1回戦4試合が行われた。第3試合で、広島商（広島）は新発田農（新潟）と対戦し、延長十回に守りの乱れから失点し、1―3で敗れた。

広島商は同点で迎えた延長十回、この回に登板した2番手川中が新発田農の伊藤政に四球を与えた。続くバントは二封したものの、伊藤元に右中間二塁打を浴びて1死二、三塁。ここで広島商の守りにほころびが出た。遊ゴロで飛び出した二塁走者を刺すため、送球を受けた二塁手尾崎が大きく後ろにはじいて1点を献上。二盗を挟んで二、三塁のピンチが続き、三ゴロを佐々木が一塁に悪送球して致命的な2点を奪われた。

敗因は拙攻にもあった。一回、小田の左中間二塁打と中田の三遊間安打で、1死一、三塁としたが強攻策が実らず先制機を逃した。1死二、三塁とした二回は、スクイズ失敗などで無得点。好投の先発森を援護できなかった。

守り乱れ「番狂わせ」許す

試合後、広島商ナインに涙はなかった。「力いっぱいやりました」と、泣きたい悔しさをぐっとこらえていた。勝った新発田農より、敗れた広島商の方に多くの取材陣が集まった。「番狂わせ」。記者の無情なインタビューが続く。

「僕が悪い。言い訳はしません」と尾崎主将。延長十回、1死二、三塁で、遊ゴロをさばいた住吉からの送球をはじいた。2死一、三塁となる場面が、新発田農の勝ち越しへと暗転した。尾崎は左膝打撲で広島大会の出場は代打の3度だけ。この日も先発二塁手を松井に譲り、打者へのアドバイスなどで主将らしく動き回っていた。七回1死一、二塁のピンチで守備に就いた。打っては初打席で遊撃内野安打、九回には同点のスリーバントスクイズを決めた。

「みんなやるだけのことはやってきた。負けたのは努力が足りんから。向こう（新発田農）が広商野球をやり、うちができなかった」。無念そうに唇をかんだ姿が印象的だった。

そつのない野球 発揮できぬまま

「まさか」と疑いたくなるような広島商の戦いぶりだった。一回1死一、三塁と攻め立てた時は「楽勝」と思わせたが、西田が初球を右飛、橋本は内角に落ちるボール球を振って三振。二回は敵失が絡んで1死二、三塁としたものの、森がスクイズを失敗し投ゴロ。小田も遊ゴロに倒れ、先制機を簡単につぶしてしまった。0―0の八回は1死三塁。均衡を破るチャンスをつくったが、本塁は遠かった。

1点を先制された九回、死球を足掛かりに同点としたが、十回に守りのミスも絡んで2点を失い、第48回大会で桐生（群馬）に1―3で敗れて以来の初戦敗退を喫した。

桑原監督は「攻守にミスが出た。本物の力がなかったということ」とさえない表情。「くみしやすしの気持ちはなかった」と言うが、強攻策の失敗が焦りを生み、ミスを誘発した。対照的に、新発田農が十回に見せた好走塁などは、広島商のお株を奪う攻撃だった。

試合前、第55回大会で優勝した迫田総監督が「広商野球は精神野球とか管理野球とかいわれる。しかし、本当の広商野球は、たくましい精神力に支えられた部員全員の創意と工夫野球だ」と言った。この一戦は「広商野球」が影を潜めたまま終わってしまった。

新発田農	0	0	0	0	0	0	0	0	1	2	3
広島商	0	0	0	0	0	0	0	0	1	0	1

（延長十回）

メモ

「勇退」

15年ぶりの1回戦敗退。名物野球部長として知られる広島商・畠山圭司部長のラストゲームは思いもよらない結果に終わった。1945年に廃虚と化した母校のグラウンドを整備し、野球部を再建。47年の選抜大会は選手で、66年には監督として甲子園に出場。69年からは部長に転じ、73年の選抜準優勝、選手権優勝を支えた。「苦しい時代に野球をやった心根を子どもたちに伝えたい」と語り、75歳で亡くなるまで高校野球の普及、発展に情熱を注いだ。

【新発田農】		打	安	点
⑤	小池	5	1	0
⑥	樋口	4	0	0
③	小林	5	2	0
⑨	大沼	4	1	1
⑦	伊藤秀	4	0	0
④	伊藤政	3	0	0
①	須藤	4	0	0
②	伊藤元	3	2	0
⑧	松川	3	0	0
	計	35	6	1

【広島商】		打	安	点
⑦	小田	3	1	0
4	尾崎	1	1	1
④7	松井	5	0	0
⑨	中田	4	1	0
⑧	西田	4	0	0
③	橋本	4	0	0
②	宅間	3	0	0
⑤	久山	3	1	0
R	林	0	0	0
5	佐々木	0	0	0
⑥	杉本	3	1	0
H6	住吉	0	0	0
①	森	3	0	0
H	森永	1	0	0
1	川中	0	0	0
	計	34	5	1

	振	球	犠	盗	失	残	併
新	7	2	2	1	3	6	0
広	4	4	3	1	3	10	0

▽二塁打　小田、伊藤元▽暴投　須藤▽捕逸　宅間

投手	回	安	責
須藤	10	5	0
森	9	5	1
川中	1	1	0

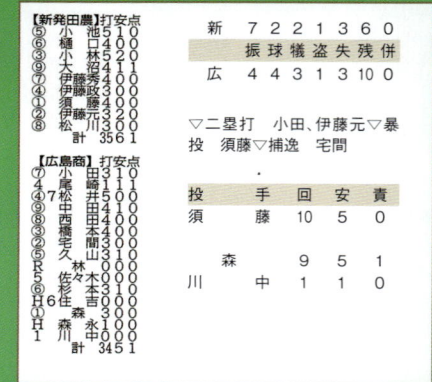

131 1982年3月28日
第54回選抜高校野球大会1回戦

尾道商（広島）－千葉商大付（千葉）

尾道商、バント戦法鮮やか

第54回選抜高校野球大会第3日は28日、甲子園球場で1回戦3試合が行われた。第1試合で尾道商（広島）は千葉商大付（千葉）と対戦し、五回に今大会屈指の好投手といわれる平沼から3点を奪い、3－0で勝った。

尾道商が千葉商大付・平沼を徹底した右打ちに機動力、バントを絡めた攻めで攻略した。

一、二回、足を使って平沼の心理を揺さぶった尾道商は五回に得点に結びつけた。先頭の岩谷が四球。児玉の投前バントが野選となり、一、二塁。村上のバントで二、三塁とし、森本がスリーバントスクイズを決めて先制した。さらに川淵が四球と二盗で2死二、三塁と好機を広げ、森下が巧みに右前へ転がして2点を加えた。

左腕川上は速球、カーブを効果的に操り好投。六回以降は毎回先頭打者を塁に出したが、粘りの投球で無失点に抑えた。

五回、尾道商1死二、三塁、森本がスリーバントスクイズを決め、三塁走者の岩谷が生還、先制する。捕手宇津木

尾商野球の神髄 中村采配当たる

鮮やかな尾道商のバント作戦だった。わずか1安打で3得点。大舞台で尾商野球の神髄を見せた。

前評判通り千葉商大付・平沼の直球は速かった。二回を終わって4三振。非力な尾道商打線が一層非力に見えた。ところが、中村監督は焦るどころか「負ける気はしない。向こうの三遊間は守りが悪いから、揺さぶれ」と徹底したバント攻めを指示。平沼崩しの戦法として準備してきた「秘策」だった。

0－0で迎えた五回。岩谷が四球を選ぶと、児玉は投前にバントして野選を誘った。村上も送って1死二、三塁に。千葉商大付は前進守備を敷いた。平沼は警戒して続けざまにカーブを投じてカウントは2ストライク。スクイズのチャンスを逸したかに見えた。

だが、この日の中村監督の戦術は一貫していた。打者は森本主将。「失敗覚悟。どうせうちのバッティングでは打てない」とスリーバントスクイズを命じた。「絶対に決める自信があった」と森本主将。打球は平沼の横を抜け、先制点に結びつけた。こうなれば押せ押せムード。川淵の四球と二盗で2死二、三塁とし、森下が詰まりながらも二遊間を割って計3点をもぎ取った。

初戦で敗れた昨春の苦い経験を糧に、ナインの力を掌握し、千葉商大付の動揺を見抜いた中村監督。「これまでで一番うれしい勝ちです。思い通りの試合ができた」。笑みは絶えなかった。

川上闘志の114球 平沼に投げ勝つ

故障上がりの左腕が、大会ナンバーワン右腕に投げ勝った。「平沼には絶対負けない」。尾道商のエース川上は気力をみなぎらせてマウンドへ。終盤は走者を出しながらも要所を締めて114球で完封。「前半は直球主体、途中からカーブを多く投げた。中国大会の時より調子は良く、思ったより暖かかったので肘痛も心配なかった」。この日のピッチングに80点をつけた。

入学した時の体重が89キロ。走り込みと、食べ過ぎない努力を重ねて20キロ減量した。昨秋痛めた左肘は完治していない。甲子園入りしての投球練習は1日30～50球。闘争心を駆り立てたのは平沼の前評判の高さだった。初めて得点圏に走者を許した六回、平沼を一邪飛に。九回無死一塁では打球を左膝に受けながらもアウトにした。「ちょっと痛いけど大丈夫。平沼君は球は速いし、カーブ、スライダーも鋭い。僕よりはるかに上」と相手を持ち上げた。

2回戦の相手は日大山形（山形）。「まだ何も考えていません。今度はヒットも打ちたい」。4番打者としての意地ものぞかせた。

	1	2	3	4	5	6	7	8	9	計
千葉商大付	0	0	0	0	0	0	0	0	0	0
尾道商	0	0	0	0	3	0	0	0	×	3

【千葉商大付】		打	安	点
⑥	工藤浩	4	0	0
⑦	渡辺	3	1	0
R	瀬川	0	0	0
①	平沼	4	0	0
②	宇津木	4	2	0
⑧	工藤輝	4	1	0
⑨	浅沼	3	2	0
③	黒川明	3	0	0
④	縄手	2	1	0
⑤	清水	3	1	0
	計	30	8	0

【尾道商】		打	安	点
⑥	森本	1	0	1
④	川淵	3	0	0
⑤	森下	3	2	2
①	川上	4	0	0
③	田井	4	1	0
⑨	亀山	3	0	0
⑦	岩谷	2	0	0
②	児玉	2	0	0
⑧	村上	2	1	0
	計	24	4	3

	振	球	犠	盗	失	残	併
千	4	1	1	0	2	5	1
尾	6	3	5	4	0	5	2

投手	回	安	責
平沼	8	4	3
川上	9	8	0

メモ

「熱血監督」

尾道商の監督に就任して5年目で、甲子園初勝利を挙げた中村信彦監督。高校時代は甲子園出場を果たせず、日体大を経て1978年に母校の監督に就いた。熱血指導で、81、82、86年の選抜に出場し、82、86年にはベスト8に導いた。98年から賀茂の監督を8年務め、2007年から呉の監督。就任10年目の17年に選抜出場を果たした。

【ベンチ入りした主なプロ野球選手】

≪千葉商大付≫

平沼定晴	中日・83年ドラフト2位―ロッテ―中日―西武

尾道商－日大山形
（広島）　（山形）

尾道商、会心の逆転勝ち

第54回選抜高校野球大会第6日は31日、甲子園球場で2回戦3試合が行われた。第3試合で、尾道商（広島）は日大山形（山形）と対戦し、七回に2点を勝ち越して5－3で逆転勝ち。14年ぶり3度目の準々決勝進出を決めた。

七回、尾道商2死二塁、森下が勝ち越しの左中間三塁打を放つ。投手津藤、捕手会田

尾道商は全員安打を記録。畳み掛ける攻撃で日大山形に競り勝った。

2点を追う五回、1死から岩谷が左越え二塁打で突破口を開き、児玉が一塁線を破ってまず1点。村上がエンドランを決めて一、三塁とし、森本が中前へ運んで同点とした。

六回には2死から田井、亀山、岩谷の3連打で勝ち越し。追い付かれた七回には、先頭の村上が四球。バントなどで2死二塁とし、森下、川上の連続長打で2点を挙げ、再びリードを奪った。2死からの粘り強い打撃が光った。

エース川上は直球の制球が悪く、カーブを多投する苦しい投球。五回にはカーブが高めに入ったところを狙われ2点を失ったが、相手の拙攻にも助けられ3失点で完投した。

ノーサインで流れ一転

初戦の千葉商大付戦とは打って変わって前半、拙攻が目立った尾道商。しかし、度重なる失敗が結果的に後半の逆転劇の呼び水になった。

一回、森下が二盗に失敗し、三回には送りバントをミス、四回1死一、二塁のエンドランは、日大山形バッテリーに外されて二塁走者が三塁で憤死。尾道商得意の機動力や小技を生かした攻撃は、ことごとく裏目に出ていた。

「こっちのサインが盗まれているのでは…」。中村監督の疑念が、流れを変えた。2点を追う五回、中村監督は円陣でこう指示した。「もうサインは出さないから、勝手に打っていけ」。もちろん試合を投げたわけではない。いまひとつぴりっとしないナインを奮い立たせようとした中村監督の「開き直り戦術」でもあった。

この言葉にナインは「よし、と燃えた」（森本主将）。目が覚めたかのように見事な集中力を発揮する。五回は1死後、岩谷の二塁打を口火に、球威のない日大山形・津藤の高めの球を狙い打って4連打。同点とした。六回には2死から田井以下が3連打。七回にも森下、川上の連続適時打が飛び出した。打線がつながり、全員の11安打で5点をもぎ取った。

「監督になってから、一番打てないチーム」（中村監督）が、逆療法ともいえる選手の自主性に任せる野球で集中打を生んだ。反省点の多い試合だったが、昨秋の県大会から途切れないつきと勝負強さは健在。準々決勝の中京（愛知）戦に期待を抱かせた。

森下と岩谷 勝利の立役者

森下が179㌢、岩谷が162㌢。チーム一の長身と、一番背の低い2人のバットがうなった。

森下は同点の七回2死二塁から勝ち越しの左中間三塁打を放ち、川上の右翼線二塁打で5点目のホームを踏んだ。七回、自分の失策から3－3に追い付かれた後だけに「思い切って」と言い聞かせながら打席へ。低めの直球をはじき返した。「レフトフライかと思ったが、よく伸びた。苦手の下手投げから打ててうれしい」と喜んだ。これで2試合通じて6打数4安打、3打点。頼りになる3番だ。

もう一人。7番の岩谷は2点を追う五回、反撃の口火となる左越え二塁打、同点の六回には2死一、三塁から中前適時打を放った。五回の二塁打は今大会通算5打席目の初安打である。「真ん中高めを思い切り振ったら風に乗った。もっと力いっぱい走っていたら三塁打になっていたのに…」とちょっぴり悔しがっていた。

1980年代

日大山形	0	0	0	0	2	0	1	0	0	3
尾道商	0	0	0	0	2	1	2	0	×	5

メモ

「偉業」

尾道商が8強入りを決めた31日、愛知・中京（現中京大中京）が2回戦で大成（和歌山）に1−0で競り勝ち、甲子園100勝を達成した。1931年の第8回選抜大会で川越中（埼玉）を破り初勝利。選抜は24度出場し、通算45勝目が節目の勝利となった。選手権は前年までに19度出場し、通算55勝を挙げている。優勝回数は選抜4度、選手権6度。この時点で、広島勢のトップは広島商で春夏通算45勝だった。

【日大山形】		打	安	点
⑥	矢萩	3	2	0
⑦	渡辺	4	1	0
⑧	井上	3	1	1
③	大沢	4	2	2
⑤	斎藤武	4	1	0
④	広野	2	0	0
4	斎藤茂	1	0	0
⑨	藤木	2	0	0
H9	佐藤真	1	0	0
②	会田	3	0	0
①	津藤	3	0	0
H	木村	1	0	0
	計	31	7	3

【尾道商】		打	安	点
⑥	森本	3	1	1
④	川淵	4	1	0
⑤	森下	3	2	1
①	川上	3	1	1
③	田井	4	1	0
⑨	亀山	4	1	0
⑦	岩谷	4	2	1
②	児玉	4	1	1
⑧	村上	2	1	0
	計	31	11	5

	振	球	犠	盗	失	残	併
日	7	5	2	1	1	8	0
尾	2	2	2	1	1	6	0

▽三塁打　森下▽二塁打　岩谷、川上

投手	回	安	責
津藤	8	11	5
川上	9	7	2

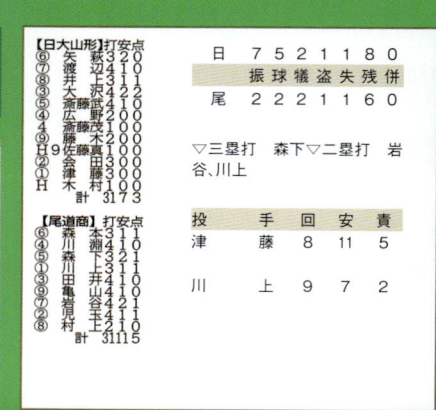

⑬③ 1982年4月2日
第54回選抜高校野球大会準々決勝

尾道商（広島）－中京（愛知）

七回、尾道商2死一、三塁、岩谷の左中間三塁打で三塁走者の森下⑤に続いて一塁走者の田井も生還し、2−1と逆転する。捕手岡田

尾道商 中京に逆転負け

第54回選抜高校野球大会第8日は2日、甲子園球場で準々決勝4試合が行われた。第2試合で、尾道商（広島）は1点リードの九回に中京（愛知）に逆転され、3－5で敗れた。

3日の準決勝は、二松学舎大付（東京）－中京、PL学園（大阪）－横浜商（神奈川）の顔合わせとなった。

尾道商は左腕川上が踏ん張り切れなかった。3－2で迎えた九回、先頭の中川に中前打され、続く今井のゴロを二塁手が悪送球。木下の四球で満塁となり、伊東の中犠飛で追い付かれた。さらに岡田、森田に連打を浴び、2点を失った。制球がままならず、苦し紛れの直球を狙われた。

1点を追う七回は鮮やかな攻撃を見せた。森下の左前打、バントと田井の安打などで2死一、三塁。岩谷が初球を強振し、ライナーで左中間を破り、2者がかえって逆転。児玉も三塁内野安打を放ち3点目を挙げた。中京・野中の重い速球を打ちあぐみ、3併殺を喫していたが、この回は早いカウントからの積極打法が実った。

主戦川上 左肘痛に泣く

エース左腕の川上が力尽き、乗りに乗っていた尾道商は土壇場で敗戦に沈んだ。1点を追う七回、岩谷の適時三塁打など見事な集中打で3点を挙げ、逆転に成功。主導権を握ったかに見えたが、一番恐れていた事態が川上を襲った。左肘痛の悪化とスタミナ不足である。

八回、川上は「よし、抑えてやろう」と意気込んでマウンドに登った。その気持ちが力みにつながり、スタミナは限界に達した。八回は相手のけん制死に助けられて1失点でしのいだものの、九回は中京の強力打線を抑える力は残っていなかった。中川の中前打、味方のエラー、四球で無死満塁のピンチ。もともと後半、制球を乱す癖のある川上は腕が縮こまり、上体が起きたまま。「カーブを要求しても全く決まらず、仕方なくストレートを要求した」と捕手の児玉。力のない直球を中京の中軸に狙い打たれた。

川上は昨秋の中国大会で痛めた左肘が完治せず、投げ込みを始めたのは2月。痛みは治まらず、甲子園入りしてからも、練習では最多で40球しか投げていなかった。川上は「八回ぐらいから疲れて、肘が曲がらなくなった。この痛みはもう治らないかもしれない」と明かした。

中村監督は「それなりによく投げてくれた。ここまで勝たせてくれて満足しています」といたわった。あと一歩で4強入りを逃した無念さを隠しながら、「中京はここというときの気力が素晴らしい。踏ん張るべきところの精神を鍛え直したい」と話した。

尾道商・中村監督の話

七回に3点取っても、あのままいけるとは思わなかった。投攻守三拍子そろったチームと初めて戦ったが、さすがだった。

同・川上選手の話

逆転してから、抑えてやろうとちょっと力が入り過ぎた。それに八回ごろから疲れが出たみたい。後はあまり覚えていない。

中京	1	0	0	0	0	0	0	1	3	5
尾道商	0	0	0	0	0	0	3	0	0	3

メモ

「戦後初の連覇」

第54回大会を制したのはPL学園。戦後初の2連覇を成し遂げた。二松学舎大付との決勝は、2本塁打を含む16安打で15得点。投げては、阪急にドラフト1位指名された榎田健一郎が2失点で完投した。選抜大会の2連覇は第6、7回大会の兵庫・第一神港商以来、史上2度目の偉業だった。

【中京】		打	安	点
⑤	木下	4	1	0
④	伊東	3	2	1
②	岡田	4	3	1
⑨	森田	5	3	3
③	鈴木	2	0	0
①	野中	5	0	0
⑦	小田	3	0	0
⑥	中川	3	3	0
⑧	今井	3	0	0
	計	32	12	5

【尾道商】		打	安	点
⑥	森本	5	0	0
④	川淵	4	1	0
⑤	森下	4	2	0
①7	川上	1	1	0
③	田井	4	2	0
⑨	亀山	3	0	0
⑦	岩谷	4	1	2
1	坂口	0	0	0
②	児玉	3	1	1
H	岡田	1	0	0
⑧	村上	3	1	0
H	香川	1	0	0
	計	33	9	3

	振	球	犠	盗	失	残	併
中	0	6	4	3	2	10	3
尾	2	3	1	0	1	7	3

▽三塁打　岩谷▽二塁打　伊東

投手	回	安	責
野中	9	9	3
川上	8⅓	12	4
坂口	⅔	0	0

【ベンチ入りした主なプロ野球選手】

≪中京≫

野中徹博	阪急・84年ドラフト1位—俊国<台湾>—中日—ヤクルト
紀藤真琴	広島・84年ドラフト3位—中日—楽天

134 1982年7月31日
広島県大会
第64回全国高校野球選手権広島大会決勝

広島商－崇徳
（広島）（広島）

五回、広島商1死満塁、小田の捕ゴロで、三塁走者の久山（手前）が生還し、4−0とする

広島商、鮮やかに連覇

第64回全国高校野球選手権広島大会最終日は31日、広島市民球場で決勝があり、広島商が崇徳を5－0で下し、2年連続17度目の甲子園出場を決めた。

広島商は巧みな攻撃を見せた。二回、小田の中前打と池本の四球で2死一、二塁。重盗で好機を広げ、豊田が追い込まれながらも甘い高めのカーブを右前打し、2点を先制した。五回は3連打と野選などで加点、九回にも1点を奪って突き放した。主戦池本はスピードを殺したカーブを有効に使い、崇徳打線を散発4安打で完封した。

崇徳の好投手、山川は準決勝までの力感あふれるピッチングは全く影を潜めた。直球は走らず、カーブの制球も安定しなかった。

どん底のチーム復活

広島商が、今年も歓喜の涙を浮かべた。崇徳の最後の打者桑本を投ゴロに仕留めると、エース池本はマウンド上で、大きくガッツポーズ。ベンチ入りできなかった22人の3年生部員は、桑原監督に抱きついた。鮮やかな2連覇。昨秋の県大会1回戦で大崎（現大崎海星）に敗れてどん底に落ち込んでいたチームが、見事によみがえった。

この日の広島商には、あふれる気力と鍛え抜かれた技が満ちあふれていた。0－0で迎えた二回、相手の意表を突く重盗を仕掛けた。中前打の小田と池本の四球で2死一、二塁。小田が、池本がスタートを切った。崇徳の山川は直球にスピードがなく、カーブが全く決まらない。投げるのが精いっぱいで無警戒。捕手池元は送球できなかった。豊田は外角寄りの甘いカーブを右前に運んで2点を先取。「先制点を奪って、山川のペースを乱せばやれるはず」という桑原監督の思惑通りの展開に持ち込んだ。

五回は1死から、正路以下が山川の速球をたたきつけるようにして左へ3連打。今大会初めて後手を踏んで落ち着きのない崇徳守備陣のミスも誘ってダメ押しの2点を加えた。

桑原監督は「言うことなし。こういう試合をやろうと思って、1年間やってきたんだ。どん底からはい上がれたのは、厳しい要求に応えてくれた選手のおかげ。それこそ血のにじむような努力をしてきたんだから」と熱い思いを吐き出した。

1980年代

広島商・桑原監督の話

全国のいいピッチャーに力負けしないパワーをつけることをやってきた。決勝で発揮できた。昨秋はどん底だったが、目標をはっきり立てて夏に向かって調整したのが良かった。ナインはやればできる、ということを身を持って感じたことだろう。

崇徳・陶山監督の話

先制点を取られて完全に広島商ペースになってしまった。山川は腰、捕手の池元は手首を痛めていたが、よく頑張ってくれた。広島商はさすがに鍛え抜かれたいいチームだ。

同・久山主将の話

この1年間苦しかった。昨夏の甲子園は初戦で負けて先輩たちは悔しい思いをしたが、僕たちが勝ってそれを晴らしたい。甲子園での目標は全国優勝です。

同・神崎主将の話

2点を先行されて焦りが出てリズムに乗れなかった。カーブに的を絞るよう指示されたが、僕の（打席の）時はストレートが多く、うまく裏をかかれた。

広島商	0	2	0	0	2	0	0	0	1	5
崇徳	0	0	0	0	0	0	0	0	0	0

（広）池本－佐々木圭　（崇）山川－池元、田頭

【広島商】		打	安	点
⑥	豊田	5	1	2
⑨	林	3	1	0
⑤	正路	3	2	0
③	久山	4	2	0
②	佐々木圭	4	1	1
⑦	甲村	5	2	1
④	小田	5	2	1
⑧	相島	3	0	0
①	池本	3	0	0
	計	35	11	5

【崇徳】		打	安	点
⑥	姫本	4	1	0
⑧	平本	4	1	0
④5	神崎	4	0	0
⑨	桑本	4	1	0
①	山川	3	0	0
⑦	豊岡	2	1	0
③	樫木	3	0	0
⑤	上野	1	0	0
H	畠山	1	0	0
4	立花	0	0	0
②	池元	2	0	0
H	万藤	0	0	0
2	田頭	0	0	0
	計	28	4	0

	振	球	犠	盗	失	残	併
広	2	6	2	4	0	11	3
崇	2	3	0	0	3	4	0

【ベンチ入りした主なプロ野球選手】

≪崇徳≫

山川周一　南海・83年ドラフト4位

メモ

「西高東低」

広島商の2連覇で幕を閉じた広島大会。準優勝は好投手の山川周一を擁する崇徳だった。準決勝に進出した残り2校は広陵と広島工で、西部勢が4強を独占した。東部勢は前年準優勝の近大福山が準々決勝で広島工に敗退。選抜で8強入りした尾道商は左腕川上誠の故障が響いて、3回戦で広島工に敗れた。準決勝に東部勢が一校も残らなかったのは1962年以来、20年ぶりだった。

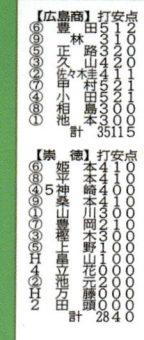

⑬⑤ 1982年8月13日 第64回全国高校野球選手権2回戦

広島商 好投手攻略し勝利

広島商－鉾田一
（広島）（茨城）

第64回全国高校野球選手権大会第7日は13日、甲子園球場で2回戦4試合が行われた。第1試合では、2回戦が初戦の広島商（広島）と鉾田一（茨城）が対戦。広島商が鉾田一の好投手関を攻略し、6―2で快勝した。

広島商は同点の六回、2死から久山が中前打。佐々木圭も一塁内野安打でつなぎ、鉾田一・関の二塁けん制悪送球で一、三塁とした。ここで甲村が右前へ運び、勝ち越した。八回には正路、佐々木圭の安打と四球で2死満塁とし、小田が中越えに走者一掃の三塁打を放ち、試合を決めた。大会屈指の本格派といわれた関に対し、5度の好機のうち4度を得点に結びつけた勝負強さが光った。

広島商の主戦池本は得意のカーブの制球に苦しみ、7イニングで走者を背負ったが、二、三回の失点に食い止めた。粘り強い投球が打線の奮起を呼んだ。

六回、広島商2死一、三塁、甲村が右前適時打を放ち、3−2と勝ち越す。投手関

鍛えた打線 全国に通用

「一球入魂」。この日の広島商にこそふさわしい4文字だ。茨城大会では140キロ近い速球でわずか1失点。怖いもの知らずだった鉾田一の剛腕、関から6点を奪った。昨夏の初戦敗退の屈辱から、「パワーとスピード」を旗印に鍛えに鍛えてきた広島商打線は、全国に通用することを実証した。

序盤は後手に回った。エース池本は得意のカーブが決まらず、2度先行された。しかし、ナインは動じなかった。組み合わせが決まってから、関を想定して練習。マウンドとホームベースの距離を4メートルも縮めて速球に目を慣らし、2メートル短縮してバッティング練習を繰り返した。「関の速球は絶対に打てる。1年間（死に物狂いで）やってきたんだ」。桑原監督の言葉を胸に、自信を持って打席に向かった。

二回に二塁打とバントで三進した甲村を相島が巧みなスクイズでかえし、四回は二塁打の久山が鉾田一の中継ミスで三塁を陥れ、佐々木圭の中犠飛で生還するなどそつのない攻撃を展開した。

関の球威が落ちた後半は集中打を見せた。六回は2死後、久山、佐々木圭の連打。けん制悪送球で一、三塁とし、甲村が右前へ勝ち越し打。八回には2安打と四球で2死満塁。「ヨガ式呼吸で気持ちを落ち着かせた」という小田が、前進守備の中堅手の頭上を越える三塁打を放った。関は「普通なら三振にできる外角の速球をカットされ、真ん中に投げれば打たれた」とうなだれた。

桑原監督は「とにかくすかっとした。生徒はよくついてきた。自分の思い通りに動いてくれた。（監督就任7年目で）最高のチーム」と会心の笑みを浮かべた。

池本粘りの投球

耐えに耐え抜いたマウンドだった。池本は5本の二塁打を含む8安打を浴び、四、九回を除いて走者を許した。しかも全て得点圏。ピンチの連続にも2失点で投げ切った。

「春まではヒットを打たれたら、必ず点を取られるという状態だった」。広島大会から打たれ強くなった。広島大会準決勝の広島工戦では15安打で4失点。粘りの投球を大舞台でも繰り広げた。鉾田一の天野監督は「もう一押しだったんだが、大事なところをかわされた」と悔しがった。

池本の粘り強さは昨年12月から週2回通ったヨガ道場で生まれた。「ピンチに動じることなく、自分の投球ができるようになった」

1年の秋に内野手から投手に転向。上手、サイド、下手とすべてのフォームを試み、今はスリークオーター。この日は得意のカーブのコントロールが悪く、自己採点は50点だが、昨夏の初戦敗退の屈辱を晴らして「1勝の壁を破れてよかった」。喜びはひとしおだった。

	1	2	3	4	5	6	7	8	9	計
鉾田一	0	1	1	0	0	0	0	0	0	2
広島商	0	1	0	1	0	1	0	3	×	6

メモ

「ヨガ」

広島商の精神鍛錬といえば真剣刃渡りが有名だが、時代とともにメニューも変わる。このチームが取り入れていたのはヨガだ。甲子園入りしてから、夜の時間に実施。桑原監督が「試合は気合だ」と活を入れれば、ヨガ指導の先生は「筋肉を休ませずに選手の緊張感をあおって、試合に対する気概を込めさせた」と説明。気力十分の戦いで、初戦を難なく突破した。

【鉾田一】		打	安	点
⑥	弦巻	4	1	0
⑤	箕輪均	2	0	0
⑨	粕尾	5	2	1
⑦	米川	4	0	0
①	関	4	1	0
②	鬼沢	2	1	0
③	笹目	3	2	1
④	大槻	2	0	0
⑧	石塚	3	1	0
H	箕輪秀	1	0	0
8	高根沢	0	0	0
	計	30	8	2

【広島商】		打	安	点
⑥	豊田	4	0	0
⑨	林	3	0	0
⑤	正路	4	2	0
③	久山	4	2	0
②	佐々木圭	3	2	1
⑦	甲村	3	2	1
④	小田	3	1	3
⑧	相島	3	0	1
①	池本	3	0	0
	計	30	9	6

	振	球	犠	盗	失	残	併
鉾	6	4	5	0	2	10	0
広	0	2	3	0	2	5	0

▽三塁打　小田▽二塁打　粕尾2、関、甲村、久山、笹目、鬼沢

投手	回	安	責
関	8	9	4
池本	9	8	2

【ベンチ入りした主なプロ野球選手】

≪鉾田一≫

関清和	専大―ロッテ・87年ドラフト1位

⑯ 1982年8月17日
第64回全国高校野球選手権3回戦

広島商－興南
（広島）（沖縄）

六回、広島商2死満塁、佐々木圭が左越えに走者一掃の逆転二塁打を放ち、4-2とする。捕手仲田秀

広島商、巧者の本領

第64回全国高校野球選手権大会第11日は17日、甲子園球場で3回戦4試合が行われ、ベスト8が出そろった。第2試合で、広島商（広島）は六回に4点を挙げ、興南（沖縄）に4－2で逆転勝ちした。

わずか2安打 逆転勝ち

広島商がわずか2安打で、興南に逆転勝ちした。0－2で迎えた六回。1死から池本が初安打となる左越え二塁打を放って反撃の口火を切った。豊田、林が連続四球を選んで満塁とし、正路の死球で1点。2死後、佐々木圭が直球を左越え二塁打して走者一掃。一挙4点をもぎ取った。速球に落差の大きいカーブを交えた興南・仲田幸を打ちあぐねていたが、相手の乱れを突いた広島商らしい攻めだった。

広島商・池本はカーブが真ん中に集まったところを狙われ、一、三回に1点ずつを失った。しかし、四回以降はペースをつかみ、散発2安打に抑えて無失点。池本の踏ん張りが勝利を引き寄せた。

逆転呼び込んだ 平常心

ワンチャンスを生かした広島商の逆転劇は見事だった。

六回、先頭の相島が打席に向かった後、桑原監督は「よし、これからノーサインだ。おまえらに任せた」とナインに告げた。途端に池本が左越え二塁打。広島商の初安打で、逆転の足場を築いた。

「二塁打を打たれてから、抑えようとむきになってしまった」と興南・仲田幸。相手投手の動揺を豊田と林が読み取り、じっくりボールを見極めて四球を選び1死満塁。正路の死球で1点差に詰め寄り、佐々木圭の快打が生まれた。

前半は興南ペース。広島商は無安打の回を重ねたが、バッテリーが興南の足攻を封じるなど、2失点で踏ん張ったことで流れを呼び込み、好投手、仲田幸の攻略に結びつけた。

桑原監督がまず勝因に挙げたのは精神力。「点を取られても淡々としている選手に自信を感じた」。一方、興南の比屋根監督は「まだ負けた気がしない」と唇をかみしめ、「うちの勝ちたいという心理を読み取られた。さすがに広島商はそつがない」と付け加えた。

攻守に力発揮
佐々木圭
快打 強肩 リードもさえる

快い金属音を残し、打球は左翼深くに舞い上がった。「角度が良かったので入るかと思った」。1－1とした六回2死満塁、佐々木圭が走者を一掃する逆転の二塁打を放った。

桑原監督の指示を受け、直球に的を絞って、打席に入った。高めのボール球を見送った後の2球目。狙い通りの直球。しかも高めの絶好球だった。「仲田幸はコントロールが乱れ始め、直球が高めにきていた」。ジャストミートした決勝打に声を弾ませた。

守りでも存分に力を発揮した。広島大会で一度も盗塁を許していない強肩で興南の足を封じ込んだ。三回と六回の二盗をいずれも刺し、チャンスの芽を摘み取った。「肩には自信があります」と胸を張った。

甲子園で6打数3安打と好調。「悔いの残らないよう頑張ります」と意気込んだ。

1980年代

興南	1	0	1	0	0	0	0	0	0	2
広島商	0	0	0	0	0	4	0	0	×	4

メモ

「ラッキー6」

この夏、広島商は七回ではなく六回に試合を動かした。初戦だった2回戦の鉾田一（茨城）戦は六回に勝ち越し点。興南戦の逆転劇も六回だった。五回まで無安打に抑えられ、「監督にそろそろ一本出そうやと言われた」という池本和彦が初安打。この一打で興南・仲田幸司が制球を乱して四死球を連発。一気に4点を奪った。興南の比屋根吉信監督は「（仲田幸には）六回はリラックスしろと言ったのに…」と肩を落とした。

【興南】		打	安	点
④	定岡	3	1	0
⑥	平田	4	1	0
⑨	前原	3	1	0
②	仲田秀	3	2	2
⑦	山内	3	0	0
7	富永	1	0	0
⑤	稲福	4	1	0
①	仲田幸	2	0	0
⑧	与儀	2	0	0
③	新里	3	0	0
	計	28	6	2

【広島商】		打	安	点
⑥	豊田	3	0	0
⑨	林	3	0	0
⑤	正路	2	0	1
③	久山	4	0	0
②	佐々木圭	3	1	3
⑦	田村	3	0	0
④	小田	3	0	0
⑧	相島	3	0	0
①	池本	1	1	0
	計	25	2	4

	振	球	犠	盗	失	残	併
興	1	0	5	0	0	4	1
広	1	6	0	0	2	3	0

▽二塁打　池本、佐々木圭▽暴投　池本▽捕逸　仲田秀

投手	回	安	責
仲田幸	8	2	4
池本	9	6	1

【ベンチ入りした主なプロ野球選手】

≪興南≫

仲田幸司	阪神・84年ドラフト3位ーロッテ
仲田秀司	西武・84年ドラフト5位

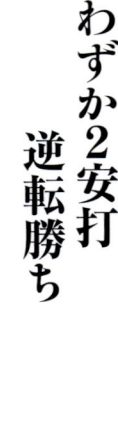

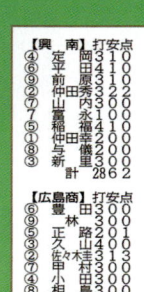

137 1982年8月18日
第64回全国高校野球選手権準々決勝

広島商－比叡山
（広島）　（滋賀）

七回、広島商2死、相島が大会30号となる左越え本塁打を放ち、3−2と勝ち越す。投手安永

広島商 終盤突き放し4強

第64回全国高校野球選手権大会第12日は18日、甲子園球場で準々決勝4試合が行われた。第4試合で、広島商（広島）は比叡山（滋賀）を5－2で破り、7年ぶり7度目のベスト4進出を決めた。

19日の準決勝は、広島商－中京（愛知、現中京大中京）、東洋大姫路（兵庫）－池田（徳島）の顔合わせとなった。

広島商は同点の七回2死、比叡山の2番手安永から、相島が左翼ポール際ラッキーゾーンへ運んで勝ち越した。さらに池本、豊田の短長打と、林の死球で満塁とし、正路が押し出しの四球を選んで2点をリードした。八回には敵失で出塁した小田が二盗を決めて2死二塁とし、相島の中前打でダメを押した。

先行したのは広島商。三回、四球の小田を犠打で送り、豊田の左中間二塁打で先制。四回には佐々木圭が左越え本塁打。この一打が比叡山の先発大西をマウンドから降ろす引き金になった。

比叡山は五回、上位打線が広島商の池本から3連打して1点。六回にも下位打線が3連打して追い付いた。広島商は五回に三進を阻んだ中堅手相島の好送球や、同点後の六回1死一、三塁をしのいだ池本の力投で、相手に傾きかけた流れを再び呼び込んだ。

堅守でリズム「横綱相撲」

広島商ナインには、自信と風格が漂っていた。強さは感じさせないが、いつの間にかペースを自らのものにして5－2。隙を見せず、伝統に裏打ちされた見事なまでの「横綱相撲」であった。

広島商の持ち味は守りの堅さにある。四回、1死満塁と攻め立てられたが、桑原監督は慌てず「向こうのベンチと打者と走者の感じから絶対にスクイズなし」と見切った。主戦池本は打者を早めに追い込み、三ゴロ併殺打で切り抜けた。五回の2死一、二塁では、横江の中前打で1点は失ったものの、中堅手相島が本塁を見向きもせずに三塁に好返球。三進を狙った山田をアウトにし、池本をバックアップした。

さらに同点とされた後の六回1死一、三塁のピンチでも「スクイズは考えもしなかった」という比叡山・日下部監督の強攻策を見抜き、安永を一邪飛に打ち取った。

広島商は甲子園で、26試合連続でスクイズを許していない。ベンチの鋭い洞察力とナインの冷静さが神髄の「守りの野球」を、この試合でも存分に発揮した。

「このチームは実に後輩にいいものを残してくれる」と桑原監督が会心の笑みを浮かべれば、久山主将も「チームは最高の状態」と胸を張る。「日本一の練習をこなした」という自負心を胸に、6度目の全国制覇へ向けて、歩みを進める。

相島 初本塁打に歓喜

甲子園10打席目での初安打が勝ち越しの本塁打。続く打席では中前へダメ押しのタイムリー。相島が快打を続けて、チームを準決勝に押し上げた。

七回2死、打球は左翼ポール際のラッキーゾーンへ落ちた。「レフトフライかなと思った。一塁を回ったところで線審を見たら、手がぐるぐる回っていた」。何度も跳び上がってベースを一周。練習試合でも打ったことのない本塁打に、全身で喜びを表した。

甲子園の2試合で安打がないのは豊田、林と相島の3人だった。「誰が先に打つか競争していた」。先制二塁打の豊田に後れを取ったが、八回の適時打と併せ、勝利を手繰り寄せる貴重な2打点をたたき出した。

広島大会は背番号15。杉本の故障で甲子園に来て8を背負った。自慢の肩では五回に一塁走者を三塁で刺した。守りでも光った。

広島商	0	0	1	1	0	0	2	1	0	5
比叡山	0	0	0	0	1	1	0	0	0	2

メモ

「勝率10割」

選抜大会と選手権で、通算218勝（157敗）を挙げている広島勢。対戦結果を見ると、一度も負けたことがない県が四つある。富山、石川、滋賀、島根で、最も対戦が多い滋賀に5戦5勝（選抜3勝、選手権2勝）。初対決は1963年の第35回選抜大会1回戦で、呉港が大津商に5−1で勝利した。2003年の選抜大会準々決勝で広陵が近江を4−2で破ったのを最後に、20年以上対戦がない。

【広島商】		打	安	点
⑥	豊田	5	3	1
⑨	林	4	1	0
⑤	正路	4	0	1
③	久山	5	1	0
②	佐々木圭	4	1	1
⑦	甲村	4	0	0
④	小田	3	0	0
⑧	相島	3	2	2
①	池本	4	1	0
	計	36	9	5

【比叡山】		打	安	点
⑨	津山	5	1	0
⑥	山根	3	2	0
⑧	山田	4	1	0
③	横江	3	1	1
②	藤堂	4	1	0
⑦	辻	3	1	0
⑤	福西	3	1	0
④	加藤	4	1	1
①	大西	1	0	0
H	上村	1	0	0
1	安永	1	0	0
H	順風	1	0	0
	計	33	9	2

	振	球	犠	盗	失	残	併
広	4	3	1	2	0	8	2
比	4	5	0	1	3	9	0

▽本塁打　佐々木圭（大西）相島（安永）▽二塁打　豊田2、加藤

投手	回	安	責
池本	9	9	2
大西	5	2	2
安永	4	7	2

九回、中京2死一、三塁、森田の遊ゴロを広島商の遊撃手豊田が好捕し、一塁アウトで試合終了。後方は決勝進出を決め、大喜びする広島商ナイン

⑬⑧ 1982年8月19日
第64回全国高校野球選手権準決勝

広島商－中京
（広島）（愛知）

広島商 9年ぶり決勝

第64回全国高校野球選手権大会第13日は19日、甲子園球場で準決勝2試合が行われた。広島商（広島）は中京（愛知、現中京大中京）を1－0で破り、9年ぶり6度目の決勝進出を果たした。池田（徳島）は東洋大姫路（兵庫）を4－3で振り切り、3年ぶり2度目の決勝進出。決勝が広島勢と徳島勢の顔合わせとなるのは史上初。

広島商二回、佐々木圭、小田の安打で1死一、三塁。ここで相島が捕前スクイズ（記録は内野安打）を決め、先制した。その後は中京の主戦野中を打ちあぐんだ。

広島商は「耐える野球」を展開した。三、四回は2死満塁、七回は1死一、三塁とピンチの連続だった。エース池本はカーブ、速球にスライダーを交え、粘り強く後続を断った。九回2死一、三塁で、森田の中堅へ抜けそうな当たりを好捕した豊田ら野手陣が鉄壁の守りで池本を支え、逃げ切った。

池本、猛攻かわし完封

準々決勝までの3試合を全て2失点でしのいできた広島商の池本。強打の中京を6安打、無失点に抑えた。「完封できるとは思ってもみなかった。みんながよく守ってくれたからです」とナインに感謝した。

九回2死一、三塁。打者は4番森田。フルカウントからの6球目。森田の打球は中前へ抜けそうな強いゴロ。遊撃手豊田が軽快にさばいて試合は終わった。「森田を歩かす気はなかった。あの一打はセンターへ抜けたと思ったが、豊田がよく捕ってくれた」と喜んだ。

池本を支えているのはバックへの信頼感だ。二回無死で鈴木美に中堅手の頭上を越されたが、素晴らしい中継プレーを見せて三塁で刺した。三、四回の2死満塁は内野ゴロ。七回1死一、三塁では伊東をカーブで引っかけさせ、森田の二塁への強烈な当たりは小田が横っ跳びで好捕した。

両サイドに球を散らし、緩急の変化もつけて決定打を許さない。中京の残塁は13を数えた。中京・杉浦監督は「最後の一押しがどうしてもできない。うまいピッチャーだ」と舌を巻いた。

絶妙スクイズ 中京惑わす

伝統校同士のぶつかり合いは、緊迫した展開となった。ピンチの連続を切り抜けた池本、好守で支えた野手陣。虎の子の1点を守り抜き、広島商の真骨頂を示した試合だった。

決勝点も広島商らしい取り方だった。二回、先頭の佐々木圭が中前打し、甲村のバントで二塁へ。小田は中前打を放った。前進守備の中京の中堅手今井の早い出足に二塁走者の佐々木圭は三塁でストップ。1死一、三塁となった。ここから両チームの駆け引きが始まる。打席は8番相島。スクイズが考えられる場面で「2球目にスクイズと決めていた」と広島商・桑原監督は明かす。

1球目、相島はバントの構えで野中―岡田のバッテリーをけん制する。カウント1ボール。2球目の前、野中が三塁へ速いけん制球を送る。つられたように相島はヒッティングからバントの構えに変えた。スクイズに見えた。相島は「しまった。（スクイズを）見破られた。どうしよう」と青くなったという。

2球目。気持ちを切り替えた相島は難なく投捕間に転がしてスクイズを決め、佐々木圭を迎え入れた。野中と岡田がぶつかって内野安打になるほど、中京バッテリーは慌てていた。

中京は三塁へのけん制球で、広島商の出方をうかがったはず。相島がスクイズのそぶりを見せたのに、なぜウエストしなかったのか。「バッターの動きは分かった。でも広島商は何をやってくるか分からないから」と岡田は声を震わせた。相島の動きをフェイントと読んだわけである。抜け目のない広商野球のイメージに惑わされ、スクイズを見破れなかった。攻守にちぐはぐだった中京。対照的に広島商は普段通りの野球で隙を見せず、息詰まる熱戦を制した。

中京	0	0	0	0	0	0	0	0	0	0
広島商	0	1	0	0	0	0	0	0	×	1

メモ

「初対決」

広島商と中京という甲子園常連校同士の対決となった準決勝。両校が顔を合わせるのは、広島商が選抜大会を初制覇した1931年の第8回大会の決勝以来2度目で、選手権では初対戦だった。その後、甲子園で両校は戦っていない。広島勢で中京と最も多く対戦しているのが広陵で7度（選抜5度、選手権2度）。5勝2敗と勝ち越している。

【中京】		打	安	点
⑧	今井	3	1	0
⑤	木下	3	1	0
④	伊東	4	1	0
⑨	森田	5	0	0
⑦	鈴木美	4	1	0
②	岡田	3	0	0
③	長島	1	0	0
3	鈴木実	1	1	0
①	野中	3	0	0
⑥	中川	3	1	0
	計	30	6	0

【広島商】		打	安	点
⑥	豊田	4	0	0
⑨	林	4	0	0
⑤	正路	3	1	0
③	久山	3	0	0
②	佐々木圭	3	1	0
⑦	甲村	2	0	0
④	小田	2	1	0
⑧	相島	2	1	1
①	池本	1	0	0
	計	24	4	1

	振	球	犠	盗	失	残	併
中	2	8	2	0	2	13	1
広	4	2	3	0	1	4	0

▽二塁打　鈴木美、鈴木実

投手	回	安	責
野中	8	4	1
池本	9	6	0

【ベンチ入りした主なプロ野球選手】

≪中京≫

野中徹博	阪急・84年ドラフト1位―俊国＜台湾＞―中日―ヤクルト
紀藤真琴	広島・84年ドラフト3位―中日―楽天
鈴木俊雄	法大―日立製作所―ロッテ・90年ドラフト3位

139 1982年8月20日
第64回全国高校野球選手権決勝

広島商―池田
（広島）　（徳島）

抱き合って喜ぶ池田ナインを横目に、がっくりとうなだれ、試合後のあいさつに向かう広島商ナイン

広島商 猛打に屈し準優勝

第64回全国高校野球選手権大会最終日は20日、甲子園球場で広島商（広島）―池田（徳島）の決勝が行われ、広島商は2―12で敗れ準優勝に終わった。池田は初優勝。

広島商は第55回大会以来、9年ぶり6度目の決勝に臨んだ。過去5度はいずれも勝利していたが、中京（愛知、現中京大中京）に並ぶ大会最多6度目の優勝はならなかった。

初回いきなり6失点

広島商は池田の猛打に屈した。一回2死から、先発池本が江上から中軸に3連打され満塁。動揺から制球を乱し、宮本に押し出し四球。さらに山下、木下の二塁打など3連打を浴びて一挙6点を失った。球が高めに集まったところを、池田打線は見逃さなかった。池本は二回以降、立ち直ったが、五回に味方の失策で追加点を与えると、六回に4連打と畠山の2ランなどで5失点。ダメを押された。

広島商は必死に食い下がった。三回、中前打の小田と四球の相島が重盗を決めて無死二、三塁。1死後、豊田は果敢にエンドラン。打球は二塁手の正面を突いたが、広島商らしい足を使った攻めで1点を返した。六回には佐々木圭が適時打を放ったが、反撃もここまで。速球とカーブにフォークボールを交えて力投する畠山を攻略できなかった。

大差にも「自分たちの野球」忘れず

広島商の6度目の全国制覇はならなかった。悪夢の一回だった。簡単に2死を取った池本が、押し出しの四球を挟んで6長短打を浴び6失点。両サイドに球を散らし、スピードに変化をつけて打ち取るのが持ち味だが、江上、畠山に連打され、水野には外角のボールになる球を強引に引っ張られた。

宮本には力んで押し出しの四球。「自分では普通の気持ちだった」と言うものの、力みからカーブが高めに浮いてしまった。池田は準決勝までチーム打率3割6分2厘、6本塁打。「やまびこ打線」は見逃してくれなかった。

大量失点しても、広島商は冷静沈着なプレーをすぐ思い出した。三、六回に、機動力を絡めた「自分たちの野球」を見せた。最後まで自分を見失わない戦いは5万3千人の大観衆を酔わせたに違いない。

応援団にあいさつを終えたナインは、ベンチに戻ると涙を流した。「悔しい」と声を絞り出した。桑原監督も涙を浮かべて、ベンチの奥で一人一人と握手を交わした。「厳しい練習に耐えて全員よくここまで戦ってくれた」と選手をねぎらった。7年間の監督生活で、この1年ほど選手たちと気持ちが通じ合い、いたわり合い、時には反目し合いながらチームづくりに励んだことはなかったのではなかろうか。

「来年はもっとパワーをつけて優勝してほしい」と久山主将。敗れはしたものの、広島商ナインは最後の最後まで「広商野球」を甲子園で披露した。

「知らぬ間に力んだ」
エース池本 力尽きる

六回、池田の4番畠山に2ランを浴び、エース池本は降板した。甲子園5試合、通算42イニング目だった。「あれだけ打たれても投げさせてくれた監督、懸命に守ったナインに感謝します。悔いはありませんが、みんなに申し訳ない」と切り出した。

一回の6失点。「残念なのは押し出しの四球」。際どいコースを突いての四球。その後、連続二塁打を浴びた。「打たれるのは慣れている。でも四球は…。やはり力んでいたんでしょう」と振り返った。

一回を終えると、すぐベンチ横で投球練習を始めた。桑原監督の助言にうなずきながら投げ続けた。「監督には『もっとためて投げろ』と言われた」。二回から持ち前の粘り強い投球がよみがえった。しかし六回、再び連打を浴び、最後は畠山に2ラン。「また、知らない間に力んでいた」。畠山の一発で力尽きた。

広島商・桑原監督の話

パワーの差痛感

選手はよくやった。池本は立ち上がり、球が高めに浮いた。一回は僕がサインを出していたが、配球ミスで押し出しの四球になった。池田打線に対する恐怖感があり、つい逃げてしまった。池田のような本物のパワーをつけなければと痛感した。

池田・蔦監督の話

ようやく夢実現

夢がようやくかないました。生徒に伸び伸びやらせたのが打棒発揮につながった。それにしてもこんなに打てるとは思わなんだ。みんなのおかげです。来年で教職は定年になるが、みんなの要請があれば監督は続けさせてもらいたい。

池田	6	0	0	0	1	5	0	0	0	12
広島商	0	0	1	0	0	1	0	0	0	2

メモ

「やまびこ打線」

3度目の出場で選手権初制覇を成し遂げた池田。ウエートトレーニングで鍛え上げられた選手たちが、金属バットの快音を響かせながら打ちまくることから、「やまびこ打線」との呼び名がついた。第64回大会は、後にプロ入りする畠山準（南海）水野雄仁（巨人）らを擁し、当時のチーム最多本塁打（7）、チーム最多安打（85）、チーム最多塁打（121）を残し、記録ずくめの優勝となった。

【池田】		打	安	点
④	窪	5	1	0
⑧	多田	4	2	2
⑨	江上	4	3	0
①	畠山	5	2	2
⑦	水野	5	1	0
③	宮本	4	1	1
②	山下	5	3	2
⑤	木下	5	3	1
⑥	山口	4	2	1
	計	41	18	9

【広島商】		打	安	点
⑥	豊田	4	0	1
⑨	林	4	1	0
⑤	正路	2	0	0
R	佐々木啓	0	0	0
③	久山	4	1	0
②	佐々木圭	4	1	1
⑦	甲村	3	0	0
H	津島	1	0	0
④	小田	3	1	0
⑧	相島	2	0	0
①	池本	2	0	0
1	工	0	0	0
H	谷川	1	0	0
1	田中	0	0	0
	計	30	4	2

	振	球	犠	盗	失	残	併
池	4	4	0	0	2	6	0
広	5	3	0	5	4	4	2

▽本塁打　畠山（池本）▽三塁打　久山▽二塁打　山下、木下、多田

投手	回	打	安	責
畠山	9	33	4	1
池本	5⅔	31	14	9
工	2⅓	10	3	0
田中	1	4	1	0

【ベンチ入りした主なプロ野球選手】

≪池田≫

畠山準	南海・83年ドラフト1位―ダイエー―横浜大洋
水野雄仁	巨人・84年ドラフト1位

広島商－横浜商
（広島）　（神奈川）

広島商 初戦で完敗喫す

三回、広島商2死一、三塁、重盗を試みた三塁走者の豊田㊨が三本間で挟殺される。捕手森屋

第55回選抜高校野球大会は26日、甲子園球場で開幕した。開会式に引き続き、1回戦3試合が行われ、第1試合で広島商（広島）は横浜商（神奈川）に2―7で完敗した。

試合巧者といわれる広島商らしさは、最後まで見られなかった。先発吉本は三回1死後、西村からの3連打を浴びて先制を許した。さらに佐藤道のスクイズ、連続適時打で計4点を失った。五回には高井に右翼席へ2ランを浴び、七回にも佐藤道の遊撃適時内野安打で失点した。

反撃は三回。1死から右前打の相島が二盗、豊田の四球で一、二塁とし、正路が右中間へ適時打を放ち、1点を返した。続く2死一、三塁で重盗を失敗し、チャンスをつぶした。その後は尻上がりに調子を上げた三浦のカーブ、スライダーにタイミングが合わず六回の1点に終わった。

代役吉本 重圧に屈す

広島商は思わぬ大敗を喫した。つまずきの元は、試合の3日前に発症したエース沖元の捻挫による右足首の痛み。投げられない状態ではなく、この日の朝まで沖元は「足はもう大丈夫。投げられる」と先発登板を心に決めていた。ところが「どうも朝食の時の表情に元気がない」と見た田代監督は、宿舎を出発する5分前に控えの吉本の先発起用に踏み切った。

吉本は2年生からマウンドに立っており、経験は豊富。しかし、緊張する初戦の上、開会式直後の試合である。やはり荷が重かった。重圧の中で吉本の球は全く切れがなかった。二回までは何とか持ちこたえたものの、打順が2巡目に入った三回につかまった。

1死後、「要注意」と指示されていた横浜商の上位打線にかき回された。西村の右前打を足場にバント安打を挟んで、高井に先制の右前打。続く一、三塁から、1970年夏の高松商戦以来となる甲子園でのスクイズを許した。守りの野球を身上とする広島商ナインはすっかり動揺。さらに2連打を浴び、一挙4点を奪われた。

序盤の大量失点で、攻守の歯車が狂った。チーム打率3割8分2厘の強打線は空回り。カーブを多投する横浜商・三浦の狙い球を絞り切れず、6安打、2点に終わった。

広島商らしからぬちぐはぐな試合運び。試合後、田代監督は「悔いは別にありません。誤算もないと思う。あえて言えば三浦君のカーブが打てなかった」。努めて冷静に対応したが、動揺は隠しようもない。「吉本も沖元と変わらない力があると思っていたのに…。すべて僕の責任です」と唇をかんだ。

エースの故障、開幕戦、田代監督の甲子園初采配…。優勝候補に挙げられながらも、複雑な要素が絡み合って本来の力を発揮できなかった。インタビュールームの片隅で、号泣する沖元の姿が印象的だった。

横浜商	0	0	4	0	2	0	1	0	0	7
広島商	0	0	1	0	0	1	0	0	0	2

メモ

「新監督」

1975年秋から広島商を率いていた桑原秀範監督は82年の選手権準優勝を機に退任。バトンを引き継いだのが、田代秀康コーチだった。73年には二塁手の控えと三塁コーチとして、選抜準優勝、選手権優勝を経験。「我慢に我慢を重ね、活路を切り開いていくのは精神力」と言い切り、逆境に強いチームをつくり上げることに力を注いだ。

【横浜商】		打	安	点
⑥	西村	5	3	0
④	信賀	3	1	0
⑨	高井	4	3	3
③	佐藤道	3	1	2
⑧	中村	3	2	1
⑦	佐藤利	3	2	1
①	三浦	4	0	0
②	森屋	4	0	0
⑤	林	3	0	0
	計	32	12	7

【広島商】		打	安	点
⑧	相島	4	1	0
⑨	欅	3	2	0
⑥	豊田	2	0	0
⑤	正路	4	1	1
③	西川	3	1	1
②	中村	4	0	0
④	沖本	4	1	0
①	吉本	2	0	0
H	宮尾	1	0	0
1	沖元	0	0	0
H	高村	1	0	0
⑦	竹内	3	0	0
	計	31	6	2

	振	球	犠	盗	失	残	併
横	1	3	3	2	0	4	1
広	11	4	0	1	0	6	1

▽本塁打　高井（吉本）▽三塁打　欅▽二塁打　中村（横）、沖元

投手	回	安	責
三浦	9	6	2
吉本	7	11	7
沖元	2	1	0

【ベンチ入りした主なプロ野球選手】

≪横浜商≫

三浦将明　中日・84年ドラフト3位

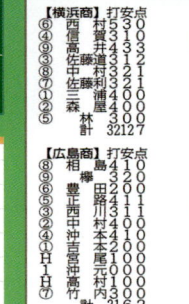

広島県大会

141 1983年7月31日
第65回全国高校野球選手権広島大会決勝

広島商－近大福山
（広島）　（広島）

広島商 3年連続の夏切符

第65回全国高校野球選手権広島大会最終日は31日、広島市民球場で決勝があり、広島商が近大福山に11－2で大勝して、3年連続18度目の甲子園出場を決めた。

広島商が近大福山投手陣の乱れに乗じて大量11点を奪った。一回1死から豊田が右越え二塁打、正路が四球の後、重盗に成功。西川の中前打で2点を先取した。二回は永谷の内野安打と捕逸などで1死三塁とし、沖本がスクイズを決めた。四回には欅の右越え本塁打と8四死球などで一挙6点を追加し、試合を決めた。

近大福山は頼みのエース沢山が誤算だった。広島商打線に武器のカーブを狙い打たれ、速球に活路を求めたものの制球が不安定だった。大量失点に打線も元気がなく、広島商の主戦沖元の変化球にてこずり五、八回に1点ずつ返したにとどまった。

四回、広島商無死、欅が右越え本塁打を放つ。投手沢山、捕手武田

「らしい野球」で大勝

「広島商強し」を印象づける大勝だった。気迫に満ち、自信にあふれた一投一打で東部の雄・近大福山を撃破した。

近大福山の主戦沢山は大きなカーブ、速球を駆使して勝ち進んできた。県下屈指と評判の好投手だが、制球の定まらない立ち上がりに不安を残す。田代監督は「ボールは速い。高めには手を出すな。早い回に足を使え」と指示を出した。

一回1死後、豊田は勝負球のカーブを逆らわず右へ運ぶ二塁打。沢山は得意のカーブを長打にされ動揺した。続く正路は四球。広島商はすかさず足を生かした。西川への4球目に重盗が成功。西川は中前へはじき返し、2点を先制した。流れるような攻めで主導権を握った。

二回は内野安打の永谷を盗塁、捕逸で三塁に進め、スクイズで加点。小技の後は四回に欅が豪快に右翼席へアーチをかけた。これで近大福山バッテリーは意気消沈。沢山は四死球を連発した。「自分たちの野球が取り戻せない」（近大福山・山口主将）まま、近大福山は敗戦に沈んだ。

昨秋、就任した広島商の田代監督は不安を抱えてこの大会に臨んでいた。選抜で初戦敗退し、どん底の状態が続いていたからだ。春の県大会では3回戦で崇徳に11－12で敗れた。4月以降の戦績は16勝14敗1分け。「守りも攻撃もばらばら。果たして通用するのかと思った」と明かす。

ナインはたくましくよみがえった。「広島商らしい野球をしよう。原点に戻ろう」の一言が、選手を奮い立たせた。「今年のチームはもろい面もあるが、ムードに乗ると力を発揮する」。正路主将の言葉通り、存分に力を発揮して選抜に続く甲子園切符をつかみ取った。

広島商・田代監督の話

甲子園出場を決め、ほっとしている。春以降調子は落ちていたが、選手がよく盛り返してくれた。大会中、苦戦もあったが、広島商らしい野球を目指してきたのが結果的に良かったのだろう。甲子園での抱負はまだ考える余裕がない。選抜で1回戦敗退しているので、一戦一戦を大事に戦うだけだ。

同・正路主将の話

今日はみんなやってくれると信じていた。自分も打撃で主将の責任を果たせ満足。選抜では1回戦で負けたので、甲子園ではぜひ、お返ししたい。池田（徳島）ともやってみたい。

近大福山・麻生監督の話

さすがに広島商は強い。沢山がもっと踏ん張ってくれると思っていたが、連投で疲れ切っていたようだ。足を使った攻撃で広島商攻略を考えていたが、反対に一回に重盗を決められ、守りのリズムが狂ってしまった。

広島商	2	1	1	6	0	0	0	1	0	11
近大福山	0	0	0	0	1	0	0	1	0	2

（広）沖元－中村、吉村　（近）沢山、依田、佐藤－武田

【広島商】		打	安	点
⑧	相島	5	0	0
⑥	豊田	4	2	1
⑤	正路	4	2	2
③	西川	3	2	3
R	縄田	0	0	0
3	高村	0	0	0
②	中村	3	0	1
2	吉村	0	0	0
⑨	欅	4	2	3
⑦	永谷	3	1	0
H7	白神	1	0	0
④	沖本	2	0	1
H4	折田	2	0	0
4	立川	0	0	0
①	沖元	3	0	0
	計	34	9	11

【近大福山】		打	安	点
④	清水	4	2	0
⑧	中森	4	1	1
⑤	浦上	1	1	0
5	広兼	3	1	1
⑥	馬場	4	0	0
⑨	岸	3	1	0
①7	沢山	4	0	0
⑦	島谷	1	0	0
1	依田	0	0	0
1	佐藤	2	0	0
H	山口	1	0	0
②	武田	3	1	0
③	福田	2	0	0
	計	32	7	2

	振	球	犠	盗	失	残	併
広	4	13	1	6	1	10	0
近	6	2	0	3	1	5	1

▽本塁打　欅（沢山）▽三塁打　広兼▽二塁打　豊田、浦上、正路▽捕逸　武田

メモ

「東部勢大健闘」

前年の選手権広島大会で、20年ぶりに一校もベスト4に残れなかった東部勢。一転して今大会は健闘が目立った。ベスト16のうち11校を占め、近大福山、沼南、尾道東の3校が4強に勝ち進んだ。準優勝した近大福山は準決勝までの6試合中3試合を逆転勝ち。沼南は初、尾道東は31年ぶりのベスト4で、2校の躍進が大会を盛り上げた。

八回、広島商1死二、三塁、中村が一塁側にスクイズを決め、5−3とリードを広げる。三塁走者正路、捕手長谷川

⑭1983年8月10日
第65回全国高校野球選手権1回戦

広島商－中越
（広島）（新潟）

広島商 甲子園通算50勝

第65回全国高校野球選手権大会第3日は10日、甲子園球場で1回戦4試合が行われた。第3試合で、広島商（広島）は中越（新潟）の終盤の追い上げをかわし、5－4で勝利。甲子園で春夏通算50勝目を挙げた。

広島商は中越に激しく追い上げられたものの、辛うじてかわして初戦を突破した。

先手を取ったのは広島商。一回、先頭豊田が遊ゴロ失で出塁し二盗。犠打で1死三塁とし、正路が詰まりながらも右前に落とし先制した。三回は四球を足場に犠打を挟んで正路の適時打や敵失などで3点。1点差とされた八回は中村のスクイズで突き放した。

広島商の主戦沖元は四回まで無安打に抑えたが、後半は単調な内容。五回は2安打とスクイズで1点を返され、八回には3安打で1点差に詰め寄られた。2点差にして迎えた九回は1死から下位打線につかまった。土田の中前適時打で再び1点差とされたが、何とか逃げ切った。

勝利の難しさを痛感

春夏通算50勝の懸かった一戦。広島商の田代監督は「胃が痛むようだった」と甲子園で勝つことの難しさを痛感していた。

八回だった。中越の猛追で、3－4と1点差に迫られていた。1死後、正路、西川の短長打で二、三塁。続く中村は1、2球とバントの構えでボール球を見送った。「スクイズはないのか」。スタンドの観客は1点を巡る攻防を固唾をのんで見守った。突然、三塁側ベンチの田代監督が打者の中村と三塁走者の正路を呼び寄せ、声を掛けた。直後の3球目、中村は投手と一塁手の間に絶妙のスクイズを決めた。

中越の粘り強い反撃に手を焼きながら、広島商は辛くも1点差で逃げ切った。終わってみれば、このスクイズによる得点が重みを持った。田代監督は「（八回に）打者と走者を呼んだのは、スクイズサインの徹底を期すため。何としてでも追加点が欲しかった。トリックプレーなど考えもしなかった」と明かす。

中村のスクイズが結果的に決勝点となり、田代監督の甲子園初勝利を呼び込んだ。同時に広島商の甲子園50勝という記念すべき白星をもたらした。そこには「バントは確実に」という広島商野球の鉄則が脈々と受け継がれていた。この日試みた三つのバントが全て得点に絡んでいた。試合の分岐点で、あえて打者、走者を呼びスクイズを指示した背景には「広商野球をやれば勝てる」（田代監督）との信念があったからだ。

期待された今春の選抜は初戦敗退。「先輩たちから託された50勝を今、達成できて満足です」。50勝のプレッシャーから解放され、27歳の田代監督は安堵《あんど》の表情を見せた。

主将の正路 たくましく

一回には先制の右前打、三回にも適時打で2点目をたたき出した。八回には中前打。スクイズで貴重な5点目のホームを踏んだ。正路の活躍は実にたくましく映った。

「4打数3安打なんて出来過ぎ。1、2点目は走者が三塁にいたので、外飛でいいと気楽に振った」。八回は「追われていたので、確実に本塁を踏むことだけを考えていた」と全力疾走。「みんな硬くなっていた」という初戦で、主将として積極的にナインを引っ張り、勝利に導いた。

準優勝した昨夏も三塁を守った。甲子園で聞く校歌は「やはり自分たち（3年生が中心）のチームで勝ち取った、今年の1勝がはるかにうれしい」と胸を張った。

主戦沖元 終盤を反省

広島商のエース沖元は五回1死まで中越打線を無安打に抑えながら、終盤は冷や汗をかいた。「初めは満点、後は60点」と苦笑い。中盤以降の投球は「スライダーが外れ、投球が単調になった」と反省。強気の投球で、何とか反撃を振り切った。今春の選抜は直前に右足首を痛め、先発できなかった。「夏には見返してやろうと思った。それにしても甲子園での1勝は難しい」とほっとしていた。

中越	0	0	0	0	1	0	0	2	1	4
広島商	1	0	3	0	0	0	0	1	×	5

メモ

「50勝」

広島商が春夏通算50勝を達成した。初勝利は1916年の第2回選手権1回戦の中学明善（福岡）戦。105勝の中京（愛知、現中京大中京）、75勝の県岐阜商、71勝の平安（京都、現龍谷大平安）、60勝の松山商（愛媛）、51勝の高松商（香川）に次いで6番目の到達だった。「夏に強い広商」との看板通り、選抜13勝に対し、選手権は3倍近い37勝をマークした。

【中越】		打	安	点
⑥	土田	5	1	1
④	大湊	5	1	0
⑧	西原	4	1	0
③	松本	4	2	2
⑨	渡辺	3	0	0
⑤	富岡	4	1	0
②	長谷川	3	1	0
H	志賀	1	1	0
①	竜池	2	1	1
⑦	宮下	3	0	0
H	橋詰	1	0	0
R	藤田	0	0	0
	計	35	9	4

【広島商】		打	安	点
⑥	豊田	4	2	0
⑧	相島	2	0	0
⑤	正路	4	3	2
③	西川	3	1	0
②	中村	3	0	2
⑨	欅	4	1	0
⑦	永谷	3	0	0
①	沖元	3	0	0
④	沖本	2	0	0
	計	28	7	4

	振	球	犠	盗	失	残	併
中	8	2	1	1	3	7	1
広	4	2	3	1	0	4	0

▽三塁打 松本▽二塁打 西川

投手	回	安	責
竜池	8	7	3
沖元	9	9	4

広島商－興南
（広島）（沖縄）

広島商 興南に競り勝つ

第65回全国高校野球選手権第9日は16日、甲子園球場で2回戦3試合が行われた。第1試合で、広島商（広島）は興南（沖縄）に4－3で競り勝った。

広島商は3－3の八回、1死から西川が右前打で出塁。2死後、立川が左中間をライナーで破る三塁打を放ち決勝点を挙げた。

先手を取られながら、広島商はよく食らい付いた。1点を追う四回には2死満塁から欅が押し出し四球を選んで同点。六回に2点を勝ち越されたが、その裏、正路の適時二塁打、中村のスリーバントスクイズで追い付いた。数少ない好機を確実に得点に結びつける勝負強さを見せた。

堅守も勝因だった。二回には立川が中前に抜けそうな打球を好捕して二封、五回には相島がオーバーランした走者を機敏な返球で刺した。再三のファインプレーで興南へ傾きかけた流れを押し返した。

八回、広島商2死一塁、立川が左中間三塁打を放ち、4−3と勝ち越す。投手仲田幸

全員野球「剛」を制す

1年ぶりの対決は、またも広島商が笑った。興南の比屋根監督にしてみれば、歯がゆいばかりの戦いだったに違いない。個々の力量だけを比較すれば、広島商が劣るだろう。だが、広商野球の神髄は「剛」をいかにして倒すかにある。

この日の展開もそうだった。広島商は2度、先手を取られたものの、すぐに追い付いて相手を精神的に追い詰めていた。押せ押せムードのように見えた興南ナインは「何かがホームを遠ざけている」と感じていた。「勝ってやろうという意識があり過ぎた」とエース仲田幸は明かし、「広島商は何か底力があるような気がする。あっという間に終わってしまった」と振り返った。

「いけるぞと思ったけど、いつの間にか負けていた」。「何だか分からないうちに足をすくわれていた」――。興南ナインはそんな感じだろう。

田代監督のベンチワークもさえを見せた。「6番・二塁」の立川の甲子園初起用がピタリ。期待に応え、決勝打を放った。吉本、沖元両投手の心憎いばかりの「間」の取り方。粘り強い投球に、興南の残塁は11を数えた。ベンチからの伝令も巧みだった。

広商野球は全員で攻め、守る。ベンチに入った15人の全員野球である。一人一人が立場を自覚し、それをチーム力として推進していく。興南戦はまだ緻密さに欠ける面も見受けられた。もう一度、チェックして3回戦の池田（徳島）戦で、広商野球の花を咲かせてほしい。

立川の初安打 殊勲の決勝打

2時間47分の熱戦で、最もスタンドの注目を集めた一打を放った。同点の八回2死一塁で、立川が打席に立った。田代監督の指示は「思い切っていけ」。好球を待った。得意の内角高めにきた。鋭く振り抜くと、打球は左中間を深々と破る三塁打。甲子園初安打が望外な決勝打となった。

殊勲者は素直に喜びを切り出した。「前の3打席はほとんどストレート。狙い通りにストレートがきたので思い切って振った。手応えがあった」。してやったりと笑みがこぼれる。

背番号は13の2年生。控えの内野手だ。肩には自信がある。2回戦の相手が機動力を誇る興南だっただけに、強肩を買われて先発出場。広島大会準決勝（沼南戦）以来の出番だった。「今朝の練習前に監督さんから言われた。（広島大会の）準決勝の時に5打数4安打だったので、何とかなると思っていた」。勝負強さが甲子園でも発揮された。

この日は守っても二回にファインプレー。初の甲子園で存分に働いた。「あいつは黙々と練習するタイプ」と仁田原部長。ポジションを譲った3年生の正二塁手沖本は祝福の言葉を贈った。「代わりに出た立川が打ってくれてよかった」

興南	0	0	1	0	0	2	0	0	0	3
広島商	0	0	0	1	0	2	0	1	×	4

メモ

「再戦」

1年の時を経て、甲子園で興南と再戦した広島商。1点差で逃げ切り3回戦進出を決めると、今度は池田との再戦が決まった。1年前は決勝でぶつかり、2-12と大敗。田代秀康監督は「明日で終わりのつもりでやる」と決意を語った。一方、池田の蔦文也監督は「田代監督は手の込んだ作戦をする。昨年の国体で負けたお返しをせんとな」とこちらも雪辱を誓った。

【興　南】	打	安	点
⑥平田	3	1	0
⑨比嘉靖	4	0	0
⑤新里	5	3	1
②仲田秀	5	2	0
⑦西泊	4	0	0
①仲田幸	4	2	0
③棚原広	2	1	1
⑧与儀	2	1	1
④島袋	3	0	0
計	32	10	3

【広島商】	打	安	点
⑥豊田	2	0	0
⑧相島	3	0	0
⑤正路	4	1	1
③西川	2	1	0
②中村	3	1	1
④立川	3	1	1
⑨欅	2	0	1
①吉本	2	0	0
1沖元	0	0	0
⑦永谷	3	0	0
計	24	4	4

	振	球	犠	盗	失	残	併
興	5	5	4	2	1	11	0
広	7	6	4	1	3	6	0

▽三塁打　立川▽二塁打　仲田秀、正路▽暴投　沖元▽捕逸　仲田秀

投手	回	安	責
仲田幸	8	4	2
吉本	5⅔	5	2
沖元	4	5	0

【ベンチ入りした主なプロ野球選手】

≪興南≫

仲田幸司	阪神・84年ドラフト3位 ―ロッテ―
仲田秀司	西武・84年ドラフト5位

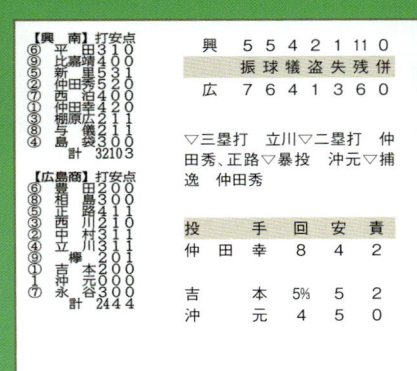

広島商－池田
（広島）（徳島）

広島商、再び池田に屈す

第65回全国高校野球選手権大会第10日は17日、甲子園球場で3回戦4試合が行われた。第1試合は前回大会で決勝を戦った広島商（広島）と池田（徳島）が対戦。広島商は再び池田のパワーに屈し、3－7で敗れた。池田は春夏を通して史上初の甲子園14連勝を達成した。

7失点したものの、池田打線を相手に力投した広島商のエース沖元

七回、池田2死一、二塁、吉田が左越えにダメ押しの3ランを放つ。捕手中村

広島商は池田の猛打を止められなかった。エース沖元は二回、先頭の水野に左越え本塁打を浴びて先手を許した。四回には四球と連打で満塁。山田に押し出しの四球、高橋の遊撃左への適時打で計3点を失った。七回には吉田にダメ押しの3ランを左越えへ運ばれた。

広島商も反撃した。五回、永谷の左中間三塁打と豊田の左前打で2点差と追い上げた。しかし、七回の3失点が重くのしかかり、八回、豊田の二塁打を足場に1点を返したにとどまった。

7失点 猛攻に力負け

広島商の行く手を遮ったのは、またしても池田だった。2本塁打などで7点を失った。「長打力の差。どこに投げても、打たれてしまうような迫力があった」。田代監督は池田のパワーに脱帽した。

「逃げじゃなく、コースを丁寧に突いていけ」が投手陣への指示だった。池田打線は内角球を恐れず、強引に踏み込んではじき返した。二回、水野が左翼へソロ本塁打。四回には押し出し四球の後、高橋が左へ2点適時打。とどめは七回の吉田の3ラン。いずれも初球を狙われた。「沖元が不用意というより、池田のバッティングに完全に力負けした」。田代監督はさばさばとした表情で振り返った。

広島商は18安打で12点を失った昨夏の決勝の悔しさを存分にぶつけた。2本塁打を浴びたものの、許した安打は8本。「広島商の投手は低めを突き、打ちづらかった」と池田・蔦監督は打ち明けた。打線も五回、永谷、豊田の長短打で2－4に追い上げ、田代監督も「2点差なら勝算も」と一瞬思ったという。七回の3失点で試合は決まったが、八回に相島の右犠飛で食い下がり、意地を見せた。

試合後、涙を流すナインの中で、毅然《きぜん》とした態度の3人がいた。九回を三者凡退に封じた右腕山本と西川、立川の2年生トリオ。3人が来年への希望をつないだ。「3度目は池田に負けません。新チームをしっかり鍛えて、またやってきます」と田代監督はきっぱりと言葉を結んだ。

主戦沖元 2発悔やむ

「きょうは沖元しかない」。チームに同行している金光興二さん（1973年選手権優勝時の主将）は言い切った。「やまびこ打線」といわれる池田封じを沖元に託していた。

先発のマウンドに立った沖元。内外角への得意の揺さぶり投法で一回を3人で片付け、好スタートを切ったかに見えた。暗転したのは二回、先頭打者の水野に左へアーチをかけられた。四回には江上への四球を足場に連打を浴び3点。七回には吉田に3ランを喫してマウンドを降りた。

「調子より、気持ちで池田に負けた。内角高めの後は外角低めと、対角線の配球を考えていたのだが…」と沖元。「2本塁打だけ悔いが残る。それがなかったら、まだまだいけた」と強気の言葉がのぞいた。

池田の強力打線は予想以上だった。「シュートで詰まらせたと思っても中前へ持っていかれ、そして単調になった」。回を追うごとに増す破壊力のすさまじさを肌で感じていた。「迫力があった。特に水野、吉田には」と振り返った。

昨夏の雪辱はならなかった。「去年は去年。僕らは僕らです」と口元を引き締めた。

池田	0	1	0	3	0	0	3	0	0	7
広島商	0	0	0	0	2	0	0	1	0	3

メモ

「KKコンビ」

第65回大会を制したのは、史上初の夏春夏の3連覇を狙った池田ではなく、桑田真澄、清原和博の1年生コンビが大活躍したPL学園（大阪）だった。桑田は準決勝で池田を7-0で完封し、横浜商（神奈川）との決勝でも七回途中まで無失点と好投。清原は4番を務め、決勝では先制本塁打を放つなど、チームを2度目の選手権制覇に導いた。

【池　田】		打	安	点
⑧	坂本	4	1	0
④	金山	3	0	0
⑤	江上	4	0	0
①	水野	4	2	1
⑦	吉田	5	2	3
⑨	山田	4	1	1
③	高橋	3	2	2
⑥	松村	3	0	0
②	井上	3	0	0
	計	33	8	7

【広島商】		打	安	点
⑥	豊田	4	2	1
⑧	相島	2	0	1
⑤	正路	4	0	0
③	西川	4	1	0
⑨	欅	3	0	0
④	立川	3	1	0
②	中村	1	0	0
2	吉村	0	0	0
H	沖本	1	0	0
①	沖元	2	1	0
H	折田	1	0	0
1	吉本	0	0	0
1	山本	0	0	0
⑦	永谷	3	2	1
7	白神	0	0	0
	計	28	7	3

	振	球	犠	盗	失	残	併
池	3	8	1	0	0	8	1
広	4	4	2	0	0	4	1

▽本塁打　水野、吉田（以上沖元）▽三塁打　永谷▽二塁打　高橋、豊田▽暴投　水野

投手	回	安	責
水野	9	7	3
沖元	7	8	7
吉本	1	0	0
山本	1	0	0

【ベンチ入りした主なプロ野球選手】

≪池田≫

水野雄仁　巨人・84年ドラフト1位

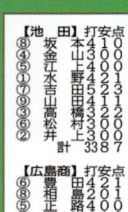

広陵－法政二
（広島）（神奈川）

広陵 主導権握れず大敗

第58回選抜高校野球大会第2日は27日、甲子園球場で1回戦4試合が行われた。1回戦屈指の好カードといわれた第3試合の広陵（広島）－法政二（神奈川）は、広陵が序盤の大量失点で主導権を握れず、2－10で大敗した。

広陵は頼みの主戦古田が序盤に痛打を浴びて、一、二回で計9点を失い、敗戦に沈んだ。シュート、外角の直球で揺さぶったが、決め球のカーブが高めに浮いた。

一回は2四球を挟んで4安打、1失策で4点を献上。二回は先頭の藤井を死球で歩かせ、加藤の右翼への二塁打、野選などで2点。さらに青柳に左へ3点本塁打を浴び、早くも大勢は決した。

広陵は二回に金野が2点本塁打を放ったものの、法政二の左腕山本の攻略に苦しんだ。伸びのある直球、落差の大きいカーブに的が絞り切れなかった。1～4番が無安打に抑えられ、五回以降は四死球の走者2人を出しただけ。得意の機動力も発揮できなかった。

大誤算 エース古田9失点

広陵のエース古田にとって、屈辱のマウンドだったに違いない。1回1/3で9失点、61球を費やした。「交代を言われた時は、野球をやめたいと思った。今は何も考えたくない」。続けて「冬場の厳しい練習に耐えたのにこの結果。情けない」とうなだれた。

一回、先頭の藤井を三振に仕留めたが、2番大島に中前打されて二盗を許した。「点をやってはいけない」と力み、自分のピッチングを忘れた。打たせて取るのが身上の古田が「打たせまい」と真っ向から打者に向かった。「むきになってボールが高めに浮いた」（広陵・小根森監督）ところを法政二打線につかまった。捕手の定詰も「制球が甘かった」。単調な投球の結果、取り返しのつかない点差に広がった。

相手が法政二でなければ、古田は二回からは落ち着きを取り戻せていたかもしれない。しかし、古田の脳裏にはもうひとつ、力む要素があった。法政二の左の好投手、山本に「負けたくない」という気持ちである。「抑えよう」「山本に対抗できる」。余計な力がマウンド上で古田の体を締めつけ、甘く力のない投球へとつながっていった。

小根森監督は「投手をゼロから鍛えたい」と出直しを誓った。昨年の選抜に続いて、初戦で神奈川勢に敗れた広島勢。広陵の春20勝はお預けとなった。

二回、法政二1死一、二塁、青柳が左越え3ランを放つ。投手古田、捕手定詰

広陵	0	2	0	0	0	0	0	0	0	2
法政二	4	5	0	0	0	0	0	1	×	10

メモ

「苦手」

長い甲子園の歴史で、広島勢が苦手としているのが神奈川勢である。春夏の通算成績は4勝10敗で、46都道府県の中で岐阜と並んでワースト。選抜は2勝4敗、選手権は2勝6敗で、1968年の第50回大会で広陵が武相に勝って以降は6連敗中だ。チームでは横浜との対戦が最も多く、春夏通算1勝3敗と負け越している。

【広陵】	打	安	点	振	球
⑨ 松岡	4	0	0	1	0
④ 福永	3	0	0	2	1
⑧ 堀江	3	0	0	1	1
8 唐川	0	0	0	0	0
⑤ 石橋	3	0	0	2	1
③ 金野	4	2	2	0	0
① 古田	1	0	0	1	0
1 高田	2	0	0	1	0
H 五十嵐	0	0	0	0	1
⑦ 中村	3	1	0	0	0
H 菅	1	0	0	0	0
② 定詰	3	0	0	2	0
⑥ 宮尾	3	1	0	1	0
犠盗失併残 0 0 2 2 5	30	4	2	11	4

【法政二】	打	安	点	振	球
⑨ 藤井	3	0	0	1	2
④ 大島	4	2	0	0	0
⑦ 加藤	5	2	1	1	0
⑧ 伊藤憲	4	1	0	0	1
② 伊藤哲	5	3	3	0	0
③ 青柳	4	2	3	0	1
⑥ 大山	4	1	2	0	0
① 山本	4	1	0	1	0
⑤ 川野	4	2	0	0	0
犠盗失併残 1 1 1 1 8	37	14	9	3	4

▽本塁打　金野1号（山本）青柳1号（古田）▽三塁打　金野▽二塁打　加藤、川野、青柳、伊藤哲

投手	回	打	安	振	球	責
古田	1 1/3	15	7	1	3	8
高田	6 2/3	27	7	2	1	1
山本	9	34	4	11	4	2

【ベンチ入りした主なプロ野球選手】

≪広陵≫

石橋文雄	広島・85年ドラフト3位
定詰雅彦	日立造船有明－新日鉄広畑－ロッテ・91年ドラフト2位－阪神

≪法政二≫

大島公一	法大－日本生命－近鉄・93年ドラフト5位－オリックス－楽天

146 1984年3月29日
第56回選抜高校野球大会1回戦

近大福山（広島）－岩倉（東京）

七回、岩倉1死一塁、宮間の中越え三塁打で一塁走者の浅見が生還し、4点目を挙げる。捕手吹抜、カバーは投手岡田

近大福山 粘りあと一歩

第56回選抜高校野球大会第4日は29日、甲子園球場で1回戦4試合が行われた。第1試合は近大福山（広島）―岩倉（東京）の初出場校同士の対戦となり、近大福山は2―4で敗れた。

近大福山の終盤の粘りもあと一歩及ばなかった。4点を追う八回、森、武が連打し、坂本の遊ゴロで1死一、三塁。道前の投ゴロが併殺崩れとなる間に1点。森川が中前にはじき返し2点差。浦上が四球で歩いて一、二塁としたが、島谷が捕邪飛に倒れた。

近大福山の主戦岡田はカーブが高めに入るところを岩倉に狙われ、小刻みにリードを広げられた。打線は岩倉のエース山口の縦と横の2種類のカーブに惑わされた。五回1死まで無安打。次第にカーブに慣れ、八回の2点に結びつけたが、岩倉の継投に反撃の芽を摘み取られた。

初出場 重圧に屈す

初出場校にとって、甲子園の独特の雰囲気は重圧となる。近大福山にも重く、重くのしかかった。

試合前、近大福山の麻生監督は「体が起きていってくれるか、そればかり心配だった」と気遣った。不安は的中した。岩倉は一回2死一塁から菅沢が走った。捕手吹抜は一瞬、ボールを握り直した。二塁へ送球したが、野手の前でバウンドし後ろへそれた。菅沢は三進。山口が先制打を放ったのは、その直後だった。五回には遊ゴロ失で追加点。「初めての甲子園。それも早朝ゲームとあってこちこち」。敵は岩倉だけではなかったようだ。

甲子園の無言の圧力は、監督も襲う。八回の攻め。4点を追い、3安打で2点を返した。なお2死一、二塁の同点機。「ダブルスチールをかけて、動揺させよう」と麻生監督は考えた。しかし、サインは出さなかった。「踏ん切りがつかなかった。腹をくくるべきだった」。結果は島谷が3球目に捕邪飛。追い上げムードはしぼんだ。

甲子園初采配を、麻生監督は「いい勉強になった。甲子園でいかに実力を出し切るか、宿題をもらった」と言った。平常心で晴れ舞台に臨むことの大切さを、改めて肝に銘じたことだろう。

大舞台 力発揮できず

自分たちの力を出せないまま敗れた。近大福山ナインは無念そうに唇をかんだ。ちぐはぐな攻撃に適時失策。甲子園で力を発揮することの難しさを心に刻んだ。

「普段着の野球ができなかった」「最後の詰めが甘かった」。試合後の麻生監督は冷静さを装っているが、唇が小刻みに震えていた。先発の2年岡田は「調子は良かったが、マウンドに上がると緊張してしまった。岩倉打線はそんなに怖くはなかったが、甘いカーブを狙われた」と残念そう。捕手の吹抜も「高め球を打たれた。岡田をしっかりリードしてやれなくて…」と声を詰まらせる。

八回に中前適時打を放った森川は「負けては何にもなりません」とぽつり。重苦しい雰囲気の中で武主将は「先取点を取られた上、狙い球が絞れず焦ってしまった。大きな舞台で持てる力を発揮することの大切さを学んだ。あすから出直しです」ときっぱり。夏への飛躍を力強く誓った。

岩倉	1	0	0	0	2	0	1	0	0	4
近大福山	0	0	0	0	0	0	0	2	0	2

メモ

「初出場V」

近大福山を破った岩倉が初出場で頂点まで駆け上がった。2回戦で金足農（秋田）を破ると、準々決勝で取手二（茨城）、準決勝で大船渡（岩手）に1点差で競り勝った。決勝では桑田真澄、清原和博を擁し、夏春連覇を狙うPL学園（大阪）と対戦。圧倒的不利の予想を覆し、主戦山口重幸がPL学園の強打線を1安打に抑えて1－0で完封勝ちした。岩倉の甲子園での勝利は、優勝を決めたこの試合が最後である。

【岩倉】	打	安	点	振	球
⑥ 宮間	5	3	1	0	0
④ 菅沢	4	1	1	0	0
⑤ 森	5	1	0	0	0
①9 山口	5	2	1	1	0
⑨1 内田	3	1	0	0	0
⑧ 岩佐	4	2	0	0	0
③ 武島	4	0	0	1	0
⑦ 運場	4	1	0	1	0
② 浅見	2	0	0	0	1

犠盗失併残
3 2 2 1 9 36 11 3 3 1

【近大福山】	打	安	点	振	球
⑧ 坂本	4	1	0	1	0
⑥ 道前	4	1	1	1	0
⑨ 森川	3	1	1	0	1
⑤ 浦上	3	0	0	0	1
⑦ 島谷	4	0	0	1	0
② 吹抜	4	1	0	1	0
③ 土井	4	1	0	2	0
① 岡田	2	0	0	0	0
1 森	1	1	0	0	0
H 大西	1	0	0	1	0
④ 武	3	1	0	1	0

犠盗失併残
0 1 3 0 6 33 7 2 8 2

▽三塁打　岩佐、道前、宮間▽二塁打　宮間

投手	回	打	安	振	球	責
山口	7⅔	30	7	6	1	2
内田	1⅓	5	0	2	1	0
岡田	7	30	8	2	1	2
森	2	10	3	1	0	0

【ベンチ入りした主なプロ野球選手】

≪近大福山≫

岡田展和	西武・86年ドラフト5位

≪岩倉≫

山口重幸	阪神・85年ドラフト6位－ヤクルト
森範行	日本ハム・85年ドラフト5位

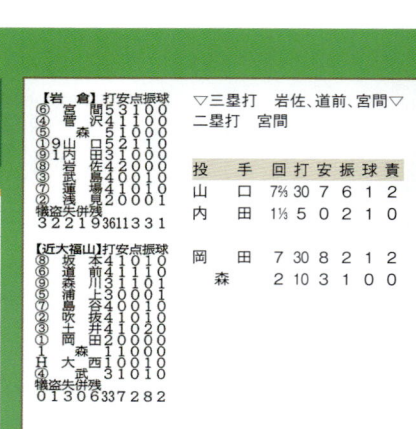

広島県大会

147 1984年7月30日
第66回全国高校野球選手権広島大会決勝

広島商－尾道商
（広島）（広島）

広島商 大勝で4連覇

第66回全国高校野球選手権広島大会最終日は30日、広島市民球場で決勝があり、広島商が尾道商を10－1で破り、同校初の4連覇を達成。19度目の甲子園出場を決めた。

三回、広島商1死三塁、下城が右翼席に2ランを放つ。投手小阪

広島商は序盤で尾道商のエース小阪を攻略した。二回1死から山村が右越え二塁打。この一打でがっくりきた小阪に湊、下城が長短打して2点を先行した。三回には1死後、下城の本塁打を含め6連続長短打で一挙6点を奪い、勝負を決めた。甘い球を逃さずに畳み掛ける広島商の打線は迫力があった。

連投の小阪は疲れからか、準決勝の崇徳戦で見せた制球力がなかった。打線も一、二回こそいい当たりを飛ばしたが、三回以降はバントや走塁ミスが目立ち、しぶとい野球が見られなかった。

「外角狙い」作戦的中

勝利の女神は常勝広島商にほほ笑んだ。勝敗の行方は二回に見えた。尾道商の先発は好投手小阪。準々決勝で広陵を5安打2点、準決勝では崇徳を7安打1点に抑えている。持ち味は外角低めに制球された直曲球。広島商は小阪攻略のため、打者を投手寄り、しかもホームベース際に立たせた。勝負球の外角球に手が届く。前に立つことで小阪は内角に投げづらくなる。「思い切って胸元へは投げられまい。外角寄りの甘い球を狙え」が田代監督の指示だった。

広島商打線は忠実に実行した。二回1死後、山村は外角低めを右へ二塁打。続く湊は外角球を左中間へ適時二塁打。小阪の動揺は大きかった。下城は初球を右前へはじき返し、2点を先制した。

広島商は容赦なく攻めつける。三回は1死から6連打。うち長打が4本で一挙6点。尾道商の中村監督は「エースがあそこまで打ち込まれては」と小阪に降板を命じざるを得なかった。

広島商・田代監督にとって、作戦がずばり的中した。大差がつきベンチ入り18人全員をグラウンドに送り出した。監督の指示をきちんとこなせる広島商。この信頼感が連覇への原動力だった。

尾道商・中村監督の話

先に大量点を奪われ、相手のペースになってしまった。特に下位の打者にやられた。3連投の小阪はやはり疲れていたようだ。初めから小阪でいくと決めていたし、仕方がない。広島商は強いとは思わなかった。うちの力不足だ。

広島商・田代監督の話

決勝では、早い回に点が取れて狙い通りの展開に持ち込むことができた。初戦から苦戦が続いたが、最後になって広島商らしい野球ができたと思っている。大会に入ってよく打ってくれた打線のおかげで、代表の座を勝ち取ることができた。投手を整備して甲子園へ臨みたい。

尾道商	0	0	0	0	0	0	1	0	0	1
広島商	0	2	6	0	1	0	1	0	×	10

メモ

「4連覇」

広島商が広島大会24連勝で、チーム初の4連覇を達成した。前身の大正中を含む呉港中（現呉港）の6連覇（1932～37年）に次ぎ、広陵の4連覇（62～65年）と並ぶ快挙だった。1回戦の福山工戦から決勝の尾道商戦まで全7試合で4点差以上をつける横綱相撲。特に光ったのは打力だった。4人が4割台をマークするなど、広島大会のチーム打率は3割8分6厘。全試合で2桁安打を放ち、投手陣を援護した。

【尾道商】	打	安	点	振	球
⑦ 清水	4	2	0	0	0
⑥ 小野	4	2	0	0	0
③ 大宮	4	0	0	0	0
② 阪田	4	0	0	0	0
⑧ 村上智	4	1	0	0	0
⑤ 佐道	3	1	0	0	0
H 宮下	1	0	0	0	0
⑨ 金山	2	1	0	0	0
H9 小障子	2	0	0	1	0
① 小阪	1	0	0	0	0
1 村上啓	2	1	1	0	0
④ 島谷	3	0	0	0	0

犠盗失併残
0 2 1 0 6 34 8 1 1 0

【広島商】	打	安	点	振	球
⑧ 万力	5	1	0	0	0
⑥ 萩	5	2	0	0	0
④34 立川	4	2	1	0	1
①3 西川	4	1	1	0	1
⑨ 山村	4	2	0	0	0
H 本間	1	0	0	0	0
9 岡	0	0	0	0	0
⑦ 湊	3	3	3	0	1
7 村田	0	0	0	0	0
⑤ 下城	4	4	3	0	0
5 滑	0	0	0	0	0
② 児玉	3	0	0	0	0
2 秋本	0	0	0	0	0
③ 岡村	3	0	0	1	0
4 印牧	0	0	0	0	0
H 盛	0	0	1	0	0
1 伊藤	0	0	0	0	0
1 山本	0	0	0	0	0

犠盗失併残
2 0 0 1 7 36 15 9 1 3

▽本塁打　下城（小阪）
▽三塁打　湊▽二塁打　萩2、小野、山村、湊、立川

投手	回	打	安	振	球	責
小阪	2⅓	16	9	1	0	8
村上啓	5⅔	25	6	0	3	1

投手	回	打	安	振	球	責
西川	7	27	6	0	0	1
伊藤	1	4	2	0	0	0
山本	1	3	0	1	0	0

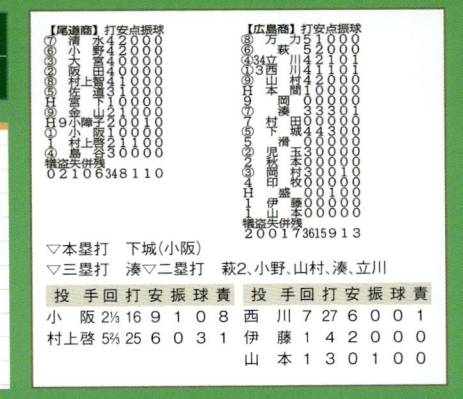

⑭⑧ 1984年8月10日
第66回全国高校野球選手権1回戦

広島商（広島）－金足農（秋田）

二回、広島商1死一、三塁、児玉の投前スクイズで三塁走者の山村が本塁を突いたがタッチアウト。捕手長谷川

広島商　初戦で姿消す

第66回全国高校野球選手権大会第3日は10日、甲子園球場で1回戦4試合が行われた。第1試合で、広島商（広島）は初出場の金足農（秋田）の主戦水沢に11三振を奪われ、3－6で敗れた。

再三の逸機　11三振

広島商は序盤、先発西川が金足農につかまった。一回、先頭工藤の右翼線二塁打と大山の内野安打で一、三塁とされ、水沢の左犠飛で先制を許した。鈴木にも左前適時打を浴び2失点。二回には2安打と野選で無死満塁とされ、スクイズで加点された。五回にも失点。九回には2番手山本が工藤に2ランを浴びた。

打線は金足農の好投手水沢に食らい付いた。二回に西川、山村の短長打で1点を返し、三回には2死一、三塁で山村が左へ二塁打を放って1点差とした。八回には山村の右中間三塁打で再び1点差としたものの、カーブを多投する水沢に11三振を喫し、打ち崩せなかった。1点を追う六回の1死一、三塁で強攻して併殺となったのが痛かった。

「技」のお家芸　奪われる

広島商は「らしさ」を見せることなく、1回戦で姿を消した。皮肉にも、金足農に広島商らしさが色濃く出た。一、二回に立て続けに見せたバント攻撃である。一回はバントが安打になり先取点の足場を築く。二回は二つのバントが野選と内野安打となり、スクイズで追加点。この間、5人が試みたバントは4度、成功した。

逆に、広島商は一度もバントが実らなかった。二回1死一、三塁でのスクイズは金足農バッテリーの絶妙な守りに阻まれる。六回に築いた1死一、三塁は「スクイズは考えなかった」と田代監督。強攻策で併殺となり、流れを失った。

「序盤のバント戦法でかく乱し、いけるという自信をつかんだ」と金足農の竹田監督は振り返る。広島商にとってお家芸の戦法を相手に巧みに演じられ、田代監督は「最後までペースに乗れなかった」と悔やんだ。

水沢のカーブ打てず
「雪辱　来年こそ」

広島商が初戦で散った。ナインは重い足取りでベンチからの通路を上がってきた。どの顔も悔しそうに唇をかみしめていた。

「水沢を打てなかった。中盤から打席の前に立ってカーブを狙わせたが…。カーブの切れが良かった。最後の（工藤の）2ランが痛かった。接戦ならいけると思ったんだが…」。田代監督はさばさばした表情だった。

朝、先発が決まったという西川は「調子は別に悪くはなかった。一回、先頭打者に二塁打された球は外側に外すボールがシュートして真ん中に入った。カーブは狙えば打てる。負ける気がしなかった。でも九回の2ランが効いた」。流れ落ちる汗を拭いながら残念そうに話した。

広島大会で大当たりの下城もブレーキだった。「六回（1死一、三塁で）の併殺打はスローボール。ちょっと抜いた感じ、うまく打たされた。水沢のカーブは打てないことはなかったのに」と自分に腹立たしそうだった。

評判の好投手水沢を追い詰めながら、結局、攻略できなかった広島商。「また一から出直します。基本に戻ってやり直します」と田代監督。整然と球場を去る広島商ナインの顔には、もう負けた悔しさはなかった。

金足農	2	1	0	0	1	0	0	0	2	6
広島商	0	1	1	0	0	0	0	1	0	3

【金足農】	打	安	点	振	球
⑥ 工藤	2	2	3	0	1
⑤ 大山	4	1	0	0	0
① 水沢	4	2	1	1	0
② 長谷川	3	1	1	1	1
③ 鈴木	4	1	1	1	0
⑧ 斎藤	3	1	0	1	1
⑦ 原田	3	0	0	0	0
④ 佐藤俊	4	2	0	0	0
⑨ 柏谷	2	0	0	1	1

犠盗失併残
7 1 0 1 7 29 10 6 5 4

【広島商】	打	安	点	振	球
⑧ 万力	4	0	0	2	0
⑥ 萩	3	0	0	1	1
④ 立川	4	1	0	1	0
① 西川	4	2	0	2	0
⑨ 山村	4	4	3	0	0
⑦ 湊	4	1	0	0	0
⑤ 下城	3	0	0	1	1
② 児玉	4	0	0	3	0
③ 岡村	2	0	0	0	0
1 山本	1	0	0	1	0
H 岡	1	0	0	0	0

犠盗失併残
0 1 1 1 6 34 8 3 11 2

▽本塁打　工藤1号（山本）▽三塁打　山村2▽二塁打　工藤、山村

投手	回	打	安	振	球	責
水沢	9	36	8	11	2	3
西川	6⅔	27	7	3	3	3
山本	3	13	3	2	1	2

メモ　「木内マジック」

第66回大会を制したのは、木内幸男監督率いる取手二（茨城）だった。決勝では石田文樹、吉田剛らを擁し、桑田真澄、清原和博のいるPL学園（大阪）と対戦。延長十回の末、8–4で勝ち、春夏を通じて茨城勢初の全国制覇を果たした。木内監督は1984年に常総学院（茨城）の監督に就任し、2001年の選抜、03年の選手権を制覇。大胆な選手起用や采配は木内マジックと呼ばれた。

㊾1985年4月1日
第57回選抜高校野球大会1回戦

広島商－帝京
（広島）　（東京）

三回、帝京1死二、三塁、大宮が中前へ先制打を放つ。投手伊藤、捕手木下

広島商 零封で初戦敗退

第57回選抜高校野球大会第5日は1日、甲子園球場で1回戦1試合と2回戦2試合を行った。1回戦最後の試合となった広島商（広島）－帝京（東京）は、広島商が帝京のエース小林昭に散発3安打に抑えられ、0－2で敗れた。

広島商は打線が力投の伊藤を援護できず、初戦で姿を消した。序盤の拙攻が勝敗に大きく響いた。一回1死一塁で、死球の印牧に代わる臨時代走福永がけん制死。二回は無死一塁で宮本の送りバントが投手への小飛球となって併殺。三回無死一塁では福永の投前バントで一塁走者が二封。ことごとくチャンスの芽をつぶした。その後もバント失敗や盗塁死など広島商らしくないまずい攻めで得点できなかった。

広島商がもたついている間に帝京にうまく攻められた。三回、2安打と犠打で1死二、三塁とされ、大宮、関の連続適時打で2点を奪われた。主戦伊藤は強打の帝京に10安打を許したものの無四球で、失点はこの回だけ。粘りの投球を見せたが、報われなかった。

らしからぬミス相次ぐ

帝京・前田監督は、「バント、盗塁を絡めて粘っこく攻めてくるはず」と、広島商の機動力、小技を警戒して臨んだ。ところが、予想は外れた。広島商らしからぬ攻撃のミスが相次いだ。

一回、1死から印牧が死球で出塁。臨時代走の福永がけん制球で刺された。二回、無死一塁で宮本は無理な体勢でスリーバント。打球は投手への小フライとなり、併殺を喫した。三回無死一塁でも、福永の送りバントが投手正面に転がり、一塁走者が二封された。立ち上がりが不安定な帝京・小林昭を助けてしまった。

チャンスの芽を自ら摘んだ攻撃陣。中盤以降も精彩がなかった。田代監督は「何回かバッターに的を絞らせた」と明かしたが、小林昭に翻弄《ほんろう》された。打席の前に立てば、スピードのあるカーブ、下がれば内角のストレート。自在なピッチングで広島商打線は手玉に取られた。10三振を喫し、安打は単打3本だった。

「広島商らしさ」は影を潜めたままだった。帝京が四つの犠牲バントを成功させたのに対し、広島商は四つのバントに失敗した。試合後、広島商のエース伊藤は「失投は2点取られた三回だけ。後は打たせて取る思い通りのピッチングができたんだが…」と悔しがった。

昨夏の1回戦で金足農（秋田）の機動力に屈し、今春は帝京に足をすくわれた。これで甲子園2連敗。機動力を生かし、小技を絡めて畳み掛ける広商野球はどこにいったのか。春夏通算51勝（27敗）の伝統校がもがいている。

気を吐く2安打
3番の盛

広島商打線の中で、3番盛が2安打と気を吐いた。一回は右前に、六回は左前に運んだ。「ボールをよく見て打っただけ」。残り2打席は見逃し三振とあって「喜べません」と厳しい表情だった。

とりわけ八回2死三塁の得点機で三振に倒れたことを悔しがり、「あそこで（ヒットが）出ていれば…」。未練を残しながら甲子園を去った。

帝京	0	0	2	0	0	0	0	0	0	2
広島商	0	0	0	0	0	0	0	0	0	0

【帝　京】		打	安	点	振	球
⑧	河田	4	1	0	0	0
④	矢頭	3	0	0	0	0
⑦	大宮	4	3	1	0	0
③	関	4	2	1	1	0
①	小林昭	4	2	0	0	0
⑤	藤波	3	0	0	0	0
②	柳沢	3	0	0	0	0
⑨	村山	4	1	0	0	0
⑥	野口	3	1	0	0	0

犠	盗	失	併	残	打	安	点	振	球
4	0	1	1	7	32	10	2	1	0

【広島商】		打	安	点	振	球
⑤	福永	4	0	0	2	0
④	印牧	2	1	0	0	2
4	小早川	0	0	0	0	0
⑧	盛	4	2	0	2	0
③	下城	3	0	0	2	1
⑦	本広	4	0	0	2	0
⑨	大原	3	0	0	0	1
⑥	宮本	3	0	0	0	0
②	木下	3	0	0	2	0
①	伊藤	2	0	0	0	1

犠	盗	失	併	残	打	安	点	振	球
0	2	1	0	6	28	3	0	10	5

投手	回	打	安	振	球	責
小林昭	9	33	3	10	5	0
伊藤	9	36	10	1	0	2

メモ

「初出場校連覇」

第57回大会を制したのは、春夏通じて初出場の伊野商（高知）だった。エースで4番の渡辺智男が投打でチームを引っ張り、準決勝で桑田真澄、清原和博のいるPL学園（大阪）に3−1で快勝。決勝は渡辺の13奪三振の力投で帝京を4−0で下した。初出場校の優勝は前年の岩倉（東京）に続き、2年連続となった。

【ベンチ入りした主なプロ野球選手】

≪帝京≫	
小林昭則	筑波大―ロッテ・90年ドラフト2位
河田雄祐	広島・86年ドラフト3位―西武
奈良原浩	青学大―西武・91年ドラフト2位―日本ハム―中日

広島県大会

⑮⓪ 1985年7月29日
第67回全国高校野球選手権広島大会決勝

広島工（広島）－広陵（広島）

広島工 2度目の夏切符

第67回全国高校野球選手権広島大会最終日は29日、広島市民球場で決勝が行われ、広島工が広陵を3－1で下し、7年ぶり2度目の甲子園出場を決めた。

九回、広島工1死三塁、上田が右前適時打を放ち、3－1とリードを広げる。投手本原、捕手中津川

広島工が主戦上田の力投で広陵を振り切った。広島工は一回、三遊間安打の小田原が二盗。1死後、遊ゴロで三進し、藤原の中前適時打で先制のホームを踏んだ。五回は1死後、上田の左中間二塁打と田中和の右前適時打で加点。1点差に追い上げられた九回には四球とバントで二進した北條が三盗を決め、上田の右前適時打で生還した。

広島工の2年上田は最高のピッチングを展開した。カーブでカウントを取って、切れのいい速球で打ち取り、強打の広陵を6安打1点に抑えた。

広陵は強攻策が裏目に出た。特に二回無死一、三塁をつぶしたのが響いた。

上田 抜てきに燃えた
2年生 121球で優勝投手

「上田！ 上田！」。ベンチの最前列から広島工・小川監督が声を枯らした。無論、マウンドには届かない。それでも教え子の名を絶叫しないわけにはいかなかった。

小川監督が背番号10の2年上田に決勝の先発を告げたのは25日である。3回戦で尾道商を4安打完封したばかり。「ストレートに一番力があるのは上田。最も強敵と当たる試合を任せるには最適だ」と読んだ。

広島工には田中光、井口を含め3人の投手がいる。実力差はない。にもかかわらず、決勝の先発を2年生右腕に託した。上田は「監督の心遣いがうれしかった。プレッシャーもあったが、逆に燃えた」。

決勝の相手は強打の広陵。準決勝までチーム打率3割8分3厘の猛打を振るってきた。だが、上田は自分でも驚くほど冷静だった。

二回、広陵は小原、本原の連打で無死一、三塁と絶好の同点機を得た。上田は「スクイズはさせない。後ろへ飛べばバックが仕留めてくれる」とカーブで攻め、直球を散らした。中津川を投ゴロに打ち取り、後続を三振、一ゴロに封じた。

九回には自らのバットで3点目。そしてその裏、ベンチの声援に力投で応じた。121球目。広陵の田岡が右飛に倒れ、上田は7年ぶりの甲子園をがっちりと呼び込んだ。

小川監督大喜び

母校を率いて3年目の広島工・小川監督は7年ぶり2度目の甲子園を決めた瞬間、思わずベンチで2度、3度、跳び上がって喜びを表現した。「甲子園ははるか先のことだと思っていた。こんなに早く実現するとは…」とインタビューの声も上ずった。

広陵とは新チーム以来1勝1敗。この2戦で登板させなかった上田が見事なピッチングを展開し「あいつは強運の持ち主。安心して任せた」。さらに「前夜、3年前に亡くなった母（静子さん）が夢枕に立ち『頑張れ』と言ってくれた。母が守ってくれたのかも」と意外なエピソードまで披露した。

1980年代

広島工・小川監督の話

恥じぬ成績を

ナインの自信が決勝で実った。上田のピッチングは、私の信頼に応えてくれた。素晴らしい出来だった。3人の投手を持っていることが勝ち抜けた大きな要因だろう。甲子園のことを考える余裕はまだないが、広島代表の名に恥じない成績を残したい。

広島工	1	0	0	0	1	0	0	0	1	3
広　陵	0	0	0	0	1	0	0	0	0	1

メモ

「鉄人金本」

広陵の「8番・左翼」で先発したのは広島、阪神で活躍し、1492試合連続フルイニング出場の世界記録を持つ金本知憲。2年生だったこの年、初めて広島大会に出場した。3年となった1986年夏は初戦で広島商とぶつかり、2－5で敗退。3年間で一度も甲子園の土を踏むことはなかった。

【広島工】	打	安	点	振	球
⑧ 小田原	5	1	0	1	0
④ 竹　下	4	1	0	1	1
⑨ 宮　川	3	0	0	0	0
③ 藤　原	4	1	1	1	0
⑤ 大　下	4	1	0	0	0
⑦ 北　條	3	0	0	0	1
⑥ 戍　丸	3	0	0	0	0
① 上　田	4	2	1	1	0
② 田中和	2	2	1	0	1

犠盗失併残
3 2 0 0 8 32 8 3 4 3

【広　陵】	打	安	点	振	球
⑨ 矢　野	4	1	1	0	0
⑥ 生　田	4	0	0	0	0
④ 中村隆	4	0	0	0	0
③ 小　原	4	2	0	0	0
① 本　原	4	2	0	0	0
② 中津川	4	0	0	0	0
⑧ 田　岡	4	0	0	1	0
⑦ 金　本	2	1	0	0	0
R7 唐　川	1	0	0	0	0
⑤ 中村俊	2	0	0	1	1

犠盗失併残
0 0 1 1 6 33 6 1 2 1

▽三塁打　矢野▽二塁打　上田、金本、大下▽暴投　上田

投手	回	打	安	振	球	責
上　田	9	34	6	2	1	1
本　原	9	38	8	4	3	3

【ベンチ入りした主なプロ野球選手】

≪広陵≫

本原正治	巨人・86年ドラフト4位―ダイエー―広島
金本知憲	東北福祉大―広島・92年ドラフト4位―阪神

⑮1 1985年8月13日
第67回全国高校野球選手権2回戦

広島工－日立一
（広島）（茨城）

一回、広島工無死一塁、竹下のバントが投飛となり、一塁走者が帰塁できず併殺となる。捕手原

広島工、日立一に完敗

第67回全国高校野球選手権大会第6日は13日、甲子園球場で2回戦4試合を行った。第2試合で、7年ぶり出場の広島工（広島）は初出場の日立一（茨城）に0－4で敗れた。

広島工は日立一の左腕増田に3安打に抑えられ、二塁も踏めなかった。一回、先頭の小田原が四球で出塁したが、竹下の送りバントは投飛となって併殺。四回の無死一塁は宮川の空振り三振の際、竹下が二盗を阻まれ併殺。七回は無死から宮川が右前打で出塁したが、大下が三ゴロ併殺と好機をことごとくつぶした。

広島工の先発上田は二回2死一、二塁で綿引に右翼線へ三塁打されて2点を先行された。五、七回は日立一に犠打、犠飛をうまく絡められて加点された。

4失点上田　無念の涙

9安打を浴び、4失点。主戦の2年上田は七回を投げ終えたところで先輩の田中光にマウンドを譲った。「先発は昨夜（12日）言われた。最初から思い切った投球でいけるところまでいこうと思った。調子は悪くなかった」。さらに「日立一は迫力はなかったが、初めは速球、後半はカーブを狙われたような気がする。しつこかった」と振り返った。

二回、2四死球を与え、綿引に三塁打されて2点を先取された。直前の野上への頭部死球は「当てたのはすまないと思ったけど、あれで動揺して打たれたのではない」と負けん気の強さをのぞかせた。しかし、この死球が少なからず上田の投球に影を落としたのは確か。身上の厳しい内角攻めがやや甘くなった。小川監督は「内角を指示したが、萎縮していたのでは」と推し量った。

小川監督は「一番信頼していたし、調子が良かったから先発させた」と上田をかばった。上田は「もっと走り込み、投げ込んで来年も甲子園に来る。その時は絶対勝って見せる」。無念さが一気に込み上げてきたのか、声を震わせ涙を見せた。

尾を引いた初回の逸機

1時間52分のドラマは、広島工の完敗で終わった。わずかに3安打。二塁すら踏めなかった。打線は沈黙を決め込み、打開の糸口さえ見いだせない。「うちの力がなかった」。初采配の小川監督には苦い甲子園デビューとなった。

誤算がつきまとった。日立一には右の鎮目、左の増田と投手が2人がいる。茨城大会は全6試合、鎮目－増田のリレーで勝ち抜いた。「当然、右（鎮目）でくると思った」と小川監督。甲子園入り後も、打撃練習はほとんど右投手を想定した。

小川監督は先発増田の名に目をむいた。「左腕でくるとは。虚を突かれる思いだった」。ナインは動揺。気持ちの整理がつかないまま試合は始まった。一回は先頭の小田原が四球。続く竹下は内角球をバントしたが平凡な投飛となり併殺。最悪のスタートとなり、増田を調子づかせてしまった。

日立一の小泉監督は「インサイドを攻め、簡単にバントさせない指示を出していた」と振り返る。一方の小川監督は、「あれ（一回のバント失敗）が痛い。相手投手の立ち上がりが荒れていただけに、確実に送っていれば局面は変わっていただろう。増田に落ち着く余裕を与えてしまった」。一回の攻撃失敗は尾を引いた。計3併殺。盗塁死、けん制死も各1回。バントは一度も成功しなかった。

思い込みの怖さ、基本プレーの重要性。7年ぶりの甲子園は広島工に大きな教訓を与えた。「もう一度、基本から鍛え直し、春を目指す」。小川監督は再起を誓った。

広島工	0	0	0	0	0	0	0	0	0	0
日立一	0	2	0	0	1	0	1	0	×	4

メモ

「ミラクル宇部商」

第67回大会を制したPL学園（大阪）を決勝で苦しめた宇部商（山口）。準々決勝の鹿児島商工戦で3点差をひっくり返して勝利すると、東海大甲府（山梨）との準決勝も4点差を逆転した。決勝は3−4でサヨナラ負けしたものの、一時はPL学園からリードを奪うなど健闘。その劇的な戦いぶりから「ミラクル宇部商」と呼ばれた。

【広島工】		打	安	点	振	球
⑧	小田原	3	0	0	1	1
④	竹下	3	0	0	0	1
⑨	宮川	3	1	0	1	0
③	藤原	3	0	0	1	0
⑤	大下	3	0	0	0	0
⑦	北条	2	0	0	1	1
⑥	戎丸	3	2	0	0	0
①	上田	3	0	0	2	0
1	田中光	0	0	0	0	0
②	田中和	2	0	0	0	0
H	宮本	1	0	0	0	0

犠盗失併残
0 0 1 0 2 26 3 0 6 3

【日立一】		打	安	点	振	球
④	岡	4	2	0	0	0
⑨	石川昌	3	1	0	0	0
⑥	飯塚	3	1	0	1	1
⑦	鎮目	1	1	1	0	2
①	増田	2	1	1	1	0
③	菊池	4	1	0	2	0
⑤	野上	2	1	0	1	1
⑧	綿引	4	1	2	0	0
②	原	4	0	0	1	0

犠盗失併残
5 1 0 3 8 27 9 4 6 4

▽三塁打　綿引▽二塁打　岡
▽暴投　上田

投手	回	打	安	振	球	責
上田	7	33	9	5	4	4
田中光	1	3	0	1	0	0
増田	9	29	3	6	3	0

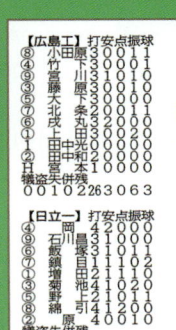

尾道商－熊本工
（広島）　（熊本）

尾道商 雨中の打撃戦制す

第58回選抜高校野球大会第3日は28日、甲子園球場で1回戦4試合が予定されていたが、雨のため第3、4試合は順延となった。第1試合で尾道商（広島）は熊本工（熊本）との打撃戦を制し、7－6で逃げ切った。

尾道商が集中打で鮮やかな逆転劇を演じた。2点を追う七回2死一塁から、古毛堂が反撃の呼び水となる右中間三塁打を放ち1点差。続く土居ノ内の安打で追い付き、取釜の右前打を右翼手が後逸する間に逆転。熊本工の先発永野をKOした。木村も2番手木村から左中間二塁打を放ち、リードを広げた。4連続長短打で4点を奪った。

七回、尾道商2死三塁、木村が左中間に適時二塁打を放ち、7–5とする。捕手松本

尾道商は先発木村の制球難から苦戦を強いられた。決め球が甘く、毎回走者を出してピンチを招いた。小刻みに加点され、五回に逆転を許した。2番手真治も不調。八回の熊本工の猛攻を1点にとどめ、辛くも逃げ切った。

耐えて猛反撃 逆転勝ち

尾道商にはつらいチーム事情があった。投手力の弱さだ。背番号8の先発木村は昨年8月からマウンドに上がった急造投手。抑えの真治はスタミナに不安があり、甲子園入り後も調子がいまひとつ。「木村にいけるところまで引っ張ってもらわないと」。試合前、中村監督は不安な胸中をのぞかせた。

雨でマウンドはぬかるみ、指先は滑る。緊張と重圧を抱えてマウンドに上がった木村は一回から毎回走者を背にする苦しい投球。「直球とカーブしか知らない」という単調な投球は、熊本工の痛打を浴び、小刻みに加点された。六回を終えて2点のリードを許した。

ところが、中村監督はじっと我慢を決め込んでいた。投球ごとに不安げな木村の視線が届いた。それでも動く様子は見せない。「何とか七回まで持ってくれ。八、九回の2イニングなら真治に任せられる」。監督は木村の続投に命運を託していた。

願いは通じた。10安打を浴びながらも、木村は7回を投げ終えた。猛反撃が始まったのは、その裏だ。「終盤、きっと逆転してくれると信じて、じっと辛抱していた」と中村監督。鬱憤《うっぷん》を晴らすかのような集中打。5安打で4点。木村も追加点を呼ぶ左中間二塁打を放った。

終わってみれば、抑えの真治が反撃を断ち切って逆転勝ち。「結果的には継投の時期がずれてしまった」。熊本工・山口監督の嘆きとは対照的に、耐えてつかんだ4年ぶりの選抜勝利だった。

1年生トリオ 白星の原動力

尾道商は1年生トリオの攻守にわたる活躍が勝利の原動力となった。

1番の古毛堂は一回、先制の足掛かりとなる四球。三回には先頭打者で中前打。2点をリードされた七回には2死一塁から、右中間への適時三塁打で1点差に。敗色ムードを吹き払った。3度の出塁で得点に絡み、「後続打者に弾みをつけることができ、トップの責任を果たせた」と胸を張った。

チームの窮地を救ったのが土居ノ内。六回、3－4から1点を追加され、なおも2死一、三塁のピンチ。熊本工の4番杉本の打球は左中間へ。本塁打性の大飛球を俊足を飛ばして好捕した。「あれが抜けていたら完全に負けでしたね」とうれしそう。打っては、一、三回に送りバントを決め、得点に結びつけた。「僕のバントが多い時は勝つんですよね」。七回には同点打を放ち、流れを引き寄せた。

捕手の松原は一回、先制の左中間2点三塁打。「これまで打てなかったのに、監督が辛抱して使ってくれた。期待に応えられてうれしい」と喜んだ。

熊本工	0	1	1	0	2	1	0	1	0	6
尾道商	2	0	1	0	0	0	4	0	×	7

メモ

「連敗ストップ」

選抜で続いていた広島勢の連敗が、尾道商の逆転勝ちでストップした。1982年の準々決勝で尾道商が中京（愛知）に敗れてから5連敗中だった。尾道商の中村信彦監督も重圧を感じていたようで「うちが連敗を食い止められて、本当に良かったですよ」とほっとした様子だった。

広島勢の選抜での連敗記録は12。35年の決勝で広陵中（現広陵）が敗れてから、59年に広陵が初戦敗退するまで続いた。63年に呉港が勝って連敗にピリオドを打った。

【熊本工】		打	安	点	振	球
⑥	緒方	3	1	1	0	2
⑤	内山	4	1	0	0	0
⑦	木下	2	0	0	1	3
⑧	杉本	5	3	1	0	0
③	岩山	5	2	0	0	0
④	川本	5	3	2	1	0
①9	永野	5	1	0	1	0
②	松本	3	0	0	0	0
H	吉崎	1	0	0	1	0
⑨	上村	1	0	0	0	1
R	森田	0	0	0	0	0
9	三浦	1	1	0	0	0
1	木村	1	1	0	0	0
H	大森	1	1	0	0	0

犠	盗	失	併	残	打	安	点	振	球
3	2	2	2	13	37	14	4	4	6

【尾道商】		打	安	点	振	球
⑥	古毛堂	3	2	1	0	1
⑦	土居ノ内	1	1	1	0	1
③	取釜	4	2	1	0	0
①8	木村	3	2	1	0	1
②	松原	4	2	2	1	0
⑤	中本	3	0	0	0	0
5	清水	1	1	0	0	0
⑧9	細谷	4	1	0	0	0
⑨	坂本	2	0	0	0	0
1	真治	1	0	0	0	0
④	下野	4	0	0	0	0

犠	盗	失	併	残	打	安	点	振	球
3	0	2	0	5	30	11	6	1	3

▽三塁打　松原、古毛堂▽二塁打　木村（尾）、大森▽暴投　木村（尾）

投手	回	打	安	振	球	責
永野	6⅔	30	9	0	3	5
木村	1⅓	6	2	1	0	0
木村	7	35	10	2	5	4
真治	2	11	4	2	1	1

【ベンチ入りした主なプロ野球選手】

≪熊本工≫

永野吉成	ロッテ・87年ドラフト5位—横浜
緒方耕一	巨人・87年ドラフト6位

⑮ 1986年3月31日
第58回選抜高校野球大会2回戦

尾道商（広島）－天理（奈良）

天理を完封し、喜ぶ尾道商の木村

第58回選抜高校野球大会第6日は31日、甲子園球場で2回戦4試合を行った。第3試合で尾道商（広島）は天理（奈良）との投手戦を1－0で制し、4年ぶり4度目のベスト8進出を決めた。

投手戦制し 尾道商8強

尾道商は八回2死、土居ノ内が左前打して二盗。取釜がフルカウントからカーブを中前へはじき返して、決勝点を挙げた。

尾道商の主戦木村は冷静に投げ続けた。一回、先頭の藤本に右翼線二塁打を浴び、1死三塁のピンチを背負ったが、3、4番を打ち取り波に乗った。カーブ、直球を内外角に散らして天理を散発5安打に封じた。

天理の主戦本橋は制球が良く、尾道商打線を七回まで4安打に抑えていた。打線が三回以降、二塁を踏めず援護できなかった。

木村完封 立役者に

文句のつけようがない投球だった。尾道商の木村が優勝候補の天理を散発5安打に封じて、8強入りの立役者に。「完封なんて初めて。自分でも信じられません」と戸惑い気味に喜んだ。

熊本工（熊本）との1回戦は「緊張し過ぎて球が上ずった」。初戦をものにした安堵《あんど》感が、この日の投球に落ち着きを与えた。マウンドの態度も自信に満ちていた。一回1死三塁、二回2死一、三塁のピンチを切り抜けると、一気に調子を上げた。ゆっくりとした間合いで直球、カーブを内外角の低めへ。強振する天理打線をカーブで泳がせたり、引っ掛けさせたりして凡打の山を築いた。外野フライはわずか二つという絶妙のピッチングだった。

「こんなにカーブがよく決まるとは思ってもみなかった。カーブを打たれたのは九回の1本だけ」と胸を張る。「天理打線は怖かった。5点は覚悟してたんですけど…」と、拍子抜けした様子。公式戦初完封のエースに、中村監督は「こんなに投げてくれるなんてびっくりした。見直さなければね」と、100点満点を与えていた。

天理逸機 過信は禁物

必要以上の自信は過信となり、やがて慢心となって墓穴を掘る。敗れた天理には酷かもしれないが、「過信」が思わぬ敗戦につながったとしか思えてならない。

天理は高い評価を得ていた。初戦は長打攻勢で逆転勝ち。尾道商・中村監督は「5点は取られるだろう」と、苦戦を予想していた。

その天理が完全に沈黙した。散発5安打。木村のカーブに泳がされ、低めのストレートに詰まった。的を絞ってきたスイングには見えない。2併殺を喫し、外飛は二つだけ。完全に牛耳られた。

天理打線には、大きな自信があったに違いない。木村は急造投手。1回戦も毎回走者を背にする苦しい投球だった。「いつでも打てる」。そんな心の隙が芽生えていたのではないか。一回、先頭の藤本が右翼線二塁打し、バントで三進。「大量点にならなきゃあいいが…」と中村監督は覚悟したという。ところが、3番中村は初球を無造作に打ち上げ三邪飛。4番山下和も1球目を引っ掛けて投ゴロ。木村の出方をうかがうそぶりもなかった。

木村は一回のピンチ脱出を勝因に挙げた。天理の橋本監督は「私の作戦ミス。強打でよかったが、もう少し投球の推移を見るべきだった」と悔やんだ。山下和は「いつでも打てる、と余裕を持ち過ぎ、漫然と振ってしまった」。

一方、尾道商は、じっと好球を待った。八回の2死二塁。取釜のバットが勝利を手繰り寄せた。追い込まれてもファウルで粘った。9球目をセンター前にはじき返した。両チームの打者の中で、最も球数の多かったのが、決勝点のこの打席だったのは印象的である。

天理	0	0	0	0	0	0	0	0	0	0
尾道商	0	0	0	0	0	0	0	1	×	1

【天理】		打	安	点	振	球
②	藤本	3	1	0	0	1
⑥	岡田	3	0	0	0	0
③	中村	4	1	0	0	0
⑦	山下和	4	0	0	0	0
⑤	北浦	2	1	0	0	2
⑨	藤井	2	0	0	1	0
H	西山	1	0	0	1	0
④	山下勝	2	0	0	0	1
①	本橋	3	1	0	1	0
⑧	金井	3	1	0	0	0

犠盗失併残
2 0 1 1 6 27 5 0 3 4

【尾道商】		打	安	点	振	球
⑥	古毛堂	4	0	0	2	0
⑦	土居ノ内	4	1	0	1	0
③	取釜	4	1	1	0	0
①	木村	3	0	0	2	0
②	松原	2	1	0	0	1
⑤	中本	3	2	0	0	0
⑧	細谷	3	1	0	1	0
⑨	坂本	3	0	0	0	0
④	下野	3	0	0	1	0

犠盗失併残
0 2 0 2 5 29 6 1 7 1

▽二塁打 藤本

投手	回	打	安	振	球	責
本橋	8	30	6	7	1	1
木村	9	33	5	3	4	0

メモ

「春の尾商」

広島の高校野球界には「春の広陵、夏の広商」という言葉があるが、「春の尾商」も忘れてはならない。甲子園に初出場したのは1958年の選手権。しかし、選手権の出場はその1度限りで、その後は選抜に6度出場している。そのうち、64、68年と2度準優勝を果たした。通算勝利数も夏の1勝（1敗）に対し、春は12勝（6敗）となっている。

【ベンチ入りした主なプロ野球選手】

≪天理≫

中村良二	近鉄・87年ドラフト2位―阪神
山下和輝	プリンスホテル―阪神・93年ドラフト7位

尾道商－池田
（広島）　（徳島）

五回、尾道商1死二、三塁、下野の遊ゴロで三塁走者の清水 左端が三本間に挟まれたが、三塁手平田のタッチをかわして生還する

尾道商 1点差に泣く

第58回選抜高校野球大会第8日は2日、甲子園球場で準々決勝4試合が行われた。第2試合で尾道商（広島）は池田（徳島）に4－5で逆転負けを喫した。

3日の準決勝は岡山南（岡山）－池田、新湊（富山）－宇都宮南（栃木）の顔合わせとなった。

尾道商は3点を追う五回、中本の左前打と坂本の四球にけん制悪送球が絡んで1死二、三塁。下野の遊ゴロで代走清水が三本間に挟まれたが、タッチをかわして生還。下野が一、二塁間で挟殺される間に、二塁走者坂本も本塁を駆け抜けた。さらに古毛堂の三塁打と土居ノ内の右前適時打で同点とした。

六回は右前打の松原が二盗。犠打で2死三塁とし、細谷が内角カーブを狙い打って4－3とリードを奪った。

尾道商は六回2死後、木村から真治へ継投。しかし、真治の調子がいまひとつ。八回に高めに浮いた球を狙われ、3安打で2点を失い、逆転された。

継投実らず 力尽く

尾道商の球運がついえた。中盤までは、つきにも恵まれ4－3のリード。しかし、木村から真治への継投が実らなかった。中村監督は「池田が3点のままで終わるとは思ってなかったが…。併殺に取りたいところ（八回1死一塁）で、守備のミスで二塁に走者を残してしまった。あれで流れが変わった」と悔やんだ。

四回の2点目に結び付いた二塁打は、打ち取った当たりが土居ノ内の転倒で長打にすり替わった。そして逆転負けにつながった八回の併殺失敗。中村監督は「守備面での反省は多い」と言いながらも、「みんな全力を尽くした。勝ち負けは関係ない。甲子園で試合ができただけでも幸せなんだ」とナインの健闘をたたえた。

4強入りはならなかったが、収穫もあった。投手経験が浅く、不安のあった木村が2回戦の天理（奈良）戦で完封勝ち。「このチームでこの成績は上出来」と中村監督。夏への決意を込めた笑顔で締めくくった。

長打警戒が裏目

18年ぶりの4強進出を目指した尾道商は1点差に泣いた。勝てない展開ではなかったが、采配ミスが命取りになった。

六回2死から救援した真治は、カーブはよく曲がったが、頼みの直球に力がなかった。下手投げから浮き上がる甘い直球を、池田の左打者に狙われた。逆転された八回、3安打のうち2本は左打者に浴びた。甲子園でやや精彩を欠く真治は「力んでしまった」と振り返った。

もう一つ不運があった。八回の外野守備だ。力強く振り抜いてくる池田打線に備え、「大量点につながる長打を警戒して、外野は深めに守らせた」と尾道商の中村監督。左翼手土居ノ内は、フェンスそばまで下がっていた。右翼手細谷も定位置より後ろに守った。

この采配が裏目に出た。池田の2本の適時打は一、二塁間と三遊間を痛烈に抜けた。前進守備であれば、楽に本塁で刺せる当たりだった。とりわけ決勝点となる5点目。土居ノ内の本塁返球は間一髪の際どいタイミングだった。悔いの残る敗戦だった。

池田	0	1	0	1	1	0	0	2	0	5
尾道商	0	0	0	0	3	1	0	0	0	4

【池田】		打	安	点	振	球
②	藤原	2	2	0	0	3
⑨	阿部	5	0	0	1	0
⑥	森	5	1	1	2	0
①	梶田	4	1	0	1	0
④	谷川	4	1	0	1	0
⑧	井上	3	3	1	0	0
⑦	山畠	3	1	1	0	1
⑤	平田	3	2	2	0	0
③	黒田	3	0	0	1	0

犠	盗	失	併	残	打	安	点	振	球
3	4	2	1	7	32	11	5	6	4

【尾道商】		打	安	点	振	球
⑥	古毛堂	4	3	0	0	0
⑦	土居ノ内	4	1	1	0	0
③	取釜	4	0	0	0	0
①8	木村	4	1	0	0	0
②	松原	3	1	0	1	0
H2	小田	1	0	0	0	0
⑤	中本	2	1	0	0	0
R5	清水	1	1	0	0	0
⑧9	細谷	3	1	1	0	0
⑨	坂本	1	0	0	0	1
1	真治	2	0	0	0	0
④	下野	4	1	0	1	0

犠	盗	失	併	残	打	安	点	振	球
2	1	0	1	5	33	10	2	2	1

▽三塁打　古毛堂▽二塁打　平田、谷川、藤原、井上

投手	回	打	安	振	球	責
梶田	9	36	10	2	1	1
木村	5⅔	25	7	5	2	3
真治	3⅓	14	4	1	2	2

メモ

「新湊旋風」

第58回大会の最大の話題は、新湊の快進撃だった。前評判は高くなかったが、1回戦で好投手の近藤真一（元中日）擁する享栄（愛知）を1−0で破った。2回戦では、拓大紅陵（千葉）に4点リードを許しながら、7−4で逆転勝ち。準々決勝は京都西（京都）に延長十四回の末、2−1で勝ち、富山勢初の4強入りを果たした。これは春夏通じて富山勢の最高成績である。準決勝で宇都宮南に敗れたが、スタンドからは惜しみない拍手が送られた。

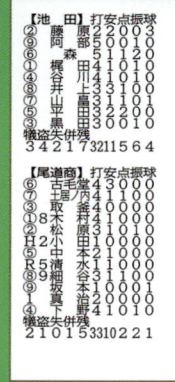

155 1986年3月29日
第58回選抜高校野球大会1回戦

広島工－鹿児島商
（広島）　（鹿児島）

鹿児島商を3安打無失点に抑えた広島工の上田

広島工が投打で圧倒

第58回選抜高校野球大会第４日は29日、甲子園球場で１回戦４試合が行われた。第４試合で広島工（広島）は主戦上田が鹿児島商（鹿児島）を散発３安打で完封し、８－０で快勝した。

広島工が投打に鹿児島商を圧倒した。一回、鹿児島商の中原の立ち上がりを攻めた。戌丸の右翼線二塁打、高津の死球の後、竹下が送って二、三塁。4番宮川のスクイズ（記録は犠打野選）で先制し、続く上田もスクイズを決め2点をもぎ取った。

六回には先頭竹下が四球で出塁し、宮川とのエンドランが決まり一、三塁。上田の中前適時打や山村、三井の連打などで3点を挙げ、勝負を決めた。

上田は速球、鋭いカーブで鹿児島商打線に的を絞らせず3安打完封。三塁も踏ませなかった。

打線　小技巧みに8得点

エース上田の力投に、打線も応えた。昨夏はバントができず、盗塁は刺され、ちぐはぐな攻撃に終わった。だが、この春は違う。一回に連続スクイズで奪った先制の2点に千金の重みがあった。

戌丸の二塁打と高津の死球で無死一、二塁。竹下のバントで、一、三塁とした。ここで主将宮川が初球を投前へスクイズを決め先制。宮川も野選で一塁に生きた。ベンチは、ためらわず次打者上田にもスクイズを指示。1球目を強振してファウルにした後の2球目を巧みに一塁前に転がした。

昨夏の反省から、ナインは徹底してバント練習を繰り返してきた。「また、ミスするわけにはいかない」（竹下）という意地もあった。小川監督も選手の発奮を心得ていた。「相手にプレッシャーを与え、効果満点だった」と振り返った。

2点を先制し、広島工は一気に波に乗った。六回はエンドランなど足を絡めた機動力も見せつけた。主戦上田は3安打ピッチング。投打の歯車はがっちりかみ合った。惨めに引き下がった昨夏の屈辱を晴れ舞台で完璧に吹き飛ばす快勝だった。

主戦上田　緩急生かし完封

大胆にして繊細。上田は投手の持てる力を余すところなく発揮した。鹿児島商の塩瀬監督は試合前、「打ち崩すには速球をたたきつけ、出塁してリズムを崩すしかない」と明かした。

相手の「速球狙い」は、上田の頭に入っていた。「だから意識して、カーブを多く交ぜた」。一回、先頭打者には緩いカーブで意表を突いた。カウントを悪くはしたものの、最後は速球で三振。以後も、直曲球を巧みに操る。カーブで泳がせ、内角シュートで揺さぶる。隙を見せなかった。

上田は昨夏も甲子園のマウンドを踏んだ。日立一（茨城）戦に先発し7回で4失点。「投球術を身に付ける」必要性を痛感した。教訓は生きた。相手に的を絞らせない投球で、翻弄《ほんろう》し続けた。

六回には自分のバットで追加点を挙げた。相手が断ち切ろうとした上田のリズムは逆に弾みがついた。「直球とカーブの比率は6対4。計算通りで、むしろ速球も走った」。自己採点は95点と胸を張った。

安打はわずかに3本。三塁も踏ませない。無四球のおまけまで付いた。報道陣に対応する上田の視線の先では、敗れた塩瀬監督がしきりに首をひねっていた。「速球に的を絞らせていたら、いいカーブで攻めてきた。裏をかかれたとしか思えない」と脱帽した。

鹿児島商	0	0	0	0	0	0	0	0	0	0
広島工	2	0	0	0	0	3	1	2	×	8

【鹿児島商】	打	安	点	振	球
⑦ 坂元	3	0	0	1	0
7 桑原	1	0	0	0	0
⑥ 川畑	3	0	0	0	0
H 折田	1	1	0	0	0
⑨8 宮園	4	0	0	0	0
⑤ 徳永賢	3	0	0	1	0
①9 中原	3	0	0	1	0
③ 宮崎	3	0	0	1	0
⑧ 小村	2	1	0	1	0
1 徳永宏	1	0	0	0	0
② 浜田	3	1	0	0	0
④ 池田	2	0	0	0	0
4 水元	0	0	0	0	0
H 永井	1	0	0	0	0

犠	盗	失	併	残	打	安	点	振	球
0	0	3	0	3	30	3	0	5	0

【広島工】	打	安	点	振	球
⑥ 戌丸	3	1	1	0	1
③ 高津	3	0	0	0	1
R 堀	0	0	0	0	0
3 福島	0	0	0	0	0
④ 竹下	3	1	0	0	1
⑧ 宮川	4	2	2	0	0
① 上田	2	2	2	0	1
⑦ 山村	4	1	0	0	0
⑨ 三井	3	1	1	0	0
H 網本	0	0	0	0	1
9 松本	0	0	0	0	0
② 松岡	3	0	0	1	0
⑤ 浦	4	1	0	1	0

犠	盗	失	併	残	打	安	点	振	球
6	2	0	0	8	29	9	6	2	5

▽二塁打　戌丸、浜田、山村▽捕逸　浜田

投手	回	打	安	振	球	責
中原	5⅓	25	6	1	3	4
徳永宏	2⅔	15	3	1	2	1
上田	9	30	3	5	0	0

メモ

「甲子園初勝利」

広島工、高陽東、瀬戸内を率い、甲子園に春夏通算8度出場、計12勝を挙げた小川成海監督。1回戦の鹿児島商戦が甲子園初勝利だった。試合直前、旧知の間柄である元広陵監督で京都西（京都）の三原新二郎監督に激励されて発奮。「三原監督をまねて、私もバットケースの横に立って試合を指揮した。効果がありました」と同郷の先輩監督に感謝した。

【ベンチ入りした主なプロ野球選手】

≪広島工≫

高津臣吾	亜大―ヤクルト・91年ドラフト3位―ホワイトソックス―メッツ―ヤクルト―ウリ＜韓国＞―興農＜台湾＞―新潟

広島工－浜松商
（広島）　（静岡）

広島工本領 初の8強

第58回選抜高校野球大会第7日は1日、甲子園球場で2回戦3試合が行われた。第2試合で広島工（広島）は三回に2点を先取し、主戦上田が浜松商（静岡）の反撃を1点に抑え、2－1で逃げ切った。

広島工は三回に2点を先取し、上田の力投とバックの堅い守りで浜松商の反撃を1点に抑え、初のベスト8に勝ち進んだ。

三回、広島工は先頭の浦が左翼線へ二塁打し、左翼手の返球が乱れて三進。戌丸が左越え三塁打を放ち、1点を先行した。続く高津のバントで1死三塁とし、竹下が投前にスクイズを決めて加点した。強打とバントを織りまぜた巧みな攻めだった。

上田は前半は大きく割れるカーブ、後半は直球を主体に投球を組み立てたが、制球がいまひとつ。4四死球を与えるなど、毎回のように走者を背にしたが、要所で締めて八回の1失点にしのいだ。

三回、広島工1死三塁、竹下が投前にスクイズを決め、三塁走者戌丸（奥）が生還。2−0とする。捕手小出

上田「80点の出来」

主戦上田は「80点の出来です」と振り返った。浜松商を5安打1点に抑えたが、投球内容に納得がいかない口ぶり。前半から制球がばらつき、134球を費やした。「先頭打者を出さない、という意識が強過ぎて制球を乱した」と反省。1点差の九回については「カーブを狙ってきていたので、直球で勝負した」。冷静な読みと強気の勝負で2者連続三振で締めた。

一回、先頭寺田の打球を右手に当てたが「僕が下手だったから。大丈夫です」と気にも留めない。今大会は17イニング目で失点したものの「次の相手がどこになっても胸を借りるつもりでいく」と気合を入れた。

先手必勝… 相手の裏かく

浜松商は広島工の初戦のＶＴＲを繰り返して見たという。主戦上田の攻略法を探るためだ。「念入りに攻め方を研究した」という浜松商の小出主将には自信があふれていた。

観察したのは上田の投球だけではない。バントのうまさを警戒し、「手堅く攻撃してくる」とみていた。広島工の攻めを浜松商がどう見破るか。見せ場が三回に訪れた。広島工は先頭の浦が左翼線二塁打。返球がそれる間に三進した。打者はチャンスに強い戌丸。浜松商はスクイズを警戒した。主戦大庭は初球をウエスト。小川監督は動かない。戌丸は3球目の内角球を引っ張り、左越え三塁打。強攻策が的中して1点を先取した。

広島工の攻めはまだ続く。高津がバントで送って1死三塁。浜松商バッテリーにスクイズを警戒する様子はなかった。「ストライクを取りにくるな」。初球。小川監督が動いた。竹下が意表を突くスクイズを決めた。小川監督は「相手の裏をかくことができた」と振り返った。

制球のいい両投手から大量点は望めない試合だった。広島工のベンチには「先制点さえ奪えれば」の期待があった。上田が安定しているからだ。小川監督は「1回戦の攻めは研究し尽くされているはず」と想定。「相手の裏をかく攻撃で、何としても先取点が欲しかった」と明かした。臨機応変の作戦が奏功した。

広島工	0	0	2	0	0	0	0	0	0	2
浜松商	0	0	0	0	0	0	0	1	0	1

【広島工】	打	安	点	振	球
⑥ 戌丸	4	3	1	0	0
③ 高津	2	0	0	1	0
3 福島	0	0	0	0	0
④ 竹下	3	1	1	0	0
⑧ 宮川	4	0	0	1	0
① 上田	4	0	0	1	0
⑦ 山村	4	0	0	0	0
⑨ 三井	4	2	0	1	0
② 松岡	2	0	0	1	0
⑤ 浦	3	2	0	0	0

犠	盗	失	併	残	打	安	点	振	球
4	2	0	2	5	30	8	2	5	0

【浜松商】	打	安	点	振	球
⑥ 寺田	4	1	1	0	0
② 小出	3	1	0	1	1
⑨ 中山	4	0	0	0	0
③ 飯田	4	0	0	2	0
① 大庭	2	1	0	1	2
⑧ 宮田	4	0	0	1	0
⑦ 鈴木雅	2	1	0	1	1
7 鈴木規	0	0	0	0	0
⑤ 大橋	1	0	0	1	0
H 清水	1	1	0	0	0
5 鈴木彰	0	0	0	0	0
④ 山下	2	0	0	0	0
H4 中村	1	0	0	0	0

犠	盗	失	併	残	打	安	点	振	球
1	2	1	1	5	28	5	1	7	4

▽三塁打　大庭▽二塁打　浦、戌丸、清水

投手	回	打	安	振	球	責
上田	9	33	5	7	4	1
大庭	9	34	8	5	0	2

メモ

「野手・高津」

「2番・一塁」で出場したのは、現ヤクルトの高津臣吾監督だ。背番号10の控え投手だったが、選抜では3試合全てで一塁手として先発出場し7打数無安打。登板はなかった。春夏連続出場となった選手権でも登板なし。1−4で敗れた3回戦の浦和学院（埼玉）戦に代打で出場したが、凡退した。

【ベンチ入りした主なプロ野球選手】

≪広島工≫

高津臣吾	亜大—ヤクルト・91年ドラフト3位—ホワイトソックス—メッツ—ヤクルト—ウリ＜韓国＞—興農＜台湾＞—新潟

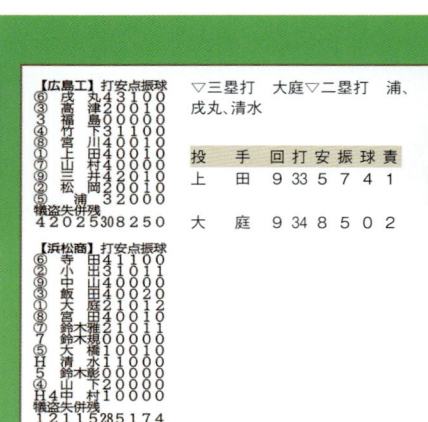

157 1986年4月2日
第58回選抜高校野球大会準々決勝

広島工－宇都宮南
（広島）（栃木）

広島工 4強入りならず

第58回選抜高校野球大会第8日は2日、甲子園球場で準々決勝4試合が行われた。第4試合で広島工（広島）は宇都宮南（栃木）に3－4で敗れ、4強入りを逃した。

広島工は序盤の逸機が惜しまれた。二回の1死二塁、三回の2死一、二塁など再三の好機に適時打が出なかった。

七回、疲れのみえる宇都宮南の主戦高村をやっと捉えた。山村の左前打と四球などで2死二、三塁とし、戌丸が左前にはじき返して2者生還。八回には2死二塁から、山村の右中間三塁打で同点とした。続く三井の鋭い打球は一直となり、勝ち越せなかった。

広島工の主戦上田は前日の浜松商（静岡）戦で打球を右手甲に当てたのが響いた。球に本来の力がなく苦しい投球。二回には連続二塁打を浴びて先行され、六回には吉永、稲葉の連続二塁打など3短長打を浴び2点を追加された。同点とした直後の八回には2死一、三塁から関谷に内角高め球を右前に運ばれ、決勝点を許した。

八回、広島工2死二塁、山村が同点の右中間三塁打を放つ。投手高村

打線 つながり欠く

広島工は打線が「線」にならなかった。安打は宇都宮南と同数の8本。だが、連打はなかった。

誤算の一つは、打者上田のバットから快音が聞かれなかったことだ。チャンスで3度打席が回った。二回1死二塁、六回2死三塁、八回1死一塁。ことごとく凡打に倒れた。打者としても非凡なものを持つが、前日の2回戦の浜松商戦で、打球を右手甲に受けた。小川監督は「満足にバットが振れる状態ではなかった」と明かした。

つきもなかった。「いい当たりの打球が野手の真正面にいってしまった」と小川監督は悔やむ。打者の振りは鋭く、芯で捉えた打球も多かった。七回、2点を返して2死二塁、福島の一打は二塁ライナー。八回、同点打の山村を三塁に置いた場面でも、三井の打球は一塁手の正面に飛んだ。

球場を去る広島工は胸を張っていた。「自分たちの野球」（宮川主将）でつかんだ初のベスト8。初戦で悔し涙に暮れた昨夏の泣き顔はなかった。小川監督は「上田はピッチングの持ち味を発揮してくれたし、打撃陣も決して悪くはなかった」と選手をたたえた。

主戦の上田 力不足反省

「負けたけど、持てる力を出したつもり。満点をつけてもいい」と広島工の主戦上田。宇都宮南に打ち込まれた悔しさをのみ込んで、淡々と振り返った。

7三振を奪いながら被安打8の4失点。1、2回戦で計18回を投げ、被安打8、1失点の内容には程遠かった。2回戦の浜松商戦で利き腕の右手甲に打球を受けた。それには触れず「二、六回に連続二塁打を食らったのは球が上ずっていたから」と力不足を反省した。

「目標のベスト8まで残れて満足」とやや疲れた表情で語る上田の横で、小川監督は「夏までに下半身を鍛え、連投のスタミナをつけさせなければ」と、巻き返しを誓っていた。

広島工	0	0	0	0	0	0	2	1	0	3
宇都宮南	0	1	0	0	0	2	0	1	×	4

メモ

「3年連続ならず」

第58回大会の注目は、「3年連続初出場校Vなるか」だった。初出場は7校で、宇都宮南と新湊（富山）が初戦を突破。両校は準決勝でぶつかり、2年生エース高村祐（元近鉄）の好投で宇都宮南が決勝へ進んだ。

「3年連続」を懸けて、蔦文也監督率いる池田（徳島）と対戦。試合は序盤から池田のペースとなり、1−7で敗れた。

【広島工】	打	安	点	振	球
⑥ 戌　丸	5	1	2	0	0
③ 高　津	2	0	0	0	1
3 福　島	1	0	0	0	0
④ 竹　下	4	1	0	2	0
⑧ 宮　川	4	2	0	0	0
① 上　田	4	0	0	0	0
⑦ 山　村	4	2	1	0	0
⑨ 三　井	3	0	0	1	1
② 松　岡	4	2	0	0	0
⑤ 浦	3	0	0	0	0

犠盗失併残
1 4 1 0 7 34 8 3 3 2

【宇都宮南】	打	安	点	振	球
④ 上　田	3	0	0	0	1
⑨ 人　見	4	1	0	0	0
⑦ 篠　原	3	0	0	1	0
③ 吉　永	2	1	1	1	2
⑤ 稲　葉	3	1	1	1	1
⑧ 伊　東	4	0	0	1	0
⑥ 関　谷	4	2	1	0	0
① 高　村	4	2	1	2	0
② 斉　藤	3	1	0	1	0

犠盗失併残
1 0 0 0 7 30 8 4 7 4

▽三塁打　山村▽二塁打　関谷、高村2、吉永、稲葉

投手	回	打	安	振	球	責
上田	8	35	8	7	4	4
高村	9	37	8	3	2	3

【ベンチ入りした主なプロ野球選手】

≪広島工≫	
高津臣吾	亜大―ヤクルト・91年ドラフト3位―ホワイトソックス―メッツ―ヤクルト―ウリ＜韓国＞―興農＜台湾＞―新潟
≪宇都宮南≫	
高村祐	法大―近鉄・92年ドラフト1位―楽天

広島県大会

⑮⑧1986年7月30日
第68回全国高校野球選手権広島大会決勝

広島工－広島商
（広島）（広島）

優勝を決め、エース上田（左から3人目）に駆け寄る広島工ナイン

広島工、広島商破り頂点

第68回全国高校野球選手権広島大会最終日は30日、広島市民球場で決勝があり、選抜で8強入りした広島工が4−2で広島商を下し、2年連続3度目の甲子園出場を決めた。

広島工は広島商・岡本の直曲球を巧みに捉えた。二回、網本の中前打と上田の右翼線二塁打で1死二、三塁。2死後、松岡が中前へはじき返し2点を先制した。三回には戌丸の本塁打で加点。コースに逆らわないバッティングで効率よく得点を重ねた。

広島商は三回、板村、宮本の安打などで2死一、三塁としたが、上田の伸びのある速球と大きなカーブに決定打を欠いた。六回、佐々木の左中間二塁打を足場に真田の中前打と捕逸で2点を返したが、反撃はここまで。七回、松岡の右前適時打でダメを押された。

エース上田が力投

二塁手の竹下が広島商・岡本の詰まった当たりをすくい上げ、一塁手の福島へ送り試合終了。捕手の松岡がエース上田に抱きついた。竹下、戌丸、福島も。控えの選手もベンチからマウンドに駆け寄り、喜びの輪ができた。

広商に勝たねば甲子園はない――。「打倒広商」に燃える小川監督はエース上田に秘策を与えた。徹底した内角攻めである。広島商が広陵と戦った1回戦から読み取った策だった。上田は6月末に盲腸の手術をしたばかりだったが、プロテクターを着けた右打者を立たせ、連日200〜250球を投げ込み、秘策の内角攻めの習得に汗を流した。4回戦までは控えの高津が頑張った。

準々決勝で尾道商を苦しみながらも2−1で下し、決勝へ勝ち進んだ。広陵を破った広島商も接戦を勝ち上がった。上田は「先取点を与えてはいけない。三回までは死ぬ気で抑えよう」と一回から飛ばした。力いっぱい内角に速球、シュートを投げ込み、強打の広島商打線を詰まらせた。その間に松岡が2点適時打、戌丸も本塁打で援護した。球威が落ちた六回に2点を失ったが、後半はカーブを多投し、気力で完投した。

「上田が指示通りに投げたのが一番の勝因」と小川監督。内角攻めが成功し、広島商の壁を破って甲子園への道を開いた。小川監督は「（大会の）前半、好投した高津、広商打線の弱点を分析した偵察部隊を忘れてはいけない」とたたえた。

松岡が先制打

広島工の上田−松岡のバッテリーが夏の広島大会で一度も勝てなかった広島商をねじ伏せた。「あの一打が痛かった」と広島商の川本監督を悔しがらせたのが、二回の松岡の中前への先制2点打。「フルカウントになったので見送りだけはすまいと思って振った。会心の当たりです」。松岡の打球は中堅から右方向が多く、七回にも貴重な右前適時打を放ち計3打点。打のヒーローは自らの手柄はそっちのけで「きょうの上田は集中力が切れてなくて良かった」とエースの頑張りをたたえた。

上田も「僕の出番があるまで（控え投手の）高津をはじめみんなが頑張ってくれた」とナインの奮闘に頭を下げた。盲腸炎の手術後、20日足らずの調整期間で迎えた決勝だけに「後半はばてました」。甲子園までの課題はスタミナの養成で、もう一度、徹底的に走り込んで臨むという。今春の選抜大会で注目を集めた右腕。「一戦一戦、気力を尽くして投げたい」との言葉が力強かった。

1980年代

広島工	0	2	1	0	0	0	1	0	0	4
広島商	0	0	0	0	0	2	0	0	0	2

メモ

「悲願の初勝利」

広島工にとって決勝の勝利は、夏連覇を成し遂げた以上に大きな意味を持っていた。夏の広島大会で広島商には1937年の初対戦から8連敗中。77年には決勝で敗れ、小川成海監督が就任後も83、84年と連敗。広島商を倒すことは同校の悲願だった。小川監督は「本当にうれしい。特に決勝で勝ったので言うことなし」と喜びを爆発させた。

【広島工】	打	安	点	振	球
⑥ 戌丸	3	1	1	0	1
⑤ 浦	4	2	0	0	0
④ 竹下	2	0	0	0	0
⑧ 宮川	4	0	0	0	0
⑨ 網本	2	1	0	0	2
① 上田	3	2	0	0	0
③ 福島	3	0	0	0	0
② 松岡	4	2	3	0	0
⑦ 山村	2	0	0	0	1

犠盗失併残
4 1 1 1 4 27 8 4 0 4

【広島商】	打	安	点	振	球
⑥ 宮本	4	1	0	0	0
④ 竹本	3	1	0	0	0
⑧ 真田	3	1	1	0	1
② 本広	4	1	0	1	0
⑤ 寺島	3	0	0	2	1
⑨ 荒谷	4	1	0	2	0
③ 板村	4	1	0	0	0
① 岡本	4	0	0	1	0
⑦ 佐々木	3	1	0	0	0

犠盗失併残
1 0 0 2 6 32 7 1 6 2

▽本塁打　戌丸（岡本）▽二塁打　上田、佐々木▽暴投　岡本▽捕逸　松岡

投手	回	打	安	振	球	責
上田	9	35	7	6	2	1
岡本	9	35	8	0	4	4

【ベンチ入りした主なプロ野球選手】

≪広島工≫

高津臣吾	亜大―ヤクルト・91年ドラフト3位―ホワイトソックス―メッツ―ヤクルト―ウリ＜韓国＞―興農＜台湾＞―新潟

広島工－正則学園
（広島）　（東東京）

一回、広島工2死二塁、宮川の右前打で竹下が生還し、先制する。捕手今村

広島工 正則学園破る

第68回全国高校野球選手権第3日は10日、甲子園球場で1回戦4試合を行い、第4試合で広島工（広島）は正則学園（東東京）と対戦し、機動力を生かしたそつのない攻めで得点を重ね、4－1で勝った。

広島工は一回2死、右前打した竹下が二盗。宮川の右前適時打で生還し、先制した。敵失で二進した宮川も、網本が右前適時打で迎え入れ2点目。右狙いに徹した攻めが光った。八回には相手のミスを突いてスクイズで加点した。

正則学園は一、二、四、七回に先頭打者を出しながらも大振りが目立ち、広島工の主戦上田に8三振。九回の1点にとどまった。

機動力を駆使し攻略

広島工は右打ち、バント、機動力を駆使し、正則学園のエース鈴木亮を攻略した。

鈴木亮は186センチの長身。対戦が決まった後、広島工の小川監督は「長身投手は球に角度がある。高めと低めの際どい球は捨て、真ん中から外側の球を右に打て」と指示した。7、8日は、明石高（兵庫）の186センチのエース井上を鈴木亮に見立てて打ち込み、自信をもって試合に臨んだ。

一回に早速、指示通りの打撃で先制点を奪った。竹下と宮川がカーブを、網本が直球を流し打ち。盗塁に相手の失策も絡んで2点を先行した。七回も上田の中前打、福島の右前打で加点した。

チームの8安打は全て右打者で、うち7本が中堅から右に飛んだ。「際どい球をよく見極め、手を出さなかったのが勝因。練習の成果を十分に出してくれた」と小川監督。正則学園の深沢監督は「あれだけ右を狙われては…」と脱帽した。

さらに見逃せないのは、4盗塁と三つのバント。一回は右前打の竹下が、宮川の先制打を呼び込む二盗を決め、七回は上田が中前打で出塁し、松岡のバントと三盗で、3点目のお膳立てをした。八回には上田のスクイズでダメを押した。

昨年、まずい攻めで二塁も踏めず初戦で敗れた広島工。今年は長身投手の攻略法の鉄則を忠実に守って、8年ぶりの初戦突破を果たした。

主戦上田 後半調子上げる

一回に2点を先行した直後の守り。広島工のエース上田は、正則学園の先頭大沢に初球のストレートを左中間へ三塁打された。上田は「この試合には絶対負けられん」と、3、4番を連続三振。無失点でしのいだが、カーブが決まらず、自分のリズムに乗れない。

二、四、七回も先頭打者を出塁させ「マウンドで早くリズムを取り戻さなくてはと、それだけを考えて投げた」。六回までのピッチングを「50点」と採点したが「七回に（4番）岡田を三振にしてからは90点です」と笑顔を見せた。

広島大会では、直前に盲腸炎の手術を受けたが、3試合を投げ抜き、甲子園切符を手繰り寄せた。甲子園入りしてからは毎日200～300球を投げ込んだ。「盲腸は大丈夫です。手術したことで力まなかったのがよかった」と初戦突破を喜んだ。

九回、秋山に左中間二塁打を浴びた。「ストレート勝負と思ったが、サインがカーブだったので仕方がない」。その後、今村の適時打で完封を逃した。「（完封を）意識しました。惜しかったですね。ああもったいない」。おどけながらも「次こそ狙いたい」と表情を引き締めた。

広島工	2	0	0	0	0	0	1	1	0	4
正則学園	0	0	0	0	0	0	0	0	1	1

メモ

「連続出場」

1985年夏、86年春夏と3季連続での甲子園出場を果たした広島工。過去の広島勢では参加校の少なかった戦前には、広陵（27年春夏、28年春夏、29年春）、広島商（29年春夏、30年春夏、31年春）、大正中・呉港中（32年夏、33年春夏、34年春夏）の3校が5季連続を果たした。戦後は、西村健太朗らを擁した広陵の5季連続（2002年春夏、03年春夏、04年春）が最長。3季連続は広島工に加え、広島商も2度、記録している。

【広島工】	打	安	点	振	球
⑥ 戌丸	4	0	0	0	1
⑤ 浦	5	0	0	1	0
④ 竹下	4	2	0	0	0
⑧ 宮川	4	1	1	0	0
⑨ 網本	4	1	1	1	0
① 上田	3	2	1	0	0
② 松岡	3	0	0	0	0
③ 福島	4	2	1	0	0
⑦ 山村	3	0	0	0	0

犠	盗	失	併	残	打	安	点	振	球
3	4	1	1	7	34	8	4	2	1

【正則学園】	打	安	点	振	球
⑤ 大沢	4	1	0	1	0
⑦ 鈴木一	3	0	0	0	0
H 小川	1	0	0	1	0
⑥ 秋山	4	2	0	1	0
④ 岡田	4	0	0	3	0
② 今村	4	3	1	0	0
① 鈴木亮	3	0	0	0	0
③ 小林	3	0	0	1	0
⑧ 梅村	3	0	0	0	0
⑨ 辻下	3	0	0	1	0
9 村山	0	0	0	0	0

犠	盗	失	併	残	打	安	点	振	球
1	0	3	0	5	32	6	1	8	0

▽三塁打　大沢▽二塁打　秋山▽ボーク　鈴木亮

投手	回	打	安	振	球	責
上田	9	33	6	8	0	1
鈴木亮	9	38	8	2	1	2

【ベンチ入りした主なプロ野球選手】

≪広島工≫

高津臣吾	亜大―ヤクルト・91年ドラフト3位―ホワイトソックス―メッツ―ヤクルト―ウリ＜韓国＞―興農＜台湾＞―新潟

広島工－熊本工
（広島）　（熊本）

七回、広島工無死三塁、宮川のスクイズで三塁走者の竹下が生還し、決勝点を挙げる

広島工 1点守り抜く

第68回全国高校野球選手権大会第9日は16日、2回戦3試合が行われた。第2試合で、広島工（広島）は七回にスクイズで挙げた1点をエース上田が守り切り、熊本工（熊本）を1－0で破った。

広島工は七回、先頭の竹下が左中間に三塁打、続く宮川が三塁線に絶妙のスクイズを決め、決勝点を挙げた。一回に本盗失敗、五回はスクイズ失敗で先制機を逃していた。押し気味に進めながら好機を生かせなかっただけに、重みのある1点となった。

広島工の主戦上田は、大きなカーブと切れのいいシュートで七回まで三塁を踏ませなかった。八回2死から緒方の三塁打と死球、盗塁で迎えたピンチも落ち着いた投球で切り抜け、強打の熊本工を4安打で完封した。

「4人組」の経験 生きる

広島工の3回戦進出の原動力になったのは、昨夏から3季連続で甲子園の土を踏む上田、竹下、戌丸、宮川の4選手。小川監督は「4人組の働きが大きかった」と目を細めた。

攻撃面のヒーローは竹下と宮川だった。七回。先頭の竹下は「当たってでも塁に出よう」と打席に入り、真ん中高めの甘いカーブを鋭く振り抜いた。左中間を深々と破る三塁打で好機をつくり、宮川は2球目のカーブを三塁線にスクイズ。竹下が決勝のホームを駆け抜けた。

守りの立役者は上田と戌丸。エース上田は外角球の多かった1回戦と組み立てを変え、内角の直球とシュートを決め球に使った。1回戦の配球から「外角球狙い」の策に出た熊本工打線は戸惑い、散発4安打。戌丸は好守で上田をもり立てた。七つのゴロと一つのライナーをさばいた。

4人にとって、この試合は、昨夏から数えて甲子園6試合目。「もう大観衆にも慣れたし、あがることはない」と宮川主将。小川監督は「甘い球を見極めて打ち、きっちりスクイズを決める。そしてエースがしっかり投げ、バックもきちんと守る。4人は自分の仕事をやった。大した選手です」と褒めた。

選手権で初めて2勝した広島工。試合経験は何物にも代え難い財産となる。快進撃を期待したい。

主将宮川が 絶妙スクイズ

決勝スクイズを決めたのは主将の宮川だった。七回の無死三塁で打席へ。4番だが「スクイズしかない」と自らに言い聞かせていた。2球目に小川監督からサインが出た。「ここで決めなければ、キャプテンの名が泣く」。内角へのカーブを三塁線へ転がした。「上田がいいピッチングをしていただけに、何とか得点して楽にしてやりたかった」。責任を果たし、言葉も弾んだ。

昨夏は3番で出場。しかし、バントエンドランを失敗するなど「いいところがなかった」。8強入りした選抜の経験を生かし、今大会は「思い通りのプレーができる」と満足感が広がっている。

「小さい頃に野球を始めたので、バントには自信があるんです」と宮川。小川監督は「七回はランナー（竹下）も、バッター（宮川）も最高の場面。あの1点が効いた」とたたえた。

エース上田 完璧

広島工のエース上田は熊本工を4安打に封じた。七回まで三塁を踏ませず、八回は2死から緒方の三塁打、死球などで二、三塁とされたが、木下を遊ゴロに仕留めた。

「あの場面は気迫しかなかった。まさか完封できるとは…」。本大会屈指の好投手の評価を一層高めた。

熊本工	0	0	0	0	0	0	0	0	0	0
広島工	0	0	0	0	0	0	1	0	×	1

メモ　「エース」

広島工を3季連続甲子園出場に導いた立役者は、大会屈指の右腕と呼ばれた上田だった。2年の夏は背番号10。広島大会決勝で広陵相手に1失点で完投すると、甲子園でも先発した。秋以降はエースとしてチームを引っ張り、甲子園では春夏で計4勝を挙げた。

【熊本工】		打	安	点	振	球
⑥	緒方	4	2	0	0	0
⑤	内山	3	0	0	1	1
⑦	木下	3	0	0	0	1
⑧	杉本	4	0	0	0	0
③	岩山	4	1	0	1	0
④	川本	3	0	0	0	1
②	松本	3	1	0	0	0
H	大森	1	0	0	1	0
⑨	三浦	1	0	0	0	0
H	吉崎	1	0	0	0	0
9	上村	0	0	0	0	0
1	木村	1	0	0	1	0
①9	永野	3	0	0	2	0

犠	盗	失	併	残	打	安	点	振	球
0	2	0	1	7	31	4	0	6	3

【広島工】		打	安	点	振	球
⑥	戌丸	3	1	0	0	0
⑤	浦	2	0	0	1	0
④	竹下	3	1	0	0	0
⑧	宮川	2	1	1	0	0
①	上田	2	0	0	0	0
⑦	網本	2	0	0	1	0
7	山村	1	0	0	0	0
②	松岡	3	1	0	0	0
③	福島	3	0	0	1	0
⑨	三井	3	1	0	1	0

犠	盗	失	併	残	打	安	点	振	球
3	0	0	0	2	24	5	1	4	0

▽三塁打　竹下、緒方▽二塁打　宮川

投手	回	打	安	振	球	責
永野	4⅔	13	2	2	0	0
木村	4	14	3	2	0	1
上田	9	34	4	6	3	0

【ベンチ入りした主なプロ野球選手】

≪広島工≫

高津臣吾	亜大—ヤクルト・91年ドラフト3位—ホワイトソックス—メッツ—ヤクルト—ウリ＜韓国＞—興農＜台湾＞—新潟

≪熊本工≫

永野吉成	ロッテ・87年ドラフト5位—横浜
緒方耕一	巨人・87年ドラフト6位

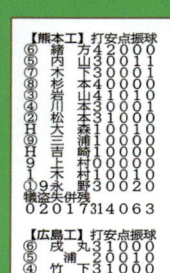

五回、浦和学院2死一、二塁、小林（奥）に決勝3ランを浴び、打球の方向に目をやる広島工の上田

⑯① 1986年8月18日
第68回全国高校野球選手権3回戦

広島工－浦和学院
（広島）　（埼玉）

広島工 2発喫し敗れる

第68回全国高校野球選手権大会第11日は18日、甲子園球場で3回戦4試合を行った。第1試合で、広島工（広島）は浦和学院（埼玉）に1－4で敗れた。

広島工のエース上田は浦和学院の長打力に屈した。1－0の二回2死から半波に左越えの同点本塁打。五回には四死球で2死一、二塁とされ、小林に決勝3ランを浴びた。内角への攻めに活路を見いだし球威もあったが、制球ミスが命取りとなった。

打線は浦和学院の主戦谷口の変化球を打ちあぐねた。二回、松岡の右前打で先制したものの、以後はシュート、カーブに的が絞れなかった。

「魔球」シュートに苦戦

広島工の選手にとって、浦和学院の左腕谷口の落ちるシュートは初めて見る球だった。球速を殺して、打者の手元でストンと落ちる。この「魔球」に打線が手を焼いた。

広島工は浦和学院との対戦が決まった後、谷口の投球内容をビデオで研究した。「落ちるシュートはほとんどボールになる。じっくり球を見極めることが攻略につながる」と分析。さらに、この球を投げる時に、谷口の腕の振りが小さくなることまで見抜いていた。小川監督は「低い球は捨てて、高い球を右に狙え」と指示した。

しかし、この球はビデオで見た以上によく落ちた。球速は直球とかなり差があり、広島工打者はタイミングが全く合わない。「いい球だと思って振ると、空振りしていた」と戌丸。球を待ち切れずに上体が突っ込み、球から目を離すのが早くなってしまった。三回までに、この球を振って5三振を喫した。

四回の攻撃前、小川監督は「打席の前に立って、シュートが落ちる前に右に打とう」と指示し直したが、狂ったタイミングは戻らなかった。3点を追う焦りもあって凡打を繰り返した。

竹下は「あんな球を投げる投手は広島にはいなかった」。2三振の浦は「頭では分かっていても、つい手が出てしまった」と涙を拭った。

「谷口君は思った以上にいい投手だった」と振り返った小川監督。「私の指示が徹底できなかった」と敗戦の責任をかぶった。

松岡 粘って右前へ先制打

二回、広島工は2死ながら三塁に走者を置いた。浦和学院の谷口は落ちるシュートを多投。「絶対にシュートで勝負してくる。打席の前の位置で、タイミングを合わせながら右方向へ狙おう」。松岡はファウルで粘った。6球目。ライナー性の打球は右翼手の前へ。甲子園初打点が先制点となった。

だが、勝利の女神は冷たい。主戦上田は2本塁打を喫した。「決して調子は悪くなかった」というエース。捕手松岡のマスク越しにも、不調はうかがえなかった。

選抜でもマスクをかぶった。3年の夏。打撃は好調だった。広島大会ではチーム一の6打点。リード面でも上田との息はぴったり。前夜は「春に続いてのベスト8入りを」と、バッテリーは誓い合っていた。

思いもよらぬ敗戦。「後輩たちに、また甲子園に来てもらいたい」「今度は、夏もベスト8を」。ファイトマンは後輩に夢を託した。

広島工	0	1	0	0	0	0	0	0	0	1
浦和学院	0	1	0	0	3	0	0	0	×	4

メモ

「同窓監督」

夏の甲子園の通算成績が2勝2敗となった広島工の小川監督。この2敗はいずれも同窓生の監督に喫した。小川監督は日体大出身。昨夏は野球部の先輩である小泉陽一監督率いる日立一（茨城）と対戦し、初戦敗退。今夏に敗れた浦和学院は後輩の和田昭二監督だった。小川監督は「2年続けて同窓監督に負けるなんて。変なジンクスになりそう」と頭をかいた。

【広島工】	打	安	点	振	球
⑥ 戌丸	3	0	0	0	1
⑤ 浦	4	0	0	2	0
④ 竹下	3	0	0	1	1
⑧ 宮川	2	1	0	0	2
① 上田	4	0	0	2	0
⑨ 三井	4	0	0	1	0
② 松岡	4	2	1	1	0
③ 福島	2	0	0	0	1
H 高津	1	0	0	0	0
⑦ 山村	3	1	0	2	0
7 松本	0	0	0	0	0
H 網本	1	0	0	0	0

犠盗失併残
01008 31 4 1 9 5

【浦和学院】	打	安	点	振	球
④ 高倉	3	0	0	1	1
⑥ 小林	4	1	3	0	0
② 黒須	4	0	0	1	0
③ 鈴木	3	1	0	0	0
⑦ 伊藤	3	0	0	0	0
⑧ 半波	3	1	1	0	0
⑤ 中村	1	0	0	0	2
⑨ 高田	2	1	0	0	0
① 谷口	3	0	0	0	0

犠盗失併残
10002 26 4 4 2 3

▽本塁打　半波1号（上田）小林1号（上田）▽三塁打　宮川
▽二塁打　山村、鈴木

投手	回	打	安	振	球	責
上田	8	30	4	2	3	4
谷口	9	36	4	9	5	1

【ベンチ入りした主なプロ野球選手】

≪広島工≫

高津臣吾	亜大―ヤクルト・91年ドラフト3位―ホワイトソックス―メッツ―ヤクルト―ウリ＜韓国＞―興農＜台湾＞―新潟

≪浦和学院≫

鈴木健	西武・88年ドラフト1位―ヤクルト

旭川竜谷打線を2安打1失点に抑えた広島商の大田

(162) 1987年3月26日
第59回選抜高校野球大会1回戦

広島商－旭川竜谷
（広島）（北海道）

広島商 貫禄の初戦突破

第59回選抜高校野球大会は26日、甲子園球場で開幕した。開会式に続き、1回戦3試合が行われ、第3試合で広島商（広島）は旭川竜谷（北海道）に4－1で快勝した。

広島商は1点を追う二回、敵失と吉川克の左前打、死球で無死満塁。2死後、松下が押し出し四球を選んで同点とし、高の中前打で勝ち越した。

広島商の主戦大田は立ち上がり制球に苦しんだが、中盤からペースを取り戻した。外角へのカーブが決まり、時折投げる内角へのシュートも有効。旭川竜谷の早打ちにも助けられ、2安打1失点で完投した。

初采配 ぴたり的中
川本監督

甲子園初采配の広島商・川本監督のベンチワークが、選抜で13年ぶりの勝利を呼び込んだ。

的確なアドバイスは打撃面でよく表れた。一回、旭川竜谷の先発富田の球筋を見極め「制球が悪い」と判断。「じっくりいこう」と指示した。二回以降、バントを除けば初球打ちは一度もなかった。バントも多用、2度の失敗はあったが6度成功。確実にチャンスを広げた。「待球され、バントで攻められ、次第にプレッシャーを感じてきた」と旭川竜谷の伊藤監督。実に効果的な作戦だった。

立ち上がり制球に苦しんだ大田には何度も伝令を送って「バックを信頼しろ」と激励。大田は打たせて取る投球を取り戻し、三回以降は無安打に抑えた。

指示が全て当たった川本監督は「ベンチの中ではどきどきしっ放し。選手の時の方が楽だった」。野内部長は「学校のグラウンドと同じだった。大したもんだ」と褒めた。高主将も「監督さんの指示がはっきりしていたのでやりやすかった」と話す。

監督に就任して2年目。昨秋、新チームを結成した時は「広商の歴史で最も弱い」とまでいわれたチームを甲子園に導き、初戦突破。選手として1973年春に準優勝、その年の夏に優勝した経験があるだけに大舞台での強さをみせた。

流れ変えた 気迫の一打
高、主将の責任果たす

主将の高のバットが試合の流れを変えた。二回、押し出しで同点となった後、中前へ勝ち越し打。「見逃しの三振だけはすまい。とにかく転がす気持ちだった」。3球目の直球に逆らわずにバットを合わせた。

五回は先頭打者として右前打し、追加点のきっかけをつくった。163㌢、63㌔とチーム一の小柄。「力がないんだから、それなりのバッティングをしなければ」と基本に忠実な打撃に徹する。

エース大田がピンチに陥ると、真っ先に駆け寄る。「楽に打たせていこう」「ほら、大会初のナイターだ。こんなにうれしいことはないじゃないか」などと声をかけ、リラックスさせる。「主将としての責任をよく果たしてくれた」と川本監督の信頼は厚い。

高は「広商の野球は負けない野球、気迫でやる野球です。相手がどこだろうと監督を信じて自分たちの野球をやるだけです」。次戦に向け、気持ちを引き締めた。

旭川竜谷	1	0	0	0	0	0	0	0	0	1
広島商	0	2	0	0	2	0	0	0	×	4

メモ

「広島商のセンバツ」

13年ぶりに選抜大会で勝利を挙げた広島商。出場回数は選抜大会22度、選手権23度とほぼ同じだが、春は夏に比べると苦戦している。優勝回数は春1度、夏6度。勝利数は春20勝（21敗）に対し、夏は43勝（16敗）。戦後の選抜大会は、怪物江川卓を擁する作新学院（栃木）を準決勝で倒した1973年の第45回大会の準優勝が最高成績。2022年の第94回大会では20年ぶりの勝利を挙げた。

【旭川竜谷】	打	安	点	振	球
③ 篠田	2	0	0	1	2
② 都築	3	0	0	1	0
⑧ 大辻	3	0	0	2	0
1 日笠	1	0	0	1	0
⑦ 植田	4	1	1	1	0
①8 富田	2	0	0	0	2
④ 藤田	3	0	0	0	0
⑨ 肥田	2	0	0	1	1
H 西沢	1	0	0	0	0
⑥ 谷村	3	1	0	0	0
6 三村	0	0	0	0	0
⑤ 宮崎	2	0	0	0	1

犠	盗	失	併	残					
2	1	1	0	6	26	2	1	7	6

【広島商】	打	安	点	振	球
④ 松下	3	0	1	1	1
⑤ 高	4	2	1	0	1
⑧ 吉川英	1	0	0	1	1
③ 田中	3	2	1	0	0
① 大田	3	1	1	0	0
② 吉川克	2	1	0	0	1
⑦ 重広	3	0	0	1	1
⑨ 北須賀	3	1	0	1	1
⑥ 伊藤	4	0	0	1	0

犠	盗	失	併	残					
6	1	0	0	10	26	7	4	5	6

▽三塁打 田中▽暴投 大田

投手	回	打	安	振	球	責
富田	5	25	6	2	3	2
日笠	3	13	1	3	3	0
大田	9	34	2	7	6	1

【ベンチ入りした主なプロ野球選手】

≪旭川竜谷≫

日笠雅人	道都大—新日鉄君津—中日・96年ドラフト7位—ダイエー

⑯③1987年3月30日
第59回選抜高校野球大会2回戦

広島商（広島）－PL学園（大阪）

広島商 PL学園に完敗

第59回選抜高校野球大会第5日は30日、甲子園球場で1回戦の残り1試合と2回戦2試合が行われた。第3試合の2回戦で、広島商（広島）は先発大田がPL学園（大阪）打線につかまり、0－8で完敗した。

三回、PL学園2死満塁、長谷川が右中間へ走者一掃の三塁打を放つ。投手大田、捕手吉川克

広島商はPL学園の畳み掛ける攻撃を防げなかった。三回1死一、三塁で尾崎の緩い遊ゴロを伊藤が本塁へ悪送球し、先制を許した（記録は野選と失策）。2死満塁から立浪の右前打で加点され、長谷川の右中間三塁打で計5失点。主戦大田は直球を狙い打たれた。

広島商は二、四回に無死から安打が出てバントで二塁へ進めたが、PL学園の主戦野村の直球に力負けして適時打が出なかった。八、九回には代わった岩崎を攻めたものの、決定打を欠いた。

配球や守り ミスを連発

広島商がPL学園のパワーに対抗できず、細かいミスの連発から予想外の大差で敗れ去った。

一つはバッテリーの配球。三回、不運な内野安打もあったが、この回打たれた3安打は全て直球だった。長谷川に走者一掃の三塁打を浴びるまで22球を投げ、カーブはわずか3球。捕手の吉川克は「一、二回でPLにカーブを狙われていると思った」と直球を要求した理由を説明したが、制球の甘い大田の直球でPL打線に挑むのはリスクが大き過ぎた。

川本監督は「直球が多いなと思った途端に長打を浴びた」と、ベンチからの指示の遅れに唇をかんだ。後半、カーブを主体にした投球でかわしただけに、もっと早く球を散らす工夫をしていたらと惜しまれる。

先頭打者を6度、塁に出したのも痛かった。うち5度は四死球。三回の5点も死球がきっかけだった。大田は「（先頭打者を）歩かせたらいけないと思うと微妙なコントロールが狂った。もっと間いを取って慎重に投げればよかった」と反省した。

自慢の守りまで乱れた。三回1死一、三塁で、遊ゴロを捕った伊藤が間に合わない本塁へ悪送球。先制された上、走者をためてピンチを広げた。六回には吉川克の失策で追加点を与えた。ナインは「PLという意識はなかった」と口をそろえたが、吉川克は「甘い球は必ず打たれた。そういう意味ではすごいと思った」と振り返った。ここ一番で力を出したPLと小さなミスが積み重なった広島商。「一球の大切さを重く感じた」。川本監督は、そう言って甲子園を後にした。

夏での再戦誓う

ベンチ裏に無言の列が続いた。広島商ナインは思わぬ完敗にショックを隠せない。「自分たちの野球ができなかった」との思いが、表情に読み取れた。高主将が「夏にはPLに負けないパワーをつけて、必ず甲子園へ来ます」と気を取り直して言った。

高主将は「勝てない相手ではなかった。どこかでリズムが狂って余計な四死球を与えたり、エラーが出たりしてしまった」。少年野球時代からPLの野村と対戦していた田中は初打席で右前打。第2、3打席も野村の直球を芯で捉えていた。「夏にもう一度対決したい」と闘志を燃やしていた。

川本監督はナインをかばうように「みんな一生懸命やったこと。一つ一つのプレーは責められない。この敗戦を糧に、今後、自分たちが何をしたらよいか考えてくれるでしょう」と話していた。

PL学園	0	0	5	1	0	1	0	1	0	8
広島商	0	0	0	0	0	0	0	0	0	0

メモ

「名将」

第59回大会を制したのは、2回戦で広島商を破ったPL学園だった。決勝で敗れたのが関東第一（東京）。率いていたのは甲子園通算37勝の名将で、現在は日大三（東京）の小倉全由《まさよし》前監督だった。1981年に関東第一の監督となり春夏通算4度出場。97年に母校、日大三の監督に就任し、選手権で2度優勝、選抜大会で1度準優勝に導いた。卓越した指導力で強豪に育て上げた。

【PL学園】	打	安	点	振	球
⑧ 蔵本	3	2	1	0	1
④ 尾崎	5	1	1	0	0
⑥ 立浪	5	2	2	1	0
⑤ 深瀬	4	1	0	1	1
① 野村	1	0	0	0	1
1 岩崎	1	0	0	0	0
⑨ 長谷川	3	1	3	1	0
H7 桑田	1	0	0	0	0
③ 片岡	3	0	0	0	1
⑦9 西本	1	0	0	0	2
H 成松	0	0	0	0	1
2 松下	0	0	0	0	0
②9 伊藤	2	1	0	0	0
犠盗失併残 51136	29	8	7	3	7

【広島商】	打	安	点	振	球
④ 松下	4	0	0	0	0
⑤ 高	4	2	0	0	0
⑧ 吉川英	3	0	0	1	0
③ 田中	4	2	0	0	0
①91 大田	3	0	0	1	0
② 吉川克	3	1	0	0	0
⑦ 重広	3	1	0	0	0
⑨ 北須賀	2	0	0	2	0
1 山本	0	0	0	0	0
H 吉名	0	0	0	0	1
9 桧田	0	0	0	0	0
⑥ 伊藤	3	0	0	1	0
犠盗失併残 20205	29	6	0	5	1

▽三塁打 長谷川▽二塁打 尾崎▽ボーク 大田

投手	回	打	安	振	球	責
野村	7	23	2	5	0	0
岩崎	2	9	4	0	1	0
大田	7	34	7	2	6	5
山本	1	4	1	0	1	1
大田	1	3	0	1	0	0

【ベンチ入りした主なプロ野球選手】

≪PL学園≫

立浪和義	中日・88年ドラフト1位
野村弘樹	横浜大洋・88年ドラフト3位
片岡篤史	同大—日本ハム・92年ドラフト2位—阪神
橋本清	巨人・88年ドラフト1位—福岡ダイエー

広島県大会

⑯1987年7月29日
第69回全国高校野球選手権広島大会決勝

広島商（広島）－広島工（広島）

優勝を決め、大田（左端）と吉川克（左から2人目）のバッテリーに駆け寄る広島商ナイン

広島商 20度目の夏切符

第69回全国高校野球選手権広島大会最終日は29日、広島市民球場で決勝があり、広島商が広島工を3－2で破り、3年ぶり20度目の甲子園出場を決めた。

広島商が緊迫した投手戦を制した。勝敗の分かれ目は四回だった。2点を追う広島商は桧田が遊ゴロ失で出塁し二盗。1死後、重広が左翼席へ同点2ランを打ち込んだ。流れを引き戻した広島商は八回、チャンスを生かした。2死後、重広が左前打した後、北須賀が右越え三塁打。重広が決勝のホームを踏んだ。

序盤は広島工のペースだった。二回、三井が左翼席へ本塁打を放ち先制すると、四回にも浦の四球を足場に山城のスクイズで加点。主導権を握りかけたが、四回に追い付かれた後は、立ち直った大田にかわされた。

昨夏の雪辱を果たす

広島工の最後の打者、小田のバットが空を切った。「やったぞ。甲子園だ」。マウンドで大田が、本塁上で吉川克が同時にガッツポーズ。他のナインもバッテリーに駆け寄って抱き合い、肩をたたき合って優勝の感激に浸った。「県工（広島工）さんに勝っての優勝だから本当にうれしい」。広島商・川本監督は胸を張った。

広島商にとっては雪辱戦だった。昨夏も広島工と甲子園をかけて決勝で対戦。2－4で惜敗していたからだ。

昨夏もベンチ入りし、悔し涙を流したエース大田は「準優勝の銀メダルを見ながら来年は絶対に金メダル（優勝）をもらおうと誓った」。高主将も「来年は頼むぞ」と先輩から託された言葉を胸に練習に励んだ。強力打線を持ちながら敗れた昨年の反省から、今夏は伝統の「守りの野球」に徹した。

ナインは「打倒県工」に燃えていた。「勝たんといけんと意識して少し緊張した」という大田が打ち込まれて四回までに2点のリードを許したが、四回に重広が2点本塁打を放ち同点。八回、北須賀の決勝三塁打で雪辱を果たした。

「3年連続で県工さんが甲子園に行ったんでは他のチームは何をしとるんか、と言われかねませんからね」。川本監督にとっては広島商の意地をかけた決勝でもあった。

エース大田 仲間に感謝

広島商のエース大田は中盤以降、自らの投球リズムを取り戻した。昨夏の雪辱を果たし「緊張して前半悪かったが、みんなが声を出して盛り上げてくれた」と感謝した。

春の選抜は2回戦でPL学園（大阪）に0－8の大敗。「球が高めにいって打たれた。その反省から低めに丁寧に投げる大切さを知ったので、今度はたとえPLでも抑えられる」と自信を見せた。

広島商・川本監督の話

3回戦の府中東、準決勝の尾道商、そして決勝と苦しい試合が続いたが、選手がよく頑張ってくれた。勝因はうちの持ち味の守りの野球ができたこと。打線が本調子でなかっただけに、大田がよく投げてくれたのがうれしい。

広島工・小川監督の話

前半は狙い通りの展開で運べたが、五回以降に大田を打てなかったのが敗因。思い切りのいいバッティングができなかった。再び広商に打ち勝てるように鍛えたい。

広島工	0	1	0	1	0	0	0	0	0	2
広島商	0	0	0	2	0	0	0	1	×	3

【広島工】	打	安	点	振	球
④ 堀野	4	0	0	0	0
⑨ 山下修	4	0	0	2	0
⑥ 浦	3	0	0	0	1
⑦ 三井	3	2	1	0	0
⑤ 山城	3	2	1	0	1
R 中山	0	0	0	0	0
③ 白石	4	2	0	2	0
② 小田	4	0	0	3	0
⑧ 徳広	3	1	0	1	0
① 塩田	1	0	0	0	0
1 松岡	1	0	0	1	0

犠盗失併残
2 2 1 0 5 30 7 2 9 2

【広島商】	打	安	点	振	球
⑥ 松下	4	1	0	0	0
⑤ 高	3	0	0	0	1
⑧ 桧田	4	0	0	1	0
③ 田中	4	0	0	3	0
⑦ 重広	4	2	2	0	0
⑨ 北須賀	4	2	1	0	0
② 吉川克	3	1	0	0	1
① 大田	3	0	0	0	0
④ 井上	2	0	0	0	0
H 中東	0	0	0	0	1
4 伊藤	0	0	0	0	0

犠盗失併残
0 1 0 1 7 31 6 3 4 3

▽本塁打　三井（大田）重広（塩田）▽三塁打　北須賀

投手	回	打	安	振	球	責
塩田	5	20	3	1	1	1
松岡	3	14	3	3	2	1
大田	9	34	7	9	2	2

メモ

「広商OB」

広島県の高校野球界では、広島商OBが母校以外の学校で監督を務めているケースが多く見られる。迫田穆成《よしあき》は如水館、弟の守昭は新庄、小田浩は西条農と総合技術、沖元茂雄は広島工、宇多村聡は新庄を甲子園出場に導いている。この一戦で決勝打を放った北須賀俊彰は尾道の現監督。2022年の広島大会で決勝に勝ち上がったが、盈進に敗れ甲子園出場はならなかった。

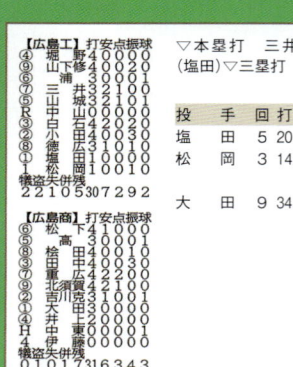

165 1987年8月11日
第69回全国高校野球選手権1回戦

広島商－県岐阜商
（広島）　（岐阜）

八回、県岐阜商1死一、三塁、可児が先制の右前打を放つ。投手大田、捕手吉川克

広島商 打線苦戦し涙

第69回全国高校野球選手権大会第4日は11日、甲子園球場で1回戦4試合を行った。第1試合で、広島商（広島）は県岐阜商（岐阜）の左腕可児に3安打に封じられ、0－2で敗れた。

広島商は攻めに迫力がなく、好投の主戦大田を援護できずに終わった。二、五回に無死から安打が出たが逸機。県岐阜商の左腕可児の球威に力負けし、ボール球にも手を出した。

大田は攻め込まれながらも、丁寧に低めを突いて後続を断った。八回、疲れからか微妙に制球が乱れた。加藤建と所に左前打を喫し、犠打を挟んで1死一、三塁。可児に真ん中低めのシュートを右前打されて先制を許し、さらに1点を追加された。

「らしさ」なくゼロ行進

「広島商らしさ」を見せられないまま、試合は終わった。県岐阜商の左腕可児の前にゼロ行進。2失点に抑えたエース大田の好投も報われなかった。

県岐阜商とは5月に練習試合で対戦していた。組み合わせが決定後、広島商・川本監督はデータを詳しく検討。可児攻略法として「直球は低め、変化球は高め」と狙い球を指示した。

しかし、右打者は内角直球に詰まり、手を出してはいけない低めのボールになる変化球や高めのボール球を振って三振、凡打を重ねた。バントも2度失敗した。象徴的だったのが二回。田中の中前打で無死一塁としたが、重広がスリーバント失敗。2死一、二塁と局面が変わった後、大田はボール球を空振りして先制機を逃した。

確かに可児の出来は良かった。伸びのある直球、切れのよいカーブ、スライダーを武器に右打者の内角を突き、自ら「80点」と採点する内容。「5月の時よりも球威があって数段良かった」と田中と重広は口をそろえた。川本監督は「可児は球威があり、うまく低めを突いていた。ただ、あれだけボール球を振ってはいけません」と悔やんだ。

今年の広島商は守りのチーム。それだけに、攻撃では確かな選球眼、「何かやってくる」と相手に思わせるいやらしさ、積極果敢さを見たかった。「広商野球」の持ち味を晴れ舞台で発揮できずに終わったのが残念でならない。

エース大田 気合の119球

「低めに投げていればバックが守ってくれる」。広島商のエース大田は捕手吉川克のミットをめがけて力いっぱい投げ続けた。二回途中からは右肘が痛み始めた。気合を込めた119球だった。

丹念に低めを狙って投げた。球種を変え、横の変化にも気を使った。四、五回と県岐阜商は執拗《しつよう》に攻めてくる。「みんなが懸命に守ってくれた。僕が頑張らなければ」と気持ちを引き締めた。5月の練習試合で2－10と打ち込まれている。借りを返さねばとの思いも強かった。

八回、左打線につかまった。1死一、三塁で4番可児に右前適時打を喫した。「じらして打ち取る作戦だった。打たれたのは外角低めを狙ったシュート。真ん中に寄った」と悔やんだ。

九回2死一塁で打席へ。「1点だけでも返したかった」。カウント2－2から5球もファウルした。10球目を投ゴロ。「甲子園が終わった。残念だけど、スタンドの拍手が温かいな」と感慨に浸った。

広島商	0	0	0	0	0	0	0	0	0	0
県岐阜商	0	0	0	0	0	0	0	2	×	2

メモ

「スター軍団」

第69回大会を制したのはPL学園。2年ぶり4度目の優勝で、春夏通算7度目の全国制覇。作新学院（栃木）中京商（愛知、現中京大中京）箕島（和歌山）に次いで史上4校目の春夏連覇となった。後にプロで活躍する立浪和義、橋本清、野村弘樹、片岡篤史、宮本慎也を擁し、春夏計11試合中9試合が3点差以上の勝利。桑田真澄、清原和博の「KKコンビ」時代をしのぐ強さを見せた。

【広島商】		打	安	点	振	球
⑥	松下	4	0	0	2	0
⑤	高	3	0	0	0	1
⑧	桧田	4	0	0	2	0
③	田中	3	1	0	1	1
⑦	重広	4	0	0	3	0
⑨	北須賀	3	1	0	0	0
②	吉川克	2	1	0	0	1
①	大田	2	0	0	1	2
④	井上	1	0	0	1	0
H	中東	1	0	0	0	0
4	伊藤	0	0	0	0	0

犠	盗	失	併	残	打	安	点	振	球
3	0	1	0	8	27	3	0	10	5

【県岐阜商】		打	安	点	振	球
⑥	加藤建	4	2	0	0	0
④	丹羽	3	1	0	0	0
⑦	所	4	1	0	0	0
①	可児	4	1	1	0	0
②	東本	3	1	1	0	1
⑨	大沢	3	0	0	1	0
H9	森	1	0	0	0	0
③	並木	2	1	0	0	1
⑤	原	1	0	0	0	0
⑧	佐藤	3	0	0	1	0

犠	盗	失	併	残	打	安	点	振	球
3	0	0	0	7	28	7	2	2	2

投手	回	打	安	振	球	責
大田	8	33	7	2	2	2
可児	9	35	3	10	5	0

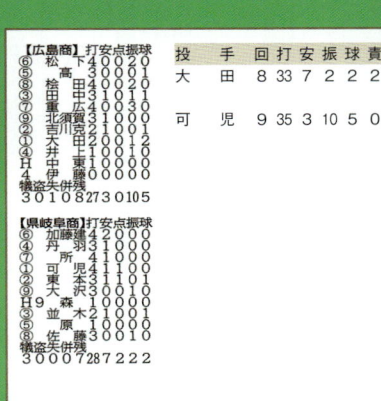

西条農－北海
（広島）（北海道）

西条農 三塁を踏めず

第60回選抜高校野球大会第3日は29日、甲子園球場で2回戦4試合を行った。第1試合で、西条農（広島）は北海（北海道）に攻守で圧倒され、0－4で敗れた。

西条農のエース竹広は力みがあった。球が走らず、制球も不安定。一回1死から、死球の春木に二盗され、2死後、山田に一、二塁間を抜かれて先制された。二回には無死二、三塁で中沢に中前打を浴び2点目。立ち直りかけた五回には、西中に左越え本塁打、六回にも四球をきっかけにスクイズでダメ押し点を許した。

打線は二回、石本、小早川の連続内野安打で無死一、二塁としたが、二塁走者の石本が捕手のけん制球で刺された。三、八回にも無死で走者を出しながら、いずれも併殺で反撃の芽をつぶした。北海の主戦西中の低めを突く投球に最後まで的を絞り切れず4安打。三塁を踏めなかった。

投球リズムに乗れず、ナインから励まされる西条農の竹広 左から3人目

エース 緊張で崩れる

西条農のエース竹広は晴れ舞台を前に、極度に緊張していた。試合用のスパイクを宿舎に忘れ、ブルペンでの投球練習の時は1球投げるごとにため息。ベンチでは緊張を解きほぐすように高鳴る心臓をもむようなしぐさまでしていた。

硬さはプレーボール後もほぐれなかった。相手を抑えようと思うあまり、力んでフォームはばらばら。球は走らず、自慢の制球は乱れた。一回、1死を取ったものの死球、盗塁で揺さぶられた後、右前適時打であっさり1点を失った。

二回も3連続長短打で1点。中盤も肩口から入る甘いスライダーを西中に左翼ラッキーゾーンに運ばれ、ダメ押し点はスクイズ。マウンドでの余裕のなさを見抜かれたように、北海に自由に攻められた。

8安打、2四死球で4失点。「最低の出来。半分も力を出せなかった」と唇をかんだ。津島監督も「試合前に顔が青ざめていたので心配していたが、こんなに悪い竹広は初めて」と首をかしげた。

竹広は昨秋の中国大会で岡山南や宇部商などの強豪を相手に力投。甲子園初出場の原動力になった。甲子園入り後、風邪で体調が万全でなかったことや、北海に苦手の左打者が5人並ぶ投げにくさはあったが、結果的に「甲子園の重圧」に押しつぶされた。さらに「勝てると思った」という気持ちが、「負けられない」というプレッシャーとなって重くのしかかった。

あこがれの甲子園のマウンドで苦い経験をした竹広。「この悔しさを忘れず、もっとたくましくなって夏にいい思い出をつくりにきます」と言い、甲子園を去った。

苦い初陣 出直しを誓う

西条農には苦い甲子園初陣となった。零封負けのショックに、ベンチを引き揚げるナインの足取りは重い。石田主将は「初出場のプレッシャーや緊張感はなかった。いい感じで試合に臨んだのに…。力を出せないまま、いつの間にか終わっていた」。石本は「完全に北海のペースにはまってしまった」と悔しがった。

試合前日に昨秋の北海道大会のビデオで北海を研究。「西中の球はカーブと直球の2種類。速くないので打ち崩せる」と自信を持って臨んだ。ところが予想以上に西中の出来が良く、点差が開くにつれて焦りが生まれた。「的が絞り切れず、早打ちが多くなった」と石本。4安打に封じられ、甲子園の怖さを思い知らされた。

石田主将は力不足を認め、「これを踏み台にもう一度鍛え直し、夏には借りを返したい」と、出直しを誓っていた。

西条農	0	0	0	0	0	0	0	0	0	0
北　海	1	1	0	0	1	1	0	0	×	4

メモ

「ラッキーゾーン後退」

1988年、甲子園球場のラッキーゾーンが最大2.5メートル、スタンド側に移され、グラウンドが広くなった。阪神球団は改修の理由として、東京ドームなど外野の広い球場が増えてきていることや、この年のルール改訂でマウンドが12.7センチ低くなり、投手が不利になったことなどを挙げた。日本高野連は「金属バットの活用で打球の飛距離が伸びている」と、この措置を歓迎した。

【西条農】	打	安	点	振	球
⑥ 寺田	4	1	0	0	0
⑧ 石田	4	0	0	0	0
⑦ 水川	3	0	0	0	0
⑨ 石本	3	1	0	0	0
③ 小早川	3	1	0	0	0
④ 山中	3	1	0	1	0
② 重舎	3	0	0	1	0
⑤ 金本	2	0	0	0	1
① 竹広	2	0	0	0	0
H 片山	1	0	0	0	0

犠	盗	失	併	残	打	安	点	振	球
0	1	1	0	2	28	4	0	2	1

【北　海】	打	安	点	振	球
⑤ 堀松	4	1	0	0	0
④ 春木	2	0	0	0	1
⑧ 飛弾野	4	0	0	0	0
⑥ 山田	3	1	1	0	1
③ 杉森	3	1	0	0	0
⑦ 岩森	2	1	1	1	0
⑨ 中沢	3	1	1	0	0
① 西中	3	2	1	0	0
② 志田	3	1	0	0	0

犠	盗	失	併	残	打	安	点	振	球
3	3	0	2	4	27	8	4	1	2

▽本塁打　西中（竹広）▽二塁打　岩森

投手	回	打	安	振	球	責
竹広	8	32	8	1	2	4
西中	9	29	4	2	1	0

【ベンチ入りした主なプロ野球選手】

≪西条農≫

小早川幸二	ダイエー・89年ドラフト外―中日―広島―台中本剛＜台湾＞―広島鯉城ク

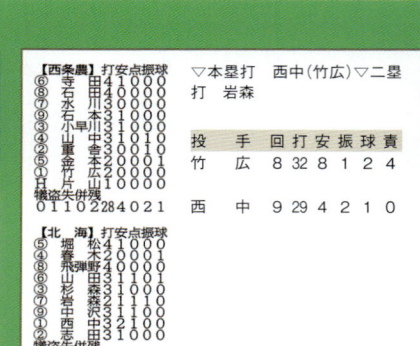

⑯⑦ 1988年3月30日
第60回選抜高校野球大会2回戦

広島工－桐蔭学園
（広島）　（神奈川）

八回、桐蔭学園2死一塁、渡辺 奥に右中間への適時二塁打を浴び、打球の行方を見つめる広島工の折出

広島工及ばず 初戦敗退

第60回選抜高校野球大会第４日は30日、甲子園球場で２回戦４試合を行った。第１試合で、広島工（広島）は桐蔭学園（神奈川）に２－５で敗れた。

広島工の折出は二回に桐蔭学園打線につかまった。2死後、下位に連打され、一、二塁。渡辺に高めのカーブを中前へ運ばれ先制された。鮫島の四球で満塁の後、平賀に押し出しの死球、宇佐美の左前2点打で計4失点。苦しい展開になった。

広島工打線は前半、ボール球に手を出すなど雑な攻めで桐蔭学園の主戦渡辺を助けた。六回、球威の落ちた渡辺から、代打森野の右翼線二塁打と山下秀の左前適時打で1点。八回には1死三塁から森野の二ゴロで2点差としたが、その裏に渡辺の適時二塁打で追加点を許し、突き放された。

エース折出 力出せず
まめつぶれる

エースの指にできたたった一つのまめが広島工にとっては致命傷になった。「指が痛くてリズムに乗れず、全然、自分の投球ができませんでした」。左腕折出の左手親指の内側は長さ1㌢にわたって裂け、血がにじんでいた。

昨秋の中国大会の後、球威を増すためにボールの握り方を変えた。投げ込みを続けるうちにできたまめ。今月初めに裂けた後、治療に通ったが治らず大会に臨んだ。前日までは痛みを抱えながらも球の切れは良かったが、晴れ舞台の緊張感が加わって立ち上がりに乱れた。二回、2死から3連打で先制を許し、さらに四死球で押し出し、2点適時打も浴びて4点を失った。

まめに引っかかる直球は威力がなく、頼みのカーブも鋭さを欠いた。力みからフォームも崩れた。ストライクを取りにいく球は痛打され、コースを狙うとボールになる悪循環。「もう何を投げていいのか分からなくなってしまった」。折出は肩を落とした。

4失点は攻撃面にも重くのしかかった。「2、3点勝負に持ち込みたい」という小川監督の構想は崩れ、ヒットエンドランや盗塁などで桐蔭学園のエース渡辺を揺さぶる作戦は難しくなった。リードされた焦りもあって、サインミスやバント失敗、打てば併殺というちぐはぐな攻めが続き、終盤の反撃も実らなかった。

小川監督は「完調で投げさせられなかったのは私のミス」と折出をかばい、「以前の折出ならあの4失点で完全に崩れていた。でも三回以降、よく立ち直ってくれた。80点はやれる」。ロジンバッグが血で染まるほどの傷に耐えて投げ切った気力をたたえた。

巻き返し誓うナイン

西条農に続いて広島工も初戦敗退。「広島勢がともに負けるようなことはしたくなかった。しかし、桐蔭学園の力が一枚上でした」。小川監督は淡々とした口調で総合力の差を認めた。

ナインに涙はなかった。山下修主将は「桐蔭学園は強い感じはしなかったけど、みんな打ち急ぎ、自分たちのポイントで打てなかった」。六回に代打で反撃の口火を切った森野は「大舞台でヒットを打てた。試合は負けたけど、自分のプレーに心残りはない」。2年の捕手小笠原は二回の4失点について「折出さんの球が少し高めに浮いたけど、桐蔭学園がうまかった」とかばった。

敗戦の中にもナインは冷静に夏への課題を見つめる。小笠原は「反省を生かして夏へつなげなければ意味がない」。山下秀は「もっとパワーを付け、守りも良くしなければ」。きっぱりとした口調で出直しを誓った。

広島工	0	0	0	0	0	1	0	1	0	2
桐蔭学園	0	4	0	0	0	0	0	1	×	5

メモ

「愛媛勢復活」

第60回大会を制したのは、上甲正典監督率いる宇和島東（愛媛）。準決勝で桐蔭学園との延長十六回の激戦を制し、決勝は東邦（愛知）を6－0で下して、初出場初優勝を飾った。愛媛勢では、1932年の第9回大会を制した松山商以来、56年ぶりの選抜大会優勝となった。上甲監督は16年後の2004年、済美（愛媛）の監督として、自身2度目の選抜制覇を果たした。

【広島工】	打	安	点	振	球
⑥ 片岡	4	1	0	1	0
④ 山下秀	4	1	1	1	0
⑦ 花岡	3	0	0	1	1
⑨ 山下修	4	0	0	0	0
③ 吉田	4	2	0	0	0
⑧ 中本	3	0	0	0	0
① 折出	3	2	0	0	0
② 小笠原	2	0	0	1	0
⑤ 高松	1	0	0	1	0
H5 森野	2	1	1	0	0

犠	盗	失	併	残					
1	1	0	0	3	30	7	2	5	1

【桐蔭学園】	打	安	点	振	球
⑥ 鮫島	4	2	0	1	1
⑧ 平賀	3	0	1	1	1
⑦ 宇佐美	3	1	2	0	1
③ 根岸	4	1	0	0	0
⑨ 中野	2	0	0	0	2
R 照井	0	0	0	0	0
9 佐藤	0	0	0	0	0
⑤ 金子	4	1	0	1	0
④ 根達	3	1	0	2	1
② 伊藤	3	3	0	0	0
① 渡辺	4	2	2	1	0

犠	盗	失	併	残					
1	1	1	2	8	30	11	5	6	6

▽二塁打　森野、吉田、渡辺▽暴投　渡辺▽ボーク　渡辺

投手	回	打	安	振	球	責
折出	8	37	11	6	6	5
渡辺	9	32	7	5	1	2

168 1988年7月30日
第70回全国高校野球選手権広島大会決勝

広島商（広島）－広島電大付（広島）

七回、広島商2死二塁、岡田の遊ゴロを遊撃手がはじく間に二塁走者の井上が生還し、8–3とする。捕手住谷

広島商 2年連続夏舞台

第70回全国高校野球選手権広島大会最終日は30日、広島市民球場で決勝があり、広島商が広島電大付を9－3で退け、2年連続21度目の甲子園出場を決めた。

広島商は広島電大付投手陣の制球難を突いた。2点を先行された一回、先発西津から3四球を選び1死満塁。代わった建山から中東の左中間への3点二塁打で逆転した。二回も1安打と4連続四死球で2点を追加。三回には上野の左中間二塁打を足掛かりに、尾崎の三塁線二塁打と敵失で2点を加え、序盤で主導権を握った。

広島電大付は一回、広島商の主戦上野の甘く入った変化球を狙った。死球と土井の中前打で2死一、三塁とし、木村、谷本の連続適時打で2点を先制した。しかし、二回以降は復調した上野から1点しか奪えなかった。

待球作戦で勝負決める

静かな優勝シーンだった。最後の打者を打ち取った瞬間も捕手の尾崎が右手で小さくガッツポーズを見せただけ。バッテリーが抱き合って喜ぶ光景もなし。広島商ナインは「勝って当然」といった表情で、本塁上に整列した。

重広主将ら昨年の甲子園経験者が5人残る。大舞台を踏んでいる余裕が、広島電大付の勢いを止めた。象徴的だったのが一回の攻防。エース上野は立ち上がり、制球が不安定で2点を失った。それでも全く慌てなかった。広島電大付の先発西津が投球練習で球筋が荒れているのを見た川本監督は「ボールをしっかり見極めて打て」と指示。じっくりとボールを選んで3四球。急きょ登板した建山から、中東が走者一掃の二塁打を放って、あっさり逆転した。この間、バントを除けばバットを振ったのはわずか2度。二回も4連続四死球などで2点を追加。徹底した待球作戦で勝負を決めた。

「竹広君（西条農）や才野君（広島工）らに比べてボールが遅いんで狙い球を絞りやすかった」と重広主将。西津は「広商の打者は選球眼が良かった。ボール球にはほとんど手を出してくれなかった」と振り返った。広島電大付の三宅監督も「あれほどボールを見極められるときつかった」と打ち明けた。

相手投手の状態をつかんで的確な指示を送り、それを忠実に守ったナイン。川本監督は「これからが本番。今年は期待できますよ」。確かな手応えを感じていた。

広島商・川本監督の話

初戦の広島工、準々決勝の西条農、決勝の広島電大付戦と苦しい試合が続いて胃が痛かった。でも「絶対に負けない」という気迫があった。勝因は投手を中心にした守りの野球ができたことです。甲子園でも守りの野球で上（優勝）を目指します。

広島電大付・三宅監督の話

広島商に対して怖さは感じなかった。ただ選手はかちかちになって自分たちの野球ができずに終わった。四球や失策など大事なところでミスが出てしまった。

広島電大付	2	0	0	0	0	1	0	0	0	3
広島商	3	2	2	0	0	0	1	1	×	9

メモ

「快進撃」

1956年の創部以来、初の決勝進出を果たした広島電大付（現広島国際学院）。チームの目標は「ベスト8」だったが、2回戦で優勝候補の広陵を2−1で下すと、一試合ごとに成長した。「明るく楽しく」の伸び伸び野球で、甲子園出場経験のある呉港、崇徳、近大福山、盈進を次々と撃破。開幕3日前に就任した三宅幹夫監督は「あれだけ緊張しながら、（広島商相手に）先制できたのは立派」と選手をたたえた。

【広島電大付】		打	安	点	振	球
⑧	小田原	2	0	0	2	0
H9	田名後	2	1	0	1	0
H	尾花	1	0	0	1	0
④	井上	3	0	0	1	1
H	新納	1	0	0	0	0
③	山崎	4	1	0	1	0
⑤	土井	4	1	0	0	0
⑥	木村	4	1	1	0	0
⑦	谷本	4	2	1	0	0
⑨1	建山	4	1	0	1	0
②	住谷	4	1	1	0	0
①9	西津	1	0	0	1	0
H	有田	1	0	0	1	0
8	兼綱	1	0	0	0	0
H	川本	1	0	0	0	0
	計	37	8	3	9	1

【広島商】		打	安	点	振	球
④6	井上	4	2	0	0	1
⑧	岡田	3	0	0	0	1
⑥4	山本淳	2	1	0	0	3
⑤	重広	2	0	1	0	3
⑦	中東	2	1	4	0	1
⑨	新田	5	0	0	0	0
①	上野	5	3	1	1	0
③	伊藤	5	1	0	0	0
②	尾崎	4	2	1	1	0
	計	32	10	7	2	9

▽二塁打　中東、上野、尾崎、井上（商）、谷本▽盗塁　電3、商2▽失策　電3、商4

投手	回	打	安	振	球	責
西津	⅓	4	0	0	3	3
建山	7⅔	40	10	2	6	4
上野	9	38	8	9	1	2

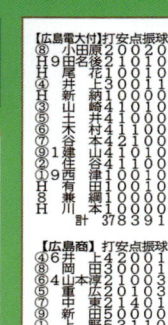

⑯⑨1988年8月15日
第70回全国高校野球選手権2回戦

広島商－上田東
（広島）　（長野）

広島商 苦しみサヨナラ

第70回全国高校野球選手権大会第7日は15日、甲子園球場で2回戦4試合を行った。第1試合で広島商（広島）は上田東（長野）と対戦。延長十回1死満塁から、岡田の左犠飛でサヨナラ勝ちした。

広島商が延長十回にサヨナラ勝ちし、夏の甲子園で5年ぶりの勝利を挙げた。九回、上田東に勝ち越された広島商は先頭の尾崎が二ゴロ失で出塁。1死後、岡田が右前へエンドランを決めて一、三塁とした。続く山本淳が投前へスリーバントスクイズを決め、追い付いた。延長十回には上野、尾崎の安打と四球で1死満塁とし、岡田の左犠飛で勝負を決めた。

上田東は同点の九回、二塁打と四球で無死一、二塁とし、1死後、中畑の適時打で勝ち越したが、逃げ切れなかった。

十回、広島商1死満塁、岡田の左犠飛で三塁走者の上野が生還し、サヨナラ勝ち。捕手本田

14残塁 5年ぶり夏白星

思わぬ苦戦だった。広島商は粗い攻めが目立ち、14残塁。堅守がなければ敗戦に沈んでいた。

上田東と対戦が決まった後、広島商・川本監督は、下手投げの滝沢の攻略法として「外角の直球狙い」を指示。下手投げの打撃投手で打ち込み、高めのボール球は見逃すように何度もアドバイスした。

ところが試合が始まると、浮き上がってくるボール球に手を出した。三回に1点を先行したものの、五回までに八つの飛球。毎回、走者を出しながら追加点が取れず、七回に逆転を許した。何とか追いついたが、決定打が出ないもどかしい攻めが続いた。この間、バント失敗が二つ、盗塁死も一つ。自らリズムに乗れない流れをつくった。

無安打の重広は「打てない投手じゃないんですが…。ボール球に手を出してしまった」。六回2死満塁で三邪飛に倒れた伊藤も「よく分からないうちに狙い球でないボールを打っていた」と振り返った。

昨年夏のメンバーが5人も残り「総合力では昨年を上回る」といわれたチーム。とりわけ、打線には自信を持っていた。川本監督は「選球眼の悪さ、バントの失敗など打線は課題ばかり。もっとチャンスで積極的に打たなければ」と好球必打の姿勢を強調した。

守りは堅かった。九回、1点リードされた後の一、三塁で落ち着いてスクイズを外し最少失点に切り抜け、十回は2死二塁で、山本淳がライナーを横っ跳びで好捕。ピンチを防ぎ、サヨナラ劇に結びつけた。

何とか土壇場でうっちゃったものの、宿題の多かった初戦。ナインがどう答えを出していくかが、3回戦以降のポイントになりそうだ。

左犠飛 勝負決める
岡田

広島商の岡田がサヨナラ犠飛で勝負を決めた。十回1死満塁。レフトに高々と打ち上げた。「浅かったので駄目かと思った。粘りの勝利」と喜んだ。

川本監督のサインは「2ストライクまで待て」。気持ちははやったが、1球ごとに打席で肩を揺すり、自分をリラックスさせた。広島大会では打ち急いで不調。「落ち着いて芯に当てることだけを考えていたのが良かった」。三回は先制の中前適時打、九回は同点につながる右前打を放った。

	1	2	3	4	5	6	7	8	9	10	計
上田東	0	0	0	0	0	0	2	0	1	0	3
広島商	0	0	1	0	0	0	1	0	1	1	4

（延長十回）

メモ

「中国勢全勝」

第1試合の広島商に続き、第3試合で初出場の米子商（鳥取）が4−0で鹿児島商（鹿児島）に快勝。既に勝ち上がっていた宇部商（山口）倉敷商（岡山）江の川（島根、現石見智翠館）を加え、中国勢5校がそろって初戦を突破した。1978年に一県一校制となってからは初。同制度導入前の70年に広島商（広島）江津工（西中国）岡山東商（東中国）の3校が初戦を突破して以来、18年ぶりの「そろい踏み」となった。逆に四国勢は初の4校初戦敗退となった。

【上田東】		打	安	点	振	球
⑧	池田	5	0	0	2	0
⑨	田中	5	1	0	1	0
③	酒井	5	0	0	1	0
⑥	大日方	4	2	0	1	0
⑤	前島	3	1	0	0	1
④	西沢貴	3	2	0	1	0
⑦	中畑	3	1	1	0	1
②	本田	4	1	2	1	0
①	滝沢	4	0	0	1	0

犠盗失併残
1 1 1 0 6　36 8 3 8 2

【広島商】		打	安	点	振	球
④	井上	3	0	0	0	2
⑧	岡田	5	2	2	1	0
⑥	山本淳	4	1	2	0	0
⑤	重広	3	0	0	1	2
⑦	中東	3	1	0	0	2
⑨	新田	3	2	0	0	0
1	山本幸	1	0	0	1	0
①9	上野	5	2	0	1	0
③	伊藤	4	0	0	0	0
②	尾崎	3	2	0	0	2

犠盗失併残
5 1 0 0 14　34 10 4 4 8

▽二塁打　新田、大日方、田中

投手	回	打	安	振	球	責
滝沢	9⅔	47	10	4	8	3
上野	8⅓	32	6	7	2	3
山本幸	2	7	2	1	0	0

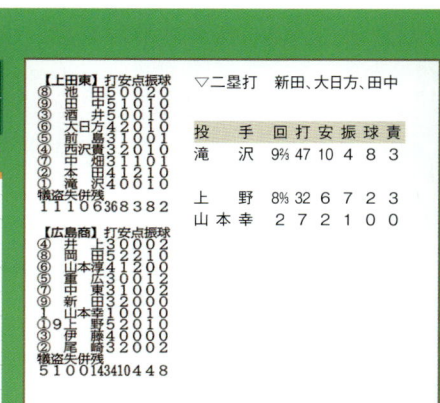

⑰1988年8月18日
第70回全国高校野球選手権3回戦

広島商－日大一
（広島）　（東東京）

六回、広島商2死一、二塁、重広が左越え3ランを放つ。捕手湯田

猛攻12点 広島商8強

第70回全国高校野球選手権大会第10日は18日、甲子園球場で3回戦4試合を行い、第1試合で広島商（広島）は重広の3ランを含む毎回の15安打を放って、日大一（東東京）に12―1で大勝。6年ぶり10度目の準々決勝進出を決めた。

広島商が毎回の15安打に、大会タイ記録の1試合9犠打を絡め、12得点を奪って日大一に圧勝した。

1点を追う一回、球威、切れともいまひとつの日大一のエース広井を攻略した。敵失と犠打野選などで1死二、三塁とし、重広が右前へ2点打を放ち逆転。中東も右前打して3点を奪った。四、五回にも1点ずつ加え、六回には重広の3ランなどで一挙5点。13年ぶりの2桁得点を挙げた。

広島商のエース上野は一回、球が高めに浮き、湯浅にカーブを左越え本塁打された。二回の1死一、二塁をしのいでリズムに乗った。変化球が低めに決まり、三回以降は三塁を踏ませなかった。

隠れたヒーロー 無安打井上

「HIROSHO」のユニホームが自在にダイヤモンドを駆け巡った。本塁打を含む15安打、大会タイの9犠打で12点。初戦の上田東（長野）戦とは見違えるようなはつらつとした動きで、伝統の小技に加え、パワーもみせた。

4安打、6打点の重広の猛打や上野の力投ぶりが目立ったが、隠れたヒーローは4打数無安打の井上だった。初戦の3日前に打球を顔に受けて鼻骨にひびが入った。痛みがとれず初戦は攻守に精彩を欠いた。この日は「出塁できなくてもなるべく投手に多く投げさせよう」と第1打席に入った。ボールをしっかり見極め、ファウルで粘って、日大一の広井に9球も投げさせた上、敵失で出塁。続く岡田の送りバントはベース1周14秒0の俊足を生かして野選を誘い、重広の適時打で同点のホームを踏んだ。

川本監督は「井上はあっさりした性格の選手。不調の彼があれだけ粘れたんだから『広井君の球は走ってないぞ』ということがよく分かった」と評価。一回に適時打を放った中東も「絶不調の井上がボールに食らい付いていたので、必ず打てるという気持ちになった」と振り返った。精神面で優位に立つと、あとは打つ手がすべて的中。スクイズ、ヒットエンドラン、盗塁…。川本監督が「攻めは百点満点」と胸を張った多彩な攻撃で予想外の大差をつけた。

上田東戦の苦戦を反省し、全員がそれぞれの役割をきっちりとこなして投打がかみ合ってきた広島商。準々決勝以降の戦いぶりが楽しみになってきた。

重広、打棒爆発
一発含む4安打6打点

広島商の重広が5打数4安打6打点、1本塁打。上田東戦では安打がなかったが、逆転打、ダメ押しと大活躍。「昨夏もヒットが打てなかったし、これで主将の面目が保てた」とほっとした表情を見せた。

先取点を奪われた一回、1死二、三塁から外角球を右前に流し打ち。六回には2死一、二塁から初球の真ん中高めのカーブを左越えに本塁打。「初球から打てのサインが出ていたので思い切り引っぱたいた」と振り返った。

試合前の練習はバッティングの調子はよくなかった。「三振してもいいから思い切り振ってこい」という川本監督の忠告で気持ちが吹っ切れ、鋭いスイングにつながった。

1980年代

日大一	1	0	0	0	0	0	0	0	0	1
広島商	3	0	0	1	1	5	1	1	×	12

メモ

「吉兆」

広島商にとって、選手権2桁得点は吉兆である。過去7大会で2桁得点をマークして、4度優勝し、ベスト4が1度、ベスト8が2度といずれも好成績を残している。優勝したのは1924年（10回）30年（16回）73年（55回）88年（70回）。初戦か2戦目に記録し、勢いをつけて頂点まで勝ち上がった。

【日大一】	打	安	点	振	球
③ 後尾	4	1	0	1	0
④ 足立	3	0	0	0	0
H 山田	1	1	0	0	0
5 小浜	0	0	0	0	0
⑨ 湯浅	3	1	1	1	1
9 寺島	0	0	0	0	0
② 湯田	4	0	0	0	0
⑧ 垂井	3	1	0	0	1
① 広井	2	0	0	0	0
H 星	1	0	0	1	0
⑦ 若月	3	0	0	0	0
⑤ 高橋	2	0	0	0	0
H4 天野	1	0	0	0	0
⑥ 豊泉	3	1	0	0	0
犠盗失併残					
1 0 2 1 5	30	5	1	3	2

【広島商】	打	安	点	振	球
④ 井上	4	0	1	0	0
⑧ 岡田	4	2	1	0	0
⑥ 山本淳	4	3	0	0	0
⑤ 重広	5	4	6	0	0
⑦ 中東	5	1	1	1	0
3 坂本	0	0	0	0	0
⑨ 新田	3	2	1	0	1
1 大崎	0	0	0	0	0
①9 上野	4	1	0	0	0
③7 伊藤	2	2	1	0	1
② 尾崎	0	0	1	0	1
2 大倉	0	0	0	0	0
犠盗失併残					
9 1 0 0 7	31	15	12	1	3

▽本塁打　湯浅（上野）、重広（広井）▽二塁打　伊藤、山本淳

投手	回	打	安	振	球	責
広井	8	43	15	1	3	10
上野	8⅔	32	5	2	2	1
大崎	⅓	1	0	1	0	0

171 1988年8月20日
第70回全国高校野球選手権準々決勝

広島商－津久見
（広島）　（大分）

四回、広島商1死三塁、上野がスリーバントスクイズを決め、三塁走者の中東が生還。3-0とする。捕手都合

広島商 6年ぶり4強

第70回全国高校野球選手権大会第12日は20日、甲子園球場で準々決勝4試合を行った。第4試合で広島商（広島）は好投手の川崎を擁する津久見（大分）と対戦した。一回に重広の適時打で先制し、その後も小刻みに加点して5―0で快勝。6年ぶり8度目のベスト4入りを決めた。

21日の準決勝は沖縄水産（沖縄）―福岡第一（福岡）、広島商―浦和市立（埼玉）の顔合わせとなった。

広島商は好機を着実に得点に結びつけ、エース上野が津久見打線を7安打、無四球に封じる好投で快勝した。

津久見の川崎を序盤に攻略した。一回、四球の井上を岡田が送り、2死後、重広の右前適時打で先制した。三回は2死から死球の岡田が二盗と捕逸で三進。山本淳の左中間二塁打で2点目。四回にも中飛の落球で二進した中東を、犠打と上野のスリーバントスクイズでかえし、広島商ペースに持ち込んだ。

上野は速いテンポで低めに球を集め7奪三振。13の内野ゴロを打たせ、得点を許さなかった。

「待球作戦」で右腕攻略

広島商は「待球作戦」で今大会ナンバーワン右腕と評判の津久見・川崎を攻略した。

川本監督は140キロ前後の速球を投げ込む川崎をテレビで見て、「3点取るのが精いっぱい」と判断。「たくさん投げさせ、攻略の糸口をつかもう」と指示した。高めのボール球を見極めてベルトから下の直球を狙う。五回までは、走者のいないときは2ストライクまで待ち、5球以上投げさせることを徹底した。

ナインはこの指示をよく守った。一回、大分大会から63イニングでわずか2四死球の川崎から、井上がじっくりボールを見極め、四球で出塁。重広は外角低めの直球を右へ流し打ち、先制点を挙げた。三回は死球の岡田が、川崎を足で揺さぶり得点圏に進塁。山本淳が低めの直球を左中間へはじき返した。四回は敵失を足場に、スリーバントスクイズで加点。じわじわと点差を広げた。

津久見の7本を下回る6安打、2四死球。六つのバントをすべて決め、三つの敵失も誘って5点。川崎に149球も投げさせた。

高めのボール球を振ったのは2球だけ。川崎は「高い球に手を出してくれなかったので苦しかった。走者が出ると何か仕掛けてきそうで、投球に集中できなかった」と打ち明けた。

川本監督は「指示を守ったので攻めは満点。一回の1点でリズムに乗れた」と満足そう。川本監督が選手だった1973年の選抜大会で、作新学院の江川（元巨人）を攻略したのも待球作戦。同じ作戦で勝ち上がった広島商は、深紅の大優勝旗へ一歩前進した。

上野が初完封

投のヒーローの上野は「自分でも信じられないくらいに低めのコースに投げられた」と初完封ににっこり。「自分は負けず嫌い。川崎が速球派なので、逆に打たせて取ろうと、1回ずつ大切に投げた。回が替わるのが早く感じた」と振り返った。

準決勝は波に乗る浦和市立。「勢いのあるチームですから苦戦するでしょう」と言いながらも、「同じタイプの投手。自分はバックを信頼して投げるだけ」。15年ぶりの優勝へ、「明日のために、まずしっかり眠る」と気合を入れた。

津久見	0	0	0	0	0	0	0	0	0	0
広島商	1	0	1	1	0	0	2	0	×	5

メモ

「古豪」

広島商と対戦した津久見は、九州地区を代表する伝統校。1952年の選手権で甲子園初出場。最後の出場となった88年の選手権まで春6度、夏12度の出場を果たし、67年(39回)選抜大会と72年(54回)選手権を制した。82年まで約30年間監督を務めたのは、名伯楽と呼ばれた小嶋仁八郎。高橋直樹(元日本ハム)、大田卓司(元西武)たち多くのプロ野球選手を育てた。九州(沖縄を除く)で選抜と選手権を制した監督は小嶋だけである。

【津久見】	打	安	点	振	球
⑤ 後藤	3	0	0	2	0
H 高野	1	0	0	1	0
5 板井	0	0	0	0	0
④ 上杉	4	0	0	0	0
4 和気	0	0	0	0	0
⑦ 古閑	4	3	0	0	0
③ 足立	4	0	0	1	0
⑥ 佐藤裕	3	0	0	1	0
H 久原	1	1	0	0	0
R 佐藤英	0	0	0	0	0
⑨ 福島	4	1	0	1	0
② 都合	3	0	0	1	0
① 川崎	3	0	0	0	0
⑧ 木下	3	2	0	0	0

犠盗失併残
0 1 3 0 6 33 7 0 7 0

【広島商】	打	安	点	振	球
④ 井上	2	0	0	0	1
⑧ 岡田	1	0	0	0	1
⑥ 山本淳	4	2	1	0	0
⑤ 重広	4	1	1	1	0
⑦ 中東	4	1	0	1	0
⑨ 新田	2	0	0	0	0
① 上野	3	0	1	2	0
③ 伊藤	4	1	0	1	0
② 尾崎	3	1	0	1	0

犠盗失併残
6 1 1 0 6 27 6 3 6 2

▽二塁打　福島、山本淳、古閑
▽捕逸　都合▽ボーク　上野

投手	回	打	安	振	球	責
川崎	8	35	6	6	2	2
上野	9	33	7	7	0	0

【ベンチ入りした主なプロ野球選手】

≪津久見≫

川崎憲次郎	ヤクルト・89年ドラフト1位―中日
佐藤裕幸	広島・89年ドラフト2位―巨人―近鉄―広島

(172) 1988年8月21日
第70回全国高校野球選手権準決勝

広島商 − 浦和市立
（広島）　（埼玉）

広島商 7度目の決勝へ

第70回全国高校野球選手権大会第13日は21日、甲子園球場で準決勝2試合が行われた。第2試合で広島商（広島）は浦和市立（埼玉）に4−2で勝ち、6年ぶり7度目の決勝進出を果たした。広島勢が決勝に進んだのは通算10度目。

22日の決勝は広島商と福岡第一（福岡）の顔合わせとなった。広島と福岡のチームの決勝対決は史上初。広島商が勝てば15年ぶり6度目、福岡第一が勝てば初優勝となる。

六回、広島商1死満塁、尾崎の一ゴロで本塁送球が野選となり、三塁走者の新田が生還。4−2とする。捕手斉藤

広島商が相手の隙を巧みに突いて競り勝った。

同点の六回、重広、中東の連打の後、新田の犠打が敵失を誘い無死満塁。1死後、伊藤のスリーバントスクイズ（記録は犠打野選）で勝ち越した。さらに尾崎の一ゴロが野選となって三塁走者を迎え入れ、突き放した。

一回は1死一、三塁から重盗で先制。五回は井上、岡田が鮮やかな連打を決めて2点目を挙げるなど、試合巧者ぶりが光った。

浦和市立は六回、2死から3短長打で同点としたが、広島商の揺さぶりに大事なところで守備が浮足立った。

ここ一番 伝家の宝刀

六回表、浦和市立が追い付く。この裏の両チームのベンチと選手の駆け引きが試合のポイントだった。

広島商は先頭の重広が右前打。川本監督は続く中東の時、相手の守りをうかがった。浦和市立は一、三塁手が極端に前進するバントシフト。これを見てヒッティングを指示。中東は「併殺が狙え、バントもしにくい内角球で勝負してくる」と配球を読み、詰まりながらも中前に落とした。

新田は投前へ送りバント。「広島商は三塁に走者を進めるとスクイズがあるので、二塁走者を刺したかった」という浦和市立の星野のエラーを誘って無死満塁とした。

上野は変化球を引っかけて三ゴロ。三塁走者が本封された。1死満塁と局面が変わり、川本監督は「ここでゼロに終わると流れは浦和に傾く。スクイズしかない」と決め、伊藤を送り出した。2ボール2ストライクからの5球目にスクイズのサイン。伊藤は難なく右に転がして勝ち越し点を奪った。川本監督は「満塁の2−2では、まず外してこない。自信を持ってスクイズのサインを出せた」と満足そうに振り返った。

一方、浦和市立の中村監督は「2−2からスクイズは十分あると思った。ボール球を投げてもスクイズがなければ2−3。その時は星野にプレッシャーがかかると思い、外せなかった」と言う。星野は「外すよりスクイズさせてアウトにすればいいと思ったんですが…」と脱帽の表情だった。

伝家の宝刀を抜いた見事なベンチワークと期待に応えたナインの意気込み。今大会で旋風を巻き起こしたダークホースの勢いを止め、全国制覇に王手をかけた。

巧者ぶり発揮

伝統の試合巧者ぶりを発揮して決勝へ進出した広島商。「ここまで来たのも気迫とチームワーク。広商野球がまだ通用することが分かり、自信になりました」と重広主将は胸を張り、「パワー野球は粗い野球になりますからね」と付け加えた。

決勝で戦う福岡第一は投打とも強力。「そんなに打たせてくれないだろう。2、3点勝負」と読み、「うちはまずバントを確実にこなし、これまで通り、相手にプレッシャーを与えますよ」。剛には柔で勝負の気構えだ。

痛み抱え力投

上野は初戦で負傷した右足首の痛みを抱えながらの力投だった。この日も座薬を入れ痛みを抑えていたが、「途中から薬が切れて…」。球の抑えが利かなくなり、六回に3連打を浴びて同点に。「2死を取って気持ちが緩み、体もついてこなくなった」と振り返った。

福岡第一には、昨年秋の練習試合で投げ、3−3で引き分けている。「長打力があり、足を絡めてくる。（4番の）山之内君の前に走者を出さないようにし、（準々決勝の）津久見戦のような気迫の投球で完封を狙いたい」と意気込んだ。

浦和市立	0	0	0	0	0	2	0	0	0	2
広島商	1	0	0	0	1	2	0	0	×	4

メモ

「ダークホース」

埼玉大会のチーム打率が出場校中最低の2割5分4厘。春夏を通じて甲子園初出場の浦和市立（現市浦和）が快進撃を見せた。1回戦で佐賀商（佐賀）を破ると、2回戦で前年の準優勝校、常総学院（茨城）を6−2で撃破。3回戦と準々決勝ではともに延長戦の末、宇都宮学園（栃木）、宇部商（山口）を下した。準決勝の試合後、蓑《そう》手《て》克尚主将による「浦和はよくやった」の掛け声を合図に、ナインの拍手で大会を締めくくった。

【浦和市立】		打	安	点	振	球
⑤	津田	4	1	0	0	0
④	中野	4	1	2	0	0
⑨	阿久津	4	0	0	1	0
③	横田	4	0	0	0	0
⑧	松岡	4	1	0	0	0
①	星野	3	1	0	1	0
②	斉藤	3	0	0	1	0
⑦	蓑手	3	0	0	1	0
⑥	鬼塚	2	1	0	0	0

犠	盗	失	併	残	打	安	点	振	球
1	0	1	0	3	31	5	2	4	0

【広島商】		打	安	点	振	球
④	井上	4	2	0	0	0
⑧	岡田	4	2	1	1	0
⑥	山本淳	3	1	0	0	0
⑤	重広	4	1	0	1	0
⑦	中東	4	1	0	0	0
⑨	新田	3	0	0	0	0
①	上野	4	0	0	1	0
③	伊藤	2	1	1	0	1
R	景山	0	0	0	0	0
3	坂本	0	0	0	0	0
②	尾崎	3	0	1	0	1

犠	盗	失	併	残	打	安	点	振	球
3	3	1	1	8	31	8	3	3	2

▽三塁打　伊藤、中野▽二塁打　津田

投手	回	打	安	振	球	責
星野	8	36	8	3	2	3
上野	9	32	5	4	0	2

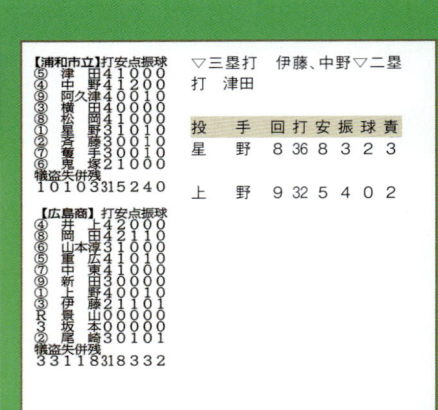

（1） 中國新聞 昭和63年（1988年）8月22日 （月曜日）

広島商 全国制覇

広島商	000 000 001	1
福岡一	000 000 000	0

15年ぶり 最多タイ6度目

中國新聞
発行所 広島市中区土橋町7番1号 郵便番号730
中國新聞社
電話(082)236-2111（受付案内台）
郵便振替口座 広島7-57番

全国高校野球号外

終回決勝打 福岡一下す

広島商が十五年ぶりに全国制覇―第七十回全国高校野球選手権大会最終日は二十二日、甲子園球場で決勝の福岡一（福岡）―広島商（広島）を行い、広島商が1―0で勝ち、四十八年以来、十五年ぶり六度目の優勝を飾った。広島商・上野、福岡一・前田両投手の投げ合いは譲らず、終盤まで無得点が続いた。広島商は九回二死二塁から、主将重広が右翼線に二塁打を放って貴重な1点を奪った。上野は最終回も福岡一打線を抑え、最少得点差で逃げ切った。広島商の六度目の全国優勝は中京（愛知）と並ぶ最多記録。七十年の球史に新たな歴史を刻んだ。

◇先発メンバー◇

【広島商】
④井上
⑧岡田
⑥山本淳
⑤重広
⑦中東
⑨新田
①上野
③伊藤
②尾崎

【福岡一】
⑧清水
⑤田村
④山口
③山之内
①前田
⑨加茂
⑥坂本
②土屋
⑦福田

試合経過

▽一回【広】井上三振、岡田左飛、山本淳右飛。前田の立ち上がりは無難。【福】清水三振、田村右飛の後、山口が左前安打、山之内も四球を選んで二死一、二塁。しかし、前田は投ゴロに倒れる。

▽二回【広】重広三振、中東二ゴロ、新田投ゴロ。【福】加茂三ゴロ。坂本が右前打のあと土屋が中前にヒット・エンド・ランを決め一、三塁。が、福田への2球目、スクイズ失敗。福田は一ゴロで無得点。

▽三回【広】上野右飛の一死後、伊藤死球、尾崎四球を選んで一、二塁。井上は捕前に犠牲バントし、伊藤は一気に本塁をつくも憤死。【福】清水、田村、山口といずれも遊ゴロ。

▽四回【広】岡田二ゴロ、山本淳はライナー性の左飛、重広は三振。【福】山之内一ゴロ。前田投ゴロ。加茂は遊ゴロ。

▽五回【広】中東はチーム初安打を右前に。新田の送りバントで二進、上野は三ゴロで二死。直後に中東は三盗に成功したものの、伊藤三振で無得点。【福】坂本一ゴロ。土屋が中前打。福田はバントで送る。土屋は三塁で右足を痛め、臨時代走坂本で一、三塁。田村三ゴロ。得点機逸す。

▽六回【広】尾崎二ゴロ。井上は二ゴロ失策で生き一死一塁。だが、岡田の二ゴロで併殺。【福】山口三振。山之内二飛。前田二ゴロ。

▽七回【広】山本淳右前打。重広遊ゴロ併殺、中東二ゴロ。【福】加茂投ゴロ。坂本中飛。木原二ゴロ。

▽八回【広】新田左前安打、上野送りバントで一死二塁。伊藤の代打長谷川は三振、尾崎は遊撃内野安打したが、新田が三塁で刺される。【福】福田一ゴロ。清水四球で出塁後、二盗失敗。田村三ゴロ。

▽九回【広】均衡が破れた。井上三振後、岡田が右前安打し二盗。山本淳は三振したが、重広はカーブを右翼二塁打し、待望の1点。中東遊ゴロ。【福】山口三振。主砲山之内は一ゴロ。前田も二ゴロに倒れ、ゲームセット。

【福岡一―広島商】九回表、広島商二死二塁、重広右翼線に決勝の二塁打を放つ。投手前田

1988年8月22日付　中国新聞号外

福岡第一を5安打完封し、両手を高々と掲げる広島商の上野

広島商－福岡第一
（広島）（福岡）

広島商 15年ぶり栄冠

第70回全国高校野球選手権大会最終日は22日、甲子園球場で決勝が行われ、広島商（広島）が1－0で福岡第一（福岡）を破って、15年ぶり6度目の優勝を果たした。中京（愛知、現中京大中京）の持つ最多優勝記録に並んだ。

スタンドには4万6千人の大観衆が詰めかけた。試合は緊迫した投手戦を展開。広島商は0－0で迎えた九回1死から、左翼線安打した岡田が二盗。2死後、主将の重広の右翼線二塁打で待望の1点を奪った。投げては右腕上野が強打の福岡第一を5安打に完封して栄冠を手にした。

広島商・上野と福岡第一・前田の息詰まる投手戦。試合が動いたのは九回だった。広島商は1死から、岡田が外角高めのカーブを捉えて左前へ。続く山本淳は三振に倒れたが、岡田が好スタートで二盗を決めた。

2死二塁。重広への2球目のカーブは外角高めから真ん中寄りに入ってきた。外角に狙いを絞っていた重広は、脇を締めて右翼線にはじき返し、決勝二塁打。前田はこの回、二つだけ外側のカーブが甘く入った。

前半は福岡第一ペース。広島商のエース上野は3連投の疲れからか、球の走りがいまひとつで、二回に連打で1死一、三塁とされたが、バッテリーがスクイズのサインを見破った。後半はスライダーがコースに決まり、危なげなかった。バックも堅い守りで上野をもり立てた。上野は大会2度目の完封で優勝に花を添えた。

九回、広島商2死二塁、重広が右翼線へ決勝の二塁打を放つ。投手前田

勝利への執念 女神ほほ笑む

全国制覇に懸ける広島商の執念と堅い守りが福岡第一を倒し、念願の深紅の大優勝旗を15年ぶりに広島に持ち帰った。

広島商の意気込みは試合前からすごかった。これまでは「負けない野球」をモットーにしていたが、この日だけは川本監督が気合のこもった口調で「絶対に勝とう」とハッパを掛けた。日頃はおとなしい川本監督の優勝への熱い思いを感じ取ったナインの士気は高まり、連戦の疲れも見せずはつらつと動き回った。

攻めでちぐはぐな面も目立ったが、ピンチは気合十分の堅守でしのいだ。3連投は初めての上、右足首を痛めている上野は「完封してきます」とマウンドへ。「絶対に点は取られない」とボールに魂を込めて投げ込んだ。リードする尾崎も1球ごとに気迫をみなぎらせてミットを構え、福岡第一の打者を気持ちで圧倒。バックも19のゴロ、三つの飛球を確実にさばいて無失策。決勝のムードにのまれず上野を支えた。

息詰まる攻防に川本監督は「相手も苦しい。根気負けするな」とベンチでナインを激励。九回2死二塁で重広を送り出す時も「お前しかおらんぞ」と全員で声をかけて盛り上げ、決勝打を引き出した。

エースの前田が孤軍奮闘したものの攻守にやや精彩のなかった福岡第一。総合力では互角だったが、晴れの舞台で持ち前の勝負強さを発揮した広島商に勝利の女神はほほ笑んだ。

上野、気迫の完封

ナインの激励 支えに100球

上野の100球目を福岡第一の最後の打者前田が二ゴロ。試合終了と同時に尾崎が抱きついた。今大会2度目の完封勝ち。お立ち台で何度も「信じられません」と首をかしげ、「やっと終わりました」と肩で息をした。

昨秋、福岡第一との練習試合で主砲の山之内に4打数4安打された悔しさを練習にぶつけ、「ぶっ倒れるまで走る」ことで足腰を鍛えた。加えて、数カ月行ってきた精神面の鍛錬。野内部長から手渡された山盛りの米粒を数えたり、真っ暗な場所でともした線香に気持ちを集中してシャドーピッチングをしたり…。

大舞台でも味方の援護を信じて投げ抜いた。初めての3連投。「1点もやれない」という展開のなかで、「ワンバウンドしてもいいから低めばかり突いた」と振り返る。「ふらふらになった」と明かした中盤では、重広主将がマウンドに集まり「踏ん張れ」。川本監督は「あと1回、あと1回耐えろ」と励ました。「最後は重広の一打を信じていました」。お立ち台で並んだ重広と顔を見合わせて笑った。

二回、福岡第一1死一、三塁、打者福田の時、広島商バッテリーがスクイズを見破り、三塁走者の坂本を挟殺。ピンチをしのぐ。捕手尾崎

重広 千金の一打

カーブを快打

お立ち台に上がっても、まだ快打の感触が両方の手に残っていた。「やっと打てました。最高です」。重広の目が潤んできた。スタンドの母明美さん(49)が放送局のイヤホンを通して「よく頑張ったね」と語りかけた時「ありがとう」の声が涙でかすれた。

「0」が八つずつ並んだ九回。2死二塁で打順が回ってきた。「カーブしかない。右へ打つ」と決めて打席に入った。内角のストライクの後の2球目。待っていた外角高めにカーブがきた。打球は右翼線へライナーで飛んだ。「切れるな！」と声を出しながら走った。フェアの判定。二塁ベース上で思わずガッツポーズが出た。

「派手なポーズはしないことにしていますが、きょうは許されると思います」と笑顔。「全国優勝が目標」と言い切って臨んだ甲子園。ゴールまで平たんではなかった。やっとたどり着いた深紅の大優勝旗。ナインが「さすが広商のキャプテン。重い優勝旗をしっかり持っていた」と冷やかすと、「力が違う」と言いたそうに、爽やかな表情を見せた。

興奮の決勝ホーム

決勝のホームを踏んだ岡田は「打球音と同時にスタートしたので、打球も三塁コーチの姿も目に入らなかった」と興奮気味に振り返った。

九回の2死二塁の場面。「歓声が聞こえたので、やったと思った」。ホームベースを踏んだ左足は、準々決勝で死球を受けている。「試合中は痛くなかったが…」。緊張感から解放された試合後は、痛みが再発した左足を引きずっていた。

広島勢、春夏140勝

広島商が優勝して広島勢は夏の甲子園大会通算84勝45敗となり勝率は6割5分1厘にアップした。大阪の6割4分3厘（108勝60敗）、高知の6割4分（55勝31敗）を抜き、愛媛の6割8分6厘（83勝38敗）に次いで2位に浮上した。

春夏通算では、広島は140勝（93敗）、優勝は10度（夏7、春3）となった。勝利数、優勝回数のトップはともに愛知で226勝（137敗）、15度（夏7、春8）である。

広島商・川本監督の話

やはり守りが勝因

上野がよく投げてくれた。最後は延長なんか考えてなかったし、重広が必ず決めてくれると思っていた。校歌を聞いた時はジーンとした。一つ一つの試合を大切に戦ってきた結果でしょう。正直言ってこのチームで優勝できるとは思わなかった。やはり守りが勝因です。（1973年の）選手の時の優勝より、今回の方がうれしい。

福岡第一・稗田監督の話

あと一本が…

あと一本が出なかった。上野君の低めの球をもう少し打てると思った。最後はあくまでも結果ですから、悔いることはありません。前半のチャンスに確実に点を取っていれば、もしかしたら…。木原は負傷退場の土屋の分までよくやってくれた。ナインも土屋の抜けた分までよく頑張ったと思う。選手全員に「お疲れさん」と言いたい。

広島商	0	0	0	0	0	0	0	0	1	1
福岡第一	0	0	0	0	0	0	0	0	0	0

メモ

「両輪」

決勝で広島商に敗れたものの、2度目の出場で準優勝に輝いた福岡第一。躍進の原動力は、エースの前田幸長と4番の山之内健一だった。大会屈指の左腕、前田は速球とカーブを武器に全6試合に先発し、4完投。防御率1.48と前評判通りの力を発揮した。その体格から「九州のバース」と呼ばれた山之内は準決勝までの5試合で5割以上の高打率を残していたが、決勝は無安打に終わった。

【広島商】		打	安	点	振	球
④	井上	3	0	0	2	0
⑧	岡田	4	1	0	0	0
⑥	山本淳	4	1	0	1	0
⑤	重広	4	1	1	2	0
⑦	中東	4	1	0	0	0
⑨	新田	2	1	0	0	0
①	上野	2	0	0	0	0
③	伊藤	1	0	0	1	1
H	長谷川	1	0	0	1	0
3	坂本	0	0	0	0	0
②	尾崎	2	1	0	0	1

犠盗失併残
3 2 0 0 4 27 6 1 7 2

【福岡第一】		打	安	点	振	球
⑧	清水	3	0	0	1	1
⑤	田村	4	1	0	0	0
④	山口	4	1	0	2	0
③	山之内	3	0	0	0	1
①	前田	4	0	0	0	0
⑨	加茂	3	0	0	0	0
⑥	坂本	3	1	0	0	0
②	土屋	2	2	0	0	0
2	木原	1	0	0	0	0
⑦	福田	2	0	0	0	0

犠盗失併残
1 0 1 3 5 29 5 0 3 2

▽二塁打　重広

投手	回	打	安	振	球	責
上野	9	32	5	3	2	0
前田	9	32	6	7	2	1

【ベンチ入りした主なプロ野球選手】

≪福岡第一≫

前田幸長	ロッテ・89年ドラフト1位―中日―巨人
山之内健一	ダイエー・89年ドラフト5位
古里泰隆	阪神・89年ドラフト4位

広島工－尽誠学園
（広島）　（香川）

尽誠学園を完封し、跳び上がってガッツポーズする広島工の才野

投手戦 広島工競り勝つ

第61回選抜高校野球大会は26日、甲子園球場で開幕した。開会式に引き続き、1回戦3試合が行われ、第3試合で広島工（広島）は尽誠学園（香川）と対戦。息詰まる投手戦となり、広島工が延長十回にエース才野の中前適時打で決勝点を挙げ、1－0で競り勝った。

広島工は0－0で迎えた延長十回、先頭の小笠原が四球で出塁し、十川の犠打で二進。2死後、才野が尽誠学園の左腕宮地の甘い球を見逃さず中前打。小笠原が生還し、決勝点をもぎ取った。

広島工のエース才野は打線の援護がない中で踏ん張った。四回から八回まで毎回、二塁に走者を背負いながらも、粘り強く低めに制球。落差のあるカーブ、フォークも有効に織り交ぜ、決定打を許さなかった。

守備陣も九回2死一塁から左越え二塁打で本塁を突いた走者を、落ち着いた中継プレーで刺し、勝利に結びつけた。

主戦才野の独り舞台

広島工・才野の独り舞台だった。初完封に、高校生活で初の決勝打。初ものずくめの活躍で、広島工に3年ぶりの甲子園勝利を呼び込んだ。

気迫のこもった投球をみせた。最近、調子が上がらず「甲子園ではリリーフ役」と思っていただけに、先発を言い渡されて感激。「打撃戦は必至」という試合前の予想に「エースの意地にかけて抑えてやろう」とマウンドに上がった。

「尽誠学園は低めの変化球に弱い」というデータを基に、丹念に低めを突く投球を心がけた。直球を見せ球にしてカーブとフォークボールで勝負するパターン。毎回のように走者を背負いながらも、決定打を許さない128球の熱投だった。

「カーブの切れがもうひとつだったので70点の出来」と自己採点は厳しいが、捕手の小笠原は「新チームになって一番いい投球だった」と振り返る。尽誠学園の大河監督も「才野君のうまさにやられた。狙い球を絞っても打てなかった」と脱帽した。

十回の決勝打の場面は「もう投球の方が限界なので打ってやろうと思いました」と笑顔。「初球に狙っていた直球がきた」と読み勝ちを強調し、「会心の当たり」と声を弾ませた。

気の強さはチームでも指折り。昨年の選抜でベンチ入りし、初戦敗退の悔しさを味わっただけに「絶対に負けられない」という気持ちで強豪の尽誠学園を退けた。

さえた守備 打線は不発

広島工は強力打線が不発。苦しい戦いの末に勝ち上がった。小川監督は「この試合は才野に尽きます」と疲れた表情で切り出した。尽誠学園のエース宮地に対しては「内角球を右に狙わせたが、宮地君は思った以上に球威があった」と打てなかった原因を分析。「私の采配ミスも苦戦の一因」と頭をかいた。

それでも「投手はもちろん守りが良かったのがうれしい」と無失策で守り抜く野球ができたことを喜んだ。「この戦いをいい薬にし、打線をチェックし直して2回戦に備えます」と気を引き締めていた。

広島工	0	0	0	0	0	0	0	0	0	1	1
尽誠学園	0	0	0	0	0	0	0	0	0	0	0

（延長十回）

【広島工】	打	安	点	振	球
⑧ 大竹	5	1	0	2	0
⑥ 中岡	3	0	0	1	1
④ 森野	4	1	0	1	0
⑦ 花岡	4	1	0	2	0
⑨ 北外	3	2	0	0	0
② 小笠原	2	0	0	0	1
③ 十川	2	0	0	0	1
⑤ 升本	4	0	0	1	0
① 才野	4	1	1	0	0

犠盗失併残
3 2 0 0 6 31 6 1 7 3

【尽誠学園】	打	安	点	振	球
⑧ 吉田	5	1	0	0	0
⑥ 芝原	5	1	0	1	0
③ 永原	4	2	0	1	0
① 宮地	4	1	0	0	1
② 本村	4	0	0	0	0
⑦ 西尾	4	1	0	2	0
7 井上	0	0	0	0	0
⑨ 塩田	3	2	0	0	0
⑤ 秋本	3	0	0	0	0
④ 木村	3	1	0	1	1

犠盗失併残
3 1 1 1 10 35 9 0 5 2

▽二塁打　北外、宮地、吉田

投手	回	打	安	振	球	責
才野	10	40	9	5	2	0
宮地	10	37	6	7	3	1

【ベンチ入りした主なプロ野球選手】

≪尽誠学園≫

宮地克彦	西武・90年ドラフト4位—ダイエー、ソフトバンク
谷佳知	大商大—三菱自動車岡崎—オリックス・97年ドラフト2位—巨人—オリックス

メモ

「新興戦力」

高松商、坂出商、丸亀商などがしのぎを削っていた香川の高校野球界で、1980年代から一気に台頭したのが尽誠学園だ。83年の選抜に初出場。86、87年には米大リーグのヤンキースでもプレーした剛腕、伊良部秀輝（元ロッテ）を擁して選手権連続出場を果たした。現在まで春夏計18度出場。89、92年の選手権で準決勝まで勝ち上がった。

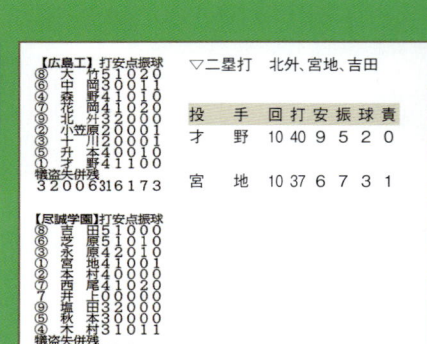

175 1989年4月1日
第61回選抜高校野球大会2回戦

広島工－福井商
（広島）（福井）

七回、広島工1死二塁、森野が左越え適時二塁打を放ち、5−4と勝ち越す。投手近岡

広島工 堅守で8強

第61回選抜高校野球大会第7日は1日、甲子園球場で2回戦4試合を行った。第2試合で、広島工（広島）は4－4の七回に2点を勝ち越し、6－4で福井商（福井）を破り、準々決勝に進んだ。

広島工が終盤の集中打で福井商を突き放した。4－4で迎えた七回1死後、右前打の中岡が二盗。森野の左越え二塁打で勝ち越した。花岡も中前にはじき返して6点目。3連打で接戦に決着をつけた。

広島工は理想的な滑り出しだった。一回、福井商の主戦近岡の立ち上がりを捉え、先頭大竹の右越え三塁打を足場に、2盗塁などを絡めて3点を先取した。しかし、二回以降は追加点を奪えず、エース才野が福井商に追い上げを許した。三、四、六回と小刻みに得点され、一時は3－4と逆転された。六回2死から、升本の中前打で同点とし、流れを引き戻した。

冬の鍛錬 成果随所に

「守りの差が得点差として表れた」。試合後のインタビューで広島工・小川、福井商・北野両監督は同じ言葉を口にした。安打数など打撃成績はほとんど変わらないが、結果は広島工の2点差の勝利。不調のエース才野をもり立てた堅守が勝因だった。

三回、1点を失った後の1死一、三塁。二ゴロを捕った二塁手森野は本塁へ投げようとしたが、遊撃手中岡が併殺を指示。好判断で最少失点に切り抜けた。六回は2死二塁で松本に右翼線へ痛打された。勝ち越し点は奪われたが、右翼手北外の好送球で松本の二進を阻み、流れを断ち切った。

2点リードした直後の八回は2死一、二塁で花山の二塁ベース際の打球を森野が逆シングルでキャッチ。内野安打にはなったものの二塁走者の生還を阻止し、後続の打者を打ち取って無失点にしのいだ。

「才野の調子が悪かっただけに、守りのミスが出たら勝てなかった。よく守ってくれた」と小川監督。好プレーの森野は「一点もやりたくなかったので止めることだけを考えた」と八回の好守を振り返った。

一方の福井商。失策数は2個だが、記録に表れないミスが続出。外野手が風の計算を誤って安打にしたり、内野手の不正確な送球も見られたりした。バッテリーは6盗塁を許して傷口を広げ、堅守でしのいだ広島工と対照的だった。

広島工の課題は守りといわれていた。守備力アップのため冬場はキャッチボールなど基本練習を繰り返し、1人1時間の個人ノックを続けた。その成果が甲子園で実を結び、1回戦に続く無失策試合。チームカラーを一新する、「守りの県工」で接戦を勝ち上がり、初の4強入りにチャレンジする。

主戦才野 バックに感謝

広島工の才野は、福井商に12安打を浴び、4失点。「きょうは打線に救われた」と感謝した。

前半、自信を持つフォークを3安打され、カーブも狙い打たれて「投げる球がなくなった。ボール球にも手を出してくれず、走者が出たら打たれそうな気がした」と苦しいマウンドを振り返った。

控えの新井が好調で、2回戦の先発が決まったのが前夜。「気持ちの整理ができていなかった」と明かし、「次は先発でもリリーフでも思い切って」と気を引き締めた。

広島工・小川監督の話

「しんどい試合」

「しんどい試合でした」とため息。「福井商の打者は振りが鋭く、リードしていても勝っている気がしなかった。六回に追い付いてからムードがよくなった」と振り返った。

準々決勝の相手は京都西（京都）。「三原監督（広陵高出身）のペースに乗せられないように、伸び伸びとプレーさせます」と気持ちを切り替えた。

福井商	0	0	1	1	0	2	0	0	0	4
広島工	3	0	0	0	0	1	2	0	×	6

【福井商】	打	安	点	振	球
⑥ 平沢	2	0	0	0	1
⑨ 水町	4	1	1	0	1
⑤ 西村	5	1	0	0	0
③ 青柳	4	0	0	0	1
① 近岡	3	0	0	0	0
⑦ 玉森	4	2	0	0	0
② 松倉	3	3	1	0	0
④ 松本	3	2	2	0	1
⑧ 花山	4	3	0	0	0

犠	盗	失	併	残	打	安	点	振	球
4	0	2	1	9	32	12	4	0	4

【広島工】	打	安	点	振	球
⑧ 大竹	5	1	0	0	0
⑥ 中岡	4	3	1	0	0
④ 森野	4	3	1	0	0
⑦ 花岡	4	1	1	2	0
⑨ 北外	3	1	1	0	1
③ 十川	4	0	1	1	0
② 小笠原	4	0	0	0	0
⑤ 升本	3	2	1	0	1
① 才野	3	0	0	0	0
H 面迫	1	0	0	0	0
1 新井	0	0	0	0	0

犠	盗	失	併	残	打	安	点	振	球
0	6	0	2	7	35	11	6	3	2

▽三塁打　大竹▽二塁打　水町、松倉、中岡、森野▽捕逸　松倉▽暴投　近岡

投手	回	打	安	振	球	責
近岡	8	37	11	3	2	5
才野	8	37	12	0	4	4
新井	1	3	0	0	0	0

メモ

「リベンジ」

選抜では2度目の8強入りを果たした広島工。福井商との対戦は2度目だった。広島、西武で活躍したエース小林誠二を擁して初出場した1975年選抜。2回戦で顔を合わせ、0−3で零封負けした。それから14年ぶりの再戦。名将の福井商・北野尚文監督に、広島工・小川成海監督が挑み、見事にリベンジを果たした。

広島工－京都西
（広島）（京都）

広島工 スクイズ失敗響く

第61回選抜高校野球大会第9日は3日、甲子園球場で準々決勝4試合を行った。第1試合で、広島工（広島）は京都西（京都）と対戦。2－2の延長十回に3点を失い、2－5で敗れた。

広島工は京都西の粘りに屈した。2－2の延長十回2死二、三塁から田中の二遊間適時打で2者が生還。村田憲の左中間二塁打で5点目を奪われた。終盤、広島工の先発新井のスライダーの威力が落ちたところを狙われた。

広島工は七回、3死四球の1死満塁から大竹の左前打と森野の右前打で2点を入れ、2－1と逆転。試合の流れを引き戻した。同点とされた九回には2四球と森野の安打で1死満塁としたが、花岡のスクイズは投手の好フィールディングに阻まれた。新井は二回以降、丁寧に低めを突き安定した投球を続けていたが、最後は疲れから力尽きた。

九回、広島工1死満塁、花岡の投前スクイズで、三塁走者の大竹が本塁を突いたがアウト。サヨナラ勝ちを逃す。投手西村、捕手筒井

慢心 雑な攻め生む

「慢心があったのかもしれない」。試合後の広島工・小川監督の言葉が敗因を言い表していた。6安打、12四死球でわずか2点。12残塁に二つのスクイズ失敗…。「京都西なら勝てる」とみた結果が、雑な攻めにつながり、敗戦に沈んだ。

広島工は尽誠学園（香川）と福井商（福井）に競り勝ってこの試合に臨んだ。ナインは京都西の戦いぶりをビデオやデータで分析した結果、両チームより力は落ちるとみていた。とりわけ、エース山田について「尽誠の宮地や福井商の近岡の方が力は上」と判断。「いつでも打てる」という気持ちを抱いていた。

これがつまずきの始まりだった。「外角の直球」を狙い球にしたが、内角球に手を出すケースがしばしば。得意の流し打ちは影を潜め、五回までわずか1安打。半面、引っ張った打球は八つを数えた。「流し打ちを何度も指示したのにきちんとできなかった」と小川監督は悔しがる。

リズムに乗れないまま迎えた後半。今度は走者を出しながら雑な攻めが続いた。六、八回は無死の走者が盗塁死。直後に安打が飛び出すちぐはぐぶり。七、九回の1死満塁ではそれぞれスクイズ失敗。バントがうまい中岡と花岡だったが「そんなに難しい球ではないのに、硬くなってしまった」とうなだれた。

2度目の準々決勝でも壁を破れなかった広島工。小さな心の隙が「慢心」となって試合に表れ、手中に収めかけた初の「4強」を逃してしまった。

初先発新井 好投し自信

甲子園初先発の広島工・新井は敗れはしたものの「大きな自信をつかんだ」と胸を張った。

178㌢の右腕。切れのいいスライダー、シュートを駆使して好投し、二回から八回まで二塁に走者を進ませなかった。最後は「スタミナ不足」から痛打されたが「この悔しさは夏に晴らします」と再起を誓った。

3安打の森野「勝てた試合」

七回にいったんは勝ち越し打となる右前打を放った広島工・森野は「勝てた試合だったのに、悔しい」と唇をかんだ。

この日は3安打。七回に続いて、同点の九回には1死一、二塁のチャンスで登場。二塁手のグラブをかすめる鋭い内野安打を放った。抜けていればサヨナラだっただけに「僕が決めたかった」。3試合で13打数7安打と活躍したが、初のベスト4を逃し、最後まで笑顔はなかった。

京都西	1	0	0	0	0	0	0	0	1	3	5
広島工	0	0	0	0	0	0	2	0	0	0	2

（延長十回）

【京都西】		打	安	点	振	球
④1	西村	4	2	1	0	1
⑥4	平塚	4	1	0	0	0
③	田中	5	2	2	1	0
⑦	村田憲	5	2	2	0	0
⑤	村田利	4	1	0	1	1
⑨	畑山	4	2	0	0	1
⑧	本溜	4	0	0	1	0
②	上原	2	0	0	0	0
H	伊藤	1	0	0	0	0
2	筒井	1	1	0	0	0
①	山田	2	0	0	1	0
H	寺内	1	0	0	0	0
1	川口	0	0	0	0	0
1	富永	0	0	0	0	0
6	中村	0	0	0	0	0
犠盗失併残	2 0 1 1 7	37	11	5	4	3

【広島工】		打	安	点	振	球
⑧	大竹	3	1	1	0	2
⑥	中岡	3	0	0	0	1
④	森野	5	3	1	0	0
⑦	花岡	3	1	0	0	2
⑨	北外	5	1	0	0	0
⑤	升本	3	0	0	1	2
③	十川	2	0	0	0	3
R	山口	0	0	0	0	0
②	小笠原	4	0	0	0	1
①	新井	3	0	0	0	1
1	才野	0	0	0	0	0
犠盗失併残	1 0 0 1 12	31	6	2	1	12

▽本塁打　西村（新井）▽二塁打　村田憲

投手	回	打	安	振	球	責
山田	7	30	4	1	7	2
川口	1⅓	8	1	0	4	0
富永	⅔	1	1	0	0	0
西村	1⅔	5	0	0	1	0
新井	9⅔	40	11	4	2	5
才野	⅓	2	0	0	1	0

メモ

「春の王者」

第61回大会は、東邦（愛知）が決勝で元木大介（元巨人）のいる上宮（大阪）に3－2で逆転サヨナラ勝ちし、4度目の制覇を果たした。東邦は「春の王者」として知られ、第91回大会の優勝を加えた5度の全国制覇は全て選抜大会。甲子園出場回数も選手権の17度に対し、選抜は31度。勝利数は選手権19勝（17敗）に対し、選抜は58勝（26敗）と7割近い勝率を残している。

広島県大会

⑰1989年7月30日
第71回全国高校野球選手権広島大会決勝

近大福山（広島）－大柿（広島）

一回、近大福山1死満塁、桑田が2点二塁打を放ち、3−0とする。投手川本、捕手浜本

猛攻近大福山が全国切符

第71回全国高校野球選手権広島大会最終日は30日、広島市民球場で決勝があり、近大福山が18安打の猛攻で大柿を15―4で下し、初めて夏の甲子園出場を決めた。

近大福山が全員、毎回の18安打で大勝した。

一回、3四球で無死満塁とし、1死後、梨木の中前適時打で先制した。桑田の左越え適時二塁打、徳重の左犠飛と続いて計4点。2点を返された直後の二回は2死から、佐藤、本田の長短打などで2点を加えた。七回は2死から上の2ランを含む5安打を集めて一挙に6点。勝負を決めた。

大柿は先発行林の立ち上がりの乱調が尾を引いた。2番手の1年川本も七回、近大福山打線につかまった。

好球必打で大量15得点

近大福山の打者は落ち着いていた。大柿投手陣の球筋をきっちり見極めて好球必打。18安打に9四死球で大量15得点を挙げ、初めて夏の甲子園切符をつかんだ。

象徴的だったのは一回の攻め。先頭の上は大柿のエース行林が投球練習で球筋が荒れていたのを見て「甘い直球だけを狙おう」と打席に入った。じっくり選んでストレートの四球。「行林君はストライクを取るのが精いっぱい」とみると、すぐに二盗で揺さぶった。明賀、佐藤も一度もバットを振ることなく四球を選び、塁を埋めた。

大柿の投手が制球のいい川本に代わると「四球は選べない」とみて一転して積極的な打撃を見せた。本田は遊ゴロに倒れたが、梨木と桑田は2球目の直球をたたいて連続適時打。徳重は初球を左犠飛。近大福山の斎藤監督は緊張を和らげるため、細かい指示は一切出さず、「好きな球を絞って、思い切り振ってこい」とだけアドバイス。選手はたった一つの指示を忠実に守った。

「あの4点で気分的に楽になった」と斎藤監督が振り返るように、近大福山は精神的に優位に立った。一時は2点差に詰め寄られたが、終始、試合の主導権を握り、危なげなく逃げ切った。

田中　援護に感謝

優勝投手となった近大福山の田中は「決勝を意識して力んでしまった。でも点を取ってくれたので助かりました」と打線の援護に感謝した。

春以降、制球を磨き、シュートとシンカーを覚えて大会に臨んだ。1回戦の自彊戦はもうひとつだったが、福山工（4回戦）と広島工（準決勝）の試合では絶好調。強気の投球で無失点に抑え、優勝の原動力になった。「コントロールに気を付けて一球一球丁寧に投げたのが良かった」と顔をほころばせた。

近大福山・斎藤監督の話

悔いなく戦う

今は夢を見ているようです。私は何もしないで選手が本当によくやってくれました。百点満点です。もう一度、守りをチェックし直して甲子園に行きます。一戦一戦を大切に戦って悔いのないゲームをしたい。一つでも勝てたら最高です。

大　柿	0	2	0	0	1	0	1	0	0	4
近大福山	4	2	0	0	0	0	6	3	×	15

メモ

「大柿旋風」

部員29人の大柿が伸び伸び野球で旋風を巻き起こし、創部18年目で初の決勝進出を果たした。中学時代に野球経験のない選手も多く、昨秋は呉地区大会で敗退。今大会の目標は4回戦進出だった。基町との1回戦で九回に3点差を追い付いて逆転勝ちし、波に乗った。油木、松永、昭和、崇徳、五日市を破り、勝ち上がった。優勝は逃したが、碓井丈夫監督は「大きな財産を残してくれた」と選手をたたえた。

【大　柿】	打	安	点	振	球
⑧　天　野	4	1	0	1	1
⑨19川　本	2	0	0	0	1
H　坂　井	1	0	0	0	0
④　浜　口	3	1	0	1	0
H　久保田	1	0	0	0	0
②　浜　本	4	1	1	1	0
③1竹　中	3	1	0	0	1
⑦9滝　口	3	1	0	0	0
3　道　本	1	0	0	0	0
①97行　林	4	0	0	0	0
⑤　沖　元	4	1	0	1	0
⑥　向　井	4	2	2	0	0

犠盗失併残
3 2 3 1 9 34 8 3 4 3

【近大福山】	打	安	点	振	球
⑥　　上	5	4	2	0	1
④　明　賀	4	1	1	0	2
⑧　佐　藤	4	2	2	0	2
③　本　田	6	2	2	0	0
⑤　梨　木	4	3	1	0	1
⑦　桑　田	5	1	2	0	0
②　徳　重	4	2	2	0	0
①　田　中	4	2	1	0	1
⑨　岡　田	3	1	0	0	2

犠盗失併残
1 3 2 1 10 39 18 13 0 9

▽本塁打　上（川本）▽二塁打　桑田、滝口、佐藤、徳重、浜本、梨木2、本田

投	手	回	打	安	振	球	責
行	林	⅔	3	0	0	3	3
川	本	6⅔	35	14	0	2	6
竹	中	1⅓	11	4	0	4	1
田	中	9	40	8	4	3	3

⑰⑧ 1989年8月9日
第71回全国高校野球選手権1回戦

近大福山－佐野日大
（広島）（栃木）

九回、佐野日大無死、麦倉が決勝の左越え本塁打を放つ。投手田中

近大福山 初戦で散る

第71回全国高校野球選手権大会は9日、甲子園球場で開幕した。開会式後、1回戦3試合が行われ、開幕試合で近大福山（広島）は佐野日大（栃木）と対戦。0－1で競り負けた。

近大福山・田中、佐野日大・麦倉による投手戦は九回に均衡が破れた。田中は無死から麦倉に決勝本塁打を左翼席へ運ばれた。その裏、近大福山も2死から桑田、徳重が連続四球を選んだが、田中が三振に倒れた。

近大福山は、栃木大会39イニング無失点の麦倉から9安打を放った。二回は2安打で1死一、三塁と攻めたが、田中のスクイズは一塁への小フライとなり併殺。八回には安打の岡田がけん制死の後、連打が出るなど拙攻が続いて得点を奪えなかった。

重圧に「伸び伸び」忘れ…

甲子園の重圧が近大福山打線に重くのしかかった。9安打、2四球で無得点。ちぐはぐな攻めで好投の田中を援護できなかった。

好機は何度もあった。無死の走者は4度、得点圏には5度も走者を送った。とりわけ「甲子園」を意識していたのは二回の攻めだった。梨木の遊撃内野安打と送りバントで1死二塁。徳重の打球は左翼左へ落ちた。梨木は好スタートを切り、生還できるタイミングだったが、三塁コーチの竹田は「ストップ」の指示。「どうしても1点が欲しかったので、大事を取ったのですが…」と竹田。梨木も「あのタイミングならいつもは突っ込んでいる。甲子園なので慎重になってしまった」と振り返った。

続く1死一、三塁。田中はスリーバントスクイズを失敗し併殺。一瞬のうちに先制機を逃した。広島大会7試合で1度しか成功しなかったスクイズ。斎藤監督は「田中はバントがうまいのでサインを出したのだが…」と首をかしげた。

二回の逸機が尾を引いた。四回の無死一塁はエンドラン失敗でまたも併殺。六回無死一、二塁はバント失敗、八回は安打の走者がけん制で刺された後、連打が生まれるなど打線はつながらないまま。「調子は良くなかった」という佐野日大のエース麦倉に完封を許した。

斎藤監督は1984年の選抜に出場した時の部長。「平常心で戦えるかどうかがポイント」と試合前に話していた。ナインは「緊張感はなかった」と口をそろえたが、「甲子園」という晴れ舞台が普段の「伸び伸び野球」を無意識のうちに萎縮させていた。

100球目 痛恨の失投
エース田中、好投実らず

近大福山の田中は一球に泣いた。九回、佐野日大の先頭打者、麦倉に投じた初球を左翼席へ運ばれた。ちょうど100球目。「内角ベルトあたりの直球。コーナーいっぱいを突こうとして真ん中寄りに入ってしまった」と悔やんだ。

調子は良かった。「三回から球が走り出したし、五回を抑えた時、『これでいける』と思った」。六、七回を三者凡退で切り抜けるなど尻上がりに調子を上げていた。「疲れは感じなかったが、球威が落ちてきていたのかも…」と振り返った。

唇をかむ上主将

近大福山の上主将は麦倉攻略の先陣を切り、3安打を放った。「内角球は捨てて、カウントを稼ぎにくる外角のカーブ、直球を狙った」と振り返った。

「3安打は出来過ぎ。僕が打てなくても、チームが勝ってくれる方がどれだけうれしいか。勝てるチャンスがあっただけに悔いが残る」と惜敗に唇をかんだ。

佐野日大	0	0	0	0	0	0	0	0	1	1
近大福山	0	0	0	0	0	0	0	0	0	0

メモ

「東北勢健闘」

第71回大会の決勝は、帝京（東東京）と東北勢初制覇を目指す仙台育英（宮城）の顔合わせとなった。帝京の吉岡雄二（元巨人）と仙台育英の大越基（元ダイエー）の投手戦は0-0のまま延長に入り、十回に2点を奪った帝京が初優勝を飾った。仙台育英とともに、秋田経法大付（秋田、現ノースアジア大明桜）が準決勝に勝ち上がり、史上初めて東北勢が2校ベスト4入りした。

【佐野日大】	打	安	点	振	球
⑦ 須賀	2	0	0	1	1
⑧ 小島	3	1	0	0	0
⑤ 三井	4	1	0	1	0
③ 長島	4	0	0	0	0
① 麦倉	4	1	1	0	0
④ 荒井	4	3	0	0	0
② 小堀	3	0	0	0	0
⑥ 山口	4	1	0	0	0
⑨ 早川	2	0	0	0	0

犠	盗	失	併	残	打	安	点	振	球
4	0	1	2	7	30	7	1	2	1

【近大福山】	打	安	点	振	球
⑥ 上	4	3	0	0	0
④ 明賀	3	1	0	0	0
⑧ 佐藤	4	1	0	2	0
③ 本田	4	0	0	1	0
⑤ 梨木	4	1	0	1	0
⑦ 桑田	2	0	0	1	1
② 徳重	3	1	0	0	1
① 田中	4	0	0	2	0
⑨ 岡田	3	2	0	0	0

犠	盗	失	併	残	打	安	点	振	球
2	0	0	1	8	31	9	0	7	2

▽本塁打　麦倉（田中）▽二塁打　三井

投手	回	打	安	振	球	責
麦倉	9	35	9	7	2	0
田中	9	35	7	2	1	1

【ベンチ入りした主なプロ野球選手】

≪佐野日大≫

麦倉洋一　阪神・90年ドラフト3位

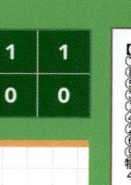

広島県大会

⑰ 1990年7月30日
第72回全国高校野球選手権広島大会決勝

広島山陽（広島）－崇徳（広島）

初の甲子園出場を決め、マウンド付近で喜び合う広島山陽ナイン

広島山陽 初の甲子園

第72回全国高校野球選手権広島大会最終日は30日、広島市民球場で決勝を行った。広島山陽は三回までに3点を先行し、エース川岡が1失点で完投。崇徳を3－1で破り、春夏通じて初の甲子園出場を決めた。

広島山陽が序盤に主導権を握り、エース川岡が崇徳の反撃を五回の1点に抑えて逃げ切った。

広島山陽は二回、左前打の山本をバントで送り、1死二塁。森兼が左越えに二塁打を放ち先制。2死後、川岡の中前打で加点した。三回は2連続四球と犠打で1死二、三塁とし、森兼の中犠飛で3点目を挙げた。

左腕川岡は内外角低めを丁寧に突く投球で好投。2点差の九回に2安打と野選で無死満塁のピンチを招いたが、上田を三ゴロ、江川を遊ゴロ併殺に打ち取った。

苦境乗り越え急成長

今大会、何度も苦境を乗り越えてきた広島山陽にとって、九回の無死満塁は最後で、そして最大のピンチだった。

「ここまでやってきたのに、この一回ですべてが駄目になるのか」。大上監督は負けも覚悟したというが、ナインは監督の想像以上にたくましく成長していた。エース川岡に動じる気配はなく、落ち着いて後続を打ち取った。

甲子園は選手を育てるという。この言葉は広島大会での広島山陽にもぴったりと当てはまる。今大会前までは「こつこつと当てて点を取る守りの野球だった」と大上監督。その小粒なチームが一戦ごとに力をつけ、最後は強打を売り物にするチームになった。これほど急成長したチームも珍しい。

勢いで勝ち取った甲子園出場。初めての大舞台だけに、大上監督は目標を探しあぐねていた。「いまはやっと仲間入りできたという気持ち。甲子園では爽やかな野球をしたい」。創部31年目。長髪もOKの爽やかな野球で、新たな歴史の一歩を踏み出した。

強心臓 2年生エース

九回の守りは長かった。1死を取ってまだ満塁。「一打同点」のピンチに広島山陽の2年生左腕川岡は、得意のスライダーで勝負をかけた。江川の打球は遊ゴロ。香山から二塁手山本を経て、ウイニングボールが一塁手伊藤のファーストミットに納まり併殺。ナインの喜びの輪が広がった。

八回まで8安打されながら1失点。二回には自ら中前適時打を放った。気を良くし、リズム感あふれる投球で甲子園へ一歩一歩進んだ。「いつも緊張する」という九回。先頭西原の打球は一塁手の目前で跳ねて右前へ。辻にも安打を連ねられた。続く投前バントを間に合わない三塁へ送球（犠打野選）して無死満塁とされた。

2点差。「運が崇徳へ行ったかな」との思いが頭をかすめた。歩み寄った先輩は「お前しかいないんだ。守り切ってやるから打たせろ」。川岡は「1点もやらん。外飛も打たせない。変化球勝負だ」。開き直り、2者連続で内野ゴロに打ち取った。

疲れはピークだったが、決勝を前にたっぷり12時間は寝た。「午前9時半集合だったのに目が覚めたのは9時50分だった」という強心臓。強気の投球を貫き、広陵や広島商など強豪を連破して栄冠をつかんだ。うれし涙に暮れる先輩たちとは対照的に「きょうは満点です」と笑みがこぼれた。

広島山陽・大上監督の話

決勝は苦しいの一言。今大会は強豪と相次いで当たって一戦ごとに力を付けた。ずっと苦しい戦いだったが、みんなが助け合いよくやってくれた。甲子園では初陣らしくきびきびした初々しい野球がしたい。

崇徳・登監督の話

最終回の場面、スクイズは全く考えず、選手を信頼した。2年生レギュラーが4人残るのでこの敗戦を肥やしに来年は雪辱したい。

広島山陽	0	2	1	0	0	0	0	0	0	3
崇徳	0	0	0	0	1	0	0	0	0	1

メモ

「新風」

創部31年目で初めて夏の広島大会を制し、春夏通じて初の甲子園切符を手にした広島山陽。2回戦から登場し、広陵、広島商、尾道商、広島工と春季県大会で4強入りした強豪を次々と破った。先行逃げ切り、サヨナラ勝ち、中盤での大逆転など試合展開も変化に富み、接戦を制するたびに力を付けた。選手権では、県勢12校目の代表校となった。

【広島山陽】	打	安	点	振	球
⑨ 新谷	5	2	0	1	0
⑧ 網本	3	1	0	0	2
⑥ 香山	5	0	0	0	0
⑤ 新田	4	3	0	0	1
④ 山本	4	2	0	0	1
③ 伊藤	3	0	0	1	0
⑦ 森兼	1	1	2	0	1
R7 児玉	1	1	0	0	0
② 鍵本	4	1	0	0	0
① 川岡	4	2	1	0	0

犠	盗	失	併	残	打	安	点	振	球
3	0	0	1	12	34	13	3	2	5

【崇徳】	打	安	点	振	球
⑦ 上田	4	1	0	0	1
⑨ 江川	5	0	0	1	0
③ 山田	3	2	0	0	1
④ 大城	4	2	1	0	0
⑧ 小川	3	0	0	1	0
⑥ 中津	4	0	0	1	0
⑤ 西原	4	2	0	0	0
② 辻	4	2	0	0	0
① 小谷	1	1	0	0	0
1 万崎	2	0	0	0	0

犠	盗	失	併	残	打	安	点	振	球
2	0	0	0	10	34	10	1	3	2

▽二塁打　山田、森兼、辻▽捕逸　鍵本

投手	回	打	安	振	球	責
川岡	9	38	10	3	2	1
小谷	3	17	5	0	3	3
万崎	6	25	8	2	2	0

広島山陽－葛生
（広島）　（宮城）

初陣広島山陽　サヨナラ

第72回全国高校野球選手権大会第6日は13日、甲子園球場で2回戦4試合を行った。初出場の広島山陽（広島）は葛生（栃木）と対戦。九回に3点差をひっくり返す逆転サヨナラ勝ちで、初戦を突破した。

九回、広島山陽2死満塁、香山の右前適時打で二塁走者の新谷⑨がサヨナラのホームを踏み、歓喜のナインに迎えられる

3点を追う広島山陽の反撃は九回2死無走者から始まった。伊藤がこの試合3本目の安打を左前へ。川岡が四球で続き、鍵本の左前打で満塁とした。新谷の三塁内野安打で1点を返し、網本の左前打で1点差。香山が右前へはじき返し、2者が生還してサヨナラ勝ちした。

広島山陽は四回、葛生に先制されたが、2安打と敵失で同点とした。その後、右下手投げの葛生・早川のコーナーを突く投球に八回までわずか3安打。主戦川岡の出来もいまひとつで、六、八回に2死から勝負球が甘く入るところを狙い打たれ、計3点を失った。敗色濃厚だったが、見事な集中打で劇的な勝利に結びつけた。

3点差　九回2死からドラマ

「また子どもたちに助けられました」。広島山陽の大上監督の声が上ずっていた。3点差の九回2死。ベンチでタオルを顔に当て泣き出す選手に大上監督は「最後まで諦めるな」と活を入れた。反撃が始まったのはその直後。四球を挟んでの5連打。逆転サヨナラの夢を6人がつないだ。「ベンチも含め全員でつかんだ勝利」。指揮官は全員野球を強調した。

口火を切った伊藤は「最後の打者になりたくなかった。中にきたボールを思い切りたたこうと思ったら、甘いボールがきた」。続いて打席に立った川岡は「早川投手はマウンド上で落ち着きがなかった」と投手心理を分析。待球して四球を選び、チャンスを広げた。鍵本も安打で続き満塁。新谷の内野安打で1点を返す。

「彼ならなんとかしてくれる」と大上監督が信じた主将の網本は流し打ちで三遊間を破り1点差に詰め寄った。香山は6球目を右前へ運び、決勝の2点打。「みんなで追い詰めてつくってくれたチャンス。絶対に無駄にしたくなかった」と振り返った。

広島大会で厳しい試合を全て制し、手にした初の甲子園切符。激闘の中でたくましく成長したナインは、晴れ舞台でも感動の奇跡を起こした。

「諦めない」香山大仕事

「諦めない自分たちの野球ができた」。九回、1点差に追い上げ、さらに2死満塁。切羽詰まった局面でも、香山は冷静だった。やんちゃぞろいのチームの中では異色のクールな性格。誰もが足の震える大舞台で、きっちり責任を果たした。

3点を追う九回2死。ベンチでは泣き始める選手もいた。「ここまで追い詰められたことは広島大会でもなかった」。涙が込み上げてきそうになった時、伊藤が三遊間を抜いた。川岡も四球で続き、鍵本からの3連打でついに1点差。お祭りムードのベンチに背中を押され、「最初から振るぞ」と心に決めて打席に立った。

第4打席までは、葛生・早川の内角シュートに、全くタイミングが合わなかった。絶体絶命の第5打席。外角に逃げる苦しい投球の早川に対し、「こっちが有利だ」と思った。6球目、真ん中の直球を逆らわずに右前へはじき返した。

「やった」。躍り上がってホームに飛び込む三塁走者鍵本、二塁走者新谷を見た瞬間、今までの冷静さは吹き飛び、「一塁ベースを踏んだかどうか覚えてません」。野球を始めて、初のサヨナラ打。全員野球の勝利に導いたヒーローは「今度は僕がお膳立てしてします」と、早くも3回戦に思いをはせていた。

葛　生	0	0	0	1	0	1	0	2	0	4
広島山陽	0	0	0	1	0	0	0	0	4	5

メモ

「ミラクル山陽」

九回2死走者なしから3点差をひっくり返し、初戦を突破した広島山陽。そのミラクルぶりは広島大会から発揮されていた。4回戦の相手は大会屈指の好投手、山内泰幸（元広島）を擁する尾道商。捕逸で決勝点を奪い、2-1で競り勝った。準々決勝では八回に可部のエースの足がつって降板。九回に追い付き、延長の末に4-3で勝った。準決勝の広島工戦は5点差を逆転。12-9で打撃戦を制した。大上誠吾監督は「心技体が最高の状態で戦えたことが勝因」と振り返った。

【葛　生】	打	安	点	振	球
⑨居　上	5	3	0	0	0
⑤谷　口	4	2	0	1	0
③市　川	5	0	0	0	0
②清　水	4	1	0	0	0
①早　川	2	0	0	0	1
⑧生沢宏	3	3	1	0	0
⑥金　子	4	2	3	0	0
⑦生沢貴	4	0	0	1	0
④稲　村	4	0	0	0	0

犠	盗	失	併	残	打	安	点	振	球
3	4	2	1	8	35	11	4	2	1

【広島山陽】	打	安	点	振	球
⑨新　谷	5	1	1	0	0
⑧網　本	4	1	1	0	1
⑥香　山	4	1	2	0	1
⑤新　田	4	1	0	0	0
④山　本	3	0	0	2	1
⑦森　兼	3	0	0	1	0
7児　玉	1	0	0	0	0
③伊　藤	4	3	0	1	0
①川　岡	2	0	0	0	2
②鍵　本	4	1	0	0	0

犠	盗	失	併	残	打	安	点	振	球
0	0	2	1	8	34	8	4	4	5

▽二塁打　清水、金子、谷口

投　手	回	打	安	振	球	責
早　川	8⅔	39	8	5	4	4
川　岡	9	39	11	2	1	4

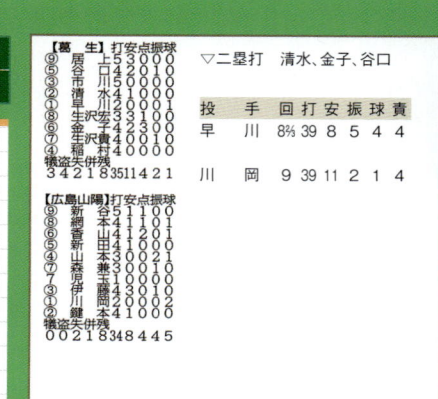

181 1990年8月17日
第72回全国高校野球選手権3回戦

広島山陽（広島）－星林（和歌山）

広島山陽 集中打で8強

五回、広島山陽1死一、三塁、網本が右中間に2点三塁打を放つ。投手尾崎、捕手武輪

第72回全国高校野球選手権大会第10日は17日、甲子園球場で3回戦4試合を行った。広島山陽（広島）は星林（和歌山）と対戦。一回に新田の右犠飛で先制し、五回には網本の三塁打などで4点を追加。6－1で星林を下し、初出場でベスト8進出を決めた。

投打のかみ合った広島山陽が終始優位に試合を進めて、星林に快勝した。

広島山陽は一回、新谷の左前打と2四死球で無死満塁とし、新田の右犠飛で先制した。五回は1死一、三塁で網本が右中間を深々と破る2点三塁打を放ってリードを広げた。なおも香山の四球と盗塁で1死二、三塁と攻め、新田の右翼線二塁打でこの回一挙4点を挙げた。鮮やかな集中打が光った。

広島山陽の主戦川岡は七回に1点を失ったが、切れのいい速球とカーブで丁寧にコーナーを突き、星林打線を7安打に抑えて2試合連続で完投勝ちした。

負傷なんの 川岡快投

自分でまいた種は自分で刈る―。広島山陽の2年生左腕川岡の投球からそんな気迫が伝わってきた。川岡は15日夜、自分の不注意で右手人さし指を7針縫うけがをした。チーム内に広がった動揺がゲームに影響しないか心配だった。しかし、川岡はそんな不安を吹き飛ばす好投でチームをベスト8へ導いた。

負傷後、本格的な投球は試合当日朝の15球だけだった。一回、先頭の加藤をカーブで三振に仕留めるなど三者凡退。「右手に痛みはなかった。一回を乗り切り、いけると思った」

被安打7、与四球1、失点1。捕手の鍵本は「川岡はストレートが切れていた。直球で追い込んで、勝負球は低めの変化球。この配球パターンで打者を攻めた」と振り返る。四回と八回の1死一、二塁のピンチもこの配球で、注文通り内野ゴロ併殺に打ち取った。川岡は「後半は先輩が集中打で取ってくれた得点を守ることだけを考えて、マウンドに立った。でも、きょうは楽な展開でした」と打線の援護に感謝した。

星林の谷口監督は「川岡君は直球が走っていた。インコースの直球を狙えと指示していたが、差し込まれてしまった」と川岡の球威に脱帽。広島山陽の大上監督は「おっちょこちょいだが、頼もしいやつ」と逆境に強いエースの活躍に目を細めていた。

網本 鼓舞の一打

五回、網本主将が星林の主戦尾崎のストレートを右中間へ2点三塁打し、チームに弾みをつけた。「いい球がきたら初球からいこうと思っていた。どんぴしゃりのタイミング、会心の当たり」と興奮気味に振り返った。

エース川岡が負傷したため「残った（レギュラー）8人で川岡をもり立てよう」とナインの士気を鼓舞。「きょうはみんな気合が入っていたし、先に点を取ったのでベンチも明るかった」と快勝に胸を張った。

網本主将に続けとばかりに、右翼線へ2点二塁打を放った新田は「前の打者（香山）が敬遠気味だったので頭にきた。高めのシュートを思い切り振った。バットの先っぽだったがうまく（フェアゾーンに）入ってくれた」と試合を決定づける一打を喜んだ。

広島山陽・大上監督の話

選手たちは初戦の時より落ち着いてプレーしていた。川岡がピンチをしのぎ、打線も援護してうちのパターンの試合ができた。準々決勝も頑張る。

星林	0	0	0	0	0	0	1	0	0	1
広島山陽	1	0	0	0	4	0	0	1	×	6

メモ

「メガホン応援」

広島勢の応援といえば、「敵を召し捕る」という意味を込めたしゃもじが定番。しかし、2回戦の葛生（栃木）戦で、一部の生徒がグラウンドにしゃもじを投げ入れたため、大会本部から3回戦以降の使用を禁止された。代わって星林戦ではプラスチック製のメガホンを千本用意。しゃもじに負けない熱のこもった応援で選手を後押しした。

【星林】		打	安	点	振	球
⑤	加藤	4	1	0	1	0
④	川口	3	1	0	0	0
8	庄田	0	0	0	0	0
H3	瀬戸	1	0	0	0	0
⑥	庄堂	4	0	0	0	0
②	武輪	4	1	0	1	0
①	尾崎	4	1	0	0	0
⑦8	前原	2	0	0	0	1
⑨	松田	2	1	1	0	0
⑧	雑崎	1	0	0	1	0
H4	西	1	1	0	0	0
③7	続	3	1	0	1	0

犠盗失併残
20114 29 7 1 4 1

【広島山陽】		打	安	点	振	球
⑨	新谷	4	2	0	1	0
⑧	網本	3	1	2	0	1
⑥	香山	2	0	0	1	2
⑤	新田	3	1	3	0	0
④	山本	4	1	0	0	0
⑦	森兼	3	1	0	1	0
7	児玉	1	1	0	0	0
③	伊藤	4	0	0	1	0
②	鍵本	4	1	0	1	0
①	川岡	3	0	0	1	0

犠盗失併残
12135 31 8 5 6 3

▽三塁打　網本▽二塁打　新田、武輪▽暴投　尾崎

投手	回	打	安	振	球	責
尾崎	8	35	8	6	3	5
川岡	9	32	7	4	1	1

【ベンチ入りした主なプロ野球選手】

≪星林≫

松田匡司	法大―シダックス―阪神・00年ドラフト7位―ダイエー―近鉄

⑱1990年8月19日
第72回全国高校野球選手権準々決勝

広島山陽（広島）－日大鶴ケ丘（西東京）

五回、広島山陽2死二、三塁、新谷が右翼線に先制の2点二塁打を放つ。捕手小山

広島山陽 堂々4強入り

第72回全国高校野球選手権大会第12日は19日、甲子園球場で準々決勝4試合が行われた。

初出場対決の第1試合は広島山陽（広島）が五回2死二、三塁から新谷の右翼線二塁打で2点を先行。六、七回にも伊藤の本塁打などで1点ずつを加えた。エース川岡は日大鶴ケ丘（西東京）の反撃を八回の2点に抑えて4－2で快勝。初の4強入りを果たした。

20日の準決勝は広島山陽－沖縄水産（沖縄）、西日本短大付（福岡）－天理（奈良）の顔合わせとなった。

効率良く得点を重ねた広島山陽がエース川岡の好投で快勝、初出場で準決勝に勝ち進んだ。

広島山陽は五回1死から伊藤が四球、鍵本の左前打と川岡の犠打で2死二、三塁とし、新谷が右翼線へ二塁打を放ち2点を先制した。六回は村上の中前適時打、七回は伊藤の中越え本塁打で小刻みに得点を重ね、4点をリードした。

左腕川岡は速球と変化球が低めに決まり、五回まで日大鶴ケ丘打線を無安打に抑えた。八回に制球がやや甘くなり2点を失ったものの逃げ切った。

そつなく初陣対決制す

広島山陽の勢いが止まらない。大技、小技を織り交ぜたそつのない攻めで初陣対決に勝利。ベスト4一番乗りを果たした。

「きょうは私も試合に参加させてもらった」と大上監督の顔がほころぶ。采配のクリーンヒットは村上のスタメン起用。3試合目で甲子園初出場。初打席で右前へ見事に打ち返して勢いに乗った。第3打席は中前打で3点目をたたき出し、監督の期待に応えた。

投手戦の様相が濃くなった五回、広島山陽が先制した。1死一、二塁から川岡が送りバントを決め2死二、三塁。新谷は日大鶴ケ丘の難波が多投するカーブをファウルして粘り、外角直球を右翼線いっぱいに2点二塁打を運んだ。大上監督の指示は「難波投手の球種はカーブと直球。好きな球種に絞り、内外角は立つ位置を考えて対応すること」。新谷はベースいっぱいにかぶさり、外角の直球に的を絞って待っていた。「狙い通り」。新谷の読み勝ちだった。

広島山陽は4盗塁。得点に結びついたのは一つだけだったが、積極的な攻めが目立った。「大きな犬に食らい付く、チワワみたいなもんです。かみついたら放さない。それがうちの野球」と大上監督。粘りに加え、試合運びのうまさも身に付いてきた。エンジン全開。広島山陽はまた一つ上を目指す。

川岡「優勝狙う」

広島山陽の川岡は「あんなに当たっている打線を抑え切れたんですから満足です」。日大鶴ケ丘打線を6安打、2失点に抑える好投。お立ち台で興奮気味に声を弾ませた。

「きょうは前半、ストレートが走っていた。スライダー系統に弱い打線だと分かったので、後半はその球を多めにした」と自分の投球を分析したが、「一発もある打線なので怖かった」と強心臓のエースは本音もちらり。負傷した右人さし指はピッチングにはほとんど影響ないという。「ここまできたら（優勝を）狙います」。やや遠慮気味に優勝宣言した。

伊藤が初アーチ

広島山陽の長距離砲伊藤が七回、バックスクリーン左に公式戦初アーチをたたき込んだ。前日、鹿児島実・内之倉が放った本塁打を上回る大きな当たりに、ナインは「有名人になれるで」。伊藤の頭をたたいて手荒く祝福した。

広島大会で調子を崩し、打順を下げられていただけに「ベース一周は雲の上を走っているようでした」。コンパクトなスイングを心掛け、夜の宿舎で素振りを繰り返した努力が実った。「自信がついた。次はタイムリーを打ちたい」と意欲十分だった。

日大鶴ケ丘	0	0	0	0	0	0	0	2	0	2
広島山陽	0	0	0	0	2	1	1	0	×	4

メモ

「ラッキーボーイ」

ベスト4進出の流れを呼び込んだのは、背番号15の村上正樹。甲子園では初出場だった。広島大会でも出場2試合で4打数無安打だったが、大上誠吾監督が「6番・左翼」に抜てきした。理由は「日大鶴ケ丘の難波君の得意球はカーブ。村上はカーブ打ちがうまい」。村上は試合前に「足が震えた」と言うが、グラウンドでは堂々としたプレーぶり。4打数2安打1打点と、見事に期待に応えた。

【日大鶴ケ丘】		打	安	点	振	球
⑤	中務	4	1	2	1	0
⑧	瀬川	3	1	0	0	1
⑥	臼井	4	0	0	1	0
③	石井	4	0	0	1	0
⑦	近堂	4	1	0	0	0
①	難波	3	1	0	0	1
⑨	新村	1	0	0	0	1
H	久永	1	0	0	0	0
9	内藤	1	0	0	1	0
④	恒松	3	1	0	0	0
②	小山	2	0	0	0	0
H2	菅	1	1	0	0	0

犠	盗	失	併	残	打	安	点	振	球
0	1	0	0	5	31	6	2	4	3

【広島山陽】		打	安	点	振	球
⑨	新谷	4	2	2	1	0
⑧	網本	4	1	0	2	0
⑥	香山	4	2	0	0	0
⑤	新田	4	0	0	1	0
④	山本	4	0	0	0	0
⑦	村上	4	2	1	0	0
③	伊藤	2	1	1	1	1
②	鍵本	3	1	0	0	0
①	川岡	2	0	0	2	0

犠	盗	失	併	残	打	安	点	振	球
1	4	0	2	5	31	9	4	7	1

▽本塁打　伊藤（難波）▽二塁打　新谷、中務▽暴投　難波

投手	回	打	安	振	球	責
難波	8	33	9	7	1	4
川岡	9	34	6	4	3	2

(183) 1990年8月20日
第72回全国高校野球選手権準決勝

広島山陽（広島）－沖縄水産（沖縄）

沖縄水産に5点を奪われ、八回で降板した広島山陽の川岡。
気迫あふれる投球でベスト4進出の原動力となった

広島山陽 決勝進出ならず

第72回全国高校野球選手権大会第13日は20日、甲子園球場で準決勝の2試合を行った。第1試合で広島山陽（広島）はエース川岡が沖縄水産（沖縄）打線につかまり、1－6で敗れた。沖縄県勢は春夏を通じ初の決勝進出。21日の決勝は沖縄水産－天理（奈良）で争われる。

広島山陽は大技、小技を織り交ぜた沖縄水産に小刻みに得点を重ねられて完敗。決勝進出を阻まれた。

先発川岡は三回1死一、二塁から永田に右前へはじき返されて先制を許した。四回は2死二塁で横峯に左翼線を破られ加点。いずれも送りバントを絡ませた沖縄水産の攻めに揺さぶられた。六回は中村にソロ本塁打を浴び、八回にも2点を失って降板した。連投の疲れから球が高めに浮くところを捉えられた。

打線は一回、網本の左翼線二塁打と四球で1死一、二塁としたが、新田の二直で併殺。四回2死満塁、五回は2死二、三塁と沖縄水産の神谷を追い詰めたが、決定打を欠き、六回の児玉の適時三塁打による1点にとどまった。

「ミラクル山陽」10戦で幕

広島大会の初戦から通算10試合目。数々の「ミラクル」を生んだ広島山陽の夏のドラマは終わった。

大上監督は「沖縄水産は力では一枚も二枚も上。なんとか先制して相手を慌てさせる展開に持ち込みたい」ともくろんでいた。しかし、先取点は沖縄水産に奪われた。三回1死一塁で、送りバントを川岡がエラー。一、二塁とされ、永田に一、二塁間を破られた。四回も1死一塁からバント。直後に適時打を浴びた。確実に得点圏へ走者を進める沖縄水産の攻めに、流れを失った。大上監督は「ワンチャンスをものにする堅い野球。甲子園に教えられました」と脱帽した。

リードされても伸び伸びと攻める自分たちのスタイルは崩さなかった。2点を追う五回の無死二塁、川岡にバスターのサインを出したが、遊ゴロ。二塁走者の鍵本は三塁で刺された。六回に1点を返した後の1死三塁ではスクイズの気配すら見せなかった。大上監督は「チームのムードを盛り上げようと強攻策でいった」。

集中打で勝ち上がってきた広島山陽。この試合で通算犠打24とし、広島商の持つ26の大会記録（第70回）に迫った沖縄水産。両チームの攻撃スタイルの違いが明暗を分けた。

初出場でベスト4。大上監督は「ここまで、いろんな野球をやらせてもらった。うれしく思っています。選手には『ご苦労さん、ありがとう』の言葉をかけてやります」。悔しさを胸に収め、ナインをたたえる言葉が続いた。

川岡 力尽く
8回5失点

広島山陽のエース川岡が力尽きた。連投で途中から握力が落ち、直球が高めに浮くところを沖縄水産打線に痛打された。10安打で5点を失い、八回で降板。「最後まで投げたかったが仕方がない」とうなだれた。

2年生。まだ2度、甲子園出場のチャンスが残っている。「体づくりをして来年やってきます」と巻き返しを誓った。

打線 援護できず

ナインを引っ張ってきた広島山陽の網本主将は沖縄水産のエース神谷について「球質が重かった」。一回、気力で左翼線二塁打を放ち意地を見せた。「川岡は少し疲れていたみたいで、調子は良くなかった。打つ方で援護してやろうと思ったんですが…」と声を詰まらせた。

「沖縄水産の力が僕らより上だったということです。悔しいけどレベルが違った。みんなよくついてきてくれた」とナインに感謝した。

沖縄水産	0	0	1	1	0	1	0	2	1	6
広島山陽	0	0	0	0	0	1	0	0	0	1

メモ

「悲願ならず」

1958年の第40回大会に首里が出場してから32年。沖縄勢悲願の初優勝はならなかった。沖縄水産が春夏通じて初の決勝進出を果たしたが、決勝で天理に0−1で涙をのんだ。栽弘義監督は県外での招待試合や練習試合を増やし「外の野球が見られないという悪条件は克服しつつある」と強調。大会タイの26犠打（当時）を記録するなど、堅実な野球で大味な沖縄野球のイメージを変えた。

【沖縄水産】	打	安	点	振	球
⑤ 新里	4	1	1	0	0
⑧ 屋良	4	0	0	0	0
③ 永田	5	5	2	0	0
① 神谷	4	0	0	1	1
⑨ 大野	5	0	0	0	0
② 中村	5	1	1	0	0
⑦ 大城剛	2	2	0	0	2
⑥ 城間	1	0	0	1	1
④ 横峯	4	2	2	0	0

犠盗失併残
4 1 1 1 9 34 11 6 2 4

【広島山陽】	打	安	点	振	球
⑨ 新谷	4	1	0	0	0
⑧ 網本	3	1	0	0	0
⑥ 香山	3	0	0	0	1
⑤ 新田	4	3	0	0	0
④ 山本	3	1	0	0	0
H 森兼	1	0	0	1	0
4 芹口	0	0	0	0	0
⑦ 児玉	3	1	1	1	1
1 柳本	0	0	0	0	0
③ 伊藤	4	0	0	3	0
② 鍵本	3	0	0	1	0
2 深山	1	0	0	1	0
①7 川岡	3	0	0	0	0
H 川平	1	0	0	0	0

犠盗失併残
1 1 1 1 8 33 7 1 7 2

▽本塁打　中村（川岡）、永田（柳本）▽三塁打　児玉▽二塁打　網本、永田、横峯▽暴投　川岡

投手	回	打	安	振	球	責
神谷	9	36	7	7	2	1
川岡	8	38	10	2	3	5
柳本	1	4	1	0	1	1

【ベンチ入りした主なプロ野球選手】

≪沖縄水産≫

新里紹也	沖縄電力－ダイエー・97年ドラフト7位－近鉄
大野倫	九州共立大－巨人・96年ドラフト5位－ダイエー

瀬戸内－神戸弘陵
（広島）　（兵庫）

瀬戸内が甲子園初勝利

第63回選抜高校野球大会第2日は28日、甲子園球場で1回戦4試合が行われた。14年ぶり出場の瀬戸内（広島）は神戸弘陵（兵庫）と対戦。一回に先制を許したものの中盤に逆転し、エース坂本の力投で3－2で競り勝ち、甲子園初勝利を飾った。

瀬戸内は1点を追う四回、先頭の野宮が死球。西村のバントで1死二塁とし、坂本が初球を右越え二塁打し同点。続く瀬尾が2球目のカーブを中前にはじき返して逆転した。五回は2死から死球の佐藤が二盗。野宮の詰まった当たりが左前に落ち、3点目。好球必打が鮮やかに決まった。

右下手投げの主戦坂本は一回、暴投で先制を許したが、要所で低めへ速球を決め、神戸弘陵の反撃を六回の1点にしのいだ。

攻守とも「らしさ」発揮

「14年ぶりといっても初出場のようなもの。どれだけ普段通りの野球ができるか」。試合前、後原監督はこの点だけを心配していた。しかし、それは取り越し苦労に終わった。そつのない攻めと堅守。普段着の瀬戸内野球を大舞台でも見せ、甲子園初勝利をものにした。

一回に坂本の暴投で1点を先行されたが、後原監督は「これでいいんだ。いつものうちのパターンじゃないか」とナインを落ち着かせた。四回には早いカウントから好球を見逃さない積極打法で2点を挙げ逆転。五回には2死から足を絡めた攻撃で追加点。計3安打で3点を奪う効率的な攻めを見せた。

守りでも瀬戸内らしさを発揮した。坂本－野宮のバッテリーは一回、カーブを2安打されると、投球の組み立てをシュート主体の内角攻めに切り替えた。低めの球で左右に揺さぶり、右打者の勝負球は内角球。神戸弘陵の内野ゴロは18。バックも無失策で坂本の好投に応えた。

14年前はわずか1安打で敗れた。「先輩を追い越せ」の誓い通り、昨秋の近畿大会準優勝の神戸弘陵に堂々と競り勝った。平常心で戦った全員野球。瀬戸内は大きな自信をつけて、2回戦の国士館（東京）戦に臨む。

2失点で完投し、勝利に貢献した瀬戸内のエース坂本

光るアドバイス　プロ経験生かす
後原監督

甲子園で初めての校歌。後原監督は選手よりも大きな声で歌った。「例えようもなくうれしかった」

後原監督はナインに「バッターボックスの捕手寄り、ホームベースに一番近い所に立って球筋を見極めろ。1巡目はヒットを打たなくていい」と指示。「あそこに立つと投手は投げにくくなるんです。体の小さな僕がプロで通用するには、それしかなかったんです」

1961（昭和36）年のプロ、アマ断絶後、元プロ野球選手で初の高校野球指導者となった。プロでの経験を基にしたアドバイスがナインを躍動させた。2巡目に入った打線は四回、球筋を見極めた第1打席を生かして、神戸弘陵の先発平山を捉え逆転した。「競って、守って最後は勝たせてもらう。うちが勝つにはこれしかない」。後原監督の思惑通りの試合展開だった。

六回には1点差とされ、なおも1死一、三塁。神戸弘陵はスリーバントスクイズを仕掛けてきたが、捕飛となって危機を脱した。「あそこは『外せ』のサインは出していません」と後原監督。大事な局面でもバッテリーを信じて任せた。ベンチと選手のあうんの呼吸。信頼関係も瀬戸内野球の大きな財産である。

「練習以上の投球」
力投の主戦坂本

瀬戸内の主戦坂本は「練習以上の投球ができた」。自らの投球に満点を与えた。

一回1死三塁から暴投で失点。その後はシュート中心に配球を変えて立ち直った。捕手野宮も「回を追うごとに調子が上がってきた。頼りになるやつです」。神戸弘陵打線を8安打、2失点に抑えたエースの力投をたたえていた。

瀬戸内	0	0	0	2	1	0	0	0	0	3
神戸弘陵	1	0	0	0	0	1	0	0	0	2

メモ

「初勝利」

瀬戸内が神戸弘陵に勝って甲子園初勝利を挙げた28日、同じように甲子園で第一歩を刻んだチームがいる。春4度、夏5度の全国制覇を果たし、春夏通算78勝を挙げている大阪桐蔭だ。第63回大会に春夏通じて初出場し、1回戦で仙台育英（宮城）と対戦。エースの和田友貴彦が選抜10人目となる無安打無得点試合を達成し、10−0で勝った。

【瀬戸内】	打	安	点	振	球
② 野宮	3	2	1	1	2
④ 西村	3	0	0	1	1
① 坂本	5	1	1	3	0
⑤ 瀬尾	4	1	1	0	1
⑨ 藤山	4	1	0	0	0
③ 神本	3	1	0	0	1
⑦ 森脇	3	0	0	1	0
H7 折田	1	0	0	0	0
⑥ 向井	4	2	0	1	0
⑧ 佐藤	1	0	0	1	1

犠盗失併残
3 1 0 1 10 31 8 3 8 6

【神戸弘陵】	打	安	点	振	球
⑤ 安田	4	3	0	0	0
⑦ 中渡瀬	2	0	0	0	0
7 竹村	0	0	0	0	0
② 渡辺	4	1	0	1	0
③ 森	3	2	1	0	1
⑨ 小浜	3	0	0	1	0
1 宮内	1	1	0	0	0
①9 平山	4	0	0	0	0
⑧ 柄谷	4	1	0	0	0
④ 岡本	2	0	0	0	0
⑥ 新田	3	0	0	0	0

犠盗失併残
3 0 0 1 5 30 8 1 2 1

▽二塁打　安田2、坂本▽暴投　坂本

投手	回	打	安	振	球	責
坂本	9	34	8	2	1	2
平山	6⅔	26	6	5	2	3
宮内	3	14	2	3	4	0

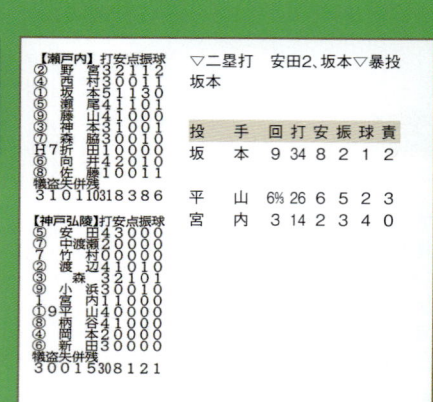

九回、瀬戸内1死一、三塁、折田の投前スクイズで三塁走者藤山（右から2人目）が本塁を突いたがタッチアウト。捕手渡部

185 1991年4月1日
第63回選抜高校野球大会2回戦

瀬戸内（広島）－国士館（東京）

瀬戸内、無念の零封負け

第63回選抜高校野球大会第6日は1日、甲子園球場で2回戦4試合が行われた。瀬戸内（広島）は国士館（東京）のエース菊池を攻略できず、0―1で敗れた。

瀬戸内は拙攻が響き、エース坂本の好投を生かせなかった。

坂本は一回2死から前田に四球、続く石渡に中越え二塁打を浴びて先制を許した。立ち上がり、制球の定まらないところを狙い打たれた。以降は内外角に球を散らし、強打の国士館打線を3安打に封じる力投。石渡への一球が悔やまれた。

1点を追う瀬戸内は三、五回の好機をバント失敗でつぶした。九回は1死から、藤山、神本の連続長短打で一、三塁としたが、スクイズ失敗。8安打を放ちながら、ちぐはぐな攻撃で国士館の菊池に零封された。

主戦坂本 1点に泣く

瀬戸内の主戦坂本は1点に泣いた。一回、制球に苦しみながらも2死までこぎ着けた。だが、警戒しすぎて3番前田に四球。大会屈指のスラッガー石渡に中越えの適時二塁打を浴びた。「内角を狙った速球が中に入った」と捕手野宮。この試合で両チームを通じて唯一の得点となった。

「石渡に打たれたのは悔しいけど、その前の四球が敗因」と坂本。「石渡の前に走者を出しては…」と慎重になり過ぎ、本来の攻めの投球ができなかった。

立ち上がり、野宮は坂本を見て「表情が硬い。いつもの坂本と違う」と感じ、努めて声を掛け、リラックスさせようとした。その緊張感が解けないうちに、痛恨の1点を失った。

坂本は「回はまだ浅い。そのうち味方が必ず点を取ってくれる」と自分の投球に専念した。だが、期待していた味方打線の援護は最後までなかった。「スタミナと制球力をつけてまた夏に来ます」と力強く言い切った。

遠い本塁 バント失敗響く

「監督の采配が良かったら勝てた」。瀬戸内・後原監督には悔いの残る試合になった。坂本は1回戦で16安打を放った国士館の強力打線を4安打に抑え、1失点。一方、瀬戸内打線は好投手菊池から8安打を奪いながら無得点。バントの失敗が敗因となった。

瀬戸内は昨秋の広島大会、中国大会を通じて少ない得点機を確実にものにし、競り勝ってきた。決め手になったバントには自信を持っていたはずだった。1点を追う瀬戸内の得点機は3度あった。三回無死一塁では佐藤のバントが投手の正面を突き、一塁走者が二封。五回は無死一、二塁で野宮がバント。「自分も生きようという気持ちがあった」（野宮）ことが災いし、一塁へのフライとなり併殺に終わった。

そして九回。藤山、神本の長短打でつかんだ1死一、三塁は折田が2球目をスクイズ。「難しいボールではなかったが、球を殺し切れなかった」。打球は投手の正面に転がり、スタートの遅れた三塁走者の藤山が本塁でタッチアウト。最後まで本塁は遠かった。

後原監督は「打者に焦りがあったのだろう。でも、選手はよくやってくれました」とナインをかばった。

坂本―野宮のバッテリーを軸に鍛え抜かれた守りで甲子園2試合を無失策。「自分たちの野球が甲子園でも十分通用した」。ナインは悔しさの中にも収穫を見つけて甲子園を後にした。

国士館	1	0	0	0	0	0	0	0	0	1
瀬戸内	0	0	0	0	0	0	0	0	0	0

メモ

「プロ出身の指導者第1号」

プロ野球出身の高校野球監督は今では珍しくない。1961年のプロ、アマ断絶後、高校野球指導者第1号は瀬戸内の後原《せどはら》富《ひさし》監督だった。東映（現日本ハム）でプレーし、71年に引退。母校の駒大に聴講生として復学し、教員免許を取得して、72年に松本商（現瀬戸内）の教員となった。83年に日本高野連の牧野直隆会長との会談で直訴し、プロアマの壁に風穴をあけた。84年に、58年以降のプロ退団者としては初めて監督に就任した。

【国士館】		打	安	点	振	球
⑤	内山雄	4	1	0	0	0
⑨	中野	4	1	0	1	0
⑧	前田	2	0	0	1	2
③	石渡	3	2	1	0	1
④	守谷	4	0	0	0	0
⑦	吉川	3	0	0	0	0
②	渡部	3	0	0	1	0
①	菊池	3	0	0	1	0
⑥	伊藤	3	0	0	0	0

犠	盗	失	併	残	打	安	点	振	球
0	1	0	1	4	29	4	1	4	3

【瀬戸内】		打	安	点	振	球
②	野宮	4	1	0	2	0
⑤	西村	4	2	0	2	0
①	坂本	4	0	0	1	0
④	瀬尾	4	0	0	0	0
⑨	藤山	4	2	0	0	0
③	神本	3	1	0	0	1
⑦	森脇	1	0	0	1	0
7	折田	3	0	0	2	0
⑥	向井	3	2	0	1	0
⑧	佐藤	2	0	0	1	1

犠	盗	失	併	残	打	安	点	振	球
0	0	0	2	7	32	8	0	10	2

▽二塁打　藤山、石渡

投手	回	打	安	振	球	責
菊池	9	34	8	10	2	0
坂本	9	32	4	4	3	1

(186) 1991年3月30日
第63回選抜高校野球大会1回戦

広陵（広島）―三田学園（兵庫）

広陵 追いつき再試合

八回、広陵2死三塁、下松が右越えに同点2ランを放ち、ガッツポーズで一塁を回る。投手岡本晃

第63回選抜高校野球大会第4日は30日、甲子園球場で1回戦4試合を行う予定だったが、第1試合開始直後から降り始めた雨が午後になって強くなり、第3試合の三田学園（兵庫）―広陵（広島）が九回を終了して3―3のまま引き分け再試合となり、第4試合は順延となった。

降雨による引き分け再試合は1989年の第61回大会1回戦、近大付（大阪）―宇都宮工（栃木）が延長十一回を10―10で終了した試合以来。

2点を追う広陵は八回、2死三塁で下松が右越えへ同点2ランを放ち、引き分けに持ち込んだ。

広陵は変化球と速球を丁寧にコースに投げ分ける三田学園の岡本晃の攻略にてこずった。9四死球を得るなど一回から毎回、塁上に走者を送りながら、六回の下松のスクイズによる1点に抑えられていた。それだけに、八回の下松の一振りに救われた。

小土居 雨中の熱投
九回ドロー

ゲームの進行とともに強くなる雨脚。ぬかるむマウンドを踏みしめ、広陵・小土居、三田学園・岡本晃が持ち味を発揮した投手戦を展開した。小土居が140球、岡本晃が159球。見応えのある試合だった。

小土居は縦に割れるカーブ、スライダーを右打者の外角に集め、内角にストレートを配する丁寧な投球で被安打6、9三振を奪った。

横手投げの岡本晃は右打者の内角をえぐるカーブを武器に10三振を奪い被安打は5。しかし、3死球を含む9四死球で毎回走者を背負う投球になった。

なかなか得点に結びつかない広陵に連打が出たのは、岡本晃の投球数が100を超えた六回。塩崎、島村の連打で好機をつかみ、下松がスクイズを決めた。

「ストレートは思った以上に速く、カーブも良くて緩急をつけた投球に的が絞れなかった」と中井監督。岡本晃に変化が見えたのは八回。激しさを増した雨のためカーブがすっぽ抜け、直球主体の配球に変わった。下松は甘いストレートを見逃さず同点2ランにつなげた。

小土居、塩崎の両投手を擁する広陵。中井監督が小土居先発を決めたのは試合当日の朝。「小土居の目に気合を感じた。期待通りよく投げてくれた」とエースの好投を褒めた。

下松が同点2ラン

「切れてくれるな」。下松の思いと広陵ナインの祈るような願いを乗せた白球が右翼ラッキーゾーンで弾んだ。

八回2死三塁。「下松は練習試合でもホームランなんか打ったことがなかった。転がしてくれれば」と小根森総監督。非力な8番打者に、ベンチは大仕事を期待していなかった。一方、下松は「横手投げの投手なので左打者の僕らが打たないと」。六回にスクイズを決め、気分よく打席に入った。

変化球を捨て、直球に的を絞っていた。2球目は内角ベルト付近の狙い通りのストレート。「バットの芯でなかったのでホームランになるとは思わなかった」。右翼方向に吹く風にも乗って意外に伸びた。

起死回生の同点2ラン。「監督のうれしそうな顔が見えました。最高の気分です」。170㌢、63㌔。ベンチ入りしている15人の選手の中で一番小柄な男は雨でぬれた顔をくしゃくしゃにしていた。

三田学園	0	0	2	0	0	0	0	1	0	3
広　陵	0	0	0	0	0	1	0	2	0	3

（大会規定により九回降雨引き分け再試合）

メモ

「甲子園初采配」

選抜優勝2度、選手権準優勝2度。甲子園通算40勝を挙げている広陵の中井哲之監督。三田学園戦が甲子園初采配だった。出場32校中、最も若い28歳で指揮を執った中井監督は「手堅くいき過ぎて攻撃的になれなかった」と反省。下松孝史の同点2ランで降雨引き分け再試合に持ち込み、「勝ちもしないのに、もう一回甲子園で試合ができるのはラッキー」と喜んだ。

【三田学園】	打	安	点	振	球
⑧ 岡本一	4	1	0	0	1
⑥ 奥	4	0	0	2	1
④ 西出	4	2	0	0	0
② 上岡	3	1	2	0	1
③ 北本	3	1	0	0	0
⑦ 平川	3	0	1	2	0
⑨ 長尾	4	0	0	1	0
① 岡本晃	3	1	0	2	0
⑤ 美野田	3	0	0	2	1

犠盗失併残
3 1 0 0 8 31 6 3 9 4

【広　陵】	打	安	点	振	球
⑤ 山本	3	0	0	1	2
⑥ 井	4	1	0	2	0
④ 三岡	3	0	0	2	2
⑦ 篠原	5	0	0	1	0
⑨ 塩崎	2	1	0	1	2
② 島村	3	1	0	1	0
③ 村上	2	1	0	0	2
⑧ 下松	2	1	3	1	1
① 小土居	4	0	0	1	0

犠盗失併残
3 3 3 0 10 28 5 3 10 9

▽本塁打　下松（岡本晃）▽二塁打　岡本晃▽暴投　小土居▽ボーク　岡本晃

投手	回	打	安	振	球	責
岡本晃	9	40	5	10	9	3
小土居	9	38	6	9	4	3

【ベンチ入りした主なプロ野球選手】

≪三田学園≫

岡本晃	関大―近鉄・96年ドラフト2位―オリックス

187 1991年3月31日
第63回選抜高校野球大会1回戦

広陵（広島）－三田学園（兵庫）

二回、広陵2死二塁、田岡が大会通算400号となる先制の左越え2ランを放つ。投手岡本晃

広陵 仕切り直し快勝

第63回選抜高校野球大会は31日、甲子園球場で1回戦3試合と2回戦1試合を行った。広陵（広島）は前日引き分けの再試合（1回戦）に臨み、三田学園（兵庫）を終盤に突き放して、8－2で勝った。広陵の田岡は二回、大会通算400号本塁打を放った。

広陵は二回、先頭の村上が四球で出塁。2死後、二盗を決めて三田学園の先発岡本晃を揺さぶった。続く田岡が速球を左翼へ打ち込み2点を先取した。

以後は六回まで岡本晃の速球と緩い変化球を打ちあぐねたが、七回1死満塁で山本が走者一掃の右中間三塁打を放って3点。八回は岡本晃と救援した赤松に5安打を集めて3点を加え、突き放した。

広陵の先発塩崎は立ち上がりに制球が不安定だったが、走者を出しながらも低めに球を集め、三田学園の反撃を2点にとどめた。

采配的中 歯車かみ合う

降雨引き分けで再試合となった一戦。広陵は先発を小土居から塩崎に代えた。前日の試合で三田学園の打線は変化球にもろいと判断。変化球の切れの良い塩崎をマウンドに送った。8安打を許し、2点を失ったものの、粘り強い投球で勝利に貢献した。

中堅には田岡を9番で起用。期待に応え、二回、甲子園初打席で先制の2ラン。公式戦初本塁打が大会通算400号の記念アーチになった。「真ん中の直球。二塁走者をかえすことだけを考えて打席に立った」。無心の一振りで好スタートを切った。

しかし、広陵の安打は六回まで田岡の本塁打の1本だけ。2点のリードを奪ってはいても「とても安心できる状態ではなかった」と中井監督。前日、159球を投げた三田学園の岡本晃は攻めの投球から、緩いカーブを多投して打たせて取る投球に切り替えてきた。「打たされている。自分たちから積極的に打つ気持ちになれ」。中井監督の指示が生きたのは1点差に迫られた七回1死満塁。山本主将が走者一掃の三塁打を放ち4点差に広げた。

投打のヒーロー塩崎、田岡はともに2年生。3年生との歯車もかみ合い「広陵パワー」は全開の気配だ。

完投の塩崎 守備に感謝

ウイニングボールが一塁手村上のファーストミットに収まるのを見届け、塩崎はガッツポーズ。勝利の喜びを全身で表した。終盤に点差が開くまで、苦しい投球が続いた。何度か訪れたピンチを粘って耐えた。158球の投球数が「苦投」を物語る。

「先発は朝、練習の時に言い渡されました」。前日は雨の中、「5番・右翼」でフル出場。「きょうは体が少し重かったし、立ち上がり緊張してコントロールが思うようにならなかった」。一回、内野安打と2四球で1死満塁のピンチを招いた。ここはイレギュラーバウンドを素手で捕った遊撃手二井の好プレーなどで切り抜けた。「バックがよく守ってくれて助かった」と感謝した。

シニアリーグ時代、日本代表で世界選手権に出場し最高殊勲選手に輝いた。大きな大会の経験は少年時代から何度かあった。だが、「甲子園のムードは違っていた。緊張しました」と苦笑い。「完投できたので自信がついた。また、投げてみたい」と甲子園初勝利に胸を張った。

中井監督が 甲子園初勝利

中井監督は「選手の時より、よっぽどうれしいですね」と監督としての甲子園初勝利を喜んだ。

「今日は塩崎、田岡の起用も含めて、迷うことはなかった。100点をつけてもいいゲーム内容」。2回戦の春日部共栄（埼玉）戦に向け、「選手には思い切ってやれと指示するだけ」と話していた。

三田学園	0	0	0	0	0	0	1	0	1	2
広　陵	0	2	0	0	0	0	3	3	×	8

メモ

「神業」

広陵の遊撃手、二井裕二のプレーがチームを救った。一回に2死満塁のピンチを迎えた。三田学園の平川有一郎の打球は遊撃へ。二井が捕球体勢に入った瞬間、打球がイレギュラー。ぽんと高く跳ね上がった。二井は反射的に打球を右手でつかみ、一塁走者を二封した。二井は「とっさに右手が出た。あんなプレーは初めて」と自分自身が驚いていた。

【三田学園】		打	安	点	振	球
⑧	岡本二	5	3	0	1	0
⑥	奥	3	2	1	0	0
④	西　出	3	1	1	0	2
②	上　岡	4	0	0	1	1
③	北　本	4	2	0	0	0
⑦	平　川	3	0	0	1	0
H	和　田	1	0	0	0	0
7	竹　中	0	0	0	0	0
⑨	長　尾	2	0	0	1	1
①	岡本晃	4	0	0	1	0
1	赤　松	0	0	0	0	0
⑤	美野田	2	0	0	1	1
H	岩　佐	1	0	0	0	0

犠	盗	失	併	残					
3	0	3	0	11	32	8	2	6	5

【広　陵】		打	安	点	振	球
⑤	山　本	4	1	3	1	1
⑥	二　井	4	0	0	1	1
②	島　村	5	1	1	1	0
⑦	篠　原	3	0	0	1	1
①	塩　崎	4	1	0	0	0
③	村　上	2	0	0	1	1
⑨	下　松	3	2	1	0	1
R	田　淵	0	0	0	0	0
9	納　家	0	0	0	0	0
④	二　岡	3	1	0	0	1
⑧	田　岡	2	2	2	0	2

犠	盗	失	併	残					
1	5	2	0	7	30	8	7	5	8

▽本塁打　田岡（岡本晃）▽三塁打　山本、奥▽二塁打　岡本二▽暴投　塩崎

投　手	回	打	安	振	球	責
岡本晃	7⅔	34	5	4	7	6
赤　松	⅓	5	3	1	1	1
塩　崎	9	40	8	6	5	2

【ベンチ入りした主なプロ野球選手】

≪三田学園≫

岡本晃	関大―近鉄・96年ドラフト2位―オリックス

広陵－春日部共栄
（広島）　（埼玉）

六回、広陵2死二、三塁、二井の左前打で、三塁走者の塩崎⑨に続いて二塁走者の島村も生還。4−2と勝ち越す

広陵 集中打で逆転勝ち

第63回選抜高校野球大会第7日は2日、甲子園球場で2回戦3試合を行った。第2試合の春日部共栄（埼玉）―広陵（広島）は、1点を追う広陵が六回に6安打を集めて3点を奪い、4―2と逆転勝ち。11年ぶりの8強入りを決めた。

広陵が中盤、集中打で逆転勝ちし、ベスト8入りを果たした。

1点をリードされた六回1死、左前打の村上が二盗し、篠原の中前打で同点。篠原は二盗に失敗して2死となったが、塩崎、島村の短長打で二、三塁。二井が三遊間を破る2点打で勝ち越した。

広陵は五回途中に先発塩崎から小土居に継投。小土居は強打の春日部共栄打線を1安打に抑えて逃げ切った。

積極采配 攻守で実る

「思い切りよく、おおらかな野球をやろう」。広陵の中井監督は試合前のミーティングでナインにこう語りかけた。中井監督は村上、篠原、塩崎の新2年生をクリーンアップに起用。塩崎―小土居の継投策を取った。ともに公式戦では初めて。中井監督の積極采配が逆転劇を呼んだ。

2点を追う五回、二井が左翼線二塁打。二岡がバントで送り、小土居には初球スクイズのサイン。1点差にした。中井監督は「迷いは全くありませんでした。初球スクイズは勇気が要るので心臓が飛び出しそうにドキドキしましたがね」と振り返った。

続く六回は1死から村上が左前打で出ると、篠原の1球目にエンドランを仕掛けた。結果的には高めのボール球を篠原が見送り、村上が二盗に成功。「篠原はヒットがないのでエンドランなら食い付いて打ってくれると思った」。篠原は4球目を中前に運び、甲子園初安打が同点打になった。

篠原は盗塁死したが、塩崎、島村、二井が短長打を連ね4―2と逆転した。五回まで2安打に抑えられていた春日部共栄の原幸に、この回6連打を浴びせた。足を絡めた広陵の積極攻撃にフォームを崩した原幸の球威が落ちたところを狙い打ちした。

2年生クリーンアップで計5安打。中井監督は会心の勝利にうれしそうだった。

二井 意地の決勝打

二井が六回に決勝の2点打を放った。「やったぁーと思った。まだ手に感触が残っている」。初のお立ち台の戸惑いもあってかヒーローの声は震えていた。

同点に追い付き、なお2死二、三塁。「相手投手とタイミングが合っている。投げる球種は見分けられたし、一発やってやろう」と自信を持って左打席へ。外角の直球をジャストミートし、打球は三遊間を破った。2年生が活躍した中で、先輩の意地を見せた一打だった。

春日部共栄	0	2	0	0	0	0	0	0	0	2
広陵	0	0	0	0	1	3	0	0	×	4

メモ

「友情応援」

広島電大付（現広島国際学院）の野球部員54人が甲子園のアルプススタンドに駆けつけ、広陵ナインに声援を送った。同校野球部の三宅幹夫監督は広陵出身。1学年上の中井哲之監督と1980年の第62回選手権でともにプレーした。「（中井先輩は）高校時代にはとにかくガッツがあった。それが思い切った采配にも出ている」と目を細めていた。

【春日部共栄】	打	安	点	振	球
⑨ 栖原	4	1	0	0	1
④ 秋山	4	0	0	2	0
⑥ 城石	4	1	0	0	0
⑧ 櫂渕	4	1	0	0	0
③ 長沼	4	1	0	1	0
⑤ 千葉	3	0	0	1	1
⑦ 八木沢	2	0	0	0	1
① 原幸	3	1	1	0	0
② 青木	2	1	1	0	1
H 岩瀬	1	0	0	0	0

犠	盗	失	併	残	打	安	点	振	球
3	0	3	0	9	31	6	2	4	4

【広陵】	打	安	点	振	球
⑤ 山本	4	0	0	0	0
⑨8 下松	4	0	0	0	0
③ 村上	4	2	0	0	0
⑦ 篠原	4	1	1	0	0
①9 塩崎	4	2	0	0	0
② 島村	4	1	0	1	0
⑥ 二井	3	2	2	0	0
④ 二岡	2	1	0	1	0
⑧ 田岡	1	0	0	1	0
1 小土居	1	1	1	0	0

犠	盗	失	併	残	打	安	点	振	球
2	1	2	1	5	31	10	4	3	0

▽二塁打　原幸、櫂渕、二井、島村、城石▽暴投　塩崎

投手	回	打	安	振	球	責
原幸	8	33	10	3	0	4
塩崎	4⅔	23	5	2	3	2
小土居	4⅓	15	1	2	1	0

【ベンチ入りした主なプロ野球選手】

≪春日部共栄≫

城石憲之	青学大―日本ハム・95年ドラフト5位―ヤクルト

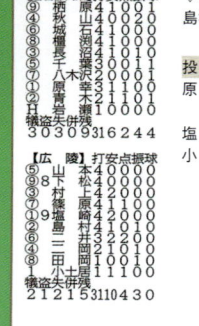

広陵－鹿児島実
（広島）　（鹿児島）

二回、広陵無死一塁、二岡の左翼線二塁打で一塁走者の島村が生還し、勝ち越す。捕手味園

広陵逆転 11年ぶり4強

第63回選抜高校野球大会第8日は3日、甲子園球場で準々決勝4試合を行った。広陵（広島）は鹿児島実（鹿児島）を5―2で破り、11年ぶりに4強入りした。

4日の準決勝は国士館（東京）―松商学園（長野）、市川（山梨）―広陵の顔合わせとなった。

広陵が集中打で逆転勝ちし、ベスト4進出を果たした。

1点を先取された広陵は一回2死二塁から篠原の中前適時打で同点。二回は先頭の島村が四球を選び、二岡が左翼線に勝ち越しの二塁打を放った。続く下松のバントは投手の野選を誘い、無死一、三塁。小土居の右前適時打で加点した。さらに、犠打と四球で1死満塁とし、村上の三遊間を破る2点打でリードを広げた。

広陵の先発小土居は一回に1点を失ったが、味方の援護で余裕の投球。緩急を使い、強打の鹿児島実を8安打、2失点に抑えた。

采配的中「怖いくらい」

「ベスト4進出の感激は選手の時より、監督の方が大きい。打順の組み替えを含め、采配が怖いくらい当たる」と中井監督。広陵は全員野球で鹿児島実を下し、4強入りした。

中井監督は小土居の粘り強い投球を勝因に挙げた。カーブ、スライダーを多投し、内外角の揺さぶりで好投。2安打された一回と五回にそれぞれ1点を失ったが、強力打線の鹿児島実に連打を許さなかった。島村も好リードで小土居を支えた。

打線は硬軟織り交ぜた攻めを見せ、鹿児島実の先発小田を早々と攻略した。一回、篠原の中前適時打で同点に追い付き、二回には2四球と3長短打で4点を奪った。二つの犠打を絡め、畳み掛ける攻撃で逆転。試合の主導権を握った。

堅実な守りも光った。内野陣のフットワークは1、2回戦に比べ軽快になり、難しい打球にも対応できるようになった。九回1死一塁では、右翼手の塩崎が「本能的にグラブが出ていた」という美技で併殺にした。

投、攻、守に持ち味を発揮してつかんだベスト4。中井監督は「次は基本に忠実な正攻法で戦いたい。僕が味わえなかった優勝を、選手にぜひ経験させてやりたい」。気を引き締めて準決勝へ臨む。

緩急を生かし強力打線翻弄
小土居

2試合で30安打を放った鹿児島実打線を、広陵の小土居が翻弄《ほんろう》した。「思い切り振ってくるので怖かった」と言いながらも、8安打2失点。堂々の内容に笑みがこぼれた。

前日、宿舎で鹿児島実の試合をビデオで見て「変化球にもろい」と分析した。この日、いつもの球威はなかったため、速球と変化球の緩急に活路を求め、「打たせて取る投球」に徹した。スライダー、スローカーブを軸に、振り回してくる相手打者のタイミングを外した。頭脳的投球がさえた。

一回、2安打で1点を失ったが、味方打線がすぐに援護。「気持ちが楽になった」。リードしてからは「走者が出ても気にしなかった」。バックを信じ、ひたすら自分の投球に専念した。

投手陣のリーダーは「疲れはない。準決勝もいけ、と言われれば投げられる。ここまできたら上（優勝）を狙います」と締めくくった。

鹿児島実	1	0	0	0	1	0	0	0	0	2
広　陵	1	4	0	0	0	0	0	0	×	5

メモ

「前監督太鼓判」

松元信義前監督が鹿児島実との準々決勝をスタンドで観戦した。鹿児島実打線を2点に抑えた小土居昭宏－島村健一のバッテリーを「低めを丁寧に突き、緩急をつけてかわした。ボール球をうまく使い、勝負を急がなかった島村のリードも光った」と褒めた。準決勝に向け、「毎日ヒーローが替わっているし、非常にいいムード」と、65年ぶりの優勝に太鼓判を押した。

【鹿児島実】		打	安	点	振	球
⑧	俣瀬	4	3	1	0	0
②	味園	3	0	0	0	0
⑨	福元	4	1	1	0	0
⑦	竹脇	4	1	0	2	0
③	安田	4	0	0	1	0
⑤	下園	4	1	0	0	0
④	臼元	2	0	0	0	1
H	峠坂	1	0	0	0	0
①	小田	1	0	0	0	0
1	川畑	3	2	0	0	0
⑥	西	2	0	0	0	0
H6	園田	1	0	0	1	0

犠盗失併残
11106 338241

【広　陵】		打	安	点	振	球
⑤	山本	3	0	0	0	0
⑥	二井	2	0	0	0	1
③	村上	4	2	2	1	0
⑦	篠原	4	2	1	0	0
⑨	塩崎	4	0	0	1	0
②	島村	3	0	0	0	1
④	二岡	4	2	1	0	0
⑧	下松	1	1	0	0	0
①	小土居	3	1	1	0	0

犠盗失併残
41125 288522

▽二塁打　二岡、俣瀬2

投手	回	打	安	振	球	責
小田	1⅓	11	3	1	2	4
川畑	6⅔	23	5	1	0	0
小土居	9	35	8	4	1	2

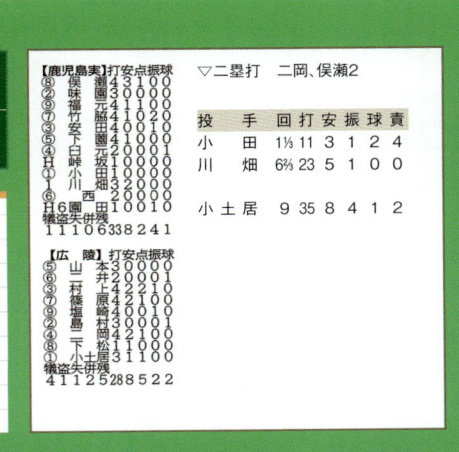

⑲⓪1991年4月4日
第63回選抜高校野球大会準決勝

広陵－市川
（広島）（山梨）

最後の打者を中飛に打ち取って決勝進出を決め、ガッツポーズする小土居㊧と島村の広陵バッテリー

広陵 56年ぶり決勝進出

第63回選抜高校野球大会第9日は4日、甲子園球場で準決勝2試合を行った。第2試合で広陵（広島）は市川（山梨）を4－1で下し、1935年の第12回大会以来、56年ぶりに決勝に勝ち進んだ。広島県勢の決勝進出は76年に優勝した崇徳以来である。松商学園（長野）は国士館（東京）を1－0で破り、前身の松本商だった26年の第3回大会以来、65年ぶり2度目の決勝進出を果たした。同大会は広陵が優勝しており、5日の決勝は65年前と同じカードとなった。

広陵が終始主導権を握り、粘る市川を振り切った。一回1死から二井が四球。二盗などで2死三塁とし、篠原が中前へ先制打を放った。五回は先頭の山本が右前打。送りバントと四球、盗塁などで2死一、三塁と好機を広げ、塩崎が左前にはじき返して2－0とした。七回には篠原の右前への2点打でダメを押した。

小土居は八回無死満塁を1失点でしのぎ、九回の1死一、二塁も気迫の投球で後続を断った。

理想的 試合運びで快勝

先制、中押し、ダメ押し―。広陵は理想的な試合運びを見せた。市川の好投手、樋渡攻略のポイントは機動力。中井監督の「仕掛ける野球」が見事に当たった。

一回から仕掛けた。1死から二井が四球で出塁すると、村上にヒットエンドランのサイン。村上は高めの球を空振りし、結果的に二井の二盗になった。「早い回に、足があるんだよというところを見せておきたかった」と中井監督。篠原が初球を中前に運び、先制点に結びつけた。

五回の追加点、七回のダメ押し点も機動力を絡めた。いずれも無死から安打で出塁した走者をバントで進め、盗塁を絡めてチャンスを拡大。樋渡を揺さぶり、塩崎や篠原の適時打を引き出した。前日の鹿児島実（鹿児島）戦で強攻策を取った中井監督。この試合では、まず得点圏に走者を置く作戦で、じわじわと樋渡に重圧をかけた。6安打を全て得点に結びつけるそつのない攻めが光った。

引き分け再試合を含め1回戦2試合の長打攻勢、2回戦と準々決勝の集中打、準決勝の機動力。多彩な攻撃パターンで勝ち上がってきた。決勝の相手は35回無失点のエース上田を擁する松商学園。総力戦で難敵に挑む。

4番篠原 直球捉え3打点

2年生の4番篠原のバットが火を噴いた。一回に中前先制打を放ち、七回は2死二、三塁で右前に2点打。「大事な試合で打ててうれしい」とほっとした表情を見せた。

ミーティングで中井監督から「速球か変化球かどちらでもいいから狙い球を絞れ」と指示された。「直球に絞り、センター返しを心掛けていた」という言葉通り、一、七回とも速球を捉えた。2安打、3打点で、これまでの不振を吹き飛ばした。

準々決勝の鹿児島実戦で2安打して調子は上向いていた。「やっと波に乗れそうです」。1回戦で本塁打を放った田岡のバットを借りての殊勲打。このバットで最後の大一番に挑む。

小土居 1失点の力投

連投となった広陵のエース小土居が、粘り強い投球で市川打線を7安打、1失点に抑えた。力の拮抗《きっこう》する小土居、塩崎の両右腕の先発について、中井監督は「どちらを先発に回すか、今までの試合で一番迷った。朝の練習で小土居の方が体が軽そうだったので決めた」と明かした。

小土居は終盤、市川の粘りに苦しんだ。七回は無死一、二塁、八回は無死満塁、九回は1死一、二塁。ピンチが続いたが、八回の犠飛による1点にしのいだ。「疲れて終盤、握力がなくなり、球に力が入らなくなった」。それまでの変化球中心の投球から直球主体に切り替えて大量失点を防いだ。

「ここまできたら優勝したい。決勝でも先発して、ストレートで押したい」と意気込んだ。

市川	0	0	0	0	0	0	0	1	0	1
広陵	1	0	0	0	1	0	2	0	×	4

メモ

「65年ぶり」

広陵－松商学園の決勝となった第63回大会。くしくも、1926年の第3回大会決勝と同じ顔合わせになった。そのときは、広陵が7−0で勝ち選抜初優勝を飾った。65年ぶりの再戦に向け、広陵の中井哲之監督は「（決勝進出は）夢のよう。イチかバチかの野球をする」と控えめのコメント。松商学園の中原英孝監督は「広陵の投手はそんなに怖くはない」と自信を見せた。

【市　川】	打	安	点	振	球
④望　月	4	0	0	0	0
H渡辺浩	1	0	0	0	0
⑧大　野	5	2	0	0	0
⑨依　田	2	0	0	0	1
9早　川	0	0	0	0	0
⑤一瀬理	3	0	1	0	0
①樋　渡	4	0	0	0	0
②村　松	2	1	0	0	1
⑥古屋順	4	2	0	0	0
⑦渡辺智	1	0	0	0	0
H赤　池	1	1	0	0	0
7一瀬勝	2	0	0	0	0
③今　村	3	0	0	0	0
3古屋賢	1	1	0	0	0

犠	盗	失	併	残					
3	1	1	0	10	33	7	1	0	2

【広　陵】	打	安	点	振	球
⑤山　本	3	1	0	0	0
⑥二　井	2	1	0	0	1
③村　上	3	0	0	1	1
⑦篠　原	3	2	3	0	1
⑨塩　崎	4	1	1	0	0
②島　村	4	0	0	0	0
④二　岡	3	0	0	0	1
⑧下　松	1	0	0	0	1
H牧　山	1	0	0	1	0
8田　岡	0	0	0	0	0
①小土居	3	1	0	0	0

犠	盗	失	併	残					
3	4	3	1	7	27	6	4	2	5

▽二塁打　村松▽ボーク　樋渡

投手	回	打	安	振	球	責
樋　渡	8	35	6	2	5	4
小土居	9	38	7	0	2	0

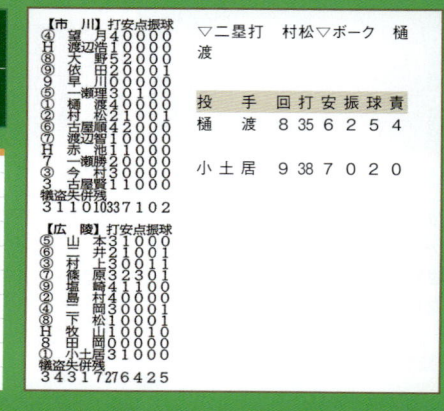

中國新聞　1991年(平成3年)4月4日(木曜日)

広陵 決勝へ進出

市川	0	0	0	0	0	0	0	1	0	1
広陵	1	0	0	0	1	0	2	0	×	4

センバツ

先制鮮やか市川下す

松商学園とあす決戦

中國新聞

発行所 広島市中区土橋町7番1号 郵便番号730
中國新聞社
電話(082)236-2111(受付案内台)
郵便振替口座 広島7-57番

号外

【広陵—市川】一回裏、広陵二死三塁、篠原が中前へ先制適時打を放つ。投手樋渡、捕手村松

第六十三回選抜高校野球大会第九日は四日、兵庫県西宮市の甲子園球場で準決勝2試合を行った。第2試合で広陵（広島）は市川（山梨）を4—1で下し、昭和十年の第十二回大会以来、五十六年ぶり五度目の決勝進出を決めた。広島県勢の決勝進出は昭和五十一年に優勝した崇徳以来。

第1試合は松商学園（長野）が国士館（東京）を1—0で破った。広陵—松商学園の決勝は、五日午後零時半から行われる。

機動力野球できた

広陵・中井監督の話　小土居が本当によく投げてくれました。足を使った攻めで、相手にプレッシャーをかけるのがうちの野球ですが、それができたと思います。決勝進出は五十六年ぶりですか。松商学園の投手はいいので、少ないチャンスを生かしたい。

【市　川】		打	安	点	振	球
④	望　月	4	0	0	0	0
H	渡辺浩	1	0	0	0	0
⑧	大　野	5	2	0	0	0
⑨	依　田	2	0	0	0	1
9	早　川	0	0	0	0	0
⑤	一瀬理	3	0	1	0	0
①	樋　渡	4	0	0	0	0
②	村　松	2	1	0	0	1
⑥	古屋順	4	2	0	0	0
⑦	渡辺智	1	0	0	0	0
H	赤　池	1	1	0	0	0
7	一瀬勝	2	0	0	0	0
③	今　村	3	0	0	0	0
3	古屋賢	1	1	0	0	0
	犠併残					
	3 0 1	033	7	1	0	2

【広　陵】		打	安	点	振	球
⑤	山　本	3	1	0	0	0
⑥	二　井	2	1	0	0	1
③	村　上	3	0	0	1	1
⑦	篠　原	3	2	3	0	1
⑨	塩　崎	4	1	1	0	0
②	島　村	4	0	0	0	0
④	二　岡	3	0	0	0	1
⑧	下　松	1	0	0	0	1
H	牧　山	1	0	0	1	0
8	田　岡	0	0	0	0	0
①	小土居	3	1	0	0	0
	犠併残					
	3 1 7	27	6	4	2	5

▽二塁打　村松▽犠打　市3（依田、一瀬理、村松）広3（山本、二井、下松）▽盗塁　市1（赤池）広4（二井2、篠原、小土居）▽失策　市1（今村）広3（山本、二井、村上）▽ボーク　樋渡
▽試合時間　2時間8分

投手	回	打	安	振	球	責
樋　渡	8	35	6	2	5	4
小土居	9	38	7	0	2	0

▽一回【市】望月は遊ゴロ。大野が左前打の後、依田送りバント。一瀬理は中飛【広】山本は遊ゴロ。二井は四球で出塁し二盗。村上は右飛。二井は三進。篠原の中前打で二井かえり先取点。塩崎は二飛。

▽二回【市】樋渡は遊ゴロ失。村松が送りバント。古屋順の遊ゴロの間に樋渡三進。渡辺智は一ゴロ【広】島村は一直失。二岡は四球。下松が送って一死二、三塁。小土居はスクイズ。三塁走者の島村は本塁憤死。小土居二盗。山本は遊ゴロ。

▽三回【市】今村は二ゴロ。望月は三ゴロ。大野は三ゴロ。初の三者凡退【広】二井は二ゴロ。村上四球。篠原は三邪飛。塩崎は三ゴロ。

▽四回【市】依田二ゴロ。一瀬理は三ゴロ。樋渡は三ゴロ失。村松四球。古屋順は二ゴロで一塁走者の村松二封【広】島村中飛。二岡は遊飛。下松四球。樋渡のボークで下松二進。小土居投ゴロ。

▽五回【市】代打赤池は三塁内野安打。二盗後、今村の遊ゴロで三進。望月は一ゴロ。大野は遊直。左翼の守備に一瀬勝【広】山本が右前打。二井は送りバント。村上の二ゴロの間に、山本は三進。篠原は四球の後、二盗。塩崎の左前打で、山本が生還し2点目。塩崎は二盗死。

▽六回【市】依田は一ゴロ。一瀬理は中飛。樋渡も中飛【広】島村は一邪飛。二岡遊ゴロ。下松は投ゴロ。

▽七回【市】村松は左越え二塁打。古屋順が三塁内野安打。一瀬勝は遊ゴロ併殺。村松は三進。今村は投ゴロ【広】小土居は投手強襲安打。山本は送りバント。二井の中前打で、一、三塁。二井二盗。村上はスリーバントスクイズ失敗。篠原の右前適時打で小土居と二井が生還。2点を加えて4—0とする。

▽八回【市】望月は一ゴロ失。大野は中前打。依田四球で無死満塁。一瀬理の右犠飛で望月がかえり1点。樋渡は一直。村松は二ゴロ【広】島村投ゴロ。二岡三ゴロ。代打牧山三振。

▽九回【市】古屋順は中前打。一瀬勝は一邪飛。古屋賢は中前打。代打渡辺浩は左飛。大野は中飛。

1991年4月4日付　中国新聞号外

広陵（広島）－松商学園（長野）

九回、広陵2死一、二塁、下松が右越えへサヨナラ打を放つ。投手中島

広陵 65年ぶり全国制覇

第63回選抜高校野球最終日は5日、甲子園球場で、1926年の第3回大会決勝と同じ顔合わせとなった松商学園（長野）－広陵（広島）の決勝が行われ、広陵が大会史上12度目となる決勝でのサヨナラ勝ちで、65年ぶり2度目の優勝を飾った。広島県勢の優勝は第48回大会の崇徳以来で、4度目。

閉会式で、広陵は紫紺の優勝旗を手にした山本主将を先頭に場内を一周した。広陵は引き分け再試合を含め、史上初めて1大会で6試合を戦った。

優勝し、場内を行進する広陵ナイン

広陵が劇的なサヨナラ勝ちで松商学園を下し、2度目の優勝を飾った。

5－5で迎えた九回、広陵は2死から二岡が左前へ運び二盗。島村が四球を選んで一、二塁とし、下松が速球を右越えにサヨナラ打を放った。

広陵の先発塩崎は一回に先制を許し、五回は短長打と犠飛で2点を失い、逆転された。七回には荒井の左越え2ランでリードを3点に広げられた。

打線は七回、反撃に転じた。先頭の代打田渕が四球。山本が左前打で続き、二井の犠打で1死二、三塁。球威の落ちた松商学園の先発上田から、村上が中前2点打を放ち、1点差に詰め寄った。さらに2番手中島から、篠原が中前に同点打。流れを引き戻した。八回から登板の2番手小土居が松商学園を1四球に抑え、サヨナラ劇につなげた。

「決める」執念 サヨナラ打 下松

サヨナラ劇の立役者は、ベンチ入りしたナインの中で一番小柄な下松だった。九回2死一、二塁。打席に入る前に中井監督に呼ばれた。「ラッキーボーイのおまえが決めてこい」とハッパをかけられた。3球目の真ん中のストレートを強振。白球は高々と舞い上がり、右翼手上田の頭上を越えて緑の芝生に弾んだ。二塁走者の二岡が小躍りしてホームを踏んだ。

試合中は「僕のエラー（記録は安打）で逆転されたようなもの」と、五回の高橋の三塁打が頭から離れなかった。それだけに、九回の打席は「絶対決めてやる」と燃えていた。打った瞬間、手応えを感じながら打球を目で追った。気合が入っていた分、意外に伸びた。「信じられません」。お立ち台から白球が落ちた右翼方向に視線を向けた。

1回戦の三田学園（兵庫）戦で2点リードされた八回2死から同点2ラン。敗戦の淵からチームを生き返らせた。この試合は降雨引き分け、再試合になったが、下松の2ランがなかったら、広陵は早々と甲子園から姿を消していただろう。「下松に始まり、下松に終わった」と言っても過言ではない。大仕事をやってのけた、まさにラッキーボーイだった。

気迫 好投手を攻略
終盤に打撃つながる

選抜出場14度の広陵と15度の松商学園。65年ぶりに決勝で顔を合わせた古豪対決は、終盤に打線がつながった広陵に軍配が上がった。

両チームとも2桁安打の打撃戦。一回、5球で先制を許した広陵はその裏1死二、三塁から篠原の二ゴロで同点。松商学園のエース上田の連続無失点イニングを35でストップさせた。

3連投になった上田は、決め球の右打者への内角直球にいつもの球威がなかった。広陵打線は上田の決め球に食らい付いた。七回、荒井の2ランで3点差にされたが、すかさず反撃。村上が内角低めの直球を狙い打って2者が生還し、1点差とした。中井監督の「カーブを捨てて、ストレートに的を絞れ」の指示を守った打撃だった。これで上田は降板。流れは広陵に傾き、篠原が代わった中島から同点打を放った。

広陵は先発8人が安打を放った。無安打の島村も四球や敵失で4度出塁した。七回に代打起用の田淵も四球を選び同点の足場を築いた。

七回の同点劇の主役は村上、篠原の2年生。九回、ベンチの中は「3年生で決める」と気迫にあふれていた。2死から左前打で出た二岡が二盗、島村は四球の後、下松が殊勲の右越え打。約束通り、3年生の活躍でサヨナラに結びつけた。「こんないい生徒に恵まれて幸せです」と中井監督。次々と日替わりヒーローが生まれて、6試合を乗り切った。ナインが力を合わせて大輪の花を咲かせた。

小躍りしてサヨナラのホームを踏む広陵の二岡。捕手辻

同点打放ち 最高の気分
4番の篠原

広陵の4番篠原が七回、松商学園・中島の代わりばなをたたき、中前へ同点打を放った。先発の上田にはタイミングが合わず、無安打だったが「中島投手なら打てる気がしてた」。真っすぐ狙いで打席に立った。「球種は覚えていないけど、投手が交代して助かった」と喜んだ。

先制を許した直後の一回は、1死二、三塁で二ゴロ。詰まった当たりが幸いし、三塁走者を迎え入れて追い付いた。これには照れくさそうに頭をかいたが、勝負どころで4番の役割を果たし「最高の気分です」とほほ笑んだ。

松商 迫力あった 塩崎
思い切り投げた 小土居

広陵の先発塩崎は7回を被安打10で5失点。「決勝のプレッシャーはなかった。球も切れていたし…」と首をひねった。七回の荒井の2ランについて「内角を狙ったが、真ん中高めに入った」と悔やんだ。松商学園打線の印象を「振りが速く、高めにいくとオーバーフェンスされそうな迫力があった」と振り返った。

八回に救援した小土居は2回を無失点。九回無死から四球を出したが、送りバントを自らの好守で併殺にしピンチを脱した。「塩崎が力投していたので何としてもカバーしてやろうと思い切り投げた」と気迫を強調した。

松商学園・中原監督の話

鍛え直して夏へ

今まで頑張ってきたけど最後に踏ん張れなかった。七回が勝負どころだった。荒井の2ランで安心してしまい、投手の交代機を逸した。しかし選手は甲子園で大きく成長した。鍛え直してまた夏に来る。

松商学園	1	0	0	0	2	0	2	0	0	5
広　陵	1	0	0	1	0	0	3	0	1	6

メモ

「連敗ストップ」

大会史上12度目となる決勝でのサヨナラ勝ちで2度目の選抜制覇を果たした広陵。大会前まで甲子園大会の決勝は春夏通算1勝5敗で、65年前の選抜優勝後は5連敗中だった。松商学園戦の勝利で、春の通算勝利数が24となり、平安（京都、現龍谷大平安）と並んで歴代7位に。春夏通算勝利数は44となった。

【松商学園】		打	安	点	振	球
④	荒井	3	2	3	0	0
⑧	清沢	3	1	0	0	0
②	辻	3	1	1	0	0
①9	上田	4	2	0	1	0
⑨1	中島	4	0	0	0	0
⑤	二村	4	0	0	2	0
⑦	花岡	3	2	0	1	1
③	内藤	3	1	0	1	0
⑥	高橋	4	1	1	1	0

犠盗失併残
4 1 1 0 4 31 10 5 6 1

【広　陵】		打	安	点	振	球
⑤	山本	3	1	0	1	2
⑥	二井	4	2	0	1	0
③	村上	3	1	2	1	1
⑦	篠原	5	1	2	1	0
①9	塩崎	5	1	0	0	0
④	二岡	5	3	0	1	0
②	島村	1	0	0	0	3
⑨8	下松	4	1	1	0	0
⑧	田岡	2	1	1	0	0
H	田淵	0	0	0	0	1
1	小土居	1	0	0	0	0

犠盗失併残
4 1 0 2 12 33 11 6 5 7

▽本塁打　荒井（塩崎）▽三塁打　花岡、高橋▽二塁打　荒井

投手	回	打	安	振	球	責
上田	6⅓	30	7	3	4	5
中島	2⅓	14	4	2	3	1
塩崎	7	30	10	6	0	5
小土居	2	6	0	0	1	0

【ベンチ入りした主なプロ野球選手】

≪松商学園≫

上田佳範	日本ハム・92年ドラフト1位—中日

西条農（広島）－広島工（広島）

初優勝を果たし、マウンド上で抱き合って喜ぶ西条農ナイン

西条農 初の「夏」切符

第73回全国高校野球選手権広島大会最終日は31日、広島市民球場で決勝を行い、西条農が広島工に5－3で逆転勝ち。初めて夏の甲子園出場を決めた。

1点を追う西条農は五回、先頭の多賀が死球で出塁し、北ケ市の送りバントが敵失を誘って一、二塁。礒部の中前適時打で追い付いた。続く福島の四球などで1死満塁とし、小早川の遊ゴロが併殺崩れとなる間に勝ち越し。さらに三塁走者礒部と一塁走者小早川がディレードスチールを試み、小早川が一、二塁間で挟まれる間に礒部が生還。リードを2点に広げた。

広島工は一回、制球に苦しむ西条農・堀から2安打、2四球などで2点を先取。四回には住田、方尺の長短打で再びリードしたが、逆転された五回以降は立ち直った堀に1安打に抑えられた。

連投の堀 152球完投

152球を投げ抜いた西条農のエース堀は「最後は何をどう投げたか。覚えていません」。まるで敗戦投手のように泣きじゃくり、言葉を詰まらせた。

前日の準決勝も完投し、球数は150を超えた。連投でマウンドに上がると疲れが全身を襲った。球は走っていたが、制球は微妙に狂った。一回、2四球と連打で2失点。「9回を投げ切れないのでは」と不安がよぎった。ナインの励ましに「僕が崩れたら勝てるわけない」と気持ちを立て直し、打線の援護を信じた。

7四球などで毎回のように走者を背負ったが、必死にピンチをしのいだ。「きょうは最初から最後までつらかった」。チームを甲子園へ導いたヒーローは表彰式の間も涙が止まらなかった。

庄原中出身。高校進学の際、瀬戸内からも誘いがあった。その瀬戸内が今春の選抜大会に出場。「自分は西条農で甲子園に行く」と対抗心を燃やした。4回戦で広島商を破って波に乗り、準決勝では瀬戸内から14三振を奪ってねじ伏せた。決勝は百点満点とはいかなかったが、小田監督は「勝ったのだから出来はともあれ、いいんじゃないですか」。エースの奮投に目を細めた。

光る総合力 逆転勝ち

「このチームでまだ試合ができるのが一番うれしい」。西条農の小田監督、礒部主将、エースの堀が同じ言葉を口にした。西条農は総合力で夏の甲子園初出場を果たした。

「チームワークの良さがうちの一番の財産」と礒部主将。決勝でも普段の練習通り、はつらつプレーで逆転勝ちした。今大会では初めて先行され、2点を追う二回、福島の左越えソロの後、エンドランとスクイズで同点。再び1点リードを許した五回には、礒部の中前適時打の後、併殺崩れで勝ち越した。さらに2死一、三塁で、一塁走者小早川が一、二塁間で挟まれる間に三塁から礒部が間一髪のタイミングでホームを踏み、追加点を奪った。

就任3年目。27歳の小田監督は「想像をはるかに超えるいいチームに成長してくれた。一戦一戦、力を付けてきたのが手に取るように分かる」とナインを褒め、「甲子園へ連れていってもらえることに感謝しています」と言葉を続けた。

西条農・小田監督の話

最高の舞台で好ゲームをしてくれた選手の成長がうれしい。就任3年目で甲子園へ行けるなんて。いい選手に恵まれて幸せです。甲子園では選手を信じ、思い切ってプレーしたい。

広島工・真藤監督の話

西条農の堀は球威があり、低めの制球力もあって打てなかった。久木野は連投で球に切れがなかった。継投は予定通り。5点以上取らないと勝てないと思っていた。

西条農	0	2	0	0	3	0	0	0	0	5
広島工	2	0	0	1	0	0	0	0	0	3

【西条農】	打	安	点	振	球
⑥ 木村	5	0	0	0	0
⑦ 多賀	3	0	0	2	2
⑧ 北ケ市	4	1	0	1	0
② 礒部	5	2	1	0	0
③ 福島	3	2	1	0	1
① 堀	4	0	0	2	0
⑨ 小早川	2	1	1	0	2
⑤ 井上	4	2	0	0	0
④ 中広	2	0	1	0	1

犠盗失併残
2 0 2 2 8 32 8 4 5 6

【広島工】	打	安	点	振	球
⑧9 重川	3	0	0	0	2
⑦ 方尺	3	1	1	0	1
④3 山光	4	0	0	1	0
⑤ 金屋	3	1	0	0	1
③ 長沢	3	1	1	0	1
4 八木	0	0	0	0	0
⑥ 向井	3	1	1	1	1
⑨ 新井	2	0	0	0	0
8 岡田	1	0	0	1	1
② 住田	4	1	0	1	0
① 久木野	1	0	0	0	0
1 竹重	0	0	0	0	0
1 堤田	2	0	0	1	0

犠盗失併残
3 1 4 1 9 29 5 3 5 7

▽本塁打　福島（久木野）▽二塁打　住田

投手	回	打	安	振	球	責
堀	9	39	5	5	7	3
久木野	3⅔	17	5	3	1	1
竹重	⅓	6	1	0	3	1
堤田	5	17	2	2	2	0

メモ

「3年連続」

西条農が夏の甲子園初出場を果たした広島大会。選手権の広島代表は1989年の近大福山、90年の広島山陽に続き、3年連続で初出場校となった。59年に広島が単独代表となってからは初めて。その後は、95～97年に宮島工、高陽東、如水館の初出場校が3年続けて甲子園の土を踏んだ。

【ベンチ入りした主なプロ野球選手】

≪西条農≫

礒部公一	三菱重工広島ー近鉄・97年ドラフト3位ー楽天

⑲1991年8月12日
第73回全国高校野球選手権1回戦

西条農（広島）－東北（宮城）

西条農 粘りのサヨナラ

九回、西条農2死一、三塁、右前へサヨナラ打を放った堀（左から3人目）に駆け寄り、喜ぶ西条農ナイン

第73回全国高校野球選手権大会第5日は12日、甲子園球場で1回戦2試合と2回戦1試合を行った。西条農（広島）は1回戦で東北（宮城）と対戦し、3－3で迎えた九回2死一、三塁から堀が右前打してサヨナラ勝ちした。

西条農が終盤に粘りを発揮し、サヨナラ勝ちで初戦を飾った。

3－3の九回、2死から礒部が右前打、福島は一塁強襲安打を放ち一、三塁。堀が一、二塁間を破り、三塁走者礒部が決勝のホームを踏んだ。

1点を追う七回は敵失で出塁した木村を送りバントとボークで三塁に進め、北ケ市のスクイズで同点。再びリードを許した八回は2四球と送りバントで追い付き、中広の内野安打でいったんは勝ち越した。

しかし九回、好投の堀が安打と自らのエラーでピンチを広げ、同点のスクイズを決められた。七回以降、一進一退の攻防となったが、最後は西条農打線が集中打で東北の左腕羽根川を攻略した。

初勝利手繰る 勝負強さ

終盤、もつれにもつれた試合の糸を西条農は粘りとしたたかさで解きほぐし、甲子園初勝利を手繰り寄せた。

サヨナラ勝ちの伏線は二つのスクイズだった。1点を追う七回は敵失で出塁の木村が多賀のバントで二進後、羽根川のボークで三進。北ケ市は3球目をスクイズ。二塁前への小フライになったが、二塁手佐藤のグラブをかすめてバウンドし、木村がホームを駆け抜けた。

再び1点をリードされた八回は、連続四球と犠打で1死二、三塁。井上はウエスト気味の外角高めのボールに飛びつき、福島をホームに迎え入れた。

ここまで西条農の安打は三回の小早川の二塁打だけ。スクイズの2得点は無安打で挙げた。西条農の小田監督は「前半は食らい付いて、後半勝負。狙い通りの試合展開。勝負強い子どもたちが助けてくれた」と役割をこなしたナインに感謝した。

一方、3失点はボークを含む守りのミスが絡んだ。「発展途上のチームだからミスが出るのは仕方がない。しかし、それをみんなでカバーできるのがうちのいいところ」と小田監督。終盤に見せた隙のない攻めで守りのほころびを補い、流れを引き寄せてサヨナラ劇を呼び込んだ。

「打った瞬間 校歌が頭に」

殊勲打の堀

「打った瞬間、校歌が頭に浮かんだ」。サヨナラ打を放った西条農・堀は一塁ベースを駆け抜け、両手を高々と突き上げた。

同点にされた直後の九回2死一、三塁。小田監督は動かない。「甲子園入りして全然当たっていなかったのに、監督が自由に打たせてくれた。無心で打席に立った」。東北の主戦羽根川が投げた真ん中の直球を思い切りたたいた。「サヨナラ打は生まれて初めて。直球しか打てませんから」と笑顔を見せた。

打のヒーローも、投では苦労した。小田監督はリラックスさせようと「三振を取ってこい」と送り出したが、逆に力んでストレートの走りがいまひとつ。普段の配球を変えてカーブでカウントを整え、時には横から投げてタイミングを外すなど苦心の投球を続けた。

1点リードの九回、「勝ちを意識して球が甘くなった」ところを痛打。けん制悪送球も絡んで同点に。マウンドに駆け寄った捕手礒部に「直球主体で投げさせてくれ」と頼んだ。後続から空振りの三振を奪い、勝ち越しは許さなかった。

「試合中は広島大会でみんなとやってきたプレーを何度も思い出した。広島の代表としてまだまだ負けられない」。最後の夏に懸ける強い思いを口にした。

東北	0	1	0	0	0	0	0	1	1	3
西条農	0	0	0	0	0	0	1	2	1	4

メモ

「農業高」

西条農は農業高として広島勢で唯一、甲子園の土を踏んだ。農業系の高校で甲子園最多出場は金足農（秋田）の9度（春3度、夏6度）。2018年の選手権では剛腕吉田輝星（日本ハム）を擁して準優勝した。次は新発田農（新潟）の7度（春1度、夏6度）。戦前には台湾の嘉義農林が5度（春1度、夏4度）出場している。

【東北】	打	安	点	振	球
⑧松	3	1	1	2	0
⑨仲村	3	1	0	0	0
⑦元木	2	0	0	0	0
H7斎野	1	0	0	0	0
⑥萱場	4	2	0	0	0
②伊藤	2	0	1	0	0
③大場	4	0	0	2	0
⑤畑中	2	0	0	0	1
④佐藤	3	1	1	0	0
①羽根川	2	0	0	2	0

犠	盗	失	併	残	打	安	点	振	球
6	0	1	0	3	26	5	3	6	1

【西条農】	打	安	点	振	球
⑥木村	4	0	0	0	0
⑦多賀	3	0	0	2	0
⑧北ケ市	3	0	1	1	0
②礒部	4	1	0	1	0
③福島	3	1	0	0	1
①堀	3	1	1	1	1
⑨小早川	2	1	0	0	0
⑤井上	2	0	1	1	0
④中広	3	1	1	1	0

犠	盗	失	併	残	打	安	点	振	球
4	1	3	2	3	27	5	4	7	2

▽二塁打　佐藤、小早川、萱場▽暴投　羽根川▽ボーク　羽根川、堀

投手	回	打	安	振	球	責
羽根川	8⅔	33	5	7	2	3
堀	9	33	5	6	1	1

【ベンチ入りした主なプロ野球選手】

≪西条農≫

礒部公一	三菱重工広島―近鉄・97年ドラフト3位―楽天

≪東北≫

羽根川竜	巨人・92年ドラフト6位―ロッテ

西条農（広島）－我孫子（千葉）

八回、西条農1死一、三塁、福島の投前スクイズで三塁走者の北ケ市が本塁を突いたがタッチアウト。捕手村石

西条農無念 逆転負け

第73回全国高校野球選手権大会第7日は14日、甲子園球場で2回戦4試合を行い、西条農（広島）は我孫子（千葉）と対戦。七回に追い付かれると、八回に3点を失い、3―6で逆転負けを喫した。

西条農は終盤、守りのミスも絡んで我孫子に逆転負けした。

一回2死から三ゴロ失の北ケ市を一塁に置いて礒部がバックスクリーンへ先制2ラン。六回2死二塁では堀が三遊間を破り、二塁から礒部が好走塁で生還。2点にリードを広げた。

先発の堀は毎回のように走者を背負いながらも粘りの投球で要所を締め、六回まで1失点。しかし、疲れが見え始めた七回、2安打にエラーも絡んで2点を失い同点。八回は四球を挟み3安打を浴びて3失点し、万事休した。

痛かったスクイズ失敗

西条農は無念の逆転負け。3―3の八回の攻防が明暗を分けた。

八回1死から北ケ市、礒部の長短打で一、三塁と勝ち越し機をつかんだ。続く福島は3球目にスクイズ。投手正面に転がり、我孫子のエース荒井の好フィールディングに阻まれて、北ケ市は本塁でタッチアウトになった。西条農の小田監督は「あの場面、スクイズのサインを出すのに迷いはなかった。荒井君がうまかったですね」と振り返った。

スクイズ失敗の後も礒部への走塁妨害があり、2死二、三塁のチャンスを残した。しかし、堀は荒井のカーブにタイミングが合わず三振。無得点に終わった。

チャンスを逃した直後、2死から3失点。代打浪川に与えた四球が痛かった。堀は「2死一塁での代打起用。エンドランなど何か仕掛けてくるだろうと警戒し過ぎた。彼が県大会無安打だなんて知りませんでした」。ピンチは広がり、下位打線に適時打を浴びた。

小田監督は「選手は私の思い通りにやってくれた。悔いの残る場面はありません」と言い切った。「甲子園の1勝より、この敗戦がチームの財産です。勝つ難しさを教えられました」と新チームでの再出発を期していた。

主戦堀悔いなし

西条農を甲子園まで導いたエース堀。六回まで6安打1失点に抑える力投を見せたが、終盤、球威の落ちた直球を狙い打たれた。

「今日は全てのボールに自信を持っていました」と強調したが、小田監督の目には「七回から球威が落ち始めた」と映った。2点リードの七回1死二、三塁。2安打の高橋に対し、「逃げるのは頭になかった」。外角ストレートを中前へはじき返された。「あれを打たれたら仕方ありません」。力を出し切ったエースは、毅然《きぜん》とした表情で答えた。

試合後のインタビュールーム。泣き崩れるナインの中で冷静に試合を振り返った。「（相手の校歌を聞きながら）3年間のいろんなこと、思い出が浮かんできた」と感慨に浸った。

礒部先制2ラン

一回、バックスクリーンに2ランを放った礒部主将。チームに弾みをつける一発だった。真ん中の直球を捉えると、風にも乗ってぐんぐん伸びた。「（中堅手を）越えたのは分かったけど本塁打を確信したのは二塁ベースを回ってから」と振り返った。

4打数3安打2打点。全開のバットにもかかわらず、勝利の女神は西条農にほほ笑まなかった。「短かったが、甲子園でプレーできてよかった」。あふれる思いをこらえて、言葉を絞り出した。

西条農	2	0	0	0	0	1	0	0	0	3
我孫子	1	0	0	0	0	0	2	3	×	6

【西条農】		打	安	点	振	球
⑥	木村	4	1	0	1	0
⑦	多賀	4	0	0	2	0
⑧	北ケ市	4	2	0	0	0
②	礒部	4	3	2	0	0
③	福島	4	1	0	0	0
①	堀	4	1	1	1	0
⑨	小早川	3	0	0	2	1
⑤	井上	3	0	0	1	0
H	岡村	1	0	0	1	0
④	中広	4	1	0	2	0

犠	盗	失	併	残	打	安	点	振	球
0	0	1	3	6	35	9	3	10	1

【我孫子】		打	安	点	振	球
⑥	中島	4	0	0	0	0
⑤	遠藤	3	0	0	1	1
③	大黒	4	3	0	1	0
①	荒井	4	1	1	1	0
⑦	海老原	2	0	0	1	1
7	岡	0	0	0	0	0
H7	浪川	0	0	0	0	1
⑨	富石	4	2	1	1	0
④	田子	4	1	1	0	0
②	村石	2	1	0	0	0
⑧	高橋	3	3	2	0	0

犠	盗	失	併	残	打	安	点	振	球
1	0	2	1	4	30	11	5	5	3

▽本塁打　礒部（荒井）▽二塁打　北ケ市▽暴投　堀

投手	回	打	安	振	球	責
堀	8	34	11	5	3	5
荒井	9	36	9	10	1	1

メモ

「初出場初V」

第73回大会は大阪桐蔭（大阪）が決勝で沖縄水産（沖縄）を13−8で破り、初出場初優勝を飾った。同じく初出場だった選抜は準々決勝で松商学園（長野）に敗れたが、選手権は猛打で勝ち上がった。特に5番沢村通は個人大会最多塁打（27）、個人大会最多三塁打（4）と二つのタイ記録（当時）を残した。

【ベンチ入りした主なプロ野球選手】

《西条農》	
礒部公一	三菱重工広島―近鉄・97年ドラフト3位―楽天
《我孫子》	
荒井修光	早大―日本ハム・96年ドラフト2位

1990年代

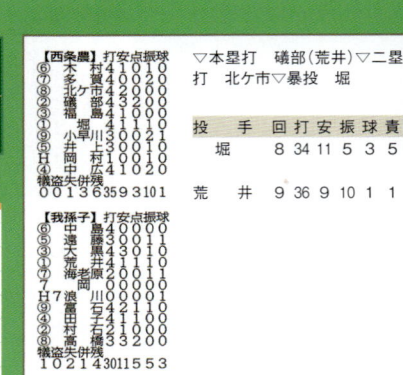

広島商－坂出商
（広島）（香川）

六回、広島商1死一、二塁、内田が左中間へ適時二塁打を放つ。投手横山、捕手大藤

広島商 しぶとく初戦突破

第64回選抜高校野球大会第2日は28日、甲子園球場で1回戦4試合を行い、広島商（広島）は昨年ベスト8の坂出商（香川）と対戦。試合巧者らしい攻めと、エース森田の好投で3－0と快勝した。

広島商はエース森田が坂出商を6安打で完封し初戦を飾った。森田は一回2死から高石の三塁打と四球で一、三塁のピンチを招いたが、後続を断ってリズムに乗った。低めに変化球を決めて打者のタイミングを外し、五回まで2安打の力投。六回に3連打されたが、盗塁死や併殺など拙攻に救われて得点を許さなかった。

広島商は三回2死から四球の武平を一塁に置いて東が左中間を深々と破る三塁打を放ち先制。続く広本の二ゴロを二塁手が後逸する間に東が生還し、2点をリードした。六回は1死一、二塁で、内田の左中間二塁打で3点目を挙げた。

鍛えた守り 起用もズバリ

「点をやらない野球」を目指してきた広島商が坂出商に完封勝ちし、金光監督に「甲子園監督初勝利」をプレゼントした。

広島商は昨秋の中国大会決勝で、「守りの差」で広陵に敗れた。その反省から守備の要の捕手を含む大幅なコンバートに取り組んだ。甲子園はその成果を実践する場だった。一試合だけで即断はできないが、金光監督は「これほど守ってくれるとは」と喜んだ。

公式戦で初めてマスクをかぶった小池は背番号「7」。六回無死一、二塁のピンチは重盗を試みた二塁走者を三塁で刺し、反撃の芽を摘んだ。金光監督の「広商のグラウンドと一緒だと思って、伸び伸びやれ」の言葉に励まされ、インサイドワークにもさえを見せた。「決め球を絞らせなかった」と好リードで森田を支えた。

左翼に入った1年の田中は公式戦初出場。2安打を放って金光監督の期待に応え、捕手から一塁手へ転じた広本も無難な守りを見せた。打順も組み替え、新布陣で臨んだ「ニュー広商」。初戦突破でつかんだ自信が、上位進出へ向けて一番の推進力になりそうだ。

森田 初の完封劇

「まだ、一度も完封はないので九回は意識しました」。広島商の森田が公式戦初完封を甲子園の晴れ舞台で堂々とやってのけた。最後の打者を三ゴロに仕留めるとマウンド上で「よし」と右の拳を小さく振って、遠慮がちにガッツポーズ。喜びを静かに表現した。

立ち上がりの一、三塁、そして六回の3連打。ピンチらしいピンチはそれだけ。二回以降は「相手がストレートを狙っている」という捕手小池のアドバイスもあって変化球主体の配球に切り替えた。コンバートされた小池とコンビを組んでまだ1カ月足らずの急造のバッテリーだが、息はぴったり。バックを信頼して打たせて取る投球に専念しピンチを脱した。

1年生の夏から毎日、お米を2千粒数えて集中力と指先の感覚を養ってきた。「九回まで集中して投げ切れたのも、その訓練のおかげ」。広島商に5年ぶりの選抜勝利をもたらしたエースは顔をほころばせた。

坂出商	0	0	0	0	0	0	0	0	0	0
広島商	0	0	2	0	0	1	0	0	×	3

メモ

「初陣」

広島商の金光興二監督が、就任3年目で初めて甲子園で采配を振った。「バント失敗や走塁ミスはあったが、選手がよくやってくれた。采配はまだまだ勉強不足。選手と一緒に考えながらやっていく」。試合後には、主将として全国制覇した1973年夏以来、19年ぶりに甲子園で校歌を歌い、「じーんとくるものがあった」と感慨に浸った。

【坂出商】	打	安	点	振	球
⑧ 坂本	4	1	0	2	0
8 大西	0	0	0	0	0
⑨ 西	4	2	0	0	0
⑥ 高石	4	2	0	0	0
④ 杉本	3	0	0	0	1
③ 大坪	3	0	0	1	0
⑤ 木下	2	0	0	1	0
H5 錦	1	1	0	0	0
⑦ 曽根	2	0	0	1	0
7 山地	1	0	0	0	0
② 大藤	3	0	0	1	0
2 宮崎	0	0	0	0	0
① 横山	3	0	0	0	0

犠盗失併残
0 0 2 1 4 30 6 0 6 1

【広島商】	打	安	点	振	球
④ 桧山	4	1	0	1	0
⑤ 武平	3	1	0	1	1
⑧ 東	3	1	1	0	1
③ 広本	2	0	0	0	1
R 川上	0	0	0	0	0
3 小松	1	0	0	1	0
⑥ 光元	3	1	0	0	0
⑨ 内田	4	1	1	2	0
⑦ 田中	3	2	0	1	0
① 森田	2	0	0	1	0
② 小池	3	0	0	2	0

犠盗失併残
2 1 0 1 6 28 7 2 9 3

▽三塁打　高石、東、桧山▽二塁打　内田、錦▽ボーク　横山

投手	回	打	安	振	球	責
横山	8	33	7	9	3	2
森田	9	31	6	6	1	0

広島商－天理
（広島）（奈良）

広島商、8強入りならず

第64回選抜高校野球大会第5日は1日、甲子園球場で、1回戦最後のカードと2回戦2試合の計3試合を行った。ナイターとなった第3試合で、広島商（広島）は天理（奈良）と対戦。二回、天理のバント攻勢に守備が乱れ、2失策が絡んで3失点。三回に東の三塁打で1点差としたが、2－3で敗れた。

広島商は二回の守備の乱れが致命傷となった。先頭の山本に死球。送りバントを捕った一塁手広本がベースカバーに入った桧山に悪送球し無死一、三塁。中村の左犠飛で先制された。さらに送りバント、バント安打、二盗で2死二、三塁。小寺の遊ゴロを、遊撃手光元が一塁へ悪送球して2者が生還し、計3点を失った。

打線は三回2死一、二塁から、東の右翼線三塁打で2点を返したが、三、五回の無死の走者を生かせず、追い付けなかった。

攻守のミス響く

「負ける時はこういう展開」。広島商・金光監督の危惧が当たってしまった。バント失敗、走塁ミス、守備の乱れ…。広島商らしからぬ雑なプレーが相次ぎ、準優勝した1973年以来、19年ぶりの8強入りを逃した。

「3、4点の攻防で後半勝負」と金光監督は読んでいたが、二回の3失点が重くのしかかった。この回の天理の安打は福田の三塁線バント安打だけ。二つの送球ミスで傷口を広げた。特に無死一塁からのバント処理は、一塁にコンバートされた広本が繰り返し練習したプレー。「丁寧にやろうとし過ぎた」と広本。余分な力が入り、一塁ベースカバーの桧山への送球がそれた。

攻めては3度のバント失敗。走塁ミスも重なり、好機をつぶした。正確なバントでチャンスを広げた天理と対照的だった。

金光監督は「甲子園では派手さはなくても、どれだけきっちりしたプレーができるかどうか。天理にそれを教えてもらったし、選手も体験して分かったはず。夏へ向けて、全てをやり直します」。精神面の強化を含めて出直しを誓った。

エース森田、悪夢の二回

広島商のエース森田にとっては悪夢の二回だった。先頭打者に死球を与え、手痛いエラーも重なった。わずか1安打であっという間に3点を失った。「僕が簡単に先頭打者に死球を与え、守りのリズムを崩したのがいけなかった」と責任を背負った。

「きょうはスライダーが決まらなかったので苦しかった」。得意のスライダーがすっぽ抜ける場面が目立ち、速球主体の投球に活路を求めた。直球に緩急をつけ、時折、カーブを交える苦心の配球だったが、9回を投げ切った。被安打は5で自責点はゼロ。「悪いなりに天理打線を抑えられた」とちょっぴり胸を張った。

甲子園2試合のマウンドについて「投球に粘りがなかった」と反省。「体重をもう10キロ増やして、簡単に送りバントをされたり、犠飛を簡単に打たれたりしない球威をつけたい」と夏への課題を口にした。

右翼線を狙って 東が2点三塁打

三回2死一、二塁から三塁打を放ち、2打点を挙げた東。「天理の守りは左中間、右中間を意識的に狭くしていたようなので右翼線を狙ったのが当たった」と振り返った。

1点差に迫ったが、追い付けず惜敗。「チームが自然と盛り上がる雰囲気づくりができなかった。チャンスで打つだけでなく、チャンスをつくることも大切だと実感しました」と反省していた。

三回、広島商2死一、二塁、東が右翼線に2点三塁打を放つ。投手西岡、捕手中村

天理	0	3	0	0	0	0	0	0	0	3
広島商	0	0	2	0	0	0	0	0	0	2

メモ

「ラッキーゾーン撤去」

大会前の甲子園球場の改修工事で、1947年に設置されたラッキーゾーンが撤去された。広い球場が各地に新設され、ラッキーゾーンが時代の流れに合わなくなったのが理由。外野が広くなったことで、本塁打は前回の18本から7本に激減した。逆に三塁打は30本と急増。過去5年の平均を約10本上回った。

【天理】		打	安	点	振	球
⑧	小寺	4	0	0	2	0
④	峰岡	4	2	0	1	0
⑤	山崎	4	1	0	0	0
③	大西	4	0	0	1	0
⑨	山本	2	1	0	1	2
⑦	堀之内	3	0	0	0	0
②	中村	3	0	1	0	0
①	西岡	3	0	0	1	0
⑥	福田	4	1	0	1	0

犠盗失併残
3 1 0 1 6 31 5 1 7 2

【広島商】		打	安	点	振	球
④	桧山	4	1	0	1	0
⑤	武平	4	1	0	0	0
⑧	東	3	1	2	0	1
③	広本	3	0	0	2	0
3	小松	1	0	0	0	0
⑥	光元	4	1	0	0	0
⑨	内田	3	1	0	0	1
⑦	田中	4	0	0	1	0
②	小池	1	0	0	0	2
①	森田	2	1	0	0	1

犠盗失併残
0 0 2 0 5 29 6 2 4 5

▽三塁打　東▽二塁打　山本

投手	回	打	安	振	球	責
西岡	9	34	6	4	5	2
森田	9	36	5	7	2	0

1990年代

⑲⑦ 1992年3月31日
第64回選抜高校野球大会1回戦

広陵（広島）－福岡工大付（福岡）

一回、広陵2死一塁、篠原が右中間へ適時三塁打を放つ。投手掛本、捕手簑原

広陵圧勝 15安打14得点

第64回選抜高校野球大会第4日は31日、甲子園球場で1回戦4試合を行った。
連覇を狙う広陵（広島）は、福岡工大付（福岡）の主戦掛本を攻略し、一回に4安打で3点を先取。四回には打者12人で8点を奪い、14－1で大勝した。

広陵が15安打で14点を奪い、福岡工大付に圧勝した。

一回2死三塁から塩崎の遊撃内野安打で先制。続く篠原、牧山の連続長打で3点を挙げた。二、三回は村上、大崎の適時打で小刻みに加点。四回には打者12人を送る猛攻で大量8点を加えて試合を決めた。

広陵の先発塩崎は緩急をつけた巧みな投球で六回まで2安打。七回に2番手牧山が1点を失ったが、危なげなく逃げ切った。

強力打線 そつない攻撃

広陵は一回から猛攻をかけた。福岡工大付の右横手投げのエース掛本に対し、中井監督は「（打順の）一回りまでは、打席の一番前でベース寄りに立ち、インコースは捨てて外角のスライダー一本に絞れ」と指示。ナインは忠実に対応して4長短打で3点を挙げ、試合の流れを引き寄せた。

終わってみれば7本の長打を含む15安打。監督の指示に応えた強力打線に加え、相手のミスを突いて次の塁を狙う隙のなさ、確実に走者を進めるうまさなど、完成度の高い攻撃を随所に披露した。

中井監督は「実戦は久しぶりだし、持っているものはすべて試した。選手は伸び伸びやってくれましたよ」と手応えを感じていた。

エース塩崎 投打で活躍

広陵のエース塩崎は四回に打球を右足首に受けたものの、6回を2安打に封じた。打線では4番に座り、3安打3打点。投打にフル回転した。

三回まではパーフェクトピッチング。緩いカーブを効果的に使って打者のタイミングを狂わせ、意表を突いて右打者の内角に直球を投げ込んだ。緩急自在の投球が成長を実証した。

大差がついた上、足首のアクシデントもあり、七回から一塁へ。大勝したものの「最後まで投げたかった」とエースの責任感を口にした。

充実の布陣 快挙に挑む

広陵は1回戦屈指の好カードといわれた福岡工大付との対決で大勝した。「優勝候補」の名に恥じない戦いぶりで連覇への期待を膨らませた。

九州大会覇者ながら初出場の福岡工大付。通路で試合を待つ表情は硬く、言葉も少ない。対照的に、昨春の優勝メンバー7人が残る広陵は余裕が漂っていた。

中井監督は今チームを「攻守とも力は昨春より上」と評価してきた。昨年もクリーンアップで活躍した村上と篠原はともに長打を含む複数安打。エース塩崎は6回を2安打無失点に抑えた。「昨年より力は付いたと思うし、打席でも余裕がある」と村上。優勝でつかんだ自信をのぞかせ、1年間の練習で養ったパワーを証明した。

春連覇へ「出るからには目標は大きく」と篠原主将。充実した布陣で、10年ぶり史上3度目の快挙への階段をまず一つ上った。

福岡工大付	0	0	0	0	0	0	1	0	0	1
広　陵	3	1	1	8	0	1	0	0	×	14

メモ

「春連覇」

春連覇は春夏連覇よりも難しいといわれる。学年が替わり、メンバーの大半が入れ替わっているからだ。過去の春夏連覇は作新学院（1962年）中京商（66年、現中京大中京）箕島（79年）PL学園（87年）横浜（98年）興南（2010年）大阪桐蔭（12、18年）の8度。一方、春連覇は第一神港商（1929、30年）PL学園（81、82年）大阪桐蔭（2017、18年）の3度しかない。

【福岡工大付】		打	安	点	振	球
④	上野	4	1	0	0	0
⑤	福原	3	0	0	0	1
⑨	石川	4	0	0	1	0
⑦	岡田	3	0	0	0	0
H	宮本	0	0	0	0	1
⑥	赤間	3	2	0	0	0
6	大野	1	0	0	0	0
③	細川	1	0	0	0	1
H	草野	1	0	1	0	0
3	植木	0	0	0	0	0
②	簑原	2	0	0	0	0
2	室原	0	0	0	0	0
①	掛本	2	0	0	1	0
1	白石	1	0	0	1	0
⑧	林	3	0	0	1	0

犠盗失併残
1 0 4 0 4 28 3 1 4 3

【広　陵】		打	安	点	振	球
⑤	伊藤	3	0	0	1	2
H4	原	1	0	0	0	0
⑧	田岡	4	2	2	0	2
⑥	村上	6	2	1	2	0
①3	塩崎	6	3	3	1	0
1	寺山	0	0	0	0	0
⑦	篠原	6	3	1	0	0
⑨13	牧山	5	3	3	0	0
③	亀沢	3	0	0	0	1
9	高橋	0	0	0	0	1
④	山本	3	1	0	0	1
H	児玉	1	0	0	1	0
5	増野	0	0	0	0	0
②	大崎	3	1	1	0	1

犠盗失併残
1 4 1 2 12 41 15 11 5 8

▽三塁打　篠原、赤間▽二塁打　田岡、牧山2、篠原、村上、塩崎、赤間▽暴投　掛本、白石▽ボーク　白石

投手	回	打	安	振	球	責
掛本	6	42	15	2	6	7
白石	2	8	0	3	2	0

投手	回	打	安	振	球	責
塩崎	6	21	2	3	2	0
牧山	2	7	1	1	0	1
寺山	1	4	0	0	1	0

広陵－育英
（広島）　（兵庫）

広陵 春連覇の夢散る

第64回選抜高校野球大会第7日は3日、甲子園球場で2回戦の3試合を行った。広陵（広島）は打線が育英（兵庫）の主戦森山を攻略できず、0－4で敗れた。

広陵は育英の左腕森山から決定打を奪えなかった。打順が2巡目に入った四回から毎回、安打や敵失などで無死の走者を出したが、緩急をつけて丁寧に低めを突く森山の投球にタイミングが合わず、好機をつぶした。八回には四球と田岡の安打で無死一、二塁。犠打で二、三塁としたが、三ゴロで飛び出した三塁走者が三本間で挟殺され、併殺でチャンスを逃した。

主戦塩崎は変化球を駆使して粘りの投球をしていたが、九回に失策も絡んで2点を失い、万事休した。

細かなミス 重なり焦り

「悔いの残る場面。私のミスでした」。中井監督が振り返ったのは六回無死一塁、2番伊藤の打席だった。1点差。犠打も考えられたがサインは強攻だった。結果は遊飛。中軸も倒れ、好機を生かせなかった。

強攻策の伏線は度重なる細かなミスにあった。伊藤は四回、無死一塁でバントを決められず、遊飛に終わっている。三回の2死三塁の守備では、育英・大村の高いバウンドの遊ゴロを村上が待って捕り内野安打に。先制を許した。「肩には自信があったので」と村上。大村は俊足だけに悔やまれるプレーだった。

主導権を握れず、監督を含めたチーム全体に次第に焦りが生まれた。八回1死二、三塁の同点機。三ゴロで打者走者がアウトの直後、飛び出した三塁走者が挟殺。一瞬にして好機はついえた。磨いてきたはずの走塁で痛恨のミスだった。八、九回の失点は失策絡み。攻守のほころびを修復できないまま試合は終わった。

走者を4度、犠打やエンドランで進塁させ、2度得点に結び付けた育英と対照的だった。走攻守に高いレベルでまとまったチームに対し、「ここ一番で打てるか、守れるか」中井監督。技術より精神面の大切さを学んだ敗戦だった。

左腕森山を 攻略できず

育英の左腕森山の軟投にかわされた広陵打線。篠原主将は「（これまでは）打てなくても点を取れたのに、きょうは塁に出ても取れなかった。相手投手の術中にはまった」と悔しがった。

六、七回からナインに焦りの色が見え始めた。「自分たちでつかんだ甲子園。楽しくやろう」とリラックスさせるために声を掛けたが、実らなかった。「力がなかった。夏までに鍛え直してきます」と前を向いた。

夏に雪辱誓う 中井監督

大会史上3校目の春連覇が懸かっていた広陵。1回戦では優勝候補の前評判通りの力を発揮したが、この日はちぐはぐな野球で力を出し切れず、育英に零封負けした。

中井監督は「連覇は初めからできるとは思っていないですから」とプレッシャーを否定した。一方で「1回戦に大勝して、自分も選手も隙があったのかなとも思う」。緩いカーブと直球を低めに集める育英の左腕森山にわずか5安打。守ってもミスが相次ぐ後味の悪い敗戦だった。

「負けるのがこんなに悔しいとは知りませんでした」。昨春の1回戦で本塁打を放った田岡は真っ赤に目を腫らした。中井監督も昨春の優勝を経験した7人も甲子園での初黒星。中井監督は「この敗戦が自分らに『もっと勉強せい』と教えてくれたと思う。この悔しさを練習にぶつけて一回りも二回りも大きくなって帰ってきたい」と夏に向けて雪辱を口にした。

八回、広陵1死二、三塁、村上の三ゴロで一塁への送球間に三塁走者の山本（左から3人目）が飛び出し、三本間で挟殺される。⑧は二塁走者の田岡

育英	0	0	1	0	0	0	0	1	2	4
広陵	0	0	0	0	0	0	0	0	0	0

【育英】	打	安	点	振	球
⑧ 大村	5	2	1	1	0
④ 安田	1	0	0	0	1
⑥ 山田	4	1	1	1	0
② 衣川	4	0	0	0	0
⑨ 岸江	4	0	0	0	0
⑦ 萩原	4	1	0	1	0
③ 西内	3	2	0	0	1
⑤ 中務	2	0	0	0	1
① 森山	4	1	2	3	0

犠	盗	失	併	残	打	安	点	振	球
3	0	2	2	6	31	7	4	6	3

【広陵】	打	安	点	振	球
⑧ 田岡	4	3	0	1	0
⑤ 伊藤	3	0	0	0	0
⑥ 村上	4	0	0	0	0
① 塩崎	3	1	0	0	1
⑦ 篠原	4	1	0	1	0
⑨ 牧山	3	0	0	0	0
③ 亀沢	3	0	0	1	0
② 大崎	3	0	0	2	0
④ 原	1	0	0	0	0
H 高橋	1	0	0	0	0
4 山本	0	0	0	0	1

犠	盗	失	併	残	打	安	点	振	球
3	1	3	0	7	29	5	0	5	2

▽二塁打　森山▽暴投　塩崎2

投手	回	打	安	振	球	責
森山	9	34	5	5	2	0
塩崎	9	37	7	6	3	3

メモ

「三度目の正直」

決勝は帝京（東京）－東海大相模（神奈川）の関東勢対決となった。帝京は1989年の選手権を制覇。しかし、選抜は2度決勝に進みながら、80年は高知商、85年は伊野商の高知勢に敗れ、準優勝に終わっていた。3度目の決勝はエース三沢興一（元巨人）の力投で、3－2で競り勝ち初優勝。史上18校目の春夏制覇を達成した。

【ベンチ入りした主なプロ野球選手】

≪育英≫

大村直之	近鉄・94年ドラフト3位－ソフトバンク－オリックス
衣川幸夫	近鉄・93年ドラフト4位－ヤクルト

⑲⑨ 1992年7月28日
第74回全国高校野球選手権広島大会決勝

広島工－広島商
（広島）　（広島）

延長十五回、広島工1死満塁、片岡が中前へサヨナラ打を放ち、ガッツポーズをみせる。投手森田

広島工 延長15回を制す

第74回全国高校野球選手権広島大会最終日は28日、広島市民球場で決勝が行われ、広島工が広島商を破って6年ぶり4度目の優勝を飾り、甲子園切符を手にした。
2－2で、決勝としては22年ぶりの延長に入った。広島工は十五回1死満塁から片岡が中前打しサヨナラ勝ちした。

延長十五回、広島工が劇的なサヨナラ勝ちで接戦を制した。先頭の河本が内野安打と敵失で二進。安打と敬遠四球などで1死満塁とし、片岡が中前に決勝打を放った。

広島工は一回、平本の左越え本塁打で先制。さらに安打と敵失などで1死満塁とし、山田の二ゴロで2点目を挙げた。広島商に追い付かれたものの、片岡が力投し、バックも再三のピンチを好守で切り抜けて勝ち越しを許さなかった。

広島商は六回、内田の適時二塁打で1点。七回は桧山の適時三塁打で試合を振り出しに戻した。十三、十四回には無死から二塁打が出たが、送りバント失敗。拙攻で勝機を逃した。

エース片岡 投打に殊勲

広島の高校野球史に新たな「熱闘譜」が書き加えられた。延長十五回、3時間38分の息詰まる攻防を制した広島工。投打の主役はエース片岡だった。

十五回1死満塁で7打席目が巡ってきた。7球目。広島商・森田の高めの直球を振り切った。打球はライナーで中前へ。中堅手の前で小さくバウンドし、劇的なサヨナラ勝ち。一塁を駆け抜けると大きくガッツポーズが出た。「甲子園へ行くにはおまえがやるしかないと、監督に言われた。自分で決めると言い聞かせて打席に入った」。気迫の一打だった。

投げては1人でマウンドを守り抜いた。223球の熱投だった。5月の連休前、右すねを疲労骨折。約1カ月間、筋力トレーニングだけで過ごした。投球練習を再開したのは6月に入ってから。ぶっつけ本番で臨んだ大会だった。覚えたばかりのチェンジアップを勝負球に要所を締めた。

「延長戦に入ってから握力はなくなったけれど、気迫だけで投げた」。大激戦をくぐり抜けた自信を財産に甲子園へ臨む。

「選手のおかげ」 青年監督、喜びの涙

甲子園への切符を手にしたのは、23歳の青年監督と弟のような選手18人。試合後、宮川監督は174㌢、90㌔の体を震わせて泣いた。「選手のおかげ。僕は何にもせんかった」。胴上げされ涙を拭った。

就任4カ月目の新米監督にとって、延長十五回は苦しかった。一回に2点を先制した時は「甲子園が頭にちらついた」と言うが、延長に突入し、青くなった。好投する広島商・森田の前に再三の好機を生かせない。選手には「諦めるな」と言い聞かせたが、「僕の方がまいっていた」と胸の内を明かした。

十三回2死満塁で打者はエース片岡。「ここまで投げた片岡だから、絶対やってくれる」と祈った。結果は中飛。十五回1死満塁で再び片岡。「やってくれる」という思いは変わらない。片岡は期待に応えた。

宮川監督が4月に就任した当初、チームには「すぐに妥協するようなムードがあった」と言う。それだけに、勝ちへの執念を強く植え付けた。広島大会の犠打は広島商の9に対して31。宮川監督は「チャンスは絶対ものにする気持ちを示したかった」。捕手小原も「監督の『確実に』の姿勢にみんな納得していた」と振り返る。

6年前、広島工の選手として出場した甲子園。青年監督は「これだけ苦しんだのだから、もう怖いものはない」と笑った。

広島商	0	0	0	0	0	1	1	0	0	0	0	0	0	0	0	2
広島工	2	0	0	0	0	0	0	0	0	0	0	0	0	0	1	3

（延長十五回）

メモ

「2度目の延長戦」

広島工・片岡、広島商・森田のともに220球を超える投手戦は、延長十五回で勝敗が決した。広島大会で決勝が延長に入ったのは、1970年の広島商－広陵以来、22年ぶり。広島が1県1校の単独代表となった58年以降では2度目だった。決勝の延長はこれまで5度。ほかには、2007年の広陵－総合技術（十一回）、13年の新庄－瀬戸内（十五回引き分け）、18年の新庄－広陵（十回）がある。

【広島商】		打	安	点	振	球
④	桧山	6	2	1	2	1
③	小松	7	2	0	0	0
⑧	東	5	1	0	0	1
⑥	光元	5	1	0	0	1
⑨	内田	4	2	1	2	2
⑦	田中	4	0	0	3	0
7	谷本	0	0	0	0	0
H	広本	1	0	0	0	0
7	片岡	0	0	0	0	1
②	小池	6	2	0	1	0
⑤	武平	6	1	0	1	0
①	森田	4	0	0	1	0

犠	盗	失	併	残	打	安	点	振	球
3	0	2	1	10	48	11	2	10	6

【広島工】		打	安	点	振	球
⑨	平本	5	2	1	0	0
④	伊達	3	0	0	1	3
⑥	向井	4	1	0	0	3
⑦	新井	6	0	0	1	0
⑤	加藤	6	1	0	0	0
R	能仁	0	0	0	0	0
5	河本	1	1	0	0	0
③	山田	7	0	1	2	0
⑧	芳村	5	1	0	1	2
②	小原	5	2	0	1	2
①	片岡	7	2	1	0	0

犠	盗	失	併	残	打	安	点	振	球
4	4	0	3	17	49	10	3	6	10

▽本塁打　平本（森田）▽三塁打　桧山▽二塁打　内田2、桧山、小松

投手	回	打	安	振	球	責
森田	14⅓	63	10	6	10	2
片岡	15	57	11	10	6	2

広島工（広島）－仙台育英（宮城）

広島工 がっちり初戦突破

第74回全国高校野球選手権大会第4日は13日、甲子園球場で1回戦4試合を行った。広島工（広島）は手堅い攻めで得点を重ね、仙台育英（宮城）を4－1で下した。

広島工は1－1で迎えた六回、先頭の向井が右翼線二塁打。二塁へのけん制球を遊撃手が後逸する間に向井が三進し、新井の中犠飛で勝ち越した。

七回には右前打の片岡が犠打と一ゴロで三塁へ進み、四球の向井が二盗して2死二、三塁。新井が中前にはじき返し2点を加えた。

エースの片岡は四回、2安打と犠打で1点を失ったが、その後は変化球主体の投球で仙台育英の反撃をかわした。

選手と監督が一体

広島工の宮川監督は23歳。4月に監督に就任したばかりだ。仙台育英・竹田監督は56歳。春夏通算24度目の甲子園という大ベテラン。新旧監督の采配も見どころの一つだった。

広島工は二回2死から先取点を奪った。無死で走者を出したが、バント失敗で二封。宮川監督は次打者の加藤にもバントを命じて2死二塁とし、芳村が右前にはじき返し1点を奪った。「二塁に送って、タイムリーを待つ」。広島大会で何度も見せた戦法が先取点につながった。

仙台育英は三、五回に2度のバント失敗。流れを手繰り寄せられなかった。宮川監督は「竹田さんがバントの指示をした時、うちの野球を意識しているなと感じた」と話す。宮川監督は気持ちの上で、竹田監督と対等の立場に立っていた。六回に向井の右翼線二塁打を足場に勝ち越し。「中盤までで、小野君の投球パターンは読めていたので、真っすぐに的を絞らせた」と振り返った。

体重90キロ。「体の大きさだけが僕の武器ですから」。ベンチでの存在感と選手との信頼感。監督と選手が一体となってつかんだ初戦突破だった。

勝負球は変化球

エース片岡

広島工のエース片岡は仙台育英打線を6安打、1失点に抑えた。「一、二、三のリズムで振ってくるので、捕手の小原と相談して途中からストレートを少なくし、勝負球は変化球にした」。配球パターンの変更が奏功した。四回に同点とされたが、味方打線を信頼し、自分の投球に専念した。

広島大会決勝の広島商戦に比べて、「7、8割の投球（内容）」と満足感はいまひとつ。それでも、「緩いカーブが良かったのでまずまず」と初戦突破に笑みを浮かべた。

二回、広島工2死二塁、芳村の右前適時打で二塁走者の山田が生還し、先制する。捕手鈴木

1990年代

仙台育英	0	0	0	1	0	0	0	0	0	1
広島工	0	1	0	0	0	1	2	0	×	4

メモ

「兄弟出場」

六回に勝ち越し犠飛、七回に勝負を決める2点打を放った4番の新井孝助。3歳違いの兄友助も広島工OBで、1989年の選抜大会に出場。投手として甲子園のマウンドに立った。新井が甲子園に出発する前に、兄から「広島大会で打てなくても甲子園では打てる。思い切りやってこい」と背中を押された。兄の助言通り、この日3打点の活躍。兄は準々決勝で敗れており「兄を追い抜くことが夢」と目標を語った。

【仙台育英】	打	安	点	振	球
④三崎	3	1	0	1	1
⑦佐藤	3	0	0	1	0
⑧西田	4	1	0	1	0
③岸柳	3	1	0	1	0
②鈴木	3	0	0	1	1
⑤中西	3	2	1	0	1
⑥武田	4	0	0	0	0
⑨工藤	4	1	0	1	0
①小野	3	0	0	0	1

犠盗失併残
20108 30 6 1 6 4

【広島工】	打	安	点	振	球
⑨平本	2	1	0	0	1
④伊達	3	0	0	0	0
⑥向井	2	1	0	1	2
⑦新井	2	1	3	1	1
③山田	4	1	0	1	0
⑤加藤	3	1	0	0	0
⑧芳村	3	2	1	0	0
②小原	4	0	0	1	0
①片岡	4	1	0	1	0

犠盗失併残
53008 27 8 4 5 4

▽二塁打　工藤、向井▽暴投　片岡

投手	回	打	安	振	球	責
小野	8	36	8	5	4	3
片岡	9	36	6	6	4	1

【ベンチ入りした主なプロ野球選手】

≪仙台育英≫

鈴木郁洋	東北福祉大―中日・98年ドラフト4位―近鉄―オリックス

広島工－桐陽
（広島）（静岡）

桐陽を8安打2点に抑え、完投勝ちした広島工の片岡

広島工 反撃しのぎ白星

第74回全国高校野球選手権大会第8日は17日、甲子園球場で2回戦4試合を行った。広島工（広島）は桐陽（静岡）と対戦。四回に2点を先制し、七回にも1点を追加。エース片岡が終盤の桐陽の反撃を2点にしのいで、3－2で逃げ切った。

広島工が終盤の桐陽の追い上げをかわし、1点差で逃げ切った。

四回無死から向井が中越え三塁打。1死後、山田が右前に運んで先制した。さらに加藤の左前二塁打と芳村の四球で満塁とし、小原の中前打で2点目。七回には四球の走者を山田の右中間三塁打でかえし、リードを3点に広げた。

エース片岡は変化球を軸に打たせて取る投球で七回まで3安打、無失点。好投したが、後半疲れからか球威が落ちた。八回に3安打を浴びて1失点。九回も代打攻勢で1点を失い、なおも1死一、三塁のピンチを招いたが、後続を断った。

風を味方に逃げ切る

左翼から右翼へ強風が吹き抜けたこの試合。風を味方にした広島工が3－2で逃げ切った。

一、二回は無死の走者をバントで送りながら得点に結びつけられなかったが、四回に4長短打で2点を先取した。幸運だったのは1点を先制後の1死一塁の場面から。加藤の左翼へ高く上がった打球は風に押し戻されて二塁打となった。芳村四球で満塁の後、小原も平凡なフライ。風で流され、中前に落ちて2点目を挙げた。広島工の宮川監督は試合前「風が勝負を決める」との予感があったという。

とはいえ、宮川監督には苦い勝利でもあった。12安打で3点。残塁は11を数えた。「私自身を含めて、集中力に欠けていた。これじゃいけないと気分を引き締めたんです」。気の緩みもあって、終盤に桐陽の反撃を許しただけに、反省しきりだった。

2回戦の辛勝を薬に、夏の大会で初のベスト8に挑む。相手は明徳義塾（高知）だ。宮川監督は「力と力がぶつかる試合をする」と気合を入れていた。

「勝てたから100点」
片岡

広島工のエース片岡は終盤、桐陽の反撃に遭った。「体の切れが悪かった。直球は走らず高めにいった。いいところがなかった」と振り返った。

前日から下痢気味で、体調が悪かったのも影響した。「終盤はバテた」と苦心の投球だったことを明かし「向こうがカーブを引っかけてくれたので助かった。勝てたから100点ですかね」と初めて白い歯を見せた。

初の3安打に笑顔
山田

「直球を初球から狙っていた。監督の指示通りの右打ちができました」。2本の適時打を含む3安打、2打点の広島工・山田は満足そうに顔をほころばせた。

広島大会では6試合でわずか4安打。打率2割と不振にあえいだ。1回戦の仙台育英（宮城）戦では1安打したが、好機に凡退するなど、いいところがなかった。「調子は悪くなかったが、いい当たりが正面を突くなど不運も続き、気分的に落ち込んでいた」。同じく広島大会で不調だった新井が1回戦で3打点の活躍。試合前、新井と話をしながら「今日はおれの番かも」と感じたという。

帽子のつばの裏に書いた言葉は「無心」。0－0で迎えた四回1死三塁での打席でも「まさに無心だった」。初球、真ん中やや外寄りの直球を思い切りたたくと、打球は一、二塁間を鋭く破り、待望の先取点。「やっとチームに貢献できた」と喜んだ。

七回にも初球を狙い打ち、右中間へ適時三塁打。公式戦初の3安打を記録した。「このまま好調を持続し、もっと活躍します」と意気込んだ。

桐陽	0	0	0	0	0	0	0	1	1	2
広島工	0	0	0	2	0	0	1	0	×	3

メモ

「出場1度」

桐陽の甲子園出場は春夏を通じて第74回大会の1度だけ。同校のように、春か夏のどちらか1度しか出場していない学校は全国で385校ある。最多は北海道の26校。最少は岡山、香川の2校。出場1度で優勝している学校は2校で、1964年の選抜を制した海南（徳島、現海部）と、65年選手権の覇者の三池工（福岡）。ともに5勝を挙げている。

【桐陽】		打	安	点	振	球
⑧	松田	5	2	0	0	0
⑥	関根	5	1	0	0	0
⑨7	鈴木	4	1	0	1	0
②	山田	4	1	1	0	0
③	横川	4	0	0	3	0
⑦	山本直	3	1	0	0	0
9	石井	1	0	0	1	0
④	勝村	3	0	0	0	0
H	志賀	1	1	0	0	0
①	川口	3	0	0	0	0
H	竹中	1	1	1	0	0
⑤	川満	3	0	0	0	1

犠盗失併残
0 0 1 0 9 37 8 2 5 1

【広島工】		打	安	点	振	球
⑨	平本	5	2	0	0	0
④	伊達	4	0	0	0	0
⑥	向井	3	1	0	1	1
⑦	新井	4	1	0	0	0
③	山田	4	3	2	0	0
⑤	加藤	3	1	0	0	0
⑧	芳村	3	1	0	0	1
②	小原	4	1	1	0	0
①	片岡	4	2	0	0	0

犠盗失併残
2 0 3 0 11 34 12 3 1 2

▽三塁打　向井、山田（広）竹中
▽二塁打　加藤

投手	回	打	安	振	球	責
川口	8	38	12	1	2	3
片岡	9	38	8	5	1	2

広島工－明徳義塾
（広島）　（高知）

六回、広島工2死二、三塁、向井が右翼線へ2点三塁打を放ち、8-0とする。投手岡村、捕手青木

広島工快勝 初の8強

第74回全国高校野球選手権大会第12日は22日、甲子園球場で3回戦の残り3試合を行い、広島工（広島）は明徳義塾（高知）と対戦した。序盤から好機を確実に得点に結び付け、8－0で完勝。初のベスト8進出を決めた。

広島工が先発全員の14安打を放ち、明徳義塾を圧倒した。二回1死三塁で小原が適時二塁打を放ち先制。さらに片岡、平本の連打で計3点を奪い、明徳義塾の先発河野を攻略した。四回は2番手の市川を攻め、4安打に盗塁とエンドランを絡めて2点を加えた。

五回は新井、山田の長短打で加点。六回は3番手岡村から向井が右翼線に2点三塁打を放ち、勝負を決めた。

大量点をもらったエース片岡は伸びのある直球と変化球をコーナーへ投げ分け七回まで散発4安打。八回から救援した竹重も2回をパーフェクトに抑えた。

着実に加点 完封リレー

広島工は先発全員の14安打で8得点。片岡－竹重のリレーで4安打完封。8－0のスコア通りの快勝で、選手権初の8強への道を切り開いた。

二回1死三塁から小原の一塁線突破の二塁打で先制。宮川監督は「あの場面、スクイズは全く考えていなかった。思い切った采配が、今日はうまい方にかみ合った」と振り返る。

宮川采配を支えたのが選手との信頼感。片岡から竹重への継投にはこんなエピソードがある。宮川監督は広島大会で頑張った竹重に「5点以上差がついたらマウンドに送り出す」と約束していた。しかし、5点目、6点目が入っても宮川監督は勝ちを確信できなかった。

8点差で八回、片岡に打順が回ってきた時、「監督、竹重の出番ですよ」と選手から声を掛けられた。踏ん切りがつき、代打に能仁を送った。八回に登板した竹重は期待に応えて、2回を6人で抑えた。

準々決勝の相手は好投手の渡辺を擁し、1回戦で帝京（東東京）を破って波に乗る尽誠学園。宮川監督は「ここから先、選手とともに新しい歴史づくりが始まる」と燃えていた。

平本フル回転
3安打3打点

171センチ、66キロの小兵、平本が3安打、3打点とフル回転した。先制して迎えた二回1死二、三塁。明徳義塾の先発河野の低めスライダーを左前にはじき返し、2者を迎え入れた。「手打ちだったけれど、飛んだコースが良かった」と笑顔で振り返った。

四回1死一、二塁のチャンスで、一、二塁間を鮮やかに破る適時打。「エンドランのサインが出ていたので、右へ打って走者を進めようと思った」。直後に自慢の足を生かして二盗。伊達の今大会初安打で、5点目のホームを踏んだ。

六回は敵失で出塁し、2個目の盗塁を決めた。八回には右前に3本目の安打。「3安打で3打点は公式戦では初めて」と驚いた表情。「観衆が多かったので緊張したけれどやりがいがあった」。トップバッターは4万5千人の大観衆の前で持てる力を存分に発揮した。

広島工	0	3	0	2	1	2	0	0	0	8
明徳義塾	0	0	0	0	0	0	0	0	0	0

メモ

「ゴジラショック」

第74回大会で今に語り継がれる出来事といえば、2回戦の明徳義塾－星稜（石川）戦で、明徳義塾による松井秀喜（元巨人）への5打席連続敬遠。馬淵史郎監督の指示だった。賛否両論の大騒動となり、明徳義塾の宿舎には嫌がらせ電話がかかるなど野球に集中できる状況ではなかったという。広島工に完敗した筒井健一主将は影響を否定したが、「終わってほっとしている」と正直な胸の内も見せた。

【広島工】		打	安	点	振	球
⑨	平本	5	3	3	0	0
④	伊達	5	2	1	0	0
⑥	向井	4	1	2	0	1
⑦	新井	4	2	0	0	1
③	山田	5	1	1	1	0
⑤	加藤	4	1	0	1	1
⑧	芳村	4	1	0	0	0
②	小原	3	1	1	0	0
①	片岡	3	2	0	0	0
H	能仁	1	0	0	0	0
1	竹重	0	0	0	0	0

犠盗失併残
2 5 1 1 8 38 14 8 2 3

【明徳義塾】		打	安	点	振	球
⑥	筒井	4	2	0	0	0
④	重兼	2	0	0	0	0
H4	宮崎	1	0	0	0	0
①8	河野	4	0	0	0	0
③1	岡村	3	0	0	1	1
⑦	加用	4	1	0	0	0
②	青木	3	0	0	1	0
⑤	久岡	3	1	0	0	0
⑧	橋本	0	0	0	0	0
1	市川	1	0	0	0	0
H3	中矢	2	0	0	0	0
⑨	広畑	1	0	0	0	0
H9	藤岡	2	0	0	0	0

犠盗失併残
1 0 3 2 5 30 4 0 2 1

▽三塁打　向井▽二塁打　小原、片岡、新井2、加用

投手	回	打	安	振	球	責
片岡	7	26	4	2	1	0
竹重	2	6	0	0	0	0
河野	2	11	3	0	3	3
市川	3	14	7	2	0	3
岡村	4	18	4	0	0	0

【ベンチ入りした主なプロ野球選手】

≪明徳義塾≫

宮崎一彰	法大－いすゞ自動車－米独立リーグ－巨人・00年ドラフト7位－西武

203 1992年8月23日
第74回全国高校野球選手権準々決勝

広島工－尽誠学園
（広島）　（香川）

一回、尽誠学園1死一、三塁、岡島のスクイズで三塁走者の仲村が生還する。捕手小原

広島工零敗 4強ならず

第74回全国高校野球選手権大会第13日は23日、甲子園球場で準々決勝4試合を行った。広島工（広島）は尽誠学園（香川）の主戦渡辺を攻略できず、0―5で敗れた。

24日の準決勝は拓大紅陵（千葉）―尽誠学園、西日本短大付（福岡）―東邦（愛知）の顔合わせとなった。

広島工は序盤の失点が大きく響いた。エース片岡は一回、先頭の中道に安打を許すと、リズムに乗る前に仲村、浜口の長打とスクイズであっという間に3点を失った。二回にも中越え本塁打を浴び4点差とされた。以後は立ち直り七回まで3人ずつで抑えたが、八回に中道にこの試合2本目のソロ本塁打を浴びた。

打線は制球に苦しむ尽誠学園の主戦渡辺から一回、3四球を得たが盗塁死などで得点機を逃した。六回も3四死球で2死満塁と追い込んだが、小原の一打が中堅手の正面を突く不運もあり、零封された。

エース片岡 序盤に崩れる

広島工のエース片岡が大会4戦目でつかまった。調子がいいのか悪いのか。手探り状態のうちに尽誠学園の速攻に遭い、3点を失った。

「途中で変化球を狙われているのが分かったが、どうしようもなかった」。能仁コーチは「私のミス。もっと投げさせておけばよかった」とウオーミングアップ不足を嘆いた。

二回からは「配球パターンを変えた」。中道に2本塁打を浴びたが、三回からの5イニングは3人ずつで退けた。「一回を除けば満足のいく投球。連投の疲れもなかった」と自らの投球に胸を張った。

晴れ舞台で4試合、計34回を投げ抜き、ベスト8進出の原動力となった。「一度つぶれかけた野球部が、ここまでこれるとは思ってなかった。ナインが一丸になれたことが何よりうれしい」。エースは感慨深そうに振り返った。

「調整の難しさ痛感」 就任5カ月目の宮川監督

「優勝を狙っていたんですが、そう簡単には勝たせてもらえませんね」。広島工の宮川監督は照れを隠すように切り出した。

片岡は立ち上がりに痛打を浴びた。一回、尽誠学園の先頭中道に2球目のカーブを中前打され、仲村、浜口の長打、スクイズなどで3失点。「変化球を狙い打たれた。調整の失敗でしょう」。指揮官はエースの乱調に首をかしげた。

前日に続いての連投、第1試合に合わせての早い起床…。宮川監督は「甲子園へ来てから調整の難しさを痛感した」と言う。就任5カ月目の新人監督は一番の難題に答えを出せないまま試合に臨んでしまった。

片岡は三回以降、立ち直ったが打線の援護がなかった。尽誠学園の主戦渡辺は制球に苦しみ一回の3四球など7四死球。しかし走者を背負うと持ち球のスライダーの切れがよくなった。

尽誠学園・大河監督は「きょうは本当にうまくいきました」と振り返った。宮川監督は「僕自身が一番いい勉強をした。ここまでは周りに支えられてきたけど、ここから僕の試練が始まります」と話し、甲子園を去った。

芳村 気を吐く2安打

広島工打線の中で、芳村が3打数2安打と気を吐いた。安打はいずれもスライダーを捉えた。2本目は見事な流し打ちの右前打。「（尽誠学園・渡辺の）得意球をたたいてやろうと狙っていた。高めの甘い球をイメージ通りに打てた」と振り返った。

奮闘したものの勝利に結びつかず、試合後はタオルで涙を押さえ、声を詰まらせた。「ここまで来たら優勝しかないと思っていた。残念です」とうつむいた。

尽誠学園	3	1	0	0	0	0	0	1	0	5
広島工	0	0	0	0	0	0	0	0	0	0

メモ

「27年ぶり」

第74回大会の決勝は、ともに初優勝を目指す拓大紅陵と西日本短大付の顔合わせとなった。試合は、西日本短大付のエース森尾和貴が6安打で完封し、福岡勢では1965年の三池工以来、27年ぶりの優勝を果たした。森尾は5試合を1人で投げ抜き、4完封。計45回を投げて失点はわずか1だった。

【尽誠学園】	打	安	点	振	球
⑦中道	4	3	2	0	0
④田中	3	0	0	1	0
⑧仲村	4	1	1	1	0
③榎原	3	0	0	0	1
⑨岡島	3	1	1	0	0
⑤浜口	4	1	1	1	0
①渡辺	4	0	0	1	0
②馬生	3	0	0	0	0
⑥田代	3	0	0	1	0

犠盗失併残
2 0 0 0 2 31 6 5 5 1

【広島工】	打	安	点	振	球
⑨平本	5	0	0	1	0
④伊達	4	1	0	0	1
⑥向井	3	1	0	0	1
⑦新井	2	0	0	1	2
③山田	3	0	0	0	1
⑤加藤	3	1	0	0	0
⑧芳村	3	2	0	1	1
②小原	4	0	0	0	0
①片岡	3	0	0	0	1

犠盗失併残
1 1 0 0 1 13 0 5 0 3 7

▽本塁打　中道2（片岡）▽三塁打　仲村▽二塁打　浜口▽捕逸　馬生

投手	回	打	安	振	球	責
渡辺	9	38	5	3	7	0
片岡	9	34	6	5	1	5

204 1993年3月29日
第65回選抜高校野球大会2回戦

崇徳（広島）－大宮東（埼玉）

崇徳 痛恨2回戦敗退

第65回選抜高校野球大会第3日は29日、甲子園球場で2回戦4試合を行った。優勝候補の崇徳（広島）は大宮東（埼玉）と対戦し、先発斉藤が2本塁打を浴びて3－5で敗れた。

崇徳は2点を追う四回2死から、竹村、山田晋、高山の3連打で同点とした。3点をリードされた六回は1死二塁で竹村が右中間へ適時二塁打。2点差と詰め寄ったが、大宮東のエース貝沼のカーブにタイミングを外され、追い付けなかった。

崇徳は控えの斉藤が先発。一回、平尾に先頭打者本塁打、同点の五回には田中に決勝3ランを浴びた。ともに制球の甘い球を捉えられた。

五回、大宮東1死一、二塁、田中が決勝の左越え3ランを放つ。投手斉藤、捕手高山

強打同士 本塁打で明暗

両チーム合わせて14安打のうち長打が9本（崇徳4本）。強力打線のぶつかり合いは、本塁打が明暗を分けた。

崇徳の先発マウンドは背番号「10」の右腕斉藤。一回、先頭打者の平尾に甘いカーブを左越えに本塁打された。「あれでリズムが崩れてしまいましたね」と崇徳の登監督。早すぎる失点を悔やんだ。

同点の五回は平尾を敬遠した後の1死一、二塁。斉藤は「雪で指が滑って高めに抜けた」という直球を田中に左翼席に運ばれた。

163センチの田中は公式戦初本塁打。大宮東の宗像監督は「あの場面ではセーフティーバントも考えたが、崇徳さんの内野守備がいいので『打て』に切り替えた」と話した。大宮東にとって、望外の本塁打だった。

崇徳投手陣は竹村、斉藤が左右の二本柱。登監督は先発投手の起用に頭を悩ませていた。昨秋の中国大会決勝での好投、甲子園入りしてからの安定感を買って斉藤先発を決めた。

斉藤は5回を投げて6安打、5失点。6本の安打のうち、5本が2本塁打を含む長打だった。思い切りのいいスイングで、甘い球は確実に痛打された。六回から登板した竹村が3回を1安打と好投しただけに、同点とした四回から投入を考えてもよかった。登監督にとっては、一発の怖さ、先発起用の難しさを痛感した甲子園初采配だった。

打撃で悔しさ晴らす

竹村

「先発で投げられなかったのはショックだったけど、打撃に専念したのがよかった」。先発マウンドを控えの斉藤に譲った崇徳のエース竹村が、打撃で悔しさを晴らした。

3点リードされた六回は右中間に適時二塁打を放つなど、3打数2安打、1打点の活躍。六回からは斉藤をリリーフし、3回を単打1本に抑える好投を見せた。「（六回の適時打は）最初の打席で変化球で三振したので、狙っていた。でも打てたことよりも自分の投球ができたことがうれしかった」と振り返った。

崇徳	0	0	0	2	0	1	0	0	0	3
大宮東	2	0	0	0	3	0	0	0	×	5

メモ

「初出場Vならず」

初出場の大宮東は初戦の2回戦で崇徳を破ると、勢いに乗って勝ち上がった。浜松商（静岡）長崎日大（長崎）国士館（東京）に続けて逆転勝ちし、決勝へ。史上15校目（第1回大会を除く）となる初出場Vに王手をかけた。ここで立ちはだかったのが、同じく初優勝を目指す上宮（大阪）だった。上宮のエース牧野のカーブを攻略できず、0–3で完敗した。

【崇　徳】	打	安	点	振	球
④　棟　本	4	0	0	0	0
⑥　平　岡	4	0	0	0	0
⑤　山田伸	4	1	0	1	0
⑦1竹　村	3	2	1	1	1
⑨　山田晋	3	1	1	0	1
②　高　山	4	2	1	0	0
③　面　出	3	0	0	1	0
3　石　本	1	0	0	0	0
⑧　片　山	3	0	0	1	0
8　梶　原	1	1	0	0	0
①　斉　藤	2	0	0	1	0
7　宮　崎	1	0	0	0	1

犠盗失併残
0 4 0 0 6 33 7 3 5 3

【大宮東】	打	安	点	振	球
⑥　平　尾	3	1	1	0	1
④　田　中	4	1	3	0	0
⑧　鈴　木	4	1	0	2	0
③　小　林	4	1	0	1	0
②　諸　星	3	1	1	0	0
⑨　布　施	3	0	0	0	0
⑦　長谷川	3	0	0	1	0
⑤　長　柄	3	0	0	1	0
①　貝　沼	3	2	0	0	0

犠盗失併残
1 1 1 2 3 30 7 5 5 1

▽本塁打　平尾1号（斉藤）田中1号（斉藤）▽三塁打　山田晋▽二塁打　諸星、竹村2、小林、貝沼、山田伸

投　手	回	打	安	振	球	責
斉　藤	5	22	6	3	1	5
竹　村	3	10	1	2	0	0
貝　沼	9	36	7	5	3	3

【ベンチ入りした主なプロ野球選手】

≪崇徳≫	
面出哲志	阿部企業－三菱重工三原－近鉄・99年ドラフト4位－阪神
≪大宮東≫	
平尾博嗣	阪神・94年ドラフト2位－西武

西条農（広島）－崇徳（広島）

九回、西条農2死二、三塁、此本が左越えへ逆転3ランを放ち、ガッツポーズで一塁を回る

西条農 必死の逆転劇

第75回全国高校野球選手権広島大会最終日は1日、広島市民球場で西条農―崇徳の決勝があった。西条農が九回2死から本塁打攻勢で逆転し、10―5で勝利。2年ぶり2度目の優勝を果たした。

西条農は1点を追う九回、崇徳の2番手斉藤を攻めた。代打岩本の右前打と平松の三遊間安打に盗塁を絡めて2死二、三塁。此本が初球のカーブを左翼席中段に運び、逆転した。さらに3番手秦から四球と下崎の中前打で一、二塁とし、福本が左越え3ランを放ち、試合を決めた。

エース此本は2本塁打などで5点を失ったが、直曲球を散らして好投。バックも堅い守りで崇徳に大量点を許さなかったことが九回の逆転劇につながった。

崇徳は二回、高山の2点本塁打、八回は山田晋のソロ本塁打で2度リードしたが、期待の3、4番が無安打と不振。投手陣も制球が甘く、逃げ切れなかった。

無心此本 奇跡のアーチ

九回2死二、三塁。あと1人で負けが決まる。此本は「前の打席に打ち取られたカーブを狙った。あとはバットの芯に当てることだけを考えていた」。初球を捉えた打球はライナーで左翼席へ。崇徳に傾きかけた勝利を土壇場で引き寄せた。

打率が5割を超えていたとはいえ、調子はいまひとつだった。安打は重ねていたが、詰まった打球が多かった。吹っ切れたのは尾道との準々決勝で放った本塁打。「あれから何も考えずに思い切り振ることができた」。奇跡の逆転本塁打への布石を振り返った。

この日、今大会初めて先発投手を務めた。4番に座るスラッガーだが、高校に入るまで野球経験は全くなく、小学校でソフトボール、中学校ではサッカーの選手。甲子園に憧れて野球を始めたものの、ルールさえ分からなかった選手が決勝で主役となった。

「ここまでやれたのは、新チームになった時に『学校始まって以来の弱いチーム』と言われた悔しさから」と此本。「だから、甲子園では出場校で一番下の実力と思ってやるだけです」。4度の逆転勝ちで、たくましさを身に付けた4番打者は活躍を誓った。

ひたむき 実りのV
監督「信じられない」

「信じられない」。劇的な逆転勝利に西条農の小田監督は何度も同じ言葉を繰り返した。「このチームでよくぞここまで」という思いが込められていた。

昨秋の県大会は2回戦で広陵に4―11で七回コールド負け。今春の県大会は初戦で尾道商に2―3で敗れた。小田監督は「昨秋のチーム状態では、崇徳は雲の上の存在。みんなここまで成長していたとは。此本の逆転アーチの瞬間、正直言って体が震えました」と喜びを語った。

此本は高校に入って初めて硬球を握った選手。チームづくりはキャッチボールの基礎からスタートした。「がむしゃらにやるしかない」と、この1年間ナインに言い続けた。「相手やスコアでなく、ボールだけと野球をやろう」。ひたむきな取り組みが、この広島大会で4度の逆転劇を呼んだ。

2年前、堀―礒部のバッテリーを擁して、甲子園初出場を果たした。今回は事情が違った。一戦一戦、試合をこなすうちに力を付け、雑草のようなたくましさで頂点を極めた。発展途上の魅力を秘めたチームは、甲子園の大舞台でさらなる飛躍を目指す。

西条農	1	0	0	0	0	3	0	0	6	10
崇　徳	1	2	0	0	0	1	0	1	0	5

メモ

「逆転の西農」

1点を追う九回2死からの逆転3ランで2度目の甲子園を手繰り寄せた西条農。決勝の劇的な逆転劇は、広島大会の戦いを象徴していた。3回戦の呉港戦では5-8の九回裏に4点を奪ってサヨナラ勝ち。4回戦の昭和戦では3点差をひっくり返した。極め付きは宮島工との準決勝。3-9の七回裏に一挙8点を奪って逆転勝ち。小田浩監督は「体が震えた」と選手の勝負強さに驚いていた。

【西条農】	打	安	点	振	球
⑦内　田	5	2	0	3	0
7今　川	0	0	0	0	0
②平　松	2	1	0	0	1
④上　田	4	1	0	1	1
①此　本	4	3	4	0	1
③三　宅	2	2	3	0	2
⑨下　崎	5	2	0	2	0
⑧福　本	4	1	3	2	0
⑤中　西	4	0	0	0	1
⑥金　井	3	0	0	2	0
H岩　本	1	1	0	0	0
R6川　崎	1	0	0	0	0

犠盗失併残
4 3 0 0 8 35 13 10 10 6

【崇　徳】	打	安	点	振	球
⑧梶　原	3	1	0	0	1
⑥石　本	4	1	0	1	0
⑤山田伸	4	0	1	2	1
①7竹　村	3	0	0	0	2
⑨山田晋	4	2	1	0	0
③空　本	3	1	0	2	0
②高　山	2	2	3	0	1
④棟　本	3	0	0	1	0
⑦宮　崎	2	1	0	0	0
1斉　藤	1	1	0	0	0
1　秦	1	0	0	0	0

犠盗失併残
5 0 0 0 8 30 9 5 6 5

▽本塁打　高山（此本）三宅（竹村）山田晋（此本）此本（斉藤）福本（秦）▽二塁打　此本▽捕逸　平松

投手	回	打	安	振	球	責
此　本	9	40	9	6	5	4
竹　村	5⅔	23	6	7	3	4
斉　藤	3⅔	18	5	3	2	3
秦	⅓	4	2	0	1	3

【ベンチ入りした主なプロ野球選手】

≪崇徳≫

面出哲志	阿部企業―三菱重工三原―近鉄・99年ドラフト4位―阪神

206 1993年8月8日
第75回全国高校野球選手権1回戦

西条農－堀越
（広島）（西東京）

好投したものの、1点に泣いた西条農の此本

西条農敗退 ホーム遠く

第75回全国高校野球選手権大会は8日、甲子園球場で開幕した。第1日は開会式に続いて1回戦3試合が行われ、中国勢のトップを切って登場した西条農（広島）は堀越（西東京）と対戦。堀越の右腕平山に散発5安打に抑えられ、0―1で惜敗した。

西条農は此本が好投したものの、打線が堀越の平山を攻略できなかった。此本は三回1死二、三塁で野口に2球目を投前にスクイズされ、先制を許した。その後はスライダーを主体に直曲球を内外角に散らす投球。バックの好守や堀越の強引な攻めにも助けられて追加点を与えなかった。

打線は一回、此本の三遊間安打と2四球で2死満塁と攻めたが、下崎が遊ゴロ。先制機を逃した後は得点圏に走者を進めたのは内田が二塁打した五回だけ。緩急をつけた平山の投球にタイミングが合わず3併殺を喫した。

「負けたけど百点満点」
此本

「憧れの甲子園で最高の投球ができました。負けたけど百点満点」。チーム打率3割5分5厘の強打の堀越打線を相手に1失点の此本。打線の援護がなく、103球の熱投は実らなかったが、日焼けした顔から爽やかな笑みがこぼれた。

先発は2日前に小田監督から告げられた。「バックを信じて打たせて取ろう」とマウンドへ。独特の速いモーションからテンポ良く打者に向かった。「スライダーの切れと制球はこれまでで一番」と捕手の平松。堀越の桑原監督も「あのモーションでスライダーを低めに決められるとなかなか打てない」とたたえた。

三回にスクイズで1点を失ったが、四回以降のピンチは落ち着いて切り抜けた。「堀越打線は怖かったけど、広島大会ではいつも苦しい場面で投げてましたから慣れてます」とにっこり。「そのうち5、6点は取ってくれると思ったんですが…」と残念がった。

中学ではサッカー部員。甲子園を夢見て西条農に進んだ。寮生活を送りながら夜遅くまでティー打撃や筋力トレーニングを積んでレギュラーをつかんだ。4番打者として2安打も放った。「僕の生涯で五本の指に入るぐらいいい経験をさせてもらったと思います」。甲子園への感謝の言葉を残して晴れ舞台を後にした。

伸び伸び野球に奇跡起きず

広島大会での奇跡的な逆転勝ちで甲子園に乗り込んだ西条農に、再び奇跡は起きなかった。「打ち勝つつもりだったのですが…。相手投手が良かった」。試合後、小田監督はさばさばした表情を見せた。散発5安打では手の施しようがなかった。

打てなかった。得点圏に走者を進めたのは一回2死満塁と五回2死二塁の2度。27アウトのうち、内野ゴロが13個を数えた。右打者の外角低めへの緩いカーブを有効に使う堀越の平山の術中にはまった。上田は「いける、いけると思っているうちに、いつの間にか九回が終わっていた」と振り返った。

西条農らしさも見られた。9安打を許しながら1失点に抑えた此本。三つの盗塁を刺した平松。無失策の守備陣…。そして走者を出しても小技を使わず、強攻して3併殺を喫したのも強気の攻めで勝ち上がってきたチームらしい。

試合前、「これまで選手には自由にプレーさせていた。どこまで僕が我慢できるかがポイント」と語っていた小田監督。「僕から指示は出さなかった。大舞台で1点差ゲームができて、選手も納得したでしょう」。本来の攻撃野球は見られなかったが、試合後、ナインは握手を交わして、健闘をたたえ合った。

西条農	0	0	0	0	0	0	0	0	0	0
堀越	0	0	1	0	0	0	0	0	0	1

メモ

「師弟対決」

堀越の桑原秀範監督は元広島商監督。選手権で準優勝した1982年夏までチームを率いていた。西条農の小田浩監督は82年の準優勝メンバーだった。「師弟対決」に勝利した桑原監督は「（小田監督は采配を）堅く、堅くやってましたね。（僕に）遠慮したんでしょう」。相手を冷静に観察する余裕を見せた。

【西条農】		打	安	点	振	球
⑦	内田	4	2	0	1	0
②	平松	4	0	0	0	0
④	上田	3	1	0	0	1
①	此本	4	2	0	0	0
③	三宅	3	0	0	0	1
⑨	下崎	2	0	0	0	1
⑧	福本	3	0	0	1	0
⑤	中西	3	0	0	1	0
⑥	金井	2	0	0	0	0
H	岩本	1	0	0	1	0
6	川崎	0	0	0	0	0

犠盗失併残
0 0 0 0 5 29 5 0 4 3

【堀越】		打	安	点	振	球
⑥	井端	3	2	0	0	0
⑤	野口	4	1	1	1	0
②	山崎	4	0	0	0	0
⑦	三上	3	1	0	1	0
④	和田	2	1	0	0	0
⑨	立石	2	0	0	1	1
①	平山	3	1	0	0	0
③	船津	3	1	0	1	0
⑧	庄司	3	2	0	0	0

犠盗失併残
2 3 0 3 5 27 9 1 4 1

▽二塁打　内田

投手	回	打	安	振	球	責
此本	9	30	9	4	1	1
平山	9	32	5	4	3	0

【ベンチ入りした主なプロ野球選手】

≪堀越≫

井端弘和	亜大―中日・98年ドラフト5位

二回、鹿児島実2死二塁、塚田の左前打で二塁走者の井元が本塁を突くがタッチアウト。捕手伊藤

207 1994年3月27日
第66回選抜高校野球大会1回戦

広島商－鹿児島実
（広島）（鹿児島）

広島商作戦勝ち 初戦突破

第66回選抜高校野球大会第2日は27日、甲子園球場で1回戦4試合を行った。今大会で最多出場の広島商（広島）は小刻みに得点を重ね、主戦沢田が鹿児島実（鹿児島）を3点に抑えて7－3で勝った。

1点をリードされた広島商は三回、四球の橘、右前打の松田を桜木が送って1死二、三塁とし、林から3連続四球で、押し出しの2点を挙げ、勝ち越した。五回は桜木の一塁内野安打、林の四球で無死一、二塁とし、沢田、伊藤の連続適時打で2点を奪い、鹿児島実を突き放した。七回には橘のスクイズ、八回には沢田の本塁打でダメを押した。

主戦の沢田は八回を除く毎回の11安打を浴びたが、低めにボールを集める粘りの投球で3失点で切り抜けた。

積極采配で流れ呼ぶ

流れが目まぐるしく変わった試合。目立ったのは、広島商・金光監督の積極的な采配だった。

「選手が硬くなっていたので、積極的にやろう」。金光監督の作戦はことごとく的中した。一回1死一塁からエンドランを仕掛け、林の右翼線三塁打で1点を先制。五回もエンドラン、七回はスクイズをそれぞれ初球に決め、追加点を奪った。

圧巻は1点リードして迎えた五回。1死二塁で左翼に守りのいい荒谷を起用。直後に、左翼左へ安打性のライナー。荒谷がダイビングしてつかんだ。追い付かれると流れが鹿児島実に傾くだけに、貴重なプレーだった。

多彩な攻撃と的確な選手起用で主導権を握った広島商。対照的に、鹿児島実は七つの犠打を決めて毎回のように好機をつかんだが、攻めが単調でめりはりがなかった。久保監督は「様子を見る前にやられてしまった。エンドランで流れを変えられた」と唇をかんだ。

広島商は課題の守りを補う積極性で勝利を手にした。「守りは未熟だが、これからも打力や機動力といった特徴を生かしてやりたい」。2回戦で当たる宇和島東（愛媛）は優勝候補。金光監督の思い切ったベンチワークに期待したい。

急きょ出場の荒谷好捕披露

五回に1死二塁で急きょ左翼に就いた広島商の荒谷がダイビングキャッチを披露。「突然、飛んできて焦ったが、体が先に動いていた」と笑みがこぼれた。

「守備固めで起用されると思っていたので、ベンチから声を出すなどして気持ちの準備はできていた」。金光監督の指示であらかじめ左寄りに守っていて、ライナーを地面すれすれで好捕した。

「いつも自分のプレーができていないと言われるので、ああいうプレーができてうれしい。チームメートと一緒に守ったという気がします」。陰のヒーローは全員野球を強調した。

沢田奮闘 完投に本塁打

広島商を勝利に導いたのは、大黒柱の沢田だった。投げては完投、打っては本塁打を含む4打数2安打、3打点と華々しい活躍ぶりだった。

打撃を振り返る口調は滑らかだった。三回の同点となる押し出し四球、五回の追加点の適時打、八回のダメ押しのソロ本塁打。ことごとく勝利に貢献しているから無理もない。

半面、11安打を許した投球になるとトーンが少し暗くなる。二回と七回の失点については「抑えようと焦ったり、勝ちを意識して力んでしまったりした」と反省した。一方、捕手の伊藤は「いつもの通り」と気にせず、「強気で勝負したのがよかった。持ち味を出していた」とエースを褒めていた。

鹿児島実	0	2	0	0	0	0	1	0	0	3
広島商	1	0	2	0	2	0	1	1	×	7

メモ

「エースで4番」

背番号1を付け、打っては4番。投打でチームの中心だったのが沢田和基である。春夏通算45度の出場を誇る同校で、背番号1の4番打者を甲子園で実現した選手は7人しかいない。沢田以外では、1924年の夏を制した浜井武雄、30年夏、31年春の優勝投手である灰山元治、33年春の鶴岡一人（元南海）、40年春の久保木清（元巨人）、77年夏の住吉慶一と続き、最後は2004年夏の岩本貴裕（元広島）となっている。

【鹿児島実】	打	安	点	振	球
⑥ 塚田	4	3	0	0	0
④ 小田	3	2	1	0	0
⑨ 栗脇	4	1	0	0	0
⑦ 船間	4	0	0	2	1
①3 大城	3	2	0	0	1
② 貞	2	1	0	0	0
⑧ 下薗	3	1	1	1	1
③ 上田平	1	0	0	1	0
1 飯山	2	0	0	0	0
⑤ 井元	4	1	0	0	0

犠盗失併残
7 0 0 1 10 30 11 2 4 3

【広島商】	打	安	点	振	球
⑥ 松田	5	2	0	1	0
⑤ 桜木	2	1	0	0	1
⑧ 林	3	1	1	0	2
① 沢田	4	2	3	0	1
② 伊藤	2	1	2	1	3
④ 四十山	5	1	0	2	0
③ 佐々木	2	0	0	0	0
7 荒谷	2	1	0	0	0
⑦3 宮本	3	1	0	0	1
⑨ 橘	1	0	1	1	1

犠盗失併残
4 1 1 0 11 29 10 7 5 9

▽本塁打　沢田1号（飯山）▽三塁打　林▽二塁打　下薗、松田、井元▽捕逸　伊藤▽暴投　沢田▽ボーク　大城

投手	回	打	安	振	球	責
大城	4⅓	24	6	4	6	5
飯山	3⅔	18	4	1	3	2
沢田	9	40	11	4	3	2

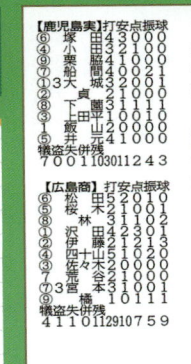

208 1994年3月31日
第66回選抜高校野球大会2回戦

広島商－宇和島東
（広島）　（愛媛）

十三回、宇和島東2死二、三塁、宮出の左中間二塁打で内田、松瀬が相次いで生還する。捕手伊藤

広島商息切れ 8強逃す

第66回選抜高校野球大会第6日は31日、甲子園球場で2回戦3試合を行った。広島商（広島）－宇和島東（愛媛）は今大会2度目の延長戦にもつれ込み、広島商は十三回に2点を失い、2－4で敗れた。

広島商は延長十三回、失策絡みで宇和島東に2点を奪われ、21年ぶりのベスト8入りを逃した。

この回、先頭の内田を遊ゴロ失で生かし、二つの送りバントに四球を挟んで2死二、三塁。エース沢田は宮出に左中間二塁打を浴びて勝ち越された。

先手を取ったのは広島商だった。一回、桜木の遊撃内野安打と四球で1死一、二塁とし、沢田が一、二塁間を破って先制。六回には沢田が左翼席に運んでリードを2点に広げた。

試合の流れをつかみかけたが、終盤、沢田が宇和島東打線につかまった。八回に橋本の二塁打を足場に犠飛で1点差。九回には内田、松瀬の長短打で同点とされ、流れを失った。

力みと焦り 走攻守乱れ

宇和島東が優勝候補だけに、広島商ベンチは多少の失点を覚悟して臨んだ。ビハインドを最小限に食い止め、後半勝負のシナリオ。2点差をつけて終盤を迎えるのは想定外だった。金光監督は「いつもの展開と違い、勝ちを意識してしまった」と振り返った。

何としても勝ちたい―。強豪相手の一回の先制点が力みを生んだ。持ち味の緻密な野球は影を潜め、雑な攻めが続いた。象徴的なのは大会記録の6併殺。一回1死一、三塁での併殺で追加点を逃すと、二塁に走者を置いた四、十一回は平凡な外飛で走者が飛び出してチャンスをつぶした。二塁走者だった伊藤は「最初にゲッツーを食ったので、どうしてもホームにかえろうと思って」と焦りがあったことを明かした。

金光監督は「初球からストライクを取られ、動きにくかった」と振り返った。早めに追い込まれ、1回戦で見せたエンドランや盗塁、バスターなどを封じられたことで単調な強攻策を繰り返す一因にもなり、力みや焦りにつながった。

敗れはしたが、昨秋の県大会、中国大会から走攻守ともにレベルアップしているのは確か。選手自身も「自分たちでも強くなったのが分かった」（松田）と実感している。「この子たちも広商野球がしっかりできるという手応えを感じた。また夏を目指したい」。金光監督の言葉に、ナインの成長ぶりが集約されている。

痛恨の204球目 涙の沢田

痛恨の204球目だった。2－2で迎えた十三回2死二、三塁のピンチ。広島商のエース沢田は宮出にカーブを左中間にはじき返され、2点を失った。「カーブは外して次の直球で勝負という組み立てだったが、真ん中に入ってしまった」。目に涙を浮かべながら振り返った。

「持ち味の直球で押していけ」と金光監督から指示を受けてマウンドに上がった。宇和島東打線は「振りが鋭くて怖かった」というものの、緩急をつけた投球で七回まで無失点。終盤、制球が甘くなって4点を許したが、捕手の伊藤は「技術以上に気迫があった」と力投をねぎらった。

4番打者としても非凡な打撃を披露した。一回は先制打で、六回は2試合連続の本塁打。「狙い通りのバッティングができました」。この時だけはちょっぴり笑顔がのぞいた。

「沢田は甲子園で成長したし、一球の怖さも知ったはず」と金光監督。沢田は「もっとストレートを磨いて夏にもう一度やって来ます」と締めくくった。

1990年代

宇和島東	0	0	0	0	0	0	0	1	1	0	0	0	2	4
広島商	1	0	0	0	0	1	0	0	0	0	0	0	0	2

（延長十三回）

メモ

「投球制限」

日本高野連は第66回選抜大会から、大会前に出場校の投手に関節機能検査を実施。重大な障害が発症した直後の投手については、大会での投球を制限する規定を設けた。114人が検査を受け、投球禁止が適用される投手はいなかった。また、複数投手制を推進するため、ベンチ入り選手が1人増えて16人となった。

【宇和島東】	打	安	点	振	球
①6 松瀬	6	3	1	1	1
⑦ 井上	4	1	0	1	0
③ 宮出	6	1	2	1	1
② 橋本	5	1	0	1	2
⑧ 清水	4	0	0	1	1
⑨1 岩井	4	1	1	0	1
⑤ 鎌田	6	2	0	1	0
⑥4 内田	6	2	0	2	0
④ 水田	1	0	0	1	1
H49 鎌江	2	0	0	0	0

犠盗失併残
7 3 1 6 15　44 11 4 9 7

【広島商】	打	安	点	振	球
⑥ 松田	5	0	0	0	1
⑤ 桜木	5	1	0	1	0
⑧ 林	4	1	0	1	1
① 沢田	5	2	2	1	0
② 伊藤	5	2	0	1	0
④ 四十山	4	1	0	0	0
③ 宮本	4	1	0	0	0
⑨ 橋	4	1	0	1	0
⑦ 荒谷	4	2	0	1	0
H 佐々木	0	0	0	0	1
R 西平	0	0	0	0	0

犠盗失併残
4 1 2 1 6　40 11 2 6 3

▽本塁打　沢田2号（松瀬）▽二塁打　伊藤、橋本、内田、宮出

投手	回	打	安	振	球	責
松瀬	7	27	8	4	2	2
岩井	6	20	3	2	1	0
沢田	13	58	11	9	7	2

【ベンチ入りした主なプロ野球選手】

≪宇和島東≫

橋本将	ロッテ・95年ドラフト3位―横浜
宮出隆自	ヤクルト・96年ドラフト2位―楽天―ヤクルト

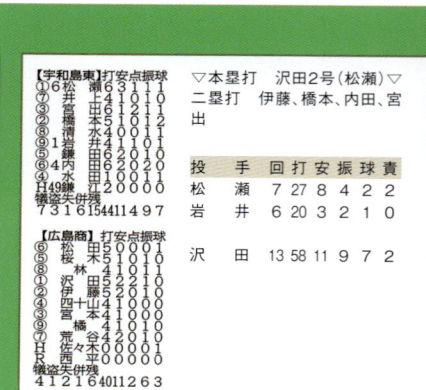

広島県大会

⑳⑨ 1994年7月28日
第76回全国高校野球選手権広島大会決勝

広島山陽－広島商
（広島）（広島）

一回、広島山陽1死満塁、小西が中前へ2点打を放ち、5−1とする。
投手沢田、捕手伊藤

広島山陽 4年ぶり夏切符

第76回全国高校野球選手権広島大会最終日は28日、広島市民球場で決勝を行った。広島山陽が打撃戦の末に広島商を11－7で破って、4年ぶり2度目の甲子園出場を決めた。

広島山陽は1点を追う一回、広島商の先発沢田の立ち上がりを積極的に攻めた。無死から河原、藤井の長短打と四球で満塁とし、土井の右犠飛で同点。続く鍵本以下が4連打し、この回、一挙に5点を奪った。二、三回は、2番手松田から土井の適時二塁打とスクイズで加点。相手投手の球種を的確に読んだ見事な攻撃だった。

広島商は一回、3安打を集め先制。しかし、二回以降は、広島山陽の主戦長門の内外角に投げ分ける投球に手を焼いた。球威の落ちた終盤に反撃。七回に林、沢田、伊藤の適時打で3点。九回にも4連続長短打で3点を返したが、及ばなかった。

有力校 倒すたびに自信

三塁側ベンチ前に胴上げの輪ができる。ナインに支えられて宙を舞うのは広島山陽の大上監督。伏兵から頂点へ。「ミラクル山陽」と呼ばれた4年前をほうふつとさせる結末だった。

選抜出場の広島商を力でねじ伏せた。ナインの集中力に大上監督は驚きを隠さない。「じっくり打てと指示しても、好球必打でどんどん打ってしまう。私が止めようとしても止まらない勢いがあった」。

尾道商や西条農などの有力校を破って勢いに乗った点は、4年前と似ている。

「ひそかに（今年の）選抜を狙っていた」と大上監督が言うほど、個々の潜在能力は高い。しかし昨秋の県大会は2回戦敗退。春の県大会も1回戦で敗れた。

「悔しさを夏にぶつけるつもりで、思い切ってプレーすることを心掛けた」と河原主将。有力校を倒していくたびに、勢いは自信に変わった。大上監督は「4年前の先輩が残してくれた『やればできるんだ』ということが分かるようになった」と目を細める。

前回の甲子園は初戦の奇跡的な逆転勝ちから勢いに乗ってベスト4入りした。「楽しく戦いたい。展開次第では、またミラクルもやってみたいですね」。大上監督の言葉が弾んだ。

冷静沈着 攻守に読みさえる 鍵本

試合終了の瞬間、広島山陽の捕手鍵本は小さくガッツポーズ。「僕は内気な方なんです」と、冷静に優勝の喜びを受け止めた。

その落ち着きは打撃面で表れた。一回、広島商のエース沢田のカーブの制球が悪いのを見越して直球を狙い打ち、勝ち越し2点打。打線の猛打を誘発し、沢田攻略につながった。「沢田君にショックを与えた意味で効果的だった」。3点差とされた七回にも9球粘って貴重な適時打。5打数3安打、5打点の活躍だった。

試合の流れを読む目は捕手としてのリードにも生かされた。好調とは言い難いエース長門を引っ張り、六回まで1失点。「リードがうまくて、僕のいいところを引き出してくれる」と長門。崩れかけた後半に2併殺を奪ったのも、速球からシンカー主体の配球に変えた成果だった。

4年前、広島山陽が甲子園に出場した際は、兄の和亮さんがマスクをかぶっていた。兄はベスト4まで進んだが、弟は「まずは1勝」と控えめ。甲子園に導いたヒーローは最後まで冷静だった。

苦しみながら完投

広島山陽の長門は広島商打線に7点を許しながらも完投。「今大会で一番苦しい試合。疲れた」と汗を拭いた。

決勝までの7試合全てに登板。横手投げに転向し「フォームがまとまり、力が出せた」と振り返る。決勝は終盤つかまったものの、随所に見事な投球。「甲子園でも同じ投球をするよう心掛ける」と決意を語った。

広島商	1	0	0	0	0	0	3	0	3	7
広島山陽	5	1	1	0	0	0	2	2	×	11

メモ

「冬の時代」

この年の広島大会の優勝候補の本命は広陵だった。前年秋、今春の県大会を制し、県内では公式戦負けなし。投打の軸である二岡智宏（元巨人）に加え、故障していた2枚エースの一人、福原忍（元阪神）が復帰していた。しかし3回戦で広島工に2−6で敗れ、1992年春以来の甲子園出場はならなかった。「私が選手の力を引き出してやることができなかった」と中井哲之監督。広陵は92年の選手権から99年の選手権まで15季連続で甲子園出場を逃すことになる。

【広島商】	打	安	点	振	球
⑥16松　田	5	1	0	0	0
⑤　桜　木	5	4	0	0	0
⑧　　林	5	2	1	0	0
①919沢　田	5	3	2	0	0
②　伊　藤	5	2	3	0	0
③　佐々木聖	4	0	0	1	0
1　横　山	0	0	0	0	0
H　小　松	1	0	0	0	0
④　四十山	3	2	1	0	1
⑦3宮　本	4	1	0	0	0
⑨697　橘	3	0	0	0	0

犠	盗	失	併	残	打	安	点	振	球
3	0	2	1	10	40	15	7	1	1

【広島山陽】	打	安	点	振	球
⑨　河　原	5	2	0	0	0
⑦　藤　井	4	1	0	0	1
⑧　宮　原	3	2	0	0	2
⑤　土　井	4	1	2	0	0
②　鍵　本	5	3	5	0	0
④　小笠原	5	2	1	3	0
③　大　湊	3	1	0	0	1
⑥　小　西	4	2	2	0	0
①　長　門	3	0	1	0	0

犠	盗	失	併	残	打	安	点	振	球
2	3	4	3	7	36	14	11	3	4

▽二塁打　河原、土井、鍵本、伊藤▽暴投　松田

投手	回	打	安	振	球	責
沢田	⅓	8	6	0	1	5
松田	2⅓	11	4	1	1	2
沢田	3⅓	14	3	1	0	0
横山	2	9	1	1	2	2
長門	9	44	15	1	1	4

広島山陽（広島）－盛岡四（岩手）

一回、盛岡四2死満塁、広島山陽の長門㊨が吉田利に中越えの3点三塁打を浴びる

広島山陽 主戦不調で散る

第76回全国高校野球選手権大会第2日は9日、甲子園球場で1回戦4試合が行われた。4年ぶり2度目出場の広島山陽（広島）は春夏を通じて甲子園初出場の盛岡四（岩手）と対戦。エース長門が一回に4点を奪われ、3－6で敗れた。

広島山陽は主戦長門の不調が響いた。一回1死一、二塁とされ、駒木の左前適時打で1点。さらに2死満塁から、吉田利に高めの直球を捉えられ、走者一掃の中越え三塁打を浴びた。二回以降、踏ん張っていたが、八回に2本の適時打を許し力尽きた。

打線は三回、2安打と犠打で1死二、三塁とし、宮原の中前適時打と敵失で2点。五回には1死満塁から、鍵本の中犠飛で1点差に詰め寄った。しかし、度重なるチャンスを3併殺と走塁ミスでつぶし、追い付けなかった。

先制パンチにやられた

一回に5安打を許し、4失点。広島山陽の大上監督が「先制パンチにやられた」と言う通り、立ち上がりの4点はあまりにも大きかった。

広島山陽も反撃はした。三回に2点、五回に1点。1点差に詰め寄ったが、持ち味の一気攻撃が出ない。「4点先行された影響でしょうか、ちょっとした集中力が足りない」と大上監督は感じていた。

象徴的だったのが五回。1死満塁から鍵本が中飛。犠飛となったが、二塁走者の藤井は安打と判断して本塁へ。帰塁できずアウトになり、好機をつぶした。「外野の守りが浅く、絶対安打になると思った」と藤井。大上監督は「焦りがあったのでは。普段なら出ないプレー」と振り返る。

最後まで持ち味の「伸び伸び野球」ができなかった。対照的に、盛岡四は普段通りの野球で主導権を渡さなかった。

盛岡四の山田監督は「あんなに点を取ってくれるとは。初回の先制点で、うちの試合展開になった。1点差にされましたが、心配していませんでした」と満足そう。

伸び伸び野球を封じられた先制パンチ。4年前にベスト4に導いた大上監督は、甲子園での戦い方の難しさを痛感していた。

16安打浴び 136球投げ抜く

汗にぬれた顔に、涙はなかった。「いつも立ち上がりが悪いので、一回だけはと意識したが、逆に球が高めにいってしまって…」。広島山陽の長門は淡々とした口調で振り返った。

一回1死、右すねに打球を受けた。身体的な影響は「なし」。ただ、「思ったよりこつこつ振り抜いてくる」という意識は残った。動揺はすぐ表れる。次打者のバント処理を誤り（記録は安打）、一、二塁に。続く4、5番に連打を浴びた。

「直球を狙われていると気付いたが…」。冷静さを失い、投球を立て直せなかった。死球、そして走者一掃の三塁打。目の前で次々と盛岡四ナインが本塁を駆け抜けていった。

二回、「楽しんでこい」と大上監督にマウンドに送り出された。「奇跡を信じるベンチの雰囲気を残すためにも、辛抱して投げよう」。16安打を浴びながら、136球を粘り強く投げ抜いた。奇跡は起こらず初戦敗退。「立ち上がりが…」。悔しさをにじませた言葉を残し、甲子園を後にした。

盛岡四	4	0	0	0	0	0	0	2	0	6
広島山陽	0	0	2	0	1	0	0	0	0	3

メモ

「九州勢対決」

第76回大会の決勝は佐賀商（佐賀）と樟南（鹿児島）の顔合わせとなった。佐賀勢、鹿児島勢ともに初の決勝進出。決勝での九州勢対決も春夏通じて初めてだった。試合は4-4の九回、佐賀商の西原正勝が決勝では初の満塁本塁打を放ち、勝負を決めた。主戦峯謙介は6試合連続完投。1回戦から6試合を1人で投げ抜き、優勝投手になったのは第63回大会の報徳学園（兵庫）の金村義明（元近鉄）以来だった。

【盛岡四】	打	安	点	振	球
⑦9胡桃沢	5	1	0	0	0
⑧ 清川	5	4	1	0	0
② 村上	4	1	0	0	0
③ 駒木	5	2	1	0	0
⑨ 沼宮内	3	1	0	1	1
7 小笠原	1	1	0	0	0
④ 中村賀	3	1	0	0	1
⑤ 吉田利	5	4	3	0	0
⑥ 中村健	2	0	0	0	0
6 松坂	0	0	0	0	0
① 佐藤	3	1	1	0	0

犠盗失併残
5 2 3 3 10 36 16 6 1 2

【広島山陽】	打	安	点	振	球
⑨ 河原	5	1	0	0	0
⑦ 藤井	3	1	0	1	0
⑧ 宮原	3	2	1	0	0
⑥ 土井	3	1	0	1	1
② 鍵本	3	1	1	0	0
④ 小笠原	3	0	0	2	0
H 松本	1	0	0	0	0
4 林	0	0	0	0	0
③ 大湊	4	1	0	0	0
⑤ 小西	4	1	0	0	0
① 長門	3	1	0	0	0
H 本西	1	0	0	0	0

犠盗失併残
3 3 1 0 7 33 9 2 4 1

▽三塁打　吉田利▽二塁打　小西

投	手	回	打	安	振	球	責
佐	藤	9	37	9	4	1	1
長	門	9	43	16	1	2	6

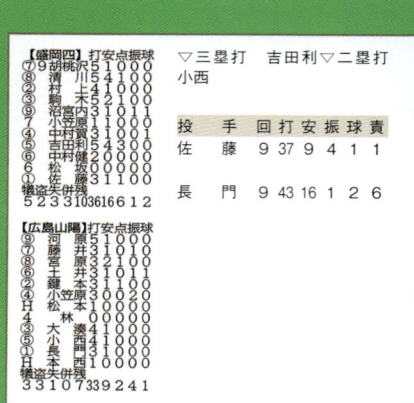

広島工（広島）－鷲宮（埼玉）

2失点で完投勝ちした広島工の中崎

広島工 集中打で初戦突破

第67回選抜高校野球大会第2日は26日、甲子園球場で1回戦3試合を行い、広島工（広島）は八回に鮮やかな集中打で3点を奪い、左腕中崎が鷲宮（埼玉）の反撃を九回の2点に抑えて初戦を突破した。

広島工は八回、集中打で均衡を破った。先頭の荒井が三遊間を破り、送りバントや沖の四球、盗塁などで2死二、三塁。寺戸が中前に運び、野手が後逸する間（記録は三塁打）に2点を先制した。続く難波も右越えに二塁打。貴重な3点目を挙げた。狙い球を絞り、好球を逃さない積極性が実った。

主戦の中崎は直球や変化球を低めに集める丁寧な投球。九回に3安打に失策、暴投が絡んで2点を失ったが、五、八回の1死三塁をしのいだのが大きかった。

エースの力投 堅守で支える

両チーム無得点のまま、淡々と回は進んだ。「先制点だけはやるまい」。広島工のエース中崎の我慢の投球は続いた。最初のピンチは五回。鷲宮の先頭西村に三塁線を破る二塁打を許し、犠打で1死三塁。厳しい状況の中「おれのところへ打たせろ」と、守備陣が中崎へ声をかけた。励ましにエースは力投。次打者を直球、カーブで追い込み、最後は決め球のスクリューボールで、空振り三振に仕留めた。

「うまいとはいえない」（宮川監督）というバックも中崎をもり立てた。遊撃手合田は9度の守備機会を無難にこなした。「自分でもびっくり。中崎がよく投げていたので、助けてやろうと気合は入っていた。攻撃的な気持ちで守ることができた」と振り返る。

九回、中崎が3安打を集められ1点差に。だが、難波から白川を経て沖への見事な中継プレーで走者を刺し、同点のピンチを救った。「よく守ってくれた」と中崎。仲間に支えられて好投したエース。力投する姿に堅実な守りで応えたナイン。広島工は理想的な形で初戦を突破した。

信頼に応える先制打

寺戸

「ランナーをかえすことだけを考えました。それがぼくの役割ですから」。八回2死二、三塁。寺戸は5球目のカーブを振り抜いた。打球は中前へ。中堅手が後ろへそらし、打球がフェンス際まで転がるのを確認すると一気に三塁へ。貴重な先制打に大きく拳を突き上げた。

新チーム結成までは投手。レギュラーの座をつかむため、外野手転向を申し出た。打順は昨秋の中国大会の5番から3番に。「あいつは好機に強い」と宮川監督の信頼は厚い。

四回にはチーム初の中前打を放ち3打数2安打、2打点とチームを引っ張った。「運がいいだけですよ。次もこの調子で頑張ります」。早くも気持ちは2回戦へ向かっていた。

指示が奏功 好投手崩す

宮川監督

指導者として選抜初勝利を手にした広島工の宮川監督は「選手は思った以上によく動いた。中崎はよく投げたし、いいところで集中打が出た」と喜んだ。

「3点勝負」と読んだ試合。無得点の均衡が続いた時は、何度も「我慢しろ」と選手に言い聞かせたという。鷲宮のエース伊藤に対しては、途中から「打席の後ろに立ち、高めを狙え」と指示して成功。八回の3点に結び付いた。

試合中はベンチの中で立ちっ放し。「選手をうまくリードすることができました」と目を細めた。

2回戦は大会屈指の好投手、藤井のいる今治西（愛媛）。「中崎の調子がいいので、何とか競り合いに持ち込みたい」と意気込んだ。

広島工	0	0	0	0	0	0	0	3	0	3
鷲宮	0	0	0	0	0	0	0	0	2	2

メモ

「阪神大震災」

第67回大会は、大会2カ月前に発生した阪神大震災の影響を大きく受けた。開催も危ぶまれたが、予定より20日遅れの2月21日に出場校が決定。3月25日に開幕した。被災者や復興工事関係者への配慮から、選手は貸し切りバスではなく電車を利用して球場入りした。ブラスバンドなどによる応援は禁止され、4試合日を減らし、会期も1日延ばし11日とした。

【広島工】	打	安	点	振	球
④白川	4	0	0	0	0
⑤沖	3	1	0	0	1
⑨寺戸	3	2	2	0	0
⑧難波	3	1	1	0	1
①中崎	4	1	0	1	0
②伊藤	4	0	0	0	0
③平谷	4	1	0	2	0
⑦荒井	4	1	0	0	0
⑥合田	3	0	0	0	0

犠盗失併残
2 1 2 0 6 32 7 3 3 2

【鷲宮】	打	安	点	振	球
④荒川	4	0	0	0	0
⑨梶	4	2	0	0	0
⑥伊沢	3	0	0	0	1
⑦松浦	4	0	0	1	0
②長谷川	4	0	0	1	0
③西村	4	2	0	0	0
⑧上原	3	1	1	1	0
①伊藤	3	1	0	1	0
⑤蓬莱谷	3	0	0	2	0

犠盗失併残
1 0 0 0 5 32 6 1 6 1

▽三塁打　寺戸、伊藤（鷲）▽二塁打　西村、難波▽暴投　伊藤、中崎

投手	回	打	安	振	球	責
中崎	9	34	6	6	1	0
伊藤	9	36	7	3	2	3

212 1995年4月1日
第67回選抜高校野球大会2回戦

広島工－今治西
（広島）（愛媛）

広島工 同点弾実らず

第67回選抜高校野球大会第7日は1日、甲子園球場で2回戦3試合を行い、広島工（広島）は今治西（愛媛）と対戦。八回に決勝点を許し、2－3で競り負けた。

広島工は八回、エース中崎が3安打を浴びて決勝点を奪われた。先頭の青野智が左越え二塁打。武田も左前へ落ちる二塁打で、青野智は三塁に止まり、無死二、三塁。スクイズ失敗で1死一、三塁となった後、四之宮に中前に運ばれた。

広島工は一回2死満塁から、渡辺の押し出し四球と池内の三遊間安打で2点を先制された。打線は今治西の左腕藤井を攻めあぐねたが、六回に反撃。先頭の白川が左中間三塁打。沖への初球が暴投となり1点差。七回は伊藤が左翼席に同点ソロ本塁打を放った。流れを引き寄せたかに見えたが、立ち直っていた中崎が最後に力尽きた。

主戦中崎 八回力尽く

「初回の2失点がすべてでした」。押し出しの四球、左打者に浴びた適時打…。広島工の左腕中崎は涙を浮かべ、唇をかみしめた。

相手の今治西・藤井は試合前まで46イニング連続無失点を続けていた。「先に点をやるわけにはいかない」。気合を入れて臨んだが、左打者への小さく曲がるカーブが決まらない。2死は取ったが満塁。「力んだ」という結果が、重い2失点となって刻まれた。

二回以降は開き直り、七回まで無失点。好守備でバントを処理、進塁を防いだ。けん制球で一塁走者を2度、刺した。打撃でも左中間三塁打を放ち、チームを勢いづけた。七回には味方打線が追い付いたが、疲れの見える八回に決勝適時打を浴びた。

昨秋の中国大会では右手小指を骨折したまま登板、チームをベスト4に導いた。甲子園では、大会前の練習試合でスパイクされ、4針縫った右足小指をテーピング。走ると痛むが、2試合を投げ抜いた。

「今日は百点満点。相手の方が一枚上でした。ピンチの時に力で抑える癖を直し、夏に甲子園へ戻ってきたい」。力強い言葉で締めくくった。

伊藤 公式戦初アーチ

いったんは同点となる本塁打を左翼席に運んだ広島工の伊藤。「待っていた直球。手応えは十分」と笑顔で振り返った。

四回の2死三塁で高めのボール球を振って三振。それだけに七回は「絶対に塁に出る。できれば長打」と打席に入ったという。一塁を回ったところで本塁打と確認。何度もガッツポーズをみせた。

公式戦初アーチ。「藤井君から打てたのでうれしい。中崎もよかったし、追い付いて勝てると思ったんですが…」。喜びの中にも悔しさをのぞかせた。

好投手と対戦「いい勉強に」

広島工は、大会屈指の好投手、今治西の藤井から2点を奪ったものの攻略し切れなかった。宮川監督は「相手バッテリーの巧みな投球術にやられた」と冷静に振り返った。

打線は好調。対策として「真ん中から内角寄りの球を狙う」という作戦で臨んだ。「思ったより球は速くなかった」とナインは口をそろえたが、外角の直球の制球とカーブの切れは予想以上だった。伊藤の本塁打を除き、5度走者を三塁に進めたが、得点は三塁打の白川が暴投で生還した一度だけ。ほかの4度は全て、三振に打ち取られた。

4打数無安打、2三振と抑え込まれた難波は「打とうという気持ちが強過ぎて大振りになった。コンパクトな振りでゴロを転がしていれば、エラーを誘えたのに…」と肩を落とした。

藤井の連続無失点記録を51イニングで止めた広島工。6年ぶりのベスト8は果たせなかったが、宮川監督は「藤井君はうまかった。選手も私もいい勉強をした。守りを鍛えてまた来ます」。大舞台での経験を糧に、たくましさを増した広島工ナインの夏に期待したい。

七回、広島工無死、伊藤が左越えに同点ソロを放つ。捕手仙波

	1	2	3	4	5	6	7	8	9	計
広島工	0	0	0	0	0	1	1	0	0	2
今治西	2	0	0	0	0	0	0	1	×	3

メモ

「初出場初優勝」

阪神大震災の影響で紆余《うよ》曲折を経て開催された1995年の「復興センバツ」。制したのは攻撃野球を開花させた観音寺中央（香川）だった。5試合で58安打を放ち、33得点。決勝では伝統校の銚子商（千葉）を4－0で破り、初出場初優勝を果たした。同年夏の選手権にも初出場したが、2回戦で日大藤沢（神奈川）に3－4で惜敗した。観音寺中央が甲子園の土を踏んだのは、この2度である。

【広島工】	打	安	点	振	球
④ 白川	4	2	0	1	0
⑤ 沖	2	0	0	1	2
⑨ 寺戸	2	1	0	0	0
⑧ 難波	4	0	0	2	0
① 中崎	3	1	0	1	1
② 伊藤	3	1	1	2	0
③ 平谷	4	0	0	2	0
⑦ 荒井	3	0	0	1	0
⑥ 合田	3	1	0	0	0

犠	盗	失	併	残	打	安	点	振	球
3	1	0	1	5	28	6	1	10	3

【今治西】	打	安	点	振	球
⑧ 武田	4	3	0	0	0
④ 中村	4	0	0	0	0
⑥ 四之宮	4	2	1	0	0
① 藤井	4	1	0	1	0
② 仙波	3	0	0	1	0
③ 渡辺	2	0	1	2	1
⑨ 池内	3	2	1	0	0
⑤ 白石	3	0	0	1	0
⑦ 青野智	3	1	0	0	0

犠	盗	失	併	残	打	安	点	振	球
0	0	0	1	4	30	9	3	5	1

▽本塁打 伊藤（藤井）▽三塁打 中崎、白川▽二塁打 青野智、武田▽暴投 藤井

投手	回	打	安	振	球	責
中崎	8	31	9	5	1	3
藤井	9	34	6	10	3	2

【ベンチ入りした主なプロ野球選手】

≪今治西≫

藤井秀悟	早大―ヤクルト・00年ドラフト2位―日本ハム―巨人―DeNA

広島県大会

213 1995年7月30日
第77回全国高校野球選手権広島大会決勝

宮島工（広島）－崇徳（広島）

七回、宮島工無死一塁、吉田が右翼ポールに当たる同点本塁打を放つ。投手尾川

宮島工 初の甲子園切符

第77回全国高校野球選手権広島大会最終日は30日、広島市民球場で決勝を行い、宮島工が崇徳に13―9で逆転勝ちし、初の甲子園出場を決めた。

2点を追う宮島工は七回、崇徳の2番手尾川を攻めた。無死から平田が四球。吉田は右翼ポールに当たる2点本塁打を放ち、追い付いた。さらに四球と安打などで2死一、二塁とし、隅田の右前打で勝ち越し。西原の適時打、平田の2点二塁打などで7点を挙げ、試合を決めた。

崇徳は一回、宮島工の主戦西原の立ち上がりを攻め、若木、小松、八尋、長崎の適時打などで5点を先行。逆転された五回には松本奉の2点本塁打でリードし、試合の主導権を握りかけたが、投手陣が踏ん張れなかった。守りの乱れも痛かった。

47人全員でつかんだ勝利

初の決勝進出で初優勝。創部34年目の宮島工が選抜大会で優勝経験のある崇徳に打ち勝ち、甲子園切符を手にした。広田監督は「47人の部員全員でつかんだ勝利です」と目を潤ませた。

勝利を呼び込んだのは、集中打と堅守だった。一回にいきなり5失点。劣勢に立ったが「ベンチのムードは暗くなかった」と吉田。「1点ずつ取り返そう」と打席に立った。二回、国重からの3連続二塁打などで6点。一気に逆転した。七回には吉田の2点本塁打など5長短打などで一挙7点。隅田主将は「集中力が途切れず、練習通りの打撃ができた」と胸を張った。

守備でも、大会の2カ月前から練習の最後の30分は打球を故意にはじき、ミスへの対応を勉強した。6試合で4失策。決勝で失策をきっかけに敗れた崇徳と対照的だった。広田監督は「理想にしている守りの野球ができた」と喜んだ。

6年前、広田監督が就任した時の部員は9人。グラウンドの草むしりと小石拾いから始めた。環境が整い、部員が増え始めると毎日、8時間近い練習で鍛えた。「我慢して私についてきてくれたことが礎になった」と広田監督は声を詰まらせた。

2年前の準決勝で西条農に9―3から逆転負け。悔しさをばねに練習に取り組み、隙のないチームに成長した。初めて臨む甲子園。広田監督は「確実に走者を進め、1点ずつ取る野球をしたい」と気負いはない。

直球狙い勝ち越し打

隅田

同点に追い付いた七回2死一、二塁。隅田は狙っていた直球を振り抜き、右前へ勝ち越し打を放った。その後、捕逸の間に11点目の本塁を踏んだが「まだガッツポーズはできなかった。あの場面は何点でも欲しかった」と冷静に振り返る。

二回には右中間に同点二塁打。3安打3打点と勝負強さを発揮した。守りの時も「守り抜くから平常心で投げろ」と、主将らしく西原を励まし続け、声をからした。「自分たちの野球ができれば、きっと勝てると信じていました」

166㌢と小柄だが、チーム一の努力家。「無口だが、態度で選手を引っ張ってくれる」と広田監督の信頼は厚い。準々決勝（高陽東戦）では勝ち越し打を放つなど、6試合で27打数13安打、6打点。「練習通りにプレーしただけ。出来過ぎです」と照れた。

閉会式で優勝旗を受け取っても表情を崩さなかったが、ベンチから引き揚げる時に「本当に甲子園ですね。夢のようです」とぽつり。初めて笑顔をのぞかせた。

崇徳	5	0	0	0	2	0	1	0	1	9
宮島工	0	6	0	0	0	0	7	0	×	13

メモ

「ダークホース」

史上最多の99校が熱戦を繰り広げた広島大会は宮島工が制し、春夏通じて初の甲子園出場を勝ち取った。大会前は広島工、崇徳、広陵、高陽東の4強を追うダークホースとみられていた。大会では、高校通算本塁打が40本を超える松本優二を中心とした打線がチーム打率3割9分6厘と絶好調。27犠打を絡め、6試合で60得点を挙げて頂点へ駆け上がった。

【崇　徳】		打	安	点	振	球
④	真　安	2	0	0	1	1
⑤	松本尚	5	2	1	0	0
⑨	山　田	3	2	0	0	1
⑥	松本奉	4	2	2	0	1
⑧	若　木	4	1	1	0	1
⑦	小　松	4	1	1	2	0
H	藤　森	1	1	1	0	0
③	八　尋	5	2	1	0	0
②	中　本	4	0	0	0	0
①	長　崎	2	2	1	0	0
1	尾　川	2	2	0	0	0

犠盗失併残
3 1 3 0 7 36 15 8 3 4

【宮島工】		打	安	点	振	球
④	国　重	5	2	1	0	0
⑥	隅　田	5	3	3	0	0
①	西　原	5	3	2	0	0
②	松本優	4	0	0	3	1
⑦	平　田	3	2	2	1	1
⑨	吉　田	5	2	4	1	0
⑧	谷　本	4	1	0	1	0
⑤	平　弁	4	1	0	0	1
③	崎　川	4	1	0	3	0

犠盗失併残
2 0 1 1 8 39 15 12 9 3

▽本塁打　松本奉（西原）吉田（尾川）▽三塁打　山田▽二塁打　国重、隅田、西原、平田、松本奉▽暴投　西原▽捕逸　中本▽妨害出塁　崎川（中本）▽ボーク　尾川

投手	回	打	安	振	球	責
長崎	4⅔	26	9	3	0	0
尾川	3⅓	19	6	6	3	5
西原	9	43	15	3	4	8

【ベンチ入りした主なプロ野球選手】

≪崇徳≫

松本奉文	亜大―広島・00年ドラフト7位

(214) 1995年8月14日
第77回全国高校野球選手権2回戦

宮島工－関西
（広島）　（岡山）

二回、関西2死満塁、河月が三塁線を破る2点二塁打を放ち、4−0とする。投手西原、捕手松本優

宮島工 初陣零封負け

第77回全国高校野球選手権大会第8日は14日、甲子園球場で2回戦4試合を行い、初出場の宮島工（広島）は関西（岡山）と対戦。自慢の打線が関西の左腕吉年に2安打に抑えられ、0－11で完敗した。

宮島工は序盤、西原の制球が甘く、関西打線につかまった。一回1死三塁で村川のスクイズは外したが、三塁走者の太田の好走塁（記録は盗塁）で先制を許した。二回は高森の本塁打や河月、高橋、高森の適時打などで6点を失った。

打線は一回の2死三塁を逃してからは、関西のエース吉年の切れのある直曲球にタイミングが合わず10三振。わずか2安打で反撃の糸口をつかめなかった。

主戦西原 序盤に沈む

宮島工のエース西原は先発全員の17安打を浴び、11点を失った。「関西の振りが想像以上に鋭かった。こんなに打たれて悔しい」とうつむいた。

「調子は良かった」という。一回無死一塁でけん制悪送球。二進を許し、周りが見えなくなった。1死三塁からスクイズを外したものの、三塁走者の太田の好走塁で先制点を奪われた。二回は先頭の高森にカーブを狙い打たれ、左翼ポール直撃のソロ本塁打。「コーナーを狙い過ぎ、高めにいった。何を投げているのか分からなくなっていた」。3四死球に5長短打、味方の失策などもあって6失点。三回にも2点を奪われた。

四回以降は、直球主体の投球で2失点にしのいだ。西原は「ぼくのすべてをぶつけたのですが、用心し過ぎて気持ちが守りになっていた」と反省した。

「大舞台で投げたことを誇りにしたい。試合時間は短かったが、マウンドの暑さだけは忘れません」。額の汗を拭くと胸を張った。

「選手気負った」一回に明暗

「試合まで間隔が開き過ぎて、選手は気負ってしまった」。初陣を飾れなかった。宮島工の広田監督は淡々と切り出した。

一回の守り。1死三塁でスクイズを見破った。本塁へ突っ込む三塁走者の太田に、捕手の松本優が慌てた。タッチをかわされて先制点。松本優は「タッチを焦ってしまった」。広田監督は「何でもないプレー。気持ちがはやっていたんでしょう」と首をかしげた。

その裏の攻め。2死三塁で好機に強い松本優。関西吉年の内角カーブをひっかけて一ゴロに倒れた。「打ってはいけないカーブに手を出してしまった」。広田監督は「一回の攻防がすべて」と分析。二回には5長短打と2失策などで6点を失った。

広島大会の決勝から15日ぶりの試合。広田監督は「練習と甲子園での試合観戦でムードを高めたんだが…。調整は難しかった」と正直に打ち明けた。バントを多用し、守り勝つ「宮工野球」を晴れ舞台で披露できず、ナインには悔しさがにじんだ。

関　西	1	6	2	0	0	1	0	1	0	11
宮島工	0	0	0	0	0	0	0	0	0	0

メモ

「悲願ならず」

北陸の名将といえば、監督として星稜（石川）を全国屈指の強豪に育て上げた山下智茂だろう。甲子園に春夏25度出場は歴代8位。計22勝を挙げた。数々の名勝負を演じ、松井秀喜（元巨人）ら多くの選手をプロ野球に送り出した。40年近い監督生活の中で最も頂点に近づいたのが、1995年夏の第77回大会だった。初めて決勝に勝ち上がったが、帝京（東東京）に1−3で惜敗。北陸勢初の優勝はならなかった。

【関　西】		打	安	点	振	球
④	太田	5	3	1	1	1
⑧	河月	5	2	2	0	0
⑤	村川	4	1	1	0	1
⑥	高橋	5	1	1	0	0
⑨	高森	4	4	2	0	1
⑦	平岡	4	2	0	0	1
③	守安	5	1	1	1	0
3	川崎	0	0	0	0	0
②	江草	3	1	0	0	1
2	今田	1	0	0	0	0
①	吉年	5	2	1	2	0

犠盗失併残
1 2 0 1 9 41 17 9 4 5

【宮島工】		打	安	点	振	球
④	国重	3	0	0	1	1
⑥	隅田	3	0	0	2	0
①	西原	4	0	0	0	0
②	松本優	3	1	0	1	0
⑦	平田	3	0	0	1	0
⑨	吉田	3	0	0	2	0
⑧	谷本	2	0	0	1	0
H8	西田	1	1	0	0	0
⑤	平舛	3	0	0	1	0
③	崎川	1	0	0	1	1
H3	中田	1	0	0	0	0

犠盗失併残
1 0 3 0 3 27 2 0 10 2

▽本塁打　高森（西原）▽三塁打　吉年、河月▽二塁打　河月、平岡、太田

投手	回	打	安	振	球	責
吉年	9	30	2	10	2	0
西原	9	47	17	4	5	8

【ベンチ入りした主なプロ野球選手】

≪関西≫

吉年滝徳　広島・96年ドラフト2位

高陽東－駒大岩見沢
（広島）（北海道）

高陽東が甲子園初勝利

第68回選抜高校野球大会第6日は31日、甲子園球場で1回戦残り3試合と2回戦1試合が行われた。初出場の高陽東（広島）は3－2で駒大岩見沢（北海道）に競り勝ち、2回戦に進んだ。

高陽東が駒大岩見沢の追い上げをかわし、初陣を飾った。先制したのは三回。先頭大和が死球で出塁し、2死後、末定が右中間へ適時三塁打を放った。

同点の五回は、二塁打の大河を田中がバントで送って1死三塁。末定は四球の後、宗政の右前適時打で勝ち越した。さらに、永田の内野ゴロが併殺崩れとなる間に3点目を加えた。

高陽東のエース宗政は六回、最上の三塁打で1点差とされたが、捕手小川が盗塁を2度刺すなど、要所での堅い守りで駒大岩見沢の反撃を断った。

機動力封じが奏功

高陽東は駒大岩見沢の足を絡めた攻撃を警戒した。柴田、小原の1、2番コンビを中心に、盗塁は1試合平均3・1個。機動力を前面に押し出すチームと見ていた。

試合のビデオを入手するなど情報を集めた。出した結論は「1、2番を塁に出さない」。組み合わせが決まってから、エース宗政は内角の制球に磨きをかけた。捕手の小川はスローイング練習に取り組んだ。

試合は五回に2点勝ち越したものの、六回に1点を返された。流れが相手に傾きかけたが、機動力封じが実った。七回、宗政がサインプレーで二塁走者をけん制球で刺した。八回には中前打で出塁した小原を執拗《しつよう》にマーク。スタートを遅らせた上、ウエストして二盗を阻み、流れを断ち切った。

「早いカウントで走ってくることは分かっていた」。小川は2度、盗塁を阻止。小原には3安打されたものの、駒大岩見沢に盗塁を一つも許さなかった。小川監督は「バッテリーがよく注意していた。言い方は悪いが、相手は『足に溺れた』」と評した。

前任の広島工で春、夏通算5度の甲子園経験がある小川監督の目には涙が。「重圧をはねのけ、選手は成長した」。たくましさを増したナインをたたえた。

「投打の大黒柱」宗政が活躍

エースで4番の宗政について、小川監督は「投打の大黒柱」と公言し、全幅の信頼を置く。選抜出場も甲子園初勝利も、宗政の投打にわたる活躍が大きい。

打では五回に勝ち越し打。「内角は捨てろ」と指示されながら、つい手が出た。「詰まったが運が良かった」。打球は右前に落ちた。勝利を手繰り寄せる執念の一打だった。投げては10安打を浴びながら2失点。「苦しかった。変化球がいまひとつだった」。苦心のマウンドだったことを明かした。

宗政はゲーム中、常にバックを信頼することで支えてもらっているという。「後半は本当に疲れていた。でも、みんなのやる気に励まされた」。とりわけ捕手小川との息はぴったり。1点リードの七回、小川からのサインで、二塁走者をけん制球で刺してピンチをしのいだ。

目標の甲子園初勝利は果たした。「次は相手に点をやらない野球を目指す」ときっぱり言い切った。

強肩捕手小川 盗塁2度刺す

捕手の小川は機動力を武器にする駒大岩見沢の盗塁を封じ、反撃の糸口を摘み取った。二回1死一塁で最上の盗塁を阻止し、八回無死一塁の場面でも小原の二盗を防いだ。

昨秋の中国大会準決勝で米子東に6盗塁され、自信を失っていた。冬場には基本練習を繰り返し、フットワークに磨きをかけた。「いい場面で宗政を援護できた。次の試合も走らせません」と、強肩捕手は声を弾ませた。

三回、高陽東2死一塁、末定の右中間三塁打で先制のホームへ向かう一塁走者の大和㊧。右は三塁コーチの竹弘

駒大岩見沢	0	0	0	1	0	1	0	0	0	2
高陽東	0	0	1	0	2	0	0	0	×	3

【駒大岩見沢】	打	安	点	振	球
⑤ 柴田	4	0	0	0	0
⑥ 小原	4	3	0	0	0
③ 白水	3	0	0	0	0
① 若林	4	0	0	1	0
⑧ 最上	4	3	1	0	0
⑦ 百目木	1	0	0	0	1
H 高橋	1	0	0	1	0
7 高村	1	1	0	0	0
② 鈴木	3	0	0	0	0
H 武田	1	0	0	0	0
⑨ 新井田	3	2	0	1	0
④ 稲田	2	1	0	1	1

犠盗失併残
1 0 2 0 5 31 10 1 4 2

【高陽東】	打	安	点	振	球
⑥ 大河	4	1	0	0	0
⑨ 田中	3	0	0	2	0
⑦ 末定	2	1	1	0	2
① 宗政	4	1	1	1	0
③ 永田	4	0	1	0	0
⑧ 清原	2	0	0	0	2
② 小川	4	1	0	0	0
④ 小町	3	1	0	0	1
⑤ 大和	2	0	0	1	1

犠盗失併残
1 1 2 2 8 28 5 3 4 6

▽三塁打　末定、小原、最上▽二塁打　大河、小町

投手	回	打	安	振	球	責
若林	8	35	5	4	6	3
宗政	9	34	10	4	2	1

メモ

「友情応援」

初出場の高陽東のアルプス席に力強い援軍が現れた。同校のブラスバンド部は部員が10人と少ないことから、可部高や高陽高に応援を依頼。計50人が友情応援に駆けつけた。

合同練習日は1日しかなかったが、息の合った演奏で「狙い撃ち」や「コンバットマーチ」などを披露。スタンドの応援をリードした。

216 1996年4月2日
第68回選抜高校野球大会2回戦

高陽東－比叡山
（広島）（滋賀）

二回、高陽東1死二、三塁、大河が右前へ2点打を放ち、4－2と勝ち越す。投手北村、捕手山田

高陽東猛攻 16安打13点

第68回選抜高校野球大会第8日は2日、甲子園球場で2回戦の残り3試合を行い、ベスト8が出そろった。春夏を通じて甲子園初出場の高陽東（広島）は打線が爆発。比叡山（滋賀）投手陣に16安打を浴びせ、13－5で大勝した。

高陽東が比叡山の3投手から集中打で13点を奪った。2点を追う二回、清原の二塁打を口火に大河の2点打などで4点を挙げて逆転した。四回には末定の適時打、五回は小町の三塁打などで加点。六回は5長短打や犠飛などで6点。16安打に9盗塁を絡めて自在の攻撃をみせた。

高陽東の主戦宗政は、二回に4連続四死球を与えるなど不安定な内容。救援した山部、末定が計3点を失ったが、大量点の援護で逃げ切った。

打って走って本領発揮

高陽東打線が本領を発揮した。比叡山の3投手に16安打を浴びせ9盗塁。縦じまのユニホームが悠々とダイヤモンドを駆け抜けた。

比叡山は上手投げの太井、横手投げの北村、山元とタイプの違う右の3投手を擁する。ベンチの指示は「低めを捨て、高めをたたけ」。コースに逆らわずセンター中心に打ち返した。

2点を追う二回、暴投などで追い付いた後、大河が二遊間を破る勝ち越し2点打を放ち、打線を勢いづけた。象徴的だったのは六回。宗政と大河の二塁打など5長短打を集めて一挙6点。右打者の打球はすべて中堅から右へ飛んだ。3安打、4打点の大河は「乗ってくると止まらなくなるのがうちの持ち味」と胸を張った。

9盗塁も見逃せない。比叡山の捕手山田は大会前に右肘を痛め、1回戦でも送球に精彩を欠いた。「『行けたら行け』と、盗塁を指示していた」と小川監督。足でバッテリーを揺さぶった。

大勝だが、「終わってみれば大味な野球になってしまった」と小川監督。口から出たのは反省の弁ばかりだった。広島工で2度、選抜ベスト8を経験している監督にとっても、初出場のナインにとっても次（準々決勝）が大きな壁。4強を懸けて、大院大高（大阪）との初出場対決に臨む。

大河集中 勝ち越し打
リードオフマン 3安打4打点

2－2とした直後の二回1死二、三塁。「今度こそ、得点に貢献しよう」と、打席の大河は直球を待った。注文通りの直球をはじき返し、打球は右前へ。2者を返す勝ち越し打となった。

一回はカーブを見逃して三振。小川監督の「気持ちを切り替えろ」の言葉に奮起した。第3打席の中前打を挟んで、六回に「きょう、一番うれしい当たり」の中越え二塁打を放った。3安打、4打点。「リードオフマン」と呼ぶにふさわしい活躍ぶりだった。

「直球がくれば、思い切ってバットを振るだけ。常にセンターに打ち返すことを考えている。僕が出塁すれば攻撃のチャンスが増える」。1番打者のモットーである積極さが、16安打、13得点の呼び水となった。

遊撃手として「守りの要」の役割も果たした。ピンチには率先して投手陣を激励。二回は乱調の宗政に「しっかりせい」と一言。「暗い表情だったので、活を入れた」と明かした。

甲子園の1、2回戦とも、試合直前に鼻血が出た。それだけ、ゲームにかける意気込みは十分。「次も絶対に勝つ」の言葉に気合がこもっていた。

比叡山	0	2	0	0	0	1	0	0	2	5
高陽東	0	4	0	2	1	6	0	0	×	13

メモ

「初出場8強」

高陽東が初出場で準々決勝進出を決めた。広島勢で選抜大会に初出場し準々決勝まで勝ち上がったのは、1964年の尾道商（準優勝）、76年の崇徳（優勝）に次いで3校目。高陽東の小川成海監督は広島工を率いていた86、89年に8強入りしている。その時はベスト4を阻まれただけに、「何とか実現したい」と準々決勝での必勝を誓っていた。

【比叡山】		打	安	点	振	球
②	山田	3	0	1	0	2
④	筒木	4	3	2	0	1
⑥	篠原	4	1	0	0	1
③	岡村	4	1	0	2	1
⑤	桐山	3	1	0	0	0
H	小倉	1	1	1	0	0
⑦	山本哲	4	0	0	0	0
H	上原	0	0	1	0	0
⑨	山本浩	5	1	0	1	0
⑧	川瀬	3	2	0	0	1
①	太井	0	0	0	0	1
1	北村	1	0	0	1	0
1	山元	2	0	0	1	0

犠	盗	失	併	残	打	安	点	振	球
2	2	3	0	11	34	10	5	5	7

【高陽東】		打	安	点	振	球
⑥	大河	6	3	4	1	0
⑨	田中	2	0	0	2	0
97	岡田	3	1	0	1	0
⑦1	末定	5	3	1	0	0
①39	宗政	5	3	2	1	0
③5	永田	4	0	0	1	1
⑧	清原	4	2	0	0	1
②	小川	4	1	1	0	1
④	小町	3	2	1	0	1
4	平賀	0	0	0	0	0
⑤	大和	1	0	0	0	1
H	小河	1	0	0	0	0
13	山部	1	1	0	0	1

犠	盗	失	併	残	打	安	点	振	球
2	9	0	1	10	39	16	9	6	6

▽三塁打　小町、筒木▽二塁打　筒木、清原、宗政、大河▽暴投　太井3、山元、山部

投手	回	打	安	振	球	責
太井	1⅓	8	3	3	1	3
北村	3⅓	19	5	1	3	3
山元	3⅓	20	8	2	2	5
宗政	5	24	6	2	4	2
山部	3	13	2	1	2	1
末定	1	6	2	2	1	2

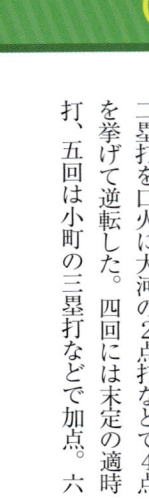

217 1996年4月3日
第68回選抜高校野球大会準々決勝

高陽東－大院大高
（広島）　（大阪）

高陽東 逃げ切って4強

第68回選抜高校野球大会第9日は3日、甲子園球場で準々決勝4試合を行い、初出場の高陽東（広島）は大院大高（大阪）の反撃を辛くもかわして5－4で逃げ切った。

4日の準決勝は高陽東－智弁和歌山（和歌山）、城東（岡山）－鹿児島実（鹿児島）の顔合わせとなった。

九回、高陽東1死一、二塁、宗政が左越え二塁打を放ち、5-2とする。投手椎葉

高陽東は2－2の八回、敵失と安打で1死一、三塁。永田が直球を中前へはじき返して勝ち越した。九回1死一、二塁では宗政が左越えの二塁打を放って2点を追加した。

宗政は力強い投球で、大院大高に連打を許さなかった。七回までの2失点はいずれも失策絡み。九回2死から長短打で1点差とされたが、踏ん張った。

宗政気迫 投打で殊勲

九回、1点差に迫られ、なおも2死満塁。大院大高の最後の打者、丸山を内野ゴロに打ち取ると、宗政はマウンドで両手を高々と上げ、跳び上がった。

気迫の投球だった。早いテンポで、徹底的に内角を攻めた。「気合だけは負けないようにした。インコースなら打たれない自信もあった」。一回を除き毎回走者を背負った。七回までに失策絡みで2点を失ったが、連打は許さなかった。九回に心の隙がピンチを招く。「早く終わりたいという気になってしまった」。4長短打を浴び、リードは1点。4番舟谷を敬遠し2死満塁に。最後は「気合を込めた」というカーブで仕留めた。

2回戦（比叡山戦）は制球を乱し、5回で降板。大舞台での交代は、誇り高い男にはこたえた。「あれで開き直ったはず」と小川監督。宗政が思い出したのは昨秋の不調だった。「フォームを崩して満足な投球ができず、チームに迷惑を掛けた」という悔しさがある。だからこそ奮起した。

小川監督は常に「うちは宗政に始まり、宗政に終わる」と言う。苦しみながら4強入りしたチームの大黒柱は、準決勝も「気合」を込めて難敵、智弁和歌山に立ち向かう。

監督の勝負勘 危機脱す

高陽東の小川監督にとって、準々決勝は鬼門だった。前任の広島工で過去2度、選抜の準々決勝で敗れた。「ようやく壁が破れた」と、ほっとした表情を浮かべた。

大院大高の九回の猛攻には厳しい選択を迫られた。1点差とされ、2死一、二塁で打者は4番舟谷。満塁にはなるが思い切って敬遠策を取り、5番丸山との勝負を選んだ。一打出れば、サヨナラ負けのピンチ。「あれは、私の勝負勘。宗政なら抑えると思った」と明かす。辛勝して念願を果たしただけに、「うれしい。苦しみがあったので、感慨もひとしお」と喜んだ。

永田が奮起 失策帳消し

重苦しい球場のムードを振り払う快打が飛んだ。同点の八回1死一、三塁で、永田は2球目の直球を強振し、中前へ勝ち越し打を運んだ。甲子園での初打点は、チームをベスト4へ導いた。

期するものがあった。1、2回戦ともノーヒット。「調子は悪くなかった。気負い過ぎて結果につながらなかった」。そう分かったのは、準々決勝の前夜だった。「来る球は素直に狙おう。それも好球を」。二回の第1打席、三塁内野安打が生まれた。六回には左前打も出た。大院大高のエース椎葉にタイミングが合っていた。直前の七回に失点につながる失策を犯していた。「帳消しにしなきゃあ」と奮い立った八回の打席でもあった。

宗政の最後の踏ん張りで、念願の4強をつかんだ。「目標を達成し、これで胸が張れる」と、思わず笑みがこぼれた。ベンチに置いたバッグには、昨秋に急死した父隆さんの形見のキーホルダーが入っている。「父に報告できる」と勝利の味をかみしめた。

高陽東	0	2	0	0	0	0	0	1	2	5
大院大高	0	0	1	0	0	0	1	0	2	4

【高陽東】		打	安	点	振	球
⑥	大河	5	1	0	0	0
④	小町	3	0	0	1	1
⑦	末定	4	1	0	1	1
①	宗政	5	2	2	1	0
⑧	清原	4	1	0	0	1
③5	永田	5	3	1	0	0
②	小川	3	0	0	1	1
⑨	田中	2	1	2	0	2
⑤	大和	2	0	0	2	0
3	山部	2	1	0	1	0

犠	盗	失	併	残	打	安	点	振	球
1	2	2	0	10	35	10	5	7	6

【大院大高】		打	安	点	振	球
⑤	宇畑	5	3	2	0	0
④	貫野	3	0	0	1	0
H	江口	1	1	1	0	0
R	秋山	0	0	0	0	0
③	田端	4	1	0	1	1
⑧	舟谷	4	1	0	1	1
⑨	田中	2	0	0	1	0
H9	丸山	2	0	0	1	0
⑥	福田	4	1	0	0	0
②	中家	3	1	0	0	1
①	椎葉	4	0	0	1	0
⑦	古谷	4	1	0	1	0

犠	盗	失	併	残	打	安	点	振	球
2	1	2	0	10	36	9	3	7	3

▽三塁打　田中（高）▽二塁打　福田、宇畑2、宗政、中家

投手	回	打	安	振	球	責
宗政	9	41	9	7	3	2
椎葉	9	42	10	7	6	4

メモ

「中国勢快走」

城東（岡山）が準々決勝で明徳義塾（高知）を6-1で破り、高陽東とともに中国勢2校が準決勝へ勝ち上がった。選抜大会で2校が4強入りしたのは、1968年の第40回大会、尾道商（広島）と倉敷工（岡山）以来、28年ぶり3度目。智弁和歌山と鹿児島実も勝ち上がり、17年ぶりに4強を西日本勢が独占した。

㉑⑧1996年4月4日
第68回選抜高校野球大会準決勝

高陽東－智弁和歌山
（広島）　（和歌山）

八回、智弁和歌山2死満塁、中谷の2点中前打で二塁走者西尾（左から2人目）が同点のホームを踏む

高陽東、決勝進出ならず

第68回選抜高校野球大会第10日は4日、甲子園球場で準決勝2試合を行い、高陽東（広島）は智弁和歌山（和歌山）と対戦。五回に2点を先行したが、八回2死無走者から主戦宗政が6連打を浴びて逆転され、2－4で敗れた。

決勝は初優勝を目指す鹿児島実（鹿児島）と、一昨年の選抜覇者、智弁和歌山の顔合わせとなった。

高陽東は2点リードの八回、エース宗政が智弁和歌山の強力打線に集中打を浴びた。2死後、3番喜多から連続6安打。あっという間に4点を失い、敗戦に沈んだ。

先制したのは高陽東。五回、先頭の小川が四球。1死後、山部が送って2死二塁。大河が智弁和歌山の主戦高塚の速球を左中間に二塁打して均衡を破った。末定も中前へはじき返して2点目を挙げた。

宗政は終盤まで秀逸の投球だった。ストライクを先行し、変化球の制球も安定。六回までは三塁を踏ませなかった。八回は走者を出した後、制球が甘くなり痛打された。

完封目前 悪夢の八回

悪夢のような八回だった。宗政は冷静な投球で狙い球を絞らせず、スコアボードに0を七つ並べていた。完封も目前。2死としたが、智弁和歌山の勝利への執念が6連打となって襲った。

3、4番に連打され、代打上中は追い込んだものの、3球ファウルで粘られた。「変化球をカットされ、投げる球がなくなった」と捕手の小川。6球目の直球は左前へ。塁は埋まった。

次の中谷に対し、自信を持って投げた内角の直球は「ボール」。がっかりした表情の宗政。直後にカーブが甘く入った。中前へ運ばれ、2者がかえって追い付かれた。

この回、智弁和歌山はバットをひと握り短く持っていた。打席での気迫に、小川は「逃げのリードになった」。バッテリーの迷いは、中途半端な投球となって表れた。つるべ打ちされ、さらに2点を奪われ、勝利は手の中からこぼれ落ちた。

決勝まであと1勝。ベンチもナインも勝ちを急いだ。そこに、落とし穴があった。「精神力で負けた。だが、自分たちの力が通じることは分かった」と宗政。ナインも同じ気持ちだろう。もう一回り大きくなった高陽東を夏、見たい。

大舞台で快進撃 末定打率5割超

2年ながら3番に座る末定は最後まで快調だった。この日も3安打。好打者ぶりを見せつけた。

智弁和歌山の高塚は、球速のある直球を誇る。「あれこれ考えず、無心にバットを出そう」。一回、直球を狙って、チームの初安打を記録し「球は走っているが打てなくはない」と実感した。

チャンスが訪れたのは五回。大河の左中間二塁打で先制した。小町が歩いて2死一、二塁。高塚の5球目の失投を見逃さず、中前適時打を放った。

八回は柔らかなフォームから左前へ流し打った。甲子園通算15打数8安打、3打点。打率は5割を超えた。大舞台での活躍に「もう、これで十分です」と欲はない。だが、「もう一度、夏に…」の言葉に悔しさがのぞいた。

1990年代

高陽東	0	0	0	0	2	0	0	0	0	2
智弁和歌山	0	0	0	0	0	0	0	4	×	4

メモ

「初の栄冠」

第68回大会の決勝は鹿児島実が智弁和歌山を6−3で破り、初優勝。春夏を通じて鹿児島に初の栄冠をもたらした。伝統の攻撃型から守備型のチームに衣替えして臨んだ大会。決勝までの5試合全てが3点差以内という接戦を、エースの下窪陽介を中心とした守りの野球で勝ち抜いた。好投手が多かったため、大会通算本塁打数は5本で、第47回大会（1976年）に金属バット導入後、最少だった。

【高陽東】	打	安	点	振	球
⑥ 大河	4	1	1	1	0
④ 小町	3	0	0	0	1
⑦ 末定	4	3	1	0	0
① 宗政	4	0	0	2	0
⑧ 清原	4	1	0	1	0
⑤ 永田	4	2	0	0	0
② 小川	2	0	0	1	1
⑨ 田中	3	0	0	0	1
③ 山部	2	0	0	0	0
H 小河	1	0	0	0	0

犠盗失併残
2011731 7 2 5 3

【智弁和歌山】	打	安	点	振	球
⑥ 清水	4	1	0	1	0
⑨ 豊田	4	0	0	1	0
⑧ 喜多	4	2	0	0	0
⑦ 西尾	4	2	0	0	0
③ 上林	1	0	0	0	1
H3 上中	1	1	0	0	0
② 中谷	3	1	2	0	1
④ 黒川	3	2	0	0	1
⑤ 中山	3	1	2	0	0
① 高塚	4	0	0	0	0

犠盗失併残
2000831 10 4 2 3

▽二塁打　永田、大河

投手	回	打	安	振	球	責
宗政	8	36	10	2	3	4
高塚	9	36	7	5	3	2

【ベンチ入りした主なプロ野球選手】

≪智弁和歌山≫

中谷仁	阪神・98年ドラフト1位―楽天―巨人
喜多隆志	慶大―ロッテ・02年ドラフト1位

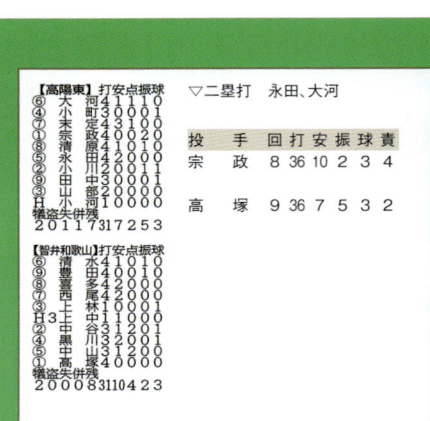

219 1996年7月29日
第78回全国高校野球選手権広島大会決勝

高陽東（広島）－如水館（広島）

一回、高陽東2死一、二塁、小川が中前適時打を放ち2−0とする。投手船井、捕手西原

高陽東 春夏連続で切符

第78回全国高校野球選手権大会広島大会最終日は29日、決勝が行われ、選抜大会4強の高陽東が如水館に8－4で快勝。初優勝を飾り、春夏連続出場を果たした。

高陽東は一回、大河の二塁打や犠打などで2死一、三塁とし、清原の右前打で先制。さらに小川、永田が適時打を放ち、計3点を奪った。

三回は田中和、五回は大河の適時打でリードを広げた。七回には小町が2点本塁打を放つなど、如水館の2投手から19安打で8点を挙げた。

エース宗政は落ちる球を有効に使った。10安打を浴びて4点を許したが、要所を締めて逃げ切った。

春経験の強み 随所に

エース宗政が本塁を背にひざまずき、両手を高々と突き上げた。高陽東が1987年の広島商以来となる春夏連続甲子園出場を決めた瞬間だった。

決勝は大舞台を経験した強みが随所に表れた。象徴的だったのは3点を先制して迎えた二回、スクイズを外したプレーだった。1死二、三塁。バッテリーは3球目をウエスト。飛び付いた徳永のバットが空を切った。「如水館は明らかに焦っていた。必ずやってくると思っていた」と宗政。小川監督は「あのプレーが大きかった」と振り返った。

三、七回に失点すると、すぐ裏の攻撃で取り返した。そして、無失策の堅い守り。小川監督は「地に足が着いた野球ができた。みんなたくましく見えた」と目を細めた。

選抜の準決勝の智弁和歌山（和歌山）戦。八回2死まで2点リードしながら勝ちを意識した隙を突かれ、6連打を浴びて決勝進出を逃した。この日も八回2死から連打などで2点を失ったが、宗政は「点差があると思い、打たせて取ることだけ考えた」と後続を断った。

「忘れ物を取りに行く」を合言葉に、チームが一つになって初めて夏を制した高陽東ナイン。激戦にもまれて精神的にたくましくなり、今度こそ忘れ物の大優勝旗を持って帰るつもりでいる。

我慢の投球 反撃しのぐ 宗政

「調子が良くなかったので気力で投げました」。宗政は我慢の投球で、打線に切れ目のない如水館の攻撃をしのいだ。

リードしていても安心できなかった。「如水館打線は迫力があり、怖かった」。5試合で66得点を挙げた強力打線。「弱気になると打たれるので、打者に向かっていった。腕がちぎれてもいいと思いました」。緩い球を有効に使い、重い直球を生かした。

6点リードの八回、2死から連続二塁打などで2点を許し、二塁に走者が残った。捕手小川のサインを信じ、内角直球で勝負。二邪飛に打ち取り、勝利を手繰り寄せた。

選抜で智弁和歌山に八回2死無走者からの6連打で逆転された投球を反省。「安打を打たれても点をやらない」「強気で攻める」を自らのテーマに課した。練習試合などで連打を許すケースが少なくなり、エースとしての自信を深めた。

「今年の大会は暑かったことしか覚えていません。甲子園を目指して無心でやってきましたから」。金色のメダルをうれしそうに見つめた。

如水館	0	0	1	0	0	0	1	2	0	4
高陽東	3	0	1	0	2	0	2	0	×	8

メモ

「躍進」

創部4年目の如水館の準優勝が今大会のトピックスだった。広島商を率いて1973年に選抜準優勝、選手権優勝を成し遂げた迫田穆成《よしあき》監督の指導で、めきめきと力を付けた。昨秋の中国大会では4強入りしたものの、選抜は補欠校で出場できず。今大会は優勝は逃したものの、3回戦止まりだった広島大会の過去最高成績を大きく上回った。快進撃を見せただけに、迫田監督は「甲子園に連れて行きたいメンバーだった」と悔やんだ。

【如水館】		打	安	点	振	球
⑥	山井	5	2	1	0	0
④	後藤	5	0	0	2	0
⑨	岡村	4	0	0	0	0
③	石川	3	1	0	1	1
⑦	神殿	3	0	0	0	1
⑧	池上	4	3	0	1	0
⑤	徳永	4	3	3	1	0
②	西原	3	0	0	0	1
①	船井	0	0	0	0	0
1	洲上	3	1	0	1	0

犠盗失併残
1 0 1 1 7 34 10 4 6 3

【高陽東】		打	安	点	振	球
⑥	大河	5	3	2	2	0
④	小町	4	2	2	1	0
⑦	末定	5	4	0	0	0
①	宗政	4	2	0	0	1
⑧	清原	5	3	1	1	0
②	小川	4	2	1	0	1
⑨	田中和	4	2	1	1	1
③	永田	4	1	1	0	1
⑤	大和	5	0	0	0	0

犠盗失併残
1 1 0 1 13 40 19 8 5 4

▽本塁打　徳永（宗政）小町（洲上）▽二塁打　大河、池上2、徳永

投手	回	打	安	振	球	責
船井	3	18	7	2	3	4
洲上	5	27	12	3	1	2
宗政	9	38	10	6	3	4

九回、愛知産大三河1死二、三塁、亀山の捕前スクイズで二塁走者の丹羽人③も本塁を狙ったが、タッチアウト。併殺となり試合終了。本塁ベースカバーは宗政（左から2人目）、左端は捕手小川

220 1996年8月9日
第78回全国高校野球選手権1回戦

高陽東（広島）－愛知産大三河（愛知）

高陽東 逃げ切り初戦突破

第78回全国高校野球選手権大会第2日は9日、甲子園球場で1回戦4試合を行った。初出場の高陽東（広島）は愛知産大三河（愛知）と対戦。四回に永田の右中間三塁打で勝ち越し、六回にも加点。エース宗政の力投で3－2で逃げ切った。

高陽東は一回、小町が右翼線へ二塁打し、宗政の中前適時打で先制。同点の四回は敵失の走者を二塁に進め、永田の右中間三塁打で勝ち越した。

六回には2死から永田が二塁打を放ち、小河が右翼線に適時三塁打。小刻みに加点し主導権を握った。

主戦宗政は球威のある速球を軸に、変化球を制球良く散らした。三回に同点とされたが、五回から八回まで安打を許さぬ安定した投球。九回無死一、二塁のピンチは堅い守りで1点にしのぎ、初陣を飾った。

磨いた守り 随所で生きる

選抜でも光った高陽東の守りは、さらに磨かれていた。2点リードで迎えた九回、無死から内野安打と失策で一、二塁とされた。神野の放った痛烈な一、二塁間のゴロを二塁手小町が好捕。神野を一塁でアウトにした。「仲間のミス（失策）を補って余りある大きなプレーだった」と小川監督。相手に傾きかけた流れを食い止めた。

続く1死二、三塁、亀山は捕前へスクイズ。三塁走者は生還した。捕手小川が一塁へ送球する間に、二塁走者の丹羽人も本塁を狙った。一塁手小河から本塁ベースカバーに入った宗政に転送されタッチアウト。見事な連係で併殺とし、1点差で逃げ切った。小川監督は「最後は（選抜という）大舞台を踏んだ経験の差でしのぎ切った」と満足そう。相手の仕掛けにも隙を見せぬ落ち着いたプレーでピンチを断った。

愛知産大三河の6安打のうち5本が内野安打。大半は野手の間を抜けても不思議ではない当たりだった。小町、大河の二遊間コンビが身をていして打球を止めたファインプレーも随所に見られた。「外野へは絶対抜かせない気持ちで守っている」と小町。三回に同点とされた直後に重盗を阻止するなど、盗塁を許さなかった捕手小川の強肩も見逃せない。

再三の好守は宗政をもり立て、宗政も打たせて取る投球に徹した。この信頼感は、春の大舞台を経験して培われた精神面の成長から生まれた。夏も快進撃を感じさせる1勝だった。

永田 無心の3安打

「自分を信じて、無心でバットを出そう」。広島大会で精彩を欠いた8番永田は甲子園の初戦で奮った。結果は四回に表れた。1死二塁。2球目の外角球を逆らわずに打ち返すと、右中間を破る勝ち越し三塁打となった。

六回には2死から左中間へ二塁打。小河の三塁打で3点目のホームを踏んだ。「何も考えず、来た球を全部狙うつもりで打席に入った。無我夢中で振った当たりが、いい結果につながった」と無心を強調する。

選抜大会では5、6番に座った。準々決勝の大院大高（大阪）戦では勝ち越し打を放ち、ヒーローに。一転、夏の広島大会で打率2割1分1厘と不振。8番降格を味わった。

甲子園に入っても、調子は上がらない。試合直前の練習では、小川監督から厳しい言葉が飛んだ。「打たなくていい」。バント練習だけを繰り返した。悔しい思いをしたが、ゲームが始まると本領発揮。愛知産大三河の好投手神野から4打数3安打、1打点。本塁打が出ていればサイクル安打達成だった。

代役小河が好送球

一塁手小河が、主将山部の広島大会直前の負傷で回ってきたポジションを無難にこなした。

とりわけ、九回は見事な守備だった。1死二、三塁で愛知産大三河はスクイズ。打球は捕手小川の前に転がり、1点は献上した。光ったのはこの後のプレーだった。小川からの送球を一塁ベース上で受けた小河は、素早いモーションで本塁ベースカバーの宗政へ転送しタッチアウト。同点を防ぐ好送球で劇的な勝利を呼び込んだ。

「ビデオで研究し、相手の作戦は分かっていた。2点目を防ごうと冷静にプレーできた」と、してやったりの表情。打撃でも六回に3点目となる適時三塁打を放ち「故障しているキャプテンの分まで頑張った」と胸を張った。

愛知産大三河	0	0	1	0	0	0	0	0	1	2
高陽東	1	0	0	1	0	1	0	0	×	3

メモ

「甲子園10勝目」

高陽東の小川成海監督が愛知産大三河戦の勝利で、甲子園通算10勝目を挙げた。「きょうはそんなことを考える余裕はなかった」と言いながらも、就任5年目での節目の勝利に感慨深そうだった。10勝のうち、6勝は前任の広島工での勝利。高陽東に移り、この年の選抜大会と選手権で各3勝を挙げ、甲子園通算勝利数を12に伸ばした。広島の監督で甲子園最多勝利は中井哲之（広陵）の40勝。

【愛知産大三河】	打	安	点	振	球
⑧ 成田	3	0	0	1	1
⑦ 坂田	3	0	0	1	0
⑤ 神谷	4	3	1	0	0
③ 丹羽人	4	1	0	1	0
① 神野	4	2	0	0	0
⑨ 中山	2	0	0	1	0
9 亀山	0	0	1	0	0
⑥ 丹羽幸	3	0	0	1	0
④ 佐野	3	0	0	0	0
② 三ツ矢	3	0	0	0	0

犠	盗	失	併	残	打	安	点	振	球
3	0	1	0	4	29	6	2	5	1

【高陽東】	打	安	点	振	球
⑥ 大河	3	0	0	0	1
④ 小町	4	2	0	0	0
⑦ 末定	3	0	0	0	1
① 宗政	3	1	1	0	1
⑧ 清原	4	0	0	0	0
② 小川	4	0	0	3	0
⑨ 田中	4	0	0	2	0
⑤ 永田	4	3	1	0	0
③ 小河	3	1	1	0	0

犠	盗	失	併	残	打	安	点	振	球
0	1	2	1	8	32	7	3	5	3

▽三塁打　永田、小河▽二塁打　小町、永田

投手	回	打	安	振	球	責
神野	8	35	7	5	3	2
宗政	9	33	6	5	1	1

高陽東（広島）－水戸短大付（茨城）

また1点差 耐えた高陽東

第78回全国高校野球選手権大会第8日は15日、甲子園球場で2回戦4試合を行った。選抜4強の高陽東（広島）は前半、小刻みに得点を重ね、エース宗政の力投で水戸短大付（茨城）に4－3で競り勝った。

高陽東が1点差で辛くも逃げ切った。序盤から水戸短大付の主戦平野を攻めた。一回、末定の遊撃内野安打で先制し、二回は田中が中前へ適時打して2点目。四回には小川の二塁打と小河の左前打で2点を加えた。全員の15安打を記録し後半も毎回のように三塁まで走者を進めたが決定打が出ず苦しい展開となった。

宗政はコーナーに投げ分ける巧みな投球で、四回まで1安打。ややボールが浮いた五回、1点を返され、七回にも2点を失った。1点差と追い上げられながらも踏ん張って反撃の芽を摘んだ。

快打・美技 胸張る捕手小川

二塁塁上で会心の笑みがこぼれた。四回無死一塁、小川が左越えの二塁打を放ち、3点目をたたき出した。「高めは捨てて、狙い球を絞った」。手応えは十分。派手なガッツポーズでうれしさを表現した。

広島大会は打率4割7分1厘。しかし、1回戦の愛知産大三河（愛知）戦では3三振を喫するなど精彩を欠いた。「体が開いて、外角球が見えていなかった」。二回、二塁内野安打で甲子園初ヒットが生まれ、気持ちも乗ってきた。

快打の後は美技も出た。四回、三塁ベンチ方向へのファウルフライを、軽快なフットワークでスライディングキャッチ。大きな拍手を浴びた。「いつも小川先生の厳しいノックを練習している成果です」と胸を張る。

エース宗政とは同じ下宿で生活。この日の宗政の出来について「前半は良かった。ただ、五回ごろから球が浮き出した」。3回戦のPL学園（大阪）戦は「ボールが甘く入らないように、気を付けてリードしたい」。攻守でゲームを盛り上げるつもりだ。

田中が3安打

1回戦で無安打に終わり、打順が9番に下がった田中が意地を見せた。3安打、2盗塁で勝利に貢献した。

二回、狙い球の直球を鋭く捉え、中前への適時打で2点目を入れた。「前の試合で打てなかったので、ようやくヒットが出てほっとした」。四回も直球を中前へ、八回には遊撃内野安打。「前夜、『打っていこう』とみんなで素振りをした効果があった」と、にこやかに話した。

薄氷踏む勝利

薄氷を踏むような勝利だった。全員の15安打を放ちながら、得点は4にとどまった。残塁は11を数えた。小川監督は「中盤からタイムリーが出なくなった。自分たちが優位に立っているにもかかわらず、甘い球を見逃し、難しいボールに手を出し過ぎた」と反省した。

六、七回と無死で出塁。いずれも、三塁まで進む好機を得ながら後続が凡退。永田は「追い込まれてインコース高めを打たされた。リードして逆に気負ってしまった」と話した。七回、2点を返され差は1点。突き放したい八回も、小河の二塁打と田中の内野安打で無死一、二塁としながら詰めを欠いた。

確かに、水戸短大付・平野の直球は中盤以降、伸びを増していた。小川監督は「5点目を取っていれば、もっと優位に進められたはず。選手には『勝たなくてはいけない』との意識もあった」と振り返った。

「追い上げられてもきちっと守っていれば負ける気がしなかった」とナインは口をそろえる。1、2回戦とも1点差ゲームをものにした点で収穫は大きいし、バットはよく振れている。次は優勝候補の一角、PL学園。チームの夏のテーマ「無心」で臨んでほしい。

四回、高陽東無死一塁、小川の左越え二塁打で一塁走者の清原が生還し、3-0とする。捕手細谷

高陽東	1	1	0	2	0	0	0	0	0	4
水戸短大付	0	0	0	0	1	0	2	0	0	3

【高陽東】	打	安	点	振	球
⑥ 大河	4	1	0	1	1
④ 小町	5	2	0	1	0
⑦ 末定	5	2	1	0	0
① 宗政	5	1	0	0	0
⑧ 清原	4	1	0	0	0
② 小川	5	2	1	1	0
⑤ 永田	2	1	0	0	0
③ 小河	4	2	1	1	0
⑨ 田中	3	3	1	0	1

犠	盗	失	併	残	打	安	点	振	球
3	2	0	1	11	37	15	4	4	2

【水戸短大付】	打	安	点	振	球
⑥ 堀	3	1	1	1	1
⑤ 寺沼	4	1	1	0	0
② 細谷	4	0	0	0	0
① 平野	3	1	0	0	1
⑧ 佐々木	4	0	0	1	0
③ 谷仲	4	1	0	0	0
④ 山口篤	2	0	0	1	1
⑦ 田波	4	1	0	0	0
⑨ 須藤	4	2	0	0	0

犠	盗	失	併	残	打	安	点	振	球
1	3	1	1	6	32	7	2	3	3

▽三塁打　小町▽二塁打　小川、小河▽暴投　宗政、平野

投手	回	打	安	振	球	責
宗政	9	36	7	3	3	3
平野	9	42	15	4	2	4

メモ

「1点差勝利」

甲子園では、「逆転のPL」「ミラクル宇部商」など印象的な戦い方で学校名を呼ばれることがある。高陽東でいえば、「逃げ切りの高陽東」ということになろうか。1996年春夏で挙げた6勝のうち、5勝が1点差勝利。しかも、三回以降は一度もリードを奪われていない。九回に1点差に詰め寄られた試合が3試合あり、エースの宗政徳道は「後半のスタミナが…」と苦笑い。

㉒㉒ 1996年8月18日
第78回全国高校野球選手権3回戦

高陽東－PL学園
（広島）　（大阪）

四回、高陽東1死一、三塁、田中が投前スクイズを決め、5-2とリードを広げる。投手前川、捕手馬場

高陽東 PL学園に勝利

第78回全国高校野球選手権大会第11日は18日、甲子園球場で3回戦の残り4試合を行った。初出場の高陽東（広島）はPL学園（大阪）と対戦。四回、PL学園のエース前川の制球難を突いて3点を勝ち越し、エース宗政が15安打されながら粘り強く完投し、7－6で逃げ切った。

高陽東は、PL学園に追い付かれた直後の四回、効率的な攻めで勝ち越した。先頭の宗政が中前打。清原と小川が四球を選んで無死満塁とし、永田の右犠飛で3－2とした。さらにPL学園の前川のボークと田中の投前スクイズで5－2とした。

六回は清原の左越えソロ本塁打、八回には小川の右中間三塁打で追加点を挙げた。14三振を奪われ、安打は7本と少なかったが、四球、バントを絡めて確実に得点に結びつけた。

エース宗政は2本塁打を含む15安打を浴びて6点を失ったが、粘り強い投球。配球を工夫した小川の好リードも光った。

巧みな攻撃 好投手攻略

高陽東が大技、小技を織り交ぜ、PL学園を破った。とりわけ、1安打で3点を奪った四回はバントで揺さぶり、大会屈指の左腕前川を攻略した。

先頭の宗政が中前打で出塁。清原と小川はバントの構えで前川の動揺を誘った。前川は左足親指のまめをつぶした影響もあってか制球が定まらず、8球続けてボール。連続四球で無死満塁となった。高陽東の小川監督は「バントは前川君のリズムを崩すのが狙いだった」と明かす。

続く永田の右犠飛で勝ち越した。さらに1死一、三塁とし、小河もバントの構え。PL学園バッテリーは2球ウエスト。この間に一塁走者が二盗した。3ボールとなり、敬遠しようとした時、前川がボーク。4点目が入った。小河も四球で再び1死一、三塁。田中は投前へスクイズを決め、5点目を挙げた。「うちのスクイズのサインは相手が外したらバットを引き、三塁走者も戻る。いつも練習していること」と小川監督。ナインは晴れ舞台でバント練習の成果を披露し、試合の主導権を握った。

これまでの2試合で、強攻策を取った小川監督は「あれくらいの野球はできる」とさらり。ゲームセットの瞬間、グラウンドのナインとともに、ベンチで跳び上がった姿が会心のゲームを物語っていた。

5番清原 立役者に

左翼席へ運ぶソロ本塁打を含め、2打数2安打2打点。不振が続いていた5番清原が、強豪のPL学園を倒す立役者になった。

一回2死三塁。差し込まれながらも直球を右前へ適時打。六回は待っていた直球を左翼席へ打ち込んだ。「直球を打つのは自信があるし、今日は球がよく見えた」。四、八回には四球を選び、好機を広げた。

球がよく見えたのは理由がある。2回戦の水戸短大付（茨城）戦で、手応えがあった打球が全てファウルになった。「体の開きと踏み込みに気を付けたことが復調につながった」という。

広島大会は25打数12安打6打点、2本塁打と当たっていた。甲子園の2試合では8打数1安打で打点はなかった。「遠くへ飛ばそうと思い過ぎ、調子を落としていた。本塁打も気持ちいいが、全国の人に高陽東の野球を見てもらうことが一番。これからもチームの勝利に徹する」。口調は滑らかだった。

	1	2	3	4	5	6	7	8	9	計
高陽東	2	0	0	3	0	1	0	1	0	7
PL学園	0	0	2	0	0	1	2	0	1	6

メモ

「復帰」

高陽東の山部剛史主将が夏の甲子園に初出場した。選抜大会では3試合に出場したが、広島大会直前に左手を骨折。ベンチ入りして伝令役を担った。ピンチでマウンドに走り、主将として精神的にチームを支えてきた。この試合で出番は九回に回ってきた。一塁の守備に就き、最後の打者のゴロを無難にさばいた。「やっとプレーでチームに貢献できた」と喜んだ。

【高陽東】		打	安	点	振	球
⑥	大河	5	2	0	1	0
④	小町	4	0	0	3	1
⑦	末定	3	1	0	1	0
①	宗政	4	1	1	1	0
⑧	清原	2	2	2	0	2
②	小川	3	1	1	2	1
⑤	永田	3	0	1	1	0
③	小河	3	0	0	3	1
3	山部	0	0	0	0	0
⑨	田中	3	0	1	2	0

犠盗失併残
3 1 2 0 4 30 7 6 14 5

【PL学園】		打	安	点	振	球
⑤	谷畑	4	2	0	0	1
④	石田	4	1	0	1	0
⑧	荒金	5	3	2	1	0
①	前川	4	1	0	2	1
⑨	佐川	4	3	2	0	1
③	稲川	5	2	1	0	0
⑦	谷本	3	0	0	0	0
②	馬場	3	0	0	1	0
H	浅田	1	1	0	0	0
2	高墳	0	0	0	0	0
⑥	前田	4	2	1	1	0

犠盗失併残
2 0 0 0 9 37 15 6 6 3

▽本塁打　荒金1号（宗政）清原1号（前川）前田1号（宗政）▽三塁打　小川、佐川▽二塁打　稲川、谷畑、大河▽ボーク　前川

投手	回	打	安	振	球	責
宗政	9	42	15	6	3	5
前川	9	38	7	14	5	7

【ベンチ入りした主なプロ野球選手】

≪PL学園≫

前川勝彦	近鉄・97年ドラフト1位―阪神―オリックス
前田新悟	明大―中日・02年ドラフト5位
荒金久雄	青学大―ダイエー・01年ドラフト5位―オリックス

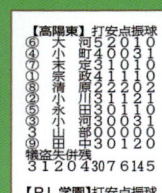

高陽東－福井商
（広島）（福井）

高陽東 競り負け4強逃す

第78回全国高校野球選手権大会第12日は19日、甲子園球場で準々決勝4試合を行った。初出場の高陽東（広島）は福井商（福井）と対戦。同点の八回に2点を勝ち越され、3－5で競り負けた。

3－3で迎えた八回、高陽東のエース宗政が力尽きた。先頭の碧山に左前に運ばれ、バントで二進。続く竹野に一、二塁間を破られ、勝ち越された。竹野に二盗を許した後、浅野の二ゴロを小町がはじいてリードを広げられた。

宗政は連投の疲れからやや球威を欠き、制球も甘かった。福井商打線に12安打を浴びて、5点を失った。

打線は二回に宗政の左越え本塁打。六回は清原の2点適時打で2度、追い付いたが、福井商の亀谷の内角球を打ちあぐみ、試合の主導権を握れなかった。

打撃陣 術中はまり苦戦

高陽東は福井商のエース亀谷をビデオなどで研究し、「内角は見せ球。狙い球はスライダー」と分析して臨んだ。だが、思惑は外れた。

スリークオーターの亀谷はゆったりとしたフォームから内角にどんどん直球を投げ込んだ。時折交ぜる変化球との緩急にも苦しんだ。五回までは、甘いカーブを捉えた宗政の本塁打の1安打に抑えられた。

中盤から直球狙いに変えた。2点を追う六回2死満塁の好機に、清原が直球をたたいて二遊間を破り追い付いた。流れをつかみかけたが「タイミングが取れないままだった」と永田が言うように、すぐには切り替えられなかった。

七回、2本の内野安打と四球で1死満塁としながら小町、末定は内角を攻められて凡退。末定は「予想外の攻めに、最後まで自分の打撃ができなかった」。小川監督は「亀谷君の投球術にはまってしまった」と悔やんだ。

選抜の準決勝で逆転負けを喫し「忘れ物を取りに行く」を合言葉に夏の甲子園に乗り込んだ高陽東。山部主将は「忘れ物は優勝旗ではなく、宗政を中心にした守りの野球。（選手権で）それができて満足」と声を詰まらせた。

山部主将 後輩に夢託す

選抜に続く4強入りを逃した高陽東の山部主将は「（夏の大会で）初めてリードされて、少し動揺したのかもしれません」と切り出した。

ピンチの連続に、伝令として何度もマウンドへ。「宗政の表情が硬かったので、何とか落ち着かせようとしたんですが…」。主将として十分な責任を果たせなかった思いがあったのか、言葉が途切れた。

それでも「みんなで野球ができた」という満足感を漂わせ、小町、末定の2年生コンビには「あいつらがいたから甲子園に来られた」と感謝。「2人にはいい経験になったはず。もう一度、甲子園に戻ってきてほしい」と連続出場の夢を託していた。

踏ん張れず 宗政力尽く

「碧山君を抑えれば勝てると思った」。八回、先頭の碧山に4本目の安打を許すと、宗政はがっくりとうなだれた。気落ちして適時打を浴びるなど踏ん張り切れず、2点を勝ち越された。

「ブルペンでは球が伸びていたのに、試合では下半身が使えず、手投げになっていた」。一回から体の切れの悪さに気付いていた。首をひねりながら投げ「あっという間」に先制点を許した。自ら本塁打を放ち同点としたが、四回は連続二塁打で2点を失った。

八回は応援の声が聞こえないほど動揺していたという。1死二塁から右前適時打を浴びると、味方の失策で2点目。打たれても、走者を出しても粘り強く抑える持ち前の投球が影を潜めていた。

1年から本格派投手として注目され、選抜4強の原動力になった。今大会も4試合を投げ抜いた。「もう少しみんなと野球をやりたかった」。最後は涙声だった。

八回、福井商1死二塁、浅野の二ゴロを二塁手がはじく間に、二塁走者の竹野が生還する。投手宗政、捕手小川

高陽東	0	1	0	0	0	2	0	0	0	3
福井商	1	0	0	2	0	0	0	2	×	5

メモ

「古豪対決」

第78回大会の決勝は、松山商（愛媛）－熊本工（熊本）の古豪対決となった。試合は、1点を追う熊本工が九回2死走者なしから本塁打で追い付き延長へ。十回、松山商は右翼手の見事な本塁返球でサヨナラのピンチをしのぎ、十一回に3点を挙げ、6－3で熱戦を制した。松山商は27年ぶり5度目の優勝。59年ぶりに決勝進出した熊本工は初優勝にあと一歩届かなかった。

【高陽東】		打	安	点	振	球
⑥	大河	2	0	0	1	2
④	小町	3	0	0	1	0
⑦	末定	4	0	0	1	0
①	宗政	2	1	1	0	2
⑧	清原	4	1	2	1	0
②	小川	4	0	0	1	0
⑤	永田	4	0	0	0	0
③	小河	4	1	0	1	0
⑨	田中	4	2	0	1	0

犠盗失併残
1 0 1 1 6 31 5 3 7 4

【福井商】		打	安	点	振	球
⑨	中川	4	3	0	0	0
⑥	河合	3	1	0	1	0
③	碧山	4	4	1	0	0
②	清水	2	0	0	0	0
⑧	竹野	4	1	1	1	0
④	浅野	4	2	1	0	0
⑦	塚田	3	1	1	1	0
①	亀谷	4	0	0	1	0
⑤	安達	3	0	0	1	0

犠盗失併残
4 1 0 0 6 31 12 4 5 0

▽本塁打　宗政1号（亀谷）▽
二塁打　浅野、塚田、田中

投手	回	打	安	振	球	責
宗政	8	35	12	5	0	4
亀谷	9	36	5	7	4	3

如水館－崇徳
（広島）　（広島）

五回、如水館2死、内平が左越え本塁打を放ち、一塁手前でガッツポーズをする

如水館 崇徳下し初切符

第79回全国高校野球選手権広島大会最終日は30日、広島市民球場で決勝を行った。如水館が崇徳を7－1で破り、初優勝。春夏通じて初の甲子園切符をつかんだ。

1点を追う如水館は四回、4連打で逆転した。1死三塁から、石井の右中間二塁打で同点。下迫が安打でつなぎ、洲上の左前適時打で勝ち越した。続く岡崎の右中間二塁打で2者がかえり、4－1とした。五回は内平のソロ本塁打。六回は松浦の2点二塁打でリードを広げた。

先発洲上は、毎回のように得点圏に走者を置いたが粘り強く要所を締め、二回の1点に抑えた。

監督と選手 厚い信頼

開校4年目の如水館が初の甲子園切符をつかんだ。広島商で選手、監督の両方で全国制覇の経験を持つ迫田監督の好采配と、監督の信頼に応えた選手の頑張りが道を切り開いた。

1点を先制され、崇徳・先発の左腕木下を捉えられず試合は進んだ。「木下君は疲れているはず。ただ、きっかけが欲しかった」と迫田監督。四回、先頭の猪木が四球で出塁すると、二盗を決めた。木下は背中に走者を背負うと、球が上ずった。

「高めを狙え」のベンチの指示通り、4番石井が適時二塁打で打線に火を付けた。4連打で一気に攻略。五、六回にも加点し、試合を決めた。エース洲上は序盤は力みが見られたが、打線の援護でよみがえった。バックも6試合で2失策の堅い守りでもり立てた。

前身の三原工に1993年、野球部が42年ぶりに復活し、迫田監督を迎えた。ベテラン監督の下で徐々に力を付け、前年のチームは春、夏とも甲子園にあと1勝までこぎ着けた。

このチームは昨秋の中国大会の準々決勝で延長の末、敗れた。「悔しい思いがばねになった」と下迫主将。迫田監督は「前のチームより小粒だが、全員が自分の役割を果たしてくれた」と評価した。

昨年に続く2度目の決勝でつかんだ夏の甲子園。新たな歴史を刻む如水館の第一歩に期待したい。

ピンチの連続 喜びひとしお
エース洲上

両手の拳を高く上げ、大きく跳び上がる。「勝った瞬間、頭の中は真っ白でした」。如水館のエース洲上は勝利の喜びをこう表した。

苦しい道のりだった。二回、強打の崇徳に3安打で先制点を奪われた。さらに走者を背負い、ピンチは続いた。1失点でしのいだものの四回、迫田監督から「一度外野を守って冷静になれ」と降板を促された。

四回の攻撃。同点に追い付き1死一、三塁で打順が回った。「スクイズをするふりをして、思い切り振り抜いた」。自らの勝ち越し打と追加点でようやく冷静さを取り戻した。

9回を投げ抜き、許した安打は12。「2桁安打は覚悟していた。4割の力を抜いてコーナーを突けば、3点以内に抑えられると思った」と振り返った。

昨秋の中国大会1回戦の南陽工（山口）戦でノーヒットノーランを達成したが、選抜切符は逃した。それだけに選手権出場に向け、周囲の期待は膨らんだ。投球の際に力みが増し、3月に肩を痛めた。約1カ月半、毎日8㌔の走り込みとダッシュを繰り返し、下半身が安定。故障の間に「力まない冷静な投球」を心掛けるようになった。

「安打を打たれても点をやらないのが僕の投球。決勝は自分らしさが一番出た試合」。日焼けした顔から、白い歯がこぼれた。

崇　徳	0	1	0	0	0	0	0	0	0	1
如水館	0	0	0	4	1	2	0	0	×	7

メモ

「決勝5連敗」

崇徳は如水館に完敗し、準優勝に終わった。初めて決勝に進んだ1961年に広陵を1-0で下し、初優勝。73、75年は準優勝だったが、76年には2度目の優勝で春夏連続出場を果たした。しかし、ここからがいばらの道。82年に広島商に0-5で敗れてから、これで決勝は5連敗。7度目の準優勝となった。2006年にも決勝で如水館に敗れており、連敗は6に伸びた。

【崇　徳】		打	安	点	振	球
④	西岡	5	3	0	1	0
⑥	二村	4	1	0	0	1
⑤	藤森	3	0	0	1	1
③	吉岡	4	0	0	0	0
②	松島	4	2	0	0	0
⑨	沖	3	1	0	0	0
⑦	石村	4	3	0	0	0
⑧	三次	4	1	1	0	0
①	木下	2	1	0	1	0
1	中村	0	0	0	0	0
H	山代	1	0	0	1	0

犠	盗	失	併	残	打	安	点	振	球
3	5	0	2	11	34	12	1	4	2

【如水館】		打	安	点	振	球
⑥	三好	4	0	0	1	0
④	猪木	3	0	0	0	1
⑧	内平	3	2	1	0	0
⑨	石井	4	1	1	2	0
②	下迫	2	1	0	0	2
①	洲上	4	2	1	0	0
③	岡崎	3	2	2	0	1
⑦	徳田	2	0	0	0	0
7	村岡	0	0	0	0	1
H	住吉	1	0	0	1	0
7	塩川	0	0	0	0	0
⑤	松浦	4	1	2	1	0

犠	盗	失	併	残	打	安	点	振	球
1	2	0	1	5	30	9	7	5	5

▽本塁打　内平（木下）▽二塁打　石井、岡崎、松浦

投　手	回	打	安	振	球	責
木　下	5⅔	27	7	3	4	7
中　村	2⅓	9	2	2	1	0
洲　上	9	39	12	4	2	1

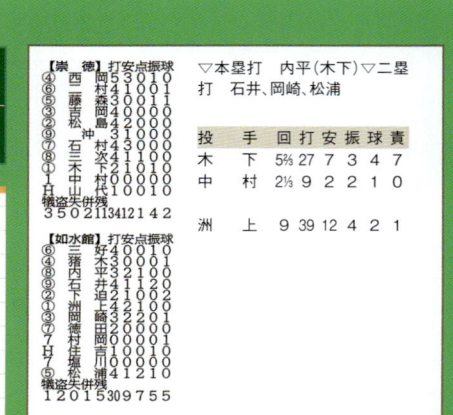

如水館－桐蔭学園
（広島）（神奈川）

四回、如水館1死一、三塁、下迫が左前適時打を放つ。捕手小沢

如水館惜敗 初陣飾れず

第79回全国高校野球選手権大会は8日、甲子園球場で開幕し、1回戦3試合が行われた。春夏通じて初出場の如水館（広島）は優勝候補の桐蔭学園（神奈川）と対戦。打線が振るわず、1―3で敗れた。

如水館は、エース洲上が硬さの残る立ち上がりに、桐蔭学園の足を使った攻めで揺さぶられ、先取点を奪われた。一回2死二塁から松田のヒットエンドランが適時打となり、先制された。さらに遊ゴロ失で一、二塁とされ、植田にも三遊間を破られて2点目。桐蔭学園に主導権を握られた。

打線は四回、猪木の右中間二塁打に犠打と四球を絡めて1死一、三塁とし、下迫の左前適時打で1点を返した。さらに2死満塁と攻めたが、追加点を奪えなかった。七、八回には先頭打者が安打で出塁したが、いずれも併殺で好機をつぶした。

強豪との対戦 再起の糧に

初陣の如水館は優勝候補の桐蔭学園の堅実な野球に流れをつかめず、涙をのんだ。迫田監督は「初日のゲームだし、選手はよくやった。今度は必ず強くなって帰ってきますよ」と言い切った。敗戦から得たものは大きいはずだ。

結果は1―3。2点差の試合には桐蔭学園のそつのない攻めと堅い守りが凝縮されていた。如水館のエース洲上は「立ち上がりがすべて。相手を意識し過ぎてしまった」。桐蔭学園の土屋監督は「洲上君からそう点は奪えない。追い込まれる前に打たそうとエンドランを仕掛けた」と明かした。

一回の2死二塁、失策が絡んだ2死一、二塁で立て続けにエンドランを決められた。相手の策が的確に当たっていく。「ストライクを集め過ぎた。もう少しボール球を使っていれば…」と捕手の下迫は悔やんだ。

後半は洲上が立ち直り、七回1死満塁のピンチも好守で無失点に抑えた。2点を追う七、八回には先頭打者が出塁したが、併殺に仕留められ、力尽きた。

「これまで私の話でしか知らなかった優勝候補の力を選手が体験できたのは大きい。甲子園でいかに緻密さが要求されるか、ということも分かったと思う」と迫田監督。如水館は大きな財産を得て、甲子園に歴史の一歩をしるした。

「最高の投球 悔いない」 エース洲上

「最高の投球ができたので悔いはありません」。主戦洲上に涙はなかった。「今でもよく思い出せない。相当、舞い上がっていたと思う」という一回。意識したのは初の大舞台より、優勝候補とされる桐蔭学園の強力打線だった。試合前、20安打ぐらいは打たれるのでは、と考えたほどだった。

先頭の左打者、真鍋にいきなり左前打を浴び、自分の投球を見失った。広島大会では空振りを取っていた球だ。「真っすぐ狙いできているのは分かった。相手のサインも見破っていたが、思った通りに体が動かなかった」。自分を取り戻す前に2点を許した。

本来の投球に戻ったのは三回。得意のスライダーと直球で2者連続の空振り三振を奪うと、「自分のボールが通用する」と自信が生まれた。四回に1点を失ったが、七回の1死満塁のピンチでは「自分にはスライダーしかない」と信じて後続を断った。

強打線を相手に8安打、3失点。自責点は1だった。「優勝候補と互角に戦い、僕たちが甲子園での第一歩を築いた。黒土は後輩が優勝した時にもらいます」。エースは胸を張って大舞台を後にした。

如水館	0	0	0	1	0	0	0	0	0	1
桐蔭学園	2	0	0	1	0	0	0	0	×	3

メモ

「猛打」

第79回大会は智弁和歌山（和歌山）が猛打で初優勝した。前年春の選抜準優勝メンバーである中谷仁（元阪神）喜多隆志（元ロッテ）を中心とした強力打線で、チーム打率は大会史上最高（当時）の4割6厘。決勝では平安（京都、現龍谷大平安）の好投手川口知哉（元オリックス）を7犠打を絡めて攻略。6-3で勝ち、和歌山勢では1979年の箕島以来の優勝を飾った。

【如水館】	打	安	点	振	球
⑥ 三好	4	1	0	2	0
④ 猪木	4	1	0	1	0
⑧ 内平	3	0	0	2	0
⑨ 石井	3	0	0	0	1
② 下迫	4	1	1	1	0
① 洲上	3	1	0	1	1
③ 岡崎	3	1	0	0	0
⑦ 徳田	2	0	0	1	0
H 崎浜	0	0	0	0	1
R7 村岡	0	0	0	0	0
⑤ 松浦	2	0	0	0	1

犠盗失併残
10215 28 5 1 8 4

【桐蔭学園】	打	安	点	振	球
⑨8 真鍋	3	2	0	0	0
⑥ 平野	4	1	0	1	0
①3 浅井	3	1	0	1	1
③9 松田	4	1	1	1	0
⑦ 吉満	4	0	0	2	0
④ 植田	4	1	1	0	0
② 小沢	3	0	0	1	0
⑧1 川岸	4	0	0	1	0
⑤ 本橋	2	2	1	0	1

犠盗失併残
21028 31 8 3 7 2

▽二塁打　猪木、浅井

投手	回	打	安	振	球	責
洲上	8	35	8	7	2	1
浅井	7	27	4	5	4	1
川岸	2	6	1	3	0	0

【ベンチ入りした主なプロ野球選手】

≪桐蔭学園≫

浅井良	法大―阪神・02年ドラフト自由枠
平野恵一	東海大―オリックス・02年ドラフト自由枠―阪神
川岸強	駒大―トヨタ自動車―中日・04年ドラフト7位―楽天

広島商－国士館
（広島）（東京）

七回、広島商無死、三浦大がバックスクリーン左に本塁打を放ち、4－2とリードを広げる。捕手森

広島商　春夏通算60勝

第70回選抜高校野球大会第4日は29日、甲子園球場で2回戦3試合を行った。広島商（広島）は国士館（東京）と対戦。七回、三浦大の今大会第4号本塁打など5長短打で6点を奪い、9－2で快勝。春夏通算60勝目をマークした。

広島商の先発亀川は一回、失策が絡んで1死満塁のピンチを招いたが、冷静な配球で窮地を脱した。その裏、大下の安打を足場に1死満塁とし、長崎が一、二塁間を破って2点を先制した。

七回には三浦大の中越えソロ本塁打をきっかけに、打者一巡の猛攻で6点を奪い勝負を決めた。国士館は七回の継投が誤算だった。

「全員野球」復活へ一歩

悪送球から始まり、走塁ミスやバントの失敗。攻守でミスを連発しながら、広島商は「全員野球」で初戦を制した。

先発亀川の力投が大きかった。降板する八回まで毎回走者を許したが、粘り強くしのぎ大量点を防いだ。バックも好守で応えた。三回は右翼手田中が2度も大飛球を背走しながら好捕。六回は1点差とされた後の2死二、三塁で、中前へ抜けそうな当たりを遊撃手小田がさばいた。折田監督の「耐えて後半勝負」の指示通り、要所は全員で守り抜いた。

七回、三浦大に豪快な一発が飛び出すと、打線が一気に爆発。パワーと集中力で圧倒した。強力打線の国士館のお株を奪う先発全員の13安打を放った。

昨秋まで競り合いにもろかったチームは、ひと冬越えて耐え抜く力を身に付けた。大舞台でつかんだ自信と勢いは、「負けない広商」の復活を期待させた。

先制打　勝負強さ発揮
長崎

一回、いきなり訪れた1死満塁のチャンス。長崎が引っ張った打球は、一、二塁間を鮮やかに抜ける先制の2点打。六回にも貴重な追加点をたたき出し、折田監督に甲子園初勝利をプレゼントした。

勝負強さはチーム一。一回は、喉から手が出るほど先取点の欲しい場面で、スクイズのサインはなし。投球のたびにベンチを振り返ったのは、「かく乱するためのポーズ。監督さんの目を見たら、任されているのが分かった。流れを引き寄せるためにも、何とかしたかった」。折田監督の信頼と期待に応えた。

先制のホームを踏んだ大下は「絶対、かえしてくれると信じていた」。エース亀川も「あれで楽になり、リズムに乗れた」と感謝した貴重な一打だった。

次の相手は好投手矢野を擁する高鍋。「速球派の方が得意。自分のバッティングに徹し、必ず打ち崩したい」と、気持ちを高鍋戦に切り替えていた。

エースの意地　頭脳的な投球
亀川

広島商の先発亀川がエースの意地を見せた。毎回、走者を出しながらも、配球の組み立てを考えた頭脳的なピッチング。強力打線の国士館を八回まで9安打、2点に抑えた。

味方のエラーから背負った一回のピンチも、「打たれる気がしなかったし、バックも守ってくれると信じていた」。意識していた国士館の3番松本には2長短打を許したが、「変化球の制球がいまひとつだったけど、真っすぐがよかったので80点」と採点。3回戦の高鍋戦に闘志を見せていた。

国士館	0	0	0	0	0	1	1	0	0	2
広島商	2	0	0	0	0	1	6	0	×	9

メモ

「春夏通算60勝」

広島商が春夏通算60勝（春17、夏43）を達成した。初勝利は選手権に初出場した1916年大会の1回戦の中学明善（福岡）戦。戦前は選手権3度、選抜1度の計4度の全国制覇を成し遂げ計22勝。戦後は、4度目の選手権制覇を飾った57年大会から41年かけて38勝を積み重ねた。60勝達成以降は冬の時代に入り、2024年までに3勝。計63勝は13位となっている。

【国士館】		打	安	点	振	球
④	城座	4	1	0	0	1
⑧	茂久田	4	0	0	0	0
⑦	松本	4	2	1	0	1
③1	竹内	3	0	0	0	1
⑤	大友	4	1	0	1	0
⑨	田野倉	4	2	0	1	0
②	森	3	1	0	0	0
①	山本	3	0	1	1	0
1	鎌田	0	0	0	0	0
1	関口	0	0	0	0	0
H	金子	1	1	0	0	0
3	深見	0	0	0	0	0
⑥	松浦	4	1	0	0	0

犠盗失併残
2 1 1 2 10 34 9 2 3 3

【広島商】		打	安	点	振	球
⑧	大下	4	1	0	0	0
H	吉野	1	0	0	0	0
8	花坪	0	0	0	0	0
④	西田	2	2	0	0	1
⑨	田中	3	2	1	0	0
②	花崎	3	1	2	0	1
③	長崎	3	2	3	1	1
⑤	三浦謙	4	1	2	0	0
⑦	三浦大	3	1	1	1	1
1	奥平	0	0	0	0	0
⑥	小田	3	1	0	0	1
①7	亀川	3	2	0	0	0

犠盗失併残
3 1 1 0 4 29 13 9 2 5

▽本塁打　三浦大1号（鎌田）▽三塁打　城座、花崎▽二塁打　松本、亀川、田中、三浦謙、金子▽捕逸　森

投手	回	打	安	振	球	責
山本	6	24	8	2	1	2
鎌田	⅔	8	4	0	2	6
関口	⅓	1	1	0	0	0
竹内	1	4	0	0	2	0
亀川	8	36	9	3	3	2
奥平	1	3	0	0	0	0

【ベンチ入りした主なプロ野球選手】

≪国士館≫

金子洋平	青学大－ホンダ－日本ハム・07年大学生・社会人ドラフト7位

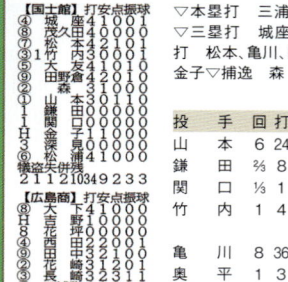

㉒㉗ 1998年4月3日
第70回選抜高校野球大会3回戦

広島商－高鍋
（広島）　（宮崎）

八回、広島商無死一塁、一塁走者の西田が二盗に失敗する。タッチするのは遊撃手平原

広島商 逆転許し敗退

第70回選抜高校野球大会第8日は3日、甲子園球場で3回戦3試合を行った。広島商（広島）は高鍋（宮崎）と対戦。3－4で逆転負けした。

広島商は高鍋に逆転を許し、25年ぶりのベスト8進出を逃した。1点リードで迎えた七回、救援の亀川が先頭の小沢を歩かせ、2死二塁から是則に中前に落とされて同点。細野の四球で一、二塁とされ、平原に二塁横をゴロで抜ける決勝打を喫した。

序盤は、機動力を生かした広島商のペースだった。同点の二回、大下の中越え三塁打で2点を勝ち越した。三、四回は先頭打者が安打で出塁したが、盗塁死などで追加点を奪えず、制球に苦しむ高鍋の先発矢野に立ち直りのきっかけを与えた。九回2死一、三塁の同点機も救援した佐山に抑えられた。

自慢の走力 過信の末

「序盤にうまくいきすぎて、勝負を焦った」。広島商・折田監督の言葉が、すべてを物語っていた。高鍋のエース矢野は球速が140キロを超える速球派投手だが、モーションは大きい。正捕手は故障で欠場。試合前の分析から、広島商は「連打は期待できない。足でかき回して崩す攻撃」を狙った。

一回、西田の二盗の際、連続送球ミスを誘って先制した。二回は2死から四球で出塁した小田の二盗で矢野が動揺。制球を乱し、大下の2点三塁打につながった。「足で点を取る」攻めは的中したが、やがて「足で点が取れる」という過信に変わり、身上の手堅い野球を見失った。

三回2死一、三塁から試みたディレードスチールは、一塁走者の三浦謙が中途半端に挟まれてアウト。2点を勝ち越した後、西田がアウトになった二回と同じ失敗を繰り返した。四回にも無死一塁から三浦大が盗塁死した。

相次ぐ走塁ミスで、矢野に「捕手を信じて投げればいい」との自信を持たせた。五回以降は1安打。つかみかけていた流れを押しやり、高鍋に「いける」と反撃のリズムを与えた。

試合後、折田監督は「もっとゆっくり攻めるべきだった」。自慢の足に溺れた広島商は8強を前に姿を消した。

エース亀川 夏への宿題

早過ぎず、遅過ぎず。継投のタイミングは絶妙と思われた。五回に「次の回から行くぞ」と折田監督が指示。エース亀川は一回からブルペンで3度も肩をつくっていた。「あとはおれに任せろ」。先発奥平に代わり、自信を持ってマウンドに登った。

リードは1点。六回は2三振を含め三者凡退。「調子は良かった」が、七回につかまった。2四球と2本の適時打で逆転を許した。「（適時打は）どちらも悪い球じゃなかった。芯を外したが、飛んだところが良かっただけ。運がなかった」と振り返った。

「後は味方が何とかしてくれる」。気を取り直して八、九回は3人ずつで抑えた。九回2死一、三塁で打順が回ってきた。打席に入る前、折田監督から「男になれ」とハッパをかけられた。

「来た球だけを打ち返そう」。無欲の打席だったが、最後は内角高めのボール球にバットが空を切った。高鍋の一塁側スタンドから大歓声が聞こえ、「悔しかった」と唇をかんだ。「球速を上げ、変化球の制球をつけるため鍛え直してまた来る」。課題をしっかり認識し、甲子園球場に「夏」を誓った。

高鍋	0	1	0	0	1	0	2	0	0	4
広島商	1	2	0	0	0	0	0	0	0	3

メモ

「平成の怪物」

第70回大会は横浜（神奈川）が25年ぶり2度目の優勝を果たした。投げてはエース、打っては4番打者としてチームを頂点に導いたのは、「平成の怪物」こと松坂大輔（元西武）だった。最大のヤマは準決勝のPL学園（大阪）戦。八回に2点差を追い付き、九回に勝ち越して逆転勝ち。決勝は松坂が関大第一（大阪）を4安打に抑え、3−0で下した。

【高鍋】		打	安	点	振	球
⑤	是則	3	1	1	0	1
⑦	細野	3	1	1	1	1
⑥	平原	4	2	1	0	0
⑧	杉田	4	0	0	1	0
②	奈須	4	0	0	1	0
③	高奥	4	2	0	1	0
⑨	小沢	3	0	0	1	1
9	税所	0	0	0	0	0
①	矢野	4	0	0	2	0
1	佐山	0	0	0	0	0
④	平山	2	1	0	0	1

犠	盗	失	併	残	打	安	点	振	球
2	2	2	0	6	31	7	3	7	4

【広島商】		打	安	点	振	球
⑧	大下	3	1	2	0	1
④	西田	2	0	0	0	2
⑨	田中	4	2	0	1	0
②	花崎	3	0	0	2	1
③	長崎	4	0	0	3	0
⑤	三浦謙	2	0	0	2	2
⑦	三浦大	4	1	0	1	0
⑥	小田	2	0	0	1	2
①	奥平	1	0	0	1	1
1	亀川	2	0	0	2	0

犠	盗	失	併	残	打	安	点	振	球
0	5	1	0	6	27	4	2	13	9

▽三塁打　平原、大下、平山▽捕逸　奈須▽暴投　奥平、佐山

投手	回	打	安	振	球	責
矢野	8⅓	33	4	12	8	2
佐山	⅔	3	0	1	1	0
奥平	5	21	5	2	2	1
亀川	4	16	2	5	2	2

【ベンチ入りした主なプロ野球選手】

≪高鍋≫

矢野修平　広島・99年ドラフト3位

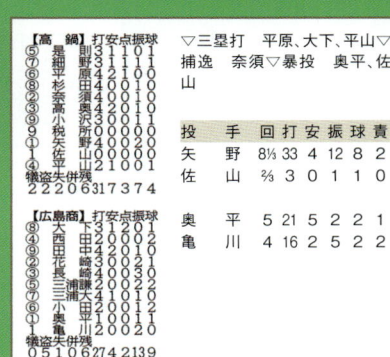

228 1998年7月31日
第80回全国高校野球選手権広島大会決勝

如水館（広島）－広島商（広島）

九回、如水館1死満塁、竹玄の右犠飛で三塁走者の小町が生還し、4−3と勝ち越す。捕手花崎

如水館 2年連続の「夏」

第80回全国高校野球選手権広島大会最終日は31日、広島市民球場で決勝を行った。如水館が終盤の集中打で、選抜出場の広島商に4－3で逆転勝ちし、2年連続2度目の代表を決めた。

如水館は3点を追う七回、小町、藤田の連続適時二塁打と竹玄の中前適時打で同点。九回は1死満塁から竹玄の右犠飛で決勝点を挙げた。

エース小町は二回、3点を失い降板。三塁守備に就き、再登板した三回からは立ち直った。落ち着いた投球で、九回1死一、二塁も投ゴロ併殺で締めた。ベンチの継投策が決まった。

広島商は二回、花坪の左前打で先制、亀川の2点適時打が続いて計3点を奪った。三回以降は小町を打ちあぐみ、2安打と打線が沈黙。3連投の亀川を後押しできなかった。

気迫の一打 決勝犠飛

竹玄

同点で迎えた九回。丸目が敬遠され1死満塁。「小細工なし。積極攻撃で一気に決める」。迫田監督の期待と信頼に応えたのは、2年の1番竹玄だった。

大きなファウルを打った後の2球目。決勝点となる右犠飛を放ち、三塁走者の小町を迎え入れた。「亀川君は気持ちが逃げている。絶対に走者を進めてやる」。気迫の一打だった。

三塁手と投手兼任の松浦の負担を軽くするため、3回戦から1番に。しかし、2回戦の広陵戦で3番を任されたイメージが残り、長打を狙う大きなスイングを修正できないままでいた。準決勝まで打率2割1分1厘と低迷。決勝では「とにかく塁に出よう」と気持ちを切り替えた。

六回の第3打席で「タイミングが合ってきた」。手応えを感じて臨んだ七回2死一、二塁。外角直球を中前へ運ぶ同点打に結びつけた。6試合で打点0だった不振を吹き飛ばし、決勝犠飛と合わせ2打点。勝利に貢献した。

「小町と松浦さんに、打撃で援護ができなかったのが心残りだった。甲子園では塁に出る打撃を心掛け、2人を助けたい」。自信をつかんだリードオフマンの活躍が楽しみだ。

連覇を果たし 主将晴れやか

「苦しかった」。三塁手と投手を兼任する松浦主将は連覇を果たし、ほっとした表情を見せた。

昨夏の甲子園を経験しているのは、3年生では松浦ただ一人。若いチームをまとめるのは大変だった、という。春には一時、主将を外された。2年生エース小町を生かすため、「同じ右上手投げが2人いてもしょうがない」と、6月から横手投げに変えた。

開会式の日、「もう一度この手に取り戻す」と語った優勝旗。再び手にした時「先輩たちに並んだ」とうれしさが込み上げた。「甲子園では超えたい」と健闘を誓った。

相手の疲れ待ち 連打

試合前、口数が少なかった広島商の折田監督とは対照的に、如水館の迫田監督は「3年連続で決勝にこられただけで満足」と談笑していた。選手、監督として全国制覇を成し遂げた母校との対戦。相手のエース亀川は前日、延長十三回、164球も投げている。終盤、疲れが出ることも見通していた。

序盤、小町が力みからフォームを崩し、3点を先制された。松浦と交代させ、味方の攻撃中にすぐにフォームのチェックを命じた。再びマウンドに戻り、球の切れを取り戻した2年生エースは三回以降、早打ちにも助けられ、完璧に抑えた。

「相手が疲れてくる五回までは（球数を投げさせるため）自然に待った」と迫田監督。3点リードされた七回、打者を打席のベース寄りに立たせ、球威の落ちた外の速球を狙わせた。連打を浴びせて追い付き、連覇への流れを呼び込んだ。

「彼らが広陵や広島商、盈進といった伝統校を破り優勝したのは大きい」と、迫田監督はほほ笑んだ。2年連続でノーシードから勝ち上がり、強豪としての地歩をしっかりと固めた。

如水館	0	0	0	0	0	0	3	0	1	4
広島商	0	3	0	0	0	0	0	0	0	3

メモ

「決勝勝率」

広島が「1県1代表」となった1958年以降、広島大会で最も多く決勝を戦ったチームは広島商の26度。14勝12敗の成績を残している。次は広陵の25度。21勝4敗と8割以上の高い勝率を残している。この2校以外で、5度以上決勝に進んだのは、如水館(11度)崇徳(10度)広島工(9度)新庄(8度)盈進(7度)尾道商(5度)の6校となっている。

【如水館】		打	安	点	振	球
④	竹玄	4	1	2	1	0
⑥	高橋	5	1	0	3	0
⑤15	松浦	4	0	0	2	0
②	徳田	4	0	0	1	0
③	村山	3	1	0	0	1
①51	小町	3	2	1	0	1
⑨	藤田	4	2	1	1	0
⑦	森田	3	1	0	1	0
⑧	丸目	3	2	0	0	1

犠盗失併残
2 0 2 2 7 33 10 4 9 3

【広島商】		打	安	点	振	球
⑧	大下	4	1	0	1	0
④	西田	4	0	0	1	0
⑨	田中	4	0	0	1	0
②	花崎	4	1	0	1	0
③	長崎	2	0	0	0	1
⑤	三浦謙	4	1	0	0	0
⑥	小田	3	1	0	0	1
⑦	花坪	3	1	1	1	0
①	亀川	3	1	2	1	0

犠盗失併残
1 0 0 1 4 31 6 3 6 2

▽二塁打　小町、藤田

投手	回	打	安	振	球	責
小町	1⅔	9	4	1	1	2
松浦	⅓	1	0	0	0	0
小町	7	24	2	5	1	0
亀川	9	38	10	9	3	4

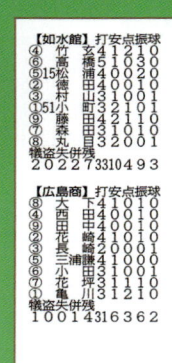

如水館－専大北上
（広島）　（岩手）

五回、如水館無死、松浦が左翼ポール際に本塁打を放ち、5−3とリードを広げる

如水館「水入り」再試合へ

第80回全国高校野球選手権大会第2日は7日、甲子園球場で1回戦を行い、如水館（広島）は専大北上（岩手）と対戦。如水館の七回裏の攻撃中に雨で中断し、そのまま6－6で降雨コールドゲームによる引き分けとなった。8日に再試合がある。

先制したのは如水館。一回1死一、二塁から、徳田が左前に適時打を放った。専大北上に勝ち越された三回には、死球を足場に松浦、徳田の長短打で逆転。四回は竹玄の犠飛、五回は松浦のソロ本塁打で加点し、優位に試合を進めた。

しかし、先発小町が六回1死から連続四球の後、適時三塁打を浴びて同点。救援した松浦もスクイズを決められ、1点をリードされた。七回は先頭の竹玄が四球で出塁。送りバントで二進後、三盗を決め、松浦の右犠飛で追い付いた。続く徳田が四球で出塁した時点で雷を伴った土砂降りとなり、2度目の中断。47分後に試合終了。引き分け、再試合となった。

雨脚見極め積極策

如水館の初戦は降雨コールドゲームによる引き分け、再試合となった。迫田監督は「同点だから互いに良かった」とほっとしていた。

三回裏から降り始めた雨で、試合は2度中断した。最初は、5－3とリードした六回表1死一、二塁のピンチの場面だった。迫田監督には「一人だけ元気がなかった」というエースの小町が気になった。

4分後に、再開した途端、また雨脚が強くなった。専大北上の菅原に甘くなった4球目のスライダーを捉えられ、右中間三塁打を浴びて追い付かれた。「雨は関係ない。抑えようと気合が入り過ぎた」と小町。松浦が救援したが、勢いづいた専大北上にスクイズで勝ち越された。

激しい雷雨になり始めた七回裏。竹玄が出塁すると犠打で送った。松浦の2球目に三盗のサイン。見事に決めた直後、松浦の右犠飛で追い付いた。次打者徳田が四球を選んだ後、2度目の中断。コールドゲームが宣告された。

「点の取り合いになると、私の野球ができない」と迫田監督。「今度は要らない点を与えない野球をしたい」。引き分けに持ち込んだ収穫が、再試合での采配に生きるはずだ。

主将の重責果たす

如水館の松浦主将は、本塁打を含む3打数3安打、3打点の大活躍だった。昨夏は2打数無安打に終わり、悔しい思いをした。一回、中前に落ちる幸運な安打で肩の力が抜けると、勢いに乗った。

「鋭く振り抜くことだけを考え、打席に入った」という五回。内角の直球にバットが自然に反応した。「手応え十分だった」という打球は、左翼ポール際に飛び込んだ。1点リードされた七回1死三塁では、貴重な同点打となる右犠飛を放った。

主将として重責を果たした働きにも、「たまたま」と厳しい表情を崩さない。「研究されるだろうけど関係ない。（再試合は）必ず勝ちます」と力強い言葉を口にした。

小町、反省しきり

如水館の2年生エース小町は「緊張はなかったけど、ストライクを欲しがってしまった」と反省。先発で5回1/3を投げ、8安打を許し6失点。直球が走らず、配球の軸にした変化球を狙い打たれた。

「やってやろうという気持ちが強過ぎて、空回りしていた。追い込んでいるのにボールを置きにきて、最悪だった」と捕手の徳田。小町は「次は大丈夫。絶対に抑える」と闘志を燃やしていた。

専大北上	0	1	1	0	1	3	0	6
如水館	1	0	2	1	1	0	1	6

（七回裏2死、降雨コールドゲームで引き分け）

メモ

「83年ぶり」

如水館－専大北上戦は、歴史に残る一戦となった。降雨コールドゲームは5年ぶり7度目。引き分けは松山商（愛媛）と三沢（青森）が延長十八回を戦った第51回大会決勝以来、29年ぶり6度目。降雨コールドによる引き分けは第1回大会準決勝の和歌山中（和歌山）－京都二中（京都）以来、83年ぶりだった。大会規定ではコールドゲームは七回表もしくは七回完了となっており、七回裏に如水館が追い付いていなければノーゲームだった。

【専大北上】		打	安	点	振	球
⑦	菅原	4	1	2	2	0
②	阿部	3	0	1	0	0
③	高橋大	4	2	0	0	0
⑥	高橋学	4	2	0	1	0
⑤	畠山和	3	3	2	0	1
⑧	辛	1	0	0	1	0
①	畠山雅	2	0	0	0	0
1	黒沢	2	0	0	1	0
④	沢田	2	1	1	0	1
⑨	佐藤	2	0	0	2	1

犠盗失併残
30227 27 9 6 7 3

【如水館】		打	安	点	振	球
④	竹玄	2	1	1	0	1
⑥	高橋	2	0	0	0	1
⑤1	松浦	3	3	3	0	0
②	徳田	3	2	2	0	1
③	村山	3	0	0	1	0
①5	小町	2	0	0	1	1
⑨	藤田	1	0	0	0	1
⑦	森田	2	0	0	0	0
⑧	丸目	2	0	0	1	1

犠盗失併残
51105 20 6 6 3 6

▽本塁打　松浦(黒沢)▽三塁打　菅原▽二塁打　松浦、高橋学、畠山和▽妨害出塁　辛(徳田)

投手	回	打	安	振	球	責
畠山雅	2⅓	12	4	0	2	3
黒沢	4⅓	19	2	3	4	2
小町	5⅓	28	8	5	3	6
松浦	1⅔	6	1	2	0	0

【ベンチ入りした主なプロ野球選手】

≪専大北上≫

畠山和洋	ヤクルト・01年ドラフト6位

230 1998年8月8日
第80回全国高校野球選手権1回戦

如水館（広島）−専大北上（岩手）

七回、如水館2死二塁、藤田の中前適時打で二塁走者の徳田㊧が生還。7−4とする。捕手阿部。⑦は次打者の森田

如水館が甲子園初勝利

第80回全国高校野球選手権大会第3日は8日、甲子園球場で1回戦を行った。降雨コールドゲームで引き分け再試合となった第1試合は、如水館（広島）が4−4の七回に3点を奪って専大北上（岩手）に10−5で勝ち、甲子園初勝利を挙げた。

如水館が中盤以降、地力を発揮し、専大北上の3投手を攻略。四回から毎回の10点を挙げ、降雨コールド引き分け再試合を制した。

四回、松浦が中越えに2試合連続のソロ本塁打を放つと打線が弾んだ。決着をつけたのは七回。二つの敵失と四球で無死満塁とし、小町の犠飛や藤田の適時打などで3点をリードした。八、九回にも加点して突き放した。

先発小町は不調だった。一回1死満塁から押し出し死球を与えると、松浦が救援。高橋大の2打席連続本塁打や失策絡みで4点を失ったが、大量点に守られて逃げ切った。

読み的中 再試合体力勝ち

専大北上との対戦が決まり、迫田監督は「暑くなって、向こうが後半ばててくれることだけを願う」と強調。「相手の二、三塁手は1年生。体力的に疲れてくれれば、必ずミスが起きる」という読みがあった。

同点で迎えた六回、先頭打者が四球で出塁したが、送りバントは使わなかった。「相手にアウトを与えて、早く攻撃が終わるのが嫌だった。少しでも長く守らせたかった」と迫田監督。強攻策で打線がつながり、4−2とした。すぐに追い付かれたが、時間をかけた攻めは確実に専大北上ナインの体力と集中力を奪っていった。

七回、専大北上の三塁手畠山和の連続悪送球と四球で無死満塁。村山の二ゴロを二塁手沢田がはじいて本封できず勝ち越した（記録は二ゴロ）。なおも強攻策で押し、犠飛と藤田の適時打で計3点。安打は1本だったが強気の攻めが奏功し、流れを引き寄せた。

「甲子園の1勝はしんどい。粘りが勝敗を決めるんだ」と言い続けた迫田監督。「やっぱり校歌を聞くのはいいね。涙が出そうになった」。23年ぶりの甲子園勝利に感激した。「監督を信じてやれば結果はついてくる」と口にする松浦主将。監督との厚い信頼関係で粘り勝った如水館は勢いに乗って2回戦に臨む。

松浦 一回から救援 2戦連続弾も

2年生エース小町が一回、いきなりピンチを招いた。2本の安打と連続死球で先制点を許した。さらに1死満塁。主将の松浦が三塁からマウンドに上がった。「よし、俺に任せろ。絶対に抑えてやる」。冷静な投球で後続を投飛、三振に打ち取り、最少失点で切り抜けた。「後輩が調子の悪い時は、僕らがカバーしてやらないと。弱いチームなんだから」と振り返った。

1点を追う四回には2試合連続のソロ本塁打を中越えに運び同点。主将の投打にわたる奮闘にナインが発奮した。四回から毎回得点を重ね、大量10点。松浦は8回⅔のロング救援を4失点でしのいだ。

「バックがよく守ってくれた。力まず、粘り強く投げたのがよかった」。2年越しの甲子園初勝利を手繰り寄せ、笑顔を見せた。

如水館	0	0	0	1	1	2	3	1	2	10
専大北上	1	0	0	0	1	2	0	1	0	5

メモ

「複数校勝利」

広島勢を率いて甲子園で勝った監督の中で、複数の学校で勝利を挙げている指揮官は6人いる。広島商で1973年の夏の選手権を制した迫田穆成《よしあき》は広島商で16勝、如水館で6勝をマーク。弟の守昭は広島商で2勝、新庄で4勝。小川成海は広島工で6勝、高陽東で6勝。中村信彦は尾道商で4勝、呉で1勝となっている。広島商で82年の選手権準優勝の桑原秀範は広島商で7勝、堀越（東京）で3勝。三原新二郎は広陵で8勝、福井（福井）で3勝、京都外大西（京都）で15勝を挙げている。

【如水館】		打	安	点	振	球
④	竹玄	6	2	1	0	0
⑥	高橋	4	1	0	1	0
⑤1	松浦	5	2	2	0	0
②	徳田	2	0	0	0	3
③	村山	4	1	1	0	0
①5	小町	3	0	1	0	1
5	山野	0	0	0	0	0
⑨	藤田	5	3	1	0	0
⑦	森田	5	2	2	3	0
⑧	丸目	4	2	2	0	1

犠	盗	失	併	残	打	安	点	振	球
3	1	1	0	9	38	13	10	4	5

【専大北上】		打	安	点	振	球
⑦	菅原	5	2	1	2	0
②	阿部	5	1	0	1	0
③	高橋大	5	3	3	0	0
⑥	高橋学	4	1	0	1	1
⑤	畠山和	4	3	1	0	1
⑧	辛	3	0	0	0	1
①	畠山雅	2	0	0	1	0
1	黒沢	0	0	0	0	1
H	岡田	1	0	0	1	0
1	小原田	0	0	0	0	0
H	村上	1	0	0	0	0
④	沢田	4	1	0	0	0
⑨	佐藤	4	2	0	0	0

犠	盗	失	併	残	打	安	点	振	球
1	1	3	1	11	38	13	5	6	4

▽本塁打　松浦（畠山雅）高橋大2（松浦）▽二塁打　竹玄、藤田

投手	回	打	安	振	球	責
小町	⅓	5	2	1	2	1
松浦	8⅔	38	11	5	2	3
畠山雅	3⅔	13	3	1	1	1
黒沢	4	22	6	2	3	3
小原田	2	11	4	1	1	3

【ベンチ入りした主なプロ野球選手】

≪専大北上≫

畠山和洋	ヤクルト・01年ドラフト6位

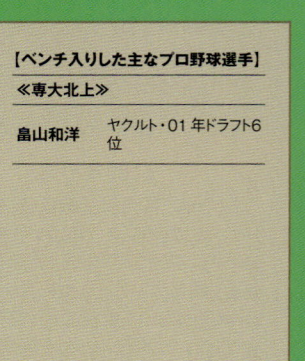

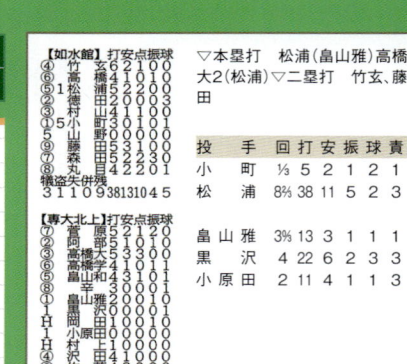

七回、如水館2死二塁、徳田が右前適時打を放ち、3–4と追い上げる。捕手吉見

231 1998年8月15日
第80回全国高校野球選手権2回戦

如水館（広島）－京都成章（京都）

如水館 追い上げ及ばず

第80回全国高校野球選手権大会第10日は15日、甲子園球場で2回戦4試合を行い、如水館（広島）は京都成章（京都）のエース古岡に12三振を喫し、3－5で敗れた。

如水館は京都成章の左腕古岡を攻略できず、競り負けた。

先発小町は序盤から毎回、走者を背負う苦しい投球。四回、自らの適時打で同点としたが、六回に3長短打に暴投が絡んで2点を奪われた。七、九回にも追加点を与え、リードを広げられた。守備陣は3併殺、2試合連続無失策ともり立てたが、小町が6度先頭打者の出塁を許すなど最後までリズムに乗れなかった。

打線は小刻みに得点したが、古岡に毎回の12三振を喫し、追い上げは届かなかった。

制球・打線 精彩欠く

如水館の先発小町は制球が定まらず、苦心の投球が続いた。先頭打者を6度も塁に出し、六つの犠打を決められた。暴投やボークもあり、二、五回以外は得点圏に走者を置いた。気の抜けないマウンドだった。

同点の六回1死二塁で、ベンチの指示は「際どい所を突き、歩かせろ」。ところが不用意にストライクゾーンに投げ、古岡に二塁打を打たれて勝ち越された。「（小町は）常に気持ちが守りに入り、余裕がなかった」と迫田監督。「相手に6イニングも先頭打者を出塁させ、こっちは2度。勝つのはしんどい」と振り返った。

打線は「真っすぐ狙い」で7安打を放った。3点を挙げたが、京都成章の左腕古岡の荒れ球と緩急をつけた投球に手を焼き、12三振。とりわけ、シュート回転する外角直球とカーブのコンビネーションに惑わされた。

迫田監督は「バントなどで揺さぶるには選手の経験が浅く、失敗が怖かった」と明かした。ベンチ入りしたメンバーのうち、小町や徳田ら7人が1、2年生。迫田監督は「苦い経験は来年への薬。今度は優勝を目指せるチームに育て、また来る」と自信を見せた。甲子園での3試合は新チームの大きな財産になる。

主戦小町完投 納得と悔いと

敗戦にも涙はなかった。完投した如水館のエース小町。5点を取られたものの、「後半は納得のいくピッチングができた」。悔やんだのは前半の投球。「ボールを（ストライクゾーンに）入れにいき、一番悪い打たれ方をした」と唇をかんだ。

降雨引き分けを含め専大北上（岩手）との1回戦2試合は不本意なマウンド。フォームを再点検し、万全を期して登板した。一回、いきなり1死一、三塁のピンチを招いた。何とか併殺で切り抜けたが、テンポのいい本来の投球リズムではなかった。

ボールになる得意のスライダーを見極められ、「苦しかった」と漏らした。「腕の振りが（十分で）なく、自分のピッチングに迫力がなかったから」と冷静に分析。守り勝つには鉄則の「先頭打者封じができなかった」と反省した。

バッテリーを組む4番徳田と同じ2年生。「コースが甘いと打たれる。下半身を鍛えて低めの制球を身に付け、あと2回（甲子園に）来ます」。エースは素晴らしい思い出を刻み、新しい目標も見つけて甲子園を後にした。

京都成章	0	0	1	0	0	2	1	0	1	5
如水館	0	0	0	1	0	1	1	0	0	3

【京都成章】	打	安	点	振	球
⑥ 沢井	5	3	0	1	0
⑨ 田坪	3	3	1	0	0
③ 田中	4	2	1	0	0
② 吉見	5	2	1	1	0
⑦ 橋本	3	0	0	1	1
① 古岡	2	1	1	0	1
⑤ 三富	2	0	0	1	2
⑧ 林良	3	1	1	0	1
④ 林彰	3	0	0	1	0

犠盗失併残
6 0 0 0 9 30 12 5 5 5

【如水館】	打	安	点	振	球
④ 竹玄	5	2	0	0	0
⑥ 高橋	4	0	0	3	0
⑤3 松浦	4	1	0	2	0
② 徳田	4	1	1	2	0
③ 村山	1	1	0	0	2
R5 山野	1	0	0	1	0
① 小町	4	2	2	1	0
⑨ 藤田	3	0	0	0	1
⑦ 森田	3	0	0	2	0
⑧ 丸目	3	0	0	1	1

犠盗失併残
2 0 0 3 8 32 7 3 12 4

▽三塁打 竹玄、沢井▽二塁打 古岡、小町▽暴投 古岡、小町2▽ボーク 小町

投手	回	打	安	振	球	責
古岡	9	38	7	12	4	3
小町	9	41	12	5	5	5

【ベンチ入りした主なプロ野球選手】

≪京都成章≫

吉見太一　立命大－サンワード貿易－西武・06年大学生・社会人ドラフト3位

メモ

「伝説」

「平成の怪物」こと松坂大輔を擁する横浜（神奈川）が第80回の記念大会を制し、史上5校目の春夏連覇を達成した。決勝の相手は、2回戦で如水館を破って勝ち上がった京都成章。松坂は大舞台で最高の投球を見せ、決勝では第25回大会の嶋清一（海草中、現和歌山・向陽高）以来史上2人目、戦後では初となる無安打無得点を記録した。

如水館－高陽東
（広島）（広島）

二回、如水館2死一、二塁、山野が右中間三塁打を放ち、2点を先制する。捕手柘植

如水館 3年連続夏切符

第81回全国高校野球選手権広島大会最終日は31日、広島県営球場で決勝があり、如水館が高陽東を8－2で下し、3年連続3度目の優勝を飾った。

如水館は二回2死一、二塁から、山野が右中間に落ちる三塁打を放ち、2点を先制。竹玄も左中間への適時二塁打で続き、計3点を奪った。その後も原の2打席連続本塁打などで加点した。主戦小町は立ち上がりこそ制球が不安定だったが、五回以降はスライダーを軸に粘り強い投球を披露。高陽東打線を2点に抑えた。

緻密な戦術 迫田野球結実

如水館が大会3連覇を成し遂げ、新しい時代の幕開けを告げた。迫田監督がまいた種は、グラウンドにしっかりと根を下ろし大樹になった。

広島商の選手と監督の両方で、夏の甲子園優勝の経験を持つ名指揮官。緻密な戦術と指導法で、無名の如水館を7年目で中国地方屈指の強豪に育て上げた。「あの時代の『広商野球』を押し付ける気はない。今どきの子どもに合わせていますよ」と笑う。

夏の甲子園に初出場した1997年は1回戦敗退、2年生主体で臨んだ昨年は2回戦で敗れた。あれから1年。小町－徳田の3年生バッテリーはたくましく成長し、夏舞台に戻ってきた。

この日の相手は3年前の決勝で敗れた高陽東。「平常心で臨め」。試合前、迫田監督がナインにかけた言葉は、いつもと同じだった。右腕の違和感を訴えていた小町は気迫の投球を続けた。「最後の試練だと思って気力を振り絞って投げた」。徳田主将は「監督の指示通り、自分たちの力が出せれば負けるはずないと思った」と胸を張る。

表彰式に臨むナインを横目に指揮官は目尻を下げた。「課題を乗り越え、大きく成長した。これまでにない楽しみなチーム。抱き締めてやりたい気分だよ」。広島商時代と違う迫田野球が今、結実の時を迎えた。

2年原 2打席連続弾
エース援護 満面の笑み

3連覇の立役者になったのは背番号「18」、左翼を守る2年原だった。準決勝まで5割2分9厘とチーム一の打率を残し、決勝の舞台でも2打席連続本塁打を含む5打数5安打、3打点。チームを勝ちムードに乗せ、本調子ではない主戦小町を助けた。

第1打席は二回無死から、先制点の口火を切る左前打。三回の第2打席は2死一塁から、追加点となる右中間三塁打。五回の第3打席が圧巻で、高陽東の先発重本のカーブを左翼場外へ。二塁打が出ればサイクル安打となる七回の第4打席も、直球を左翼スタンドに運んだ。

「2本とも手応え十分だった。調子が良くて、ボールがよく見えた」。八回の第5打席も左前打を放って交代。大記録こそ逃したが、「小町さんを楽にできてよかった」と満面の笑みを浮かべた。

177センチのチーム一の巨漢。広島大会の打率は6割3分6厘に跳ね上がった。甲子園では「チームの勝利に貢献する打撃を心掛けるだけ」。自信に満ちた言葉に、ひのき舞台での大暴れを予感させた。

気力で投げ抜く
エース小町

如水館のエース小町は、最後の打者を打ち取った瞬間、ガッツポーズで喜んだ。

大会前から右腕の感覚に不安を抱えていた。決勝では投げるうちに指がしびれ、「直球が走らなかった」。試合中、迫田監督からベンチでマッサージを受け、気力で投げ抜いた。

最後となる全国舞台。「一つは絶対に勝ちたい」と決意を新たにしていた。

如水館	0	3	1	1	1	0	2	0	0	8
高陽東	0	0	1	1	0	0	0	0	0	2

メモ

「決勝の舞台」

1999年の広島大会は雨にたたられた。準決勝が3日連続で雨天順延に。広島市民球場で予定されていた準決勝、決勝がプロ野球公式戦とぶつかるため、会場を広島県営球場（現バルコムBMW野球場）へ変更した。広島大会は西中国大会広島予選が「1県1代表」に衣替えした58年から、呉二河球場（現鶴岡一人記念球場）の4度を除き広島市民球場で決勝が行われてきた。

【如水館】		打	安	点	振	球
④	竹玄	5	3	1	0	1
⑤	西岡	4	2	1	0	0
②	徳田	5	0	0	0	0
①	小町	5	1	0	0	0
③	大本	4	0	0	0	1
⑦	原	5	5	3	0	0
R7	山本	0	0	0	0	0
⑧	丸目	5	1	0	2	0
⑨	弘中	1	0	0	0	2
R9	川崎	2	0	0	1	0
⑥	山野	3	1	2	0	0

犠	盗	失	併	残	打	安	点	振	球
3	3	1	2	11	39	13	7	3	4

【高陽東】		打	安	点	振	球
⑧	中川	4	2	1	0	1
⑥	広兼	4	1	0	0	0
⑤	木村	3	1	0	1	1
⑨	杉田	4	1	0	2	0
⑦	井藤	3	1	1	1	1
7	山田	0	0	0	0	0
②	柘植	3	0	0	1	1
③	岡崎	4	0	0	0	0
④	小山	4	2	0	0	0
①	重本	2	0	0	0	0
H	吉川	1	0	0	0	0
1	加藤	0	0	0	0	0
H	丸尾	1	0	0	1	0

犠	盗	失	併	残	打	安	点	振	球
1	0	3	0	9	33	8	2	6	4

▽本塁打　原2（重本）▽三塁打　山野、原▽二塁打　竹玄、小山▽暴投　小町

投手	回	打	安	振	球	責
小町	9	38	8	6	4	2
重本	7	38	11	1	4	7
加藤	2	8	2	2	0	0

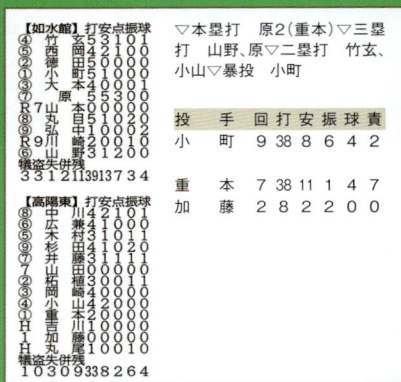

233 1999年8月9日
第81回全国高校野球選手権1回戦

如水館（広島）－柏陵（千葉）

三回、柏陵1死一、二塁、桜井の右前打で二塁走者鈴木が本塁へ突入。捕手徳田のブロックが走塁妨害とされ、先制を許す

如水館無念 零封負け

第81回全国高校野球選手権大会第3日は9日、甲子園球場で1回戦4試合を行い、如水館（広島）は春夏連続出場の柏陵（千葉）に0−2で敗れた。

如水館の主戦小町は三回、柏陵打線の徹底した流し打ちで3安打を浴び、先制を許した。その後は伸びのある直球にカーブ、スライダーを織り交ぜ、落ち着いたマウンドさばきで好投。ピンチを粘り強くしのいできたが、九回に無理な併殺を狙いダメ押し点を許した。

打線は力が目立った。柏陵・清水の落差のあるカーブを強振し、内野ゴロや三振の連続。七回に徳田が初安打したが、最後まで狙い球を絞り切れず2安打に封じられた。

エース小町 こん身137球

主戦小町はナインの援護を信じ、137球を投げ抜いた。2点は失ったが、11三振を奪う力投。「打てないこともあるので（負けは）仕方ない。きょうの出来は広島大会を含めて、一番良かった」。涙はなかった。

35・1度を記録した炎天下のマウンドで、真価を存分に発揮した。持ち前の小気味よいテンポで、立ち上がりから飛ばした。切れのあるカーブ、スライダーを多投。打者のバットは次々に空を切った。

三回、3安打で1点を失ったものの、六回まで毎回の奪三振。味方の失策で招いた七、八回のピンチでは、「もう点はやれない」と全力投球で切り抜けた。九回にはバックの乱れで失点したが、「三回は僕の制球ミス。守備も乱れたけど、点を取られた自分が一番悪い」と、責任感の強さをのぞかせた。

昨夏、2回戦の京都成章（京都）戦に投げ、5失点で敗戦投手になった。「あの時は、自分がチームのムードを壊してしまった。今年は調子が悪い時でも、態度に出さないようにした」という。

再挑戦の甲子園。勝利投手にはなれなかったが、精神的にたくましくなった姿を大観衆の目に焼き付けた。「あれ以上を望むのは無理。よく投げた」。迫田監督も最大限の賛辞を贈った。

気負い・焦り 平常心奪われ

3年連続3度目の夏舞台に挑んだ如水館は、初出場の柏陵に苦杯を喫した。迫田監督は「うちの選手は『自分で決めてやろう』という意識が強過ぎた」と振り返った。有利に働くはずの昨夏の甲子園での「経験」が、逆に気負いとなり、「平常心」を奪ってしまった。

主戦小町は広島大会で防御率0・63。絶対的なエースが三回に先制を許し、追う展開になったことでナインは浮足立った。象徴的だったのが攻撃面。柏陵の左腕清水はカーブを低めに制球。右打者には内角へ直球を効果的に投げ込んだ。迫田監督の指示は「外角高めを狙い打て」。しかし、各打者とも厳しいコースの球を強引に引っ張り、凡打を重ねた。七回2死まで無安打で、終わってみれば2安打。三塁を踏めず9三振を奪われた。竹玄は「無意識に大振りとなった。監督の指示通りに打てば攻略できたはず」と悔やんだ。

打てない焦りが守りに影響し4失策。九回1死一、三塁では、セーフティースクイズを処理した捕手徳田が二塁に送球。併殺を狙ったが、送球が少しそれた隙に三塁走者に生還された。徳田は「明らかに判断ミス」と認めた。

小町を軸に攻守とも高いレベルにあった如水館。迫田監督も「上位を狙える確かな手応えを感じていた」と言うが、最後まで流れをつかめず、初戦で散った。

柏陵	0	0	1	0	0	0	0	0	1	2
如水館	0	0	0	0	0	0	0	0	0	0

メモ

「岡山勢初Vならず」

第81回大会の決勝は、岡山理大付（岡山）と桐生第一（群馬）の顔合わせとなった。岡山勢では、岡山東商が1965年の第37回選抜大会を制しているが、選手権は今大会が初の決勝進出。初優勝への期待は大きかったが、投手陣が打ち込まれ1−14で敗れた。桐生第一は初優勝。群馬勢で春夏通じて初の優勝だった。

【柏陵】		打	安	点	振	球
⑧	市木	5	2	0	3	0
⑥	桜井	3	1	1	1	0
③	太田光	3	1	0	1	1
②	広田	3	0	0	0	1
①	清水	3	0	0	0	0
④	三上	3	0	0	2	1
⑨	小林	3	0	0	2	0
⑦	鈴木	2	1	0	1	0
7	辻	0	0	0	0	0
7	勝柴	1	1	0	0	0
⑤	原	3	0	0	1	1

犠	盗	失	併	残	打	安	点	振	球
4	0	0	2	8	29	6	1	11	4

【如水館】		打	安	点	振	球
④	竹玄	4	1	0	0	0
⑤	西岡	4	0	0	2	0
⑧	丸目	3	0	0	3	0
②	徳田	3	1	0	1	0
①	小町	2	0	0	0	1
③	大本	3	0	0	0	0
⑦	原	2	0	0	1	1
⑨	弘中	0	0	0	0	0
H	岸	1	0	0	0	0
9	川崎	1	0	0	0	0
⑥	山野	1	0	0	1	1
H	山本	1	0	0	1	0

犠	盗	失	併	残	打	安	点	振	球
1	0	4	1	2	25	2	0	9	3

投手	回	打	安	振	球	責
清水	9	29	2	9	3	0
小町	9	37	6	11	4	2

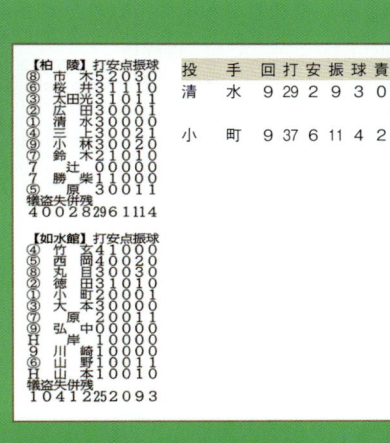

広陵（広島）－竜ケ崎一（茨城）

投打にわたる活躍で初戦突破の原動力になった広陵の川本

広陵 気迫の逆転劇

第72回選抜高校野球大会第2日は26日、甲子園球場で1回戦3試合を行った。広陵（広島）は竜ケ崎一（茨城）と対戦。八回に峯吉と川本の連続適時打で逆転し、3―2で初戦を突破した。

広陵は竜ケ崎一の主戦染谷の多彩な変化球にタイミングが合わず、五回まで1安打に抑えられた。後半はミートに徹して活路を開いた。六回、坂本の内野安打と死球で2死一、二塁とし、穴水の右前打で1点。八回は2死一、三塁から峯吉が右翼線二塁打、川本も三塁強襲安打を放ち、逆転した。

主戦川本は一回、制球が甘く、3連続短長打などで2点を失った。変化球主体に切り替えた二回以降は堅守にも支えられて無失点。八回2死二、三塁のピンチもしのいで逃げ切った。

心の成長 投打に結実 川本

広陵のエース川本は最後の打者を三ゴロに打ち取ると、マウンド上で右の拳を握り締めた。「とにかく勝てたことがうれしい」。120球を投げ、無四球で2失点完投。八回には決勝打も放った。「チーム全員が支えてくれた」と感謝した。

直球は最速136㌔を記録したが、いつもの切れはなかった。一回、竜ケ崎一に3連打されて2点を先制された。「直球を狙われた」と捕手の倉重。冬場に投げ込みが不足した上、今月上旬に右肩痛が再発。不安を抱えたままの立ち上がりを襲われた。

打線も竜ケ崎一の染谷を打ちあぐね、五回まで1安打。得点機はなかった。中井監督は「昨夏までの川本なら力んで、自滅するケース」と振り返った。

川本はひと冬を越え、精神的にひと回り成長していた。昨秋から、チーム全員で専門家のメンタルトレーニングを受講。最高のイメージを自らの声でテープに録音し、暇があれば聞き入った。川本がこの日の試合前に聞いたのは、無安打無得点を達成したシーンだった。

究極の自己暗示が二回以降の投球を変えた。スライダー主体の配球に切り替えて奏功。バックも、三塁手末木の好捕など無失策でもり立てた。我慢の投球は打席で実を結んだ。同点とした後の八回2死二、三塁。三塁強襲安打が試合を決める一打となった。

甲子園に持ってきたテープは3本。その一つは、こう結ばれている。「決勝のマウンドでガッツポーズする僕のところに、仲間が駆け寄ってきます」

八回同点打 声弾む峯吉

八回に同点打を放った峯吉は「チャンスで、ストライクを見逃してしまうと、相手投手がリズムに乗るんで、初球から打っていこうと思っていた」と振り返った。

第3打席まではタイミングが合わず、三振と二ゴロが二つ。八回の第4打席は1ボールからの外角スライダーにやや詰まりながらも、右翼線へ運ぶ二塁打。「自分もライトを守ってるんで、落ちるとは思ったが、本当にうれしい」と声を弾ませた。

末木 堅守で存在感

2年の三塁手末木が、三回と五回に強烈な打球を好捕し、エースを救った。「打てなかったので、守備で川本さんを助けたかった」と喜んだ。

広陵の黒帽子とは別に、白帽子をかばんにしのばせる。中井監督が「守備がうまくなるまでかぶれ」と普段の練習用に与えた。本来は遊撃手だが、守備強化の布陣で三塁手で出場。存在感をアピールした。

打撃では勝負強さを買われて1番に起用されたが、4打数無安打。「次の試合は打つ方でも、いい仕事がしたい」と意気込んだ。

広陵	0	0	0	0	0	1	0	2	0	3
竜ケ崎一	2	0	0	0	0	0	0	0	0	2

メモ

「復活」

広陵が8年ぶりに甲子園に戻ってきた。1992年の選抜大会に出場してから、15季連続で出場権を逃していた。夏の選手権で広島が「1県1代表」となった58年以降、73年春～79年夏の14季連続を超え、同校最長のブランクとなっていた。久々の出場に、アルプススタンドは2千人を超す大応援団でぎっしり。91年春の優勝メンバーも駆けつけた。

【広陵】		打	安	点	振	球
⑤	末木	4	0	0	0	1
⑥	坂本	3	2	0	0	1
④	浜田	4	0	0	0	0
⑦	若林	3	0	0	0	1
⑧	穴水	2	2	1	0	2
⑨	峯吉	4	1	1	1	0
R9	細島	0	0	0	0	0
①	川本	4	2	1	0	0
③	河妻	4	0	0	0	0
②	倉重	4	1	0	0	0

犠盗失併残
2 1 0 1 9 32 8 3 1 5

【竜ケ崎一】		打	安	点	振	球
⑥	小池	4	2	0	0	0
③	田端	4	2	1	0	0
⑤	樒戸	4	2	0	1	0
⑦	浅野	4	0	0	1	0
⑨	辻	3	0	0	2	0
H	遠崎	1	0	0	0	0
⑧	古野	4	0	0	1	0
①	染谷	4	0	0	1	0
②	大高	3	2	0	1	0
④	坪内	2	0	0	1	0

犠盗失併残
1 0 1 1 5 33 8 1 8 0

▽二塁打 田端、川本、峯吉▽暴投 川本

投手	回	打	安	振	球	責
川本	9	34	8	8	0	2
染谷	9	39	8	1	5	3

【ベンチ入りした主なプロ野球選手】

≪広陵≫

新井良太	駒大―中日・06年大学生・社会人ドラフト4位―阪神
川本大輔	巨人・01年ドラフト5位

七回、柳川無死一、三塁、胡子が先制の右中間三塁打を放つ。投手川本

広陵－柳川
（広島）（福岡）

強攻策裏目 広陵零封負け

第72回選抜高校野球大会第7日は31日、甲子園球場で2回戦3試合を行った。広陵（広島）は柳川（福岡）と対戦。七回に3点を奪われ、香月太に完封されて0－3で敗れた。

広陵は自慢の打線が散発5安打。序盤の好機を生かせず、今大会屈指の右腕柳川の香月太を打ち崩せなかった。一回、末木の中前打と2四球で得た1死満塁の先制機に三振と遊ゴロ。二回は2死一、三塁、三、四回も満塁の好機に決定打が出ず、流れを呼び込めなかった。

主戦川本は六回まで毎回、得点圏に走者を背負いながら粘りの投球を続けた。疲労が見え始めた七回、3長短打と死球で3点を失い、万事休した。

響いた快音 重ねた逸機

広陵の敗因は、柳川のエース香月太の不安定な立ち上がりを攻め切れなかったことにある。制球難につけ込み、四回まで毎回、走者を三塁まで進めた。一、三回は1死満塁。スクイズで先制点を狙ってもいい場面で、強攻策が裏目に出る。中井監督の判断を迷わせたのは、各打者の打球音だった。

香月太を想定し、4日前から140キロの打撃マシンを打ち込み、各選手とも速球にタイミングが合っていた。一回、1番末木の打球は快音を残して中前へ。2四球などで1死満塁。1回戦で2安打した穴水へのサインは「打て」。結果は三振、続く川本も遊ゴロ。三回の同じ場面も、ベンチにスクイズの動きはなかった。

前半、立て続けに好機を逃しても、ナインに焦りはなかった。二回2死一、三塁で左翼に大飛球を放った細島は「全然速くないし、いつでも打てると思った」と振り返ったほどだ。

五回を境に広陵打線から快音が途絶えた。柳川バッテリーが直球から変化球主体に配球を変えたからだ。速球もコーナーに決まり始め、直球狙いの広陵は緩急をつけた投球に手を焼いた。坂本は「狙い球を絞り切れなくなった」と明かした。

踏ん張っていた主戦川本が七回に致命的な3点を奪われ、打線は零封された。ちぐはぐな攻めで残塁は13を数えた。中井監督は「ファウルでも打球音がよくて、スクイズの指示を出せなかった。やはり先に1点を取りにいくべきだった」と悔やんだ。

高校通算30アーチの4番若林を中心に、打撃に自信を持って臨んだ甲子園。中井監督は「やはり打線は水ものだった」と肩を落とした。あらためて「先手必勝」を認識する一戦だった。

川本 七回に粘り切れず

広陵の主戦川本は、164球の力投も報われなった。試合後は目に涙をため「負けたから、内容は0点」とうなだれた。

六回まで毎回のピンチを冷静な投球でしのいだ。「1点勝負と思ったので、絶対に点はやりたくなかった」。2年生捕手の倉重も好リード。「川本先輩に気力を感じた」と、息も合っていた。

七回、制球が乱れ、持ち味の「粘り」が途切れた。球が甘く入り、3長短打などで3失点。八、九回は持ち直したが、拙攻もあって味方の援護は最後まで得られなかった。

中井監督は「疲れてからでも頑張れる投手。大舞台で『負けんぞ』という気持ちで投げてくれ、感謝している」とたたえた。川本も「きょうは（七回に）集中力が切れた。夏までにもっと精神面のコントロールをできるようにしたい」と再挑戦を期していた。

柳川	0	0	0	0	0	0	3	0	0	3
広陵	0	0	0	0	0	0	0	0	0	0

メモ

「投高打低」

「春は投手力」という言葉があるように、選抜は投手力の高いチームが有利と言われてきたが、第72回大会は違った。打力のあるチームが勝ち上がり、大会の総得点は308で、最多だった第65回大会（1993年）の280を大きく上回った。決勝は東海大相模（神奈川）が智弁和歌山（和歌山）を4−2で破り、3度目の決勝進出で初優勝。準優勝の智弁和歌山はチームの大会通算最多塁打記録（当時）を塗り替えた。

【柳川】		打	安	点	振	球
⑥	池田	3	1	0	0	2
④	古賀	2	0	0	1	1
H4	宮城	1	0	0	0	0
⑤	松尾	4	2	0	0	1
②	永瀬	4	0	0	3	1
⑨	胡子	4	1	2	0	1
⑧	河埜	2	1	0	0	3
⑦	犬塚	4	2	1	1	0
③	石原	5	0	0	2	0
①	香月太	5	2	0	0	0

犠	盗	失	併	残					
2	1	0	0	15	34	9	3	7	9

【広陵】		打	安	点	振	球
⑤	末木	4	1	0	0	0
③6	細島	4	0	0	1	1
④	浜田	3	1	0	1	2
⑦	若林	2	0	0	1	3
⑧	穴水	4	1	0	2	0
①	川本	3	0	0	0	1
⑨	竹内	3	1	0	1	0
H	峯吉	1	1	0	0	0
R9	岡田	0	0	0	0	0
②	倉重	3	0	0	2	0
⑥	坂本	1	0	0	0	2
H	新井	1	0	0	0	0
3	河妻	0	0	0	0	0

犠	盗	失	併	残					
2	0	1	0	13	29	5	0	8	9

▽三塁打　池田、松尾、胡子▽二塁打　犬塚▽暴投　香月太▽ボーク　香月太

投手	回	打	安	振	球	責
香月太	9	40	5	8	9	0
川本	9	45	9	7	9	3

【ベンチ入りした主なプロ野球選手】

≪広陵≫

新井良太	駒大－中日・06年大学生・社会人ドラフト4位－阪神
川本大輔	巨人・01年ドラフト5位

≪柳川≫

香月良太	東芝－近鉄・04年ドラフト自由枠－オリックス－巨人

瀬戸内 – 広島商
（広島）（広島）

三回、瀬戸内無死一塁、片山が右越え2ランを放ち、3−0とリードを広げる。投手岩浅、捕手橋津

瀬戸内一丸 初の「夏」切符

第82回全国高校野球選手権広島大会最終日は27日、広島市民球場で決勝を行った。瀬戸内が広島商を6―1で破り、初優勝した。

瀬戸内は二回、右中間二塁打の今田をバントで進め、浜崎の中前打で先制。三回は片山が右越えに2点本塁打を放った。五回は今田の適時打で加点、八回にもダメ押し点を奪い、流れを渡さなかった。先発浜崎は七回途中まで毎回、得点圏に走者を許したが、1失点で切り抜け、2番手片山がリードを守り切った。

広島商は13安打を放ったが、四回に沖本の適時打で挙げた1点だけ。9残塁と決定打を欠いた。

「心の野球」掲げ大輪

「心の野球」を掲げる瀬戸内の後原監督がまいた種は、就任から16年目で大輪の花を咲かせた。広島商を破って初優勝。全国初のプロ野球出身の指揮官は技術一辺倒ではなく、「野球をますます好きになる3年間」と位置づけ、指導してきた。

広陵、如水館など強豪相手に4試合連続で1点差を制し、初の決勝に臨んだ。広島商は指導者として手本にした宿命の相手。試合前、後原監督は「どこが相手でも負ける気はしない」と余裕の表情をみせ、選手に「自分たちのグラウンドで練習しているつもりでやれ」とハッパをかけた。

二回、浜崎の先制中前打、三回には片山の2ランで流れを引き寄せた。片山は「監督に付いていけば、必ず甲子園に行けると思った」。2人の継投で広島商を1点に抑え込んだ。寄貞主将は「監督と一緒に野球を楽しめた」と振り返った。

夜間行進や禅問答を通じ、人間形成を重んじた。一日3千本ノック、打撃投手では400球。寮では寝食を共にし、練習後は一緒に学校近くのサウナに入る。木下は「監督は厳しさの中にも、優しさがある」と慕う。

1991年の選抜以来の甲子園。「チームに野球の『心根』が張っており、大舞台でも選手は伸び伸びプレーしてくれるだろう」。後原監督は優勝メダルを受け取るナインを見つめ、感慨深そうな表情を浮かべた。

浜崎が粘投
七回途中1失点

「気迫では負けない」。瀬戸内の先発浜崎は、この一念で耐え続けた。3連投の疲労を抱え、七回途中まで11安打を浴びながら、1失点。初優勝の原動力となった。「みんながよく守ってくれた」。支えてくれたバックに感謝した。

1回戦から準決勝までの6試合すべてに先発し、39回1/3を投げた。捕手木下は「疲れて球威が衰えていた」と言う。横手投げの命綱でもある球の切れを欠き、4割打線の広島商に打ち込まれた。

毎回安打を許し、ピンチの連続。木下は再三、マウンドに駆け寄り励ました。「逃げるな。真っ向勝負でいこう」。5人の左打者には大胆に内角をえぐり、変化球で緩急をつける粘りの投球。木下の好リードにも助けられ、失点した四回以外は要所を締めた。

守備陣も無失策。美技でもり立てた。「打たせて取ればいい」と浜崎は守りを信頼。落ち着いた投球で、ピンチにも動じなかった。

二回には、自ら先制の中前打を放った。「あれで気分が乗った」。この一打が打線を勢いづけた。ナインが一体となってつかんだ甲子園。表彰式では誇らしげに全員が胸を張った。

瀬戸内	0	1	2	0	1	0	0	2	0	6
広島商	0	0	0	1	0	0	0	0	0	1

メモ

「ノーシード」

20世紀最後の広島大会は、瀬戸内がノーシードから勝ち上がり、初めて夏の頂点に立った。準決勝まで4試合連続で1点差を制するなど、粘り強い戦いが光った。準々決勝で広陵に競り勝つと、準決勝では4連覇を目指す如水館をサヨナラ本盗で下した。決勝では創部100周年Vを狙う広島商を破った。就任から16年目の後原富監督はこれが最後の甲子園となった。

【瀬戸内】		打	安	点	振	球
⑤	白川	4	1	0	1	1
⑦	小林	4	2	1	0	1
⑧	寄貞	4	2	1	1	0
⑨1	片山	5	1	2	3	0
③	今田	4	2	1	0	1
⑥	増田	3	0	0	2	1
①	浜崎	3	1	1	0	0
9	中島	1	0	0	0	0
②	木下	4	1	0	1	0
④	小美堂	3	1	0	1	0

犠盗失併残
5 1 0 2 11 35 11 6 9 4

【広島商】		打	安	点	振	球
⑧	籔花	5	2	0	1	0
④	中野	2	2	0	0	0
⑤	赤木	4	2	0	0	0
⑦	川畑	2	0	0	0	0
1	仲	2	0	0	2	0
⑨	大可	4	2	0	0	0
③	西岡	4	2	0	0	0
②	橋津	4	1	0	0	0
①7	岩浅	1	0	0	0	1
7	梶原	0	0	0	0	0
H	新宅	1	0	0	1	0
⑥	沖本	4	2	1	1	0

犠盗失併残
3 1 2 0 9 33 13 1 5 1

▽本塁打　片山（岩浅）▽二塁打　今田、寄貞、橋津、西岡▽暴投　岩浅

投手	回	打	安	振	球	責
浜崎	6⅓	29	11	1	1	1
片山	2⅔	8	2	4	0	0
岩浅	4⅓	23	7	3	2	4
仲	4⅔	21	4	6	2	2

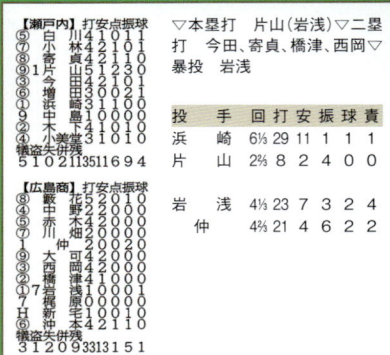

㉗2000年8月12日
第82回全国高校野球選手権1回戦

瀬戸内－日生二
（広島）　（三重）

三回、瀬戸内1死三塁、白川が右前適時打を放ち、2−3と追い上げる。捕手谷口

瀬戸内 逆転で夏初勝利

第82回全国高校野球選手権大会第5日は12日、甲子園球場で1回戦2試合と2回戦1試合を行い、1回戦で初出場の瀬戸内（広島）は日生二（三重）と対戦。2点を追う九回に5連打で追い付き、敵失で勝ち越し。5−4で逆転勝ちし、夏の甲子園初勝利を挙げた。

瀬戸内は2点を追う九回1死後、今田の右翼線三塁打を足場に増田、小美堂の適時打で同点。続く1死満塁で白川の投前スクイズは本封されたが、併殺を狙った捕手が一塁へ悪送球し、決勝点を挙げた。中盤以降、日生二の主戦池本の緩急をつけた投球に攻めあぐねていたが、見事な集中打で勝利をつかんだ。

主戦の浜崎は制球が甘く、一回に谷口の2点本塁打で先制され、二回も四球をきっかけに失策で加点された。三回以降は粘り強い投球で1失点と踏ん張り、片山の好救援で逃げ切った。

見事な粘り 運も呼ぶ
九回1死から5連打

瀬戸内の粘りは見事の一語に尽きる。九回1死から5連打などで2点差を逆転。プロ野球出身の後原監督は「選手は予想を超える力をつけていた」と、しばらく放心状態だった。

後原監督は中盤まで日生二の主戦池本の攻略法を細かく指示したが、打線が十分に対応できなかった。七回からは「各自が打席で狙い球を絞れ」と任せた。

九回、先頭の片山が中飛に倒れても、寄貞主将は「負ける気はしなかった」。右翼線を抜いた今田が判断よく三塁を陥れると、ナインは4試合連続で1点差勝ちした広島大会を思い出した。「瀬戸内ペース」を確信した増田が中前打を放ち、1点を返した。

中島、木下も球筋に逆らわず外野へ運び、チャンスを拡大。1死満塁から、同点の左前打を放った小美堂は「球威に負けず直球を振り抜けた」と胸を張った。

続く1死満塁で、この試合唯一の運をつかんだ。三塁走者中島がスクイズのサインを見逃し、白川の投前バントは本封となったが、「最後まで諦めなかった」という白川は一塁へ全力疾走。捕手の悪送球を誘い、二塁走者の木下が決勝のホームを踏んだ。後原監督が掲げる「心の野球」は最後に5連打という一本の線になり、運も呼び込んで選手権初勝利として実った。

今田 口火切る三塁打
好走塁 打線に勢い

172センチ、95キロのパワーが土壇場で爆発した。逆転の口火を切る三塁打を放った2年生の5番今田。「逆転できると信じ、絶対に打ってやるという気持ちだった」と喜んだ。

九回1死で右打席に。3球目、真ん中高めのボール球を強振した。「振り遅れた。打った瞬間、捕られるかと思った」という飛球は風に乗って伸びた。右翼手のグラブの先をかすめて、右翼線を抜けた。

「100メートル17秒」の走力。打球の転がり方などから判断し、ちゅうちょなく二塁を回り三塁へ。「足は遅いけど、三塁まで行かないと点が取れないと思った」と好走塁に照れた。この執念が後続の打者に伝わり、逆転劇につながった。

七回2死三塁の守備で一ゴロを処理したが、ベースカバーに入った片山への送球が遅れ、2点差とされた。九回、日生二の最後打者の一ゴロはがっちりと捕球。「七回に失敗しているので、トスせず自分からベースを踏んだ」と振り返った。

2回戦は岡山理大付（岡山）との中国勢対決。「今度は先制して、投手を早く楽にしたい。安打を打つことだけ考え、その延長で本塁打になれば…」。足の速さに関係のない一発に意欲を見せた。

瀬戸内	0	0	2	0	0	0	0	0	3	5
日生二	2	1	0	0	0	0	1	0	0	4

メモ

「OB応援」

アルプススタンドには、後原富《せどはらひさし》監督を「恩師」と慕う数多くの野球部OBが応援に駆けつけた。後原監督が初めて甲子園の土を踏んだ1991年の選抜出場メンバーも12人が集まり、「誇りを持って、気後れすることなくプレーしてほしい」とメガホンを振り続けた。ナインは声援に応え、5−4で逆転勝ち。広島勢では14校目となる選手権勝利校となった。

【瀬戸内】		打	安	点	振	球
⑤	白川	5	1	1	1	0
⑦	小林	5	0	0	0	0
⑧	寄貞	4	1	0	1	0
⑨1	片山	3	1	0	1	1
③	今田	4	2	0	0	0
⑥	増田	4	1	1	1	0
①	浜崎	3	1	0	0	0
9	中島	1	1	0	0	0
②	木下	4	3	0	0	0
④	小美堂	3	1	1	0	0

犠盗失併残
1 1 1 0 6 36 12 3 4 1

【日生二】		打	安	点	振	球
③	松浦	4	1	1	0	0
④	三好	4	0	0	2	0
①	池本	4	1	0	0	0
②	谷口	3	2	2	0	1
⑤	森一	4	0	0	0	0
⑨	森友	4	1	0	1	0
⑦	森淳	1	1	0	0	1
H	山川	1	0	0	1	0
⑥	杉山	2	1	0	0	0
H	長岡	1	0	0	0	0
⑧	浜田	2	0	0	1	0

犠盗失併残
3 1 3 2 4 30 7 3 5 2

▽本塁打　谷口1号（浜崎）▽三塁打　今田▽二塁打　池本、浜崎、木下▽暴投　片山▽ボーク　池本

投手	回	打	安	振	球	責
浜崎	6⅔	25	6	1	2	3
片山	3	10	1	4	0	0
池本	9	38	12	4	1	3

㉓⑧2000年8月16日
第82回全国高校野球選手権大会2回戦

瀬戸内（広島）－岡山理大付（岡山）

四回、瀬戸内1死満塁、木下が左中間に走者一掃の三塁打を放ち、4−0とする。投手岡本、捕手道前

中国勢対決 瀬戸内制す

第82回全国高校野球選手権大会第9日は16日、甲子園球場で2回戦を行い、瀬戸内（広島）は昨年準優勝の岡山理大付（岡山）と対戦。四回に打者13人の猛攻で8点を奪い、10－1で大勝した。

5年ぶりの中国勢対決で瀬戸内が圧勝した。四回1死から片山が四球、今田は敵失で生き、一、二塁。続く増田の三ゴロ（記録は内野安打）で、送球を受けた二塁手が一塁へ悪送球し先制した。さらに四球で満塁とし、木下の走者一掃の左中間三塁打、白川の適時打などで計8点を奪い、主導権を握った。

先発浜崎は、大胆な内角攻めで岡山理大付打線に的を絞らせず、四回の失策絡みの1失点で踏ん張った。八回からは片山が救援し逃げ切った。

右腕浜崎 強気の攻め 7回1失点「エース」の意地

瀬戸内の先発浜崎を奮い立たせたのは、「エース」のプライドだった。1回戦の日生二（三重）戦で予定より早く七回途中で降板。3年生右腕は、この一戦に懸けていた。「とにかく強気で攻めるしかない」。強打の岡山理大付を相手に真っ向勝負を挑み、7回1失点に抑えた。

初戦はスライダーに頼り過ぎ、6回⅔で4失点。その反省から、「内外角の速球を決め球にする配球に切り換えた」。一回2死一塁で、強打者の4番河を直球で空振り三振に仕留めた。8点を先取した直後の四回に味方の失策などで1点を失ったが、「大量リードで気持ちが楽だった」。六回1死一、二塁のピンチも冷静に後続を打ち取り、八回に左腕片山へリレーした。

広島大会の全7試合で先発を任された背番号10は、「信頼回復」に懸命だった。後原監督は左打者5人を擁する相手打線を想定し、「試合直前まで片山の先発も考えていた」と明かす。相談を受けた捕手木下は「チームの流れを考えると、浜崎の先発がいいのでは」と答えた。前夜、口数の少ない浜崎が「次は絶対にいい投球をする」と話していたからだ。後原監督は浜崎の先発を決断。浜崎は期待に応えた。

3回戦は柳川（福岡）の好投手香月との対決。浜崎は「気持ちで負けないようにしたい」と静かに闘志を燃やした。

4番片山2打点 救援もピシャリ

4番片山が2本の二塁打を放ち2打点、救援では2回無失点と投打に活躍した。「二塁打は、ともに直球。バットは振れていた。マウンドでは直球が決まらず、力んでしまった」と振り返った。

第2打席では8得点の口火となる四球を選び、先制のホームを踏んだ。「ボール球だけには手を出さないようにした。とにかく先制して、接戦に持ち込みたかった」。予想に反し、前半で大差がついた。「相手のエラーで点が入ったので、チームにぎこちない感じがあった。最後まで1－1のつもりでプレーした」と緊張感を持続させた。

エースナンバーをつけているが、広島大会直前の6月から浜崎に先発を譲った。「本当は先発が好きなんですけど、浜崎の方が制球がいいので」と、抑え役に徹するつもりだ。

瀬戸内	0	0	0	8	0	1	0	1	0	10
岡山理大付	0	0	0	1	0	0	0	0	0	1

メモ

「中国勢対決」

1995年の選手権2回戦、宮島工（広島）－関西（岡山）以来、5年ぶりの中国勢対決は、瀬戸内に軍配が上がった。春夏通じて、広島勢の中国勢との対戦は鳥取3、島根3、岡山6、山口3の計14試合あり8勝7敗。岡山勢には相性が悪く、選手権は1勝4敗。瀬戸内の挙げた白星が唯一の勝利となっている。

【瀬戸内】		打	安	点	振	球
⑤	白川	6	1	1	0	0
⑦	小林	3	0	0	0	2
⑧	寄貞	4	1	1	1	1
⑨1	片山	4	2	2	0	1
③	今田	5	2	1	1	0
⑥	増田	4	1	0	0	0
①	浜崎	3	0	0	0	1
H	村上	1	0	0	1	0
9	中島	0	0	0	0	0
②	木下	5	2	3	1	0
④	小美堂	4	0	0	0	1

犠	盗	失	併	残	打	安	点	振	球
1	1	2	1	9	39	9	8	4	6

【岡山理大付】		打	安	点	振	球
⑨	葛城	4	0	0	0	1
⑦	奥	5	1	0	0	0
③	冨川	4	1	0	1	0
⑤	河	4	1	0	1	0
⑧	水田	4	3	0	1	0
⑥	立花	2	0	0	0	0
H	長友	1	0	0	0	0
④	馬場	2	0	0	0	1
4	古田	1	0	0	0	0
②	道前	2	0	0	2	1
H	徳田	0	0	0	0	1
①	岡本	1	0	0	1	0
1	竹内	2	0	0	1	0
H	赤嶺	1	1	0	0	0

犠	盗	失	併	残	打	安	点	振	球
1	0	5	0	10	33	7	0	7	4

▽三塁打　木下▽二塁打　片山2▽暴投　片山、竹内

投手	回	打	安	振	球	責
浜崎	7	28	5	5	2	0
片山	2	10	2	2	2	0
岡本	3⅓	19	4	0	3	5
竹内	5⅔	27	5	4	3	2

【ベンチ入りした主なプロ野球選手】

≪岡山理大付≫

岡本直也	ヤクルト・02年ドラフト4位

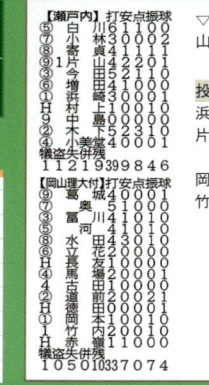

⑳2000年8月18日
第82回全国高校野球選手権3回戦

瀬戸内－柳川
（広島）　（福岡）

二回、柳川2死二塁、池田に中前適時打を浴び、打球を目で追う瀬戸内先発の浜崎

瀬戸内大敗 8強逃す

第82回全国高校野球選手権大会第11日は18日、甲子園球場で3回戦が行われた。瀬戸内（広島）は柳川（福岡）に序盤から大きくリードを許す展開となり、1―10で大敗。8強を逃した。

瀬戸内は守備の乱れによる序盤の失点が響いた。一回2死から安打と野選で一、二塁とされ、犬塚の左前適時打と本塁悪送球で2点を許した。二回も失策をきっかけに、適時打と暴投で2点を追加された。五回には暴投と捕逸で二塁走者の生還を許すなど、リズムを失った。

打線は柳川の先発香月の速球に振り遅れた上、カーブにもタイミングが合わず六回まで1安打。七回、2番手浜崎から今田が左越え本塁打を放ち、一矢を報いた。

空回り 守備乱れ自滅

「中盤まで2点差以内で競り合えば…」。瀬戸内の後原監督が思い描いた青写真は序盤で崩れた。二回までに3失策と守備が破綻し、4点をリードされた。「自滅」という形で柳川に主導権を譲った。

一回2死一塁で遊ゴロ。遊撃手の増田の二塁送球が遅れて野選に。ピンチが広がった。続く犬塚の左前打で二塁走者が本塁へ突入。左翼手中島の本塁返球が悪送球となり、一塁走者の生還も許した。後原監督は「勝負に対する甘さが出た。柳川を楽にした」と振り返った。

二回も連鎖反応で乱れた。1死から二ゴロを処理した小美堂の一塁悪送球などで、2点を追加された。寄貞主将は「強豪相手で気合が空回りしたのかも」と悔やんだ。

打線も、柳川の主戦香月を攻めあぐねた。後原監督は「変化球は捨て、直球だけ狙え」と指示したが、「狙い球の裏をかく配球だった」と今田。降板した六回までに8三振を喫し、そのうち6個がカーブで決められた。

初出場での3回戦進出は、広島代表の名に恥じない戦いだった。後原監督は「甲子園で勝つには何が必要か、分かったはずだ」と選手の成長を期待した。

片山 粘り切れず

背番号1の左腕片山が先発浜崎の後を受け、五回途中で登板した。威力のある直球とカーブで、真っ向勝負。八回1死一、三塁のピンチは三振と二ゴロで切り抜けた。

耐えながら味方の反撃を待ったが、今田の本塁打の1点だけ。九回に3連続長短打を浴びて力尽き、無念の降板となった。「九回は球が真ん中に入り、カーブも決まらなくなった」。震える肩に、無念さをにじませた。

今田 一矢報いる
左越えソロ

今田が七回に唯一の得点となる左越えソロ本塁打を放った。「真ん中のカーブ。バットの先っぽだったので、入るとは思わなかった」と振り返った。

二、四回は柳川の先発香月に2打席連続三振を喫した。「バットを短く持ち、当てていくつもりだったけどタイミングを外された」。七回は2番手の右腕浜崎に対し、「いい球なら思い切りいこう」と強振。スタンド最前列に運んだ。

2年生で5番に座り、一塁のレギュラーとして3試合にフル出場。「先輩の果たせなかったベスト8を、来年の甲子園で必ず果たす」と誓った。

柳　川	2	2	0	0	1	0	0	0	5	10
瀬戸内	0	0	0	0	0	0	1	0	0	1

メモ

「記録ずくめ」

第82回大会は智弁和歌山（和歌山）が記録ずくめの猛打で3年ぶり2度目の優勝を飾った。決勝の東海大浦安（千葉）戦でマークした20安打は決勝での最多安打。1回戦から決勝まで全6試合で2桁安打を記録した。計100安打で、1986年の松山商（愛媛）が持つ88安打の大会記録を塗り替えた。本塁打は11本放ち、85年のPL学園（大阪）の10本を上回った。チーム打率4割1分3厘は初優勝した3年前の4割6厘を更新した。

	【柳　川】	打	安	点	振	球
⑥	池田	5	1	1	1	1
④	宮城	3	0	0	0	1
H	鬼丸	1	1	0	0	0
R4	古賀	0	0	0	0	0
⑤	松尾	5	3	1	0	0
②	永瀬	5	1	1	0	0
⑦	犬塚	5	2	1	1	0
⑨	胡子	3	0	0	1	1
H	松川	1	1	1	0	0
1	古森	0	0	0	0	0
⑧	河埜	5	2	0	0	0
③	石原	5	1	0	1	0
①	香月	3	1	0	0	0
19	浜崎	2	1	2	1	0

犠盗失併残
0 2 1 1 9 43 14 7 5 3

	【瀬戸内】	打	安	点	振	球
⑤	白川	4	1	0	2	0
⑦	中島	3	0	0	1	0
1	薮花	0	0	0	0	0
1	広兼	0	0	0	0	0
⑧	寄貞	4	1	0	0	0
⑨17	片山	4	0	0	2	0
③	今田	4	1	1	2	0
⑥	増田	3	0	0	1	0
6	篠原	0	0	0	0	0
②	木下	3	1	0	2	0
①9	浜崎	3	1	0	0	0
④	小美堂	3	0	0	1	0

犠盗失併残
1 1 3 0 4 31 5 1 11 0

▽本塁打　今田1号（浜崎）▽三塁打　松尾▽二塁打　鬼丸、松川▽捕逸　木下▽暴投　浜崎（瀬）片山4

投手	回	打	安	振	球	責
香月	6	20	1	8	0	0
浜崎	2	9	4	2	0	1
古森	1	3	0	1	0	0
浜崎	4⅔	23	6	3	1	1
片山	3⅔	18	5	2	2	3
薮花	⅓	4	3	0	0	2
広兼	⅓	1	0	0	0	0

【ベンチ入りした主なプロ野球選手】

≪柳川≫

香月良太	東芝―近鉄・04年ドラフト自由枠―オリックス―巨人

広陵－東福岡
（広島）　（福岡）

一回、東福岡1死二、三塁、鶴浜が2ランスクイズを決める。投手金子、捕手倉重

広陵、序盤失点響き敗退

第73回選抜高校野球大会第2日は26日、甲子園球場で2回戦4試合を行った。広陵（広島）は東福岡（福岡）と対戦。序盤の失点が響き、4－8で敗れた。

広陵は主戦金子がいきなり東福岡打線につかまった。一回、先頭の上坂に左中間三塁打を浴びた後、3四球を与えて先制を許した。さらに西村の2点二塁打、鶴浜の2ランスクイズで計5点を失った。

三回は西村の左前2点打、四回は下野の左中間本塁打で、リードを広げられた。

打線は東福岡の主戦下野に五回まで3安打。六回に中東、倉重の適時打で2点を返し、七回には末木が右翼ポール際にソロ本塁打。八回にも黒川の右中間三塁打と倉重の右犠飛で追い上げたが、及ばなかった。

新井主将2役 チーム支える

新井主将は4番と救援投手の2役でチームを支えた。初戦敗退に「まだ力不足」と目を潤ませた。

六回から登板し、3回を2安打無失点。投手経験が浅く、速球とカーブだけの組み立てだったが、気迫で打者を圧倒。東福岡の終盤の攻撃を封じた。

自慢の打撃は3打数1安打、1四球。第1、2打席は東福岡の下野の緩急に揺さぶられて凡退し、不本意な内容に終わった。「投打走とも、まだまだレベルアップが必要だと痛感した。夏までにもっと鍛える」と誓っていた。

末木がアーチ 意地の一振り

末木が意地の一振りでスタンドを沸かせた。七回、右翼ポール際に落ちるソロ本塁打。「球種を決めていたわけではない。たまたま入っただけ」と振り返った。

三回には二盗、五回には投手強襲の内野安打。活躍したものの、表情はさえなかった。「九回、先頭打者で塁に出ないといけないのに出られなくて」と残念がった。夏に向け「もっと点が取れるよう、僕がチームを引っ張っていきたい」と言い切った。

主戦の構想 2球で崩れる

「（芸予）地震の被害で気持ちが沈んでいる広島の人たちのためにも、思い切った試合を見せたい」。広陵の新井主将は試合前、決意を述べた。だが、序盤の失点が響き、前半は思い切りのいいプレーが影を潜めた。

速球とスライダー、シュートで打者の内角を突き、横の揺さぶりで打ち取る。主戦金子の構想はわずか2球で崩れた。一回、先頭の上坂に左中間三塁打を浴び、「慎重になり過ぎ、思い切って腕が振れなかった」。

配球が外角に偏り、制球を乱した。3四球で押し出しの先制点。適時二塁打、2ランスクイズと続き、一気に5点を失った。「すぐに励ましてやれなかった僕の責任」と中井監督は気遣った。

六回以降の反撃は中井監督の一言がきっかけになった。「地震で大変な時に、たくさんの人が応援に来てくれている。このままでいいのか」。一塁側アルプス席で必死に声援を送る約2千人の応援団の姿に、選手はようやく思い切りの良さを取り戻した。六回は中東と倉重が適時打。七回には、末木が右翼へ本塁打を放った。追い上げは4点にとどまったが、新井主将は「足りなかったものが分かった」。夏に向けて飛躍のヒントを手にしていた。

	1	2	3	4	5	6	7	8	9	計
広陵	0	0	0	0	0	2	1	1	0	4
東福岡	5	0	2	1	0	0	0	0	×	8

メモ

「21世紀枠」

第73回大会から導入されたのが21世紀枠。各都道府県の秋季大会で一定の成績を残した学校を対象に、困難の克服や模範的マナー、文武両道などを評価し出場資格が与えられる。同大会では、安積（福島）と宜野座（沖縄）が選ばれた。安積は初戦で敗れたが、宜野座は岐阜第一（岐阜）桐光学園（神奈川）浪速（大阪）を破って準決勝に進出。話題となった。

【広　陵】		打	安	点	振	球
⑥	末木	5	2	1	0	0
④	松栄	4	0	0	1	1
⑦	黒田	5	2	0	0	0
③1	新井	3	1	0	1	1
⑤	中東	4	1	1	0	0
⑧	黒川	3	1	0	0	0
⑨	母谷	2	0	0	1	1
H9	黒瀬	1	0	0	0	0
②	倉重	3	1	2	1	0
①	金子	1	1	0	0	0
H	松岡	1	0	0	0	0
1	檀上	0	0	0	0	0
H	籔根	1	0	0	0	0
3	西野	1	0	0	1	0
犠盗失併残 21008		34	9	4	5	3

【東福岡】		打	安	点	振	球
⑥	上坂	3	2	0	1	1
⑨	日野	4	2	0	0	1
⑤	福原	4	1	0	0	0
③	吉村	2	0	0	0	2
④	川崎	2	0	1	1	1
⑦	西村	4	2	4	1	0
⑧	鶴浜	2	0	2	0	1
②	鴛海	3	1	0	0	0
①	下野	4	1	1	3	0
犠盗失併残 41006		28	9	8	6	6

▽本塁打　下野1号（金子）末木1号（下野）▽三塁打　上坂、黒川▽二塁打　西村、日野、黒田▽暴投　下野、新井

投手	回	打	安	振	球	責
金子	4	22	7	2	4	8
檀上	1	3	0	1	0	0
新井	3	13	2	3	2	0
下野	9	39	9	5	3	4

【ベンチ入りした主なプロ野球選手】

≪広陵≫

新井良太	駒大－中日・06年大学生・社会人ドラフト4位－阪神

≪東福岡≫

吉村裕基	横浜・03年ドラフト5位－ソフトバンク
上園啓史	武蔵大－阪神・07年大学生・社会人ドラフト4位－楽天

241 2001年7月27日
第83回全国高校野球選手権広島大会決勝

如水館－広島工
（広島）　（広島）

六回、如水館1死一、三塁、小沢が左前適時打を放ち、4-3と勝ち越す。投手福田、捕手宮脇

如水館 鮮やか逆転劇

第83回全国高校野球選手権広島大会最終日は27日、広島市民球場で決勝があり、如水館が広島工を9－3で下して2年ぶり4度目の優勝を飾った。

如水館は3点を追う五回に1点を返すと、六回には打者11人を送る猛攻で一気に逆転した。

この回1死三塁から江川と福江の適時打で追い付き、小沢の左前打で勝ち越した。さらに適時打に敵失が絡んで、6長短打で計7点を挙げた。先発柳瀬は不安定な立ち上がり。一回に2点を失うと、すぐに主戦瀬王にスイッチ。九回途中まで2安打しか許さず、流れを引き寄せた。

広島工は一回1死二、三塁から、大下と日浦の適時打で幸先よく3点を先制。先発津麦は前半、力のある直球でピンチを何度もしのいだが、疲れの出た後半、如水館打線につかまった。

狙い澄まして 集中打

如水館が六回、鮮やかな逆転劇を演じた。「我慢してよく攻めた」と迫田監督。苦しい展開の中でナインを支えたのは、昨年の準決勝で味わった悔しさだった。

一回に3点を失ったが、迫田監督は動じなかった。広島工の先発津麦は制球難の上に、マウンド上は気温35度を超える暑さ。必ず体力を消耗すると読んだ。2ストライクに追い込まれるまで待球を指示。この作戦をナインは忠実に実行した。津麦の投球数は五回で100を超えた。球威が落ち、コースが甘くなったところを確実に捉え、集中打で逆転した。

昨夏の準決勝で瀬戸内にサヨナラとなる本盗を許し、敗れた。柳瀬は「昨年の悔しい思いを考えると、じっくり待つぐらいは簡単。最後まで勝負を諦めず、逆転を信じて戦った」と振り返った。

「先輩たちより技術は劣る。だけど、精神的な強さは負けない」と江川。骨太の精神力で、甲子園で旋風を巻き起こすつもりだ。

復活の瀬王 最高の投球

如水館の勝利を手繰り寄せたのは、瀬王の右腕だった。一回途中で登板し、8回⅓を無失点。「決勝で投げるため、僕は頑張ってきた」。一度は野球人生の危機に立たされるけがを負いながら、大一番で最高の投球を見せた。

一回、先発柳瀬が乱調で2失点。1死一塁で救援した。「投球練習は十分ではなかったが、最少失点に抑えるしかない」と気合を入れてマウンドへ。3点目を許したが、冷静な投球で後続を断った。二回以降は右横手からのスライダーを武器に、広島工を九回2死まで1安打に抑え、三塁を踏ませなかった。

1月末の練習中、打球が右目を直撃。網膜剝離や眼窩《がんか》底骨折で失明の恐れがあった。約2カ月間の絶対安静。「もう野球をやめたい」と漏らした時期もあった。

回復すると、甲子園にかける情熱がよみがえった。黙々と筋力トレーニングを続け、今大会は背番号1で復活。6試合、計37回を投げて3失点。「苦しい時期にチームメートが支えてくれた。最高のチーム」と仲間と喜び合った。

広島工	3	0	0	0	0	0	0	0	0	3
如水館	0	0	0	0	1	7	1	0	×	9

メモ

「躍進」

1990年代後半から2000年代にかけて、力を付けてきたのが公立校の賀茂と海田だ。きっかけは、甲子園を経験した指導者の赴任。賀茂は98年に、尾道商から中村信彦監督が異動。01年からの5年間でベスト8に4度進出した。海田には98年に西条農の小田浩監督が就任し、翌年に同校初の4強入り。02年にも8強に入った。その後、中村監督は呉、小田監督は総合技術を率い、甲子園に出場している。

【広島工】		打	安	点	振	球
⑥	松岡	3	0	0	1	0
④	天野	3	0	0	1	1
4	別所	0	0	0	0	0
⑧	時田	4	1	0	0	0
⑤35	大下	4	1	2	1	0
⑨	佐々木	2	0	0	0	1
R	喜多下	0	0	0	0	0
⑦	日浦	4	2	1	1	0
③	前	2	0	0	1	0
5	高下	0	0	0	0	0
1	福田	0	0	0	0	0
3	三戸	1	0	0	1	0
1	滝本	0	0	0	0	0
H	野村	1	0	0	1	0
②	宮脇	3	0	0	0	0
①313	津麦	3	1	0	1	0
犠盗失併残						
20124		30	5	3	8	2

【如水館】		打	安	点	振	球
⑦	小沢	4	3	3	0	1
⑧	後藤	3	1	1	0	2
③	岩本	2	0	0	0	2
R	西村	0	0	0	0	0
3	森下	0	0	0	0	0
H3	山根	1	1	0	0	0
9	河野	0	0	0	0	0
⑤91	上谷	5	1	1	1	0
①5	柳瀬	4	1	1	0	1
②	田中	4	1	0	0	0
④	江川	4	1	1	1	0
⑨	津守	0	0	0	0	0
13	瀬王	2	1	0	1	2
⑥	福江	2	2	1	0	0
犠盗失併残						
30109		31	12	8	3	8

▽二塁打　柳瀬▽暴投　津麦2▽捕逸　宮脇

投手	回	打	安	振	球	責
津麦	5⅓	26	4	2	7	4
福田	⅓	6	5	0	0	1
津麦	1⅓	7	3	0	1	1
滝本	1	3	0	1	0	0

投手	回	打	安	振	球	責
柳瀬	⅓	4	2	0	1	2
瀬王	8⅓	27	2	7	0	0
上谷	⅓	3	1	1	1	0

【ベンチ入りした主なプロ野球選手】

≪如水館≫

田中大輔	東洋大－中日・07年大学生・社会人ドラフト希望枠－オリックス
柳瀬明宏	龍谷大－ソフトバンク・06年大学生・社会人ドラフト6位－阪神

九回、金足農1死一、二塁、代打大信田の右前打で一塁走者の椎川㊨を二、三塁間で挟殺。中央は遊撃手山根、⑤は三塁手柳瀬

242 2001年8月12日
第83回全国高校野球選手権1回戦

如水館（広島）－金足農（秋田）

如水館 逃げ切り初戦突破

第83回全国高校野球選手権大会第5日は12日、甲子園球場で1回戦2試合と2回戦1試合を行い、1回戦で如水館（広島）は金足農（秋田）を8－4で破り、2回戦に進んだ。

如水館が機動力で金足農の主戦佐々木大を攻略した。1点を追う二回、江川の三盗を絡めて1死一、三塁とし、福江の遊ゴロで同点。三回は3本の長短打で3点を勝ち越し、四回にも上谷、柳瀬の適時長短打で3点を加えた。エンドランを多用して効率良く適時打を引き出した。

先発の瀬王は一回、金沢の左前打で先制されたが、続く1死一、三塁のピンチを切り抜けると投球にリズムを取り戻した。

エンドランや盗塁 「らしさ」を発揮

如水館が甲子園で「らしさ」を発揮した。最初に表れたのが1点をリードされた二回の二塁走者江川の三盗。「捕手のサインで変化球と分かったので狙った」と江川。金足農の中田監督は「あれが得点に結び付き、選手が動揺した」と打ち明けた。

前評判の高かった佐々木大を攻略するため手を尽くした。気温が上がるのを想定して低め球に手を出さず、2ストライクまで待って、体力消耗を誘った。エンドランや盗塁などで走者を動かして揺さぶった。選手が指示通りにプレーできるまで成長したからこそできた作戦だ。

如水館が甲子園で喫した3度の敗戦が糧となっている。「広島商監督時代のイメージを追い、今まで高いレベルを求め過ぎていた」と迫田監督。広島大会4連覇が途切れた昨夏から、「選手のレベルに合った野球をしないと甲子園では勝てない」とチームづくりを一新。目線を下げ、選手ができる範囲のプレー習得に取り組んだ。

思った以上に選手が躍動してつかんだ1勝。迫田監督の目指す「如水館野球」が力強い一歩を踏み出した。

柳瀬が3安打 バットで貢献

投手も務める5番柳瀬が3安打、2打点とバットで勝利に貢献した。「いい場面で回ってきたので試合を楽しめた」と笑みがこぼれた。

3安打とも高めの直球をコンパクトに振り抜き、左前に運んだ。「広島大会ではいい場面で打てなかったので、甲子園で活躍する」。広島大会で4打点に終わった悔しさを大舞台にぶつける。

自己採点は70点 先発の瀬王

先発の瀬王が八回まで金足農打線を2点に抑えた。九回にマウンドを譲ったが、2死一、二塁で再登板。試合を締めくくった。

この日の自己採点は70点。「甲子園を意識し過ぎた」という序盤は制球が定まらなかった。「（課題は）左打者への制球、シュートの切れ、緩急のつけ方。バックを信じ、さらに良い投球をしたい」と2回戦に向け気を引き締めていた。

金足農	1	0	0	0	0	0	0	1	2	4
如水館	0	1	3	3	0	0	1	0	×	8

メモ

「勝利数」

金足農戦の勝利で、甲子園での監督勝利数を18とした如水館の迫田穆成《よしあき》監督。現在は22勝（13敗）まで伸ばしている。広島勢で迫田監督を上回っているのが広陵の中井哲之監督。40勝（18敗1分け）は7位タイに位置する。広島の高校を率いて、甲子園で2桁勝利を挙げている指揮官はほかに、広島工と高陽東の小川成海（12勝8敗）、呉港中で1934年の選手権を制した柳原良助（10勝4敗）がいる。

【金足農】		打	安	点	振	球
⑦	竹坂	4	3	0	0	1
⑧	柳原	4	2	1	0	0
⑨	金沢	5	2	1	0	0
②	遠藤	3	2	1	0	0
⑤	秋本一	4	0	0	2	0
③	佐々木仁	3	1	0	0	1
R	土田	0	0	0	0	0
①	佐々木大	3	1	0	0	0
R	椎川	0	0	0	0	0
④	秋本元	2	0	0	2	1
H	高橋	1	0	0	1	0
⑥	高貝	3	0	0	2	0
H	大信田	1	1	0	0	0

犠盗失併残
3 0 0 1 8 33 12 3 7 3

【如水館】		打	安	点	振	球
⑦	小沢	4	2	1	0	1
7	河野	0	0	0	0	0
⑧	後藤	4	1	0	1	0
③	岩本	1	0	0	1	3
R	景山	0	0	0	0	0
3	森下	0	0	0	0	0
H	大脇	1	0	0	1	0
9	津守	0	0	0	0	0
⑨13	上谷	3	2	3	0	1
⑤	柳瀬	5	3	2	1	0
②	田中	4	0	0	0	0
④	江川	4	2	1	0	0
①31	瀬王	3	0	0	0	1
⑥	福江	3	2	1	0	1
6	山根	0	0	0	0	0

犠盗失併残
2 1 0 1 9 32 12 8 4 7

▽三塁打　上谷▽二塁打　上谷、小沢▽暴投　佐々木大

投手	回	打	安	振	球	責
佐々木大	8	41	12	4	7	8

投手	回	打	安	振	球	責
瀬王	8	32	9	6	1	2
上谷	⅔	6	3	1	2	2
瀬王	⅓	1	0	0	0	0

【ベンチ入りした主なプロ野球選手】

≪如水館≫

田中大輔	東洋大－中日・07年大学生・社会人ドラフト希望枠－オリックス
柳瀬明宏	龍谷大－ソフトバンク・06年大学生・社会人ドラフト6位－阪神

如水館－東洋大姫路
（広島）　（兵庫）

如水館惜敗 緻密さ欠く

第83回全国高校野球選手権大会第9日は16日、甲子園球場で2回戦3試合を行った。如水館（広島）は東洋大姫路（兵庫）と対戦。同点の八回に勝ち越され、3－4で敗れた。

如水館は攻守に緻密さを欠いた。一度も先行する展開に持ち込めず、初の3回戦進出を逃した。

2点を追う三回、四球と犠打で2死二塁とし、上谷が左前適時打。五回無死一、三塁では、上谷の三ゴロが野選となり1点を返した。七回1死二、三塁から、柳瀬の右犠飛で初めて同点とした。9安打を放ち、一、九回を除き毎回走者を出したが、逆転できなかった。

先発柳瀬は三回まで被安打4の2失点。高めの直球を痛打された。2番手の瀬王も五回に3長短打で1点を失い、八回は2安打に2失策が絡んで決勝点を奪われた。

先発柳瀬「気合空回り」

先発柳瀬は3回を4安打、2失点。「気合が空回りした。打たれたのはほとんど高めの直球」と悔やんだ。

先発は試合開始の約4時間前に決まった。広島大会前から腰痛を抱えていたが、痛み止めを飲んで試合に臨んだ。今春から投手、三塁手を兼ねて、チームを引っ張ってきた。「甲子園でプレーできてよかった」と胸を張った。

リード奪えず余裕失う

「一度もリードができなかったのが敗因」。如水館の迫田監督はそう試合を振り返った。追い付いても追い越せない。もどかしい展開の中で守りの乱れから決勝点を許し、敗戦に沈んだ。

4番上谷は「一度でも逆転していれば気分的に楽だった」。五回に1点を返して2－3。七回は無死一、二塁から2犠打飛で同点止まり。八回も1死二、三塁としたが、後続が凡退した。「スクイズか強攻か迷った」。経験豊かな迫田監督でさえ余裕を失っていた。

後半勝負と読んでいた迫田監督。五回までの1点差は許容範囲だったが、想定外は東洋大姫路の手堅さだった。6犠打に無失策。全く隙を見せなかった。対照的に如水館は拙攻の連続が焦りを呼び、八回の決勝点につながるミスの呼び水となった。

「やりたい試合」を東洋大姫路に実行されてしまった如水館。またも2回戦の壁に阻まれた。

4番の上谷が2安打2打点

上谷が4番の重責を果たした。2安打、3打点だった1回戦の金足農（秋田）戦に続き、この日も2安打、2打点と好調。投手を兼ねるが、この日は打者だけで勝負する意気込みだったという。

結果は出したが、チームは惜敗。「勝ち越し打が打てなかった」と悔やみ、「打者としての勝負には勝った。しかし、チームが負けてはしょうがない」とうなだれた。

八回、東洋大姫路無死満塁、藤原の中飛で三塁走者の佐々尾④が本塁を突くがタッチアウト。捕手田中、右は投手瀬王

東洋大姫路	1	0	1	0	1	0	0	1	0	4
如水館	0	0	1	0	1	0	1	0	0	3

【東洋大姫路】	打	安	点	振	球
⑨ 藤原	3	1	0	0	1
⑧ 桑路	4	0	0	1	0
⑤ 田辺	5	2	2	1	0
5 米田	0	0	0	0	0
⑥ 名田	4	3	1	0	1
③ 林	4	1	0	1	1
1 アン	0	0	0	0	0
①3 畑山	5	1	0	0	0
④ 佐々尾	3	1	0	0	1
② 福永	2	1	0	1	0
⑦ 宮永	2	1	1	1	0

犠盗失併残
6 0 0 1 11 32 11 4 5 4

【如水館】	打	安	点	振	球
⑦ 小沢	5	0	0	1	0
⑧ 後藤	4	2	0	0	1
③ 岩本	4	2	0	1	0
⑤9 上谷	4	2	2	1	0
①5 柳瀬	3	1	1	0	1
② 田中	3	0	0	0	0
④ 江川	3	1	0	0	1
⑨ 津守	1	0	0	0	0
1 瀬王	1	0	0	0	2
⑥ 福江	2	1	0	0	0

犠盗失併残
6 0 3 2 11 30 9 3 3 5

▽本塁打　名田1号（柳瀬）▽二塁打　田辺、名田

投手	回	打	安	振	球	責
畑山	8	38	9	1	5	3
アン	1	3	0	2	0	0
柳瀬	3	14	4	1	1	2
瀬王	6	28	7	4	3	2

【ベンチ入りした主なプロ野球選手】

≪如水館≫

田中大輔	東洋大―中日・07年大学生・社会人ドラフト希望枠―オリックス
柳瀬明宏	龍谷大―ソフトバンク・06年大学生・社会人ドラフト6位―阪神

メモ

「滋賀勢初V逃す」

21世紀初の決勝は日大三（西東京）と近江（滋賀）の顔合わせ。近江は春夏を通じて滋賀勢として初めて決勝に勝ち進んだ。初Vの期待は高まったが、二回に先制を許すと一度もリードを奪えず、2－5で敗れ準優勝に終わった。2022年の選抜大会でも近江は決勝に進出したが、大阪桐蔭（大阪）に1－18で大敗。初Vはお預けとなった。

広島商－樟南
（広島）　（鹿児島）

五回、広島商無死満塁、吹田が中前へ逆転の2点打を放つ。投手岩崎、捕手中村

広島商 粘って逆転勝ち

第74回選抜高校野球大会は25日、甲子園球場で開幕した。1回戦3試合が行われ、広島商（広島）は先発の左腕和田が好投し、樟南（鹿児島）に6－3で逆転勝ちした。

広島商は3点を追う三回、四球と富永の二塁打で1死二、三塁とし、田中のスクイズと敵失で2点。五回には富永、田中の連打と四球の無死満塁から、吹田の中前2点打と暴投で3点を奪い逆転、樟南・岩崎の攻略に成功した。

先発和田は一回、球が走らず、4本の長短打を浴びて3失点。以降も五回の2死二、三塁、六回の無死一、三塁など再三、ピンチを招いたが、粘り強い投球で切り抜けた。

待球作戦で好投手攻略

五回に入ると樟南・岩崎の球威はがくんと落ちた。無死満塁での吹田の逆転打は104球目。試合を決定付けた5点目は暴投だった。「勝つには、この形しかなかった」と迫田監督。序盤に張り巡らせた「伏線」が、鮮やかな逆転劇を生んだ。

いきなり3点を追う展開にも、広島商ベンチは冷静だった。ボールが先行する岩崎に対し、二回までは「待球作戦」を徹底。三回はバントの構えで揺さぶり、スクイズと敵失で2点を返した。

走塁面の「ボディーブロー」も、岩崎を追い込んだ。塁上では大きくリード。1球ごとに走る構えを見せ、執拗《しつよう》なけん制球を誘った。ヒットエンドランも多用した。「広商野球を意識し過ぎると、術中にはまる」。樟南・枦山《はぜやま》監督の不安は的中。岩崎のリズムは確実に乱れていった。

劣勢の前評判を覆すため、周到な準備を重ねた。試合前日は、エース和田が樟南打線のイメージを頭に入れるため、控え選手を打順通りに左右の打席に立たせて対戦。1週間前には、日没を想定してナイター練習。点灯試合になっても慌てることはなかった。

攻撃の27アウトのうち飛球は1個。守りも無失策だったが、迫田監督は真っ先に「走塁やバントのミスが多かった」と反省した。栗原主将も「次は普段通りのプレーをする」。4年ぶりのセンバツ勝利にも浮かれるところはなかった。

和田 137球完投

137球を費やしての完投勝利。185ｾﾝﾁの左腕和田は、お立ち台で「甲子園のマウンドは気持ちよかった」と胸を張った。

立ち上がりが不安定だった。一回に4長短打を浴び3失点。折田部長から「試合前の投げ込み不足」と指摘された。肩を温め直すと立ち直り、二回からは点を与えなかった。

この間、六回の無死一、三塁など何度もピンチはあった。ナインを信頼し、直球一本で勝負し、無失点でしのいだ。「一回を除けば満点」。自らも納得の粘投だった。

1年秋に一塁手から転向して1年余り。「最初は下手投げだったが、横手にすると球も速くなって、制球力もついた」という変則左腕。変化球もまだあまり投げられないが、この勝利で一段と自信を深めたようだった。

広島商	0	0	2	0	3	0	1	0	0	6
樟　南	3	0	0	0	0	0	0	0	0	3

メモ

「同時出場」

広島の高校球界を引っ張ってきた広島商と広陵。この両雄が選抜大会に同時出場したのは、第74回大会を含めて5度ある。最初は1929年の第6回大会。広島商は初戦敗退したが、広陵中は準優勝に輝いた。32年の第9回大会はともに初戦敗退。92年の第64回大会と20年ぶりの同時出場が話題となった2022年の第94回大会はともに2回戦で姿を消した。

【広島商】	打	安	点	振	球
⑦ 富　永	5	3	0	0	0
③ 田　中	3	1	1	0	1
⑤ 田　川	3	0	0	1	1
⑥ 吹　田	5	1	2	2	0
② 川　村	4	1	1	0	0
⑨ 土　屋	3	1	0	0	1
8 長　本	0	0	0	0	0
⑧9 松　永	3	1	0	2	1
① 和　田	3	1	0	0	1
④ 栗　原	3	1	0	1	1

犠盗失併残
2 1 0 1 7 32 10 4 6 6

【樟　南】	打	安	点	振	球
⑤ 小　倉	5	3	0	0	0
⑦ 成　政	5	2	0	2	0
④ 下　野	2	0	0	0	0
② 中　村	3	1	2	0	1
③ 田　畑	4	1	0	0	0
⑥ 我那覇	4	3	1	0	0
⑨ 立　元	3	0	0	0	0
H 小　妻	0	0	0	0	1
R 尾田原	0	0	0	0	0
① 岩　崎	2	0	0	0	1
H 　南	1	0	0	0	0
⑧ 福　浦	3	0	0	2	0
H 新　福	1	0	0	0	0

犠盗失併残
2 0 1 0 8 33 10 3 4 3

▽三塁打　川村▽二塁打　中村、富永▽暴投　岩崎2▽ボーク　岩崎

投　手	回	打	安	振	球	責
和　田	9	38	10	4	3	3
岩　崎	9	40	10	6	6	5

広島商（広島）－鵡川（北海道）

広島商 29年ぶり8強

六回、鵡川2死一塁、池田の右越え二塁打で一塁走者の中村が本塁を突いたが、広島商の好中継でタッチアウト。捕手川村

第74回選抜高校野球大会第6日は31日、甲子園球場で1回戦最後の1試合と2回戦を行った。2回戦で広島商（広島）は左腕和田が21世紀枠で初出場した鵡川（北海道）を7安打完封して1－0で勝ち、29年ぶりに準々決勝に進んだ。

広島商は二回、内野安打で出塁した川村と長本との間でエンドランが決まり、長本が二盗して無死二、三塁。松永の二ゴロで先制した。

エース和田は中盤まで快調な投球。六回以降は制球の乱れもあって、ピンチの連続だった。八回は1死満塁、九回も無死二塁と詰め寄られたが、左横手からの持ち前のくせ球を操って無失点で切り抜けた。

好機を逸し苦戦

勝者と敗者の言葉は、通常とはあべこべだった。試合後、広島商・迫田監督は「うちらしい野球ができなかった」と唇をかみ、鵡川・佐藤監督は「選手は百点満点の力を出した」。センバツ21度目の古豪と、21世紀枠の初出場校。勝敗を分けた1点は「甲子園の経験」に裏付けされた伝統校の強さかもしれない。

広島商が「らしさ」を発揮したのは二回1死まで。エンドランに盗塁を絡めて先制したものの、直後のスクイズ失敗で流れが変わった。毎回のように走者を出しながら、併殺や盗塁失敗で好機を逃した。「うちのような打てないチームは絶対にバントを決めなければ…」。迫田監督も真っ先に苦戦の要因に挙げた。

一方の鵡川は「らしさ」を見せた。初球からの積極打法で7安打。佐藤監督の「送りバントはしない」との方針で強攻策にこだわり、再三、塁上をにぎわせた。

堅守で逃げ切る

内容と結果をあべこべにしたのは、要所でのプレー。鵡川が好機に走塁ミスが目立ったのに対し、広島商は同点を防いだ六回の素早い中継プレー、九回2死三塁での遊撃手吹田の好守があった。「点が取れなかったので、守りはきっちりやらなければ」と栗原主将。ここ一番での堅守が命綱となった。

29年ぶりのベスト8。迫田監督は「今日は勉強させてもらった。しっかり反省する」と力を込めた。

主戦和田 初の完封

和田が自身初の完封勝利を挙げた。「3、4点覚悟していたのでうれしい」。終盤、ピンチの連続だったためか、試合後は硬い表情のままだった。

一番の焦点は、内野安打と2四球で招いた八回の1死満塁。制球の乱れについて「厳しくコースを突き過ぎた」と解説。ピンチを断った要因として、「腹式呼吸をして気持ちを落ち着かせ、バックを信頼し、気迫で負けないよう投げた」と三つの要素を挙げた。

これで1回戦の樟南（鹿児島）戦の二回から17イニング連続無失点。「バックが守ってくれているので、0点で抑えられているだけ。無失点は意識していない」と感謝した。

捕手川村 好リード

和田の完封を演出した捕手の川村も試合後、大勢の報道陣に囲まれた。7安打の好投を「今日は球が走っていた」と言い、「持ち味が出せたと思う」としてやったりの表情だった。

試合前は「打たれるのは仕方ない。打たせて取ろう」「気楽にいけ」などと激励。その言葉通りの粘投に「よく踏ん張ってくれた」とねぎらった。2安打を放ったが、「試合中は守備のことしか考えていなかった」と、リードに夢中だったと打ち明けた。

鵡川	0	0	0	0	0	0	0	0	0	0
広島商	0	1	0	0	0	0	0	0	×	1

メモ

「名スカウト登場」

山本浩二、高橋慶彦、川口和久、長嶋清幸らを見いだした広島の名スカウト、木《き》庭《にわ》教《さとし》さんがアルプススタンドで母校の広島商を応援した。スカウトをしていた30年間、甲子園ではバックネット裏から選手の評価をしてきたが、アルプススタンドでの観戦は初めて。「野球界から離れて、やっと趣味で野球を見る気になった」と後輩たちのプレーに声援を送った。

【鵡　川】		打	安	点	振	球
⑥	伊勢	5	0	0	0	0
⑧9	大柄	4	1	0	1	0
②	中村	2	1	0	0	2
③	池田	3	1	0	0	1
⑤	植木	4	2	0	0	0
①	鬼海	4	0	0	1	0
⑨	富永	2	0	0	2	0
H8	田代	1	1	0	0	1
④	木村	2	0	0	2	0
H	金丸	1	1	0	0	0
R4	斉藤	0	0	0	0	0
H	藤井	1	0	0	0	0
⑦	河井	4	0	0	0	0

犠盗失併残
0 0 2 1 10 33 7 0 6 4

【広島商】		打	安	点	振	球
⑦	富永	4	1	0	0	0
③	田中	2	0	0	0	0
⑤	田川	3	1	0	0	1
⑥	吹田	3	0	0	0	1
②	川村	3	2	0	0	0
⑧	長本	3	2	0	0	0
⑨	松永	3	1	1	0	0
①	和田	3	0	0	1	0
④	栗原	3	0	0	0	0

犠盗失併残
2 1 1 2 6 27 7 1 1 2

▽二塁打　富永（広）池田、田代▽捕逸　川村

投	手	回	打	安	振	球	責
鬼	海	8	31	7	1	2	1
和	田	9	37	7	6	4	0

246 2002年4月3日
第74回選抜高校野球大会準々決勝

広島商－鳴門工
（広島）（徳島）

五回、鳴門工1死満塁、山北に2点打を浴び、打球の行方を追う広島商の和田

広島商19失点 屈辱的大敗

第74回選抜高校野球大会第9日は3日、甲子園球場で準々決勝を行い、広島商（広島）は鳴門工（徳島）に22安打を浴び、1－19で大敗した。

4日の準決勝は鳴門工－関西（岡山）、福井商（福井）－報徳学園（兵庫）の顔合わせとなった。

広島商は先発の主戦和田の不調が響いた。1点を先制された後の三回。1死二、三塁から4連続長短打され4失点。2番手吹田も押し出しの四球を与え、計5点を失った。

和田は再登板したが、立て直せずに、五回途中で降板。救援陣も一方的に打たれた。打線は六回に1点を返すのが精いっぱいだった。

エース動揺 悲劇の始まり

一回を終えた時点で、誰がこの結末を予測しただろうか。2三振を奪い、連続無失点を18回に伸ばした広島商・和田には内心、手応えがあった。「今日は調子がいい」

暗転したのは二回。エースの小さな動揺がきっかけだった。1死から初安打を許した。投前バントの処理を誤り、一、三塁とピンチが拡大。「二塁で刺せると思ったが、球が手につかなかった。慌てて一塁に投げたのが悪送球になった」。冬場に徹底して練習したはずのフィールディングでのミス。この回に失った1点以上にダメージは大きかった。

「自分でミスを挽回しなければと、力みが出た」と迫田監督。三回から制球と球筋が乱れ、リズムも単調に。再登板を含め、4回⅓を投げて11安打を浴び、自責点9だった。和田は「球のスピードを意識して、下半身を使えなくなった。監督にも注意されたが、修正が利かなかった」。救援陣も鳴門工の勢いを止められなかった。

広島県勢の甲子園ワーストとなる19失点。迫田監督は「あの大量失点があるから今がある。そう思える強いチームをつくり直したい」と大敗を受け止めた。屈辱的な敗戦。それは「広商復活」への新たな挑戦の幕開けでもある。

捕手川村「自分が甘い」

打っては3試合で11打数4安打。好打で導いた8強入りにも、胸を張れなかった。捕手の川村は「和田をリードしてやることができなかった」。がっくりと肩を落とした。

力は尽くした。最大のポイントとなった三回のピンチ。自分を見失った和田に対して、声を張り上げて励ました。「楽にいけ」「打たせていこう」。しかし、エースの球はピンチが拡大するにつれ、打者の打ちごろに入った。

「甘い球を投げさせたのは、自分が甘い」。迫田監督に日頃から「投手が打たれるのはお前の責任」と言われているだけに一層、心は痛んだ。

運動能力の高さを買われて、昨秋の中国大会で外野手から捕手に転向したばかり。だから「守備のことで頭がいっぱいだった」という。締めの言葉も「和田のいいところを引き出せるようにして、もう一度来たい」と、守備面のアップを誓った。

2000年代

鳴門工	0	1	5	0	5	5	3	0	0	19
広島商	0	0	0	0	0	1	0	0	0	1

メモ

「大敗」

29年ぶりのベスト4を懸けた一戦は屈辱的な大敗に終わった。広島商の春夏通算100試合の中で、2桁失点は3度目。19失点、18点差はともに最多で、広島勢としても最多失点、最多得点差負けだった。迫田守昭監督は「広島県民、広商OBに申し訳ない」と語った。

【鳴門工】		打	安	点	振	球
⑥	谷	5	2	0	0	2
④	泉	3	1	1	1	3
H	左津前	1	0	0	0	0
4	矢野	0	0	0	0	0
③	山北	6	3	2	1	1
②	浜永	5	0	0	2	1
⑦	梅原健	7	4	7	0	0
R	高尾	0	0	0	0	0
9	森	0	0	0	0	0
⑧	佐坂	6	6	2	0	1
①9	丸山	4	2	3	1	1
H7	呑口	1	0	0	0	0
⑤	新原	5	3	3	0	1
⑨	中西	2	1	0	0	3
1	細谷	1	0	0	0	0
1	梅原裕	0	0	0	0	0

犠盗失併残
3 2 1 1 16 46 22 18 5 13

【広島商】		打	安	点	振	球
⑦	冨永	4	2	1	0	0
③43	田中	3	0	0	1	0
1	小川	0	0	0	0	0
H2	田松	1	1	0	0	0
⑤	田川	4	1	0	2	0
⑥161	吹田	4	0	0	1	0
②8	川村	4	1	0	0	0
⑧4	長本	2	0	0	0	1
⑨	松永	2	0	0	1	0
46	宮信	1	0	0	0	0
①31	和田	1	0	0	0	0
1	江草	0	0	0	0	0
H9	坂本	2	1	0	0	0
④64	栗原	1	0	0	1	0
H3	土屋	2	0	0	1	0

犠盗失併残
1 1 3 0 5 31 6 1 7 1

▽本塁打　梅原健1号（小川）▽三塁打　丸山▽二塁打　坂本、谷▽暴投　江草、小川

投手	回	打	安	振	球	責
丸山	6	22	4	5	0	1
細谷	2	8	2	2	1	0
梅原裕	1	3	0	0	0	0
和田	2⅔	19	6	2	5	5
吹田	⅔	1	0	0	1	0
和田	1⅔	10	5	1	1	4
江草	1⅔	15	8	1	2	1
小川	2	12	2	1	4	3
吹田	1	5	1	0	0	0

【ベンチ入りした主なプロ野球選手】

≪鳴門工≫

谷哲也	日立製作所―中日・08年大学生・社会人ドラフト3位

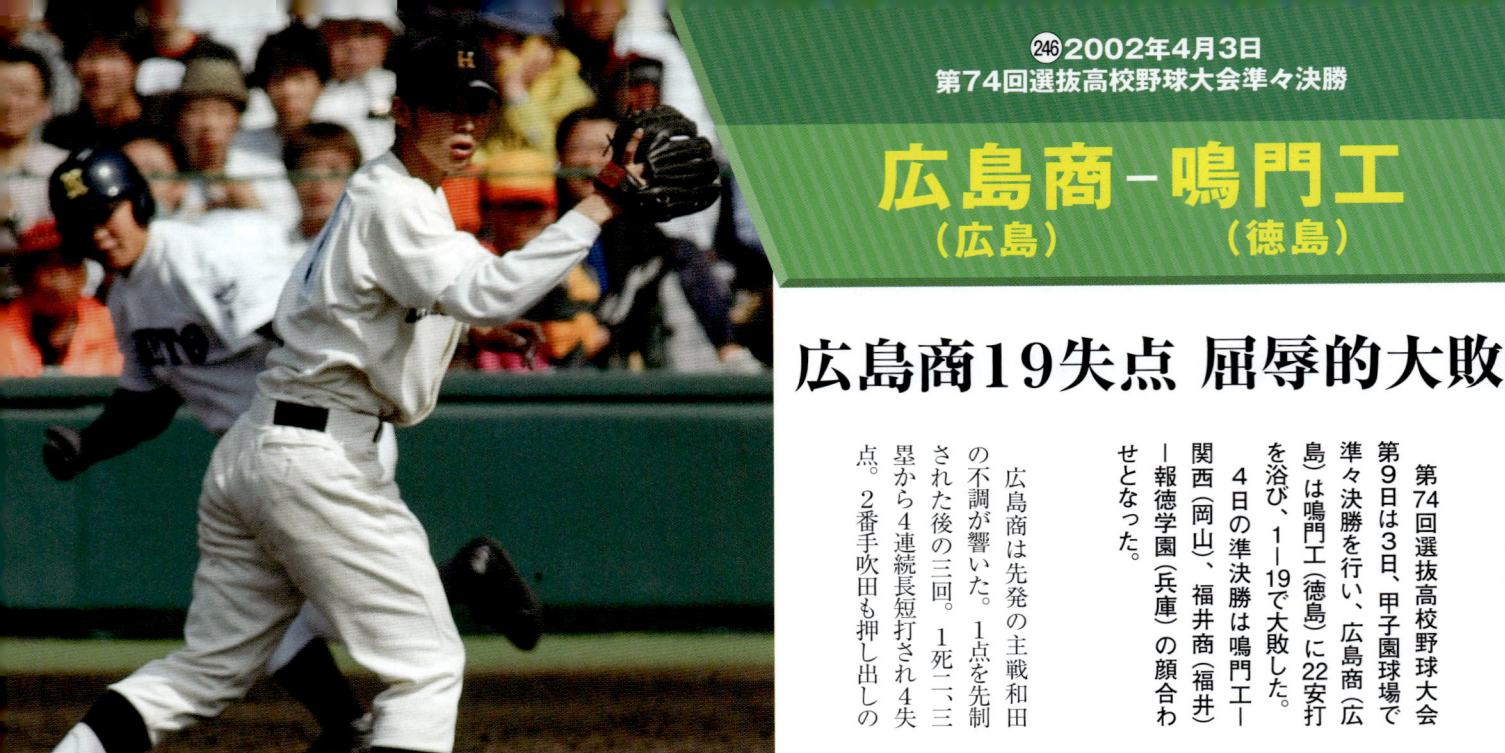

広陵完封勝ち 初戦突破

広陵（広島）－中京大中京（愛知）

第74回選抜高校野球大会第5日は30日、甲子園球場で1回戦3試合が行われた。3年連続18度目の出場の広陵（広島）は5年ぶり27度目の出場の中京大中京（愛知）と対戦。主戦西村が5安打に抑えて今大会完封一番乗りを果たし、4－0で快勝した。

広陵は一回2死から黒田が死球で出塁。中東が中京大中京の左腕中根のカーブを左翼席へ運び、2点を先制した。七回は槙原の三塁打と籔根の適時打で加点。八回には2死二塁から、中東の右中間三塁打でダメ押し点を奪った。

2年生エースの西村は直球で打者の懐を突く大胆な投球。変化球の制球も良く、三塁を踏ませない力投を見せた。

一回の攻防で流れをつかむ

「2」と「0」。スコアボードの左端に数字が刻まれた瞬間から、流れは広陵にあった。一回の表と裏。ナインの気迫と勝因がこの10分余りの攻防に凝縮されていた。

一回、先頭の黒川が四球を選んで出塁。併殺で好機がしぼみかけたが、中東の2ランが飛び出した。「嫌な流れだったし、あの本塁打は大きかった」と中井監督。これが3年連続のセンバツ舞台で、初めて奪った先制点だった。

その裏、自他ともに「立ち上がりが課題」と認める西村が重圧に勝った。大会屈指の1番打者の三瓶を空振り三振に仕留めるなど三者凡退。「出来過ぎの試合」（中井監督）の出発点はここにあった。

昨年の東福岡（福岡）との初戦は一回に5失点。追い上げも及ばず、敗れた。「練習から『1』にこだわれ」。昨秋発足の新チームに、中井監督は何度も繰り返した。投球、打撃、守備での「1球目」に全選手が集中した。メンタルトレーニングも重ねた。冬場、地道に積んだ努力が春の大舞台で花開いた。

2回戦は、優勝候補の報徳学園（兵庫）と日大三（東京）の勝者。黒川主将は「相手は関係ない。心も体も、最初から全力でいける準備をしてきた」と言い切った。好ダッシュをかけた広陵に、「番狂わせ」の舞台も整った。

2年の主戦西村 今大会初の完封

広陵の右腕西村が伸びのある直球を主体に、今大会初完封を成し遂げた。「いけるところまでいくつもりだった。まさか完封できるとは…」。自身も驚く公式戦初の完封だった。

「練習の時から走っていた」という直球が最大の武器となった。「内角は打てないのでどんどん突こう」。捕手白浜との打ち合わせ通り、打者の懐へ。中京大中京打線は内野フライが目立ち、外野への飛球は3本だった。

2年生ながら、常時130キロ半ばの直球はプロも注目の素材。中井監督が「福原（元阪神）が入団した頃に似ている」と評するほど。この日、球速140キロが出たことを聞いた西村は、「うれしい」と笑顔を見せた。

2三振後適時打 籔根「うれしい」

「肩の力を抜いたのが良かった」。七回に適時打を放った籔根は追加点の場面を振り返った。

第1、2打席とも空振りの三振。七回の第3打席は「変化球が打ちやすいよう打席を後ろ側から前へ」。ベンチの指示を守り、見事にカーブを中前に運んだ。第4打席も安打を放った。

打撃を買われて捕手から一塁手へコンバートされた6番打者。「自分が打ったことよりも、勝利に貢献できたのがうれしい」と謙虚に話した。

一回、広陵2死一塁、中東が先制2ランを放つ。捕手渡辺

広陵	2	0	0	0	0	0	1	1	0	4
中京大中京	0	0	0	0	0	0	0	0	0	0

【広陵】	打	安	点	振	球
⑧ 黒川	4	3	0	0	1
④ 羽野	4	0	0	2	0
⑨ 黒田	3	1	0	2	1
⑤ 中東	4	2	3	1	0
⑦ 槙原	4	1	0	2	0
7 岡田	0	0	0	0	0
③ 籔根	4	2	1	2	0
⑥ 中塚	3	0	0	0	0
② 白浜	4	2	0	1	0
① 西村	4	0	0	1	0

犠盗失併残
1 1 0 0 6　34 11 4 11 2

【中京大中京】	打	安	点	振	球
⑧ 三瓶	4	0	0	1	0
④ 嶋	4	1	0	2	0
⑨ 菅原	3	1	0	0	1
⑦ 丹羽	4	1	0	0	0
③ 大島	3	0	0	1	0
② 渡辺	4	1	0	0	0
① 中根	3	0	0	1	0
⑤ 加藤	3	1	0	0	0
⑥ 長谷川	2	0	0	0	0

犠盗失併残
2 0 1 2 6　30 5 0 5 1

▽本塁打　中東1号（中根）▽
三塁打　槙原、中東

投手	回	打	安	振	球	責
西村	9	33	5	5	1	0
中根	9	37	11	11	2	4

【ベンチ入りした主なプロ野球選手】

≪広陵≫	
西村健太朗	巨人・04年ドラフト2位
白浜裕太	広島・04年ドラフト1位
≪中京大中京≫	
嶋基宏	国学院大－楽天・07年大学生・社会人ドラフト3位－ヤクルト
深町亮介	中京大－巨人・07年大学生・社会人ドラフト7位

メモ

「最多」

春夏合わせて、甲子園で最多の11度（春4度、夏7度）の優勝を誇る中京大中京。通算186試合を戦い、最多の137勝49敗を挙げ、7割3分7厘という高い勝率を残している。甲子園で最も多く対戦しているのは広陵だ。選抜で5度、選手権で2度の計7度。結果は2勝5敗と大きく負け越し、苦手としている。

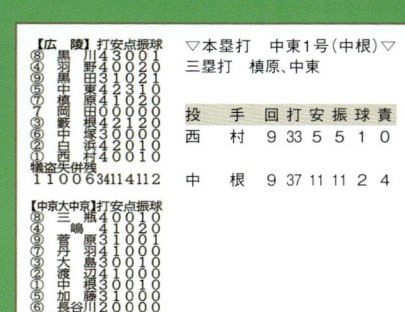

(248) 2002年4月2日
第74回選抜高校野球大会2回戦

広陵（広島）－報徳学園（兵庫）

広陵、優勝候補に屈す

二回、広陵1死一、二塁、中塚の左前打で二塁走者槙原が先制のホームを踏む。②は次打者の白浜

第74回選抜高校野球大会第8日は2日、甲子園球場で2回戦3試合を行い、広陵（広島）は優勝候補の報徳学園（兵庫）と対戦。同点とした直後の七回、3連打に失策が絡んで2点を失い、3－5で敗れた。

広陵は追い付いた直後の七回無死二塁から、三塁線のバントを先発西村が一塁に悪送球して勝ち越された。さらに前山に中前適時打を浴びた。

二回に先制したものの、三回無死一、三塁からスクイズと暴投で逆転を許した。四回には石井の右前適時打で加点された。

打線は12安打したが、四回までにバントミスが3度。七回に同点としたが、好機に報徳学園のエース大谷を捉え切れず、13残塁と決定打を欠いた。

真っ向勝負 あと一歩

ある意味での「豪快さ」を発揮して、広陵が散った。前評判の高い報徳学園に真っ向勝負。力で押し込み、何度も土俵際に追い詰めた。金星を逃した理由はミスに尽きる。

3度のバント失敗に13残塁。結果は「拙攻」だが、大会ナンバーワン投手大谷から、相手を上回る12安打を放った。「序盤、大事にいき過ぎたのがミスにつながった。中盤からは積極的な気持ちになれた」と中井監督。同点とした七回の2安打は、いずれも初球のフルスイングだった。

ミス絡みの失点の中には、「横綱」に挑む気迫がうかがえるものもあった。三回の一塁手の野選は、積極的に本塁タッチアウトを狙ったプレー。西村の暴投も、果敢に内角を攻めた結果だった。黒川主将はこう表現した。「悔しいけど、悔いはない」

公式戦無敗の報徳学園との対戦が決まってから、中井監督はナインに言い続けてきた。「優勝候補の評判を恐れるな。実際にプレーしながら、自分で相手の強さを感じろ。それを夏に生かせばいい」。試合後は、号泣するナインを横目に「夏につながる戦いはできた」と力を込めた。

黒川主将は「精神力を含めた『実力』で、報徳学園に負けていた。夏までにその差を埋めるだけ」ときっぱり言い切った。「横綱」に勝つためには何が必要か。チーム、そして選手個々の「宿題」は、大舞台で示されたはずである。

エース西村 再起を誓う

2年生エース西村の目には涙が浮かんでいた。最大のポイントとなった七回のバント処理での悪送球を「最初は（ファウルに）切れると思った。だから捕った後、焦った」と消え入りそうな声で話した。

同じように悔いたのが、この回先頭の石井に浴びた二塁打。「抑えようと力み過ぎて、スライダーが真ん中に入った」。三、四回を含めて、先頭打者を出したのが失点に結び付いただけに、悔しさが募った。

「いい時と悪い時の差が激し過ぎた」と総括した西村は、夏に向けて自らに三つの課題を挙げた。「点を取ってもらった後、すぐ取られた。それとコントロールとフィールディングをよくして、また戻ってきたい」。出直しを誓う声に最後は力を込めた。

広陵	0	1	0	0	0	0	2	0	0	3
報徳学園	0	0	2	1	0	0	2	0	×	5

メモ

「新基準バット」

報徳学園の28年ぶり2度目の優勝で幕を閉じた第74回大会。重量を制限した新基準バットが導入された。重さは従来よりも50グラム重い900グラム以上。日本高野連の発表によると、飛ばす力を示す反発係数が2.5％低下し、飛距離が3～5メートル程度落ちる。その影響もあって、第74回大会の本塁打数は前年より7本減って14本だった。

【広陵】		打	安	点	振	球
⑧	黒川	4	1	0	0	1
④	羽野	3	0	0	0	0
H	森宗	1	0	0	1	0
4	酒井	0	0	0	0	0
H	原	1	0	0	0	0
1	重森	0	0	0	0	0
⑨	黒田	5	2	0	1	0
⑤	中東	5	2	0	1	0
⑦	槙原	4	0	0	0	1
③	籔根	3	2	2	0	2
⑥	中塚	5	2	1	0	0
②	白浜	4	2	0	1	0
①	西村	1	0	0	1	0
H4	横手	1	1	0	0	0

犠盗失併残
2 1 1 1 13 37 12 3 5 4

【報徳学園】		打	安	点	振	球
⑥	尾崎	3	0	0	1	0
⑦	橋本	4	0	0	2	0
③	松下	4	0	0	1	0
④	長滝	3	3	0	0	1
①	大谷	2	0	0	1	0
⑤	石井	4	2	1	1	0
⑧	木下	2	1	0	1	1
⑨	前山	3	2	1	0	0
②	荒畑	2	0	1	0	0

犠盗失併残
4 1 2 2 4 27 8 3 7 2

▽二塁打　長滝、籔根、石井、黒田▽暴投　西村

投手	回	打	安	振	球	責
西村	7	29	7	5	2	3
重森	1	4	1	2	0	0
大谷	9	43	12	5	4	2

【ベンチ入りした主なプロ野球選手】

≪広陵≫	
西村健太朗	巨人・04年ドラフト2位
白浜裕太	広島・04年ドラフト1位
≪報徳学園≫	
大谷智久	早大ートヨタ自動車ーロッテ・10年ドラフト2位
尾崎匡哉	日本ハム・03年ドラフト1位

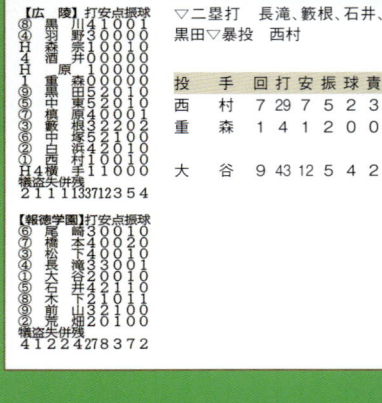

広島県大会

249 2002年7月29日
第84回全国高校野球選手権広島大会決勝

広陵－広島商
（広島）（広島）

22年ぶりの優勝を決め、中井監督を胴上げする広陵ナイン

広陵 22年ぶりの夏切符

第84回全国高校野球選手権広島大会最終日は29日、広島市民球場で決勝があり、広陵が9－5で広島商を下して、22年ぶり16度目の優勝を果たした。

広陵は中盤から打線が爆発し、広島商の主戦和田を攻略。4点差をひっくり返した。六回、黒田の三塁打を足場に二つの犠飛と上本の適時二塁打で3点。七回は2死から左前打の黒田を一塁に置き、中東が左越えに逆転の2ランを放った。九回も1死満塁から、槙原の走者一掃の三塁打と羽野の適時打で4点を挙げ、突き放した。

先発西村は直球の伸びを欠いて四回途中、4失点で降板。代わった岩崎が4安打1失点と好投し、流れを呼び込んだ。

中東 殊勲の逆転2ラン

4番のバットが勝利を呼び込んだ。1点を追う七回2死一塁。広陵の中東が今大会4本目の本塁打を左翼席に放り込んだ。値千金の逆転2ラン。「真ん中の直球。打った瞬間入ると思った」。走りながら右手をぐいと突き上げた。

外角球が生命線の広島商・和田とは初対戦。前半、攻略にてこずったものの、主砲に焦りはなかった。「真ん中に入ってくる球を待つ」。七回の第4打席。初球を見逃さなかった。

初戦（2回戦）から3試合連続アーチは「ヒットの延長線上に本塁打がある」との姿勢から生まれた。今大会通算20打数12安打、18打点と打ちまくった。

2年秋から4番に座り、今春の選抜でも本塁打を放った。「まだ、当てにできん」と突き放してきた中井監督から、初めて「信用するしかない」と褒め言葉をもらった。

甲子園での抱負を聞かれると、「僕は4番じゃなく、4番目の打者。次につなぐ打撃をするだけ」とさらり。自信の表れか、その言葉に気負いはなかった。

中井監督のげきに発奮

一つの言葉で、広陵ナインは呪縛から解き放たれた。「優勝したくないなら、帰ろうや」。0－4の六回表。中井監督のきついげきに、ナインの顔つきが変わった。「選手を信じているからこそ、の言葉。勝利への確信は、まったく揺るがなかった」。22年ぶりの優勝に向けて、逆転のシナリオが動き出した。

この回の先頭は3番黒田。「いい当たりの安打が出れば流れは変わる」。気迫の左中間三塁打から4安打を集めて3点。広島商・和田攻略の糸口を一気に広げ、七回の中東の逆転2ランにつなげた。

エース西村が四回途中、4失点で降板。誤算のスタートを、2番手岩崎が力投してカバーした。得意の「先行逃げ切り」が崩れた後の鮮やかな巻き返し。夏の覇者にふさわしい強さだった。

前回優勝の1980年に主力選手だった中井監督は90年に就任。選抜は5度出場。全国制覇も果たした。一方、夏に勝てない重圧に苦しみ続けた。「今まで同じでは駄目だ」。今春の選抜後にレギュラーを白紙に戻し、夏に向けてチームをつくり直した。決勝では選抜に出場していない岩崎や1年上本、選抜後にいったんレギュラーを外れた籔根や羽野らが活躍。「荒療治」は実を結んだ。

試合後はナインに胴上げされ、感涙にむせんだ中井監督。「監督は選手を信頼することしかできない。甲子園の優勝も信じています」。もがき苦しんだ21年。強い広陵が復活した。

広陵	0	0	0	0	0	3	2	0	4	9
広島商	0	0	1	3	0	0	0	0	1	5

メモ

「22年ぶり」

「広島の早慶戦」といわれる広陵－広島商の古豪対決。第84回全国高校野球選手権広島大会決勝は22年ぶりの伝統の一戦となった。1980年（第62回）の広島大会決勝は広陵が5－3で勝利。それから広陵は夏の歓喜から遠ざかっていた。当時、広陵の指揮を執った松元信義さんは「広商だけには負けるなと言い続けてきた。それは今も同じ」。22年前の優勝メンバーである中井哲之監督の胴上げを感慨深そうに見つめた。

【広　陵】		打	安	点	振	球
⑧	黒　川	4	1	0	0	1
⑥	中　塚	3	0	0	0	2
⑨	黒　田	4	3	0	0	0
⑤	中　東	2	1	3	0	2
⑦	槙　原	5	3	3	1	0
③	伊　藤	1	0	0	0	0
H3	羽　野	4	2	1	0	0
④	上　本	5	1	1	1	0
②	籔　根	4	1	1	0	0
①	西　村	1	0	0	1	0
1	岩　崎	3	0	0	3	0

犠盗失併残
3 0 1 0 8 36 12 9 6 5

【広島商】		打	安	点	振	球
⑦	坂　本	4	1	1	0	0
④	田　中	5	4	0	0	0
②	川　村	2	0	1	0	2
⑤	田　川	4	2	2	0	1
⑧	長　本	5	0	0	0	0
③	岩　本	5	2	0	0	0
⑨	松　永	3	0	0	0	1
①	和　田	4	1	0	0	0
H	土　屋	1	1	1	0	0
⑥	吹　田	2	0	0	0	2
H	吉　川	1	0	0	0	0

犠盗失併残
3 1 0 0 13 36 11 5 0 6

▽本塁打　中東（和田）▽三塁打　岩本、黒田、槙原▽二塁打　上本、羽野

投手	回	打	安	振	球	責
西　村	3⅔	22	7	0	4	4
岩　崎	5⅓	23	4	0	2	1
和　田	9	44	12	6	5	9

【ベンチ入りした主なプロ野球選手】

≪広陵≫

西村健太朗	巨人・04年ドラフト2位
白浜裕太	広島・04年ドラフト1位
上本博紀	早大－阪神・09年ドラフト3位

≪広島商≫

岩本貴裕	亜大－広島・09年ドラフト1位

広陵－日本航空
（広島）　（山梨）

九回、広陵無死三塁、黒田の左犠飛で三塁走者の中塚が生還。3−2と勝ち越す。捕手大上

広陵辛勝 久々「夏1勝」

第84回全国高校野球選手権第6日は13日、甲子園球場で2回戦4試合があった。第3試合では、22年ぶり出場の広陵が3－2で日本航空（山梨）に競り勝ち、1980年（第62回大会）以来の「夏1勝」をつかんだ。

広陵は2点を追う五回、黒川のバント安打と2四球などで1死満塁。日本航空の2番手平林から槙原が右前2点打を放ち追い付いた。九回は中塚の三塁打と黒田の左犠飛で決勝点を挙げた。

主戦西村は四回、二塁打と自らの野選で招いたピンチで2点スクイズを決められた。同点とした五回以降、尻上がりに調子を上げた。球の走り、制球ともに十分で、九回2死満塁も力で抑え込んだ。

「底力」大舞台で発揮

広陵にとっては会心のスタートだったに違いない。苦しみ、耐え、粘った末の逆転勝ちで初戦突破。「どんな展開でも勝てるのが、本当に強いチーム」。中井監督は信念を体現したゲームに「勝因は精神力」と笑顔で汗を拭った。

四回まで毎回走者を出しながら6残塁、1併殺で無得点。四回には、2年生の主戦西村の判断ミスもあって、2点スクイズを決められた。

昨春の選抜初戦。東福岡（福岡）に一回、2点スクイズを許したのをきっかけに、リズムに乗れないまま敗れた。当時から主力だった黒川主将は振り返った。「昨春のシーンが頭をかすめたのは一瞬だけ。必ず逆転できるムードがあった」

五回に、黒川主将のバント安打をきっかけに同点。九回に勝ち越すと、その裏の2死満塁を西村がしのいだ。普段からメンタルトレーニングを重視し、1点差の状況を想定した練習を徹底。試合の展開や流れに左右されない「底力」を大舞台で発揮した。

甲子園入りした4日以降、ナインは1991年に先輩が選抜優勝したビデオを繰り返し見ている。「当時の初戦も、引き分けの苦しいスタートだった。その方が弾みがつくはず」。力強い言葉とともに、黒川主将に笑みがのぞいた。

成長示したエース西村

2年生エース西村の右腕が選抜の時よりスケールアップ。強打の三沢を擁する日本航空を力でねじ伏せた。

最大の見せ場となったのが、3連打を浴びた九回2死満塁。ここで精神面での成長を示し、代打佐々木にすべて直球を投げて二ゴロに打ち取った。「三振を取る気持ちで投げた。春と違ってあの場面でも、周囲を見回せる余裕があった」と笑顔をみせた。

6月に肩と肘を痛め約1カ月間、ランニング中心の練習。「あれで体力がついたと思う」と振り返り、この日の投球内容も「良かった」と二重丸をつけた。

好機に燃える 槙原が2点打

槙原が五回に同点とする2点適時打を放った。黒川の内野安打を足場に築いた1死満塁。直球を捉えた打球は一、二塁間を抜けた。

前を打つ中東が四球で歩いた後だけに一層、「燃えていた」と言う。「西村を何とか援護したい気持ちだったので、打ててよかった」と声を弾ませた。

広　陵	0	0	0	0	2	0	0	0	1	3
日本航空	0	0	0	2	0	0	0	0	0	2

メモ

「プロ選手輩出」

広陵は広島県の高校球界で最も多くのプロ野球選手を輩出している。中井哲之監督が就任後に一気に増えた。第84回大会のメンバーからはエースの西村健太朗（元巨人）ら3人がプロ入りした。現役では野村祐輔（広島）中村奨成（広島）佐野恵太（DeNA）らがおり、2022年秋のドラフトで河野佳（広島）が新たに加わった。

【広　陵】		打	安	点	振	球
⑧	黒　川	5	2	0	0	0
⑥	中　塚	4	1	0	0	1
⑨	黒　田	3	2	1	0	0
⑤	中　東	3	0	0	1	2
⑦	槙　原	4	2	2	0	1
7	安　井	0	0	0	0	0
③	伊　藤	4	0	0	0	0
3	羽　野	0	0	0	0	0
④	上　本	1	0	0	0	3
②	藪　根	3	0	0	0	0
①	西　村	2	0	0	0	2

犠	盗	失	併	残	打	安	点	振	球
3	0	1	0	11	29	7	3	1	9

【日本航空】		打	安	点	振	球
④	小　西	4	1	0	0	0
③	豊　泉	3	1	0	0	0
⑨	釜　付	3	0	0	0	0
⑤	三　沢	4	0	0	2	0
⑥	三　木	3	1	2	0	0
⑦	上　内	4	2	0	0	0
②	大　上	4	1	0	0	0
①	篠　塚	1	0	0	0	0
1	平　林	1	0	0	1	1
H	佐々木	1	0	0	0	0
⑧	藤　原	2	0	0	0	0

犠	盗	失	併	残	打	安	点	振	球
4	1	1	2	6	30	6	2	3	1

▽三塁打　黒田、中塚▽二塁打　黒田、豊泉

投　手	回	打	安	振	球	責
西　村	9	35	6	3	1	2
篠　塚	4⅔	19	4	1	4	1
平　林	5	22	3	0	5	2

【ベンチ入りした主なプロ野球選手】

≪広陵≫

西村健太朗	巨人・04年ドラフト2位
白浜裕太	広島・04年ドラフト1位
上本博紀	早大—阪神・09年ドラフト3位

2000年代

広陵－中京
（広島）（岐阜）

四回、広陵1死一、二塁、中東が左越え3ランを放ち、7―0とする

広陵 22年ぶり8強

第84回全国高校野球選手権大会第10日は17日、甲子園球場で3回戦4試合を行い、広陵（広島）は中京（岐阜）と対戦。中東の3点本塁打などで7―2と快勝し、22年ぶりに8強入りした。

広陵は積極打法が実を結んだ。一回、中京の先発榊原を攻め、中塚、中東の長短打で先制。三回は黒川の右前打を足場に1死満塁とし、籔根の左前適時打などで3点を追加。四回には中東が左翼ポール際に3ランを放ち、ダメを押した。

先発西村は緩いカーブを有効に使い、7回を1失点の好投。八回からは岩崎につなぎ、逃げ切った。

相手エースの得意球捨て
「直球狙え」チーム一丸

試合前に両監督が挙げたポイントは、図らずも一致していた。「相手エースの得意球対策」である。広陵・西村は140キ《ロ》近い速球、中京・榊原は切れ鋭いスライダーが武器。中京・小嶋監督は「狙え」、広陵・中井監督は「捨てろ」と指示した。戦術を徹底できた広陵が快勝劇に結び付けた。

口火を切ったのは中塚。一回1死から左中間二塁打。スライダーを見送った後、3球目の直球に反応した。「際どいコースのスライダーを見極めれば、甘い直球がくる」と中塚。2死後、4番中東が内角直球を左前に運んで、中塚は先制のホームを踏んだ。

この先制攻撃が榊原の動揺を誘い、三回は3安打と2死球で3点を奪う。四回の先頭黒川までの7安打はすべて直球。「見逃し三振でもいい。ボールになる変化球は振るな」という中井監督の指示を守った。

初めてスライダーを捉えた安打は、四回の中東の3ランだった。中京が西村の速球を打ちあぐねる間に、見事な集中打で試合を決定づけた。

選手で出場した1980年に並ぶベスト8進出に、中井監督は「僕の時を超えてやろう、という意志が選手には強い」。黒川主将は「目標は全国制覇。（ベスト8は）通過点にすぎません」と言ってのけた。監督と選手の一体感を象徴する勝利で、広陵が勢いを増してきた。

中東4打点 重責果たす

4番中東が3ランを含む3安打、4打点と活躍し、主軸の重責を果たした。会心の一発が飛び出したのは四回1死一、二塁。外角寄りの低めのスライダーを左翼ポール際へ運んだ。今春の中京大中京（愛知）戦に続く甲子園2本目のアーチに、「チャンスに打てればいいな、と思っていたのでうれしい」と相好を崩した。

九回の打席で三塁打が出れば、サイクルヒットだったが、直球に詰まらされ遊ゴロ。「全然知らなかった」と苦笑し「次もチャンスに走者をかえせるバッティングを心掛けたい」と意気込んだ。

エース西村 7回1失点

エース西村に笑顔はなかった。7回を5安打、1失点だったが「今日は体が開いて、コントロールが悪かった」「七回は球速も落ちた」と反省の言葉ばかりだった。

自らの採点は「70点」。それでも打ち込まれなかったのは「ランナーが出ても落ち着いて投げられるようになったから。それが春との違いです」と話した。

広陵	1	0	3	3	0	0	0	0	0	7
中京	0	0	0	0	0	0	1	0	1	2

メモ

「夏100勝」

広陵の勝利は、広島勢にとって選手権通算100勝の節目の勝ち星となった。初勝利は第2回大会（1916年）。1回戦で広島商が中学明善（福岡）を19－4で破ってから、足かけ87年で達成した。大台到達は全国で8番目だった。

【広陵】	打	安	点	振	球
⑧ 黒川	5	2	0	1	0
⑥ 中塚	1	1	0	0	2
⑨ 黒田	4	1	0	2	1
⑤ 中東	4	3	4	0	1
⑦ 槇原	4	0	1	1	0
H7 横手	1	1	0	0	0
③ 伊藤	2	0	1	0	1
34 羽野	1	0	0	0	1
④ 上本	4	0	0	0	0
H 藤田	1	0	0	0	0
2 白浜	0	0	0	0	0
②3 籔根	5	4	1	0	0
① 西村	3	0	0	1	0
1 岩崎	1	0	0	0	0

犠	盗	失	併	残	打	安	点	振	球
3	0	1	0	11	36	12	7	5	6

【中京】	打	安	点	振	球
⑨ 城所	5	1	0	0	0
⑦ 田中	3	1	0	1	1
⑤ 中川	4	0	0	1	0
⑧ 藤田	4	1	0	0	0
② 山本	4	2	1	1	0
R 毛利	0	0	0	0	0
③ 松尾	4	1	0	0	0
④ 神谷	3	0	0	0	0
⑥ 高橋	3	0	1	0	1
① 榊原	3	1	0	0	0
H 引本	1	1	0	0	0

犠	盗	失	併	残	打	安	点	振	球
1	2	1	0	8	34	8	2	3	2

▽本塁打　中東1号（榊原）▽二塁打　中塚、籔根、中東、横手

投手	回	打	安	振	球	責
西村	7	27	5	3	1	1
岩崎	2	10	3	0	1	0
榊原	9	45	12	5	6	5

【ベンチ入りした主なプロ野球選手】

《広陵》	
西村健太朗	巨人・04年ドラフト2位
白浜裕太	広島・04年ドラフト1位
上本博紀	早大―阪神・09年ドラフト3位
《中京》	
榊原諒	三菱自動車岡崎―関西国際大―日本ハム・09年ドラフト2位―オリックス
中川裕貴	中日・04年ドラフト1位
城所龍磨	ダイエー・04年ドラフト2位

㉕㉒ 2002年8月19日
第84回全国高校野球選手権準々決勝

広陵（広島）－明徳義塾（高知）

四回、明徳義塾2死三塁、田辺の適時打で三塁走者の森岡⑥が生還。先制を許し、悔しがる広陵先発の西村

広陵、強力打線に屈す

第84回全国高校野球選手権大会第12日は19日、甲子園球場で準々決勝4試合を行い、広陵（広島）は明徳義塾（高知）に2－7で敗れた。20日の準決勝は智弁和歌山（和歌山）－帝京（東東京）、明徳義塾－川之江（愛媛）の顔合わせとなった。

広陵の先発西村は四回につかまった。球が甘めに入ったところを、森岡、田辺に長短打されて先取点を奪われた。六回には死球をきっかけに、森岡の適時三塁打などの4長短打で3点を追加された。

打線は明徳義塾の先発田辺の力のある直球と大きなカーブに苦しんだ。1点を追う六回2死二、三塁で黒田が三振。同点機を逃した。八回に黒川が左越え2ランを放ち追い上げたが、救援陣が崩れて突き放された。

付け入る隙なく 力負け

どこまでも「壁」は厚く高かった。2－7となる過程に、致命的なミスや投手陣の大乱調などがあったわけではない。「完全な力負け。付け入る隙を与えてもらえなかった」。広陵の中井監督は完敗を認めた。

明徳義塾の先発田辺は1～3回戦をほぼ1人で投げ抜いた上、連投だった。「球威は落ちるだろうと思っていた」と槙原。甘い直球に的を絞ったナインの狙いは、序盤で外れた。

伸びのある速球が内外角に決まり、落差のあるカーブでタイミングを外された。安打性の打球は好守に阻まれ、七回まで散発3安打。八回、黒川が放った2ランが「最後の意地」（中井監督）だった。

ここまで幾つもの壁を打ち破ってきた。広島大会を22年ぶりに制覇。選手権の直前までハードな練習を積んだ。「力負けは仕方がない。力を出せないまま敗れるのは絶対に避けよう」。その一心で真っ向勝負を挑んだが、「壁」にはね返された。

「西村ら1、2年生は、今日の敗戦をしっかり受け止めてほしい」。中井監督はそう言った後、3年生に「ありがとう」と声をかけた。古豪が久々に体験した長い夏。その一瞬一瞬が、新たな壁を越えるための土台となるに違いない。

ピンチに冷静 成長示す エース西村

大会屈指の強力打線の明徳義塾に挑んだ112球。敗れはしたが、2年生エース西村は成長ぶりを甲子園に記した。

直球勝負だった。切れのある球をコースに集め、三回まで無失点。四回に先制を許したが、「低めを突けば大丈夫」と後続を断つ。ピンチで冷静さを失った春の選抜の姿はなかった。

六回無死一塁で強打者の森岡に直球を痛打された。センターフェンス直撃の三塁打。その後、強気が裏目に出る。直球ばかり狙われて3失点。「投げ急いでしまった。甘くなったらさすがに打たれる」と悔やんだが、7回で降板するまで球威は落ちなかった。

6月に肩と肘を痛め、約1カ月間投球練習をしなかった。その間の走り込みが西村を一回り大きくした。「制球を磨いて優勝するために戻ってくる」。西村は涙をこらえてマウンドを目に焼き付けた。

広陵	0	0	0	0	0	0	0	2	0	2
明徳義塾	0	0	0	1	0	3	0	3	×	7

【広陵】		打	安	点	振	球
⑧	黒川	3	1	2	0	1
⑥	中塚	3	0	0	0	0
⑨	黒田	4	1	0	1	0
⑤	中東	4	1	0	1	0
⑦	槙原	4	1	0	0	0
②	籔根	4	0	0	0	0
③	横手	2	0	0	1	0
H3	羽野	1	0	0	0	1
④	上本	4	1	0	0	0
①	西村	2	1	0	1	0
H	伊藤	1	0	0	0	0
1	重森	0	0	0	0	0
1	岩崎	0	0	0	0	0
犠盗失併残 10206		32	6	2	4	2

【明徳義塾】		打	安	点	振	球
⑧	山田	3	0	0	0	0
⑦	沖田	2	0	0	0	1
H	池田	1	0	0	0	0
7	松岡	0	0	0	0	0
⑥	森岡	4	3	1	0	0
②	筧	4	2	1	0	0
①	田辺	3	2	3	0	0
⑤	梅田	3	2	0	0	0
③	山口	3	1	2	0	0
⑨	泉元	4	0	0	2	0
④	今村	4	1	0	0	0
犠盗失併残 41005		31	11	7	2	1

▽本塁打　黒川1号（田辺）▽三塁打　森岡、梅田▽二塁打　森岡、筧2、田辺

投手	回	打	安	振	球	責
西村	7	29	8	2	1	4
重森	⅓	4	3	0	0	3
岩崎	⅔	3	0	0	0	0
田辺	9	35	6	4	2	2

メモ

「四国勢奮闘」

第84回大会は四国勢の大会となった。明徳義塾が決勝で智弁和歌山を破り、春夏通算19度目の出場で初優勝。川之江は4強に進み、鳴門工（徳島）と尽誠学園（香川）は8強入りした。単独代表制となった1978年以降、四国勢4校がそろって準々決勝に勝ち進んだのは史上初だった。

【ベンチ入りした主なプロ野球選手】

≪広陵≫

西村健太朗	巨人・04年ドラフト2位
白浜裕太	広島・04年ドラフト1位
上本博紀	早大―阪神・09年ドラフト3位

≪明徳義塾≫

森岡良介	中日・03年ドラフト1位―ヤクルト
筧裕次郎	近鉄・03年ドラフト3位―オリックス

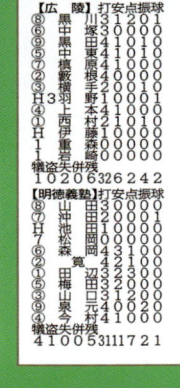

253 2003年3月24日
第75回選抜高校野球大会2回戦

広陵（広島）－旭川実（北海道）

七回、広陵1死一、二塁、白浜が左中間へ2点二塁打を放ち、6−1とする。投手富田、捕手北沢

広陵 攻めて通算50勝

第75回選抜高校野球大会第3日は24日、甲子園球場で2回戦を行い、3季連続出場の広陵（広島）は「希望枠」で出場の旭川実（北海道）と対戦。一回に3点を先行すると、後半も加点し8－1で快勝した。

広陵は一回2死一、三塁で白浜が左前適時打を放ち先制。左翼手がはじく間に二、三塁とし、安井の2点左前打で計3点を奪った。六回は辻のスクイズで加点。七回は白浜の二塁打で2点を追加し、リードを広げた。

先発西村は制球がやや不安定。毎回のように走者を背負い、二回は2死満塁から左前打で1点を失った。その後は要所で直球をコースに決め、九回1死まで投げ切った。

エース不調 野手陣奮起

先制、中押し、ダメ押しと理想的に得点を重ね、8－1。史上11校目の甲子園通算50勝を達成した。「勝ったことはうれしい。でも、試合としては全然駄目でしたね」。中井監督の表情と口調には、内容への不満が表れていた。

絶対的な信頼を集めるエース西村が、立ち上がりから不安定な投球を続けた。制球難から毎回のように走者を許し、ナインも「あれほど調子の悪い西村は初めて見た」と口をそろえたほど。五回を終わって3－1。勝利を手繰り寄せたのは、野手陣の奮起だった。

六回1死、原が「西村を助けたいという一心」で中越え二塁打を放つ。「この1点が試合を左右する」。一、三塁に広がった好機で、中井監督の作戦はスクイズ。ベンチの思いに辻が応えた。その後も小刻みに加点。守りも要所で好プレーを見せた。

「この日は全員が一丸となって、西村をサポートできた」。藤田主将は胸を張った。中井監督も「西村以外は、力を出してくれた」と手応えを口にした。

3回戦の相手は遊学館（石川）－近大付（大阪）の勝者。初戦で戦力の底上げを証明しただけに、エースの復調が加われば難敵相手でも互角以上の戦いが期待できそうだ。

白浜 勝利導く2点打

白浜がバットでもリードでも、本調子ではない西村をもり立てた。一回には先制の左前打。初球の真ん中直球を見逃さなかった。「甘ければ、何でも打とうと思っていた」。七回にも直球をたたき、勝利を決定づける2点二塁打。積極打法が実を結んだ。

守っては、九回1死まで西村を巧みにリード。1点を失った後の二回2死満塁では直球を、五回1死満塁ではカーブを決め球に切り抜けた。1回ごとにベンチでエースと話し合い、「次の回の攻め方を決めた」。臨機応変の配球が光った。

「僕がもう少しうまくやれば、西村の球数も減らせた。次の試合は彼の良さをもっと引き出してやりたい」と次戦を見据えた。

安井が追加点 勝負強さ発揮

一回、安井が貴重な2点適時打を放った。先制した直後の2死二、三塁で、真ん中のカーブを左前にはじき返した。「西村を援護してやろうと必死だった。押せ押せの勢いに乗れた」と笑顔で振り返った。

「狙っていたわけではない」という変化球に「自然と反応できた」。勝負強い6番打者は「徐々に調子が上がってきた」と手応えを口にした。

制球に乱れ 表情は硬く

大会屈指の右腕、西村の表情は硬かった。「粘っては投げられたが、コントロールが悪かった」。九回1死まで1失点だったが、内容の悪さを悔やんだ。

立ち上がりからボールが先行。二回は2死から連続四死球をきっかけに失点。「3点もらってしまったことで、逆に抑えなければと焦ってしまった。次の試合は必ず借りを返す」と誓った。

広陵	3	0	0	0	0	1	2	1	1	8
旭川実	0	1	0	0	0	0	0	0	0	1

【広　陵】		打	安	点	振	球
④	上本	3	1	0	0	2
⑨	伊藤	2	0	0	0	2
⑤	藤田	3	2	1	0	1
⑦	山口	4	1	0	1	1
3	河野	0	0	0	0	0
②	白浜	5	3	3	0	0
③7	安井	4	1	2	0	0
⑧	原	5	1	0	0	0
①	西村	5	3	0	0	0
1	下瀬	0	0	0	0	0
⑥	辻	2	1	1	0	0
H	片山	1	0	0	0	0
6	松栄	0	0	0	0	0

犠盗失併残
5 1 1 2 10 34 13 7 1 6

【旭川実】		打	安	点	振	球
⑥	山下	5	3	1	1	0
⑤	安藤	1	0	0	0	1
H	原田	1	0	0	0	0
①8	富田	4	2	0	0	0
⑦	桜岡	3	1	0	1	0
⑨	中山	4	0	0	2	0
⑧1	今村	4	1	0	2	0
③	晴山	3	0	0	0	1
②	北沢	3	0	0	1	1
④	大久保	3	1	0	1	0
H	武市	1	0	0	1	0

犠盗失併残
3 0 2 0 10 32 8 1 9 3

▽二塁打　原、白浜▽捕逸　白浜▽暴投　富田

投手	回	打	安	振	球	責
西村	8⅓	37	8	9	3	1
下瀬	⅔	1	0	0	0	0
富田	7⅓	38	12	0	6	6
今村	1⅔	7	1	1	0	0

【ベンチ入りした主なプロ野球選手】

≪広陵≫

西村健太朗	巨人・04年ドラフト2位
白浜裕太	広島・04年ドラフト1位
上本博紀	早大－阪神・09年ドラフト3位

メモ

「50勝」

広陵が春夏通算50勝を達成した。1勝目は第9回選手権（1923年）の2回戦。新潟商（新潟）を12−7で破った。その後も白星を積み重ね、現在は全国6位タイの79勝（春43、夏36）。最多は中京大中京（愛知）の137勝で、104勝の龍谷大平安（京都）、96勝のPL学園（大阪）と続く。

広陵－遊学館
（広島）　（石川）

七回、広陵2死二塁、上本の左前適時打で辻が生還し、6−0とリードを広げる。捕手堀田

広陵快勝　準々決勝進出

第75回選抜高校野球大会第7日は29日、甲子園球場で3回戦を行い、広陵（広島）は遊学館（石川）と対戦。二回に2点を先制し、三、七回にも2点ずつ追加。西村が3安打で完封し、6−0で快勝した。広陵の準々決勝進出は優勝した1991年以来。

広陵はエース西村が3安打完封の好投。制球が良く、球威も十分で、一回の2死一、三塁、三回の2死満塁を内角直球で切り抜けると波に乗った。四回以降はカーブも交えて、内野安打1本に封じた。

打線は二回、安井の右中間適時三塁打と西村のスクイズで2点を先制。三回は辻、上本の安打などで1死二、三塁とし、スクイズを外されたが、三塁手が本塁へ悪送球して2点を加えた。七回は辻、上本の適時打で2点を追加。西村を理想的な形で援護した。

大会屈指左腕　足技で崩す

強い。優勝候補同士の対戦は、大差で広陵に軍配が上がった。中井監督も「思い切りよく、采配を振れた」。ベンチと選手が一体となった積極的な攻めが快勝劇を生んだ。

大会屈指の左腕小嶋攻略のポイントを、足技に定めていた。「（投球モーションを）盗めたら、いつでも走れ。失敗を恐れるな」。中井監督の指示通り、ナインは序盤から小嶋を揺さぶった。

二回無死一塁から、バスターエンドランが成功して先制。さらに、相手の意表を突くスリーバントスクイズで加点した。「機動力を相手に意識させることで、リズムを崩せるはず…」。中井監督の読みが当たった。三回もエンドラン、スクイズと畳み掛け、ミスを誘って貴重な追加点を挙げた。

極め付きは七回だった。1死から、二塁走者片山が三盗を決める。「小嶋君の注意が薄かった。自分の判断で走った」と片山。ダメ押しとなる2得点につなげた。

初出場の遊学館は昨夏の甲子園で1、2年だけで8強入りした新鋭だ。広陵ナインはこの一戦に特別の思いを抱いていた。「ここ（遊学館）に勝たなければ、全国制覇はない」。古豪としての意地と気迫が、積極果敢なプレーの源だった。

中井監督は「毎年、5勝（優勝）するつもりで甲子園に来ている。まだ半分も勝っていない」。序盤戦のヤマ場を越えた広陵には、確かな強さと勢いがある。

エース西村　3安打完封

エース西村は強打の遊学館打線を散発3安打に封じた。「コースに丁寧に投げることだけを心がけた。とても気持ちいい」。3安打のうち、2本は内野安打と完璧な内容だった。

これで甲子園通算5勝目。「次も完封」「（球速）145キロを狙うか」などの質問に「ぼくは欲が出ると駄目。一戦一戦集中するだけです」と無欲を強調した。

堅守の遊撃辻　2安打で貢献

遊撃の守りでは定評のある辻が、2安打して打撃でもアピール。七回には勝利を決定づける5点目の左越え二塁打を放った。「タイミングが合ったし、球もよく見えた。甘い球を逃さず打てた」と笑顔を見せた。

得意の守備では二つの内野安打を許した。「もう少し前に出ないといけなかった。次の試合ではしっかりと守りたい」と気を引き締めていた。

広陵	0	2	2	0	0	0	2	0	0	6
遊学館	0	0	0	0	0	0	0	0	0	0

【広陵】	打	安	点	振	球
④ 上本	4	2	1	0	0
⑨ 伊藤	4	0	0	2	0
9 山口	0	0	0	0	0
⑤ 藤田	4	1	0	1	0
② 白浜	4	1	0	0	0
③ 安井	3	1	1	0	1
⑦ 片山	3	1	0	0	0
① 西村	2	0	1	1	0
⑧ 原	4	0	0	2	0
⑥ 辻	3	2	1	1	0

犠盗失併残
3 1 2 1 2 31 8 4 7 1

【遊学館】	打	安	点	振	球
⑧ 門前	4	0	0	0	0
⑨4 浜村	3	0	0	0	0
⑤ 中山	2	0	0	0	2
③ 行田	2	1	0	0	2
④ 山端	3	0	0	1	0
H 西家	1	0	0	0	0
9 高根	0	0	0	0	0
⑥ 藤原	4	1	0	2	0
⑦ 真見	4	0	0	2	0
② 堀田	4	0	0	0	0
① 小嶋	3	1	0	1	0

犠盗失併残
1 0 1 0 8 30 3 0 6 4

▽三塁打　安井▽二塁打　辻

投手	回	打	安	振	球	責
西村	9	35	3	6	4	0
小嶋	9	35	8	7	1	4

メモ

「史上初」

広陵−遊学館の一戦は、春夏通じて史上初となる広島勢−石川勢の対決だった。第63回選抜大会（1991年）の準決勝で、広陵が山梨の市川と対戦してから、石川が唯一の未対戦県として残っていた。この試合以降、石川勢との顔合わせはない。

【ベンチ入りした主なプロ野球選手】

≪広陵≫	
西村健太朗	巨人・04年ドラフト2位
白浜裕太	広島・04年ドラフト1位
上本博紀	早大―阪神・09年ドラフト3位
≪遊学館≫	
小嶋達也	大阪ガス―阪神・07年大学生・社会人ドラフト自由枠

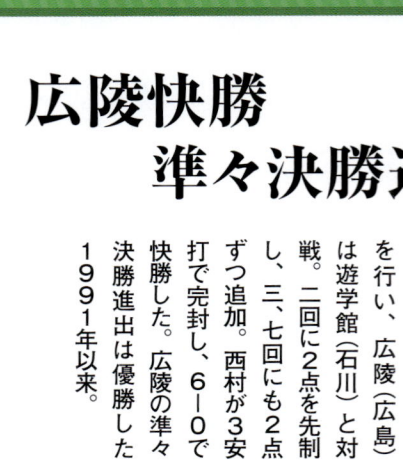

㉕㉕2003年3月31日
第75回選抜高校野球大会準々決勝

広陵（広島）－近江（滋賀）

広陵 粘って12年ぶり4強

一回、広陵無死三塁、片山が先制の右越え三塁打を放ち、一塁を回る

第75回選抜高校野球大会第9日は31日、甲子園球場で準々決勝4試合があり、広陵（広島）は近江（滋賀）を4－2で破った。優勝した1991年以来、12年ぶりに4強入りを果たした。2日の準決勝では、この日、延長十五回引き分け再試合となった花咲徳栄（埼玉）－東洋大姫路（兵庫）の勝者と対戦する。

広陵は同点の八回、中前打の白浜をバントで送り、山口が二塁手のグラブをはじく右前適時打を放ち、勝ち越した。九回には先頭辻の三ゴロ失を足場に、片山の右前打で1点を加えた。

一回に上本、片山、藤田の3連続長短打で2点を先行したものの、先発西村は制球が定まらず苦しんだ。三回2死二、三塁で、前田に右前に落とされ追い付かれた。四回以降も毎回、走者を背負ったが、直曲球を散らしてピンチをしのぎ、何とか逃げ切った。

「たくましさ」道切り開く

中井監督の声には驚きが交じっていた。「こいつら本当に粘り強い。びっくりしました」。快勝が続いた過去2戦から一転して競り合いに。厳しい戦況の中、指揮官の予想を超えるナインの「たくましさ」が4強への道を切り開いた。

試合の流れは近江にあった。一回に幸先よく先制したものの、三回に内野のミスが絡んで同点とされた。打線も二回以降、近江の主戦小原の変化球を打ちあぐねて沈黙。中井監督は「同点なのに、負けているようなムードを感じた」と明かした。

ナインの捉え方は少し違っていた。再三、好守をみせた原は「冬場を通じて、こんな試合を予想して練習してきた。『4－3』だと心の中で繰り返した」。昨夏ベスト8の旧チームに比べて、打線の破壊力は劣る。一方でエース西村は安定感があり、失点を3と想定。「打線が4点取って、4－3で勝つ」を合言葉にした。

常に接戦の重圧を意識して積んだ練習は大舞台で生きた。「接戦を勝てば、勢いがつく。そう思える余裕があった」。八回、中前打で勝ち越しの口火を切った白浜が振り返った。

準決勝に向けて、中井監督は繰り返した。「うちは弱いから、次も思い切りぶつかるだけ」。言葉とは裏腹に弾んだ声には、たくましさを増すナインへの信頼と手応えが漂っていた。

西村 157球完投 「肩も肘も大丈夫」

西村は最後の打者を打ち取った瞬間、両手を上げてガッツポーズ。「辛抱していれば、必ず勝ち越してくれると信じていた」。157球の粘投が報われ、笑顔がはじけた。

「少し力みがあって、制球が乱れた」という三回に2失点。終盤まで苦しい場面が続いたが、要所を締めて決定打を許さなかった。

3試合で435球を投げたものの「疲れはない。肩も肘も大丈夫」ときっぱり。「準決勝は、もっといい投球をして勝つ」と口元を引き締めた。

上本 打で貢献

上本が一回、先頭打者として先制点につながる三塁打を放った。九回にはヒットエンドランを決める中前打で4点目のお膳立て。「打つ方は良かったです。ただ、守る方が…」。リードオフマンの役割を果たしたが、表情はさえなかった。

悔やんだのは、三回1死一、二塁で正面のゴロをはじいた場面。打者走者はアウトにしたものの、併殺にできなかった。「併殺が取れていれば、もっと楽な試合になっていた」。直後に同点とされただけに、反省しきりだった。

広陵	2	0	0	0	0	0	0	1	1	4
近江	0	0	2	0	0	0	0	0	0	2

メモ

「41年ぶり」

この日の準々決勝第4試合、花咲徳栄－東洋大姫路は2－2で延長十五回引き分け、再試合となった。甲子園大会での十五回引き分けは2000年春から導入され、適用は初。選抜大会の引き分け再試合は、延長十八回制だった第34回大会（1962年）の作新学院（栃木）－八幡商（滋賀）以来、41年ぶりだった。

【広　陵】		打	安	点	振	球
④	上本	4	2	0	0	1
⑦	片山	5	2	2	2	0
9	伊藤	0	0	0	0	0
⑤	藤田	4	2	1	0	0
②	白浜	4	1	0	0	1
③	安井	3	1	0	0	1
⑨7	山口	5	2	1	1	0
⑧	原	3	0	0	1	0
①	西村	4	1	0	0	0
⑥	辻	3	0	0	0	0

犠盗失併残
4 2 2 1 11 35 11 4 4 3

【近　江】		打	安	点	振	球
⑥	岡	5	1	0	0	0
⑨	吉田	3	0	0	1	0
H	坂本	1	1	0	0	0
R	飯田	0	0	0	0	0
⑧	大西	4	0	0	0	1
②	那須	3	1	0	1	1
⑤	前田	4	1	2	1	0
⑦	生野	4	0	0	1	0
③	東浦	4	3	0	0	0
①	小原	3	0	0	2	1
④	中川	3	1	0	0	0
R	辻	0	0	0	0	0

犠盗失併残
2 2 1 1 10 34 8 2 6 3

▽三塁打　上本、片山▽二塁打　東浦2▽捕逸　那須

投　手	回	打	安	振	球	責
西　村	9	39	8	6	3	0
小　原	9	42	11	4	3	3

【ベンチ入りした主なプロ野球選手】

≪広陵≫

西村健太朗	巨人・04年ドラフト2位
白浜裕太	広島・04年ドラフト1位
上本博紀	早大ー阪神・09年ドラフト3位

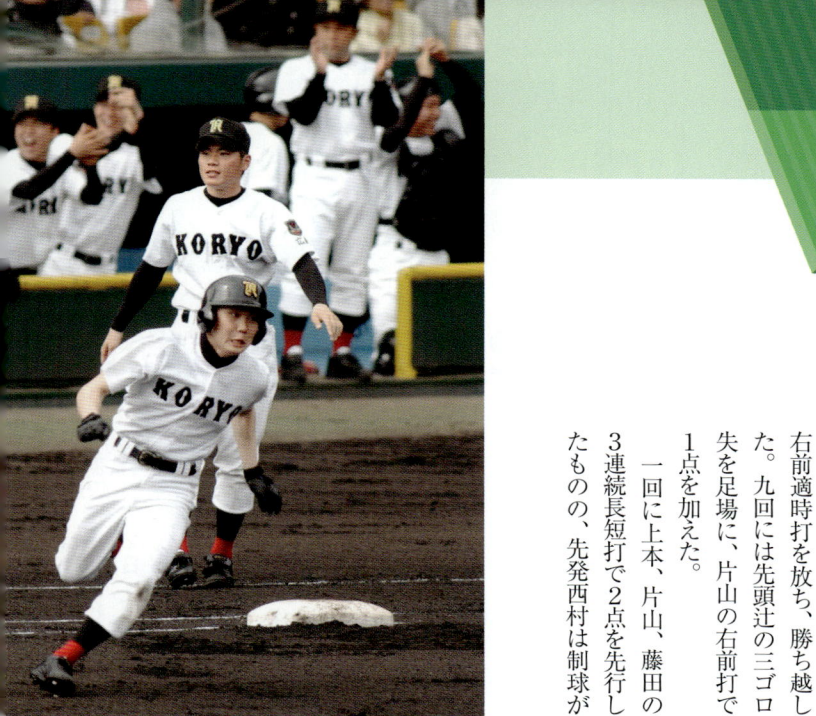

五回、広陵1死二塁、藤田の左中間二塁打で二塁走者の片山が生還。2−0とする

㉕⑥2003年4月2日
第75回選抜高校野球大会準決勝

広陵－東洋大姫路
（広島）（兵庫）

広陵 12年ぶり決勝進出

第75回選抜高校野球大会第11日は2日、甲子園球場で準決勝2試合を行い、広陵（広島）は東洋大姫路（兵庫）を5―1で破り、1991年以来、12年ぶり3度目の優勝に王手をかけた。広島県勢の決勝進出は11度目で広陵は6度目。

広陵は3日の決勝で横浜（神奈川）と対戦する。

広陵は一回2死三塁から、白浜の右翼線二塁打で先制。五回は片山、藤田の連続二塁打で1点を追加した。六回に敵失で3点目を加えた後、七回2死二、三塁で安井が左前適時打。九回には片山が無死三塁から右前適時打を放ち突き放した。

先発西村は球速、変化球の切れとも十分で、六回までは内野安打1本しか許さなかった。九回に1点を失ったが、力強い投球内容で押し切った。

精神面で成長見せる

野球は心理戦だ。まして大舞台の準決勝では、先にミスした方が敗れるケースが多い。広陵はバント失敗、盗塁死でスタートしながら終わってみれば完勝だった。中井監督は「積極的な姿勢が生んだミス」と説明。硬くなる立ち上がりに仕掛けることで緊張がほぐれ、勢いが生まれた。

一回1死一、二塁から、二塁走者上本が単独で三盗を試みて失敗。先制機がしぼみかけたが、白浜の適時二塁打が飛び出す。「上本の攻めの気持ちを無駄にしたくなかった」。気迫の一打で盗塁死を帳消しにした。

二回は守りがほころびかけた。1死一塁でバントを処理した三塁手藤田が二封を狙った。野選にはなったが、エース西村が後続を断って無失点。中井監督は「俺なら無難に一塁に送球する。よく（二塁に）投げたな」と、藤田をねぎらった。攻守にわたってチャレンジするナインに、指揮官はこの時点で勝利を確信したに違いない。

東洋大姫路は準々決勝で延長十五回を戦い、再試合も延長十回サヨナラ勝ち。疲労度の差などで「広陵優位」とされる中、中井監督は「受け身」になるのを懸念していた。「相手には気迫と勢いがある。絶対に気持ちで負けるな」。要所でミスが失点に結び付いた東洋大姫路に、心理戦でも勝っていた。

ミスの連鎖で敗れた昨秋の中国大会決勝から4カ月。中井監督が「甲子園で驚くほど成長した」という選手が決勝まで駒を進めた。

片山「切り替え」3打席連続安打

準々決勝の近江（滋賀）戦で2安打、2打点をマークした片山。この日も3安打、1打点と活躍した。

一回無死一塁で送りバントを失敗。「気持ちを切り替えた」という三回にバントを成功させてから波に乗った。九回のダメ押し点となる右前適時打など、3打席連続安打。「どれもうまく間を抜けてくれた」と満足そうだった。

上本が好調 打率5割に

1番上本が好調だ。大会屈指の左腕アンから3安打と大当たり。4試合で16打数8安打と打率を5割に乗せた。

一回は中前打でアンの出はなをくじき、三回は左前打。九回にはダメ押し点につながる中越え三塁打を放った。「甘い球が来たら積極的に打っていこうと思っていた」と満足そうに振り返る。

2年生だが「緊張はまったくない。得意の足でかき回して堂々とプレーしたい」と意気込んだ。

広陵	1	0	0	0	1	1	1	0	1	5
東洋大姫路	0	0	0	0	0	0	0	0	1	1

メモ

「6連敗中」

決勝は、選抜大会では第45回大会（1973年）の広島商−横浜以来となる広島勢−神奈川勢の対決となった。広島勢は神奈川勢に相性が悪く、同大会で広島商が横浜に敗れてから選手権を含めて6連敗中。決勝の相手の横浜には、涌井秀章（中日）石川雄洋、荒波翔（以上元DeNA）成瀬善久（元ロッテ）ら注目選手が並ぶ。12年ぶりの優勝へ向け、難敵とぶつかることになった。

【広陵】		打	安	点	振	球
④	上本	5	3	0	0	0
⑦	片山	4	3	1	0	0
⑤	藤田	5	2	1	0	0
②	白浜	4	2	1	0	1
⑨	山口	3	0	0	3	0
H	河野	1	0	0	1	0
9	伊藤	0	0	0	0	1
③	安井	5	2	1	2	0
⑧	原	4	1	0	0	0
①	西村	3	2	0	1	1
⑥	辻	4	0	0	1	0

犠	盗	失	併	残	打	安	点	振	球
1	2	0	0	10	38	15	4	8	3

【東洋大姫路】		打	安	点	振	球
⑧	原	3	1	0	0	1
④	野崎	3	0	0	1	0
①	アン	4	1	0	2	0
⑨	前川	4	0	0	0	0
⑤	福永	3	1	1	0	1
⑦	上野山	3	1	0	1	0
③	佐藤	3	0	0	2	0
H	礒本	0	0	0	0	1
⑥	大西	1	0	0	0	1
H	仁礼	1	0	0	1	0
6	砂川	1	0	0	0	0
②	孤方	1	0	0	1	0
H	大前	1	0	0	1	0
2	吉田	0	0	0	0	0

犠	盗	失	併	残	打	安	点	振	球
3	0	1	1	7	28	4	1	9	4

▽三塁打 上本▽二塁打 白浜、片山、藤田、上野山、福永▽暴投 アン3、西村

投手	回	打	安	振	球	責
西村	9	35	4	9	4	1
アン	9	42	15	8	3	4

【ベンチ入りした主なプロ野球選手】

≪広陵≫

西村健太朗	巨人・04年ドラフト2位
白浜裕太	広島・04年ドラフト1位
上本博紀	早大―阪神・09年ドラフト3位

2000年代

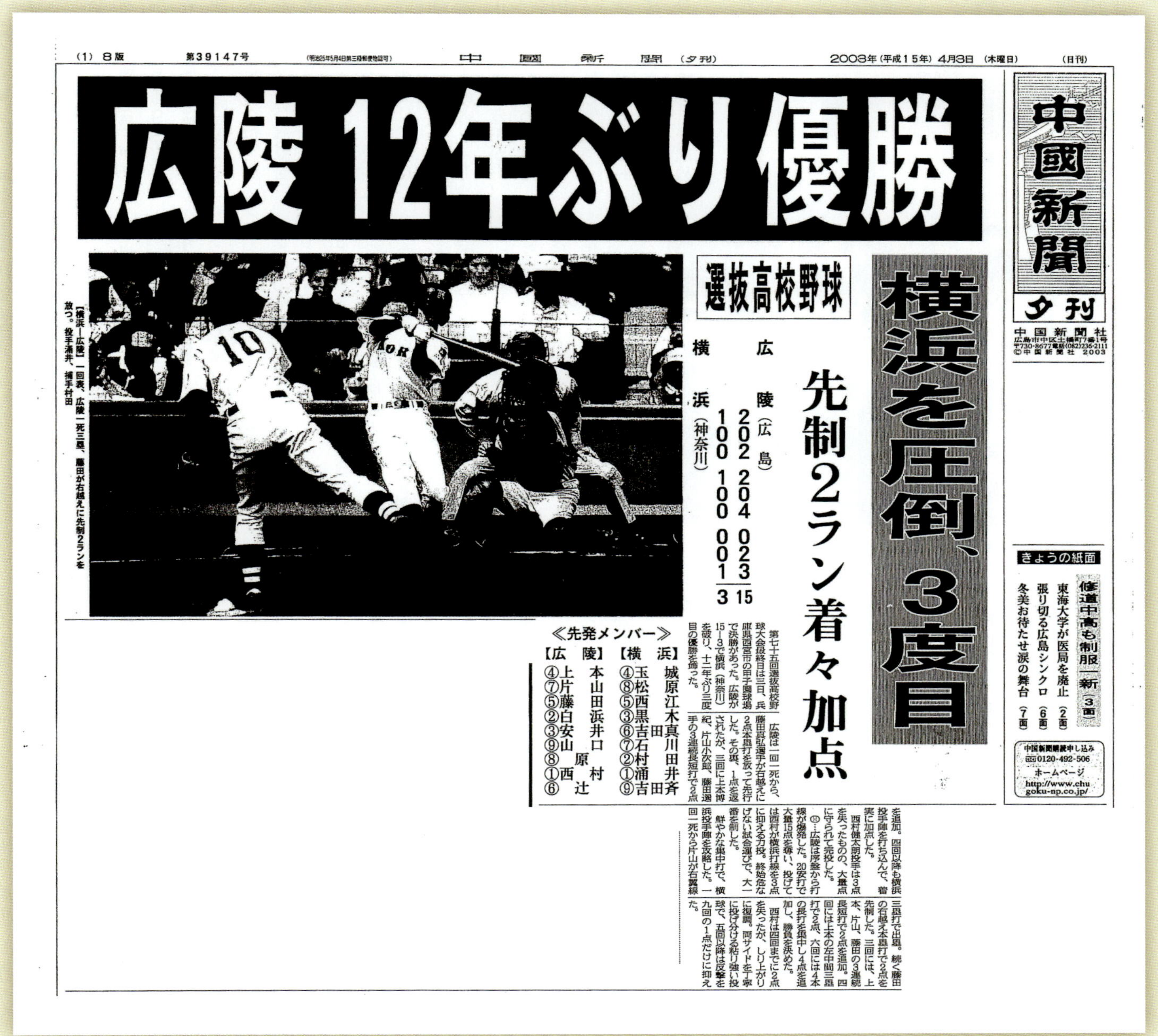

（1） 8版　第39147号　（明治25年5月4日第三種郵便物認可）　中國新聞（夕刊）　2003年（平成15年）4月3日（木曜日）　（日刊）

中國新聞 夕刊

中国新聞社
広島市中区土橋町7番1号
〒730-8677電話(082)236-2111
©中国新聞社 2003

広陵 12年ぶり優勝

選抜高校野球

横浜を圧倒、3度目

先制2ラン着々加点

広陵（広島）	202	204	023		15
横浜（神奈川）	100	100	001		3

【横浜－広陵】一回表、広陵一死三塁、藤田が右越えに先制2ランを放つ。投手涌井、捕手村田

第七十五回選抜高校野球大会最終日は三日、兵庫県西宮市の甲子園球場で決勝があった。広陵が15－3で横浜（神奈川）を破り、十二年ぶり三度目の優勝を飾った。

広陵は一回一死から、藤田真弘選手が右越えに2点本塁打を放って先行した。その裏、1点を返されたが、三回に上本博紀、片山小次郎、藤田選手の3連続長短打で2点を追加。四回以降も横浜投手陣を打ち込んで、着実に加点した。

西村健太朗投手は3点を失ったものの、大量点に守られて完投した。

⑪…広陵は序盤から打線が爆発した。20安打で大量15点を奪い、投げては西村が横浜打線を3点に抑える力投。終始危なげない試合運びで、大一番を制した。

鮮やかな集中打で、横浜投手陣を攻略した。一回一死から片山が右翼線三塁打で出塁。続く藤田の右越え本塁打で2点を先制した。三回には、上本、片山、藤田の3連続長短打で2点を追加。四回には上本の左中間三塁打で2点、六回には4本の長打を集中し4点を追加し、勝負を決めた。

西村は四回までに2点を失ったが、しり上がりに復調。両サイドを丁寧に投げ分ける粘り強い投球で、五回以降は反撃を九回の1点だけに抑えた。

≪先発メンバー≫

【広陵】	【横浜】
④上本	④玉城
⑦片山	⑧松原
⑤藤田	⑤西江
②白浜	③黒木
③安井	⑥吉田真
⑨山口	⑦石川
⑧原	②村田
①西村	①涌井
⑥辻	⑨吉田斉

きょうの紙面

修道中高も制服一新（3面）
東海大学が医局を廃止（2面）
張り切る広島シンクロ（6面）
冬美お待たせ涙の舞台（7面）

中国新聞購読申し込み
0120-492-506
ホームページ
http://www.chugoku-np.co.jp/

2003年4月3日付　中国新聞夕刊から

257 2003年4月3日
第75回選抜高校野球大会決勝

広陵－横浜
（広島）（神奈川）

広陵 12年ぶり全国制覇

第75回選抜高校野球大会の決勝は3日、甲子園球場であり、広陵（広島）が15－3で横浜（神奈川）を下し、1991年以来、12年ぶり3度目の優勝を飾った。優勝3度はPL学園（大阪）県岐阜商（岐阜）箕島（和歌山）と並んで歴代3位。広島県勢のセンバツ制覇は5度目、春夏合わせて12度目の優勝となる。

最後の打者を打ち取り、両手を上げて喜ぶ広陵のエース西村

広陵は長打12本を含む20安打で15点を挙げ、横浜に圧勝した。

一回から横浜の先発涌井を攻めた。1死から三塁打の片山を置いて、藤田が右越えに先制2ラン。三回は上本の二塁打を足場に、片山、藤田の連続適時打で2点。四回には上本の三塁打で2点を加えた。

六回は2番手の成瀬を攻略。4本の長打を集めて決定的な4点を挙げた。八、九回にも加点。最後まで攻撃の手を緩めなかった。

大量点に守られた西村は9安打を浴びながらも、粘り強い投球で3失点。バックも4併殺などでもり立てた。

一回、広陵1死三塁、藤田が右越えに先制2ランを放つ。投手涌井、捕手村田

強豪粉砕 3度目の栄冠

春の甲子園の空に、次々と快音が響く。そのたびに、3万2千人の大観衆がどよめく。20安打15得点。接戦の予想や決勝の重圧、強豪・横浜の名前などを完膚なきまでに粉砕して、古豪が3度目の大輪の花を咲かせた。

横浜の先発は140キロ前後の速球を持つ本格派右腕の涌井。中井監督の指示はシンプルだった。「早いカウントから、速球を狙え」

指示通り、打線は一回から全開。上本、片山が速球をはじき返す。藤田は、内角高めの速球を完璧に捉えて右翼席に運ぶ。涌井がたまらず変化球を絡め始めた三回、上本がカーブを巧みに流し打って好機をつかみ、片山、藤田が連打で2点をたたき出す。

「手を緩めるな」。指揮官の声を待つまでもなく、中盤も猛攻が続く。得点した6イニングは、すべて連打で畳み掛けた攻撃。中井監督が目指す広陵野球の「2003年版」が、一足早くその完成形を見せた。

新チーム結成時の代名詞は「貧打線」。4番打者も次々と変わった。西村を軸に守り勝つ野球を掲げる一方、「西村だけのチームと言われたくない」（藤田主将）という意地が猛練習を支えた。

別の意味でも「西村効果」がある。日頃の練習でその球威を体感し、ひるむことなく打つ努力を重ねたからだ。「どんなにすごい投手でも、西村ほどじゃない」。ナインが培った自信に、偽りはなかった。

西村の力投がかすむほどの猛打で、頂点に駆け上がった。紫紺の大優勝旗を手にしただけではない。「全員主役」というモットーを、最高の舞台で見事に実践してみせた。

主将藤田 先陣切る一発

チームの公式戦初本塁打が決勝の晴れ舞台で飛び出した。3番藤田主将の先制2ランが猛打爆発のプロローグとなった。

一回1死三塁。内角高めの直球を振り抜いた。「ライトフライかと思ったのでびっくり。何より西村を助けることができた」。一発でエースもチームも勢いづいた。

昨秋の新チーム結成から数えて3人目の主将だ。周囲への気配り、声を出してのムードづくり。中井監督が、昨夏の甲子園経験者に1週間交代で主将を経験させ、思わぬ適性が見つかった。決勝では3安打、4打点で、大会通算は22打数10安打、7打点。「和」を大事にする主将が、バットでナインを引っ張った。

紫紺の大優勝旗を手にグラウンドを1周。「こんなに重いとは。手がつりそうだった」と振り返り「レギュラー、控え、ベンチ入りできなかった選手に、支えてくださった方々。みんなで勝ち取った優勝です」。誇らしげに大優勝旗を掲げていた。

力任せから脱皮 西村成長の投球

冷静に5試合をほぼ1人で投げ抜いた。力任せの投球からの脱皮を図ってきたエース西村が全国制覇を手繰り寄せた。「チームの勝ちが最優先。直球にこだわらず、どんな場面でもコースを突く投球を心掛けた結果」と胸を張った。

成長ぶりは一回から表れた。1死から3連打を浴び1点を失った。ダウンスイングで確実にボールを捉えてくる横浜打線。西村は動じない。「調子は悪くない。偶然、詰まった打球が外野に抜けただけ」。直球頼みにはならず、後続をスライダーで一ゴロ併殺に打ち取った。

初戦（2回戦）の旭川実（北海道）戦が「いい薬になった」という。直球で押し過ぎて、8回1/3で降板するまでに146球

選抜大会を12年ぶりに制し、中井監督を胴上げする広陵ナイン

四回、広陵2死一、二塁、上本が左越えの2点三塁打を放ち、三塁上でガッツポーズ。6−1とする

も費やした。目指すは全国優勝。連投になるだけに、中井監督に「もっと考えなさい」と叱られた。それからは、球速よりも組み立てを優先。白浜の好リードにも支えられ、好投を続けた。

配球と制球重視の投球は、13点リードで迎えた九回でも変わらなかった。無死満塁のピンチ。投げ急がず、この試合四つ目の併殺で、1失点に切り抜けた。

球数は5試合で最少の102球だった。「自分だけで抑えるのではなく、守備陣を信頼し、打たせて取れるようになった大会でした」。甲子園通算8勝目を挙げた広陵の背番号1は、名実ともに高校ナンバーワン投手に成長した。

上本5度出塁 起爆剤に

1番上本がリードオフマンの役割を果たした。4安打を放って2打点。本塁も3度踏み、打線の起爆剤となった。6打席で5度出塁し、「この数字が一番うれしい。僕は1番打者ですから」。冷静な口調で振り返った。

右に左に、面白いように快打を飛ばした。直球も変化球も自在にたたいた。「振れば安打」の状態を、「打てるというイメージが自分の中にあった。大会中、ずっと。今日が一番、いい感じだった」。通算打率は5割7分1厘。好機には勝負強いポイントゲッターに変身した。

好調の裏には、西村の安定した投球があった。「西村さんなら、3点以上は取られない。4点取れば勝てると、気を楽にして打席に入れた」。エースとバックとの信頼関係を明かした。

2年生のリーダー的存在。「自分でも引っ張っていこうと思っている」との自覚もある。夏に向けて、チームは選抜優勝校として追われる立場になる。「自分たちの野球を追求するだけです。それが勝利につながると思う」。堅守の二塁手は、あくまで冷静沈着だった。

ラッキーボーイ 勢い止まらず
2番片山 5安打4打点

ラッキーボーイの勢いは最後まで止まらなかった。2番片山が6打数5安打、4打点と打ちまくった。「本当にラッキー」。ちゃめっ気たっぷりに振り返った。

一回は藤田の先制2ランを引き出す右翼線三塁打。三回には1死二塁から左前に流して走者を迎え入れた。六、九回にも適時打。本塁打が出ればサイクルヒットという派手な活躍だった。

3回戦の遊学館（石川）戦から先発出場した。準々決勝の近江（滋賀）戦で2安打、2打点と波に乗り、東洋大姫路（兵庫）との準決勝でも3安打。「甘い球がきたら思い切りたたいている。甲子園では、不思議と球筋がよく見えた」。中井監督が「甲子園で大成長した」という選手の代表格だった。

抜群のリードで好投を引き出す 白浜

4番白浜は「打つ方より、配球ばかりを考えていた」。その言葉通り、抜群のリードで西村の粘り強い投球を引き出した。

一回1死後、早いカウントから打たれ、3連打で失点。クリーンヒットは少なかっただけに「今日の出来なら、球種が分かっていても打てない」と配球は変えなかった。「回を重ねてさらに良くなった。球を受けるたびに自信が膨らんだ」

打席でも「記憶にない」という2本の三塁打。「守りのリズムが良かったことが、攻撃につながった」と謙虚に振り返った。

周囲の評は「チーム一研究熱心」。大会中に対戦校のデータをまとめた用紙は10枚を超えた。その緻密さでチームを頂点に導いた。

広陵・中井哲之監督の話

涙が止まらない

思わぬ試合展開になった。選手たちは夢の舞台で自分たちを信じてよく頑張ってくれた。前回の優勝の時とは全く違う感慨で、私もようやく監督らしくなれたのかなと思う。うれしくて涙が止まらない。

横浜・渡辺元智監督の話

夏へつなげたい

ここまで点を取られるなら、最初から成瀬を投げさせればよかったと反省している。選手はよくやってくれたが、打力が劣っていた。ピストル打線と大砲との違いがはっきり出た。春の屈辱をばねに夏へつなげたい。

広陵	2	0	2	2	0	4	0	2	3	15
横浜	1	0	0	1	0	0	0	0	1	3

メモ　「神宮大会枠」

選抜大会の前年秋に行われる明治神宮大会での優勝校が所属する地区は、選抜出場枠が一つ増えるという制度で、第75回大会から採用された。同時に、神宮大会枠を獲得した地区を除く一般選考の各地区補欠1位校の中から、守備のデータを重視して選ぶ「希望枠」も新設され、旭川実（北海道）が選ばれた。希望枠は第80回大会を最後に廃止された。

【広　陵】	打	安	点	振	球
④ 上本	5	4	2	0	1
⑦ 片山	6	5	4	0	0
R 松栄	0	0	0	0	0
3 河野	0	0	0	0	0
⑤ 藤田	6	3	4	1	0
② 白浜	5	2	3	0	0
③7 安井	4	0	0	1	1
⑨ 山口	3	0	0	2	0
9 伊藤	2	1	0	1	0
⑧ 原	4	0	0	0	0
① 西村	5	2	1	2	0
⑥ 辻	5	3	1	0	0
犠盗失併残 11146	45	20	15	7	2

【横　浜】	打	安	点	振	球
④ 玉城	4	0	0	0	0
⑧ 松原	3	1	0	0	0
H 太田	1	1	0	0	0
R 松田	0	0	0	0	0
⑤ 西江	4	2	0	1	0
③ 黒木	3	3	1	0	1
⑥ 吉田真	4	0	1	0	0
⑦ 石川	3	0	0	0	0
7 野中	0	0	0	0	0
H 久米	1	0	0	0	0
② 村田	3	0	0	1	0
① 涌井	1	0	0	0	0
1 成瀬	2	1	0	0	0
⑨ 吉田斉	3	1	0	0	0
犠盗失併残 00103	32	9	2	2	1

▽本塁打　藤田1号（涌井）▽三塁打　片山、上本、黒木、白浜2、辻▽二塁打　上本、辻、片山2、藤田、西村、太田▽ボーク　涌井

投手	回	打	安	振	球	責
西村	9	33	9	2	1	3
涌井	3⅓	19	9	4	0	5
成瀬	5⅔	29	11	3	2	9

【ベンチ入りした主なプロ野球選手】

≪広陵≫	
西村健太朗	巨人・04年ドラフト2位
白浜裕太	広島・04年ドラフト1位
上本博紀	早大—阪神・09年ドラフト3位
≪横浜≫	
荒波翔	東海大—トヨタ自動車—横浜・11年ドラフト3位
涌井秀章	西武・05年ドラフト1位—ロッテ—楽天—中日
石川雄洋	横浜・05年ドラフト6位
成瀬善久	ロッテ・04年ドラフト6位—ヤクルト—オリックス

258 2003年7月31日
第85回全国高校野球選手権広島大会決勝

広陵 – 高陽東
（広島）（広島）

三回、広陵1死一、三塁、安井がスクイズを決め、4-0とする。投手長谷川、捕手中田

広陵 2年連続「夏切符」

第85回全国高校野球選手権広島大会最終日は31日、広島市民球場で決勝があり、選抜優勝の広陵が8—0で高陽東を下して2年連続17度目の優勝を果たした。広陵は4季連続の甲子園。

広陵が力の差を見せつけ、高陽東に快勝した。

序盤で主導権を握った。一回、高陽東の先発伊藤を攻略。上本、片山の長短打などで無死満塁とし、白浜が中前へ2点適時打。さらに伊藤の右犠飛で3点を先行した。三回は2番手長谷川を攻め、1死一、三塁から安井のスクイズなどで2点を奪い、六回以降も加点した。

エース西村はやや制球に苦しんだものの、直球の切れが抜群。11奪三振の好投で完封を果たした。

高めた精神力 選抜王者快勝

選抜王者が、軽やかに夏の階段を駆け上がった。「自然体で臨めたことがすべて。夏の大会という変な重圧は最後まで感じなかった」。8—0の快勝でつかんだ夏切符。広陵・中井監督は頼もしそうに、笑顔のナインを見つめた。

高陽東との決勝が決まった30日、中井監督は「気を抜くな」と一喝。「僕も選手も、決勝の相手は広島商という先入観があった。心のわずかな緩みが怖かった」。引き締め策として「一回に絶対、点を取れ」と指示。選手はわずか12球で2点を奪ってリズムをつかみ、満点の答えを出してみせた。

王者ゆえの苦しみもあった。前回、選抜で優勝した1991年は広島大会準決勝で敗退。当時「春のお土産が重過ぎた」と言い残した中井監督は、12年の時を経て「春の優勝はチームの成長にとって大きかった」と言い切った。

選抜後、強豪校との練習試合に相次いで敗れた。敗戦を通して選手の慢心を戒め、モチベーションを高めた。大会直前にはメンタルトレーニングを徹底し、精神面の充実を図った。「大会前は勝って当然という重圧があった。大会では試合に集中できた」と藤田主将。春から格段に成長したのは技術ではなく、「自然体」で戦える精神力だった。

夏の甲子園でも「優勝候補」の肩書を背負うが、中井監督は「全国で春夏連覇を狙えるのはうちだけ。狙いますよ」。春の「お土産」を力に変えて、夏の頂点へと挑む。

西村、爪割れても完封

勝利の瞬間、広陵の西村がマウンドで仁王立ちした。重い直球が伸び、スライダーが切れて、高陽東を4安打完封。「白浜のリード通りに投げた」。エースは言葉少なに喜んだ。

本調子ではなかった。試合開始直後から、「割れる癖がある」と言う右手中指の爪に違和感を覚えていた。四回に三つ目の四球を与えた時、爪が割れた。

エースらしく逆境で踏ん張った。このピンチを切り抜けると、五回からは快調。九回までの15アウトのうち、九つを三振で奪った。「（爪が割れて）逆に力みが抜けてよかった」。終わってみれば11奪三振の力投だった。

4季連続の甲子園。春夏連覇が懸かる選手権は、厳しいマークが予想される。「どこにも負ける気はしない」。一回り大きくなった西村が、史上6校目の偉業に向けて突き進む。

高陽東・松岡監督の話

基本徹底 再挑戦

終盤まで食らい付いて相手にプレッシャーをかけるのがうちの野球。それができなかった。決して諦めない姿勢をナインから教わった。基本プレーを徹底して再挑戦です。

2000年代

広陵	3	0	2	0	0	1	1	1	0	8
高陽東	0	0	0	0	0	0	0	0	0	0

メモ 「連続出場」

選抜王者の広陵が2002年の選抜大会から4季連続の甲子園出場を決めた。翌04年の選抜大会も出場し、戦前の1927年選抜大会から29年選抜大会までに次いで、2度目の5季連続出場を果たした。戦前では、呉港中（前身の大正中を含む）も32年選手権から34年選手権まで記録。広島では2校しか達成していない。

【広　陵】	打	安	点	振	球
④ 上本	5	3	0	1	0
⑦ 片山	5	2	1	0	0
8 原	0	0	0	0	0
⑤ 藤田	4	0	0	0	1
② 白浜	5	2	2	0	0
③ 藤川	4	2	0	0	1
⑨ 伊藤	3	2	1	0	0
⑧7 安井	3	2	2	0	1
① 西村	4	1	1	1	0
⑥ 辻	3	0	0	0	0

犠盗失併残
4 0 2 1 8 36 14 7 2 3

【高陽東】	打	安	点	振	球
⑧ 赤木	4	0	0	1	0
⑦ 上田	3	0	0	1	0
⑤ 飯倉	4	0	0	1	0
② 中田	3	1	0	2	1
⑥ 小河	4	2	0	1	0
③ 民法	4	0	0	2	0
①9 伊藤	3	1	0	1	1
⑨ 工藤	0	0	0	0	0
1 長谷川	1	0	0	1	1
H 杉田	1	0	0	0	0
④ 鈴政	3	0	0	1	1

犠盗失併残
2 0 1 0 9 30 4 0 11 4

▽二塁打　上本2、西村

投手	回	打	安	振	球	責
西村	9	36	4	11	4	0
伊藤	⅓	7	3	0	3	3
長谷川	8⅔	36	11	2	0	4

【ベンチ入りした主なプロ野球選手】

≪広陵≫

西村健太朗	巨人・04年ドラフト2位
白浜裕太	広島・04年ドラフト1位
上本博紀	早大―阪神・09年ドラフト3位
藤川俊介	近大―阪神・10年ドラフト5位

一回、広陵の上本が先頭打者本塁打を放つ。捕手上田

259 2003年8月9日
第85回全国高校野球選手権1回戦

広陵（広島）－東海大甲府（山梨）

選抜覇者広陵 完封勝ち

第85回全国高校野球選手権大会第3日は9日、台風が過ぎた甲子園球場で1回戦2試合を行い、春夏連覇を狙う広陵（広島）は東海大甲府（山梨）と対戦。エース西村が11三振を奪って3－0で完封勝ちした。

広陵は一回、上本が先頭打者本塁打し、先制した。二回は二塁打の伊藤をバントで送った1死三塁から、西村の左前適時打で1点を追加。三回は二塁打の藤田が盗塁を決めて無死三塁とし、白浜の中犠飛で1点を加えた。

先発西村は三回に無死二、三塁、六回は1死二、三塁のピンチを迎えたが、内角直球で強気に攻めて後続を退け、被安打6、11奪三振で完封した。

攻守走で強さ発揮

選抜の覇者・広陵が、攻守走に強さを見せつけて夏の初戦を突破。東海大甲府の村中監督は「初戦で当たった相手が悪かった」と完敗を認めた。

一回、先頭の上本がいきなり本塁打。相手の出ばなをくじき、絶対の自信を持つ「先行逃げ切り」のパターンに持ち込む。大技の後は小技と足技を絡めて攻撃。二回はバント、三回は盗塁と犠飛で1点ずつを加え、主導権を握った。

投げてはエース西村が走者を背負いながらも、ゼロを並べる。上本、辻の二遊間を中心にバックももり立てた。三、六、九回のピンチにも「何の不安もなく、落ち着いて見ていられた」と中井監督。大会屈指の強打を誇る「難敵」を完封で退けてみせた。

順調な船出の裏には、順調な調整がある。3日の甲子園入り後、軽めの練習で広島大会の疲労を消した。選抜優勝校として報道陣やファンに注視される中、起床や就寝など生活サイクルを一定に保った。大舞台で全員が「何もかも普段通り」と言えるのが強みだ。

藤田主将は「終盤にもっと点を取れたはず。しっかり反省して、一戦一戦勝っていく」ときっぱり。攻守走に隙のない「広陵野球」に、一層の磨きがかかりそうだ。

上本が先頭打者本塁打

上本が左翼ポール際へ先頭打者本塁打を打ち込んだ。「自分が打つと、後の流れがよくなる。最初が大事と思って打席に入った」。チームに勢いを与えた一撃は公式戦初アーチだった。

低い打球が客席に飛び込んだ。最高の当たりにも「本塁打の後に打撃が崩れた経験があるので、『冷静に』と自分に言い聞かせた」。その後は球を見極め、3四球を選ぶなど5打席すべてで出塁。1番打者としての仕事を全うした。

「勝って当たり前」といわれた広島大会を順当に突破。「重圧から解放されての大活躍か」との質問には、「予選でもプレッシャーなんてなかった。今日も練習試合という感じで臨めた」と涼しい顔で言ってのけた。

優勝した選抜大会の打率は5割7分1厘。1年の夏から3季連続での大舞台となる。「ここは最高の場所。雰囲気が良くて、来ると自然に力が出る感じがする」。甲子園の「申し子」が春夏連覇に向け、最高のスタートを切った。

広陵	1	1	1	0	0	0	0	0	0	3
東海大甲府	0	0	0	0	0	0	0	0	0	0

メモ

「上本兄弟」

2004年春を含む広陵の5季連続出場の原動力の一人が、後に阪神で活躍した上本博紀。1年だった02年夏から4度の甲子園を経験。11試合に出場し、40打数20安打、打率5割と打ちまくった。弟の崇司（広島）は07年春から3度の甲子園に臨み、兄と同じ11試合に出場。45打数17安打、8打点で打率3割7分8厘の成績を残した。

【広　陵】	打	安	点	振	球
④ 上本	2	2	1	0	3
⑦ 片山	4	0	0	0	0
8 原	0	0	0	0	0
⑤ 藤田	5	1	0	1	0
② 白浜	4	1	1	0	0
③ 藤川	4	1	0	0	0
⑨ 伊藤	3	1	0	0	0
⑧7 安井	3	1	0	1	0
① 西村	3	2	1	0	1
⑥ 辻	3	0	0	0	0
犠盗失併残 5 2 0 0 10	31	9	3	2	4

【東海大甲府】	打	安	点	振	球
⑥ 市川	4	1	0	1	0
④ 清水	3	1	0	1	1
③ 仲沢	3	0	0	2	0
⑧ 加藤	4	3	0	0	0
⑤ 須田	4	0	0	1	0
⑦ 古屋	3	0	0	1	1
⑨ 吉川	4	0	0	2	0
① 佐野	1	0	0	0	0
1 岩倉	1	0	0	0	0
1 三井	1	0	0	1	0
H 田中	1	0	0	1	0
② 上田	3	1	0	1	0
犠盗失併残 1 2 0 0 8	32	6	0	11	2

▽本塁打　上本1号（佐野）▽二塁打　白浜、伊藤、藤田、市川、藤川、加藤▽暴投　西村

投手	回	打	安	振	球	責
西村	9	35	6	11	2	0
佐野	2	11	4	1	1	2
岩倉	4	16	3	0	1	1
三井	3	13	2	1	2	0

【ベンチ入りした主なプロ野球選手】

≪広陵≫	
西村健太朗	巨人・04年ドラフト2位
白浜裕太	広島・04年ドラフト1位
上本博紀	早大－阪神・09年ドラフト3位
藤川俊介	近大－阪神・10年ドラフト5位
≪東海大甲府≫	
村中恭兵	ヤクルト・06年高校生ドラフト1位
仲沢広基	国際武道大－巨人・09年ドラフト6位－楽天

260 2003年8月16日
第85回全国高校野球選手権2回戦

広陵－岩国
（広島）（山口）

九回、岩国1死一、三塁、中柴の遊ゴロを遊撃手が本塁へ悪送球。三塁走者大伴が生還する。捕手白浜

広陵 隣県対決敗れる

第85回全国高校野球選手権第9日は16日、甲子園球場で2回戦4試合があった。選抜大会優勝校の広陵（広島）は7－12で岩国（山口）に敗れ、史上6校目の春夏連覇はならなかった。広島と山口の代表校の対戦は1968年選手権の広陵―岩国商以来、35年ぶり。選抜大会を含めると3度目の隣県対決で、広島勢は初めて敗れた。

広陵はエース西村の乱調が誤算だった。12安打を浴びて10点を失い、九回途中で降板。守りも乱れ、3失策と二つの野選がいずれも失点に絡んだ。3点リードの七回、津山に3点三塁打を許すなど一挙5失点。九回にもダメ押しの3点を奪われた。

打線は四回に6安打を集めて4点を挙げ、逆転。主導権を握りかけたが、守りのミスもあって流れを失った。追う展開となった七回以降は無得点に終わった。

守り崩れ 春夏連覇ならず

「春夏連覇」の夢がかすみ始めたのは七回でも九回でもなく、六回だったのかもしれない。西村が3連打を浴び、岩国のスコアボードに「4点目」がともった瞬間だ。

昨秋の新チーム結成時からの合言葉は「西村なら3失点以内に抑える。4点以上取れるチームになろう」。失点がリミットを超えた時から、選抜王者の歯車が微妙に狂い始めた。

六回裏に2点を挙げて突き放したものの、七回に西村が四球をきっかけにピンチを招く。1死二、三塁で、中堅手安井が落球し傷口が広がる。さらに走者一掃の二塁打を浴びるなど計5失点。逆転された。九回も失策や野選が絡んで3点を失い、敗戦に沈んだ。

「西村が本調子でないのは分かっていたから…。集中して守ろうと思い、焦ってしまった」。安井は唇をかんだ。中井監督は「みんな、いつもと違う雰囲気を感じていたはず。力を出させてやれなかった。僕の責任」と選手をかばった。

選抜大会決勝で猛打を見せ、広島大会で大勝を続けても、中井監督は「うちは西村を中心に守り勝つチーム」と言い続けてきた。大黒柱の思わぬ乱調。7点を奪った打線も、「非常事態」を埋め切れるほど甲子園は甘くなかった。

ナインは負けるたびに歯を食いしばり、それを糧に選抜を制した。重圧の中で激戦の広島大会を勝ち上がった。「甲子園の経験を生かし、基本を徹底してまた戻ってきたい」と中井監督。春夏連覇への挑戦は幕を閉じたが、広陵の「夢」は続く。

好投手西村 制球乱れる

好投手西村の「夏」が終わった。12安打、10失点は通算12試合目の甲子園のマウンドで最多。「抑えてやろうという気持ちが強過ぎて、制球が悪かった」と涙が止まらなかった。

精密な制球力が影を潜めた。7―4で迎えた七回は、3短長打に失策が絡んで5失点。「岩国打線は初球から積極的に打ってきたし、カウントを悪くして置きにいった球も打たれた。修正する前に終わっていた」とうなだれた。

「春夏連覇は、やはり難しい。今後はプロでやりたい気持ちはあるが、まだ決めていません」。悔しそうに振り返った。

岩国	0	1	1	0	0	2	5	0	3	12
広陵	1	0	0	4	0	2	0	0	0	7

メモ

「剛腕散る」

第85回大会の決勝は常総学院（茨城）－東北（宮城）の東日本対決となった。注目は、東北の2年生エース、ダルビッシュ有（現米大リーグ、パドレス）。準決勝の江の川（島根、現石見智翠館）戦を除く5試合に登板し、防御率1.05。チームを初の決勝に導いたが、2-4で逆転負けを喫し、深紅の大優勝旗の白河の関越えを果たせなかった。

【岩国】	打	安	点	振	球
⑨ 太田尾	5	0	0	1	1
⑤ 松前	5	2	0	1	0
⑧ 藤田	4	1	0	0	0
① 大伴	3	1	1	0	1
③ 村重	4	3	0	0	0
② 津山	4	4	4	0	1
⑥ 中柴	4	1	2	1	0
⑦ 筑坂	4	0	1	1	1
④ 中野	4	1	0	2	1

犠盗失併残
4 1 1 0 7 37 13 8 6 5

【広陵】	打	安	点	振	球
④ 上本	4	4	3	0	1
⑦ 片山	4	1	0	2	0
1 北村	0	0	0	0	0
⑤ 藤田	4	1	1	0	0
② 白浜	5	3	0	0	0
③ 藤川	5	2	1	0	0
⑨ 伊藤	2	0	0	0	1
H 山口	1	0	0	1	0
⑧ 安井	2	1	1	0	0
8 原	2	0	0	1	0
①7 西村	4	0	0	0	0
⑥ 辻	3	2	1	0	1

犠盗失併残
4 4 3 3 9 36 14 7 4 3

▽三塁打　上本、津山▽二塁打　藤田（岩）津山、上本、白浜▽捕逸　白浜▽暴投　大伴

投手	回	打	安	振	球	責
大伴	9	43	14	4	3	6
西村	8⅓	41	12	5	5	7
北村	⅔	5	1	1	0	0

【ベンチ入りした主なプロ野球選手】

≪広陵≫	
西村健太朗	巨人・04年ドラフト2位
白浜裕太	広島・04年ドラフト1位
上本博紀	早大―阪神・09年ドラフト3位
藤川俊介	近大―阪神・10年ドラフト5位

広陵（広島）－東邦（愛知）

一回、東邦1死満塁、高山の右翼線二塁打で3点を先取され、マウンドに集まる広陵ナイン

広陵 春連覇の夢散る

第76回選抜高校野球大会第3日は25日、甲子園球場で1回戦3試合を行い、史上3校目の春連覇を狙った広陵（広島）は東邦（愛知）に1－9で完敗した。

広陵の先発津田は一回、1死から連続四死球を与え、内野の失策もあって満塁。高山に右翼線二塁打を浴びて3点を先制された。五回には津田と2番手大西が6安打を集められて決定的な5点を失った。

打線は四回、沢田、上本の左前打と四球などで1死満塁とし、山口の二ゴロが野選を誘って1点を返した。満塁の好機が続いたが、河野が三振、遊撃手の美技にも阻まれて、追加点を奪えなかった。五回は安打と敵失で1死一、二塁としたが、二塁走者の津田がけん制死するなど、流れを呼び込めなかった。

「完敗」早すぎる幕切れ

あまりにも早すぎる春の幕切れだった。連覇を目指した広陵が、実力の片りんを見せることなく、甲子園を去った。予想外の大敗を、中井監督は「完敗ですね」と受け止めた。

一回の守りが分かれ目になった。試合前、中井監督が抱いていた不安が現実になった。四死球に失策が絡んで、1安打で3失点。「一番やってはいけないことを、やってしまった」と指揮官は残念がった。

二、三回に仕掛けたエンドラン、バントはことごとく失敗。チーム打率4割7厘を誇る打線も焦りから空回りした。沢田は「高めは振らないように指示が出ていたのに、ボール球を振らされていた」と振り返った。

二回以降、踏ん張りを見せていた投手陣も、同様だった。五回に5失点。津田を救援した大西は「これ以上は点をやれない、と力んだ分コースが甘くなってしまった」と悔やんだ。

辻は「正直、プレッシャーはあった。この負けを、夏に生かすことに意味がある」と前を向いた。中井監督は「（敗戦を）糧にするしかない」と巻き返しを誓った。

津田 立ち上がり制球乱す

「課題」と口にする立ち上がり、先発津田がいきなり制球を乱した。1死から連続四死球。リズムを失ったバックに失策が出て満塁とされ、走者一掃の二塁打を喫した。「大舞台の雰囲気に少しのまれてしまった」。消え入るような声で振り返った。

「変化球が決まるようになった」という二回からの3イニングは縦のカーブを軸に、内野安打1本で無失点に抑えた。2点差に迫った五回。「簡単にストライクを取りにいった」という球が高めに入って痛打を浴び、勝敗が決まる大量点を奪われた。「東邦はスイングが速く、少し甘いところへいったら打たれる、と分かっていながら、投げ急いでしまった」

4回⅔で降板。悔しさが詰まった85球だった。「今後は練習でも、常に試合を想定して気持ちのむらをなくしていきたい。夏に絶対、ここへ戻ってくる」と雪辱を期した。

	1	2	3	4	5	6	7	8	9	計
広陵	0	0	0	1	0	0	0	0	0	1
東邦	3	0	0	0	5	1	0	0	×	9

		【広陵】	打	安	点	振	球
④		沢田	4	1	0	0	0
⑥		辻	3	1	0	1	0
②		上本	4	1	0	0	0
⑧	1	藤川	3	0	0	0	1
⑨		山口	3	0	1	2	1
⑦	3	河野	4	0	0	3	0
③		有木	2	0	0	0	0
H	7	亀沢	1	0	0	0	0
H		稲垣	1	1	0	0	0
R		松本	0	0	0	0	0
⑤		平田	1	0	0	0	1
H	5	酒井	1	0	0	1	0
H		西浦	1	0	0	1	0
①		津田	2	1	0	0	0
1		大西	0	0	0	0	0
8		森原	1	1	0	0	0

犠	盗	失	併	残	打	安	点	振	球
1	1	1	0	7	31	6	1	8	3

		【東邦】	打	安	点	振	球
⑥		馬場	5	2	0	0	0
④		瀬戸川	2	0	0	0	1
⑦		新山	4	2	1	0	1
⑧		糠谷	2	0	1	1	1
⑨	3	高山	3	2	4	0	1
②		南部	3	2	0	1	0
H	9	末藤	1	1	0	0	0
③	2	水野	2	1	2	1	0
①		岩田	4	1	1	2	0
⑤		鈴木	4	0	0	1	0

犠	盗	失	併	残	打	安	点	振	球
5	0	1	2	6	30	11	9	6	4

▽二塁打　高山、南部、岩田、新山▽暴投　津田

投手	回	打	安	振	球	責
津田	4⅔	24	6	4	3	6
大西	⅔	6	4	0	0	2
藤川	2⅔	9	1	2	1	0
岩田	9	35	6	8	3	1

メモ

「最速」

第76回大会を制したのは初出場の済美（愛媛）。エースの福井優也（元広島）、4番鵜久森淳志（元日本ハム）を中心に勝ち上がり、決勝で愛工大名電（愛知）を6-5で下した。創部3年目での全国制覇は史上最速。上甲正典監督は第60回大会（1988年）に宇和島東（愛媛）を率いて優勝しており、史上初となる2度目の「初出場初優勝」を飾った。

【ベンチ入りした主なプロ野球選手】

≪広陵≫

上本博紀	早大─阪神・09年ドラフト3位
藤川俊介	近大─阪神・10年ドラフト5位

≪東邦≫

岩田慎司	明大─中日・09年ドラフト5位
木下達生	日本ハム・06年高校生ドラフト3位─中日─ヤクルト

広島県大会

262 2004年7月25日
第86回全国高校野球選手権広島大会決勝

広島商－如水館
（広島）　（広島）

16年ぶりの優勝を決め、マウンドに集まり喜び合う広島商ナイン

広島商 16年ぶり夏切符

第86回全国高校野球選手権広島大会最終日は25日、広島市民球場で決勝があり、広島商が13－9で如水館を下し、16年ぶり22度目の優勝を飾った。全国制覇した1988年以来の夏の甲子園出場を決めた。

広島商が先発全員の16安打で13点を奪い、打撃戦を制した。

序盤から打線がつながった。一回、岩本、吉川の連続適時二塁打で2点を先制。二回には宇多村の右越え本塁打、三回にも3安打を集中して2点を追加し、主導権を握った。五回には打者12人を送って6点を挙げ、大勢を決めた。

エースの左腕岩本は如水館に毎回の13安打を浴び、9点を失ったが、大量点を背に逃げ切った。

如水館は先発政岡の乱調が誤算。終盤、追い上げたものの届かなかった。

新たな歴史へ第一歩

夏の甲子園から遠ざかっていた15年間を埋めるかのように、広島商が安打を連ねた。16安打で13得点。「これだけ打てると思わなかった。ありがとうと言いたい」。顔を紅潮させた迫田監督は、頼もしそうにナインを見つめた。

甲子園を逃し続けた間、広島大会では準優勝5度、4強が3度。勝ち切れない年が続いた。国泰寺に苦戦した24日の準決勝。試合後の球場で、異例の10分以上のミーティングをし、監督は戒めた。「試合中から気の緩みが見えた。『勝負はそんなに甘くないよ』と問いかけた」という。一夜明けたナインは、序盤の猛攻で見事に応えた。

伝統のバント攻撃に、強打を絡ませて五回まで毎回、得点を重ねた。五回は、チームの持ち味である集中打で一挙に6得点。甲子園をぐっと手繰り寄せた。

母校復活に向け、就任5年目となる迫田監督自身も背水の陣で臨んだ夏だった。「岩本を中心に守り勝つ野球で一戦一戦、戦いたい」。全国制覇を達成した1988年以来、16年ぶりとなる夏の甲子園へ。広島商が新たな歴史に向かって第一歩を踏み出した。

エースで4番の大黒柱
岩本熱投 171球

渾身《こんしん》の力で投げ込んだ171球だった。最後の打者を三振に仕留めた瞬間、岩本はマウンドから動かず、駆け寄るナインを待った。「みんなのおかげ。本当に助けられた」。エースで4番。押しも押されもせぬ大黒柱は、疲れ切った体を、喜びの渦の中に預けた。

準々決勝の広陵戦から2試合連続完投。蓄積した疲労から「調子が出ない」。球が高めに浮き、痛打された。毎回安打を許し、走者を背負った。しかし、強気に攻めた。昨年、準決勝の高陽東戦で四球を連発して弱気になり、自分の投球を見失って敗退。「あの失敗だけは繰り返さない」。13安打で9点を失いながら、奪三振は12。最後の夏への強い決意が、熱投を支えた。

苦しんだ投球を援護したのは自らのバットだった。一回に先制の右中間二塁打。五回にも中前に2点打。七回には、右翼席に今大会3本目の一発をたたき込んだ。「つなぐ意識で、センターに打ち返したのがよかった」。4安打4打点。主軸としての役割を果たした。

古豪復活と騒がれることに特別な意識はない。「僕にとっては初。そこで何ができるか」。長い低迷にピリオドを打ったエースは平常心で甲子園に臨む。

2000年代

広島商	2	1	2	1	6	0	1	0	0	13
如水館	0	2	0	0	1	0	2	1	3	9

メモ

「兄弟対決」

如水館・迫田穆成《よしあき》、広島商・迫田守昭両監督による兄弟対決となった決勝。公式戦では、2001年の広島大会準決勝で兄穆成の率いる如水館が勝って以来、3年ぶりの対戦となった。ともに広島商出身で、兄は監督として1973年の選手権を制覇、弟は社会人野球の都市対抗大会で79年に三菱重工広島を優勝に導いた実績を持つ。試合は打撃戦となり、弟が雪辱。「大先輩の兄貴に勝ててうれしい」と喜んだ。

【広島商】	打	安	点	振	球
③青野	2	1	0	0	4
⑧塩谷	3	1	0	1	1
⑦鹿森	6	1	1	0	0
①岩本	5	4	4	0	1
⑤吉川	5	3	2	0	0
5不動	0	0	0	0	0
⑨宮田	2	1	1	0	2
9石井	0	0	0	0	0
②宇多村	4	2	3	0	1
④片元	5	1	1	1	0
⑥高畑	5	2	1	0	0
犠盗失併残					
6 3 3 1 12	37	16	13	2	9

【如水館】	打	安	点	振	球
⑥佐々木	5	3	1	0	0
⑦山門	4	0	0	1	1
②実政	5	2	1	0	0
⑧炭山	2	1	1	1	2
①3131政岡	4	2	3	1	1
③安達	2	0	0	2	0
1中田	0	0	0	0	0
3大上	0	0	0	0	0
1大場	0	0	0	0	0
H湯免	1	0	0	1	0
1三好	0	0	0	0	0
H9丹波	1	0	0	1	0
H竹田	1	0	1	0	0
④行原	5	3	0	1	0
⑨3奥川	5	2	2	1	0
⑤村上	3	0	0	2	0
H打江	1	0	0	0	0
5小松	1	0	0	1	0
犠盗失併残					
1 4 3 2 9	40	13	9	12	4

▽本塁打　宇多村（政岡）岩本（政岡）▽三塁打　政岡▽二塁打　岩本、吉川、片元、高畑、奥川▽暴投　政岡

投手	回	打	安	振	球	責
岩本	9	45	13	12	4	8

投手	回	打	安	振	球	責
政岡	4	23	9	2	3	6
中田	1/3	3	1	0	1	2
政岡	2/3	5	3	0	1	3
大場	1 2/3	8	1	0	2	0
三好	1	5	2	0	0	1
政岡	2	8	0	0	2	0

【ベンチ入りした主なプロ野球選手】

≪広島商≫

岩本貴裕	亜大―広島・09年ドラフト1位

263 2004年8月7日
第86回全国高校野球選手権1回戦

広島商－浦和学院
（広島）（埼玉）

七回、広島商1死一、二塁、宇多村が中前適時打を放ち、1－3と追い上げる。捕手今成亮

広島商 反撃届かず

第86回全国高校野球選手権大会は7日、甲子園球場で開幕した。開会式に続いて1回戦3試合を行い、16年ぶり出場の広島商（広島）は浦和学院（埼玉）と対戦。打線が振るわず、1－3で敗れた。

広島商の主戦岩本が序盤につかまった。一回2死三塁で永井に適時打を浴びて先制を許した。四回は2死から岸に左越えソロを浴び、四球と2安打でさらに1点を失った。

攻撃は一回、浦和学院の先発今成純の制球難を突いて1死満塁としたが、併殺で無得点。七回は岩本と石井の安打で1死一、二塁とし、宇多村の中前適時打で1点を返した。続く2死一、三塁で重盗を試みたが、失敗。追い付けなかった。

序盤ほころび 焦り生む

3点以内に抑えて後半勝負―。思い描いた試合展開に持ち込んだはずが、1－3で敗戦。広島商のもくろみは外れた。

序盤の小さなほころびで流れを失った。一回の守備。岩本が四球を与えた上、けん制悪送球。走者は三塁へ進み、先制打を浴びた。リズムに乗れず、四回にも2失点。岩本は「ミスの怖さを知った」とうなだれた。

六回まで1安打の打線は七回に奮起して1点を返した。その後の2死一、三塁。重盗で得点を狙ったが、捕手今成亮の冷静な判断で失敗。「イチかバチかの勝負だから結果は仕方ない。ただ、なかなか追い付けないという焦りがチームにあった」と石井。広島大会で2試合に逆転勝ちした粘りは見せられなかった。

伝統の堅守、機動力に加え、チーム打率4割1分1厘の攻撃力が甲子園出場の原動力だった。一方で、迫田監督は「相手に点を与えない守りの野球がうちの野球」と言い続けてきた。

試合後、迫田監督は「選手はよくやった。1－3のスコアを4－3にするのがこれからの課題」と雪辱を誓った。

岩本「自分の力不足」

敗戦の瞬間、岩本は帽子を脱ぎ、真っ先にベンチを飛び出した。「自分の力が足りなかった。いい経験ができた」。エースで4番の「大黒柱」は淡々と振り返った。

「要らないボールが多かった」。一回は四球をきっかけに自らの失策も絡んで先制点を与えた。四回には2死からカーブを本塁打されるなど2失点。打席でも1安打に終わった。

球数が90に近づいた五回以降の投球にエースの意地が見えた。テンポを速め、最高球速139キロの直球を内角へ果敢に投げ込んだ。スコアボードにゼロを並べた。

16年ぶりの夏は短かった。「後輩たちも絶対にここで野球をしてほしい」と語気を強めた。

捕手・宇多村の適時打で1点

捕手の宇多村が七回に適時打を放ち、チーム唯一の得点を挙げた。「岩本が『楽に打てよ』とアドバイスをくれたので、気楽に打てた」と振り返った。

打撃よりも守備でエース岩本をもり立てられなかった点を悔やんだ。目を真っ赤にして、「本来の投球でなかったから、僕らが守ってあげないといけなかった。ミスが出てしまっては…」と唇をかんだ。

浦和学院	1	0	0	2	0	0	0	0	0	3
広島商	0	0	0	0	0	0	1	0	0	1

メモ 「初制覇」

第86回大会決勝は、駒大苫小牧（南北海道）が初出場で春夏連覇を目指す済美（愛媛）に13－10で逆転勝ちし、初優勝。北海道勢として春夏通じて初の栄冠を手にした。原動力となったのは打線。打率7割の5番糸屋義典を中心に、大会通算のチーム打率は4割4分8厘で、第83回大会を制した日大三（西東京）が記録した4割2分7厘を大きく上回った。

【浦和学院】	打	安	点	振	球
⑥ 小山	5	1	1	0	0
④ 渡部	4	0	0	1	1
⑤ 福田	4	0	0	0	0
⑨8 永井	4	1	1	0	0
⑦ 都築	3	0	0	1	0
1 豊田	0	0	0	0	0
9 吉越	1	0	0	0	0
①91 今成純	4	1	0	2	0
⑧7 岸	3	2	1	1	1
③ 国井	3	2	0	0	1
② 今成亮	4	1	0	1	0

犠	盗	失	併	残	打	安	点	振	球
1	0	0	2	9	35	8	3	6	3

【広島商】	打	安	点	振	球
③ 青野	3	1	0	0	1
⑧ 塩谷	4	1	0	3	0
⑦ 鹿森	3	0	0	1	0
① 岩本	3	1	0	0	1
⑤ 吉川	4	1	0	0	0
R 松野	0	0	0	0	0
⑨ 石井	4	1	0	0	0
② 宇多村	2	1	1	1	1
④ 片元	2	0	0	0	0
⑥ 高畑	3	0	0	0	0

犠	盗	失	併	残	打	安	点	振	球
2	0	2	0	5	28	6	1	5	3

▽本塁打 岸1号（岩本）▽二塁打 小山▽ボーク 今成純

投手	回	打	安	振	球	責
今成純	6⅓	23	2	4	3	1
豊田	⅔	1	1	0	0	0
今成純	2⅔	9	3	1	0	0
岩本	9	39	8	6	3	2

【ベンチ入りした主なプロ野球選手】

≪広島商≫	
岩本貴裕	亜大―広島・09年ドラフト1位
≪浦和学院≫	
豊田拓矢	上武大―TDK―西武・14年ドラフト3位
今成亮太	日本ハム・06年高校生ドラフト4位―阪神

如水館－東筑紫学園
（広島）（福岡）

九回、如水館1死満塁、代打丹波が中前へサヨナラ打を放つ。投手酒井

如水館 耐えて白星

第77回選抜高校野球大会第3日は26日、甲子園球場で1回戦3試合を行い、初出場の如水館（広島）は東筑紫学園（福岡）と対戦。九回1死満塁から代打丹波が中前打し、5－4でサヨナラ勝ちした。

如水館は4－4の九回、平賀の二塁打と2四球などで1死満塁とし、代打丹波が中前へ運んで決勝点を挙げた。

一回、エース政岡が3四死球と2安打で3失点といきなり乱れた。主導権を失いかけたが、打線が奮起した。その裏、四球と礒合の安打などで2死二、三塁とし、鶴端の二塁内野安打で1点を返し、敵失でさらに1点。政岡の左越え三塁打で同点とした。

その後は政岡が走者を出しながらも1失点で踏ん張り、勝機を呼び込んだ。

冬場の特訓 粘り生む

劇的な幕切れだった。九回1死満塁で、代打丹波の打球がセンター前に抜ける。小躍りして三塁走者高松がサヨナラのホームイン。初陣の如水館が、耐えに耐えて白星をつかんだ。迫田監督は「しんどかった」を連発。「最後まで信頼した選手が期待に応えてくれた」と喜びを隠せなかった。

勝因はエース政岡の立ち直りだった。一回に3失点。すぐ自らの三塁打などで同点としたが、二回以降は打線が沈黙した。押されっ放しの展開でも要所は締めた。五回に球数が100を超えたが、気迫は衰えなかった。「集中力を切らさないように我慢して投げ続けた」。バックも声をかけ続け、再三の好守で支えた。積み重ねた174球が勝利を呼び込んだ。

粘りの土壌は、冬場の練習にあった。全体練習の最後に、毎日30周以上のベースランニングを続けた。疲れ切った体にむちを入れることで、強い精神力を育んだ。佐々木主将は「歯を食いしばって苦しい思いをしてきた。簡単に負けるわけにはいかなかった」と意地をのぞかせた。

春の大きな実りをつかんだ選手たちの表情には喜びがあふれた。如水館の球春ドラマが始まった。

捕手礒合 光った冷静さ

背番号3をつけた捕手の礒合が、強気のリードと好判断で勝利を手繰り寄せた。

ピンチの連続だった。四回1死満塁では3番小原を、六回の1死三塁では4番黒木を、内角攻めでともに捕邪飛に打ち取った。「相手の中軸打者は振りが大きかった。思い切っていった。政岡も要求通りに投げてくれた」。冷静な分析が好結果に結びついた。

正捕手だったが、昨秋の中国大会の直前、肩痛で球を投げられなくなり、一塁の練習に取り組んだ。年明けにやっと、キャッチボールが再開できるようになった。

迫田監督から捕手での起用を告げられたのは開幕の2日前だったが、「すんなり受け入れられた」。政岡に「気分良く投げさせよう」と心を砕き、リード面はすべて担った。けん制球では走者を2度刺し、不安を振り払った。

迫田監督は試合後、「（礒合が）今日のヒーロー」と2回戦も捕手での起用を明言した。再三のピンチをしのいだ礒合は、「捕手の面白さを再認識できた」と笑顔を見せた。

丹波 サヨナラ打

サヨナラ打を放った丹波は、試合後も興奮が冷めない様子で「無我夢中だった。打った瞬間、抜けてくれと祈って走ってました」と顔を紅潮させた。

迫田監督に「いくぞ」と告げられたのは、九回1死三塁の場面。満塁になって出番が回ってきた。昨夏の広島大会から代打をこなし、大舞台でも見事に力を発揮した。「追い込まれても、思い切り振ろうと決めていた。自分のバットで勝てて最高です」と満足感を漂わせた。

東筑紫学園	3	0	0	0	0	0	0	1	0	4
如水館	3	0	0	0	0	0	1	0	1	5

【東筑紫学園】	打	安	点	振	球
④ 鷹野	5	2	0	2	0
⑥ 新地	2	1	0	0	2
② 小原	2	0	1	0	1
③ 黒木	5	0	0	0	0
① 酒井	4	2	1	1	1
⑨ 月森	4	1	0	1	1
9 野中	0	0	0	0	0
⑤ 久澄	4	1	2	0	1
⑦ 加納	4	1	0	2	0
⑧ 渡辺	3	1	0	1	1

犠	盗	失	併	残	打	安	点	振	球
3	1	2	1	12	33	9	4	7	7

【如水館】	打	安	点	振	球
⑨ 北受	4	0	0	2	0
⑥ 佐々木	3	1	0	1	1
② 礒合	4	1	0	0	0
⑦ 平賀	4	1	0	2	0
R 高松	0	0	0	0	0
⑧ 鶴端	3	1	1	0	0
① 政岡	3	2	1	1	1
③ 柚木	3	0	0	1	1
④ 村上	2	0	1	0	0
H 丹波	1	1	1	0	0
⑤ 奥川	3	0	0	0	0

犠	盗	失	併	残	打	安	点	振	球
2	0	2	0	5	30	7	4	7	3

▽三塁打　政岡▽二塁打　月森、新地、平賀▽暴投　酒井

投手	回	打	安	振	球	責
酒井	8⅓	35	7	7	3	3
政岡	9	43	9	7	7	3

メモ

「青一色」

如水館応援団が陣取る一塁側アルプス席が青一色で染まった。同校は選抜出場を機に、スクールカラーである青のウインドブレーカーを約千枚製作。生徒や保護者らに配った。これまで使っていた青の帽子やメガホンと合わせて、スタンドを青で彩り、選手を応援。選抜初勝利を後押しした。

如水館－羽黒
（広島）　（山形）

如水館
五回に崩れる

第77回選抜高校野球大会第7日は30日、甲子園球場で2回戦を行った。如水館（広島）は羽黒（山形）との初出場同士の対戦に2－8で敗れた。

如水館の先発政岡は0－2の五回に乱れた。安打と送りバントで2死二塁とされ、押切の右前打で1点。四球などで一、二塁となり、吉野に左翼線へ2点二塁打を浴びた。さらに2死球で満塁の後、2連続適時打を許し、この回6失点。試合の大勢は決まった。

打線は羽黒のエース片山を打ちあぐみ、八回2死一、二塁から、平賀の右越え三塁打による2点だけに終わった。

春1勝 夏の原動力に

勢いは恐ろしい。勝負が決定的になった五回の大量失点が象徴的だった。2死から、4本の適時打に四死球が絡んで6失点。「あの回がすべて。相手が調子に乗る前に、止めるすべを持ってなかった」。如水館の迫田監督は思わぬ大敗を冷静に分析した。

「五回まで2点差以内なら勝機あり」。監督の思惑通りに進んだかに思えた。五回は詰まった打球が外野に抜け、政岡が強気に攻めた内角球が死球となる。捕手の礒合は「やられた気はしない。でも、相手は思い切り振ってきて、普通なら野手の正面に行く打球がほんの少し届かなかった」。攻撃力を誇る羽黒にのみ込まれた。

対照的に、如水館は昨秋から指摘されてきた攻撃力不足が目についた。二、四回と得点機をつくりながら決定打を欠いた。佐々木主将は「点を取るところで取り、守るところで守る。五回を含めてできなかった」。目を真っ赤に腫らして振り返った。

収穫は初出場で挙げた1勝。迫田監督は「目に見えない部分で大きな財産となり、意義があった。これからが楽しみ」と目を細めた。課題は政岡に次ぐ投手育成と攻撃力アップ。「この春、広島勢で僕らしかできなかった経験を生かしたい」（佐々木主将）という選手の意欲が、夏へ向けての成長の原動力となる。

主戦政岡 力不足を痛感

悔しさがこみ上げた。左腕政岡は12安打、6四死球で8点を失い、7回で降板。五回は2死二塁から4安打を浴び、6点を奪われた。「僕の力不足です」。しゃくり上げながら同じ言葉を繰り返した。

余計な四死球が傷口を広げた。一回は先頭打者に四球の後、味方のまずい守備による左前二塁打で先制された。五回には3四死球がすべて失点に絡んだ。「一回は四球がなければ、不運な展開もなかった。四死球でみんなのリズムを崩してしまった」と肩を落とした。

打撃でも、2点を追う四回1死二、三塁で遊ゴロ。無得点に終わり「全員でつくってくれた好機を消してしまった」とうなだれた。

悔いを残した甲子園。「気持ちが弱かった。誰にも負けない練習をし、自信を持って夏にまた来る」。力強く再挑戦を誓った。

平賀3安打 守備には悔い

4番平賀が3安打と気を吐いた。3本目は八回の右越え2点三塁打。「球の下をたたいたので捕られると思ったが、走者をかえせて良かった」と振り返った。

左翼の守りでは悔いを残した。一回、2死三塁で飛球の目測を誤り、先制二塁打にしてしまった。「あれがなければ、後の大量失点がなかったかも。一歩目のスタートを磨いて、甲子園に戻って来たい」と前を向いた。

一回、羽黒2死三塁、佐藤（奥）に先制の左前二塁打を浴び、打球の行方を見つめる政岡

羽　黒	2	0	0	0	6	0	0	0	0	8
如水館	0	0	0	0	0	0	0	2	0	2

メモ

「悲願達成」

阪神大震災から10年、戦後60年という節目の大会となった第77回大会。前回準優勝の愛工大名電（愛知）が2年連続で決勝に進み、初出場の神村学園（鹿児島）を9－2で下して悲願の初制覇を果たした。準優勝を経験したメンバーは控えを含めても5人だったが、準優勝に終わった悔しさをメンバー全員が共有。見事に雪辱を果たした。

【羽　黒】		打	安	点	振	球
⑧	中島	3	0	0	0	1
④	根村	4	1	0	0	0
②	押切	5	1	1	0	0
⑦	佐藤	4	3	1	0	1
⑤	吉野	5	4	3	1	0
③	松井	3	0	0	0	1
⑨	吉田	1	0	0	1	2
H	中嶋	1	1	0	0	0
R	郡司	0	0	0	0	0
9	小野	1	1	0	0	0
⑥	金子	3	1	2	1	1
H6	荒井	1	0	0	0	0
①	片山	5	2	1	0	0

犠	盗	失	併	残	打	安	点	振	球
3	5	1	2	10	36	14	8	3	6

【如水館】		打	安	点	振	球
⑨	北受	3	0	0	1	0
1	山根	0	0	0	0	0
H5	岸本	1	0	0	1	0
⑥	佐々木	4	0	0	0	0
②	礒合	4	2	0	1	0
⑦	平賀	4	3	2	1	0
⑧	鶴端	3	0	0	0	0
①9	政岡	3	1	0	1	1
③	柚木	4	0	0	0	0
④	村上	3	0	0	0	1
⑤	奥川	1	0	0	0	1
H	丹波	0	0	0	0	1
R	高松	0	0	0	0	0
1	水野	0	0	0	0	0
H	大森	1	0	0	0	0

犠	盗	失	併	残	打	安	点	振	球
1	0	0	0	7	31	6	2	5	4

▽三塁打　平賀▽二塁打　佐藤、吉野、根村

投手	回	打	安	振	球	責
片山	9	36	6	5	4	0

投手	回	打	安	振	球	責
政岡	7	37	12	2	6	8
山根	1	4	1	1	0	0
水野	1	4	1	0	0	0

266 2005年7月27日
第87回全国高校野球選手権広島大会決勝

高陽東（広島）－三次（広島）

六回、高陽東2死二塁、工藤が右中間三塁打を放ち、5−0とリードを広げる。投手行田、捕手木屋

高陽東、三次破り夏切符

第87回全国高校野球選手権広島大会最終日は27日、広島市民球場で決勝があった。高陽東が県北勢初の出場を目指した三次を5－0で下し、9年ぶり2度目の出場を決めた。

高陽東は三回2死二塁から、下見の右中間三塁打で先制。四回は石丸の左中間二塁打で追加点を挙げた。六回には2死三塁から河野上、安部、工藤の3連続長打で3点を加えた。

エース安部は速球と変化球に切れがあり、三次を散発5安打に抑え、無四球で完封した。

監督と選手一体 苦難越え

選手の目にも松岡監督の目にも試合後、うっすらと涙が浮かんでいた。昨夏の初戦コールド負け、監督交代、勝てない日々…。高陽東が相次ぐ苦難を乗り越え甲子園をつかんだ。「実感が湧かない。選手が悔いを残さないようにプレーさせてあげたい一心だった」。就任3カ月、35歳の青年監督は顔を紅潮させた。

強力打線が原動力だった。チーム打率4割4分2厘。6試合で65点を挙げた。「好球必打、一球に厳しく―」。徹底したチーム方針が生んだ好結果だった。六回に5点目の適時三塁打を放った工藤主将も初球を狙い打ちした。「一球で攻略する意識をずっと持ってきた」と胸を張った。

昨秋の県大会優勝校で今春の選抜補欠校は、春先に大きく揺れた。当時の小川監督が異動。松岡監督が引き継いだものの、公式戦、練習試合で勝てずに苦しんだ。工藤主将は「正直、動揺したし、なぜ、勝てないんだと苦しかった」と振り返る。

松岡流のスキンシップを図った。就任して始めた選手との交換ノート。練習の反省点や技術面の不安などを正直にぶつけ合い、チームの不安を取り除いていった。今大会2本塁打と活躍した河野上は「監督に相談しやすいし、前とは違った良さがある」と明かす。

「選手を助け、選手に助けてもらいながら挑みたい」。初々しさを残す監督が選手と一体となって、8強入りした1996年以来の大舞台に踏み出す。

主戦安部は 無四球完封

守備陣を信じ、打たせて取る投球を貫いた。コーナーを突くきめ細かさも忘れなかった。無四球での完封勝ちに、高陽東の主戦安部は「全国を懸けた決戦で、自分の投球ができた」。最後の打者を三ゴロに打ち取った瞬間、思わず両腕でガッツポーズをした。

前日の課題を分析し、決勝に生かした。準決勝の広陵戦は13－0とリードしながら、終盤に8点を奪われた。「打者の外角低めを狙う投球を忘れ、球が高めに浮いた。これは疲労じゃなく気持ちの問題」。勢いづく三次打線に、力ではなく丁寧さで勝負した。

直球とカーブ、スライダーを武器に凡打の山を築いた。唯一、不安がよぎったのが一回。失策とボークで2死二塁になった。「要所ではしっかり守ってくれる」と無理に三振は取りにいかず、4番の森島を二ゴロ。その後はリズムに乗り、全27アウト中、内野ゴロは15を数えた。

全国舞台が現実になった。「野球は1人じゃなく、みんなでやるスポーツ。バックを信じて戦います」と声を弾ませた。広島大会で培った「信頼する心」を胸に、2年生エースが甲子園のマウンドに上がる。

三　次	0	0	0	0	0	0	0	0	0	0
高陽東	0	0	1	1	0	3	0	0	×	5

【三　次】	打	安	点	振	球
⑥谷本	4	1	0	0	0
⑦大田	3	0	0	1	0
1行田	0	0	0	0	0
1永川	1	0	0	0	0
⑧末広	4	1	0	0	0
⑨森島	4	1	0	0	0
③新田	4	0	0	1	0
⑤川戸	3	1	0	1	0
②木屋	3	0	0	0	0
①4渡辺	3	0	0	1	0
④前田	1	0	0	0	0
17東	2	1	0	0	0

犠盗失併残
0 1 0 1 5 32 5 0 4 0

【高陽東】	打	安	点	振	球
④工藤	4	1	1	0	0
⑦下見	4	1	1	0	0
⑤飯倉	3	0	0	2	1
③民法安	2	0	0	0	2
⑧民法知	3	1	0	0	0
⑥石丸	4	4	1	0	0
②財満	3	0	0	1	0
⑨河野上	3	1	1	0	1
①安部	4	2	1	1	0

犠盗失併残
2 1 2 2 7 30 10 5 4 4

▽三塁打　下見、工藤▽二塁打　石丸、河野上、安部▽ボーク　安部、東

投手	回	打	安	振	球	責
渡辺	3⅓	15	4	1	2	2
東	2⅓	11	3	1	2	2
行田	2	9	3	1	0	1
永川	⅓	1	0	1	0	0
安部	9	32	5	4	0	0

メモ

「43年ぶり」

創部103年目の三次がノーシードからの快進撃。1962年以来、43年ぶりの決勝に挑んだ。準々決勝の降雨ノーゲームを含め、8試合を戦い、県北勢初の優勝を目指したが、決勝で力尽きた。一條康洋監督は「高陽東に一日の長があった。もっと頑張れということです」と語り、新たな出発を誓っていた。

㉖⑦2005年8月12日
第87回全国高校野球選手権2回戦

高陽東－土岐商
（広島）　（岐阜）

一回、高陽東1死一、三塁、河野上が右前適時打を放ち、2−0とする。捕手小出

高陽東 集中打で快勝

第87回全国高校野球選手権大会第7日は12日、甲子園球場で2回戦4試合を行い、高陽東（広島）は28年ぶり出場の土岐商（岐阜）と対戦。三回までに4点を奪い、2年生エース安部が力投して、4－2で競り勝った。

高陽東は一回、四死球と盗塁、暴投で1死二、三塁と攻め、民法安が左前打を放ち先制。河野上が右前適時打で続いた。二回は四球と送りバント、暴投で1死三塁とし、民法知がスクイズを決めて加点。三回には右前打の民法安を河野上が中越え二塁打でかえし、突き放した。

エース安部は一回に犠飛、四回には2死二塁から二塁打を浴びて2点を失った。その後は六回の無死三塁を無失点で切り抜けるなど立ち直り、リードを守り切った。

機動力を絡め序盤得点

機動力を絡めた序盤の速攻で、高陽東が鮮やかな勝利を飾った。三回までに5安打を集めて4得点。松岡監督は「作戦通り動いてくれた選手のおかげ。力を出してくれた」と頑張りをたたえた。

土岐商の好投手、丹羽攻略に向け、岐阜大会のビデオから綿密な対策を練り上げた。「高めの直球と低めのスライダーに手を出さない」「出塁したら足でかき回す」。この2点を徹底。一回から実行した。

死球で出塁の工藤が下見の3球目に二盗。工藤は「投球フォームの癖を見つけていた。実際に見て、いいスタートが切れた」。2点目の適時打の河野上も「真ん中甘めの直球。指示通りの打撃ができた」と喜んだ。

自己分析も対策に加えていた。ビデオで広島大会の試合を振り返った。遊撃手の石丸は「自分たちで己の弱点を探し、どこが攻められるか話し合った。おかげでピンチでも慌てずプレーできた」と胸を張った。

万全の準備を整え、計画通りに実行。平常心でプレーした精神力の強さも見せた。9年ぶりとは思えない落ち着きを見せた高陽東が、好スタートを切った。

民法知 見事スクイズ

民法知が二回、3点目となるスリーバントスクイズを決めた。外角低めのスライダーを丁寧に投前へ転がした。「難しい球だったけど、いつも1球で決める練習をしている。その成果」と胸を張った。

カウントは2ボール2ストライクだった。ベンチは迷わずスクイズのサイン。民法知は「やっぱりきた」と余裕を持って受け取った。「予想通りだったので、『絶対に決める』とすごく気持ちが入った」と笑みがこぼれた。

安部が完投

2年生エース安部の粘投が光った。前半は苦しんだものの、125球を投げ、6安打2失点で完投。「持ち味の打たせて取る投球ができた。後半は理想的な形だった」と誇らしげに振り返った。

120キロ台の直球と90キロ台のスローカーブの緩急がさえた。ピンチでも笑顔で味方に声を掛け続けた。「最初は緊張したけど、二回に追加点を取ってもらって落ち着けた。3回戦もバックを信じて投げたい」と意気込んだ。

高陽東	2	1	1	0	0	0	0	0	0	4
土岐商	1	0	0	1	0	0	0	0	0	2

【高陽東】	打	安	点	振	球
④ 工藤	4	1	0	0	1
⑦ 下見	3	0	0	1	2
⑤ 飯倉	5	0	0	1	0
③ 民法安	4	2	1	0	1
⑨ 河野上	4	2	2	0	1
⑥ 石丸	4	1	0	0	1
② 財満	2	0	0	0	2
① 安部	3	0	0	1	0
⑧ 民法知	3	0	1	2	0

犠盗失併残
3 6 0 1 12 32 6 4 5 8

【土岐商】	打	安	点	振	球
⑦ 小木曽	4	1	0	1	0
⑥ 大鋸	3	0	0	0	1
⑧ 林祐	4	2	0	1	0
① 丹羽	3	0	0	1	1
③ 加藤	3	1	1	0	0
④ 林和	3	0	0	1	0
H 中島	1	0	0	0	0
⑤ 荒田	4	2	1	0	0
⑨ 黒田	2	0	0	0	0
② 小出	3	0	0	0	0

犠盗失併残
2 1 3 1 5 30 6 2 4 2

▽三塁打　林祐▽二塁打　林祐、河野上、荒田▽暴投　丹羽2

投手	回	打	安	振	球	責
安部	9	34	6	4	2	2
丹羽	9	43	6	5	8	4

メモ

「3校合同」

「広島の代表チームをみんなで応援したい」。広島市安佐北区の高陽東、高陽、可部の3校合同のブラスバンドチームが、アルプススタンドでの応援に参加した。高陽東の吹奏楽部が、甲子園出場が決まると2校に呼びかけて実現。合同練習は2日間だけだったが、息の合った演奏で選手を後押しした。

高陽東－鳴門工
（広島）（徳島）

四回、鳴門工無死満塁、ゴロを処理した遊撃手が本塁へ悪送球。捕手財満㊧が捕球できず、三塁走者柳田が生還。1－1とされる

高陽東 守り乱れ大敗

第87回全国高校野球選手権大会第10日は15日、甲子園球場で3回戦4試合があり、高陽東（広島）は鳴門工（徳島）と対戦。投打がかみ合わず、3－10で敗れた。

高陽東はエース安部が乱調の上、守りも乱れて鳴門工に大敗した。

1点リードの四回、安打と失策、四球で無死満塁。遊撃手の失策で追い付かれた。さらに4連打を浴び、3点を勝ち越された。五回は1死三塁から堀江の適時二塁打、藤の2ランで突き放された。

打線は三回、飯倉の中前適時打で先制。五回は1点を返したものの、続く無死満塁を併殺で逃した。七回は民法安から4連打したが、1点止まり。12残塁と決定打を欠いた。

悪い流れ 断ち切れず

高陽東のミスが明暗を分けた。「四回がすべて。あれだけ、失策したら勝てない。落ち着こうと指示したんだが…」と松岡監督。先制して主導権を握りかけた直後に、大きな落とし穴が待っていた。

初戦（2回戦）で無失策の守備陣が突然、乱れた。無死一塁から安部がバント処理で悪送球。四球を挟んで無死満塁から、遊撃手の石丸が本塁に低投して同点に。石丸は「併殺が取れると思って焦った。相手も県の代表。エラーしたら勝てない」とうなだれた。

悪い流れは断ち切れない。動揺は収まらず、安部の投球が単調になったところを4連打され、この回4失点。捕手の財満は「地に足が着いていない感じ。小さなミスがつながって、失点になってしまった」と声を落とした。

対照的に鳴門工は逆転した直後の四回の守りで、中堅手柳田の好返球で高陽東の2点目を阻止。反撃の糸口を与えず、流れを渡さなかった。

「一球で流れが変わる恐ろしさを知った。ここで借りを返したい」と財満。安部、石丸らベンチ入りした1、2年生は9人。悔しさを晴らすチャンスはまだある。

2年生エース 雪辱誓う

苦しいマウンドにも、笑みを絶やさなかった。安部は5回7失点で降板したが、ベンチでも笑って仲間を励まし続けた。

四回、悔やみ切れない失策と四球があった。無死一塁からの送りバントを一塁へ悪送球。四球で満塁とし、自らピンチを広げた。次打者には遊ゴロを打たせたが、遊撃手が本塁に低投。「僕のミスでバックのリズムも悪くなった」。ここから4連打されて4点を失った。

持ち前の打たせて取る投球がさえ、三回までは完璧だった。だが、わずかなミスをきっかけに大きく崩れた。「序盤の内容は自信になり、精神面の弱さも分かった」と振り返った。

入学時は85キロあった体重を走り込みで79キロまで絞り、主戦の座をつかんだ。「来年は春も夏も絶対に甲子園へ来る」。2年生エースは雪辱を期した。

飯倉が3安打

飯倉は先制打を含む3安打。「初戦は無安打でチームの役に立てず、悔しかった。何としても打ちたかった」。中軸打者の意地をのぞかせた。

三回の中前適時打は指示通りの打撃だった。「体を開かずに中堅から逆方向に打てた。リードされても絶対、返そうという気持ちだった」。試合後は「一つ勝っても、また勝ちたくなるのが甲子園の舞台だった」と声を詰まらせた。

2000年代

鳴門工	0	0	0	4	3	1	0	1	1	10
高陽東	0	0	1	0	1	0	1	0	0	3

メモ

「57年ぶり」

第87回大会は前年、北海道勢初の全国制覇を果たした駒大苫小牧（南北海道）が決勝で京都外大西（京都）を破り、史上6校目の2連覇を飾った。夏の連覇は第29、30回大会の小倉（福岡）以来、57年ぶりの快挙だった。突出した打力で頂点へ駆け上った前年とは違い、総合力で勝ち上がった。背番号10の2年田中将大（楽天）が先発、救援とフル回転。準々決勝で鳴門工、準決勝で大阪桐蔭（大阪）をともに1点差で下すなど、粘りの野球を展開した。

【鳴門工】		打	安	点	振	球
⑥	尾崎	5	2	1	0	0
④	村田	3	0	1	0	0
⑧	柳田	5	2	0	1	0
②	上野	4	1	0	0	0
2	田中裕	0	0	0	0	0
⑤	安原	2	0	0	0	2
⑦	堀江	4	1	1	1	0
③	藤	5	3	5	0	0
R	浅田	0	0	0	0	0
3	立花	0	0	0	0	0
①	田中暁	4	1	0	1	0
H	宮川	1	1	0	0	0
1	八木	0	0	0	0	0
⑨	西林	5	3	0	0	0

犠盗失併残
5 0 2 1 8 38 14 8 3 2

【高陽東】		打	安	点	振	球
④	工藤	3	2	0	0	2
⑦	下見	4	1	0	1	0
⑤	飯倉	5	3	1	1	0
③	民法安	5	2	0	1	0
⑨	河野上	4	1	0	0	1
⑥	石丸	4	1	0	0	1
⑧	民法知	4	1	1	0	0
②	財満	4	3	0	0	0
①	安部	2	0	0	2	0
1	舛野	1	0	0	0	0

犠盗失併残
2 1 5 0 12 36 14 2 5 4

▽本塁打　藤1号（安部）▽三塁打　西林▽二塁打　工藤、上野、堀江▽暴投　田中暁、八木

投手	回	打	安	振	球	責
田中暁	8	38	14	4	3	2
八木	1	4	0	1	1	0
安部	5	27	10	1	1	4
舛野	4	18	4	2	1	2

269 2006年7月28日
第88回全国高校野球選手権広島大会決勝

如水館－崇徳
（広島）　（広島）

四回、如水館2死一塁、ヒットエンドランが決まり、小松の右前打で一塁走者の矢野が一気に生還し、2－0とする。捕手山本直

如水館 守り抜き夏切符

第88回全国高校野球選手権広島大会最終日は28日、広島市民球場で決勝があった。如水館が2－0で崇徳を下し、5年ぶり5度目の夏の甲子園出場を決めた。

如水館は三回、四球の走者を2暴投で三塁に進め、実政の中犠飛で先制した。四回には2死一塁からヒットエンドランを仕掛け、小松の右前打で一塁走者矢野が生還して2点目を挙げた。

主戦奥川は直球に切れがあり、崇徳を被安打5で完封した。

無失策完封 確かな成長

試合を重ね、如水館は確実に成長していった。準決勝までは強打が際立ったが、決勝は無失策で崇徳を完封。「これが僕たちの野球」と柚木主将。ナインの笑顔に充実感が漂った。

2点リードの九回1死満塁。同点のピンチにも、慌てることなく遊ゴロ併殺で決着をつけた。迫田監督は「今日はいい経験をさせてもらった。ようやく心の部分が充実してきた」と目を細めた。

春の県大会は「ハートの弱さ」（迫田監督）から1回戦で敗れた。その後、監督は3週間あえて選手を放任した。ナインは意見をぶつけ合った。柚木主将は「自分たちで考え、ピンチでも仲間を信じてプレーできるようになった」と振り返った。

今大会中も分岐点があった。3回戦の広島工戦。敗戦寸前まで追い込まれたが、4番山根の3本塁打、7打点の活躍で何とか打開した。柚木主将は「絶対に優勝するんだ、という目標を全員が再確認できた。本当の意味で一つになれた」と胸を張った。

過去の甲子園では最高で2回戦。この現状から「そろそろ脱皮しないと」と迫田監督。山根は「監督から今を全盛期にしようと言われた。実現させたい」と力を込めた。

主戦奥川「もう逃げない」
九回危機脱す

一打サヨナラ負けの場面を切り抜けると、主戦奥川はとびっきりの笑顔を見せた。「びっくりです」。公式戦初完投を初完封で飾り、甲子園を手繰り寄せた。

最大のピンチは九回。「勝ちを意識した」。微妙な投手心理が手元を狂わせる。安打と2死球などで1死満塁。そこから、併殺で踏ん張った。「逃げる投球は、もうしたくなかったから」と胸を張った。

教訓があった。3回戦の広島工戦で先発して6点を失い、六回途中で降板。試合後の宿舎で大泣きした。「打たれたくない気持ちが強くて、どこか相手から逃げていた」。過ちを繰り返すわけにはいかなかった。

実績はある。昨春の選抜大会は両打ちの三塁手で先発出場。これまで捕手以外の守備位置はすべて経験した。中学以来の投手に再挑戦したのは5月下旬。「野手が守りやすいように、リズム良く投げることだけを意識した」。夏の連戦を見据え、ユーティリティープレーヤーとして抜群の器用さに白羽の矢が立った。

今大会全7試合に登板した。強力打線に注目が集まりがちだったが、立派に屋台骨を支え続けた。優勝はあくまで通過点。2度目の大舞台に向けて「一戦一戦、勝ち上がりたい」と力強く誓った。

如水館	0	0	1	1	0	0	0	0	0	2
崇　徳	0	0	0	0	0	0	0	0	0	0

メモ

「雪辱ならず」

9年ぶりに同じカードとなった広島大会決勝。崇徳の藤本誠監督は当時、ベンチ入りメンバーだった。1－7で敗れたこともあり、崇徳ナインは監督の雪辱戦に燃えていた。「監督を甲子園へ」という思いが強過ぎて硬さを生み、試合では細かいミスを連発。雪辱はならなかった。1、2年生が8人の若いチーム。藤本監督は「足りないものを得て、一回り大きくなるだろう」と成長を期待した。

【如水館】		打	安	点
④	鎌倉直	5	0	0
⑧	実　政	3	0	1
②	柚　木	4	1	0
③	山　根	4	1	0
⑦	大　森	3	0	0
7	白　地	0	0	0
⑨	天　満	4	1	0
9	森　重	0	0	0
⑥	矢　野	2	0	0
①	奥　川	3	0	0
⑤	小　松	2	1	1
	計	30	4	2

【崇　徳】		打	安	点
⑤	赤　木	4	1	0
⑥	増　本	2	0	0
⑦	蔵　城	3	1	0
⑨	井　上	4	2	0
③	増　永	3	0	0
⑧	中　島	3	0	0
H	田　中	0	0	0
②	山本直	2	0	0
①	丸　山	1	0	0
1	藤　井	2	0	0
H	堀	1	0	0
④	黒　飛	3	1	0
	計	28	5	0

	振	球	犠	盗	失	残	併
如	9	8	2	1	0	11	2
崇	5	6	1	0	1	8	0

▽二塁打　山根▽暴投　奥川、丸山2

投　手	回	打	安	責
奥　川	9	35	5	0
丸　山	2⅔	12	1	1
藤　井	6⅓	28	3	1

【ベンチ入りした主なプロ野球選手】

≪崇徳≫

井上晴哉	中大－日本生命－ロッテ・14年ドラフト5位

㉗⓪ 2006年8月12日
第88回全国高校野球選手権2回戦

如水館 – 帝京
（広島）（東東京）

七回、如水館2死二塁、小松の中前適時打で二塁走者矢野が生還し、2−2とする。捕手鈴木

如水館 大差で初戦敗退

第88回全国高校野球選手権大会第7日は12日、甲子園球場で2回戦4試合を行い、如水館（広島）は帝京（東東京）と対戦。チーム1試合大会最多タイ記録となる4本塁打を浴び、2−10で敗れた。

如水館は終盤、投手陣が帝京打線につかまり大敗した。

奥川、山根、奥川、山根の継投が破綻したのは八回。奥川が中村、塩沢に連続本塁打を浴び、山根にもスクイズを許して計3失点。九回にも小刻みな継投が裏目に出て、5点を追加された。

打線は2点を追う六回、実政、柚木の短長打で1点を返し、七回には小松の適時打で同点。追い付いたものの、直後に投手陣が崩れ、万事休した。

九回に5失点 勝負決す

九回、帝京・雨森の2ランが左翼席へ飛び込む。マウンド上の山根はぼうぜんと見送るしかなかった。小刻みな継投も実らず、点差は8に。勝負は決した。

この回が始まった時、点差は3だった。迫田監督は「3人で抑えれば勝機はある」と読み、左腕水野にマウンドを託した。しかし先頭打者に四球。「ちょっとしたことが後々に影響することを知ってほしい。あの四球を周囲の選手が怒るぐらいにならないと…」と迫田監督。わずかなほころびが大量失点につながった。

迫田監督は前日、「関東勢は乗せると厄介」と話していた。不破の先頭打者本塁打は最悪の幕開けだった。二、三回にも安打を連ねられる。一方的な試合になりかねない場面を堅守で二回の1点にしのいだ。七回には小松の適時打でいったんは追い付いた。守りは無失策。「如水館らしさ」は発揮した。

迫田監督は「甲子園で戦う厳しさが足りなかった。選手起用などで私も妥協した部分があった。全員が反省すればいいチームになる」と出直しを誓った。

主将 責任背負い込む
攻守奮闘の捕手柚木

打っては3打数3安打、1打点。守っては盗塁を二つ阻止するなど、終盤まで相手が得意とする機動力を封じた。「結果が出たのは、たまたま」。柚木は主将として敗戦を重く受け止めた。

投手陣が15安打で10失点。捕手として責任を背負い込んだ。「五回まで先頭打者を4人も出してしまい、それが攻撃のリズムがつくれない原因になった」。七回に同点としたが、直後の八回に試合を決定づけられる連続本塁打。「点を与えてはいけないところで打たれてしまった」と肩を落とした。

ポジションは今春、三塁手から捕手に。チームの要としてナインをまとめたが、初戦は突破できなかった。「うちが目指す守りの野球をきっちりやらないと勝てない」。主将として感じた甲子園での敗戦の重みだった。

帝京	1	1	0	0	0	0	0	3	5	10
如水館	0	0	0	0	0	1	1	0	0	2

メモ

「中国勢初戦敗退」

如水館が帝京に敗れ、南陽工（山口）関西（岡山）開星（島根）倉吉北（鳥取）を含めた中国勢5校が全て初戦で姿を消した。49代表制となった1978年の第60回大会以降では初めて。第59回大会以前にさかのぼると、65年の第47回大会以来、41年ぶりだった。各チームとも競り負けたことから、如水館の迫田穆成《よしあき》監督は「中国勢のレベルが下がっているとは思わない」と話した。

【帝　京】打安点振球
⑨　不　破41111
⑧　勝　見32001
⑤　野　口32001
③　中　村43201
⑦　塩　沢53310
④　雨　森32202
②　我　妻20011
2　鈴　木11001
⑥　杉　谷30101
①　大　田20100
1　垣ケ原21000
犠盗失併残
42038321510 3 9

【如水館】打安点振球
④　鎌倉直30021
⑧　実　政31001
②　柚　木33101
③131313
　　山　根40010
⑦　大　森40020
7　大　成00000
⑨　天　満40010
⑥　矢　野30021
①3135
　　奥　川11001
H　森　重10010
⑤　小　松31110
1　水　野00000
1　長　田00000
3　津　田00000
1　　峠　00000
犠盗失併残
1102629 6 2105

▽本塁打　不破1号（奥川）中村1号（奥川）塩沢1号（奥川）雨森1号（山根）▽二塁打　柚木、塩沢▽暴投　垣ケ原

投手	回	打	安	振	球	責
大田	6⅓	25	5	7	3	2
垣ケ原	2⅔	10	1	3	2	0

投手	回	打	安	振	球	責
奥川	3	10	2	2	1	2
山根	⅔	4	2	0	1	1
水野	⅓	3	1	0	1	2
奥川	1⅓	8	5	0	1	2
長田	0/3	1	1	0	0	1
山根	3	14	2	1	4	0
山根	0/3	3	2	0	1	2
峠	⅔	2	0	0	0	0

【ベンチ入りした主なプロ野球選手】

≪帝京≫

中村晃	ソフトバンク・08年高校生ドラフト3位
杉谷拳士	日本ハム・09年ドラフト6位
大田阿斗里	横浜・08年高校生ドラフト3位―オリックス
高島祥平	中日・09年ドラフト4位

広陵－成田
（広島）（千葉）

延長十二回、広陵2死三塁、上本健（手前右）の三塁前への内野安打で決勝点を挙げる

耐えた広陵 12回球運

第79回選抜高校野球大会第4日は26日、甲子園球場で1回戦3試合を行い、広陵（広島）は成田（千葉）と対戦。延長十二回、上本健が決勝の内野安打を放って2－1で振り切り、優勝した2003年大会以来となる勝利を挙げた。

広陵は延長十二回2死三塁から、上本健が三塁内野安打を放ち決勝点を奪った。中盤までは広陵のペース。二回、上本崇の遊ゴロで併殺崩れの間に先制。三、五回にも好機を築いたが、いずれもスクイズを失敗し、突き放せなかった。

先発野村は二回、守備の乱れで1失点。八回以降は毎回、ピンチを迎えたものの何とか踏ん張った。

激走 執念の内野安打

広陵は辛くも勝利を手にした。予想通りの接戦となったが、中身は全くの想定外。スクイズを2度失敗するなど、作戦がすべて裏目に出た。「自分は動かない方がいいと思い、六回以降は選手に任せた」と中井監督。決勝打も意外な選手の一振りが生み出した。

十二回2死三塁、前の回に代走で出ていた上本健が高めの直球を強振した。三塁前へのボテボテの当たりに必死で走り、一塁へ頭から滑り込んだ。

試合がもつれた原因は続出したミスにあった。成田の好投手、唐川を相手に得点圏に8度も走者を進めた。しかし、走塁ミスや送りバントの失敗などで生かせなかった。守りでも先制した直後に失策から失点した。

らしからぬ戦いの中で、エース野村は安定していた。中井監督は「甲子園の怖さと生徒の心の強さを実感できた。好スタートと言っていい」。上本健も「これで勢いに乗れると思う」と言い切った。

援護信じて155球 エース野村

野村は十二回の激闘を1失点でしのぎ切った。九回は2死一、二塁、十回は1死満塁、十一回は無死一、二塁を無失点で切り抜ける粘りの投球。「余力はあった。気持ちで負けないように、とずっと思っていた」と振り返った。

打線が唐川を捉え切れず、我慢の投球が続いた。「唐川はすごいので仕方がない。よく守ってくれたし、いつかは点を取ってくれると信じていました」。内容のたっぷり詰まったエースにふさわしい155球だった。

俊足の主砲 持ち味発揮 土生主将

土生主将が主砲としての面目を保つ3安打。しかし、自らの活躍より、競り勝った喜びの方が大きかったのだろう。開口一番、「胃が痛い」と苦笑し、「後半、野村がよく投げてくれた」と監督のような口ぶりで、エースの頑張りをたたえた。

俊足の主砲としての持ち味を発揮したのが十二回。右越えの二塁打を放つと、わずかな中継ミスを突いて三塁に進み、上本健の内野安打で決勝のホームを踏んだ。一連のプレーで自画自賛したのが走塁。「練習でやっていることが、いいところでできた」と胸を張った。

次は北陽（大阪）戦。「この勢いで勝ち進んでいきたい」と、上位進出を誓った。

広陵	010	000	000	001	2
成田	010	000	000	000	1

（延長十二回）

【広　陵】	打	安	点	振	球
⑧ 榛　浦	6	3	0	0	0
⑥ 上本崇	4	1	1	0	0
⑤ 土　生	5	3	0	0	1
⑦ 山　下	6	1	0	0	0
3 長谷部	0	0	0	0	0
③ 福　田	3	1	0	1	1
R39 上本健	1	1	1	0	0
② 小　林	5	0	0	1	0
① 野　村	5	1	0	1	0
⑨ 有　水	3	1	0	0	0
H 大　礒	1	0	0	1	0
9 白　川	0	0	0	0	0
97 岡田淳	0	0	0	0	1
④ 林	3	1	0	0	2
犠盗失併残					
4 4 1 4 13	42	13	2	4	5

【成　田】	打	安	点	振	球
② 西　田	6	3	0	0	0
④ 広　田	5	1	0	1	1
⑧ 川　村	4	2	0	0	1
③ 勝　田	4	1	0	1	0
⑥ 藤　井	5	1	0	0	0
⑨ 松　原	2	1	0	0	0
H9 宇佐美	2	1	0	0	1
① 唐　川	5	1	0	0	0
⑤ 鈴　木	2	0	0	0	1
H 加　瀬	1	0	0	1	0
⑦ 片　山	5	1	0	0	0
犠盗失併残					
2 0 2 0 10	41	12	0	3	4

▽三塁打　松原▽二塁打　土生、西田▽捕逸　小林

投　手	回	打	安	振	球	責
野　村	12	47	12	3	4	0
唐　川	12	51	13	4	5	1

メモ

「再戦」

広陵・野村祐輔と成田・唐川侑己の投げ合いとなった一戦。野村は明大を経て、広島へ。唐川はロッテへ入団し、ともに今もプロで活躍している。2人のプロでの再戦は2015年5月28日の交流戦（マツダ）で実現。野村は6回10失点で降板したのに対し、唐川は5回3失点で勝ち投手に。雪辱を果たした。

【ベンチ入りした主なプロ野球選手】	
≪広陵≫	
野村祐輔	明大―広島・12年ドラフト1位
小林誠司	同大―日本生命―巨人・14年ドラフト1位
土生翔平	早大―広島・12年ドラフト4位
上本崇司	明大―広島・13年ドラフト3位
中田廉	広島・09年ドラフト2位
≪成田≫	
唐川侑己	ロッテ・08年高校生ドラフト1位

広陵－北陽
（広島）　（大阪）

三回、広陵1死一塁、上本崇㊨が二盗を決める。左は遊撃手野瀬

広陵逃げ切り8強入り

第79回選抜高校野球大会第8日は30日、甲子園球場で2回戦の残り3試合を行った。広陵（広島）は北陽（大阪）の反撃を振り切って5－3で勝ち、優勝した第75回大会以来4年ぶりに8強入りした。

広陵は二回、野村以下の3連続長短打で先制。三回は上本崇の左前打を足場に、土生、山下の連続適時二塁打で2点を追加した。五回にも土生、山下の適時短長打で2点を加えた。

先発野村は一回1死一、二塁のピンチを右翼手前田の美技で乗り切ると、二回から六回までパーフェクト。七、九回はつないだ投手が招いたピンチに、その都度、登板し、いずれも最少失点で切り抜けた。

機動力で得点機を演出

広陵が決めた5盗塁は、すべてノーサイン。うち四つが得点に絡んだ。2盗塁の土生主将は「自分で判断できるので好結果が生まれやすい」と笑顔で明かした。「全員が本当に甲子園を楽しんでいる」と中井監督。選手を信頼した機動力野球が、4年ぶりの8強入りへの原動力となった。

三回、左前打で出塁の上本崇が球場を沸かせた。初球に二盗、2球目に三盗を決め、2球で1死三塁の好機を演出した。「ビデオで見て投手の癖は分かっていた。普通のプレー」と上本崇。打席に入っていた土生主将は「2個目の盗塁はびっくりした。でも、あれで楽になった」。4球目の高めの直球を打ち返すと打球は左翼手の頭上を越え、貴重な2点目となった。

中井監督の「親心」が裏目に出たシーンもあった。九回、2年野林が「どうしても投げたい」と志願してマウンドへ。しかし1死も奪えず、一、三塁のピンチをつくって降板した。中井監督は「心意気を買ったんですけど、それが僕の甘さというか。勝負師としては失格ですよね」と頭をかいた。

実におおらかな中井采配。それでも負けないのだから、チームには底力がある。監督は「勝利してこそ、皆さんに喜んでいただける。次は勝てる指揮を執りたい」と力を込めた。

先発／中継ぎ／抑え
野村が3度登板

エース野村が1試合で先発、中継ぎ、抑えの三役を見事にこなした。

先発としては6回2安打、無失点。七回は一塁に入ったが、2番手上本健が不調で、1点を返された後の2死一、三塁で再び登板。ここを内野安打の1点で切り抜けた。九回も野林の残した無死一、三塁のピンチに三たび登板し、右犠飛による1点にしのいだ。

初めて1試合で3度の登板を経験した野村は「再登板はいずれも自分が投げさせてくれと言った。点差があったので、一つずつアウトを取っていけばと思って投げた」と涼しい顔だった。

2000年代

北陽	0	0	0	0	0	0	2	0	1	3
広陵	0	1	2	0	2	0	0	0	×	5

メモ

「古豪」

1999年の選手権に出場して以来、8年ぶりに甲子園に戻ってきた北陽。66年の選手権で初めて甲子園の土を踏み、春夏通算14度出場している古豪だ。70年の第42回選抜大会では準優勝するなど春夏通算17勝（14敗）。大阪勢ではPL学園（96）大阪桐蔭（75）大体大浪商（49）履正社、上宮（各22）に次ぐ勝利数を誇る。現在は関大北陽に校名を変更。2007年の選抜以来、甲子園から遠ざかっている。

【北　陽】	打安点振球
⑧ 池　田	41020
④ 増　瀬	40030
⑥ 野　瀬	42010
③ 益　田	31100
⑨ 上　杉	41010
② 八　木	31100
① 秋　本	30021
⑤ 大　山	41110
⑦ 大　隅	30000
犠盗失併残	
20015	327 3101

【広　陵】	打安点振球
⑧ 椋　浦	42000
⑥ 上本崇	31000
⑤ 土　生	32201
⑦ 山　下	42200
② 小　林	40010
①3131 野　村	42010
③ 福　田	21001
R 白　川	00000
13 上本健	00000
H 大　礒	11000
1 野　林	00000
3 長谷部	00000
⑨ 前　田	33100
9 岡田淳	10000
④ 林	40000
犠盗失併残	
15007	3314522

▽三塁打　野瀬、八木▽二塁打　野村、前田、土生、山下2、益田

投手	回	打	安	振	球	責
秋本	8	36	14	2	2	5
野村	6	20	2	6	0	0
上本健	⅔	5	2	0	1	2
野村	1⅓	5	1	3	0	0
野林	0/3	2	2	0	0	1
野村	1	3	0	1	0	0

【ベンチ入りした主なプロ野球選手】	
≪広陵≫	
野村祐輔	明大―広島・12年ドラフト1位
小林誠司	同大―日本生命―巨人・14年ドラフト1位
土生翔平	早大―広島・12年ドラフト4位
上本崇司	明大―広島・13年ドラフト3位
中田廉	広島・09年ドラフト2位

㉗③2007年4月1日
第79回選抜高校野球大会準々決勝

広陵－帝京
（広島）（東京）

一回、帝京2死満塁、杉谷翔⑨に本塁打を浴び、打球が飛び込んだ右翼席を見詰める広陵の先発野村。⑬は二塁走者長田

広陵大量失点 4強逃す

第79回選抜高校野球大会第10日は1日、甲子園球場で準々決勝の残り2試合を行いベスト4が出そろった。広陵（広島）は一回に満塁弾を含む2本塁打などで6点を奪われ、帝京（東京）に1－7で屈した。

広陵は一回、先発野村が帝京打線につかまった。上原の三塁打と杉谷拳の左犠飛で先制され、中村のソロ本塁打と杉谷翔の満塁本塁打で計6失点。三回にも垣ケ原の左前適時打で追加点を許した。

前半の大量失点で打線は意気消沈。六回1死一、三塁から山下の遊ゴロで1点を返したのが精いっぱいだった。

スライダー狙われる

「勝つなら接戦、負けるなら大敗」。広陵・中井監督の予感は悪い方に当たった。エース野村の好投が勝利への絶対条件だったが、一回につかまり6失点。「初回がすべてだった。完敗です」。指揮官も脱帽するしかなかった。

生命線のスライダーを狙い打たれた。2番上原に三塁打を許し、リズムを失う。犠飛で先制され、4番中村には甘い高めを右翼席中段まで運ばれた。さらに3連打。杉谷翔に満塁弾を浴び、早くも勝敗は決した。

この回の被安打6のうち、直球をたたかれたのは1本だけ。ほかはスライダーだった。「むきになって力んで球が甘く入った」と野村。捕手の小林は「自分もスライダーに頼り過ぎた。もっと内角を見せておけば…」と悔やんだ。

帝京の前田監督は「狙い球は特には指示していない。ただ『野村君はスライダー投手だよ』とだけ伝えた」。組み合わせが決まった時点で、準々決勝の対戦相手を広陵に絞っていた。示唆するだけで十分なほど、帝京の野村対策は万全だった。

「スライダー以外の勝負球をつくる必要がある」と中井監督。「直球を磨く。制球力と立ち上がりもです」と誓った野村は二回以降、帝京打線を1点に抑えた。エースがさらなるレベルアップを果たした時、広陵の夏のリベンジが現実味を帯びてくる。

「流れ変える」一本を打てず 櫟浦

1番打者として、この日も2安打と四球で出塁し、役割は果たした。しかし、チームは思わぬ大敗。櫟浦《とちうら》は「これまで（エースの）野村に助けられたので、今日はそのお返しをしようと思ったのにできなかった」と肩を落とした。

今大会は絶好調。1回戦の成田（千葉）戦は6打数3安打、2回戦の北陽（大阪）戦が4打数2安打で、この試合の3打数2安打を合わせると、13打数7安打と打ちまくった。

「夢の舞台で気持ちよくプレーできた」と振り返る一方、「大量点を奪われた後の今日の第1打席で、僕が流れを変える一本を打たなければいけなかったのに、簡単に凡打してしまった」と悔しがった。

帝京	6	0	1	0	0	0	0	0	0	7
広陵	0	0	0	0	0	1	0	0	0	1

メモ

「東海勢対決」

第79回大会の決勝は常葉学園菊川（静岡）－大垣日大（岐阜）の顔合わせ。第31回大会（1959年）の中京商（愛知、現中京大中京）－岐阜商（岐阜、現県岐阜商）以来、48年ぶりの東海勢対決となった。常葉学園菊川が6－5で勝ち、静岡勢では第50回大会（78年）の浜松商以来、29年ぶりの優勝を飾った。希望枠で春夏通じて初出場の大垣日大は、史上17校目の初出場優勝を逃した。

【帝　京】		打	安	点	振	球
⑧	本　間	4	2	0	1	1
④	上　原	4	1	0	0	0
⑥	杉谷拳	2	1	1	0	1
③	中　村	3	2	1	0	2
②	鎌　田	4	1	0	1	0
⑤	長　田	5	2	0	0	0
⑦	高　津	3	2	0	0	0
⑨	杉谷翔	4	1	4	2	0
①	垣ケ原	4	2	1	0	0

犠盗失併残
5 0 0 1 8 33 14 7 4 4

【広　陵】		打	安	点	振	球
⑧	櫟　浦	3	2	0	0	1
⑥	上本崇	3	1	0	0	1
⑤	土　生	4	0	0	0	0
⑦	山　下	4	0	1	0	0
③	福　田	3	0	0	1	1
1	野　林	0	0	0	0	0
①3	野　村	4	0	0	0	0
②	小　林	4	2	0	0	0
R	岡田和	0	0	0	0	0
⑨	前　田	2	1	0	0	1
R4	白　川	0	0	0	0	0
H	有　水	1	0	0	0	0
④	林	2	0	0	0	0
H	大　礒	1	0	0	0	0
9	岡田淳	1	0	0	0	0

犠盗失併残
0 0 0 2 8 32 6 1 1 4

▽本塁打　中村1号（野村）杉谷翔1号（野村）▽三塁打　上原▽二塁打　小林2、本間

投　手	回	打	安	振	球	責
垣ケ原	9	36	6	1	4	1
野　村	8	38	14	4	3	7
野　林	1	4	0	0	1	0

【ベンチ入りした主なプロ野球選手】

≪広陵≫

野村祐輔	明大－広島・12年ドラフト1位
小林誠司	同大－日本生命－巨人・14年ドラフト1位
土生翔平	早大－広島・12年ドラフト4位
上本崇司	明大－広島・13年ドラフト3位
中田廉	広島・09年ドラフト2位

≪帝京≫

中村晃	ソフトバンク・08年高校生ドラフト3位
杉谷拳士	日本ハム・09年ドラフト6位
大田阿斗里	横浜・08年高校生ドラフト3位－オリックス
高島祥平	中日・09年ドラフト4位

274 2007年7月28日
第89回全国高校野球選手権広島大会決勝

広陵（広島）－総合技術（広島）

糸原（左から2人目）から三振を奪い、ガッツポーズで優勝を喜ぶ広陵の野村、小林のバッテリー

広陵4年ぶりの「夏」

第89回全国高校野球選手権広島大会最終日は28日、広島市民球場で決勝があり、延長十一回の激闘の末、春夏連続出場を目指す広陵が、初優勝を狙った総合技術を4－3で下し、4年ぶり18度目の夏の甲子園出場を決めた。

広陵は延長十一回1死から、小林が左翼ポール際に決勝本塁打を放って競り合いを制した。

広陵は三回1死、榛浦《とちうら》が右越えに本塁打。続く2死二塁から福田の中前適時打で計2点を先取した。2－3の五回には、1死一、三塁から併殺崩れの間に同点。主戦野村は3点を失ったものの、10三振を奪う力投を見せた。

「本命」の重圧はねのける

「絶対の本命」が最後の最後に苦しんだ。広陵が延長の末、辛勝した。「精神的な勝利。すごいものを見せてもらった」と中井監督。ナインは「これは広陵のペース」と動じることなく戦いを進めていた。

同点の九回、先頭打者の大飛球を中堅手榛浦が好捕。榛浦とエース野村には笑みが浮かんだ。土生主将は「調子乗りというか、悪ガキが多くて。でも、このずぶとさが勝利につながったのかも」と打ち明ける。

初戦の2回戦は試合内容が悪く、寮に帰って選手だけで反省ミーティングをした。4回戦終了後には「ひたむきさをなくしている」と中井監督の雷が落ちた。平たんではない道のりで、団結力は強まっていった。

チーム状態も万全ではなかった。大会直前、本来は4番の山下が左手首を故障。土生主将も右上腕を痛めていた。先制本塁打を放った榛浦は「自分がカバーを、との思いは強かった」。

広島大会は相手が向かってきて重圧があったが、こちらが挑戦者の甲子園の方が力は出せる」と予想する。

「大きな通過点を突破できた。甲子園では頂点を狙う」と土生主将。幸い主将と山下のけがは癒えつつある。中井監督は「国体へ出られる8強に最低でも入りたい。かわいい、この生徒らと（国体のある）秋田へ行ければねえ」。言葉は控えめながら、その目は広陵史上初となる夏の全国制覇を見据えている。

小林 執念の決勝アーチ

「入れ！」と祈りを込めた飛球は左翼スタンド最前列で跳ねた。延長十一回、小林の公式戦初本塁打が決着をつけた。「野村を楽にしたかった」。右手を何度も握り、ゆっくりダイヤモンドを一周した。

野村はマウンドで苦しんでいた。制球が定まらず、「100％の出来じゃない」とミットで感じていた。支えるべき立場ながら、三回に痛恨のミス。2死一、二塁から左中間を破られ1点を失った上、本塁への送球を捕球できず、はじいたボールがベンチへ。打者走者の生還も許し、2－3と逆転された。

春の選抜は出るだけで満足だった。準々決勝で敗れ、「夏は日本一」と誓い合ってきた。「何とかしたい」との思いは回を重ねるごとに強まった。

「努力を惜しまない彼に、野球の神様が味方したのでしょう」と中井監督。「ポテンヒットでも、体に当たってでもいい。何でもいいから出塁したい」。捕手で9番。脇役の執念が夏舞台へ導いた。

広陵	002	010	000	01	4
総合技術	003	000	000	00	3

（延長十一回）

メモ

「創部3年目」

総合技術の進撃は決勝で止まった。選抜8強の広陵を苦しめたが、延長で力尽き、初の甲子園出場はならなかった。益田涼主将は「あと一歩で勝てていた。相手が上だった」。過去に西条農を甲子園に導いた小田浩監督は「今後は旋風やミラクルと呼ばれないチームにしていかなければ」と話した。

【広陵】	打	安	点
⑧ 榛浦	5	2	1
⑥ 上本崇	5	1	0
⑤ 土生	4	0	1
③ 福田	5	2	1
⑨ 有水	2	0	0
9 岡田淳	1	1	0
④ 林	4	0	0
⑦ 山下	4	0	0
① 野村	5	1	0
② 小林	4	2	1
計	39	9	4

【総合技術】	打	安	点
⑦ 力善	4	0	0
⑤ 川島	5	1	1
② 東	5	1	0
③ 水野	5	1	0
⑨ 内	3	1	0
9 糸原	2	0	0
⑧ 益田	4	0	0
④ 後藤田	3	1	0
⑥ 石井	3	0	0
① 粟村	3	1	0
計	37	6	1

	振	球	犠	盗	失	残	併
広	1	5	3	1	1	10	1
総	10	3	1	0	1	5	0

	振	球	犠	盗	失	残	併
広	1	5	3	1	1	10	1
総	10	3	1	0	1	5	0

▽本塁打　榛浦（粟村）小林（粟村）▽二塁打　川島、小林▽暴投　粟村

投手	回	打	安	責
野村	11	41	6	1
粟村	11	47	9	4

【ベンチ入りした主なプロ野球選手】

≪広陵≫

野村祐輔	明大－広島・12年ドラフト1位
小林誠司	同大－日本生命－巨人・14年ドラフト1位
土生翔平	早大－広島・12年ドラフト4位
上本崇司	明大－広島・13年ドラフト3位

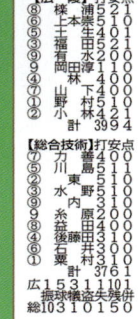

㉗⑤ 2007年8月11日
第89回全国高校野球選手権1回戦

広陵（広島）–駒大苫小牧（南北海道）

九回、広陵2死一、二塁、林の二塁内野安打と敵失の間に、二塁走者に続いて一塁走者の山下も生還し、5−3とする。②は捕手幸坂

広陵 執念の逆転劇

第89回全国高校野球選手権第4日は11日、甲子園球場で1回戦4試合があった。第4試合に登場した広陵（広島）は昨年準優勝の駒大苫小牧（南北海道）を九回に逆転し、5−4で勝った。

広陵は1点を追う九回2死一、三塁から山下が左前打を放ち同点。続く林の二塁内野安打と相手の送球ミスから2点を加え、試合をひっくり返した。

主戦野村は二回2死二塁から連続適時打され、2点を献上。1点差とした五回にも加点された。その後はテンポのいい投球で駒大苫小牧打線を抑え、土壇場の反撃を呼んだ。九回のピンチも1失点でしのぎ、逃げ切った。

心一つ 九回の「奇跡」 監督の活 闘志に火

「奇跡です」。同点の本塁を踏んだ広陵・上本崇の言葉がこの試合を物語っていた。九回2死から同点打を放ったのは左手首を故障し、途中出場の山下。中井監督も「苦労してきた山下にあそこで回ってきて、打ってくれるとは」と喜んだ。

苦しい展開だった。駒大苫小牧に少ない好機をものにされ、六回には好返球で同点機を阻まれた。1点リードされた九回。攻撃が始まる前、指揮官は「おまえらの生きざまを見せてみろ」と活を入れた。その真意は「どこのチームより、まじめに練習に取り組んできた選手たちが負けるはずはない」だった。

ナインは思いに応えた。山下の同点打の後、林が二塁左へ気迫の内野安打。二塁走者の土生主将が三塁を大きく回った。主将は「暴走でした」と振り返ったが、果敢な走塁が捕手の悪送球を誘った。

林は「山下さんが『俺が絶対打つ』と言ってくれた。本当にやってくれて僕も燃えて打席に入った」と明かす。全員の心が一つになっての逆転劇。「僕たちの勝ちへの執念が相手を上回りました」と表現した。

史上初の4年連続決勝進出を狙った高校球界のビッグネームを倒した。中井監督は甲子園通算19勝目。如水館・迫田監督と並び広島県の指導者で歴代トップに立った。「粘り強い僕たちらしい野球ができた。勢いに乗れそうです」と上本崇。広陵は最高のスタートを切った。

山下復活 恩返しの一打

2−3の九回無死一、三塁が2死に変わった局面。四回から出場した山下は天に好機を与えてもらった気持ちで打席に立った。狙い通りの直球をたたくと、打球は左前に抜けた。同点。さらに林の内野安打の際に相手が送球ミス。一塁走者の山下は一気に生還。この回、3点目のホームを踏むと、自然と涙がこぼれ落ちた。

6月の練習試合でフルスイングして左手首の靱帯《じんたい》を損傷。練習はランニングだけで広島大会に臨み、打撃練習を再開したのは本大会の2日前だった。この間、医師ら周囲の人々に支えてもらった。九回の好機には「これらの人に恩返しするために絶対打つ」と念じていた。

加療2、3カ月の診断で、今も痛み止めの薬は欠かせない。万全の状態には程遠いが、「徐々に痛みは和らいで、打撃の感覚も次第に戻ってきた」という。明るさを取り戻したヒーローは、「駒大苫小牧に勝って満足するのではなく、全国制覇して満足したい」と言葉にも力強さが戻ってきた。

広陵	0	0	0	0	1	1	0	0	3	5
駒大苫小牧	0	2	0	0	1	0	0	0	1	4

メモ

「史上初ならず」

広陵に逆転負けを喫した駒大苫小牧。2004、05年には小倉（福岡）以来、57年ぶりに選手権連覇を達成した。06年は決勝で早実（西東京）と延長十五回引き分け再試合の末、準優勝。今大会は、史上初の4年連続決勝進出が懸かっていた。昨秋の北海道大会室蘭地区大会でコールドゲーム負けを喫するなど、大旗奪還は厳しい状況とみられていた。香田誉士史監督は「悔しい気持ちはあるが、これが実力」と話した。

【広陵】		打	安	点	振	球
⑧	椋浦	3	1	1	0	2
⑥	上本崇	5	2	0	0	0
⑤	土生	2	1	0	0	3
③	福田	5	2	0	0	0
⑨	有水	3	0	1	1	0
⑦	内土井	2	0	0	1	0
7	山下	3	1	1	0	0
④	林	5	3	0	1	0
①	野村	4	1	0	0	1
②	小林	2	0	0	1	1

犠	盗	失	併	残	打	安	点	振	球
3	2	0	3	12	34	11	3	4	7

【駒大苫小牧】		打	安	点	振	球
④	小鹿	3	1	0	0	1
⑨	高橋	4	2	1	0	0
③	武田	4	1	0	1	0
R3	五十嵐	0	0	0	0	0
⑦	佐藤	3	0	0	0	1
⑧	菊地	3	1	0	0	0
⑤	安孫子	3	0	0	1	0
5	竹内	0	0	0	0	0
H	中条	1	0	0	0	0
②	幸坂	4	2	1	0	0
①	片山	2	1	1	0	0
1	対馬	1	0	0	0	0
1	久田	0	0	0	0	0
H	樋渡	1	0	0	1	0
⑥	本多	3	1	0	0	0

犠	盗	失	併	残	打	安	点	振	球
1	1	2	0	4	32	9	3	3	2

▽二塁打　幸坂▽暴投　久田
▽ボーク　対馬

投手	回	打	安	振	球	責
野村	9	35	9	3	2	3
片山	5⅔	26	6	3	5	1
対馬	3	12	3	1	1	1
久田	1	6	2	0	1	0

【ベンチ入りした主なプロ野球選手】

≪広陵≫

野村祐輔	明大―広島・12年ドラフト1位
小林誠司	同大―日本生命―巨人・14年ドラフト1位
土生翔平	早大―広島・12年ドラフト4位
上本崇司	明大―広島・13年ドラフト3位

276 2007年8月16日
第89回全国高校野球選手権2回戦

広陵（広島）－東福岡（福岡）

二回、広陵1死一、三塁、上本崇が左越え適時二塁打を放つ。捕手飯田

広陵 猛攻14得点で大勝

第89回全国高校野球選手権第9日は16日、甲子園球場で2回戦4試合があった。第3試合で、広陵（広島）は東福岡（福岡）と対戦。18安打の猛攻で圧倒し、14―2と大勝した。

広陵は18安打で14点と打線が爆発した。

一回、有水の右前打で先制すると、二回は4四死球に上本崇の適時二塁打などで4点。制球難の東福岡・先発水落を攻略した。2番手小原からも四、五回に3点ずつ追加。一方的な展開に持ち込んだ。

先発野村は五回に2点を失ったが、安定した投球。森宗、前田とつないで楽々と逃げ切った。

出はなたたき 序盤大量点

2年生主体の東福岡が相手だけに、前評判は「広陵優位」。それでもナインにおごりはなかった。小林は「力は相手が上。僕らには伝統があるだけで中身は大したことない」と謙虚だったが、結果は広陵の圧勝だった。

思い描いた通りの展開に持ち込んだ。「出はなをたたき、若いチームの戦う意欲をそぐ」という作戦だ。一回に有水の適時打で先制し、二回は連続押し出し四死球などで4点を奪った。「立ち上がりは特に集中した」というエース野村は三回まで被安打1で無失点。「若さの勢いに懸ける」という東福岡・葛谷監督の思惑を打ち砕いた。

1回戦の翌々日の練習中、中井監督の雷が落ちた。駒大苫小牧（南北海道）を下し、ナインに安心感が漂っていた。「自分たちでは気付けなかった。気合を入れてもらい、本来の姿に戻った気がする」と1年の石畑。東福岡戦では大差となった後半も攻撃の手を緩めなかった。「怒ったふりですよ、ふり」と笑った指揮官の見事な選手操縦法だった。

3安打の林は「次戦（福島・聖光学院）は厳しい試合になるはず。きょうのことは忘れ、気を引き締めて臨む」。リラックスしながらも気は緩めない。ナインの精神状態は充実度が増している。

5番有水 3安打3打点

背番号13の5番有水が、3打数3安打1死球の3打点と大当たり。出塁率10割の大活躍に、「今日はチャンスに打ててよかった」と顔をほころばせた。

1回戦の駒大苫小牧戦は3打数無安打。左犠飛による1打点は挙げたものの、2度の好機に凡退したふがいなさに自らを叱った。特に悔いが残ったのが、一回の先制機に三振した場面。「左投手は逆方向を意識して打たなければいけないのに…」。反省が、この試合では生きた。同じ左腕の水落を相手に一回2死一、三塁で、狙い通り右前に先制打。この一打が猛打の呼び水となった。

選抜大会後、打撃フォームをオープンスタンスからスクエアに変え、スランプに陥った。広島大会前はベンチ入りが当落線上の存在だった。櫟浦《とちうら》のアドバイスでフォームを元に戻して復調。大会直前に快音が響くようになった。

3回戦は聖光学院戦。「（死球を受けた）右膝は腫れて痛いが、大丈夫。次も全部打ちたい」と活躍を誓った。

広陵	1	4	0	3	3	0	1	1	1	14
東福岡	0	0	0	0	2	0	0	0	0	2

メモ

「大勝」

18安打の猛攻を見せて12点差で大勝した広陵。春夏を通じて、広島勢が甲子園で10点差以上で勝った試合は広陵が5、広島商が7の計12ある。広陵の最多得点差勝利は1992年春の1回戦、福岡工大付（福岡）戦（14-1）の13点差。広島商は15点差の勝利が最大で、16年夏の中学明善（福岡）戦（19-4）と、2022年春の丹生（福井）戦（22-7）の2度記録している。

【広陵】			打	安	点	振	球
⑧		櫟浦	4	1	1	2	2
⑥		上本崇	5	1	1	2	0
⑤		土生	4	0	0	0	2
③		福田	3	2	1	1	2
H	1	前田	1	0	0	0	0
⑨		有水	3	3	3	0	1
1		森宗	0	0	0	0	1
H		石畑	1	1	0	0	0
R	2	岡田和	0	0	0	0	0
④		林	5	3	2	0	1
⑦		山下	6	3	4	0	0
①	9	野村	4	3	0	1	0
H		内土井	1	0	0	0	0
R		藤村	0	0	0	0	0
9		岡田淳	1	0	0	0	0
②		小林	2	1	2	0	0
3		上本健	0	0	0	0	0

犠	盗	失	併	残	打	安	点	振	球
4	3	0	0	12	40	18	14	6	9

【東福岡】			打	安	点	振	球
⑥		酒井	3	0	1	0	0
H		嶋水	1	0	0	1	0
6		勝田	0	0	0	0	0
⑨		中川	4	0	0	1	0
⑧		鶴田	4	1	0	0	0
②		飯田	2	0	0	2	0
H		吉野	1	0	0	0	0
2		船越	1	0	0	0	0
⑤		西嶋将	4	1	0	2	0
③		西嶋翔	2	1	0	0	0
H	3	平田	1	0	0	1	0
H		島袋	1	0	0	1	0
④		熊谷	2	0	0	0	0
H		宮内	0	0	0	0	1
⑦		栗山	4	1	1	0	0
①		水落	0	0	0	0	0
1		小原	3	3	0	0	0

犠	盗	失	併	残	打	安	点	振	球
1	0	1	0	6	33	7	2	8	1

▽三塁打　林、山下▽二塁打　上本崇、野村、山下、西嶋翔、栗山、西嶋将、石畑▽捕逸　飯田▽暴投　水落、森宗2

投手	回	打	安	振	球	責
野村	5⅔	22	5	3	0	2
森宗	2⅓	9	2	3	0	0
前田	1	4	0	2	1	0

投手	回	打	安	振	球	責
水落	1⅓	14	4	0	6	4
小原	7⅔	39	14	6	3	8

【ベンチ入りした主なプロ野球選手】

《広陵》

野村祐輔	明大―広島・12年ドラフト1位
小林誠司	同大―日本生命―巨人・14年ドラフト1位
土生翔平	早大―広島・12年ドラフト4位
上本崇司	明大―広島・13年ドラフト3位

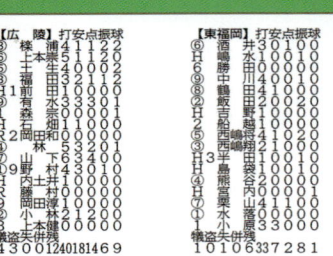

㉗㉗2007年8月18日
第89回全国高校野球選手権3回戦

広陵（広島）－聖光学院（福島）

七回途中まで聖光学院を無失点に抑えた広陵の野村

広陵快勝 8強に進出

第89回全国高校野球選手権第11日は18日、甲子園球場で3回戦4試合があった。第4試合で広陵（広島）は聖光学院（福島）と対戦。8－2と快勝し、準々決勝に進んだ。広陵の8強入りは2002年以来、5年ぶり。

広陵が二回、林以下の3連続短長打と敵失などで3点を先取した。三回には野村からの4連続短長打で3点。早々と試合を決定づけた。

先発のエース野村は直曲球の切れが良く、七回1死まで三塁を踏まさないピッチング。リリーフ陣は九回に2点を失ったものの、大量点に守られて逃げ切った。

監督体調不良 選手が采配

6－0の三回、広陵の中井監督が体調を崩し、「おまえら頼むぞ」とナインに伝えて、ベンチ裏で静養した。「もともとサインはありません。自分たちで考えることには慣れてます」と小林。ナインは突然のアクシデントにも動じず、選手だけで見事に試合を運んだ。

采配で最も難しいとされる投手起用は野村、小林のバッテリー、土生主将の3人で決めた。「野村を休ませよう」と、6点リードの七回1死でエースは降板。小林は「1死を取ってからの方が2番手の前田が楽になる」。イニング途中での交代の意図を明かした。

中盤以降、送りバントや盗塁も決めた。中井監督は「子どもたちのすごさを思い知らされました」と選手を手放しで褒めた。

広島大会開幕の数日前、中井監督は練習中のベンチで意識を失った。過労と強度の熱中症だった。グラウンドに入った救急車で運ばれ入院。「気付いたら病院のベッドだった」と明かす。

試合後、中井監督は球場内の救護室で点滴などを受け、お立ち台に立った。気丈に振る舞う指揮官の姿に「次も心配をかけない試合にしたい」と福田。ナインのたくましさは監督にとって、何よりの良薬だったに違いない。

野村 投打でけん引

エース野村が投打でチームを引っ張った。

切れの良い直球と変化球を低めに集め、七回途中まで聖光打線を被安打3の無失点に抑えた。無四球と制球も安定。「一試合ごとに調子が上がっている」と自信を見せた。

打撃では3安打2打点。二回無死一、三塁で先制の2点二塁打を放った。「真ん中に入ってきた球を振り抜いた」と振り返り、準々決勝に向け、「力を出し切って勝ちたい」と力を込めた。

櫟浦吹っ切れ 全開宣言 2安打2打点

櫟浦《とちうら》が2安打2打点と勝利に貢献した。特に三回に放った右越えの2点三塁打は、チームを勢いづけた。「長打で走者をかえせたのは最高」と喜んだ。

2回戦までは7打数2安打、4四死球。結果に結び付かず、焦りが芽生え始めていた。一回は三振だったが、二回の第2打席で吹っ切れた。2点を先制後の無死一、二塁の場面。「引っ張って走者を進めよう」との意図通り、右前打となって実った。八回には糸を引くような中直。「やっと自分の打撃ができるようになった」と全開宣言を出した。

準々決勝の相手、今治西（愛媛）には新チーム結成直後の昨秋の練習試合で惜敗。自らのバットも不発に終わっている。「打たされるのではなく、振り切って攻略したい」と雪辱を誓った。

広陵	0	3	3	0	0	0	0	1	1	8
聖光学院	0	0	0	0	0	0	0	0	2	2

メモ

「60勝」

広陵が史上9校目となる春夏通算60勝を挙げた。中国勢では広島商（広島）に次いで2校目だった。50勝目を挙げたのが、2003年の選抜大会2回戦の旭川実（北海道）戦。初勝利から81年目での達成だった。60勝までは5年で到達。その間の戦績は10勝3敗だった。

【広陵】		打	安	点	振	球
⑧	櫟浦	5	2	2	1	0
⑥	上本崇	5	2	2	0	0
⑤	土生	5	1	0	1	0
③	福田	3	1	0	1	2
R	藤村	0	0	0	0	0
13	森宗	0	0	0	0	0
⑨	有水	4	0	0	1	0
1	前田	0	0	0	0	0
H	大礒	0	0	0	0	1
R31	上本健	0	0	0	0	0
④	林	4	1	0	0	0
⑦	山下	4	2	1	0	1
①9	野村	3	3	2	0	0
H	石畑	1	0	0	1	0
9	岡田淳	0	0	0	0	0
②	小林	2	1	0	0	1

犠	盗	失	併	残	打	安	点	振	球
3	4	0	0	9	36	13	7	5	5

【聖光学院】		打	安	点	振	球
⑦	菅野	4	0	0	1	0
⑥	島津	4	1	0	0	0
④	渡辺侑	3	0	0	0	1
⑧	末永	4	1	1	1	0
⑨	黒羽	3	1	1	1	0
③	小関	3	0	0	0	0
②	宗方	4	1	0	0	0
⑤	安田	3	1	0	0	0
①	佐藤	0	0	0	0	0
1	鈴木健	2	0	0	2	0
H	鈴木伸	0	0	0	0	1
R	小椋	0	0	0	0	0
1	仲田	0	0	0	0	0

犠	盗	失	併	残	打	安	点	振	球
2	1	1	0	5	30	5	2	5	2

▽三塁打　櫟浦、末永▽二塁打　野村、福田、山下

投手	回	打	安	振	球	責
野村	6⅓	22	3	5	0	0
前田	1⅔	7	1	0	1	0
森宗	⅔	4	1	0	1	2
上本健	⅓	1	0	0	0	0

投手	回	打	安	振	球	責
佐藤	1⅓	8	4	2	1	2
鈴木健	7	31	7	2	3	4
仲田	1	5	2	1	1	1

【ベンチ入りした主なプロ野球選手】

≪広陵≫

野村祐輔	明大－広島・12年ドラフト1位
小林誠司	同大－日本生命－巨人・14年ドラフト1位
土生翔平	早大－広島・12年ドラフト4位
上本崇司	明大－広島・13年ドラフト3位

278 2007年8月19日
第89回全国高校野球選手権準々決勝

広陵（広島）－今治西（愛媛）

四回、広陵2死二、三塁、林が左前適時打を放ち、2−1と勝ち越す。投手熊代

広陵 40年ぶり4強

第89回全国高校野球選手権第12日は19日、甲子園球場で準々決勝2試合があった。第2試合で広陵（広島）は今治西（愛媛）と対戦。7―1と圧倒し、準決勝に進出した。広陵の4強入りは準優勝した1967年以来、40年ぶり3度目。

広陵が今治西の好投手熊代を攻略した。四回2死から2四球の後、山下、林の連続適時打で逆転。五回は櫟浦《とちうら》、土生の適時打でリードを広げた。七回にも3短長打などで3点を加えた。

野村は一回、熊代の適時二塁打で先制を許した。その後も四回まで毎回ピンチを招いたが、要所を抑え打線の反撃を呼び込んだ。

土生主将 適時打2本

沈黙が続いていた3番土生主将のバットに快音が戻った。中盤の好機に2本の適時二塁打。「これまで気持ちが先立っていたが、今日はいい投手が相手なので逆に開き直れた」と目を細めた。

前夜のミーティングで「球数を投げさせて後半勝負」「ボール球になるスライダーに手を出さない」との注意点をナインに徹底。攻略のきっかけとなったのが、四回2死から選んだ自らの四球だった。山下、林の適時打で逆転すると、五、七回には勝負を決定づける適時二塁打を放った。

中井監督が体調不良のため、主将としての責任が増す。準決勝に向けての質問には「点は取れないと思うので、粘りの野球をやりたい」と監督のような口ぶりで決意を述べた。

全員野球 主戦攻略し猛攻

「投打ともに熊代がポイント」と広陵の小林。今治西の潮は「全員をマークしなければ」。両チームの捕手の見解を借りれば、「ワンマンチーム」対「全員野球」の構図だった。広陵ナインは力を結集し、鮮やかに強敵を攻略した。

前夜、選手だけでミーティングを開き、今治西の3回戦のビデオを見た。「熊代は70球でばてた」と分析し「連投の準々決勝は50～60球でへばる」と読んだ。序盤は1人の打者が5球投げさせる戦法に出た。

50球を超えた四回、熊代は2死から2四球と制球を乱した。すかさず山下が右前へ同点打。「思った通り、球が真ん中に集まってきた」と山下。勝ち越し左前打で続いた林は「逆方向を意識して打つのも全員の共通認識だった」と明かす。

10安打中、中堅から逆方向が8本。徹底した打撃で中盤以降、熊代のスタミナと集中力をそぎ取った。前半、打ち込まれた野村が後半立ち直り、打線も七回に決定的な3点を奪い勝負を決めた。

40年ぶりの準決勝進出に「選手に感謝するだけです」と中井監督。山下は「次戦の相手も力は僕らより上。みんなで一丸となって、死ぬ気でぶつかりたい」と力を込めた。広陵の持ち味である「全員野球」が一層輝きを放ってきている。

野村 12三振奪う

エース野村は8回1失点の好投。毎回の12三振を奪った。

序盤は高めに浮いた球を狙われ、再三走者を背負った。1点リードされた三回無死二塁、バントを好フィールディングで処理。走者を三塁でアウトにした。続く満塁のピンチも連続三振で切り抜け、追加点を阻んだ。「練習の成果が出た」と笑顔で振り返った。

昨秋の今治西との練習試合では、熊代に2点本塁打を浴びて敗戦。雪辱を果たしたが「特に意識はしなかった。チームの勝利だけを考え粘り強く投げた」と淡々と答えた。

広陵	0	0	0	2	2	0	3	0	0	7
今治西	1	0	0	0	0	0	0	0	0	1

メモ

「熱中症」

広陵に思わぬハプニングが起きた。3回戦の聖光学院（福島）戦の途中、中井哲之監督が熱中症の症状を訴え、試合後に病院へ直行。一晩、入院した。翌19日にある準々決勝の今治西戦でのベンチ入りが心配されたが、ユニホーム姿で登場。直射日光の当たる三塁側ベンチの最前列で指揮を執った。土生翔平主将は「（監督の体調が）気掛かりだったが、心配させるといけないので平然としていた」。今治西に圧勝し、広陵の春夏通算61勝目を監督にプレゼントした。

【広　陵】	打	安	点	振	球
⑧ 櫟浦	5	2	2	2	0
⑥ 上本崇	3	1	0	1	1
⑤ 土生	3	2	2	0	2
③ 福田	3	0	1	2	1
⑦ 山下	4	2	1	1	0
1 前田	0	0	0	0	0
④ 林	3	1	1	1	0
⑨ 有水	4	0	0	0	0
9 岡田淳	0	0	0	0	0
①7 野村	4	2	0	0	0
② 小林	2	0	0	1	0

犠	盗	失	併	残	打	安	点	振	球
4	1	1	0	5	31	10	7	8	4

【今治西】	打	安	点	振	球
⑦ 浜元	5	3	0	1	0
③ 福井	4	1	0	2	0
⑥ 福岡	4	1	0	2	0
① 熊代	4	2	1	0	0
④ 笠原	3	1	0	0	1
② 潮	4	0	0	4	0
⑤ 尼田	3	0	0	3	1
⑨ 武内	4	1	0	0	0
⑧ 八木	1	0	0	0	0
H8 水安	1	0	0	1	0
H 松本	1	0	0	0	0

犠	盗	失	併	残	打	安	点	振	球
2	0	0	1	10	34	9	1	13	2

▽二塁打　熊代、福井、土生2、山下、櫟浦▽暴投　熊代2

投手	回	打	安	振	球	責
野村	8	35	9	12	2	1
前田	1	3	0	1	0	0
熊代	9	39	10	8	4	7

【ベンチ入りした主なプロ野球選手】

≪広陵≫	
野村祐輔	明大―広島・12年ドラフト1位
小林誠司	同大―日本生命―巨人・14年ドラフト1位
土生翔平	早大―広島・12年ドラフト4位
上本崇司	明大―広島・13年ドラフト3位
≪今治西≫	
熊代聖人	日産自動車―王子製紙―西武・11年ドラフト6位

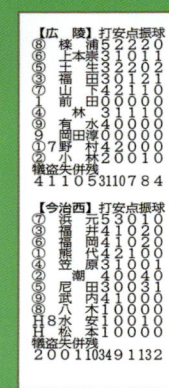

㉗⑨2007年8月21日
第89回全国高校野球選手権準決勝

広陵（広島）－常葉学園菊川（静岡）

広陵「夏」初Vへ王手

八回、広陵1死三塁、山下が投前にスクイズを決め、三塁走者上本崇が生還して4−0とする。捕手石岡

第89回全国高校野球選手権大会第14日は21日、甲子園球場で準決勝2試合があった。第1試合は広陵（広島）が史上6校目の春夏連覇を狙った常葉学園菊川（静岡）を4－3で破り、準優勝した1967年以来、40年ぶり3度目の決勝進出を決め、初優勝に王手をかけた。第2試合は佐賀北（佐賀）が長崎日大（長崎）を3－0で下し、初の決勝進出を決めた。

広陵は一回、土生の右越え本塁打で先制。二回は敵失で加点した。四回には林、有水の連打と内野ゴロで3点目を挙げた。八回には山下がスクイズを決め、リードを広げた。

エース野村は緩急を使った投球で七回まで7安打、無失点。変化球が甘くなった八回、長谷川の適時打で1点を失い、九回にも3連打で2失点。崩れかけたが、粘りの投球で逃げ切った。

4番スクイズ 貴重な追加点 山下

八回1死三塁。この大会で初めて4番に入った広陵の山下は「4番目の打者のつもり」で打席に立った。3－0とリードしていたが、五、六回に続けて併殺を喫し、流れは相手に傾きかけていた。

4球目にスクイズ。「絶対に決める」と球に食らい付いた。打球は投手の正面。三塁走者は中井監督が「広陵史上最高のランナー」と認める上本崇。本塁打は際どいタイミングだったが、巧みな滑り込みでセーフをもぎ取った。上本崇は「左投手だったからその分、（スタートは）速かったかも」と振り返った。

余裕の上本崇に対し、山下は必死だった。五回の前打席は1死一、三塁で遊ゴロ併殺。「スクイズなのか、サインがよく分からなかった。迷ったまま打ってしまった」。スクイズのサインを再確認した八回は「気持ちの準備も万全」だった。

終わってみれば4－3。結果的には貴重な得点となった。「三塁に走者が進めば、スクイズで4点目を取ろうと伝えていた。よく決めてくれた」と中井監督。期待に応えたナインが初の夏の頂点に向け、大きく歩を進めた。

野村完投 「強振」かわす

エースの巧みな投球が、強打を誇る常葉学園菊川に主導権を渡さなかった。野村は終盤に3失点しながらも、完投でリードを守り抜いた。「最後は勝ちを急ぎ過ぎたが、バックが必ず守ってくれると信じていた」と会心の笑みを浮かべた。

強振してくる打線に対して「低めと緩急」を意識。苦手の一回は、膝元へのスライダーを内外角へ散らし、100キロ台のカーブも織り交ぜて三者凡退で滑り出した。捕手の小林は「スライダーがワンバウンドした。いけると確信した」と低めへの制球に手応えを感じ取った。

リードを奪うと小気味よいテンポの中で、「普段は数球程度」という90キロ台のスローボールを多投。打ち気にはやる強力打線を見事にかわした。味方が立て続けに併殺で好機を逸した五、六回も「辛抱のしどころ」と自らに言い聞かせ、傾きかけた流れを引き戻した。

九回のピンチも慌てることなく乗り切った。「この大会で、どんな場面でも落ち着いていられるようになった」。甲子園で成長を続ける右腕は選抜王者を抑え込み、決勝のマウンドを勝ち取った。

広陵・中井監督の話

一生に一度

明日、大会が終わるという実感がない。今日も広陵のグラウンドで練習試合をしているような気分だった。（決勝に向けては）こんなチャンスは一生に一度しかない。思い切っていこうと選手たちには言います。

佐賀北・百崎監督の話

夢のようだ

決勝に進出するなんて夢のようだ。とにかく決勝にふさわしいゲームがしたい。

広陵	1	1	0	1	0	0	0	1	0	4
常葉学園菊川	0	0	0	0	0	0	0	1	2	3

【広　陵】	打	安	点	振	球
⑧ 椋　浦	4	0	0	0	0
⑥ 上本崇	4	2	0	1	0
⑤ 土　生	4	2	1	0	0
⑦ 山　下	3	1	1	0	0
③ 福　田	3	0	0	2	1
④ 　林	3	2	0	0	1
⑨ 有　水	2	1	0	0	0
9 岡田淳	1	0	0	0	0
① 野　村	3	0	1	0	0
② 小　林	4	0	0	1	0

犠盗失併残
33015 31 8 3 4 2

【常葉学園菊川】	打	安	点	振	球
⑧ 高　野	4	1	1	1	1
④ 町　田	5	1	0	2	0
⑥ 長谷川	4	1	1	2	0
⑨ 相　馬	4	3	0	1	0
⑦ 中　川	2	0	0	1	0
H 樋　口	1	0	0	0	0
5 前　田	1	0	0	0	0
③ 酒　井	4	3	0	0	0
② 石　岡	4	0	0	2	0
⑤7 伊　藤	4	2	0	1	0
① 田　中	2	0	0	1	0
H 山　田	1	0	0	1	0
1 戸　狩	0	0	0	0	0
H 小　林	1	1	1	0	0
R 遠　藤	0	0	0	0	0

犠盗失併残
00128 37 12 3 12 1

▽本塁打　土生1号（田中）▽三塁打　伊藤▽二塁打　相馬、小林（菊）▽暴投　田中

投手	回	打	安	振	球	責
野村	9	38	12	12	1	3
田中	7	28	7	4	1	2
戸狩	2	8	1	0	1	1

【ベンチ入りした主なプロ野球選手】

≪広陵≫	
野村祐輔	明大－広島・12年ドラフト1位
小林誠司	同大－日本生命－巨人・14年ドラフト1位
土生翔平	早大－広島・12年ドラフト4位
上本崇司	明大－広島・13年ドラフト3位
≪常葉学園菊川≫	
田中健二朗	横浜・08年高校生ドラフト1位

メモ

「がばいばあちゃん」

小説「佐賀のがばいばあちゃん」の原作者で、広陵OBのタレント島田洋七さんが「どっちも頑張れ」と決勝に進んだ広陵と佐賀北にエールを送った。島田さんは幼少期に祖母のいる佐賀で過ごした。その後、出身地の広島へ戻り、広陵へ進学。2年夏まで野球部に在籍した。佐賀北に進んだ友人もおり、「この2校が戦うなんて」と複雑な心境を吐露。それでも「どちらが勝ってもおめでとうと言いたい」と話した。

㉘⓪ 2007年8月22日
第89回全国高校野球選手権決勝

広陵－佐賀北
（広島）（佐賀）

八回、佐賀北1死満塁、副島（奥）に左越えの逆転本塁打を浴び、打球の行方を見る野村

準優勝のメダルを胸に甲子園球場を行進する広陵ナイン

広陵 初優勝逃す 佐賀北が初V

第89回全国高校野球選手権大会最終日は22日、甲子園球場で広陵（広島）－佐賀北（佐賀）の決勝があった。40年ぶり3度目の決勝進出となった広陵が試合を優位に進めたが、八回に満塁本塁打などで4－5と逆転され悲願の初制覇を逃した。佐賀北は初優勝。広陵は1927年、67年に続いての準優勝。佐賀勢の優勝は94年の佐賀商以来、2度目。

広陵は八回のわずか一度のほころびで初の選手権制覇を逃した。

4－0で迎えた八回、好投を続けていた野村が佐賀北打線につかまった。1死から連打を浴び四球で満塁。井手に押し出しの四球を与えて1点を返された。続く副島に左翼席へ打ち込まれ、一気に逆転を許した。

打線は二回、山下からの3連打で無死満塁とし、岡田淳の二ゴロが併殺崩れとなる間に先制。さらに楝浦《とちうら》の左前適時打で1点を加えた。

七回には林の安打と死球で1死一、二塁とし、野村が左中間を深々と破る2点二塁打を放って、4点をリードした。

七回まで広陵ペースだったが、四回の1死三塁、五回の2死満塁、六回の1死二、三塁でいずれも無得点。あと一押しできなかったことが響き、手中に収めかけた栄冠を逃した。

八回に逆転満塁弾許す

厳し過ぎる現実だった。八回、広陵のエース野村が逆転の満塁本塁打を浴びた。球場中が耳をつんざくような歓声に包まれた。「これが高校野球。甲子園」。中井監督は短い言葉で振り返り、悔しさをにじませた。

「僕も勝ちを確信していたところが若干あった」。中井監督は心に隙があったことを明かした。七回まで4－0とリードし、野村は1安打無失点と完璧な内容。主導権を握っていただけに、悲願の初優勝を意識するのは無理もなかった。

中盤に追加点が奪える好機を立て続けに逃した。八回、野村の投球に対して急に厳しく見えた判定。5万人で埋まったスタンドの大半が佐賀北に声援を送ったことも少なからぬ影響があった。

特に八回は「うちのベンチの上にいたお客さんまで向こうの応援をしていた。こんな経験は今までにない。選手は雰囲気にのまれてしまったのだろう」と中井監督はため息をついた。

中井監督は「悔いはあります。勝てない相手ではなかった」と無念さを募らせた。土生主将は「自分たちの力以上のものが出せた。最後の最後まで一番長く高校野球をさせてもらい、すべての方に感謝したい」。さわやかに話した主将の潔さが救いだった。

好投の野村 一球に泣く
「勢いにやられた」

たった一球の失投で、エースは球運に見放された。広陵の野村がこの夏、甲子園で投じた697球目。大歓声と悲鳴が交錯する中、左翼席へはじき返された。八回、佐賀北の副島に逆転満塁アーチを浴びた右腕は「相手の勢いにやられたのかも」とつぶやいた。

4点リードのこの回、1死から初の連打と四球で満塁。打者は2番井手。3ボール1ストライクから「思い通りのコース」へ投げた低めの直球だったが、判定はボール。押し出しの四球を与えた。続く副島への3球目は「外角を狙ったスライダー。浮いてしまった」。甘い球を完璧に捉えられた。

七回までは4者連続を含む10奪三振。二回に2点を先制後、佐賀北に二塁も踏ませぬ快投で反撃の糸口すら与えなかった。

七回には自らの2点二塁打で加点。佐賀北・久保の連続無失点記録を34回1/3で止めた。5万人の大観衆の多くは広陵の初優勝を確信し、ナインの誰もが「あの2点で勝てる」と思った。一方の野村は「油断はしていない。優勝も意識しなかった」。平常心を強調したが、一つ歯車が狂うと、大声援に後押しされた佐賀北の勢いを止めることはできなかった。

九回2死後、三振に倒れゲームセット。「最後まで精いっぱいやった。悔いはない」と涙はなかった。駒大苫小牧（南北海道）の4年連続決勝進出や常葉学園菊川（静岡）の春夏連覇を阻んで決勝進出。深紅の大優勝旗はつかみ損ねたが、まぎれもなく甲子園で輝きを放ったヒーローだった。

岡田淳 打撃光る
2安打1打点

公式戦初先発が決勝の舞台となった守備の男がバットで見せた。7番で出場した岡田淳は2安打1打点。「野村を助けたいだけだった」。必死の打撃が光った。

二回無死満塁の第1打席。「どんな形

でも得点を奪いたかった」。たたきつける打撃で二ゴロを放ち全力疾走。先制点につなげた。さらに榛浦の左前打で2点目のホームを踏んだ。

先発はこの日の朝、宿舎で告げられた。「まさか」と思ったが「やってやる」と燃えた。四回には右中間へ二塁打、五回には左前打を放ち好機を演出。途中出場だった準決勝までの2打数無安打が、うそのようにバットが振れた。自慢の右翼の守りでは二回、頭上を襲った打球を難なく処理。八回は長打性の打球をスライディングで止め、単打にとどめた。

1点を追う九回無死一塁。送りバントを一塁前に転がしたが、一塁走者林が三塁を狙ってタッチアウト。「積極的にやった結果なので、しょうがない」と2年生の後輩をかばった。「弱い僕らがここまでこられたのは野村のおかげ。野村が打たれたなら悔いはない」。最初で最後の先発出場。背番号14に涙はなかった。

四回、広陵無死、岡田淳が右中間に二塁打を放つ

福田が3安打

準々決勝、準決勝で無安打と精彩を欠いた福田が3安打。2本の二塁打を放ち、持ち前の長打力も見せたが、「打てても勝たないと意味がない」と実らぬ快打に声を落とした。

二回無死一塁から、山下とのエンドランが成功し中前打。「あれで楽になった」。三、五回には右翼線と中堅右に鋭い当たりの二塁打を放った。

「2試合打てなかったのは力が入り過ぎたため」。反省を決勝では生かしたが、最後に口にしたコメントは逆転負けの悔しさ。「4点目を入れた時は勝てると思ったのに…」と残念がった。

最多タイ8犠打　小林

小林が七回1死二塁から計8個目となる送りバント。過去2人が記録している大会個人最多犠打数(当時)に並んだ。優勝していれば喜べる記録だが、9番打者は「打てない分、走者を進めるのが僕の仕事ですから」と素っ気ない。

犠打より話の中心になったのは、捕手として見た八回の野村の乱れ。「あの時ばかりはスタンドの雰囲気にのまれていたので、『一つずつアウトを取っていこう』と声を掛けたんだが…」とがっくり。「ホームランを打たれた球は、外角を要求したスライダーが真ん中に入った」と痛恨の一球を悔やんだ。

走塁失敗　糧に　2年林

逆転された直後の九回無死一塁の場面。岡田淳が一塁線へ送りバントを決めた。一塁走者の林は、打球を処理する相手内野陣の動きを見て一気に三塁へ。「三塁手が投手の近くにいたので、絶対いけると思った」。果敢な走塁だったが、素早い連係プレーでタッチアウト。同点機を逃すと、次打者の野村に絶体絶命の局面を打開する力は残っていなかった。

三塁を狙った林の走塁は、セーフになれば相手に傾いた流れを引き戻す意味で大きなプレーだった。「二塁より三塁の方が相手にプレッシャーがかかる」との判断は間違いではなかった。抜群の野球センスを持つ林だが、逆転して強い集中力を高めた佐賀北の隙のない守りに好機拡大の芽を摘まれた。

絶好調のバットはこの日も4打数3安打と快音を響かせ、通算24打数13安打の5割4分2厘。チームの躍進に貢献した2年生は、「この失敗をプラスにして出直したい」と前を向いた。

広陵・中井監督の話

最後に乱れた

まさかこんな形になるとは…。最後の最後に思わぬ乱れが出てしまった。この敗戦を、もっともっと勉強して頑張れということだと受け止めます。選手たちには感謝の気持ちでいっぱいです。よくやってくれました。

佐賀北・百崎監督の話

信じられない

信じられません。何が起こったか分からない。2点差なら何とかなると思ったが、七回の2点で駄目かと思った。付けいる隙がなかった。最後の2回に高校生活のすべてをぶつけろと言った。

広陵	0	2	0	0	0	0	2	0	0	4
佐賀北	0	0	0	0	0	0	0	5	×	5

メモ

「判定」

わずか一球の判定が敗戦へのきっかけとなった。4-0で迎えた八回、佐賀北の1死満塁。3ボール1ストライクから、野村祐輔が井手和馬に投じた球は「思い通りのコース」という低めの直球。コース、高さとも文句のつけようのない球に見えたが、球審の右手は上がらず、押し出し四球に。落胆した野村は次打者の副島浩史に逆転満塁弾を浴びた。球審の判定は多くのメディアで疑問視された。試合後、中井哲之監督も疑問を口にしたため、その後日本高野連から厳重注意を受けた。

【広陵】		打	安	点	振	球
⑧	榛浦	3	1	1	0	1
⑥	上本崇	4	0	0	1	1
⑤	土生	5	1	0	0	0
⑦	山下	5	1	0	0	0
③	福田	5	3	0	0	0
④	林	4	3	0	0	1
⑨	岡田淳	3	2	1	0	1
①	野村	3	1	2	2	1
②	小林	2	1	0	0	1

犠盗失併残
4 1 0 0 13 34 13 4 3 6

【佐賀北】		打	安	点	振	球
③	辻	3	0	0	1	1
⑥	井手	2	1	1	1	2
⑤	副島	3	1	4	2	1
②	市丸	4	0	0	1	0
⑦	大串	4	1	0	1	0
④	田中	4	0	0	2	0
⑨	江頭	3	0	0	1	0
①	馬場	0	0	0	0	0
1	久保	3	1	0	2	0
⑧	馬場崎	2	0	0	1	0
H	新川	1	1	0	0	0
R8	松尾	0	0	0	0	0

犠盗失併残
0 0 0 1 4 29 5 5 12 4

▽本塁打　副島3号(野村)▽二塁打　福田2、岡田淳、小林、野村、土生

投手	回	打	安	振	球	責
野村	8	33	5	12	4	5
馬場	1⅔	10	4	1	2	2
久保	7⅓	34	9	2	4	2

【ベンチ入りした主なプロ野球選手】

≪広陵≫

野村祐輔	明大—広島・12年ドラフト1位
小林誠司	同大—日本生命—巨人・14年ドラフト1位
土生翔平	早大—広島・12年ドラフト4位
上本崇司	明大—広島・13年ドラフト3位

広島県大会

281 2008年7月23日
第90回全国高校野球選手権広島大会決勝

広陵（広島）－総合技術（広島）

広陵 激闘制し夏切符

第90回全国高校野球選手権広島大会最終日は23日、広島市民球場で決勝があった。2年続けて同じ顔合わせとなり、広陵が総合技術を12－10で下して2年連続19度目の甲子園出場を果たした。

広陵は五回、相手の守りの乱れを突いて5安打を集め、一挙7点を奪って追い付いた。六回には敵失で勝ち越した。2番手の主戦前田が五回以降、4安打1失点に抑え、勝利を呼び込んだ。

総合技術は一時、7点のリードを奪ったが、5失策が響いた。

7点差をはね返す

準決勝の後、いつもは慎重な広陵・中井監督が「決勝は自信がある」と言い切った。日頃の練習と生活態度を見て、「(このチームは)野球に取り組む姿勢がワンランク上」という手応えがあったからだ。

決勝の序盤。その自信がぐらつきそうになった。四回を終えて2－9。指揮官はベンチでナインに「もう、おまえらに任せた」と伝えた。ここから驚異的な反撃が始まった。

適時打を連ねた五回、1死一塁から併殺性の打球を相手の三塁手が二塁へ悪送球。2死一、二塁からは捕手が一塁へけん制球を悪投。この2失策につけ込み、一気に追い付いた。中井監督は「広陵の諦めない迫力が重圧になったのでしょう」と、相手守備陣の心理を分析した。

「逆転できると思ってました」と4番石畑。ナインを強い気持ちにさせたのは練習量への絶対的な自信だった。林主将は「どこよりも(バットを)振り込み、走り込んだ。だからこんなところで負けられないし、負けるはずはないんです」と強調した。

昨夏の甲子園決勝で敗れ、忘れてきた優勝を中井監督は「宝物」と表現した。石畑は「(決勝で逆転された時の)あの歓声が忘れられない。悔しさをこの夏に生かしたい」。激戦をくぐりぬけ、たくましさを増したナイン。「宝物」を持ち帰るための準備は整った。

昨夏の悔しさをプレーに生かす

逆転の先導役・上本

甲子園へ続く道の先導役となったのが上本だ。「負ける気はしなかった。打った瞬間はベンチ、スタンドに『ありがとう』の気持ちでガッツポーズが出た」

7点差を追う五回に先頭打者として死球で出塁。林の適時打で反撃のホームを踏むと、1点差に迫った2死三塁で左前に運び、試合を振り出しに戻した。

昨夏の甲子園決勝では2年生で遊撃を守った。「(逆転満塁本塁打の)一発で負けた。この一年は一球一球に集中してプレーしてきた。すべては夏のためにやってきた」。流した涙は、無駄にはしなかった。

兄の博紀は同校で4季連続甲子園に出場したプロ注目選手。「最初は守備も打撃もまねていたが、自分は自分」と工夫を重ねて飛躍につなげた。「潜在能力は弟の方が上」と中井監督の信頼は厚い。次は甲子園。「優勝旗を取りたい」。舞台が大きくなればなるほど、期待感は増していく。

大量失点で吹っ切れる 前田

広陵の前田が総合技術の反撃を断ち、甲子園を手繰り寄せた。「体はきつかったが、最後は気持ちで投げた」。九回2死一塁、力善を三振に打ち取り、ガッツポーズ。歓喜の渦にもまれた。

四回1死一、三塁で登板。相手の勢いを止められず、4失点した。「自分の弱さが出た。あれだけ失点し、逆に気持ちが吹っ切れた」。炎天下の中での97球。後半は度重なるピンチをしのぎ切った。

2年連続の優勝を決め、マウンドに集まって喜び合う広陵ナイン

広陵	2	0	0	0	7	2	1	0	0	12
総合技術	0	0	3	6	0	0	1	0	0	10

メモ

「最後の夏」

高校野球でも幾多の名勝負を生んだ旧広島市民球場が、長い歴史に幕を下ろした。新球場(マツダスタジアム)の完成で、最後の夏となった2008年の広島大会。広陵－総合技術の決勝は逆転に次ぐ逆転の展開となり、拍手と歓声が球場を包んだ。優勝した広陵の中井哲之監督は「市民球場の最後にふさわしい試合をすることができた」。県高野連の山下誠理事長は「最後に最高の試合をしてもらえた」と喜んだ。

【広陵】		打	安	点
⑥	上本	5	4	1
⑨	下川	4	1	0
④	林	4	3	1
②	石畑	3	2	2
①3	中田	4	0	1
⑧	有水	5	2	1
⑦	橋本	2	0	0
7	松本	2	2	1
⑤	藤村	4	0	1
③	長谷部	2	0	0
1	前田	3	1	1
	計	38	15	9

【総合技術】		打	安	点
⑦	力善	3	0	0
⑨	西村	3	3	1
③	角井	3	1	3
5	井上	1	0	0
⑤3	水野	5	1	2
②	東	4	1	1
④	後藤田	5	2	1
⑧	古田	4	1	0
①	内	1	0	0
1	藤井	1	0	0
1	田中	1	1	1
H	花原	1	0	0
⑥	石井	2	1	0
	計	34	11	9

	振	球	犠	盗	失	残	併
広	5	8	5	2	0	12	0
総	7	9	3	1	5	9	0

▽二塁打　上本、水野、角井、後藤田2▽暴投　前田

投手	回	打	安	責
中田	3⅓	18	4	5
前田	5⅔	28	7	5
内	4⅔	21	8	5
藤井	2⅓	18	4	0
田中	2⅔	12	3	0

【ベンチ入りした主なプロ野球選手】

≪広陵≫

上本崇司	明大―広島・13年ドラフト3位
中田廉	広島・09年ドラフト2位

広陵－高知
（広島）　（高知）

広陵 高知を振り切る

第90回全国高校野球選手権大会第6日は7日、甲子園球場で1回戦4試合を行い、昨年の準優勝校、広陵は八回に3点を勝ち越し、8－5で粘る高知（高知）を振り切った。雨のために44分間中断した。

広陵は同点に追い付かれた直後の八回1死二塁から、中田が勝ち越しの右前打。上本も2点打を放ち、勝負を決定づけた。

先手を取ったのも広陵。四回2死二、三塁から4連続長短打で5点を先制した。優勢に試合を進めたが、六回、先発中田の制球の乱れを突かれ3失点。七回は2番手前田がつかまり同点とされたが、高知のスクイズを外して逆転を許さなかった。

追い付かれても 投打冷静

広陵は終盤、5点差を追い付かれたが、試合後のナインは「焦りはなかった」と口をそろえた。「学校のグラウンドで練習していることがそのままできた」と中井監督。気力の充実と底力を感じさせた。

象徴的だったのは追い付かれた直後の七回1死三塁。高知ベンチのサインはスクイズ。広陵バッテリーはボールになる低めのスライダーでスクイズを空振りさせた。投手の前田は「走者のスタートが早かった。変化球の握りで、とっさに外した」と冷静さを強調。相手に流れを渡さないビッグプレーとなった。

直後の八回、高知の2番手左腕、公文克の制球の乱れにつけ込み、3点をもぎとった。林主将は「（5点のリードで）気が緩んだつもりはなかったが…。広島大会でも序盤はもたつき、日ごとにチーム状態を上げた。緊張感のある初戦を突破でき、乗れそうです」と強調した。

これで春夏通算63勝。広島商を抜いて県勢の単独首位に立った。中井監督も甲子園で24勝目。中国勢の指揮官では、トップの宇部商の玉国前監督に並んだ。メモリアルな勝利で、そろりと発進した広陵。昨夏の決勝に忘れた優勝を持ち帰るため、次戦は強豪横浜（南神奈川）に挑む。

中田 打撃で勝負強さ

広陵の先発中田は最速148キロをマークしながら、七回途中4失点で降板。六回、自らの失策も絡んで3失点といまひとつだった。「投球はスピードじゃない。六回はバテてしまった」と苦笑した。

一方、6番打者としては先制打と勝ち越し打を放ち、勝負強さを発揮。「自分が点を取られたので、好機で絶対打とうと思っていた。（勝ち越し打は）得意の高めの直球。気持ちで打てた」と精神力を強調していた。

上本 打線に勢い
4安打2打点

「一番、警戒するのは上本君。彼に打たれると打線に勢いがつく」。試合前、高知・島田監督が最もマークしていた上本。4安打、2打点とリードオフマンぶりを発揮して打線を勢いづけ、初戦突破の立役者となった。

上本のバットからはじかれた打球は中前打、左前打、後の2打席はいずれも右前打。特に最後の右前打は、勝負を決定づけるダメ押しの2点打となった。

広島大会でも準決勝の尾道戦で5安打、決勝の総合技術戦は4安打。得意の固め打ちが晴れの舞台でいきなり出た。「たまたま。タイミングの合った納得のバッティングができたのは最終打席だけ」と素っ気ない。

昨年の春、夏に続いて3度目の甲子園。場慣れしているだけに、特に緊張感はないそうだが、「僕らが後輩を引っ張っていかないといけない」との責任を背負っている。だからこそ、「もっと投手が四球を少なくしなければ」と反省を忘れなかった。

2回戦の相手は横浜で、強豪との戦いが続く。「一戦一戦、自分たちの野球をするだけ」。それができれば日本一の夢は、完結できると思っている。

四回、広陵2死二、三塁、先制の2点三塁打を放ち、打球の行方を見ながら一塁を回る中田

広陵	0	0	0	5	0	0	0	3	0	8
高知	0	0	0	0	0	3	2	0	0	5

メモ

「代打応援」

一塁側アルプススタンドでは見事な「代打劇」が披露された。広陵の吹奏楽部がコンクール参加で不在のため、同校の卒業生が演奏した。3年前まで吹奏楽部の顧問を務めていた教諭が声を掛け、7月28日に緊急結成。前年の甲子園での演奏経験者ら30人が集まった。当日はおそろいの黄のTシャツで、息の合った応援曲を奏でた。

【広　陵】	打	安	点	振	球
⑥　上本	5	4	2	0	0
⑨　下川	4	2	0	1	0
④　林	5	1	0	1	0
⑧　有水	3	1	0	0	1
②　石畑	4	0	0	0	0
①3中田	5	2	3	2	0
⑤　船木	3	1	1	0	0
1　前田	0	0	0	0	1
⑦　橋本	3	1	1	0	0
7　松本	0	0	0	0	1
③5長谷部	4	1	1	0	0

犠	盗	失	併	残	打	安	点	振	球
3	0	1	2	7	36	13	8	4	3

【高　知】	打	安	点	振	球
⑧　宮本	5	0	0	1	0
⑥　大石	4	2	0	1	1
④　高木	4	2	0	1	1
②　木下	5	2	3	1	0
③7北山	4	2	0	0	1
⑨　前口	3	0	0	2	1
⑦　塩田	2	0	0	0	0
H3西岡	2	1	1	1	0
①　松井	1	0	0	1	0
H　谷口	1	0	0	0	0
1　公文克	2	0	0	2	0
⑤　堺	3	3	1	0	1

犠	盗	失	併	残	打	安	点	振	球
0	0	0	0	9	36	12	5	10	5

▽三塁打　中田、橋本、長谷部▽二塁打　高木、木下▽捕逸　石畑▽暴投　中田

投手	回	打	安	振	球	責
中田	6⅔	29	8	7	5	3
前田	3	12	4	3	0	1
松井	5	22	8	2	0	5
公文克	4	20	5	2	3	3

【ベンチ入りした主なプロ野球選手】

≪広陵≫

上本崇司	明大―広島・13年ドラフト3位
中田廉	広島・09年ドラフト2位

≪高知≫

木下拓哉	法大―トヨタ自動車―中日・16年ドラフト3位
公文克彦	大阪ガス―巨人・13年ドラフト4位―日本ハム―西武

283 2008年8月12日
第90回全国高校野球選手権2回戦

広陵 － 横浜
（広島）　（南神奈川）

二回、広陵1死二、三塁、下川の中飛で三塁走者の長谷部が本塁を突いたが、タッチアウト。捕手小田

広陵 横浜に逆転負け

第90回全国高校野球選手権大会第11日は12日、甲子園球場で2回戦3試合を行い、昨夏準優勝の広陵（広島）は横浜（南神奈川）に4－7で敗れた。

広陵は横浜を上回る11安打を放ちながら、攻守にわたるミスで逆転負けした。

打線の仕掛けは早かった。一回、上本が先頭打者本塁打を放ち先制。二回には上本の適時二塁打で加点した。続く好機で畳み掛けられず、主導権を握れなかった。

投手陣は先発森宗、2番手中田が二回から5イニング連続で横浜打線につかまり7失点。後半の反撃も届かなかった。

ワンプレーの精度欠く

実力的には広陵が数段上回っていたように見えた。が、負けた。「優勝を狙えるチームだったが、この試合に限っては、広陵ができなかったことを横浜にきっちりやられた」と中井監督。強豪対決の明暗を分けたのは目の前のワンプレーに対する精度の差だった。

失点につながった二つの失策にけん制死…。送りバントの失敗は三つを数えた。横浜のエース土屋の抜群のバント処理を割り引いても、「らしく」なかった。五回無死一、二塁で送りバントを決められなかった下川は「ずっと重圧をかけられた。普通にやれば勝てない相手ではなかったが…」。横浜の隙のない試合運びが広陵の力を半減させた。

二回1死二、三塁では相手中堅手の好返球で犠飛が併殺にすり替わった。横浜は好機での打者の粘りも際立った。中井監督も「勢いとリズムが常に向こうにあった。ここぞという時にいいプレーが出た」と横浜の集中力に脱帽した。

1番上本、3番林が軸の好チームだった。優勝旗を取りに行く旅は道半ばで途切れた。「勝ちたかった。この子らの涙を見るのはつらいから」と中井監督。2年の石畑は「来年、絶対に日本一になります」と誓った。

3安打の林、涙

「たとえ負けても、笑っていよう」。試合前、主将としてナインに伝えていたのに、林の目から涙があふれた。

広島大会で6割6分7厘の高打率をたたき出したバットは、この試合でも快音を響かせ続けた。3打数3安打、1打点。これだけ打っても勝利に導けなかったが、林主将は「自分たちは弱いと言われながらも、甲子園に来ることができた」と、ここまでの過程に満足感を漂わせた。

昨年の選抜は9打数1安打だったが、選手権では24打数13安打。今夏は8打数4安打。甲子園通算4割3分9厘と打ちまくった。169センチ、55キロと小柄な3番打者は、「これほどのいい経験をさせてもらって幸せ。この思い出を忘れずに、これからの人生を頑張っていきたい」と前を向いた。

後輩に夢託す　上本

クールな1番打者上本は涙が止まらなかった。「昨年は（準優勝で）悔しい思いをしたので、先輩たちのためにも優勝旗を持って帰りたかった」とうなだれた。

一回に先頭打者本塁打、二回には適時二塁打を放った。「思い切りいこうと思った。チームに勢いをつけたかった」。自らの役割は果たせたが、勝利には届かず「2年生には来年は頼むぞと声をかけました」。夢を後輩に託した。

広陵	1	1	0	0	1	0	0	1	0	4
横浜	0	1	1	2	1	2	0	0	×	7

メモ

「甲子園レジェンズ」

第90回記念大会は10年ぶりに6府県が2代表制となり55校が参加。大阪桐蔭が17年ぶり2度目の栄冠を手にした。開会式前には、中西太氏（香川・高松一）、太田幸司氏（青森・三沢）、香川伸行氏（大阪・浪商＝現大体大浪商）ら甲子園を沸かせた名選手11人が集うイベント「甲子園レジェンズ」が開かれた。選手は母校のユニホームに身を包み登場。子どもたちとキャッチボールを楽しんだ。

【広　陵】		打	安	点	振	球
⑥	上本	4	2	2	0	1
⑨	下川	4	1	0	0	0
④	林	3	3	1	0	1
⑧	有水	3	0	0	0	1
③13	中田	4	1	0	0	0
②	石畑	4	0	0	1	0
⑦	橋本	4	2	0	0	0
R	松本	0	0	0	0	0
①	森宗	1	0	0	0	0
H31	前田	2	0	0	0	1
⑤	長谷部	4	2	0	0	0

犠盗失併残
0 0 3 0 6 33 11 3 1 4

【横　浜】		打	安	点	振	球
⑤	倉本	5	1	0	1	0
⑥	大石	4	1	1	1	1
④	松本	3	1	1	0	1
③	筒香	5	2	2	0	0
3	工藤	0	0	0	0	0
⑦	岩間	4	2	0	0	0
⑨	小川健	1	0	0	0	3
①	土屋	4	0	1	1	0
②	小田	4	2	1	1	0
⑧	中原	3	0	0	1	1

犠盗失併残
1 3 2 3 9 33 9 6 5 6

▽本塁打　上本1号（土屋）▽三塁打　大石、松本（横）▽二塁打　上本、小田、岩間▽暴投　土屋

投手	回	打	安	振	球	責
森宗	3	16	2	2	4	1
中田	3	17	7	1	1	4
前田	2	7	0	2	1	0
土屋	9	37	11	1	4	3

【ベンチ入りした主なプロ野球選手】

≪広陵≫	
上本崇司	明大—広島・13年ドラフト3位
中田廉	広島・09年ドラフト2位
≪横浜≫	
筒香嘉智	横浜・10年ドラフト1位—レイズ—ドジャース—パイレーツ—ブルージェイズ—レンジャーズ
倉本寿彦	創価大—日本新薬—DeNA・15年ドラフト3位
土屋健二	日本ハム・09年ドラフト4位—DeNA

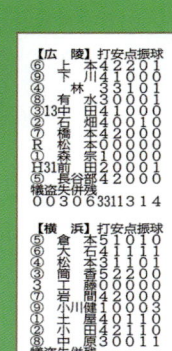

マツダスタジアムで初めてあった決勝で、甲子園出場を決め、笑顔で応援席に向かう如水館ナイン

広島県大会

㉘④ 2009年7月31日
第91回全国高校野球選手権広島大会決勝

如水館(広島)―広陵(広島)

如水館 新球場で初王者

第91回全国高校野球選手権広島大会最終日は31日、マツダスタジアムで決勝があり、如水館が3年ぶり6度目の甲子園出場を決めた。今春オープンした同スタジアムでは初の決勝。新球場元年にふさわしい熱戦の末、如水館は広陵を2―1で振り切った。広陵は3連覇を逃した。

如水館は三回1死から、山田、白岩の連続死四球で一、二塁とし、有山の中越え二塁打で2点を先制した。投手陣は先発幸野から池内につなぎ、最後は再登板の幸野が締めた。バックも堅い守りでもり立て、広陵を1点に抑えた。

広陵は九回1死二、三塁から二ゴロの間に1点を返したが、10残塁。一回1死一、三塁の先制機を併殺で逃したのが響いた。

堅守を発揮 接戦制す

如水館の迫田監督は決勝の大舞台でもほとんど動かなかった。「選手自らが動き、指揮官の想像以上のプレーをする」。甲子園が懸かった一戦でも、ナインはレベルの高い要求に、接戦を制するという最高の形で応えた。

2点リードの五回の守り。先頭の香川に四球を与えた。直後の初球、捕手宮本は高めに外す球を要求。船木を空振りさせ、俊足の香川の盗塁を阻んだ。ベンチで背番号20の広延がエンドランのサインを見破っていた。「分かったら目で教えてくれと伝えてあった」と宮本。反撃の芽を摘んだ。

この日、迫田監督がサインを出したのは1度。七回2死後、白岩へのセーフティーバントだけだった。投手右へ転がし、内野安打にした白岩は「相手一塁手が1年生だったのであの方向に狙った」と明かした。

宮本は「(決勝は)監督の考えの上をいけた」と胸を張る。迫田監督は「心構えの部分でチームが変わってきた」と手応えを口にし、「技術的にはまだまだ伸びる」と期待する。激闘を通じ、心身ともにたくましくなったナイン。目標の「甲子園で勝てるチーム」に向けて、一皮むけた。

主将有山 決勝2点打

主将の鋭い一振りが如水館ナインに勇気を与えた。そしてチームに勝利をもたらした。有山が三回1死一、二塁から中越えの2点二塁打。「みんながチャンスで回してくれた。僕が打てば勝てる」。広陵の好投手有原を攻略する決勝打で3年ぶりの甲子園を手繰り寄せた。

一回、広いマツダスタジアムの右翼フェンス上段に当たる三塁打を放った。「スライダーを見極めれば打てる。直球をたたこう」。自らのバットで証明し、三回の適時打も直球をはじき返した。

大会前、まとまりを欠くチーム状態に思い悩んだ。「自分はきつい一言が言えない性格。プレーで引っ張るしかない」と決意。4回戦の逆転三塁打や準決勝のサヨナラ打で勝ち進むにつれ、「みんなの心が一つになるのがうれしかった」。

奈良県出身。如水館への進学はホームページを見て「何となく決めた」。1歳違いの兄裕太さんは昨夏、大阪桐蔭の正捕手で全国優勝。「ベンチの雰囲気や初戦独特の感覚」などの甲子園対策に関わる助言を受けた。

「広島大会のように、一試合ずつ大事に戦いたい」。晴れ舞台での主将の一振りが、さらなる一体感を生み出す。

好継投を見せ 1点に抑える

エース幸野と左腕池内が好継投で広陵を1点に抑えた。

先発幸野は毎回走者を出しながら「一人ずつ打ち取ることだけを考えていた」。五回1死後に登板した池内は「(交代は事前に)告げられていなかった」と明かしたが、「良い投球ができた」と振り返った。

九回無死一、二塁で、一塁に回っていた幸野が再登板。最後の打者を直球で遊ゴロに仕留めた。校歌が流れ始めると「チームメートや応援団のことを思うと自然に…」。いつも冷静なエースの目に涙が光った。

	1	2	3	4	5	6	7	8	9	計
如水館	0	0	2	0	0	0	0	0	0	2
広陵	0	0	0	0	0	0	0	0	1	1

メモ

「新球場」

春にオープンしたばかりの新球場、マツダスタジアムでの初の決勝は、平日にもかかわらず、約1万人の観衆を集めた。観戦は内野席だけの予定だったが、試合中盤に立ち見客が出始めたため急きょ左翼席を開放した。雨の影響で日程が3日延び、この日は広島―横浜のナイトゲームが予定されていたが、球団の配慮で午前9時半プレーボールで実施した。

【如水館】		打	安	点
⑧	山田	4	0	0
⑨	白岩	3	2	0
④	有山	4	3	2
②	宮本	4	0	0
①31	幸野	4	1	0
⑥	宇山	3	0	0
⑦	森重	2	0	0
1	池内	2	0	0
3	鈴木	0	0	0
③7	金尾	2	1	0
R7	絹川	1	1	0
⑤	森兼	3	0	0
	計	32	8	2

【広陵】		打	安	点
⑨	香川	3	1	1
⑤	船木	4	0	0
②	石畑	4	2	0
③	丸子	3	0	0
⑦	森岡	4	1	0
⑧	橋本	4	2	0
④	福田周	3	2	0
⑥	宮本	3	0	0
①	有原	2	0	0
H	上村	0	0	0
	計	30	8	1

	振	球	犠	盗	失	残	併
如	10	3	2	0	1	8	1
広	5	5	3	1	0	10	0

▽三塁打　有山▽二塁打　有山、石畑、森岡

投手	回	打	安	責
幸野	4⅓	19	5	0
池内	3⅔	16	3	1
幸野	1	3	0	0
有原	9	37	8	2

【ベンチ入りした主なプロ野球選手】

≪広陵≫

有原航平	早大―日本ハム・15年ドラフト1位―レンジャーズ―ソフトバンク
福田周平	明大―NTT東日本―オリックス・18年ドラフト3位

如水館—高知
（広島）　（高知）

七回、高知1死一、三塁、マウンドで西見（右から3人目）を励ます有山主将（右端）たち如水館ナイン

如水館 初戦突破ならず

第91回全国高校野球選手権大会第2日は11日、甲子園球場で2日順延となった1回戦4試合を行った。2日続けて降雨ノーゲームとなった如水館（広島）—高知（高知）は、如水館が3—9で敗れ、8年ぶりの初戦突破はならなかった。高知は30年ぶりの初戦勝利で、高知勢は夏通算80勝となった。

如水館は投手陣が誤算だった。先発幸野は一回、木下の中前適時打で先制を許すと、二回にも2点を失い交代。2番手西見は好投したが、七回1死満塁で降板した。救援の池内、浜田が崩れて5失点。6点差とされ、試合は決まった。

打線は二回、森兼の左前適時打で1点を返し、六回は西見の左前適時打で1点差に詰め寄った。高知の左腕公文から9安打を放ったが、14三振を喫するなど、攻略し切れなかった。

継投失敗 七回5失点

七回、緊迫した好試合が一気に崩れた。如水館は継投の失敗から5点を失い、勝負は決した。迫田監督は「私（の采配）が敗因。選手はよくやった。つないだのが下級生では仕方ない」とため息をついた。

2安打と敬遠四球で1死満塁となり、三回から4イニングを無失点と好投していた西見を代えた。指揮官がマウンドに送ったのは、ノーゲームとなった前日も制球が定まらなかった2年生左腕の池内。「失点を防ぐ意識が強過ぎ、力んだ」。押し出し四球を与えた。1年生左腕の浜田も押し出し四球の後、連打を浴びて流れを止められなかった。

雨で2試合続けてノーゲームとなり、3連投となった先発幸野は不調のため、2回で降板。3回限定の予定だった西見は5イニング目で力尽きた。後を継いだ投手陣も誤算。有山主将は「広島大会では動揺する場面はなかったが、あの七回はやられる予感しかなかった」と振り返る。チームリーダーも雰囲気にのみ込まれるほど追い詰められていた。

敗れたものの選手が自ら考えてプレーする姿勢を貫き、甲子園切符をつかんだ。「この野球で甲子園に出たのは初めて。素晴らしい経験になった。選手は必ず成長する」と迫田監督。新たな如水館のスタイルを築くため、第一歩を刻む夏となった。

元エース西見 意地の好救援

憧れのマウンドで、元エースが意地を見せた。背番号10の西見が好救援。「使ってくれた迫田監督、応援してくれる人々への感謝をボールに込めた」。終盤まで熱戦を演出した。

1—3の三回に、マウンドへ向かった。「自分の投球で流れを引き寄せる」。3番から始まる好打順を抑えると、四、五、六回も無失点にしのいだ。七回は球が高めに浮き、1死満塁で降板。「疲れが出て、腕が振れなくなった」と悔やんだ。

昨夏は、背番号1を背負い甲子園を目指した。結果は出ず、3回戦で敗れた。昨秋の県大会も初戦敗退。エースの座を幸野に譲り、サポート役に回った。今夏の広島大会も、投げたのは1イニングだけ。「もう一度、監督の信頼を取り戻したい」。ブルペンで静かに登板の機会を待っていた。

降板直後、迫田監督から「いいボールだった」と声をかけられた。「ピンチでも楽しかった。最高の場所でした」。取り戻した信頼と自信を胸に、甲子園に別れを告げた。

3連投の幸野 「悔いはない」

3日連続の先発となった如水館の幸野。4長短打で3点を失い2回で降板。七回途中からマウンドに戻ったが、九回にも失点した。3日間で計214球。「連投の疲れはなかった。悔いはない」とさばさばした表情で答えた。

高知打線は狙い球を絞ってきた。一回の木下、二回の池知の適時打はいずれも外角のスライダーを狙われた。ブルペンから見守っていた西見は「研究されているなと思った」と明かす。幸野は「甘い球はなかったと思う。相手が上だった」と涙は見せなかった。

高知	1	2	0	0	0	0	5	0	1	9
如水館	0	1	0	0	0	1	0	1	0	3

メモ

「最多」

第91回大会を制したのは中京大中京（愛知）。日本文理（新潟）との決勝を10−9で制し、43年ぶり7度目の優勝を果たした。日本文理は6点を追う九回2死から猛反撃。1点差まで詰め寄ったが、最後は中京大中京のエース堂林翔太（広島）を継いだ森本隼平が締めた。7度目の制覇は6度で並んでいた広島商（広島）を抜いて単独最多。

【高　知】	打	安	点	振	球
⑦ 池　知	6	1	1	2	0
④ 田　中	5	1	0	0	0
⑥ 西　岡	5	2	0	0	0
② 木　下	5	2	1	1	0
① 公　文	2	1	0	0	3
③ 大　石	2	1	1	1	2
⑧ 浜　口	3	0	1	1	2
⑤ 吉　井	4	1	3	0	0
⑨ 岡　本	5	3	2	1	0

犠盗失併残
2 1 0 1 10 37 12 9 6 7

【如水館】	打	安	点	振	球
⑧ 山　田	4	1	0	2	1
⑨ 白　岩	4	0	0	3	0
④ 有　山	4	1	0	1	0
② 宮　本	4	2	1	2	0
①31 幸　野	4	0	0	1	0
⑥ 宇　山	4	2	0	0	0
③ 金　尾	1	0	0	1	0
1 西　見	2	1	1	0	0
1 池　内	0	0	0	0	0
1 浜　田	0	0	0	0	0
3 鈴　木	0	0	0	0	0
H 白　石	1	0	0	1	0
3 広　延	0	0	0	0	0
⑦ 絹　川	2	0	0	2	2
⑤ 森　兼	4	2	1	1	0

犠盗失併残
0 1 1 2 7 34 9 3 14 3

▽本塁打　宮本1号（公文）
▽二塁打　大石、池知▽暴投　幸野

投手	回	打	安	振	球	責
公　文	9	37	9	14	3	3
幸　野	2	11	4	0	0	3
西　見	4⅓	21	5	4	3	3
池　内	⅔	2	0	0	2	2
浜　田	⅔	2	2	0	0	0
幸　野	2⅔	10	1	2	2	1

【ベンチ入りした主なプロ野球選手】

≪高知≫

木下拓哉	法大—トヨタ自動車—中日・16年ドラフト3位
公文克彦	大阪ガス—巨人・13年ドラフト4位—日本ハム—西武

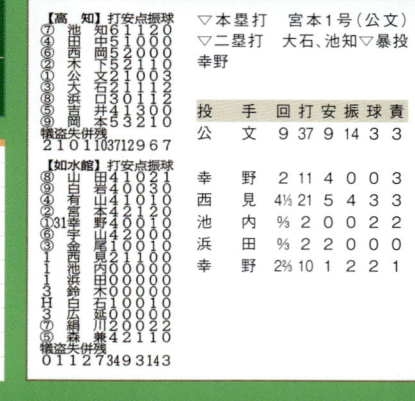

広陵－立命館宇治
（広島）（京都）

五回、広陵1死一、二塁、御子柴の二ゴロで二塁に滑り込む一塁走者の蔵桝㊨。二封後、遊撃手土肥㊥が一塁に悪送球し、6－5と勝ち越す

広陵が逆転 2回戦進出

第82回選抜高校野球大会第2日は22日、甲子園球場で1回戦3試合があり、広陵（広島）は立命館宇治（京都）に7－6で逆転勝利を収め、2回戦に進出した。選抜での広島勢の白星は3年前に8強入りした広陵以来。

　広陵は三回、丸子、蔵桝の適時長短打などで3点差を追い付いた。4－5の五回には丸子の同点打の後、敵失で勝ち越し、有原の右前打で突き放した。エース有原は制球が悪く、失策も絡んで6失点。打線の援護を受け、1点差でしのぎ切った。

主戦不調 打線が援護

　広陵が苦しみ抜いて1回戦を突破した。中井監督は「勝ちたい気持ちで相手を上回れた。選手たちが最後まで落ち着いて戦ったのが勝因」と振り返った。頼みの主戦有原は不調。攻守にミスを連発しながらも逆転したナインをたたえた。

　初戦の重圧なのか、序盤から選手には硬さがあった。失策、暴投、バント失敗、走塁死…。らしくない動きの仲間を、福田主将は鼓舞した。「きれいに勝つ必要はない。粘り強く相手より1点多く取ろう」

　呼応したのは打線だった。指揮官の指示通り、ファーストストライクを逃さず、素直に打ち返した。2安打2四球で3得点の2番徳田は「甘い球は初球から狙った」と胸を張った。11安打のうち中堅から逆方向が8本。狙い通りの打撃で効率良く7点を奪い、相手のミスにもつけ込んだ。

　打線以外は精彩を欠きながらも勝てただけに、チームの底力は示せた。福田主将は「どんな形でも勝てたので勢いがつく」と前向きに捉える。この試合で出たミスを修正できれば、春に強い「サクラの広陵」の季節がやってくる。

1年4番丸子 貴重な2打点

　劣勢の流れからチームを救ったのは、1年の4番丸子だった。五回の同点打を含む3安打2打点。「あまり考えず、思い切り良く打っていった結果」と胸を張った。

　一回2死から、先制点の呼び水となる左中間適時二塁打。3点を追う三回は反撃の右中間適時二塁打。五回には1死二塁から、初球のカーブを左前へ運び、試合を振り出しに戻した。「変化球狙いだった。引きつけ、センター返しができた」と自画自賛。すべて貴重な一打だった。

　入学直後の昨年5月から4番。「1年生で『広陵の4番』を打つという重圧を感じ続けてきた」。結果を意識し過ぎて消極的な打席が目立っていたが、冬の厳しい走り込みが精神面を鍛えるきっかけとなった。「自分に自信が持てて、初球から振れるようになった」。この日の3安打もすべて最初のストライクを捉えた。

　初安打、初打点を記録。あとは本塁打だが、「次戦もつなげる打撃で貢献するだけ」と言い切った。

有原174球の完投

「勝たないといけないと力んだ」と広陵の有原。甲子園の初戦のプレッシャーからは、さすがのエースも逃れられなかった。

　直球もスライダーも制球が乱れた。「記憶にない」という与四死球8。唯一、安定していたチェンジアップを駆使して1点差で逃げ切り「勝ててよかった」と、ほっとしていた。

　174球の完投でつかんだ白星には手応えも感じた様子。「最も難しい1回戦を乗り切り、次戦は楽に投げられると思う。無失点でいきたい」と前を向いた。

広　陵	1	0	3	0	3	0	0	0	0	7
立命館宇治	4	0	1	0	0	0	0	0	1	6

メモ

「波紋」

　広陵が初戦突破した大会第2日、開星（島根）の野々村直通監督の発言が大きな波紋を呼んだ。この日の第1試合で、21世紀枠で出場の向陽（和歌山）に1－2で敗退。「21世紀枠に負けて末代までの恥」「やめたい。腹を切りたい」といった侮辱的発言を繰り返した。野々村監督は不適切発言だったと謝罪。責任を取って監督を辞任した。

【広　陵】	打	安	点	振	球
④ 福　田	4	0	0	0	0
⑨ 徳　田	3	2	0	0	2
⑤ 三　田	4	0	0	0	1
③ 丸　子	4	3	2	0	0
⑦ 蔵　桝	3	2	2	0	1
7 豊　田	0	0	0	0	0
⑧ 御子柴	4	1	0	0	0
① 有　原	4	2	1	1	0
⑥ 二　宮	4	0	0	1	0
② 新　谷	3	1	0	1	1

犠	盗	失	併	残	打	安	点	振	球
1	0	2	0	5	33	11	5	3	5

【立命館宇治】	打	安	点	振	球
⑥ 土　肥	4	0	0	4	1
③ 服　部	4	0	0	1	0
⑦ 西　川	4	2	0	1	1
⑤ 古　川	3	1	1	1	1
② 小　崎	4	1	1	0	1
⑨ 田　口	3	1	1	1	1
⑧ 岩　本	2	0	0	1	2
④ 清　水	3	2	2	0	1
① 川　部	4	0	0	4	0

犠	盗	失	併	残	打	安	点	振	球
2	3	2	2	8	31	7	5	13	8

▽二塁打　丸子2、小崎、清水
▽暴投　有原2、川部2

投手	回	打	安	振	球	責
有　原	9	41	7	13	8	1
川　部	9	39	11	3	5	4

【ベンチ入りした主なプロ野球選手】

≪広陵≫

有原航平	早大―日本ハム・15年ドラフト1位―レンジャーズ―ソフトバンク
福田周平	明大―NTT東日本―オリックス・18年ドラフト3位

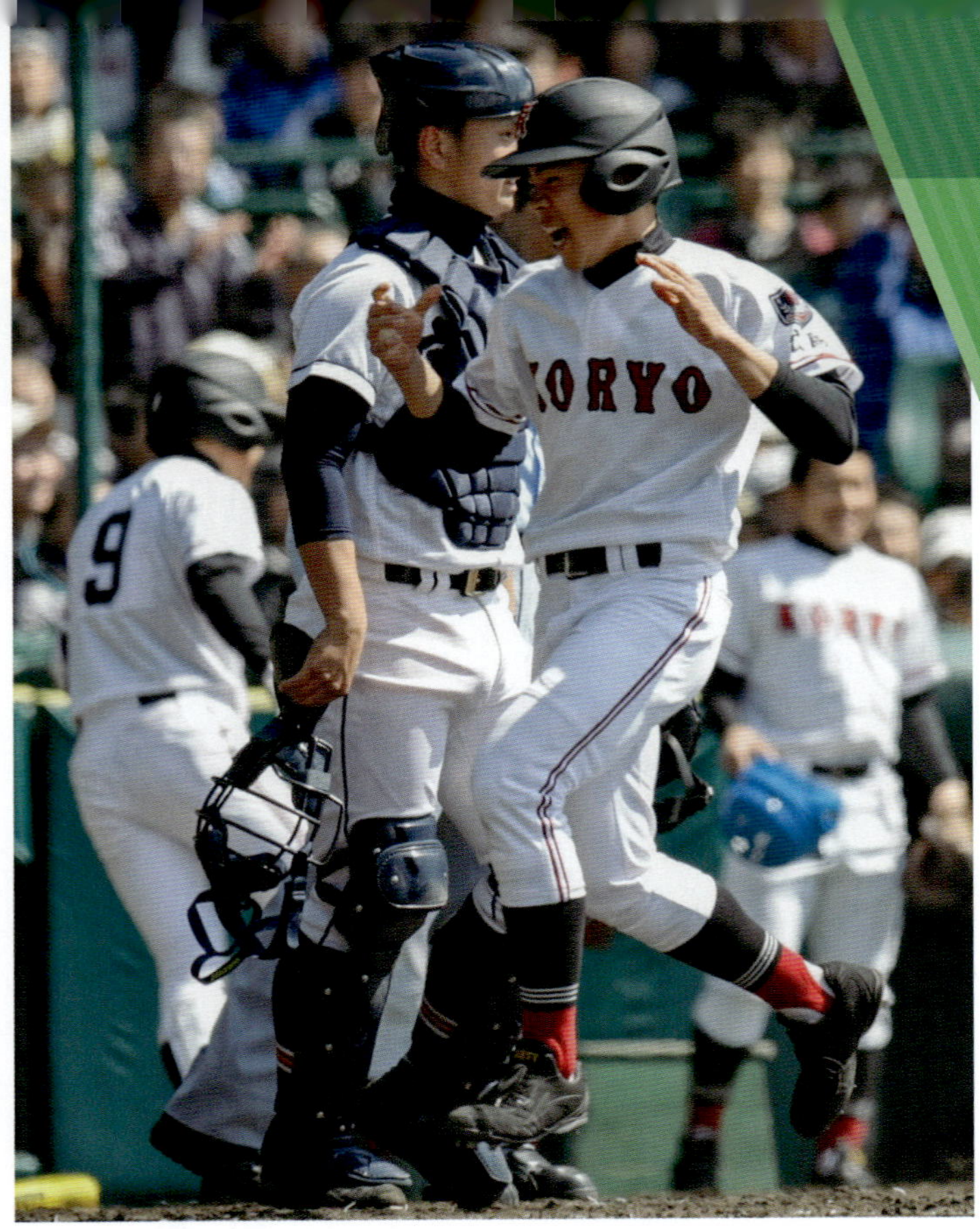

九回、広陵無死満塁、三田の中前打で手をたたきながらサヨナラのホームを踏む代走奥本㊨。捕手伊比井

287 2010年3月29日
第82回選抜高校野球大会2回戦

広陵（広島）－宮崎工（宮崎）

広陵 3年ぶり8強入り

第82回選抜高校野球大会第7日は29日、甲子園球場で2回戦3試合を行い、広陵（広島）は初出場の宮崎工（宮崎）に1―0でサヨナラ勝ちし、3年ぶりに8強入りした。

広陵は0―0の九回、蔵桝、丸子の連続短長打と敬遠の四球で無死満塁とし、三田の中前打でサヨナラ勝ちした。主戦有原は直曲球を内外角に散らして10三振を奪い、2安打完封。七回1死二塁から暴投で本塁を突いた走者を新谷が好送球で刺し、先制を許さなかったのが大きかった。

有原 堂々2安打完封

堂々たるエースの投球だった。広陵の有原が宮崎工打線を2安打完封。「ストライク先行でいけた。直球、変化球とも切れがあり、制球も良かった」。右腕は誇らしそうだった。

8四死球、6失点と乱れた1回戦の立命館宇治（京都）戦から立て直した。「注意した」という一回。前回は4失点したが、三者凡退に抑えるとリズムに乗った。

変化球がさえた。右打者にはスライダー、左打者にはチェンジアップを丁寧に外角低めへ集めた。「絶対、点を取ってくれると信じていた」。八回まで0―0の厳しい展開にも集中力を切らさなかった。最速145キロの直球を見せ球にして速球狙いの相手の裏をかき、113球で完封した。

1回戦の後、フォーム修正に取り組んだ。上体の開きを抑えるため下半身で投げることを意識し、投球練習とシャドーピッチングを重ねた。甲子園のマウンドにも慣れ、本来の制球力を取り戻した。

自己評価は「きょうは80点」。七回の死球と、内野陣との連係を欠いた八回のバント安打を反省点に挙げた。「今後はもっと厳しい戦いになる。無駄な走者を出さないよう、気を付けながら粘り強く投げたい」。輝きを増すエースは勝つ投球にこだわる。

わずか7球 サヨナラ劇

広陵は九回、わずか7球でサヨナラ劇を演じ切った。御子柴の敬遠の四球以外、蔵桝、丸子、三田の安打はすべて初球打ち。「甘い球を積極的に打てと指示したが、それにしてもすごかった」。中井監督も驚いた。

宮崎工の好左腕、浜田を八回までは打ちあぐんでいた。「直球が多くなっている。積極的に狙おう」。九回、福田主将の指示を選手は忠実に守る。直球に絞り、中前打の蔵桝に続いて丸子は左中間へ二塁打。四球を挟んで、三田も直球を狙い打った。丸子は「受け身ではなく、攻めの姿勢があったから初球からいけた」とナインの声を代弁した。

八回までゼロ行進だったが、この過程にサヨナラ勝ちの伏線はあった。「点は取れなくても低めの変化球には全員が手を出さなかった。終盤に直球が増えてくるのは分かっていた」と福田主将。徹底して相手の勝負球を見極め、じわじわと重圧をかけた。選手で考える野球が大舞台でも花開いている。

2010年代

宮崎工	0	0	0	0	0	0	0	0	0	0
広陵	0	0	0	0	0	0	0	0	1	1

【宮崎工】	打	安	点	振	球
⑤佐藤	4	0	0	4	0
⑧稲垣	4	0	0	1	0
⑥長嶺	2	0	0	0	1
②伊比井	2	1	0	0	1
④浮田	3	0	0	0	0
⑨楠	3	1	0	1	0
③新見	3	0	0	1	0
①浜田	3	0	0	2	0
⑦石山	3	0	0	1	0

犠盗失併残
0 2 0 2 2 27 2 0 10 2

【広陵】	打	安	点	振	球
④福田	3	2	0	0	1
⑤徳田	4	0	0	1	0
⑦蔵桝	2	1	0	1	2
R奥本	0	0	0	0	0
③丸子	4	1	0	1	0
⑧御子柴	3	1	0	0	1
⑨三田	3	1	1	0	0
⑥豊田	3	1	0	0	0
①有原	3	0	0	2	0
②新谷	3	1	0	0	0

犠盗失併残
1 3 0 1 8 28 8 1 5 4

▽二塁打　丸子▽暴投　有原

投手	回	打	安	振	球	責
浜田	8⅔	33	8	5	4	1
有原	9	29	2	10	2	0

メモ

「両エース」

大会屈指の右腕と大会ナンバーワン左腕の対決が2回戦で実現した。広陵・有原航平と宮崎工・浜田智博の投げ合いは、1−0で有原に軍配が上がった。有原は早大から、2015年に日本ハムへ入団。米大リーグ挑戦を経て、今年日本球界に復帰した。浜田は九産大に進み、有原と同じ15年に中日に入団したが、未勝利のまま20年に引退。プロで再戦を果たすことはなかった。

【ベンチ入りした主なプロ野球選手】

《広陵》

有原航平	早大―日本ハム・15年ドラフト1位―レンジャーズ―ソフトバンク
福田周平	明大―NTT東日本―オリックス・18年ドラフト3位

《宮崎工》

浜田智博	九産大―中日・15年ドラフト2位

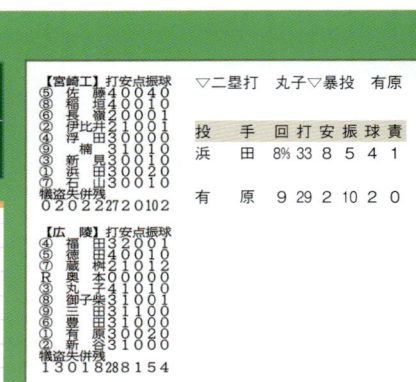

広陵（広島）－中京大中京（愛知）

広陵 7年ぶり「春」4強

一回、広陵1死一、二塁、丸子の左前打で二塁走者福田が生還し、先制する。捕手磯村

第82回選抜高校野球大会第9日は31日、甲子園球場で準々決勝4試合を行い、広陵（広島）は中京大中京（愛知）に5－1で快勝。優勝した2003年以来、7年ぶり9度目の4強入りを決めた。

4月1日の準決勝は広陵－日大三（東京）、興南（沖縄）－大垣日大（岐阜）の顔合わせとなった。

広陵は一回、丸子の左前適時打と三田の左前2点打で3点を先取。七回は二宮のスクイズ、八回は蔵桝の適時二塁打で加点した。先発有原は8回⅓を無失点。変化球がさえ、中京大中京打線を散発4安打に抑えた。

初回3点 鮮やか集中打

広陵が5度目の優勝を目指す中京大中京に強烈な先制パンチを浴びせた。一回に鮮やかな集中打で3点。「初回の得点が大きかった。有原も楽に投げられた」。中井監督はエースを援護した打線をたたえた。

狙い通りの攻撃だった。1死一、二塁から4番丸子、5番御子柴、6番三田がいずれも直球を左前へ。2点適時打を放った三田は「直球だけを待っていた。完璧な当たりでした」と自画自賛した。

前夜の選手ミーティングで中京大中京のエース森本のビデオを見た。「低めの変化球は捨てよう。カウントを取りにくる直球を狙おう」。導き出した攻略法を、ナインは忠実に守った。

足と小技も光った。七回1死から四死球で一、二塁。ワンバウンドの投球を、捕手がわずかにはじいた隙に二塁走者の御子柴と一塁走者の三田が進塁。直後に二宮がスクイズを決めた。無安打で、勝負を決定づける4点目を挙げた。

7年ぶりの準決勝進出。福田主将は「ここまで来たら技術より気持ちの問題。思い切ってプレーしたい」。投打に勢いに乗る広陵が頂点を目指して駆け上がる。

有原 制球重視で無失点

有原が中京大中京の夏春連覇の野望を打ち砕いた。切れのある変化球を武器に、九回1死で降板するまで4安打、無失点に封じた。「毎回、『この回が勝負』と思って投げた」。高い集中力で、111球を投げ切った。

1、2回戦で、2桁三振を奪ったが、この日は三振を頭から捨てた。「直球がシュート回転していた。打たせて取ることだけ考えた」。球速を抑えて、制球を重視。130㌔台の直球でカウントを稼ぎ、変化球を低めに集めた。

「ありがたかった」という一回の3点。リードはしていたが、心に余裕はなかったという。「相手は重量打線。高めに浮くとやられる。0－0だと思うようにした」。ピンチにも全く動じなかった。

次は決勝進出を懸けて日大三に挑む。「体力は大丈夫。日大三相手にどこまで通用するか楽しみ」。気負いも力みもなく、淡々と準決勝のマウンドに向かう。

二宮、ダメ押し点 七回にスクイズ

二宮が七回、ダメ押し点となるスクイズを決めた。1死二、三塁で、2球目の直球を一塁前へ転がした。「真ん中の球だった。うまくボール（の勢い）を殺せた」と胸を張った。

1死一、二塁で打席に入り、1球目は「打て」のサインだった。暴投で走者が二、三塁となった瞬間、「サインが出る」と確信したという。「緊張はしたが、予想していたので落ち着いてできた」。中井監督も「バントが上手な選手だが、あの場面でよくやった」と褒めていた。

広　陵	3	0	0	0	0	0	1	1	0	5
中京大中京	0	0	0	0	0	0	0	0	1	1

【広　陵】	打	安	点	振	球
④　福　田	3	2	0	0	2
⑥　豊　田	3	0	0	0	0
⑦　蔵　桝	4	2	1	2	0
R　岡　元	0	0	0	0	0
7　江　口	0	0	0	0	0
③　丸　子	5	2	1	2	0
1　上　野	0	0	0	0	0
⑧　御子柴	3	1	0	0	2
⑨　三　田	4	1	2	1	1
⑤　徳　田	2	0	0	0	0
H　山　内	1	1	0	0	0
5　二　宮	1	0	1	1	0
①3有　原	5	1	0	3	0
②　新　谷	4	2	0	0	0

犠	盗	失	併	残	打	安	点	振	球
3	0	1	1	12	35	12	5	9	5

【中京大中京】	打	安	点	振	球
⑨　小木曽	4	1	0	3	0
⑧　岩　月	3	0	0	0	1
①6森　本	4	1	0	1	0
②　磯　村	4	1	0	1	0
⑦　岩井川	4	1	0	2	0
④　藤　浪	4	0	0	0	0
⑥5川　本	3	2	1	0	1
③　堀　井	3	1	0	0	0
⑤　福　島	2	0	0	0	0
H　小　島	1	0	0	0	0
1　浅　野	0	0	0	0	0

犠	盗	失	併	残	打	安	点	振	球
1	1	2	2	7	32	7	1	7	2

▽二塁打　新谷2、森本、蔵桝▽妨害出塁　蔵桝（磯村）▽暴投　森本

投　手	回	打	安	振	球	責
有　原	8⅓	30	4	7	2	0
上　野	⅔	5	3	0	0	1
森　本	8	41	12	6	5	4
浅　野	1	3	0	3	0	0

メモ

「感謝」

中京大中京戦の九回1死からマウンドに上がったのは広陵の上野健太。1点を失ったが、試合を締めた。幼少期に脳血管障害の難病を発症し、小学4年で手術を受けた。頭を保護するヘッドギアを着けて復帰し、中学時代には硬式チームのエースとして全国大会に出場した。病気を克服し、立った甲子園のマウンド。「家族や仲間に恩返しがしたかった」。感謝の気持ちを込めた13球だった。

【ベンチ入りした主なプロ野球選手】

≪広陵≫

有原航平	早大―日本ハム・15年ドラフト1位―レンジャーズ―ソフトバンク
福田周平	明大―NTT東日本―オリックス・18年ドラフト3位

≪中京大中京≫

磯村嘉孝	広島・11年ドラフト5位

雨脚が強くなった八回、連打を浴びて肩を落とす有原㊧。右は捕手新谷

広陵－日大三
（広島）　（東京）

広陵 決勝進出ならず

第82回選抜高校野球大会第10日は1日、甲子園球場で準決勝があり、第1試合で広陵（広島）は日大三（東京）に9－14で敗れた。広陵は優勝した第75回大会（2003年）以来、7年ぶりの決勝進出を逃した。

第2試合の興南（沖縄）－大垣日大（岐阜）は雨のため中止になり、2日の午後2時に順延となった。大会本部によると、準決勝を2日間に分けて実施するのは1972年以来、38年ぶり2度目。

広陵は1点リードの八回、1死一、二塁から先発有原が投前バントを一塁へ悪送球（記録は内野安打と失策）して追い付かれ、代打清水に勝ち越しの2点右前打を浴びた。この回は9安打を許し、3失策も絡んで打者15人で10点を失った。

4－4の七回、丸子の右越えソロで一時は勝ち越したが、一つの失策から流れを失い、大量失点につながった。

鍛えた守備に乱れ
強まる雨脚 八回10失点

無情の雨だった。1点リードの八回。ぬかるんだグラウンドに、広陵の守備が乱れた。3失策が絡み、9安打で10失点。「弱いから負けた。雨は関係ない」。中井監督は厳しい現実を受け止めた。

八回1死一、二塁。投前バントを処理したエース有原の足元が、わずかに滑った。一塁への送球は大きくそれた。同点にされるとナインは浮足立った。2点右前打で勝ち越しを許し、三塁前のバントで、堅守の二塁手福田主将の一塁ベースカバーが遅れた。

昨秋の中国大会準決勝（島根・開星戦）の再現のようだった。有原のバント処理の悪送球をきっかけに敗退。反省を胸に、冬は守備の基本練習を重ねた。技術に加え、勝負どころで踏ん張れる精神力を身に付けたはずだった。中井監督は「（八回は）相手の多彩な攻撃に翻弄《ほんろう》された。集中力を欠いていた」と振り返った。

エース有原を軸に7年ぶりに4強入りし、甲子園で戦える手応えはつかんだ。福田主将は「（日大三と）力の差はなかった」と前を向いた。「夏に向け、たくさんの宿題を頂いた」と中井監督。解答を導き出す場所は夏の甲子園しかない。

有原 踏ん張り利かず

八回、雨脚が一気に強まる。ぬかるんで踏ん張りの利かないマウンドに有原は向かった。リードは1点。「手も足元も滑るが、それでも自分の投球をしようと思っていた」。勝負の命運が託された右腕に、雨は容赦なく襲いかかった。

無死から内野安打を許し、犠打と四球で1死一、二塁。ここで根岸のバントを一塁へ悪送球し、追い付かれた。「送球の時、足が踏ん張れなかった」。この後、四球を挟んで4連打。変化球はすっぽ抜け、直球も力を入れて投げられない。「制球だけでもと思ったが、難しかった」

本調子ではなかった。球が高めに浮き、序盤で3失点。四回以降は何とか立ち直った。「変化球が決まり出して、かわせた」。日大三の強力打線を抑え、逆転への流れをつくった。それだけに「（いいマウンドで）最後まで投げたかった」と雨を恨んだ。

「甲子園で成長できたと思う。課題を克服して夏に戻ってくる」。バッグの中に甲子園の土はなかった。

	1	2	3	4	5	6	7	8	9	計
広陵	2	0	0	0	0	2	1	0	4	9
日大三	2	0	1	0	0	1	0	10	×	14

メモ

「史上初」

第82回大会は「初」という言葉がキーワードとなった。沖縄から史上初めて2校が出場。嘉手納は1回戦で花咲徳栄（埼玉）に敗れたが、興南はエース島袋洋奨の好投などで強豪を連破。決勝で日大三を延長十二回の末に10−5で下し、初優勝を飾った。近畿勢は精彩を欠き、前年夏に続いて2季連続で8強入りを逃した。これも史上初だった。

【広　陵】		打	安	点	振	球
④	福田	4	2	0	1	2
⑥	豊田	3	2	2	0	2
⑨	三田	5	0	0	3	1
③	丸子	4	1	1	1	1
⑧	御子柴	4	1	0	2	1
⑦	蔵桝	3	1	0	0	2
R	岡元	0	0	0	0	0
⑤	徳田	1	0	0	0	1
H5	二宮	1	0	0	0	0
H	山内	1	1	0	0	0
①	有原	4	0	0	2	0
1	上野	0	0	0	0	0
1	川崎	0	0	0	0	0
H	鳴橋	0	0	0	0	1
R	植田	0	0	0	0	0
②	新谷	2	0	0	1	2
H	江口	0	0	1	0	1
犠盗失併残	2 1 4 1 12	32	8	4	10	14

【日大三】		打	安	点	振	球
⑨	高山	2	0	0	1	0
H9	大塚	1	0	0	1	0
8	小林	3	1	0	1	0
④6	荻原	5	2	2	1	0
⑧9	平岩	3	0	0	2	2
⑤	横尾	5	2	2	1	0
①3	山崎	4	4	2	0	1
⑥1	吉沢	2	2	1	0	1
⑦	畦上	4	2	1	0	1
③	佐野	2	0	0	0	0
1	熊坂	0	0	0	0	0
1	吉永	1	1	0	0	0
4	根岸	2	1	1	0	0
②	鈴木	3	0	0	1	0
H	清水	2	1	2	0	0
2	加藤	0	0	0	0	0
犠盗失併残	2 0 2 3 8	39	16	11	8	5

▽本塁打　荻原1号（有原）丸子1号（吉永）▽二塁打　横尾、蔵桝▽暴投　有原、山崎2、吉沢

投手	回	打	安	振	球	責
有原	7⅓	40	13	7	5	7
上野	⅔	4	3	0	0	1
川崎	⅔	2	0	1	0	0

投手	回	打	安	振	球	責
山崎	4	17	4	1	3	2
熊坂	⅓	3	0	0	2	0
吉永	1⅔	11	3	3	3	3
吉沢	3	17	1	6	6	1

【ベンチ入りした主なプロ野球選手】

≪広陵≫

有原航平	早大―日本ハム・15年ドラフト1位―レンジャーズ―ソフトバンク
福田周平	明大―NTT東日本―オリックス・18年ドラフト3位

≪日大三≫

山崎福也	明大―オリックス・15年ドラフト1位
横尾俊建	慶大―日本ハム・16年ドラフト6位―楽天
高山俊	明大―阪神・16年ドラフト1位

広陵－如水館
(広島)　(広島)

広陵 2年ぶり夏切符

2年ぶり20度目の夏の甲子園出場を決めて喜ぶ広陵ナイン

第92回全国高校野球選手権広島大会最終日は28日、マツダスタジアムで決勝があった。2年連続で同一カードの一戦は、今春の選抜大会4強の広陵が昨夏代表の如水館を2—0で下し、2年ぶり20度目の甲子園出場を決めた。

広陵は三回1死一、二塁から、徳田の左前打で先制。さらに2死一、二塁とし、丸子の右翼線二塁打で加点した。有原は重い直球を武器に9奪三振。無四球で三塁を踏ませず、4安打で完封した。

如水館は打線が沈黙。八回無死一塁で一ゴロが敵失を誘ったが、走塁ミスで好機を逃した。3投手の粘りの継投は実らなかった。

「チーム力」好機逃さず

広陵が雪辱を果たした。昨年の決勝で惜敗した如水館を2—0で完封。福田主将は「悔しい思いをした先輩たちの借りを返せてよかった」と胸を張った。

三回の好機を確実に得点に結びつけた。徳田が1死一、二塁で左前へ運び先制。4番丸子は右翼線に二塁打を放ち2点目を挙げた。丸子は昨夏の決勝で3打数無安打。「自分が打って流れを持ってきたかった」。4番としての存在感を示した。

中井監督は「チーム力で勝てた」と喜ぶ。エース有原だけに頼らず、上野や川崎、上原ら控え投手が成長。今春の選抜大会でメンバーから外れた渕上、塚本が定位置を奪い、選手層は厚みを増した。

選抜の準決勝は守備の乱れから日大三(東京)に逆転負けを喫した。その翌日から練習を再開し、個人ノックやバント処理などで守備面と精神面を徹底的に強化。今大会は6試合で3失策と安定感を見せた。

選抜では3度優勝しているが、夏の選手権は準優勝が3度。福田主将は「目標は日本一。自分たちが広陵の歴史を塗り替えたい」と意気込む。春から一回りたくましくなったナインが夏の全国制覇に挑む。

けが乗り越え 感謝の完封 有原

最後の打者を一ゴロに仕留め、広陵のエース有原は力強くガッツポーズ。「昨年、投げ負けたので余計にうれしい」。如水館を完封し、笑顔が広がった。

準決勝まで計62得点の如水館打線に真っ向勝負を挑んだ。先発の左打者8人は内角球を投げにくくさせるため、ホームベースぎりぎりに立ってきた。有原は「内角を強気に攻めるのが僕の持ち味」と、140キロ台の直球とスライダーを投げ込み、9三振を奪った。

6月下旬の練習試合で右肘に違和感を覚え、ノースロー調整が続いた。本格的な投球再開は広島大会の開幕後。「(控えの)上野たちが頑張ってくれたのでマウンドに立てた。長い回を投げても不安は感じなかった」。感謝の気持ちが快投の原動力となった。

雨中の準決勝で敗れた選抜では甲子園の土を持ち帰らなかった。故障を乗り越え、心身ともに成長して臨む大舞台。「どんな条件、ピンチにも動じず、決勝戦の最後まで投げ抜きたい」と力強く言い切った。

直球を狙って 殊勲の先制点 徳田

広陵の先制点をたたき出したのは2番徳田だった。三回1死一、二塁、内角の直球を振り抜くと打球はゴロで三遊間を抜けた。如水館の先発浜田について「直球が多いというデータがあったので狙っていた。うれしかった」。一塁ベース上で拳を握った。

浜田は左腕。広陵の1～5番では唯一の右打者だけに「僕が打たなければ、と気合を入れていた。先に点を取れば、有原なら大丈夫だと思っていた」。仲間を信頼する思いが殊勲打につながった。

如水館	0	0	0	0	0	0	0	0	0	0
広陵	0	0	2	0	0	0	0	0	×	2

メモ

「再戦」

前年と同じ顔合わせとなった広島大会決勝。広陵が如水館の連覇を阻み、雪辱した。広島県が単独代表となった1958年以降、広島大会決勝で2年続けて同一カードとなったのは5度。今大会のほかに、67、68年の広陵－広島商、86、87年の広島工－広島商、2007、08年の広陵－総合技術、17、18年の広陵－新庄がある。広陵は4度絡んでおり、うち3度連勝している。

【如水館】		打	安	点
⑧	佐藤	4	0	0
④	山田	4	0	0
⑥	絹川	4	0	0
⑨	清水	3	2	0
③1	池内	3	0	0
⑦	樋口	3	1	0
R	脇坂	0	0	0
7	北野	0	0	0
②	森兼	3	1	0
⑤	児玉	2	0	0
①	浜田	1	0	0
1	沖本	0	0	0
H	村川	1	0	0
3	金尾	1	0	0
	計	29	4	0

【広　陵】		打	安	点
④	福田	3	1	0
⑤	徳田	4	2	1
⑦	塚本	4	0	0
7	豊田貴	0	0	0
③	丸子	3	1	1
⑨	蔵桝	3	1	0
9	奥本	0	0	0
⑧	三田	3	1	0
⑥	渕上	3	0	0
①	有原	3	0	0
②	新谷	2	1	0
	計	28	7	2

	振	球	犠	盗	失	残	併
如	9	0	1	0	0	3	1
広	3	3	1	1	1	6	1

▽二塁打　丸子

投手	回	打	安	責
浜田	2⅔	13	5	2
沖本	2⅓	8	2	0
池内	3	11	0	0
有原	9	30	4	0

【ベンチ入りした主なプロ野球選手】

≪広陵≫

有原航平	早大—日本ハム・15年ドラフト1位—レンジャーズ—ソフトバンク
福田周平	明大—NTT東日本—オリックス・18年ドラフト3位
上原健太	明大—日本ハム・16年ドラフト1位

広陵－聖光学院
（広島）（福島）

六回、広陵2死一、二塁、丸子の中前打で二塁走者新谷（手前右）がホームを突いたが好返球でタッチアウト。左端は捕手星

広陵不発 初戦で散る

第92回全国高校野球選手権大会第6日は12日、甲子園球場で2回戦4試合を行った。夏の大会初制覇を目指していた広陵（広島）は聖光学院（福島）に0－1で惜敗した。

広陵は投手戦の末、競り負けた。0－0の七回、2安打などで2死二、三塁とされ、星の振り逃げ（記録は三振と暴投）で決勝点を許した。打線は聖光学院・歳内の緩急をつけた投球に5安打。六回2死一、二塁から丸子が中前打を放ったが、中堅手の好返球で二塁走者が本塁で憤死。4安打無四球で1失点のエース有原を援護できなかった。

エース有原 納得の99球

敗者とは思えないさわやかな表情だった。「負けたのは信じられないが、すべて出し切った。3年間で一番の投球ができた」。有原は初戦敗退にも達成感に浸っていた。

「申し分のない内容だった」。強打の聖光学院を相手に、被安打4、無四球の堂々たる投球。直球は自己最速の149キロを記録した。心残りは、七回2死二、三塁での暴投。勝負球の直球が指にかかり過ぎ、得点を許した。「絶対に抑えようと、力んでしまった」。唯一の失投だった。

6月下旬に右肘を痛めた。甲子園入りした後も完全には痛みが消えず、本格的な投球練習は回避。バッテリーを組む新谷は「ぶっつけ本番のような状態だった」という。有原は「不安はあったが、みんなに励まされ勇気をもらったから、ここまでこられた」。この日の99球は、仲間への感謝の証しだった。

早大に進学し、野球を続けるつもりだ。「大学で体を鍛え直し、もっともっと成長したい」。最高の投球を置き土産に、大会ナンバーワン右腕が甲子園を去った。

影潜めた機動力 零封負け

本塁は遠かった。広陵打線は「らしさ」をまったく出せず、零封負け。中井監督は「接戦とは思っていたが、ゼロで終わるとは…」。39年ぶりの夏の初戦敗退に、ショックを隠し切れなかった。

低めの変化球を見極め、高めの直球を狙う―。聖光学院の2年生エース歳内に対する試合前の指示だった。ところが、球の切れは予想以上。高めの直球を捉え切れず、見送るべき低めの変化球に手を出した。3番蔵桝は「甘い球を打ち損じ、追い込まれて難しい球に手を出した」と悔やんだ。

先頭打者の出塁は六回だけ。二盗の失敗などもあって、持ち前の機動力を発揮できず、攻略の糸口すらつかめなかった。「気迫あふれる投球に押され、自分たちの打撃ができなかった」。福田主将はつながりを欠いた打線を振り返った。

攻撃面の焦りは守りにも影響した。七回1死、二塁前への詰まった打球に、福田主将のスタートが遅れて内野安打。エンドランで揺さぶられるなどして2死二、三塁から暴投で失点。流れを引き戻す力は残っていなかった。

優勝候補に挙げられ、初の夏制覇を目指していた。中井監督は「（優勝候補の）重圧はなかったが、初戦は難しい。有原のような柱を育て、強いチームをつくりたい」と前を向いた。

広陵	0	0	0	0	0	0	0	0	0		0
聖光学院	0	0	0	0	0	0	1	0	×		1

メモ

「番狂わせ」

前評判では選抜を制した興南（沖縄）を抑えて、優勝候補の筆頭に挙げられていた広陵が、まさかの初戦敗退を喫した。聖光学院には第89回大会（2007年）の3回戦で対戦し、8－2で快勝していた。聖光学院の斎藤智也監督は中井哲之監督を慕っており、甲子園に出場する時には、わざわざ広島に立ち寄って練習試合を申し込むほど。「まさか（力が）日本一のチームに勝つことができるとは」と感無量の様子だった。

【広陵】		打	安	点	振	球
④	福田	4	1	0	1	0
⑤	徳田	3	0	0	0	1
⑨	蔵桝	3	0	0	0	1
R9	豊田	0	0	0	0	0
③	丸子	3	1	0	2	1
⑦	塚本	4	1	0	1	0
⑧	三田	3	0	0	1	1
⑥	渕上	4	1	0	0	0
①	有原	3	0	0	1	0
②	新谷	3	1	0	0	0

犠盗失併残
0 1 0 0 7 30 5 0 6 4

【聖光学院】		打	安	点	振	球
⑥	村島	4	0	0	0	0
⑧	根本	4	1	0	1	0
④	山口	2	0	0	0	0
③	遠藤雅	3	1	0	2	0
⑨	三瓶	3	1	0	0	0
⑤	斎藤	3	0	0	0	0
②	星	3	1	0	2	0
⑦	板倉	2	0	0	1	0
①	歳内	3	0	0	0	0

犠盗失併残
2 1 0 0 4 27 4 0 6 0

▽暴投 有原

投手	回	打	安	振	球	責
有原	8	29	4	6	0	1
歳内	9	34	5	6	4	0

【ベンチ入りした主なプロ野球選手】

《広陵》	
有原航平	早大―日本ハム・15年ドラフト1位―レンジャーズ―ソフトバンク
福田周平	明大―NTT東日本―オリックス・18年ドラフト3位
上原健太	明大―日本ハム・16年ドラフト1位
《聖光学院》	
歳内宏明	阪神・12年ドラフト2位―香川―ヤクルト―台湾・味全

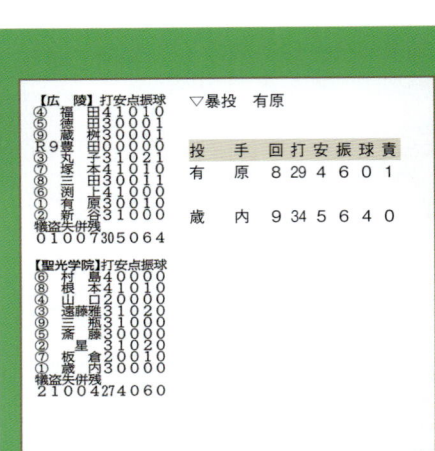

292 2011年3月26日
第83回選抜高校野球大会1回戦

総合技術（広島）−履正社（大阪）

八回、履正社1死二塁、海部の中前打で大西が3点目のホームを踏む。捕手重舎

初陣の総合技術 初戦敗退

第83回選抜高校野球大会第４日は26日、甲子園球場で１回戦３試合を行った。初出場の総合技術（広島）は履正社（大阪）の変則左腕渡辺の緩急をつけた投球に苦しみ、２安打に封じられ、０−４で敗れた。

総合技術は一回、２四死球などで２死一、二塁とされ、中堅手が飛球を落球。無安打で2点を先制された。左腕伊田は二回以降、無失点で踏ん張っていたが、八回に3安打を浴びて決定的な2点を失った。打線は2安打で無得点に終わった。

甲子園の「風」味方せず

初陣の総合技術に甲子園の「風」は無情だった。一回、先発伊田が四死球などで招いた2死一、二塁のピンチ。履正社の桝井が外野へ高々と打ち上げた飛球は、強風にあおられ思わぬ軌道を描いた。2歩、3歩と後ずさりする中堅手胡麻。打球はグラブからこぼれ落ちた。

バックスクリーンの旗では逆風に見えた。胡麻は「ボールが伸び、追う感覚が分からなくなった。浮足立っていたのかも」と明かす。２者生還。無安打で先取点を献上した。

昨秋の中国大会は3試合でチーム失策はゼロだった。とりわけ胡麻は練習試合を含め、ほとんどエラーがない。小田監督は「選抜の風は難しい。これが甲子園なのだろう」と肩を落とした。

思わぬ形で追う展開となり、ベンチは奮い立ったという。重舎主将は「いつも助けてくれる胡麻のためにも絶対にひっくり返そうと話し合った」。伊田も二回以降は立ち直り、七回まで被安打1。「みんなの笑顔に救われた」という胡麻も、七回の守りで痛烈な打球を背走してキャッチ。本来のプレーでチームに貢献した。

打線は履正社の左腕渡辺に沈黙。エンドランを2度、失敗するなど持ち味の機動力も発揮できなかった。重舎主将は「力の差を感じた。これが甲子園なんですね」と脱帽した。

1年生左腕伊田「夏に必ず戻る」

1年生左腕伊田の「気持ちの揺れ」が投球内容に表れた。「緊張して力んだ」という一回。フォームを崩して制球が乱れ、2四死球を与えて失策による2失点につながった。「一回だし、気にならなかった。そもそも走者を出した自分が悪い」。落球した先輩のミスをかばう言葉にエースの自覚がにじんだ。

小田監督が「大舞台ほど好投してくれる」と認める度胸の持ち主。二回以降は「思い切っていくしかないと開き直れた」と伊田。内角攻めで優勝候補の強力打線を七回まで1安打に抑え込む。2月初めに左肘を痛め、「スタミナが切れた」という八回に2点を失ったが、胸を張るに十分な投球内容だった。

甲子園の土は持って帰らなかった。「下半身を鍛えて制球を磨き、夏に必ず戻ってくる。そして一つでも多く勝つ」と誓った。

総合技術	0	0	0	0	0	0	0	0	0	0
履正社	2	0	0	0	0	0	0	2	×	4

【総合技術】	打	安	点	振	球
⑨ 伊達	3	0	0	1	1
④ 力田	4	0	0	2	0
⑤ 中山	3	1	0	0	0
⑧ 胡麻	3	0	0	1	0
③ 前田	3	0	0	1	0
⑦ 有村	3	0	0	1	0
② 重舎	3	0	0	0	0
① 伊田	3	0	0	1	0
⑥ 石田	2	1	0	1	1

犠盗失併残
0 1 1 1 2 27 2 0 8 2

【履正社】	打	安	点	振	球
⑧ 海部	3	2	1	0	1
④ 正木	1	0	0	0	0
⑨ 原田	3	0	0	1	0
H 小保根	0	0	0	0	1
R9 岸本	0	0	0	0	0
⑥ 石井	3	1	1	1	1
③ 桝井	3	0	0	0	1
② 坂本	4	0	0	0	0
⑤ 熊本	2	0	0	1	1
⑦ 大西	3	1	0	0	0
① 渡辺	2	0	0	0	0

犠盗失併残
4 0 0 1 5 24 4 2 3 5

▽暴投 伊田

投手	回	打	安	振	球	責
伊田	8	33	4	3	5	2
渡辺	9	29	2	8	2	0

【ベンチ入りした主なプロ野球選手】

≪履正社≫

坂本誠志郎　明大―阪神・16年ドラフト2位

メモ

「東日本大震災」

大会直前の東日本大震災（3月11日）を受け、第83回大会は「がんばろう!日本」をスローガンに掲げ、被災者や救援に携わる人々を応援する大会として、発生12日後の23日に開幕した。開会式は入場行進、始球式をやめるなど簡素化。被災した東北（宮城）を1回戦の最後の試合とした。鳴り物入りの応援は全面禁止にした。大会は東海大相模（神奈川）が2度目の優勝を飾った。

広島県大会

㉙③ 2011年7月27日
第93回全国高校野球選手権広島大会決勝

如水館（広島）－新庄（広島）

八回、如水館1死満塁、金尾の左前適時打で二塁走者の門田㊧も生還して5−2とリードを広げ、雄たけびを上げる。右は次打者の島崎

如水館 2年ぶり夏切符

第93回全国高校野球選手権広島大会最終日は27日、マツダスタジアムで決勝があり、如水館が新庄を5―2で破り、2年ぶり7度目の優勝を飾った。初めて決勝に進んだ新庄の春夏通じて初の甲子園出場はならなかった。

如水館は1点を追う七回、1死二塁から金尾の中前打で同点。さらに2死満塁とし、安原の左前打で勝ち越した。八回には金尾が左前へ2点打を放ち、ダメを押した。新庄は五回に勝ち越したが、15残塁と決定打を欠いた。

2年間の思い 開花の時

「リベンジの舞台へ」―。如水館のエース浜田のグラブの内側にある刺しゅうにチームの思いがこもっていた。高知（高知）に3―9で敗れ、1回戦で涙をのんだ2年前の甲子園。「やっと借りを返しに行ける」。新庄の最後の打者を三振に仕留めると、歓喜がナインを包んだ。

3年越しの思いは終盤の粘りに表れた。1―2の七回1死から樋口主将が右中間に打球を落とし、果敢に二塁を陥れる。浜田とともに甲子園を経験した金尾が同点打。安原が勝ち越し打をたたき出した。

樋口主将は三回にも四球で出塁し、続く金尾の左前打で三塁へ好走。島崎の犠飛による先制点を呼び込んだ。「一度でも多く本塁を踏みたかった」。積極さを持ち続けながら、堅実なプレーで新庄にプレッシャーをかけた。

浜田は四回から登板。いったん逆転されたが、再逆転を信じ、尻上がりに調子を上げた。2年前の甲子園では満塁でマウンドに上がったものの、一つもアウトを取れないまま降板した。「あの経験を思い出し、ピンチで気持ちを入れ直した」

迫田監督は「今までたくさん怒ってきたやつらが活躍してくれた」と喜んだ。「甲子園で勝てるチーム」を目指した2年間の思いが、開花の時を迎える。

金尾 大一番で4安打3打点

「自分がチームを引っ張る」。昨秋の新チーム結成時の誓いを、如水館の金尾は大一番で実践してみせた。3年連続の広島大会決勝で4打数4安打、3打点。独特のムードも厳しさも知り尽くした3年生が、優勝を手繰り寄せた。

七回に同点の中前打。八回には左前への2点打で新庄を突き放し、ベンチに向かってガッツポーズを見せた。「直前に（投手の）浜田から1点でも多く取ってほしいと言われた。それに応えられたのがうれしかった」

入学直後にレギュラーに定着。恵まれた体格を生かした長打に、こだわりを持っていた。昨秋、迫田監督から「個人よりもチームのための打撃をしてくれ」と諭され、意識が変わった。決勝の4安打は全て単打。全得点に絡み、心身の成長ぶりを証明した。

2年前の甲子園は初戦敗退。打席に1度立ち、三振に倒れた記憶は鮮明に残っているという。「甲子園には悔いを残しているから、取り返しに行く。目標は全国制覇だが、まずは初戦に全力を注ぐ」。中心選手の自覚と責任を持ち、2度目の夢舞台へと向かう。

安原が勝ち越し打

如水館の安原が七回2死満塁で勝ち越し打を放った。3打席連続三振の後の第4打席での快打。「何とかチームに貢献したかった」と汗だくで振り返った。

金尾の中前打で追い付き、迫田監督から「おまえで決めてこい」と背中を押された。「ここまでスライダーでやられていたので必ずくる」。狙い通りのスライダーを振り抜くと、打球は三遊間を抜けた。

新　庄	0	0	0	1	1	0	0	0	0	2
如水館	0	0	1	0	0	0	2	2	×	5

【新　庄】	打安点
⑨　実　兼	410
17田　口	000
H9大　野	000
⑧　重　政	521
⑥　藤　川	520
③　吉　川	310
⑦97山　崎	520
②　金　井	410
⑤　新　田	210
H　姫　宮	111
R5来　栖	100
①71甲　田	310
1　波多野	000
1　八　尋	100
④　岩　本	110
H　古　本	100
4　川　口	000
計	36132

【如水館】	打安点
⑥　門　田	400
⑨　樋　口	330
③　金　尾	443
⑤　島　崎	411
①7宇　田	400
②　木　村	210
⑧　安　原	411
④　佐　藤	430
⑦　原田大	100
1　浜　田	200
計	32135

	振	球	犠	盗	失	残	併
新	5	5	3	2	0	15	2
如	6	6	2	0	0	11	1

▽二塁打　佐藤2、樋口
▽暴投　田口

投手	回	打	安	責
甲　田	4⅔	21	5	1
田　口	2⅓	12	4	2
甲　田	⅓	3	2	1
波多野	0/3	3	2	1
八　尋	⅔	1	0	0

投手	回	打	安	責
宇　田	3	16	5	0
浜　田	6	28	8	2

メモ

「兄弟対決第2ラウンド」

新庄が県北勢初優勝に挑んだ。率いたのは広島商を指揮して甲子園出場経験のある迫田守昭監督。相手は兄穆成《よしあき》監督の如水館。広島商、如水館の監督として対戦した2004年以来、7年ぶりに決勝で「兄弟対決」が実現した。試合は如水館が終盤に逆転。7年前の雪辱を果たした穆成監督は「新庄はいいチーム。でも甲子園はまだ早いということ」と語った。

【ベンチ入りした主なプロ野球選手】

≪如水館≫

坂本光士郎	日本文理大―新日鉄住金広畑―ヤクルト・19年ドラフト5位―ロッテ

≪新庄≫

田口麗斗	巨人・14年ドラフト3位―ヤクルト

如水館－関商工
（広島）　（岐阜）

四回から登板し、10回を無失点に抑えた如水館の浜田

如水館 13回サヨナラ

第93回全国高校野球選手権大会第3日は8日、甲子園球場で1回戦4試合があった。如水館（広島）は関商工（岐阜）に延長十三回の末、サヨナラ勝ちし、夏の甲子園では10年ぶりに初戦を突破した。

如水館は2－2の延長十三回無死一、三塁、木村が左翼線へ運び、サヨナラ勝ちした。序盤に2度リードを許したが、島崎の2本の適時打で追い付いた。四回から登板したエース浜田が10回を4安打無失点に抑え、勝利につなげた。

関商工は再三のピンチを4併殺などでしのいだが、六回から粘りの投球をみせた2番手安江が最後は力尽きた。

エース浜田 10回無失点

10年ぶりの「夏」の1勝を、我慢を重ねてつかみ取った。延長十三回の熱戦をサヨナラで制した如水館。立役者はエース浜田だった。

2－2の四回から先発宇田の後を継ぎ、マウンドに上がった。左腕から速球と切れのある変化球を散らして、10回を4安打無失点。4番内城を3三振に仕留めるなど10三振を奪った。

1年生だった2年前の夏の経験者だ。1回戦の高知（高知）戦で七回のピンチに登板、1死も奪えなかった。マウンドで「頭の中が真っ白になった」という。今回は「景色が違った」。3万4千人の観衆がはっきりと目に映り、大歓声も聞こえた。味方が12残塁4併殺と拙攻を重ねても動じず、見事に悔しさを晴らした。

堂々としたエースの姿はナインを鼓舞した。走塁ミスも相次いだが、「思い切って動いた結果。しっかり切り替えられた」と樋口主将。終始、落ち着いてプレーし、無失策の守りで浜田を支えた。

出場49校で最年長72歳の迫田監督は対照的に「疲れた」と第一声。一方で「苦しんだ分、いい薬になる」とも。乗り越えた厚い壁の向こうをさらに見据えた。

好投に応えた一打 木村

延長十三回の熱闘にピリオドを打ったのは、2年生の木村だった。無死一、三塁から左翼線へ運ぶサヨナラ打。「浜田さんが必死に踏ん張ってくれていたので、どうしても決めたかった」。右腕を高く突き上げ、一塁へと駆け出した。

「思い切って振ってこい」。次打者の安原に声をかけられ、打席へ向かった。5球目。内角のスライダーを強振した。「直球狙いだったので体が泳いだ。うまくバットの根っこに当たった」。鈍い金属音とともに、一塁側から大歓声が沸き起こった。

捕手に転向して約5カ月だが、浜田を好リードで引っ張った。「本調子ではなかったが、気持ちが入っていた」。右打者の内角球を有効に使い、関商工打線に的を絞らせなかった。

お立ち台では配球面のミスを反省。頭の中はすでに2回戦へと向いていた。「もっと楽に投げてもらえる展開にできれば…」。バットでの援護を誓った。

島崎が大活躍 「絶対に出塁」

島崎がサヨナラのホームを踏んだ。十三回無死、打ち損じた二ゴロをヘッドスライディングで内野安打に。「絶対に打って、出塁するつもりだった」と汗を拭った。

「好不調の波がないから」（迫田監督）と、1年生ながら4番を任されている。この日も、一、三回に同点打を放つなど4安打2打点と大活躍。「重圧はない。4番の仕事が果たせた」とほっとしていた。

関商工	1	1	0	0	0	0	0	0	0	0	0	0	0	2
如水館	1	0	1	0	0	0	0	0	0	0	0	0	1	3

（延長十三回）

メモ

「古豪復活」

如水館が10年ぶりに夏の甲子園勝利を挙げたこの日、作新学院（栃木）が38年ぶりの夏1勝を手にした。14安打を放ち、11－1で福井商（福井）を圧倒。「怪物」と呼ばれた江川卓（元巨人）を擁した1973年以来の初戦突破となった。62年に史上初の春夏連覇を達成した古豪だが、80年代から90年代にかけて低迷。2000年代に入って復活し、第98回大会（16年）で54年ぶりの優勝を果たした。

【関商工】		打	安	点	振	球
⑥	加藤	3	0	0	1	2
⑧	平田	4	1	0	0	0
⑦	佐藤	6	0	0	1	0
①9	内城	5	1	1	3	0
③	長田	4	0	0	0	1
⑤	小松	5	0	0	2	0
⑨1	安江	5	3	0	0	0
②	前沢	5	1	0	1	0
④	大野	1	0	1	1	1
H	藤原	1	0	0	1	0
4	大前	0	0	0	0	0

犠	盗	失	併	残	打	安	点	振	球
5	0	1	4	7	39	6	2	10	4

【如水館】		打	安	点	振	球
⑥	門田	4	0	0	2	2
⑨	樋口	4	0	0	0	0
③	金尾	4	1	0	0	2
⑤	島崎	6	4	2	0	0
①7	宇田	4	1	0	0	1
②	木村	6	2	1	1	0
⑧	安原	2	0	0	0	3
④	佐藤	4	3	0	0	1
⑦	原田	1	0	0	0	0
1	浜田	2	0	0	1	0

犠	盗	失	併	残	打	安	点	振	球
5	2	0	0	12	37	11	3	4	9

▽三塁打　安江▽二塁打　内城、島崎、安江2

投手	回	打	安	振	球	責
内城	5	21	4	2	5	2
安江	7	30	7	2	4	0
宇田	3	13	2	0	2	2
浜田	10	35	4	10	2	0

【ベンチ入りした主なプロ野球選手】

≪如水館≫

坂本光士郎　日本文理大─新日鉄住金広畑─ヤクルト・19年ドラフト5位─ロッテ

295 2011年8月13日
第93回全国高校野球選手権2回戦

如水館（広島）－東大阪大柏原（大阪）

延長十回、如水館1死一、二塁、島崎が勝ち越しの中前打を放ち、一塁ベース上でガッツポーズをする

如水館 初の3回戦進出

第93回全国高校野球選手権大会第8日は13日、甲子園球場で2回戦4試合があり、如水館（広島）は初出場の東大阪大柏原（大阪）に延長十回、7－4で競り勝ち、春夏を通じて初の3回戦進出を果たした。広島勢は夏の甲子園大会で通算110勝目。

如水館は延長十回1死一、二塁で島崎からの3連続中前打で3点を勝ち越した。浜田は二回に1点を先制された直後の無死二、三塁で救援。3者連続三振を奪って追加点を阻み、十回まで3失点と好投した。

東大阪大柏原は九回2死満塁のサヨナラ機を生かせなかった。十回も2死無走者から連打で粘ったが、攻守にミスが目立った。

島崎殊勲打 延長制す

如水館が春夏通算8度目の甲子園で初めて2回戦の壁を越えた。1回戦に続き、もつれにもつれた延長戦。殊勲打を放ったのは1年の4番島崎だった。「普通にうれしいっす」。屈託のない笑顔でチームに新たな歴史を刻んだ。

十回1死一、二塁。追い込まれながらも、待っていた真ん中低めのカーブを捉えた。「ありがとう、という感じで」。鋭い打球が中前へ抜け「やっと決められた」。歓声と悲鳴が交錯する一塁ベース上で雄たけびを上げた。

第1、2打席は好機で凡退。逆転した直後の七回は自らの一塁悪送球で追い付かれた。「とにかくミスを取り返したかった」。相手投手の変化球に対応するため、打席ごとにフォームを調整。細かい気配りがここ一番の快打につながった。

お盆の週末、相手は大阪のチーム。4万人で埋まったスタンドは異様な雰囲気に包まれていた。残塁は16を数え、ミスもあったが、全員でカバーし合って競り勝った。「決勝のような観衆で初めての3回戦進出。うれしいばかり」と72歳の迫田監督。その傍らで、緊張も重圧もない15歳の主砲は言い切った。「優勝が目標っす」

金尾 攻守で泣き笑い

金尾は攻守で泣き笑いの試合となった。打っては三回1死二塁で右中間へ同点三塁打。「外の直球。自分の打撃ができた」と振り返った。

一塁の守りでは、同点に追い付かれるミスを犯した。七回1死一、三塁で、三ゴロをさばいた島崎の一塁送球が本塁側にそれ、金尾は打者走者の石川慎と交錯。後逸した球の処理が遅れ、一塁走者の生還も許した。「一瞬、走者の存在を忘れてしまった。負けなくてよかった」と仲間に感謝していた。

浜田 2戦連続好救援

エース浜田が2試合連続の好救援でチームを3回戦に導いた。「高めに浮くと長打がある。低めに投げることに集中した」。二回無死二、三塁で登板し、3者連続奪三振。10安打を浴び、3点を失ったが、粘り強くピンチをしのいだ。

プロが注目する東大阪大柏原の4番石川慎を1安打に抑えた。1回戦を上回る133球を投げ、「最後はばてた」。疲れた顔でナインの祝福に応えていた。

如水館	0	0	1	0	0	0	3	0	0	3	7
東大阪大柏原	0	1	0	0	1	0	2	0	0	0	4

（延長十回）

メモ

「背番号11」

如水館にはエースの浜田大貴に加え、もう一人、左腕投手がいた。背番号11の2年坂本光士郎。東大阪大柏原戦で先発し、二回途中、1失点で降板。準々決勝の関西（岡山）戦では2番手で登板し、1回⅔を無失点に抑えた。高校時代は決して目立つ存在ではなかったが、日本文理大に進学後に頭角を表し、新日鉄住金広畑（現日本製鉄広畑）では先発の柱に。2018年のドラフト会議でヤクルトに5位指名され、如水館出身者では3人目のプロ野球選手となった。現役を続けているのは坂本だけである。

【如水館】	打	安	点	振	球
⑥ 門田	3	1	0	1	2
⑨ 樋口	4	1	0	0	1
③ 金尾	4	1	1	1	2
⑤ 島崎	6	2	1	1	0
⑦ 宇田	3	1	0	2	3
② 木村	5	2	2	1	1
⑧ 安原	5	1	1	0	1
④ 佐藤	4	0	0	1	2
① 坂本	1	0	0	0	0
1 浜田	4	1	0	0	0

犠盗失併残
2 0 2 0 16 39 10 5 7 12

【東大阪大柏原】	打	安	点	振	球
⑦ 望月	2	0	0	1	0
H7 泉	3	2	0	0	0
③ 末武	4	1	0	0	1
⑥ 花本太	3	2	1	0	1
⑧ 石川慎	4	1	1	1	1
⑤ 西田	4	2	0	0	0
⑨ 杉山	0	0	0	0	1
9 山崎	4	0	0	2	0
② 松浪	5	1	1	1	0
① 福山	3	1	0	1	0
1 白根	0	0	0	0	1
1 花本元	1	0	0	0	0
④ 中河	3	1	0	1	0
4 石川司	1	0	0	1	0
H 園田	1	1	0	0	0
R 山東	0	0	0	0	0

犠盗失併残
4 1 2 1 13 38 12 3 8 5

▽三塁打　西田、金尾▽二塁打　樋口、松浪、花本太、島崎▽暴投　福山、浜田

投手	回	打	安	振	球	責
坂本	1⅓	7	2	0	2	1
浜田	9	40	10	8	3	2
福山	6⅔	34	4	5	10	1
白根	2⅔	16	5	2	2	2
花本元	⅔	3	1	0	0	0

【ベンチ入りした主なプロ野球選手】

≪如水館≫

坂本光士郎	日本文理大―新日鉄住金広畑―ヤクルト・19年ドラフト5位―ロッテ

≪東大阪大柏原≫

石川慎吾	日本ハム・12年ドラフト3位―巨人―ロッテ

296 2011年8月16日
第93回全国高校野球選手権3回戦

如水館（広島）－能代商（秋田）

十二回、如水館1死一、三塁、島崎の一ゴロの間に三塁走者門田㊤が本塁へ突入。捕手平川と交錯しながらも生還し、同点とする

如水館 初の8強入り

第93回全国高校野球選手権大会第11日は16日、甲子園球場で3回戦4試合があり、如水館（広島）は能代商（秋田）に延長十二回の末、3－2で逆転サヨナラ勝ち。春夏を通じて初めて8強に進んだ。

如水館は1－2の延長十二回1死一、三塁から、島崎の一ゴロを処理する隙を狙った三塁走者門田の好走塁で同点。さらに2死一、三塁から木村が左前にサヨナラ打を放った。三回から救援のエース浜田は低めを丁寧に突いて10回を1点に抑えた。

能代商は九、十回と内外野の鮮やかな中継プレーで走者を本塁で刺した。十二回に敵失で勝ち越したが、先発の保坂が力尽きた。

3戦連続延長 負けない野球実践

初の8強入りを果たした如水館。3試合連続となる延長は、攻守にミスを重ねながらも、劇的な逆転サヨナラ勝ちとして実った。課題は少なくないが、迫田監督の掲げる「負けない野球」は実践できている。

同点の十二回の守り。2死二塁で遊ゴロを捕った門田が一塁へ悪送球。勝ち越しを許した。その裏の攻め。門田が先頭打者として四球を選ぶ。金尾の安打などで1死一、二塁となった後、三盗を決めた。続く島崎の一ゴロで本塁へ。捕手と交錯しながらも生還。しぶとく追い付いた。「際どかったけど、（本塁突入に）迷いはなかった」と門田。果敢な走塁が木村の決勝打を呼び込んだ。

1－1の三回以降、本塁が遠かった。二塁に走者を置いた九、十回は安打が飛び出したが、走塁ミスもあって本塁で刺された。盗塁や送りバント、エンドランの失敗も目立ち、中軸は好機に凡打を重ねた。残塁は3試合連続の2桁。樋口主将は「もっと自分が引っ張らないと…」と準々決勝を見据える。

迫田監督も「采配ミスがいくつもあった」と反省の弁。一方でチームを勢いづけるラストシーンを振り返り、「選手は思い切りやれている」。競り勝ちながら成長するナインをたたえた。

木村サヨナラ打 今大会2度目

2年の木村が今大会2度目のサヨナラ打を放った。十二回2死一、三塁で左前へ。「打った瞬間、駄目かなと思ったけど、抜けてくれてよかった」と声を弾ませた。

1回戦（岐阜・関商工）でも十三回に殊勲打を放ち、打率4割1分2厘はチームトップ。捕手として投手陣をリードするだけでなく、打撃でも貢献している。「3年生と少しでも長く試合をしたい気持ちが支えになっている」と胸を張った。

浜田 好リリーフ 10回投げ抜く

三回から登板したエース浜田は、3試合連続のロングリリーフを乗り切った。

九回1死二塁で中越え二塁打を放ったが、二塁走者が本塁で憤死。「終わったと思ったけど、また延長になったから勝てるだろうと切り替えました」。十二回に味方の失策で失点したが、気力で10回を投げ抜いた。

能代商	100	000	000	001	2
如水館	010	000	000	002	3

（延長十二回）

メモ

「延長の如水館」

2度あることは3度ある―。如水館は3試合連続で延長を戦った。1回戦の関商工戦は十三回の末、3-2でサヨナラ勝ち。2回戦の東大阪大柏原（大阪）戦は十回に3点を挙げて7-4で振り切った。そして能代商は十二回で3-2と逆転サヨナラ勝ちした。同一チームによる3試合連続の延長戦は春夏を通じて初。1大会で3試合の延長を戦ったのも初めてだった。

【能代商】	打	安	点	振	球
⑦ 泉	4	2	0	0	1
⑧ 吉野	3	0	0	1	0
① 保坂	5	1	1	2	0
⑨ 山田一	5	0	0	3	0
⑤ 小川	5	1	0	1	0
② 平川	5	2	0	1	0
③ 岳田	5	1	0	0	0
④ 石川	4	1	0	0	0
⑥ 畠山	5	2	0	1	0

犠盗失併残
4 1 1 0 8 41 10 1 9 1

【如水館】	打	安	点	振	球
⑥ 門田	3	2	0	1	3
⑨ 樋口	4	0	0	1	1
③ 金尾	5	3	0	1	0
⑤ 島崎	6	0	1	2	0
①7 宇田	5	1	0	0	1
② 木村	6	3	1	0	0
⑧ 安原	4	2	0	1	0
④ 佐藤	5	1	0	1	0
⑦ 原田	0	0	0	0	0
H 北野	1	1	1	0	0
1 浜田	4	1	0	1	0

犠盗失併残
3 2 1 1 13 43 14 3 8 5

▽二塁打　泉、金尾2、浜田

投手	回	打	安	振	球	責
保坂	11⅔	51	14	8	5	2
宇田	2	9	3	3	0	1
浜田	10	37	7	6	1	0

【ベンチ入りした主なプロ野球選手】

≪如水館≫

坂本光士郎	日本文理大—新日鉄住金広畑—ヤクルト・19年ドラフト5位—ロッテ

如水館（広島）－関西（岡山）

如水館 4強の壁高く

第93回全国高校野球選手権大会第12日は17日、甲子園球場で準々決勝2試合があり、初めて8強入りした如水館（広島）は関西（岡山）に3−8で敗れた。関西は夏の甲子園で初のベスト4。岡山勢としては12年ぶりに4強に進出した。

如水館は2−2の五回無死二、三塁から失策で2点を勝ち越され、さらに渡辺の適時打と関泰のスクイズ（記録は内野安打）で計4点を失った。七回も集中打で突き放された。

打線は四、五回に1点ずつ返して追い付く粘りを見せたが、守備の乱れが痛かった。

失策・疲労 崩れた守備

如水館の迫田監督が掲げる「負けない野球」の神髄は、「無駄な点はやらない」ことにある。守り勝つ形が崩れると苦しい。3試合連続の延長をしのいできたチームに、ほころびを繕う余力はなかった。

2−2とした直後の五回の守り。先頭の三ゴロを島崎がはじいた。大舞台にも物おじせず、活躍してきた1年生も「焦った」という。二塁打を挟み、再び襲った強い打球も手につかず、一塁に悪送球。2点の勝ち越しを許した。

1回戦から何度も窮地を救ってきたエース浜田も疲れがみられた。後続に四球を与え、適時打を許し、スクイズも決められて計4失点。関西に主導権を奪われた。

迫田監督は初の準々決勝で島崎に先発を託した。二回までに2失点は想定内だったが、過度の負荷のつけは降板後の守りで表れた。「初戦から積もった疲れがある。1年生には酷だった」。72歳の指揮官は采配ミスを認めた。

2年前の夏は1回戦敗退。今夏の躍進は当時、1年生でメンバー入りしていた浜田や金尾らの悔しさがばねになった。「今は悔いしかない」。涙をいっぱいためた島崎の目に、飛躍への決意がにじんだ。

金尾 連日の快打 夢は後輩に託す

あと一人に追い込まれた九回、金尾はバットを手に願った。「何とか打席を回してくれ」。願いもむなしく、代打北野が三振に倒れてゲームセット。1年だった2年前、涙とともに去った甲子園に、毎試合の6安打を刻み、別れを告げた。

この日の一打は五回2死三塁からの同点打だった。「浜田に我慢ばかりさせてきた。何とか楽にしてあげたかった」。3試合連続で延長を戦い、疲労がピークの主戦を助けたい。その一心で打球を左前へ運んだ。

直後の守りで、1年生の三塁手島崎がゴロを取り損ね、無死二、三塁のピンチを招いた。再び三ゴロが転がると、はじいて、一塁送球が大きくそれた。一塁手の金尾は「一塁ベースを離れてでも捕ってあげるべきだった。緊張していたはず。僕もそうだったから」。うなだれる後輩に、2年前の自分の姿を重ねた。

初戦敗退の悔しさを糧に再び晴れ舞台に立った。3番打者として4試合で打率3割5分3厘をマーク。初の8強入りにも貢献した。「きょうの悔しさを生かして、次は僕たち以上の結果を出してほしい」。かなわなかった大きな夢を後輩たちに託して、静かにバットを置いた。

エース浜田落涙 「抑えようと焦り…」

エース浜田は試合後、涙が止まらなかった。「失策が出て抑えようと焦ってしまった。低めを狙った球が浮いてしまって…」と、五回の場面を悔しそうに振り返った。

甲子園のマウンドに2年間の成長を刻み込んだ。2年前の夏は一つのアウトも取れずに降板。今夏は4試合連続でリリーフ登板し、100個のアウトを積み重ねて初の8強に導いた。「頑張れば、ここまでできるという姿は見せられた」と声を絞り出した。

五回裏、関西無死二、三塁、妹島㊥の三ゴロを島崎が一塁に悪送球。一塁手金尾㊨が捕球できず、2者が生還して2−4とされる

2010年代

如水館	0	0	0	1	1	0	0	0	1	3
関　西	0	2	0	0	4	0	2	0	×	8

メモ

「節電」

3月の東日本大震災、原発事故による電力不足への懸念から、徹底した節電対策が行われた。ナイターの開催を極力避けるため、初日と決勝を除き第1試合の開始時間を午前8時に。決勝は午前9時半、プレーボールとなった。大会史上初となる午前の決勝は、日大三（西東京）が青森勢として42年ぶりに決勝に進んだ光星学院（現八戸学院光星）を11−0で下した。

【如水館】	打	安	点	振	球
⑥ 門田	5	1	0	1	0
⑨19 樋口	4	0	0	0	0
H 北野	1	0	0	1	0
③93 金尾	4	1	1	1	0
①5 島崎	3	1	0	0	1
5 福田	0	0	0	0	0
⑦ 宇田	2	0	0	0	1
② 木村	4	2	0	0	0
⑧ 安原	3	1	0	0	1
④ 佐藤	4	1	0	1	0
⑤ 森兼	0	0	0	0	0
1 坂本	0	0	0	0	0
131 浜田	3	1	0	2	0

犠	盗	失	併	残	打	安	点	振	球
2	1	2	2	8	33	8	1	6	3

【関　西】	打	安	点	振	球
⑧ 小倉	5	2	0	0	0
⑥9 妹島	5	1	0	0	0
⑦ 佐藤	4	1	0	0	1
7 大重	0	0	0	0	0
⑤ 渡辺	4	2	1	0	1
③1 堅田	3	2	0	0	1
⑨3 関泰	4	2	1	1	0
①6 水原	3	0	1	2	0
② 関貫	4	2	2	1	0
④ 福井	3	1	1	0	1

犠	盗	失	併	残	打	安	点	振	球
1	1	2	2	8	35	13	6	4	4

▽二塁打　福井、佐藤（関）、堅田、門田、小倉

投手	回	打	安	振	球	責
島崎	1⅔	9	3	1	2	2
坂本	1⅔	6	2	0	0	0
浜田	3⅓	20	8	3	1	2
樋口	⅓	2	0	0	1	0
浜田	1	3	0	0	0	0
水原	4⅔	21	4	3	2	1
堅田	4⅓	17	4	3	1	0

【ベンチ入りした主なプロ野球選手】

≪如水館≫

坂本光士郎	日本文理大―新日鉄住金広畑―ヤクルト・19年ドラフト5位―ロッテ

≪関西≫

渡辺雄貴	DeNA・12年ドラフト3位

広島工－盈進
（広島）（広島）

広島工 20年ぶり「夏」切符

第94回全国高校野球選手権広島大会最終日は26日、マツダスタジアムで決勝があり、広島工が盈進を8－3で下して20年ぶり5度目の甲子園出場を決めた。

広島工は0－2の五回、4点を奪い逆転した。1死二、三塁で小平が中前へ同点打。2死一、二塁と局面が変わり、久保田が右中間へ2点二塁打を放ち勝ち越した。八回も上位打線の3連続適時打で4得点。辻駒祐は連打を許さず、3失点で完投した。

盈進は三回の藤本の中前適時打などでリードしたが、五回に先発谷中が制球を乱し4失点。守りのミスもあり、流れを失った。

勝を決め、跳び上がって喜ぶ広島工のエース辻駒祐。⑥は木下、⑭は浜下

強力打線が奮起 逆転勝ち

19年間閉ざされていた夏の甲子園への道を、広島工が強打で切り開いた。今大会の7試合で96安打を積み重ね、計68得点。1試合平均得点は9・7と打ちまくった。「勝ち上がるには打つしかない」。沖元監督の思いに、選手がバットで応えた。

盈進のエース谷中に無安打と苦しんでいた打線が目覚めたのは五回だった。辻駒祐の二塁打などを足場に1死二、三塁とすると、小平が中前へ同点打。打線が勢いづき、4番久保田の勝ち越し二塁打につながった。

選手の手のひらはまめだらけで分厚い。冬場は1日千スイング。開幕前の1カ月間は、1日500スイングのノルマを貫いた。「どのチームよりも振ってきたと思う」と木下主将。春の県大会1回戦で如水館に逆転負けした後、メンタルトレーニングも導入。精神面を鍛え、自信を支えた。

準決勝の尾道戦に続く逆転勝ち。沖元監督は「リードされても、選手は僕より慌てなくなった」と目を細めた。大会3本塁打の宇佐美や14打点を挙げた久保田を擁する強力打線。高い技術とパワーに精神的なたくましさを加え、2006年の如水館以来となるノーシードで優勝を成し遂げた。

3連投辻駒祐 133球投げ切る

3連投の疲れは吹き飛んだ。広島大会を20年ぶりに制した広島工のエース辻駒祐。ナインが駆け寄るのを待ち切れず、マウンドで両手を広げて跳び上がった。

「ちっちゃい頃からの夢だった」。粘りに粘って133球を投げ切り、甲子園を手繰り寄せた。

24日の準々決勝で135球、前日の準決勝は164球。疲労度はピークを迎えていた。立ち上がりは安定感を欠き、三回までに2点を先行されたが、焦りはなかった。「粘っていれば後半打ってくれる」。強力打線の援護を待った。

中学時代から知る盈進・谷中との投げ合い。「球速は向こうが上。コントロールでは負けない」。四回、初めて三者凡退に打ち取ると、五回の打席でチーム初安打の二塁打。打線の奮起を促し逆転すると、投球は勢いを増した。最後まで低めを意識し、四回以降は毎回奪三振。大会屈指の右腕に投げ勝った。

今大会の7戦中6戦で2桁安打を記録した打線がクローズアップされてきた。「新聞を開くと打撃のことばっかり。でも勝てればいい。自分の投球ができれば甲子園でも勝てる」。豪打の陰で目立たなかった背番号1が、歓喜の輪の中心で輝いた。

4番久保田 勝ち越し打

広島工は4番久保田の一振りでリードを奪った。追い付いた直後の五回2死一、二塁。「決めてやろうという意識もあった」。右中間へ勝ち越しとなる2点二塁打を放ち、ベース上でこぶしを突き上げた。

前の打席で直球を見逃し三振。「4番打者として最も恥ずかしいことをした。真っすぐだけに絞った」。狙い球を迷わずたたき、主軸の仕事を果たした。

広島工	0	0	0	0	4	0	0	4	0	8
盈 進	1	0	1	0	0	0	0	1	0	3

メモ

「古豪復活」

広島工－盈進の決勝は、1978年と同じカードとなった。当時の試合は広島工が5－1で勝ち、念願の夏初制覇を飾った。敗れた盈進はその後、冬の時代を迎えたが復活。今大会で17年ぶりに4強入りし、勢いに乗って34年ぶりの決勝進出を果たした。38年ぶりの優勝はならなかったが、久々の快進撃に正田靖人監督は「この野球をすれば全国につながっていくと確信した」。その確信が現実となるのは10年後、2022年の夏だった。

【広島工】		打安点
⑧	小平	423
⑨7	今中	422
⑤	宇佐美	411
③	久保田	512
⑦	児玉卓	400
9	山田	100
⑥	木下	520
②	高田	100
①	辻駒祐	520
④	重森	400
4	浜下	000
	計	37108

【盈 進】		打安点
③	舩本	530
④	住田	300
⑤	西岡	510
⑧	藤本	422
①91	谷中	300
6	重藤	100
⑦	山岡	310
⑨	土屋	200
H	中田	110
1	大福	000
9	三宅	100
R9	坂本	000
②	山本	310
⑥	広瀬	200
H	神崎	100
1	小川	110
	計	35102

	振	球	犠	盗	失	残	併
広	4	7	1	2	1	10	1
盈	8	2	2	2	2	9	0

▽二塁打 辻駒祐、久保田、今中2、藤本▽捕逸 高田▽暴投 辻駒祐

投手	回	打	安	責
辻駒祐	9	39	10	2

投手	回	打	安	責
谷中	6	27	4	4
大福	⅔	4	1	0
谷中	⅓	1	0	0
小川	2	13	5	4

【ベンチ入りした主なプロ野球選手】

≪広島工≫

宇佐美塁大	日本ハム・13年ドラフト4位

広島工－飯塚
（広島）　（福岡）

広島工 競り負け無念

第94回全国高校野球選手権大会は8日、甲子園球場で開幕した。開会式に続き、1回戦3試合を行い、20年ぶり出場の広島工（広島）は飯塚（福岡）と対戦。序盤の失点が響き、4―6で競り負けた。飯塚は春夏通じて甲子園初勝利。

広島工はエース辻駒が序盤につかまった。一回に2点を失い、二、三回は2死から計3失点。要所で制球が甘くなった。打線は二回、辻駒の2点打で反撃。三回は児玉卓、五回は宇佐美の適時打で1点差に迫ったが、六回以降は飯塚の2番手西に1安打に封じられた。相手守備の乱れにもつけ込めなかった。

反撃機逃し 不完全燃焼で幕

広島工ナインは歯がゆそうにベンチから引き揚げてきた。「普段通りの野球ができなかった」と沖元監督。20年ぶりの夏の甲子園は不完全燃焼に終わった。

「中盤まで2点差以内ならOK」。監督の思惑通りに試合が進んでいるかに見えた。五回を終え4―5。リードは許していたが、三回途中で飯塚のエース古賀をKOした。後は自慢の強力打線に火が付くのを待つだけのはずだった。

ところが、選手の受け止め方は違った。広島大会でチームトップの14打点を挙げた久保田が、五回までに3度の好機で凡退。「気負いはなかったが、ここで打ったらという場面をものにできなかった」。競り合っても最後は猛打で相手をねじ伏せてきた広島大会とは違う展開が、選手心理に微妙な影を落とした。

「四つもエラーをしてくれたのに、つけ込めなかったという気持ちもあった」と木下主将。焦りからか、五回無死三塁では内野ゴロで三塁走者が飛び出し、帰塁できず憤死。七回は1死一塁から盗塁失敗と、反撃機を逃し続けた。

もやもやした気持ちが拭えないまま試合終了。沖元監督は「今まで見たことのないミス。選手をうまくコントロールしてあげられなくて申し訳ない」。圧倒的な攻撃力でつかんだ全国舞台は、悔しさを残して幕を閉じた。

主戦辻駒、序盤5失点

無情にも球審の右手が上がった。2点を追う九回2死。見逃し三振で最後の打者になると、思わず涙があふれ出した。「自分のせいで負けた」。辻駒は敗戦の責めを一身に背負った。

左打者が7人並ぶ相手打線を研究し、シュートを軸に据えた組み立てで臨んだ。得意球だが、思うように決まらない。三回までに7安打を浴び、5失点。「球が高く、最後まで修正できなかった」。生命線の制球が乱れた。

意地は見せた。二回の攻撃で同点となる2点中前打。広島大会では打率1割6分と不振だったが、「自分のせいで失った点を、取り返したい一心だった」。投球も四回以降は立ち直り、151球で完投した。

広島大会では6試合に登板し、防御率1・09。強打が看板のチームを「投」で支え、20年ぶりの甲子園出場に導いた。「広島工のエースとして甲子園に出られたこと。そして負けたこと。全てをばねにして、大学で日本一の投手になりたい」。最後は晴れやかな表情で、夢の舞台を後にした。

好打者の宇佐美 適時二塁打放つ

大会屈指の好打者として注目された宇佐美は「自分の打撃に悔いはないが、もう少しこのチームで野球をしたかった」と唇をかんだ。

片りんを見せたのは五回。無死一塁から痛烈なライナーで左中間を破る適時二塁打を放った。「ボール球を振らず、甘い球を仕留められた」

高校通算45本塁打。広島大会で5割7分1厘の高打率をマークした主砲は「今後も上のレベルで野球を続けたい」と力を込めた。

七回、広島工1死一塁、今中の打席で一塁走者小平㊻が二盗を試みたがタッチアウト。遊撃手北野

広島工	0	2	1	0	1	0	0	0	0	4
飯　塚	2	2	1	0	0	0	0	1	×	6

メモ

「再戦」

第94回大会の決勝は大阪桐蔭（大阪）－光星学院（青森、現八戸学院光星）。史上初めて、同年の選抜大会と同じ顔合わせになった。藤浪晋太郎、森友哉（オリックス）のバッテリーが軸の大阪桐蔭が3－0で勝利し、史上7校目の春夏連覇を果たした。光星学院は3季連続の準優勝。東北勢初の甲子園制覇はまたもお預けとなった。

【広島工】		打	安	点	振	球
⑧	小　平	4	2	0	0	0
⑨7	今　中	4	0	0	1	0
⑤	宇佐美	4	1	1	0	0
③	久保田	4	0	0	0	0
⑦	児玉卓	4	1	1	0	0
9	山　田	0	0	0	0	0
⑥	木　下	4	1	0	0	0
②	高　田	4	1	0	1	0
①	辻　駒	4	2	2	1	0
④	重　森	2	0	0	2	0

犠盗失併残
10004　34 8 4 5 0

【飯　塚】		打	安	点	振	球
⑥	北　野	4	1	0	0	1
④	丸　本	2	1	2	0	2
⑤	檜	5	2	1	2	0
⑧	石　田	2	2	1	0	2
③	白　石	3	0	1	0	0
⑦	黒　岩	3	0	0	1	1
②	堀	4	3	1	0	0
①	古　賀	1	0	0	1	0
1	西	3	0	0	0	0
⑨	江　崎	4	1	0	1	0

犠盗失併残
22429　31 10 6 5 6

▽二塁打　小平、宇佐美、檜▽
暴投　辻駒3、古賀

投手	回	打	安	振	球	責
辻　駒	8	39	10	5	6	6
古　賀	2⅔	14	5	1	0	2
西	6⅓	21	3	4	0	0

【ベンチ入りした主なプロ野球選手】

≪広島工≫

宇佐美塁大	日本ハム・13年ドラフト4位

300 2013年3月26日
第85回選抜高校野球大会2回戦

広陵－済美
（広島）（愛媛）

延長十三回、済美1死満塁、金子の一塁内野安打で三塁走者の太田㊥が生還。サヨナラ負けを喫し、しゃがみ込む広陵のエース下石㊨。左は広陵の遊撃手太田

広陵、13回サヨナラ負け

第85回選抜高校野球大会第5日は26日、甲子園球場で2回戦3試合を行い、3年ぶり23度目出場の広陵（広島）は、9年ぶり2度目出場の済美（愛媛）に延長十三回、3－4でサヨナラ負けした。

広陵は同点の延長十三回に3安打で1死満塁とされ、金子の一塁内野安打でサヨナラ負けした。

打線は済美の主戦安楽の快速球に八回まで2安打だったが、3点を追う九回に反撃。無死一、二塁で代打川瀬の2点三塁打と塩崎の左犠飛で追い付いた。流れをつかみかけたが、十回の無死満塁を逃したのが痛かった。

熱投219球 下石無情の幕切れ

3時間を超す激闘の結末は、広陵にとって残酷だった。延長十三回、済美のサヨナラ勝ちの瞬間を見届けると、1人で219球を投げ続けてきた下石はグラウンドにしゃがみ込んだ。「勝負どころでの1球の重み、怖さを知った」と気丈に振る舞った。

中井監督が「想像以上だった」という剛腕安楽。最速152キロを記録した直球に、打線は八回まで2安打と完全に力負けした。零封負け寸前だったが、8回で140球以上を投げさせた粘りが九回に実を結ぶ。「球の勢いが落ちてきたのでまだいけると思った」という4番太田の安打を足場に3得点。土壇場で試合を振り出しに戻した。

勢いに乗って延長十回に無死満塁としたが、併殺などで無得点。七回以降は立ち直り、十二回まで無失点に抑えたエースを援護できなかった。熊谷主将は「勝ち切れなかったのが、自分たちの弱さ」と悔しがった。

「簡単には負けなかったけど、そこまでのチーム力でした」と中井監督は振り返った。「春の広陵」の本領を発揮しきれず、9年ぶりに初戦で姿を消した。

打撃・走塁 川瀬が奮闘

3点を追う九回無死一、二塁。代打の川瀬は、打席に向かう直前に熊谷主将から耳打ちされ、うなずいた。「今までやってきたことを、この1打席で出し切れと言われた。助言通り、思い切りいった」。バットと足で、鮮やかな同点劇の主役を張った。

ベンチで済美のエース安楽を観察し、狙い球を絞った。「球威が落ちている。直球を打つ」。4球目の速球を捉え、左中間を破る2点三塁打。見せ場は続く。無死一、三塁から、塩崎の浅い左飛で果敢に本塁に突入。「左翼手の捕球体勢で、行けると判断した」と冷静に振り返った。

背番号は7。「右投手にめっぽう強い」と中井監督の評価は高いが、2月に体調を崩した影響で不振に陥った。先発は外れたものの、「チャンスで回ってくるはず」と準備を重ねていた。

チームは延長十三回の末に敗戦。自身も十回の好機で併殺を喫するなど甲子園に悔いも残した。「守備力も鍛え、確実にレギュラーを取りたい」。春の収穫と宿題を糧に飛躍を誓った。

塩崎が同点犠飛

九回無死一、三塁から、塩崎が同点の左犠飛を放った。「みんなでつくったチャンス。何としても走者をかえすつもりだった」と振り返った。

捕手として七回の守りから出場。延長十一回に左前打を放つなどバットは好調だったが、試合後はエースの下石を気遣った。「厳しい練習を積んできた分、安楽君よりも力は上だったと思う。最後もサイン通りで、失投ではなかった」と唇をかみしめた。

広陵	0	0	0	0	0	0	0	0	3	0	0	0	0	3
済美	0	0	0	0	0	3	0	0	0	0	0	0	1	4

（延長十三回）

【広　陵】	打	安	点	振	球
① 下　石	4	0	0	2	2
⑤ 赤　川	5	1	0	1	0
③ 坂　田	6	2	0	1	0
⑥ 太　田	5	1	0	3	1
⑦ 市　岡	6	1	0	1	0
⑨ 林	3	1	0	1	0
H9 川　瀬	3	1	2	1	0
④ 久保田	4	2	0	1	2
② 柳　沢	2	0	0	1	0
H 永　谷	1	0	0	0	0
2 塩　崎	2	1	1	0	0
⑧ 熊　谷	3	0	0	1	1

犠盗失併残
3 5 0 2 11 44 10 3 13 6

【済　美】	打	安	点	振	球
⑧ 上　田	4	1	0	1	1
⑨ 山　下	5	2	0	2	1
⑥ 宇佐川	5	1	0	3	1
① 安　楽	5	2	2	0	1
⑤ 太　田	6	1	1	2	0
③ 盛　田	6	1	0	1	0
⑦ 光同寺	6	1	0	0	0
② 金　子	5	2	1	1	1
④ 町　田	2	0	0	1	0
H 藤　原	0	0	0	0	1
R4 林　幹	1	0	0	1	0

犠盗失併残
2 1 0 2 12 45 11 4 12 6

▽三塁打　川瀬、山下▽二塁打　金子、安楽▽暴投　下石

投　手	回	打	安	振	球	責
下　石	12⅓	53	11	12	6	4
安　楽	13	53	10	13	6	3

メモ

「東北絆枠」

記念大会として例年より4校多い36校が出場した第85回大会。東日本大震災からの復興途上にある東北から史上最多の5校が選ばれた。明治神宮大会を制し神宮大会枠の仙台育英（宮城）、一般枠の聖光学院（福島）と盛岡大付（岩手）、21世紀枠のいわき海星（福島）に加え、「東北絆枠」で山形中央（山形）が選ばれた。東北絆枠は復興支援を目的とした特別枠で第85回大会限定で設けられた。4校が初戦を突破し、被災者を勇気づけた。

【ベンチ入りした主なプロ野球選手】

≪済美≫

安楽智大　楽天・15年ドラフト1位

(301) 2013年7月28日
第95回全国高校野球選手権広島大会決勝

新庄（広島）―瀬戸内（広島）

15回0―0で再試合に

第95回全国高校野球選手権広島大会は28日、尾道市のしまなみ球場で新庄―瀬戸内の決勝があり、0―0のまま延長十五回で決着がつかず、大会規定により引き分け再試合となった。

両チームともエースの好投と無失策の堅い守備で得点を与えず、延長十五回で引き分けた。新庄の田口は13安打を浴びたが、十三回無死満塁を切り抜けるなど19奪三振。瀬戸内の山岡はわずか1安打に抑え15三振を奪った。

七回をゼロに抑えて、雄たけびを上げる瀬戸内の山岡

大会史に残る投げ合い
瀬戸内・山岡　新庄・田口

大会史に残る壮絶な投げ合いだった。瀬戸内・山岡、新庄・田口の両エースが意地と誇り、甲子園への思いを懸けて熱投。「15回が早かった」。2人は同じ言葉を口にし、再戦へ向けて決意を新たにした。

右腕山岡は163球、左腕田口は213球。ともに延長十五回を投げ抜いたが、その内容は対照的だ。

山岡は「快投」を続けた。140キロを超す直球と切れ味鋭いスライダーで、六回まで走者を一人も許さない完璧な投球。「うまく狙い球を外せた」と15三振を奪い、九回に許した1安打に抑えた。

田口は「粘投」だった。9度も得点圏に走者を背負いながら、気迫の投球で決定打を許さなかった。真骨頂は先頭打者に三塁打を打たれ、敬遠策を取った十三回無死満塁。「腹をくくって真っ向勝負した」。内野ゴロと連続三振で最大のピンチを乗り越えると、左手でガッツポーズ。13安打を浴びながら、19三振を積み重ねた。

両エースの対決は昨夏の広島大会と、昨秋、今春の県大会に続いて4度目。昨夏に投げ負けた山岡は走り込みや、3食に間食も加えた食事トレーニングで体力強化を図った。昨秋と今春に敗れた田口は、筋力トレーニングでパワーアップに取り組んだ。ともに敗者として悔しさをばねに力を蓄え、球速140キロ台を投げ込むプロ注目の本格派へと成長した。

甲子園を懸けたマウンドは互いの力をも引き出した。「山岡のテンポが良かったので（自分も）テンポよく投げられた」と田口。山岡は「田口より先に絶対点は与えないという気持ちだった」。ライバル心も加わって、15回を投げ抜いた。

再試合は30日。山岡が「こんなに甲子園が遠いとは思わなかったけど、みんなを連れて行く」と力強く言えば、田口は「山岡を追い越したと試合で証明したい。ゼロに抑えたら負けはない」。

集中力　守り抜く　新庄

白球への集中力を研ぎ澄ませた。15回、3時間13分、新庄ナインは守りに守った。エース田口を、バックは全員で

十三回の無死満塁を無失点に抑え、ガッツポーズする新庄の田口

もり立てた。

最大のピンチは十三回にやってきた。先頭の沖繁に右越え三塁打を許し、満塁策を選択。川口主将は内野陣をマウンドに集め、声をかけた。「腹をくくって、悔いのないプレーをしよう」。二遊間を抜けそうな打球を遊撃手中林が好捕し、本塁封殺。ビッグプレーでサヨナラ負けを阻んだ。

ずっと苦しかった。得点圏に走者を背負ったのが9度。スコアボードにゼロが並ぶにつれ、重圧は増した。九回2死一、二塁で、右中間への強い打球を好捕した中堅手二角は「緊張していたけど、守り勝つしかなかった」。強い精神力で引き分けに持ち込んだ。

迫田監督は「精神的に疲れたと思う。本当によく頑張った」と選手を誇らしげにたたえた。

無死満塁を逃す

瀬戸内

十三回無死満塁。瀬戸内は3者が打ち取られて無得点に終わった。「決めようと思って力ばかり入ってしまった」と遊ゴロに倒れた岩城。手中に収めかけた甲子園切符をつかめなかった。

先頭の沖繁の三塁打と連続敬遠で満塁とし、田口を追い詰めた。サヨナラ機に、岩城の遊ゴロの後は連続三振。スリーバントスクイズを失敗した溝口は「外角を想定していたが、決め切れず悔しい」と肩を落とした。

好投手田口を相手に好機は少ないと全員が自覚。悔いが残らないようにフルスイングを心掛けた。放った安打は13本。出塁しなかったのは七、十、十五回の3度だが、あと一本が出ず、残塁は16を数えた。沖繁は「正直、勝てると思った。再試合ではしぶとく1点ずつ」と唇をかんだ。

小川監督は「死闘を繰り広げた選手は疲れている。とにかく休ませて疲労回復に努める」と、再び相まみえる2日後を見据えた。

新　庄	000	000	000	000	000		0
瀬戸内	000	000	000	000	000		0

（延長十五回引き分け再試合）

【新　庄】		打	安	点
⑥	中林	5	0	0
⑨	大野	4	0	0
④	川口	5	0	0
⑦	梅本	4	0	0
H3	西島	1	0	0
⑧	阪垣	3	0	0
R8	二角	2	0	0
⑤	大多和	5	0	0
③7	大西	4	0	0
7	横山	0	0	0
①	田口	5	0	0
②	柳井	5	1	0
	計	43	1	0

【瀬戸内】		打	安	点
④	北吉弘	6	3	0
⑧	吉本	6	2	0
⑦	沖繁	6	2	0
⑨	佐藤	4	1	0
③	足立	5	0	0
⑥	岩城	5	2	0
⑤	北吉慶	2	0	0
5	溝口	4	0	0
H	山本	1	0	0
②	大町	4	1	0
R	梅木	0	0	0
2	橋	2	0	0
①	山岡	6	2	0
	計	51	13	0

		振	球	犠	盗	失	残	併
新	15	3	2	0	0	3	0	
瀬	19	5	5	1	0	16	1	

▽三塁打　沖繁▽二塁打　岩城▽暴投　山岡2

投手	回	打	安	責
田口	15	61	13	0
山岡	15	48	1	0

メモ

「死闘」

瀬戸内・山岡泰輔と新庄・田口麗斗の息詰まる投げ合いは、球史に残る名勝負となった。広島大会の決勝引き分け再試合は広島が「1県1代表」となった1958年以降で初。再試合は選手の体調を考慮して1日の休養日を挟んで実施されることになった。甲子園経験のある新庄の迫田守昭監督と瀬戸内の小川成海監督は「こんな試合は記憶にない」と口をそろえた。

【ベンチ入りした主なプロ野球選手】

≪瀬戸内≫

山岡泰輔	東京ガス—オリックス・17年ドラフト1位

≪新庄≫

田口麗斗	巨人・14年ドラフト3位—ヤクルト

瀬戸内（広島）－新庄（広島）

13年ぶりの優勝を決めて喜ぶ瀬戸内ナイン

2日間の熱闘 瀬戸内制す

第95回全国高校野球選手権広島大会最終日は30日、尾道市のしまなみ球場で決勝の再試合があり、瀬戸内が新庄を1－0で下し、13年ぶり2度目の甲子園出場を決めた。

瀬戸内は八回1死二塁で、大町が右前へ適時打を放ち、均衡を破った。エース山岡は要所を締める投球で新庄打線を5安打に封じた。

新庄は四回2死満塁、七回無死一、二塁の好機を生かせず9残塁。好投の田口を援護できなかった。

捕手大町 エース救う一打

「山岡を助けたい」。その思いだけを乗せた打球が一、二塁間を破った。八回に大町が一振りで奪った決勝点。甲子園を手繰り寄せ、喜ぶエースに向かって右腕を突き上げた。

八回1死二塁。「甘い球が真ん中に入ってきた」。狙い球とは違う変化球に体が反応した。打球が転がった瞬間に全力疾走。右前へ抜けると、二塁走者岩城が本塁へ滑り込んだ。

昨秋からバッテリーを組む山岡のスライダーが怖かった。鋭く曲がり落ちる球を何度も後逸した。「おまえしかおらん」。背番号1から掛けられる言葉に奮起。体にあざをつくりながら、ワンバウンドを止める練習を繰り返した。この日は「約6割がスライダー。いつもより多めに投げさせた」。2試合で24イニングの全てに並べたゼロは、バッテリーの信頼から生まれた。

夢見た甲子園。意気込みを問われて即答した。「山岡を最高の状態に持っていきたい」。泥まみれの笑顔は最高に輝いた。

山岡 計24回を無失点

13年ぶりとなる甲子園への使命感が、172㌢の小柄なエースを突き動かした。瀬戸内の山岡は計24回に及んだ決勝の2試合を無失点。「僕がみんなを甲子園に連れて行く」が口癖の右腕は試合終了の瞬間、跳び上がって大きくガッツポーズをした。

「正直、調子は良くなかった」。1安打に抑えた28日とは違い、スライダーは切れを欠いた。二回無死一、二塁、四回2死満塁などピンチの連続。冷静なマウンドさばきで新庄打線の外角狙いを察し、内角勝負で得点を許さなかった。小川監督は「試合の中で対応できるのが彼のすごさ」と評価した。

学校近くの合宿所で寝食をともにし、選手の3食を賄う小川監督に前日、大

九回、新庄2死一塁、最後の打者を一ゴロに打ち取り、ガッツポーズする瀬戸内の山岡

好物の炊き込みご飯をリクエストした。「僕らが寝ている午前3時に毎朝起きて、料理を作ってくれる監督に恩返ししたかった」。英気を養い、ライバルの新庄の田口に投げ勝った。

入学時に168センチ、56キロだった山岡は厳しい練習を通して心身ともに成長してきた。最速147キロを記録し、広島大会の防御率は0・46。高い技術と抜群のマウンド度胸で甲子園の扉を開いた。小川監督は「甲子園も彼の調子次第」と絶対の信頼を寄せていた。

県北の夢 再び及ばず
新庄「もう一個、何かが必要」

県北勢初の甲子園出場を懸けた新庄は、2年前と同じ準優勝。迫田監督は「もう一個、何かが必要なんだと思う」と悔しさを押し殺した。

惜しまれるのは七回無死一、二塁の先制機。捕手が投球をはじき、三塁を狙った二塁走者田口がタッチアウトになった。好投していたエースは「僕の判断ミス」。チャンスはしぼんだ。

「うちを含めた北部のチームが必ず近いうちに(甲子園出場を)成し遂げたい」と指揮官。悲願は再び持ち越された。

新庄	0	0	0	0	0	0	0	0	0	0
瀬戸内	0	0	0	0	0	0	0	1	×	1

メモ

「決着」

広島が「1県1代表」となった1958年以降、初の決勝再試合は瀬戸内に軍配が上がった。新庄のエース田口麗斗は八回に決勝点を献上し、夢破れた。決勝2試合で23イニング目での失点だった。県北勢初制覇の悲願を胸に、広島大会では7試合に先発。63回を投げ、81奪三振、防御率0.71と素晴らしい記録と鮮烈な記憶を残した。「歴史は変えられなかったが、高校野球に悔いはない」と涙は見せなかった。

【新　庄】		打	安	点
⑥	中林	4	0	0
⑨	大野	4	0	0
④	川口	3	1	0
⑦	梅本	3	1	0
③	西島	4	1	0
⑧	大西	3	1	0
①	田口	2	0	0
②	柳井	4	1	0
R	二角	0	0	0
⑤	天多和	4	0	0
	計	31	5	0

【瀬戸内】		打	安	点
④	北吉弘	4	1	0
⑧	吉本	2	1	0
⑦	沖繁	3	0	0
③	佐藤	3	0	0
⑨	山本	3	1	0
⑥	岩城	2	1	0
⑤	堀	2	0	0
②	大町	3	1	1
①	山岡	3	0	0
	計	25	5	1

	振	球	犠	盗	失	残	併
新	6	3	2	0	0	9	1
瀬	3	0	3	0	2	3	1

投手	回	打	安	責
田口	8	28	5	1
山岡	9	36	5	0

【ベンチ入りした主なプロ野球選手】

≪瀬戸内≫

山岡泰輔	東京ガス―オリックス・17年ドラフト1位

≪新庄≫

田口麗斗	巨人・14年ドラフト3位―ヤクルト

303 2013年8月13日
第95回全国高校野球選手権2回戦

瀬戸内（広島）－明徳義塾（高知）

五回、明徳義塾無死、宋（手前）に先制ソロを浴びた瀬戸内の山岡。捕手大町

瀬戸内 明徳義塾に惜敗

第95回全国高校野球選手権大会第6日は13日、甲子園球場で2回戦4試合があった。瀬戸内（広島）は明徳義塾（高知）に1―2で敗れた。

瀬戸内が競り負けた。五回、エース山岡が先頭の宋に先制ソロを浴び、さらに内野安打や死球、自らの失策で1死満塁とされ、犠飛で2点目を失った。打線は六回の沖繁の左前適時打による1点だけ。9奪三振と力投した山岡を援護できなかった。

明徳義塾は岸が好投。内外角を丁寧に突き、高めの直球も効果的に使って6安打1失点で完投した。

緊迫の投手戦 経験値で差

瀬戸内の山岡と、明徳義塾の岸による息詰まる投手戦。勝敗の分岐点は、攻撃陣の意思統一の差にあった。

瀬戸内の小川監督は「チーム全体で、うちに重圧をかけてきた。さすが明徳」。全国制覇の経験もある強豪校に脱帽した。

瀬戸内は岸の初球のストライクから積極的に狙い、攻略の糸口を求めた。想像以上だったのは手元での伸び。三回の攻撃前に「高めを捨てる」と再確認したが、最後まで徹底できなかった。七回の同点機に高めのつり球を空振りし、三振した堀は「球が浮き上がってくる感じで手が出てしまった」と肩を落とした。

明徳義塾は体を張って山岡攻略に挑んできた。各打者がホームベースぎりぎりに立ち、内角を投げにくくさせた。「死球が嫌で気になった」という山岡は2死球を与え、一つは2点目に絡んだ。出場49校の中でチーム打率は2割6分1厘と最低だが、一丸となって得点を奪いにきた。

13年ぶりの瀬戸内と14大会連続で初戦突破中の明徳義塾。互いに好投手を擁し、堅い守りも互角だったが、甲子園での経験値と試合運びには差があった。「落ち着いたプレーはできていたと思うんだけど…」。小川監督は悔しさを隠せなかった。

六回反撃の1点 達成感と悔しさ

北吉主将

バットと足で反撃の先陣を切った。2点を先制された直後の六回。北吉主将は「先頭で出れば点が入る。思い切っていった」と初球を捉えて右前打。犠打で二塁に進み、沖繁の左前打で好スタートを切って生還した。積極的な打撃と走塁で唯一の得点を刻んだ。

劣勢ムードを変えるため、攻撃前の円陣で声を張り上げた。「まだ終わっていない。最後まで諦めずに戦おう」。ナインを鼓舞し、強い意志を打席と塁上で示した。

打力が弱いという前評判も覆した。「周りの人から瀬戸内は山岡のワンマンチームといわれ続けてきた」。4打席のうち3打席は第1ストライクをフルスイング。広島大会でチームトップの打率3割9分3厘を残したリードオフマンは、大舞台でも積極果敢な姿勢を貫いた。

エースへの援護は1点にとどまり、初戦敗退。「みんなバントも決められたし、しっかり守れた。瀬戸内らしい野球はできたけど、悔しい」。広島大会の決勝で引き分け、再試合の末に、つかんだ甲子園。主将の表情には達成感と悔しさが複雑に交錯していた。

3番沖繁が一矢報いる

3番沖繁がチーム唯一の打点をたたき出した。

2点を追う六回1死二塁で直球を左前へ。「絶対かえそうという気持ちで打った。中飛に終わった前の打席で手応えをつかめたので、素直に打ち返せた」と振り返った。

一方、先頭打者だった九回の一ゴロには悔しそう。「無理に引っ張りにかかってしまった。出塁していたら、流れが変わっていたのに…」と唇をかんだ。

瀬戸内	0	0	0	0	0	1	0	0	0	1
明徳義塾	0	0	0	0	2	0	0	0	×	2

【瀬戸内】	打	安	点	振	球
④ 北吉	4	1	0	1	0
⑧ 吉本	3	0	0	1	0
⑦ 沖繁	4	1	1	0	0
③ 佐藤	4	1	0	1	0
② 大町	4	1	0	0	0
⑨ 山本	4	2	0	0	0
⑥ 岩城	1	0	0	0	0
⑤ 堀	3	0	0	2	0
① 山岡	2	0	0	1	1

犠盗失併残
3 0 1 2 5 29 6 1 6 1

【明徳義塾】	打	安	点	振	球
⑧ 矢野	2	1	0	0	1
④ 畑	2	0	1	1	0
⑤ 逸崎	3	1	0	0	1
① 岸	3	0	0	1	0
③ 西岡	2	0	0	1	1
⑨7 宋	3	1	1	2	0
⑦ 大西	3	0	0	3	0
9 尾崎	0	0	0	0	0
② 馬場	3	2	0	1	0
⑥ 岩見	1	1	0	0	0

犠盗失併残
6 1 0 1 5 22 6 2 9 3

▽本塁打　宋1号（山岡）▽二塁打　馬場

投手	回	打	安	振	球	責
山岡	8	31	6	9	3	1
岸	9	33	6	6	1	1

メモ

「60校目」

第95回大会は、好投手の高橋光成（西武）を擁する前橋育英（群馬）が延岡学園（宮崎）を4−3で下し、初優勝を飾った。選手権では60校目の優勝校。2024年の第106回大会までに4校増え、現在は64校である。最多は兵庫の7校（神戸一中、関西学院中、甲陽中、芦屋、東洋大姫路、報徳学園、育英）。大阪が6校で続く。優勝校が出ていない県は18ある。

【ベンチ入りした主なプロ野球選手】

≪瀬戸内≫

山岡泰輔	東京ガス―オリックス・17年ドラフト1位

≪明徳義塾≫

岸潤一郎	拓大―徳島―西武・20年ドラフト8位

304 2014年3月25日
第86回選抜高校野球大会1回戦

新庄－東海大三
（広島）（長野）

東海大三を2安打で完封した新庄の山岡

新庄が甲子園初勝利

第86回選抜高校野球大会第5日は25日、甲子園球場で1回戦があり、春夏通して初出場の新庄（広島）が東海大三（長野）を6－0で破り、甲子園初勝利を挙げた。広島県勢の初戦突破は2010年の広陵以来、4年ぶり。

新庄はエース山岡が13三振を奪い、2安打で完封した。緩急を使いながら切れのあるボールで三振の山を築いた。打線は一回に奥田慎の左前適時打で先制。五回には4連打で2点を追加し、六回以降も3点を加えた。

東海大三は打線が的を絞れず、1度しか得点圏に走者を置けなかった。5回3失点の先発高井は制球がばらついた。

エース山岡 圧巻の完封

圧巻の投球だった。新庄のエース山岡は堂々の2安打完封勝利。「細かいことは考えないようにした。楽しく投げた」と涼しい表情で熱投を振り返った。

右足を大きく振り上げるダイナミックなフォーム。「直球でどんどん押していく」との宣言通り、球速130キロ台後半の直球を投げ込んだ。一回は3者連続三振を奪い、「あれで調子がいいと確信した」と捕手の田中啓。その後もスライダーを効果的に使い、的を絞らせなかった。

先頭打者を出したのは1度だけ。死球は一つあったが、無四球で三塁を踏ませなかった。「狙っていない」という奪三振は13。巨人入りした1学年上の田口が「馬力のある選手」とたたえた素質を全国に示した。

「試合で緊張したことはない」と言い切る左腕。春夏通じて県北勢として初の甲子園でもマイペースぶりは変わらない。午前9時の試合開始に合わせて、ここ数日は午後8時に就寝し午前4時に起床。寝付けない選手もいる中、「寝ることが好き。ありがたい」と熟睡して体調を整えた。

「本番に強い子なんですよ。精神的にも成長した」と迫田監督。背番号1の進化に満足そうだった。

3番西島が3打点

謙虚な3番打者西島のバットが、甲子園初白星を手繰り寄せた。2安打3打点の活躍に「勝てたのは山岡のおかげ。打席では後ろにつなぐことだけを考えていた」と控えめに喜んだ。

左打席での悪癖を自覚する。手首をこね、ボールを右方向に引っ掛けてしまう点だ。「センターから左方向へ」。冬場の最重要のテーマに据え、厳しい練習の中で習得に努めてきた。

「緊張した」という第1、2打席はいずれも一ゴロ。1－0の五回1死満塁では負のイメージを振り払い、集中した。3球目、137キロの直球を捉えた打球は左翼手の頭上を越える2点打。九回にも左前へ適時打を放ち、「練習の成果が出てよかった」と息を吐き出した。

甲子園出場が懸かった昨秋の中国大会準決勝、高川学園（山口）戦でもサヨナラ打。「自分で決めようとは思っていない。後ろに頼れる打者がたくさんいますから」。二塁手として4度の守備機会も無難にこなし、「次も守りからリズムをつくる」と強調。攻守に献身的な働きが、新庄の進撃を支える。

頼れる主将中林 プレーで沸かす

開会式で選手宣誓を務めた中林主将がプレーでも甲子園を沸かせた。左肩の負傷を押して出場し、2安打、1盗塁。「チームを流れに乗せたかった」と笑顔を見せた。

先頭打者の一回に安打を放つと二盗で好機を広げ、奥田慎の適時打で生還。五回にも左前打で出塁し、3点目のホームを踏んだ。

16日の練習試合で左肩に死球を受け、肩甲骨を負傷。懸命に治療に取り組み、痛み止め薬も服用して大舞台に臨んだ。「肩は大丈夫。むしろ前より調子がいい」。頼れる主将は豪快に笑った。

新　庄	1	0	0	0	2	1	0	0	2	6
東海大三	0	0	0	0	0	0	0	0	0	0

メモ

「87年目」

県北勢初の選抜大会出場を果たした新庄が初戦を突破した。1928年に創部。33年夏の山陽大会広島予選（当時）で広島商に0−47で大敗後、活動を休止した。戦後は軟式で活動。72年に再び硬式となり、39年ぶりに夏の広島大会に出場した。2007年に迫田守昭監督が就任してから強化が進み、11、13年夏に広島大会準優勝。13年秋の中国大会で準優勝し、14年の選抜大会出場校に選ばれ、悲願の甲子園切符をつかんだ。創部87年目の甲子園初勝利に、アルプススタンドは沸きに沸いた。

【新　庄】	打	安	点	振	球
⑥ 中　林	4	2	0	0	1
⑦ 田中琢	4	2	0	1	1
④ 西　島	5	2	3	1	0
⑧ 阪　垣	4	1	1	1	1
⑤ 奥田慎	5	1	1	0	0
⑨ 二　角	4	1	0	0	0
③ 佐々木	2	0	0	0	0
3 熊　田	1	0	0	0	1
② 田中啓	4	1	0	0	0
① 山　岡	4	2	1	2	0

犠盗失併残
0 3 1 0 8 37 12 6 5 4

【東海大三】	打	安	点	振	球
⑧ 小　林	3	0	0	2	1
⑥ 棚　田	4	0	0	2	0
② 原　雄	4	0	0	3	0
⑨ 浦　野	3	0	0	1	0
③ 原　弘	3	1	0	0	0
④ 青　木	3	0	0	0	0
⑦ 池　田	3	0	0	1	0
① 高　井	1	0	0	1	0
H 富　永	1	0	0	1	0
1 中　村	0	0	0	0	0
H 田　中	1	0	0	1	0
1 平　林	0	0	0	0	0
1 福　沢	0	0	0	0	0
⑤ 井　出	3	1	0	1	0

犠盗失併残
0 0 2 2 3 29 2 0 13 1

投手	回	打	安	振	球	責
山　岡	9	30	2	13	1	0
高　井	5	23	8	3	1	3
中　村	3	12	2	1	2	1
平　林	⅔	4	1	1	1	1
福　沢	⅓	2	1	0	0	0

新庄（広島）－桐生第一（群馬）

延長十五回引き分け再試合となり、整列する新庄（右側）と桐生第一ナイン

新庄延長15回 分ける

第86回選抜高校野球大会第8日は29日、甲子園球場で2回戦があり、第2試合の新庄（広島）－桐生第一（群馬）は1－1のまま延長十五回でも決着がつかず、大会規定により引き分け再試合となった。再試合は30日午後3時開始。

先発した新庄の山岡、桐生第一の山田がともに好投し、15回を完投。打線は決め手を欠き再試合となった。

新庄は十一回に安打と敵失などで1死満塁のサヨナラ機を迎えたが、併殺を喫した。

桐生第一は八回に柳谷の適時打で追い付いた。その後は走者を出してもけん制球で刺されるなどミスが響いた。

171球 山岡が熱投

甲子園のマウンドで新庄の山岡が成長を遂げている。延長十五回、2時間25分の投手戦を171球で完投。「すごく疲れた。思い描く投球はできた」。疲労感とともに充実感も味わう熱投だった。

直球主体で13三振を奪った1回戦から組み立てを変えた。早いカウントから積極的にスイングしてくる桐生第一に対し、「（直球が）狙われている感じがした」と変化球を多投。「打たせて取る」という本来の投球を貫き、七回まで3安打に抑えた。

同点打を浴びた八回に本格派の意地がのぞいた。2死一、三塁で「自信のあるボールで勝負したかった」。追い込んでから直球が甘く入り、左前にはじき返された。迫田監督は「もっとボール球を使えればよかった」と注文する。

追い付かれても冷静さは失わなかった。「自分を助けるため」と九回2死二塁のピンチは、素早いけん制球で走者を刺した。十一回にサヨナラ機を逃した後は「いい流れを取り戻したかった」とギアを上げ、投げ切った。

1回戦と合わせて290球を投じた。再試合での登板の意志を問われると「投げます」と即答。連投の志願は背番号1を背負う誇りなのだろう。

二角、ピンチを救った好返球

1－1の十回2死二塁。二角は守備位置の右翼で強い予感があったという。「絶対に自分のところへ（打球が）来る」。定位置よりも7、8歩前へ。イメージを高め、「その時」を待った。

初球だった。右前への打球を素早く捕り、ワンバウンドで本塁へ投げた。ストライク返球で二塁走者はタッチアウト。勝ち越し点を阻んだ。「外野手の仕事ができた。送球の正確さには自信がある」と胸を張った。

わずかな判断の遅れや誤りが敗戦に直結する土壇場。実は初めてではない。昨夏の広島大会決勝でも九回に中堅で美技を見せ、引き分け再試合を演出した。「再試合の予感もあった。あの夏の決勝と雰囲気が似ていた」

チーム一の俊足も生かした。二回に死球で出塁すると、二盗でチャンスを拡大。さらに果敢なスタートとスライディングを披露し、犠飛で先制のホームを踏んだ。

15回の激闘を終えても、全く疲れた様子は見せなかった。「再試合では今日以上の働きで勝利に貢献したい」。攻守できらりと輝くプレーの再演を誓った。

サヨナラ機の併殺打悔やむ
先制犠飛の田中啓

新庄の唯一の得点は、8番・田中啓のバットから生まれた。二回無死一、三塁で先制の左犠飛。「何とか先に1点が欲しかった。高めの変化球を思い切り振っていった」と振り返った。

試合後の表情がさえなかったのは、十一回1死満塁で一ゴロ併殺に倒れ、勝利を呼び込めなかったため。「思ったよりも球が速かった。早く試合を決めて、山岡を楽にさせたかったのに…」。バッテリーを組む山岡を気遣い、悔しさをにじませた。

桐生第一	0	0	0	0	0	0	0	1	0	0	0	0	0	0	0	1
新　庄	0	1	0	0	0	0	0	0	0	0	0	0	0	0	0	1

（延長十五回規定により引き分け）

メモ

「再試合」

新庄－桐生第一戦は、選抜大会では6年ぶりの引き分け再試合となった。新庄は前年夏の広島大会決勝で瀬戸内と息詰まる投手戦を繰り広げ、延長十五回引き分け再試合。約8カ月前を想起させるような熱戦に、新庄の迫田守昭監督は「それも甲子園でね」と複雑な表情を見せた。15回を1人で投げ抜いた山岡就也は、瀬戸内戦の田口麗斗（ヤクルト）の投球をベンチで目に焼き付けていた。「あの試合があったから、緊張せずに投げられた」と先輩に感謝していた。

【桐生第一】	打	安	点	振	球
⑦ 吉田	6	1	0	1	0
④ 石井	5	2	0	0	0
⑨ 柳谷	5	2	1	0	1
① 山田	6	0	0	0	0
② 小野田	6	2	0	1	0
③ 速水	4	0	0	1	0
R8 翁長	2	0	0	0	0
⑧3 久保	5	0	0	0	0
⑤ 久保田	6	1	0	2	0
⑥ 高橋	5	1	0	1	0

犠	盗	失	併	残	打	安	点	振	球
4	1	2	1	9	50	9	1	6	1

【新　庄】	打	安	点	振	球
⑥ 中林	6	2	0	1	1
⑦ 田中琢	6	1	0	0	0
④ 西島	7	1	0	0	0
⑧ 阪垣	5	2	0	0	1
⑤ 奥田慎	4	1	0	1	0
⑨ 二角	4	0	0	1	1
③ 熊田	4	0	0	0	1
② 田中啓	5	0	1	0	0
① 山岡	4	0	0	2	0
H 藤本	1	0	0	0	0

犠	盗	失	併	残	打	安	点	振	球
7	2	5	0	11	46	7	1	5	4

▽二塁打　奥田慎

投手	回	打	安	振	球	責
山田	15	57	7	5	4	1
山岡	15	55	9	6	1	1

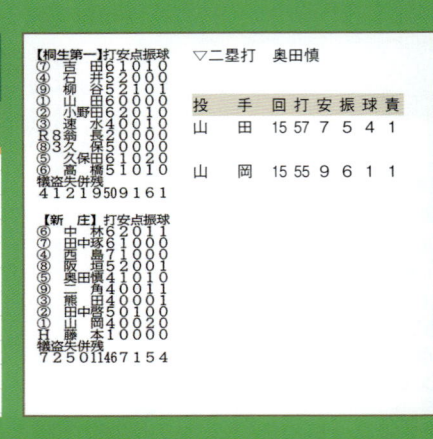

四回、新庄2死一、三塁、一、二塁間の当たりを二塁手に好捕され、一塁でアウトとなり悔しがる奥田慎

新庄（広島）－桐生第一（群馬）

引き分け再戦 新庄散る

第86回選抜高校野球大会第9日は30日、甲子園球場で、延長十五回引き分け再試合となった2回戦が行われ、春夏通じて初出場の新庄（広島）は桐生第一（群馬）に0－4で敗れた。

新庄は桐生第一のエース山田を攻略できず、8強入りを逃した。山田のテンポ良く丁寧にコースを突く投球に3安打。四回2死一、三塁の好機を逃した後は、得点圏に走者を進められなかった。主戦山岡は七回、守りの乱れもあって3失点し力尽きた。

桐生第一は一回に柳谷の中前打で先制。野手が再三の好守で山田をもり立て、新庄に反撃を許さなかった。

攻守に差 零敗喫す

力の差を見せつけられた。新庄は延長十五回の末に1－1で引き分けた桐生第一に完敗。迫田監督は「守備力、打力とも差があった」と敗戦を受け入れた。

相手のマウンドには前日163球を投げた山田。低めにボールを集められ、わずか3安打に封じられた。唯一の好機も好守に阻まれた。1点を追う四回2死一、三塁。奥田慎の打球は一、二塁間へ。抜けるかと思われたが二塁手に好捕された。「いけたと思ったが…」と奥田慎。以降は二塁も踏めなかった。山岡を攻め立て、4得点した相手打線とは対照的だった。

身上の「守り勝つ野球」も崩れた。二つの失策はいずれも失点につながった。「慣れない場所。責められない」と迫田監督。一方で、桐生第一は左翼手らの好守で流れを手放さなかった。「広島なら安打になる当たりも正面でさばかれた」と田中琢はうなった。

敗れたものの、試合後の指揮官の表情は明るかった。「素晴らしいチームと甲子園で3度も戦えた。ここが新庄の第一歩となる」。初戦の快勝、引き分けの熱戦、そして完敗…。県北勢として初めて踏み入れた大舞台での経験を夏への糧にするつもりだ。

エース支えられず「力不足」 主将の中林

再試合という貴重な経験は苦い結果に終わった。「打ってやろうと打ち急いでしまった。相手に守備でいいプレーもされた。力不足です」。中林は連投のエースをもり立てられず、悔しさをにじませた。

先頭打者として、主将として、攻撃のリズムを生み出そうと必死だった。しかし、2安打した前日とは打って変わって快音なし。ベンチでも「甘い球に絞っていこう」と、仲間と確認し合ったが、チームは3安打無得点に終わった。

守りでも遊撃から山岡に声をかけ続けた。「気持ちでいこう。打たれても仕方ない」。だが、守備陣は失点につながる2失策。エースを支えきれなかった。

大会前に左の肩甲骨を骨折。「甲子園に出られたのが奇跡だった」。自分が練習を抜けても一丸となってくれたナイン、治療に当たってくれたトレーナーたちへの感謝は尽きない。

開会式では選手宣誓という大役も担った。「いろいろあった大会だった。1回戦の勝利が一番の思い出です」。夏に向け、春の課題を無駄にはしない。

西島2安打 3番の意地

新庄の西島が2安打を放ち、3番の意地を見せた。「中軸として、（出塁するという）最低限のことはできた。後は任せるという思いだった」と悔しがった。

いずれも鋭い打球だった。四回は二塁手強襲の当たり。七回は追い込まれてから、「どんな球にも対応しよう」と切り替え、カーブを右前に運んだ。

前日はサヨナラ機で凡退した。「ここ一番という場面で打てるかどうか。気持ちが重要」と成長を誓った。

新庄	0	0	0	0	0	0	0	0	0	0
桐生第一	1	0	0	0	0	0	3	0	×	4

【新庄】	打	安	点	振	球
⑥ 中林	4	0	0	0	0
⑦ 田中琢	4	0	0	0	0
④ 西島	4	2	0	0	0
⑧ 阪垣	3	1	0	1	1
⑤ 奥田慎	3	0	0	0	0
⑨ 二角	2	0	0	0	0
H9 遠目塚	1	0	0	0	0
③ 熊田	2	0	0	0	0
H3 佐々木	1	0	0	1	0
② 田中啓	3	0	0	1	0
① 山岡	3	0	0	0	0

犠盗失併残
0 0 2 0 4 30 3 0 3 1

【桐生第一】	打	安	点	振	球
⑦ 吉田	4	3	1	0	0
④ 石井	2	1	0	0	0
⑨ 柳谷	4	3	2	1	0
① 山田	3	0	1	1	0
② 小野田	4	0	0	1	0
⑤ 久保田	3	0	0	1	1
⑧ 久保	3	1	0	1	0
③ 速水	4	3	0	0	0
⑥ 高橋	3	0	0	1	0

犠盗失併残
5 2 1 1 8 30 11 4 6 1

▽三塁打　速水▽二塁打　速水

投手	回	打	安	振	球	責
山岡	8	36	11	6	1	2
山田	9	31	3	3	1	0

メモ

「記録ずくめ」

第86回大会は選手権を3度制している古豪の龍谷大平安（京都）が決勝で履正社（大阪）を6−2で破り、38度目の出場で初めて頂点に立った。夏を含めた全国制覇は58年ぶり。京都勢の選抜優勝は1948年の京都一商（現西京）以来、66年ぶりだった。決勝での京都勢と大阪勢の対戦は初で、近畿勢同士の顔合わせは35年ぶりなど記録ずくめとなった。

307 2014年7月27日
第96回全国高校野球選手権広島大会決勝

広陵－新庄
（広島）（広島）

一回、広陵無死、赤川が中前打を放つ

広陵 4年ぶり夏切符

第96回全国高校野球選手権広島大会最終日は27日、尾道市のしまなみ球場で決勝があり、広陵が2－1で新庄を下し、4年ぶり21度目の甲子園出場を決めた。新庄は春夏連続の甲子園出場はならなかった。

広陵が逃げ切った。1点を先行された一回、太田の左犠飛で同点。続く2死一塁で喜多の中前打を中堅手が後逸し2点目を奪い逆転した。先発の吉川は丁寧に低めを突く投球で1失点で完投した。

新庄は好機で2併殺に倒れるなど、打線のつながりを欠いた。

ライバル新庄に雪辱

ライバルの新庄を下し、広陵が頂点に立った。「この子たちを使って負けたら自分の責任」。中井監督は感慨深そうだった。

新庄の左腕山岡の立ち上がりを攻めた。1点を先制され「流れを取り戻したかった」という太田主将の左犠飛で同点。続く喜多の中前打に失策が絡んで逆転した。喜多は「自分のスイングをして後続につなげる一心だった」。吉川の力投と無失策の守りで1点差を守り切った。

悔しさをばねにした。新庄には昨秋の中国大会で完敗。選抜大会出場を阻まれた。「史上最弱」と中井監督から厳しい言葉もかけられた。「2－9」。冬場は新庄戦のスコアをユニホームの背中に書き込み、基礎練習に取り組んだ。

中井監督は今大会でベンチ入りの20人全員を起用。競争心をあおった。「代わりはたくさんいる。選手層は結構厚い」と胸を張る。スター選手はいないものの、誰もが主役になれるチームが4年ぶりの「夏」に挑む。

硬軟織り交ぜ 投げ勝つ
広陵のエース吉川

背番号1の誇りを白球に込めた。1人で投げ抜いた決勝。「最高の気分。ずっとチームを支えたいと思っていた」。最後の打者を遊ゴロに打ち取ると、クールな吉川がようやく笑った。

感じていた緊張感は、マウンド上で封じ込めた。「とにかく低めに」と制球を意識し、全力投球は一球もなかった。相手の変化球狙いを感じ取ると、直球を多投する余裕も。五回1死一、三塁では、先制打を浴びた西島を、痛打されたスライダーで遊ゴロ併殺に打ち取った。大一番とは思えないほど冷静だった。

身長167㌢で、ほとんどの直球は130㌔台。「（投手として）自信をなくすことは何度もあった」と振り返る。上背のない分、工夫と努力で乗り越えてきた。軸になる球種を身に付けるため、パームボールを習得。1日3㌔以上の米を食べ、ひたすら下半身を鍛えた。懸命な姿勢に、中井監督はエースナンバーを託した。

好投手山岡に投げ勝っての頂点。「自分は特別な投手じゃない。だけど、負けたくない気持ちはずっとある」。熱いハートと冷静さを武器に、夢舞台へ挑む。

培った堅守に誇り

広陵自慢の堅守は最後まで崩れなかった。6試合を通して、失策はわずか2。決勝でも併殺二つを含め内野ゴロで15のアウトを奪い、打たせて取る主戦吉川をもり立てた。

守備練習でミスすると、部員全員でダイヤモンドを1周するなど、選手自らプレッシャーをかけてきた。遊撃手赤川は「試合だけでなく、練習から守備の意識は高い」とプライドをのぞかせた。二塁手藤代も「一球を大切にする気持ちを持てた」とうなずいた。

新庄	1	0	0	0	0	0	0	0	0	1
広陵	2	0	0	0	0	0	0	0	×	2

【新庄】	打	安	点
⑥ 中林	2	0	0
⑨ 田中琢	3	1	0
④ 西島	4	1	1
⑧ 阪垣	4	1	0
⑤ 奥田	2	0	0
H 遠目塚	1	0	0
⑦ 宮本	3	0	0
H 藤本	1	1	0
R 一角	0	0	0
③ 佐々木	4	1	0
② 田中啓	3	1	0
① 山岡	3	1	0
計	30	7	1

【広陵】	打	安	点
⑥ 赤川	4	1	0
⑧9 松原	3	0	0
⑤ 佐野	3	0	0
② 太田	2	0	1
③ 喜多	3	1	0
⑦ 古賀	2	0	0
8 林	1	0	0
⑨7 広兼	3	2	0
① 吉川	3	0	0
④ 藤代	2	1	0
計	26	5	1

	振	球	犠	盗	失	残	併
新	4	2	2	0	2	6	0
広	4	3	2	1	0	5	2

▽三塁打 西島

投手	回	打	安	責
山岡	8	31	5	0
吉川	9	34	7	1

【ベンチ入りした主なプロ野球選手】

≪広陵≫

太田光	大商大―楽天・19年ドラフト2位
吉川雄大	東海大―JFE西日本―楽天・22年ドラフト7位

メモ

「準優勝」

新庄は2年連続で1点差に泣き、準優勝に終わった。新庄はコロナ禍で中止となった2020年を除き、11年から21年までの10大会で8度決勝に進出。15、16、21年に優勝した。「1県1代表」となった1958年以降の広島大会で、通算5度の準優勝は3位。1位は広島商の12度（優勝14度）で、2位は崇徳の8度（優勝2度）となっている。

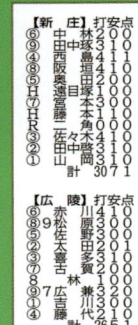

広陵―三重
（広島）　（三重）

十一回、三重2死満塁、宇都宮（手前右）にサヨナラの押し出し四球を与え、ぼうぜんとする広陵の吉川

広陵 初戦サヨナラ負け

第96回全国高校野球選手権大会第3日は13日、甲子園球場で1回戦4試合が行われ、広陵（広島）は三重（三重）に延長十一回の末、4―5でサヨナラ負けした。2―2の七回に2点を勝ち越したが、九回に同点とされた。十一回2死満塁から押し出し四球で敗れた。

広陵は4―4の十一回2死満塁から、エース吉川が押し出し四球を与えてサヨナラ負けした。打線は二回に先制し、2―2の七回には吉川のソロ本塁打などで2点を勝ち越した。12安打を放ったが、12残塁。十一回1死二、三塁の好機を生かせなかったのが痛かった。

三重は2点を追う九回、3安打を集めて同点とした粘りが実った。

吉川痛恨 押し出し四球

十一回2死満塁、169球目だった。広陵の吉川が投じた直球は、ど真ん中に構えた太田主将のミットから大きく外れた。押し出し四球。サヨナラ負けという非情な結末に、「何も考えられなかった」。歓喜の三重ベンチを横目に、悔しそうに汗を拭った。

広陵のエースにふさわしい内容だった。序盤に「変化球が狙われている」と気付くと、直球主体の配球に変えた。最速138キロの球を厳しいコースへ投げ込み、八回まで強打の三重打線を8安打、2点にしのいだ。

七回に自らソロ本塁打を放つなど2点リードで九回を迎えた。勝利を目前にし「力み過ぎてコースが甘くなった」。3安打を浴びて追い付かれた。十一回には太田主将から「おまえが点を取られても悔いはない」と励まされただけに、痛恨の幕切れに「仲間に申し訳ない」とうなだれた。

身長167センチ。投手としては大きくない。2年生までは伸び悩み、捕手も経験した。夜遅くまでシャドーピッチングや走り込みを続け、球速も制球力もアップ。ライバルとの競争に勝ち、背番号1をつかんだ。中井監督は「最近のエースの中で一番小さい。小柄でも努力すれば、いい投手になれることを示した」とねぎらった。

吉川は「疲れはなかったし、全力は出した。力不足です」。最後まで気丈に振る舞った。

悔しさを糧に 執念の先制打 広兼

持ち前の負けん気が頭をもたげた。広兼は二回無死一塁で2球続けて送りバントを失敗。サインは「打て」に変わった。「このまま凡退したら流れが変わる。絶対に後ろへつなぐ」

4球目の内角直球を強振すると、打球は左翼線を鋭く破る先制二塁打。吉川の犠飛で2点目のホームも踏んだ。バント失敗を悔やみながら戻ったベンチで、仲間の温かい声に包まれた。「ナイスバッティング」。四回にも中前打を放ち、ようやく表情が緩んだ。

甲子園には特別な思いがあった。昨春の選抜大会でベンチ入りメンバーに選ばれながら、開幕直前に左足首を骨折。応援席で見守った悔しさを糧にした。「甲子園の存在が自分を成長させてくれたと思う」と振り返った。

少年時代から憧れた大舞台は1試合で幕を閉じた。「広陵で、この仲間と野球ができて良かった」と涙をこらえた。

広陵	0	2	0	0	0	0	2	0	0	0	0	4
三重	0	0	0	2	0	0	0	0	2	0	1	5

（延長十一回）

【広　陵】		打	安	点	振	球
⑥	赤川	5	1	0	1	1
⑨	松原	6	2	0	0	0
⑤	佐野	6	2	0	1	0
②	太田	6	0	0	2	0
③	喜多	3	0	1	0	2
⑦	広兼	5	2	1	2	0
⑧	林	4	1	0	0	0
①	吉川	4	2	2	1	0
④	藤代	5	2	0	0	0

犠	盗	失	併	残	打	安	点	振	球
2	1	1	2	12	44	12	4	7	3

【三　重】		打	安	点	振	球
⑧	長野	4	3	0	0	2
④	佐田	5	1	2	0	0
⑥	宇都宮	4	0	1	0	2
③2	西岡	4	2	0	1	1
⑦	稲葉	4	0	0	2	0
7	松村	1	0	0	1	0
⑤	内田	5	1	0	1	0
⑨	世古	5	3	1	0	0
②	中林	4	2	1	0	0
R	青木	0	0	0	0	0
3	姜	1	0	0	0	0
①	今井	3	0	0	0	0
H	山本	1	0	0	0	0
1	森	1	0	0	0	0

犠	盗	失	併	残	打	安	点	振	球
1	0	2	0	11	42	12	5	5	5

▽本塁打　吉川1号（今井）
▽二塁打　広兼、世古▽暴投　吉川、今井

投手	回	打	安	振	球	責
吉川	10⅔	48	12	5	5	4
今井	9	40	10	5	3	4
森	2	9	2	2	0	0

メモ

「90周年」

甲子園球場開場90周年となった第96回大会は大阪桐蔭（大阪）が決勝で三重を4-3で破って、2年ぶり4度目の優勝を飾った。大会では二つの珍しい記録が生まれた。一つは1回戦の大垣日大（岐阜）-藤代（茨城）戦で、大垣日大が大会タイとなる最大8点差を逆転。12-10で勝ち、2回戦に進んだ。もう一つは高崎健康福祉大高崎（群馬）の平山敦規が準決勝の大阪桐蔭戦で大会通算8個目となる盗塁をマーク。1大会個人最多盗塁に93年ぶりに並んだ。

【ベンチ入りした主なプロ野球選手】

≪広陵≫

太田光	大商大―楽天・19年ドラフト2位
吉川雄大	東海大―JFE西日本―楽天・22年ドラフト7位

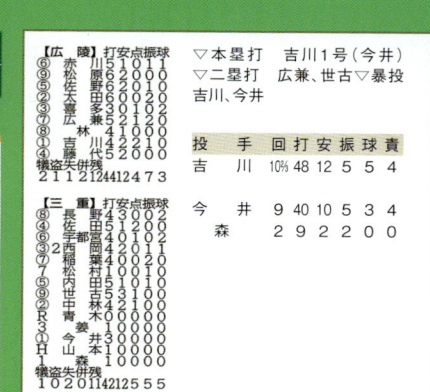

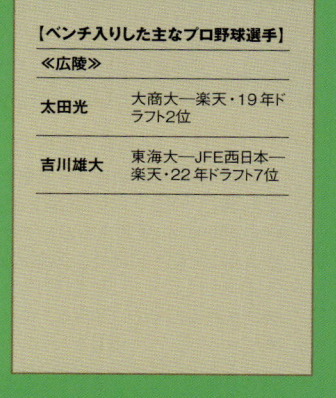

309 2015年7月26日
第97回全国高校野球選手権広島大会決勝

新庄（広島）－呉（広島）

一回、新庄2死一、三塁で重盗が成功。三塁走者岩本が生還し、先制する。捕手中村

駆けた新庄 初の夏V

第97回全国高校野球選手権広島大会最終日は26日、尾道市のしまなみ球場で決勝があった。ともに初優勝を狙う両校の一戦は、新庄と呉が対戦。新庄が3－1で勝ち、県北勢として初めて夏の甲子園出場を決めた。1950年の呉阿賀（現呉工）以来となる呉勢の夏の出場はならなかった。

新庄が接戦を制した。一回2死一、三塁で重盗を決め先制。1－1の四回は上位打線の3連打に2盗塁を絡め、北谷の適時打などで2点を勝ち越した。先発堀は要所を締め、1失点完投。呉は五回1死満塁を併殺で逃したのが痛かった。

「必死」の本盗 真骨頂

新庄が初の頂点へ駆け抜けた。3年連続の決勝で持ち前の機動力を発揮。県北勢として夏の甲子園初出場を決めた。

一回2死一、三塁から重盗を仕掛け、三塁走者の岩本が生還した。「ここぞの策。必死に突っ込んだ」と岩本。四回の2盗塁は、呉のエース野村の緩いけん制の隙を突いて二塁を陥れた。ともに得点に結び付けた。勝ち越し打の北谷は「新庄らしい攻撃」と胸を張った。

迫田監督が野村を徹底研究した成果だ。「寝不足なんですよ」と赤い目を指さした。今大会6試合で計23盗塁。グラウンドの砂場でダッシュ20本を繰り返して鍛えた走力を前面に押し出した。

長年野球部を支えてきた杉本部長が本年度で定年を迎える。試合前、迫田監督は「部長を甲子園に連れて行くぞ」とナインを鼓舞。「あの言葉で一丸になれた。面白くてお世話になった先生のために戦った」と佐々木主将。名将の采配と部長の人柄が栄冠への支えとなった。

直球勝負 納得の「金」
2年エース堀

悲願の夏舞台を目指して、新庄の2年生エース堀は真っすぐで押しに押した。「最初から全力だった。失点するのは嫌い」。ピンチの時ほど球威は増す。強気で攻め抜き、歓喜の輪の中心で輝いた。

周囲からおっとりしているといわれる性格。それがマウンドに立つと、勝ち気に切り替わる。「左打者でも右打者でも内角にうまく投げられた」。最速140キロの直球を主体に9奪三振。自らの失策と四球で招いた五回1死満塁のピンチも直球で勝負し、遊ゴロ併殺で切り抜けた。

「控え（投手）の3年生の気持ちも背負って投げた」。今大会最多の136球を投じたが、球威は衰えなかった。

控え投手だった昨夏は準優勝。大会直後に銀色のメダルは引き出しの奥にしまった。「色が気に入らん」。見つけた両親にそう言って手渡した。3回戦以降は1人でマウンドを守った今大会。自らの左腕で、光輝く金色に変えてみせた。

同じ左腕でOBの田口（ヤクルト）らが届かなかった夏の甲子園。「新庄の夢をかなえた」。柔らかな笑みを浮かべた。

6試合1失策 持ち味を発揮

堅い守りが頂点への原動力になった。新庄は6試合でわずかに1失策。再三のピンチを好守でしのいできた。二塁手杉村は「丁寧にさばくことができた」と胸を張った。

五回1死満塁のピンチは遊ゴロ併殺。七回1死二塁での浅い右飛は、守備固めで代わったばかりの奥田が好捕した。「試合前のノックを見て、いいチームになったと思った」と迫田監督もうなずく。

中堅手藤本は「どこに飛んでも捕球する気持ちで食らい付きたい」。全国舞台でも持ち味を発揮する。

呉	0	0	0	1	0	0	0	0	0	1
新庄	1	0	0	2	0	0	0	0	×	3

メモ

「4度目の正直」

創部88年目の新庄が4度目の決勝進出で初優勝に輝いた。夏制覇という県北勢の悲願を達成。スタンドに詰めかけた多くの野球部OBは、後輩たちの快挙を喜んだ。前年のエースとして選抜大会で1勝を挙げた山岡就也は「夏の甲子園を存分に楽しんでほしい」とエール。広島東洋カープの永川勝浩は「練習環境が他チームに比べて良くない中、一生懸命にプレーする姿が素晴らしいと思っていました」とコメントを寄せた。

【呉】		打	安	点
⑧	高	5	0	0
④	城	3	0	0
⑦	川口	4	0	0
③	上田	3	0	0
H	沢田	1	0	0
3	大原	0	0	0
⑨	藤原颯	3	1	0
②	中村	4	2	1
①	野村	3	1	0
⑤	白石	3	1	0
⑥	為田	2	1	0
	計	31	6	1

【新庄】		打	安	点
④	杉村	4	1	0
⑥	岩本	4	1	0
⑧	藤本	3	1	0
②	遠目塚	4	0	0
③	定永	3	1	0
⑨	北谷	3	1	1
9	奥田	0	0	0
⑦	加藤	1	0	0
7	小笠原	2	1	1
7	原田	0	0	0
⑤	小泉	2	0	0
H	恩地	1	0	0
5	尾原	0	0	0
①	堀	3	0	0
	計	30	6	2

	振	球	犠	盗	失	残	併
呉	9	4	2	0	0	9	0
新	6	1	0	5	1	4	1

▽二塁打 中村

投手	回	打	安	責
野村	8	31	6	3
堀	9	37	6	1

【ベンチ入りした主なプロ野球選手】

≪新庄≫

堀瑞輝	日本ハム・17年ドラフト1位

新庄－霞ケ浦
（広島）　（茨城）

新庄 夏の甲子園初勝利

第97回全国高校野球選手権大会第2日は7日、甲子園球場で1回戦4試合があり、初出場の新庄（広島）は霞ケ浦（茨城）を4－2で破り、夏の甲子園初勝利を挙げた。

新庄は同点とされた直後の六回1死二、三塁から、小泉の二ゴロが野選を誘って勝ち越し。スクイズ失敗の後、杉村の右前打で1点を加えた。左腕堀は10安打を浴びながらも内野の堅い守備にも助けられ、2失点で完投した。

狙い球絞り 好投手攻略

初陣の新庄が歴史的な1勝を刻んだ。広島勢として3年続いた初戦敗退を止め、春夏通算200勝を達成。佐々木主将は「自信にしたい」と笑った。

先取点が勝負のポイントだった。2年生左腕堀の立ち上がりが不安定で「早めの援護が必要だった」と北谷。好投手綾部の攻略に向け、迫田監督からの指示は「低めの変化球と高めの直球の見極め」だった。選手は忠実に守った。

二回1死一塁。定永は8球目の高めの変化球を捉えて三塁打を放ち、先制点をたたき出した。その後も、「つり球」を見極め、狙い球を絞って安打を重ねた。

追い付かれた直後の六回には、1死二、三塁から小泉の二ゴロ野選で勝ち越し。生還した遠目塚は「足は遅いけど、大事なのはスタート。ベストな点の取り方だった」。打と走で重圧をかけ、綾部を六回途中で降板させた。

酷暑の甲子園。体調管理は徹底した。内臓に負担をかけないよう、真夏でも冷たい飲み物は禁止した。杉村は「みんなコンディションはいいはず」。加藤、尾原ら途中出場の選手も活躍。チーム状態の良さを証明した。

一方で、バント失敗や失策もあった。「ミスは反省点」と迫田監督。次戦は、より緻密な野球を展開するつもりだ。

流れを呼ぶ 先制三塁打 定永

背番号「3」の定永が、夏初勝利への道筋をつくった。0－0の二回、先頭の藤本が四球で出塁。遠目塚のバントが一飛となり、1死一塁に。悪い流れになりかけたが、「自分が打てば（流れは）変わる」と集中力を高めた。高めのチェンジアップに反応。打球は右中間を破る、先制の三塁打となった。

広島大会では背番号「2」。一塁にコンバートされ、まだ1カ月で、捕手や外野手、三塁手もこなす。この日の打順は6番。広島大会では主に5番で、これまで1～7番を務めた。攻守のユーティリティープレーヤーは「迫田監督に『やれ』と言われたポジション、打順でやるだけ」と胸を張る。

「当たり前のことを、当たり前にすればいける」。2回戦からも、与えられた役割を果たしていく。

エース堀133球 2失点完投

新庄のエース堀が、133球で2失点完投した。初戦突破を喜んだが、自己採点は「10点」と辛め。内容には不満が募った。

「今まで感じたことがないほど緊張した」。硬さから制球を乱し、抜ける球や逆球が目立った。2－0の四回には2死から1点を失い、五回には3連打で同点とされた。「高めに浮き、コーナーを突けなかった」と反省した。

八回には左脚がつるアクシデント。それでも「気持ちで投げた」と粘り、反撃を阻んだ。「もう緊張することはない。2回戦こそは自分の投球を」と誓った。

六回、新庄1死二、三塁、小泉の二ゴロが野選となり、三塁走者遠目塚（手前右）が生還。3-2と勝ち越す。捕手斎藤

新庄	0	2	0	0	0	2	0	0	0	4
霞ケ浦	0	0	0	1	1	0	0	0	0	2

【新　庄】	打	安	点	振	球
④ 杉村	5	2	1	0	0
⑦ 小笠原	1	0	0	1	0
H7 加藤	3	1	0	0	0
5 尾原	0	0	0	0	1
⑥ 岩本	5	0	0	0	0
⑧ 藤本	3	0	0	0	2
② 遠目塚	4	1	0	0	0
③ 定永	4	2	1	1	0
⑨ 北谷	3	2	1	1	0
9 奥田	0	0	0	0	0
⑤ 小泉	3	0	1	1	0
R7 原田	1	0	0	0	0
① 堀	4	1	0	0	0

犠盗失併残
1 1 1 1 9 36 9 4 4 3

【霞ケ浦】	打	安	点	振	球
⑦ 佐藤	3	0	0	0	1
H 根本薫	1	0	0	0	0
③ 保立	5	4	0	0	0
⑨ 関口	4	1	0	0	0
⑧ 清水	5	2	1	0	0
① 綾部	2	0	0	2	1
1 安高	1	0	0	1	0
⑥ 小川	4	0	0	1	0
② 斎藤	4	1	0	1	0
④ 益子	4	2	1	1	0
⑤ 飯村	2	0	0	0	1
R 加藤	0	0	0	0	0

犠盗失併残
2 0 3 0 11 35 10 2 6 3

▽三塁打　定永▽二塁打　加藤（新）、保立2、斎藤

投手	回	打	安	振	球	責
堀	9	40	10	6	3	2
綾部	5⅔	28	9	3	1	4
安高	3⅓	12	0	1	2	0

メモ

「春夏200勝」

新庄の夏の甲子園初勝利は、広島勢の春夏通算200勝というメモリアルな白星だった。初勝利は1916年の第2回選手権1回戦で、広島商が中学明善（福岡）から挙げた。2023年選抜までに通算勝利数を215勝（春96、夏119）まで伸ばしている。現在までに395勝の大阪をトップに、兵庫、東京、愛知、和歌山、広島、神奈川、京都の8都府県が200勝以上している。

【ベンチ入りした主なプロ野球選手】

≪新庄≫	
堀瑞輝	日本ハム・17年ドラフト1位
≪霞ケ浦≫	
綾部翔	DeNA・16年ドラフト5位
佐野如一	仙台大―オリックス・21年育成ドラフト5位
根本薫	オリックス・17年ドラフト9位

新庄－早実
（広島）　（西東京）

新庄 九回に力尽きる

第97回全国高校野球選手権大会第8日は13日、甲子園球場で2回戦4試合が行われ、新庄（広島）は早実（西東京）に6－7で惜敗した。新庄は四回に3短長打などで逆転したが、投手陣が早実打線の勢いを止められなかった。

新庄は乱打戦の末、早実に敗れた。3点を追う四回1死満塁から、遠目塚の中前2点打、代打北谷の中越え2点二塁打で逆転。さらに2死一、三塁で重盗を決め、計5点を挙げた。5－6の八回には杉村の右前適時打で同点とする粘りを見せた。

先発の主戦堀は四回途中3失点で降板。2番手関藤も3点を失い、逆転された。6－6とした直後の九回2死満塁で、再登板の大深が早実・渡辺に決勝の右前適時打を浴びた。

粘りで対抗 一時は逆転

パワー自慢の早実に、新庄はしぶとい野球で対抗した。1点差で敗れたものの、健闘をたたえる拍手の大きさは、伝統校に劣らなかった。

0－3の四回、迫田監督の采配が光った。制球に苦しむ早実の先発松本を攻め、2四球と代打松井の左前打で1死満塁。遠目塚の適時打で2点を返す。迫田監督は「ここで（一気に）得点しないと厳しい」と1死一、二塁で堀への代打を決断。北谷が2点二塁打を放った。「堀が降板するので一点でも多く必要だった。監督の期待に応えたかった」

さらに動く。2番手の左腕上條の隙を突いて、2死一、三塁から重盗。相手バッテリーが慌てたこともあり、三塁走者北谷が生還した。5－3。初出場校の鮮やかな逆転劇に、4万4千人の観衆がどよめいた。

リードしたものの、迫田監督は「3失点が限界だと思っていた。うちのペースじゃなかった」と明かす。継投で逃げ切りを狙ったが、失点を重ねた。「思い切りのいい振りで簡単に空振りしなかった」。3番手の大深は相手の力を認めた。

初舞台で1勝を挙げたが、バント失敗があるなど身上の緻密な野球は披露できなかった。八回に同点打を放った2年杉村は誓った。「もっとプレーの精度を高めて（来年の）春と夏に戻ってくる」

光る堅守と走塁「新庄野球」体現 岩本

岩本は堅守と走塁で、必死に「新庄野球」を体現した。

守りでは二回、先頭の富田のライナーを好捕。三回1死一、二塁では加藤の遊直で飛び出した一塁走者清宮を刺し併殺に。七回は無死で富田の三遊間への打球に追い付き、遊ゴロとした。走塁では二回1死一塁で二盗に成功。「走者がいるのに、セットポジションではなかったので」と隙を逃さなかった。

昨年2月に左手首を骨折。プレーできない約2カ月間、遊撃手の中林前主将の練習に目を凝らした。「打球への入り方や捕球。全て参考にした」。成長へのきっかけをつかんだ。

「きょうが一番楽しい試合だった。力を出し切った」。満足そうに話した後、「このチームでもう少し野球がしたかったな」と本音も漏らした。

堀、無念の四回途中降板

新庄の2年生エース堀は目を赤く腫らしていた。「直球が走らなかった。役割を果たせず、3年生に申し訳ない」。四回途中3失点の投球に反省の言葉を連ねた。

7日の1回戦、霞ケ浦（茨城）戦は133球で完投。「体調に問題はなかった」というものの、頼りの直球は切れを欠き、早実打線に8安打を浴びた。

「もっと体力をつけて、直球の速さと切れを磨く。絶対的なエースになって、ここに戻ってきたい」。大舞台での苦い経験を糧に、成長を誓った。

四回、新庄2死一、三塁、打者関藤（手前右）の時、重盗が成功。三塁走者北谷（同左）が生還し、5－3とリードを広げる。手前中央は捕手加藤

2010年代

早実	0	0	1	2	2	1	0	0	1	7
新庄	0	0	0	5	0	0	0	1	0	6

メモ

「100年」

第97回大会で、1915年に産声を上げた選手権は100年を迎えた。開会式では、第1回大会に出場した広島中（現国泰寺）など10校の部員が復刻した当時のユニホームを着て入場行進。同大会で優勝した京都二中の後続校である京都・鳥羽の主将が選手宣誓した。開会式直後の開幕試合では王貞治がプロ野球経験者としては初めて始球式を務めた。大会は東海大相模（神奈川）が決勝で仙台育英（宮城）を10－6で破り、45年ぶり2度目の優勝を飾った。

【早実】		打	安	点	振	球
⑤	山田	4	1	0	0	0
⑨	玉川	4	3	0	0	1
③	清宮	4	2	1	1	1
②	加藤	5	4	1	0	0
⑥	金子	4	1	0	0	0
④	富田	4	1	2	0	1
⑦	宮崎	4	2	1	0	1
①	松本	1	0	0	0	1
1	上條	0	0	0	0	0
1	吉野	0	0	0	0	0
H	田口	1	0	0	0	0
1	服部	1	0	0	0	0
⑧	渡辺	4	2	2	0	0

犠盗失併残
4 1 2 1 11 36 16 7 1 5

【新庄】		打	安	点	振	球
④	杉村	5	1	1	0	0
⑦	小笠原	1	0	0	0	0
7	原田	4	2	0	0	0
⑨	加藤	1	0	0	0	1
1	関藤	1	0	0	0	0
131	大深	2	0	0	0	0
⑧	藤本	4	0	0	1	0
13	佐々木	1	0	0	0	0
③938	定永	4	2	0	1	1
⑥	岩本	3	2	0	1	1
H	奥田	1	0	0	1	0
⑤	小泉	1	0	0	0	0
H5	松井	2	1	0	0	1
5	尾原	0	0	0	0	0
②	遠目塚	3	1	2	0	0
①3	堀	1	0	0	1	0
H9	北谷	3	3	2	0	0

犠盗失併残
1 6 0 2 9 37 12 5 5 4

▽三塁打　宮崎▽二塁打　北谷▽暴投　堀

投手	回	打	安	振	球	責
松本	3⅓	18	5	2	3	4
上條	1⅓	7	2	0	0	0
吉野	1⅓	5	2	0	0	0
服部	3	12	3	3	1	1

投手	回	打	安	振	球	責
堀	3⅔	19	8	1	1	3
関藤	1⅔	11	4	0	2	3
大深	2⅓	8	1	0	1	0
佐々木	⅔	4	1	0	1	1
大深	⅔	3	2	0	0	0

【ベンチ入りした主なプロ野球選手】

≪新庄≫

堀瑞輝	日本ハム・17年ドラフト1位

≪早実≫

清宮幸太郎	日本ハム・18年ドラフト1位

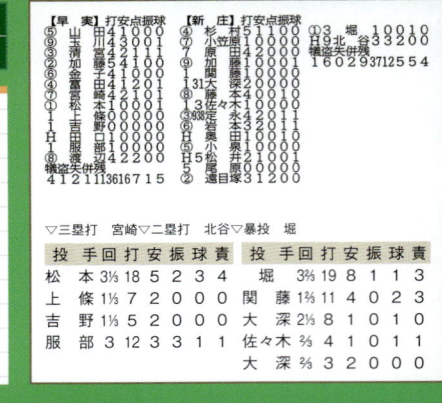

新庄－如水館
（広島）（広島）

八回、新庄1死満塁、杉村が左越え2点二塁打を放ち、5－1とする。捕手岡村

新庄 2年連続夏切符

第98回全国高校野球選手権広島大会最終日は26日、マツダスタジアムで決勝があった。新庄が如水館を5－4で下し、2年連続2度目の出場を決めた。如水館は九回に1点差まで追い上げたが、5年ぶりの優勝には届かなかった。

新庄は三回、豊岡の適時二塁打で先制。同点の六回に敵失で勝ち越し、八回は田中亮の適時打と杉村の2点二塁打で突き放した。堀は最速147キロの直球を軸に完投。如水館は九回に1点差とした後の同点機を併殺打で逃した。

試合巧者ぶり際立つ

大一番で新庄の試合巧者ぶりが際立った。小技を絡め、敵失も突いて5得点。「連覇なんて頭になかった」。迫田監督は満足そうな笑みを浮かべた。

一、二回に好機を逃しても焦りはなかった。「粘っていれば点は入ると思っていた」と田中亮。その見立ては三回に現実になる。3番北谷が一塁走者を犠打で送り、豊岡の適時二塁打で先制。六回は内野守備の乱れで勝ち越した。「ゴロで出塁し、送って点を取るのが新庄らしさ」。北谷は胸を張った。

夏連覇への道のりは険しかった。昨夏の甲子園後、重圧やマークの厳しさから中心選手の北谷や杉村が不振に陥った。「自分のプレーができなくなった」と杉村。転機は春の県大会準々決勝の如水館戦。失策が相次いで逆転負けを喫した。守備意識の徹底や全力疾走、声出しといった基本に立ち返った。「勝負できるレベルになった」。迫田監督も手応えをつかんで広島大会開幕を迎えた。

この日は3失策と課題も残った。「やはり決勝だからでしょう。甲子園への戒めですね」と指揮官。昨年は2回戦敗退。杉村は「先輩を超えることだけを考えている」。課題をチェックし2度目の夏舞台に挑む。

エース堀 熱投172球

使命感―。グラブに縫い込んだエースの誇りなくして、172球の熱投はなかった。粘る如水館を振り切った新庄の堀は、大きく息を吐いた。「疲れた。最後は立つのがやっとだった」

連覇への最大の難所は九回。3安打に失策も絡み、1点差に迫られた。流れが如水館に傾く中、必死に心の揺れを整えた。「気持ちを切り替えた。それが成長したところ」。1死一、二塁から直球で併殺に打ち取り、仲間と抱き合った。

1年秋からエースを担ったが、ふがいない投球やチームメートのミスに腹を立てた。いら立ちを態度に表すこともあり、負ければ宿舎に帰っても泣きじゃくった。「力もなかったのに、よくあんな態度を取れたと思う」。最上級生になった今は違う。失策した仲間に笑顔を見せる。ピンチでも落ち着いてプレーし、ひ弱さは見せない。ナインは口をそろえる。「堀は変わった」

精神面だけではない。昨年から肘の高さを10センチほど上げて球速は5キロ以上アップ。プロが注目する左腕に成長し、2年連続代表の原動力になった。「（2回戦敗退の）昨年は納得がいかなかった。全力でいきたい」。磨き上げた心と直球は、大舞台で大きな武器になる。

4番初起用豊岡 三回先制二塁打

新庄の豊岡が公式戦で初めて4番に起用され、期待に応えた。三回1死二塁で迎えた第2打席。左中間へ先制二塁打を放った。「今朝、打順を言われて燃えた。チームに貢献できて気持ちいい」と満足そうに振り返った。

左打ちで、如水館の右腕岡本の先発を想定して抜てきされた。「4番じゃなく、次につなげるのが自分の打撃」と言い切る。

準決勝までは2安打。「ここまであまり貢献できなかったので最高」。勢いを持って全国に臨む。

新庄	0	0	1	0	0	1	0	3	0	5
如水館	0	0	0	1	0	0	0	1	2	4

メモ

「兄弟対決第3ラウンド」

広島大会決勝では3度目となる如水館・迫田穆成《よしあき》監督、新庄・迫田守昭監督の兄弟対決が話題となった。初対決は弟の守昭監督が広島商を率いていた2004年の第86回大会で、広島商が13－9で如水館に勝利。2度目の対決は7年後の第93回大会（11年）。如水館が守昭監督の新庄を5－2で下し、兄が雪辱を果たした。3度目は弟が勝ち、決勝では弟の2勝1敗となった。決勝以外の対戦も含め、広島大会では第95回大会（13年）から守昭監督が4連勝した。

【新庄】		打安点
④	杉村	512
⑦	福長	100
3	小河	420
⑨	北谷	410
③7	豊岡	421
7	熊田	000
⑤	古川	300
①	堀	500
⑧	河内	310
⑥	田中亮	331
②	古本	100
	計	33104

【如水館】		打安点
⑧	村川	400
②	岡村	532
⑥	持田	531
④	荒井	511
⑨	藤本	210
③	脊屋	100
131	福嶋	200
13	石垣	000
H	吉原	100
3	高森	000
⑤	衣川	310
H5	高橋	100
①3131	岡本	210
⑦	村上	400
	計	35104

	振	球	犠	盗	失	残	併
新	5	6	3	2	3	10	1
如	8	2	3	0	3	9	1

▽二塁打　豊岡、持田2、小河、杉村

投手	回	打	安	責
堀	9	40	10	3

投手	回	打	安	責
岡本	3	14	4	1
福嶋	2	7	2	0
岡本	⅓	2	1	0
福嶋	2	10	1	1
石垣	⅔	3	1	2
岡本	1⅔	6	1	0

【ベンチ入りした主なプロ野球選手】

≪新庄≫

堀瑞輝	日本ハム・17年ドラフト1位

313 2016年8月10日
第98回全国高校野球選手権1回戦

新庄（広島）－関東第一（東東京）

十二回、新庄1死満塁、北谷の中犠飛で田中亮が生還。2-1とする。捕手佐藤佑

新庄 苦闘12回制す

第98回全国高校野球選手権大会第4日は10日、甲子園球場で1回戦4試合があった。新庄（広島）は延長十二回の末、前回4強の関東第一（東東京）に2－1で競り勝った。

新庄は1点を追う五回2死三塁、杉村の右前打で同点。十二回1死満塁から北谷の中犠飛で決勝点を挙げた。左腕堀は177球の力投で関東第一打線を7安打に抑えて1失点完投。一回に先制を許したが、以降は3度の得点機をしのぐなど、最後まで球威は衰えなかった。

一進一退 北谷が決勝犠飛

しぶとく、慌てず、忍耐強く。持ち味を発揮した新庄が昨夏4強の関東第一を退けた。「粘って守り切れたのは大きい」と恩地主将。2年連続の初戦突破に充実感をにじませた。

我慢は十二回に花開いた。1死から内野安打と連続四球で満塁とし、この日無安打の北谷が初球のスライダーを振り抜いた。「必ず仕事をしたかった。かえってくれると信じていた」。浅い中飛だったが、三塁走者田中亮は俊足を飛ばして生還。1安打で決勝点を奪った攻撃に、らしさが凝縮されていた。

守りにも勝因はあった。五回2死一、二塁で右前打を北谷が好返球し、二塁走者を本塁で刺した。七回は捕手古本が二盗を阻止する好送球。ピンチをしのぎ、「ここぞの場面でしっかり守れた」と古本。広島大会決勝で3失策した守備を立て直し、思惑通りの終盤勝負に持ち込んだ。

白星はつかんだが、打線は得点機を5度逃した。「打てなくてもカウントを稼ぎ、相手投手を苦しめる打撃をしないといけない」と迫田監督は手綱を締める。4番小河も「好機で一本が出るようにしたい」。反省を忘れず、昨夏はかなわなかった2回戦突破に挑む。

エース堀 みなぎる集中力

177球目。143㌔の直球で空振り三振を奪うと、堀は天を見上げた。「やっと終わった。ほっとした」。12回を投げ抜いたエースは喜びに浸った。

一回2死一、二塁で関東第一の石橋に中前へ先制打を喫した。ここで優れた修正能力を見せる。プレートを踏む位置を一塁側から中央部に変えた。すると制球が安定。右打者の外角低めなど際どいコースを突き、凡打の山を築いた。球威も衰えない。延長に入っても140㌔台を記録した。

昨夏は、早実（西東京）との2回戦で四回途中降板。「（きょうは）自分の投球を立て直すことができた」と成長を実感する。要因は笑顔。失策などミスが出ても「次は頼むぞ」とほほ笑む。「昨年まではミスにいらっとして引きずることもあったが、笑うことで切り替えて次の投球に集中できる」と明かす。

心身ともにたくましくなった左腕。「力を合わせて勝つことができた。次も」と笑みを浮かべた。

杉村 攻守きらり

1番杉村が五回に同点打を放った。2死三塁で初球を右前にはじき返した。「長打を狙わず、たたきつけた。（三塁走者の）堀をかえすことができてよかった」と満面の笑みを浮かべた。

二塁の守備では八つのゴロをさばいた。「（右打者の）外角低めを突くのが堀の投球なので、準備していた」。広島大会の決勝では2失策しており、「堀に迷惑を掛けなくてよかった」とはにかんだ。

新　庄	0	0	0	0	1	0	0	0	0	0	0	1		2
関東第一	1	0	0	0	0	0	0	0	0	0	0	0		1

（延長十二回）

【新　庄】	打	安	点	振	球
④ 杉村	4	2	1	0	2
⑦ 豊岡	3	0	0	2	2
⑨ 北谷	5	0	1	2	0
③ 小河	6	1	0	2	0
② 古本	3	0	0	1	2
⑤ 古川	3	0	0	0	0
⑧ 河内	5	1	0	1	0
8 熊田	0	0	0	0	0
① 堀	5	1	0	3	0
⑥ 田中亮	3	1	0	1	2

犠盗失併残
4 2 1 1 11 37 6 2 12 8

【関東第一】	打	安	点	振	球
⑨7 菅谷	5	0	0	2	0
⑤ 山川	4	2	0	1	1
⑦3 米田	5	1	0	0	0
② 佐藤佑	4	0	0	0	1
③ 石橋	3	2	1	0	1
9 宮本	1	1	0	0	0
⑥ 村瀬	5	0	0	2	0
④ 森川	5	0	0	0	0
⑧ 本橋	4	1	0	1	1
① 佐藤奨	2	0	0	0	0
1 竹井	2	0	0	1	0

犠盗失併残
1 1 1 0 8 40 7 1 7 4

▽三塁打　山川▽二塁打　堀
▽捕逸　佐藤佑

投　手	回	打	安	振	球	責
堀	12	45	7	7	4	1
佐藤奨	9⅓	36	5	9	4	1
竹井	2⅔	13	1	3	4	1

【ベンチ入りした主なプロ野球選手】

≪新庄≫	
堀瑞輝	日本ハム・17年ドラフト1位
≪関東第一≫	
佐藤奨真	専大―ロッテ・21年育成ドラフト4位

メモ

「熊本地震」

4月に震度7の激震に2度襲われた熊本。200人以上が亡くなるなど大きな被害を受けた被災地の球児が、今大会で大役を務めた。東稜の山門憲司主将が開会式の入場行進で先導役を担当。1カ月間休校した阿蘇中央の倉岡真聖主将は開幕試合で始球式を行い、スタンドから大きな拍手を受けた。倉岡主将は「『熊本頑張っていけよ』という拍手だったと思う」と感謝していた。

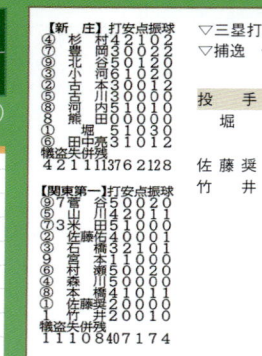

314 2016年8月15日
第98回全国高校野球選手権2回戦

新庄－富山第一
（広島）　（富山）

六回、新庄1死満塁、古本が右中間に勝ち越しの2点二塁打を放つ。捕手狭間

新庄快勝 初の16強

第98回全国高校野球選手権大会第9日は15日、甲子園球場で2回戦の残り3試合があり、新庄（広島）は堀の好投で富山第一（富山）に7－1で快勝し、初の3回戦進出を決めた。

新庄は同点の六回1死満塁から、古本の2点二塁打で勝ち越し。八回には堀の2点三塁打など3長短打と犠飛で4点を加え、富山第一を突き放した。左腕堀は球威のある直球とスライダーで3安打1失点。無四球で完投を飾った。

壁突破 歴史塗り替える

新庄が昨夏は阻まれた2回戦の壁を突破した。六回に勝ち越し、八回に突き放す快勝劇。「新たな一歩を踏み出せた」。恩地主将は、チームの歴史を塗り替える白星に胸を張った。

守備の乱れを逃さなかった。1－1の六回1死一、二塁から敵失で満塁とし、9番古本が打席へ。5番だった1回戦は無安打で、打順を下げたこの日も2度の好機に凡退。「どんな形でも必ず打つ」。外角高めの直球を捉え、右中間を破る勝ち越しの2点二塁打を放った。「自分が打つのが理想だと思った。すごくうれしい」。エース堀を援護する殊勲打に笑みがこぼれた。

塁上をにぎわせながら無得点に終わった一、二回の攻撃は、迫田監督の想定内だった。「簡単に点は取れない。ただ、1番手の投手を苦しめて、早く次を出せば後半には崩せる」と読んでいた。小技も絡めて重圧をかけ続けたことで、富山第一の先発中津原は3回で降板。後を継いだ森名を六回につかまえ、八回には集中打でダメ押しの4点。思惑通りに攻略した。

身上の守りも無失策。堅守に支えられた堀がわずか90球で完投した。「次も新しいページをめくりたい」と豊岡。2度目の夏をまだ終わらせるつもりはない。

絶好調 杉村3安打

絶好調だ。杉村はこの日3安打。関東第一（東東京）との1回戦でも2安打し、今大会は8打数5安打。「球種に関係なく、来た球を素直に打ち返せている」と笑顔で振り返った。

一回に右前打。三回は中前打で出塁し、一ゴロの間に先制のホームを踏んだ。五回にも中前打。3安打は全て先頭で迎えた打席で放ち、打線をけん引した。「出塁するという役割は果たせている」と満足そう。

六回無死一塁での守り。送りバントが三飛となり、一塁ベースカバーに入った際に、帰塁した走者と交錯。右肩を強打した。苦痛の表情を浮かべたが、二塁の守りに戻った。試合後は「大丈夫ですよ」と笑みもこぼれた。

帽子には「トランキーロ」というスペイン語を書いている。「焦るな」の意味で「焦らず、楽しくプレーできている」。チームは初のベスト16入り。チームの元気印はさらに加速する。

堀 90球完投 無四球

新庄の堀が90球で2試合連続の完投を飾った。関東第一との1回戦は177球を投じたが、この日は「打たせて取ることができた」と汗を拭った。

「スライダーにタイミングが合っていない」と決め球に変化球を使い、凡打の山を築いた。四回に1点を失ったが、それ以外は危なげない投球。九回にはこの日最速の144㌔をマーク。3安打、無四球の内容だった。「1回戦は抑えてやろうという気持ちが強過ぎたが、きょうはバックを信頼して自分の投球ができた」と満足そうだった。

富山第一	0	0	0	1	0	0	0	0	0	1
新　庄	0	0	1	0	0	2	0	4	×	7

メモ

「左腕」

新庄を初の16強入りに導いた堀瑞輝（日本ハム）のように、迫田守昭監督は左腕を育てるのに定評があるといわれる。2013年の広島大会決勝で、瀬戸内の山岡泰輔（オリックス）と壮絶な投げ合いを演じた田口麗斗（ヤクルト）、初の選抜出場（14年）時のエース山岡就也も左腕だ。広島商監督時代に春夏1度ずつ甲子園出場を果たした時のエースも左腕。02年選抜は和田毅、04年夏は元広島の岩本貴裕だった。

【富山第一】	打	安	点	振	球
⑧ 宝　達	4	1	0	1	0
⑥ 佐々木	2	0	0	0	0
④ 岩　城	4	0	1	1	0
② 狭　間	3	1	0	1	0
⑤ 河　原	3	0	0	0	0
⑨ 山　下	3	0	0	1	0
③ 松　井	3	0	0	0	0
⑦ 谷　口	3	0	0	1	0
① 中津原	1	0	0	0	0
1 森　名	2	1	0	0	0
犠盗失併残 2 0 1 3 2	28	3	1	5	0

【新　庄】	打	安	点	振	球
④ 杉　村	4	3	0	0	1
⑥ 田中亮	1	0	0	1	2
⑨ 北　谷	3	1	0	1	0
⑦ 豊　岡	4	1	0	0	0
R 早　野	0	0	0	0	0
7 熊　田	0	0	0	0	0
⑤ 田中政	3	2	1	0	1
③ 古　川	1	1	0	0	0
⑧ 河　内	0	0	0	0	3
① 堀	3	1	2	1	1
② 古　本	3	1	3	0	0
犠盗失併残 8 0 0 0 7	22	10	6	3	8

▽三塁打　豊岡、堀▽二塁打　宝達、古本

投　手	回	打	安	振	球	責
中津原	3	13	4	0	2	1
森　名	5	25	6	3	6	6
堀	9	30	3	5	0	1

【ベンチ入りした主なプロ野球選手】

≪新庄≫

堀瑞輝	日本ハム・17年ドラフト1位

新庄－木更津総合
（広島）　（千葉）

新庄惜敗 ベスト8逃す

第98回全国高校野球選手権大会第11日は17日、甲子園球場で3回戦4試合が行われ、初の8強入りを狙った新庄（広島）は木更津総合（千葉）に0－2で敗れた。

新庄は投手戦で競り負けた。エース堀は一回1死から、木戸のソロ本塁打で先制を許した。以降はコーナーを丁寧に突いて踏ん張ったが、七回2死二塁から井上の中前打で1点を追加された。打線は散発3安打。木更津総合の左腕早川を捉え切れず、得点圏に1度しか走者を進められなかった。

堀 成長刻む 2失点完投

新庄の堀は失投を悔やんだ。一回の先制ソロと七回の中前適時打は、ともに甘く入った直球を痛打された。「あれがなければゼロに抑えられた」。2失点での敗戦に、責任を背負い込んだ。

木更津総合は今春の選抜ベスト8。「抑えるという気持ちが強く、力みが出た」。先制されてからはコースを突き、同じ左腕の早川と投手戦を展開。援護を信じて踏ん張ったが、打線が3安打に封じられた。「制球も変化球も良く、かなわないと思った」。早川の投球に脱帽しつつ、刺激も受けたという。

早実（西東京）に敗れた昨夏の2回戦は四回途中3失点で降板。スタミナ不足を克服するため、冬は砂場や坂道でのダッシュを繰り返して足腰を鍛えた。今夏の広島大会はほぼ1人で投げ抜き、甲子園では一度もマウンドを譲らなかった。「昨年、迷惑をかけた分、投げ切れてよかった」。甲子園で成長を刻んだ。

3試合で計370球を投じ、防御率1・20。田口（ヤクルト）、山岡の先輩左腕が果たせなかった甲子園での16強にチームを導いた。「守備を信じて自分の投球ができた。ありがとうと言いたい」。プロ注目の18歳は、仲間への感謝を口にして最後の夏を終えた。

けが克服 感謝胸にリード
古本捕手

捕手古本は今大会3試合で堀とバッテリーを組み、計370球をリードした。この日は2失点。「堀（の調子）は悪くなかった。相手に狙い球を絞られた」と冷静に振り返った。

一回1死。木更津総合の木戸に先制ソロを浴びた。「外角を要求したが真ん中にきた。唯一の失投」と悔やむ。二回以降、変化球主体の配球に変えた。1点を追加された七回以外はゼロでしのぎ、無四球で堀の持ち味を引き出した。

3月の練習試合。本塁でのクロスプレーで左足首を骨折。医師からは「夏に間に合わないかも」と告げられた。諦めずにリハビリに取り組んだ。「早く帰ってこいよ」と堀からも励まされ、6月に練習に合流。甲子園に立つことができた。

「1人で野球はできない。感謝の気持ちでいっぱい」。ミットには「ピンチこそ笑顔」と刺しゅうされている。笑顔でチームを鼓舞した背番号2は、笑顔で甲子園を後にした。

散発3安打 三塁踏めず

新庄打線は木更津総合の早川に散発3安打と沈黙し、三塁を踏めなかった。4番で無安打に終わった北谷は「イメージ以上に直球に勢いがあった。堀のために何としても得点を挙げたかった」と肩を落とした。

速球を打ちあぐねた。出塁も少なく、持ち味の機動力や小技を生かせなかった。四回は先頭の杉村が中前打で出たが、けん制死。七回には1死二塁の好機に中軸が凡退した。

迫田監督は「守りを主体に、攻撃力をプラスして打ち負けないチームをつくりたい」と課題を掲げた。

七回、木更津総合2死二塁、井上に中前適時打を浴び、打球の行方を追う新庄の堀

木更津総合	1	0	0	0	0	0	1	0	0	2
新　　庄	0	0	0	0	0	0	0	0	0	0

メモ

「快進撃」

第98回大会は、古豪の作新学院（栃木）が春夏連覇した第44回大会以来、54年ぶり2度目の優勝を飾った。トピックスは準優勝の北海（南北海道）の快進撃だった。初戦の2回戦で松山聖陵（愛媛）に2−1でサヨナラ勝ち。22年ぶりの夏1勝を挙げると勢いに乗った。日南学園（宮崎）、聖光学院（福島）を破り、第14回大会（1928年）以来、88年ぶりにベスト4入り。準決勝では秀岳館（熊本）に4−3で勝ち、選手権では初の決勝進出を果たした。決勝は作新学院に1−7で敗れた。

【木更津総合】	打	安	点	振	球
④ 小池	4	0	0	2	0
⑧ 木戸	4	2	1	0	0
⑥ 峯村	4	0	0	0	0
⑨ 鳥海	4	1	0	1	0
③ 山下	3	0	0	3	0
⑦ 細田	3	1	0	0	0
⑤ 井上	2	1	1	0	0
① 早川	3	0	0	0	0
② 大沢	3	1	0	1	0
犠盗失併残 20023	30	6	2	7	0

【新　庄】	打	安	点	振	球
④ 杉村	4	2	0	1	0
⑤ 古川	1	0	0	0	1
⑦ 田中政	3	0	0	0	0
⑨ 北谷	3	0	0	0	0
③ 小河	3	0	0	2	0
② 古本	3	0	0	0	0
⑧ 河内	3	0	0	0	0
① 堀	3	1	0	1	0
⑥ 田中亮	3	0	0	1	0
犠盗失併残 10001	26	3	0	5	1

▽本塁打　木戸1号（堀）▽二塁打　大沢

投手	回	打	安	振	球	責
早川	9	28	3	5	1	0
堀	9	32	6	7	0	2

【ベンチ入りした主なプロ野球選手】

≪新庄≫

堀瑞輝	日本ハム・17年ドラフト1位

≪木更津総合≫

早川隆久	早大－楽天・21年ドラフト1位

呉（広島）－至学館（愛知）

延長十二回、呉1死三塁、柏尾が投前へスクイズを決め、6−4とする。捕手井口

呉 延長制し初勝利

第89回選抜高校野球大会が19日、甲子園球場で開幕した。春夏通じて初出場の呉（広島）は開幕試合で至学館（愛知）を延長十二回の末に6－5で破り、甲子園初白星を挙げた。呉市勢の勝利は1963年春の呉港以来、54年ぶり。

呉は4－4の十二回1死二、三塁から捕手の三塁悪送球で勝ち越し、柏尾のスクイズで1点を加えた。2点を追う九回には上垣内、池田の連続二塁打で追い付いた。主戦池田は緩急を巧みに使い、12回を4安打、160球で完投した。

至学館は機動力を絡めて5点を挙げたが、十二回に守備が乱れた。

機動力・小技 持ち味発揮

初めての甲子園でも、呉の粘り強さは健在だった。九回に2点差を追い付き、延長戦を制して甲子園初勝利をつかんだ。「監督を受けた時、こんなことになるとは夢にも思わなかった」と中村監督。創部10年での歴史的1勝に顔をほころばせた。

身上の機動力と小技で揺さぶり、相手のミスを誘った。十二回、近藤、新田の連打と投手の二塁けん制悪送球で1死二、三塁。打者柏尾の時、スクイズを警戒する捕手の三塁へのけん制悪送球の間に三塁走者近藤が生還した。「足が遅くても、スタートが良ければ走れるといつも言われている。思い切って突っ込んだ」と近藤。1死三塁と局面が変わり、柏尾が「自信はあった」とスクイズを成功させ、2点のリードを奪った。

新チームになり、機動力と小技を強化してきた。全員で常に次の塁を狙う意識を共有。ほぼ毎日バント練習を重ね、失敗すると罰則で外野を走った。二回に同点スクイズを決めた西岡は「絶対に決めてやろうと思った。準備はできていた」。中村監督も「うちはああいう野球しかできない」とナインをたたえた。

適時打での得点は2点だけ。4犠打、5盗塁と持ち味を発揮した。「強豪相手でも、接戦に持ち込めば勝負になる」と新田主将。追い求めてきたスタイルに自信を深め、2回戦で優勝候補の履正社（大阪）に挑む。

池田充実 12回熱投

エースの左腕池田は12回、160球の熱投で甲子園初白星の原動力となった。「気持ちで投げた」。充実感にあふれた表情で汗を拭った。

最速130キロ台前半の直球やスライダー、チェンジアップを内外角に投げ分ける抜群の投球術を披露。5点を失ったが、大崩れすることなく、粘りの投球を続けた。冬場、毎日5キロのランニングを続け、心身ともにたくましさを増したことが大舞台で生きた。

バットでも貢献した。五回には一時勝ち越しとなる左犠飛。3－4の九回には同点二塁打を放った。「自分が取られた点を取り返したかった。気持ちで打った」と振り返った。

呉市の倉橋中出身。「地元の呉から甲子園を目指す」と進学した。1年秋から主戦を担ったが、病気で約3カ月野球ができない時期があった。苦しい経験を乗り越え、大好きな呉の人たちの大声援を受けて歴史の一ページを刻んだ。

2回戦以降も強豪が待ち受ける。「無駄な走者を出さず、ゴロを打たせる投球に徹する」。頼もしい言葉で締めくくった。

呉	010	010	002	002	6
至学館	100	020	010	001	5

（延長十二回）

【呉】		打安点振球
⑦	普家	60010
④	奥田	40012
③	近藤	62000
⑥	新田	53011
②	柏尾	41100
⑨	青木	32011
R9	金谷	21000
⑧	西岡	42101
⑤	上垣内	52101
①	池田	51200

犠盗失併残
4510124414546

【至学館】		打安点振球
⑨	定塚	41110
⑧	藤原連	30011
⑤	鎌倉	50100
②	井口	50020
①31313	新美	52000
③	岩井	10001
R7	清水唯	10010
7	大谷	10001
⑦	三浦	10010
H	中根	10000
131	川口	10000
3	清水瑶	10000
1	橋詰	00000
⑥	木村	30112
④	藤原大	41200

犠盗失併残
4330436457 5

▽二塁打　上垣内、池田、新美▽捕逸　井口▽暴投　池田

投手	回	打	安	振	球	責
池田	12	45	4	7	5	5

投手	回	打	安	振	球	責
新美	5	18	3	2	2	2
川口	2⅔	13	4	1	2	0
新美	⅔	4	2	0	0	1
川口	⅓	2	1	0	0	0
新美	3	16	4	1	2	0
橋詰	⅓	1	0	0	0	0

メモ

「野球市復活」

戦前から1950年代前半にかけて広島の高校球界をリードした呉市勢。呉港中（現呉港）が34年の選手権を制覇し、呉阿賀（現呉工）が50年の選手権で8強、三津田は翌51年の選抜に初出場を果たした。野球どころとして知られ、鶴岡一人や藤村富美男ら多くのプロ野球選手を輩出した。50年代後半から、市外の学校へ選手が進学する傾向が強まり、呉港がベスト8に進出した63年の選抜を最後に、甲子園から遠のいていた。今回、初出場の呉が呉市勢としては54年ぶりとなる甲子園での勝利。アルプススタンドは興奮に包まれ、「野球市復活」を喜んだ。

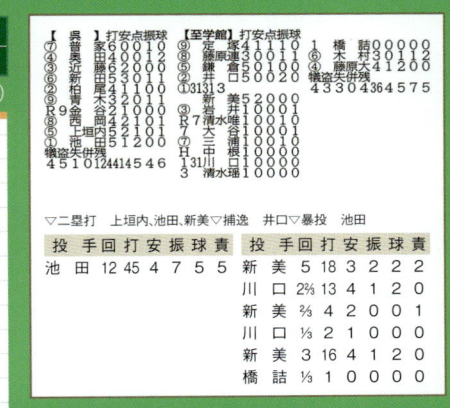

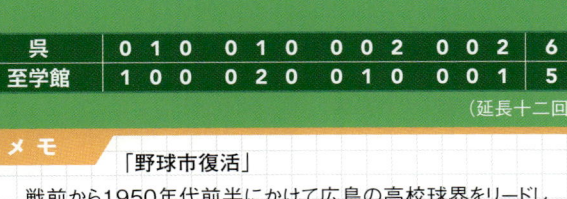

呉（広島）－履正社（大阪）

呉 優勝候補に惜敗

第89回選抜高校野球大会第6日は25日、甲子園球場で3試合が行われた。2回戦で呉（広島）は昨秋の明治神宮大会王者の履正社（大阪）に0―1で惜敗した。

呉は左腕池田が1失点の好投をみせたが、打線が履正社の主戦竹田に2安打に封じられて8強入りはならなかった。三回無死一塁はバントや盗塁の失敗で逃し、五回の2死一、二塁も生かせなかった。先発池田は一回2死二塁で、若林に適時二塁打を浴びたが、二回以降は緩急を巧みに使い6安打で完投。バックも再三の好守でもり立てた。

堅守1失点 打線は沈黙

呉は優勝候補の履正社を相手に一歩も引かなかった。一回に1点を先制されたが、二回からはスコアボードにゼロを並べた。初出場校の大健闘に、スタンドの拍手は鳴りやまなかった。

鍛え上げた堅守が接戦を生んだ。三回は1死一、二塁で右翼手青木が若林の浅い飛球を前進して好捕。併殺でピンチをしのいだ。「最初は間に合わないと思ったが、ダッシュで追い付いた」。二塁手の奥田は、六回2死一、二塁で中前に抜けそうな打球を二ゴロにするなど、再三の好守。二回以降、5度も得点圏に走者を進められたが、無失策の守りで切り抜け、池田の粘投を引き出した。

一方、打線は履正社の右腕、竹田に力でねじ伏せられた。1回戦の後、ビデオで特徴を研究。追い込まれてからの変化球を警戒したが「直球に手が出なかった」と奥田。散発2安打に終わり、出塁は四死球を含めて4度だけ。初戦突破の原動力となった機動力を使えなかった。

呉勢として54年ぶりの甲子園。地元の大きな期待も力に変えて戦い抜いた。新田主将が「全国のレベルの高さを感じた。力不足」と言えば、中村監督も「やってきたことは間違っていない。ただ、もっと打力をつけないと、守れても勝てない」。創部から4月で丸10年。節目の春に貴重な経験と課題を持ち帰る。

左腕池田が好投 強力打線を手玉

履正社の圧勝を予想する球場のムードを、呉の左腕池田が一変させた。「7、8失点は覚悟していた。最高に楽しかった」。履正社の得点は新チーム発足後の公式戦で最少の1。全国屈指の強力打線を、池田が丁寧な投球でかわした。

低めへの制球が抜群だった。直球とスライダーを打者の膝元に集めた。3番安田は3打数無安打。今大会注目の強打者は「相手の術中にはまってしまった」と敗者のようにうなだれた。

延長となった19日の1回戦は12回を5失点で完投。「走者を無駄に意識しすぎてしまった」との反省から、この日は打者に集中。6度も得点圏に走者を背負ったが、最少失点でしのいだ。

2試合で投じた球数は計280。「強豪校を抑えられて自信になった。また夏に戻ってきたい」。笑顔で初の甲子園を後にした。

西岡鮮やか安打 先発唯一の1年生

呉の先発メンバーで唯一の1年生西岡が、三回にチーム初安打をマーク。2安打を放った1回戦に続いて快音を響かせ、「夢を見ているように楽しかった」と笑みを浮かべた。

履正社の好投手、竹田の直球を右前にはじき返した。「スライダーを待っていたけど、うまく対応できた」とにっこり。2試合で6打数3安打、1打点と活躍したが、「まだまだ打力が足りない。レベルアップして戻ってきたい」と貪欲に成長を誓った。

三回、履正社1死一、二塁、呉の右翼手青木㊨が若林の飛球を好捕し、二塁へ送球し併殺とする。左は中堅手西岡

2010年代

呉	0	0	0	0	0	0	0	0	0		0
履正社	1	0	0	0	0	0	0	0	×		1

メモ

「大阪対決」

第89回大会の決勝は、史上初の大阪勢同士の対決となった。大阪桐蔭が4本塁打を放つなど履正社を打力で圧倒。8-3で破り、5年ぶり2度目の優勝を果たした。「春は投手力」と呼ばれる選抜では珍しく打高投低となり、多くの大会記録が生まれた。延長十五回引き分けの2試合を含む33試合で、333得点、112二塁打は現在も最多記録。大阪桐蔭の山田健太は1大会個人最多安打にあと1の12安打を放った。

【呉】	打	安	点	振	球
⑦ 普家	3	0	0	0	0
H 金谷	1	0	0	0	0
④ 奥田	2	0	0	0	1
H 上垣	1	0	0	0	0
③ 近藤	4	0	0	1	0
⑥ 新田	3	0	0	0	0
② 柏尾	3	0	0	1	0
⑨ 青木	3	1	0	0	0
⑧ 西岡	2	1	0	0	1
⑤ 上垣内	3	0	0	1	0
① 池田	3	0	0	2	0

犠盗失併残
0 0 0 1 3 28 2 0 5 2

【履正社】	打	安	点	振	球
⑨ 石田	2	0	0	2	2
④ 溝辺	1	1	0	0	1
⑤ 安田	3	0	0	0	1
⑦ 若林	4	1	1	0	0
⑧ 筒井	3	0	0	0	0
H 松原	1	0	0	0	0
8 桑山	0	0	0	0	0
① 竹田	3	0	0	0	1
③ 浜内	4	3	0	0	0
② 片山	3	1	0	1	0
⑥ 西山	3	0	0	0	0

犠盗失併残
2 0 0 0 9 27 6 1 3 5

▽二塁打　若林、浜内

投手	回	打	安	振	球	責
池田	8	34	6	3	5	1
竹田	9	30	2	5	2	0

【ベンチ入りした主なプロ野球選手】

≪履正社≫

安田尚憲	ロッテ・18年ドラフト1位

318 2017年7月25日
第99回全国高校野球選手権広島大会決勝

広陵（広島）－新庄（広島）

四回、広陵1死二、三塁、高田桐が2点二塁打を放ち、6―0とする。投手竹辺

広陵 3年ぶりの夏切符

第99回全国高校野球選手権広島大会最終日は25日、マツダスタジアムで決勝があった。広陵が新庄を9―5で破って優勝し、3年ぶり22度目となる夏の甲子園の出場を決めた。

広陵は四回、中村の左越えソロなど5長短打に敵失なども絡んで6点を先取した。1点差の九回は高田誠の2点打などで3点を挙げて新庄を突き放し、2番手の左腕山本の好投で逃げ切った。新庄は9安打で5点を返す粘りを見せたが、投手陣が踏ん張れなかった。

猛打でライバルに雪辱

広陵が猛打で新庄をねじ伏せた。15安打で9点を挙げ、春の県大会決勝で敗れたライバルに雪辱。「絶対に接戦になると言っていた。最後までよく粘った」と中井監督。雨で開始が1時間7分遅れた上、46分間の中断もあったが、集中力を切らさなかったナインを褒めた。

四回に流れを引き寄せた。先頭中村のソロで口火を切り、5長短打に四球や敵失もあって一挙6得点。左越えへ2点二塁打を放った高田桐は「逆方向への強い当たりを狙った」と満足そう。6―5の九回にも4長短打を集めて3得点。3安打の4番加川は「先頭が出れば流れに乗って打線がつながる」と胸を張った。

春の県大会決勝は2―7で完敗。ナインは気持ちを切り替え、学校に戻って45秒ダッシュを20回繰り返した。6月の約3週間を強化練習期間と位置付け、質量ともに高いレベルを追求。練習試合で選抜大会に出場した報徳学園（兵庫）と滋賀学園を破り、手応えを得た。「これで負けたら仕方がない」。エース平元は自信を深めて大会を迎えた。

夏の甲子園は広島商に並ぶ県内最多の22度目の出場だが、現部員にとっては初めてとなる。「一致団結して戦う」と岩本主将。部員142人の総力を結集し、3年ぶりの夢舞台で全国制覇に挑む。

中村 流れ呼ぶソロ弾

きれいな放物線が甲子園への架け橋となった。中村が準決勝に続く本塁打で宿敵新庄をぐらつかせ、一気に流れを手繰り寄せた。「負け続けてきた相手。悔しさと苦しさが爆発してやっとリベンジできた」。1年からベンチ入りする背番号2が最後の夏に笑った。

打線を目覚めさせる一発だった。ゼロ行進で迎えた四回無死、緩い変化球を捉えて左翼席へ。「力投する（平元）銀次郎のためにそろそろ点がほしい」。思いを込めたソロをきっかけに打線がつながり、計6点を先制。守備では「追い付かれてもいい。堂々としていれば怖くない」と強気のリードを貫き、新庄の猛追をかわした。

廿日市市の大野東小3年からマスクをかぶる。野村（広島）をリードして2007年の選手権準優勝に導いた、OB小林（巨人）の背中を追う。「レベルが違うが目標の先輩。近づきたい一心」。送球や捕球技術のほか、中井監督から聞いた当時の練習姿勢も見習う。努力を惜しまない姿に、ナインは「捕手は中村しかいない」と口をそろえる。

帽子のつばには、攻守で暴れたいという思いから「暴」と記している。「甲子園出場に満足せず、日本一まで駆け上がる」。夢舞台でも扇の要にどっかり座り、悲願の夏初制覇を目指す。

2番手山本 好救援

広陵の2番手山本が好救援で頂点を手繰り寄せた。「スライダーを自信を持って投げ込めた」と2回⅓を無失点に抑え、優勝マウンドの感激に浸った。

1点差に迫られた七回2死三塁、2ボール1ストライクから登板。「緊張したけど抑える自信はあった」。最初の打者に四球を与えたが、次打者を得意のスライダーで三振に仕留めた。

九回は先頭打者で二塁打を放ち、追加点の口火を切った。バットでも貢献した3年生左腕は「与えられた場面で力を発揮したい」と甲子園を待ち望んだ。

広陵	0	0	0	6	0	0	0	0	3	9
新庄	0	0	0	0	2	0	3	0	0	5

メモ

「3連覇ならず」

新庄が如水館（1997～99年）以来となる広島大会3連覇を逃した。新チームになってからは「県内無敵」を誇り、2006、07年の広陵以来となる昨秋、今春の県大会を連覇。県内の公式戦は23戦全勝だった。この日の決勝では、6点を先制されながら、一時は1点差まで詰め寄り意地は見せた。迫田守昭監督は「3連覇を狙えるようなチームではなかったが、よくここまできた」と選手をたたえた。

【広　陵】		打	安	点
⑥	高田桐	4	2	2
⑧	谷口	4	1	0
1	山本	1	1	0
②	中村	4	1	1
⑦	加川	4	3	0
⑨89	高田誠	3	2	2
③	大橋	4	1	0
④	吉岡	5	3	2
⑤	松岡	4	1	1
①9	平元	3	0	0
H	村上	1	0	0
8	佐藤	1	0	0
	計	38	15	8

【新　庄】		打	安	点
⑥	古川	3	1	0
④	西山	3	2	0
⑤	河内	5	2	2
⑨79	高野	5	1	1
⑦	石井	1	0	0
8	開原	3	0	1
②	沖政	2	0	0
⑧9	新宅	3	0	0
H	木村	1	0	0
7	田尾	0	0	0
③	脇本	4	0	0
①	有村	1	0	0
1	竹辺	3	3	0
	計	34	9	4

	振	球	犠	盗	失	残	併
広	5	3	4	0	1	9	1
新	8	6	0	2	1	8	1

▽本塁打　中村（有村）▽二塁打　高田誠、高田桐、高野、加川、河内、山本▽暴投　竹辺

投手	回	打	安	責
平元	6⅔	33	8	3
山本	2⅓	7	1	0
有村	3⅔	16	7	4
竹辺	6	29	8	3

【ベンチ入りした主なプロ野球選手】

≪広陵≫

中村奨成　広島・18年ドラフト1位

広陵（広島）―中京大中京（愛知）

六回、広陵1死二塁、高田誠の左前打で二塁走者加川が生還し、2-2とする。捕手鈴木遼

広陵 逆転で初戦突破

第99回全国高校野球選手権大会第4日は11日、甲子園球場で1回戦4試合が行われ、広陵（広島）は六回に中村の本塁打などで逆転し、10―6で中京大中京（愛知）を下した。広陵の夏の勝利は9年ぶり。最多7度の優勝を誇る中京大中京の初戦敗退は1959年以来、58年ぶり。

広陵は2点を追う六回1死後、中京大中京の救援陣を打ち込んだ。中村の本塁打で1点差とし、高田誠、大橋の連続適時打で計3点を挙げ、逆転。七回は佐藤の2ランなど、八回には中村のこの日2本目の本塁打となる2ランなどで突き放した。先発の左腕平元は6回2失点と粘った。

自慢の強打 猛攻10得点

広陵が自慢の強打を見せつけた。16安打10得点の猛攻で、全国最多の夏7度の優勝を誇る中京大中京を退けた。「大観衆の前で、選手は楽しそうだった」と中井監督。9年ぶりの夏1勝に表情を緩めた。

六回1死。代わったばかりの中京大中京の香村を中軸が攻めた。3番中村のソロで勢いづき、4番加川が二塁打で続く。5番高田誠は「点が入って楽に打てた」と左前へ同点打。6番大橋は3番手伊藤稜から中前適時打を放ち、4連打で3点を挙げて逆転した。加川は「このチームは1人出ると続いていく爆発力がある」と明かした。

五回までは先発磯村の球威に押されたが、広島大会で1試合平均8・3得点の打線に焦りはなかった。「低めは振るなと声をかけ合った。継投だと思っていた」と大橋。六回に磯村が降板すると、打線が一気に畳みかけた。七回にも代打村上の二塁打の後、途中出場の佐藤が公式戦初本塁打の2ラン。層の厚さで大量点を生み出した。

2回戦は横浜（神奈川）を破った秀岳館（熊本）と対戦。「夢の舞台で強豪と戦えるのは楽しみ」と中井監督。手綱を締め、今春まで甲子園で3季連続ベスト4の実力校にぶつかる。

中村 衝撃の2アーチ

プロ注目の中村が衝撃を与えた。2本塁打を含む4安打で3打点。「甲子園入りして調子が上向いてきた。打てる気がした」と胸を張った。

0―2の六回1死。相手投手が交代したばかりで「流れをつくりたい」と打席に入った。外角の直球を右中間席にソロ本塁打。反撃の口火となり、直後に逆転した。七回には左前打と盗塁で追加点を演出。八回は2死一塁から右翼席にダメ押しの2ランを運んだ。

右方向への本塁打も、1試合2発も公式戦初という。「コースに逆らわず、センター返しを心がけている」との意識が結実した。

守りでもチームをもり立てた。寮も甲子園での宿舎も同部屋という主戦平元を好リード。この日の朝は、起床してまず「絶対勝とう」と声をかけた。平元は2点を先制されたが「打って取り返してやる。堂々と投げろ」と鼓舞。身上の粘りの投球を引き出した。3―2の六回無死一塁では相手の送りバントを処理し、自慢の強肩で二塁封殺した。

「2回戦からも、もっと勢いに乗れそうだ」。強豪を撃破し、自信を深めた初戦となった。

2010年代

広陵	0	0	0	0	0	3	3	4	0	10
中京大中京	0	0	2	0	0	0	0	1	3	6

メモ

「サウスポー」

広陵のエース左腕の代表格は、第49回選手権（1967年）で準優勝に輝くなど計3度の甲子園で活躍した宇根洋介。その後は、佐伯和司（元広島）に代表されるように、エースは圧倒的に右腕が多い。中井哲之監督が就任した90年以降、甲子園のマウンドに上がった16人の背番号「1」のうち、左腕は第76回選抜（2004年）に出場した津田導と今大会の平元銀次郎だけ。プロ入りした6投手は野村祐輔（広島）有原航平（ソフトバンク）ら全て右腕だった。

【広　陵】		打	安	点	振	球
⑥	高田桐	6	1	1	3	0
⑧	谷口	2	0	0	0	0
H8	佐藤	2	1	3	1	0
②	中村	5	4	3	0	0
⑦	加川	5	2	0	0	0
⑨	高田誠	4	2	2	0	0
③	大橋	5	1	1	3	0
1	森	0	0	0	0	0
3	丸山	0	0	0	0	0
④	吉岡	5	2	0	0	0
⑤	松岡	3	1	0	1	1
①	平元	2	0	0	0	0
H	村上	1	1	0	0	0
131	山本	2	1	0	0	0
犠盗失併残 3 3 2 1 9		42	16	10	8	1

【中京大中京】		打	安	点	振	球
⑧	伊藤康	6	3	2	1	0
④	谷中	3	0	0	3	0
H5	小河原	3	0	0	1	0
⑨	沢井	4	1	0	0	1
③	鵜飼	4	2	0	2	1
⑦	諸橋	5	2	2	2	0
⑥	谷村	3	0	0	1	2
⑤4	鈴村	4	2	0	0	1
②	鈴木遼	3	0	0	1	0
H	竹田	1	1	0	0	0
2	関岡	1	0	0	1	0
①	磯村	2	1	0	0	0
1	香村	0	0	0	0	0
1	伊藤稜	0	0	0	0	0
1	浦野	1	1	2	0	1
犠盗失併残 0 1 2 0 14		40	13	6	12	6

▽本塁打　伊藤康1号（平元）中村1号（香村）2号（伊藤稜）佐藤1号（伊藤稜）▽三塁打　高田誠▽二塁打　鈴村、松岡、加川、村上、吉岡、諸橋▽暴投　平元2▽妨害出塁　伊藤稜（中村）

投手	回	打	安	振	球	責
平元	6	28	6	8	3	2
山本	2⅓	11	4	3	0	1
森	⅔	4	2	0	2	3
山本	⅔	4	1	1	1	0

投手	回	打	安	振	球	責
磯村	5⅓	20	3	5	0	0
香村	⅔	3	3	0	0	3
伊藤稜	2⅓	16	8	2	1	7
浦野	1⅓	7	2	1	0	0

【ベンチ入りした主なプロ野球選手】

《広陵》	
中村奨成	広島・18年ドラフト1位
《中京大中京》	
伊藤康祐	中日・18年ドラフト5位
沢井廉	中京大―ヤクルト・23年ドラフト3位
伊藤稜	中京大―阪神・22年育成ドラフト1位
鵜飼航丞	駒大―中日・22年ドラフト2位

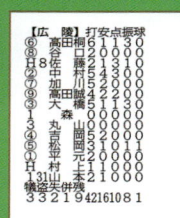

(320) 2017年8月17日
第99回全国高校野球選手権2回戦

広陵－秀岳館
（広島）　（熊本）

七回、広陵1死二、三塁、平元の投前スクイズ（記録は内野安打）で三塁走者大橋が生還し、2−1と勝ち越す。捕手幸地

広陵快勝 10年ぶり16強

第99回全国高校野球選手権大会第9日は17日、甲子園球場で2回戦3試合が行われ、広陵（広島）は中村の今大会3本目となる本塁打などで秀岳館（熊本）を6－1で下し、3回戦に進出した。

広陵は1－1で迎えた七回1死二、三塁から、平元のスクイズ（記録は内野安打）などで2点を勝ち越した。九回には中村が左越えの3点本塁打を放ち、突き放した。先発の平元は緩急をつけた丁寧な投球で7三振を奪い、8回をソロ本塁打による1点に抑えた。

小技絡め 打線したたか

広陵打線のしたたかさが際立った。11安打に6犠打と小技を絡め、守備の乱れも突いて6得点。今春まで甲子園で3季連続4強の秀岳館の勢いを断った。「こういう展開は考えていなかった」と中井監督。5点差での快勝に目を丸くした。

四回、加川の送りバントが敵失を誘って好機を広げ、暴投で先制。同点の七回には連打の走者を松岡がバントで送り、1死二、三塁から平元の投前スクイズが内野安打となり勝ち越した。続く高田誠は「つなぐ打撃を心がけた」と初球を強振。二ゴロを野手がはじき、貴重な追加点となった。「相手のミスを突きたい」という中井監督の思惑通りに進んだ。

1回戦は長打8本を含む16安打、10得点と打ちまくったが、小技にも自信を持つ。6月に約3週間、バント練習を徹底。9人が成功するまで続け、失敗すると全員で内野を走った。「中井監督にバントの1球で泣くこともあるといつも言われてきた」と二つの送りバントを決めた大橋は胸を張った。

選手権では準優勝した2007年以来、10年ぶりの16強入り。3回戦は、10年の2回戦で敗れた聖光学院（福島）に挑む。「流れに乗って次も勝つ」と岩本主将。優勝候補を連破した古豪に、自信と勢いが生まれている。

エース平元 投打で躍動

投げては8回1失点、打っては勝ち越しスクイズ。広陵のエース平元が投打に活躍した。ソロ本塁打を含む8安打を喫したが、粘って要所を締めた。決め球のカーブを「見られている」とみると、「走っていた」という直球を内外角の厳しいコースに決め、7三振を奪った。

スクイズは、1－1の七回1死二、三塁の場面。投前へ転がすと内野安打となり三塁走者を迎え入れた。「味方が点を取ってくれるので、自信を持って投げられている」と強調した。

プロ注目の中村 ダメ押し3ラン

プロ注目の中村が3ランを含む3安打。中京大中京（愛知）との1回戦でも4安打し、2試合で9打数7安打、3本塁打と打ちまくっている。

一回は左翼線二塁打。四回は左前打で出て2死二、三塁から暴投で先制のホームを踏んだ。3－1の九回1死二、三塁ではダメ押しの左越え3ラン。「気持ちよかった」とガッツポーズも飛び出した。

「本塁打を打てればいいが、チームが勝つことが一番。どこも強い相手なので、向かっていく姿勢で強気に攻めたい」と謙虚に抱負を語った。

	1	2	3	4	5	6	7	8	9	計
広陵	0	0	0	1	0	0	2	0	3	6
秀岳館	0	0	0	0	1	0	0	0	0	1

メモ

「新鋭」

2016年の選抜大会から3季連続で甲子園4強入りを果たした秀岳館。14年に元松下電器（現パナソニック）監督の鍛治舍巧が監督に就任し、チーム強化が一気に進んだ。就任2年目の15年の秋季九州大会に優勝。翌16年の選抜に出場し、初めて準決勝に進んだ。同年の選手権、17年の選抜でもベスト4に勝ち上がった。3季連続の準決勝はいずれも2点差以内の惜敗で決勝進出を逃した。4季連続出場した同年の選手権終了後、鍛治舍監督は辞任。18年3月から母校である県岐阜商の監督を務めている。

【広　陵】		打	安	点	振	球
⑨	高田誠	5	2	1	0	0
⑥	高田桐	3	0	0	2	0
②	中村	4	3	3	0	1
⑦	加川	3	0	0	0	1
⑧	佐藤	4	1	0	1	1
③	大橋	2	1	0	0	0
④	吉岡	4	2	0	1	0
⑤	松岡	3	0	0	1	0
①	平元	3	1	1	1	0
H	村上	1	1	0	0	0
R	谷口	0	0	0	0	0
1	山本	0	0	0	0	0

犠盗失併残
6 2 1 0 8 32 11 5 6 3

【秀岳館】		打	安	点	振	球
⑧	竹輪	5	1	0	0	0
⑥	半情	4	2	0	1	0
③	木本	4	1	0	2	0
⑤	広部	4	0	0	1	0
⑨7	山下	4	1	0	0	0
④	渡辺	4	1	0	0	0
⑦	石井	3	0	0	1	0
9	阿次富	0	0	0	0	0
H	橋口	1	0	0	0	0
②	幸地	4	3	1	0	0
①	川端	2	0	0	2	0
1	田浦	2	0	0	0	0

犠盗失併残
0 1 2 0 9 37 9 1 7 0

▽本塁打　幸地1号（平元）中村3号（田浦）▽二塁打　中村▽暴投　川端

投手	回	打	安	振	球	責
平元	8	33	8	7	0	1
山本	1	4	1	0	0	0
川端	6⅔	29	7	4	2	2
田浦	2⅓	12	4	2	1	3

【ベンチ入りした主なプロ野球選手】

≪広陵≫

中村奨成	広島・18年ドラフト1位

≪秀岳館≫

田浦文丸	ソフトバンク・18年ドラフト5位

広陵－聖光学院
（広島）（福島）

九回、広陵無死一塁、中村が左越え2ランを放ち、6–4と勝ち越す。投手斎藤

広陵 10年ぶりの8強

第99回全国高校野球選手権大会第11日の19日、甲子園球場で3回戦4試合があった。3年ぶり22度目出場の広陵（広島）は聖光学院（福島）を6－4で破り、準々決勝に進出した。広陵の8強入りは準優勝した2007年以来、10年ぶり。

広陵が中村の3試合連続本塁打など4打点の活躍で逆転勝ちした。中村は2点を追う六回2死満塁から中前へ同点打を放つと、九回無死一塁で左越えに決勝本塁打を運んだ。五回途中から登板した2番手の山本は安打を許さず、無失点で締めた。

聖光学院は六回から救援したエース斎藤が自らの失策も絡み、リードを守り切れなかった。

中村決勝2ラン 3戦連発

初めての甲子園を、自分色に染め上げている。広陵が中村の決勝2ランを含む3安打4打点の活躍で10年ぶりの8強入り。「勝ちたい気持ちが前面に出た」。大会屈指のスラッガーは喜びを隠し切れなかった。

4－4の九回無死一塁、スタンドの拍手に送られて打席へ。2ストライクと追い込まれてから高めの直球を捉えた。「体が勝手に反応した。感触は完璧だった」。打った瞬間に右手を突き上げ、左翼席へのアーチを見届けた。2点を追う六回は2死満塁で2点中前打。直前の3失点で相手に傾きかけた流れを一気に引き戻した。

3試合で4本塁打を含む10安打10打点。中井監督が「人が見ているほど活躍する」と語る強心臓の持ち主だ。中村は「遠くからもたくさん応援に来てくれているから打てている」と、スタンドの大声援に感謝する。捕手としても好守でもり立てる。八回には送りバントを自慢の強肩で二塁に好送球し、併殺で反撃の芽を摘んだ。

夏の甲子園での3試合連続本塁打は史上8人目。清原（大阪・PL学園）の打ち立てた5本の大会記録が見えてきたものの、気負いはない。「記録も残したいが、チームが勝てるようにしたい」。準々決勝も、頼れる男がチームの先頭に立つ。

山本 完璧な救援 4回1/3無失点

山本の出番は突然訪れた。先発平元が2－4と逆転された五回2死一、二塁。打者仁平が2ボール1ストライクとなった時、登板を告げられた。「準備はできていた」。これ以上の失点は許されない場面で、冷静に遊ゴロに打ち取った。

六回以降も集中力を切らさなかった。抜群の制球力を武器に、スライダーやチェンジアップを巧みに操った。九回まで4回1/3を投げ、被安打ゼロ、無失点。完璧な救援で勝利を呼び込んだ。

中学時代は投手だが、高校入学後は外野手に。昨年8月、中井監督の勧めで再び投手に戻った。「（平元）銀次郎とはレベルが違うし、かなわない。自分の生きる道を見つけよう」。同じ左腕だが、速球派の平元とはタイプの違う、制球力と変化球で勝負する技巧派を目指した。甲子園では1、2回戦でも平元の後を継いで登板し、仕事をこなした。

「これからも銀次郎と助け合いながら、上は見ずに目の前の相手に勝っていきたい」。強打線に注目が集まるが、背番号10の左腕が控えている投手陣も盤石の態勢だ。

広陵	0	2	0	0	0	2	0	0	2	6
聖光学院	1	0	0	0	3	0	0	0	0	4

【広陵】	打	安	点	振	球
⑨7 高田誠	5	3	1	1	0
④ 吉岡	4	2	0	0	0
② 中村	4	3	4	0	1
⑦ 加川	4	1	0	1	0
8 谷口	0	0	0	0	0
⑧ 佐藤	2	0	0	0	2
H9 村上	1	0	0	0	0
③ 大橋	4	1	0	0	1
⑤ 松岡	3	0	0	1	0
⑥ 丸山	4	1	1	2	0
① 平元	2	0	0	1	0
1 山本	2	1	0	0	0
犠盗失併残 3 0 1 1 9	35	12	6	6	4

【聖光学院】	打	安	点	振	球
⑦ 松本	5	1	0	0	0
④ 矢吹	4	1	2	0	0
⑥ 瀬川	3	1	1	2	1
③ 柳沼	2	1	0	1	2
⑨ 仁平	4	0	0	0	0
⑧ 小水内	2	0	0	0	0
1 斎藤	2	0	0	1	0
⑤ 大平	4	1	0	2	0
② 佐藤晃	3	1	1	1	1
① 平野	0	0	0	0	0
H 佐藤隆	1	0	0	0	0
1 堀田	0	0	0	0	0
H 小泉	1	1	0	0	0
R8 渡辺	2	0	0	0	0
犠盗失併残 0 1 2 2 6	33	7	4	7	4

▽本塁打　瀬川1号（平元）佐藤晃1号（平元）中村4号（斎藤）▽二塁打　丸山、中村、柳沼▽暴投　平野2

投手	回	打	安	振	球	責
平元	4 2/3	22	7	4	2	4
山本	4 1/3	15	0	3	2	0

投手	回	打	安	振	球	責
平野	3	15	5	1	2	2
堀田	2	9	1	1	2	0
斎藤	4	18	6	4	0	2

メモ

「春夏連覇ならず」

2010年代の甲子園は大阪桐蔭（大阪）の時代だった。12、18年と2度の春夏連覇を達成するなど、春夏計6度の優勝を飾った。17年は藤原恭大（ロッテ）、根尾昂（中日）、柿木蓮（日本ハム）を擁し、選抜を制覇。選手権も優勝候補の筆頭に挙げられていた。しかし、3回戦の仙台育英（宮城）戦で落とし穴が待っていた。1点リードの九回2死走者なしから逆転サヨナラ負け。春夏連覇の偉業を断たれた。

【ベンチ入りした主なプロ野球選手】

≪広陵≫

中村奨成　広島・18年ドラフト1位

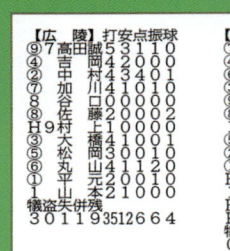

㉜2017年8月20日
第99回全国高校野球選手権準々決勝

広陵－仙台育英
（広島）（宮城）

三回、広陵2死二塁、松岡が左越え適時二塁打を放ち、5−0とする

15安打10点 広陵4強

第99回全国高校野球選手権大会第12日は20日、甲子園球場で準々決勝4試合があり、第3試合で広陵（広島）は仙台育英（宮城）を10－4で破り、準決勝に進出した。広陵は甲子園春夏通算70勝で、4強入りは準優勝した2007年以来10年ぶり。中国勢としては11年の関西（岡山）以来となる。

22日の準決勝は広陵－天理（奈良）、花咲徳栄（埼玉）－東海大菅生（西東京）の顔合わせとなった。

広陵は一回、中村の二塁打などを足場に加川の犠飛と暴投、大橋の適時打などで3点を先取。三回は大橋、松岡、丸山の3連続適時打で3点を加え優位に進めた。左腕山本は先発して六回途中、2失点と好投。九回は2点を返された後の無死一塁で再登板し、後続を断った。コースを丹念に突く、丁寧な投球が光った。仙台育英は先発佐川の制球が甘く三回途中、6失点で降板。打線は11安打を放ったが、先頭打者の出塁は三、九回だけで、12残塁とつながりを欠いた。

つなぐ打線 止まらぬ勢い

広陵打線の勢いが止まらない。4試合連続の2桁安打となる15安打で10得点。序盤のリードを守り、仙台育英の反撃をしのいだ。中井監督は表情を緩めた。「甘い球を積極的に打てている」。

下位打線が奮起した。一回は暴投などで2点を先取した後、2死二塁から6番大橋が中前適時打。三回にも2死二塁から大橋、松岡、丸山の3連続適時打で3点を加えた。「監督に狙い球を絞れと言われた。直球を強く打ち返そうと思った」と松岡。畳みかける攻撃で主導権を握った。

チーム打撃に徹する姿勢が好循環を生んでいる。「つなぎの意識だといつも言っている」と中井監督。松岡と丸山は3回戦で計1安打に終わり、「次は下位で3点は取ろう」と誓い合ったという。松岡は七回にも遊撃への適時打。約束通り、2人で5安打3打点を記録した。九回に2点二塁打を放った2番吉岡は「下位が頑張っていたので、自分も一球に集中した」と相乗効果を強調した。

4試合で計32得点。準決勝は、同じく強打が武器の天理とぶつかる。「ベスト4で負けたら何も残らない。次も絶対勝つ」と岩本主将。悲願の夏初制覇まであと2勝となった。

直球を読み 冷静2打点 大橋

「どこからでも仕掛けることができる。（相手にとっては）気の抜けない打線。チームの野球を出せた」。大橋は3安打2打点と勝負強さを見せた。

熱い気持ちを持ちながらも、打席では冷静だった。2－0の一回2死二塁。カウントが2ボールとなり「相手投手は緊張している」と察した。カウントを取りにきた直球を中前にはじき返し、二塁走者を迎え入れた。三回2死二塁では「投球前のしぐさで分かった」と直球を読み、左中間へ適時二塁打。七回1死二塁は右前打でつないだ。

4試合連続安打だが、打点は中京大中京（愛知）との1回戦以来。「打点にはこだわっている」という。前日の聖光学院（福島）との3回戦では3番中村が4打点。「奨成（中村）ばかりに頼っていてはいけない。自分も活躍したい」と奮起。15安打10得点の快勝劇に「全員の力で勝つことができた」と喜びもひとしおだ。

チームの目標である「日本一」まであと二つ。「ここまできたら気持ちだけ。中井監督を胴上げしたい」と口元を引き締めた。

	1	2	3	4	5	6	7	8	9	計
広陵	3	0	3	0	0	0	1	0	3	10
仙台育英	0	0	1	0	0	1	0	0	2	4

メモ

「大会記録」

準々決勝第2試合、天理（奈良）−明豊（大分）戦で本塁打の大会記録が更新された。一回に天理の7番安原健人がバックスクリーンに3ランを運び、最多に並ぶ大会60号。続く8番山口乃義は左中間席に打ち込み、大会記録を塗り替えた。最終的には48試合で68本塁打。近年の「打高投低」の傾向が顕著に出た大会となった。

【広陵】	打	安	点	振	球
⑧9高田誠	4	1	0	1	2
④吉岡	4	1	2	1	2
②中村	5	2	0	0	1
⑦加川	2	0	1	0	0
1平元	1	1	0	0	0
H永井	1	0	0	0	0
1森	0	0	0	0	0
3高田桐	0	0	0	0	0
⑨村上	3	1	0	1	1
R谷口	0	0	0	0	0
5猪多	0	0	0	0	0
③7大橋	4	3	2	0	0
⑤6松岡	5	3	2	0	0
⑥丸山	4	2	1	0	0
H8佐藤	1	1	1	0	0
①31山本	4	0	0	1	1

犠	盗	失	併	残	打	安	点	振	球
3	1	3	1	11	38	15	9	4	7

【仙台育英】	打	安	点	振	球
⑥3西巻	3	1	0	0	0
3西村	1	0	0	0	0
7小川	1	1	0	0	0
⑤鈴木	5	1	1	1	0
⑦9山田	3	2	2	0	1
①佐川	1	0	0	1	0
1長谷川	4	2	0	1	0
⑨8杉山	5	1	0	0	0
②尾崎	3	2	1	0	0
2阿部	2	0	0	0	0
③前田	0	0	0	0	0
H36若山	3	1	0	0	1
④斎藤	1	0	0	0	1
H4馬目	1	0	0	0	1
⑧船木	0	0	0	0	0
H93佐藤	4	0	0	1	0

犠	盗	失	併	残	打	安	点	振	球
2	0	1	1	12	37	11	4	4	4

▽三塁打　若山▽二塁打　中村、大橋、松岡、西巻、尾崎、吉岡、鈴木
▽暴投　佐川、長谷川2

投手	回	打	安	振	球	責
山本	5⅔	24	5	3	2	2
平元	1⅓	8	2	1	1	0
森	1⅔	7	4	0	1	2
山本	1	4	0	0	0	0

投手	回	打	安	振	球	責
佐川	2⅔	16	7	3	2	6
長谷川	6⅓	32	8	1	5	4

【ベンチ入りした主なプロ野球選手】

≪広陵≫

中村奨成	広島・18年ドラフト1位

≪仙台育英≫

西巻賢二	楽天・18年ドラフト6位—ロッテ—DeNA

広陵－天理
（広島）　（奈良）

広陵 初の夏制覇に王手

五回、広陵無死、中村が1大会最多となる6本目の本塁打を放ち、4－4とする。捕手城下

第99回全国高校野球選手権大会第13日は22日、甲子園球場で準決勝2試合があった。広陵（広島）は第1試合で天理（奈良）を12－9で破り、準優勝した2007年以来、10年ぶり4度目の決勝進出。悲願の初優勝に王手をかけた。第2試合は花咲徳栄（埼玉）が延長十一回の末、9－6で東海大菅生（西東京）に競り勝った。

広陵－花咲徳栄の決勝は23日午後2時から。広陵は広島県勢として1988年の広島商以来、29年ぶり8度目の夏制覇に挑む。

広陵が19安打、12点の猛攻で天理に打ち勝った。中村は2本塁打を含む4安打、7打点の活躍。一回にバックスクリーンへ先制2ラン、1点を追う五回には左中間に同点ソロを打ち込んだ。七回2死満塁では追加点となる走者一掃の二塁打を放った。六回2死満塁で勝ち越しの2点打を放った平元ら勝負強い打撃が光った。

投手陣は九回に2番手の平元がつかまったが、五回途中4失点で降板した山本が再登板し、天理の猛攻をしのいだ。

天理は碓井涼、坂根の投手陣が広陵打線に攻略されたが、九回に5連打などで3点差に迫り、意地を見せた。

壮絶な打ち合い制す

壮絶な打ち合いを制した広陵が、10年ぶりの決勝にたどり着いた。序盤から小刻みに得点し、天理の猛攻をしのいだ。中井監督は「よく打ったが、よく打たれた。ここまで追い上げられるとは…」と大きく息をついた。

1、2番の働きが大量

点を呼び込んだ。一回は、「中村の前に出塁することを考えている」という高田誠が二塁内野安打で出塁し、2番吉岡が犠打。中村の先制2ランにつなげた。

　6－4の七回には、2死二塁から高田誠の死球と吉岡の左前打で満塁と好機を広げ、中村の3点二塁打をお膳立て。2人で5安打、2死球の計7度出塁して4得点。2年の吉岡は「いつも（中村に）俺がいるから大丈夫。気楽に打てと言ってもらい、役割を果たせている」と笑顔を見せた。

　1回戦から5試合連続2桁安打。強打を支えるのは、練習補助員や記録員の周到な準備だ。対戦相手の試合を約2時間かけて分析。打者や投手の特徴を毎日のミーティングで報告し、選手は対策を話し合う。この日2安打の松岡は「データを基に、（天理・碓井涼の）シュートを見極め直球を狙った。前の試合で出た課題を修正して臨めている」と好調の要因を明かす。

　1980年夏の準々決勝。3年だった中井監督は天理に2－4で敗れた。雪辱を果たし、悲願の夏制覇まであと1勝と迫った。「絶対に監督を胴上げして、笑顔で広島に帰りたい」と岩本主将。4度目となる夏の決勝。勢いを増す古豪の前に、栄冠への扉が開きかけている。

中村が本塁打最多記録

　計38安打が飛び交う乱打戦の中でも、中村の輝きは際立っていた。華々しい2アーチ。本塁打の1大会最多記録を更新したが、笑顔の理由は別にあった。「記録よりも勝った喜びの方が大きい」。攻守に全力のプレーで、広陵を10年ぶりの決勝へと導いた。

　迷いがない。一回1死二塁。初球を振り抜き、バックスクリーンへたたき込む。五回には「何とか出塁しよう」と捉えた打球が左中間席へ飛び込んだ。

　慢心もない。同点の五回無死一、三塁の守りで、スクイズの飛球を飛び付いて好捕しピンチを脱出。七回には3点二塁打、九回も中前適時打と畳みかけた。天理の追い上げを振り切るため、「流れを引き寄せようと必死だった」と汗を拭った。

　廿日市市・大野東中時代から注目される存在だった。多くの高校から勧誘を受けたが、「技術でなく、心を褒めてくれたのは中井監督だけだった」と広陵に進んだ。今夏の広島大会では右手に受けた死球の影響で9番も経験。打てなくても振り逃げや四球で懸命に出塁した。甲子園での開花はフォア・ザ・チームの精神が支えている。

　決勝の相手は花咲徳栄。「強い相手だが向かって行く。チームを勢いづけたい」。スター選手へと駆け上がった中村の「夏」。最後の輝きで、悲願への道筋を照らし出す。

救援登板平元 悔しい5失点

　エース平元が2試合連続でリリーフ登板した。4回5失点とつかまり、「自分の仕事ができず、悔しい」と肩を落とした。

　4－4の五回無死一、三塁でマウンドに。中村の好守もあり、得点を許さなかった。六回には自らバットで勝ち越しの2点中前打。波に乗るかと思われたが、七回に2ランを浴びた。九回には5連打されて2点を返され、山本にマウンドを譲った。「今大会は満足いく投球ができていない。決勝は何が何でも勝つ投球をする」と気持ちを入れ直した。

広陵	2	0	0	1	1	2	3	0	3	12
天理	0	0	2	2	0	0	2	0	3	9

メモ

「記録ラッシュ」

　広陵の中村奨成が2本塁打を含む4安打、7打点と大暴れ。1大会の個人記録を三つも更新した。本塁打は6とし、第67回大会のPL学園（大阪）の清原和博の5を塗り替えた。打点は17で、第90回大会の大阪桐蔭（大阪）の萩原圭悟の15を抜いた。38塁打も第91回大会の中京大中京（愛知）の河合完治の28を大幅に更新し、決勝で43まで伸ばした。19安打と6二塁打は最多タイだった。

【広　陵】		打	安	点	振	球
⑧9	高田誠	4	2	0	0	2
④	吉　岡	5	3	0	0	0
R4	高田桐	0	0	0	0	0
②	中　村	5	4	7	0	1
⑨	村　上	5	1	0	0	0
8	佐　藤	1	1	1	0	0
⑦	加　川	2	0	0	0	1
13	平　元	3	1	2	1	0
③7	大　橋	5	1	0	0	0
⑤	松　岡	3	2	0	0	1
①31	山　本	5	1	1	1	0
⑥	丸　山	4	3	1	0	0

犠盗失併残
3 2 0 1 11　42 19 12 2 5

【天　理】		打	安	点	振	球
⑦	宮　崎	5	1	1	2	1
④	山　口	5	1	0	4	1
⑥	太　田	4	2	0	1	0
H	橋　本	1	1	0	0	0
R	吉　川	0	0	0	0	0
⑨	神　野	5	3	2	2	0
②	城　下	5	2	0	0	0
③	安　原	5	3	3	2	0
⑤	森　本	5	3	1	1	0
⑧	杉　下	5	2	2	2	0
①	碓井涼	2	0	0	1	0
1	坂　根	1	1	0	0	0
H	浜　口	1	0	0	1	0

犠盗失併残
1 0 3 1 11　44 19 9 16 2

▽本塁打　中村5号（碓井涼）6号（碓井涼）安原2号（平元）丸山1号（坂根）▽三塁打　神野、杉下▽二塁打　山本、太田、森本、中村▽暴投　坂根2

投手	回	打	安	振	球	責
山本	4 0/3	22	9	6	1	4
平元	4 0/3	21	10	7	0	5
山本	1	4	0	3	1	0
碓井涼	5 0/3	28	12	1	2	5
坂根	4	22	7	1	3	6

【ベンチ入りした主なプロ野球選手】

≪広陵≫

中村奨成	広島・18年ドラフト1位

≪天理≫

太田椋	オリックス・19年ドラフト1位

広陵－花咲徳栄
（広島）（埼玉）

準優勝のメダルを胸に甲子園球場を行進する広陵ナイン

広陵 夏初Vの夢散る

第99回全国高校野球選手権大会最終日は23日、甲子園球場で決勝があった。広陵（広島）は花咲徳栄（埼玉）に4－14で敗れ、初優勝を逃した。広陵の準優勝は1927、67、2007年に続いて4度目。花咲徳栄は埼玉県勢で初の頂点に立った。

広陵は五回までに10点を失うなど、投手陣が踏ん張れず、悲願の夏制覇はならなかった。

先発平元は本来の制球力を欠き、花咲徳栄打線に痛打を浴びた。一回に西川に2点適時打を浴びると、三回にも2失点。五回途中で8点を失い、降板した。2番手山本もつかまり、五、六回に計6点を奪われて突き放された。

打線は13安打を放ち、前半は小刻みに得点したが、集中打はなく4得点にとどまった。1大会個人最多本塁打記録を更新した中村は3安打を放ったものの、本塁打や適時打はなかった。

エース焦燥 野手に連鎖

終盤の底力で快進撃を続けた広陵にとっても、最大11点を追う展開はあまりにも厳しかった。中盤の大量失点で流れを失い、打線も今大会最少の4得点。4度目の決勝でも夏初制覇の夢は幻となった。

中井監督は、準決勝まで計24回12失点の平元に「最後はエースに懸ける」と先発を託した。しかし、一、三回に計4失点。五回は先頭の四球から3連打を浴びて3点を失い、走者を残して降板した。平元は「変化球が高く、狙われていると分かっていても直球しか投げられなかった」とうつむいた。

経験のない劣勢。焦りは野手にも広がった。2失策に加え、内野ゴロを捕球できずに安打にするなど記録に表れないミスも重なった。五、六回で計10失点。攻撃も11残塁とつながりを欠いた。「ボール球に手が出た。（打球が外野へ）抜けてほしいところで抜けなかった」と高田誠。相手の堅守にも阻まれた。

10年ぶりの決勝進出。中井監督の指示は明解だった。「広陵のグラウンドでやっていることを出し切ろう」。宿舎から球場に向かうバスの中では、佐賀北に逆転負けした10年前の決勝のDVDを見て気持ちを一つにした。丸山は「屈辱を晴らそうと臨んだだけに悔しい」と唇をかんだ。

悲願には届かなかったが、今大会で破った全5校は夏8強以上の実績がある強豪校。3年ぶりの夢舞台でまばゆい輝きを放った。「一番長い夏を過ごせて幸せだった」と松岡。深紅の優勝旗にも劣らない財産を手に、胸を張って広島へ帰る。

五回、花咲徳栄無死一、三塁、西川に2点三塁打を浴び、打球の方向を見つめる平元

主砲中村 金字塔
6本塁打 17打点 43塁打

中村は逆転を信じていた。10点を追う九回1死一塁。「自分が流れを持ってくる」と放った二塁打は、1大会最多に並ぶ19本目の安打。粘りも及ばず、敗戦を迎えると顔をしかめた。こらえきれず涙が次々と頬を伝った。

誰よりも大きな拍手と歓声。そして注目を浴びた。大観衆が寄せる期待に最後まで応え続けた。一、五回に安打でチャンスメーク。珍しく喫した2三振にも「チームのためにバットを振ったので、悔いはない」。悔やんだのは結果だけだった。「最高の仲間と最後まで試合ができたのは幸せ。一生の宝物です」と何度も涙を拭った。

11日の1回戦から2週間足らずで、

「中村」の名前は大会の記録と人々の記憶に刻まれた。6本塁打、17打点、43塁打は1大会の個人単独1位となり、19安打と6二塁打は最多タイ。一躍、ヒーローとなったが、常に打率10割を目指すスラッガーは「全然満足はしていない」と貪欲に振り返った。

休む間もなく、25日から千葉県でのU−18（18歳以下）日本代表合宿に参加する。次の目標を「プロの世界に挑戦し、日本を代表する捕手になる」と明言。規格外の18歳が新たなステージへと向かう。

二塁手吉岡 重圧に屈す

痛恨の適時失策

2年生で唯一、先発出場した二塁手の吉岡は涙が止まらなかった。2安打を放ったものの「守備で先輩に迷惑をかけてしまった」。六回の適時失策を悔やんだ。

決勝の重圧がのしかかった。8点リードされた六回2死満塁。「雰囲気にのまれてがちがちになってしまった」。遊ゴロをさばき、二封を狙った遊撃手丸山の送球を二塁上ではじき2点を献上。帽子のつばに記した「平常心」を保てなかった自分を責めた。

打席では好調を維持した。2番打者として「3番に心強い（中村）奨成さんがいるから力が出せた」。一回に左前打で出塁し、五回には適時二塁打を放った。甲子園では全6試合で安打を放ち、安打数は中村に次ぐ12。決勝進出に貢献し、中村の打点の記録更新につながる活躍を見せた。「（甲子園は）成長させてくれた」と感謝した。

試合後には中村ら3年生から「主軸になってチームをまとめてくれ」と託された。「先輩の思いも背負い、来年は必ず日本一になる」。攻守で得難い経験をした背番号4が誓った。

救援山本 燃え尽きる

幾度も響いた金属音が耳に残った。救援した山本は「相手が強かった。力不足」と4回⅔で8安打6失点の結果を受け止めた。

5点差の五回無死一塁で先発平元を継いだが、2安打に失策が絡んで失点。相手の勢いを止められなかった。六回も集中打を浴びて4点を失い、試合は決まった。敗れても進撃を支えてきた左腕は目線を下げなかった。「（平元）銀次郎との継投は僕の財産。（中村）奨成とも素晴らしいバッテリーを組ませてもらった」。フル回転した夏に悔いはなかった。

高田桐 意地の2安打

4試合連続でスタメンを外れても気落ちしていなかった。2年高田桐が2安打を放ち、1回戦以来の快音を響かせた。六回無死一塁、先発の座を譲った先輩の丸山の代打で打席へ。「とにかく後ろにつなぐ意識」で右前に運んだ。八回にも右前打を放ち、意地を見せた。

大会中の練習で死球を受けた影響で、準決勝まで打率1割1分1厘。不調だったが、「丸山さんとは互いに励まし合えていた。僕が外れても誰かがカバーできる」と一丸で戦っての準優勝に胸を張った。

優勝を逃し、悔しそうな表情で花咲徳栄ナインを見つめる広陵・中村

広陵・中井監督の話

全部員にありがとうと言いたい

残念です。こんなに大差でやられるとは思わなかった。普段通りではなかった。相手打線は徹底的に逆方向に強く打ってきた。失策を含めてミスが出た。負ける時はこういうものだろう。みんな真面目にこつこつとやってきた。練習はうそをつかないと感じたと思う。全部員にありがとうと言いたい。

花咲徳栄	2	0	2	0	6	4	0	0	0	14
広陵	0	1	1	0	1	1	0	0	0	4

【花咲徳栄】

	選手	打	安	点	振	球
⑧	太刀岡	4	1	0	1	2
④	千丸	5	2	0	0	0
⑦	西川	6	3	4	1	0
③	野村	3	2	2	0	1
②	須永	3	2	2	0	1
⑤	高井	4	2	1	0	0
⑨	小川	4	2	0	1	1
①	綱脇	3	0	0	1	0
1	清水	2	0	0	0	0
⑥	岩瀬	5	2	2	1	0

犠	盗	失	併	残	打	安	点	振	球
4	2	0	1	7	39	16	11	5	5

【広陵】

	選手	打	安	点	振	球
⑨	高田誠	4	1	0	2	1
④	吉岡	5	2	1	1	0
②	中村	5	3	0	2	0
⑦	加川	1	0	0	1	0
7	村上	4	1	0	1	0
③	大橋	4	1	1	1	1
⑧	佐藤	5	1	0	0	0
⑥	丸山	1	0	0	0	1
H6	高田桐	2	2	0	0	0
⑤	松岡	3	0	0	0	0
H	谷口	1	0	0	0	0
5	猪多	0	0	0	0	0
①	平元	2	1	1	0	0
1	山本	2	1	1	0	0
1	森	0	0	0	0	0

犠	盗	失	併	残	打	安	点	振	球
0	1	2	1	11	39	13	4	8	3

▽三塁打　西川、野村▽二塁打　千丸、中村2、平元、大橋、高井2、吉岡、西川

投手	回	打	安	振	球	責
綱脇	4⅓	20	7	3	1	3
清水	5	22	6	5	2	1
平元	4⅓	22	8	2	4	8
山本	4⅔	25	8	2	1	1
森	⅓	1	0	1	0	0

【ベンチ入りした主なプロ野球選手】

≪広陵≫

中村奨成	広島・18年ドラフト1位

≪花咲徳栄≫

野村佑希	日本ハム・19年ドラフト2位
西川愛也	西武・18年ドラフト2位
清水達也	中日・18年ドラフト4位

メモ

「壁」

広陵はまたも決勝の壁にはね返され、夏制覇を逃した。「サクラの広陵」と呼ばれるように、選抜では6度決勝に進出し、3度優勝。しかし、選手権では今大会を含め4度決勝に進みながら、全て準優勝に終わっている。今大会の14失点は広陵の春夏計10度の決勝で最多失点。10点差の敗戦も最多得点差だった。

試合後、準優勝のメダルを胸に甲子園球場を行進する広陵ナイン（撮影・山下悟史）

広陵 準優勝

4－14 投打に力出し切れず

第99回全国高校野球選手権大会最終日は23日、兵庫県西宮市の甲子園球場で決勝があった。広陵（広島）は花咲徳栄（埼玉）に4－14で敗れ、初優勝を逃した。広陵の準優勝は1927、67、2007年に続いて4度目。花咲徳栄は埼玉県勢で初の頂点に立った。**（18・19・29・32・33面に関連記事）**

広陵は先発の3年平元銀次郎投手が序盤につかまり、一、三回に計4失点。五回にも集中打を浴びて計8失点で降板し、2番手の3年山本雅也投手も相手打線の勢いを止められなかった。打線は6試合連続の2桁安打となる13安打を放った。二回に平元投手、三回には3年大橋昇輝一塁手の適時二塁打で1点ずつ返したが、大量失点が響いて追い上げられなかった。

準決勝で大会新記録となる6本目の本塁打を放った3年中村奨成捕手は5打数3安打。本塁打は出なかったものの、今大会の安打数を1大会最多タイの19とし、二塁打数も1大会最多の6に並んだ。準決勝で最多記録を更新した塁打数は43まで伸ばした。

閉会式では3年岩本淳太主将が準優勝盾を受け取りベンチ入り選手が銀メダルを首にかけてグラウンドを1周した。ナインは24日に広島へ戻る。（和泉恵太）

2017年8月24日付　中国新聞朝刊から

九回、ピンチを迎え、先発浴本（右から3人目）の元に集まる瀬戸内ナイン

325 2018年3月23日
第90回選抜高校野球大会1回戦

瀬戸内（広島）－明秀学園日立（茨城）

瀬戸内 土壇場逆転負け

第90回選抜高校野球大会が23日、甲子園球場で開幕した。第3試合の1回戦で、瀬戸内（広島）は明秀学園日立（茨城）に3－4で逆転負け。前回出場した1991年以来、27年ぶりの春1勝にはあと一歩届かなかった。

瀬戸内は3－2の九回無死、先発浴本が3連打を浴びて同点。代わった山根も決勝の中犠飛を許して逆転された。打線は一回に押し出し四球で先制。三回に敵失、四回は新保の適時二塁打で加点した。バックは無失策で投手陣を支えたが、五回以降、淡泊な攻めで突き放せなかったのが響いた。

狙った接戦 底力に屈す

ほほ笑みかけた勝利の女神は、突然そっぽを向いた。瀬戸内は九回に試合をひっくり返されて惜敗。昨秋の関東大会で、3試合連続の逆転勝ちを収めている明秀学園日立の底力に屈した。

1点リードの九回に悪夢が待っていた。八回までに140球を投げたエース浴本が無死から3連打で同点とされる。1死二、三塁で救援した山根も「力んで高く入った」という直球を中犠飛にされ、決勝点を許した。「勝ったという気持ちがどこかにあったのかも。迷惑をかけて情けない」。浴本は目に涙を浮かべ、敗戦の責任を背負い込んだ。

八回まで一度も先行されなかった。長谷川監督が「勝てるとすれば接戦」と思い描いた展開に持ち込んだ。誤算だったのは五回以降、追加点を奪えなかったこと。「簡単にアウトになってしまっていた。リードしていても点を取らないと…」と伊藤。指揮官も「本当はもう2、3点欲しかった」と本音を漏らした。あっさりした攻撃を繰り返しているうちに流れは相手に傾き、土壇場で敗戦に沈んだ。

強豪と競り合い、収穫もあった。「集中力や積極的な打撃など相手から多くを学んだ」と名原。伊藤も「この負けがあったから夏にまた来られたと言えるように一からやる」。27年ぶりの春に刻んだ足跡を夏の甲子園につなげたい。

2安打に光る好走塁 東翔

2安打2得点。八回まではヒーローだったが、九回に逆転劇に見舞われた。「2安打じゃあ、足りない。もっと打って浴本を援護したかった」と東翔は唇をかんだ。

一回2死から右前にチーム初安打。押し出し四球で先制の本塁を踏んだ。三塁走者だった1－1の三回2死一、三塁。重盗を仕掛け、一塁走者の門叶が一、二塁間に挟まれる間に遅れてスタート。遊撃手の本塁悪送球を誘って2点目を挙げた。「サインプレー。練習してきたことが出せた」と胸を張った。

守っては浴本をリードした。高めに抜けるなど、本調子ではなかった変化球を見せ球にし、低めや内角の直球で勝負した。九回に逆転された場面について、「勝負を急いで、ストライクゾーンに集めてしまった」と悔やんだ。

山口大光中出身。光市のクラブチームで中学1年春から浴本とバッテリーを組む。「2人で甲子園に出場するのが目標だった。夏は甲子園で勝利を挙げたい」。さらにコンビを熟成させ、悲願達成を目指す。

大役後の主将 2安打1打点

開会式で選手宣誓の大役を務めた新保主将が2安打1打点とチームを引っ張った。2－1の四回2死二塁で左中間へ適時二塁打。「前の打席が遊ゴロ併殺打でチームに迷惑をかけた。気持ちで打った」。逆転を許した直後の九回には、1死から遊撃内野安打を放ったが、本塁は遠かった。

「相手と（力の）差はあったが、最高のゲームができた。選手宣誓を含め、自分を成長させてくれた」とすがすがしい表情だった。

4番門叶「悔い残る」

中国大会で1試合4本塁打を放ち、注目を集めた4番門叶は三回の単打1本に終わった。「悔いが残る甲子園になった」と涙が止まらなかった。

1点を追う九回2死三塁の第5打席。初球のボール球に手を出して二飛に倒れた。「自分が決めようと欲が出た。次につなぐ気持ちでいけばよかった」と悔やんだ。

明秀学園日立	0	0	1	0	1	0	0	0	2	4
瀬戸内	1	0	1	1	0	0	0	0	0	3

【明秀学園日立】	打	安	点	振	球
⑥ 増田	5	3	1	0	0
⑨4 北野	4	1	0	0	0
⑧3 池田	2	0	1	0	2
④2 芳賀	5	2	1	0	0
① 細川	3	0	0	0	1
⑦ 山口	3	0	0	0	1
⑤ 鈴木	4	0	0	1	0
③ 有住	4	3	0	0	0
R9 岩田	0	0	0	0	0
② 高田	3	1	0	1	0
H8 佐伯	1	1	0	0	0

犠盗失併残
2 0 3 1 9 34 11 3 2 4

【瀬戸内】	打	安	点	振	球
⑧ 名原	5	1	0	0	0
⑥ 新保	5	2	1	0	0
② 東翔	4	2	0	0	1
⑨ 門叶	4	1	0	1	1
①3 浴本	1	0	0	1	3
③ 大本	3	0	1	1	1
1 山根	0	0	0	0	0
⑦ 東暉	4	0	0	1	0
④ 井上	4	1	0	2	0
⑤ 伊藤	3	1	0	0	0

犠盗失併残
1 0 0 1 10 33 8 2 6 6

▽三塁打　増田、北野▽二塁打　芳賀2、新保、増田▽暴投　細川、浴本▽ボーク　浴本

投手	回	打	安	振	球	責
細川	9	40	8	6	6	2
浴本	8⅓	38	11	2	4	4
山根	⅔	2	0	0	0	0

メモ

「春連覇」

第90回大会は大阪桐蔭（大阪）が決勝で智弁和歌山（和歌山）を5−2で下し、2年連続3度目の優勝を飾った。根尾昂（中日）ら第89回大会の優勝メンバーが7人残り、順当に勝ち上がった。苦しんだのは準決勝の三重（三重）戦。九回1死から追い付き、延長十二回にサヨナラ勝ちした。選抜の連覇は、1929、30年の第一神港商（兵庫、現神港橋）、81、82年のPL学園（大阪）に続き、史上3校目だった。

【ベンチ入りした主なプロ野球選手】

≪瀬戸内≫

名原典彦	青森大－広島・23年育成ドラフト1位

≪明秀学園日立≫

増田陸	巨人・19年ドラフト2位

広陵（広島）－新庄（広島）

延長十回、広陵2死二塁、藤井が左中間にサヨナラ打を放ち、跳び上がって喜ぶ

広陵サヨナラ 夏切符

第100回全国高校野球選手権広島大会最終日は28日、しまなみ球場で決勝があった。広陵が延長十回の末、新庄に5―4でサヨナラ勝ちして優勝し、2年連続23度目の夏の甲子園出場を決めた。

広陵は同点の延長十回2死二塁から、藤井がしぶとく左中間に運んでサヨナラ勝ちした。序盤、3点をリードされたが、打線の粘りと3番手森悠の好投で流れを引き寄せた。新庄は六回以降無安打で、終盤は守備も乱れた。

2度追い付き 延長制す

「忘れ物を取りに行く」。昨夏、あと一歩で頂点を逃した甲子園への強い気持ちが広陵ナインを突き動かした。2度追い付き、延長十回にサヨナラ勝ち。西日本豪雨で被災した広島への思いも胸に大舞台へ挑む。

4―4の十回2死二塁。藤井は中井監督からの伝令を聞き、燃えた。「おまえは好機に強い。自信を持て」。八回は直球を中前へ同点打。この打席は「変化球勝負」と読み、スライダーをたたくと打球は左中間に落ちた。四回に自身の失策で勝ち越されただけに、決勝打を見届けると跳び上がって大きくガッツポーズした。

昨夏の甲子園メンバーが6人残るが、昨秋の県大会は3回戦、今春は2回戦で敗れた。吉岡は「自分がなんとかしようという気持ちが強過ぎた。個々で野球をしていた」。昨夏の甲子園準Vで生まれた慢心を捨て、「自分たちは弱い」と原点の全員野球に立ち返った。

全部員が見守る中、ベンチ入りメンバーの20人全員が成功するまでバント練習を続けた。130人の部員全員が一つの練習に参加することで結束力が高まった。頂上決戦を制する要因となった。

寮には豪雨の被害を伝える新聞が張られている。鉤流《つりゅう》は「日本一になり、広島に笑顔を届けたい」と決意を口にした。

エース力投 流れ呼ぶ

背番号1が両肩を震わせていた。広陵がサヨナラ勝ちを決めた直後、森悠はスタンドからの言葉に感極まった。「ベンチ外の選手が泣きながら『悠祐ナイスピッチング』と叫んでいるのが聞こえた。もらい泣きしました」

エースの投球で甲子園を手繰り寄せた。1点を追う六回に救援。「もう点はやれない。一番練習してきた。絶対に打たせない」。先頭に四球を与えたが、併殺で切り抜けた。失策の走者を背負った九回も、勝ち越し点は許さなかった。

「真っすぐは人生で一番走っていた。肘が壊れても、肩を痛めてもいいと思って投げた」。最速149キロの直球を武器に5回を無安打。流れを引き寄せ、終盤の同点劇、サヨナラ劇につなげた。

準優勝した昨夏の甲子園では決勝のマウンドに立ち、打者1人に投げた。新チームでは背番号1だったが、不調で今春の県大会は11になった。「どん底まで落とし、はい上がってこさせようと思った」と中井監督。飛躍を期し、走り込みやスクワットを続けた。努力が実り、最後の夏にエースナンバーをつかみ取り、大一番で重責を果たした。

西日本豪雨で被災した広島県の代表として臨む。「今年こそ優勝する。そして広島の方々を少しでも笑顔にしたい」。頂点を見据えた。

金沢、同点2点打

広陵の3番金沢が三回に一時、同点となる貴重な2点打を放ち、流れを引き戻した。

0―3から1点を返した後の1死二、三塁。カウント2―2からのカーブを捉え、中前へ運んだ。「直球狙いだったが、追い込まれる前にワンバウンドの変化球を空振りしていたので、変化球も頭にあった」と胸を張った。

中軸としての役割を果たし、優勝に貢献。「甲子園でも好機に強い打者でありたい」と全国で活躍する姿をイメージしていた。

新庄	2	0	1	1	0	0	0	0	0	0	4
広陵	0	0	3	0	0	0	0	1	0	1	5

（延長十回）

【新　庄】		打	安	点
⑥	古川智	4	0	0
③	脇本	3	1	1
⑧	河内恭	4	1	0
⑦	高野	5	2	0
⑤	土居	5	2	1
⑨	青木	3	1	0
9	田中	1	0	0
②	木村	4	0	0
①	桑田	4	0	0
④	河内駿	3	1	0
	計	36	8	2

【広　陵】		打	安	点
⑥	高田	4	1	1
④	吉岡	4	2	0
⑦	金沢	5	1	2
③	河端	5	0	0
⑨	福光	5	1	0
⑤	松本	4	1	0
⑧	藤井	5	2	2
②	鉤流	3	1	0
①	石原	0	0	0
1	河野	1	0	0
1	森悠	2	1	0
	計	38	10	5

	振	球	犠	盗	失	残	併
新	3	4	2	0	2	8	0
広	2	3	2	2	3	9	1

▽二塁打　河内駿、高田、鉤流

投手	回	打	安	責
桑田	9⅔	43	10	4
石原	1⅔	11	4	1
河野	3⅓	15	4	0
森悠	5	16	0	0

メモ

「6年連続」

新庄が瀬戸内と延長十五回引き分け再試合の熱戦を繰り広げた2013年から6年連続で決勝に勝ち上がったが、2年連続で広陵の前に涙をのんだ。6度の決勝で勝ったのは2度で、広陵には3度敗れた。

広島大会が「1県1代表」となった1958年以降、6年連続は広島大会では最多タイ。過去に広陵（67～72年、優勝5度）と広島商（79～84年、優勝5度）も記録している。

【ベンチ入りした主なプロ野球選手】

≪広陵≫

河野佳	大阪ガス―広島・23年ドラフト5位

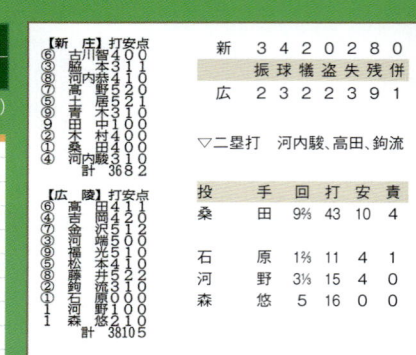

広陵（広島）－二松学舎大付（東東京）

九回、広陵1死一、二塁、高田㊧が二ゴロ併殺に倒れ、初戦で敗れる

広陵逸機 初戦で涙

第100回全国高校野球選手権大会第8日は12日、甲子園球場で2回戦が行われ、昨夏準優勝の広陵（広島）は、2年連続出場の二松学舎大付（東東京）に2－5で競り負け、初戦で姿を消した。

広陵は同点の七回、先発森悠が1死二、三塁から右田に右前2点打、死球などを挟んで保川には左前適時打を浴び計3失点。二松学舎大付に突き放された。打線は1点を追う五回に福光のソロで一時は追い付いたが、二回無死二塁、九回1死一、二塁でともに併殺を喫するなど、拙攻が響いた。

堅守崩せず 10安打2点

攻め切れないまま、広陵の夏は幕を閉じた。相手を上回る10安打を放ちながらも3併殺、8残塁で2得点。拙攻が続き、昨夏の準優勝校は初戦で涙をのんだ。

スタメン6人が左打者の広陵打線に対し、二松学舎大付の先発は主戦の右腕岸川ではなく背番号18の左腕海老原。二回無死二塁で送りバントを失敗して併殺となり、リズムが狂った。三回、1点差に迫った四回はともに2死満塁で凡退。四回に三ゴロに終わった吉岡は「かえす気持ちが強すぎた。平常心ではなかった」と天を仰いだ。

四回途中から登板した岸川には140キロ台中盤の直球で押された。五回に福光のソロで追い付いたものの、以降は八回まで二塁を踏めなかった。無失策の堅守にも阻まれ、「当たりは悪くなかったが、しっかり守られた」と中井監督。九回1死一、二塁で併殺に倒れた高田は「何とかかえそうと思い切って振ったが…」と声を絞り出した。

100回目の大会に、広島県最多23度目の夢舞台を踏んだ。前日のミーティングでは西日本豪雨の被災地を思い「広島にいい報告をしよう」と誓い合った。道半ばで途絶えた日本一への挑戦。夢の続きはベンチ入りした10人を含む1、2年生が受け継ぐ。

直球勝負「悔いはない」 エース森悠

球史に名を刻む先輩たちが背負った広陵の背番号「1」。重圧はあったが、森悠はエースとしてのプライドは持ち続けた。

2年生の昨夏も経験した甲子園のマウンド。立ち上がりを捉えられた。一回1死一、二塁で先制の2点二塁打を浴びた。「低めに集められなかった。直球なら諦めもつくが、スライダーを打たれた」。気持ちを入れ替えると、自慢の直球がさえ始める。二回は振り逃げを含め3人から三振を奪い、六回は3者連続三振。最速は147キロをマークした。

同点の七回に再度つかまる。1死二、三塁から2点右前打を喫するなど、この回3失点。「全部員のために絶対に抑えたかったが、気持ちが先走った」。肩を落としつつ、「直球を打たれたので、（投球に）悔いはない」と気丈に言った。

昨秋の新チーム発足時は「1」を背負ったが、不調で春季県大会では「11」に。「1」に戻った広島大会は全7試合中、先発は3試合にとどまった。晴れ舞台で中井監督の信頼を勝ち取り、甲子園で先発を任された。「（負けた）悔しさは一生忘れない。この経験を、大学でも生かしたい」と飛躍を誓った。

広陵	0	0	0	1	1	0	0	0	0	2
二松学舎大付	2	0	0	0	0	0	3	0	×	5

メモ

「タイブレーク」

甲子園で初めて延長十三回からのタイブレークが実施された。第2日の1回戦、佐久長聖（長野）－旭川大高（北北海道）は4－4で延長に入った。十二回までに決着がつかず、十三回表から無死一、二塁での攻防。十四回に1点を勝ち越した佐久長聖が5－4で勝った。敗れた旭川大高の端場雅治監督は「タイブレークの怖さはなかったが、高校野球の怖さを知った」と振り返った。

【広　陵】		打	安	点	振	球
⑥	高田	5	1	1	1	0
④	吉岡	4	2	0	0	0
⑨	福光	3	1	1	1	1
③	河端	4	2	0	0	0
⑦	金沢	3	0	0	1	0
7	宗山	1	0	0	0	0
⑤	松本	3	1	0	1	1
⑧	藤井	3	1	0	2	0
H	中村	1	0	0	1	0
②	鉤流	2	0	0	0	1
H	猪多	0	0	0	0	1
①	森悠	3	1	0	0	0
1	河野	0	0	0	0	0
H	馬場	1	1	0	0	0

犠盗失併残
0 1 1 1 8 33 10 2 7 4

【二松学舎大付】		打	安	点	振	球
⑧	右田	4	2	2	1	0
⑥	揚野	2	0	0	0	0
⑤	平間	3	2	0	0	1
③	保川	4	2	3	1	0
⑨	畠山	4	0	0	2	0
⑦	野村	4	1	0	1	0
④	有馬	3	1	0	1	0
②	山田	1	0	0	0	1
①	海老原	1	0	0	1	0
1	岸川	2	0	0	2	0

犠盗失併残
6 1 0 3 7 28 8 5 9 2

▽本塁打　福光1号（岸川）▽二塁打　保川、河端、松本▽暴投　森悠

投手	回	打	安	振	球	責
森悠	7	32	7	8	2	5
河野	1	4	1	1	0	0
海老原	3⅔	19	7	3	3	1
岸川	5⅓	18	3	4	1	1

【ベンチ入りした主なプロ野球選手】

≪広陵≫

河野佳　広島・23年ドラフト5位

広陵（広島）－八戸学院光星（青森）

五回、広陵1死三塁、藤井が先制の左前打を放つ。投手後藤

サクラの広陵 舞い戻る

第91回選抜高校野球大会第4日は26日、1回戦3試合があり、第2試合で広陵（広島）は八戸学院光星（青森）に2－0で完封勝ちし、2回戦進出を決めた。選抜での白星は4強入りした2010年以来、9年ぶり。

広陵はエース河野が散発3安打に抑えて完封した。力強い直球に変化球を織り交ぜ、的を絞らせず8奪三振。内野守備の乱れが重なった八回のピンチも力で押して切り抜けた。逸機が続いた打線は五回1死三塁から、藤井と中冨の適時打で2点を挙げた。

9番藤井殊勲 五回均衡破る

五回1死三塁、藤井が外角のチェンジアップを逆方向へしぶとく運んだ。打球は左前に落ち、待望の先制点を生んだ。「点が入ってほっとした。何とか河野を援護したかった」。殊勲の9番打者は気力の一打を強調した。適時打の直後は「自分で判断して」二盗に成功。中冨の二塁強襲安打で貴重な2点目の本塁を踏んだ。

序盤は2併殺を奪われるなど、悪い流れだった。二回は無死満塁で無得点。自身も2死満塁から左飛に倒れた。「前の打席の借りを返し、広陵に流れを持ってきたかった」。思惑通り、先制点でチームは優位に立ち、そのまま逃げ切った。

「一番の売り」という中堅の守備も光った。三回、死球とボークの1死二塁で、中堅前に落ちそうな打球をスライディングキャッチ。二塁へ送球して飛び出した走者を刺し、ピンチを逃れた。

ベンチ入りメンバーに力の差はない。チーム2位の打点を挙げている藤井は「今の打順でいいです。今後も恐怖の9番バッターでいきたい」。任された役割を全うする。

こらえて 9年ぶり白星

「春の広陵」らしさ全開とはいかなかったが、9年ぶりに白星をつかみ取った。勝敗を分けたのは投手力と地力の差。中井監督は「河野がよく我慢してくれた。（初戦突破で）自分が一番ほっとしている」と苦笑いした。

五回に均衡を破った。先頭の秋山が「何としても塁に出たかった」と左翼線へ二塁打。犠打で1死三塁とし、藤井の左前打で先制。藤井が二盗した2死二塁から中冨の二塁強襲安打で追加点を挙げた。

河野は先頭打者の出塁を一度も許さず、ほぼ完璧な内容。二つの失策が絡んだ八回の2死二、三塁も踏ん張った。

先発メンバーのうち、7人が昨夏の甲子園でベンチ入り。独特の雰囲気は味わっていたが、緊張感からか動きに硬さが見られた。二回は無死満塁で無得点。その後も3併殺とちぐはぐな攻めが目立った。持ち味の堅守も3失策とほころびが出た。

接戦を制したものの、多くの課題が浮き彫りになった初戦。3三振だった渡部は「次は伸び伸びとプレーし、打撃でも投手を援護したい」。実力校からもぎ取った一勝を次戦への糧にする。

河野 3安打完封

背番号1の河野が好投した。強打を誇る八戸学院光星を被安打3、奪三振8の126球で完封。「自信はあった。イメージ通りに投げることができた」と胸を張った。

一回から球場をどよめかせた。先頭打者を自己最速の150㌔の直球で三振。「出そうと思ってはいなかった。その後は7、8割の力で投げた」。低めに変化球を配し、反撃を許さなかった。

昨秋の公式戦は3投手の継投が多かったが、甲子園のマウンドは譲らなかった。「完封できてうれしい。次はもっと三振を取りたい」と笑顔を見せた。

八戸学院光星	0	0	0	0	0	0	0	0	0	0
広　　陵	0	0	0	0	2	0	0	0	×	2

メモ

「連続初戦突破」

八戸学院光星は広陵に敗れ、2011年の選抜大会から春夏通じて続いていた初戦突破が10大会で止まった。10大会を超えたのは、明徳義塾（高知）の20（1991年夏～2010年夏）、大阪桐蔭（大阪）の17（04年春～18年夏）、県岐阜商（岐阜）の13（1933年春～47年夏）、中京大中京（愛知）の12（31年春～39年春）、PL学園（大阪）の11（76年夏～85年夏）などがある。

【八戸学院光星】

		打	安	点	振	球
④	伊藤	3	0	0	1	1
⑧	島袋	4	0	0	2	0
⑥	武岡	4	1	0	0	0
③	近藤	4	1	0	1	0
⑦	大江	3	0	0	3	0
H	沢波	1	0	0	0	0
⑤	下山	3	1	0	0	1
⑨	原	3	0	0	0	0
②	太山	3	0	0	1	0
①	後藤	1	0	0	0	2

犠	盗	失	併	残	打	安	点	振	球
1	0	0	3	7	29	3	0	8	4

【広　陵】

		打	安	点	振	球
⑤	渡部	3	0	0	3	1
5	新	0	0	0	0	0
④	中冨	4	1	1	0	0
⑦	金沢	2	0	0	0	1
③	中村	2	1	0	0	1
⑥	宗山	3	1	0	1	0
②	鉤流	2	0	0	0	1
⑨	秋山	3	1	0	1	0
①	河野	2	0	0	0	0
⑧	藤井	3	1	1	0	0

犠	盗	失	併	残	打	安	点	振	球
1	1	3	2	3	24	5	2	5	4

▽二塁打　秋山▽ボーク　河野

投手	回	打	安	振	球	責
後藤	8	29	5	5	4	2
河野	9	34	3	8	4	0

【ベンチ入りした主なプロ野球選手】

≪広陵≫

河野佳	広島・23年ドラフト5位

≪八戸学院光星≫

武岡龍世	ヤクルト・20年ドラフト6位

㉙2019年3月30日
第91回選抜高校野球大会2回戦

広陵 － 東邦
（広島）　（愛知）

東邦に大敗を喫し、ベンチに引き揚げる広陵ナイン

広陵大敗 8強入り逃す

第91回選抜高校野球大会第8日は30日、甲子園球場で2回戦3試合が行われ、広陵（広島）は東邦（愛知）に2－12で敗れ、8強入りを逃した。

広陵は東邦の猛打に屈した。先発河野が立ち上がりから制球に苦しみ、三回途中で6失点。つないだ石原らも痛打され、16安打で12点を失った。打線は好機につながりを欠き、八回に秋山の適時三塁打で挙げた2点にとどまった。

序盤大量失点 打線も苦戦

伝統校同士の一戦は、予想を覆す大差の展開となった。広陵は春夏通算117試合目で、ワーストタイとなる10点差の敗戦。中井監督は「序盤に大量失点し、手の打ちようがなかった」と唇をかんだ。

出場校1位の打率、得点、盗塁を誇る東邦に立ち上がりを攻められた。先発河野が一回に2失点、三回はソロ本塁打の後に連打で失点。足でもかき回され、7盗塁を許した。捕手の鉤流《つりゅう》は「警戒はしていたが、河野が荒れるとは思わず、カバーできなかった」。主導権を握られ、焦りが募った。

打線も苦しんだ。東邦のエース石川に6回を散発4安打に封じられ、反撃の糸口も見いだせなかった。無安打だった4番中村は「丁寧にコースを突かれた。皆、星稜（石川）戦が頭によぎったと思う」。昨秋の神宮大会の初戦で七回コールド負けした記憶がよみがえり、持ち味のつなぐ打撃が影を潜めた。

途中から控え選手を積極的に起用。ベンチ入り18人中、峯本を除く17人が出場した。中井監督は「星稜戦を経験して、ここ（甲子園）に来ることができた。この経験、悔しさは夏につながる」。大敗を成長の原動力と捉え、前を向いた。

制球が乱れ 河野6失点

快投を演じた1回戦の姿はなかった。河野は三回途中で6点を失い降板。「最低の投球。切り替えようと思ったが、一回の失点を引きずってしまい、立ち直れなかった」と肩を落とした。

制球が乱れた。自慢の直球が決まらず、組み立てに苦しんだ。2四球の後の一回の先制打と三回の4失点目の適時打は、「直球が浮き、カウントを取りにいった変化球を打たれた」と悔やんだ。

三回、先頭の石川に浴びたソロ本塁打も痛かった。点差は3に。「力んでスライダーが高めに入った」。主砲の一発は相手を勢いづかせ、石川の投球にも余裕を与えてしまった。

河野は打者16人で被安打6。バットの芯で捉えられた打球が目立った。今後は「安定感を追求する。低めに伸びる直球を身に付け、勝てる投手になりたい。夏は日本一を目指す」と飛躍を誓った。

主将の秋山 八回に意地 2点三塁打

主将の秋山が意地を見せた。八回2死一、三塁から右越え三塁打を放ち、2点を返した。

12点を追う展開。「主将が諦めたら全員が諦める」。前主将の猪多善貴さんから送られた言葉を体現した。「まだ試合は終わっていない、という姿勢を見せたかった」と高めのスライダーを捉えた。

開会式では人生初の選手宣誓。言葉通り最後まで諦めずに戦い抜いた。「甲子園で多くの人に応援されていると感じた。大会で学んだことは夏まで忘れない」と雪辱を誓った。

東邦	2	0	4	0	0	0	3	3	0	12
広陵	0	0	0	0	0	0	0	2	0	2

【東邦】	打	安	点	振	球
⑨ 松井	6	2	0	1	0
④ 杉浦	5	1	1	3	1
①5 石川	4	2	2	0	0
⑥ 熊田	4	3	0	0	1
⑦ 吉納	5	2	3	1	0
2 伊東	0	0	0	0	0
2 村北	0	0	0	0	0
③ 長屋	5	3	2	0	0
⑧ 河合	4	2	2	0	1
② 成沢	3	0	1	0	0
H7 坂上	1	0	0	0	0
⑤ 山田	3	1	1	1	1
1 奥田	0	0	0	0	0
1 植田	0	0	0	0	0
H 仲間	1	0	0	1	0
1 道崎	0	0	0	0	0

犠	盗	失	併	残	打	安	点	振	球
2	7	0	0	8	41	16	12	7	4

【広陵】	打	安	点	振	球
⑥ 宗山	4	0	0	0	1
④ 中冨	4	2	0	1	0
⑦ 金沢	2	0	0	0	0
7 岑	1	1	0	0	1
③ 中村	4	0	0	1	0
② 鉤流	3	0	0	0	0
9 児玉	1	0	0	0	0
⑨2 秋山	3	1	2	0	1
⑤ 渡部	2	1	0	0	0
H5 新	2	1	0	0	0
① 河野	1	0	0	0	0
1 石原	1	1	0	0	0
1 森	1	0	0	1	0
1 高	0	0	0	0	0
H 村上	1	0	0	0	0
⑧ 藤井	2	0	0	0	0
H8 馬場	2	0	0	1	0

犠	盗	失	併	残	打	安	点	振	球
0	0	1	1	8	34	7	2	4	3

▽本塁打　石川1号（河野）▽三塁打　河合、杉浦、中冨、秋山▽二塁打　山田、石原、吉納、新▽捕逸　秋山

投手	回	打	安	振	球	責
石川	6	24	4	2	2	0
奥田	1	4	1	1	0	0
植田	1	6	2	0	1	2
道崎	1	3	0	1	0	0

投手	回	打	安	振	球	責
河野	2⅓	16	6	1	3	6
石原	4	18	6	3	0	3
森	1⅓	8	4	1	0	3
高	1⅓	5	0	2	1	0

メモ

「単独最多」

平成最後の選抜となった第91回大会は、東邦が決勝で千葉勢初制覇を狙う習志野に6－0で快勝。1989年以来、30年ぶり5度目の優勝を果たし、平成の最初と最後の優勝を飾った。5度の春制覇は、中京大中京（愛知）と並んでいた優勝回数で単独トップに。春の通算勝利数でも中京大中京を上回る単独1位（当時）の56勝目となった。

【ベンチ入りした主なプロ野球選手】

≪広陵≫

河野佳　広島・23年ドラフト5位

≪東邦≫

石川昂弥　中日・20年ドラフト1位

330 2019年3月23日
第91回選抜高校野球大会1回戦

呉（広島）－市和歌山（和歌山）

十一回、市和歌山2死二塁、片上の中前打で二塁走者山田㊥が生還。サヨナラ負けに悔しそうな表情を浮かべる呉のエース沼田仁㊧。右は捕手秋山

粘りの呉 11回に沈む

第91回選抜高校野球大会は23日、甲子園球場で開幕した。平成最後の大会には32校が出場。開会式に続いて1回戦3試合が行われ、呉（広島）は市和歌山（和歌山）に延長十一回、2－3でサヨナラ負けした。

呉は延長十一回2死二塁、力投の沼田仁が片上に中前適時打を喫してサヨナラ負けした。1点を追う九回、沼田歩の右中間三塁打と真田のスクイズで同点としたが、粘りも実らなかった。

エース沼田仁 振り絞る

持ち味を発揮した。エース沼田仁は十一回まで1人で投げ切り3失点。サヨナラ打を浴びたが「打たせて取ることができた。楽しかった」。満足感が漂った。

我慢が続いた。毎回のように走者を背負いながら、3種類のスライダーを軸に9回を2失点に抑えた。バックが応えたのは九回。三塁打とスクイズで追い付いた。「ベンチは大盛り上がり。僕はまた投げられる、とうれしかった」。喜びをかみしめながらのマウンドだった。

打撃は悔いが残った。大会前の練習試合で死球を受けて右手を骨折し、欠場した田辺の代役で3番に入ったが、三回2死二、三塁で三振を喫するなど4打数無安打。「（田辺）本人が一番つらい。田辺のためにも打ちたい思いがあったが、それが少し力みにつながったのかも…」と振り返った。

「大量失点せずに投げ切れたのは自信になった。全ての球種を磨き、直球で押していける投手になりたい」と夏に向けてレベルアップに挑む。

九回同点 食らい付く

初出場で初戦突破した2年前に続き、呉は開幕試合。九回に追い付き、延長へもつれ込む展開も前回と同じだった。違っていたのは結果。敗れたものの、ナインは試合終了まで泥くさく戦い抜いた。

打線は市和歌山のエース岩本に対し、狙い球を絞り切れず、八回まで1安打。後がない九回1死から沼田歩が三塁打。続く真田はスクイズのサインで、外角低めのカーブに必死に飛び付きバットに当てた。一塁を駆け抜け、大歓声で同点にしたことに気付いた。「控えでずっと練習してきたので絶対に決めたかった。歩の走塁のおかげ」とはにかんだ。

バッテリーを中心に粘り強く戦ったが、延長十一回に失策が絡んで涙をのんだ。中村監督は「細かい部分でもミスが出た。雑なプレーをなくし、投打の底上げをしないといけない」と首を振った。

昨年7月の西日本豪雨で大きな被害を受けた呉市からの出場。土砂撤去のボランティアで訪れた天応、安浦両地区の被災者からの声援を胸に、長時間の練習を乗り越えてきた。上垣内主将は「勝てなかったが、最後まで諦めない姿を見せることはできたと思う」。つかみきれなかった勝利を届けるために、再び歩み始める。

攻守きらり 4番・中堅沼田歩

「4番・中堅」の沼田歩が攻守で逆境のチームを救うプレーを披露した。勝利には結び付かなかったため、「夏の甲子園でこの悔しさを晴らしたい」と、大粒の涙を流して雪辱を誓った。

まずは守備でみせた。2点を奪われた直後の五回2死一、二塁。中前打で本塁を狙った二塁走者を好返球で刺して追加点を阻んだ。バットでは1点を追う九回1死、右中間を破る三塁打。続く真田のスクイズで捕手のタッチを際どくかわして同点のホームイン。「練習で何度も繰り返してきた。思い切っていけた」と胸を張った。

2010年代

呉	000	000	101	00	2
市和歌山	100	010	000	01	3

（延長十一回）

メモ

「開幕試合」

開会式の直後に行われる開幕試合。広島勢は呉－市和歌山戦を含めて春夏通算13度（春8度、夏5度）経験している。夏は3勝2敗と勝ち越しているが、春は2勝6敗と大きく負け越している。

目を引くのは呉勢の多さ。計5度ある。呉は選抜に出場した2度とも開幕試合を引き当て、呉港も春夏計11度の出場で3度戦っている。

【呉】	打	安	点	振	球
⑦塩田	4	0	0	1	1
⑥上垣内	5	0	0	2	0
①沼田仁	4	0	0	1	1
⑧沼田歩	5	1	0	2	0
③真野	2	0	0	1	1
R3真田	0	0	1	0	0
②秋山	4	0	0	0	0
⑤池田	4	1	1	2	0
⑨梅田	3	0	0	0	1
④角井	3	0	0	0	0

犠盗失併残
2 1 2 1 5 34 2 2 9 4

【市和歌山】	打	安	点	振	球
⑤山野	4	2	0	0	1
④下井田	4	3	0	0	1
⑥緒方	5	1	1	0	0
③柏山	5	0	0	1	0
②米田	3	1	0	1	2
⑦山田	5	3	0	0	0
⑨滝谷	5	0	0	1	0
⑧片上	5	1	1	1	0
①岩本	4	0	0	0	0

犠盗失併残
0 1 1 1 9 40 11 2 4 4

▽三塁打　沼田歩▽二塁打　山野

投手	回	打	安	振	球	責
沼田仁	10⅔	44	11	4	4	2
岩本	11	40	2	9	4	2

331 2019年7月29日
第101回全国高校野球選手権広島大会決勝

広島商－尾道
（広島）　（広島）

三回、広島商無死二塁、北田の内野安打で二塁走者天井が生還し、3-0とする。捕手山口

広島商 15年ぶり夏V

第101回全国高校野球選手権広島大会最終日は29日、マツダスタジアムで決勝があった。広島商が尾道を10－7で下し、15年ぶり23度目となる夏の甲子園出場を決めた。

広島商は一回、天井の内野安打を足場に盗塁などを絡めて2点を先制。三回には北田や真鍋の適時打など5安打を集めて一挙8点を奪い、倉本、中尾の継投で逃げ切った。尾道は六回に7短長打で6点を返す粘りを見せたが、序盤の失点が重すぎた。

「堅守柔攻」結束も強く

大正、昭和の一時代を築いた「広商野球」が復活を遂げた。15年ぶりに頂点に立った広島商の荒谷監督は「伝統は守りながら、今の子にあった野球を大事にしてきた」と男泣き。ナインは重圧から解き放たれて顔をほころばせた。選手権で歴代2位の6度の全国制覇を誇る古豪が甲子園に戻ってくる。

序盤から「らしさ」を見せた。一回、1番天井が投手強襲安打で出塁すると「行けたら行けのサインだった」と二盗。水岡の中飛で三進し、遊ゴロの間に生還した。三回までに5盗塁。機動力を生かして得点を重ね、一気に主導権を握った。

「堅守柔攻」が合言葉。守備からリズムをつくり、エンドランなどの多彩な攻撃を仕掛ける。昨夏就任した指揮官の下、連続ティー打撃に取り組み、打力アップを図った。今大会は劇的な2度のサヨナラ勝ちもあった。先発の3年生を中心に、試合を重ねるごとに結束力を高めた。

県内の高校が少子化に直面する中、部員は増え続け130人を超えた。3年生は「118期生」と称し、創部100年以上の重みを自覚する。真鍋主将は「ここからが勝負。日本一を取る」と宣言。「広商」の名を再び全国にとどろかせる。

北田、機動力を発揮
2安打・3四球 全打席出塁

身長155㌢の小柄な体を目いっぱい使って、持ち味の機動力を発揮した。広島商の北田は「次につなぐことだけを心がけた」。2安打、3四球で全打席出塁。二つの盗塁を決め、2打点を挙げた。ダイヤモンドを駆け回り、優勝に貢献した。

尾道の先発井上の立ち上がりを揺さぶった。「先制点が大事だと思っていた」。一回、天井が出塁するとバントの構えを見せたり、立ち位置を変えたりして盗塁をアシスト。自身も四球を選び、盗塁を決めた。三回には2本の内野安打で大量点を呼び込んだ。二塁の守備でも中前に抜けそうな打球を横っ跳びで好捕し、球場を沸かせた。

今大会は18打数11安打、打率6割1分1厘。好成績を残せたきっかけは、OBで全国制覇した達川光男臨時コーチの指導だった。「四球を選ぶだけなら投手が楽。打てるときは打て」。四球を意識し過ぎて縮こまっていたフォームを直し、コンパクトなスイングで安打を量産した。

2004年以来の甲子園。「一戦ずつ立ち向かう。チャレンジャー精神で臨む」。大舞台でも伝統の広商野球を体現するつもりだ。

継投で逃げ切る

広島商は継投が決まった。先発倉本は「勝ちにつながる投球をしよう」と変化球を低めに集め、五回まで1失点。六回に6失点して3点差になると、七回からは2番手中尾が好救援した。「必ず相手の流れを断つつもりで、得意の直球で押した」。右横手から小気味よい投球を披露し、3回を無安打に封じた。

2人は普段のストレッチやダッシュでもペアを組む。倉本は「中尾の持ち味を出せば大丈夫。頼むぞという気持ちだった」と感謝し、大粒の汗を拭った。

甲子園に母校導き涙
荒谷監督

広島商の荒谷監督は閉会式後、ベンチの隅で涙を流した。昨夏に就任し、母校を甲子園へ導いた42歳は「生き生きと選手がプレーできる環境づくりと指揮を心がけ、選手がそれに応えてくれた」と喜んだ。

副部長だった15年前の甲子園は初戦敗退の悔しさを味わった。「まずは1勝。しっかり準備していきたい」と力を込めた。

広島商	2	0	8	0	0	0	0	0	0	10
尾　道	0	0	1	0	0	6	0	0	0	7

メモ

「初の決勝」

尾道が広島大会で初の決勝進出を果たした。広島商で選手として春夏の甲子園に出場し、柳ケ浦（大分）でコーチを務めていた北須賀俊彰が監督に就任し、地道に力を付けてきた。今大会は、エースの井上愛斗を中心とした守りの野球で勝ち上がった。最大のトピックスは尾道勢対決となった準決勝の尾道商戦だった。投手戦となり3-2で辛勝。広島大会では6度目の対戦で初勝利を挙げた。

【広島商】		打	安	点
⑧	天井	4	1	0
④	北田	2	2	2
⑥	水岡	4	1	0
⑤	真鍋	4	1	2
③	花崎	5	0	0
②	山路	5	2	0
⑦	杉山	4	1	1
H	川口	1	0	0
R7	新井	0	0	0
①	倉本	2	0	1
H	寺本	1	0	0
1	中尾	0	0	0
⑨	西森	4	0	1
	計	36	8	7

【尾　道】		打	安	点
④	関	5	1	0
⑤	植野	3	2	1
⑨	塚本	4	1	1
①31	井上	4	1	0
③8	藤井	2	0	0
⑧	浜岡	1	0	0
1	滝本	3	1	1
1	宗清	0	0	0
1	大土井	0	0	0
3	戸江	0	0	0
⑥	河月	4	1	3
6	久保	0	0	0
⑦	板垣	4	2	1
②	山口	3	0	0
	計	33	9	7

	振	球	犠	盗	失	残	併
広	8	8	1	5	0	8	1
尾	7	3	1	1	4	3	0

▽三塁打　河月▽二塁打　板垣、山路▽暴投　井上

投手	回	打	安	責
倉本	6	28	9	7
中尾	3	9	0	0
井上	3	23	6	7
滝本	5	17	1	0
宗清	⅓	1	0	0
大土井	⅔	1	1	0
井上	⅔	3	0	0

㉜2019年8月10日
第101回全国高校野球選手権2回戦

広島商－岡山学芸館
（広島）（岡山）

八回、岡山学芸館2死一、三塁、岩端に逆転の2点二塁打を浴び、打球の行方を追う広島商の中岡

広島商 一瞬の夏

第101回全国高校野球選手権大会第5日は10日、甲子園球場で2回戦1試合と1回戦2試合が行われ、広島商（広島）は初戦の2回戦で岡山学芸館と対戦し、5－6で敗れた。岡山学芸館は甲子園初勝利。

広島商は2点リードの八回、3番手の中岡が岡山学芸館打線につかまった。2死一、三塁から中川の内野安打で1点差とされ、続く一、三塁で岩端に左越え2点二塁打を浴び、逆転された。

八回に3失点 リード霧散

甲子園は時に手厳しい。昭和最後の夏の王者、広島商は八回に逆転され、31年ぶりの白星は手元からこぼれ落ちた。真鍋主将は「ワンプレーで流れが変わる。やるべきことをしないと甲子園は味方してくれない」と唇をかみしめた。

5－3の八回の守り。1番からの好打順に警戒を強めていたが、先頭の好田の右前打からバントヒットや犠打で好機を広げられると、球場は追い上げムードに。3番手中岡は「機動力があると分かっていたが、連係が完璧ではなかった。雰囲気にのまれてしまった」。中川、岩端に連続適時打を浴び、ひっくり返された。

序盤からスクイズなどそつのない攻めで「広商野球」は見せた。二回にスクイズを決めた杉山は「狙い通り。ずっと練習してきた」と胸を張る。昨夏、就任した荒谷監督の下で「常勝広商の復活」を掲げ、地道に鍛え抜いた成果だった。

指揮官の誕生日の9日は夕食時にサプライズでケーキを贈ったが「恩師への1勝」はかなわなかった。経験不足も露呈した15年ぶりの夏舞台。監督は「次は（出場まで）15年たたないよう下級生に引き継ぎ、戻ってくる」。甲子園は「常勝広商」を待っている。

涙の主戦倉本 輝いた制球力

マウンドで輝いた背番号1は試合後、泣き崩れた。倉本は「もっとこのチームで野球がしたかった」。丁寧に、丁寧に投じた85球。6回2失点の力投だったが、ベンチで見守った終盤に勝利はすり抜けた。涙が止まらなかった。

制球力。派手さこそないものの、大きな武器が大舞台で光った。変化球を中心に、低めに集め続ける。一回、六回に1点ずつ失ったが、二～五回は無安打。死球は一つあったが、無四球とテンポも良かった。「バックを信じ、仲間が集めてくれたデータを信じ、打たせようと思った」。緩急を意識し、130㌔前後の直球で何度も打者を詰まらせた。

速球への憧れを捨て、伝統校のエースとなった。投げる姿を撮影してフォームを修正。「体重も増やした。それでも球速は出なかった。自分らしさを突き詰めた」。ブルペンでも球筋が甘くなると、「打たれるぞ」と厳しく言うように捕手に頼んだ。注目されるような球速が出なくても、堂々と投げ抜いた。

15年ぶりに甲子園に帰ってきた広島商の主戦として、最後は爽やかに言い切った。「甲子園が、自分の力以上のものを出させてくれた。幸せな気持ちです」

山路発奮ソロ

1－1の五回、山路が一時は勝ち越しとなる左越えソロを放った。「全打席、初球から振っていこうと思っていた。入るとは思わなかった」。冬場に鍛えた打撃の成果を出した。

悔やんだのは八回。2死二塁の好機で空振り三振に倒れ、「チャンスで打てなかった」と唇をかんだ。直後に3失点して逆転負け。「捕手として、ピンチで間を取るなどの工夫ができなかった。勝てる試合だったのに」と、悔しさを募らせていた。

広島商	0	1	0	0	1	2	1	0	0	5
岡山学芸館	1	0	0	0	0	1	1	3	×	6

メモ

「最多優勝更新」

第101回大会は、ともに初優勝を目指す履正社（大阪）が星稜（石川）を5–3で破り、深紅の大優勝旗を手にした。大阪勢としては2大会連続14度目の優勝で、都道府県別の最多を更新した。2位は愛知と和歌山の8、4位は広島、兵庫、神奈川、東京の7。履正社は浪商、明星、興国、PL学園、大阪桐蔭に続き、大阪では6校目の選手権優勝校となった。

【広島商】		打	安	点	振	球
⑧	天井	4	2	1	0	1
④	北田	3	0	0	1	0
H	川口	1	0	0	0	0
⑥	水岡	4	1	1	1	0
⑤	真鍋	3	1	1	0	0
③	花崎	3	1	0	0	0
②	山路	4	2	1	1	0
⑦	杉山	3	1	1	0	0
R	新井	0	0	0	0	0
①	倉本	2	0	0	0	0
H	清水	1	0	0	0	0
1	中尾	0	0	0	0	0
1	中岡	0	0	0	0	0
H	佐山	0	0	0	0	0
⑨	西森	3	0	0	0	1

犠盗失併残
5 2 1 2 6 31 8 5 3 2

【岡山学芸館】		打	安	点	振	球
⑨	好田	4	2	0	0	0
⑦	金城	4	2	0	2	0
⑥	知念	3	1	0	0	0
⑤	長船	4	2	2	1	0
①	丹羽	0	0	0	0	0
H	安藤	1	0	0	0	0
1	中川	2	1	1	0	1
③	岩端	3	1	2	0	1
④	竹下	3	0	0	1	1
⑧	中	3	1	1	1	0
②	溝上	2	0	0	1	0
H	丸田	1	0	0	1	0
2	外間	0	0	0	0	0

犠盗失併残
1 1 1 0 4 30 10 6 7 3

▽本塁打　山路1号（中川）▽二塁打　天井、岩端▽暴投　中川

投手	回	打	安	振	球	責
倉本	6	22	5	5	1	2
中尾	⅓	4	1	0	2	1
中岡	1⅔	8	4	2	0	3

投手	回	打	安	振	球	責
丹羽	1	3	0	0	0	0
中川	8	35	8	3	2	4

新庄－上田西
（広島）　（長野）

新庄 耐えて白星

選抜高校野球大会第4日は23日、甲子園球場で1回戦3試合が行われ、新庄（広島）は延長十二回の末、上田西（長野）に1－0でサヨナラ勝ち。選抜では7年ぶりの勝利を手にした。

新庄は0－0の延長十二回、2死走者なしから瀬尾が中前打で出塁し、花田が右越えに決勝の二塁打を放った。先発花田は八回途中まで6安打に封じ、救援の秋山が沈む球を使って好投した。

十二回、新庄2死一塁、花田の右越え二塁打で一塁走者瀬尾（手前右）が生還してサヨナラ勝ち。次打者の藤川（同左）と喜び合う。奥は投手山口

二枚看板 12回完封

自慢の二枚看板が劇的な勝利を呼び込んだ。新庄は右腕花田、左腕秋山のリレーで、チーム打率4割超えの上田西打線を8安打完封。捕手の北田は「2人とも予想以上に良いピッチングだった」。宇多村監督も「ここまでしっかり抑えてくれるとは想定していなかった」。バックも無失策。身上の守り勝つ野球で初戦を突破した。

緊迫した投手戦となった。先発花田は140キロ台の切れのある直球で押し、7回⅓を6安打に抑え、6奪三振。八回1死二塁で救援した秋山は「花田がしっかり投げてくれたので、平常心で落ち着いて投げようと思った」。2者連続三振を奪いガッツポーズをみせた。

打線は上田西の左腕山口を打ちあぐね、スコアボードにゼロが並んだまま延長へ。秋山は十一、十二回に得点圏に走者を背負ったが、緩急をつけた配球で好投。内野陣の堅守もあって守り切り、タイブレーク直前のサヨナラ劇につなげた。

新チーム発足から続く連勝は46となった。2回戦では、優勝候補の大阪桐蔭（大阪）を破った近畿王者の智弁学園（奈良）に挑む。大可主将は「今日のように新庄らしく粘り強く戦いたい」。守り勝つ新庄野球で前評判を覆す決意だ。

4番エース花田 サヨナラ二塁打

4番花田の一振りで重苦しい試合を制した。一回2死三塁で空振り三振に倒れるなど、4打席凡退で迎えた0－0の十二回2死一塁。右翼手の頭上を破るサヨナラ二塁打を放ち、「接戦をものにできた。次につながる」と声を弾ませた。

先発投手として八回途中まで無失点。マウンドを秋山に譲ると、主軸打者の仕事に集中した。「外角のボール球に手を出し過ぎていた。秋山を楽にしてあげたい。内に甘く入ってくる球を狙った」。手を焼いていたスライダーを仕留め、待望の1点をたたき出した。

初めての甲子園で、投打にわたる活躍。「投球はゼロで抑えられたので80点。打撃は最後の1本だけなので60点ぐらいですね」。エースで4番の重責を「楽しい」と言い切り、「二百点満点」を目指す奮闘を続ける。

迫田前監督が期待 「チームが一つに」

新庄の前監督の迫田守昭さんは広島市内の自宅でテレビ観戦。「現場の方が楽かもしれない。離れて応援するのは体に悪い」と辛勝に胸をなで下ろした。

新庄を強豪校に育てた名将は「打線は高めを見逃して低めのボール球を振っていた。大舞台になれば案外、剛速球より遅い球の方が打てない。バントミスもあった。やはり基本が大事」と甲子園の難しさを力説。智弁学園と当たる2回戦に「強敵との対戦は気が引き締まり、チームが一つになれるもの」と期待した。

上田西	0	0	0	0	0	0	0	0	0	0	0	0	0
新庄	0	0	0	0	0	0	0	0	0	0	0	1	1

（延長十二回）

メモ

「感染対策」

前年の第92回大会が新型コロナウイルスの感染拡大で中止に追い込まれた。2年ぶりの開催となる第93回大会はさまざまな感染防止対策を講じた上で行われた。大会前には選手に加え、大会、チーム関係者全員にPCR検査を実施。1回戦勝利校には試合の翌日に再度PCR検査を課した。試合中は出場選手とベースコーチを除き、マスク着用。観客の上限は1万人とし、アルプス席は学校関係者のみ千人まで。ブラスバンドの演奏も禁止した。

【上田西】		打	安	点	振	球
⑧	笹原	5	2	0	2	0
⑨	梅香	4	1	0	1	0
⑥	柳沢	5	2	0	1	0
③	杉浦	5	0	0	2	0
④	飛鳥井	5	0	0	0	0
⑦	花岡	3	0	0	2	0
H	青木	1	0	0	0	0
7	大藪	0	0	0	0	1
⑤	藤牧	5	1	0	2	0
①	山口	5	1	0	2	0
②	小川	3	1	0	0	0

犠	盗	失	併	残	打	安	点	振	球
2	1	0	3	8	41	8	0	12	1

【新庄】		打	安	点	振	球
④	大可	3	1	0	1	1
⑤	繁光	5	0	0	2	0
⑥	瀬尾	5	1	0	0	0
①3	花田	5	1	1	1	0
⑧7	藤川	4	1	0	1	0
③	諸田	2	0	0	1	0
H3	伊永	1	0	0	0	0
1	秋山	1	0	0	0	0
⑨	平田	4	0	0	0	0
⑦	福本	3	2	0	0	0
R8	嶋田	1	0	0	1	0
②	北田	4	1	0	2	0

犠	盗	失	併	残	打	安	点	振	球
1	1	0	1	4	38	7	1	9	1

▽二塁打　藤牧、花田▽暴投　山口

投手	回	打	安	振	球	責
山口	11⅔	40	7	9	1	1
花田	7⅓	27	6	6	0	0
秋山	4⅔	17	2	6	1	0

【ベンチ入りした主なプロ野球選手】

≪新庄≫

花田侑樹　巨人・22年ドラフト7位

新庄（広島）－智弁学園（奈良）

三回、智弁学園2死一、三塁、垪和に同点の遊撃内野安打を許し、打球の行方を見る先発花田㊥。⑰は三塁走者中陳

新庄、逆転負け 8強逃す

第93回選抜高校野球大会第8日は27日、甲子園球場で2回戦3試合が行われ、新庄（広島）は智弁学園（奈良）に2−5で逆転負けし、8強入りを逃した。中国勢は姿を消した。

新庄は先発花田が1−0の三回2死一、三塁から垪和、前川、山下に3連続適時打を浴びて3点を失い、逆転された。2番手秋山も四、六回に失点し、点差を広げられた。打線は二回に平田の左前適時打で1点を先制したが、智弁学園・小畠の投球に的を絞れず、反撃は八回の1点に終わった。

頼みの投手陣 崩れる

新庄は最大の武器だった投手を中心とした守りに隙が出た。強打の智弁学園は見逃してくれなかった。「3点勝負」のもくろみが前半で崩れ、宇多村監督は「まだまだ甲子園で勝つには甘いよ、ということ。智弁学園の集中打はさすが」と完敗を受け入れた。

頼みの投手陣が捉えられた。先発花田は疲れからか直球に力がなく、本調子ではなかった。三回、2死から3連続適時打を浴びて逆転を許した。「甘い球は一発で仕留められる。踏ん張れなかった」。四球や内野の悪送球も絡んだ3失点が重くのしかかった。

宇多村監督は「ここで止めないといけない」と急きょ、四回から左腕秋山を投入。当初の想定より早いマウンドとなった秋山は「準備不足の面が少しあった」。力んで変化球が高めに浮き、先頭打者に左翼線二塁打を許すと、犠打と犠飛で4点目を奪われた。

守備からリズムをつくり、新チーム発足から連勝街道を走ってきた。47戦目の初黒星について、指揮官は「素晴らしい場所での1敗」と前向きに捉える。秋山は「制球の良い悪いで結果が変わる。制球力で勝負できるようにしたい」。試合後のナインは早くも夏に向けて闘志をたぎらせていた。

先制打の平田 夏見据え前へ

春の大舞台、強豪に挑む気概は快音となって響いた。平田は二回2死二塁、左前へ先制打。「真っすぐを狙って、ここで（走者を）かえすぞという気持ちだった。県大会とは違い、（相手投手は）強くて勢いがある球だった」。雪深い冬に鍛えた脚力を生かし、直球に振り負けなかった。

立候補して生徒会長を務める。憧れの甲子園。勝ち上がる喜びに続き、敗れ去る悔しさを知った。「挑戦という意味で、みんなにもしてほしい」。チームメートを鼓舞した打球音は、声援をくれた全校生徒へのメッセージでもある。

先制打の直後に二盗失敗。九回2死での打席は見逃し三振で最後の打者となった。「チャンスで打てたのはうれしいが、課題が見つかった。またここへ戻ってきたい」と前を向く。好きな言葉は「終わりは始まり」。夏を見据える心に、新たな挑戦の号砲が響いた。

内野ゴロ目立ち 打線つながらず

新庄は打線がつながりを欠いた。智弁学園の小畠の術中にはまり、27アウトのうち18個が内野ゴロ。大可主将は「焦りが出て早打ちしたり、狙い球以外に手が出てしまったりした」と振り返った。

二回に先制したものの、三〜七回は得点圏に走者を進められず、流れを失った。4点差の八回、3安打を集めて1点を返した。中前適時打を放った瀬尾は「直球で打ち取られていたので、チャンスで一本打ちたかった」と意地を見せた。

2試合で計3得点。打線は甲子園で振るわなかった。瀬尾は「強豪に比べてスイングが鈍い。全員で振り込んでいく」と打力向上を課題に挙げた。

新庄	0	1	0	0	0	0	0	1	0	2
智弁学園	0	0	3	1	0	1	0	0	×	5

【新庄】	打	安	点	振	球
④ 大可	4	2	0	0	0
⑤ 繁光	4	0	0	0	0
⑥ 瀬尾	3	1	1	0	1
①3 花田	4	1	0	0	0
⑧ 藤川	4	0	0	0	0
⑦ 福本	4	0	0	0	0
⑨ 平田	4	1	1	1	0
③ 伊永	1	0	0	0	0
1 秋山	1	1	0	0	1
② 北田	3	0	0	0	0
犠盗失併残 0 0 1 0 5	32	6	2	1	2

【智弁学園】	打	安	点	振	球
⑥ 岡島	2	1	1	0	2
⑨ 垪和	4	1	1	0	0
⑦ 前川	4	2	1	1	0
⑤ 山下	3	1	1	1	1
③ 三垣	3	0	0	0	0
② 植垣	4	1	0	1	0
⑧ 森田	3	0	0	2	0
④ 中陳	3	2	1	0	0
① 小畠	3	1	0	1	0
犠盗失併残 3 1 1 1 6	29	9	5	6	3

▽二塁打　中陳、植垣▽暴投　小畠、秋山

投手	回	打	安	振	球	責
花田	3	14	4	2	2	3
秋山	5	21	5	4	1	2
小畠	9	34	6	1	2	2

メモ

「勝率8割超え」

第93回大会は、東海大相模（神奈川）が決勝で明豊（大分）を3−2で下し、10年ぶり3度目の優勝を飾った。門馬敬治監督（現岡山・創志学園監督）は3度目の選抜優勝。選手権を含めると4度目の全国制覇となった。門馬監督の甲子園での戦績は30勝7敗、勝率8割1分1厘。20勝以上した監督で勝率が8割を超すのは、中村順司（大阪・PL学園）西谷浩一（大阪・大阪桐蔭）を加えた3人だけだ。

【ベンチ入りした主なプロ野球選手】

≪新庄≫

花田侑樹　巨人・22年ドラフト7位

≪智弁学園≫

前川右京　阪神・22年ドラフト4位

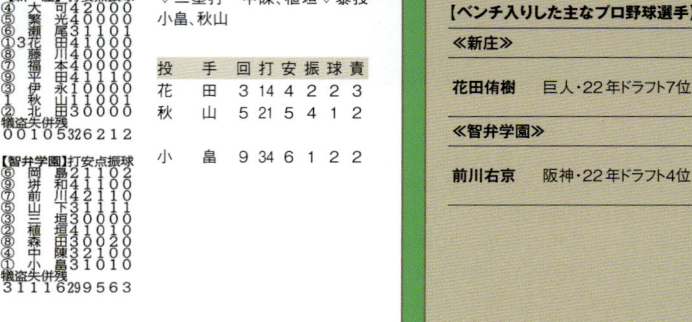

新庄（広島）－祇園北（広島）

一回、新庄1死二、三塁、佐野が中前2点打を放ち、5−0とする。投手岡森、捕手黒瀬

新庄 5年ぶり夏切符

第103回全国高校野球選手権広島大会は1日、しまなみ球場で決勝があった。新庄が祇園北を12－0で下し、5年ぶり3度目となる夏の甲子園出場を決めた。

新庄は一回、無死満塁から押し出し四球と瀬尾、佐野の連続適時打などで5点を先取した。その後も攻撃の手を緩めず計14安打で12得点。西井、秋山の継投で無失点に抑えた。祇園北は一回に2安打でつくった2死一、三塁の先制機を逃し、ペースをつかめなかった。

冷静沈着 王者の貫禄

県内無敗。新庄には王者の貫禄が漂っていた。快進撃の祇園北を投打で圧倒し、春夏連続の甲子園出場。大可主将は「またあの舞台に立てる。それがすごく幸せ」と柔和な笑みを浮かべた。

落ち着き払っていた。一回2死一、三塁の守備。祇園北が重盗を仕掛けてきた。一塁走者がわざと飛び出し、三塁走者の生還を狙ったが、捕手北田や遊撃手瀬尾が目でけん制。冷静に一塁走者をタッチアウトにし、相手の先制機をつぶした。直後の攻撃で3四球と3安打で5得点。その後も三つの犠飛などを絡めて突き放す。3安打の繁光は「楽な形で確実に勝ちたかった」。隙のない戦いで昨秋、今春の県大会に続く3季連続優勝を果たした。

追い詰められた準決勝の経験がチームを引き締めた。西条農に先制され、最大5点のリードを許した。八回に追い付いて延長十二回、サヨナラ勝ち。宇多村監督は「後半の打線のつながりが今日に生きた」。劣勢の試合を勝ち切る精神力。投打に充実する県北の雄は、さらに強くなった。

選抜大会出場校が各地で敗退し、波乱続きの今夏。「負けられない。負けるわけがない」。大会中、ナインは自らに言い聞かせるように繰り返した。昨年、大会中止で涙を流した先輩の前で、見事に有言実行した。

「二枚看板」追い開花
先発の西井7回無失点

花田と秋山の「二枚看板」を誇る新庄。この日の先発は、同じ3年生の西井だった。春の甲子園はボールボーイだった左腕は「悔しかったし、うらやましかった。2人に追い付けるように頑張ってきた」。反骨心も秘める背番号「18」が7回を10奪三振、無四球、無失点で祇園北を封じた。

2安打された一回を切り抜け、直後の大量点を呼び込んだ。花田や秋山のような球威はなくても「テンポの良さと制球力では負けない」と言い切る。低めに直曲球を小気味よく投げ込み、二回以降は無安打。ほぼ完璧な投球だった。

昨秋に左肩を痛め、大きく出遅れた。淡々と走り込み、黙々と筋力トレーニング。「下半身を徹底的に鍛えた。限界まで追い込めば、苦しい時に心が折れない」。冬場に重ねた心身の鍛錬が、制球力と落ち着きを生み出した。

決勝を含めて計33回を投げ、花田（16回）と秋山（3回）を大きく上回った。春は近くて遠かった、甲子園のマウンドへ。「3人で競い合い、力を合わせて勝ち上がっていきたい」とイメージを膨らませる。波乱が相次いだ広島の夏を制し、新庄投手陣は「3本柱」へと進化を遂げた。

新庄・宇多村監督の話

選手たくましく

一戦一戦、選手がたくましくなった。つないで1点をもぎ取る新庄の野球ができた。一丸となって戦った結果の優勝は素晴らしい。

祇園北	0	0	0	0	0	0	0	0	0	0
新　庄	5	1	0	2	1	0	2	1	×	12

メモ

「無欲」

無欲でつかんだ準優勝だった。祇園北はノーシードから快進撃。2回戦でシード校の広島山陽を13−11で破ると、打ち勝つ野球で勝ち上がった。準決勝では選抜出場経験のある呉に4−2で競り勝ち、夏の広島大会で初の決勝進出。決勝では頼みの打線が抑えられて零封負けしたが、藤本伸也監督は「自分の想像を上回る成長を見せてくれた」と選手をたたえた。

【祇園北】		打	安	点
⑧	大谷	4	0	0
④	貞吉	4	2	0
⑨	臼井	4	0	0
⑦	森田	4	1	0
②	黒瀬	3	0	0
③	東浦	2	0	0
①	岡森	0	0	0
H	坂野	1	0	0
1	青木	0	0	0
H	山田	1	0	0
1	山本	1	0	0
⑤	島	3	0	0
⑥	日	3	0	0
	計	30	3	0

【新　庄】		打	安	点
④	大可	0	0	3
⑤	繁光	5	3	2
⑨	平田	3	1	0
③	花田	4	1	2
⑧	藤川	5	0	1
8	嶋田	0	0	0
⑥	瀬尾	4	2	1
⑦	佐野	2	2	2
1	秋山	1	1	0
②	北田	3	1	1
①7	西井	5	3	0
	計	32	14	12

		振	球	犠	盗	失	残	併
祇	14	1	0	0	2	4	0	
新		1	7	6	3	0	9	0

▽二塁打　花田▽暴投　西井

投手	回	打	安	責
岡森	1	8	3	5
青木	3	15	5	2
山本	4	22	6	3
西井	7	23	2	0
秋山	2	8	1	0

【ベンチ入りした主なプロ野球選手】

≪新庄≫

花田侑樹　巨人・22年ドラフト7位

新庄－横浜
（広島）（神奈川）

九回、横浜2死一、三塁、新庄の3番手秋山（手前）が緒方（奥）に逆転サヨナラ3ランを浴びる

新庄 横浜にサヨナラ負け

第103回全国高校野球選手権大会第2日は11日、甲子園球場で1回戦4試合が行われ、新庄（広島）は横浜（神奈川）と対戦。九回に逆転サヨナラ3ランを浴びて、2－3で敗れた。

新庄は2点リードの九回2死一、三塁、3番手秋山が横浜の緒方に3ランを浴び、逆転サヨナラ負けした。打線は五回、藤川の中前打と盗塁などで2死二塁とし、河野の中前適時打で先制。九回は大可からの3連打で1点を加えた。花田、西井、秋山の継投で再三のピンチを切り抜けたが、最後は横浜の一発に屈した。九回に2－0とした後の無死二、三塁で加点できなかったのが痛かった。

あと1死 逆転3ラン被弾

2点リードで迎えた九回2死一、三塁。新庄の左腕秋山が全力で投じた直球は横浜の緒方に打ち返され、甲子園の空に高く上がった。左翼手藤川が頭上を越えた打球をぼうぜんと見送る。逆転サヨナラ3ラン。強敵からの白星はあと1アウトで無情にも消えた。「最後、自分が打たれてしまってみんなに申し訳ない」。秋山は涙が止まらなかった。

大会屈指の投手力。前評判に恥じないリレーだった。先発花田は最速144キロの直球と変化球で緩急をつけ、強打の横浜打線を七回途中まで5安打無失点。先頭の出塁は5度あったが得点は許さない。2番手は選抜大会後に急成長した左腕西井。七、八回を耐え、九回に先頭打者に安打を浴びて秋山にバトンを渡した。

まさかの幕切れに「秋山の最高の球が打たれたから悔いはない」と大可主将。花田は「野球は最後の最後まで何があるか分からない。怖いな」。背番号1を争った秋山と抱き合い、ねぎらいの言葉をかけた。

3年生の多くが下級生から活躍。昨秋からの県大会3季連続優勝は、2007年夏に選手権で準優勝した広陵以来だった。宇多村監督は「一日でも長く彼らと野球をしたかった」と言葉を詰まらせた。1回戦敗退の結果以上に「守りの新庄」は確かな足跡を残した。

大可 胸を張る好プレー

二塁手として、誇らしげに笑った。1－0の六回無死一、二塁、二遊間の打球を横っ跳びで好捕し、併殺を奪った。「みんなで守備に力を入れてきた。ノックを数多く打ってもらってきたので、球際で負けないプレーができた」。大可主将は胸を張った。

1番打者として、2点目のホームを踏んで表情を崩した。九回に一塁内野安打で出塁し、二盗に成功。「（安打は）当たり損ねだったけれど、全員でつないで追加点が取れた。練習の成果が出せた」。投手陣を援護する3連打を喜んだ。

昨年からの主力として、夏の甲子園を満喫した。1年前はコロナ禍で大会中止。失意に泣いた先輩たちが「絶対に勝てると励ましてくれた。感謝の気持ちでいっぱい」。絶やさぬ笑みは、責任感の証しでもあった。

主将として、気丈に笑顔であろうと努めた。「みんなと最高の球場で野球を楽しめた。悔しさはあるけれど、悔いはない」。重責から解き放たれ、こらえていた涙があふれた。

新庄	0	0	0	0	1	0	0	0	1	2
横浜	0	0	0	0	0	0	0	0	3	3

メモ

「智弁対決」

第103回大会の決勝は智弁和歌山（和歌山）－智弁学園（奈良）の兄弟校対決となった。両校の対戦は選手権の第84回大会（2002年）3回戦で、智弁和歌山が7-3で勝って以来、2度目。選抜での対戦はない。今大会は智弁和歌山が強打で智弁学園を圧倒して、9-2で勝ち、21年ぶり3度目の優勝を飾った。閉会式後の記念撮影では、優勝校、準優勝校が一緒になり、兄弟校らしいカットとなった。

【新　庄】	打	安	点	振	球
④ 大可	4	2	0	0	0
⑤ 繁光	4	1	0	0	0
⑨ 平田	4	1	1	1	0
①73 花田	4	0	0	0	0
⑧7 藤川	4	2	0	1	0
⑥ 瀬尾	4	0	0	0	0
⑦ 葛西	2	0	0	0	0
1 西井	1	0	0	0	0
1 秋山	0	0	0	0	0
③ 河野	3	1	1	0	0
8 嶋田	0	0	0	0	0
② 北田	3	0	0	2	0

犠盗失併残
0 2 0 1 4 33 7 2 4 0

【横　浜】	打	安	点	振	球
⑥ 緒方	5	2	3	1	0
⑧ 安達	3	1	0	1	0
⑦ 金井	4	2	0	1	0
② 立花	3	0	0	0	1
①5 宮田	4	0	0	2	0
⑨ 岸本	3	1	0	1	1
③ 玉城	3	1	0	0	0
⑤ 増田	3	0	0	0	0
1 杉山	0	0	0	0	0
H 延末	1	0	0	1	0
④ 板倉	4	2	0	0	0

犠盗失併残
2 2 0 1 8 33 9 3 7 2

▽本塁打　緒方1号（秋山）▽暴投　花田

投手	回	打	安	振	球	責
花田	6⅔	24	5	4	1	0
西井	2⅔	9	2	2	1	1
秋山	⅔	4	2	1	0	2
宮田	8	27	4	4	0	1
杉山	1	6	3	0	0	1

【ベンチ入りした主なプロ野球選手】

≪新庄≫

花田侑樹　巨人・22年ドラフト7位

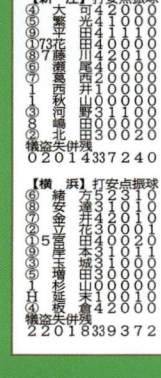

広島商－丹生
（広島）（福井）

広島商 22得点で圧勝

20年ぶり甲子園白星

一回、広島商1死二塁、植松が先制の中前打を放つ。捕手木津

第94回選抜高校野球大会第5日は23日、甲子園球場で1回戦3試合が行われ、広島商（広島）は21世紀枠の丹生（福井）に22－7で打ち勝った。広島商の甲子園での白星は、2002年の選抜大会以来、20年ぶりで、春通算20勝目となった。1試合22得点は同校の春夏通じての甲子園最多得点。

広島商が16安打22得点の猛攻で丹生を圧倒した。3－4の二回に竹下、松浦の連続適時打などで5点を奪い逆転。四回は八幡の適時打などで4点を挙げ、その後も攻撃の手を緩めなかった。投手陣は先発の保川から五回途中で継投に入り、4投手を小刻みにつないだ。

待球作戦を徹底

広島商らしさがたっぷり詰まった20年ぶりの甲子園1勝だった。最後に勝った2002年春に副部長だった荒谷監督は「（今の）選手はまだ生まれていない。ここまで長かったですね」と感慨深そうに話した。

丹生の主戦井上対策が実った。昨秋の公式戦をほぼ1人で投げ抜いた左腕に対し、徹底した待球作戦で挑んだ。ファーストストライクを見逃し、低めのスライダーは追い込まれるまで手を出さない。二回までに78球を投げさせ、7四死球（うち1死球）。5安打で8点を奪った。一回に先制打を放った植松主将は「対戦が決まってからの対策がきちんと出せた」と胸を張った。

大量得点を奪っても気を緩めない。大振りはせず、ミートを心がけた。16安打のうち長打は1本だけ。相手投手陣に圧力をかけ続け、計13四球を選んだ。死球も二つあった。3盗塁の八幡は「1点にこだわったことが、結果につながった」と振り返った。

7失点には荒谷監督や選手から反省の言葉が並んだ。無失策だったが、植松主将は「二回の4失点を含め、記録に残らないミスがあった。もう一度、引き締める」。強豪が待ち受ける2回戦に向け、早くも気持ちを切り替えた。

6番松浦が2適時打

松浦が効果的な2本の適時打を放った。一回は緩い変化球を、二回は直球をいずれも左前に落とした。「ポイントを近く、の意識で詰まることを怖がらずに打てた」。勝負強い6番打者は、勝利を手繰り寄せる価値ある打撃を見せた。

適時打は2死後に放った。四回の第3打席に選んだ四球も、五回の第4打席に無死一、二塁から1球で決めた送りバントも得点に絡んだ。3安打、3打点の活躍だったが、「後につなぐ意識が結果につながったけど、打撃以外は良くないところもあった」と振り返った。

一番の反省点は捕手としてのリード。4投手を懸命に引っ張ったが、7点を失った。「落ち着けていなかった。勝ってよかった」とため息をついた。

2回戦は鳴門（徳島）－大阪桐蔭（大阪）の勝者とぶつかる。「次はうまく間を外して打たせて取る」。20年ぶりとなる8強入りを見据え、気合を入れ直した。

投手陣粘り 勝利手繰る

広島商は先発保川と2番手伊藤祐が粘りの投球で勝利への道筋をつけた。保川は二回に4点を失ったが、以降は五回途中まで無失点。「二回は弱気になって変化球ばかり投げたが、直球中心に変えて立ち直れた」とうなずいた。

伊藤祐は公式戦初登板。1回⅔を1安打、無失点に抑えた。「気持ちで負けず、自分の投球をすることだけ考えた」。2回戦に向け「22点取れたが、ミスもあった。理想は1点差で勝つ試合」と表情を引き締めた。

丹生	0	4	0	0	0	0	0	0	3	7
広島商	3	5	0	4	1	1	2	6	×	22

メモ

「途中辞退」

甲子園で20年ぶりの勝利を挙げた広島商。その直後に思わぬ悲劇が待っていた。試合翌日の24日に新型コロナウイルスのPCR検査で同宿者35人中9人が陽性判定を受け、25日に医療機関で再検査し11人が陽性に。同日、大会途中での辞退を日本高野連に申し入れた。期間中の辞退は史上初めて。大阪桐蔭との2回戦は不戦敗となった。荒谷忠勝監督は「（選手に）させたくない経験をさせてしまったことを心苦しく思っている」と声を落とした。

【丹　生】		打	安	点	振	球
⑧	赤　星	1	0	0	0	1
1	小松龍	1	1	0	0	0
9	橋本快	1	0	0	0	0
7	斉藤亮	0	0	0	0	1
R	山　田	0	0	0	0	0
①831	井　上	4	1	1	0	0
5	牧　野	1	1	0	0	0
⑥	橋本隼	5	0	0	0	0
⑤1	来　田	4	1	0	1	1
③13	小松海	4	0	0	2	1
⑨19	梅　田	4	3	2	1	1
②	木　津	4	0	0	1	1
④	田　村	3	1	1	0	0
H	清　水	1	0	0	0	0
4	浅　野	0	0	0	0	0
⑦8	吉　田	3	2	2	0	1
犠盗失併残	0 1 3 0 9	36	10	6	5	7

【広島商】		打	安	点	振	球
⑦	田　丸	3	0	0	0	2
H7	藤　井	1	0	0	0	0
H	三　戸	0	0	0	0	1
5	佐々木	0	0	0	0	0
⑧	八　幡	5	3	5	0	1
⑥	植　松	6	3	3	0	1
③	広　本	4	1	0	1	3
⑤9	竹　下	6	1	1	0	0
②	松　浦	3	3	3	0	2
④	永　谷	3	2	1	0	3
①	保　川	2	2	2	0	1
1	伊藤祐	1	0	0	1	0
1	浴　口	0	0	0	0	0
1	佐　藤	0	0	1	0	1
⑨7	得　山	4	1	3	1	0
犠盗失併残	5 4 0 0 12	38	16	19	3	15

▽三塁打　八幡▽二塁打　井上▽暴投　井上2、保川、佐藤

投手	回	打	安	振	球	責
井　上	2	18	5	1	7	8
小松龍	2	12	2	0	3	0
梅　田	2	11	2	1	2	1
小松海	1	7	3	0	1	2
井　上	⅔	7	2	1	2	5
来　田	⅓	3	2	0	0	1

投手	回	打	安	振	球	責
保　川	4⅓	21	7	3	2	4
伊藤祐	1⅔	8	1	1	2	0
浴　口	1⅔	4	0	0	1	0
佐　藤	2	10	2	1	2	3

⑱2022年3月20日 第94回選抜高校野球大会1回戦

広陵－敦賀気比 (広島)(福井)

広陵隙なし 快勝発進

第94回選抜高校野球大会第2日は20日、甲子園球場で1回戦3試合が行われ、広陵（広島）は敦賀気比（福井）に9－0で快勝した。

広陵が17安打の猛攻で9得点を挙げた。一回に内海の適時二塁打などで2点を先取。五回には真鍋の犠飛や大山の2点三塁打などで4点を加えて突き放した。先発の森山は丁寧にコースを突き、八回途中まで2安打無失点。2番手の松林も得点を許さなかった。

攻守に圧倒 流れつかむ

大輪の花を咲かせる「サクラの広陵」への期待が膨らむ快勝劇だった。中井監督が「こんな試合展開になるとは全く考えていなかった」と驚くワンサイドゲーム。投打の歯車がしっかりかみ合った試合運びで、昨秋の北信越大会優勝の敦賀気比を寄せ付けなかった。

チームの特長である攻撃力を一回から遺憾なく発揮した。2点を先制したこの回の3安打は、いずれも左打者が敦賀気比のエース上加世田の投球に力負けすることなく、右方向へ引っ張った打球。冬場に力を入れた筋力トレーニングの成果を見せ、チームは勢いづいた。

大差がついても隙を見せないプレーにも強さの一端が表れた。「無失策で終われたのがよかった」と真鍋。昨秋、1試合平均0・9失策の堅守を誇った実力を披露。九回は、中堅手中川がダイビングキャッチで難しいライナーを好捕するなど、最後まで集中力を切らさなかった。

「1試合目にこういう試合ができたので、流れに乗れる」と川瀬主将。昨秋の明治神宮大会準優勝で、優勝候補の一角に挙がる今大会。2003年以来4度目の日本一に向けて、「春の広陵」がこれ以上ないスタートを切った。

内角狙って先制打 3番内海

先制、中押し、ダメ押しに絡む効果抜群の固め打ちだった。3安打2打点の3番内海。「広陵らしい野球ができた」と胸を張った。

前評判の高かった相手投手の出はなをくじいた。一回1死一塁。「内角を攻められていたので狙っていった」と右翼線に運ぶ先制の二塁打。初めて踏んだ甲子園の初打席で、きっちり仕事を果たした。

剛と柔を併せ持つ好打者だ。対外試合解禁となった5日の練習試合で3打席連続本塁打をマーク。この日は五回無死一塁から右前打でつなぎ、4得点につなげた。六回は1死二塁で右前適時打を放った。

中井監督が「試合前から非常に気合も入っていたし、落ち着いていた。何かやってくれるなと予想はしていたが、大事な場面でよく打ってくれた」と賛辞を贈る活躍ぶりだった。

2回戦で顔を合わせる九州国際大付（福岡）も好投手を擁する。「次の試合も（打線の）つながりを見せられるように一丸となって戦っていきたい」と、勝利を呼び込む一打を誓った。

森山 零封に貢献 7回⅔好投

広陵のエース森山が7回⅔を無失点に抑えた。「甲子園のマウンドは投げやすかった。ストレートで相手を差し込めたのが良かった」と気持ち良さそうに振り返った。

打たせて取る投球を心がけ、許した安打は2本。得点圏に走者を背負ったのも四回だけとほぼ完璧な内容だった。「一人一人、丁寧に投げることを意識した。打線が一回に2点を取ってくれたので楽に投げられた」と感謝。昨秋の中国大会からエースナンバーを背負った右腕が、ひと冬越えて成長した姿を甲子園で披露した。

五回、広陵2死二、三塁、大山の右中間三塁打で二塁走者川瀬（右から2人目）らが生還。6－0とし、ナインと喜ぶ

敦賀気比	0	0	0	0	0	0	0	0	0	0
広　陵	2	0	0	0	4	1	0	2	×	9

【敦賀気比】	打	安	点	振	球
④ 浜　野	4	2	0	1	0
⑧ 河　合	3	0	0	2	1
⑦ 春　山	3	0	0	1	0
①3 上加世田	3	1	0	0	0
⑤ 高見沢	3	0	0	0	0
5 伊　藤	0	0	0	0	0
③ 岡　村	2	0	0	2	0
H3 細　川	1	0	0	0	0
1 清　野	0	0	0	0	0
⑨ 石　原	2	0	0	0	0
9 伊　賀	1	0	0	0	0
9 友　田	0	0	0	0	0
② 渡　辺	3	0	0	1	0
⑥ 米　満	3	0	0	0	0

犠	盗	失	併	残	打	安	点	振	球
0	0	0	0	2	28	3	0	7	1

【広　陵】	打	安	点	振	球
⑧ 中　川	5	1	0	1	0
④ 松　下	4	2	0	1	0
H6 谷　本	1	1	0	0	0
⑨ 内　海	4	3	2	0	1
③ 真　鍋	4	3	1	0	0
⑦ 田　上	4	3	1	0	1
7 小　林	0	0	0	0	0
⑤ 背戸川内	3	0	0	0	1
H 西	1	1	2	0	0
5 中　尾	0	0	0	0	0
⑥4 川　瀬	5	2	1	1	0
② 大　山	3	1	2	1	0
2 松　田	0	0	0	0	0
① 森　山	4	0	0	3	0
1 松　林	0	0	0	0	0

犠	盗	失	併	残	打	安	点	振	球
2	1	0	2	10	38	17	9	7	3

▽三塁打　田上、大山▽二塁打　内海、川瀬、中川、西▽捕逸　大山

投　手	回	打	安	振	球	責
上加世田	7⅓	38	14	7	3	8
清　野	⅔	5	3	0	0	1

投　手	回	打	安	振	球	責
森　山	7⅔	25	2	6	1	0
松　林	1⅓	4	1	1	0	0

メモ

「4元号勝利」

広陵は敦賀気比を破り、大正、昭和、平成、令和の4元号での甲子園勝利をつかんだ。2021年選手権の松商学園（長野）、高松商（香川）に続き、史上3校目。選抜に限れば、史上初の快挙だった。3日後、広島商が丹生（福井）に勝ち、4校目の4元号勝利を飾った。広陵の甲子園初勝利は1923（大正12）年の第9回選手権2回戦の新潟商（新潟）戦で、スコアは12－7だった。

2020年代

広陵－九州国際大付
（広島）（福岡）

広陵 8強入り逃す

第94回選抜高校野球大会第6日は24日、甲子園球場で2回戦2試合と1回戦1試合があった。2回戦で広陵（広島）は九州国際大付（福岡）に1－4で敗れ、8強入りを逃した。

広陵は7安打を放ったものの、つながりを欠き、一回の敵失による1点にとどまった。九州国際大付の左腕香西の緩急をつけた投球に11三振を奪われた。主戦森山は二回2死満塁で黒田に2点打を浴び逆転を許した。八回に登板の2番手松林も黒田に2点三塁打を許し、突き放された。

技巧派に苦戦 11三振喫す

強打の広陵が、目覚めることなく終わった。直球のほとんどが120キロ台で、低めの変化球と制球力で勝負する九州国際大付の左腕香西を最後まで攻略できなかった。中井監督は「11三振は記憶にないし、ここまで打てないのはショック」と悔しさをにじませた。

左打者が2～6番にずらりと並ぶ打線。外角へ逃げるスライダーと低めのボールの見極めを徹底したつもりだった。「低めへの制球が思った以上だった。変化球を意識していたら、直球に詰まらされた」と2三振の3番内海。確認した映像と、実際の打席とのギャップに次第に焦りが募っていった。

中盤以降、バットを一握り短く持ったり、代打攻勢をかけたりして、打てる手は打った。それでも好転しない。二回以降は無得点に終わり、放った7安打は全て単打。本格派にはめっぽう強い打線が、技巧派の術中にはまった。

昨秋の県大会準決勝で敗れた広島商の先発も似たタイプの左腕だった。夏に向け、中井監督は「変化球のいい左投手を打てるようになること」と課題を挙げる。今大会の優勝候補に挙がり、日本一を目標に臨んだ舞台。川瀬主将は「もう一度全員で一から勝負。レベルアップしてまた戻ってくる」と雪辱を誓った。

制球力不足痛感「相手と差あった」
主戦森山

九州国際大付の強力打線への警戒感が球数となって表れた。主戦森山は2点を失った二回に34球を費やした。「ボール球をしっかり使おうという意識だった。（球数が増えるのを）計算していたが、多すぎた」と肩を落とした。

唯一、失点した二回は4安打を集められた。全て詰まらせたが、「球の強さがまだまだなくて、打者を押し切れなかったのが（安打になってしまった）原因」と振り返る。三回以降は「ヒットを打たれても粘っていこう」と意識し、7回を投げ切った。

冬場に下半身を強化し、「指にかかった直球は通用する」との手応えがあった。一方で制球力不足を痛感。「この部分で苦しんだ。相手と最も差があったのは投手のレベル」と悔しがった。

昨秋の県大会では背番号20だった。急成長し、中国大会から背番号1を背負った。甲子園では力投したものの、2回戦で敗退。「ここに必ず戻ってきて日本一になる」。夏に向け、気持ちを切り替えた。

中川の足で唯一の得点

広陵唯一の得点は、中川の足がもたらした。一回2死二塁。するするっと離塁し、三塁へ駆け出した。慌てた相手捕手は三塁に悪送球。楽々と生還した。「一度、こちらを見たらもう、けん制球はこない。その癖を盗んで走った」。確信を持った上での好走塁だった。

「先取点を取るのが目標だった。いいムードになった」。順調に滑り出したが、二回以降は九州国際大付の左腕香西を打ちあぐねた。中川も走者がいる場面で2度、凡飛を打ち上げた。「自分が打てば勝てていたと思う。今後の大会は全て勝っていきたい」と誓った。

四回、広陵2死一、二塁、見逃し三振に倒れ、引き揚げる川瀬。捕手野田

九州国際大付	0	2	0	0	0	0	0	2	0	4
広陵	1	0	0	0	0	0	0	0	0	1

【九州国際大付】

		打	安	点	振	球
⑧	黒田	5	4	4	0	0
④	隈塚	4	0	0	0	0
⑨	中上	4	0	0	0	1
③	佐倉	4	3	0	0	1
②	野田	4	1	0	1	0
⑦	小田原	5	2	0	1	0
⑤	白井	3	1	0	0	2
①	香西	3	0	0	0	0
⑥	尾崎	4	2	0	1	0

犠	盗	失	併	残	打	安	点	振	球
3	0	1	1	12	36	13	4	3	4

【広陵】

		打	安	点	振	球
⑧	中川	3	1	0	0	1
④	松下	3	0	0	1	0
⑨	内海	4	1	0	2	0
③	真鍋	3	1	0	1	1
⑦	田上	3	0	0	3	0
6	谷本	1	0	0	1	0
⑤	背戸川内	3	1	0	0	0
H	松田	1	0	0	0	0
⑥	川瀬	2	0	0	2	0
H7	小林	2	0	0	1	0
②	大山	4	3	0	0	0
①	森山	1	0	0	0	0
H	西	1	0	0	0	0
1	松林	0	0	0	0	0
1	岡山	0	0	0	0	0

犠	盗	失	併	残	打	安	点	振	球
2	1	0	1	7	31	7	0	11	2

▽三塁打　黒田▽二塁打　黒田、小田原

投手	回	打	安	振	球	責
香西	9	35	7	11	2	0
森山	7	32	10	3	2	2
松林	1⅔	7	2	0	2	2
岡山	1	4	1	0	0	0

メモ

「ジンクス」

猛打で第94回大会を制した大阪桐蔭（大阪）。4年ぶり4度目の優勝で、20年ぶりにジンクスを破った。それは「前年秋の明治神宮大会覇者は選抜で優勝できない」というもの。明治神宮大会と選抜のダブル制覇は2002年の報徳学園（兵庫）が最後だった。04年の愛工大名電（愛知）、12年の光星学院（青森、現八戸学院光星）、16年の高松商（香川）、17年の履正社（大阪）はいずれも選抜の決勝で敗れた。

【ベンチ入りした主なプロ野球選手】

≪九州国際大付≫

野田海人　西武・23年ドラフト3位

340 2022年7月27日
第104回全国高校野球選手権広島大会決勝

盈進（広島）－尾道（広島）

48年ぶりの優勝を決め、喜びを爆発させる盈進ナイン

盈進48年ぶり 甲子園切符

第104回全国高校野球選手権広島大会最終日は27日、ぶんちゃんしまなみ球場で決勝があった。盈進が9－4で尾道を破り、48年ぶり3度目の夏の甲子園出場を決めた。

盈進は同点の七回、秋田の適時二塁打で勝ち越した。八回には鶴田の2点三塁打などで一挙5点を奪い、突き放した。尾道は2点を追う六回に渡辺の適時打と入江の遊ゴロで追い付き、八回も1点を返したが、投手陣が終盤に力尽きた。

層の厚い投手陣 原動力

盈進は選手も応援団も涙に暮れた。「年配のOBが涙を流して喜んでいる姿を見て甲子園に行けるんだ、と実感が湧いた」と朝生主将。広島大会では史上最長となる48年ぶりの復活劇で、甲子園切符をつかんだ。

3年生5人の層の厚い投手陣が原動力になった。6試合で先発した主戦向井は計34回⅓を投げて防御率1・57と安定した投球。「後ろにみんながいるから思い切り飛ばしていけた」と感謝した。

寺田ら4投手は主に救援でそれぞれの役割を果たしてサポートした。この日も3－2の六回1死満塁で寺田が救援。内野ゴロで同点とされたが勝ち越しは許さない。「誰かが打たれても他の誰かが抑えればいい。たまたま僕がその役割を果たせただけ」と振り返った。

捕手出身の佐藤監督の基本は投手を中心に守り勝つ野球だ。今大会のチーム防御率は1・24。充実した投手力をベースに、先制点を取って主導権を握る形にこだわった。全7試合で先制し、一度もリードを許さない盤石の試合運び。佐藤監督は「投手陣への信頼が見えないスタミナになっていた」と振り返る。決勝でも七回に勝ち越し、八回の5点で勝負を決めた。

前回出場した1974年生まれの佐藤監督を含め、甲子園は全員初めて。指揮官は「盈進球場で練習してきたことを出したい」と普段着野球を強調する。3度目の舞台で「EISHIN」の名を全国に響かせる。

絶好調秋田 殊勲の一打

「絶好調男」が優勝に貢献した。盈進の秋田は勝ち越しの適時二塁打を含む3安打3打点。今大会7試合で26打数16安打、打率6割1分5厘、10打点をマークした。「打線がつながっているので『自分が打たないと』と気負わなかったのが良かった」と充実感をにじませた。

同点とされた直後の七回2死一塁の場面。「追い付かれて暗い雰囲気になっていた。甘い球を積極的に振り、悪い流れを断ち切ろうと思った」と打席に向かった。初球の直球を振り抜くと打球は右中間を破り、一塁走者の鶴田が一気に生還。準決勝までに57得点の強力打線を目覚めさせ、八回での5得点に結び付けた。

石川県で生まれて間もなく京都府に引っ越し、小学2年で父方の実家の寺がある安芸高田市に移り住んだ。「野球も勉強も頑張りたい」と、縁もゆかりもない福山市の学校に進学し、寮生活を送る。今春の県大会は背番号「14」で、レギュラーの保証はなかった。「失うものはない」。ここから1桁（の背番号）を狙うと猛練習をこなし、「6」を勝ち取った。

「それぞれの古里に応援してくれる人がいる。甲子園でのプレーで恩返ししたい」。広島大会の勢いそのままに、憧れのグラウンドでの躍動を誓った。

盈進	2	0	1	0	0	0	1	5	0	9
尾道	0	0	1	0	0	2	0	1	0	4

メモ

「東部勢活躍」

東部勢の活躍が際立った大会だった。決勝は盈進商（現盈進）と尾道商がぶつかった1960年以来の東部勢対決。勝った盈進は福山市にある学校では89年の近大福山以来、33年ぶりの甲子園切符を手にした。準優勝の尾道、準決勝で敗れた近大福山を含め、東部勢が4強のうち3校を占めたのは近大福山、沼南、尾道東が勝ち残った83年以来だった。

【盈　進】打安点
⑨　梶　岡310
1　寺　田100
⑦　鶴　田422
⑥　秋　田533
⑤　杉　浦501
⑧　山　藤421
③　中　島210
②　奥　信320
④　西　本501
①9向　井100
H9朝　生311
計　36129

【尾　道】打安点
⑧　田　中500
⑨7古　本520
①919坂　本420
⑤　今　井411
③　植　野500
⑦　山　中200
191　蘇　100
②　渡　辺431
④6井　上421
⑥　土　井200
H　入　江101
4　浜　満100
計　38104

	振	球	犠	盗	失	残	併
盈	2	6	3	0	1	9	0
尾	7	3	0	0	2	10	1

▽三塁打　鶴田2、古本▽二塁打　渡辺2、秋田、井上▽捕逸　渡辺

投手	回	打	安	責
向井	5⅓	26	6	1
寺田	3⅔	15	4	1
坂本	4	19	4	3
蘇	3⅓	16	3	3
坂本	⅓	3	2	2
蘇	1⅓	7	3	0

盈進－鶴岡東
（広島）　（山形）

一回、鶴岡東2死二塁、マウンドで奥信㊨から声をかけられた後、ベンチを見る盈進の先発向井㊥

夏の魔物　盈進のむ

第１０４回全国高校野球選手権大会第２日は７日、甲子園球場で１回戦４試合があった。盈進（広島）は鶴岡東（山形）との点の取り合いに屈し、７－12で敗れた。

盈進は守備が5失策と乱れ、暴投などでも失点に絡み、自ら流れを手放した。一回、先発向井が3短長打で4点を失うと、二回は土屋に今大会1号となる2ランを左翼席へ運ばれた。打線は13安打で7点を挙げたが12失点が重過ぎた。

中島2打点　ナインに活力

大量得点差を追う中、中島がバットで意地を見せた。2本の適時長打を含む4安打で2打点。好打の6番打者はポイントゲッターの役割を果たし、「つなぎの意識と走者をかえすというシンプルな思考で冷静に打てた」と喜んだ。

直球も変化球もしっかり捉えた。6点を追う二回の第1打席は132キロをたたき、チーム初打点となる右中間三塁打。仲間に勇気を与えた。第3、4打席は単打で好機を広げると、八回の5打席目は左中間へうまく運ぶ適時二塁打。本塁打が出ればサイクル安打という活躍だった。「結果を夢の舞台で出せてよかった」と胸を張った。

広島大会では12打数4安打。「広島大会では犠飛もあったし、11四死球で塁に出られていた。つなぎの意識のまま打席に入ったのが良かった」と振り返った。

チームは守備のミスを連発し、12失点で敗退。「僕は不調のときは後輩にもアドバイスをもらった。来年もそういう姿勢で広島大会を連覇し、甲子園で1勝してもらいたい」と期待をかけた。

浮足立ち12失点　13安打も実らず

甲子園の魔物が、盈進から「平常心」を奪ったのだろうか。序盤から広島大会ではなかった失策や判断ミスが相次ぎ、大量失点につながった。佐藤監督は「見たことのないミスで浮足立った。初めての甲子園で普段の力を出す難しさを思い知らされた」。48年ぶりに戻ってきた大舞台の怖さを振り返った。

一回の守りから全国レベルを見せつけられた。先発のエース向井は「調子は悪くなかった。ただ相手打線の迫力がすごかった」。鋭い打球に、広島大会で1試合平均1失策だった守りが五回までに5失策。投手陣は3本塁打を含む12安打を浴び、12点を失った。守備からリズムをつくる持ち味は影を潜め、敗戦に沈んだ。

新型コロナウイルスの感染拡大で甲子園練習がなく、開会式の入場行進も主将だけ。観衆が入ったグラウンドに立つのはこの日が初めてだった。遊撃手の秋田は「甲子園の雰囲気にのまれて、普段通りのプレーができなかった」と悔やんだ。朝生主将も「広島代表として行かせてもらったのに一勝もできなくて申し訳ない」と話した。

いきなり劣勢になっても、必死に反撃した。決して諦めず、相手を上回る13安打を放つ反骨心は見せた。約半世紀ぶりの晴れ舞台。苦い記憶と経験が、これからのチームの財産になる。

鶴岡東	4	2	1	1	0	0	2	2	0	12
盈　進	0	1	2	1	0	1	0	2	0	7

メモ

「白河の関越え」

第104回大会は仙台育英（宮城）が下関国際（山口）を8－1で破り、東北勢初制覇。春夏を通して初めて優勝旗が白河の関を越えた。104回を数える選手権で東北勢が決勝へ勝ち上がったのは10度目だった。大阪・豊中球場で行われた第1回大会（1915年）で秋田中（秋田）が京都二中（京都）に1－2で惜敗したのが最初。仙台育英と光星学院（青森、現八戸学院光星）は2度決勝で敗れている。選抜大会では東北勢の準優勝は3度ある。北海道勢は駒大苫小牧が2004、05年の選手権を連覇している。

【鶴岡東】	打安点振球
⑧　武　田	11000
87松　原	42100
③2土　屋	62310
④　古　賀	50011
②3前　田	43101
⑨　浜　田	40110
⑦　小林昇	31102
8　山　口	00000
⑥　関	31211
⑤　高　橋	41011
①　小林廉	30000
1　渡　辺	21000
犠盗失併残	
53201139129 5 6	

【盈　進】	打安点振球
⑨　朝　生	40002
⑦　鶴　田	31101
7　西　野	21000
⑥　秋　田	51020
⑤　杉　浦	40011
⑧　山　藤	42300
③　中　島	54200
②　奥　信	42011
④　西　本	20010
H　神　垣	10000
4　平　塚	22000
①　向　井	10010
1　寺　田	00000
1　岡	10001
H　梶　岡	10000
1　佐々木	00000
1　花　岡	10000
犠盗失併残	
10511340136 6 6	

▽本塁打　土屋1号（向井）2号（岡）、前田1号（岡）▽三塁打　中島▽二塁打　小林昇、関、山藤2、奥信、秋田、中島▽捕逸　前田▽暴投　向井、小林廉、佐々木

投　手	回	打	安	振	球	責
小林廉	4	22	5	5	4	4
渡　辺	5	25	8	1	2	2

投　手	回	打	安	振	球	責
向　井	2	14	5	0	1	5
寺　田	1⅓	11	1	1	4	0
岡	3⅔	16	3	1	1	2
佐々木	1	6	3	1	0	2
花　岡	1	3	0	2	0	0

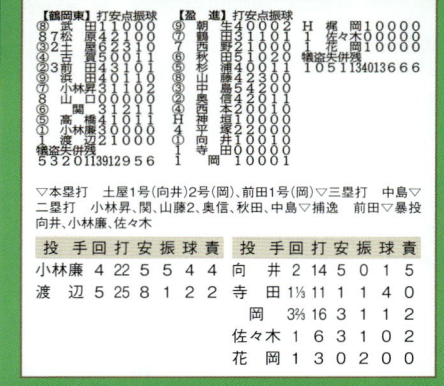

342 2023年3月20日
第95回選抜高校野球大会2回戦

広陵（広島）－二松学舎大付（東京）

広陵盤石 上々の発進

五回、広陵2死二塁、只石が左中間に適時二塁打を放ち、4−0とする。捕手押切

第95回選抜高校野球大会第3日は20日、甲子園球場で2回戦があり、2年連続26度目出場の広陵（広島）は二松学舎大付（東京）を5－0で破り、昨年に続いて初戦を突破した。2010年以来となる8強進出を懸けて、3回戦で海星（長崎）と対戦する。

広陵は一回に小林の内野ゴロで先制。五回には真鍋、小林、只石の3連続適時打など4長短打で3点を奪い、八回に1点を加えた。先発高尾は8回で被安打5。威力のある速球を軸に打者を押し込み、連打は許さず要所を締めた。

泥くさく得点 反撃許さず

派手さはなくても隙は見せない。広陵は我慢強く戦い抜き、初戦を突破した。強打の打線はつなぎを大切にし、守備も再三のピンチを踏ん張り無失点。中井監督が「僕は何も指示していない。考えてプレーしてくれた選手が素晴らしい」とたたえる白星だった。

「誰か1人で決めようとするのではなくて『線』になって攻略しようと話し合った」と1番田上。試合前日の選手ミーティングで再確認した成果が一回から表れる。田上の四球を足掛かりに無安打で先制。八回は1死一、三塁からエンドランを仕掛け、内野ゴロで5点目を奪うなど、泥くさく得点を重ねた。

守備も二回以降、毎回走者を出し、重圧がかかる中で集中力を保った。1－0の四回2死二、三塁では、遊撃手の小林主将が中前に抜けそうなゴロを好捕。得点を許さず、流れを手放さなかった。捕手の只石は「冬場に練習してきた、相手に1点を与えない守りができた」とうなずいた。

昨春のベンチ入りメンバー7人が残り、優勝候補に挙がる今大会。「まだ、一つ勝っただけ。目の前の戦いに集中して向かっていくだけ」と中井監督。地に足を着けた戦いで勝ち上がっていく。

注目の真鍋 光る3安打

大会注目のスラッガー、真鍋の軽打が光った。五回2死三塁で、134㌔をうまく流し打つ左前適時打。七回は外角低めの110㌔をバットの先でうまく拾い、右翼への二塁打とした。「（結果が出て）すごくほっとしている。思い切りいった形で、間に落ちるヒットになった」と振り返った。

3安打をマーク。目指している走者をかえす打撃はできたが、第4打席までファーストストライクを打ちにいけなかったことに不満が残った。「甘い球を見逃したのは課題。次は初球からどんどん振っていきたい」と積極打法を誓った。

1年生高尾 8回無失点 最速146㌔

8回を投げ、5安打無失点と好投した高尾は、要所でギアを上げた。

五回1死二塁では、同じ1年生のスラッガー片井をスライダーで追い込み、最後は141㌔の直球で内角を突いて見逃し三振に仕留めた。「ライバル心はあった。絶対に抑えようと思った。得意の内角の真っすぐで攻めた」と胸を張った。

八回はこの日最速の146㌔を3球記録。直球主体に力でねじ伏せた。「この回で交代と伝えられていたわけではない。マウンドにも慣れてきたので力を入れた」。さらりと振り返り、「次は低めと緩急を意識して投げたい」と見据えた。

広陵	1	0	0	0	3	0	0	1	0	5
二松学舎大付	0	0	0	0	0	0	0	0	0	0

メモ

「春40勝」

広陵は二松学舎大付に勝ち、中京大中京、東邦（以上愛知）県岐阜商（岐阜）PL学園（大阪）龍谷大平安（京都）に続き、史上6校目の選抜大会通算40勝目を挙げた。初勝利は1926年の第3回大会1回戦の静岡中（静岡）戦で11−0と大勝した。広島県内で広陵に続くのは、広島商（20勝）尾道商（12勝）広島工（6勝）崇徳（5勝）となっている。

【広陵】		打	安	点	振	球
⑧7	田上	4	1	0	1	1
⑤	谷本	4	2	0	0	0
③	真鍋	4	3	1	0	1
⑥8	小林	5	2	2	0	0
②	只石	5	1	1	0	0
⑦	中尾	3	0	0	0	0
H7	金山	1	0	0	0	0
6	池本	0	0	0	0	0
⑨	浜本	2	0	0	1	0
H9	田村	1	1	0	0	1
④	松下	3	2	0	0	0
①	高尾	4	0	1	0	0
1	倉重	0	0	0	0	0

犠	盗	失	併	残					
2	2	1	0	9	36	12	5	2	3

【二松学舎大付】		打	安	点	振	球
⑥	中川	5	2	0	1	0
④	長野	2	0	0	0	1
H	木村	1	0	0	0	0
③	片井	4	1	0	1	0
⑨	五十嵐	4	0	0	0	0
⑦	大矢	2	1	0	0	2
⑧	毛利	2	0	0	1	1
②	押切	4	1	0	0	0
①	重川	1	0	0	1	0
1	大内	1	0	0	1	0
H	日笠	0	0	0	0	1
R	佐々木	0	0	0	0	0
⑤	柴田	4	0	0	0	0

犠	盗	失	併	残					
3	1	0	0	11	30	5	0	5	5

▽二塁打　田上、小林、只石、真鍋▽暴投　重川、大内

投手	回	打	安	振	球	責
高尾	8	34	5	5	4	0
倉重	1	4	0	0	1	0
重川	5⅔	25	8	1	3	4
大内	4	16	4	1	0	1

2020年代

広陵－海星
（広島）　（長崎）

七回、広陵1死一、二塁、田上の二ゴロ失の間に勝ち越しのホームを踏み、真鍋③とハイタッチする高尾

広陵 接戦制し8強入り

第95回選抜高校野球大会第8日は27日、甲子園球場で3回戦3試合があり、2年連続26度目出場の広陵（広島）は海星（長崎）に3－2で逆転勝ちし、2010年以来となる準々決勝進出を決めた。広陵は2点を先行されたが五、六回にそれぞれ犠飛で得点し、七回に失策で決勝点を挙げた。

広陵が小刻みに得点して逆転した。2点を先取された直後の五、六回に三塁打の直後が、五、六回に三塁打の直後の犠飛で1点ずつ返し同点。七回は1死一、二塁から田上の強い当たりが二塁手の失策を誘って勝ち越した。エース高尾は二回に失策絡みで2点を失ったが、尻上がりに調子を上げ、被安打6、10奪三振で完投した。海星は制球が安定していた吉田がつかまり、打線の援護も乏しかった。

軟投派を粘り強く攻略

失策などで先制を許し、海星の軟投派左腕吉田に四回まで無得点。広陵ナインは劣勢の展開をはね返し、逆転勝ちした。中井監督は「（昨春の2回戦で同じような展開で敗れた）九州国際大付（福岡）戦を思い出して、嫌な気持ちになっていた。監督に比べ、選手たちは落ち着いてプレーしてくれた」。慌てず戦い抜いた選手の成長が見えた一戦だった。

中心となったのが小林主将ら、昨春も出場した選手だった。「アウトにはなっていたけど、当たり自体は悪くなかった。1点取れば流れは変わると話していた」と小林主将。真鍋も「ベンチはずっと声が出ていたし、みんな冷静だった」と振り返った。

軟投派の投手に苦しむ傾向がある打線は、緩い球を引き付けて打ち返す練習を継続してきた。小林主将が「今までやってきたことが試される試合」と話したように、相手投手に慣れた五回以降だけで7安打。積み重ねてきた練習を信じ、粘り強く攻略した。

中井監督は「高尾も調子が悪かったし、真鍋も打てなかった。そんな展開でも勝てたらいいなと思っていた」と、総合力でつかんだ勝利を喜んだ。13年ぶりに進む準々決勝に弾みをつける逆転劇だった。

中尾奮起 反撃の口火に

広陵の中尾が反撃の口火を切った。0－2の五回1死から、右中間へ三塁打を放ち、続く高尾の右犠飛で生還。「しっかり引き付けて打ったらフェンスまでよく伸びてくれた。悪い流れを変える一本になってよかった」と笑みがこぼれた。

2－2の七回は先頭打者で中前打を放ち、決勝点につなげた。初戦の二松学舎大付（東京）戦は無安打。「スタメン落ちも覚悟していたが、中井監督に信じて使ってもらった。今日は期待に応えたい一心だった」と、胸をなで下ろしていた。

高尾熱投 155球完投
九回に最速142キロ

広陵の高尾は2点を失ったものの、155球の熱投で完投した。

五回までは毎回走者を背負い、99球を費やした。しかし100球を超えた六回、「力みが消えた」。以降は6奪三振で無安打無失点と、海星打線を寄せ付けなかった。二回に小林主将から指摘された「力んでフォームのバランスが悪い」という課題を、ようやく解消できた。

九回の149球目に、この日最速の142キロを記録。「特に力を入れたわけではなく、自然に出た。スタミナも余裕があった」。次戦に向けて「先発したい。体が突っ込まないようにして、制球を意識して投げたい」と闘志を新たにした。

海星	0	2	0	0	0	0	0	0	0		2
広陵	0	0	0	0	1	1	1	0	×		3

メモ

「広島出身」

海星の加藤慶二監督は呉市出身。広島工3年だった1992年の第74回全国選手権広島大会は決勝で広島商を3-2で下して優勝。主将としてチームを引っ張り、甲子園では8強入りした。2002年、海星の監督に就任し、春2度、夏5度甲子園に出場している。広島勢との対戦は初めてで、「高校時代は広商、広陵には絶対負けるなと言われてきた」と闘志を燃やしたが、惜しくも敗れた。

【海　星】		打	安	点	振	球
④	田中	4	0	0	0	0
⑧	山口	4	2	0	2	0
③	永田	3	0	0	2	1
②	田川	3	1	0	1	1
⑦	平尾	4	1	0	0	0
⑥	峯	3	0	0	0	0
⑨	角野	3	0	0	2	1
⑤	井坂	3	1	0	1	0
H	池田	0	0	0	0	1
①	吉田	3	1	1	1	0
1	高野	1	0	0	1	0

犠盗失併残
1 1 1 0 7 31 6 1 10 4

【広　陵】		打	安	点	振	球
⑧	田上	4	2	0	0	0
⑤	谷本	2	1	1	0	0
③	真鍋	3	0	0	1	1
⑥	小林	4	2	0	0	0
②	只石	4	0	0	1	0
⑨	田村	3	0	0	2	0
9	浜本	1	0	0	0	0
⑦	中尾	4	2	0	0	0
①	高尾	2	0	1	0	0
④	松下	3	2	0	1	0

犠盗失併残
3 2 2 1 7 30 9 2 5 1

▽三塁打　中尾、田上

投手	回	打	安	振	球	責
吉田	6⅔	29	8	3	1	2
高野	1⅓	5	1	2	0	0
高尾	9	36	6	10	4	0

二回、広陵1死一、三塁、真鍋が中越えへ適時二塁打を放つ。投手渡辺翼、捕手吉田

344 2023年3月29日
第95回選抜高校野球大会準々決勝

広陵－専大松戸
（広島）　（千葉）

広陵 猛打で4強決める

第95回選抜高校野球大会第10日は29日、甲子園球場で準々決勝4試合があり、広陵（広島）は専大松戸（千葉）に9－2で逆転勝ちし、2010年以来13年ぶり10度目となる準決勝進出を決めた。

広陵は第11日（31日）の準決勝第1試合で山梨学院（山梨）と対戦し、優勝した03年以来となる決勝進出を目指す。

広陵は二回無死から小林、只石の連打で好機をつくると、真鍋の中越え二塁打を含む6長短打に敵失も絡んで6点を挙げ、逆転した。真鍋は鋭いスイングで四回にも適時二塁打し、3安打2打点。先発の左腕倉重は内外角に投げ分け、七回途中を5安打2失点と好投した。

専大松戸は二回に3連打などで先制したが、追加点は吉田のソロ本塁打のみ。エース平野が序盤につかまり、継投も遅れた。

真鍋がのろし 13安打

広陵の中井監督はよく口にする。「野球は1人でするものじゃないけど、彼が打つとチームが勢いに乗る」。今大会注目の真鍋が、チーム初安打を含む3安打2打点の活躍。快音を響かせた主役のバットに引っ張られるように、打線は13安打で9点を積み重ねて快勝した。

一回の第1打席。カーブを捉えた打球は球足速く右前へ。一気に二塁を狙ってタッチアウトになったが、専大松戸の好投手平野の攻略へのろしを上げた。好機で迎えた二、四回の打席はともにライナー性の低い弾道で中越えの適時二塁打。「逆方向へ強い打球を打つ気持ちで入って、その通りに打てた」と喜んだ。

高校通算51本塁打の強打者も、3回戦の海星（長崎）戦は無安打。調子を取り戻すため、翌日の打撃練習では腰に巻いたゴムチューブを後ろから引っ張ってもらい、前に突っ込まないように打席での間を意識した。バットも金属から木製に持ち替え、芯で捉える感覚を思い起こした。

主砲の復調に加え、主戦高尾を温存できた中井監督は「上出来です」。真鍋は「準決勝に向けて気持ちが楽になった。今までチームに迷惑をかけてきたのでもっと打ちたい」と語気を強めた。4度目の日本一へ、チームの勢いを加速させる。

甲子園初安打が 勝ち越し2点打 浜本

広陵の1年浜本は、甲子園初安打が貴重な勝ち越し2点打となった。1点を追う二回、敵失で追い付いた直後の無死二、三塁。2ボールからの直球を振り切った打球は三遊間を破った。「積極的に振ろうと思っていた。ベンチで先輩に褒められてうれしかった」と喜んだ。

初戦の二松学舎大付（東京）戦は無安打。続く海星戦は控えに回り、2試合ぶりの先発だった。「初戦は気持ちで逃げた部分があったので、今日は攻めようと思った。準決勝もミスを恐れずに向かっていきたい」と言葉が弾んだ。

倉重 流れ呼ぶ粘投

二回、死球と3連打で1点を先制された。なお1死満塁。「皆に表情が硬いと言われた。開き直った」と先発の倉重。強気の投球を取り戻した。9番を高め131キロで空振り三振に仕留めた。1番にはフルカウントと粘られたが、高めの128キロで右飛。最少失点でしのいだ。

この粘投が流れを呼び込んだ。その裏、味方打線がつながって、6安打で6得点。「中井先生にも1失点で抑えたのは大きいと言ってもらった。三回以降は力みが抜けて、楽しく投げられた」。直球の切れが増し、6回2/3を2失点に抑えた。

ここまでの2試合は背番号1の1年高尾の好投で、登板は1イニングにとどまっていた。「響（高尾）は年下だけど、根性もあって頼りになる。でも負けたくない。投げたくてうずうずしていた」。113球に熱い思いをぶつけた。

昨秋の明治神宮大会では背番号1を背負った。「大会中は勝つことだけを考える。今日は響を休ませられて良かった」。エース番号への思いは胸にしまい、背番号10はチームのために左腕を振る。

専大松戸	0	1	0	0	0	1	0	0	0		2
広　陵	0	6	0	2	0	0	1	0	×		9

メモ

「広島・千葉対決」

広島勢と千葉勢の対決は春夏通じて9度目。広陵が専大松戸に勝利し、対戦成績を4勝5敗とした。春と夏の戦績は対照的。広島勢は春は4度戦って4勝。一方、夏は5戦全敗。広陵は春の3戦3勝に対し、夏は1967年の第49回決勝で習志野に痛恨の1敗を喫している。

【専大松戸】		打	安	点	振	球
⑤	大　森	4	0	0	0	0
④	宮　尾	4	0	0	1	0
⑥	中　山	4	0	0	1	0
6	永　瀬	0	0	0	0	0
②	吉　田	4	2	1	0	0
⑨7	太　田	2	0	0	1	1
H	水　谷	1	0	0	0	0
③	広　川	4	2	0	1	0
⑧	清水友	4	1	0	0	0
①9	平　野	3	1	1	0	0
⑦	上迫田	1	0	0	1	0
1	渡辺翼	1	0	0	0	1
1	青　野	0	0	0	0	0

犠盗失併残
0 0 2 2 5 32 6 2 5 2

【広　陵】		打	安	点	振	球
⑧	田　上	3	1	0	0	2
⑤	谷　本	4	2	2	1	0
H5	池　本	1	0	0	0	0
③	真　鍋	4	3	2	0	1
⑥	小　林	5	3	2	1	0
②	只　石	4	1	0	1	0
2	一ノ瀬	0	0	0	0	0
⑦	中　尾	0	0	0	0	2
H	高　橋	1	0	0	0	0
R7	金　山	0	0	0	0	0
⑨	浜　本	2	1	2	0	1
1	岡　山	1	0	0	1	0
①9	倉　重	3	0	0	1	0
H4	飯　盛	1	0	0	0	0
④	松　下	3	1	0	2	0
H	角　戸	1	1	0	0	0
9	田　村	0	0	0	0	0

犠盗失併残
1 2 1 2 7 33 13 8 7 6

▽本塁打　吉田1号（倉重）▽二塁打　真鍋2

投　手	回	打	安	振	球	責
平　野	1⅓	11	6	1	1	4
渡辺翼	5	20	5	3	4	3
青　野	1⅔	9	2	3	1	0

投　手	回	打	安	振	球	責
倉　重	6⅔	26	5	5	2	2
岡　山	2⅓	8	1	0	0	0

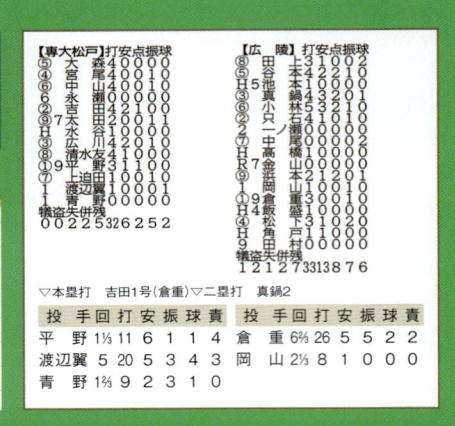

広陵－山梨学院
（広島）　（山梨）

広陵
決勝進出を逃す

第95回選抜高校野球大会第11日は31日、甲子園球場で準決勝が行われ、2003年以来7度目の決勝進出を目指した広陵（広島）は山梨学院（山梨）に1－6で敗れた。

広陵は1－1で迎えた九回、先発高尾が力尽きた。1死二塁から高橋に中前打を浴び、勝ち越されると、さらに連続長打を許し2点を加えられた。代わった倉重も山梨学院の猛攻を止められず、この回一挙5点を奪われた。打線は毎回安打。犠打で好機をつくったものの、三回1死一、三塁を逃すなど決定打を欠いた。

山梨学院は先発林が10安打、2四死球で毎回走者を出したが完投。力のある真っすぐを軸に、一回に犠飛で失った1点だけに抑えた。ともに無失策で試合を引き締めた。

好機に決定打が出ず

毎回の10安打を放ちながら得点は一回の1点だけ。広陵は拙攻に泣いた。中井監督は「（山梨学院の先発林は）終盤疲れて打線がつかまえられると思っていた。ばてなかったし、気合がすごかった」と脱帽するしかなかった。

二回以降、得点圏に走者を進めたのは5度。三回1死一、三塁では、主軸真鍋が高めのボール球に手を出して空振り三振した。「同点の場面だったので絶対打ってやろうと思っていた。球速以上の速さを感じた」。打てばチームが勢いづく真鍋がこの日は無安打。打線の流れを分析された。

球速が140キロに満たない直球で押してくる林の投球スタイルも想定外だった。「右投手でうちの打線に直球ばかりで勝負してくる投手はいない。変化球が頭にあった分、対応しきれなかった」と小林主将。新チーム結成から練習試合を含めて62試合目。1点しか奪えなかったのは初めてだった。

昨夏の広島大会はまさかの3回戦敗退に終わり、屈辱からはい上がり、日本一を目指した春。13年ぶりの4強入りにも喜ぶ様子を見せることなく、頂点だけを見据えていた。小林主将は「夏こそ日本一になれるように。強くなって戻ってくる」。夢をかなえるチャンスはもう一度ある。

エース高尾
九回力尽く

広陵の高尾は147球の力投も及ばなかった。九回1死二塁。141球目は、わずかに手元が狂った。外角低めのスライダーだったが、投げたかったのはワンバウンド。4番の高橋にバットの先で拾われる中前打となり「あそこはうまく制球できなかった」と悔やんだ。

この場面、強気のエースが珍しく弱気になった。ファウルで粘られ、2ボール2ストライクの7球目、サインに首を振って外角のスライダーを選択。「外一辺倒で狙われていたのかも。反省したい」。気落ちしたように後続に連続長打を許し大勢が決した。

大舞台で3試合に好投。「今日は割合が五分五分だった直球の率を増やし、変化球の切れも上げたい。九回までしっかり投げ切れる投手になる」。さらなる成長を誓った。

懸命な守備光る
中堅田上

広陵の中堅田上は、懸命な守備が光った。1－1の七回2死二塁の中前打は本塁へ好返球し、一度は勝ち越しを阻止。ただ、九回1死二塁での中前打は、送球がわずかにそれて生還を許した。「1本目より打球が緩くて球を握り損ねた。ストライクが投げられていたら」と悔やんだ。

1番を務めた打撃では一回、右翼線二塁打を放つと小林主将の右犠飛で生還し、先制点につなげた。今大会は4試合中3度、一回に出塁。「リードオフマンの役割は果たせたと思うが、負けてしまった悔しさが大きい」と肩を落とした。

三回、広陵1死一、三塁、真鍋が空振り三振に倒れる。捕手佐仲

山梨学院	0	1	0	0	0	0	0	0	5	6
広　陵	1	0	0	0	0	0	0	0	0	1

【山梨学院】		打	安	点	振	球
⑨	徳　弘	5	1	1	3	0
⑧	星　野	5	2	0	1	0
⑦	岳　原	3	0	0	2	0
③	高　橋	4	3	1	0	0
②	佐　仲	4	1	1	0	0
⑥	進　藤	3	3	2	0	0
④	大　森	4	1	0	0	0
①	林	4	1	0	0	0
⑤	伊　藤	4	1	1	1	0

犠盗失併残
2 0 0 1 5 36 13 6 7 0

【広　陵】		打	安	点	振	球
⑧	田　上	4	2	0	0	0
⑤	谷　本	4	2	0	1	0
③	真　鍋	3	0	0	1	1
⑥	小　林	3	1	1	1	0
⑦	中　尾	3	1	0	0	0
②	只　石	3	1	0	1	1
④	松　下	4	1	0	1	0
⑨	浜　本	2	0	0	0	0
H	田　村	1	0	0	0	0
9	金　山	0	0	0	0	0
H	高　橋	1	0	0	0	0
①	高　尾	3	2	0	0	0
1	倉　重	1	0	0	0	0

犠盗失併残
4 1 0 0 10 32 10 1 5 2

▽三塁打　佐仲▽二塁打　田上、星野、進藤2、徳弘▽暴投　高尾、林2

投　手	回	打	安	振	球	責
林	9	38	10	5	2	1
高　尾	8⅓	33	10	6	0	5
倉　重	⅔	5	3	1	0	1

メモ

「悲願達成」

第95回大会決勝は、山梨学院が報徳学園に7－3で勝利。山梨勢として春夏を通じて初優勝となった。それまでの山梨勢の最高成績はベスト4。選抜で4度、選手権で3度の計7度、準決勝の壁に阻まれていた。「8度目の正直」で広陵を下し、一気に頂点へ駆け上がった。

346 2023年7月29日
第105回全国高校野球選手権広島大会決勝

広陵－広島商
（広島）（広島）

優勝を決め、捕手の只石（手前）と抱き合って喜ぶ広陵先発の高尾

広陵 5年ぶり「夏」

第105回全国高校野球選手権広島大会最終日は29日、尾道市のぶんちゃんしまなみ球場で決勝があった。広陵が広島商を3－2で下して、5年ぶりの優勝。広島県勢では最多となる24度目の夏の甲子園出場を決めた。

広陵は一回、只石の中犠飛で先制。1－1の三回は只石が中前2点打を放ち、勝ち越した。先発高尾は10奪三振の力投で2失点完投した。広島商は2点を追う七回、桝上の適時打で1点差に迫ったが、高尾を攻め切れず。3失点完投の桝上を援護できなかった。

一戦必勝を貫き頂点

先を見ず、目の前の敵を倒すことだけに集中して上り詰めた頂点だった。今大会の防御率が0・50のエース高尾の投手力、6試合でわずか1失策の守備力が原動力。広陵の小林主将は「守備にスランプはない。その気持ちを大切に戦ってきた結果が優勝につながった」と目を潤ませた。

打線はこの日、相手の6安打を下回る3安打。それでも勝ち切れたのは、堅守があったからだ。二回無死一、三塁のピンチも併殺の1点にしのぎ、1点差に迫られた七回1死一塁も併殺で断ち切った。全3打点と活躍した捕手の只石は「最少失点で踏ん張れたのが大きかった」と振り返る。

目に見えない敵とも戦ってきた。中国地方の公式戦は負け知らず。勝って当り前という周囲の重圧がナインにのしかかった。6月上旬、遠征先でチームの生活態度に緩みを感じた中井監督は一時的に主将を小林から2年只石に変更。3年生の危機感をあおった。中井監督は「隙が見えた。これでは、重圧が懸かる夏を乗り切れないと思った」と明かす。

チームの原点は、昨夏の広島大会3回戦で英数学館に1－2で敗れた苦い記憶にある。副主将の田上は「1点の重みをずっと意識してきたから、1点差で勝てたのがうれしい。甲子園でも先を見ずに戦う」。チームが大切にするのは一戦必勝の精神。貫いた先に悲願の夏の日本一が見えてくる。

増す球威 渾身の完投劇

中井監督の一言に2年生エースが奮い立った。1点差に迫られた直後の七回の攻撃終了後、「お前で行くから頼むぞ」とマウンドに送り出された。すでに球数が100を超えていた先発高尾の球威は一気に上がった。「腕がちぎれてもいい」。九回、最後の打者を渾身《こんしん》の直球で空振り三振。マウンド上で両手を高く突き上げた。

1点リードの二回、連打を浴び、併殺の間に同点に。今大会29イニング目で初失点を喫したが動じなかった。「気にならなかった。味方が打ってくれる」。七回、適時打で1点差に迫られた後も併殺で切り抜け、2失点完投。広島商の反撃を断った。

プロ野球選手も輩出した福岡の強豪ボーイズリーグ出身で、地肩の強さは当時から際立っていた。慕っていた1学年上の先輩が広陵に進学し、「人間的にも成長できる」と他の強豪校からの誘いを断って広陵を選んだ。5人兄弟の末っ子。物おじしない性格で、先輩から愛される存在だ。

今春の選抜大会準決勝で九回に崩れた悔しさが原動力だ。「9回を投げ切るための走り込み、投げ込みを続けてきた」。練習の成果を物語る完投劇で5年ぶりの優勝に導いた右腕。「広陵の1番を背負うプレッシャーはあるが、勝利につながるように投げる」。雪辱の舞台を自ら手繰り寄せた。

広島商	0	1	0	0	0	0	1	0	0	2
広陵	1	0	2	0	0	0	0	0	×	3

メモ

「21年ぶり」

広島大会の決勝で広陵と広島商が顔を合わせるのは2002年以来、21年ぶり。久々の伝統校同志の頂上対決とあって、集まった高校野球ファンは約4500人。広島県高野連は開場前に外野席の開放を決める異例の事態となった。試合は21年前と同じく広陵が勝利。当時も監督を務めていた広陵の中井監督は「伝統校を引っ張るのはお互い大変。勝てて良かった」とほっとしていた。

【広島商】	打	安	点
⑦伊藤	3	0	0
⑧武部	4	0	0
⑨安井	4	1	0
⑤荒谷	4	0	0
③佐伯	4	2	0
②米田	3	1	0
⑥綾部	2	0	0
①桝上	3	2	1
④西村	3	0	0
計	30	6	1

【広陵】	打	安	点
⑧田上	3	1	0
⑤谷本	2	1	0
③真鍋	2	0	0
⑥小林	3	0	0
②只石	2	1	3
⑦金山	3	0	0
⑨浜本	3	0	0
①高尾	3	0	0
④松下	3	0	0
計	24	3	3

	振	球	犠	盗	失	残	併
商	10	2	1	1	1	4	0
陵	3	7	2	0	0	6	2

▽二塁打　田上

投手	回	打	安	責
桝上	8	33	3	3
高尾	9	33	6	2

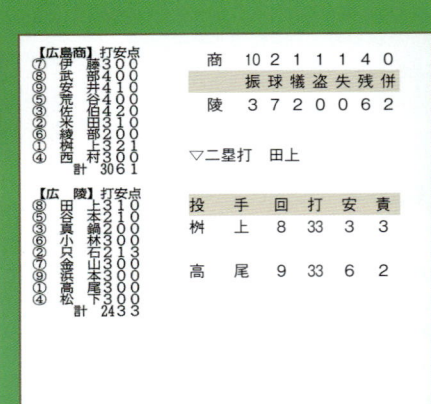

㉞⑦ 2023年8月11日
第105回全国高校野球選手権2回戦

広陵－立正大淞南
（広島）　（島根）

二回、立正大淞南1死一、三塁、新地がスクイズを試みたが、三塁走者木下㊨が本塁でタッチアウトとなる。捕手只石

広陵 動じず逆転

第105回全国高校野球選手権大会第6日は11日、甲子園球場で2回戦が行われ、今春の選抜大会4強の広陵（広島）は立正大淞南（島根）を六回に逆転し、8－3で中国勢対決を制した。

広陵が2－3の六回に5点を奪い、逆転勝ち。2死一、三塁から捕逸で同点。田上の適時内野安打で1点を勝ち越し、さらに2死満塁として真鍋が走者一掃の二塁打を放って突き放した。3投手の継投で的を絞らせず、六回以降は走者を2人しか許さなかった。

立正大淞南は接戦でリードしたが、六回にバッテリーミスや四球が大量失点につながった。

投打の主軸不調 補う地力

広陵は、冷静な戦いを貫けたことが逆転勝ちにつながった。主戦高尾が本調子に程遠い出来。広島大会無失策の小林主将の失策から再逆転を許すなど、嫌な流れとなったが動じない。勝ち越し打の田上は「慌てた雰囲気ではなかった。いつか好機が来ると思って、しっかり戦えた」。最後は地力の違いを見せた。

五回を終了して2－3。10分間のクーリングタイムに中井監督は選手へ問いかけた。「一生懸命練習した2人（高尾、小林）で負けたら仕方ない。でも、練習した力が残っているなら出し切ろうや」。六回、高尾が三者凡退に抑えると打線が奮起。中堅から逆方向へ打ち返す打撃で4安打を集めるなどし、一挙に5点を奪った。

投打の中心選手の不調を、脇を固める選手がカバーした。甲子園初先発の7番高橋が3安打1打点と気を吐けば、9番松下も2点三塁打。中井監督も「頑張ってきた選手が結果を出すとうれしい」と頬を緩めた。

練習試合と公式戦を合わせた通算成績は、大会前まで97勝3敗1分け。小林主将は「全部が全部、自分たちの思い通りに勝ってきたわけじゃない。今日のような試合もあったから、落ち着いて戦えた」。白星を積み重ねた自信を胸に集大成の夏を戦い抜く。

真鍋 2安打3打点

広陵の今大会注目のスラッガー真鍋は、2安打3打点。「走者がいる場面で本塁へかえす打撃ができたのが一番。引っ張らずにセンターへ打ち返す意識がよかった」と振り返った。

六回、1点を勝ち越し、なお2死満塁で打席へ。左中間へ打ち上げた飛球は、風に流されて左翼手と中堅手が捕球できず、走者一掃の二塁打になった。「左飛だと思ったので運がよかった。自分は注目されなくていいので、とにかく勝ちたい」と気を引き締めた。

立正大淞南	0	1	0	0	2	0	0	0	0	3
広　陵	0	0	0	2	0	5	1	0	×	8

メモ

「広島VS島根」

隣県対決となった一戦。広島と島根の対戦は選手権で史上2度目。前回は1937年の第23回大会までさかのぼる。1回戦で呉港中が大田中と対戦し、9－5で勝利した。選抜での対戦は1度だけ。73年の第45回大会2回戦で広島商と松江商が戦い、1－0で広島商が勝利。この大会、広島商は準決勝で江川卓擁する作新学院（栃木）に勝利し、準優勝した。

【立正大淞南】	打	安	点	振	球
⑦ 酒井	5	0	0	3	0
⑤ 儀間	3	0	0	0	0
⑧ 坂川	4	1	1	0	0
①3 山下	4	2	1	1	0
⑨ 木下	4	1	0	1	0
② 勝部	4	1	0	0	0
④ 新地	2	0	0	0	1
H 大城	1	0	0	0	0
⑥ 竹内	4	1	1	1	0
③ 川端	0	0	0	0	1
1 日野	2	0	0	1	1

犠	盗	失	併	残	打	安	点	振	球
1	1	2	0	7	33	6	3	7	3

【広　陵】	打	安	点	振	球
⑧ 田上	5	2	1	1	0
⑤ 谷本	3	0	0	0	1
③ 真鍋	4	2	3	0	1
⑥ 小林	4	1	0	0	1
② 只石	4	2	0	1	1
⑨ 浜本	2	0	0	0	0
1 堀田	0	0	0	0	0
⑦ 高橋	4	3	1	0	0
R7 金山	0	0	0	0	0
① 高尾	2	0	0	1	1
H 土居	1	0	0	0	0
19 倉重	0	0	0	0	0
④ 松下	2	1	2	1	1
H4 池本	1	0	0	0	0

犠	盗	失	併	残	打	安	点	振	球
3	3	1	0	9	32	11	7	4	6

▽三塁打　松下、坂川▽二塁打　高橋、真鍋▽捕逸　勝部▽暴投　日野

投手	回	打	安	振	球	責
山下	2⅓	11	3	1	1	0
日野	5⅔	30	8	3	5	6
高尾	7	29	5	5	2	1
倉重	1⅓	5	1	1	0	0
堀田	⅔	3	0	1	1	0

広陵－慶応
（広島）　（神奈川）

九回、広陵無死一塁、真鍋が送りバントを試みるが、三飛となる。投手松井、捕手渡辺憩

広陵 苦闘十回涙のむ

第105回全国高校野球選手権大会第10日は16日、甲子園球場で3回戦4試合が行われ、今春の選抜大会4強の広陵（広島）は慶応（神奈川）にタイブレークの延長十回に3点を失い、3－6で敗れた。

広陵は3－3の延長十回に3点を失い、競り負けた。先発高尾は1死満塁から二ゴロの間に勝ち越しを許し、さらに2死満塁から延末に2点打を浴びた。四回以降は無失点と踏ん張っていたが、最後に力尽きた。打線は六、七回に1点ずつを奪い、3点差を一度は追い付いた。しかし、八回の併殺打や九回のバント失敗で勝ち越せなかったことが響いた。

追い上げ懸命 8強逃す

広陵の敗因を挙げるなら、無死一、二塁で始まる延長タイブレークまでに勝負を決められなかったことに尽きる。序盤の3点ビハインドを追い付く底力を見せ、流れを奪い返しながら、終盤に勝ち越せなかった。小林主将は「流れは来ていたと感じていたけど、最後に一本出なかった」とぐっと唇をかんだ。

勝機はあった。3－3の九回、先頭の谷本が右前打で出塁。続く今大会注目のスラッガー真鍋が試みた犠打は三塁への飛球となり、サヨナラへの機運が一気にしぼんだ。「バントは自分の判断。1点取れば勝ちだから走者を進めようと思った」と真鍋。中井監督は「カウント次第で一、二塁間に引っ張れば進塁できると考えて任せた。結果的に徹底し切れなかった」と悔やんだ。

手放した流れは、延長に入ると慶応へ一気に傾いた。四回以降、無失点で踏ん張り続けていた先発高尾がつかまり3失点。その裏、2死満塁と粘ったが1番田上が三振に倒れて万事休した。

春の選抜大会で4強入りしたチームで唯一、甲子園に戻ってきた。優勝候補の呼び声高く、悲願の日本一を目指していた。真鍋は「正直、今は何も考えられない」。早過ぎる夏の終わりにショックを隠せなかった。

悔しさ糧に 雪辱誓う 高尾

タイブレークの延長十回2死満塁、高尾は151球目の144キロを慶応の延末に捉えられた。リードを3点に広げられる右前2点打。「直球で詰まらせるイメージ。真ん中に入った。スタミナも大丈夫だった。相手ではなく、自分の問題」。自らを責めたのはエースのプライドだった。

序盤は不安定だった。一回、2四球でピンチを広げ、2点を先制された。三回も先頭への四球をきっかけに1失点。「厳しいコースへという思いが四球につながった」。強気の姿勢は普段通りだったが、制球力はいつもと違った。

捕手只石に指摘され、上体の突っ込みを修正。「一人一人と勝負する」との思いで四～九回は無失点で踏ん張った。しかし十回、延末に痛打を浴びた。「内角高めが弱い」という分析結果を生かせなかった。

十回は失策で失点が膨らみ「ボール球が多いと守りのリズムが乱れる」と実感した。「選抜では日本一を狙う。先制点を与えず、チームに流れをもたらせるよう、成長したい」。悔しさを残した大舞台へ「勝てる投手」になって戻ってくることを誓った。

慶応	2	0	1	0	0	0	0	0	0	3	6
広陵	0	0	1	0	0	1	1	0	0	0	3

（延長十回、十回からタイブレーク）

【慶応】		打	安	点	振	球
⑧	丸田	4	2	0	1	1
⑥	八木	4	0	0	1	1
⑦	渡辺千	5	1	1	1	0
⑨	加藤	3	0	0	2	1
③	延末	5	2	5	0	0
②	渡辺憩	5	1	0	0	0
⑤	福井	3	1	0	1	0
④	大村	2	1	0	0	1
①	小宅	2	0	0	1	0
1	鈴木	0	0	0	0	0
H	安達	1	0	0	0	0
1	松井	0	0	0	0	0

犠	盗	失	併	残	打	安	点	振	球
4	2	1	1	8	34	8	6	7	4

【広陵】		打	安	点	振	球
⑧	田上	6	0	0	1	0
⑤	谷本	5	2	0	0	0
③	真鍋	4	1	0	1	1
⑥	小林	5	3	1	0	0
②	只石	4	1	1	0	1
⑦	高橋	4	1	0	0	1
7	金山	0	0	0	0	0
⑨	浜本	3	1	0	1	0
①	高尾	4	1	0	1	0
H	土居	1	0	0	1	0
④	松下	4	3	1	0	1

犠	盗	失	併	残	打	安	点	振	球
2	2	1	1	15	40	13	3	5	4

▽二塁打　谷本、小林2、高橋
▽暴投　高尾2

投手	回	打	安	振	球	責
小宅	6	28	8	2	2	2
鈴木	2	9	4	0	0	1
松井	2	9	1	3	2	0
高尾	10	42	8	7	4	3

メモ

「107年ぶり」

第105回大会の決勝は、史上7校目の夏連覇を狙った仙台育英（宮城）と慶応（神奈川）が対戦し、慶応が8-2で勝利。107年ぶり2度目の優勝を果たした。神奈川県勢の全国制覇は2015年の東海大相模以来で8度目。

107年ぶりは、16年に54年ぶりに日本一となった作新学院（栃木）を超え、最も長い間隔を空けての優勝だった。

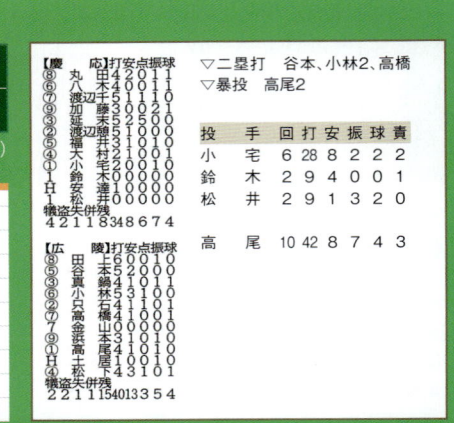

広陵－高知
（広島）（高知）

高知から11三振を奪い、1失点で完投した高尾

「サクラの広陵」好発進

第96回選抜高校野球大会第4日は21日、甲子園球場で1回戦3試合が行われ、前回大会4強の広陵（広島）は高知（高知）を3－1で下した。高尾が5安打に抑え、11奪三振で完投した。

広陵が競り勝った。一回無死二塁から犠打に悪送球が絡んで1点を先取。三回に只石の適時二塁打で加点し、2－1と迫られた直後の九回には白髪の適時二塁打で突き放した。高尾は球威十分で11三振を奪い、5安打1失点で完投した。

高知は力投した辻井、平を援護できなかった。2点を追う八回に失策で1点を返したが、なお1死三塁の好機を逸した。

高尾完投 エースの意地

雪が舞い、花冷えする甲子園でも、広陵の勝利への執念は熱く燃え上がった。中井監督は「ミスも出た中で、高尾を中心に本当によく守ってくれた」と笑顔。終盤のしびれるような展開を耐えしのぎ、3年連続の白星で初戦を彩った。

昨春から通算6試合目の先発マウンドとなった高尾。エースの意地を見せたのが八回だった。2失策が重なり、1点差に迫られなお1死三塁。「狙っていった」という三振で2死にすると、続く打者も力勝負を挑んで三邪飛に。表情一つ変えることなくクールに投げ続け、傾きかけた流れを渡さなかった。

新チームでは副主将を務め、振る舞いにも責任感が増した。「味方がエラーして僕がはぶてていたら野手も守りにくい。八回は自分が抑えてやるという気持ちだった」。昨春の準決勝、昨夏の3回戦と勝負どころで踏ん張れなかった苦い記憶を糧に、味方のミスを必死でカバーした。

「昨年のチームのように突出した選手はいないけど、粘り強く、みんなで助け合って勝ち進みたい」と只石主将。3度の日本一を誇る春の舞台。サクラの広陵の異名の通り、そのつぼみを一戦ずつ膨らませていく。

白髪 貴重な適時打

広陵の白髪が貴重な追加点となる適時二塁打を放った。九回1死三塁。初球の131キロをたたくと低いライナーがグーンと伸び、左翼手の頭上を越えた。八回に1点差に迫られた直後の殊勲打に「自分が決めると思っていた。逆方向の打撃は得意。会心の当たりだった」と胸を張った。

1打席目も鋭いライナーの左前打。「あれで気持ちが楽になり、適時打につながった」と振り返る。「上位はみんな、自分より実力は上。2回戦も次につなぐ9番（打者）の仕事をやり切りたい」と誓った。

広陵	1	0	1	0	0	0	0	0	1		3
高知	0	0	0	0	0	0	0	1	0		1

【広陵】		打	安	点	振	球
⑧	浜本	4	1	0	0	1
⑨	田村	4	1	0	0	0
⑤3	土居	3	0	0	1	1
②	只石	4	1	1	2	0
③	草島	2	0	0	1	1
3	世古口	1	0	0	1	0
4	沢田光	0	0	0	0	0
④5	酒井	4	0	0	0	0
⑦	沢田哉	3	0	0	1	0
H	枡岡	1	1	0	0	0
R	空	0	0	0	0	0
7	大下	0	0	0	0	0
①	高尾	3	1	0	1	0
⑥	白髪	4	2	1	1	0

犠	盗	失	併	残	打	安	点	振	球
2	4	2	2	8	33	7	2	8	3

【高知】		打	安	点	振	球
④	筒井	4	0	0	2	0
⑦	恩地	4	1	0	2	0
⑤	大石	4	1	0	0	0
③	谷口隼	4	0	0	3	0
①9	辻井	3	0	0	2	0
⑥	箕浦	2	1	0	0	1
⑧	日野	1	1	0	0	0
1	平	1	0	0	1	0
⑨8	川村	1	0	0	0	0
H	岡村	0	0	0	0	1
R	勝山	0	0	0	0	0
8	横山	0	0	0	0	0
②	片井	3	1	0	1	0

犠	盗	失	併	残	打	安	点	振	球
2	1	2	0	3	27	5	0	11	2

▽二塁打　浜本、只石、白髪▽
捕逸　片井

投手	回	打	安	振	球	責
高尾	9	31	5	11	2	0
辻井	4	19	5	3	1	1
平	5	19	2	5	2	1

メモ

「群馬勢初V」

第96回大会は健大高崎（群馬）が決勝で報徳学園（兵庫）を3－2で下し、初優勝を果たした。群馬勢の選抜制覇も初で、過去には、桐生が1936年の第13回大会と55年の第27回大会で2度準優勝していた。

夏の選手権は、99年の第81回大会で桐生第一が群馬勢として初めて優勝。2013年には前橋育英がエース高橋光成（西武）の活躍などで優勝を飾った。

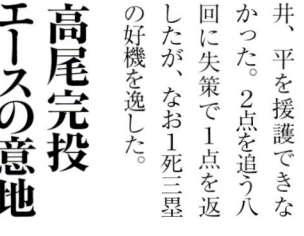

広陵－青森山田
（広島）　（青森）

十回、青森山田無死満塁、原田にサヨナラの中犠飛を打たれ、唇をかむ高尾（右から2人目）

広陵 無念の幕切れ

第96回選抜高校野球大会第8日は27日、甲子園球場で2回戦4試合が行われ、広陵（広島）は青森山田（青森）に延長十回タイブレークの末に5－6でサヨナラ負けし、8強入りを逃した。

広陵は高尾が八回先頭に二塁打を許すまで無安打で、計12三振を奪ったが、終盤に崩れ、延長タイブレークの末、サヨナラ負けを喫した。

八回に白髪の2点打で先制したが、その裏に対馬の2点打で追い付かれ、九回には土居、世古口の適時打で3点を勝ち越したが、守り切れなかった。延長十回は無死満塁から原田の中犠飛を許した。

十回サヨナラ負け
七回まで無安打 高尾崩れ6失点

七回まで無安打投球を続けた広陵の高尾が八回以降、6失点する姿を誰が想像できただろう。八回は2点、九回は3点リードを追い付かれた末、タイブレークの延長十回にサヨナラ負け。142球を投げ抜いた右腕は「疲れは感じていなかった。八回以降、抑えてやろうと力む悪い癖が出た」。言い訳せずに、責任を一身に背負った。

一回無死一、二塁、四回1死二、三塁のピンチをしのぎ、得点を許さない。大会20年ぶりの無安打無得点試合への期待が高まる中、先制した直後の八回に初安打を許し、リズムが崩れる。捕手の只石主将は「相手の慣れもあるし、制球も少しずつ甘くなっていた」と振り返った。

4強入りした前回を知るメンバーは少なく、高尾にかかる負担は大きかった。この日も打線は再三、走者を出しながら七回まで無得点。浜本は「野手も控え投手も高尾に頼り過ぎ。変わらないと夏、勝てない」と危機感を口にした。

悪夢のような結末に中井監督は、選手をかばうほかなかった。「監督の至らなさが出た。継投は考えられなかった。高尾以外の投手を使う我慢も必要なのでしょう」。エースに依存しないチームへの脱皮が、夏に向けてのテーマとなる。

白髪「狙い通り」先制打

広陵の白髪が放った低いライナーが三遊間を抜けた。0－0の八回2死二、三塁で先制打。「狙っていた直球を狙い通りの逆方向へ打てた」と胸を張った。

反省したのは遊撃の守備。四回、折れたバットが気になって失策。「バットと打球が一瞬重なった。自分の実力不足」。八、九回のピンチでは「（高尾）響さんにしっかり声かけができなかった」と振り返った。

1回戦の9番から7番に打順が上がった。「打撃も守備も信頼感を上げ、夏には1番を打ちたい」と成長を誓った。

2020年代

広　陵	0	0	0	0	0	0	0	2	3	0	5
青森山田	0	0	0	0	0	0	0	2	3	1	6

（延長十回、十回からタイブレーク）

【広　陵】	打	安	点	振	球
⑧　浜本	4	2	0	0	0
⑨　田村	3	1	0	0	2
⑤3土居	4	2	1	0	1
②　只石	3	0	0	1	2
③　草島	2	0	0	1	0
H3世古口	2	1	2	0	0
R　空	0	0	0	0	0
5　池田	0	0	0	0	0
⑦　沢田哉	4	0	0	0	0
7　大下	1	0	0	1	0
⑥　白髪	3	2	1	1	1
①　高尾	5	0	0	1	0
④　沢田光	5	1	0	1	0

犠	盗	失	併	残	打	安	点	振	球
3	1	1	1	12	36	9	4	6	6

【青森山田】	打	安	点	振	球
⑨7佐藤隆	2	1	3	0	2
⑦　駒井	2	0	0	0	0
H79佐藤洸	1	0	0	1	1
⑧　対馬	5	2	2	1	0
③　原田	3	0	1	1	1
⑥　吉川	3	0	0	1	0
④　伊藤英	3	0	0	2	1
②　橋場	4	0	0	3	0
⑤　菊池伊	1	0	0	1	1
H5蝦名	2	2	0	0	0
①　桜田	1	0	0	1	0
1　関	3	1	0	1	0

犠	盗	失	併	残	打	安	点	振	球
4	1	2	1	8	30	6	6	12	6

▽三塁打　佐藤隆▽二塁打　蝦名、土居▽暴投　関

投手	回	打	安	振	球	責
高尾	9⅓	40	6	12	6	5
桜田	4⅓	20	3	3	3	0
関	5⅔	25	6	3	3	4

メモ

「広島VS青森」

甲子園での広島勢と青森勢の顔合わせは選抜、選手権を含めても3度しかなく、いずれも広陵が対戦している。選手権は1967年の第49回大会の1度。準々決勝で東奥義塾と対戦し、5－0で勝利した。広陵は準決勝で市和歌山商を破ったが、決勝で習志野に1－7で敗れた。

選抜は2度で初対戦は2019年の第91回大会。1回戦で八戸学院光星とぶつかり、2－0で勝った。河野佳（広島）が3安打で完封した。

広陵－広島商
（広島）　（広島）

広陵　投手力でV

第106回全国高校野球選手権広島大会最終日は27日、広島の決勝があった。広陵が広島商に3－1で逆転勝ちし、2年連続25度目の夏の甲子園出場を決めた。

マツダスタジアムであった広島大会決勝は2年連続で同じ顔合わせとなった。広陵は三回、1番浜本遥大の適時二塁打で追い付き、五回に敵失で2点を勝ち越し。八回2死満塁で登板した左腕山口大樹が好救援し、逃げ切った。

八回、広島商2死満塁、代打中村を三振に抑えて叫ぶ山口。捕手只石

広陵は0－1の三回、浜本の適時二塁打で同点。五回、田村の二ゴロが敵失を誘って2点を勝ち越し、高尾、山口の継投で逃げ切った。広島商は二回、小田の適時打で先制。広陵を上回る7安打を放ったが、11残塁と攻め切れなかった。

投手陣に厚み　力強さ増す　広陵

広陵の勝敗の分岐点は3－1の八回にあった。中井監督は2死満塁のピンチで先発高尾から左腕山口への交代を決断。中井監督は「もうひとつ上に行くチームになるためには、高尾以外の力が必要。春から成長した山口を信じて送り出した」。三振を奪って期待に応えた先に、2連覇への道筋が広がった。

優勝の原動力となったのは、チーム防御率0・54と抜群の安定感を見せた投手陣だ。ただ、高尾に頼りがちだった昨夏とは違い、今夏は高尾と山口、堀田が各2試合に先発。1年夏から登板を重ね、他校の対策が進む高尾の負担を軽減した。高尾は「2人の存在が大きかった」と感謝する。

延長タイブレークの末に敗れた昨夏と今春の甲子園では、高尾に命運を託して敗退。春の広島県大会以降、山口と堀田の登板機会を増やし、成長を促してきたことが実を結んだ。捕手の只石主将も「高尾に頼るのではなく、投手3人の力で勝ち上がってきた。春までと違う勝ち方ができて自信になる」とうなずいた。

4季連続の甲子園出場は、5季連続出場した2002年春から04年春以来。高尾に依存しがちだったチームから脱却し、強さを増した姿を甲子園で披露する。

広陵　好リリーフ山口　強気の直球　成長証明

連覇を成し遂げた広陵の歓喜の輪の中心には、背番号11の姿があった。八回途中から登板した3年生左腕の山口が好リリーフ。「絶対に抑える気持ちで腕を思いっ切り振った。最後を締められてうれしい」。緊張から解放され、自然と笑みがこぼれた。

2死満塁。1年夏からエースを務める高尾からピンチでマウンドを受け継ぐのは初めての経験だった。いきなり、2ボールとなったが、「腕を振れば、ど真ん中でも抑えられる」と動じなかった。強気に攻め、フルカウントから142キロの直球で代打中村を空振り三振。一打同点のピンチをしのぎ、渾身のガッツポーズを見せた。

今春の選抜大会の悔しさを成長につなげた。2回戦の青森山田戦で終盤、高尾が失点を重ねながらも完投し、山口に登板機会が訪れないまま、チームは敗れた。「（高尾）響が一番しんどかったのに、カバーできなかった」。春以降、直曲球に磨きをかけ、今大会は投手陣で最多の21回を投げるまでに中井監督の信頼を勝ち取った。

「選抜よりも自信がある。投手陣全員で良いリズムをつくる」。春はかなわなかった甲子園での登板。チームの躍進に向け、たくましさが増したピースが広陵に加わった。

広島商	0	1	0	0	0	0	0	0	0	1
広陵	0	0	1	0	2	0	0	0	×	3

メモ

「再戦」

「広島の早慶戦」といわれる広陵と広島商が決勝で対戦するのは山陽大会、西中国大会時代を含めて10度目。2年連続での対戦は、1967、68年以来、56年ぶりだった。

2009年に開場したマツダスタジアムで実施された決勝で、両校が対戦するのは初めてだった。両校の決勝での対戦成績は、広陵が2年連続で勝利したことで、6勝4敗となった。

【広島商】		打	安	点
⑧	武部	5	3	0
⑥	西村	4	0	0
⑨	花本	5	0	0
②	米田	2	1	0
⑦	真田	4	0	0
③	山崎	3	2	0
⑤	小田	3	1	1
①	宮内	2	0	0
1	西川	1	0	0
H	中村	1	0	0
1	菊池	0	0	0
④	綾部	3	0	0
	計	33	7	1

【広陵】		打	安	点
⑧	浜本	3	2	1
⑨	田村	4	0	0
⑤	土居	4	0	0
②	只石	4	1	0
⑦	枡岡	2	0	0
7	大下	0	0	0
③	世古口	4	0	0
④	曽根	2	0	0
H	松村	1	1	0
R	空	0	0	0
4	白髪	0	0	0
⑥	酒井	2	2	0
①	高尾	0	0	0
1	山口	0	0	0
	計	26	6	1

	振	球	犠	盗	失	残	併
商	3	4	2	1	2	11	0
陵	4	4	3	0	1	6	0

▽二塁打　浜本▽暴投　宮内、高尾

投手	回	打	安	責
宮内	5	20	4	1
西川	2	9	1	0
菊池	1	4	1	0
高尾	7⅔	34	6	0
山口	1⅓	5	1	0

(352) 2024年8月12日
第106回全国高校野球選手権2回戦

広陵－熊本工
（広島）（熊本）

九回、熊本工2死二、三塁、代打山口光を空振り三振に仕留め、拳を握る高尾㊨

広陵 我慢比べ制す

第106回全国高校野球選手権大会第6日は12日、甲子園球場で2回戦があり、2年連続25度目出場の広陵（広島）は1点を追う七回に2点を挙げ、熊本工（熊本）に2－1で逆転勝ちし、昨年に続いて初戦を突破した。

広陵の高尾が6安打1失点で完投。五回に先制点を与えたが、多彩な変化球を効果的に使って打者に的を絞らせず、その後は要所を締めた。

打線は七回1死二、三塁、浜本の2点適時打で逆転した。

熊本工は先制打を放った山本が九回途中まで力投。ただ打線が応えられず、八回1死二塁、九回1死二、三塁の逸機が痛かった。

高尾、窮地で連続三振

広陵の最大のピンチは1点リードの九回に訪れた。失策などで招いた1死二、三塁。逆転サヨナラ負けがちらつく中、高尾―只石のバッテリーはここから底力を発揮した。

1人目の山口悠をカウント1―2からこの日最速となる146キロの内角直球で見逃し三振。球速表示に場内がどよめく中、続く代打山口光を3球三振に仕留めた。「球速は気合が入って自然と上がった。制球だけは間違えないように、という気持ちだった」。エースの意地を見せた高尾は、マウンド上で大きくガッツポーズした。

1年秋からバッテリーを組み、甲子園は4季連続となる。延長十回サヨナラ負けした今春の2回戦を含め、敗れた3試合は終盤の勝負どころでことごとく失点。涙をのんできた。只石は「九回は正直、嫌な記憶がよみがえった。内角を攻め切れた1人目の三振を含め、成長した姿を見せられた」。弱気になった過去の自分たちを乗り越えた。

高尾は、投球フォームを崩さないように練習会場のマウンドの硬さまで計算し、ブルペン入りする日を決めて初戦に備えてきた。全ては、集大成となるこの夏を笑って終わるため。「これからも一戦一戦、しっかり投げるだけ」。飾らない言葉で力を込めた。

勝負強さ光る 1番 決勝打

0―1の七回1死二、三塁。浜本は4打席目を「最低限、犠飛でいい」と冷静に迎えた。126キロのカットボールを逆転の右前2点打。「強い打球ではなかったが、ヒットと思った。ほっとしました」と打ち明けた。

「先制するつもりが先制された。低めの変化球を振らされ、0点も続いていた」。そんな重苦しいムードを吹き払った。外角高めの甘い球を逃さず「1球前が内角。外に変化球が来ると思った」。読みもさえた。

広島大会決勝も三回の第2打席に同点打。「1打席目から思い切って振ることを心がけている。今日も3打席目まで球に食らい付けた。これが後につながった」。勝負強さの秘密を明かした。

ただ打線は本来の力を出せていない。次戦に向け「チーム全体で低く強い打球を増やしていきたい。僕はとにかく出塁して勢いをつける」。1番打者の仕事を果たすことを誓った。

2020年代

広陵	0	0	0	0	0	0	2	0	0	2
熊本工	0	0	0	0	1	0	0	0	0	1

メモ

「春夏40勝」

広陵の中井哲之監督は熊本工戦の勝利で、監督として史上9人目、歴代7位に並ぶ春夏通算40勝を達成した。今大会で24度目の甲子園の指揮となり、春24勝、夏16勝を積み上げげた。

初勝利は、初采配だった1991年の選抜大会1回戦の三田学園（兵庫）戦。降雨引き分け再試合の末、8−2で勝利。勢いに乗り、選抜制覇を果たした。

【広陵】		打	安	点	振	球
⑧	浜本	5	1	2	1	0
⑨	田村	4	0	0	0	1
⑤3	土居	4	0	0	1	0
②	只石	4	1	0	0	0
⑦	枡岡	3	1	0	0	0
7	大下	0	0	0	0	0
③	世古口	3	0	0	0	0
H	松村	1	1	0	0	0
R	空	0	0	0	0	0
6	沢田光	0	0	0	0	0
⑥5	酒井	2	1	0	0	1
④	曽根	2	0	0	0	0
H4	白髪	0	0	0	0	2
①	高尾	2	1	0	0	1

犠盗失併残
32319 30 6 2 2 5

【熊本工】		打	安	点	振	球
⑤	松永昂	3	0	0	0	0
⑥	浦上	3	0	0	1	0
⑧	上田	4	0	0	1	0
③	菊山	4	1	0	0	0
④	浜口	3	3	0	0	0
⑦	小城	1	0	0	1	1
⑨	小川	1	0	0	0	0
H	金子	1	0	0	1	0
9	山口悠	2	0	0	1	0
①	山本	3	1	1	1	0
1	幸	0	0	0	0	0
H	山口光	1	0	0	1	0
②	吉岡	2	0	0	2	0
H	松永芯	1	1	0	0	0
R	沢村	0	0	0	0	0
2	大道	0	0	0	0	0

犠盗失併残
51107 29 6 1 9 1

▽二塁打　菊山、浜口、松村

投手	回	打	安	振	球	責
高尾	9	35	6	9	1	1

投手	回	打	安	振	球	責
山本	8⅓	36	6	1	5	2
幸	⅔	2	0	1	0	0

広陵－東海大相模
（広島）（神奈川）

五回、東海大相模1死二、三塁、中村に中前適時打を打たれ、マウンドの高尾㊥の元に集まる只石㊨、松村

広陵 早すぎる終幕

全国高校野球選手権大会第10日は16日、甲子園球場で3回戦4試合が行われ、広陵（広島）は東海大相模（神奈川）に1－8で敗れた。

東海大相模は3番中村が4安打4打点。三回に逆転の2点適時打、五回にも2点適時打を放った。先発藤田は6回2安打1失点。2番手高橋が3回を無得点に抑えた。

広陵は先発山口が3失点。五回途中に救援した高尾も1回⅔で7安打5失点と打ちこまれた。打線は4安打に抑えられ、二回の捕逸による1得点にとどまった。

頼みの高尾 痛打許す

高尾がマウンドに立ったのは、1－2の五回1死三塁だった。その初球、球威で押し込みながら右前に落とされると、いきなりの3連打で3点を追加された。「詰まらせる狙い通りだったけど少しコースが甘かった。抑えていれば…」。何度も修羅場を乗り越えた舞台で、大黒柱が崩れた瞬間、広陵の夏は終わりへと向かった。

六回も3者連続で二塁打を浴びて3失点。本調子には程遠く、この回限りで降板した。「甲子園に来てから状態が上がらなかった。今日も中井先生に『一番きついところでいくから』と言われていたのに」。マウンド上と同様、表情を変えることなく言葉を紡いだ。

1年春から伝統校の背番号1を背負ってきた。初めての甲子園だった2年春に4強入り。以来、県内外を問わず、対戦校に配球の傾向やけん制球の癖まで徹底的に研究された。「彼しか分からない重圧があったと思う」と中井監督。最上級生になり調子が上向かない中、同学年の山口らが台頭。甲子園通算9試合目の登板となったこの日、初めて先発を仲間に託し、出番を待った。

172センチと大柄ではない体を躍動させ、甲子園で通算5勝を挙げた。1年秋からバッテリーを組んできた只石主将は「（高尾）響がいなかったら、4季連続の甲子園なんてなかった。最後まで責任を負わせてしまった」。そう話すと涙が止まらなかった。

打線振るわず 4安打

広陵打線はわずか4安打に終わった。相手先発の198センチの長身左腕藤田はまとまりがあった。「完敗でした。もう少し制球が乱れるかと思ったが、ストライクをポンポン入れられたのは誤算だった」と中井監督。二回、捕逸で先制し、その後の1死満塁で仕掛けたスクイズが失敗に終わると、6回を2安打1得点に抑えられた。

八回は2番手投手を攻め、1死一、二塁としたが後続が凡退。見逃し三振に倒れた土居は「打って点を返す気持ちが空回りした。つなぐ役割ができなかった」と悔やんだ。

東海大相模	0	0	2	0	3	3	0	0	0	8
広陵	0	1	0	0	0	0	0	0	0	1

【東海大相模】	打	安	点	振	球
⑥ 才田	4	2	1	0	1
④ 柴田	4	1	0	0	1
⑨ 中村	5	4	4	0	0
③ 金本	5	0	0	0	0
② 木村	1	0	0	1	3
⑦ 長尾	3	0	0	0	0
7 宮野	0	0	0	0	0
⑧ 和田	4	2	1	1	0
⑤ 日賀	3	2	1	0	1
① 藤田	2	1	1	0	0
1 高橋	1	0	0	1	0

犠盗失併残
2 0 1 0 5 32 12 8 3 6

【広陵】	打	安	点	振	球
⑧ 浜本	4	1	0	1	1
⑨ 田村	4	0	0	0	0
③ 松村	4	0	0	1	0
3 世古口	0	0	0	0	0
② 只石	3	1	0	0	1
⑦ 枡岡	4	1	0	0	0
R 空	0	0	0	0	0
7 大下	0	0	0	0	0
⑤ 土居	2	0	0	1	2
⑥4 酒井	4	1	0	1	0
④ 白髪	1	0	0	0	1
H 沢田哉	0	0	0	0	1
6 沢田光	1	0	0	0	0
① 山口	1	0	0	1	0
1 高尾	1	0	0	0	0
1 堀田	1	0	0	1	0
H 草島	1	0	0	0	0

犠盗失併残
0 1 1 4 9 31 4 0 6 6

▽二塁打　日賀2、柴田、和田、藤田▽捕逸　木村▽暴投　山口

投手	回	打	安	振	球	責
藤田	6	24	2	2	4	0
高橋	3	13	2	4	2	0
山口	4⅓	18	4	1	4	3
高尾	1⅔	11	7	0	1	5
堀田	3	11	1	2	1	0

メモ

「暑熱対策」

暑さ対策として、広陵（広島）は帽子とアンダーシャツの色を従来の黒から白へと一新した。中井哲之監督が野球部OB会や学校に白基調のユニホームへの変更を提案。打撃用と捕手用のヘルメットも白くした。中井監督は「科学的に暑さを和らげる方法があるなら積極的に取り入れるべきだ。伝統より大切なことがある」と話した。

年	大会名	結果
	決　勝	広島商2−0中京商（愛知）
	選手権1回戦	広陵中4−1和歌山商（和歌山）
	2回戦	広陵中6−5平安中（京都）
	準々決勝	広陵中3−5中京商（愛知）
32	選　抜1回戦	広島商1−4坂出商（香川）
	選　抜1回戦	広陵中0−3明石中（兵庫）
	選手権1回戦	大正中3−2大連商（満州）
	2回戦	大正中0−1明石中（兵庫）
33	選　抜1回戦	広島商9−1横浜商（神奈川）
	2回戦	広島商2−1一宮中（愛知）
	準々決勝	広島商5−1和歌山商（和歌山）
	準決勝	広島商0−4岐阜商（岐阜）
	1回戦	大正中4−3松山中（愛媛）
	2回戦	大正中2−3京都商（京都）
	選手権2回戦	大正中4−0松本商（長野）
	準々決勝	大正中0−2中京商（愛知）
34	選　抜1回戦	呉港中2−4岐阜商（岐阜）
	選手権1回戦	呉港中5−1長野商（長野）
	2回戦	呉港中8−0桐生中（群馬）
	準々決勝	呉港中4−2海南中（和歌山）
	準決勝	呉港中9−0秋田中（秋田）
	決　勝	呉港中2−0熊本工（熊本）
35	選　抜2回戦	広陵中5−2平安中（京都）

年	大会名	結果
	準々決勝	広陵中7−3中京商（愛知）
	準決勝	広陵中5−1東邦商（愛知）
	決　勝	広陵中4−5岐阜商（岐阜）
	選手権1回戦	呉港中3−2飯田商（長野）
	2回戦	呉港中11−10日新商（大阪）
	準々決勝	呉港中0−5早実（東京）
36	選　抜1回戦	広島商2−3岐阜商（岐阜）
	2回戦	呉港中1−4愛知商（愛知）
	選手権2回戦	呉港中0−4桐生中（群馬）
37	選手権1回戦	呉港中9−5大田中（島根）
	2回戦	呉港中11−10平安中（京都）
	準々決勝	呉港中1−5熊本工（熊本）
38	選　抜1回戦	広島商0−1平安中（京都）
39	選　抜2回戦	呉港中1−2島田商（静岡）
40	選　抜2回戦	広島商2−9福岡工（福岡）
47	選　抜1回戦	広島商5−8熊本商（熊本）
50	選手権2回戦	呉阿賀6−4小倉（福岡）
	準々決勝	呉阿賀0−7松山東（愛媛）
51	選　抜1回戦	三津田1−4明治（東京）
52	選　抜2回戦	観　音2−7鳴尾（兵庫）
54	選手権2回戦	三　原5−0秋田（秋田）
	準々決勝	三　原1−14中京商（愛知）
56	選　抜1回戦	広島商1−2岐阜商（岐阜）

【1915年～56年春の広島勢の選抜・選手権の全戦績】

年	大会名	結果
1915	選手権1回戦	広島中7－14鳥取中（鳥取）
16	選手権1回勝	広島商19－4中学明善（福岡）
	準々決勝	広島商4－6和歌山中（和歌山）
17	選手権1回戦	広島商3－6関西学院中（兵庫）
22	選手権1回戦	広島商14－9秋田中（秋田）
	準々決勝	広島商0－3松山商（愛媛）
23	選手権2回戦	広陵中12－7新潟商（新潟）
	準々決勝	広陵中2－8和歌山中（和歌山）
24	選手権2回戦	広島商4－2和歌山中（和歌山）
	準々決勝	広島商13－10第一神港商（兵庫）
	準決勝	広島商7－6大連商（満州）
	決　勝	広島商3－0松本商（長野）
25	選　抜1回戦	広陵中3－4松山商（愛媛）
26	選　抜1回戦	広陵中11－1静岡中（静岡）
	準々決勝	広陵中4－3和歌山中（和歌山）
	準決勝	広陵中5－4柳井中（山口）
	決　勝	広陵中7－0松本商（長野）
27	選　抜1回戦	広陵中10－0静岡中（静岡）
	準決勝	広陵中8－1松本商（長野）
	決　勝	広陵中3－8和歌山中（和歌山）
	選手権2回戦	広陵中8－0敦賀商（福井）
	準々決勝	広陵中8－2鹿児島商（鹿児島）

年	大会名	結果
	準決勝	広陵中4－3松本商（長野）
	決　勝	広陵中1－5高松商（香川）
28	選　抜1回戦	広陵中4－7甲陽中（兵庫）
	選手権1回戦	広陵中2－3松本商（長野）
29	選　抜1回戦	広島商1－4愛知一中（愛知）
	1回戦	広陵中13－6慶応商工（東京）
	準々決勝	広陵中3－0関西甲種商（大阪）
	準決勝	広陵中9－8愛知一中（愛知）
	決　勝	広陵中1－3第一神港商（兵庫）
	選手権2回戦	広島商9－4関西学院中（兵庫）
	準々決勝	広島商4－2静岡中（静岡）
	準決勝	広島商5－1鳥取一中（鳥取）
	決　勝	広島商3－0海草中（和歌山）
30	選　抜1回戦	広島商0－4平安中（京都）
	選手権1回戦	広島商14－4浪華商（大阪）
	2回戦	広島商2－1小倉工（福岡）
	準々決勝	広島商3－1大連商（満州）
	準決勝	広島商4－1和歌山中（和歌山）
	決　勝	広島商8－2諏訪蚕糸（長野）
31	選　抜2回戦	広島商4－0坂出商（香川）
	準々決勝	広島商3－0松山商（愛媛）
	準決勝	広島商10－8八尾中（大阪）

甲子園 広島勢激闘の軌跡 *1956-2024*

発行日　2024（令和6）年10月19日
編著者　中国新聞社
発行人　守田 靖（中国新聞社）　田中朋博（ザメディアジョン）

発　行　株式会社中国新聞社
〒730-8677 広島市中区土橋町7番1号
TEL.082-236-2250　FAX.082-236-2120

発行・発売　株式会社ザメディアジョン
〒733-0011 広島市西区横川町2丁目5番15号
TEL.082-503-5035　FAX.082-503-5036

［中国新聞社］
編集・執筆　小西 晶（報道センター運動担当部長）
取材・協力　報道センター運動担当
写　真　報道センター映像担当
編集協力　村上昭徳　橘高 章

［ザメディアジョン］
編　集　大田光悦　森田春菜
デザイン　村田洋子
販　売　細谷芳弘　高雄翔也

［M-ARTS］
DTP　濵先貴之

印刷・製本　株式会社中本本店

ISBN978-4-86250-811-9